2004年9月3日至4日，全国再就业工作表彰大会在北京召开。中共中央政治局常委、国务院总理温家宝，中共中央政治局常委、国务院副总理黄菊等党和国家领导人亲切接见与会代表。黄菊同志在会上发表了题为《总结经验，发扬成绩，进一步做好就业再就业工作》的讲话。国务院秘书长华建敏主持会议并作总结讲话。会上宣读了《国务院关于表彰全国再就业工作先进集体和个人的决定》（国发[2004]22号），524个全国再就业工作先进集体和个人受到表彰。各省、自治区、直辖市及计划单列市人民政府、新疆生产建设兵团负责同志，中央国家机关有关部门和单位负责同志，全国再就业工作先进集体和个人参加了会议。

2004年4月28日，中共中央政治局常委、国务院副总理黄菊出席中国就业论坛开幕式并致辞。

2004年9月12日，中共中央政治局常委、国务院副总理黄菊出席国际社会保障协会第28届全球大会开幕式并致辞。

2004年4月28日至30日，中国劳动保障部与国际劳工组织共同举办的中国就业论坛在北京召开。中共中央政治局常委、国务院总理温家宝在中南海会见了国际劳工组织总干事索马维亚和出席中国就业论坛的各国劳工部部长及代表团团长。中央国家机关有关部委负责同志、有关国际组织、26个国家和地区的政府代表团、国内外专家以及各地劳动保障厅局长和企业代表等620多人参加了论坛。劳动保障部全体部领导出席论坛，并在论坛期间开展了多次双边交流活动。论坛期间，中外代表以促进就业为核心议题，围绕“全球化、结构调整与就业促进”这一主题，从经济政策、技能培训、劳动力市场和社会保护等方面进行了广泛交流和深入探讨，获得了圆满成功。论坛还通过了《2004中国就业论坛共识》。

2004年4月28日，国际劳工组织总干事索马维亚在中国就业论坛开幕式上作主旨报告。

2004年9月12日至18日，国际社会保障协会第28届全球大会在北京召开。大会的主旨是“社会保障：确保社会公平”，期间共举行了10次专业会议和4次全会，并举办中国社会保障特别全会。劳动保障部部长郑斯林在特别全会上作主旨发言，副部长刘永富主持。副部长王东进在里奥论坛上发言，并在闭幕式上致辞。步正发、华福周、张小建、崔会烈、林用三、王建伦等同志出席会议。会议结束时，发表了《北京宣言》，提出让更多的人享有社会保障的目标。来自151个国家和地区的1 500名代表和80名部级高官出席大会。

2004年9月12日，劳动保障部部长郑斯林主持国际社会保障协会第28届全球大会开幕式。

2004年9月12日，国际社会保障协会主席约翰·维斯雷腾在国际社会保障协会第28届全球大会开幕式上讲话。

2004年12月17日，第七届中华技能大奖和全国技术能手表彰大会在北京召开。中共中央政治局常委、国务院副总理黄菊出席会议并讲话。20名中华技能大奖获得者、433名全国技术能手、55家获得技能人才培育突出贡献奖的单位受到表彰。

2004年7月5日，全国人大常委会法工委、国务院法制办、劳动保障部、中华全国总工会和中国企业联合会在人民大会堂共同举办纪念《中华人民共和国劳动法》颁布十周年座谈会。全国人大常委会副委员长兼秘书长盛华仁出席座谈会并作重要讲话。劳动保障部部长郑斯林发言，劳动保障部副部长步正发主持会议。

2004年3月9日，十届全国人大二次会议召开记者招待会，劳动保障部部长郑斯林，副部长王东进、张小建应邀出席，并分别就我国的社会保障体系建设、就业再就业工作、农民工的权益保护等问题，回答了人民日报、新华社、中央电视台、法新社、香港卫视、英国IFX等中外新闻机构记者的提问。

2004年4月26日，国务院新闻办公室召开《中国的就业状况和政策》白皮书新闻发布会，这是中国政府发表的第一部专门阐述中国就业问题的白皮书。

2004年9月7日，国务院新闻办公室召开《中国的社会保障状况和政策》白皮书新闻发布会，这是中国政府发表的第一部专门阐述中国社会保障问题的白皮书。劳动保障部副部长王东进出席发布会并向与会人员介绍有关情况，回答中外记者提问。

2004年12月17日至18日，全国劳动和社会保障工作会议在北京召开。劳动保障部部长郑斯林作了题为《立足当前 着眼长远 努力开创劳动保障工作的新局面》的工作报告。劳动保障部副部长王东进作总结讲话。副部长步正发、华福周、张小建、刘永富，中纪委驻部纪检组组长崔会烈等出席会议。

2004年3月2日，劳动保障部工伤保险司成立。劳动保障部副部长王东进出席成立大会。

2004 年 11 月 18 日，经中央机构编制委员会办公室批准，劳动保障部社会保障能力建设中心成立。图为劳动保障部部长郑斯林、副部长刘永富出席能力建设中心首次职工大会。

2004 年 10 月 21 日，劳动保障部副部长王东进考察江西省南昌市劳动力市场。

2004 年 7 月，劳动保障部副部长步正发考察内蒙古包头市鞍山道劳动保障事务所。

2004 年 10 月，劳动保障部副部长华福周考察福建省厦门市劳动力市场。

2004 年 11 月 21 日，劳动保障部副部长张小建在山西省太原市迎泽区老军营街道桃园南路二社区劳动保障工作站调研。

2004 年 2 月，劳动保障部副部长刘永富在四川省成都市考察街道社区劳动保障工作。

2004 年 9 月，中纪委驻部纪检组组长崔会烈在吉林省调研劳动保障系统纪检监察工作情况。

2004 年 9 月 20 日至 24 日，中国医疗保险制度改革论坛和医疗保险制度改革经验交流会在江苏省镇江市召开，劳动保障部副部长王东进出席会议并讲话。

2004年11月22日至23日，全国贯彻实施《劳动保障监察条例》工作座谈会在福建省厦门市召开，劳动保障部副部长步正发出席会议并讲话。

2004年10月27日至28日，全国劳动争议仲裁机构效能建设座谈会在广东省深圳市召开，劳动保障部副部长王东进、华福周出席。会上，王东进同志讲话，华福周同志作总结。

2004 年 3 月 18 日至 19 日，全国失业保险工作座谈会在山东省青岛市召开，劳动保障部副部长张小建出席会议并讲话。

2004 年 2 月 24 日至 27 日，全国养老保险工作暨社会保险局长会议在四川省召开，劳动保障部副部长刘永富出席会议并讲话。

中国劳动和社会保障年鉴

CHINA LABOUR AND SOCIAL SECURITY YEARBOOK

2005

中国劳动社会保障出版社

图书在版编目(CIP)数据

中国劳动和社会保障年鉴. 2005/中华人民共和国劳动和社会保障部编. —北京：中国劳动社会保障出版社，2005.11
ISBN 7-5045-5294-1

Ⅰ.中… Ⅱ.中… Ⅲ.①劳动经济-中国-2005-年鉴②社会保障-中国-2005-年鉴 Ⅳ.①F249.2-54②D632.1-54

中国版本图书馆 CIP 数据核字(2005)第 116892 号

中国劳动社会保障出版社出版发行
(北京市惠新东街 1 号 邮政编码：100029)
出 版 人：张梦欣
*
北京外文印刷厂印刷装订 新华书店经销
880 毫米×1230 毫米 16 开本 42.25 印张 2.5 印张彩页 1080 千字
2005 年 12 月第 1 版 2005 年 12 月第 1 次印刷
印数:2500 册
定价:258.00 元
读者服务部电话：010－64929211
发行部电话：010－64911190
出版社网址：http://www.class.com.cn

(附赠光盘)

《中国劳动和社会保障年鉴（2005）》编辑委员会成员

《中国劳动和社会保障年鉴》编辑部成员

编 辑 说 明

一、《中国劳动和社会保障年鉴（2005）》是关于劳动和社会保障工作的专业性史料工具书。全书通过翔实的资料和系统的阐述，介绍了2004年我国劳动和社会保障事业的发展概况，反映了劳动和社会保障工作改革与发展的成就、经验及今后需要继续研究解决的问题。它是党政机关领导干部、各部门工作人员、劳动和社会保障系统干部、工会工作者、企业领导及劳资干部，以及劳动和社会保障科学理论工作者有价值的参考用书和工具书。

二、本年鉴的内容共分6个部分，即劳动和社会保障工作概览、劳动和社会保障重要文献、全国劳动和社会保障工作、地方劳动和社会保障工作、劳动和社会保障大事记、劳动和社会保障统计资料。其中重要文献部分，特别刊登了我国首部关于专门阐述中国就业问题的白皮书——《中国的就业状况和政策》和首部专门阐述中国社会保障问题的白皮书——《中国的社会保障状况和政策》。

三、本年鉴中，全国劳动和社会保障工作分为：就业和再就业、职业培训、劳动关系、企业工资收入分配与劳动标准、养老保险、失业保险、医疗保险、工伤保险、生育保险、农村养老保险、社会保险基金管理与监督、法制建设、规划统计、信息化建设、科学研究、新闻宣传与出版、国际交流与合作、学会与协会。

《中国劳动和社会保障年鉴（2005）》的编辑出版是在全国劳动保障系统的共同努力下完成的。在此，谨向参加编辑出版工作的同志表示衷心的感谢。

《中国劳动和社会保障年鉴》编辑部

2005年10月

目　　录

劳动和社会保障工作概览

劳动和社会保障重要文献

一、党和国家领导人关于劳动和社会保障工作的重要讲话

二、劳动和社会保障部领导讲话和文章

三、《中国的就业状况和政策》白皮书

四、《中国的社会保障状况和政策》白皮书

五、2004 中国就业论坛共识

六、国际社会保障协会第 28 届全球大会宣言

七、重要文件

全国劳动和社会保障工作

地方劳动和社会保障工作

劳动和社会保障大事记

劳动和社会保障统计资料

一、2004 年度劳动和社会保障事业发展统计公报

二、统计资料

劳动和社会保障
工作概览

2004 年劳动和社会保障工作概览

2004 年，针对经济生活中出现的新情况、新问题，党中央、国务院采取进一步加强和改善宏观调控的政策措施，抓住主要矛盾，抓准关键环节，抑制经济运行中的不健康、不稳定因素，避免出现大的起落，保持了经济发展的良好势头。各项改革进一步推进，人民生活进一步改善。各级劳动保障部门认真落实科学发展观，坚持抓住重点，突破难点，把握平衡点的工作思路，劳动保障工作取得新进展，就业和再就业工作取得显著成效，“两个确保”继续得到巩固，社会保险覆盖范围继续扩大，社会保障制度建设稳步推进，劳动保障法制建设得到加强，劳动保障基础建设迈出新步伐。

——就业与再就业 2004 年，中央将就业再就业工作摆在更加突出位置，劳动保障系统认真贯彻落实党中央、国务院的一系列重要指示，进一步加大工作力度，就业再就业工作取得明显成效。全年城镇新增就业 980 万人，比预期目标多 80 万人。全年有 510 万下岗失业人员实现了再就业，其中“4050”人员再就业 140 万人。年末城镇登记失业人数为 827 万人，城镇登记失业率为 4.2%，比上年末下降 0.1 个百分点。进一步推进劳动力市场制度化、专业化、社会化建设，全国就业服务体系建设取得较大进展。到 2004 年末，117 个城市开展了职业供求信息季度分析并向社会发布。全国共有各类职业介绍机构33 890所。各级劳动保障部门办公共职业介绍机构23 347所，接受登记求职2 527.9万人次，介绍成功1 335.5万人次，比上年增长 18%。

2004 年末，全国城乡就业人员共75 200万人，比上年末增加 768 万人。其中，第一产业就业人员35 269万人，占全国城乡就业人员的 46.9%；第二产业16 920万人，占 22.5%；第三产业23 011万人，占 30.6%。城镇就业人员26 476万人，其中单位就业人员11 099万人，城镇私营企业和个体经济组织就业人员5 515万人，分别比上年末增加 129 万人和 593 万人。在城镇单位就业人员中，在岗职工10 576万人，比上年末增加 84 万人。

——职业培训 2004 年，贯彻落实全国人才工作会议精神，大力加强高技能人才队伍建设，带动职业培训工作全面开展。2004 年年底，全国共有技工学校2 884所，其中国家重点技校 472 所，高级技校 302 所。就业训练中心3 323所，社会培训机构21 425所。2004 年年底，全国技工学校在校学生 234 万人，比上年末增加 41 万人。面向社会开展培训 265 万人次，比上年增长 17%。社会培训机构开展培训1 488万人次，比上年增长 27.6%。全年组织 530 万人参加再就业培训，培训后有 350 万人实现了再就业，培训后再就业率达到 71%。全国共组织 40 万人参加创业培训，培训后有 23 万人成功创办了企业或实现了自谋职业，创业成功率达 60%。各地按照中央确定的人才强国战略，全面加强高技能人才培养和职业培训工作。实施了“三年五十万新技师培养计划”，组织实施了国家高技能人才培训工程。2004 年，新培养技师 12 万人。组织了 100 多项全国性职业技能竞赛活动，组织实施“创办和改善你的企业”（SIYB）培训项目，针对农村劳动力转移就业培训启动了“阳光工程”。2004 年末，全国职业技能鉴定机构9 458个。全年共有 880 万人参加了职业技能鉴定，比上年增长 28%，其中 736 万人获得职业资格证书，比上年增长 26%。

——劳动关系 进一步完善劳动合同制度、集体协商制度和协调劳动关系三方机制，加强劳动争议处理工作，劳动关系整体上保持了和谐稳定的局面。一是积极推进劳动关系三方协商机制建设。全国地市一级基本建立三方机制，多数省份延伸到区县一级。各地三方机构完善工作机制，在解决劳动关系领域的突出问题、维护社会稳定方面较好地发挥了作用。进一步完善集体协商和集体合同制度，年初颁布《集体合同规定》，印发了《关于贯彻〈集体合同规定〉的通知》，推动企业建立集体协商机制，提高集体合同签订率。地方集体合同立法工作也取得新进展，截至 2004 年年底，16 个省份出台了《集体合同条例》，2 个省份出台了《集体合同规定》，全国签订集体合同 67 万多份，覆盖职工 1 亿多人。二是做好国有企业改制改组中劳动关系处理工作。审核批复 51 家中央企业主辅分离改制分流总体方案，涉及辅业单位2 000余户，分流安置富余人员 31.6 万人。印发了《关于做好国有大中型企业改制分流安置富余职工有关问题的通知》，对国有企业改制过程中的劳动关系处理、社会保险接续、审核备案程序等相关问题做了规定。三是继续强化劳动争议的预防和调解工作，完善多渠道、多层次、多元化的劳动争议处理网络。2004 年全国各级劳动争议仲裁机构立案受理了 26 万件劳动争议案件，涉及劳动者 76 万人。其中，集体劳动争议案件 1.9 万件，涉及劳动者 47.8 万人。全年各级劳动争议仲裁委员会审理结案 25.9 万件，结案率达到 93.2%。此外，各级劳动争议仲裁委员会还以非立案方式调解处理劳动争议案件 7.1 万件。

——企业工资分配 着力解决拖欠农民工工资问题，加快完善企业工资立法，继续推进企业工资分配宏观调控体系建设，取得积极成效。一是加强工资支付法制建设。年初颁布了新的《最低工资规定》，全国 31 个省、自治区、直辖市全部建立了最低工资保障制度，2004 年全国有 16 个地区调整了当地最低工资标准，22 个省、自治区、直辖市以及 5 个城市（大连、青岛、宁波、深圳和成都）颁布了小时最低工资标准，西藏自治区首次颁布了当地最低工资标准。二是继续加强工资指导线、劳动力市场工资指导价位和行业人工成本信息指导制度建设，完善企业工资宏观调控体系。全国有 30 个省、自治区和直辖市建立了工资指导线制度，有 127 个城市发布了当地工资指导价位，有 13 个大中城市发布了行业人工成本信息。三是进一步完善国有企业工资总额管理，推进工资集体协商试点。印发了《关于报送 2004 年企业绩效工资总额的通知》《关于做好 2004 年企业工资总额同经济效益挂钩工作的通知》和《关于做好 2004 年国有企业工资内外收入监督检查工作的通知》等文件，指导中央金融企业及其他企业实行绩效工资改革，建立企业工资总额、水平随经济效益增长的机制，国家不再对其工资总额实行计划管理，并加强对工效挂钩和工资收入的监督检查。继续积极推进企业工资决定机制改革，工资集体协商试点范围进一步扩大，有 29 万家企业建立了工资集体协商制度。职工工资水平进一步提高，2004 年，全年城镇单位在岗职工平均工资16 024元，比上年增长 14.1%，扣除价格因素，实际增长 10.5%。国有单位在岗职工平均工资16 729元，城镇集体单位9 814元，其他单位16 259元。

——养老保险 大力推动养老保险制度改革，通过抓重点、抓调研、抓落实，在完善养老保险制度、突破扩面难点、提高企业退休人员养老金水平、提高统筹层次、发展多层次养老保险体系、推进离退休人员社会化管理服务等方面取得积极进展。一是继续加强扩面征缴工作。2004 年年底，全国基本养老保险参保人数为16 353万人，比上年末增加 847 万人。其中参保职工人数为12 250万人，比上年末增加 604 万人，离退休人数为4 103万人，比上年末增加 243 万人。基金收入继续保持较高增幅，2004 年，全国基本养老保险基金收入4 258亿元，同比增长 15.7%，其中企业征缴收入3 585亿元，同比增长 17.8%；全年全国基本养老保险基金总支出3 502亿元，同比增长 12.2%。在加强基金征缴，增加财政补助的同时，各级劳动保障部门还抓紧清理企业欠费，全年共清理企业欠费 164 亿元。二是在企业离退休人员基本养老金基本实现社会化发放的基础上，基本实现企业退休人员社会化管理服务。2004 年年底，全国共有3 430万企业退休人员实行社会化管理，比上年末增加 497 万人。年末全国企业退休人员社会化管理率为 93.2%，比上年末提高 8.7 个百分点。纳入社区管理的企业退休人员2 166万人，社区管理率达到 63.1%。四是企业年金制度建设开始起步，制定发布了《企业年金试行办法》《企业年金基金管理试行办法》和《企业年金管理运营机构资格认定暂行办法》，对加快建立多层次的养老保险制度起到促进作用。

——失业保险 失业保险紧紧围绕实施积极就业政策和完善社会保障体系，从建立促进就业的长效机制和完善失业保险制度入手，突出重点，在扩大覆盖范围、强化基金征缴、保障失业人员基本生活和促进再就业方面取得新的成效。2004 年年底，全国参加失业保险人数为10 584万人，比上年底增加 211 万人。年末全国领取失业保险金人数为 419 万人，比上年末增加 4 万人。2004 年，失业保险基金收入 291 亿元，支出 211 亿元，分别比上年增长 15.8%和 4.1%。

国有企业下岗职工基本生活保障向失业保险并轨工作取得新进展，北京、天津、辽宁、上海、浙江、福建、山东和广东等 9 个省份已经撤销了再就业服务中心，实现了下岗职工基本生活保障向失业保险并轨。“三条保障线”的衔接进一步加强。中心内下岗职工人数逐步减少。2004 年年底，国有企业（含国有联营企业、国有独资公司）下岗职工 153 万人，比上年末减少 107 万人。其中，进入再就业服务中心的下岗职工 92 万人。在下岗职工逐步减少的情况下，各地继续抓好下岗职工基本生活保障工作，使在中心的下岗职工全部足额领到了基本生活费并代缴了社会保险费。

——医疗保险 按照“完善政策、健全机制、积极扩面、强化管理、统筹兼顾、突出重点”的工作思路，一手抓扩面，一手抓管理，医疗保险工作取得新进展。一是针对经济结构调整的新情况，制定了推进混合所有制和非公有制经济组织从业人员参加医疗保险的指导意见，促进非公有制企业和灵活就业人员参保，同时侧重做好国有困难企业和破产转制企业退休人员参保工作，取得较好效果，医疗保险覆盖面进一步扩大。2004 年年底，全国医疗保险参保人数为12 404万人，比上年底增加1 502万人，其中，参保职工人数为9 045万人，参保退休人数为3 359万人，分别比上年底增加1 070万人和 432 万人。二是进一步加强了医疗保险定点医院和定点药店管理，规范了医疗费用结算管理。全国定点医药机构范围不断扩大，定点医疗机构已经达到 5 万多家，定点药店 3 万多家。三是组织有关专家，按照体现经济社会发展、体现临床医药科技进步、体现以人为本的原则，修订了基本医疗保险和工伤保险药品目录，西药品种增加了 42%，中成药品种增加了 98%。在药品品种调整的同时，对药品的剂型标准、给付限制范围进行了规范，更好地满足了参保人员合理用药的需求。各统筹地区医疗保险制度运行平稳，全年基本医疗保险基金收入1 141亿元，支出 862 亿元，分别比上年增长 28.1%和 31.6%，基金收支平衡。

——工伤保险 2004 年是《工伤保险条例》实施的第一年，劳动保障部和各地相继出台了配套文件和具体办法。2004 年，全国绝大部分统筹地区启动实施工伤保险。针对农民工就业流动性强的特点，制定实施了农民工参加工伤保险和工伤待遇支付的专项政策。2004 年年底，全国参加工伤保险的人数为6 845万人，比上年底增加2 270万人。全年工伤保险基金收入58亿元，支出33亿元，分别比上年增长55.1%和22.9%。全年享受工伤保险待遇52万人，比上年增加19万人。

——生育保险 按照“完善政策、强化管理、突出重点、协同推进”的工作思路，推进生育保险工作。印发了《关于进一步加强生育保险工作的指导意见》，对生育保险政策和管理等内容进行规范和指导。确定廊坊、包头、济南、绍兴、南京、桂林、襄樊、成都8个城市为生育保险工作重点联系城市，探索生育保险与医疗保险协调推进的管理模式，研究生育医疗费用按照病种结算的办法。2004年年底，全国参加生育保险的人数为4 384万人，比上年增加729万人。全年生育保险基金收入32亿元，支出19亿元，有46万职工享受生育保险待遇，比上年增加10万人次。

——农村养老保险 以农村城镇化进程较快的地方为重点，积极稳步推进农村社会养老保险工作，总结农村社会养老保险探索和整顿规范的经验，完善农村社会养老保险基本制度和配套政策，加快研究被征地农民、进城务工经商农民、小城镇农转非人员和农村计划生育对象的养老保险办法。截至2004年年底，全国31个省（自治区、直辖市）的1 887个县（市、区）不同程度地开展了农村社会养老保险，5 378万人参保，积累保险基金285亿元，约205万参保农民领取养老金。

——社会保险基金监管 以规范基金监管，确保基金安全为目标，着重建立监管制度、规范监管行为、建设监管队伍、提高监管能力，基金监管工作取得新进展。一是完善监管机制。加强社会保障监督委员会建设，发挥其沟通上下、联络左右的作用，有效整合监管力量，共同推进监管工作。2004年年底，全国建立省级监督委员会26个，比上年底增加7个，地市级监督委员会165个，增加了22个。二是拓展监管方式，强化监管手段。在开展现场监督检查的同时，以金保工程为依托，按照分类指导、分步实施、逐步完善的原则加强非现场监督工作，提高监管工作的质量和效率，发挥非现场监督连续、实时、动态监控的优势，弥补现场监督的局限性。三是加强法规建设，控制基金风险。印发了贯彻实施《企业年金试行办法》和《企业年金基金管理办法》的通知；劳动保障部与证监会共同发布了《关于企业年金基金证券投资有关问题的通知》，解决企业年金基金开户问题，规范开户行为，加强监督检查。

——劳动保障法制建设 在立法工作方面，国务院颁布了《劳动保障监察条例》，于2004年12月1日起实施。劳动保障部颁布《关于实施〈劳动保障监察条例〉若干规定》，推动各地建立健全劳动保障监察管理制度。颁布了《企业年金基金管理试行办法》《企业年金基金管理机构资格认定暂行办法》。各地根据工作急需并结合当地实际，出台了一系列劳动保障地方法规和规章。积极推进依法行政，完成了劳动保障部行政审批项目清理任务，在国务院审改办确认的45项劳动保障行政审批项目中，取消了13项，改变管理方式4项，保留了28项。

在执法方面，各地劳动保障监察机构加大维权力度，严肃查处违反劳动保障法律法规的行为。突出重点开展专项执法检查工作。一是开展了农民工劳动保障权益保护专项检查活动。2004年5月15日至6月15日，劳动保障部会同公安部、国家工商行政管理总局、全国总工会在全国联合开展了农民工劳动保障权益保护专项检查，重点检查各类企业与农民工签订劳动合同、禁止使用童工、工资支付、参加社会保险情况以及职业中介机构遵守劳动保障法律法规情况等。2004年12月1日至2005年2月1日，劳动保障部会同建设部、全国总工会组织开展农民工工资支付情况专项检查。二是劳动保障部会同公安、工商等部门及工会组织开展了贯彻《禁止使用童工规定》情况检查活动。三是劳动保障部会同商务部、国家环保总局、中国纺织工业协会组织开展了部分地区纺织企业遵守劳动保障及环境保护法律法规情况监督检查活动，督促企业贯彻落实国家劳动保障、环境保护法律法规，保障职工劳动保障权益和人身健康。在组织开展专项检查的同时，做好日常巡视检查和劳动保障年检工作，推动各地建立企业劳动保障诚信制度，加大对重点地区、重点企业的监察执法力度，及时受理群众举报案件，查处违反劳动保障法律法规的行为，维护劳动者的合法权益。全年主动检查用人单位 115 万户，年检用人单位 100 万户，查处群众举报投诉案件 25 万件，责令用人单位为1 103万劳动者补签劳动合同，补发 871 万劳动者被拖欠的工资，督促 18.4 万户用人单位补缴社会保险费 41 亿元，督促 8.8 万户用人单位办理了社会保险登记、申报，取缔非法职业中介机构7 470户，责令用人单位退还收取劳动者的风险抵押金 1.3 亿元，纠正用人单位制定的内部劳动保障规章制度 12.1 万件。

2004 年劳动保障工作有以下几个方面的特点：

1. 就业再就业政策体系更加完善，年度目标任务圆满完成

中央进一步加强了对就业再就业工作的领导，确定了“95147”的就业再就业目标任务，即城镇新增就业 900 万人，下岗失业人员再就业 500 万人，其中困难人员再就业 100 万人，城镇登记失业率控制在 4.7%左右，城镇新增就业人员和下岗失业人员再就业任务指标与 2003 年相比分别提高了 12.5%和 25%。9 月份，按照胡锦涛总书记的指示，国务院召开全国再就业工作表彰大会，对就业和再就业工作进行了再动员、再部署、再推动。这是党中央国务院连续第三年召开全国性以就业再就业为专题的会议，进一步推动了各级政府和社会各方面做好就业再就业工作。国务院再就业工作部际联席会议 16 个成员单位组织大规模联合调研，深入了解再就业政策执行情况，督促落实就业再就业目标任务。劳动保障部确定了“两个落实两个强化”的工作方针，一是落实目标任务。年初，印发了《关于印发 2004 年就业再就业专项计划的通知》，将中央确定的就业再就业任务指标逐省分解，并层层分解，逐级建立目标责任体系。二是落实各项政策。印发《部际联席会议成员单位 2004 年主要工作安排》，明确国务院再就业工作部际联席会议各成员单位工作任务。着力突破小额担保贷款、主辅分离等政策难点，分别召开推进小额担保贷款政策落实电视电话会和全国国有大中型企业主辅分离改制分流工作经验交流会，印发《进一步推进下岗失业人员小额担保贷款工作的通知》，要求各地简化贷款担保程序，降低反担保门槛，并对吸纳下岗失业人员达到一定比例的劳动密集型小企业加大贷款扶持力度。三是强化就业服务，积极开展以“送政策、送岗位、送技能、送服务”为主要内容的再就业援助活动，广泛动员社会力量，运用各项扶持政策大力开发公益性岗位，重点帮助困难群体实现再就业。召开开展人本服务推进就业服务新三化座谈会，在就业服务系统树立人本服务的理念，对就业服务制度化、专业化和社会化建设目标进行部署并组织实施。进一步完善公共就业服务制度，充分发挥各类社会中介服务组织的作用。在 100 个大中城市实现了市、区就业服务机构信息计算机联网，开通了劳动力市场信息网站，建立了职业供求信息分析制度，按季向社会发布信息，分析就业变化趋势。四是强化失业调控。印发了《关于进一步做好失业调控工作的意见》，明确了失业调控工作的主要目标和政策措施，以有效调控失业过量、努力缩短失业周期、防止失业过于集中、保证失业人员生活和求职有着落为 4 项具体目标，综合运用法律、经济和必要的行政手段对城镇失业的源头进行调控，把失业造成的影响控制在社会可承受的程度。

2. 企业离退休人员基本养老金按时足额发放，首次实现全年无拖欠

各地认真贯彻落实中央关于农垦企业纳入地方养老保险统筹的政策措施，解决了近几年确保养老金发放工作中的难点。同时，加强扩面征缴、加大资金投入、积极推进社会化管理

服务，对群众举报的拖欠养老金个案问题，坚持做到发现一起，查处一起。2004年全年足额发放离退休人员基本养老金3 031亿元，取得了1998年实行“两个确保”以来的最好成绩。2004年各级财政补贴基本养老保险基金614亿元，其中中央财政522亿元，分别比2003年增加84亿元和48亿元，增长15.8%和10.1%。为解决重点难点问题，中央财政在资金安排中还重点确定了对农垦企业的补助资金15亿元，到2004年年底，11个省（区）农垦企业136万职工和76万离退休人员已全部纳入养老保险统筹。农垦企业参保政策的落实，对实现全年养老金无拖欠起到了重要作用。国务院再次调整企业退休人员基本养老金水平，为此中央财政安排专项转移支付资金22.5亿元，全国月人均增加40元左右。

3. 改善农民进城就业环境工作取得初步成效

一是着重解决拖欠农民工工资问题。制定了《关于建设领域解决拖欠工程款问题工作方案》和《关于进一步解决建设领域拖欠工程款问题的意见》，明确了2004年上半年基本解决2003年建设领域拖欠的农民工工资，2005年上半年基本解决建设领域2003年以前陈欠的工作目标及政策措施。指导各地进一步摸清拖欠农民工工资底数并制定清欠计划，加强了对各地清欠工作的督促检查，建立拖欠工资月报告制度，开展了对农民工工资支付情况的专项检查工作。与建设部共同印发了《建设领域农民工工资支付管理暂行办法》，对建筑企业农民工工资支付进行了规范。截至2004年12月31日，全国已偿还建设领域农民工工资331亿元，偿付比例为上报拖欠总额336亿元的98.4%。其中2003年当年拖欠的164亿元，已偿还163.3亿元，偿付比例为99.6%。2003年以前历史拖欠的172.6亿元，已偿还167.7亿元，偿付比例为97.1%。二是加强对农民工的就业服务。2月，调查发布部分城市春运期间企业用工信息，引导农村劳动力按需有序流动就业。3月，集中整顿劳动力市场秩序，严厉打击非法中介机构和各种违规行为。5月，印发《关于加强跨省劳务输出工作有关问题的通知》，加强劳务工作派出机构建设，提高跨省劳务输出的组织化程度。10月，召开推进农村劳动力跨地区就业工作电视电话会议，指导各地取消限制、加强服务、推动培训、搞好对接、关注扶贫，切实改善进城农民就业管理服务，推进有组织的劳务输出和相关培训、服务工作。12月，国务院办公厅下发《关于进一步做好改善农民进城就业环境工作的通知》，要求各地进一步做好促进农民进城就业的管理和服务工作，切实维护农民进城就业的合法权益，进一步健全完善劳动力市场。各地公共职业介绍机构普遍开展面向进城就业农民的职业介绍服务，一些城市免费为进城务工农民提供就业信息和政策咨询。

4. 完善城镇社会保障体系试点取得新进展

在总结辽宁试点经验的基础上，2004年5月，正式启动吉林、黑龙江两省完善社会保障体系试点工作，并在辽宁试点的基础上提出了新的完善措施：突出强调了并轨过程中的失业调控工作，防止失业率急剧攀升；考虑到今后在全国推广，将一步做实养老保险个人账户改为分步做实；进一步改革了养老金计发办法，使之更紧密地与缴费年限挂钩。试点工作进展顺利，到2004年年底，吉林和黑龙江两省已有99万人实现了国有企业下岗职工基本生活保障向失业保险的并轨。两省从2004年1月1日起按5%做实个人账户，截至2004年年底，两省各级财政需承担资金均归集到位。吉林省新的计发办法从2004年1月1日起实行，全省2004年当年新退休人员10.5万人，按新办法计算，养老金应增加的人员占38.4%。黑龙江省从2004年7月1日起实施，2004年下半年新退休人员3.2万人，按新办法计算，基本养老金增加的人员占55.6%。

5. 明确了劳动保障工作处于转型期的时代特点

年底的劳动保障工作会议做出一个重要判

断，就是经过 7 年来的艰苦奋斗，劳动保障工作正在迈入一个新的发展阶段。这一阶段的总体目标是，把解决当前突出问题与建立长效机制有机地结合起来，实现劳动保障事业的制度更加完善、政策更加配套、管理更加高效、运行更加稳健。把握这一阶段的基本特点，我们在工作重心的确定上，就要在解决当前突出矛盾的同时更加注重探索建立长效机制；在工作目标的追求上，就要更加自觉地把经过实践检验、被证明行之有效的工作措施上升为政策和法律规范；在工作方式的改进上，就要把原来不得不采取的“疾风暴雨式”地解决紧迫问题的方法，转变为深入细致的制度完善、机制建设和管理能力提升；在工作绩效的评价上，就要在考核数量（如就业总量、社保扩面、劳动合同签订率等）的同时，更加注重对工作内在质量（如就业的稳定性、保障的有效性、劳动关系和谐程度等）的考核。各地厅局和部内各司局都要认真研究劳动保障工作转型阶段的新形势、新特点、新任务，探索新规律，掌握新方法，减少盲目性，提高自觉性。

劳动和社会保障
重要文献

一、党和国家领导人关于劳动和社会保障工作的重要讲话

温家宝、黄菊在全国再就业工作表彰大会上发表重要讲话

全国再就业工作表彰大会9月3日至4日在北京举行。中共中央政治局常委、国务院总理温家宝，中共中央政治局常委、国务院副总理黄菊等党和国家领导人亲切会见与会代表。温家宝发表了重要讲话，强调要充分认识做好就业再就业工作的极端重要性，把这项工作摆在经济社会发展更加突出的位置，坚定信心，解放思想，转变观念，广开门路，努力开创就业再就业工作新局面。

温家宝充分肯定了近年来就业再就业工作取得的成绩，代表党中央、国务院向全国再就业工作先进集体和个人表示祝贺和感谢。他指出，我国人口多，劳动力多，解决就业问题是长期重大而艰巨的任务。做好就业和再就业工作，直接关系人民群众的切身利益，关系改革发展稳定的大局，是安邦之策，是贯彻“三个代表”重要思想的生动实践，是落实科学发展观的具体行动，也是每个干部全心全意为人民服务的实际表现。要采取更加有力的措施，做更加扎实的工作，努力把就业再就业工作提高到新水平。他提出三点要求：第一，进一步提高认识，切实加强领导，把就业再就业工作放在经济社会发展的突出位置。第二，加快发展，推进改革，调整结构，实施积极的就业政策，特别要重视发展能够广纳就业的劳动密集型产业和个体、民营等非公有制经济。第三，继续认真落实党中央、国务院制定的各项再就业扶持政策，努力帮助下岗失业人员实现再就业，让更多的人找到岗位、改善生活。

黄菊在会上发表了题为《总结经验，发扬成绩，进一步做好就业再就业工作》的讲话。他指出，党中央、国务院高度重视就业再就业工作，做出了一系列重大决策和重要部署。各地区、各部门认真贯彻落实中央的决策部署，为促进就业再就业做了大量工作，取得了显著进展。各地结合实际创造了许多行之有效的经验和做法。一是必须牢固树立就业是民生之本的思想，始终把就业再就业工作摆在十分突出的位置。二是必须坚持“劳动者自主择业、市场调节就业、政府促进就业”的就业方针，走有中国特色的就业之路。三是必须把加快发展作为促进就业的根本途径，把改革调整与扩大就业紧密结合起来。四是必须充分发挥我们特有的政治优势，形成全党动手、各方参与、齐抓共管的工作格局。对各地在实践中创造的经验和做法，要认真总结推广，不断加以丰富和完善。

黄菊强调，当前及今后一个时期，我国就业压力还很大，任务依然繁重，要发扬成绩，再接再厉，继续抓紧做好就业再就业工作，不断取得新的成绩。第一，大力发展多种所有制经济和劳动密集型产业，千方百计增加就业岗位。第二，继续抓好政策落实，重点做好困难地区、困难行业和困难群体的再就业工作。第三，强化就业服务，大力开展职业培训。第四，统筹兼顾城乡就业，做好大学生就业和农村劳动力转移就业工作。第五，注意把握改革调整的力度和节奏，切实做好失业调控工作。第六，抓紧解决历史遗留问题，探索建立促进就业的长效机制。他还对继续做好社会保障工

作提出了要求。

国务委员兼国务院秘书长华建敏主持会议并作了总结讲话。他要求，各地区、各部门要深入贯彻落实会议精神，把思想行动统一到中央确定的方针政策和重大部署上来，奋发努力，积极进取，不断把就业再就业工作推向前进。

（新华社 2004 年 9 月 4 日电）

黄菊在中国就业论坛开幕式上发表重要讲话

“中国就业论坛”今天在北京开幕。中共中央政治局常委、国务院副总理黄菊出席开幕式并致辞。他说，在经济全球化深入发展、国际产业结构调整加快的新形势下，世界各国应该把促进就业放在更加突出的位置，增进了解，扩大共识，加强合作，为实现充分就业而不懈努力。

黄菊指出，为一切有劳动能力的劳动者提供就业机会，是经济发展和社会进步的重要前提，也是各国政府的重要职责和使命。在新世纪新阶段，为实现广大劳动者比较充分的就业，我们要运用更加非凡的智慧，制定更加有效的政策，采取更加有力的措施，付出更加艰苦的努力。世界各国政府应当进一步协调好经济增长与就业增加的关系，将促进就业放在更为突出的位置，增加政府和社会在就业方面的投入；选择有利于扩大就业的发展战略和增长模式，实施积极的就业政策；密切国家间、地区间的交流与合作，构建一个协调一致的国际就业战略，认真学习借鉴彼此成功的经验和做法。

黄菊介绍了中国改革开放 25 年来取得的伟大成就和当前的经济形势，阐述了中国政府的主要政策主张。他强调指出，中国政府和社会各界致力于发展经济、扩大就业，采取多种途径促进就业，为解决就业问题进行了富有成效的探索，取得了显著成绩。当前中国就业压力很大，任务依然艰巨。我们将把扩大就业作为民生之本和安国之策，摆在经济社会发展更加突出的位置，进一步加大工作力度，采取更加有效的政策措施，为解决我国就业问题作出更大努力。一是立足于经济发展，保持经济增长对就业的有力拉动。把结构调整与扩大就业结合起来，实现经济增长和就业的同步推进。二是继续实施积极的就业政策，在支持劳动者更多地通过市场自主就业和自主创业的同时，加大政府对就业的政策扶持力度和资金投入力度。三是加快建立和完善公共就业服务制度，全面提高就业服务水平。加大职业培训和技能人才队伍建设，不断提高广大劳动者的就业能力。四是健全再就业援助制度，为就业困难人员“送政策、送岗位、送技能、送服务”，帮助他们实现再就业。五是进一步加强与世界各国和有关国际组织的交流与合作，学习、借鉴和吸收一切有益的经验，推动中国就业工作不断取得新的进展。

黄菊在论坛开幕前会见了国际劳工组织总干事索马维亚。

这次“中国就业论坛”是由中国劳动和社会保障部与国际劳工组织共同举办的。论坛的主题是：“全球化、结构调整和促进就业”。有关国际组织、25 个国家的政府代表团以及国内外专家近 500 人参加了本次论坛。郑斯林、张俊九等有关方面负责人参加会见并出席论坛开幕式。

（新华社 2004 年 4 月 28 日电）

推进社会保障事业发展　共创人类幸福美好未来

——在国际社会保障协会第28届全球大会上的致辞

黄　菊

（2004年9月12日）

很高兴出席国际社会保障协会第28届全球大会。首先，我代表中国政府并以我个人的名义，对大会在北京召开表示热烈的祝贺，向与会代表和各位嘉宾表示诚挚的欢迎！

维护世界和平、促进全面发展、实现社会公正，是各国政府和人民的共同愿望和历史使命。本届大会以“社会保障：确保社会公平”为主旨，深入探讨全球范围社会保障的发展趋势，谋求进一步推动社会公正、平等、和谐，具有十分重要的意义。我相信，通过各国、各地区社会保障政策的制定者、管理者和专家学者的广泛交流，深入讨论，本届大会一定会促进各国政府更加关注民生、增进人民福祉，一定会对各国社会保障事业的长远发展发挥积极的作用。

社会保障制度的产生，是生产力发展到一定阶段的产物，是社会进步和文明的重要标志。经过100多年的发展，社会保障在各国经济和社会生活中的影响越来越大，已经成为市场经济不可或缺的重要支柱，发挥着社会的“稳定器”、经济运行的“减震器”和实现社会公平的“调节器”的作用。社会保障应该随着时代的发展和各国经济社会条件的变化，不断进行完善和改革。近20年来，从发达国家到发展中国家，都出现了社会保障改革的浪潮，成为当今世界发展的一个重要趋势。

中国是一个文明古国。互助互济、扶弱济困的理念源远流长。大约在公元前6世纪，中国儒家学者就提出了大同社会的理想。在他们憧憬的这个理想社会里，人们“不独亲其亲，不独子其子；使老有所终，壮有所用，幼有所长，鳏寡孤独废疾者皆有所养”。但是，在几千年的封建社会和100多年半殖民地半封建社会中，中国不可能实现这种社会理想。一直到中华人民共和国成立，中国才开始建立社会保障制度。

20世纪70年代末，中国开始实行改革开放政策，极大地解放和发展了社会生产力，国家面貌发生了巨大变化。在过去的25年里，国内生产总值年均增长9.4%，去年人均国内生产总值第一次超过1 000美元，综合国力显著增强，人民生活总体上达到了小康水平。

经济发展水平的显著提高，促进了社会保障制度的改革与发展。1993年，中国提出了建立社会主义市场经济体制的目标，也明确了社会保障体系建设的任务。在10多年的改革中，我们实行社会统筹与个人账户相结合的基本制度，确立了多层次社会保障体系的框架；扩大社会保障制度覆盖范围，实现从国有企业职工向多种所有制职工的拓展；通过实行个人缴费、加大政府财政投入和建立全国社会保障基金，初步形成了国家、企业和个人多元筹资的机制；实行“两个确保”“三条保障线”的政策，较好地保障了企业下岗失业人员、退休人员和低保对象的基本生活；推行社会保障事务的社会化管理服务，减轻了企业负担；开展了完善社会保障体系的试点，探索了农村社会保障的新路子。目前，一个独立于企业事业单位之外、资金来源多元化、保障制度规范化、管理服务社会化的社会保障体系正在形成，有效地支持了改革发展和结构调整，维护了社会稳定。

本世纪头 20 年，是我国加快推进社会主义现代化建设的重要战略机遇期。中国政府确定了全面建设小康社会的宏伟目标，对加快完善社会保障体系作出了部署。在总结国内外经验的基础上，我们将更加注重处理好几个重要关系，努力实现社会保障事业的健康发展，使之在促进改革发展稳定中发挥更大的作用。

第一，正确处理社会保障与经济发展的关系。经济发展在任何时候都是社会发展的前提，是社会保障的基础。只有把经济发展好，才能建立完善的社会保障体系，提高社会保障水平。在加快经济发展的同时，必须坚持统筹兼顾，不断加强社会保障工作。我国是一个发展中国家，经济仍然比较落后，社会保障水平必须根据中国的实际，与经济发展水平相适应，不能走“福利国家”的道路。国家建立和组织实施的基本保障制度，既要能保障居民的基本生活，又不超越国家的经济能力。

第二，正确处理社会保障与就业的关系。人口多、劳动力资源丰富，是中国的基本国情之一。这就要求我们必须始终把创造更多的就业机会作为政府工作的重点，实施积极的就业政策，引导劳动者通过就业获得收入，保障和提高居民家庭生活质量。从这个意义上讲，就业是民生之本，是最有力的保障手段。对于完全丧失劳动能力或者暂时失去就业机会的群体，政府应该提供帮助。我们必须统筹考虑就业和社会保障制度的建设，建立一种有利于公民积极参与创造财富的机制，鼓励劳动者去工作。

第三，正确处理当前与长远的关系。过去几年，我们通过“两个确保”和“三条保障线”，集中解决影响中国发展和社会稳定的两大现实问题：一个是2 000多万国有企业下岗职工的生活保障和再就业，一个是3 000多万企业退休人员基本养老金的按时足额发放。但是，社会保障制度不能只满足于解决眼前问题。为了国家的长治久安，针对人口老龄化、农村城镇化、经济成分和就业方式多样化可能带来的矛盾和问题，我们正着手研究建立一种可持续发展的长效机制。通过试点积累经验，加以总结推广，逐步做实个人账户，就是我们正在进行的一项具有长远和战略意义的重要工作。

第四，正确处理政府与市场的关系。在社会保障体系建设中，政府要发挥主导作用，积极推动社会保障立法，增加对社会保障的投入，提供全面便捷的公共服务。同时，要引入市场机制，实现政府与市场的合理分工，凡是市场能做好的，应尽量交由市场去做。还要发挥各类社会组织和社会成员的作用，形成社会保障责任共担机制，建立多层次的社会保障体系。

第五，正确处理政策制定与加强管理的关系。社会保障的最终目的，是在规定的时间、规定的地点，按照规定的标准，把社会保障待遇支付给规定的人。因此，在确定正确的模式、合理的制度结构和切合实际的政策措施的前提下，还要制定严格的管理制度和业务流程，坚持以人为本，完善管理手段，加强经办机构能力建设，不断提高管理水平和服务质量，把社会保障政策落到实处。

第六，正确处理立足本国国情与借鉴国际经验的关系。社会保障已有 100 多年的历史，许多国家积累了不少经验，需要相互借鉴，取长补短。由于各国经济发展水平不同，历史文化背景不同，建立社会保障制度的时间长短不同，保障方式、覆盖范围、待遇水平也必然存在差别。各国应当依据本国的实际情况，建立和完善有本国特点的社会保障制度。中国的社会保障制度建设起步比较晚，我们将进一步加强与世界各国的交流与合作，学习、借鉴和吸收一切有益的经验和做法，推动中国社会保障事业的发展。

国际社会保障协会是国际社会保障领域规模最大、最具代表性的国际组织，已经有70多年的历史，对世界社会保障事业的发展做出了重要贡献。中国政府高度重视国际社会保障协会在世界社会保障领域的重要作用，愿意继续加强与国际社会保障协会的全面合作，共同推进世界社会保障事业的发展。我们也希望国际社会保障协会和成员机构对中国完善社会保障制度继续给予关注和支持。

让我们携起手来，共同努力，使更多的人享有社会保障，实现社会公平和公正，推进世界和平与发展，共创人类幸福美好的未来！

预祝各位在中国度过愉快的时光！预祝国际社会保障协会第28届全球大会取得圆满成功！

黄菊在第七届中华技能大奖和全国技术能手表彰大会上发表重要讲话

第七届中华技能大奖和全国技术能手表彰大会暨全国劳动保障工作会议12月17日在北京召开。中共中央政治局常委、国务院副总理黄菊出席会议并讲话，强调要充分认识技能人才在我国现代化建设中的重要作用，加强职业技能培训，努力构建促进技能人才成长的体制机制，加快培养和造就一支强大的高技能人才大军，鼓励和支持广大职工学习现代科学知识与先进技能，岗位成才，争创一流，为现代化事业建功立业。

黄菊指出，小康大业，人才为本。全面建设小康社会，离不开高技能人才的创造性劳动与贡献。各级党委和政府要把建设高技能人才队伍摆在更加重要的位置，加快培养数以千万计的技能劳动者大军，全面提高劳动者职业素质和技能水平。要规划好、组织好、实施好国家高技能人才培训工程，落实好“三年五十万新技师培养计划”，加快培养企业急需的技术技能型、复合技能型人才，以及高新技术产业发展所需要的知识技能型人才，以此推动技能人才队伍的整体建设，带动各类高、中、初级技能人员梯次发展。

黄菊说，建设高技能人才队伍，加强培训是关键，体制机制是保证。要坚持市场化、社会化方向，加大培训投入，更新培训手段，扩大培训规模，提高培训实效。要加强体制创新、政策创新和观念创新，努力构建加快技能人才成长的体制和机制，充分发挥高技能人才的作用，在全社会形成崇尚技能、岗位成才的良好氛围，促进千千万万技能人才脱颖而出。广大职工要以高度的主人翁责任感，立足本职、爱岗敬业，刻苦学习科学文化知识，苦练职业技能，赶超先进，争创一流，为企业发展和国家现代化建设事业做出更大贡献。

黄菊强调，劳动保障工作直接关系广大人民群众的基本利益，事关改革发展稳定大局，事关社会公平和公正。要按照中央经济工作会议的部署，加强领导，明确责任，落实政策，通力合作，确保完成明年各项就业再就业目标任务，进一步做好社会保障工作。要继续实施积极的就业政策，抓好现有政策的贯彻落实，努力扩大就业；层层分解落实各项就业再就业目标任务，加强指导、督查和考核；加强就业指导和职业技能培训，积极推进就业服务专业化、制度化、社会化建设；统筹兼顾，继续做好大学毕业生就业和农村劳动力转移就业工作；高度重视对失业率的控制，防止失业过于集中和失业率急剧攀升；抓紧解决历史遗留问题，探索建立长效机制；加强劳动保障法制建设，促进劳动关系和谐稳定。要突出重点，在完善社会保障体系方面迈出新的步伐。继续巩固“两个确保”和“三条保障线”；养老保险要在继续确保发放的基础上，更加注重完善制度体系，重点是逐步做实个人账户，逐步提高统筹层次；各项社会保险都要进一步扩大覆盖面，提高非公有制经济和灵活就业人员的参保率；采取改进措施，完善医疗保险制度和管理办法。

20名中华技能大奖获得者、100名全国技术能手、55个国家技能人才培育突出贡献奖获奖单位受到了表彰。中央和国家机关有关部门负责人，各省区市、计划单列市劳动保障厅局长参加了会议。

（新华社2004年12月17日电）

二、劳动和社会保障部领导讲话和文章

在劳动保障工作形势分析会上的讲话

劳动和社会保障部部长　郑斯林

（2004年7月30日）

一、肯定成绩，把握形势，进一步增强做好劳动保障工作的信心

认真分析和准确把握形势，是我们党的传统，也是行之有效的工作方法之一。在革命战争时期，以毛主席为首的第一代中央领导集体，正确分析判断抗日战争、解放战争不同阶段的形势，制定了正确的战略和策略，领导革命不断走向胜利。在经济建设时期，历代中央领导集体都十分重视分析经济和社会发展的形势。不久前，党中央、国务院分别召开各地区各部门负责同志、专家学者和大型企业座谈会，广泛听取各方面意见，深入分析当前宏观经济形势，形成了正确的判断和下半年工作的思路。中央认为，去年以来，我国经济保持了较快增长，呈现出速度比较快、效益比较好、活力比较强的发展态势。但在经济快速增长的同时，也出现了一些不稳定、不健康的因素，国民经济处于一个重要关口。党中央、国务院见事早、判断准、行动快，及时采取了有针对性的调控措施，现在已经初见成效。农业特别是粮食生产形势出现重要转机，粮食播种面积扭转了连续5年下滑的势头，农民人均现金收入以两位数增长，这是多年来所没有的；固定资产投资增幅明显回落，由一季度的43%降到二季度的28.6%；货币信贷增势减缓，人民币贷款同比少增3 500多亿元；土地市场治理整顿取得重要进展，全国共撤并各类开发区4 735个，占开发区总数的70.2%，生产资料价格涨势趋缓。宏观调控措施的逐步到位，保证了国民经济继续保持平稳较快发展，上半年国内生产总值增长9.7%，规模以上工业增加值增长17.7%，经济效益继续提高；财政收入14 307亿元，同比增长30.6%；对外贸易继续快速增长，进出口总额5 230亿美元，同比增长39.1%；消费需求稳中趋旺，全社会消费品零售总额同比增长12.8%；就业和再就业工作取得新进展，各项社会事业进一步发展，社会保持稳定。

在这样的宏观背景下，各级劳动保障部门坚持以“三个代表”重要思想为指导，认真落实科学发展观，贯彻中央确定的方针政策和去年底劳动保障工作会议的部署，在各级党委、政府领导下，推动劳动保障工作取得了积极进展。一是就业和再就业工作时间过半，任务过半，积极就业政策的效力逐步显现。6月底，全国城镇新增就业人员590万人，完成全年任务的65%；领取《再就业优惠证》的下岗失业人员再就业284万人，其中“4050”人员再就业57万人，完成全年任务的57%；全国共有城镇登记失业人员837万人，城镇登记失业率4.3%，与去年底持平。对就业再就业的工作成效，中央是充分肯定的。从当前宏观经济平稳快速发展的态势和就业再就业的工作势头

看，我们对完成全年“95147”的目标任务充满信心。二是“两个确保”继续得到巩固。国有企业下岗职工减少到196万人，其中在中心122万人，全部足额领到了基本生活费。上半年，中央确定的农垦企业参保政策逐步落实到位；全国企业离退休人员基本养老金全部按时足额发放，连续6个月无拖欠，取得了自1998年以来的最好成绩。三是社会保险覆盖面继续扩大。上半年，除了失业保险受国有企业减员较多影响、参保人数略有下降外，其他4项保险的参保面均有明显扩大。养老保险和医疗保险到6月底分别达到15 806万人和11 628万人，已完成全年扩面任务，工伤保险也正在迅速推进。四是社会保险基金收入继续大幅增长，总体保持收支平衡。养老保险基金总收入1 775亿元，其中企业征缴收入继续保持高速增长，达到1 394亿元，同比多收入218亿元，继续保持增收大于增支的良好势头。医疗、失业和工伤保险基金都实现了收大于支，基金总体收支平衡。预计全年5项社会保险基金的收支总规模将首次超过1万亿元。五是城镇社会保障体系试点取得积极进展。辽宁省试点任务基本完成，吉林和黑龙江两省试点工作正式启动，并在辽宁经验的基础上提出了进一步完善的措施，目前正在积极推进。六是劳动关系调整和维护权益工作继续加强。解决拖欠农民工工资问题取得阶段性成果，到6月底，帮助建设领域农民工追回被拖欠工资272亿元，清欠率84%，其中清回2003年欠薪162亿元，清欠率97.3%。中央提出的上半年基本解决建设领域2003年农民工欠薪问题的目标基本实现。同时，中央关于国有企业主辅分离、辅业改制、分流安置富余人员的政策也正在得到落实。

这些成绩的取得，是我们坚决执行中央国务院决策的结果，是各司局同志和全国劳动保障系统努力奋斗的成果。更重要的是，党中央、国务院和各级党委、政府坚持科学发展观，把就业和社会保障摆在了更加突出的位置，对劳动保障工作给予了有力领导；今年上半年经济发展快，为劳动保障工作创造了较好的外部条件；同时还有各个有关部门的大力支持和协同配合。我们不能把功劳都记在自己身上，越是成绩明显越要保持头脑冷静，必须清醒地看到，劳动保障工作还面临着许多困难和矛盾。在就业和再就业工作方面，地区间发展不平衡，中西部和老工业基地、少数困难行业和资源枯竭地区下岗失业人员再就业难的问题更加突出；再就业扶持政策中有一些落实的不够好，小额贷款和主辅分离等政策难点还没有根本性突破；集体企业职工以及被征地农民的就业和社会保障问题也很突出。在社会保障方面，私营企业、个体工商户和灵活就业人员参加社会保险进展缓慢，参保率总体上不到20%；企业退休人员对养老保险待遇差问题反映强烈；困难企业职工及关闭破产企业退休人员参加医疗保险问题还没有得到解决。在劳动关系和维护职工权益方面，劳动合同签订率仍然比较低，侵害职工特别是农民工权益的案件时有发生，来信来访和群体性事件增多，解决难度增大，劳动保障法制建设也面临艰巨的任务。各司局的负责同志对劳动保障工作形势务必保持全面客观准确的判断，既要看到成绩喜人，又要看到问题不少；既要充满信心，又要加倍努力、一步一个脚印地去实现既定目标。

二、突出重点，再接再厉，全面完成今年劳动保障工作的各项任务

经过大家的讨论，我们可以把下半年劳动保障工作的总体思路概括为：以“三个代表”重要思想为指导，全面贯彻落实科学发展观，坚持年初确定的目标任务和工作思路，巩固上半年的成果，在扩大就业总量的同时更加注重提高就业质量，在全面维权的同时更加注重解决困难群众的就业和基本社会保障问题，在缓解当前突出矛盾的同时更加注重研究建立长效机制，在推进改革的同时更加注重法制、规划、信息网络、监督系统、管理和服务体系等基础建设。

（一）继续贯彻落实积极就业政策的各项

措施，确保完成今年就业再就业的目标任务

坚持“两落实两强化”，即进一步落实各级政府促进就业再就业的工作责任，落实各项政策措施；强化就业服务，积极推进就业服务的“制度化、专业化、社会化”，拓展服务功能，改进服务方式，大力开展各类职业培训，加强高技能人才队伍建设；强化失业调控，严格规范企业裁员，把登记失业率控制在预定的4.7%的范围内。要深入分析研究GDP、物价指数、失业率三个指标相互之间的内在联系，把握规律性，抓住当前经济发展势头比较好的有利时机，进一步加大工作力度，在完成年初预定目标的基础上，力争多安排一些人就业，缓解当前及今后的就业压力。要抓紧研究促进灵活就业的各项政策措施，注重提高就业的质量和稳定性，使灵活就业成为扩大就业的重要方式。要密切关注宏观调控对下半年及明年就业再就业工作可能带来的影响，及时发现新情况，研究新对策，在贯彻落实宏观调控方针的同时促进就业继续扩大。

（二）加大工作力度，进一步扩大社会保险扩面征缴成果

宏观经济继续保持平稳较快发展态势，为扩大社会保险覆盖面，提高基金征缴率提供了较为宽松的环境。要抓住这个机遇，努力扩大社会保险覆盖面，加强基金征缴。各险种扩面都要以私营企业、个体工商户和灵活就业人员为重点，能扩进来的要尽量扩进来。上半年养老保险基金征收继续保持了去年以来的好势头，要再接再厉，力争全年增收400亿元以上，实现增收大于增支的目标，为下一步在全国逐步做实个人账户奠定基础。医疗保险要落实困难企业职工和破产关闭企业退休人员的基本保障政策，并注意研究增支过快的倾向，加强管理，继续保持收支平衡。失业保险要重点指导几个省份扭转收不抵支的状况。工伤保险要确保扩面6 000万人的目标，特别是要采取有针对性的措施，在农民工比较集中的矿山、建筑行业大力推进。

（三）继续巩固“两个确保”的成果，力争实现企业离退休人员基本养老金全年无拖欠

要尽快将中央财政下拨的养老保险缺口补助资金落实到位，利用转移支付的挂钩机制，督促地方财政增加投入，巩固确保发放的成果，力争实现全年无拖欠。继续落实好农垦企业参加养老保险的政策和今年对农垦企业参保的资金补助。加强分类指导，进一步推进企业退休人员社会化管理工作，努力提高社区管理的比率。协商有关部门制订企业退休人员养老保险待遇调整方案，报国务院批准后组织实施。

（四）指导吉林、黑龙江做好完善城镇社会保障体系试点工作

要注意汲取辽宁试点的经验，督促两省制定和落实并轨和促进再就业的工作计划，确保两项工作协调推进，防止失业率过快增长。指导两省改革养老金计发办法，每多缴一年费增发1个百分点，以激励职工晚退休、多缴费。加强对做实后的个人账户基金的监管，积极探索基金投资运营渠道。

（五）努力做好改善农民进城就业环境工作

改善农民进城就业环境，是劳动保障部门服务大局，促进农民增收的一项重要工作。要从落实科学发展观，解决“三农”问题的高度，充分认识做好这项工作的重要性和紧迫性。要按照国务院领导同志的指示，积极协调有关部门，抓紧出台有关政策措施。国务院批准后，要明确责任，督促地方抓好落实。同时，要提高农村劳动力的转移就业能力，通过劳务输出带动职业技能培训工作的开展。继续抓好农民工工资清欠工作。

这里还要强调一点，今年下半年要积极筹划好明年的工作，同时做好“十一五”劳动保障规划的编制工作。各单位要及早动手，加强研究，明确明年以及“十一五”期间各项工作的发展思路、对策措施和主要指标。

三、立足当前，着眼长远，推动劳动保障事业再上新台阶

随着积极就业政策的出台和社会保障体系

框架的初步建立，以“两个确保”为重要标志的近几年劳动保障工作取得了明显进展，我国劳动保障事业要向制度更加健全、政策更加完善、管理更加高效的新阶段迈进。我们要以科学发展观为指导，围绕大局，把握机遇，研究新情况，解决新问题，慎思断行，谋定后动，既要立足当前做好下半年的工作，又要从全面建设小康社会的战略目标出发，研究解决推动劳动保障事业全面协调可持续发展的深层次问题。

（一）争取在本届政府任期内基本解决下岗职工的历史遗留问题

6月底，全国国有企业下岗职工为196万人，在中心的122万人，预测下半年还将继续减少。此外，集体企业还有200万下岗职工。全面解决体制转轨过程中的下岗职工问题的时机已经基本成熟。国务院领导同志指示，在本届政府任期内，要采取有针对性的措施，基本解决国有和集体企业下岗职工问题，建立起为各类企业和劳动者服务的新型就业和再就业工作体制和机制。实现这个目标，涉及到目前仍在中心的下岗职工的基本生活保障，涉及到下岗职工与企业解除劳动关系的经济补偿问题，还涉及到集体企业下岗职工享受基本生活保障和再就业政策问题。今年下半年，要深入调查研究，首先摸清底数，到底有多少下岗职工需要并轨，资金渠道如何解决，为中央决策提供参考；在此基础上，研究拟订切实可行的政策措施和分步骤、分类指导的实施计划，力争3年内基本解决这一历史遗留问题。

（二）研究建立养老保险的长效机制

党中央、国务院高度重视建立社会保障事业发展的长效机制。十六届三中全会对此提出了明确目标。黄菊同志在第一次听取我部汇报时，就强调要建立社会保障特别是养老保险的长效机制。东北三省试点是一个起步，现在要着手研究全国如何逐步做实养老保险个人账户的问题。既要有一个统一的思路，又要考虑到东中西部各省经济实力和管理水平差别很大，政策上不能一刀切。个人账户做实后积累起来的基金要有管理规范，遵循市场规律投资运营，实现保值增值。同时，要总结东北试点经验，在全国完善基础养老保险计发办法，发放标准与缴费年限挂钩。对提高统筹层次问题，一些地方有不同认识，但中央已经确定了就要坚决贯彻落实，要逐步取消县级统筹，实行市地级统筹，有条件的要实行省级统筹。这些机制建设关系到养老保险的可持续发展，今年下半年要出思路，明年争取拿出比较完整的办法。

（三）完善劳动关系协调机制和劳动争议处理机制

当前的突出问题是私营、个体等非公有制经济组织劳动合同签订率低，一些地方甚至低于30%。要针对这一问题，结合劳动保障执法检查，督促用人单位依法与劳动者签订劳动合同，提高合同签订率。重点在非公有制企业、国有改组改制企业和农民工中推进劳动合同签订工作。完善劳动关系三方协调机制，争取年内在全国地市一级基本建立三方协调机制，有条件的地区要向基层延伸。围绕企业和职工反映的突出问题，特别是在拖欠工资、工时休假、劳动条件方面，推动企业建立集体协商和集体合同制度，充分发挥它在协调劳动关系方面的重要作用。进一步完善劳动争议处理机制，加强仲裁员业务培训，构筑多层次、多渠道的劳动争议调解网络；要加强对群体性突发事件的处理，努力提高处理效果。

（四）坚持依法行政，积极推进劳动保障法制建设

今年3月，国务院发布了《全面推进依法行政实施纲要》，7月1日，《行政许可法》正式实施，对推进依法行政，建立法制政府提出了新要求。推进依法行政，首先要加强制度建设，做好立法工作。劳动保障立法的当务之急，是抓紧修改颁布《劳动和社会保障监察条例》，进一步修改《社会保险法（草案）》，起草论证《劳动合同法（草案）》，尽快上报国务院。要根据改革的进程，积极推进《促进就业法》和《职业技能培训考核条例》《工资支付

条例》的起草、论证工作。在做好立法工作的同时，要加强和改善行政执法，加大监察执法工作力度，实现日常巡查与专项执法相结合，劳动保障监察与有关部门执法相结合，确保法律法规得到全面正确实施。

要加大劳动保障法律法规和政策的宣传力度。当前劳动保障工作面临的一些突出矛盾，比如农民工权益被损害、社会保险扩面征缴难、信访和群体性事件增多等，除了体制、机制、制度方面的缺陷外，一个重要原因就是劳动保障的法规政策宣传还不普及。因此，要把宣传工作摆到重要位置，贯穿到业务工作的全过程，整合部内各司局和全系统的宣传资源，充分利用和正确引导社会媒体，让社会各界更多地了解劳动保障工作，促进用人单位依法用人、劳动者依法维护自身权利。

（五）加强劳动保障科学研究和国际合作

劳动保障科研工作要坚持理论与实践相结合，现实与长远相结合，国内与国际相结合，科研人员与行政管理人员、经办人员相结合，既要立足当前，为解决眼前突出矛盾提出办法；又要放眼长远，为劳动保障事业谋划未来；既要善于总结基层的实践，又要善于借鉴国际上的经验教训。比如，近来关于SA8000社会责任认证体系的讨论很多，科研机构要与有关司局结合起来，深入研究其背景，对我国的利弊，提出相应的政策建议，把握主动权。又比如，最近日本的养老金制度改革计划引起了政治波动，法国也出台了新的医疗保险政策，这些都对我国的社会保障制度改革有什么参考借鉴意义，也需要跟踪研究。要通过全面深入的研究，拿出一批对劳动保障事业长远发展有建设性意义的重大科研成果。

（六）积极推进劳动保障干部队伍作风和能力建设

作风建设关系到一个单位、一个部门的形象，关系到党和国家各项方针政策的落实。我们要在全部，在整个劳动保障系统反复强调树立满腔热情、脚踏实地的作风。满腔热情就是要带着对人民群众的深厚感情去工作，想群众之所想，急群众之所急，时刻把群众的利益放在心上，没有这样的感情，不可能做好劳动保障工作。脚踏实地就是想问题、办事情要从实际出发，从我国的国情国力出发，不唱高调，不吊胃口，不务虚功，不图虚名，一步一个脚印，扎扎实实地工作，把工作做细致、做实在。对一个单位来说，工作要有计划、有步骤，抓住重点，突破难点，一年着力解决一两个突出问题，积小胜为大胜，逐步达到目标，这是经过实践检验的科学工作方法。作为一个司局长，一定要在实践中学习掌握这种工作方法，既要满腔热情地去工作，又要加强学习，不断提高工作本领，提高科学判断形势的能力、总揽全局能力、科学决策能力、依法行政能力和开拓创新能力。这次形势分析会后，部里将以提高司局级干部的领导能力为重点，组织第一批司局长培训，下半年还要组织其他干部分期分批地培训。希望同志们高度重视，积极参加，认真学习，学以致用，努力提高自己的思想水平和工作能力。

全面完成今年的各项劳动保障工作任务，时间紧，任务重。我们要在以胡锦涛同志为总书记的党中央领导下，以“三个代表”重要思想为指导，全面贯彻落实科学发展观，满腔热情，脚踏实地，扎实工作，确保完成今年的各项目标任务。

学习先进　扎实工作
全面完成今年劳动保障工作各项任务

——在全国劳动和社会保障厅局长座谈会上的讲话

郑斯林

（2004年9月4日）

刚刚结束的全国再就业工作表彰大会，是国务院召开的推动就业和再就业工作的一次十分重要的会议。会上，温家宝总理亲切接见了受表彰的先进单位和个人代表，发表了重要讲话，黄菊副总理出席大会并作了重要报告，华建敏国务委员作了总结讲话。中央领导同志的讲话，高屋建瓴，总揽全局，以“三个代表”重要思想为指导，从贯彻落实科学发展观的高度，充分肯定了一年多来就业再就业工作所取得的成绩，高度评价了实践中行之有效的宝贵经验，深刻阐述了符合中国国情的就业发展战略，明确提出了进一步做好就业再就业工作的任务，为我们做好就业和劳动保障各项工作指明了方向。全国再就业工作表彰大会后，我们紧接着召开劳动保障厅局长座谈会，主要任务是：深入学习中央领导同志的重要讲话精神，学习受表彰的先进单位和个人的典型经验，加大工作力度，狠抓贯彻落实，进一步做好就业再就业工作、社会保障和劳动关系协调工作，全面完成今年劳动保障工作的各项任务。

一、深刻领会会议精神，学习先进，扎实工作，努力完成今年的就业和再就业工作任务

本届政府一年多来，坚持以“三个代表”重要思想为指导，全面贯彻落实科学发展观，特别是针对经济运行中的新问题，采取加强和改善宏观调控的一系列政策措施，保持了国民经济平稳较快增长，也促进了就业持续快速增长。从去年到现在的一年半中，全国实现新增就业岗位1 400多万个，累计促进724万下岗失业人员实现再就业（其中“4050”人员177万人）。总体上看，几项指标都超过了前几年的平均水平。温家宝总理在接见全国再就业工作表彰大会的代表时，对做好就业再就业工作提出了6条要求：一是进一步提高认识，加强领导；二是千方百计增加就业岗位；三是继续认真落实促进就业的各项措施；四是统筹做好高校毕业生就业和农村劳动力转移就业工作；五是改进就业服务，加强职业培训；六是远近结合，探索促进就业的有效机制，走出一条有中国特色的就业之路。黄菊副总理在报告中，从把就业再就业工作摆在经济和社会发展突出位置、坚持正确的就业方针、把改革调整与扩

大就业紧密结合起来、充分发挥政治优势形成工作合力4个方面，总结了实践中行之有效的宝贵经验。华建敏国务委员从推动工作的角度，部署了6个方面的重点任务。

学习中央领导同志的这些重要讲话，结合近年来特别是近一年多来就业和再就业工作的实践，我们体会，全国的就业再就业工作能有今天这样的局面，取决于以下几个重要原因：一是党中央、国务院作出了一项关乎民生、安邦固本的重大决策。把扩大就业放在经济社会发展更加突出的位置，实行促进就业的长期战略和政策，2003年首次将扩大就业列入宏观经济调控四大目标并狠抓落实。二是保持了一个有利于就业持续扩大的宏观经济环境。面对“非典”疫情的严重影响，中央始终坚持就业和再就业工作目标不动摇，特别是从去年下半年以来，采取加强和改善宏观调控的一系列措施，避免经济大起大落，为保持就业局势的基本稳定、就业规模的持续扩大提供了条件。三是实施了一套符合我国国情的积极的就业政策。2002年形成政策性框架，2003年进一步完善，形成了比较健全的政策体系，在各地狠抓落实的基础上，今年召开全国再就业工作表彰会进一步推动落实，从政策制定到颁布，再到落实，环环紧扣，一气呵成，力度不断加大。四是形成了一个全党动手，全社会动员，各方面、各部门共同参与的工作格局。各级党委高度重视，政府一把手亲自抓，各部门通过联席会议制度，互相支持配合，工会、共青团、妇联等社会团体也纷纷为下岗失业人员献爱心、送温暖、办实事。这四条，既是对我们促进就业和再就业实践的科学总结，也是今后各项工作必须始终坚持的宝贵经验。把这些宝贵经验运用好、实践好、发扬好，我们就能进一步做好各项劳动保障工作。

今年后4个月以及今后几年，就业和再就业工作任务仍然十分艰巨。各级劳动保障部门要以这次表彰会为契机，抓住目前宏观经济平稳较快增长的有利时机，认真学习和大力宣传推广先进单位和个人的典型事迹和经验，激励斗志，振奋精神，继续做到“两落实两强化”，进一步做好就业和再就业工作，确保全面完成“95147”的目标任务。

（一）继续落实各级政府促进就业再就业的工作责任

要认真落实胡锦涛总书记“关键在于领导重视、政策到位、工作扎实”的重要批示精神，对今年目标任务的完成情况再进行一次梳理，分析矛盾，查找原因，对症施策，确保计划落实到单位和人头。对没有完成计划的地区加强督查和工作调度，逐月检查，确保完成今年的任务。已经完成计划的地区，要加强领导，防止松懈。要深入分析研究GDP、物价指数、失业率三个指标相互之间的内在联系。经济运行有自身的周期性，增长率年度间有高有低是正常现象，要把握规律性，抓住当前经济发展势头比较好的有利时机，进一步加大工作力度，在完成年初预定目标的基础上，力争多安排一些人就业，缓解当前及今后的就业压力。

（二）继续落实各项政策措施，切实发挥政策促进就业的积极作用

全面落实各项政策，重点落实好再就业资金的投入政策，在用好中央财政再就业资金的同时，各地要加大配套资金投入。加大小额贷款政策落实力度，开展创业培训和信用社区试点，对100个城市实行月调度、月通报等措施，突破这一政策难点。针对主辅分离落实难的问题，要积极配合国资委等部门，重点解决好国有企业改组改制中处理资产转移、处理劳动关系和扶持兴办实体等问题，切实加强分流人员的再就业培训。

（三）强化就业服务，积极推进就业服务的“制度化、专业化、社会化”

要充分利用社会资源，拓展服务功能，改进服务方式，提高服务质量。积极开展人本服务，以服务对象为中心，推行个性服务、贴心服务、诚信服务。进一步完善公共就业服务制度，落实对下岗职工和失业人员免费服务的政策。大力推广劳务派遣、就业基地和社区组织

就业的模式，增强灵活就业的稳定性。继续把困难对象作为再就业服务的重点，大力开发公益性岗位，切实落实各项扶持政策，依托街道社区劳动保障工作平台，做好再就业援助工作。要切实发挥职业培训在促进就业中的重要作用，大力开展各类职业培训，提高培训的实用性、针对性，运用政策引导，推动职业培训的社会化、市场化运作。加强高技能人才队伍建设，在培养、选拔、评价、使用、激励、交流、保障各个环节取得实效。

（四）强化失业调控，把城镇登记失业率控制在预定的4.7%以内

各地劳动保障部门要以控制城镇登记失业率为目标，抓紧研究制订本地区的失业调控工作方案，搞好组织实施。加强同有关部门的合作，分步实施国有企业关闭破产、改组改制工作，把握好节奏和力度，做到成熟一户操作一户，使职工得到妥善分流安置。规范企业裁员行为，避免规模性裁员，对一次性裁员超过一定数量和比例的，要事先向当地政府报告，做好相应工作。积极支持国有大中型企业实施主辅分离、辅业改制分流安置富余人员，减少失业人员数量。积极稳妥地做好并轨工作，注意把握好并轨同再就业工作的衔接，防止失业率过快增长。要密切关注宏观调控对今年后几个月及明年就业再就业工作可能带来的影响，及时发现新情况，研究新对策，在贯彻落实宏观调控方针的同时促进就业继续扩大。

二、统筹兼顾，协调推进，全面完成今年劳动保障工作的各项任务

在全国再就业工作表彰会上，国务院领导同志强调，要全面贯彻落实科学发展观，在做好就业再就业工作的同时，进一步加强社会保障体系建设，并对做好各项劳动保障工作提出了新要求。7月底，部里召开上半年劳动保障工作形势分析会，对今年以来劳动保障工作取得的进展、面临的困难和问题进行了深入研究，会议认为，今年以来，各项劳动保障工作取得了积极进展，就业和再就业工作进展较快，“两个确保”继续巩固，社会保险覆盖面不断扩大，基金收入持续大幅增长，劳动关系调整和维护权益工作得到加强，吉黑两省完善城镇社会保障体系试点开始实施。会议确定，下半年劳动保障工作的总体思路是：以“三个代表”重要思想为指导，全面贯彻落实科学发展观，坚持年初确定的目标任务和工作思路，巩固上半年的成果，在扩大就业总量的同时更加注重提高就业质量，在全面维权的同时更加注重解决困难群众的就业和基本社会保障问题，在缓解当前突出矛盾的同时更加注重研究建立长效机制，在推进各项制度改革的同时更加注重法制、规划、信息网络、监督系统、管理和服务体系等基础建设。

（一）加大工作力度，进一步扩大社会保险扩面征缴成果

今年头7个月，除了失业保险受国有企业减员较多影响而使参保人数略有下降外，其他保险的参保面均有明显扩大。7月底，全国养老、医疗、工伤和生育保险参保人数分别达到15 897万人、11 733万人、5 592万人和3 805万人，分别比去年底增加391万人、831万人、1 017万人和150万人。1—7月，全国养老保险基金总收入2 136亿元，其中企业征缴收入1 667亿元，同比增长18.8%，增收264亿元，继续保持增收大于增支的良好势头。医疗、失业和工伤保险基金总体上都实现了收支平衡。目前，宏观经济继续保持平稳较快发展态势，为扩大社会保险覆盖面、提高基金征缴率提供了较为宽松的环境。我们要抓住这个机遇，使各项社会保险扩面征缴工作再上一个新台阶。各个险种扩大覆盖面都要适应经济结构调整、所有制结构调整和就业形式变化的新格局，以非公有制经济组织从业人员和灵活就业人员为重点，能扩进来的要尽量扩进来。要进一步加强基金征缴，养老保险基金力争全年增收400亿元以上，实现增收大于增支的目标，为下一步在全国逐步做实个人账户奠定基础。医疗保险要继续按照低水平起步、重点保障大病的工作思路，着力做好混合所有制企业、非

公有制经济组织和进城务工人员参保工作，尽量将有部分缴费能力的困难企业纳入医疗保险，同时要着力探索解决国有关闭破产企业退休人员医疗保障资金来源问题；要切实加强管理，密切关注一些地方基金支出增速过快的现象，继续保持收支平衡。失业保险要加大依法扩面力度，遏制参保人数减少趋势，加强基金征缴，增强基金支撑能力。工伤保险要加大贯彻实施《工伤保险条例》的力度，确保年底所有统筹地区启动实施，并实现参保人数达到6 000万人的目标，特别是要采取有针对性的措施，推进农民工比较集中的矿山、建筑行业参加工伤保险。

（二）继续巩固“两个确保”的成果，力争实现企业离退休人员基本养老金全年无拖欠

7月底，国有企业下岗职工减少到174万人，其中在中心116万人，全部足额领到了基本生活费。中央确定的农垦企业参加属地基本养老保险的政策逐步落实到位，7月底，全国农垦企业89%的职工和97%的离退休人员已经参保。全国企业离退休人员基本养老金全部按时足额发放，连续7个月无拖欠，取得了自1998年以来的最好成绩。我们要继续巩固“两个确保”的成果，尽快将中央财政下拨的养老保险缺口补助资金落实到位，同时利用转移支付的挂钩机制，加大地方财政的资金投入；继续落实好农垦企业参加养老保险的政策，确保将中央和地方各级财政对农垦企业参保的资金补助落实到位，力争实现全年无拖欠。加强分类指导，进一步推进企业退休人员社会化管理工作，努力提高社区管理的比率。尽快制订企业退休人员养老保险待遇调整方案，报国务院批准后组织实施。

（三）指导吉林、黑龙江做好完善城镇社会保障体系试点工作

在辽宁省试点任务基本完成后，今年5月19日和22日，吉林和黑龙江两省分别召开试点动员大会，标志着试点工作正式启动。最近，国务院领导同志专门对两省试点做出重要批示，要求加强领导，健全制度，明确责任，工作到户到人；精心组织，经常监督检查，注意总结经验。在试点过程中，两省要突出重点，认真制定并轨和促进再就业的工作计划，确保两项工作协调推进，防止失业率过快增长；认真组织实施新的基本养老金计发办法，落实个体工商户和灵活就业人员的参保缴费政策；加强对做实后的个人账户基金的监管，积极探索基金投资运营渠道。要加强对试点工作的跟踪指导和分析研究，及时发现新情况新问题，确保各项试点工作稳步推进，为全国完善城镇社会保障体系提供经验。

（四）加强劳动关系协调，及时处理劳动争议，积极维护职工权益

今年以来，我们坚持维护职工合法权益、促进劳动关系和谐，着力解决劳动关系方面的突出矛盾，重点抓了理顺和规范国有企业改制重组中的劳动关系、三方协调机制建设、建立集体合同制度、预防处理劳动争议和群体性事件等方面工作，总体保持了劳动关系的基本平稳。但从当前的形势看，劳动关系协调矛盾仍然比较突出，劳动争议仍然有增无减，群体性事件仍居高不下，维护稳定的任务仍然十分繁重。不久前，中央政治局常委会专门研究了处理信访突出问题及群体性事件问题，胡锦涛总书记做出重要指示，决定建立中央处理信访突出问题和群体性事件联席会议制度。8月17日，联席会议召开了第一次会议，提出了开展集中处理信访突出问题及群体性事件第一阶段工作意见。我部作为联席会议成员单位和国有企业改制问题工作小组、企业军转干部问题工作小组成员单位，责任重大，近期部里将下发通知，对做好这项工作作出部署安排。各地劳动保障部门，特别是信访和群体性事件突出的地区，要坚决贯彻中央要求，按照“分级负责、归口管理”和“谁主管、谁负责”的原则，按照中央联席会议提出的“人要回去、事要解决”的要求，严格工作责任制，明确职责范围，制订和落实应急处理预案，切实处理好当前的信访突出问题。各级劳动保障部门要从人民群众根本利益出发，从维护改革发展稳定

大局的高度，积极稳妥地做好关闭破产国有企业职工安置工作，及时接续社会保险关系，加强劳动关系协调。结合劳动保障监察执法检查，督促用人单位依法与劳动者签订劳动合同，提高合同签订率。大力推进企业建立集体协商机制，要重视在非国有企业、劳动关系矛盾突出的企业开展集体协商，突出集体合同在维护职工合法权益方面的作用。完善劳动关系三方协调机制，争取年内在全国地市一级基本建立三方协调机制，有条件的地区要向基层延伸。要充分发挥三方协调机制的作用，认真解决职工反映拖欠工资、工时休假、劳动条件等方面的突出问题。在劳动争议案件增长快、数量大的地区，积极推行劳动争议仲裁实体化建设。根据“灵活、公正、效率”的原则，完善现有仲裁程序，提高办案效率。加强仲裁员业务培训，提高其专业化程度。进一步完善劳动争议处理机制，构筑多层次、多渠道的劳动争议调解网络。

（五）努力做好改善农民进城就业环境工作

中央领导同志十分重视农民增收和维护农民工合法权益问题，上半年多次就有关农民工的就业和权益保障问题做出重要批示。改善农民进城就业环境，是劳动保障部门促进农民增收、维护农民工合法权益的一项重要工作。按照领导同志指示，我们着力抓了以下工作：一是全力做好农民工工资清欠工作，研究制定建筑业农民工工资支付管理办法，继续推动地方建立解决拖欠工资问题的制约机制。到6月底，同建设部等部门一起帮助建设领域农民工追回被拖欠工资272亿元，清欠率达84%，其中清回2003年欠薪162亿元，清欠率达97.3%，实现了中央提出的上半年基本解决建设领域2003年农民工欠薪问题的目标。最近，我部又会同建设部发布了《建设领域农民工工资支付暂行办法》，以进一步规范建筑企业工资支付行为，同时还会同公安部等部门在全国联合组织开展农民工劳动保障权益保护专项检查。二是积极协调有关部门，研究制定改善农民进城就业环境的政策措施。三是开展了进城农民工和被征地农民社会保障问题的综合调研，为制定有关政策提供了依据。四是加强农民工职业技能培训，提高农村劳动力的转移就业能力，通过劳务输出带动职业技能培训工作的开展。今年后几个月，我们要将改善农民进城就业环境作为一项重点工作，按照国务院要求和部里的工作部署，积极落实各项政策措施。落实中央提出的清理欠薪目标，进一步加大劳动保障监察执法力度，开展全国范围的农民工工资支付专项检查，建立解决拖欠工资问题的长效机制。重视和加强城镇化进程中农民工和被征地农民的社会保障政策研究，制定适合其特点和符合实际情况的参保办法，在有条件的地方积极探索，注意总结经验，在实践中不断完善。

三、立足当前，着眼长远，推动劳动保障事业再上新台阶

随着积极就业政策的出台和社会保障体系框架的初步建立，近几年以“两个确保”为重要标志的劳动保障工作取得明显进展，我国劳动保障事业正在逐步向制度更加健全、政策更加完备、管理更加科学的新阶段迈进。我们要以科学发展观为指导，围绕大局，把握机遇，慎思断行，谋定后动，既要立足当前做好今年后几个月的工作，又要从全面建设小康社会的战略目标出发，研究解决中长期的深层次问题，推动劳动保障事业全面协调可持续发展。

（一）争取在本届政府任期内基本解决下岗职工的历史遗留问题

7月底，全国国有企业下岗职工为174万人，在中心的116万人，今年后几个月还将继续减少。此外，集体企业还有200万下岗职工。全面解决体制转轨过程中的下岗职工问题的时机已经基本成熟。我们要采取有针对性的措施，力争在本届政府任期内，基本解决国有和集体企业下岗职工问题，建立起为各类企业和劳动者服务的新型就业再就业和失业保险工作机制和体制。实现这个目标，涉及到目前仍

在中心的下岗职工的基本生活保障，涉及到下岗职工与企业解除劳动关系的经济补偿问题，还涉及到集体企业下岗职工享受基本生活保障和再就业政策问题。为做好这项工作，首先要深入调查研究，摸清底数，到底有多少下岗职工需要并轨，资金渠道如何解决，为中央决策提供参考。在此基础上，研究拟订切实可行的政策措施和分步骤、分类指导的实施计划，力争3年内基本解决这一历史遗留问题。

（二）研究建立养老保险的长效机制

党中央、国务院高度重视建立社会保障事业发展的长效机制。十六届三中全会对此提出了明确目标。黄菊副总理多次听取我部汇报，强调要建立社会保障特别是养老保险的长效机制。东北三省试点是一个起步，现在要着手研究全国如何逐步做实养老保险个人账户的问题，既要有一个统一的思路，又要考虑到东中西部各省经济实力和管理水平的差别，政策上不能“一刀切”。个人账户做实后积累起来的基金要有管理规范，遵循市场规律投资运营，实现保值增值。同时，要总结东北试点经验，在全国完善基础养老金和个人账户养老金计发办法，将发放标准与缴费年限、享受年限相挂钩。要进一步提高统筹层次，逐步取消县级统筹，完善市地级统筹，有条件的要实行省级统筹。这些制度和机制方面的改革和完善，关系到养老保险制度的可持续发展，各地要积极研究和探索，今年要出思路，明年争取拿出比较完整的办法。

（三）加快金保工程建设，促进劳动保障事业可持续发展

金保工程是党中央、国务院在“十五”期间提出的12项重点建设的电子政务工程之一。目前已完成国家发改委的立项和审批程序。加快金保工程建设，是劳动保障事业适应时代要求、增强发展后劲、提高工作效率的基础性建设。近日，黄菊副总理作出重要批示，指出金保工程是一项重要的电子政务工程，对完善社会保障体系等具有重要意义。要求各级政府要高度重视、加强指导、加速推进。我们要按照国务院领导的要求，切实抓好金保工程规划、组织、实施工作，争取用2～3年时间，基本建成一个覆盖全国的完整、高效、务实的网络系统，为劳动者参加社会保障、就业和维权等提供更好的服务。

（四）坚持依法行政，积极推进劳动保障法制建设

今年3月国务院发布了《全面推进依法行政实施纲要》，7月1日《行政许可法》正式实施。这标志着依法行政进入一个新阶段，对建立法治政府提出了新要求。在国务院审改办确认纳入清理范围的45项劳动保障行政审批项目中，根据有关法律、行政法规和国务院决定，我们劳动保障部门保留的行政许可和非行政许可审批项目共28项，改变管理方式的4项，取消的13项。各级劳动保障部门要严格执行，对保留的项目要按照《行政许可法》和国家有关规定做好办理工作，对改变管理方式的项目要加强监管，对取消的项目要坚决停止执行。在立法方面，要积极推进《劳动和社会保障监察条例》修改颁布工作。进一步修改《社会保险法（草案）》，起草论证《劳动合同法（草案）》。要根据改革的进程，积极推进《促进就业法》和《职业技能培训考核条例》《工资支付条例》的起草论证工作。同时，要加强劳动保障法律法规和政策的宣传，促进用人单位依法用工、劳动者依法维权。要加强和改善行政执法，加大监察执法工作力度，实行举报专查、日常巡查与专项执法相结合，处理当前违法案件与建立监察执法长效机制相结合，确保法律法规得到全面正确实施。

（五）加强调查研究，积极筹划好明年工作，做好“十一五”劳动保障规划的编制工作

明年是“十五”计划的最后一年，做好明年的劳动保障工作，对全面完成“十五”计划、为实施“十一五”计划奠定基础具有十分重要的意义。凡事预则立，不预则废。为做好明年工作，今年后几个月的重要任务之一是要加强调查研究，精心筹划好明年的劳动保障工作，明确工作思路、工作重点和主要工作指

标，科学合理地编制好明年计划，以加强工作的预见性，避免盲目性。同时，要及早动手，研究如何做好“十一五”计划的编制工作，明确“十一五”期间各项工作的发展思路、对策措施和主要指标。

（六）积极推进劳动保障干部队伍的能力和作风建设

党的十六大从推进党的建设伟大工程和提高党的执政能力的高度，对领导干部的能力建设提出了明确要求，领导干部要努力提高科学判断形势的能力、驾驭市场经济的能力、应对复杂局面的能力、依法执政的能力和总揽全局的能力。党的十六届四中全会将按照十六大的部署，研究加强党的执政能力建设问题。这是我们党从所担负的历史使命，从推进全面建设小康社会和巩固党的执政地位的高度作出的重大决策。各级劳动保障部门的领导干部，都要充分认识加强劳动保障干部队伍能力建设的重要意义，身体力行，率先垂范，努力提高自己解决劳动保障实际问题的能力。

要进一步加强作风建设和廉政建设。作风建设关系到一个单位、一个部门的形象，关系到党和国家各项方针政策的落实。我们要在整个劳动保障系统反复强调树立满腔热情、脚踏实地的作风。满腔热情就是要带着对人民群众的深厚感情去工作，想群众之所想，急群众之所急，时刻把群众的利益放在心上，没有这样的感情就不可能做好劳动保障工作。脚踏实地就是想问题、办事情要从实际出发，从我国的国情国力出发，不唱高调，不吊胃口，不务虚功，不图虚名，一步一个脚印，扎扎实实地工作，把工作做细致、做实在。从廉政建设方面看，这几年我们劳动保障部门总体上做得是比较好的，但绝不能掉以轻心，思想上松懈，行动上麻痹。从当前劳动保障部门的工作实际看，预计到今年年底，全年5项社会保险基金的收支总规模将超过1万亿元，其中，总收入5 500亿元，总支出4 570亿元，另外，我们还管理着一部分就业和再就业资金。虽然这样庞大的资金不从我们手里直接过，但我们掌握着分配权。这些资金是老百姓的保命钱、血汗钱，我们一定要以对党对人民高度负责的态度，加强基金监督和管理工作，把基金管好用好，确保安全完整，严禁挤占挪用，严禁在资金管理和分配过程中徇私舞弊、行贿受贿。

立足当前　着眼长远
努力开创劳动保障工作的新局面

——在全国劳动和社会保障工作会议上的讲话

郑斯林

（2004年12月17日）

刚才，黄菊副总理作了重要讲话，从全面落实人才强国战略的高度，强调了搞好高技能人才队伍建设的重要性；按照科学发展观的要求和中央经济工作会议的部署，深刻论述了建立劳动保障工作长效机制的必要性和紧迫性，对做好当前及明年劳动保障工作提出了明确要求。我们要深入学习，认真抓好贯彻落实。这次全国劳动和社会保障工作会议的主要任务是：以邓小平理论和“三个代表”重要思想为指导，落实科学发展观，贯彻党的十六大和十六届三中、四中全会精神，按照中央经济工作会议的部署和黄菊同志的要求，全面总结今年的劳动保障工作，研究安排明年的工作任务。

一、2004年劳动保障工作取得重大进展

今年以来，针对经济生活中出现的新情况新问题，党中央、国务院采取进一步加强和改善宏观调控的政策措施，抓住主要矛盾，抓准关键环节，抑制经济运行中的不健康不稳定因素，避免出现大的起落，保持了经济发展的良好势头。预计全年国内生产总值增长9%或略高一些，各项改革进一步推进，人民生活进一步改善。

经济平稳较快增长，社会事业不断发展，既有劳动保障工作做出的积极贡献，又为劳动保障事业的发展提供了良好的机遇和条件。今年以来，在党中央、国务院的正确领导下，各级劳动保障部门认真落实科学发展观，坚持抓住重点，突破难点，把握平衡点的工作思路，劳动保障工作取得新进展。

（一）就业和再就业工作取得显著成效

今年，中央确定了“95147”的目标任务，进一步加强了对就业再就业工作的领导。9月份，按照胡锦涛总书记的指示，国务院召开全国再就业工作表彰大会，对就业和再就业工作进行了再动员、再部署、再推动。这是党中央、国务院接连第三年召开全国性专题会议，充分体现了党中央、国务院的高度重视，进一步推动了各级政府和社会各方面做好就业再就业工作。国务院再就业工作部际联席会议16个成员单位组织大规模联合调研，深入了解再就业政策执行情况，督促落实任务，黄菊副总理亲自听取汇报，做出了重要指示。按照党中央、国务院的部署，我们确定了“两个落实两个强化”的工作方针，各地全面贯彻积极的就业政策，坚持落实各级政府的目标责任，落实

各项政策措施，着力突破小额贷款、主辅分离等政策难点，强化就业服务，积极开展以“送政策、送岗位、送技能、送服务”为主要内容的再就业援助活动，强化失业调控，规范企业裁员行为，创造了许多行之有效的经验，使就业和再就业工作取得了比预期目标要好的成绩。1—11月，全国城镇新增就业人员910万人，下岗失业人员再就业460万人，其中“4050”人员再就业110万人，分别完成了全年任务的101%、92%和110%。9月底全国城镇登记失业人员821万人，城镇登记失业率为4.2%，比去年底下降0.1个百分点，预计全年为4.3%，低于年初预计0.4个百分点。再经过12月份的努力，全面完成党中央、国务院确定的“95147”的目标任务是有充分把握的。但是要强调两点：一是不能松劲，要抓住当前有利时机力争今年多一些人就业再就业；二是要高度重视解决就业、特别是再就业中的不稳定问题。

今年，各地按照中央确定的人才强国战略，全面加强高技能人才培养和职业培训工作。实施了“三年五十万新技师培养计划”，组织了国家高技能人才培训工程；健全了技能人才评价体系，加强了职业资格证书制度建设，组织了100多项全国性职业技能竞赛活动；进一步加大了再就业培训和创业培训的工作力度，制定颁布了《国家创业培训基地建设工作标准》，组织实施“创办和改善你的企业”培训项目；针对农村劳动力转移就业培训启动了“阳光工程”；技工学校建设进一步加强，职业培训的社会资源进一步开发。

（二）“两个确保”继续得到巩固，养老金发放有望首次实现全年无拖欠

通过积极稳妥的并轨和促进再就业，到11月底，国有企业下岗职工减少到153万人，其中在中心100万人。在下岗职工逐步减少的情况下，各地仍然以高度的责任心，继续抓好下岗职工基本生活保障工作，使在中心的下岗职工全部足额领到了基本生活费并代缴了社会保险费。各地认真贯彻落实中央关于农垦企业纳入地方养老保险统筹的政策措施，解决了近几年确保养老金发放工作中的难点。1—11月，全国发放企业离退休人员基本养老金2 743亿元，中央财政继续向中西部地区和老工业基地下拨补助资金，同时安排农垦企业养老保险专项转移支付资金15亿元，基本养老金全部按时足额发放，做到了当期无拖欠。经过年底前的进一步努力，可望首次实现基本养老金全年无拖欠的目标。国务院决定今年调整企业退休人员基本养老金，中央财政安排专项转移支付资金22.5亿元，全国月人均增加40元左右，多数地区年底前将基本落实到位。

（三）社会保险覆盖范围继续扩大，各项保险基金持续增收

各地继续努力扩大社会保险覆盖范围，着力推进非公有制经济组织和灵活就业人员参加社会保险，各项社会保险的参保人数持续增加。11月底，养老、失业、医疗、工伤和生育保险的参保人数分别达到16 195万人、10 450万人、12 193万人、6 516万人和4 244万人，都已经完成了年初预定的扩面任务。此外，有5 200万人参加了农村社会养老保险。

抓住今年经济持续高速增长的机遇，各地继续加强各项社保基金征缴。1—11月，全国养老保险基金总收入3 621亿元，总支出3 146亿元，其中企业部分征缴收入同比增加414亿元，支出同比增加265亿元，保持了去年以来增收大于增支的势头，全年企业基本养老保险基金可望增收近500亿元。到11月底，失业保险基金收入245亿元，支出179亿元，总体收大于支，共有721万人先后领取了不同期限的失业保险待遇。前11个月医疗保险基金收入951亿元，支出740亿元，当期增收和增支基本平衡，总体运行平稳；工伤保险基金收入46亿元，支出26亿元，共有45万人享受了工伤保险待遇；生育保险基金收入27亿元，支出15亿元。预计全年5项社会保险基金的收支总规模将首次超过1万亿元（总收入5 500亿元，总支出4 570亿元）。农村社会养老保险基金积累超过300亿元，220万农民领

取了养老金。

（四）社会保险制度建设取得新进展

在总结辽宁试点经验的基础上，5月份启动了吉林和黑龙江两省完善社会保障体系的试点工作，目前正按计划积极推进。同时，根据国务院领导同志的指示，对完善养老保险制度的思路做了大量调研，初步拟订了以逐步做实个人账户为重点的完善方案，为在全国逐步推开进行了准备。企业年金制度建设开始起步，制定发布了《企业年金试行办法》《企业年金基金管理试行办法》，对加快建立多层次的养老保险制度将起到促进作用。进一步加强了医疗保险定点医院和定点药店管理，规范了医疗费用结算管理；针对经济结构调整的新情况，制定了推进混合所有制和非公有制经济组织从业人员参加医疗保险的指导意见；组织有关专家，按照体现经济社会发展、体现临床医药科技进步、体现以人为本的原则，修订了基本医疗保险和工伤保险药品目录，更好地满足了参保人员合理用药的需求。为了实施《工伤保险条例》，部里和各地相继出台了配套文件和具体办法；针对农民工就业流动性强的特点，制定实施了农民工参加工伤保险和工伤待遇支付的专项政策。进一步强化了对社会保障基金的监督，24个省建立了社会保障监督委员会，制定了基金监管办法，开展了现场和非现场监督，纠正和查处了个别地区违规挤占挪用基金的问题。开展了农民工和被征地农民就业和社会保障情况的综合调研，研究拟定了《关于做好被征地农民就业和社会保障工作的指导意见》，经进一步征求意见修改后下发。

（五）劳动关系协调和维权工作力度进一步加大

积极做好国有企业改制中的职工安置工作，会同有关部门审核了47户中央及中央下放企业关闭破产职工安置方案，涉及职工31.6万人；开展了对国有企业重组改制和关闭破产中维护职工合法权益的专项治理，着力做好并轨过程中理顺劳动关系工作。进一步加大了清欠农民工工资的工作力度，实现了中央提出的上半年基本解决建设领域2003年农民工欠薪问题的目标，并制定了《建设领域农民工工资支付管理暂行办法》；截至12月3日，全国已偿付拖欠农民工工资322亿元，占拖欠总额的95.88%，目前有关部门正共同组织“两节”期间保证农民工工资发放和清理陈欠的专项检查。劳动关系协调机制建设取得新进展，重点加强了建设领域农民工的劳动合同管理；劳动关系三方协商机制在地市一级基本建立，多数省份正在向县区延伸；集体合同覆盖范围进一步扩大。部署开展了国有企业工效挂钩和工资内外收入监督检查。积极推进劳动争议处理能力建设，前三季度，各级劳动争议仲裁委员会共立案受理劳动争议案件20.2万件，涉及职工65.1万人。各级劳动保障部门认真处理群众来信来访，及时化解突出矛盾，建立群体性事件应急处理机制，维护了社会稳定。

（六）劳动保障法制建设得到加强

国务院颁布了《劳动保障监察条例》，于12月1日起开始实施，为加大维权工作力度，促进劳动保障监察工作提供了法律依据。部里修订颁布了《集体合同规定》《最低工资规定》，各省市都建立了最低工资保障制度，多数地区适时适度地调整了最低工资标准。前三季度，各级劳动保障监察机构共主动检查用人单位73万户，年检用人单位92万户，查处群众举报投诉案件15万件，责令用人单位为726万劳动者补签了劳动合同，补发417万劳动者被拖欠的工资及补偿和赔偿。各地向社会公布了监察举报电话，组织开展了禁止使用童工等专项检查。我部的行政审批项目清理任务已经完成，保留了28项审批项目，取消了13项，改变管理方式4项，同时对行政许可设定依据及实施机构也进行了清理。

（七）劳动保障基础建设迈出新步伐

金保工程一期建设项目全面启动，完成了中央本级立项和各地可行性报告编制工作，中央部分建设资金和西部补助资金已经下达。全国网络的基础架构已经形成，各省和大部分地市劳动保障部门建立起区域网，大部分省与部实现联网，各项信息化建设稳步推进，将为进一步提高科学决策水平、管理能力和社会化服务提供技术支持。劳动力市场制度化、专业化、社会化建设取得新进展，全国的公共就业服务体系初步形成。社会保险经办机构的管理逐步规范。全国城市街道普遍建立了劳动保障管理服务机构，绝大部分社区聘用了专门的劳动保障工作人员，开展了就业服务、下岗失业人员和企业退休人员管理服务等工作，3 350万企业退休人员实现社会化管理，社会化率达到91.7%。

（八）国际交流与合作取得新进展

今年劳动保障领域的国际活动特别多，并且都是规模大、规格高。我们与国际劳工组织共同举办了中国就业论坛，按胡锦涛总书记提议举办了APEC劳动保障高层论坛，承办了国际社会保障协会第28届全球大会，都取得了成功。我们坚持以我为主、为我所用的方针，展示了我国改革开放和现代化建设的丰硕成果，进一步扩大了我国在国际劳动和社会保障领域的影响，开辟了更广阔的多边双边合作渠道。一批国际合作和技术援助项目也陆续取得成果。这些说明，我国劳动保障领域在改革不断深化的同时，开放的程度也在不断提高，有利于我们立足国情，更多更好地借鉴世界上成功的经验和做法。

（九）劳动保障宣传和科研工作取得新成果

今年，紧紧围绕劳动保障中心任务，宣传工作开展得有声有色。特别是4月和9月，以中国政府名义发布了《中国的就业状况和政策》和《中国的社会保障状况和政策》两部白皮书，引起了社会各界和国际社会的广泛关注。配合全国再就业工作表彰大会，我们和中宣部印发了《关于深入开展再就业宣传报道的意见》，对就业再就业工作的宣传进行了全面部署，推出了一批再就业先进典型，在全社会引起积极反响，营造了进一步推动再就业工作的良好氛围。今年还开展了维护农民工权益普法宣传活动。这些工作，使劳动保障工作的社会影响不断扩大，政策更加深入人心。劳动保障科学研究也取得了一批重要成果。关于就业形势及再就业问题、完善养老保险制度、医疗保险改革的热点难点问题及新时期的劳动关系状况的研究，针对性强、运用性广，对领导决策和实际工作提供了理论支撑，为制定相关政策提供了重要依据。

以上这些成绩的取得，是党中央、国务院坚强领导、正确决策的结果，是各级党委政府高度重视、各有关部门大力支持的结果，也是整个劳动保障系统广大干部职工满腔热情、脚踏实地、团结拼搏、奋力开拓的结果。在这里，我代表劳动保障部党组，向各有关部门对劳动保障工作的大力支持表示衷心的感谢，向辛勤工作在劳动保障战线的广大干部职工表示诚挚的慰问！

在总结今年劳动保障工作成绩的同时，我们也要看到面临的困难和问题，时刻保持清醒的头脑。就业形势仍然十分严峻，劳动力供求总量矛盾和结构性矛盾在短期内不会根本改变，特别是中西部地区和老工业基地、困难行业、关闭破产企业、资源枯竭城市及困难群体的就业问题仍比较突出。社会保障覆盖范围还比较窄，大量非公有制经济组织从业人员和灵活就业人员没有纳入社会保障体系，社保基金的总体支撑能力还相当脆弱。劳动关系不规范的问题没有根本解决，关闭破产企业职工安置遗留问题较多，有的地区劳动纠纷有上升和激化趋势。企业工资分配宏观调控机制不够完善，行业分配差距继续扩大，拖欠和克扣工资的现象仍然严重。随着城镇化的快速推进，改善农民进城就业环境的任务越加凸显。这些问题有的十分紧迫，必须加大工作力度，有的则需要通过长期艰巨努力、不断深化改革加以解决。

二、2005年劳动保障工作的主要任务

明年是贯彻落实科学发展观、巩固宏观调控成果、保持经济社会良好发展态势的关键一年，也是全面实现“十五”计划目标、衔接

“十一五”发展的重要一年。中央经济工作会议认为，明年国际环境总体上对我国发展比较有利，今年国内发展的好形势为明年打下了较好基础，经济发展有利条件较多，但面临的矛盾和问题也不少，任务相当艰巨和繁重。基于宏观经济和社会发展的总体趋势，2005年劳动保障工作的总体思路是：以邓小平理论和“三个代表”重要思想为指导，认真贯彻党的十六大和十六届三中、四中全会精神，全面落实科学发展观，以加强劳动保障系统能力建设为重点，统筹兼顾，协调推进，在增加就业总量的同时更加注重提高就业质量，在扩大社会保险覆盖面的同时更加注重完善制度体系，在全面维护劳动者权益的同时更加注重各类社会群体利益关系的协调平衡，在缓解当前突出矛盾的同时更加注重研究建立长效机制，在推进各项制度改革的同时更加注重法制、规划、信息网络、监督系统、管理和服务体系等基础建设。明年劳动保障工作的任务，在印发给大家讨论的工作要点中做了全面安排，我着重强调几项重点工作：

（一）继续贯彻落实积极的就业政策，进一步扩大就业，促进再就业

全年主要目标是：城镇新增就业900万人，下岗失业人员再就业500万人，其中“4050”人员再就业100万人，城镇登记失业率控制在4.6%。完成“95146”的目标任务，要继续坚持“两落实两强化”，加强与有关部门的协同配合，发挥联席会议的重要作用，形成工作合力。

1. 认真落实目标责任。要把“95146”的任务层层分解落实到各省市县，直到街道社区，加强指导和督查，加大再就业实效的考核力度，进一步完善中央财政再就业补助资金的分配办法。千方百计增加就业岗位，加快发展就业容量大的第三产业、中小企业和劳动密集型产业，充分发挥非公有制经济在创造就业岗位方面的作用。在扩大就业总量的同时要更加注重提高就业质量，采取切实措施努力增强就业再就业的稳定性，通过签订劳动合同规范劳动关系，严格执行最低工资标准，督促参加社会保险，防止职工频繁失业下岗。

2. 继续落实各项政策。小额贷款政策在今年7月份召开专题会议推动后有所突破，到目前为止，全国已经贷出10万多笔21亿元，到期回收率95%。但总体看，这仍是政策落实的薄弱环节之一，各地明年要进一步加大力度，推动信用社区建设，为下岗失业人员自主创业提供支持。主辅分离政策落实的主要薄弱点在中央企业，特别是优势企业顾虑较多，阻力较大，我们将会同国资委重点突破。要配合财政部门加大再就业资金投入，纳入当地政府预算。明年，要研究再就业扶持政策扩大到集体企业下岗职工的措施，还要对失业保险基金更大范围的用于促进再就业的办法进行探索。

3. 进一步强化就业服务。加快建立和完善公共就业服务体系，全面推进制度化、专业化和社会化建设，加强劳动力市场管理，规范企业用工行为和职业中介行为，广泛开展人本服务。继续开展对再就业困难群体“送政策、送岗位、送技能、送服务”的活动。加强就业指导和职业技能培训，进一步完善高技能人才队伍建设的政策，明年将与中组部一起组织召开高技能人才工作会议；继续实施“三年五十万新技师培养计划”，完成《2004—2005年再就业培训计划》，加强职业资格证书制度建设。将创业培训对象扩展到高校学生和农村转移劳动力，试点扩大到100个城市；制定《职业技能培训考核条例》，加强技工学校和职业培训机构的建设。同时继续做好对大学毕业生的就业服务工作，组织好农村劳动力转移就业的培训、有组织劳务输出和就业服务工作。

4. 严格控制失业率。各地劳动保障部门都要研究制订本地区失业调控工作方案，搞好组织实施。加强同有关部门的配合，把握改革的力度和节奏，特别是在企业改组改制中妥善安置富余人员，采取各种措施减少失业人员数量，防止失业过于集中，把城镇登记失业率控制在预期目标以内。

5. 抓紧解决历史遗留问题。国务院要求，

用2～3年时间基本解决计划经济时期遗留的国有企业富余人员问题，明年全国基本完成并轨任务。现在已经有9个省份实现了并轨，尚未并轨的省份主要集中在中西部地区。要看到，并轨时间拖得越长，矛盾积累越多，支付成本也越高。因此，没有完成并轨的中西部地区要坚定信心，抓紧行动，依据实际情况尽快拟订工作计划和实施方案，加快并轨进度，着力解决好历史遗留问题。东部地区完成并轨后，要积极探索统筹城乡就业的新机制，并大力推进就业培训。

6. 积极探索促进就业的长效机制。经过多年实践，已经形成了一整套有中国特色的积极就业政策的体系。我们要把实践证明行之有效的专门性、过渡性政策上升为普惠性、长效性制度。按照国务院的要求，明年要动员全系统和社会各界的力量，抓紧拟定《促进就业法》，争取年底前报国务院，为建立促进就业的长效机制奠定法律基础。

（二）积极推进社会保障体系建设

在继续巩固“两个确保”的基础上，明年抓好4个方面重点任务。

1. 在全国启动逐步做实养老保险个人账户的工作。中央经济工作会议提出明年要“完善社会统筹与个人账户相结合的基本养老保险制度”。12月9日黄菊副总理就这一问题听取了专题汇报，做出重要指示，要求明年在全国启动逐步做实养老保险个人账户的工作，今年年底前就要拿出方案报国务院。根据黄菊同志指示，我们会同财政部进一步听取了各省的意见。关于这项工作，在国务院决定后还要专门部署，我在这里强调几点：一是各地劳动保障部门要把思想统一到中央决策上来。坚持统账结合，逐步做实个人账户是党的十六届三中全会的重大政治决策。实现这一决策，要做大量工作，要克服很多困难，但这个方向不能动摇，而且要尽早起步。因为动得越晚，“空账”越大，矛盾更多。因此，各地要把启动“做实”作为明年完善社会保障体系的重点任务，要有多数地区实际启动。二是要因地制宜，分类指导。统一的要求是：起步的最低水平要做实2%，以后每年提高，在本届政府任期内做到5%。各地可以根据条件研究具体步骤，条件好的，起步水平可以高一些，提高速度可以快一些。按照东中西有别的原则，东部沿海地区原则上自费做实；对中西部困难地区，中央财政给予适当补助，并与做实的进度挂钩；吉林和黑龙江两省继续按现行方案进行试点，为全国提供更多经验。三是要把工作做细。拟订和实施做实方案要坚持水平适当、结构合理、基金平衡、平稳过渡的原则，认真进行测算论证，并做好宣传工作。

在“做实”的同时，要改革养老金计发办法，建立待遇水平与缴费年限更紧密挂钩的机制；规范个体工商户和灵活就业人员的参保缴费政策；规范养老保险省级调剂金制度，逐步提高统筹层次；配合事业单位改革，抓紧研究机关事业单位养老保险制度改革方案；积极推进建立企业年金制度，启动年金规范运营管理，建立多层次的社会保障体系，努力实现社会保险的制度创新和机制创新。

2. 进一步扩大社会保险覆盖范围。社会保险覆盖面不断扩大，是社会进步的标志之一，也是所有制结构、就业形式多样化的客观要求。明年，各项社会保险都要以私营、个体、灵活就业人员为重点，继续加大扩面工作力度，使更多的人享有基本社会保障。养老、失业、医疗、工伤和生育保险覆盖人数分别达到1.69亿、1.05亿、1.29亿、7 500万和4 300万。医疗保险在扩面中要着力解决关闭破产企业退休人员的基本医疗保障问题，关键是明确资金来源；工伤保险的扩面重点是积极推进风险较大的矿山、建筑等行业和企业参保。今年发生了几起重大矿山安全事故，无论是有关省还是其他省都要深入剖析典型案例，加大工作力度，提高社会各界对参加工伤保险重要性和紧迫性的认识。

3. 继续加强基金征缴和监督。基金是社会保障的物质基础。明年要抓住经济继续较快发展的有利条件，强化社会保险费的征缴，加大稽核力度，建立企业参保缴费的诚信制度。全国基本养老保险基金征缴收入达到4 100亿元，增收500亿元以上，失业、医疗、工伤、生育保险基金征收分别达到280亿元、1 100亿元、65亿元和32亿元，继续保持收支基本平衡、增收大于增支的势头。要保持征收体制的稳定，社保机构征收的要努力提高征缴率，做到应收尽收；由税务部门征收的，社保经办机构也要切实负起缴费申报和缴费基数核定的责任。积极调整政府财政支出结构，特别是加大地方政府对社会保障的财政资金投入。建立规范的社会保障预算管理制度。加强基金监管力度，对重要部位和薄弱环节实施重点监督，建立协同监督机制，发挥社会监督的作用。

4. 加强社会保障的管理基础。各级劳动保障部门要指导社会保险机构健全管理组织，完善规章制度，规范业务流程，强化社保基金和个人账户的管理。我国与欧盟已经签署了为期5年的社会保障能力建设合作项目，要充分发挥部里社会保障能力建设中心的职能作用，做好中欧合作项目中的社保经办人员专业培训工作。要加快推进金保工程建设，抓紧地方立项、数据中心建设和全国联网，抓好示范城市和统一软件应用，促进工程建设的规范化。进一步提高社会化管理服务水平，加强城市街道、社区和乡镇劳动保障工作平台建设，健全服务功能，企业退休人员社会化管理率达到95%，其中纳入社区管理的达到65%。

（三）进一步加强劳动关系协调，切实维护劳动者合法权益

和谐稳定的劳动关系是构建社会主义和谐社会的重要内容。目前劳动关系总体稳定，但因损害劳动者合法权益而引发的劳动纠纷仍呈上升趋势，有些地区还相当突出，成百上千人的群体性事件时有发生，必须引起高度重视。明年要以协调劳动关系为主线，以维护劳动者的合法权益为重点，更加注重各类社会群体利益关系的协调平衡，比如在岗职工与下岗职工、城镇职工与农民工、特殊群体（如军转干部）与其他群体、劳动者与用人单位之间的利益关系平衡，切实减少群体性劳动纠纷和争议，促进劳动关系的和谐稳定。

一是继续做好国有企业主辅分离、关闭破产和改组改制中职工安置及劳动关系处理工作。完善相关政策，严格实施改制方案的审核批复制度，分类处理劳动关系。注意妥善解决国有企业改革中的职工安置、社会保险关系接续和劳动关系处理等方面的遗留问题。

二是切实执行劳动合同制度。加快《劳动合同法》的起草工作，争取明年国务院讨论通过后提请全国人大常委会审议。各地要加快地方劳动合同立法，下大力气提高劳动合同签订率，建筑施工企业与农民工劳动合同签订率达到85%以上。要加强对合同执行情况的督查，重点检查非公有制企业遵守劳动合同规定的情况。

三是完善劳动关系三方协商机制，建立健全集体协商和集体合同制度。继续推动三方机制向县市一级延伸，进一步扩展三方机制的职能，完善工作制度和运行机制，发挥实效。以工资集体协商为重点，落实《集体合同规定》，重点指导非公有制经济组织和国有改制重组企业建立集体协商制度，签订集体合同。劳资矛盾比较突出、群体性事件多发的地区要深入调研，提出缓解矛盾的措施，建立解决问题的机制。

四是完善企业工资分配宏观调控机制。继续推进工资指导线、劳动力市场工资指导价位和行业人工成本信息指导制度建设。严格执行最低工资制度，维护劳动者合法收入权。严厉查处无故拖欠、克扣工资的行为；建立健全工资支付监控和保障制度，逐步形成预防和解决欠薪问题的机制。

五是加强劳动保障监察工作。广泛深入地开展《劳动保障监察条例》学习宣传活动，争取地方政府和有关部门支持，改善监察执法环境。完善监察程序和监察员管理工作制度，重点推进企业劳动保障守法诚信制度。加强劳动保障监察机构和队伍建设，提高监察执法水平。

六是加强劳动争议处理工作。积极建立企业内部调解、区域性调解和仲裁调解相结合的调解工作体系。继续完善劳动争议仲裁制度，加强集体劳动争议的处理，提高仲裁的质量和效率。积极推进劳动争议仲裁机构实体化建设，研究试行仲裁员资格准入制度及职业等级制度。

各地要高度重视维护企业和社会稳定的工作，落实维稳工作责任制，组织开展不稳定因素排查，制订应急预案，完善信息报告制度，认真处理人民来信来访，妥善处置集体上访。有关维稳工作，今天上午已经专门部署，要抓好落实。

（四）努力改善农民进城就业环境

随着城镇化的推进，越来越多的农民进城务工，改善他们进城就业环境的问题迫在眉睫。国务院高度重视，将就这项工作发一个专门通知。这是明年劳动保障工作的重点任务之一。各地要按照国务院要求，制订工作方案，明确责任，加强部门配合，抓好落实。

一是改善农民进城就业的管理和服务工作。清理和取消针对农民进城就业等方面的不合理限制，完善针对农民工的就业服务，加强农民工职业技能培训，实施农村劳动力跨地区就业对接工程，积极发展有组织的劳务输出。

二是切实维护农民进城就业的劳动报酬权。继续做好清理拖欠农民工工资工作，严肃查处随意延长工时、拖欠克扣农民工工资的行为，从现在开始到明年春节前，和有关部门联合开展建设领域农民工工资支付和清理陈欠的专项检查，保证辛苦一年的农民工能拿到钱，高高兴兴回家过年。在此基础上，进一步探索建立预防和解决欠薪的长效机制。

三是研究实行适合农民工特点的社会保障办法。农民工多数集中在建筑、矿山、化工等高危风险行业，因此要首先指导和监督这些行业的企业为农民工办理工伤保险，并根据农民工流动性强的特点，制定实施有利于更好保障他们权益的工伤待遇支付办法。农民进城务工，最大的风险之一是患大病。要针对这一迫切需求，按照低成本、保大病、社会统筹的原则实行适合他们就业特点的基本医疗保障办法。农村征地中引发的矛盾是当前影响社会稳定的热点问题之一，我们根据国务院的决定，会同有关部门制定了做好被征地农民就业和社会保障工作的指导意见，确保被征地农民生活水平不因征地而降低，使他们长远生计有保障。各地要结合实际贯彻实施，创造性地开展工作。同时在有条件的地区继续推进农村养老保险试点工作。

四是整顿劳动力市场秩序。春节过后集中组织实施“春风”行动，一方面把就业的信息、技能、服务送给农民工，另一方面严厉打击和取缔非法职业中介，鼓励和引导进城农民到规范的劳动力市场找工作。同时，从统筹城乡发展的要求出发，探索建立城乡一体化的劳动力市场。

除了以上四方面工作外，明年一项十分重要的任务是编制劳动保障事业发展“十一五”规划。这是一项谋划长远的工作，直接关系劳动保障事业全面、协调、可持续发展，不光是部里的任务，也是各级劳动保障部门的共同责任。各地要认真检查评估“十五”规划执行情况，总结经验，找出薄弱环节，按照科学发展观的要求，立足建立健全稳定长效的制度、机制、体制，编制好“十一五”规划。

明年的劳动保障工作艰巨繁重，既有连续性的工作，又有开创性的任务。做好明年工作，要把握 4 个要点：一是要抓住机遇。党中央、国务院和各级党委、政府高度重视，劳动保障工作地位愈益突出，这是重大的政治机遇；国民经济将继续保持较快发展，不断创造出新的就业岗位和社会财富，这是重要的经济机遇；社会各界普遍关注，有关部门大力支持，良好氛围和整体合力已经形成，这是有利的社会环境机遇。我们要抓住这些难得的机遇，乘势而上，奋发有为，加快发展，推动劳动保障工作再上新台阶。二是要统筹协调。劳动保障工作要紧紧围绕全面建设小康社会和构建社会主义和谐社会的宏伟战略目标，自觉服从和服务党和国家的工作大局，为实现经济社会协调发展做出贡献；劳动保障工作领域内部，也要统筹兼顾，明年两项重点工作是在全国基本实现“并轨”和启动“做实”，要突出重点，带动全局，实现就业培训、劳动关系与工资分配、社会保障的协调推进。三是要谋划长远。经过几年艰苦努力，以“两个确保”为重要标志的劳动保障工作取得了明显进展。随着积极就业政策的出台和社会保障体系框架的初步建立，我国劳动保障事业要向制度更加健全、政策更加完善、管理更加高效的新阶段迈进。因此，各级劳动保障部门都要立足当前，谋划长远，把探索建立长效机制摆到重要日程。四是依法行政。本届政府突出强调依法行政，建立法治政府。劳动保障工作事事处处关系老百姓的切身利益，制定政策要于法有据，推动工作要依法办事，还要自觉接受人民群众的监督，做到高效便民。

三、切实加强劳动保障系统的能力建设

党的十六届四中全会做出加强党的执政能力建设的重要决定。劳动保障部门作为政府的一个部门，要按照党中央的要求，把加强能力建设作为重要任务，摆在突出位置。这是因为在全面建设小康社会的新时期，劳动保障工作面临许多新情况、新课题，我们必须不断提高自身能力，才能全面履行好职责，为实现中央确定的宏伟目标做出应有贡献。

一是科学发展观、正确政绩观和科学人才观的提出，对劳动保障工作提出了新要求。新一届中央领导集体提出的这三个新观念，是对我们党执政和领导社会主义建设经验的科学总结，是今后各项工作的指针，我们必须自觉地把这“三观”作为新时期劳动保障工作的指导思想。科学发展观的核心是以人为本、全面协调可持续发展。劳动保障工作直接为劳动者服务，无论是就业、社会保障，还是协调劳动关系，都要把以人为本的理念贯穿到工作的全过程，推动全面形成市场导向的就业机制、和谐稳定的劳动关系、“一外三化”的社会保障体系，发挥理论研究、法律法规和科学技术对劳动保障工作的支撑作用，强化基础管理、干部队伍和信息网络三方面建设。正确的政绩观就是要全面履行政府职能，不仅加强经济调节和市场监管，更要注重强化社会管理和公共服务的职能。劳动保障是社会管理和公共服务的重要方面，同时又与经济调节和市场监管密切相关。我们要按照正确政绩观的要求，端正创造业绩的动机，激发提高自身能力的动力，增强抵御诱惑的抵抗力。科学的人才观强调人才是第一资源，人人都能成才，并且把技术技能型人才作为三大人才资源之一，与党政管理人才、企业管理人才摆到同等重要位置。劳动保障部门负责职业技能培训，担负着高技能人才开发的任务。我们要从贯彻科学人才观、落实人才强国战略的高度，大力推进技能人才的培养、开发和使用工作。

二是在本世纪前20年的战略机遇期，改革和利益调整的难度加大，对劳动保障工作提出了新要求。十六届四中全会提出了构建社会主义和谐社会的目标。促进就业，完善社会保障体系，建立和谐稳定的劳动关系，都是构建社会主义和谐社会的重要内容。目前我国人均国内生产总值已经超过1 000美元，从国际经验看，人均1 000～4 000美元这一阶段，既是“黄金发展期”，又是“矛盾多发期”。经济结构调整和城镇化速度加快，推动劳动力结构和城乡关系的大变革，劳动力的流动性增强，数以亿计的农民向城镇和非农产业转移，解决他们的就业和社会保障问题更为紧迫。随着以吃穿用为主的基本生活消费阶段逐渐向小康生活阶段转变，人们对社会保障的期望值不断提高，没有社会保障的群体要求享有社会保障，已经有社会保障的要求提高待遇，这对养老、医疗等社会保险提出了新的挑战。随着利益关系更趋多元化，收入分配差距拉大，同时公众的民主法制意识增强，对社会公平与正义的诉求更加强烈，维护劳动者合法权益和保持社会和谐稳定的任务更加艰巨。

三是劳动保障事业发展进入新阶段，面临

着新的矛盾和任务，对劳动保障工作提出了新要求。过去几年，劳动保障工作以“两个确保”为重点，实践证明，这是完全正确的，对维护稳定、支持改革、促进发展起到了重要作用。随着积极就业政策的出台和社会保障体系框架的初步建立，我国劳动保障事业正进入一个新阶段，“疾风暴雨式”地解决劳动保障紧迫问题的工作重点和工作方式，将转变为更加深入细致的制度完善、机制建设和管理能力提升。我们要把握劳动保障工作转型阶段的特点，在总结前几年经验的基础上，将基层的成功做法普及为指导全国工作的理论和政策，将临时应急的措施转化为长效的工作机制，将行之有效的非常之举提高为经常性的工作方法，将实践证明为正确的政策措施上升为法律法规。实现这种转化，是一个长期的过程，必须做大量艰苦细致的工作。

按照四中全会关于加强执政能力建设的要求，结合劳动保障工作实际，当前及今后一个时期，各级劳动保障部门，特别是领导班子及其一把手要着重提高4个方面的能力：

（一）把握大局谋划长远的能力

劳动保障工作已经摆上了经济社会发展全局的重要位置。各级劳动保障部门的领导班子要紧紧围绕党和政府工作的中心，谋划劳动保障工作的全面和长远发展。要认真学习党中央、国务院的方针政策，观大局、察大势、议大事、谋大策，把上级党委、政府的部署变为本部门的实际行动和成效。把握大局谋划长远就要从基本国情出发。每干一件事情，都要考虑人口多、底子薄、发展不平衡的基本情况，顾及各方面承受能力。比如企业退休人员待遇水平与机关事业单位差距拉大，群众反映强烈。这个问题需要解决。今年调整基本养老金标准，平均每人每月增加40元，增幅不大，但全国一年就需要200亿元；即使这样，一些中西部地区财力有限还拿不起。所以只能逐步提高，并且坚持分类指导，区别对待；在适当缓解眼前矛盾的同时，我们要积极研究如何建立各类退休人员大体平衡的、正常的养老金调整机制。把握大局谋划长远就要正确处理改革与稳定的关系。这是改革开放20多年来的一条重要经验。我们这样一个大国，稳定是第一位的，没有稳定什么事情都办不成。劳动保障工作既要坚持改革，又要维护稳定大局。当前要着力做好企业关闭破产、改制改组中的职工安置和劳动关系处理工作，做好并轨过程中的基本生活保障、再就业和社会保险关系接续工作。从长远看，出台一项改革措施，要坚持先试点，总结经验，再逐步推开，不搞一刀切，不急于求成。这样做，表面看起来慢一些，但是每一步都走稳，不“翻烧饼”，从一个时期看，步伐是快的。把握大局谋划长远就要坚持观念更新、理论创新。实践在发展，我们的思想观念也要更新；新情况、新问题不断涌现，我们的劳动保障理论也要在总结实践经验的基础上不断创新。比如，我们长期面对的劳动力状况是供大于求，但从去年开始出现了局部地区的“民工荒”。要深入分析这种现象的深层次原因以及对劳动力地区结构、素质结构、劳动力价格体系的影响，从理论与实践结合的高度提出应对之策。又如，近一个时期“社会责任认证体系”（SA8000）炒得很热，我们在反对国际贸易与劳工标准挂钩的同时，要积极研究如何完善和严格执行各项劳动标准，以更好地适应经济全球化的趋势。要通过理论创新和实践检验，不断探索具有中国特色的劳动保障之路。

（二）联系群众解决实际问题的能力

人民群众的拥护和支持是我们党的力量源泉和胜利之本。劳动保障部门坚持立党为公、执政为民，一要坚持深入群众，了解实情。调查研究是我们党的光荣传统，搞调研要真正深入到困难群众中间，了解下岗职工、失业人员、退休人员在想什么、盼什么、难处在哪，不能怕见群众，更不能厌恶群众。要针对群众最急迫的问题提出措施，切切实实帮他们解决实际问题；即使一时解决不了，也要做好说明解释工作。二要坚持以人为本。劳动保障部门各个窗口单位——就业、社保、信访、监察、争议处理，都要优化流程，提高效率，增强服务意识，方便群众办事。三要求真务实。报告情况不讲虚话，部署工作不搞“花架子”，制定政策、完善制度要从人民群众的根本利益出发，把局部利益与全体利益、眼前利益与长远利益结合起来，既不能对群众的合理要求视而不见，又不能做不切实际的过高承诺，脚踏实地为群众办实事。

（三）综合协调形成合力的能力

劳动保障工作是全党的工作，是各级政府的工作，是涉及全社会各个方面的工作。劳动保障部门本身要忠诚敬业，恪尽职守，开拓进取。但也不能孤家寡人，单打独斗，要学会更好地调动各种力量、利用各类资源来推动工作。首先是争取党委政府各个有关部门的重视、支持和协调配合，形成工作合力。其次是充分发挥群众组织、社会团体的作用，比如工青妇组织在促进就业、维护劳动者合法权益和完善社会保障体系中的作用；又如各种媒体在宣传劳动保障政策、形成正确舆论导向方面的作用；再如各类科研机构和学术团体在理论研究、政策评估方面的作用，鼓励他们为劳动保障工作献计献策。第三，要注意发挥、利用和引导劳动力市场、资本市场的作用。我们的综合协调能力提高了，更充分地调动和利用好行政的、社会的、市场的资源，就可以促进劳动保障工作更好更快的发展。

（四）廉洁自律抵御腐蚀的能力

党风廉政建设是提高党的执政能力的重要方面。党越是长期执政，反腐倡廉的任务越艰巨，越要提高拒腐防变的能力。对劳动保障部门来说，当前提高抵御腐蚀和诱惑的自律能力，重点抓 4 个环节：一是各种资金的分配。现在部里每年参与分配的中央财政补助各地下岗职工基本生活保障和再就业资金、劳动力市场建设专项经费、补助中西部地区基本养老保险基金缺口的资金有 700 多亿元；各地劳动保障部门也参与这些资金的向下分配。分配资金要严格遵循 4 条原则：第一要隐蔽的权力公开化，把分配依据、计算公式拿到桌面上，不搞“猫儿腻”；第二要集中的权力分散化，集体研究决策，不能一个人说了算；第三要健全程序，管计划与管钱分开，分钱的与发钱的分开，相互监督和制约；第四要所有资金年初一次分光，不留小钱，既保护干部，又杜绝“跑部钱进”的不正之风。二是各项社会保障基金管理。今年 5 项社会保险基金的总收入将超过 5 500亿元，总支出超过4 500亿元。随着社会保障事业发展，资金规模还会更大。这些都是老百姓的养命钱，一分钱也动不得，要专户管理，专款专用，严禁挤占挪用。个别地区出现了挪用问题，要严肃查处，坚决纠正，触犯刑律的要绳之以法。三是行政审批和行政管理权。依据《行政许可法》清理后，我们劳动保障部门还保留了一批行政审批权，如批准发放有关证书、许可证等；此外还有一些行政许可、确认、管理的权力，比如定点医院、药店的资格确认等。在行使这些权利的时候，一要做到依法办事，二要公开、公平、公正，三要高效便民。部里在组织修订《基本医疗保险和工伤保险药品目录》时，专门做出了“三不准”规定——不准接受企业礼品，不准透露药品信息，不准单独接待企业来访。各地也要针对行使行政权力可能发生的情况，做出具体的禁止性规定，防患于未然。四是工程建设。金保工程建设正在全面展开，一些地区也正在进行办公楼建设。凡是涉及工程项目的，要严格实行招投标制度，绝不允许暗箱操作，纪检监察机构要派人参与全过程监督。这不是对谁不信任，而是保证公正廉洁的必要措施。各级劳动保障部门的领导班子要正确处理业务工作与廉政建设的关系，坚持两手抓，两手都要硬，在推动业务工作不断发展的同时，带出一支政治可靠、业务精湛、作风扎实、纪律严明、廉洁奉公的干部队伍。

做好规划财务工作 促进劳动保障事业全面协调可持续发展

——在全国劳动保障规划财务工作座谈会上的讲话

劳动和社会保障部副部长　王东进

（2004年5月24日）

这次全国劳动保障规划财务工作座谈会是经部党组批准召开的。会议的主要任务是：以邓小平理论和“三个代表”重要思想为指导，深入学习贯彻党的十六大、十六届三中全会精神，落实全国劳动保障工作会议部署，分析当前形势，总结交流经验，研究部署2004年规划财务工作任务，启动“十一五”规划编制工作。

一、关于2003年的规划财务工作

2003年，各级劳动保障部门认真落实党中央、国务院的决策部署，坚决贯彻“三个代表”重要思想和十六大精神，不断加大就业和再就业工作力度，坚持巩固“两个确保”，积极推进社会保障体系建设，努力维护劳动者合法权益，促进劳动保障事业取得了新发展。就业再就业目标顺利完成。

今年以来，各项劳动保障事业继续保持了良好的发展势头。一是就业形势开局良好。今年1季度全国新增就业252万人，完成计划的28%；下岗失业人员再就业115万人，完成计划的23%，其中“4050”人员实现再就业24万人，完成计划的24%；城镇登记失业率控制在4.3%。二是“两个确保”继续得到巩固。在中心的国有企业下岗职工基本上能够领到生活费并由中心代缴了社会保险费；企业离退休人员养老金基本做到了按时足额发放，全国（包括农垦企业）没有发生新的拖欠。三是社会保险覆盖面进一步扩大。养老、工伤保险参保人数完成或接近完成年度计划的1/3，医疗保险参保人数完成计划的一半以上。完善城镇社会保障体系试点工作继续平稳推进，吉林、黑龙江试点即将启动实施。

劳动保障事业取得的进展，规划财务工作在其中发挥了重要作用。2003年，劳动保障规划财务系统在各级劳动保障部门党组的正确领导下，以党的十六大精神和“三个代表”重要思想为指导，全面贯彻落实中央关于劳动保障工作的方针政策和工作部署，面对“非典”疫情带来的不利影响和复杂局面，克服种种困难，统筹规划，科学安排，规范管理，扎实工作，努力提高规划财务工作服务劳动保障事业的能力和水平，为我国劳动保障事业的发展和进步做出了重要贡献。去年以来，规划财务工作进展突出表现在以下三个方面。

（一）计划的指导性不断增强

科学的计划是立足于对客观经济、社会发展形势的准确判断分析，从经济社会发展的全局出发，统筹做出的战略安排。劳动保障事业发展规划是促进劳动保障事业全面、协调、可持续发展的重要手段。近年来，我们在科学编制计划，检查评估实施计划，开展计划工作前瞻性研究等方面做了积极尝试。部里先后下发了《关于进一步做好劳动保障事业发展规划工作的意见》和《关于开展劳动保障事业发展计划检查评估工作的意见》，明确了新形势下做好规划计划工作的基本思路。各地在计划工作中，一是注重规划与劳动保障中心工作的结合；二是注重与部门和各级政府工作目标责任制的结合；三是注重与政策资金保证、统计信息反馈和检查评估的结合；四是注重中长期规划与年度计划的结合。这“四个结合”是我们计划工作的经验所在。

在计划评估方面，去年 4 月部里组织各地劳动保障部门开展了劳动保障事业发展“十五”计划中期评估工作，重点围绕“两个确保”、就业和再就业、完善社会保障体系、建立企业工资收入分配制度、健全劳动保障法律体系、加强劳动保障管理和服务等方面的计划指标和内容进行了评估。通过开展评估，促进了劳动保障“十五”计划的全面落实，为编制劳动保障事业发展“十一五”规划打下了基础。辽宁通过“十五”计划中期评估，发现在当初制定计划时未充分考虑下岗与失业并轨试点的因素，据此对计划中的失业率预期控制目标及时进行调整，使得计划目标更符合实际。在促进计划的落实方面，北京、山西、江西、福建、河南、湖南、云南等地加强对年度计划执行情况的检查分析，及时发现工作中存在的问题，促进了计划落实。今年 2 月，全国人大财经委专门听取劳动保障部关于 2003 年劳动保障事业发展计划执行情况和 2004 年计划安排的汇报，充分肯定了劳动保障工作的成绩，认为劳动保障计划的落实是扎实的，目标是可行的。全国再就业工作会议以后，新增就业岗位、控制失业率成为考核各级政府工作实绩的一项重要指标，纳入了国民经济宏观调控目标。根据国务院的部署，部里专门制定了就业再就业专项计划，把新增就业计划层层分解落实。各地高度重视并制定了本地区工作目标计划，制定了相关配套政策措施。北京、天津、河北、山西、黑龙江、贵州等地建立了目标责任制，层层签订责任书，列入政府年度考核目标，与工作业绩挂钩；吉林、上海、重庆、广东等地根据计划目标任务要求，加大资金投入，认真落实中央的各项优惠政策，保证了计划落实。

（二）统计工作进一步得到加强

统计工作是劳动保障工作的基础，是决策的依据。去年以来，统计工作在以下几个方面取得了长足进展。一是统计制度进一步完善。部党组对统计工作非常重视，2003 年部里下发了《关于进一步改进和加强统计工作的意见》，提出逐步建立劳动保障基础数据、核心数据和相关业务工作数据三大类数据系统。定期统计会审制度得到进一步完善。同时，各地还相应建立了统计工作考核办法、执法检查办法和统计信息定期发布等工作制度，初步形成了“综合管理，分工负责，依法统计，统一对外”的统计工作体制。目前已有 25 个地区建立了会审制度。吉林加强统计台账建设，保证了统计数据的完整和连续。辽宁统计局、财政厅、地税局、民政厅联合对全省社保统计工作开展了全面执法检查，对确保统计法规制度的落实起到了积极作用。二是在改进统计调查方法上进行了探索。各地劳动保障部门在做好常规统计报表的同时，开展了抽样调查和典型调查。经过连续几年部分城市抽样调查，特别是通过 2002 年的全国城镇劳动力就业和社会保障状况抽样调查，各地开展统计调查的能力大大提高，为建立全国性的抽样调查制度创造了条件。根据部里“长短结合、上下联动”的统计调查工作安排，2003 年，安徽、江苏、山东、陕西、云南在全省范围内联合开展了城镇就业状况抽样调查，为建立全省失业预警制度创造了条件。深圳结合特区国有企业比重少、三资企业多的特点，采取灵活多样的调查方式，走出了一条新形势下特区统计工作的路子。三是统计信息化建设进展较快。各级劳动保障部门抓住“金保工程”建设的机遇，通过广泛应用现代信息技术，实现在网络环境下进行统计设计和数据采集、传输、处理，提高了劳动保障统计工作信息化水平，进而提高统计分析对于宏观科学决策支持能力。山东利用互联网建立了远程直报系统，加快了统计信息传输。

（三）资金规模进一步做大，管理更加规范

适应财政制度改革要求，各级劳动保障部门逐步摒弃原有的财务管理格局，朝着建立部门大财务框架迈进。一是用足政策，多渠道筹措资金。各地抓住国家建立公共财政制度改革的契机，促进各级财政调整支出结构，向扩大就业、完善社会保障体系和改善困难群众生活倾斜。2003 年中央财政用于“两个确保”资金和再就业资金投入总量为 777.2 亿元，相当于 1998 年的 7 倍。劳动保障事业建设投入也增长很快。湖南省连续三年从发展改革部门、财政部门申请“金保工程”建设资金，省本级投入资金规模三年达到3 000万元。二是探索建立大预算格局，规范和统一了社会保障基金决算。从 2003 年开始，我部和财政部联合健全了社保基金收支决算制度，严格了决算程序，统一了决算口径。各地结合部门预算改革，不同程度地探索了将财政补助社保基金纳入部门预算的路子。江苏抓住财政制度改革的契机，整合财务资源，实行集中资金管理，统一调度财务人员，一个口子对外，发挥了集中财力办大事的优势，值得各地借鉴。三是科研、国有资产和世行项目管理工作也取得了积极进展，推动规划财务工作更加规范化、制度化。

特别值得肯定的是，在大家的共同努力下，规划财务工作服务大局、服务中心工作的意识增强了，服务能力提高了。比如，我们围绕落实全国再就业座谈会精神，编制了就业再就业专项计划，协调统计、工商部门下发了就业统计数据测算文件。围绕落实全国人才会议精神和国务院领导关于改善农民工进城务工环境的要求，启动了 40 个城市进行调查。围绕建立和完善统一的社会保障体系，探索了社会保障基金决算改革。围绕完善社会保障体系要求，我们启动了“金保工程”立项与建设。这些方面都充分体现了规划财务工作服务大局的主动性和开拓性。在此，我代表部党组向规划财务系统的同志们表示衷心的感谢！

总结 2003 年规划财务工作，归纳起来有以下三点体会：一是领导要重视，要摆上重要位置来抓。部党组十分重视规划财务工作，把规划财务司的几项工作作为部机关建设的大事来抓，多次出面与有关部委协调争取支持。各级劳动保障部门始终把规划财务工作放在事关劳动保障事业发展全局的重要位置，不少地方一把手亲自分管。二是全局观念要强，眼光看得要远。做好规划财务工作，要从新时期的劳动保障工作方针政策出发，认真分析国内外经济社会发展形势，围绕劳动保障事业发展目标和劳动保障中心工作，统筹谋划。既要注重就业、社会保障、劳动关系调整等项工作整体统筹协调发展，也要注重劳动保障事业发展与宏观经济社会发展的有机衔接，研究劳动保障事业的统筹全面发展。三是要坚持导向正确、管理科学、服务主动。导向就是要从全局出发，有前瞻性，提出大方向；管理就是讲原则把好关，不出纰漏；服务就是要围绕业务工作提供信息、搞好保障。坚持以导向、管理、服务为本，要求我们不断提高管理、服务、保障的能力与水平，为劳动保障事业发展提供强大的动力。

看到成绩的同时，也要看到劳动保障规划财务工作还存在着很多不足。首先，计划的导向性和约束力不强，计划作为劳动保障工作的重要手段，作用没有得到充分发挥。第二，统计的准确性、时效性不够高，我们仍然处在统计手段、方式与渠道的转型时期，统计数据尚不能完全满足工作决策的需要。第三，财务的保障力度仍不够强，资金问题在很大程度上制约着劳动保障事业的发展。这些问题都需要在今后的发展中统筹考虑，逐步解决。

二、关于劳动保障事业发展“十一五”规划编制工作

“十一五”时期，是全面建设小康社会承前启后的关键时期，编制和实施好这一时期的规划，对于实现全面建设小康社会的宏伟目标，实现中国的和平崛起和伟大复兴具有十分重大的意义。这一时期也是劳动保障事业发展十分重要的战略机遇期。研究制定“十一五”规划对于实现劳动保障事业全面协调可持续发展意义重大，各地劳动保障部门要高度重视，切实抓紧抓好。按照工作进度安排，“十一五”规划编制工作将于2006年完成，今年要形成全国劳动保障事业发展“十一五”规划总体思路。对于这项工作我讲三点意见：

（一）以科学发展观统领“十一五”规划编制工作

党的十六届三中全会指出，要“坚持以人为本，树立全面、协调、可持续的发展观，促进经济社会和人的全面发展”。这是总结我国改革开放20多年经验教训得出的重要结论，也是全面建设小康社会的重要指导思想。能不能用这样的发展观指导“十一五”时期的发展，决定着这个时期的发展方向、发展思路和发展成效。

第一，深刻认识和准确把握全面建设小康社会和科学发展观的关系。党的十六大提出了我国全面建设小康社会的奋斗目标。实现了这一目标，我国经济社会将达到中等发达国家水平，综合国力将进入世界前列。党的十六届三中全会在深刻分析我国经济社会发展面临的形势与任务的基础上，提出全面建设小康社会必须深入进行社会主义市场经济体制改革，必须坚持以人为本，树立全面、协调、可持续的发展观，必须坚持统筹城乡发展，统筹区域发展，统筹经济社会发展，统筹人与自然和谐发展，统筹国内外发展。坚持“五个统筹”是决定我国能否抓住战略机遇期，实现全面建设小康社会宏伟目标的根本所在，是我国经济社会可持续发展必须长期坚持的重要指导思想和指导方针，是我们党和国家在发展价值观上的重大调整。从国民经济和社会发展的总体上讲，统筹城乡发展，就是要继续把解决“三农”问题作为经济工作的重中之重，更多地关注农村，关心农民，支持农业；统筹区域发展，就是要逐步形成东中西互动、优势互补、相互促进的格局；统筹经济社会发展，就是要逐步解决经济和社会“一条腿长、一条腿短”的问题；统筹人与自然和谐发展，就是要使经济发展与人口、资源、环境相协调，实现可持续发展；统筹国内发展和对外开放，就是要充分发挥两个市场、两种资源的作用。

第二，切实将科学发展观贯穿于各项劳动保障工作之中。科学发展观的核心是坚持以人为本。劳动保障工作关乎人民群众的切身利益，各项工作都要以人为中心，一切工作都以人为出发点和落脚点。从一定意义上讲，劳动保障工作就是以人的生存和发展为主线的。就业是民生之本，职业培训是提高人的素质，促进人全面发展的重要手段，劳动关系和收入分配就是要保障作为劳动者的人的权益，调节不同群体之间的利益关系，社会保障更是从摇篮到坟墓，贯穿了人生老病死的一生。所以，劳动保障工作对于广大劳动者来讲，就是服务一生，管理一生。我们要从着力解决关系劳动者切身利益的问题出发研究制定各项劳动保障政策，处理好不同劳动者群体的关系，保护弱势群体。科学的发展观强调统筹兼顾，协调发展，就业、劳动关系和社会保险互相联系，相互制约。就业是形成劳动关系的前提，劳动关系和工资分配又是建立社会保障的基础。理顺劳动关系，搞好分配可以促进劳动者稳定就业，也有利于加强社会保障管理；社会保障工作做好了，同样可以稳定和调节劳动关系，提高就业质量。如果哪一个环节出了问题，必然会影响其他方面的工作。“木桶原理”讲的就

是这个道理。就业、劳动关系、社会保险三大块内部也要协调好。所以说以人为本、统筹兼顾、全面协调可持续发展是劳动保障工作的着眼点，也是从全局的角度规划和推动劳动保障事业的出发点。

第三，把科学的发展观作为编制“十一五”规划的指导思想贯彻始终。编制“十一五”规划，首要的就是要牢固树立科学发展观。“十一五”规划能否搞成一个高质量、高水平的规划，很重要的一条就是要看这个指导思想贯彻得如何、体现得如何。树立科学的发展观，对于制定劳动保障“十一五”规划就是坚持以人为本，坚持统筹兼顾、全面协调和可持续发展，为劳动保障事业确定新思路，规划新目标，推动劳动保障事业再上新台阶。

（二）明确总体要求，理清发展思路

编制“十一五”规划，一方面要配合国家发展改革委编制国民经济和社会发展“十一五”规划，另一方面要结合劳动保障事业发展需要，把劳动保障方面的专项规划做实做好。编制工作中要注意把握以下七点：

一要明确目标。要立足当前、着眼长远，以5年规划期为主，同时展望2020年。要紧紧围绕全面建设小康社会的宏伟目标，以以人为本、统筹兼顾、协调发展为核心，以实现可持续发展为主线，研究确定劳动就业、社会保障、收入分配等改革和发展目标，着力解决劳动保障事业发展的体制和机制问题，形成与“十一五”期间经济社会发展要求相适应的劳动保障事业发展的总体布局和基本框架。

二要突出重点。要牢牢抓住中长期劳动保障事业发展的重点，形成扩大就业和再就业、建立健全社会保障良性运行机制、促进劳动关系的和谐稳定，维护劳动者权益、理顺收入分配关系等重点难点问题的基本思路，同时还要研究“十一五”期间推动和支撑劳动保障工作的重大项目、重要措施，研究各项工作的切入点，使规划更具有实用性、指导性和可操作性。

三要分步推进。“十一五”规划的编制是一项系统性、技术性很强的工作，从收集信息开始，经过精心测算、科学预测、提出目标、综合平衡后，提出规划草案直至正式形成规划，要有一整套科学严密的程序。要分阶段、分步骤平稳推进，要合理划分规划编制的阶段，做好各阶段工作的衔接，有序推进。

四要集思广益。要重视规划编制过程中的社会参与和民主决策。要采取开放式的规划编制办法，把劳动保障事业发展“十一五”规划的编制作为对劳动保障事业重大问题实行民主决策、科学决策的过程。充分发挥专家在规划编制、论证、咨询、审查等方面的作用。各地要吸收专家参与，广泛集中专家的智慧，要充分听取社会各方面的意见，提高规划的预见性、代表性和科学性。

五要强化保障。发展规划要明确事业发展目标、政策取向、技术支撑和保障条件，既要“务虚”，也要“务实”。在突出全局性、战略性和前瞻性的同时，对于重点调控目标要有重点项目予以支持，使规划可操作、能执行、导向性强。要把能力建设放在突出位置，通过全面加强劳动保障系统的能力建设推动劳动保障事业的可持续发展。

六要加强组织。部党组对“十一五”规划编制工作十分重视，专门成立了规划工作领导小组，部属各有关单位主要负责同志为成员，具体的规划编制工作由规划财务司归口管理，有关专项规划由部有关司局具体负责。部里已经制定印发了《劳动和社会保障事业发展“十一五”规划编制工作方案》，明确提出了“十一五”规划编制工作的指导思想、工作任务、工作方式、工作机制、工作安排、工作组织以及重大问题研究和要求等，各地可以参照执行。这次会议之后，各地要尽快成立“十一五”规划编制领导小组，负责组织和指导规划编制工作。要尽快明确规划编制的具体负责部门和人员，并落实规划编制的相关承担单位，抓紧开展工作。要加强领导，精心组织，落实工作责任和组织保障，把劳动保障事业发展“十一五”规划编制工作纳入重要工作日程。

七要搞好衔接。劳动保障事业发展“十一五”规划编制涉及不同地区、行业和部门，因此，必须加强信息沟通和相互协调配合。在规划编制中，要及时了解发展改革部门的有关工作要求，了解相关行业部门的规划工作进展。要做好劳动保障事业规划与国民经济和社会发展规划的总体衔接，与相关行业规划的衔接，与已批准的相关劳动保障事业规划相协调，上下左右协调好。劳动保障事业发展“十一五”规划体系中各层次、各专项规划也要相互衔接，避免发生重复、遗漏等问题。

（三）着力研究事关发展全局的重大问题

温家宝总理指出，制定发展规划，最重要的是要继续发挥社会主义集中力量办大事的优势，有所为，有所不为。一个真正好的规划，必须是一个系统性和重点性相结合的规划。编制规划的重点，就是事关发展全局和长远的重大问题、战略问题，包括战略方针、战略任务、战略布局、战略措施、重大政策等。只有把这些问题紧紧抓住了，研究透彻了，才能使我们的规划真正把握住战略大方向。

部里在对劳动保障事业发展的重大问题系统深入研究的基础上，初步确定了制定“十一五”规划需要重点研究解决的题目。这些题目涉及劳动保障事业发展整体战略、就业问题、社会保障问题、劳动关系与收入分配以及能力建设等四大部分九个专题。比如就业和再就业问题，“十五”期间就业工作是从下岗职工再就业切题的，2002 年中央召开了再就业工作会议，围绕下岗失业人员再就业问题提出了一套积极的就业政策。工作重心从下岗职工基本生活保障转向了再就业，再就业政策的对象范围扩大了，政策力度加大了。“十一五”期间，城市化进程将进一步加快，“三农”问题更加突出，同时，城镇新成长的劳动力特别是大学生就业问题也逐渐凸显出来，各类群体再就业工作大盘子中主次关系怎么摆，今后一个时期就业的主要矛盾是什么，这就需要通盘考虑。要统筹考虑城镇新成长的劳动力与下岗失业人员再就业工作中的关系，统筹考虑处理好城乡就业关系。再比如社会保障问题，十六届三中全会提出要逐步实行养老保险省级统筹，条件成熟时实行基础养老金全国统筹，这个目标在“十一五”时期能否实现，从哪方面着手推动就要研究清楚，为“十一五”期间形成政策措施打下基础。“十五”期间，我们在辽宁开展了完善社会保障体系试点，开始做实个人账户，目前正扩大到吉、黑两省。“十一五”期间个人账户做实到什么程度也要认真考虑，这关系着养老保险制度的可持续发展。再比如劳动关系方面，如何适应就业形式多样化，从劳动力流动加快的形势来研究建立维护劳动者权益的长效机制。这些问题都是劳动保障事业发展中的战略性和根本性问题。研究制定“十一五”规划，对这些大问题，要一个问题一个问题进行深入的调研，拿出明确的意见和建议。各地情况千差万别，需要研究的问题也不一样，必须结合本地实际开展研究，求劳动保障事业发展之真，务为广大劳动者服务之实。如果我们能结合各地实际在这些重大问题的研究上取得比较大的突破，“十一五”规划就是一个高质量、有前瞻性的好规划。

三、关于 2004 年规划财务工作的主要任务

根据今年劳动保障工作的形势和任务，2004 年规划财务工作的主要任务是：以“三个代表”重要思想为指导，深入贯彻党的十六大和十六届三中全会精神，以制定就业再就业专项计划为重点，进一步做好劳动保障事业发展年度计划工作；以科学的发展观为指导，研究制定劳动保障事业发展“十一五”规划总体思路；以完善劳动保障统计指标体系，改进城镇劳动力抽样调查制度为手段，进一步提高统计工作水平；突出抓好“金保工程”建设，加强社会保险基金财务管理，着力发挥规划财务工作在劳动保障事业发展中的服务决策、综合协调和保障支撑作用。

年初，部里制定下发了 2004 年劳动保障事业发展计划和就业再就业专项计划，明确了

劳动保障工作的主要目标。在就业再就业工作方面，要确保全年实现新增就业900万人以上，帮助下岗失业人员再就业500万人，“4050”人员再就业100万人，城镇登记失业率控制在4.7%左右。在社会保障工作方面，要继续巩固“两个确保”，加强养老、失业、医疗保险扩面征缴工作，增强基金支付能力，大力推进退休人员管理社会化，力争年底将90%的退休人员纳入社会化管理。在维护职工权益方面，要加强劳动保障执法监察，严厉打击侵害劳动者合法权益的行为。同时，要进一步搞好街道社区劳动保障工作平台建设和“金保工程”建设。

完成上述任务就规划财务系统来说，就是要着力抓好四项工作：

（一）认真做好年度计划目标分解落实与检查评估工作，确保全年计划目标全面完成

今年计划总目标任务和工作已经部署下去，各地要将计划具体分解、层层落实到基层，并制定相应的配套政策和措施，组织计划实施。同时，建立完善计划执行情况通报制度，加强对计划实施的检查。加强对计划执行进度的调度，加强计划执行情况监测，明确并落实计划目标责任制。要加大政策支持、确保资金投入，确保今年的目标顺利实现。

今年，部里下发的就业再就业专项计划是根据全国再就业工作座谈会的要求制定的，是做好就业再就业工作的重要举措。对于规划工作来讲，也是发挥好规划手段在劳动保障工作中的作用，完善规划工作制度，提高规划导向性和约束力的重要机遇。各地要将计划执行与各项政策、资金落实和监测评估工作有机结合起来，对计划执行情况实行全过程跟踪监测，对计划指标完成情况不定期地进行检查评估，抓住关键环节、重点部位和重要政策措施确保政策的落实。部里拟就此专门下发一个文件，各地要贯彻好、落实好，确保实现“95147”的计划目标。

（二）改进和完善统计工作，完善统计制度改革思路

今年是全国贯彻落实《统计法》20周年。各地要坚持依法统计，加强统计工作的制度与基础建设。一是做好就业再就业统计工作。党中央、国务院领导对于做好就业再就业统计工作十分重视，黄菊同志明确批示，要求劳动保障、统计、工商三部门在统计方面做好协调和配合。前不久劳动保障部、国家统计局和国家工商局三家联合下发文件，正式启动了部门间城镇新增就业人数联合测算工作。各地要与当地统计、工商等有关部门搞好协调配合，按季度做好统计测算工作。二是抓紧研究完善劳动保障统计指标体系，在此基础上修改并精简定期统计报表。要按照郑斯林部长提出的“完整、正确、统一、及时”的要求，完善全国劳动保障统计指标体系，进一步修改并精简定期统计报表制度。这项工作可以找一些地区开展试点，取得经验，逐步推进。三是改进统计调查方法，进一步提高统计服务水平。继续探索改进统计调查方法，特别是非全面调查方法，研究采用不同的调查方法广开数据收集渠道，及时为中心工作提供数据支持，健全劳动保障数据信息公开发布制度。今年要重点开发利用好40个城市抽样调查数据，提供优质分析报告，满足当前劳动保障工作的需要。

（三）进一步完善社会保险基金决算制度，探索建立社会保障预算制度

社会保险基金决算是社会保险基金财务管理的重要内容。作为年度社会保险基金财务管理工作和预算执行情况的总结，基金决算既是政府制定的各项社会保障政策落实结果的直接反映，也是政府分析社会保险工作情况，进行宏观管理的重要决策依据。去年底，我部与财政部联合下发了《关于编报2003年度社会保险基金决算的通知》，明确了两部“统一设计、统一口径、统一部署、统一软件、数据共享”的原则，各地区都能够认真学习和掌握社会保险基金决算新制度的内容和方法，积极组织和落实，努力建立和完善内部协调工作机制。下一步主要任务，一方面要积极利用好决算数据成果，加强数据分析，为事业发展提供决策依

据；另一方面，要进一步完善基金决算制度，建立由规划财务部门牵头，相关业务部门和经办机构参加的内部分工协作的工作机制，同时与财政部门研究进一步完善社会保险基金决算报表体系。今年3月14日全国人大通过的《中华人民共和国宪法修正案》，首次将“国家建立健全同经济发展水平相适应的社会保障制度”写入宪法，这是做好社会保障工作的法律保障。劳动保障部门要抓住契机，依法推动建立完善社会保障预算工作。社会保障预算是国家预算的重要组成部分，是全面反映、管理、监督各项社会保障资金收支活动的重要手段，也是建立健全社会保障体系的重要保证。各地要适应建立政府公共财政体制改革的要求，结合实行国库集中支付、政府采购等，按照劳动保障事业发展需要编制和执行好部门预算，深入研究探索建立完善社会保障预算的思路和方法，协调各级财政部门进一步加大财政支出用于社会保障、就业再就业的比重。把财政用于社会保障和再就业的补助资金纳入部门预算，实行财务集中统一管理，构建部门大财务框架。

（四）全面加快“金保工程”建设

按照统一立项、整体规划、分级建设的原则，经国务院批准，国家发展改革委已批准了“金保工程”建设全国统一立项，“金保工程”建设驶入了快车道。

2004年的“金保工程”建设要重点抓好四件事：一是完成“金保工程”建设立项工作。各地要与国家发展改革部门密切配合，完成可行性研究报告的批复，部里将落实部本级建设资金和西部地区的补助经费，同时加快地方立项的推进工作。二是整合数据，推动全国联网。2003年我部与部分省市实现了联网，今年要全部实现部省联网的目标，各地要抓紧工作，确保如期完成任务。从已联网的省份上传的数据质量和使用价值来看，与实际需要差距很大，今年要上下联动，整合和提高数据质量。三是扩大联网应用。除养老保险外，其他业务的联网应用工作也要陆续开展。2004年的联网应用工作，要以业务管理规范为前提，今年要启动失业登记和失业保险信息监测、医疗保险管理服务监测两项全国联网应用。四是公共服务系统建设。为企业和社会公众提供方便、快捷的信息服务，是“金保工程”建设的一项重要任务。今年要配合社区平台建设，加快建设社区劳动保障信息服务平台。要加大电话咨询服务中心建设推进力度，努力为企业和劳动者提供更好的服务。要进一步提高政府网站质量，逐步开辟网上办事的通道。“金保工程”工作下半年部里还要专门开会进行部署。规划财务部门要协调有关部门完成项目的批复，加大研究筹措“金保工程”建设资金的力度，同时严格加强资金、项目管理，认真执行政府采购规定，建立完善项目管理制度。

四、关于规划财务系统能力建设

去年12月，党中央、国务院专门召开了全国人才工作会议，会议从历史和战略的高度提出要把人才问题作为关系党和国家事业发展的关键问题来认识，做出了人才资源是第一资源的科学论断。这充分体现了党中央对人才工作的高度重视。当今和未来的国际和区域间的竞争，说到底是人才的竞争。谁拥有更多更好的人才，谁就能在竞争中取得主动。“国以才立，政以才治，业以才兴”，可以说，人才问题将直接关系着一个国家、地区和事业发展的兴衰成败。

规划财务工作有三大职能，有综合性、系统性、前瞻性三个特点。三大职能可以这么概括，规划是灵魂，作用是宏观指导，正确导向；统计是基础，作用是决策支持，分析形势；财务是保障，保障劳动保障事业稳健运行，协调发展。计划要科学指导，统计要胸中有数，财务要收支平衡。评价任何一项劳动保障工作，要看制度设计是否合理，管理是否有效，财务是否平衡，系统是不是会发生腐败。三分政策七分管理，规划财务工作就是做管理的，所以说地位十分重要。搞好规划财务工作可以大大增强劳动保障工作的预见性、计划性，防止盲目性和随意性。按照新形势和新任务的要求，规划财务系统要着重提高以下五个方面的能力：

（一）提高学习创新能力

人的能力首先来自学习，加强学习是我们做好各项工作的首要条件。随着劳动保障工作的不断深入，新工作、新情况、新问题层出不穷，我们要认真领会和掌握十六大和十六届三中全会提出的新思想、新观念、新论断，用十六大和十六届三中全会精神指导工作实践。同时要广泛学习经济、统计、财务、科技、管理、法律等方面的知识，打牢知识功底，培养创新思维。创新是永恒的主题，是劳动保障事业不断前进的动力，全系统劳动保障工作要继续坚持理念创新、方法创新、机制创新，真正实现十六大提出的发展要有新思路，改革要有新突破，开放要有新局面，各项工作要有新举措的要求，努力创造一流业绩。

（二）提高调研分析能力

深入调研，是做好工作的前提条件，是成事之道，谋事之基。只有加强调研分析，才能广泛听取社会各方面对我们工作提出的实际要求，才能及时总结劳动保障工作实践经验，才能发现和解决工作中存在的突出问题，开拓工作思路，减少工作中的随意性和片面性，提高科学性。要克服任务重、时间紧、难度大、琐事多等困难，尽量挤出时间，联系工作实际，认真研究和思考劳动保障事业发展中的前沿性重大问题，提高对宏观形势、发展趋势的分析能力和判断能力，为劳动保障制度的改革与发展提供决策参考和支撑。规划财务工作掌握着规划、统计、财务三样武器，我们在参与决策方面有很大的发言权，关键在于我们要选准切入点，把握好劳动保障工作的内在联系，加强对劳动保障重大现实问题和前瞻性问题的研究。学会运用规划预测、统计调查、财务分析等手段分析研究劳动保障工作形势和任务，善于将就业、社会保险、劳动关系等问题联系起来考虑，将劳动保障事业与国民经济社会发展结合起来考虑，从整体上提高服务决策的能力水平。

（三）提高组织协调能力

劳动保障规划财务工作涉及内外，需要搞好部门内部、部门之间的协调，通过综合协调，整合资源，做到步调一致、形成合力，最大限度地发挥整体效能。对内，要和业务部门协调好规划的编制、统计制度的确定、预算的安排。对外，要和发展改革、财政、统计等部门加强协调，把劳动保障工作的重大问题及时纳入到国民经济社会发展战略和计划、财政等宏观经济政策中去。做好协调工作，关键有四要素。一要懂行，只有懂行人家才尊重你；二要公正，不是站在小集体利益上，要学会换位思考；三要讲究方法，学会用轻松愉快的方式解决复杂重大的问题；四要有人格的力量，要提高我们的公信度，使人家相信你。总之，协调是一门学问，大家都要努力提高协调的本领，在协调中决策，在协调中落实工作。

（四）提高科学管理能力

行政工作管理为经，服务为纬，没有服务意识，管理也做不到位，必须讲究工作艺术，寓管理于服务之中。首先要贯彻落实《行政许可法》，推进依法行政。按照行政许可法的要求，完善行政执法、行业自律。其次要不断提高服务意识，始终将广大人民群众的根本利益放在首位，坚持立党为公、执政为民，正确认识和行使手中的权力，切实增强责任感和使命感，真正做到勤政为民、廉洁奉公，踏踏实实地为决策服务、为中心工作服务、为劳动保障事业发展服务。要切实转变工作作风，诚心诚意地多为基层和群众办实事、办好事，努力建设一支服务意识强、工作效率高的队伍。

（五）提高拒腐防变能力

转变政府职能，加强作风建设，是抓好经济社会发展的关键。我们要认真学习贯彻胡锦涛同志在党的十六大和十六届三中全会上就党的作风建设所作的重要讲话精神，切实抓好思想作风、学风和工作作风建设。一是要牢固树立勤政廉政意识。我们要牢记全心全意为人民服务的宗旨。要继续坚持艰苦奋斗和勤俭办事的方针，反对重享受、讲排场、比阔气等奢侈浪费行为。要时时处处检点自己的言行和思想，要常守从政之德，常怀律己之心，常思贪欲之害，经得住诱惑，管得住身手，耐得住寂寞，堂堂正正做官，清清白白做人。要坚决贯彻党中央反腐倡廉的方针政策，落实党风廉政建设责任制。要完善政府采购制度、建设工程招投标制度，严肃财经纪律，接受审计监督，努力从源头上遏制腐败现象的发生。二是要求真务实。劳动保障工作是面向广大劳动者的，来不得半点虚假。工作到位不到位，政策落实不落实，老百姓一清二楚。任何沽名钓誉、急功近利的行为都行不通。从计划方面讲，求真务实主要体现在报计划不能打埋伏，下计划不能压指标。从统计方面讲，就是不出假数，一是一，二是二。从财务方面讲，报账要钱不能帽大三尺，算账拨款也不能不问青红皂白拦腰砍一刀。总之，求真务实不是一个抽象的要求，一定要落实到各项工作中去。

以人为本　继往开来
把医疗保险制度改革不断推向前进

——在医疗保险制度改革经验交流会上的讲话

王东进

（2004年9月23日）

2004年是“两江”试点十周年，也是医疗保险制度改革从试点探索到全面实施，不断探索、发展和取得重要阶段性成果的十年。在医疗保险事业处于继往开来新的历史发展阶段的重要时刻，我们召开医疗保险制度改革经验交流会，具有特殊的重大意义。这次会议的任务是：深入贯彻党的十六大和十六届三中全会精神，总结改革经验，分析当前形势，明确改革的方向和任务，把医疗保险制度改革不断推向前进。

为了倾听各方面专家的真知灼见，客观评价十年改革的成效，更好地做好新时期的医疗保险工作，会前我们组织编写了《中国医疗保险制度改革1994—2004年》一书，摄制了《风雨十年医保路》专题片，举办了中国医疗保险制度改革论坛。昨天的会上，有10多个省市的同志介绍了先进经验和事迹，从不同侧面体现了十年改革不断创新探索的历程，体现了医疗保险工作者不辱使命、开拓进取的精神。这次会议，是十年改革成就的汇报，是十年艰辛工作的展示，是十年改革经验的交流，也是对新时期医疗保险制度发展的展望。

一、医疗保险制度改革的主要历程

简要回顾我国医疗保险制度改革的风雨历程，大体经历了四个阶段：

1994年，开始“两江”试点。按照党的十四届三中全会决定要求，国务院决定在江苏镇江、江西九江进行社会统筹与个人账户相结合的社会医疗保险制度的试点，为全国医疗保险制度改革探索路子。

1996年，在40多个城市扩大试点。在“两江”试点取得初步经验后，国务院审慎决策，将试点范围扩大到20多个省区的40多个城市，进一步探索统账结合的具体方式和运行机制。

1998年，决定在全国建立城镇职工基本医疗保险制度。国务院颁布《关于建立城镇职工基本医疗保险制度的决定》（国发［1998］44号），要求在全国范围内建立与社会主义初级阶段生产力水平相适应，覆盖全体城镇职工、社会统筹和个人账户相结合的基本医疗保险制度，确定了中国医疗保险制度改革的基本目标、基本原则和主要政策。

2000年，决定同步推进医疗保险与医疗

卫生体制和药品流通体制改革。为了解决医疗保险制度改革中面临的体制性障碍，国务院审时度势，做出了同步推进医疗保险制度、医疗卫生体制和药品流通体制三项改革的决策和部署。

为了贯彻落实中央关于推进医疗保险制度改革的决策和部署，为了建立以基本医疗保险为主体的多层次医疗保障体系，为了保障广大职工的基本医疗需求，为了维护社会的稳定和国家的长治久安，各级劳动保障部门的同志在党委、政府的正确领导下，在各有关部门的大力支持下，按照统一思想、完善政策、理顺体制、分类指导、加强管理、优化服务、稳健运行的总体要求和工作方针，以坚定不移的决心，坚忍不拔的毅力和坚持不懈的努力，说尽千言万语，历尽千辛万苦，克服千难万险，打了一场又一场有形的和无形的攻坚战。

（一）层层培训，广泛宣传，用《决定》精神统一思想认识

医疗保险制度改革涉及多方面的利益调整，是一项复杂的系统工程和全新的事业，一起步就面临着种种思想观念的阻碍和各方面条件的限制。一些人怕改革后待遇降低、利益受损，一些单位怕增加费用负担，一些领导怕背财务包袱，劳动保障系统内一些同志对这项改革既缺乏经验也缺乏知识，踌躇不前，感到无从下手，左顾右盼，可谓举步维艰。为了如期启动改革，必须打一场统一思想认识的攻坚战。一是用《决定》精神统一系统干部的思想认识，坚定改革的信心和决心。国务院《决定》是我们的行动纲领，也是我们的“尚方宝剑”，必须把认识统一到《决定》精神上来，舍此别无他途。1998 年年底，我部举办劳动保障系统领导干部医疗保险培训班，使这批分管医疗保险工作的厅局长成为启动改革的中坚力量。二是统一地方政府领导的思想认识，加强改革的领导。经请示国务院领导同意，分别于 2000 年、2001 年举办了两期医疗保险市长研讨班，各地随之举办了县（市）长班。由国务院领导决定，举办地方政府领导专题研讨班，在我国各项改革中少有，也是劳动保障专项改革第一次。这两次研讨班对全国改革起到了极大的推动作用。1999 年，启动实施的城市还大多为原试点和扩大试点城市，两期市长班后的一年多时间，启动城市发展到近 300 个地级以上城市，特别是北京、天津、上海、广州、南京、武汉、西安等大城市相继启动，医疗保险制度改革在全国范围内梯次推进的态势和局面基本形成。三是加强政策和业务培训，保证改革的方针政策、措施办法得以正确的贯彻实施。据粗略统计，仅部里举办各类政策、管理业务培训班就达 20 多期，培训近5 000人次。基本上做到出台的新政策和相关业务领域的新知识，都能及时被纳入培训内容，加入医疗保险队伍的新成员，都能及时得到培训。培训对象以系统干部为主，还兼顾到了用人单位、医疗机构和新闻单位。四是充分利用各类传媒宣传政策。力争做到把形势讲清、把意义讲透、把政策讲准、把办法讲明，争取社会各方面对改革的理解和支持，营造良好的改革氛围。

（二）深入调研，精心测算，实事求是地制订切实可行的具体政策和实施方案

医疗保险制度改革政策性强，涉及面广。改革的政策关系到不同人群的待遇设计，不同实施层面的政策衔接和多个管理环节的机制整合。为推动改革，并实现制度稳健运行和健康发展，必须在起步时就要把医疗保险政策体系的基本框架构建起来，并尽量配套推出经办管理、业务流程等规范，以避免“政出多门”，各行其是，走偏方向。一是着眼于构建完整的医疗保险制度体系和运行机制，以国务院《决定》为核心政策，制定改革的配套政策。我部集中力量，广泛听取各地意见，反复与有关部门协调，在一年多的时间内，出台了包括各类人员待遇、医疗保险经办管理、医疗服务管理、基金管理和财务会计制度等 16 个配套政策文件。二是在坚持中央大政方针的前提下，从实际出发，因地制宜，制订当地改革的具体实施方案和政策措施。各地在改革任务重、时间紧的情况下，边组建队伍，边学习政策、熟

悉情况，努力掌握第一手资料和数据，精心设计和测算，反复求证，协调各方。在两年多的时间里，绝大多数省区市制定了改革总体规划和配套政策，各统筹地区制定了具体改革方案和政策措施。三是与时俱进，不断完善政策和管理措施。为适应就业形势的变化和经济结构的调整，解决改革中出现的新情况新问题，我部在深入调查研究的基础上，先后制定了解决医疗保险制度改革若干问题、灵活就业人员和非公有制经济组织参加医疗保险等三个指导意见。各地也都适时适度地调整和完善了有关政策和措施。

（三）理顺职能，健全机构，创建统一高效的医疗保险管理体制

医疗保险制度改革之初，不少地方的劳动保障部门面临着无明确职能、无正式机构和人员、无办公场地、无经费来源的“四无”窘境。许多地方没有划转职能，只是临时机构、临时人员。当时，中央按照精简高效的原则刚刚结束国务院机构改革，地方机构改革刚刚开始，各地要组建新的机构压力极大。劳动保障部党组多次向国务院汇报，按照国务院领导同志指示，经反复协调，中编办专门就理顺省、市（地）医疗保险管理体制问题下发了 8 号文件和 98 号函，同时将全国公费医疗管理中心全部划转劳动保障部，有力推动了各地建立统一高效的医疗保险管理体制的步伐。各级劳动保障部门坚持一手抓医疗保险制度建设，一手抓医疗保险管理体制建设。一是以高度的使命感和责任感勇挑重担，争取各方支持。在起步阶段，采取先于机构改革成立临时机构，抽调相关人员的办法，承担了推进改革的任务，充分体现了医疗保险创业者的开拓进取精神，其境其情，令人感动，因此得到了党委、政府和编制部门的有力支持。二是高标准、严要求，建立新型医疗保险管理机构。各地在机构职能上不是简单地划转，而是按照医疗保险创新管理体制的要求进行职能设计，强化专业技术管理和社会化服务职能。同时，面向社会，广揽人才，吸纳了一大批有志于医疗保险事业、确有真才实学的专业人才和年轻同志加入到医疗保险队伍。三是用科学的态度设计管理系统，用合作的方式解决系统建设投入。绝大多数城市提高医疗保险管理服务水平，请专业机构设计信息化网络管理系统，按人性化服务理念设计办公系统和场地。在政府资金投入很少的情况下采取与相关机构合作方式，全国多数城市建立了较为先进的医疗保险信息管理系统，使医疗保险管理一开始就驶入网络化、信息化的“快车道”。粗略估算，全国医疗保险信息管理系统建设投入资金 30 多亿元。

（四）分类指导，梯次推进，逐步扩大医疗保险启动和覆盖范围

由于思想认识、体制障碍、工作基础、经济状况等诸多因素的影响，启动之初步履既艰难又缓慢。1999 年年底，启动的地级城市只有 86 个，其中一半是原试点和扩大试点城市。危难之时见精神。为了打破这种僵局，确保中央的决策能够如期实现（当时朱镕基总理已宣布，将医疗保险制度改革列为五大改革任务之一），劳动保障部门同志担压力、出大力、排阻力，呕心沥血，千方百计，攻坚克难，狠抓启动扩面。建立了重点联系城市制度，发挥重点联系城市的导向作用、示范作用和带动作用。下大力气坚持“四抓”：一抓重点城市，特别是大城市启动扩面，二抓中央和省属企业属地参保，三抓机关事业单位参保，四抓困难地区启动和困难企业参保。上海、北京一启动就分别达到 600 多万人和 200 多万人，江苏、广东、黑龙江、新疆等省区迅速推进，铁路、电力、石油、金融等中央企业和部分省区市机关事业单位相继参保。至此，“坚冰”终于被打破，僵持的局面基本“解冻”，医疗保险制度改革在全国范围内开始形成全面推进的态势。2000 年，启动的地级城市从 86 个增加到 284 个，参保人数翻番，达到 4 300 万人。2001 年，全国 92％的地级城市启动，参保人数7 600万；2002 年，除西藏外，所有地级统筹地区全部启动，参保人数 9 400 万；2003 年，参保人数突破 1 亿大关。在困难重重中起

步，在攻克难关中突破，在梯次推进中打开局面，取得了历史性进展。

（五）探索规律，创新机制，建立健全科学高效的管理机制和管理服务体系

医疗保险难在管理，改革成败关键在管理，要实现机制创新更要落实到管理。当时我们这样一支新的队伍，承担如此复杂的新的事业，面对积弊甚重的传统医疗体制、福利惯性思维和管理对象众多、业务量大、专业要求高的管理难题，我们没有范例可循，必须通过不断探索医疗保险管理的内在规律，走机制创新的路子，创建新型医疗保险管理机制和服务体系。一是根据国务院《决定》精神，建立健全"三二一"管理机制和管理措施。二是制定基本医疗保险药品目录、定点医疗机构考核办法、医疗费用结算标准等，探索专业化、标准化管理的途径。三是将医疗保险管理网络延伸到医疗机构，逐步实现实时管理和全程动态管理。经过几年的努力，初步建立起较为健全的医疗保险管理制度和管理机制。

经过十年风雨征程，在全国范围内初步建立起了具有中国特色的城镇职工基本医疗保险制度，基本完成了从公费、劳保医疗福利保障制度到社会保险制度的历史转变，取得了这项改革和制度建设的重要阶段性成果：

一是以国务院《决定》为核心的一整套医疗保险的政策体系基本形成。这一政策体系包括基本医疗保险的政策、管理、多层次医疗保障和医药卫生体制配套改革四大系统，中央确定的基本政策、各省区市的规划组织、统筹地区实施操作三个层面。这个政策体系尽管还需要在实践中不断完善，但它毕竟为新制度的实施运行提供了基本的政策依据和操作规范。

二是按照"宜市则市，宜县则县"的原则，基本医疗保险制度在全国城镇基本建立。到 2004 年 8 月底，启动城市包括所有 4 个直辖市、340 个地级市、1 500多个县（市）；参保人数达到11 847万人，包括8 663万在职职工、3 184万退休人员。

三是以基本医疗保险为主体，公务员医疗补助、大额医疗补助和企业补充医疗保险等多层次医疗保障制度体系的雏形初步建立。90%以上的地区建立了公务员医疗补助和大额医疗补助，许多有能力的参保企业建立了补充医疗保险，一些地区还出台了对困难人群进行社会医疗救助的措施。

四是创新体制、转换机制、健全机构、充实人员的目标初步实现，在实践中锻造了一支"忠诚、团结、敬业、奉献"，讲政治、懂政策、会管理、善服务的医疗保险的专业队伍。所有统筹地区都建立起行政管理、经办机构。初步统计，全国医疗保险经办机构人员超过 7 万人，其中大专以上学历的占近 80%，有医药学背景的占 36%，35 岁以下的占 54%，为这项宏大事业的可持续发展打下了坚实的组织基础。

五是参保人员的基本医疗需求得到保障，广大职工、社会各界对医疗保险的认同度和支持率普遍提高。所有参保职工基本上都能按制度享受到医疗保险待遇，大多数企业职工的医疗保障水平较过去有较大的提高，要求参保的企业职工和各类从业人员越来越多。这些都充分显示了基本医疗保险制度的强大生命力和勃勃生机，充分证明中央关于进行医疗保险制度改革的决策是完全正确的，是得民心、顺民意、谋民利的。

六是医疗费用分担机制和医疗服务竞争机制开始起到基础性的作用。人们就医观念、就医方式和费用意识有了新的转变。在传统体制下医疗资源浪费、医疗费用过快增长的问题有所遏制。据统计，1990—1998 年卫生系统综合医院次均门诊和住院费用年增长率分别为 25%和 23.7%，2000—2003 年这两个指标分别降为 6%和 6.1%。如果在 2000—2003 年，全国参保人员医疗费用支出仍以 1990—1998 年的速度增长，则到 2003 年这一支出将达到 1 200亿元，而实际仅为 800 亿元左右。

七是基本医疗保险制度运行平稳，基金收支总体平衡。除少数县（市）由于财政为公务员缴费不到位导致资金周转困难，以及个别城

市由于基金征缴不到位出现资金缺口外，全国绝大多数统筹地区都保持了基金收支平衡。这是确保医疗保险制度能稳健运行、可持续发展的物质基础和关键所在。到2004年8月底，全国累计基金结存823亿元，其中统筹基金结存479亿元，个人账户积累344亿元。

八是初步形成了一些具有中国特色的医疗保险理论观点。譬如，立足国情，建立有中国特色的医疗保险制度的观点；医疗保险要服从服务于经济结构调整和就业方式变化的观点；医疗保障水平必须与经济发展水平相适应的观点；必须坚持保障基本医疗需求的观点；必须建立健全以基本医疗保险为主体，多层次多形式保障方式相结合的医疗保障体系的观点；必须着眼于体制创新，着力于机制转换的观点；发挥费用分担机制的基础性作用的观点；既要统一规范，又要因地制宜，实现规范化指导下的“多样化”的观点；统筹层次要“宜市则市、宜县则县”，不盲目追求高统筹层次的观点；属地管理可以在统一政策、统一方案、统一卫生资源的前提下，逐步过渡的观点；统筹基金与个人账户的建立要从实际出发，不搞一个模式的观点；“三分政策，七分管理”，管理是永恒的主题，成败的关键在管理的观点；既要严格管理，又要以人为本，寓管理于服务之中，体现人文关怀的观点；建设评估、监测、预警体系，确保制度稳健运行和可持续发展的观点等。这些理论观点已被越来越多的人所接受，在实践中发挥了重要的指导作用。

二、医疗保险制度改革的基本经验

医疗保险制度改革十年风雨历程，广大从事这项事业的同志们付出了心血与智慧，经受了艰辛与磨炼，同时也获得了丰富的知识，积累了宝贵的经验。就总体而言，我认为这十年改革的基本经验有以下几个方面，即“六个坚持”：

一是坚持从我国国情出发，使医疗保险制度改革与社会经济发展水平相适应。医疗保险制度改革必须从国情出发，充分考虑我国的三个基本现实：没有足够的经济能力支持高水平的医疗保障制度；不可能用绝对统一的制度规定和政策标准在全国推进改革；难以一步解决公费劳保医疗制度产生的福利刚性效应和思想观念。因此，必须坚持用实事求是的思想路线指导我国的医疗保险制度改革。坚持基本保障的原则，合理确定筹资水平和支付范围；充分考虑地区差异，中央确定制度框架、改革原则和基本政策，地方制定实施办法和保障标准；充分考虑不同人群多层次医疗保障需求，积极实施多层次的医疗保障政策。

二是坚持制度创新和机制转换，使医疗保险制度改革适应社会主义市场经济体制的要求。我们是在实行了40多年的公费、劳保医疗制度的背景下进行医疗保险制度改革的。着眼制度创新，着力机制转换，是医疗保险制度改革的内在需要，是社会主义市场经济体制的客观要求。因此，必须坚持建立与市场经济体制相适应的社会保险制度改革方向，推进保障方式从单位保障向社会保险转变；完善以基本保障为主的多层次保障体系，推进保障范围从国有单位逐步向城镇全体劳动者转变；完善多渠道筹资机制，推进费用负担从国家包揽向单位和个人双方负担的转变；确定可调控的医疗服务范围和医疗保险基金支付范围，推进医疗保障责任从无限责任向基本保障的转变。建立医疗保险的共济保障机制，保障参保人员的基本需求，维护社会公平；完善和强化费用分担机制，增强患者自我保障和费用意识；完善和细化服务竞争机制，促进医疗服务质量的改善和效率的提高。通过建立缴费与待遇挂钩激励机制，探索统一制度框架下灵活就业人员、非公经济组织从业人员、农民工等参加医疗保险的政策和途径，增强制度的包容性、机制的灵活性，既为新制度实施拓展了空间，也为新制度发展夯实了基础。

三是坚持原则性和灵活性的统一，鼓励地方探索改革的实现途径和具体办法。医疗保险制度作为基本的经济社会制度和政府公共政策，必须既保持制度基本框架和基本政策的统一性，又充分考虑中国地区差异。既坚持中央确定的基本制度框架和主要政策，又允许各地根据当地实际，确定缴费比例、统筹层次、具体管理办法和支付范围。对改革中碰到的困难企业职工、灵活就业人员、农民工参保等新情况、新问题，既及时提出指导性意见，又鼓励各地根据实际情况探索创新。

四是坚持抓住重点、分类指导、典型引路，实现医疗保险整体发展。医疗保险制度改革头绪多、矛盾多、难点多、困难多，改革必须抓住重点，突破难点，关注敏感点，把握平衡点，分类指导，典型引路，梯次推进，协调发展。在启动扩面中，重点抓大城市，建立重点联系城市制度，着力解决直辖市、省会城市和中心城市启动，促进和带动中小城市启动。在企业参保中，重点抓中央、省属企业参保，着力解决困难企业参保，带动其他企业参保。在机关事业改革中，重点抓公务员医疗补助政策的落实，妥善解决公务员参保后的待遇衔接问题。在基础管理中，重点抓管理制度、管理系统和经办能力建设，夯实制度运行基础。

五是坚持科学管理和优质服务“两手抓”，确保医疗保险制度稳健运行。改革成败，既要看制度是否安排合理，是否推得开，更要看制度是否立得住，是否走得稳。确保医疗保险制度稳健运行，关键是管理。始终坚持把建立健全高起点、高标准、规范有序、高效灵敏的医疗保险管理体系，作为基础工作、基本建设来抓；始终坚持抓基本制度、基本队伍、基本流程、基本数据和基础管理。不断完善规则、细化指标、强化监督，通过完善机制来强化管理。特别是通过协议管理，把“三二一”的各项管理标准和措施落到实处，提高管理的针对性和实效性。大力推行和运用信息网络系统，增强科学管理手段。不断提升管理理念，增加人文指标，寓管理于服务，实现管理创新。

六是坚持干部队伍能力和作风建设，不断提高医疗保险管理服务水平。医疗保险制度改革的政策确定之后，组织好、实施好的关键在人，在队伍。坚持不懈地抓队伍建设成为了十年来常抓不懈、扭住不放的中心环节和重中之重。通过广揽人才创建队伍，通过强化培训提高素质，通过实践磨炼增长才干，通过激励先进弘扬医保人精神。随着改革的深化和管理任务日益繁重，以能力建设为重点全面加强干部队伍建设，不断提高形势判断、大局把握、调研分析、组织协调、开拓创新和防腐抗变能力，大力弘扬忠诚、团结、敬业、奉献的良好作风和精神，加强干部队伍的能力和作风建设，是实现医疗保险制度长期稳健运行和可持续发展的组织保证和不竭动力。

三、医疗保险制度改革的发展方向

党的十六大提出，21 世纪头 20 年，是我国全面建设小康社会的关键阶段。十六届三中全会又进一步明确了完善社会主义市场经济体制的目标，要求加快建设与经济发展水平相适应的社会保障体系，继续完善城镇职工基本医疗保险制度、医疗卫生和药品流通体制的同步改革，扩大基本医疗保险覆盖面，健全社会医疗救助和多层次的医疗保障体系。随着经济体制改革的不断深入，公有制的实现形式发生深刻变化，混合所有股份制成为公有制的主要实现形式，非公有制经济迅速发展，多种所有制经济迅速发展，多种就业方式迅速发展。这一个“主要”，三个“迅速”，蕴藏着推动社会经济变革的巨大动力。我国人均国内生产总值已经超过1 000美元，从许多国家的发展历程来看，这是一个充满机遇和变数的重要历史发展时期，既蕴藏着重要的发展机遇，又潜伏着突出的社会矛盾。这一时期，社会保障的作用会越来越突出，遇到的深层次矛盾和困难会越来越多，任务会越来越重。因此，医疗保险制度改革必将进入一个机遇与挑战并存、有利条件与矛盾困难同在，需要不断完善、稳健运行、可持续发展的重要阶段。

必须清醒地认识到，医疗保险制度改革十年来，取得的成绩的确是可喜的、来之不易的，但也只是初步的、阶段性的，切不可估计过高，更不可小进则满、不思进取。我们离改革的目标、离党和人民的期望还有很大差距，改革的任务光荣而艰巨，任重而道远。医疗保险制度改革还面临诸多矛盾和困难：企业状况相差悬殊，有参保积极性的企业没有缴费能力，有缴费能力的又缺少参保积极性；医疗管理服务中的道德风险依然存在，费用控制难的问题并未解决，基金支出压力只增不减；国有关闭破产、转制企业退休人员的医疗保险费用来源没有明确稳定的渠道；灵活就业人员、转移劳动力又对医疗保险制度和管理提出新的要求等。这些问题，既有经济发展特定阶段的，又有历史积累下来的；既有利益格局调整产生的，又有陈旧的思想观念造成的；既有所有制结构、企业结构、就业结构变化新出现的，也有体制改革不到位造成的；既有制度安排历史局限性方面的，又有经办管理不善、服务不周方面的。最突出、也最棘手的矛盾和困难，是观念陈旧、资金困难和体制障碍。对横在我们前进道路上的这“三座大山”，既要有正确的认识，又要有足够的思想准备。必须看到，解决这些问题有相当的难度，还需要我们进行长期的艰苦奋斗。同时也应该看到，解决这些矛盾和问题有很多有利条件。十届全国人大二次会议已将“国家建立健全同经济发展水平相适应的社会保障制度”庄严载入宪法，为我们带来了难得的历史机遇。经济社会的发展为深化医疗保险制度改革提供了物质基础。十年来取得的成就和经验，为深化医疗保险制度改革奠定了实践基础。社会各界对医疗保险制度改革的普遍认同，为深化医疗保险制度改革创造了良好的舆论环境。

党的十六届三中全会提出，要“坚持以人为本，树立全面、协调、可持续的发展观，促进经济社会和人的全面发展”。科学发展观体现了“三个代表”重要思想，体现了立党为公、执政为民的本质要求，是全面建设小康社会和实现现代化的根本指导方针，是深化医疗保险制度改革的强大思想武器。用科学发展观统领医疗保险制度改革，就要把工夫下在制度的完善上，把力气用在稳健运行上，把着眼点放在可持续发展上，求医疗保险客观规律之真，务参保人员身体健康之实。

深化医疗保险制度改革的基本方向和目标任务是，深入贯彻落实十六届三中全会精神，坚持用以人为本的科学发展观统领医疗保险制度改革，以完善制度为主线，以统筹协调为原则，以强化管理、优化服务为重点，努力实现中国医疗保险制度不断完善，稳健运行和可持续发展，为参保人员的健康，为全面建设小康社会服务。

坚持以人为本，就是要把参保人员的健康作为医疗保险制度改革的根本出发点和落脚点，作为制定政策措施、组织实施、加强管理和绩效评估的根本标准。在医疗保险制度的改革和各项工作中都要充分体现尊重人、理解人、关爱人的“人本思想”，决不能见物不见人，见钱不见人。要把规范、严谨、科学的管理，与热情周到、细致的服务有机地结合起来，把经济指标与人文指标有机地结合起来，把合理治疗和人文关怀有机地结合起来，努力营造既科学严肃又温馨宜人的医疗保险环境和医患保和谐相处、良性互动的良好氛围。

坚持以人为本，就要顺应经济社会发展需要，加快制度建设的步伐，努力扩大医疗保险覆盖面。要在继续做好国有企业职工（包括困难企业职工、下岗再就业人员）参保和接续保险关系，做好灵活就业人员参加医疗保险工作的同时，着力促进混合所有制经济、各类非公有制经济组织从业人员及进城务工人员参加医疗保险。有条件的地方还要探索如何将小城镇从业人员、农转居人员，以及失地农民逐步纳入医疗保障范围。力争用3～5年的时间逐步将这一庞大的就业群体纳入不同层次、不同保障方式的医疗保障范围，让更多的人享有医疗保障。

以完善为主线，就是要完善基本医疗保险制度基础，完善多层次的医疗保障体系，完善相关的政策、措施、标准、管理和机制。一是要提高制度的适应性，使制度既灵活又规范。基本制度要在统一制度框架体系内，着力解决住院大病的基本保障问题。要充分考虑医疗保险道德风险因素，探索不同缴费水平、缴费年限及连续缴费时间设定不同保障范围、不同支付比例等激励机制，增强制度的灵活性和可控性。要科学设计多层次医疗保障体系框架，适当简化补充医疗保障项目、合理确定保障标准，做好与基本制度的衔接。二是要适应个性化管理服务的需要，完善管理服务方式，使管理更有效、服务更周到。要充分利用社区劳动保障平台，探索把医疗保险经办工作特别是针对个人的经办工作社区化的具体办法。要简化工作流程，简化结算办法，为参保人和医疗机构提供方便。

以统筹协调为原则，就是要注重全面、协调、整体推进医疗保险的各项工作。医疗保险制度改革与经济社会的发展进步要协调；基本制度与各项补充保险制度之间要协调；政策措施、行政管理与业务经办之间要协调；扩大覆盖范围与管理服务能力之间要协调；理论研究、舆论宣传与制度建设的实际进程之间要协调；医疗保险制度改革与卫生体制、药品流通体制改革之间要协调；东中西部之间、各地区之间改革和制度建设也要协调。只有全面、协调、整体推进，才能最大限度地发挥改革、政策、机制的聚合效应，否则就会抵消改革的效应，甚至使改革陷入困境。

以强化管理与优化服务为重点，就是要把管理和服务作为永恒的主题。要把坚持以人为本的科学发展观，践行“三个代表”重要思想的要求落实到管理和服务上。不能把坚持以人为本与科学规范、严格管理对立起来，不能因为强调优化服务就放松管理，甚至不敢管理，更不能因为强调人文关怀就随意放宽政策、标准，甚至连欺诈行为、“医保蛀虫”也听之任之。如果那样，对极少数人恶行的姑息，就是对大多数人权益的侵犯，也就从根本上违背了以人为本和“三个代表”的要求。

无论是管理还是服务，都要按规范办事，按制度办事，按程序办事，做到“讲原则，重感情”，即在政策规定、待遇标准上讲原则，在人文关怀、医疗服务上重感情。要加快研究建立既有定性要求又有定量规定的医疗保险制度的评估体系、监测体系和预警体系。要着力建立健全医疗保险服务内容标准体系、费用结算标准体系、质量控制标准体系。要探索建立医疗保险管理绩效评价和激励机制，使医疗保险制度的运行更加规范有序、坚实可靠。

四、当前要着力抓好的几项工作

我们既要着眼长远，对制度建设提出长期设想，又要立足当前，脚踏实地地做好当前工作。对照年初东莞会议提出的目标任务，总的来讲，今年前8个月的工作做得是好的。

一是医疗保险扩面任务提前完成，生育保险稳中有进。6月底，医疗保险参保人数已达11 626万人，提前6个月完成今年年初确定的任务。到8月底，参保人数达11 847万人，河北、浙江、江苏、广东等18个省份超额完成年初任务。预计年底医疗保险参保人数将达到12 000万人。上半年末生育保险参保人数达3 761万人，比去年末增长106万人。

二是混合所有制和非公有制经济组织从业人员、农民工、灵活就业人员参加医疗保险的工作稳步开展。在总结各地经验基础上，我部于今年5月出台了《关于推进混合所有制企业和非公有制经济组织从业人员参加医疗保险的意见》，明确了推进这项工作应把握的政策原则和工作要求，并对农民工参保提出指导性意见。各地普遍对混合所有制和非公有制经济组织、农民工参保情况进行摸底，掌握了第一手材料。一些地方，如北京市按“低费率、保大病、保当期”的思路，出台了外地农民工参加基本保险的办法。全国参保的灵活就业人员较去年底增长41%。

三是医疗保险管理服务工作进一步加强。在进一步细化和完善定点管理协议基础上，大多数城市实施了定点医疗机构分类管理，部分城市探索了定点医疗机构信用等级制度。建立了医疗保险经办管理重点联系城市制度。进一步完善了医疗保险费用监测指标体系，健全了监测手段，提高了监测质量。

四是认真抓了调整国家基本医疗保险药品目录的工作。在总结前几年执行“目录”的经验的基础上，按照“三严”“三公”要求，制订调整方案，明确调整的原则、程序和工作要求。从今年5月起，领导小组及其办公室做了大量艰苦细致卓有成效的工作，建立了11 335名专家的档案，收集整理了22 121条药品信息资料，先后共召开21次咨询专家会，涉及专家450余人次。分8个组赴16个省区市和军队组织1 648名遴选专家对药品进行遴选，组织20名军队同志进行数据录入，共录入了1 465 524条记录，产生了11 780个分析数据，在对遴选结果进行统计分析的基础上拟定目录，经领导小组审议后报部务会审定，现已正式发布。

但是，目前的工作与年初确定的目标任务，特别是与完善制度、稳健运行和可持续发展的总体要求还有很大差距。一是扩面进度不平衡，到8月底，还有8个省份的医疗保险扩面任务完成率低于60%，生育保险扩面更是时间过半，任务未过半。二是混合所有制和非公经济组织从业人员、农民工参保工作在思想认识、政策规范、工作摆布和任务完成情况上，与东莞会议要求还有很大差距。据我部今年4月对40个城市的调查，外商及港澳台商投资企业和私营企业的基本医疗保险参保率分别为36.3%和36.8%，个体经济组织参加医疗保险的比例才为9%，而农民工参加医疗保险的比例仅为29.4%。三是扩面工作的重点难点问题未能妥善解决，困难企业特别是国有关闭破产企业退休人员的医疗保障问题突出，已经成为影响社会稳定的重要因素之一。四是各地或多或少存在放松管理的倾向，有的统筹地区出现医疗保险统筹基金当期收不抵支，并且有蔓延之势。五是少数同志在精神面貌、工作作风上存在懈怠、自满、不思进取等苗头。

今年还有3个多月的时间，对于确保全面完成年初确定的工作任务，为明年工作打个好的基础至关重要。因此，同志们务必要发扬连续作战、勇往直前的工作作风，以饱满的精神、旺盛的斗志来一次冲刺，重点抓好以下六项工作：

（一）探索解决国有困难企业人员的医疗保障问题

要继续按照“低费率、保大病”的思路，将有部分缴费能力的企业纳入医疗保险。要着力探索国有关闭破产企业退休人员的医疗保障资金来源问题。这是国务院领导高度重视的问题，黄菊副总理曾对此有专门批示。部里按照“注重政策衔接、确定保障重点、化解突出问题、分类分步解决”的思路，正在同有关部委协商，研究解决国有破产企业退休人员医疗保障及资金来源问题。各地也要充分发挥主动性，不等不靠，积极协调，拓宽筹资渠道，探索可行的保障方式。对已破产无单位的退休人员，要明确政府责任，多渠道筹资，采取“保大病”的方式将其纳入医疗保险。对正在实施破产的国有企业，要明确退休人员医疗保险参保政策、筹资标准和资金来源，将这些退休人员纳入基本医疗保险统一管理。否则，不得批准进入破产程序。

（二）在推动混合所有制企业和非公经济组织以及农民工参加医疗保险工作方面要有新突破

一是要对东莞会议提出的目标进一步细化、具体化。经济和医疗管理基础较好的地区，中小企业参保率要达到50%以上，其他地区也要达到40%。二是要开拓思路，明确推进这项工作的具体措施。要做好改制企业的医疗保险关系衔接，及时办理医疗保险变更登记手续，务必明确缴费责任主体，明确退休人员的医疗保障费用标准和来源。对拒不参保的单位，可通过媒体曝光和劳动监察等手段促其参保。三是要按照“低费率、保当期、保大病”的思路，尽快出台符合农民工实际需要的参保政策，保障农民工的基本医疗需求，维护他们的合法权益。

（三）加强医疗保险基金管理

对基金管理中存在的问题，各地要高度重

视，及早应对，绝不能等到积重难返时再去收拾，那样付出的代价就太大了。一是各地要认真贯彻《社会保险稽核办法》，下大力气开展缴费基数稽核工作，年底前要力争对所有参保单位缴费情况进行一次全面的稽核，努力实现医疗保险基金应收尽收。二是要加快将机关事业单位医疗保险费由财政拨款改为向单位征缴的步伐，要按照《社会保险费征缴暂行条例》有关规定，明确缴费单位的权利、义务和征缴的程序。三是加强对医疗保险基金运行情况的监控与分析，重点是落实《关于建立基本医疗保险基金运行情况分析报告制度的通知》，对医疗保险统筹基金收不抵支情况进行深入分析，提出切实可行的整顿措施。从材料上看，湖南、内蒙古等省区这方面做得比较好。各省区市年底前要对基金出现风险的统筹地区进行一次督查，有针对性地提出切实可行的解决办法。四是加强医疗保险基金支出管理，在总结经验教训的基础上，制定惩治“医保蛀虫”的严厉措施和防范欺诈行为的有效机制。

（四）做好省级药品目录调整工作

各省区市要高度重视、认真组织，务必按部里要求的时限和程序把这项重大、复杂而敏感的工作切实抓好。为此，我着重强调四点：一是医疗、工伤保险目录要统一部署、统一组织、统一调整。二是要切实贯彻“三严”“三公”的原则精神和总体要求，严格按照有关政策规定、调整原则、工作程序办事，坚持专家评审，确保目录调整的严肃性、科学性和权威性。三是要严明纪律，清正廉洁，杜绝一切不正之风。要约法三章：目录调整不得搞企业申报，不得收取企业任何费用，不得接受企业的宴请和钱物。对违规违纪行为，要发现一起，查处一起，绝不姑息。四是各地要切实做好新旧目录衔接工作，确保目录的顺利贯彻执行。

（五）努力完成生育保险工作任务

没有完成今年任务的省份，要采取有效措施，加大工作力度，确保如期完成任务。部里将根据各省上报的月度扩面任务检查落实情况。部里近期将下发《关于进一步加强生育保险工作的指导性意见》，提出生育保险和医疗保险协同推进的政策和措施，各地要结合实际，认真贯彻落实。

（六）统筹谋划下一步工作

各地要在抓好当前工作，确保完成今年各项任务的同时，及早考虑明年工作，明确工作目标、工作重点、具体措施和实施步骤，为明年医疗、生育保险工作做好准备。俗话说：“笨鸟先飞早入林”，这是这些年工作比较主动的一条重要经验。各地还要结合制定“十一五”规划，针对医疗保险制度改革中一些带有根本性全局性的问题，进一步理清思路，谋划今后五年乃至十年医疗、生育保险事业的发展大计。

认真贯彻《劳动保障监察条例》切实维护劳动者合法权益

——在全国贯彻实施《劳动保障监察条例》工作座谈会上的讲话

劳动和社会保障部副部长　步正发

（2004年11月22日）

《劳动保障监察条例》（以下简称《条例》）已由2004年11月1日国务院第423号令公布，将于12月1日正式施行。这是近年来我国劳动保障领域出台的又一部重要法规。党中央、国务院高度重视劳动保障监察工作，中央领导同志多次做出批示，要求加大监察执法力度，切实维护劳动者合法权益。温家宝总理在《条例》公布时批示，《条例》涉及对用人单位的劳动保障监察，关系保护广大劳动者的合法权益，极为重要，要及时全面做好《条例》的宣传解释工作，加强对《条例》执行工作的正确引导。为落实温家宝总理的重要批示精神，经部党组同意，我们召开这次工作座谈会，认真学习领会《条例》的精神实质和主要内容，结合劳动保障工作的新形势、新任务，研究部署《条例》的贯彻实施工作。

一、颁布《条例》的必要性和重要意义

劳动保障监察是国家行政执法的重要组成部分，是《劳动法》赋予劳动保障行政部门的神圣使命。1993年8月《劳动监察规定》发布，我国开始正式实施劳动监察；1994年7月《劳动法》颁布，确立了劳动监察的法律地位；1998年国务院机构改革，尤其是1999年1月《社会保险费征缴暂行条例》公布后，劳动监察范围从劳动领域扩大到相关的社会保障领域，形成了目前意义上的劳动保障监察。在过去10多年的实践中，各级劳动保障部门紧紧围绕经济建设中心，在完善监察机制、保护劳动者合法权益和维护社会稳定方面，艰辛探索，开展了大量富有成效的工作。根据《劳动法》和有关法律、行政法规的规定，部里制定了一系列配套的监察规章和规范性文件，大多数地区结合当地实际出台了地方性监察法规和规章，为制定《条例》奠定了实践基础、积累了立法经验。《条例》的颁布实施，体现了党中央、国务院对劳动保障工作的关心和重视，凝聚着全体劳动保障监察人员的心血和智慧，饱含了有关部门、社会各界的大力支持。做好《条例》的贯彻实施工作，对于深入贯彻“三个代表”重要思想，坚持以人为本、牢固树立科学发展观，切实维护劳动者的合法权益和社会稳定，具有重要的意义。

第一，《条例》的颁布实施，为维护劳动者合法权益增添了强有力的法律武器。切实维护好、实现好、发展好最广大人民在劳动保障

方面的根本利益，是贯彻落实“三个代表”重要思想，实践立党为公、执政为民的具体体现，是劳动保障部门义不容辞的职责。这几年，劳动保障部门在维护职工合法权益方面，取得了很大成绩。但随着我国经济成分、就业方式、利益关系和分配方式的多样化，维护劳动者权益工作面临很多新的实际问题。一些用人单位侵害劳动者合法权益的问题比较突出：用工不签订劳动合同，不按规定参加社会保险和履行缴费义务；随意延长工作时间，克扣和无故拖欠劳动者工资；任意解除劳动合同，拒不支付法定的经济补偿金；劳动条件差，在生产中存在着安全隐患和职业危害，危及职工的人身安全和身体健康。此外，一些地方在职工下岗、改制关闭破产企业职工安置、社会保险补贴、解除劳动关系经济补偿、社会保险关系接续等方面政策不落实，有的甚至将维护劳动者合法权益同发展经济对立起来。因此，加快劳动保障监察立法进程，以法的形式强化监察执法手段，切实维护劳动者合法权益，得到了中央的高度重视，也受到了社会各界的广泛关注。《条例》起草过程中，多次听取各方面的意见，取得了广泛的共识。

《条例》强化了劳动保障行政部门的执法手段，加大了对劳动者的就业权、工资报酬权、休息休假权、社会保险权等方面权益的保护力度。如《条例》规定了建立用人单位的守法诚信档案和法律责任制度，以及监察机构的调查处理措施等。这些规定，有利于促进用人单位和劳动者增强法制意识，为维护劳动者的合法权益提供了重要的法律武器。

第二，《条例》的颁布实施，有利于进一步规范劳动保障监察执法行为。《条例》在总结实践经验的基础上，对劳动保障监察的范围、原则、主体、内容、程序及监察机构和监察员的职责、权利和义务等做出了规定，并对监察机构和监察员的违法行为规定了相应的法律责任。这些规定，充分体现了依法行政的基本原则和执政为民的根本要求，为我们从思想和作风、体制和机制、方式和方法、素质和本领等方面不断改进，确保劳动保障监察权的正确行使并得到有效监督，创造了有利条件。

第三，《条例》的颁布实施，进一步完善了我国劳动保障法律体系。1994 年《劳动法》颁布以来，劳动力市场管理、工资工时制度、职业培训、社会保险等方面的法规相继出台，在劳动保障领域初步形成了有法可依的局面。但是，劳动保障法制建设的现状，与监察执法工作的现实需要仍然不相适应。一些现有的法律法规和规章操作性不强，有的已落后于劳动保障改革的实践。原有的监察规章和规范性文件立法层次低、处罚力度不够，不能对违法行为起到足够的震慑作用。在执法实践中，监察机构往往陷入不受理则成为不作为的被告，一旦受理却处罚无据的尴尬境地。

根据《条例》的规定，劳动保障监察的事项涵盖了就业、劳动关系、社会保险等各个方面，实施监察的范围基本上包括了所有企业、有雇工的个体工商户及其他用工单位。《条例》的颁布，标志着我们在建立有中国特色劳动保障法律体系方面，又迈出了重要的一步。同时，《条例》又是关于劳动保障行政执法的专门法规，是有效实施其他劳动保障法律、法规和规章的重要保证。“世不患无法，而患无必行之法。”《条例》的颁布，从整体上增强了劳动保障法律法规的可操作性、可执行性，完善了劳动保障的法律实施体制。

第四，《条例》的颁布实施，有利于促进劳动保障工作和经济社会协调发展。劳动保障事业的发展，为我国经济社会发展做出了重要的贡献，但同时也面临着社会转型期的许多新情况、新问题，涉及到了一些深层次矛盾的解决。《条例》准确把握了新形势下劳动保障工作的特点，从法律层面提出了解决问题的措施和手段。《条例》的颁布实施，有利于规范劳动力市场，改善劳动者的就业环境；有利于规范企业劳动用工行为，促进劳动关系的和谐稳定；有利于加大社会保险扩面征缴力度，完善社会保障体系。可以说，《条例》的颁布实施，是应对各种新的利益冲突和矛盾，全面推进劳动保障工作，促进经济社会协调发展的一项重要措施。

二、学习、把握《条例》的精神实质和主要内容

与1993年发布的《劳动监察规定》相比，《条例》在很多方面都有了突破：规定了地方人民政府及其有关部门应重视和支持劳动保障监察工作，强化了监察执法手段，规定了监察主体和监察员资格制度，确立了监察机构的法律地位，明确了监察经费的解决渠道，规定了执法主体和监察对象的法律责任，加大了对违法行为的查处力度。

《条例》共分五章36条，包括总则、劳动保障监察职责、劳动保障监察实施、法律责任和附则。下面，让我们一起认真学习领会《条例》的主要内容和精神实质。

（一）《条例》的立法宗旨、适用范围

《条例》的立法宗旨：一是推动劳动和社会保障法律、法规和规章的有效贯彻实施；二是规范劳动保障监察工作；三是维护劳动者的合法权益。

《条例》的适用范围：第一，企业和个体工商户，即《劳动法》中统称的"用人单位"。从多年的执法实践看，企业劳动用工行为和参加社会保险情况是监察的主要内容，个体工商户、私营企业和一些外资企业是执法的重点对象。第二，职业中介、职业技能培训和职业技能考核鉴定等机构。劳动保障行政部门要对职业中介、职业技能培训和职业技能考核鉴定等社会中介机构遵守有关规定的情况进行检查，扩大保护劳动者权益的范围。第三，依法应参加社会保险，或与劳动者建立了劳动合同关系的国家机关、事业组织和社会团体。一是按照《劳动法》规定，对与劳动者建立劳动合同关系的国家机关、事业组织和社会团体遵守有关劳动合同、工时和工资支付等的情况进行检查。二是根据《社会保险费征缴暂行条例》《失业保险条例》《工伤保险条例》等规定，对国家机关、事业组织、社会团体应参加各项社会保险的情况实施监察。第四，非法用工主体。《条例》规定，对无营业执照或已被依法吊销营业执照，但有劳动用工行为的单位或个人，由劳动保障部门实施监察，并及时通报工商行政管理部门予以查处取缔。

此外，1994年《劳动法》规定由劳动行政部门实施的劳动安全卫生监督检查，已因1998年国务院机构改革中各部门职能的调整发生了很大变化，该项职能已划入其他相关行政部门。据此，《条例》规定，劳动安全卫生的监督检查，由卫生行政部门、安全生产监督管理部门、特种设备安全监督管理部门等，按照有关法律、行政法规的规定执行。

（二）《条例》确立的基本原则

1. 重在保护劳动者权益的原则。在用人单位和劳动者建立劳动关系的过程中，由于我国劳动力市场供大于求的现状以及双方在相关方面的信息不对称，用人单位在招收录用、岗位分配、工资报酬决定等方面拥有很大的权力，而劳动者则处于相对弱势地位。本着为弱势一方提供法律保护的原则，《条例》规定，任何组织或个人对违反劳动保障法律、法规或规章的行为，有权向劳动保障行政部门举报；劳动者认为用人单位侵犯其劳动保障合法权益的，有权向劳动保障行政部门投诉；劳动保障行政部门审查用人单位的劳动用工材料，建立用人单位守法诚信档案，并对违法行为给予相应处罚。当然，重在保护劳动者权益的原则，并不意味不保护用人单位的合法权益。对有违法行为的用人单位进行查处，实际上也对依法用工的用人单位提供了公平竞争的市场环境。同时，对用人单位违法行为的纠正，是以保障其合法权益为前提，《条例》为此规定了实施监察时保障用人单位权利的条款，体现了对劳动关系双方合法权益的保护。

2. 合法原则。一是劳动保障监察执法主体及权限必须符合《条例》规定，违反规定的主体或超越权限实施的监察无效。二是实施监察必须正确适用《条例》及有关法律、行政法规，适用法律错误将构成实体违法。三是监察执法程序必须符合法律规定。《条例》规定了检查和调查、立案、做出行政处理决定等程序，强调必须按照《行政处罚法》规定的程序做出行政处罚，违反这些规定就构成程序违法。不管是实体违法还是程序违法，都将导致执法行为无效。

3. 公开原则。除法律有特殊规定外，劳动保障监察执法活动应当向社会公开，保障公众的知情权、参与权和监督权。一是监察依据的法律法规必须公布，未经公布不得作为执法依据。二是监察的职责及其内容必须公开，《条例》明确了监察的职责和检查的具体事项，规定监察机构应向社会公开投诉举报电话和地址。三是监察执法程序和调查时限必须公开，包括受理投诉、调查取证、听取当事人陈述和申辩、举行听证会、做出行政处理或处罚决定等内容。

4. 公正原则。在实施劳动保障监察的过程中，不仅要做到实体和程序合法，还要注意在权利和义务，个人利益和国家利益、集体利益之间求得合理的平衡。换言之，劳动保障监察执法行为必须符合客观规律，合乎情理，不能强求被监察对象承担其无法履行的义务或违背情理的义务。一是在实施监察时应当平等对待所有被监察对象，不能因地域或单位性质的不同采取不同的标准。二是合理行使自由裁量权。如《条例》规定对用人单位违法延长劳动者工作时间的，由劳动保障行政部门根据受侵害的劳动者人数，按照每人100元以上、500元以下的标准处以罚款。在执法中应按照违法情节和损害后果等因素，合理确定具体的罚款数额。此外，为了保证监察执法的公正性，《条例》还规定了违法案件的调查措施、监察员的回避制度，并规定对经过调查后没有违法事实的被监察对象，不得给予行政处理或行政处罚等。

5. 高效、便民原则。一是劳动保障部门要向社会公布举报投诉电话和监察机构地址，设立举报投诉信箱，派专人负责接待举报投诉的人员，有条件的地方还可实行网上举报投诉。二是对用人单位的劳动保障监察，一般由用人单位用工所在地的县级或设区的市级劳动保障行政部门管辖，便于用人单位报送有关资料，方便劳动者举报投诉。三是建立企业守法诚信档案，并与税务、工商等部门建立信息共享机制，便于公众特别是求职者了解企业的信誉情况。四是在办公场所公示监察依据的法律法规、监察程序、监察员名单、检举和控告电话等。五是在《条例》规定的时限内完成调查事项。

6. 教育与处罚相结合的原则。劳动保障行政部门在实施监察的过程中，一方面不得以罚代管、以罚代教，更不得以处罚为个人和小团体牟取私利；另一方面也不能只教育不处罚，没有处罚做后盾的教育，达不到制止违法行为的目的。对违法情节恶劣、严重侵犯劳动者合法权益的，要依法加大处罚力度。总之，既要对用人单位的违法行为予以惩罚和制裁，又要通过教育使用人单位提高劳动保障法律意识，自觉做到守法经营。

（三）《条例》确立的主要制度

1. 劳动保障监察执法主体制度。《条例》明确规定，国务院劳动保障行政部门主管全国的劳动保障监察工作。县级以上地方人民政府劳动保障行政部门主管本行政区域内的劳动保障监察工作。因此，按照主体法定的原则，劳动保障行政部门是劳动保障监察的主体，其他有关部门依照其职责对用人单位遵守劳动保障法律法规的情况进行监督。为解决当前劳动保障行政部门监察人员行政编制不足的问题，《条例》规定，劳动保障行政部门可以委托事业编制的劳动保障监察机构具体实施监察，包括检查、调查及对违法案件提出处罚建议等，但是行政处罚或行政处理决定必须以劳动保障行政部门的名义做出。需要特别指出的是，省级劳动保障行政部门可以根据工作需要，按照《条例》和《行政处罚法》《劳动行政处罚若干规定》等的规定，委托劳动保障监察总队具体实施监察。

2. 劳动保障监察员资格制度。《条例》对劳动保障监察员的资格做出了明确规定，即劳动保障监察员应经过相应的考核或者考试录用。各地要按照《条例》的规定，在充实劳动保障监察人员时，除机关内部调整的人员外，招收的其他人员必须通过考核或考试。同时，被招用的人员还必须参加部或省级劳动保障行政部门组织的监察员资格培训，经考试合格后才能颁发由部里统一印制的监察执法证件。各地要严格执行这项制度，杜绝不合格人员上岗执法的现象。

3. 举报投诉制度。与以往的规定相比，《条例》明确区分了举报和投诉两种情况，规定任何组织或者个人对违反劳动保障法律、法规或者规章的行为可以向劳动保障行政部门举报；劳动者认为用人单位侵犯其劳动保障合法权益的，可以向劳动保障行政部门投诉。这样区分的目的是明确劳动保障行政部门在处理举报、投诉时的不同职责，有利于及时处理各种违法行为。对于举报案件，劳动保障部门应依法查处，并为举报人保密。对举报属实，为查处重大违法行为提供主要线索和证据的举报人员，要给予奖励。各地可结合本地实际，制定具体奖励办法，有关费用要列入财政预算。同时，《条例》还规定，监察机构应设立举报、投诉信箱和电话，为劳动者进行举报、投诉提供便利。

4. 管辖制度。劳动保障监察管辖，是指各级劳动保障行政部门之间对用人单位遵守劳动保障法律、法规和规章情况进行检查和调查，对相关违法行为进行行政处理的分工和权限划分。《条例》确定了以下几种管辖形式：

一是地域管辖，即同级劳动保障行政部门监察权的横向划分。《条例》规定："对用人单位的劳动保障监察，由用人单位用工所在地的县级或设区的市级劳动保障行政部门管辖。"这里需要明确两点：第一，劳动保障监察基本上是由县级、设区的市级劳动保障行政部门实施。第二，劳动保障监察由用人单位用工所在地的劳动保障行政部门管辖。用人单位的用工所在地就是用工行为地。用人单位在哪个行政区域用工，就由该行政区域的劳动保障行政部门实施监察。

二是级别管辖，即不同级别的劳动保障行政部门监察权的纵向划分。由于各地用人单位的分布、性质、数量不平衡，以及各级劳动保障行政部门承担的工作任务和配备的执法力量不均衡，不可能在《条例》中对地方各级劳动保障部门的管辖范围作一一对应的划分。因此，《条例》规定，各省、自治区、直辖市人民政府可以对劳动保障监察的管辖制定具体办法。这也是《条例》的唯一授权规定。

三是指定管辖。为了妥善解决监察执法的管辖权争议，《条例》规定，劳动保障行政部门对劳动保障监察管辖发生争议的，报请共同的上一级劳动保障行政部门指定管辖。

四是移送管辖。《条例》明确规定，劳动保障行政部门发现违法案件不属于劳动保障监察范围的，应当及时移送有关部门处理；涉嫌犯罪的，应当及时移送司法机关。

5. 程序制度。《条例》从检查、调查取证到做出处理决定的全过程，对劳动保障监察的程序做了明确规定。各地在执法实践中要把握好以下几点：

一是充分运用劳动保障监察的几种方式，即日常巡视检查、审查用人单位按照要求报送的书面材料、接待举报投诉、专项检查等。其中，对用人单位书面材料的审查包括了目前的年检方式，即要求用人单位自查后报送劳动用工和参加社会保险情况的材料，由劳动保障行政部门进行书面审查。同时，建立用人单位守法诚信制度，表彰劳动保障诚信单位，对有重大违法行为的用人单位要向全社会公布、公开曝光。

二是正确行使实施劳动保障监察的各项权力。《条例》赋予劳动保障行政部门实施监察时的调查、检查权力。在行使这些权力时，要尽量避免影响用人单位的正常生产经营活动。劳动保障监察机构开展的相关检查活动，如对证据的登记保存，委托注册会计师事务所对用人单位工资支付、缴纳社会保险费情况进行审计等，都必须严格依法进行。

三是充分保障当事人的权利。在实施劳动保障监察时，监察员应严格遵守回避制度的规定。劳动保障行政部门在做出行政处罚或者行政处理决定前，应当充分听取用人单位的陈述和申辩，做出决定后应当告知用人单位申请行政复议或提起行政诉讼的权利等。

四是依法做出处理决定。《条例》规定劳动保障行政部门应根据调查、检查的结果，对违法行为做出相应的责令改正决定、行政处罚决定或行政处理决定。需要强调的是，依法责令改正的内容主要是限期改正违法行为，比如责令用人单位与劳动者签订劳动合同，一般不包括履行清偿财产义务的具体数额。如果要求用人单位履行清偿财产义务，比如责令用人单位支付拖欠劳动者的工资及赔偿金等，必须做出行政处理决定，以便必要时向人民法院申请强制执行。

五是严格执行对某些违法行为不再查处的规定。包括两种情形：一是区分劳动保障监察与劳动争议处理程序。劳动保障监察与劳动争议处理是两种不同的维权渠道，一般讲不能对同一个争议行为或违法行为作重复处理。实际工作中，经常有劳动者因为与用人单位的赔偿争议到劳动保障行政部门投诉，或对已经通过劳动仲裁或人民法院裁决的案件，就同一事由向劳动保障行政部门投诉。对此，劳动保障行政部门如果不予受理，就有可能以行政不作为被提起行政复议或行政诉讼；而一旦受理就只能对涉及违反国家劳动保障标准及法定的事项进行检查、调查，做出的处理结果可能与已经生效法律文书的处理结果不同，影响法律的严肃性。为此，《条例》规定，劳动者要求用人单位就其违反劳动保障法律的行为承担赔偿责任发生争议的，依照国家有关劳动争议处理的规定处理。对应当通过劳动争议处理程序解决的事项或者已经按照劳动争议处理程序申请调解、仲裁或者提起诉讼的事项，劳动保障行政部门应当告知投诉人依照劳动争议处理和诉讼的规定办理。二是明确了劳动保障监察的追诉时效。在执法实践中，各地普遍反映有些劳动者对违反劳动保障法律行为的投诉因时间太久，无法调查取证。因此，根据《行政处罚法》的有关规定，《条例》明确，违反劳动保障法律行为在2年内未被劳动保障行政部门发现，也未被举报、投诉的，劳动保障行政部门不再查处，也就是说对这类投诉不予受理。在时间掌握上，以违法行为发生之日起计算，但要注意违法行为如有连续或者继续状态的，则以行为终了之日起计算。在运用这一规定时，必须认真分析具体案件情况，不能以此为由对符合受理条件的案件不予处理。

6. 用人单位守法诚信制度。为推动各类企业按照社会主义市场经济体制的要求，逐步建立自我规范、自我约束、自我激励、自我发展的劳动保障管理模式，《条例》明确规定，劳动保障行政部门应当建立用人单位劳动保障守法诚信档案。同时，为了强化社会监督，《条例》进一步规定，用人单位有重大违反劳动保障法律行为的，由有关的劳动保障行政部门向社会公布。我们将适时组织召开会议，对各地的经验进行总结、交流，积极推广和完善这项制度。

7. 法律责任制度。

一是用人单位及其他组织的法律责任。《条例》针对用人单位及其他组织违法行为的不同情形，规定了相应的法律责任。第一，用人单位及其他组织违反有关劳动保障法律、法规或规章规定，侵犯劳动者合法权益的情形，比如不依法签订劳动合同，违法延长劳动者工作时间，拖欠和克扣劳动者工资等行为；第二，用人单位违反《工会法》规定的情形；第三，违反《条例》规定，不履行配合劳动保障监察义务的情形，如无理抗拒或者阻挠劳动保障行政部门依法实施的监察，不按照规定报送有关材料，隐瞒事实真相，经劳动保障行政部门责令改正拒不改正或拒不履行行政处理决定等。《条例》对用人单位及其他组织出现上述违法情形时应承担的行政、民事或刑事责任，做出了规定。

二是劳动保障行政部门和监察员的法律责任。按照有权必有责、用权受监督、违法受追究、侵权须赔偿的原则，《条例》既赋予劳动保障行政部门实施监察的职权，又规定在实施监察时要接受社会监督，并规定监察员滥用职权、玩忽职守、徇私舞弊或者泄露在履行职责过程中知悉的商业秘密的，要承担行政责任直至刑事责任。同时，《条例》还进一步规定，劳动保障行政部门和监察员违法行使职权，侵犯用人单位或劳动者合法权益的，依法承担赔偿责任。

此外，《条例》为了与其他法律和行政法规相衔接，明确对属于本条例规定的劳动保障监察事项，法律、其他行政法规对处罚另有规定的，从其规定。如对非法使用童工行为的处罚，《条例》未做新的规定，在监察执法时应按照《禁止使用童工规定》进行处罚。这就要求监察员不仅要熟悉本条例的内容，还要掌握其他相关的法律、法规，只有这样才能在监察工作中正确适用法律。

三、切实做好《条例》的贯彻实施工作

《条例》的颁布，为维护劳动者合法权益提供了强有力的法律武器，同时也在严格执法、规范服务等方面，对劳动保障监察工作提出了更高的要求。各地要高度重视、精心组织、广泛宣传，切实做好《条例》的贯彻实施工作。

（一）提高认识，做好《条例》的学习、宣传工作

各级劳动保障部门要按照贯彻“三个代表”重要思想的要求，从坚持以人为本和维护好、实现好、发展好广大职工群众利益的高度，从树立和落实科学发展观、促进经济社会协调发展的高度，充分认识《条例》颁布实施的重要意义。当前，要深入学习、准确把握《条例》的精神实质和主要内容，进一步统一各方面的思想认识。一是组织劳动保障系统工作人员认真学习《条例》。领导同志要带头学习，充分认识《条例》对促进整个劳动保障工作的重要性。主管领导和监察人员要精通《条例》内容，准确把握《条例》的精神实质。其他人员要熟悉《条例》的主要内容。二是引导企业正确理解和自觉遵守《条例》。要通过举办企业劳资管理人员专题研讨会、座谈会等形式，引导用人单位正确理解并自觉遵守《条例》规定，通过合法用工来提高效益、增强竞争力。三是增强劳动者运用《条例》维护自身权益的意识。要深入社区、深入企业，通过张贴宣传画、开展现场咨询等形式，把《条例》送到劳动者手中，使他们懂得“我有哪些权益”“权益受到侵害怎么办”。四是通过报纸、电视、网络等深入宣传《条例》知识，提高劳动保障监察工作的社会认知度，营造全社会共同关心、维护劳动者合法权益的良好氛围。

（二）注重衔接，抓紧相关规定的制定、清理工作

《条例》规定了劳动保障监察的总体制度框架，但在具体操作层面，还需要部里和各地通过规章、规范性文件等形式予以细化。部里今年要按照《条例》的规定，制定《劳动保障监察程序规定》，并在明年推出统一的劳动保障监察执法标志、执法证件和执法文书，出台监察员管理办法和监察工作绩效考核办法，并对现有的监察规章、规范性文件进行清理，修改或废止与《条例》冲突或不一致的文件。各地也要根据《条例》的规定，制定监察执法的具体办法和标准，如省市县劳动保障行政部门实施监察的管辖划分，对违法案件行政处理或处罚行使自由裁量权的掌握标准等。同时，还要做好现有地方劳动保障监察法规、规章与《条例》的衔接工作，该调整的内容应及时调整，与《条例》抵触的要抓紧修改或废止，确保《条例》在全国范围内的统一贯彻实施。

（三）完善制度，规范劳动保障监察执法行为

各级劳动保障部门要将《条例》的贯彻实施与落实《全面推进依法行政实施纲要》的工作结合起来。一是完善劳动保障监察执法主体制度，明确职责权限，清理和规范监察执法主

体，从源头上解决监察执法重复、交叉或缺位问题。按照《条例》规定，劳动保障监察由劳动保障行政部门或事业编制的监察机构负责实施，其他事业组织不得行使监察执法权，此前不符合该规定的做法要坚决予以纠正，并将具有执法权的监察机构向社会公告。二是完善监察执法程序制度。要严格按照法定程序行使权力、履行职责，杜绝监察缺位、越位、错位和不到位的现象。要按照法定的内容、程序开展监察执法活动，保障被监察对象的陈述权、申辩权和救济权。三是完善监察执法责任制度。要建立公开、公平、公正的评议考核制和错案追究制，对监察人员因故意或重大过失造成错案的，要追究相应的行政和法律责任。四是实行劳动保障监察政务公开和服务承诺制，全面公开执法依据、程序、期限和职责，主动接受社会监督。

（四）夯实组织基础，加强劳动保障机构队伍建设

目前全国共有专职劳动保障监察员1.9万人，但真正在执法一线的只占70%左右，少数县市甚至还没有设立监察机构。按照《条例》规定，劳动保障监察的范围已经覆盖2 700万个用人单位及3亿多职工，现在的人员状况远不能适应开展监察执法工作的要求。各地要抓住《条例》出台的时机，抓紧做好完善机构、提高队伍素质和能力的工作。各级劳动保障部门应设置行政处、科，并配备专职人员；受行政编制限制，现有机构、人员不能适应工作需要的，要同时设立事业编制的劳动保障监察机构。从以往的执法实践看，行政处室和事业编制的监察机构两方面人员合署办公的做法，更有利于整合资源、提高监察执法的效率和质量。各地劳动保障部门要根据《条例》的规定，按照经国务院同意，由劳动保障部、财政部和中央编办等11个部门联合发布的劳社部发［2002］20号文件精神，积极向当地党委、政府汇报，加紧协调编制等部门，解决监察机构的人员编制问题。

劳动保障监察直接面对广大用人单位和劳动者，监察人员的政治素质、执法能力和工作作风，决定了监察的效能和质量，关乎劳动保障行政部门在人民群众心目中的形象。各级劳动保障行政部门要进一步加强监察队伍建设。一是提高监察员的政治素质。要引导全体监察员按照“三个代表”重要思想的要求，提高做好监察工作的责任感和使命感。二是提高监察员的业务素质。要按照《条例》的规定，通过相应的考核或者考试录用监察员，并通过初任培训、在职培训等形式，使监察员在掌握法律和劳动保障业务知识的同时，具备一定经济学、社会学和管理学方面的知识，增强监察员的综合分析、组织协调和执法办案能力。三是进一步改进工作作风。要按照情为民所系、权为民所用、利为民所谋的要求，增强人本意识、提高执法效率和质量，造就一支政治合格、纪律严明、业务精通、作风过硬的劳动保障监察队伍。

（五）加强基础管理，提高劳动保障监察效能

基础管理是贯彻实施《条例》、做好劳动保障监察执法工作的重要保证。一是各地要建立企业守法诚信档案，对企业劳动保障诚信情况进行动态管理和服务，逐步完善诚信数据收集体系、动态监管体系、信息交流体系和失信惩戒工作机制。二是加强监察工作管理制度。要进一步完善目标管理制度，规范主办监察员的条件、权限和责任。制定监察业务流程，制作统一的执法文书，规范监察案卷的归档。三是建立监察信息管理系统。目前的监察统计不论是时效性还是准确性都有待改进，有的地区统计手段还比较落后。各地应积极创造条件，逐步实行计算机管理，提高工作效率。部里将组织监察信息管理软件的开发研究，为逐步实现劳动保障监察网上举报、网上审查用人单位报送的材料、网上信息通报等打好基础。

（六）加强组织协调，为开展监察工作创造有利条件

各地要积极向地方党委、政府汇报劳动保障监察工作，争取政府及有关部门的重视和支

持，将加强劳动保障监察工作列入政府工作的重要议程，采取有效措施，为劳动保障监察执法提供必要的工作条件和良好的外部环境。对《条例》贯彻和实施工作，各级劳动保障行政部门主要领导要亲自抓，分管领导要直接抓，监察机构负责人负直接责任。要积极与财政部门协调，完善监察执法经费保障机制，将监察所需的人员、设备及奖励举报等经费列入财政预算，保证工作需要。要在各级党委、政府的领导下，加强与公安、工商、建设、卫生、人民法院等方面的协作，发挥工会、妇联、共青团及新闻媒体的作用，共同做好劳动保障监察维权工作。

（七）加大执法力度，切实维护劳动者合法权益

《条例》规定了8项调查措施，加大了对违法行为的处罚力度。各地要在总结过去执法经验的基础上，针对当前被监察对象的新变化和违法案件的新特点，按照《条例》的要求，提出加大监察执法力度、维护劳动者合法权益的具体措施和办法。从以往经验看，《条例》正式实施后的一段时期，将是各种举报投诉案件的高发期，对此我们一定要未雨绸缪，提前做好各项准备工作。一是认真受理和查处群众举报案件。要实行专人负责制，改善举报投诉接待条件，方便劳动者举报投诉。二是加大对违法行为的查处力度。要加强对重点地区、重点企业的检查，强化对职业中介机构的监管，对拖欠农民工工资、拒缴社会保险费、使用童工和非法职介欺诈求职者等案件，发现一起，坚决查处一起。

以上是学习贯彻《条例》的初步意见。各地要按照这次会议的要求，及时向地方党委、政府汇报，制订学习、宣传和贯彻《条例》的具体工作方案，并于年底前报部里。

今年还剩下一个月的时间，我们要在抓好贯彻实施《条例》工作的同时，切实做好今年底和明年初解决拖欠农民工工资问题的工作。最近，国务院办公厅发出了《国务院办公厅转发建设部等部门关于进一步解决建设领域拖欠工程款问题意见的通知》（国办发［2004］78号），提出解决建设领域拖欠工程款和农民工工资问题的目标要求。根据国务院的通知精神，我部与建设部、全国总工会于11月1日联合发出了《关于开展农民工工资支付情况专项检查活动的通知》，决定于今年12月1日至2005年2月1日在全国组织开展农民工工资支付情况专项检查活动。各地要高度重视这次检查活动，会同建设部门和工会组织成立检查领导机构，确定检查重点，明确工作责任，切实把这项工作做好。

在全国农村社会养老保险工作座谈会上的讲话

步正发

（2004 年 12 月 22 日）

这次全国农村社会养老保险工作座谈会的主要任务是，以邓小平理论和“三个代表”重要思想为指导，认真贯彻党的十六大，十六届三中、四中全会和国务院领导的指示精神，树立和落实科学发展观，按照全国劳动保障厅局长会议要求，总结交流各地近年来农保工作积极探索的经验，分析当前农保工作面临的形势，进一步统一思想认识，部署明年及今后一段时期的农保工作。

近几年来，各级农保部门的同志们以对党和人民的事业高度负责的精神，认真贯彻中央关于整顿规范和在有条件地方探索建立农保制度的精神，围绕理顺体制、规范管理、完善制度等工作，克服诸多困难，进行了艰辛探索，取得了积极成效。山东省烟台市从 1991 年开展农保试点工作以来，一直高度重视和不断规范农保工作，这次会议将组织大家去烟台招远进行实地考察。会上还将组织农保工作开展较好的地方进行经验介绍和交流，相信大家能从中得到启示和借鉴。

一、近年来农村社会养老保险工作的回顾

农保工作是根据国家“七五”计划要求和国发［1991］33 号文件决定，从 1986 年开始探索，1991 年进行试点，逐步开展起来的，大体经历了试点推进、整顿规范、探索完善等阶段。截至 2003 年年底，全国已有 31 个省、直辖市、自治区的 1 870 个县（市、区、旗）不同程度地开展了农保工作，5 428万农民参保，积累保险基金 259.4 亿元，约 198 万参保农民领取养老金，当年支付保险金 15 亿元。2004 年积累保险基金预计会超过 400 亿元，约 220 万人领取养老金。

回顾近几年来整顿规范、进一步探索和推进农保工作的进程，我们主要做了以下工作：

（一）认真开展农保整顿规范工作

1999 年以来，为了防范农保基金风险、规范业务管理、完善农保制度，我们按照《国务院批转整顿保险业工作小组〈保险业整顿与改革方案〉的通知》（国发［1999］14 号）精神，一是拟订了整顿规范农保工作方案，并向国务院领导作了多次专题汇报。二是两次下调了农保个人账户计息标准，修订了财务会计制度和统计报表制度，调查摸清了基金底数，加大了回收有风险基金的力度，并与有关部门积极协商在被撤销金融机构中债权的清偿办法。三是支持各地完善管理方法，推进管理规范化和现代化。如上海市将农村养老保险管理业务量化，对各区县农保机构实行千分制考核；北京市 14 个郊区县全部实现个人账户计算机管

理，并出台了一系列管理规程和考核办法；山东省开展“政府放心工程”和“百姓放心工程”，在全省范围内进行基金清查和业务稽核工作；河北省在做好整顿规范工作的基础上，对各县市整顿规范工作进行了全面的检查验收。

（二）积极开展试点，努力推进农保工作

近几年来，北京、上海、浙江、江苏、山东、山西、安徽等省市针对农保制度和农保工作存在的突出问题，以与时俱进的开拓创新精神，从实际出发，积极开展试点探索工作，通过周密调查，科学测算，在实践中不断完善制度建设和农保工作，在多方面取得了突破和进展：一是进一步明确和加大了政府引导和扶持力度。北京市把“扩大农保覆盖面”纳入“十五”计划，列入政府重要议事日程；苏州市出台了《农村社会养老保险暂行办法》，明确了各级政府从组织实施到提供财政支持的多重职责；山西省把建立农保制度列入了农村小康建设考核目标，农保工作在这些地区获得了比较稳定的政策和资金支持。通过政府补贴、集体补助，建立了对个人缴费的激励机制，初步形成了多元筹资机制。有的县对农保基金进行贴息，纳入财政统筹账户，激励引导农民参保。二是扩大覆盖范围。根据各地实际情况，目前农保对象已从传统的务农农民和乡镇企业职工，逐步扩大到被征地农民、农民工、小城镇农转非人员、农村独生子女和双女户、村组干部等重点保障对象。三是开始形成多种各有特色的制度模式。北京市形成了个人账户与储备调剂金相结合的制度模式；上海形成了同“城保”和“农保”既相对独立，又可相互转换的“镇保模式”；浙江省建立了相对独立的被征地农民基本生活保障制度；山东省青岛市探索建立以“保基本生活，保障水平与经济社会发展水平相适应，按基数和比例缴费、大账户小统筹、多渠道筹集基金、权利与义务统一”为主要内容的制度模式。四是建立了缴费和待遇的调整增长机制。针对传统农保保障水平偏低且固定不变的缺陷，北京实行了将最低缴费和给付标准与农村最低保障标准挂钩的办法，建立了缴费的增长机制、缴费标准的可选择机制和待遇调整机制，既增强了制度的适应性，有利于制度的推广和可持续发展，又做到了保障水平同当地经济社会发展水平相适应，明确了各方的责任。五是开始探索建立有效的基金监督体系，防范基金风险。

（三）全面开展农民工和被征地农民社会保障综合调研

今年我部由2位部领导负责，由8位司局领导和多位机关干部组成农民工和被征地农民社会保障综合调研组，在各地普遍调研的基础上，先后派出6个调研组分赴14个省、自治区、直辖市进行重点调研；召开了80多个座谈会，听取有关专家学者、企业和地方劳动保障、农业、国土资源、财政、民政、人口与计划生育委员会等部门领导、部分乡镇、村领导及农民工和被征地农民代表的意见和建议。29个省（区、市）上报了本地关于农民工和被征地农民社会保障情况调研报告。部党组两次听取综合调研情况汇报。今年8月我部上报了《我国农民工社会保险有关情况及对策建议》等材料。同时根据《国务院关于深化改革严格土地管理的决定》的要求，我部起草了《关于做好被征地农民就业培训和社会保障工作的指导意见》，目前正在征求有关部门和各省、自治区、直辖市劳动保障部门的意见，经进一步修改后尽快下发。

（四）深入开展农保理论、政策和业务调研

近年来，各级农保战线同志围绕农保理论、政策和工作实际，对农保工作的现状、问题和推进农保工作的思路、对策展开了全面深入的调研。一是与劳动科学研究院、清华大学等单位合作，承担了国家自然科学基金、国家社会科学基金、国家人口计生委、科技部以及我部的多项重大课题，论证和提出了农保事业发展“十一五规划”的建议和意见，加强了与有关部委领导和专家的交流和合作，出版了多部专著，发表了50多篇论文和调查报告，扩大了农保工作的影响。二是地方的课题研究逐步深入。福建省劳动保障厅与厦门大学等单位合作进行“福建省农保模式及其可行性方案研究”课题，编制了农村国民生命表，为制度模式、筹资方式和计发办法等方面改革提供了重要的科学依据；北京、江苏、浙江、河北、山西、云南、黑龙江等省市，与有关部门合作开展农保调研工作，撰写专题调研报告，得到当地党委、政府领导的重视。三是与民主党派、无党派人士合作调研。2003 年，我部派员参加了中央统战部组织的无党派人士赴江苏农村社会保障体系建设调查。四是开展了与国际劳工组织、世界银行、亚洲开发银行和日本政府的合作，扩大了国际交流与合作。

（五）进一步理顺管理体制，加强队伍建设

根据“三定”方案的要求，在开展农保工作的 31 个省、自治区、直辖市中，目前已有 24 个将农保职能、机构和人员从民政部门移交劳动保障部门，河南、江西两省已明确继续由民政部门管理，湖北、青海、新疆、陕西、宁夏五省区管理职能已经明确由劳动保障部门负责，划转移交工作正在进行。省级农保经办机构经费多数列入财政预算，一些市县经办机构也不同程度地解决了经费问题。随着劳动保障平台延伸到乡镇，农保基层管理也将得到恢复和加强。山西省吕梁地区劳动保障局农村养老保险中心主任郭万明同志，先后从自己家庭积蓄中拿出 6 万多元用于购买必要的设备和开支，千方百计保证农保业务工作的正常开展。与此同时，我部组织了两次农保业务培训，各地也组织了各种类型的业务培训，有效提高了干部的素质。

总结近年来农保制度创新方面的探索和进展，各地都积累了许多各具特点的宝贵经验。归纳起来，大家感受较为共同的体会主要有：一是各级政府高度重视，有稳定的政策和资金支持，建立积极的引导和激励机制。二是坚持从实际出发，与当地经济社会发展水平相适应，充分考虑地区差异，认真研究不同地区、不同群体农民的养老需求，分类决策，合理确定缴费水平和保障水平，合理确定当地政府、集体或企业、农民个人的缴费比例，使政府能承受、农民能接受。保障标准要适合当地经济发展水平和农民收入水平，随经济社会发展逐步进行调整和提高。三是制度模式适合农民的特点与需求，简便易懂，便于操作。四是规范管理，确保基金安全。基金投资要规范，以存入国有银行和购买国债为主；建立健全严格的基金投资、决策、审计和监督制度，切实加强监管，经办机构人员工资和工作经费应纳入财政预算。

在肯定农保工作取得的来之不易的成绩的同时，我们也应清醒地看到农保工作面临的问题：一是除北京、上海、山东、江苏、浙江、广东等东部沿海地区稳步发展和山西、安徽等近年内工作力度加大外，相当一部分地方农保工作基本处于停顿和等待状态。二是对农保工作在多大程度和多大范围搞，尚未形成统一的共识，影响了有条件地方的积极探索。三是管理体制没有完全理顺，仍有 6 个省（区）、多数地县级单位未进行职能划转，缺乏必要的组织保证，造成有些地方管理工作断档。四是有的地区基金流失较为严重，保值增值存在困难。一些地方对农保基金的监管不力，直接投资甚至挪用基金的现象时有发生。整顿关闭或撤销的金融机构中原先存入的农保基金债权有的没有及时清偿。五是现行制度还不能完全适应新形势的发展变化和农民对养老保险的需求。这些问题必须引起我们高度重视，切实加以认真研究解决。

二、认真研究解决当前农保工作中的实际问题

党中央、国务院高度重视“三农”工作和城乡协调发展。从实际出发，在有条件的地区积极推进建立农村社会养老保险制度是解决“三农”问题的重要内容。国务院负责同志对积极探索建立农村社会保障制度和农村社会养老保险制度作过多次重要批示，主要精神有：

整顿规范农村社会养老保险，要从实际出发，充分考虑各地农村经济、社会发展的差异；建立全国农村社会保障体系是十分必要的德政之举，又是件十分重大而又相当繁杂的工作。当前应支持有条件的地方积极探索；可在有条件的地方积极探索，注意总结经验；要切实维护农民工的合法权益，为改善农民工就业环境办几件实事；目前一些地方农民工的合法权益得不到保障，这些问题应引起重视，需要在实践中不断总结、改进和完善。正规就业的农民工可以参加社会保险，并同城镇职工享受同等待遇；非正规就业的农民工可以考虑建立个人账户，以适应其收入低、不稳定、流动性大的特点。劳动保障部要加强政策指导，依法扩面，切实维护农民工合法权益。国务院领导同志的批示精神，为做好农保工作指明了方向，提出了明确的要求，对积极探索建立农保制度具有十分重要的指导意义，也是对劳动保障部门，特别是从事农保工作同志的巨大鼓舞。我们要认真学习，深刻领会，切实在实际工作中贯彻落实。

改革开放以来，我国经济社会发展取得了巨大的成就，但我国目前还处于社会主义初级阶段。我国生产力发展水平不高、地区发展不平衡、工农差别和城乡差别较大、城乡二元结构难以在短期内根本改变。人民群众对社会保障的需求受财力的制约。农保工作十分艰巨和复杂，我们对此必须有清醒的认识，必须以积极务实的态度，切实研究解决好农保工作中存在的实际问题。

（一）明确当前农保工作的指导思想和基本思路

农保工作要全面贯彻党的十六大和十六届三中、四中全会精神，按照统筹城乡发展、完善社会保障体系、全面建设小康社会的要求，从农村生产力发展水平和农民非农化程度的实际出发，采取由经济发达地区向经济欠发达地区逐步推进、由富裕群体向广大农民逐步推进的策略，以农村城镇化进程较快的地方为重点，积极建立与农村经济发展水平相适应的农村社会养老保险制度，将有条件的地区和群体纳入社会养老保险体系，并随着经济社会发展和城镇化的推进，逐步扩大覆盖范围，提高待遇水平。

中国有8亿多农民，占全国人口近2/3。经济发展不平衡是我国国情的重要特征。现在全国人均GDP 1 000美元左右，发达地区人均GDP已达4 000美元，而差的地区还不到500美元。我国工业化、城镇化是一个较长时期的渐进过程。我们既要看到目前在我国农村全面推进农保工作的条件还不成熟，但也必须看到一部分较为发达的地区建立农保制度的条件比较成熟，不失时机地在这些地区建立农村社会养老保险制度是促进当地经济发展、维护农民权益和社会稳定的重要举措，是我们实践“三个代表”重要思想、统筹城乡发展、坚持以人为本的具体体现，也是劳动保障部门义不容辞的责任。胡锦涛总书记在党的十六届四中全会上指出：“综观一些工业化国家发展的历程，在工业化初始阶段，农业支持工业，为工业提供积累是带有普遍性的趋向，但在工业化达到相当程度以后，工业反哺农业，城市支持农村，实现工业与农业、城市与农村协调发展，也是带有普遍性的趋向。”我们要深刻领会胡锦涛同志的讲话精神，把农保工作放到整个国家现代化进程的大环境、大背景中去考虑，深化对社会保障制度规律性的认识，做到立足当前，放眼未来，抓住机遇，突出重点，分步推进。

（二）以城郊为重点在有条件的地方率先建立农保制度

我们讲有条件的地区积极探索建立农村社会养老保险制度主要是指城镇化进程较快、地方财政状况较好、政府和集体经济有能力对农民参保给予一定财政支持的地区。城郊是最有条件率先建立农保制度的地区。省会城市郊区，发达的市、县城镇郊区，是农民转为城镇居民进程比较快的区域，当地政府比较重视，财力相对较强，农民对社会保障制度的认识和参保意愿较高，这几年农保工作搞得好的地区主要集中在城郊。

以城郊为重点在有条件的地方率先建立农保制度意义重大。加快在城郊推进建立农保制度，一是工业化、城镇化进程中维护农民群众的根本利益、长远利益和维护社会稳定的迫切需要。二是促进城市新一轮经济增长的实际需要。这几年经济迅猛发展的各类开发区大都在城镇郊区，城郊是城市新一轮经济增长的重点，符合我国工业化、城市化进程中经济结构调整和产业转移的规律，农保缴费和待遇比城保低，人工成本较低，适合农民的特点，有利于促进企业竞争力的提高，促进郊区经济社会的健康发展。三是实施科学发展观，统筹城乡发展，完善社会保障制度建设的需要。郊区是城乡结合部，率先在城郊建立农保制度既可以为今后具备条件的其他地区建立农保制度积累经验，又可为完善城镇养老保险、促进城乡养老保险关系的接续、转换、融合提供实践经验。

（三）制定和实施被征地农民社会保障工作的指导意见

土地是农民赖以生存的主要保障。目前，我国已经有被征地农民4 000多万，今后仍会增长。被征地农民的社会保障问题日益突出，一些就业技能低的被征地农民成为无地、无业、无保障、无创业资本的“四无”状态，特别是一些残疾人和老年人生活陷于困难。

近年来各级党委和政府高度重视并认真研究解决被征地农民的社会保障问题，目前浙江、江苏、山东、四川、北京、上海、重庆、天津等省市政府下发了文件，北京、青岛等一些城市的试点也取得了较好的效果，安徽等中西部省市也在积极探索。最近下发的《国务院关于深化改革严格土地管理的决定》（国发［2004］28号）中，明确要求“劳动和社会保障部门要会同有关部门尽快提出建立被征地农民培训就业和社会保障制度的指导性意见”。根据国务院《决定》的要求，我们认真组织研究和讨论，已拟定了《指导意见》（征求意见稿）发各省、市、区和有关部委征求意见。这次会上将发给各与会同志，听取你们的意见。指导意见着重讲了五个方面的问题：

一是明确做好被征地农民就业和社会保障工作的指导思想和基本原则，采取有效措施，确保被征地农民生活水平不因征地而降低，确保被征地农民长远生计有保障。将建立被征地农民的就业和社会保障制度作为征地的前置条件。目前，我国被征地农民数量庞大，历史遗留问题很多，必须突出重点。要以新被征地农民为重点人群，以年轻劳动力为培训就业重点对象，以大龄和老龄人群为社会保障重点对象。同时，要统筹考虑同一地区新老被征地农民、被征地农民和未被征地农民以及城中村改造人员的培训就业和社会保障问题，推动被征地农民逐步融入城市社会。要实行分类指导。城市规划区内的被征地农民，要纳入城镇就业体系，并建立社会保障制度。城市规划区外征地，当地人民政府应保证在本区域内为被征地农民留有必要的耕作土地或安排相应的工作岗位，并纳入当地农村社会保障体系；对不具备生产生活条件的被征地农民，应当异地移民安置，并建立相应的社会保障制度。要合理确定保障水平。按照统筹城乡社会保障制度建设的要求，合理确定被征地农民的社会保障水平，做到政府财力能承受、被征地农民能接受，并随当地经济社会的发展适当提高。城市规划区内被征地农民的社会保障水平，应高于当地城镇居民最低生活保障标准；城市规划区外被征地农民社会保障水平，应高于当地农村居民最低生活保障标准，没有建立农村居民最低生活保障制度的地区，应不低于当地城镇居民最低生活保障标准的60％。

二是要努力促进被征地农民就业。城市规划区内的被征地农民应纳入城镇失业登记范围，享受免费职业介绍和就业培训；城市规划区外的被征地农民，应向其提供就业信息，加强有组织的外出务工和劳务派遣，促进其转移就业。与此同时，要制定相应政策措施加强被征地农民就业安置工作。

三是积极做好被征地农民社会保障工作，

明确保障对象，确定保障项目，建立失业生活保障、老年大病医疗保险和养老保障。其中，养老保障要从各地实际出发，按照有利于促进就业，有利于城乡社会保障制度的衔接，可根据被征地农民不同年龄段，确定不同的缴费标准和保障水平。

四是落实被征地农民就业和社会保障资金。切实落实被征地农民就业安置和培训资金；从土地补偿费和安置补助费中出资解决养老保障资金，两项资金不足部分，由当地政府从国有土地有偿使用收入中解决。同时由政府、征地和用地单位等多渠道筹资建立专项调剂金。

五是加强领导，精心组织。各地要高度重视，搞好协调；要结合实际情况制定本地的实施办法；要按先试点、再推开的原则，积极稳妥做好被征地农民就业和社会保障工作。

（四）积极探索适合农民工特点的养老保险办法

我国现有9 900万农民工跨区域转移就业，有1.36亿乡镇企业职工非农就业，合计约有2亿多人。农民工已成为我国产业工人的重要组成部分，占二、三产业从业人员的46.5%。农民工在建筑领域接近80%，在餐饮服务业近70%。随着我国城镇化的推进，这一比例还将提高。他们为我国城乡经济社会发展做出了重要贡献，但他们的劳动关系不规范，工资报酬和社会保险待遇等正当权益受到侵犯的问题在相当范围内存在。我部向国务院汇报进一步做好改善农民工进城就业环境工作的意见中提出要认真研究解决农民工参加养老保险所遇到的实际问题，探索和完善适合农民工特点的养老保险管理办法。郑斯林同志在部党组听取农民工社会保险问题综合调研情况汇报会上强调：一是要以积极的态度推进农民工的社会保险工作，研究解决农民工参保面临的实际问题，不能使他们的权益受损害。二是不局限于一个模式，不强求全国一致，先易后难，逐步规范，鼓励探索试点，通过典型引路推进工作。三是不能使政府背上新的包袱。四是要实行分类指导。

养老保险是农民工社会保险工作的难点，各地在农民工参加养老保险工作中遇到了许多实际问题，现有的规定难以适应农民工流动性大的特点，社会保险关系跨地区接续困难，致使有些农民工实际保险待遇受到损害。城镇化是一个很长的历史过程，较长一段时期内，大多数农民工不可能成为固定的城市居民，仍然是多次流动，往返于城乡之间，基本生活基础在农村。因此，除少数转为市民条件较为成熟的外，大多数农民工缴费和享受待遇水平应同城镇正规就业职工有所区别，随着经济社会发展，逐步缩小这种差距。目前农民工参加养老保险出现多种模式，有的纳入城镇职工基本保险，有的实行“双低”的办法，有的在搞综合保险，还有的实行以个人账户为主的农村社会养老保险。希望各地结合本地实际进一步积极探索。

一是允许多种模式，但对各种模式要认真总结，对损害农民工利益的问题要予以解决。

二是统筹考虑农民工的缴费和待遇、进口和出口，统筹考虑政府财力、企业竞争力和农民工的权益。必须考虑各方面实际承受能力和长远后果。探索建立缴费门槛较低、缴费方式灵活、可随人转移的弹性制度，适应农民工收入低、不稳定、流动性大的特点，并便于与城乡社会保险制度衔接和相互转换。

三是在制度建设中要考虑可操作性，简便易行，群众易懂，降低操作成本，提高运作效率。要正确处理政府、市场和社会的关系，充分运用各种社会资源和市场资源，有条件的地方把农民工的社会保险管理纳入“金保工程”建设，充分利用现代电子技术和金融网络为农民工提供便捷的服务。

四是区别不同情况，分类指导。我国经济社会发展不平衡表现在各个方面、各个阶段，农民工群体的情况也不尽相同，各地应从实际出发，分类指导，在实践中不断完善，当前要把跨地区特别是跨统筹地区社会保险关系和资金的转移和接续问题作为重点认真研究解决。

三、以求真务实的精神做好明年的工作

根据全国厅局长会议精神和劳动保障部明年的工作要点，明年我们要重点抓好以下工作：一是以城市郊区和城镇化进程较快的地区为重点，稳步推进农保工作，并开展以小城镇农转非人员、计划生育对象、农村中有稳定收入人员参加保险的试点工作。二是重点解决被征地农民和农民工参加养老保险存在的突出问题，制定下发《关于做好被征地农民就业和社会保障工作的指导意见》，研究制定适合农民工特点的参保办法。三是进一步加强基金管理工作，探索建立农村养老保险基金运营机制和监管体系，防范基金风险。继续解决农保工作历史遗留问题，包括对基金的清查、监管和债权清偿问题。四是要进一步加强队伍建设，理顺管理体制，解决管理人员工资经费纳入当地财政预算问题。

（一）增强做好农保工作的信心和责任感

农保工作是一项渐次推进，不断完善的开创性工作，尽管面临不少困难，但我们必须看到做好农保工作的有利条件，增强做好工作的信心。首先是全党全社会对“三农”工作的认识和重视提到前所未有的高度；其次我国经济高速发展使探索农保制度建设的物质基础进一步增强；三是各地在实践中积累的经验将越来越发挥出示范作用。

同时，我们还要看到，开展农村养老保险工作是建立健全农村社会保障体系的重要方面，是维护农民的根本利益、解决“三农”问题的组成部分，关系到城乡统筹发展、维护社会公平、构建和谐社会的大问题，因此，我们要提高对党的事业、对农民群众的责任感和使命感，认真做好每一项农保工作。

（二）积极争取各级党委、政府的重视和支持

国务院领导同志对有条件的地方探索建立农保制度提出了明确的要求。各级农保管理部门要抓住有利时机，主动向当地党委和政府汇报农保工作开展的情况，介绍全国的典型经验，提出符合本地实际的工作思路和建议。农保不是单靠一个部门可以做好的，必须依靠多个部门的相互支持和共同努力，我们要切实加强同财政、国土资源、农业等部门的协调，争取他们的理解和支持。

（三）突出工作重点，认真抓好落实

各地要针对推进城郊等有条件地方的农保工作，制定实施被征地农民的就业和社会保障，解决农民工养老保险中的实际问题等重点工作，从各自实际出发，制定具体的工作实施计划。加强领导，精心组织，搞好协调，扎扎实实抓好各项工作的落实。要鼓励积极探索，在实践中不断完善，及时总结行之有效的新鲜经验，运用典型经验推动工作。

（四）进一步加强基金监督管理工作

各地要认真贯彻《关于进一步防范农村社会养老保险基金风险的紧急通知》（劳社部函［2004］240号）精神，一是要对农保基金的投资状况进行彻底清查，建立责任追究制度，对违规投资的基金逐项核实，加大整治和回收力度，限期收回违规投资和政府及有关部门挤占挪用的基金。二是对于存入被撤销金融机构的农保基金，继续与有关部门协商，建议参照个人存款清偿，或作为个案问题解决。各省、自治区、直辖市尽快核查委托已被接管的证券公司购买国债的农保基金数额，并将各地委托购买国债的数额和有关情况报告部农保司。三是将农保基金纳入各级社会保险基金监督范围，有效实施对基金管理全过程监督，确保基金安全。

（五）创造搞好农保工作的必要条件

各地劳动保障部门和农保主管部门要将农保工作列入议事日程，及时研究农保工作的重大问题，关心农保干部队伍建设，提高农保工作人员的综合素质，提供必要的管理经费，加强基础设施，帮助他们解决工作和生活的实际困难，为农保工作创造必要的条件。

在全国劳动和社会保障信息化工作会议上的总结讲话

劳动和社会保障部副部长　华福周

（2004年10月14日）

一、关于这次会议的主要收获

这次会议，是在全党深入学习贯彻党的十六届四中全会精神，大力加强党的执政能力建设的新形势下召开的，也是金保工程进入承前启后的关键时刻召开的一次重要会议。会议开始时，传达了黄菊副总理对劳动保障信息化工作的重要批示，郑斯林部长做了重要讲话。会议期间，部信息中心主任赵锡铭同志通报了金保工程建设有关情况；八位同志从不同的侧面介绍了经验。会议期间，还专门召开了西部地区的会议，就中央对西部补助资金的使用、管理工作进行了部署。与会同志围绕黄菊副总理的批示、郑斯林部长的讲话和提交会议讨论的文件，结合金保工程建设的实际情况进行了深入讨论，大家解放思想，畅所欲言，提出了许多很好的意见和建议。这些意见和建议提的很好，部里有关部门要认真研究。

这次会议是继辽宁沈阳会议、江西南昌会议之后，部里专门就信息化工作召开的又一次重要会议。在辽宁沈阳会议上，我们正式全面启动了金保工程，标志着劳动保障信息化进入新的发展阶段。江西南昌会议进一步明确了金保工程“统一建设”的目标，指明了建设的大方向。这次会议则是在统一认识的基础上，重点强化“怎么干”，解决金保工程如何进一步实施的问题。与会同志一致认为，两年来金保工程建设取得了多项应用成果，总结出一批开展信息化建设的成功经验，这充分说明我们对金保工程的系统和功能定位是恰当的。金保工程进展到目前这个阶段，对管理体制、资金、技术、人才甚至领导能力都提出了更高的要求。这次会议对于进一步推动金保工程建设迈上新的台阶，具有非常重要的作用。

在与会代表的共同努力下，这次会议达到了预期目的。概括起来，主要有三个方面的收获。

（一）统一了思想，提高了认识

与会同志一致认为，金保工程作为国家电子政务工程十二个重点建设的业务系统之一，牵涉到各级劳动保障部门，覆盖就业服务、社会保险等多个业务领域，关乎百姓生活，关系社会稳定。对于这样一个庞大、重要的工程，思想不统一，认识不一致，是不可能顺利完成的。通过这次会议，大家在思想认识上取得了三个统一：

一是把思想认识统一到党的十六届四中全会精神上来，按照加强党的执政能力建设的要求，把加快金保工程建设，作为劳动保障系统全面提高决策能力、管理能力和服务能力的重要实现途径，造福百姓，服务于民。二是把思想认识统一到黄菊副总理的重要批示上来，从完善社会保障体系的高度，充分认识金保工程建设的重要意义和我们所肩负的重要使命，各级政府要按照“高度重视、加强指导、加速推进”的批示精神，全面实现金保工程建设的工作目标。黄菊同志的批示，体现了中央领导对劳动保障工作、对金保工程建设的高度重视，既是对金保工程建设提出的工作要求，又是对所有从事金保工程建设和应用工作的人员提出的希望。三是把思想认识统一到郑斯林部长的重要讲话上来，全面总结和肯定两年来金保工程建设取得的成绩，进一步明确金保工程建设的指导原则和主要任务，提高劳动保障行政能力，增强责任感和使命感，实现金保工程的建设目标，为劳动保障事业的全面、协调、可持续发展贡献力量。

（二）交流了经验，坚定了信心

通过多年信息化建设，特别是近两年来金保工程的建设，各地积累了许多宝贵的经验。如山东省针对信息化基础比较薄弱，省内各地市间发展不均衡的特点，提出了“以点带面、重点突破”的建设思路，在经济发达地区和欠发达地区分别设立试点城市，通过抓试点城市，既为全省树立了目标，也坚定了其他城市的信心，产生了很好的效果；珠海市通过建立统一机构，整合网络平台、机房资源、设备资源、服务资源等措施，建立了统一的数据中心，并在此基础上初步实现了社会保障“一线通、一网通、一卡通、一站通”的优质服务；贵阳市把体制创新放在突出重要的位置，通过建立统一的技术保障服务部门（即信息中心），加强骨干技术人员的培训，制定管理制度，使技术队伍不断扩大，为劳动保障信息化建设提供了有力的组织保障；泰州市面对资金的短缺，采取了“财政投入一点、社会筹集一点、局内自筹一点、银行贷款一点”的多渠道筹资策略，解决了资金的制约问题。北京市利用12333建设市民与政府联系的绿色通道的实践；抚顺市努力实现“同人同城同库”的尝试；厦门市“部门配合、形成合力”工作模式以及河北、河南、新疆、云南、福建等省区以省为单位统一做核心应用软件本地化的工作思路，都值得我们认真总结和借鉴。

通过经验交流，进一步坚定了加快推进金保工程建设的信心和决心。大家表示，虽然在金保工程建设中，目前还存在许多困难和障碍，但只要我们认识到位，工作得力，措施有效，问题总会有办法解决，困难总会有办法克服。

（三）部署了工作，明确了任务

按照部里统一的部署和安排，今明两年金保工程建设的工作思路是，紧紧围绕《关于全面实施金保工程统一建设劳动保障信息系统的意见》（劳社部函［2003］174号）确定的金保工程建设总体目标，以抓示范城市为龙头，全面推动城市系统建设；以抓省市联网和联网应用为重点，继续推进全国联网。具体任务是：第一，积极开展立项工作，各地要力争在较短的时间内完成立项工作。第二，大力推进数据中心建设，地级以上城市要按照预定的数据分布方案在2005年年底前初步完成数据中心建设。第三，在实现部省联网的基础上，下大力气抓省市联网和市内联网建设，省市联网要力争在2005年年底前全面完成，市内联网也应加快实施步伐。第四，进一步推进联网应用。对于已经实施的养老保险监测工作，要做好数据的利用和分析工作；对于最近启动的失业登记和失业保险监测，要力争到2005年年底有50％左右的省份实现数据传输；适时启动医疗保险服务监测工作和异地业务经办协同工作。今明两年的任务还很重，大家肩上的担子都不轻。会议期间各地根据部里的安排部署，结合当地实际，对于完成今明两年的任务进行了深入研究和认真分析。大家表示，要以这次会议为契机，积极进取，扎实工作，力争圆满完成今明两年的任务，努力开创劳动保障信息化建设的新局面。

二、关于金保工程建设的几个问题

思想统一了，认识到位了，任务明确了，

关键是如何付诸行动。对于如何完成今明两年的工作任务，如何将金保工程建设推上新的台阶，与会同志集思广益，提出了许多很好的建议和意见。在这里，就大家反映比较集中的问题，我再强调几点。

（一）理顺机制，形成齐心协力的工作氛围

黄菊副总理的批示中，明确要求我们要建成“完整、高效、务实”的网络系统，郑斯林部长在讲话中进一步明确了“完整、正确、统一、及时、安全”的总要求，其中都将“完整”放在了第一位。何谓“完整”，我认为有这样几个含义。一是业务范围的完整。金保工程不仅要覆盖各项社会保险业务，也要涵盖职业介绍、职业培训等就业服务业务，将来还要扩充到劳动监察等其他劳动保障业务，要覆盖劳动保障业务中所有需要信息系统支持的方面。二是覆盖人群的完整，要将所有参保人员、所有从业人员、所有优惠服务对象都纳入到系统中进行管理，并将各项关系到劳动者切身利益的各项数据记实、记全，对广大劳动者“记录一生、管理一生、服务一生”。三是功能上的完整，不仅要支持业务经办，还要支持对社会公众的公共服务，还要支持宏观决策，支持基金监管。“完整”的金保工程，需要我们集中各方面的力量，心往一处想，劲往一处使，相互配合，形成合力，共同推进。“完整”并不是各个业务分别建一个“摊摊”，或每个地区独立成系统，而是要做到标准统一，互联互通，要成为一个整体，而不是一个个的孤岛。“完整”必须建立在“统一”的基础上，建立在统一领导、统一规划、统一标准的基础上，建立在统一的数据中心、统一的主干网络、统一的核心应用软件、统一的公共服务平台、统一的安全支撑体系、统一的社会保障卡应用基础上。

过去，在资金、体制等诸多因素的制约下，一些地区、一些业务部门广开资金渠道，通过各种方式，独立建立了各自的业务系统。这些建设，对于推动劳动保障业务的信息化，提高劳动保障工作效率，起到了重要的促进作用。但在劳动力市场日益完善，社会保障制度逐步健全的今天，在各项劳动保障业务之间联系越来越紧密，人员流动越来越频繁的今天，我们必须用发展的眼光看问题。如果标准再不统一，系统再不整合，网络还不能连通，信息还不能共享，信息系统建设就会成为我们整个劳动保障事业发展的瓶颈，我们的劳动保障事业就不能形成一个统一的整体，我们的业务经办就难以高效和协同，公共服务就难以全面和便捷，基金监管就难以及时和得力，宏观决策就难以准确和科学。如果还是片面强调本地区、本业务的特殊情况，将自己割裂在全国大系统之外，将非常有害，遗患无穷，请大家高度重视。要将劳动保障信息化建设不断地推向前进，我们就必须统一在金保工程的大旗下，齐心协力，共同推动。

第一，一把手是金保工程建设的第一责任人。一把手要认识到位，要认清肩上的责任，要有使命感，要把金保工程建设作为重要的工作列入议事日程。一把手更要行动到位，要建立一把手主持下的议事决策机制，对重大的信息化事项，要亲自过问，要当好决策人；要亲自协调各个部门，形成一把手亲自负责，分管领导具体抓，各业务部门配合抓的工作局面；一把手还要有变革的勇气和决心，要敢于和愿意利用金保工程建设的契机，对劳动保障业务的管理方式进行改造、重构和优化。

第二，完善机构建设。过去，由于各方面条件的限制，大多数地区没有成立专门的、统一的信息化建设管理机构。随着业务的发展和科技的进步，金保工程作为一项重要的电子政务工程，已成为各级劳动保障部门优化业务流程、提高工作效率、服务人民群众的重要手段，如果再没有一个专门的信息化机构作支撑，这些目标是难以实现的。金保工程要“完整”，要“统一”，就要有一个专门的、统一的机构进行管理、协调和组织实施。各地的技术力量本来就不是很强，资金也不充裕，如果机构再分散，将削弱我们的整体技术实力，必将导致系统的分散，资金的浪费。因此，地级以上劳动保障部门要设立专门的信息化建设综合管理机构，承担起本地区金保工程规划设计、方案制订和组织实施的重任。尚没有建立的地区，要抓紧时间建设；已经设立的地区，要保证经费到位，人员到位，切实发挥作用。

第三，明确责任，分工协作。信息化建设部门要抓好建设，做好服务，要当好信息化建设的“轴”。各业务部门是系统的最终使用者，要提好需求，抓好应用，充分发挥系统的效用；要管理好经办数据的入口，确保数据的真实可靠。信息化建设部门和业务应用部门是金保工程建设的两个轮子，缺一不可，只有步调一致，紧密合作，才能顺利前进。

（二）抓好示范，全面带动城市系统建设

城市系统建设是金保工程建设的基础，没有城市系统作基础，全国联网只能是空中楼阁。城市系统建设重点要抓四个方面。一抓数据中心建设，要建立统一的数据中心；二抓应用系统建设，要使用部里统一的核心应用软件——社保核心平台和劳动99；三抓市内联网，要以数据中心为中心，实现市内各主要经办机构之间的联网，并逐步将网络延伸到街道社区；四抓公共服务，要在统一的平台上向广大群众提供便捷的服务。

如何推进城市系统建设，是我们一直思考的一个问题。综合全国的情况，总体上讲城市系统建设的水平还有待提高。同时，地区间发展也不均衡，不仅发达地区与中西部欠发达地区信息化水平存在较大的差异，就是在同一个省内不同地市之间，信息化水平也参差不齐。好的地区已经实现了劳动力市场和社保系统的整合，而有的地区一些业务还在依靠手工或单机进行操作。基于这种现实，部里提出了“重点突破，以点带面，加快金保工程示范城市建设”的实施策略，决定在全面推进金保工程建设的同时，在全国树立一批示范城市，通过抓示范城市，将示范城市做成样板，全面带动城市系统建设。这是部里推进金保工程建设的一个重要举措，希望各地一定要重视起来，把示范城市选好，把示范城市的系统建设好，为其他城市做出榜样。

在推进这项工作中，要处理好两个关系：一是省级劳动保障部门与示范城市的关系。抓示范城市，抓城市系统建设，要充分发挥省级劳动保障部门的作用，示范城市要靠省里去抓。省里在抓好省本级系统建设，抓好省内联网的基础上，要抓好对地方的监督和指导，监督各地统一标准的执行情况、统一软件的应用情况，督促各地推进金保工程建设。二是示范城市和其他城市的关系。要坚持一手抓示范城市、一手抓全面推进。抓示范城市不能忽视了其他城市。示范城市要认识到自己肩上的责任，要严格按照劳动保障部的部署和要求，精心组织，抓出实效；要勇于探索，摸索经验，蹚出路子，找出解决各种问题、克服各种困难的办法。其他城市要吸纳示范城市系统建设中好的经验、好的做法，形成“示范带头，以点带面，点面结合，全面推进”的局面。

这次会议，我们将示范城市的工作方案、进度安排、验收标准等内容发给大家讨论。大家也提出了不少好的意见和建议。今后一段时期，我们将对示范城市进行评估，将各个城市的进展情况、经验、问题向全国公布，并开展表彰活动。

（三）整合资源，建立统一的数据中心

数据中心建设是金保工程建设的重要内容。按照金保工程建设的总体部署，各省、各城市只能建立一个数据中心，支持各项劳动保障业务的办理，以实现各业务间的信息共享和协同管理，保证各项业务共用部—省—市主干网络，将各级劳动保障信息系统连成一个整体。建立统一的数据中心，一要将硬件资源集中起来，将分散在各部门的硬件资源集中到一起，合理分配、合理配置，发挥整体效力。二要将技术资源集中起来，把分散在各业务部门的信息化人才集中在一起，发挥合力。三要将数据资源集中起来，将各业务部门各自掌握的数据全部集中到数据中心，将各区县掌握的数据全部集中到数据中心，建成集中式资源数据库，支持各项业务的经办，实现信息共享，最终实现“同人同城同库”的目标。四要将交换区、决策区统一起来，但最终还必须要实现生产区的统一和整合，要在统一的平台上支持各项业务的办理。目前已经分别建设的生产区，要列出整合的时间表，要在1～2年内基本完成向统一数据中心的整合。新建系统的生产区一律不得单独建设，必须建在统一的数据中心。不需要或不具备条件建立数据中心的地市，数据应向省级数据中心集中。

建立统一的数据中心，很重要的任务是数据的整合。目前，一些地区还存在着数据指标项目不全、标准不统一的现象，特别是各业务之间基础数据不一致的现象还比较普遍。建立统一的数据中心，必须抓紧做好这些数据的比对、校验工作，做到数据一致、标准一致，不空缺、不冗余。对于数据中心的统一，有些同志还有所顾虑，担心会影响到业务的办理；也有些同志认为目前“统一”的条件还不成熟。实际上，数据中心的统一、数据的集中，并不会改变业务经办的职责和数据管理权限，相反，由于有统一的数据中心的支持，有统一的资源数据库的支持，有统一的技术平台的支持，各个业务间将更加协调，运转将更加高效。

（四）以人为本，推进公共服务系统建设

黄菊同志在批示中明确提出，金保工程建设要“为劳动者参加社会保险、就业、维权等提供更好的服务”。这充分体现了以人为本、执政为民的理念。劳动保障事业牵涉广大群众的切身利益，金保工程建设也要“情系百姓，服务于民”。要通过公共服务系统建设，为广大群众与劳动保障部门之间建立更为快捷的沟通渠道，让广大群众能够更方便、更及时地了解和咨询到劳动保障政策和办事程序，获得他们关心的信息，也让劳动保障部门能够更清楚、更广泛地倾听到群众的心声，促进劳动保障政策的完善和贯彻落实。关于公共服务系统建设，我再强调四个方面。

一是要统一门户，各地建设的电话咨询服务中心，必须使用统一的专用服务号码12333，采用统一的操作流程。各地要建立统一的劳动保障政府网站。已经独立建设的各类网站，要链接到政府网站当中，以方便公众登录。同时各地的政府网站要链接到劳动保障部政府网站当中，形成统一的对外窗口。各地要建立统一的社区公共服务窗口，在城市统一数据和应用系统的基础上，通过业务专网或互联网，将就业和社会保险服务延伸到街道、社区。

二是要做好衔接。公共服务系统是金保工程的有机组成部分，电话咨询服务中心、政府网站、社区窗口的运行，离不开其他系统，特别是业务系统和政策法规库的支持。公共服务系统建设要纳入金保工程的统一规划和设计当中。其中电话咨询服务中心独立于数据中心建立的，要通过专网与数据中心连接。

三是要抓好建设。各地要因地制宜地推进电话咨询服务中心建设，将其作为今明两年的一项重要任务抓紧抓好。有条件的地区要按照《劳动保障电话咨询服务中心建设指导意见》的要求，建立电话咨询服务中心；暂不具备条件的地区，要先把一个常用的咨询电话号码改为12333，先把专用号码用起来，把牌子打出去；已经建立电话咨询服务中心的地区，要在工作中总结经验，继续完善，同时要加大宣传力度，做到家喻户晓，深入人心。各地要积极开展政府网站建设，尚未建立网站的，要抓紧建设，力争在2005年年底前建成。有条件的地区还要积极探索，争取早日建成社区公共服务窗口。

四是要做好服务。已经建立的电话咨询服务中心，要建立标准的应答程序，要做好咨询员的培训工作，让他们了解政策、了解业务，做到问有所答，答有所依，服务周到，群众满意。已经建立的政府网站，要充实信息，更新及时，要能够让广大群众方便地查询到我们的政策，查询到办事的流程，查询到个人账户等群众关心的信息；已经开展的网上公共职业介绍试点，要进一步总结经验，早日推广；具备条件的地区，要积极开展网上登记、网上申报等网上自助业务，为社会公众提供方便。

（五）加快联网，适时拓展联网应用

全国联网是金保工程中一项重要的基础性工作，拓展联网应用则是金保工程建设的最终目标。

第一，抓好省市联网。目前，部省联网已经接近尾声，省市联网已成为全国联网的瓶颈。据统计，截至今年上半年，全国还有大约60%的地市没有与省里联网。由于网络没有连通，省市之间的信息传输还不顺畅，部省联网的作用也就打了折扣。这些地区，要创造条件，加大力度，必须在2005年年底前完成联网工作，最终建成从中央到省，从省到地市的信息大通道。

第二，推动联网应用。已经实施的养老保险监测，要进一步提高数据的质量，同时，要做好数据的分析工作。目前，劳动保障部正式启动了失业登记和失业保险监测，这是继养老保险监测之后启动的另一项重要的全国联网应用。它的实施将有助于我们获得失业人员的第一手资料，对于宏观决策具有特别重要的意义，各地要重视起来，创造条件，早日上报。按照金保工程的总体部署，各项联网应用要用同一个数据中心，同一个交换区，同一个主干传输网。各地无论数据中心建在哪里，网络节点连在哪里，都要在支持养老保险监测数据传输的同时，支持失业登记和失业保险监测数据的传输。

第三，为下一步启动其他联网应用做好准备。下一步部里还要部署启动医疗保险服务监测，陆续启动异地业务经办的联网应用试点，包括社会保险关系转移、异地领取养老金和领取养老金资格协助认证、异地就医联网结算、异地职介等，各地要提前做好各项联网准备工作。

三、关于会议精神的贯彻落实

这次会议非常重要。会议结束以后，部里将根据大家意见尽快修改下发《关于进一步加快实施金保工程的意见》。为全面贯彻落实本次会议精神，各地近期要重点抓好以下五项工作：

（一）认真汇报传达好会议精神

各地要以党的十六届四中全会精神为指导，深刻领会黄菊副总理的批示精神，认真学习郑斯林部长的重要讲话，及时把会议精神向各级党委、政府汇报。要通过学习和传达，把大家的思想认识和行动统一到会议精神上来，增强建设金保工程的紧迫感和责任感，把会议精神贯彻落实到实处，力争将金保工程建设推上一个新的台阶。

（二）尽快制定数据中心建设计划

省级劳动保障部门要根据本省的实际情况，合理制定数据分布策略和数据中心建设计划，包括数据中心的数量、名单及建设进度安排等，并于今年年底前报部信息中心备案。

（三）尽快确定示范城市

这次会议后，各地要按照部里的要求，选好示范城市。所选择的示范城市要基本具备下面一些条件：领导重视，体制顺畅，业务规范，资金有保障，信息化建设有了一定进展，具备了数据中心建设和省市、市内联网的基本软硬件环境，拥有专门的信息化建设队伍和专业技术人员。

（四）做好失业登记和失业保险监测的准备工作

各省要按照劳动保障部《关于建立失业登记和失业保险监测制度的通知》精神，制定实施计划，落实实施单位和负责人，并认真做好数据、设备等方面的准备工作。

（五）制定明年工作计划

各地要按照全国金保工程进度安排，制定明年本地区金保工程的实施计划。对于这次会议上布置的重点工作，要拿出详尽的时间表。

在全国劳动争议仲裁机构效能建设座谈会上的总结讲话

华福周

（2004年10月28日）

一、关于这次会议的主要收获

这次会议，是1998年以来第一次召开的劳动争议处理工作专题会议。同志们一致认为，会议主题鲜明、领导重视、召开及时、内容丰富、会期紧凑、收效很大。当前，全国上下正在认真学习贯彻党的十六届四中全会精神，进一步提高和加强党的执政能力建设。在这一形势下，召开这次会议十分必要，也非常及时。同志们认为，这次会议是对在新形势下如何进一步做好劳动争议处理工作的动员、部署和推动，充分体现了部里对这项工作的高度重视。加强劳动仲裁机构效能建设，体现了对广大人民群众切身利益的关切，是实践“三个代表”重要思想的必然要求，也是加强党的执政能力建设的具体体现。同志们说，这次会议是一次鼓劲的会，务实的会，标志着我国劳动争议处理工作进入了一个新的发展阶段，必将对进一步推动劳动争议处理工作产生积极的影响。会议期间，大家一起学习、共同探讨，就同一话题，从不同角度，交流了经验，提出了意见和建议，为相互学习、共同提高提供了一个很好的平台。大家纷纷表示，回去后要进一步认真学习王东进副部长重要讲话精神，吸收借鉴兄弟省市经验，结合本地实际，开创劳动争议处理工作新局面。主要收获有：

（一）统一了认识，增强了信心

同志们普遍感到，王东进副部长的讲话，既充分肯定了成绩，又明确指出了存在的问题；既阐述了良好的机遇，又分析了严峻的形势。通过学习讲话和兄弟省市经验，不仅对劳动争议处理工作面临的形势有了更加清醒的认识，增强了紧迫感，而且对劳动争议处理工作在维护改革发展稳定大局中的重要地位和作用有了更加深刻的理解，增强了责任感。大家认为，做好劳动争议处理工作，关系到全面完成劳动保障的中心工作，关系到人民群众的切身利益，关系到改革发展稳定的大局，关系到实现全面建设社会主义和谐社会的宏伟目标。尽管目前工作中还存在这样那样的困难和问题，但总的来看，形势是有利的，基础是牢固的，条件是具备的，只要我们统一思想认识，增强信心，抓住机遇，切实把劳动争议处理工作摆在更加突出的位置，以更大的决心、更积极的态度、更有力的措施扎实推进工作，就一定能开创劳动争议处理工作的新局面。

（二）理清了思路，明确了任务

劳动争议处理工作是社会主义市场经济条件下解决劳动纠纷、实现劳动关系和谐的重要手段，是协调劳动关系和维护社会稳定工作中一项艰巨、复杂的任务。在当前我国深化改革与加快发展的新形势下，这项工作面临许多新的矛盾和问题，一些同志对如何进一步做好劳动争议处理工作存在种种疑虑和困惑。大家认为，这次会议解决了近几年来我们在探索劳动争议处理工作中遇到的困惑，指明了发展方向，理清了工作思路，明确了工作任务。王东进副部长讲话中提出的今后一个时期劳动争议处理工作总的指导思想和工作部署，符合党的十六大和十六届四中全会精神，符合当前劳动保障事业发展面临的新形势。进一步加强劳动争议处理能力建设，逐步实现劳动争议仲裁机构实体化，效能建设规范化，是在充分考虑了需要与可能的前提下，兼顾了当前与长远的基础上提出的任务，虽然压力和困难不小，但经过努力是可以完成的。同志们表示，回去后，一定要按照王东进副部长讲话中提出的五项工作任务和在推进工作中需要正确把握的六个关系，抓住主要矛盾，解决突出问题，抓紧动员，周密部署，精心安排，确保任务完成。

（三）交流了经验，树立了典型

这次会上有8个省市做了大会发言，9个省市做了书面交流。当然，创造经验的还不仅仅限于大会发言和书面交流的省市。在小组讨论中，其他省市也介绍了自己的做法和体会。代表们认为这些经验是经过精心筛选的，具有全面性、创造性、典型性、独特性、引导性等特点，为今后的工作树立了典型。从经验的内容来看，有领导重视和推动仲裁机构实体化建设的经验；有推进仲裁员职业化、专业化建设的经验；有通过加强劳动争议处理工作维护社会稳定的经验；有通过改进办案方式提高效能建设的经验；有通过强化监督提高仲裁质量的经验；有通过行风建设，树立劳动仲裁形象的经验；有通过发挥调解组织作用减轻仲裁办案压力的经验等。这些经验都来自于实践，弥足珍贵，有很强的创新意识，对于我们推进仲裁机构效能建设具有很好的借鉴意义。

二、关于大家反映的几个问题

与会同志在认真学习王东进副部长讲话和各地先进经验，研究落实下一步工作的同时，围绕进一步推进劳动争议处理工作也提出了一些意见和建议。归纳起来，主要有以下几个方面：

（一）关于推进劳动争议仲裁机构实体化建设问题

一些同志认为，劳动争议仲裁机构实体化建设确实是提高劳动争议处理能力的重要途径，但由于法律法规尚没有规定，部里和有关部门在机构编制上也没有明确的说法，地方难以推动；有一些同志反映仲裁机构实体化与仲裁委员会的关系不很清楚；还有一些同志认为，仲裁机构实体化，在深圳这样经济发达的地区能搞起来，但经济困难地区学不了。这些问题，王东进副部长讲话已经很明确，这里我再强调几点：第一，推进劳动争议仲裁机构实体化，使劳动争议处理机构办案职能与行政职能相分离，补充足够的专职办案人员，建立专门的办案经费来源和独立的办案场所，切实提高仲裁实效，是今后一个时期加强劳动争议处理工作的发展方向。劳动争议仲裁机构实体化建设，是目前对劳动争议处理体制不做大的调整的情况下，应对劳动争议处理工作实际需要而进行的积极探索，不仅是当前加强劳动争议处理能力建设的有效途径，符合维护劳动关系和谐与社会稳定的客观要求，而且，从长远看也是为下一步深化劳动争议处理体制改革创造条件。第二，仲裁机构实体化，是将劳动争议仲裁委员会办案机构实体化。在当前条件下各地可以不搞统一模式。机构单独设置是实体化，机构没有单独设置，但实现了行政事务和办案职能分离，保证了人员编制、经费和办案条件的，同样是劳动争议仲裁机构的实体化。第三，推进劳动争议仲裁机构实体化，提高仲裁效能，要服从于解决劳动关系矛盾的实际需要，服从于维护稳定的大局，不能因工作中还有这样那样的困难停步不前。对于在全国争取统一编制，部里多次与中编办协调，今后还将继续争取有关部门的理解与支持，但现在看来，要在全国范围内统一解决编制，那不是个小数目，短时间内难以做到。考虑到维护社会稳定的责任在地方，如果把做好劳动争议处理工作放在维护社会稳定的大局中运筹，突出劳动争议处理工作在维护社会稳定中的重要地位和作用，从而争取地方党委、政府的重视和支持，先在局部解决这方面问题是可以做到的。第四，推进劳动争议仲裁机构实体化建设的决定性因素不是经济条件，而是取决于思想认识，只要把这项工作作为一项事业来干，学习先进地区的工作精神、工作热情和工作态度，坚定不移向前推进，就一定能成功。经济发达地区可以搞实体化，经济相对落后地区一样可以搞实体化。黑龙江鸡西、广西柳州等市就探出了路子，做出了榜样。

（二）关于加快劳动关系调整法规建设问题

在讨论过程中，许多同志提出，目前劳动关系调整和劳动争议处理法制建设严重滞后，阻碍了工作的进一步开展，建议部里加快劳动关系调整和劳动争议处理方面的立法步伐。应该说，同志们的意见和建议是十分中肯的，也是合理的。这些年来，部里一直十分重视劳动关系立法工作。《劳动合同法》已被列入了本届全国人大立法计划，经过前段时间的努力，目前我们已基本完成草案的起草工作，近期将提交国务院法制办，争取列入明年全国人大拟出台法律的计划。《企业工资条例》的起草论证工作也正在抓紧进行。我们在研究制定《劳动合同法》和《企业工资条例》的过程中，实际上也考虑了为劳动争议的处理工作创造条件。相信这两部法律法规的出台，对解决劳动争议处理过程中遇到的一些问题会起到十分重要的作用。但是，我们也必须看到，制定一部法律不是一朝一夕的事，必须要有很好的实践基础和较长时间的积累。对于劳动争议处理方面的立法，一方面，我们要向有关方面呼吁，积极争取列入立法计划；另一方面，也是更为重要的，我们要认真研究劳动争议处理体制改革问题，通过在实践中大胆探索，将实践中行之有效的经验及时上升为政策，将行之有效的政策及时上升为地方法规。同时，要深入研究工作推进中存在的问题，把情况摸透，把问题搞准，把思路搞清，把措施搞实。有了这方面的实践基础，我们争取领导重视就有了条件，制定出台法律也就顺理成章。目前，全国已有十几个地方出台了劳动合同方面的法规，为地方处理劳动争议提供了法律依据。一些地方还出台了劳动争议处理条例或办法，有效规范了劳动争议处理的法律程序。这些地方的立法实践，既为提高当地劳动争议处理能力创造了制度条件，又为国家今后制定相应法律法规提供了参考。希望各地再接再厉，继续加强这方面的研究。

（三）关于在劳动争议处理工作中落实三方原则问题

劳动争议处理的三方原则，是《劳动法》和《企业劳动争议处理条例》规定的一条重要原则，对于确保公正、公平处理劳动争议具有重要意义。近年来，各地在劳动争议处理工作中对落实三方原则进行了积极探索，创造了很多好的经验和做法。但是，有一些同志认为，推进劳动争议仲裁机构实体化建设，就不需要或者无法落实三方性原则。这种看法是错误的，更是要不得的。一些地区的实践证明，推进劳动争议仲裁实体化建设，不仅不是排除劳动争议处理的三方原则，相反是为了更好地坚持三方原则；不仅不会影响劳动争议处理三方原则的落实，相反将更好地为落实三方原则提供组织保证。我们要把劳动争议仲裁机构实体化建设与落实劳动争议处理的三方原则紧密结合起来，在探索机构实体化过程中坚持把三方原则落到实处。既要防止把落实劳动争议处理三方原则教条化，将其理解为所有劳动争议案件都必须三方人员参与处理；也要避免把搞实体化与落实三方原则对立起来，错误地认为实体化就不需要三方原则。要坚持和加强各级劳动争议仲裁委员会对办案实体性机构的领导，继续发挥劳动争议仲裁委对劳动争议处理工作的指导作用；坚持仲裁员队伍组成的三方性，积极探索在实体化条件下兼职仲裁员参与处理劳动争议的有效途径和方式；坚持重大集体劳动争议案件由三方合议会审的做法，扩大劳动争议仲裁机构办案的社会基础，使劳动争议案件处理得到社会广泛认可。

（四）关于劳动争议仲裁收费标准问题

会上不少同志反映，现行劳动争议仲裁收费仍执行1992年原国家劳动部和国家物价局联合发布的《关于发布中央管理的劳动部门行政事业性收费项目和标准的通知》，其中规定的“按实际开支”收费的标准不明确，常常导致劳动争议仲裁工作上的被动，影响了劳动争议仲裁的严肃性和权威性，希望国家能出台统一的收费标准和收费办法。对于这方面的问题，我们认为要把握两条原则：一是要明确劳动争议仲裁收费的目的。劳动争议仲裁承担着为当事人提供社会公共服务的职能，从长远来看，办案经费主要应该由各级财政承担。劳动争议仲裁收费的目的主要不是为了解决办案经费的问题，而是为了适当提高当事人申请仲裁的成本，将可以不由仲裁机构裁决的劳动争议案件分流到调解环节，防止矛盾激化，减缓办案压力，保证办案质量。对于当事人经济困难但又确需仲裁的争议案件，应通过建立仲裁费减免缓交制度来解决。二是要研究解决当前仲裁收费中的问题，合理确定具体收费标准。按“实际开支”收费是全国统一的政策，但各地在具体操作中再原封不动地执行按“实际开支”收费，确实难以解决现实中遇到的问题，特别是容易引起当事人的质疑。经过多年的实践，不同类型案件的处理，其实际开支究竟需要多少，各地应该是掌握的，完全可能也应该与当地物价部门协商，细化国家制定的收费政策，明确各类案件的具体收费标准和收费办法。同时，对于经济条件确实困难的仲裁申请人，也要研究明确缓、减、免缴仲裁费用的具体措施。由于各地经济发展不平衡，处理同一劳动争议案件的实际开支也不一样，制定全国统一的收费标准不太现实。这次会议交流的经验中，一些地方在收费标准上的改革为我们提供了很好的经验。如有的省市制定了统一的收费办法，实行案件仲裁费按件和按争议标的额相结合的收费模式，将原有“按实际开支”收费的规定具体化、明晰化，收到很好的效果，值得其他地方借鉴。

（五）关于进一步加强调查研究问题

在讨论中许多同志提出，目前劳动争议处理工作处在改革与发展的关键时期，既面临良好的发展机遇，也存在很多问题，需要我们更加扎实工作，及时化解社会矛盾，也要注重对实践中遇到的新情况新问题进行研究，并希望部里今后多组织一些专题研讨会。同志们的建议很好。近年来，由于劳动关系调整和劳动争议处理的任务非常繁重，我们这条战线上的同志们更多地忙于处理具体事务，投入了大量精力，对于实践中碰到的新情况新问题缺乏深入系统的研究，也严重制约了工作的进一步开展。为此，我们今后要切实加强调查研究，对工作中遇到的一些重大理论和实践问题，比如劳动争议的裁审体制问题、劳动争议处理与劳动保障执法监察的职能划分问题、劳动争议仲裁如何区别于人民法院裁决体现出自身特点的问题、推进仲裁机构实体化与落实三方原则问题、仲裁员队伍职业化专业化的建设等问题，要进行分类梳理，列出专题，组织一些实际工作者和专家学者进行研讨交流，必要时还可开展这方面的国际交流与合作，从而开阔视野，拓展思路，为建立劳动争议处理工作的长效机制奠定基础。目前部里已着手就劳动争议处理体制改革问题开展课题研究和国际合作，希望同志们也在这方面做出努力。

（六）关于加强宣传问题

重视和加强劳动争议处理方面的宣传工作，也是这次会上同志们积极反映的一条意见。长期以来，从事劳动争议处理工作的同志们兢兢业业、埋头苦干，为促进劳动关系和谐、维护社会稳定做出了巨大贡献，取得了很大成绩。但确如一些同志反映，这些年来，我们在这方面的宣传力度不够。实际上，宣传并不仅仅是为了彰显我们做出的成绩，更重要的是为了取得党委、政府和有关部门对我们工作的了解、重视和支持，是为了总结推广工作中先进经验和有效做法，也是为了营造进一步做好工作的良好社会氛围。今后，我们要注重加强这方面的工作，要通过广播、电视、报刊等多种媒体宣传劳动争议处理工作的先进典型和经验做法。部里劳动保障报和劳动保障通讯在这方面要发挥作用，对这次会议上介绍的经验，包括会上没有介绍的一些好的做法，要充分挖掘，可以考虑做几个专题。各地也要相应地做好宣传推广工作。加强对劳动争议处理工作的宣传，要坚持不懈，不能一阵风，要制定宣传计划，不同时期突出不同的重点，确保宣传实效。加强对劳动争议处理工作的宣传，还要注意导向，对尚未确定的政策，群众又十分敏感的问题，要注意把握好分寸。总之，要通过宣传，扩大劳动争议处理工作的影响，提高公众认知度，为劳动争议处理工作的进一步发展创造良好的社会环境。

此外，大家还对部里的工作提出了许多好的意见和建议。回去后，我们将进行认真研究，进一步加强和改进我们的工作。

三、关于贯彻落实本次会议精神的几点要求

这次劳动争议仲裁机构效能建设座谈会，对做好当前乃至今后一个时期劳动争议处理工作，具有十分重要的意义。

（一）及时汇报传达会议精神

请同志们回去后，要进一步深刻领会会议精神，认真消化会议交流的经验，及时向厅（局）党组进行汇报，并在厅（局）党组的领导下，结合本地实际，认真研究制定贯彻会议精神的意见。要将这次会议情况和贯彻这次会议精神的打算，向当地党委、政府作全面汇报，争取党委、政府的重视和支持。同时，要尽快将会议精神传达到基层，使各级劳动保障部门的领导认清形势，统一思想，明确任务，进一步形成上下联动的工作局面。各省、自治区、直辖市和计划单列市要将传达学习会议精神的情况及时报部里劳动工资司。

（二）把思想认识切实统一到会议的安排部署上来

各地要从建立和谐社会、维护社会稳定的大局着眼，深化对加强劳动争议处理能力建设的重要性、紧迫性的认识，增强落实会议精神的主动性和自觉性。当前劳动争议处理工作的机遇与挑战并存，希望与压力同在。在这种情况下，能否抓住机遇、迎接挑战，创造性地开展工作，进一步开创劳动争议处理工作的新局面，对于同志们是一个考验。一方面部里要为劳动争议处理工作进一步改革发展创造良好环境，同时，各地要按照这次会议的要求，把思想认识统一到会议精神上来，切实把贯彻落实会议的各项安排部署作为当前和今后一个时期的一项重要任务抓紧抓好。上下联动、齐心协力，推动劳动争议处理工作的改革与发展。

（三）加强对典型经验的学习借鉴

认真总结实践经验，研究把握客观规律，是不断提高劳动争议处理能力的重要途径。这次会议推介的经验，是一些地区在实践中摸索出的提高劳动争议处理能力的有效做法，具有普遍的意义。各地可以结合实际，采取不同的方式学习借鉴。我们在学习他人经验的同时，更要学习他人的工作热情和创新精神，注意在工作中不断总结自身的经验，找出适合自己的工作思路和工作方法，在此基础上，不断提高认识，把握规律，归纳总结出新的经验来，从而将本地区劳动争议处理工作提高到新的水平。

（四）务求加强劳动争议处理能力建设的工作取得实效

各地劳动保障部门要加强对劳动争议处理工作的领导，会同当地工会组织和企业组织，因地制宜，精心组织，统筹安排，有计划、有步骤地全面落实会议提出的各项工作部署和任务。要把贯彻会议精神同推动当前的工作结合起来，把提高劳动争议处理能力的总体目标同

现阶段的具体任务结合起来，立足当前，着眼长远，按照部里即将印发《关于切实加强劳动争议仲裁机构效能建设工作的意见》要求，深入开展调查研究，准确把握工作的着眼点和着力点，分清轻重缓急，有计划、有步骤地抓好工作。特别要注意的是，在推进劳动争议仲裁机构实体化建设工作中，切不可脱离本地区、本单位实际，搞形式主义。要充分考虑本地区的实际情况，实事求是地制订实施方案，科学地组织实施。

加强失业调控工作　完善失业保险制度为维护改革发展稳定大局做贡献

——在全国失业保险工作座谈会上的讲话

劳动和社会保障部副部长　张小建

（2004年3月18日）

这次会议的主要任务有两项：一是研究在扩大就业的同时，做好失业调控工作的政策措施；二是研究部署在保障失业人员基本生活的同时，更好地发挥失业保险促进就业的作用，进一步巩固和完善失业保险制度。

一、充分认识失业调控的重要性和紧迫性，明确目标，从五个方面加强失业调控工作

就业是民生之本，安国之策。党中央、国务院高度重视就业再就业工作，做出了一系列重大部署。2002年，党中央、国务院召开全国再就业工作会议，出台了一整套积极促进就业的政策。党的十六大更把促进就业作为全面建设小康社会的重要内容，作为经济与社会协调发展的重大任务。去年8月，党中央、国务院再次召开全国再就业工作座谈会，进行新的部署，提出更高要求。各级党委政府和有关部门积极贯彻会议精神，认真落实政策，克服“非典”的影响，使就业再就业工作取得明显成效，全面完成了预定目标。在此过程中，就业工作目标责任制的层层落实，就业政策的逐步兑现，就业服务和援助活动的做细做实，以及街道社区平台普遍建成运转，既是最具突破的进展，也将对今后就业再就业工作产生长效作用。

当然，我们也要清醒地认识到，当前和今后一个时期，就业和再就业的形势依然严峻，任务依然繁重。今年，中央确定的目标任务是，新增就业900万人，下岗失业人员再就业500万人，其中困难人员再就业100万人，城镇登记失业率控制在4.7%。要完成全年的目标任务，还需要我们付出艰苦的努力。我们要贯彻全国劳动保障工作会议要求，从以下几个方面努力，做好今年的就业再就业工作：以增加就业岗位为目标，将就业工作与经济社会发展更紧密衔接，形成良性互动。以落实再就业政策为主线，集中力量解决政策落实中的操作难点，全面发挥政策促进就业效应。以强化再就业服务为手段，增强就业服务的针对性、实效性，推进就业服务的制度化、专业化和社会化。以加大资金投入为保障，切实提高资金使用效益，加强资金的运转管理。以帮助困难人员再就业为重点，落实帮扶措施，推进就业援助制度化。同时，加强职业培训，实现培训与就业的相互促进。采取有力措施，有效控制失业率过快增长。

从国际经验和我国实践看，解决就业问题，既要在扩大就业，增加就业岗位上下工夫，又要努力减少失业，控制失业人数的过快增长和失业率的攀升。劳动力是经济资源中最重要、最活跃的部分。要妥善处理好劳动力供给和需求之间的关系，实现相对平衡，才能更好地发挥这一资源的最大效益，推动经济和社会的全面发展。在我国，劳动力总量供大于求的矛盾将长期存在，劳动力供求在结构上的矛盾，以及劳动者素质与岗位需求不适应的矛盾也十分突出。扩大就业，首先要依靠经济发展提供更多的就业需求。我们制定并实施的积极促进就业政策的主攻方向，就是千方百计在经济发展总量、经济结构、企业布局、就业形式中扩大就业需求，增加就业机会。但实践表明，在既定的经济发展水平下，就业需求不是无限的，在经济低谷期，就业需求还会减少。因此，对劳动力资源的供给进行有效的调控，是非常必要的。如果我们在积极扩大就业的同时，能够采取切实措施，调控失业增加的速度和规模，不仅能减轻失业对改革进程和社会稳定造成的冲击，而且有利于创造更宽松的就业环境，从这一点讲，失业调控与扩大就业是相辅相成的，是就业发展战略的重要组成内容。

在许多发达的市场经济国家，都把扩大就业和调控失业列为宏观调控的重要目标之一，在制定经济社会政策时予以优先考虑。我国也高度重视调控失业问题。中共中央、国务院《关于进一步做好下岗失业人员再就业工作的通知》提出，“要把控制失业率和增加就业岗位作为宏观调控的重要指标，纳入国民经济和社会发展计划”。党的十六大报告提出了实现小康的目标，其中“社会就业比较充分”本身就包含着两层意思，一方面是使劳动者尽可能多地实现就业，过上安居乐业的生活；另一方面是将失业率控制在社会可承受的程度，减少失业对社会的冲击。温家宝总理在今年省部级主要领导干部树立和落实科学发展观专题研究班上的讲话强调，“要实施积极的就业政策，广开就业门路，努力把失业率控制在社会可承受的限度内”。刚刚召开的十届全国人大二次会议通过的经济和社会发展计划，将城镇新增就业 900 万人、城镇登记失业率 4.7％作为今年宏观调控的主要目标之一。这是我们党和政府对人民群众的庄严承诺，既体现了执政为民的精神，又是对我们做好扩大就业和失业调控工作的总体要求。

今年，失业调控的主要目标是把城镇登记失业率控制在 4.7％以内。城镇登记失业率是我们了解和掌握失业总体状况的主要指标，可以从一个方面反映劳动力市场的变化。今年将这一指标定在 4.7％，比去年增加了 0.4 个百分点，既考虑到劳动力资源的总体供求情况，也考虑了并轨工作要进一步推进，企业关闭破产和改制改组力度加大，还有农村劳动力进入城镇数量进一步增加等因素。需要强调的是，这一指标不是对劳动力资源供求总量的简单预测，而是既考虑了市场机制的作用，也考虑了扩大就业和失业调控的因素，是经过努力可以实现的结果。这几年的实践证明，通过有计划、分步骤地实施国有大中型企业的关闭破产工作，积极稳妥地推进下岗职工基本生活保障向失业保险的并轨等措施，对保持就业局势的基本平稳，维护经济改革和社会稳定的大局确实产生了积极作用。同时，我们也要看到，由于一些地方对失业没有进行调控，在实际工作中也出现了较大矛盾和严重问题，影响了社会稳定。因此可以说，如果我们扩大就业工作不到位，在失业调控上无所为，最终失业率肯定会攀高。前车之覆，后车之诫。如果我们能认真吸取以上经验和教训，从维护改革发展稳定大局的高度出发，统筹考虑经济发展与社会稳定的关系，妥善处理企业改革与促进就业的关系，在扩大就业的前提下重视失业调控，把工作做在前面，我们就能实现改革与稳定的同步发展，就能把失业造成的消极影响降到最低，就能实现就业局势的相对平稳。

目前，我们在扩大就业方面已形成比较完整的政策措施和工作机制，但对为什么要调控失业，如何有效调控失业，在认识上和实际操作中，都有许多问题需要研究解决。今年，我们要集中力量，在这方面有所突破，探索一些行之有效的办法和措施，并运用到实践中。以后争取再用2～3年的时间，初步形成失业调控的政策措施体系，在就业整体发展战略中发挥应有的作用。基本思路是：从保持就业局势稳定出发，以控制失业率为目标，紧密结合扩大就业政策措施，运用法律的、经济的和必要的行政手段对城镇失业的源头进行调控，把失业造成的影响控制在社会可承受的程度。

按照上述思路，做好失业调控工作要实现四个具体目标：一是有效调控失业过量。使失业人数不超过经济活动人口的一定比例。二是努力缩短失业周期。重点是监控长期失业者在失业人员中所占比例不超过一定限度。因为长时间的失业会对失业者及其家庭造成严重伤害，这一群体是我们关注的重点，也是政策帮助的主要对象。三是防止失业过于集中。失业群体在同一时期不能过于集中，在同一地区也不能过于集中。因为这涉及到社会承受能力，事关稳定的大局。四是保证生活和求职有着落。切实保障失业人员基本生活，要按规定提供失业保险金和最低生活保障；同时，要将他们尽可能组织到再就业的准备活动中去，为重新就业创造条件。当前和今后一个时期，应着重抓好以下五个方面的工作：

第一，要统筹规划、分步实施国有企业关闭破产、兼并和改制改组。企业改革不仅要考虑对经济发展的影响，还要考虑对就业局势、社会稳定的影响。要充分考虑各方面的承受能力，在资金、政策和宣传上做好充分准备，成熟一户操作一户，控制好工作节奏和力度。目前，全国有2 500多户资源枯竭的矿山和国有大中型企业符合关闭破产的条件，涉及职工510多万人，今后4年将陆续解决，分流安置任务十分繁重。劳动保障部门要积极参与这项工作，把握好几个关键环节：要加强对职工安置方案和社会保障办法的审核，指导企业规范操作；帮助职工接续好社会保险关系，对符合条件的要通过失业保险保障基本生活；开展创业培训、职业指导和再就业援助等就业服务；认真排查不稳定因素，提前制定应对预案，对已经发生的群体性事件，要及时与有关部门协调，采取果断措施，防止事态扩大蔓延。

第二，要积极推进国有大中型企业主辅分离、辅业改制分流安置富余人员工作，实现从岗位到岗位的转换。国有大中型企业主辅分离、辅业改制不仅有利于精干和加强主业，增强国有企业的市场竞争力，也有利于辅业分流安置富余人员，实现从岗位到岗位的平稳转移，减少转到社会的失业人员。这是国家为稳定就业、减少失业的一项重大举措。今年，国资委、劳动保障部、财政部等有关部门加大了对企业主辅分离、辅业改制工作推动实施的力度。目前，主辅分离、辅业改制工作已经平稳启动，分流安置富余人员60多万人。各地劳动保障部门要加强与有关部门的协调，做好企业和职工的政策宣传工作；指导企业完善分流安置方案，妥善处理和规范劳动关系；帮助企业全面落实有关扶持政策；支持企业开展转岗培训及采取其他稳定就业措施。

第三，要规范企业裁员行为。市场经济条件下，企业有用人的自主权，但这种自主权不是任意的、没有约束的权力。企业有权利选择合适的员工，增加经济效益，但也有义务保护劳动者的合法权益，并履行相应的社会责任。规范企业裁员，首先是政府的职责，劳动保障部门要切实负起责任来。要加强企业裁员有关法规政策的研究和制定工作，明确各方的权利义务。要指导企业依法做好裁员工作，严禁随意裁员。对生产经营遇到暂时困难的企业，要引导其与职工协商，通过适当缩短工时、降低工资等措施，稳定就业，避免规模裁员。对确需裁员的，要指导企业规范操作，裁员方案要经职代会或职工大会审议并向劳动保障部门报告。去年“非典”期间，政府和企业在稳定就业、减少裁员方面进行了积极探索，有不少好的做法和经验，要认真总结，加以推广。

第四，要加强分类指导，稳妥推进并轨。并轨的大方向已经明确，多数地区也已取得重大进展。但发展还不平衡，一些地区困难和问题还很突出。因此，在下一步工作中，要区别不同地区的实际情况，分类指导，积极稳妥地推进这项工作。并轨尚未完成的地区要根据实际情况，制订2～3年的实施方案，分步骤、有计划地操作，既要防止一刀切，想一下子就到位，也要避免止步不前，使并轨工作久拖不决。要认真总结辽宁试点的经验，衔接好各项政策之间的关系，妥善处理解除劳动关系、支付经济补偿金、清理债权债务等重点问题，并使这几方面与再就业政策的落实和失业保险的接口有机衔接。要落实各项扶持政策，提供再就业援助，帮助下岗失业人员特别是大龄人员再就业。对符合条件的人员要通过失业保险继续保障其基本生活。对再就业确有困难的大龄下岗失业人员，要采取有效措施，帮助解决他们的生活保障和社会保险问题。

第五，要把失业人员更多更好地组织到就业准备中去。调控失业，一方面要调控失业人员增加的速度和规模，另一方面是对已经失业的人员，通过就业服务和社会化管理，使其中大部分人被组织到积极准备就业的各项活动中。此前，我们已召开全国性会议，专门研究部署就业服务“新三化”和街道社区平台发挥作用的工作。我们要把完善公共就业服务制度和规范街道、社区劳动保障工作平台工作，与对失业人员进行动态管理和跟踪服务结合起来，把失业人员享受失业保险的权利和参加就业准备活动的积极性挂起钩来，做好相关工作。把帮扶长期失业人员作为重点，以有效缩短失业周期。

在做好上述五个方面工作的过程中，会涉及一些范围更大的问题，提出来供大家研究，并在实践中积极探索。

一是关于调控劳动力资源供给的广度和深度。调控劳动力资源供给的措施，首先是针对城镇中面临失业风险的人员，或者是从就业转为失业状态的人员。同时，也要与提高劳动力资源的总体素质工作结合起来，积极推行普及高中教育，扩大高等院校招生规模，实行劳动预备制度，加强职业教育等，在提高劳动者素质的同时，适当延缓当期就业压力。另一方面，要按照统筹城乡就业的要求，考虑那些失地且没有工作，以及长期在城市流动且没有工作的农村劳动者，逐步把他们纳入调控的眼界。我们还要逐步引入不充分就业的概念。不充分就业已经是国际上通行的概念。主要是指劳动时间低于规定的正常就业时间，就业收入也达不到一定水准。据国际劳工组织2003年报告，全球失业1.8亿人，不充分就业9亿人。我们要注意加强对这一问题的研究。

二是关于建立失业预警。调控失业，是一项复杂的系统工程，除了采取必要的政策措施和工作办法之外，还要加强对失业形势的分析与监测工作，跟踪劳动力市场中就业、失业人员变化趋势，为科学决策提供参考。要逐步建立和完善失业预警制度，根据经济、社会和政治各方面的情况，事先确定失业总体状况的预警线，一旦接近或达到预警线，就要发出预警，启动预案，积极应对，缓解矛盾，防范风险。这是一项新的工作，没有更多经验。今年，要选择一些大城市进行试点，逐步加以推广。

三是关于遵循市场规律。在失业调控工作中，要正确处理市场与政府、经济手段与行政手段的关系，不能回到计划经济时期行政干预的老路上去。要注重发挥市场的主导作用，并以调控弥补市场不足，纠正市场失灵之处。调控要把握企业改革与社会稳定的平衡点，把握企业发展和保障职工权益的平衡点。主要发挥法律法规的作用，并及时把实践中的有效做法上升到法律和政策的高度，规范政府对市场的调控。要注重发挥经济手段的作用，引导、鼓励企业稳定就业和增加用工，为社会就业做出贡献。

二、巩固完善失业保险制度，确定方向，从四个方面推进失业保险发挥更大作用

失业保险制度建立以来，在促进企业改革和社会稳定方面发挥了积极作用。1999年，国务院颁布《失业保险条例》，5年来，各级

劳动保障部门克服困难，扎实工作，推动失业保险工作取得了重大进展。

第一，形成了较完善的法规政策体系，为依法行政奠定了基础。两个《条例》颁布后，部里制定了社会保险登记管理、社会保险费申报缴纳和征缴监督检查，以及失业保险金申领发放等一系列部颁规章和规范性文件，27 个省级单位制定了地方性法规、规章。

第二，扩大了覆盖范围，为劳动者提供保障。《条例》颁布后，各地将扩大覆盖范围作为主要工作之一，经过努力，取得明显效果。去年末，全国参加失业保险人数达到10 373万人，比 1998 年年底增加2 400多万人。

第三，加强基金征缴，提高了保障能力。几年来，各地通过规范缴费基数、加大征缴力度、与财政部门和税务机关合作等措施，保证了基金收入的稳定增加。2003 年全国基金收入 250 亿元，比 1998 年增加了近 3 倍。

第四，基础工作得到加强，管理水平得到提高。实行月度统计制度，加强统计分析，提高了信息的时效性和准确性。推行个人缴费记录，增强待遇发放的可靠性。结合劳动力市场“三化”建设和“金保工程”，推行计算机管理和信息传送网络化，提高了工作效率。

这几年，失业保险工作的加强，在保障生活和促进再就业方面发挥了重要作用。5 年来，先后为1 400多万失业人员提供了失业保险待遇，并向再就业服务中心调剂资金 206 亿元，为实现“两个确保”做出重要贡献。目前，领取失业保险的人数近 450 万人，比 1998 年年底的 58 万人增长 7 倍，同期，进中心领生活费的下岗职工人数大幅下降，就全国来讲，失业保险已成为下岗失业人员基本生活保障的主要形式。与此同时，失业保险基金用于职业培训和职业介绍补贴占基金支出的比例逐年提高，资金投入也逐步加大，在促进失业人员再就业中发挥了积极作用。

可以讲，失业保险是伴随着社会主义市场经济体制的建立完善而完善，伴随着市场导向就业机制的建立发展而发展，为构筑“三条保障线”的社会安全网，为推动就业再就业，为促进企业改革和维护社会稳定做出了应有的贡献。

应当清醒地看到，按照中央关于健全失业保险制度的要求，我们所取得的进展还只是初步的。一方面，在现行制度和政策的框架内，一些工作还有差距。在覆盖范围上，对非公经济纳入失业保险还重视不够，私营企业及其他类型企业参保不到位；在基金征缴上，缴费基数不够规范，欠费现象比较严重；在基金统筹层次上，多数地区没有实行设区的市全市统筹，抗风险能力弱；在基层经办机构建设上，不少地方人员少、经费不足、办公手段落后等现象较为突出。解决这些问题，要求我们立足于完善制度，进一步做好工作。另一方面，面临市场就业的新形势，如何做好失业保险服务与就业服务的紧密结合，如何使失业保险基金的使用在保障生活、调控失业和促进再就业方面发挥更大的作用，又要求我们站在全局和长远发展高度，创造性地开展工作。

党的十六届三中全会提出，“把扩大就业放在经济社会发展更加突出的位置，实施积极的就业政策，努力改善创业和就业环境”“加快建设与经济发展水平相适应的社会保障体系”“健全失业保险制度，实现国有企业下岗职工基本生活保障向失业保险并轨”。这是中央从完善社会主义市场经济体制的战略高度，对就业和社会保障体系建设工作提出的要求，是指导我们工作的总方针。我们考虑问题、制定政策、部署工作和考查成效都要从这样一个基本点出发，看我们的工作是不是有利于促进经济社会发展，是不是有利于扩大就业和调控失业，是不是有利于推进社会保障体系建设。失业保险具有保障基本生活和促进就业的双重功能。一方面，我们进行失业调控的根本目的是减少失业，并保障失业者的基本生活，以减轻失业对个人、对社会的冲击。从这点讲，失业保险是失业调控工作的组成部分。另一方面，失业保险从制度的安排和资金的使用上，还具有与其他就业措施联动，促进失业人员实现再就业的功能。从这点上讲，失业保险也是促进就业的重要措施。因此，我们要从这一高度认识、定位和摆布失业保险工作，根据扩大就业和调控失业的总体要求，按照健全社会保障体系的总体部署，从解除劳动者后顾之忧出发，扩大保障范围；从增强保障能力入手，规范基金征缴和使用管理；立足于帮助失业人员再就业，完善管理服务；在做好基本生活保障工作的同时，探索失业保险促进就业的有效办法。当前，要集中力量抓好四项工作：

一是从解除劳动者后顾之忧出发，扩大保障范围。要使失业保险的覆盖范围跟上城镇就业面的扩大，使失业保险成为更多劳动者的就业保障。目前，城镇就业格局发生了重大变化。非公有制经济已经成为吸纳就业的主渠道，多种就业形式发展迅速。失业保险要根据这一发展，主动扩大保障范围。要采取多种措施，巩固原有参保单位和职工，同时，通过对新的经济成分和就业单位加强政策宣传工作，树立典型，带动更多单位和职工参保。要妥善解决职工在不同经济类型单位之间转换过程中的关系接续问题，适应他们流动性大、就业形式灵活的特点，采取更便利有效的办法，保证失业保险的及时接续，也防止参保资源流失。通过努力，逐步实现将城镇绝大多数工薪从业者纳入失业保障的范围，促进市场导向就业机制的发展和完善。

二是从增强保障能力入手，规范基金征缴和使用管理。要在失业保险基金的筹集、使用、管理、调剂上下工夫，保证失业保险基金的支付能力不出问题。要进一步规范缴费基数，加强稽核，做到应收尽收，同时加大欠费回收力度。要增强基金的调度调剂能力，认真研究设区的市实行全市失业保险基金统筹的有效实现形式，明确区（县）级和市级的责任，并加大省级调剂金的筹集力度，增强基金调剂余缺的能力。要密切关注并轨、企业关闭破产等情况下出现的基金支付问题，提前制订应对方案，基金一旦出现缺口，要及时采取调剂金调剂、地方财政补贴和银行贷款等有效措施，确保基金支付的需要。

三是立足于帮助失业人员再就业，完善管理服务。要围绕帮助失业人员解决困难加强管理服务，保证其基本生活有着落，准备就业有帮助。要结合街道社区平台建设，将失业保险经办业务向基层延伸，充分发挥街道劳动保障工作机构在扩面征缴、申领登记、待遇支付等方面的作用，同时加强与社区的联系，及时准确地了解失业人员求职就业的状况。要深入关闭破产、改组改制企业开展工作，采取提前介入、及时宣传政策、主动提供劳动保障服务等措施，帮助企业和职工解决实际问题。要加强失业保险金发放的管理工作，认真总结地方性政策，及时纠正不规范做法，切实做到应发尽发。同时，还要将失业人员领取失业保险金与其参加就业活动的要求结合起来，把他们组织到就业活动准备中。要把失业保险信息系统建设纳入“金保”工程和劳动力市场“三化”建设的总体安排中，全面实现计算机管理和信息传送网络化，为失业人员提供优质便捷的服务。通过努力，实现管理的规范化、信息化，服务的全程化、个性化，为企业和失业人员提供切实有效的帮助。

四是在做好基本生活保障工作的同时，探索失业保险促进就业的有效办法。要构建失业保险服务和就业服务一体化的工作平台，共同致力于实现扩大就业和失业调控的目标。要增加失业保险基金对职业培训、职业介绍的投入，并运用政府购买成果的机制，提高资金的使用效益。要研究探索失业保险基金支持企业减少裁员、平稳转岗和扩大就业的有效形式，在扩大就业和调控失业中发挥更大作用。总之，要把失业保险工作纳入就业发展的总体部署，在保障失业人员基本生活的基础上，不断探索失业保险促进就业的有效办法，创造性地开展工作。

三、加强领导，推动失业调控和失业保险工作全面发展

第一，要把失业调控工作纳入重要工作议

程，尽快启动相关工作。扩大就业和调控失业是政府职责，责任主体是各级政府。各级劳动保障部门作为职能部门，要理清思路，制定计划，主动向党委和政府汇报，纳入政府的工作议程。同时，要发挥再就业工作领导或协调机制的作用，加强与相关部门的沟通和联系，取得他们的理解和支持。失业调控工作不仅对建立就业工作长效机制意义重大，而且对完成就业再就业目标任务具有现实作用。早一点做起来，工作就更主动。各省、自治区、直辖市劳动保障部门要把这项工作纳入今年的目标，摆在重要位置，抓紧研究并制订工作方案，认真组织实施。

第二，要明确工作职责，形成工作合力。把失业调控的各项措施组成一个系统，是一个新任务。要在构建扩大就业的政策和工作体系的同时，构建失业调控的政策框架，并使这两个方面紧密联系，协调行动，形成合力。各地在安排工作时，要明确职能和责任，理顺系统内部关系，做到工作的双加强。

第三，要进一步加强对失业保险工作的领导。各级劳动保障部门的领导要多了解、关心失业保险工作，加强对工作的指导、帮助、支持和监督，加强对工作中问题的深入研究，搞好失业保险工作机构的建设，配备得力人员，提供必要经费，改善工作装备，为健全失业保险制度创造条件。

大力开展人本服务　推进就业服务“新三化”

——在全国就业服务“新三化”工作会议暨劳动就业服务专业委员会大会上的讲话

张小建

（2004年6月30日）

这次会议的主要任务是，贯彻落实胡锦涛总书记提出的实现就业服务体系制度化、专业化和社会化（简称“新三化”）的要求，在总结过去一个阶段劳动力市场三化建设工作成果的基础上，以人本服务为新的起点，推动就业服务提高到一个新水平，为促进就业再就业做出更大的贡献。

一、当前的就业工作要求就业服务发挥更大作用

（一）落实再就业政策取得成效，就业服务功不可没

去年底，胡锦涛总书记对劳动保障部的一份报告作出重要批示：“今年就业、再就业工作做得是好的，成效显著。明年任务依然繁重。关键在于领导重视，政策到位，工作扎实。”中央领导同志的批示，是对我们过去工作的充分肯定和高度评价，也为我们做好下一步工作指出了方向。

党中央、国务院高度重视就业工作，出台了一系列积极的就业政策，从2002年到2003年，连续两次召开全国再就业会议，对做好就业再就业工作进行了整体安排。从去年开始，将增加就业岗位和控制失业率作为新一届政府对人民的庄严承诺。两年来，各地区、各有关部门认真贯彻中央精神，采取切实有效措施，真抓实干，就业再就业工作取得了显著成效。去年新增就业、再就业、“4050”人员就业三项重要指标均超额完成，失业率也控制在预定范围内。

这些成绩的取得，是党中央、国务院正确决策和直接领导，各级政府靠前指挥，各部门协调配合的结果，更是各地劳动保障部门从事就业工作的同志真抓实干的结果。特别是就业服务工作一线的同志们，不辞辛苦，任劳任怨，克服困难，艰苦努力，把政策落实到基层，把服务送到下岗失业人员身上，做出了重要的贡献。

5月中下旬，部里派出7个调研组赴8个省份调研。调研中，大家印象最深的是街道社区平台的就业服务，这已成为就业工作中的一大亮点。调查所到城市，在绝大多数街道都建立了劳动保障工作机构，社区聘请了专门人员。调查组在所去的31个街道和38个社区看到，经过培训的工作人员服务热情，台账规整，政策宣传到户，就业援助到人，参加座谈

的下岗失业人员都说，他们工作深入，态度可亲，特别是一些“4050”人员反映，街道社区工作人员是帮助他们再就业最热心的人。街道社区平台的建立，使各城市就业服务的四级网络真正形成，就业服务由此延伸到最基层，深入每一个下岗失业人员家中，不仅实现了总书记所要求的“工作扎实”，并且体现了就业服务新的风貌、好的形象。

（二）就业工作任务繁重，对就业服务提出更高要求

在调研中我们也了解到，当前面临的困难和问题仍然很多。一是在一些地区，政策尚未落实到位，难点问题未得到根本解决。比如小额贷款落实难的问题依旧突出，不少下岗失业人员反映贷款难；有的政策去年落实较好，今年基层部门又出现了反复；有的政策手续复杂，操作困难。二是部分地区、行业的矛盾比较突出。部分中西部地区、老工业基地和一些困难行业仍有相当数量的下岗职工滞留中心，并轨和再就业困难；一些资源枯竭城市就业岗位缺乏，失业率居高不下。三是国家实行宏观调控措施，随着地方在建项目的缩减，在产项目的停产调整，在一些行业，可能会出现新的下岗和失业问题，在一些地区，对新增就业可能会产生影响。四是就业服务和培训工作也存在着不适应。比如就业服务特别是社区劳动保障工作人员的素质亟待提高，街道社区平台功能的发挥还很不够，就业服务不能满足广大求职者和企业的需要，培训的质量和实效也需加强。

在这种情况下，要完成今年就业工作的既定目标，任务还十分繁重。一方面，实现中央确定的用三年左右的时间基本完成计划体制下遗留的下岗失业人员再就业的任务，要付出更多的努力，要求我们更充分地发挥各项扶持政策促进就业的作用，还要在就业服务和就业援助工作上下更大工夫。另一方面，在就业机制市场化的过程中，促进劳动者竞争就业和自主创业，包括帮助大学生就业；在不断加快的城市化进程中，改善农民工进城就业环境、维护其合法权益，都对我们的工作提出了新的要求。面对这些挑战，就业服务首当其冲，必须加大改革力度，扩展服务范围，从就业入口做起，满足城乡劳动者就业的新要求。

下半年工作中，有两条主线，一是与各部门紧密配合，继续推动政策落实取得成效，这是我们工作的一个重头戏。7 月 6 日，人民银行、财政部、劳动保障部、中国银监会四部门将召开推进小额担保贷款政策落实工作电视电话会议，准备通过对 31 个省份和 300 个城市的直接推动，突破小额贷款落实难的瓶颈问题。二是各级劳动保障部门要从自身管理的就业服务抓起，为下岗失业人员更好更快实现再就业提供帮助，以服务来保证政策的落实，以服务促进整个就业工作。我们这次会议，推出“新三化”，要求开展人本服务，目的就在于此。

二、深刻理解就业服务“新三化”，树立人本服务新理念

（一）制度化、专业化、社会化是在劳动力市场三化建设基础上，对就业服务工作提出的新标准、新要求

1998 年，针对当时劳动力市场难以适应再就业和市场就业服务工作的需要的问题，国务院领导提出劳动力市场科学化、规范化、现代化的要求，并列为中央 10 号文件的重要内容。全国劳动力市场建设以此为重要指针，经过试点和推进，取得明显成效：一是制定了管理规则。劳动保障部制定了《劳动力市场管理规定》，全国有 25 个省、自治区、直辖市已出台劳动力市场管理地方法规或政府规章，初步形成了市场管理的法规体系。对开办职业介绍机构的资格审批，在这次国务院对行政审批事项的清理中仍将继续保留。各地连续开展劳动力市场清理整顿，市场秩序有所好转。二是明确了资金来源。中央 12 号文件明确规定各级政府要建立公共就业服务制度，提供免费服务和培训，经费由财政承担；还规定各级财政要安排资金，用于社区劳动保障工作和劳动力市

场信息网络建设。这项政策在各地已初步得到落实。三是建立了信息网络。目前已有100多个城市建立了劳动力市场（就业服务和失业保险）信息网络，实现就业服务和失业保险信息市内联网。四是改善了服务设施。城市和区县基本建成以公共职业介绍机构为窗口的综合性就业服务场所，向社会提供包括职业介绍、职业指导、推荐培训、劳动保障事务代理等多项内容的“一站式”就业服务，并向下岗失业人员免费提供公益性就业服务。五是壮大了服务队伍。到2003年年底，全国县区以上劳动保障部门所属公共职业介绍机构共3 886所，95%以上的街道建立了劳动保障工作机构，80%以上的社区配备了劳动保障工作人员，形成市、区县、街道、社区四级就业服务网络体系。仅社区一级，就增加了8万人。省、市两级就业服务管理机构也得到了加强。六是树立了公共就业服务的形象。通过对下岗失业人员的再就业服务，特别是开展对困难群体的就业援助，公共就业服务的重要作用越来越得到各级政府的重视和社会各方面的好评，我们的就业服务机构也初步树立了自身的形象。从全国来看，通过劳动力市场三化建设试点和贯彻落实中央12号文件，我们的就业服务工作网络已具备了相当规模，就业服务的工作手段和设施也逐步健全，不仅为中国的就业服务事业发展奠定了坚实的基础，并且为促进就业再就业做出巨大的贡献。

2003年，胡锦涛总书记在全国再就业工作座谈会上指出：“要大力改善公共职业介绍服务机构的设施和手段，进一步探索和完善再就业服务的运行机制，实现再就业服务体系的制度化、专业化和社会化，尽可能为下岗失业人员提供更好的服务。”我们认为，这是中央领导同志总结各地实践，着眼未来发展，对就业服务工作提出的新标准、新要求。我们一定要深刻理解中央领导同志指示精神，沿着“新三化”的轨道，进一步推动全国就业服务工作迈上一个新台阶。

（二）就业服务“新三化”的核心理念和基本要求是人本服务

从胡锦涛总书记上面那段话中我们可以看出，要求就业服务体系实现制度化、专业化和社会化，根本目的是要“提供更好的服务”。什么样的服务是好的？我们自己说好不行，必须是人民群众即我们的服务对象说好才算数。这个道理很简单，但由于指导思想不一样，实践的标尺也不一样。在一些地方的就业服务工作中，有的以自己工作方便为内在标准：比如，劳动力市场服务台高筑，玻璃隔开，服务对象近在咫尺，却使人感到拒之千里。工作人员坐在高柜台里，柜台上都安着像银行一样的高玻璃，柜台内外只留一条窄缝，求职者想问个事，看不清人、听不清声。这样为下岗失业人员服务，下岗失业人员什么感觉？有的以领导满意为外在尺度：比如，有的城市建了漂亮的劳动力市场，设施很先进，领导去了，很好看，但实际上市场功能并没有得到充分开发利用，主动服务不多，开放度不大，来人很少。有的只以本地人是否满意为标准：对本地人服务比较到位，但却不能对外地人特别是农民工开放服务。大量进城务工的农民因为正规的劳动力市场“门槛太高”，没有适合他们的就业信息，宁肯蹲在路边，在烈日下或寒风中，尽管被赶来赶去，还是死守着那个自发的劳动力市场求职。还有的甚至把盈利作为目标：对服务的质量标准没有明确规定，对收费创收却规定硬指标，由此产生种种背离公共服务的行为。

举以上几种类型，虽属个别，却有代表性。说明衡量服务好坏，在不同的指导思想下，会有不同的标准。那么，我们的就业服务，特别是公共就业服务，应当树立什么实践标准呢？我这里举一些从本地就业工作的实际出发，设身处地为求职者和用人单位考虑的实践例子，供大家来研究探索。比如南昌市实行就业“大篷车”：设立就业服务专车，定期把岗位信息送到偏远市郊企业，现场为下岗失业人员服务。北京市积极探索多种形式的职业指导，向失业人员和各类求职者提供专业化的咨询和个性化的服务。天津市扩展市场服务功能，根据用人单位的不同需求，提供可选择的16种服务项目。上海市建立12333电话咨询台，其出发点就是为广大群众关心切身利益询问劳动保障事务提供便捷服务，深得老百姓欢迎。大连市最早实行“即时服务”：就业服务机构组织专门的信息队到全市企业收集适合下岗失业人员的岗位信息，承诺下岗失业人员只要不挑不拣，保证在24小时内帮助其上岗。青岛市将失业人员分为A、B、C、D四类，实行精细化的指导和服务。广州市依托社区对特困失业人员单独建档造册，掌握底数，量身定制就业服务方案。厦门市为进城求职的外地农村劳动者提供引导性培训、职业介绍、政策咨询、投诉受理等一站式服务。长春市建立就业援助的“绿色通道”，使服务对象得到温暖的接待和快捷的服务等。这些做法内容不同，形式各异，但有一点是共同的，那就是真正为服务对象干了实事，解决了他们的困难，也受到了他们的欢迎。各地在改善自己的服务工作时，也提出了一些响亮的口号，如真情服务、精细服务、上门服务、贴心服务等，并将此贯穿到服务中，赢得人民群众好评，树立起好的服务品牌。因此，归纳大家的实践和创造，我们提出人本服务，并把它作为就业服务“新三化”的核心理念和基本要求。

人本服务，就是把“以人为本”作为我们整个就业服务的宗旨。这个“人”，就是我们服务的对象。包括求职和从业的城乡劳动者，也包括用人单位，还包括培训机构及其他社会各方面需要我们提供服务和帮助的个人和机构。具体说，人本服务，就是要以服务对象为中心，把满足服务对象的需要作为就业服务全部工作的出发点和落脚点。

那么我们的就业服务应该怎样做才能够真正体现人本服务的精神呢？我想还是用例子说明。

在公共管理和社会服务中以人为本的例子，在我们的身边，每天都可以碰到。比如交通管理方面，过去路边的标语都是硬邦邦的：“严禁酒后驾车！”“注意安全！”，不知什么时候起，我们越来越多地看到了这样的标语：“司机一滴酒，亲人一行泪”“请小心，您的家人在等您回去”。这就使人感到很温暖。同样的例子，过去公园、绿地里很多牌子上写着“严禁折花，违者罚款”“请勿践踏草坪”，人们往往熟视无睹，现在这样写：“花草是有生命的，请您爱护它”，大家看了心中都会有所触动，起到润物细无声的效果。比如医院中在过去“救死扶伤”“发展卫生事业”的语录口号旁，现在又增加了“责任心、热心、细心、耐心”的座右铭，使人们更体会到人性化的贴近感。前不久报纸上发表了一位女教授的文章《在日本体验道德细节》，这次我们介绍给大家，希望大家都认真地读一下，我想日本服务行业的这些做法会给我们很多启示。

从国外同行那里，我们也可以学到许多东西。国外公共就业服务发展的一个趋势，就是更加人性化，更加贴近求职者和雇主的个人需求，提供更加个性化的服务。我们参观国外的就业服务机构，经常为他们周到、细心、体贴的服务所感动。比如日本的公共职介所都备有鞋刷，供来求职的人使用。英国的就业服务中心门前原来都是大块草坪，但为了使顾客不绕道进门，就改成了捷径。葡萄牙就业服务机构向每个求职者发一个呼机，专门向他们群发岗位信息。在美国，求职者通过信息库在网上提供自己的简历，雇主可以直接得到这些信息。同时在有些就业服务中心，面对查询信息能力较差的黑人求职者，中心专门安排工作人员，每天在现场讲解就业职位供求及薪酬情况。瑞典等国家根据求职者的就业难度来提供分层服务：向大多数普通求职者提供信息自助服务，向有些求职者提供信息导航的帮助，对一般难度的提供求职帮助、职业指导、推荐参加就业促进项目等人性化的服务，对少数特困求职者，在较长时间内提供更持续的支持，如职业康复和其他专门服务等。比利时的就业服务培训中心建立专门的企业关系部门，实施岗位空缺开发计划，内容包括目标企业的类型、接触企业的方法、岗位空缺搜集的数量目标和工作评估指导等。类似的例子还有很多很多。

从这些例子中我想再归纳一下。在就业服务工作中，人本服务首先是主动服务。不是被动地在办公室里坐等顾客，而是与主动走出去相结合，及时了解求职者和用人单位的需求，主动开拓服务项目，想方设法促成职业供求的匹配。人本服务要突出个性服务。在开展面对大众的一般性、共性服务的基础上，根据每个求职者和用人单位的不同需求，提供有针对性的、有个性特点的职业指导、咨询和服务。人本服务要实现贴心服务。要投入真情，把顾客视为亲人，设身处地为顾客考虑，想其所想，急其所急，从每个细小的环节做起，提供方便。人本服务要体现诚信服务。信息传递要准确可靠，待人处事要讲究信誉，服务承诺要保证兑现，服务成效要经得起时间检验。人本服务要做到高效服务。办事程序要做到简便快捷，环境设施要做到处处方便，服务时效要不断提高。上面五条也可以归结为一条，那就是满意服务——即以所有服务对象对我们的服务从过程到结果都表示满意作为出发点和落脚点。

现在我们搞“新三化”建设，无论是完善制度、提高专业化水平，还是利用社会资源，都有一个根本的目的，那就是提高我们服务的质量和效率。因此，检验我们成功与否的根本标志就是看我们的服务对象是不是满意。如果离开了这一点，就会出现硬件设施和场地装修的盲目攀比，形成新一轮的建楼热；就会因追求所谓服务的“规范”而搞出很多华而不实的“程序”“标准”，那么我们的就业服务工作就会失去方向。因此，我们贯彻落实“新三化”的要求，首先要真正树立人本服务的新理念。

（三）大力开展人本服务，是新时期就业工作的需要和就业服务机构发展的必然要求

劳动力市场三化建设使就业服务体系基础设施和外部条件得到改善，使工作人员队伍得到壮大，还建立了信息网络和街道社区两个平台。那么今后几年的“新三化”建设，主要是要求我们练好内功，充分发挥已有设施和两个平台的作用，提高人员队伍素质，为社会多做贡献。因此，我们把开展人本服务确定为新时期就业服务工作的基本要求。其必要性可以从就业工作的需要和就业服务机构自身发展两个方面来看。

开展人本服务，是适应劳动力市场变化，解决结构性失业问题，促进市场就业的迫切需要。

就业服务是为促进就业提供条件和环境的，各级政府之所以重视我们，就是因为就业服务对于促进就业具有特殊功能。因此，促进就业，永远是就业服务工作者的首要职责。当前，我们要特别注意就业领域的一些新变化、新情况，扩展服务功能，充实服务内容，提升服务层次，改善服务质量。比如：市场就业机制下，就业的灵活性和多样化趋势，一是带来用人主体的多元化。过去我们面对的主要是国有企业、集体企业，现在大量用人的是民营企业和个体工商户，我们要学会如何适应这些新用户的要求开展服务。二是带来就业形式的多样化。过去主要是正规的全日制就业，现在有季节工、小时工、计件工等多种灵活的就业形式，需要我们探索新的服务方式。三是带来职业需求的个性化。过去主要对群体人员规模安排，现在对不同个人的不同要求，必须提供有针对性的、个性化的服务。又如：经济结构调整中，就业的结构性矛盾更为突出。一方面，许多人长期难以就业，另一方面，企业所需技术技能工人又十分短缺，今年以来，沿海一些地方的加工企业甚至出现了普通劳动岗位大量缺工的现象。出现这种情况的原因很多，也很复杂，要想解决这些问题，靠我们坐等顾客上门的服务方式已经不行了，必须走出去，主动采取行动；光靠职业介绍单一功能已经难以满足，必须发挥就业服务的整体功能，使人力资源的输送和培训开发更加密切结合。再如，实行市场竞争就业、自主就业的同时，就业弱势群体更需要帮助。这几年，国有企业、集体企业的下岗失业人员中的大龄困难人员人数多、就业难，是政府促进就业政策要解决的突出问题，也是就业服务机构的重点服务对象。对这些人，仅仅提供一般的服务，难以奏效，需要更加耐心细致的工作，更加人性化的服务，更多真情的帮助。总之，只有树立人本服务的理念，根据服务对象的需求采取积极主动的行动，就业服务体系才能真正发挥作用，做到有为有位，保持旺盛的生命力；才能不断增强就业服务工作者社会使命感、责任感和对劳动群众的感召力。

开展人本服务，是公共就业服务机构改革和发展的必然趋势。

刚才谈及国外公共就业服务机构以人为本的一些做法，这里有顺应社会进步以人为本趋势的因素，也有内外压力逼出来的变化。公共就业服务最早出现在19世纪末的工业化国家，主要是为了解决工业化生产中出现的失业和企业用工需求问题。1919年，国际劳工组织通过有关公约，倡导各国应建立免费的公共职业介绍制度，并禁止设立私营职业介绍机构，从而确立了公共就业服务的垄断地位。在全球各国经济兴衰和结构调整中，为缓解失业和促进就业，公共就业服务确实发挥了巨大的作用。但由于体制机制问题，也不可避免地出现了机构人员官僚化、服务质量下降、服务成本过高等问题。面对劳动力市场日益发展的多样化需求，正视缺乏竞争带来的弊端，国际社会放弃了公共就业服务垄断的观念，承认私营就业服务机构的积极贡献，从而使私营就业服务机构迅速发展，并成为公共就业服务机构强大的竞争对手。不少私营机构对市场需求反应灵敏，服务主动周到，两相对照，公共机构工作人员的态度冷漠、效率不高受到人们的批评。近年来，各国公共就业服务机构都在积极进行改革，其中重要的内容，一是引入私营企业的一些服务理念，提倡“以客户为中心”，发展方便求职者的“一站式”服务，强调更加人性化、个性化的服务。二是在公益性服务中引入市场机制，政府购买服务和培训的模式被广泛应用，有的国家甚至由公共就业服务机构和私营机构竞争承包。如澳大利亚从1998年起将原来的公共就业服务机构变成自主经营的机构，与其他私营机构一起，组成职业网络，参与竞争，每介绍一名失业者就业，就可以从政府得到相应的资金，如果介绍的是就业困难对象，得到的补贴更多。这一改革取得明显成效。三是公共就业服务机构与私营就业服务机构建立伙伴关系，共同开拓市场。公共机构在对目标群体开展免费服务的同时，开始探索开展针对用人单位的特色服务和有偿服务，以增强对用人单位的吸引力。这些改革，对于公共就业服务机构重新焕发活力，提高服务效率和质量，起到了很大的作用。

我国的公共就业服务起步较晚，但一起步就学习借鉴了发达市场经济国家的一些成熟的经验。同时，我们没有限制其他各类职业中介机构的发展，公共职业介绍机构从一诞生就处于竞争之中，这些是我们的优势。又由于我国是发展中国家，财政比较困难，大部分公共职业介绍机构靠“自收自支”维持生存，人员也多为招聘制，机制比较灵活，官僚化的趋势尚不明显。近几年，公共就业服务得到各级政府的重视，我们的服务有了宽敞的场所，现代化的设施，资金比以前充裕多了，一些地方还确立全额拨款的事业单位体制，把服务机构的人、财、物包了下来。我们说，受到了重视，解决了多年来没有经费支持自己找饭吃的问题，这固然是好事，但也要提醒大家，一定要注意避免走发达国家公共就业服务机构走过的弯路。我们到一些地方调研时看到，一些服务机构的工作人员已经很少出去采集信息，主动与企业的联系也减少了，更多的是坐在漂亮的办公室里，这是一种十分危险的苗头。国外同行善意地提醒我们，西方国家就业服务不都是好的东西，你们还是要走自己的路。因此，学习借鉴国外最新的改革思路和服务理念，在整个就业服务系统提倡人本服务，对于我们公共就业服务机构的发展具有特别重要的意义。

三、以人本服务为旗帜，全面推进就业服务“新三化”

为贯彻胡锦涛总书记关于就业服务“制度化、专业化、社会化”的指示精神，我部已下发了《关于加强就业服务制度化、专业化和社会化工作的通知》（简称《通知》），对就业服务“新三化”建设提出了十分具体的要求。我们希望通过南昌会议，在全国就业服务系统掀起一个落实“新三化”，开展人本服务的高潮，切实提高就业服务的效率和质量，提高人们群众对就业服务的满意度。要做好这项工作，我认为当前应处理好三个关系，重点抓好六项工作。

（一）推进“新三化”需处理好与继承、发展、动力机制的关系

一是处理好“老三化”与“新三化”的关系。在前两次座谈会上，有些地方的同志建议，现在推“新三化”，“老三化”也不要丢了，最好继续提。一些中西部地区的同志担心，当地劳动力市场的基础建设还不到位，提出“新三化”，会影响政府对市场建设的投入。我们认为，“新三化”和“老三化”并不矛盾。我们在开展劳动力市场三化建设试点时，提出建设信息网络、积极主动开展服务、规范劳动力市场、健全组织体系工作队伍四项任务，这仍然是我们要继续抓好的基础性工作。但我也想在此强调，实行“新三化”，确实标志着我们的工作进入了一个新的阶段，进入了一个对就业服务工作提出更高要求的阶段。下一步，服务效率、服务质量和服务对象的满意程度要作为衡量一个地方就业服务工作的唯一标准。今后一个地方介绍就业服务情况时，如果仅仅介绍你那里搞了市场，连通了计算机网络，出台了劳动力市场管理规定，建立了街道社区平台，那只能说明你那里具备了搞好就业服务的基本条件，而真正能说明服务好的，是你那里在服务方面采取了什么措施，有什么改进，取得了什么实效，能否在降低成本提供更多更好的服务上有所作为，是否受到服务对象真正欢迎。开展社会服务，场地设施条件当然很重要，但并不是最重要的因素，一些地区财政还十分困难，没有条件搞现代化场所，没有条件把计算机配到每个街道、社区，如果能够在比较艰苦的条件下，提供了人民群众满意的服务，那是特别值得提倡的。

二是处理好落实“新三化”各项具体要求与人本服务的关系。“新三化”和人本服务是高度一致和紧密配合的。人本服务既是“新三化”的核心理念，又是“新三化”的实践主线。而“新三化”是开展人本服务的保证条件。

在《通知》所附“新三化”工作要点中，对就业服务的制度化、专业化、社会化都提出了具体目标和要求：

所谓制度化，就是要将强化就业服务纳入各级政府职责，建立公共就业服务制度。主要包括四项具体制度，即失业人员登记和免费就业服务制度，就业困难群体再就业援助制度，政府出资购买服务和培训制度，公共就业服务统筹管理制度。制度化主要是解决公共就业服务的长效机制问题，这是开展人本服务的基础和保证。

所谓专业化，就是围绕服务对象的各种需求，加强公共就业服务机构特别是工作队伍专业化建设，从而提高就业服务的效率和质量，提高求职者和用人单位的满意度。专业化主要是解决服务水平的问题，开展人本服务，要凭服务热情，更要有专业化的技能。职业指导员队伍建设就是率先专业化的典范。

所谓社会化，就是面向社会服务、动员社会资源、接受社会监督，推动就业服务工作在全社会普及提高，建设统一、开放、公平、诚信的劳动力市场。社会化主要是解决整合服务资源，形成开放市场的问题。我们的就业服务机构要主动参与竞争，用人本服务去赢得顾客，同时又要起到模范带头作用，建立人本服务的行业规范。

三是处理好抓现实服务效果与建立激励机制的关系。胡锦涛总书记在提出就业服务体系

“新三化”的同时，特别提出了完善就业服务运行机制的问题。最近，一些长期从事就业工作的同志也提出了很好的建议。我们认为这是一个非常重要的问题。所谓运行机制，主要是就业服务背后的激励机制。我们提出要开展人本服务，就是要真正为服务对象着想，根据他们的需要，千方百计地提供周到细致的服务。一方面，要通过宣传和培训，使我们的工作人员树立人本服务的意识，提高责任心和主动精神；另一方面，要形成一种激励机制，促使我们的各级就业服务机构，使成百上千的工作人员持续不断地为实现满意服务而努力奋斗，而创造性地开展工作。这里有大学问。过去那种干多干少一个样，干好干坏一个样，“大锅饭”“铁饭碗”的机制，不可能调动工作人员的积极性，激发大家的创造性。调研中我们看到这样的情况，有的公共职业介绍机构场所好，人员队伍强，但服务工作却打不开局面，服务人员都守在家里，以办各种手续为主。所长给我们算了一笔账：财政对他的机构是差额拨款，如果他的十几个人坐在家里，只要办理好手续，保持市场整洁，服务人员的态度好，领导来看时满意，收支相抵，日子可以挺好过。如果积极主动开展就业服务，就需要走出去，收集就业信息，组织岗位开发。这就需要再多聘人，增加出差费用，因此，干得越多，越容易亏损。这种情况在其他不少地方也存在。从国内外的实践经验来看，建立一个好的激励机制，是提高服务效率和质量的关键。比如大家将要参观的南昌市职业介绍中心，他们的工作人员采取招聘制，绩效考核采取内部银行结算制，公益性服务模拟市场经营，经营性服务引入竞争机制，十几年来，这套机制不断完善，保证了中心服务质量的提高，功能的拓展。还有其他城市一些好的做法，都很值得学习借鉴。目前，党中央、国务院对于公共就业服务的政策已经明确，免费服务有了资金来源，各级政府也十分重视就业服务机构的建设，在这种情况下，我们就业服务机构的路怎么走，资金怎么用，如何在基本的人员队伍、工作经费稳定的同时，不断增强就业服务体系的活力，都需要我们作认真研究。

（二）当前应重点抓好的六项工作

第一，传达贯彻会议精神，开展人本服务大讨论。以此来统一思想认识，增强大家的责任感和使命感。

第二，规划部署“新三化”，确立就业服务新的发展目标。与促进就业再就业的安排紧密结合起来，在人本服务大旗下，形成各具特色的服务模式。

第三，组织轮训，加强宣传，确立人本服务新观念、新形象。各地要做出安排，对从事就业服务和失业保险的工作人员在三年内进行一次轮训，使每一个工作者都能深入了解人本服务的要求，提高“新三化”所要求的专业技能和规范服务水平。

第四，各地要针对就业工作的突出问题和就业服务的薄弱环节，在年内推出至少一项人本服务的具体措施，并取得实效。要从最实的事情做起，从求职者和用人单位迫切需要的事情做起。许多企业大量缺工，我们能不能针对存在的问题对企业进行指导和提供帮助？现在小额贷款是政策落实的难点，我们能否为急需贷款的创业人员做点实事？一些城市在进城求职农民聚集的地方建起能够遮风避雨的简易零工市场，为供求直接见面提供方便，并派人管理，免费服务，很受农民工欢迎，其他农民工集中的城市是否也可以办？有的边远地区高校毕业生就业难的问题积累几年，十分严重，我们就业服务机构能否为他们搞一点有针对性、有实效的专项活动？许多地区培训工作急需及时准确的市场信息来导向，我们能否为职业教育和培训提供职业供求、工资价位等即时信息和相关趋势预测？我想，每个地区都有相应的问题和需求，只要我们设身处地为我们的服务对象着想，一定会找到他们最欢迎的服务项目。按人本服务要求，实实在在地改进服务的行动，将比再开10个大会更加深入人心。

第五，整合内部资源，加强各项服务的衔接配合，建立就业服务新格局。希望这次会后，做好三件事：一是对我们服务机构的职责和业务的衔接重新进行规范，对失业人员的管理、失业保险金领取和职业介绍服务必须建立紧密衔接的服务流程，不能老死不相往来，就业服务与培训工作也要建立联系；市、区、街道、社区的服务要各有侧重，任务要明确，特别是基层街道社区的工作要量力而行，突出重点。二是通过信息网打通整个体系的不同层面，建立了劳动力市场信息网的城市，都要逐步做到全部公共职业介绍机构的岗位信息和全市失业人员管理、领取失业保险金的信息联网，切实打破信息的分割和垄断。三是对我们服务机构的场所进行一次检查，看看空间是否都充分利用了，场所内的布局是否合理，服务功能是否完备，服务的程序是否便捷。比如，我们柜台是不是太高，大厅里有没有供求职者休息的座椅，大楼里的厕所是否只对工作人员开放，墙壁上的标语是否能给服务对象带来温暖和希望，各类人员是否都能一目了然地了解办事的程序，每个求职者来登记后是否能跟踪到底等。这些事虽小，但却是人本服务的一种体现。我们改进服务的努力，首先应从这些最容易做的小处做起。

第六，完善制度、标准，建立长效激励和不断创新的机制。省级劳动保障部门和各城市要会同有关部门，结合完善公共就业服务四项基本制度，认真研究就业服务的运行机制问题，实行有利于调动各级服务机构和广大工作人员积极性、创造性的内部管理办法，与促进就业再就业的成效挂钩，形成一整套激励工作人员人本服务实践创新的机制。同时，要制定适合本地实际情况的服务标准和职业规范，提升就业服务水平和质量。

求真务实　加快发展
全面推进社会保障基金监管工作

——在全国社会保障基金监管工作座谈会上的讲话

劳动和社会保障部副部长　刘永富

（2004年4月19日）

这次会议的主要任务，是以“三个代表”重要思想为指导，贯彻党的十六大和十六届三中全会精神，落实全国劳动保障工作会议部署，总结近两年的基金监管工作，研究安排今后一段时间的工作任务，全面推进社会保障基金监管工作。

一、关于近两年基金监管工作

过去两年，是我国改革发展进程中重要而不寻常的两年，我国经济和社会发展保持了良好态势。面对复杂多变的国际形势和艰巨繁重的改革任务，党中央、国务院带领全国人民以邓小平理论和“三个代表”重要思想为指导，认真贯彻党的十六大精神，我国的改革开放和现代化建设事业不断取得新的成就。各级劳动保障部门在党委和政府的领导下，围绕全面建设小康社会的宏伟目标，克服困难，顽强拼搏，扎实工作，锐意进取，各项工作取得明显成效。2003年，“两个确保”继续得到巩固，下岗职工基本生活费和离退休人员基本养老金基本做到按时足额发放。就业和再就业工作目标全面实现，圆满完成全年新增就业和下岗失业人员再就业的任务。社会保障体系建设步伐加快，覆盖范围进一步扩大，养老、医疗保险参保人数持续增长，失业保险扭转连续两年下滑局面，社会保险基金收入保持较高增幅，养老保险基金第一次实现增收大于增支，退休人员社会化管理服务取得突破，《工伤保险条例》颁布实施，辽宁试点基本完成，吉林、黑龙江扩大试点即将启动。劳动保障法制建设和劳动关系调整工作进一步加强，街道社区劳动保障平台建设和金保工程建设取得较快进展。社会保障基金监管工作在改革中发展，在创新中提高，取得了新的成绩。

（一）制度建设迈出新步伐

为贯彻落实社会保障基金监管的法规和政策，切实维护基金的安全完整，经与财政部、信息产业部、中国人民银行、审计署、国家税务总局、国家邮政局研究和协商，联合制定《关于加强社会保障基金监督管理工作的通知》，明确了部门职责，强调加强部门配合，建立协同监管和全程监管机制，解决了制约工作发展的突出问题和体制障碍。为完善多层次养老保障体系，规范企业年金基金管理，我部发布了《企业年金试行办法》，并会同中国银监会、证监会和保监会联合颁布《企业年金基金管理试行办法》，明确了企业年金基金管理的治理结构和市场化运作规则，实现了社会保障基金监管制度建设新的突破。为规范社会保障基金监管工作，我部下发《社会保障基金现场监督规则》，明确了现场检查的程序和方法，进一步规范了现场检查行为。同时，还会同有关部门研究起草了基本养老保险个人账户基金监督管理办法、社会保险反欺诈暂行办法和社会保险基金非现场监督指导意见，将在进一步论证修改后发布实施。近年来，各地认真贯彻这些制度规定，结合本地实际加强基金监管制度建设，有17个省市颁布了《社会保险基金行政监督办法实施细则》，27个省市制定了贯彻七部门《通知》实施意见。最近，广东省人大审议通过、颁布实施了《社会保障基金监督条例》，这是第一部省级基金监管法规，标志着地方性社会保障基金监管法制建设进入一个新的发展阶段。

（二）协同机制初步形成

七部门《通知》下发后，部里对贯彻落实工作做了认真部署，要求每个省市确定一个试点联系城市，并先后在云南楚雄和重庆召开座谈会，交流部分试点城市贯彻落实《通知》的经验。各地高度重视，认真做好贯彻落实工作，积极会同有关部门制定贯彻实施意见，选择有条件的城市开展试点，逐步进行税务征收社会保险费、银行发放社会保险金和财政专户基金管理情况的监管，进一步疏通监管渠道，规范监管行为，初步建立起有关部门协同监管的机制。目前，全国有17个城市启动试点，我们这次会议安排部分试点城市介绍经验，希望各地学习借鉴。

（三）监管内容逐步拓展

各地适应社会保障制度的改革和发展，不断拓展监管业务内容，普遍开展参保缴费和待遇领取情况检查，积极开展反欺诈工作，打击少报漏报和虚报冒领问题，取得了明显的社会和经济效益。去年年初，我们成功召开中澳社会保障基金监管国际研讨会，提出了既要“看住”又要“看好”的理念，启动了投资运营监管。结合完善养老保险制度研究，我们专题探讨做大全国社保基金、做实个人账户基金以及投资运营和监管问题，取得了一些理论和政策成果。同时，部里会同有关部门调整了全国社保基金投资政策，加强投资运营监管。2003年全国社保基金积累1 325亿元，投资收益35亿元，收益率为2.71%。对辽宁做实的个人账户基金，及时制定了购买国债和协议存款的政策，指导省里研究制定了管理办法和投资运营的监管办法，会同有关部门引入基金托管机制，完善风险监控制度，初步建立了政府决策、劳动保障和财政部门监督、社保经办机构管理的管理体制。2003年辽宁积累个人账户基金88亿元，投资收益率为2.58%，高于一年期银行存款利率，也高于一年期国债利率。

（四）监管方式不断改进

过去几年，我们集中人力、物力，对1998年以前发生的违规违纪案件进行了查处，清理回收了170多亿元挤占挪用基金，对违规动用基金行为起到了震慑作用，成效是显著的，但这种以事后监督为主的个案查处方式，还不能完全适应基金监管工作的需要。近两年，我们积极推动事后监督向事中和事前监督的转变，组织有关省市进行了一些探索和实践，并将现场监督和非现场监督有机结合起来，顺着基金管理运作全部流程，跟踪基金收入、支出和投资管理，建立社会保险基金监管信息系统和非现场监督指标体系，开始进行全面、动态、适时监控。珠海市高度重视基金监管工作，开发统一规范、传递畅通的非现场监管信息系统，初步实现社会保险基金管理数据共享，有效实施基金监测和预警，切实防范违规违纪行为。实践证明，改进监管方式，建立基金监管信息系统，可以提高监管工作效率，实现基金监管质的飞跃。

（五）机构和队伍建设进一步加强

目前，全国有21个省市和新疆生产建设兵团及143个地市建立了社会保障监督委员会，领导开展社会保障监督工作。云南省实现了所有地州市和县市全部建立监督委员会的目标。各省市抓住地方机构改革的机遇，推动地市县劳动保障部门组建基金监督机构，现在全国319个地市、1 373个县市已经设立基金监督机构，基金监管组织体系得到加强，工作经费逐步得到落实。各地结合《社会保险审计检查证》规范管理工作，加强基金监管队伍能力建设，有计划地培训各级基金监管人员，引进配备了一批具有财会、金融、法律等专业知识的业务骨干，提高了业务素质水平。

两年来，经过各地的共同努力，社会保障基金监管工作稳步推进，基金安全总体上得到保证，在实现“两个确保”和完善社会保障体系中发挥了重要作用。基金监管工作的成绩来之不易，是各级劳动保障部门及基金监督机构，积极努力、扎实工作的结果。在这里，我代表劳动保障部向各级劳动保障部门及基金监督机构的同志们，表示衷心的感谢和诚挚的问候！

二、关于基金监管工作的几个问题

我们在充分肯定过去几年基金监管工作成绩的同时，还应当清醒地看到存在的问题。监管法规层次较低，制度仍不健全；监管体制尚未理顺，监督机构权威性不强；监管手段比较落后，难以做到监管到位；工作发展不平衡，一些地区挤占挪用问题仍有发生。这与党和人民的要求还有很大差距。基金监管工作是一项新的工作，从无到有，从小到大，必然经过一个从不认识到认识、从不够完善到逐步完善的过程。当前，基金监管工作正处在重要的发展时期，各级劳动保障部门及基金监督机构要充分认识加强基金监管的重要性和紧迫性，进一步统一思想认识，加强理论思考，注重实践把握，按照求真务实的要求，求社会保障事业发展之真，求基金监管之真，求体制机制创新之真，说实话，办实事，讲实效，每年办几件事，集小成为大成，全面推进基金监管工作的发展。

第一，充分认识基金监管工作的地位和作用。

社会保障基金监管工作是社会保障体系的重要组成部分，在社会保障事业的改革发展中有着举足轻重的地位和作用。社会保障基金是一项特殊的公共基金，是社会保障制度的物质基础，没有稳定可靠的基金来源和安全坚实的基金基础，社会保障制度就无法正常运转，“两个确保”就无法得到巩固。因此，基金监管在保证社会保障制度良性运转和可持续发展，避免财务危机中有着不可或缺的重要作用。近几年，我国社会保障事业取得长足发展，社会保险基金收支规模和积累总额迅速增长。1998—2003年，各项社会保险基金年度收入从1 623亿元增加到4 882亿元，支出从1 637亿元增加到4 017亿元，累计结余从791亿元增加到3 314亿元。加上全国社保基金和企业年金基金，2003年各项社会保障基金积累总额已经达到4 900多亿元，加强基金收支和积累基金监管的任务非常繁重。

第二，明确基金监管工作的目标和任务。

党的十六届三中全会《决定》提出了强化社会保险基金征缴、规范基金监管和确保基金安全的要求，这是我们基金监管工作新的目标。实现这一目标，就要把基金监管的任务落实到基金征缴、支付、管理和投资运营的全过程。加强基金征缴监管，既要监督征缴机构是否依法征收社会保险费，又要监督单位和个人是否按规定缴纳保险费，保证基金颗粒归仓，使基金有稳定的来源。加强基金支付监管，包括对待遇发放和待遇领取双方的监管，既要监督经办机构或社会化发放机构是否依法按时足额发放社会保险待遇，是否任意扩大开支范围和虚列支出，也要监督是否有人骗领、冒领社会保险待遇，杜绝基金跑冒滴漏。加强基金管理监管，既要监督各类社保基金管理机构是否依法管理基金，也要监督是否存在挤占挪用基金问题，确保基金管理规范安全。加强基金投资运营监督，既要建立严格的准入和退出制度，建立风险控制机制，也要规范投资运营，实施动态风险监管，保证基金保值增值。

第三，把握基金监管工作的规律和特点。

目前，社会保障基金监管工作还处在起步阶段，需要通过实践逐步认识监管工作的规律，寻求做好监管工作的路径。首先，监管工作存在监管者与被监管者内在的本质联系，两者是矛盾的两个方面，既对立又统一。对立体现于基金监管的独立性，监督机构依法独立行使行政监督权利，不受其他任何单位和个人干预，确保监管的严肃性、权威性和有效性；统一体现于实现监管目标的一致性，即通过监管者的监管和被监管者的自律，规范基金管理，保证基金安全。其次，监管工作要顺应社会保障制度的改革调整，了解基金运作规则，不断完善监管制度。各项社保基金有着自身的运行规则，现收现付制基金在政府直接控制中运作，需要在现有基础上规范管理；积累制基金将在政府监管下逐步在市场体系中运营，委托有关专业机构管理运作。两类不同管理模式的基金，有着不同的管理和运作规律，基金监督机构必须认识和把握这些规律，适应新的形势，面对新的挑战，针对各项社保基金的管理特点，建立与之相应的监管制度，实施富有效率的监管。社会保障基金监管还具有综合性、政策性、专业性和技术性的特点。做好这项工作，不仅要通晓社会保障基金管理政策，而且要熟悉货币市场和资本市场等相关领域；不仅要具有实施现场检查的专业技能，而且要掌握非现场监督的技术手段；不仅要了解不同基金的运作程序，而且要具备对不同基金实施有效监管的能力。简而言之，既要“看住”基金，又要“看好”基金，有效控制管理风险，必须逐步熟悉很多领域，掌握多方面的知识。

第四，探索基金监管工作的方法和途径。

采取正确的方式方法、选择先进的技术手段，是实施有效监管、提高工作效率的重要因素。这几年，我们制定并颁布了一系列基金监管政策法规，确立了现场监督和非现场监督的基本方法。加强社会保障基金监管，应当继续研究有效实施的途径。首先，要抓紧开发基金监管信息系统，建立非现场监督指标体系，通过信息化和现代化技术手段，逐步实施动态监管，将监督关口前移，进一步推进事后监督向事前和事中监督的转变。其次，要加强有关部门协同配合，形成多部门齐抓共管的监管格局，规范征收、支付、管理和投资机构的管理运作行为，逐步实施全程监管。再次，要指导涉及基金管理的机构建立健全内部控制制度，提高自我约束能力，确保基金规范运作，逐步实施实时监管。最后，我们还要学习引进国外先进理念，广泛借鉴国外监管技术，为我所用。

第五，完善基金监管工作的体制和机制。

近几年，社会保障管理体制发生了很大变化。社会保险基金开始由社保经办机构一家管理变为多家参与，管理主体增加，运作环节增多。全国社保基金已开始委托专业机构投资运营，逐步进入货币市场和资本市场，下一步扩大投资范围，可能还会允许进行实业投资，基金管理涉及的服务主体将会进一步增加。最近，我部会同有关金融监管机构颁布的《企业年金基金管理试行办法》，确定企业年金基金实行市场化运作，除进入货币和资本市场外，还将允许进入保险市场，这些都对基金监管体制和机制的建设提出了新的要求。我们要尽快建立以社会保障监督委员会为统领，行政监督、专门监督、社会监督和内部监督共同组成的监督体系。社会保障监督委员会一般由政府领导担任主任，办公室设在劳动保障行政部门，这在充分发挥监督委员会协调作用，突出劳动保障部门主导地位，整合监管资源，实施有效监督方面具有明显的优势。行政监督、专门监督、社会监督和内部监督是构建监督体系，健全监管机制的重要内容，要加强有关部门的协作，按照各自职责实施社会保障基金管理监管，要加强这些监督之间的协调，充分发挥内部监督的作用。

三、关于当前基金监管工作的主要任务

党的十六届三中全会提出了“加快建设与经济发展水平相适应的社会保障体系”的要求，十届全国人大二次会议通过的中华人民共

和国宪法修正案，将“国家建立健全同经济发展水平相适应的社会保障制度”写进《宪法》，社会保障作为国家的基本社会经济制度有了最高法律保障，是我国社会保障事业发展的里程碑。社会保障基金监管工作必须与社会保障体系整体建设同步推进，协调发展。今后一个时期基金监管工作的总体要求是：学习贯彻党的十六大和十六届三中全会精神，实践“三个代表”重要思想，维护广大人民群众的根本利益，围绕全面建设小康社会和完善社会保障体系，加强制度建设，拓展监管内容，改进监管方式，提升监管手段，增强监管能力，强化基金征缴，规范基金管理，确保基金安全，实现保值增值，全面推进基金监管工作。为此，要着力做好以下几方面工作：

（一）加强队伍建设，树立责任意识和品牌意识

随着社会保障事业的不断发展，基金监管工作的任务会越来越重，为了适应形势发展对基金监管工作的要求，必须大力加强机构队伍建设。一是加强领导机构建设。省和地市两级要普遍建立社会保障监督委员会，今年内各省市都应全部建立，做到清“零”，这是各地都应当做到的工作。省级已经建立的，要把组建工作向地市延伸，逐步形成网络体系。要着力加强监督委员会办公室工作，通过日常办事机构的活动，发挥其沟通上下、联络左右的优势和作用，推动基金监管工作的深入开展。二是加强工作机构能力建设。各级劳动保障部门要高度重视基金监督机构建设，选配一批廉洁自律、忠于职守、模范执法，并熟悉财政、金融、会计、法律和计算机的专业人员，将一些年富力强，具有实践经验的同志充实到监管队伍中来。要加强监管队伍的业务培训，树立“学习为本”和“终身学习”的观念，不断学习新知识，运用新技术，增强工作的科学性、预见性和主动性，不断提高监管能力。三是加强思想作风建设。社保基金监管关乎国家、企业和人民群众的利益，基金监管工作人员在保证基金安全、保障国家和群众利益、遏制基金管理使用违纪违规问题方面肩负党和人民的重托，必须加强思想作风建设，对一切违反制度规定、危害基金安全的行为要敢于挺身而出，不信邪，不怕鬼，一身正气，秉公执法。基金监管工作也要创立品牌，其品牌定位就是保卫基金安全，坚决查处各种违纪违规问题。我们希望通过树立品牌意识，进一步推动基金监管工作全面发展。

（二）落实各项制度规定，推动监管工作取得实效

几年来，国家先后制定了基金监管的基本制度和政策规定，各地也制定了相应的配套政策。这些制度规定是实施基金监管工作的主要依据，加速了基金监管工作制度化、规范化进程。今后，基金监管工作既要把成熟的做法形成制度，更要把已有的法规政策落到实处。这里，我强调三点：一是继续落实七部门《通知》。两年的实践使我们深切体会到，《通知》是有关部门建立协同监管机制的重要依据，进一步做好贯彻落实工作十分重要。目前，很多省市贯彻落实工作已经取得初步成效，他们的经验说明，抓好贯彻落实工作可以加强与有关部门的合作，把工作做得更好。我们要把贯彻落实工作作为一项长期任务，锲而不舍地抓下去。现在还没有制定实施意见的少数几个省市，年底前要出台实施意见。尚未确定试点城市的省市，年底前应启动试点，形成以点带面、全面推开的格局。要通过努力，真正把基金监管工作落实到地市，把协同监管机制建立到地市，把各种成功经验推广到地市，把各项监管工作做实并取得成效。二是认真查处近期反映的部分省市挤占挪用问题。审计机关对部分地区审计检查，发现部分省市挤占挪用基金6.28亿元。黄菊副总理批示：“对挤占挪用社保资金问题必须重视，并严肃查处。”经商财政部、民政部，拟由三部联合查处。各地要高度重视，严肃对待，坚决纠正，7月底之前完成查处工作并报告结果。同时，要认真分析发生问题的原因，举一反三，研究防范措施，做到警钟长鸣，杜绝以后再发生新的问题。三是

加强对中央财政补助资金管理使用情况的检查。中央财政对地方社会保障补助，计划年初一次下达，资金按季拨付，地方财政也在调整支出结构，增加社会保障投入，加起来每年数量有数百亿之多，必须加强监管。今年要就此开展调研，了解情况，明年商财政部共同开展中央补助资金管理使用情况及地方财政资金到位情况的监督检查。

（三）推进基金监管信息系统建设，提升监管手段

加快金保工程建设是劳动保障系统重要而紧迫的任务，也是一项影响深远的基础工作。金保工程由中央、省、市三层数据分布和管理结构组成，具备业务经办、公共服务、基金监管和宏观决策四大功能，基金监管信息系统是金保工程建设的一个重要内容。各地要充分认识基金监管信息系统建设的重要性，把这项工作抓好。一是把基金监管信息系统建设纳入金保工程建设的总体规划，抓住金保工程建设的有利时机，切实做到统一设计开发，统一组织实施。二是基金监督机构牵头，会同信息管理部门和社保经办机构，在部里统一规划的基础上，研究提出基金监管信息系统建设的业务需求。三是做好信息系统建设与实施非现场监督的衔接工作。信息系统建设为实施非现场监督提供了必要的技术支持，部里将尽快制定下发《社会保险基金非现场监督指导意见》，指导各地逐步采用以非现场监督为主、现场监督为辅的监管方式，有效实施基金运作全过程的监管。

（四）不断研究基金监管新课题，推进反欺诈工作

社会保障领域的欺诈问题是一个国际性课题，我国的社会保障欺诈问题已经凸现出来。社会保险费征缴差额改全额后，一些单位和个人少报缴费人数、瞒报缴费基数；实行养老金社会化发放后，冒领、骗领养老金问题也日渐突出。去年，全国共查出少报缴费人数 263.3 万人，少报缴费基数 109.2 亿元，少缴养老保险费 27.8 亿元，已补缴 17.8 亿元；查出冒领养老金人数17 886人，其中冒领 3 年以上的 3 788人，冒领金额4 647.4万元，已收回 3 788.8万元。这些问题直接关系基金的安全，给基金监管工作提出了新的课题，必须引起我们的重视。我们要把社会保险反欺诈作为一项重要工作，着力研究有效防范措施，抓紧制定政策法规。一是通过广泛调查，搜集有关欺诈案例，争取对冒领、骗领养老金行为做出司法解释，实现对欺诈行为的依法认定和依法处罚。二是抓紧起草社会保险反欺诈办法，界定欺诈行为，明确主要侦查方式和手段，确定处罚原则和标准。各省市要结合工作实际，研究分析欺诈行为发生的范围和原因，探索反欺诈办法和措施，有效开展反欺诈工作。

（五）适应形势发展要求，做好基金投资运营监管

加强基金的筹集、管理和投资运营并实现保值增值，是进一步完善社会保障体系的重要内容。在社会保障基金投资运营监管问题上，应当区分情况采取不同的办法。一是基本养老、基本医疗保险统筹基金和失业、工伤、生育保险基金，这部分基金是社会保险基金的主体，承担着确保当期支付的任务，实行现收现付，结余基金要严格遵守国家规定，只能存银行或购买国债。二是全国社保基金，这是中央政府建立的社会保障战略储备基金，要进一步做大，并按照国务院批准的投资管理办法进入资本市场。三是企业年金基金，应有更快更大的发展，积累的基金可以在政府监管下进入资本市场。四是逐步做实的个人账户基金，十六届三中全会已决定要逐步做实个人账户，做实个人账户是划分政府和个人责任，实现部分积累，应对老龄化并保持养老保险可持续发展的必然要求。逐步做实后的个人账户基金数额巨大，如何管理和投资运营是个重大课题，需要认真研究、慎重决策。在这里我要强调一点，我们对投资运营实施监管，目的是要保证基金安全，实现保值增值。黄菊副总理近期在全国社保基金理事会议上指出，要把确保基金安全放在首位，“安全至上”和“注重效益”两者

之间，“安全至上”是第一位的，任何时候都不能动摇。因此，基金监管工作任何时候都要把保证基金安全，防止挤占挪用作为首要任务。

（六）规范企业年金管理，健全多层次养老体系

建立企业年金制度，有利于提高退休人员生活质量，有利于企业健全人才激励机制，有利于积累经济建设资金，也有利于缩小机关事业单位与企业的差距。我国企业年金起步于上世纪90年代初，由于各种原因，至今规模不大、管理不很规范，少数企业将企业年金作为洗钱和逃税漏税的手段，造成国有资产的流失。为推进这项工作和加强管理，部里颁布《企业年金试行办法》和《企业年金基金管理试行办法》，并提出了工作计划，确定了十项重点工作：一是建立工作协调机制。部里成立由养老保险司、基金监督司、社保中心、社保所等单位有关同志参加的协调小组，统一研究和推动企业年金工作。二是拟定贯彻实施两个《办法》的通知。三是加强宣传，召开新闻发布会。四是召开工作座谈会，研究贯彻落实两个《办法》有关问题。五是统一组织培训，正确理解两个《办法》。六是指导已经建立企业年金的企业，按照两个《办法》修订企业年金实施方案和基金管理办法。七是开展企业年金管理运营机构的市场准入和监管工作。部里将会同有关部门拟定企业年金管理运营机构资格认定办法和评定标准，组建专家评审委员会，开展企业年金管理运营机构的准入工作。八是加强对重点地区、行业和企业的指导，探索积累工作经验。九是开展企业年金清理检查，摸清底数，提出规范管理的政策建议，研究各类企业年金管理机构和社保经办机构承办企业年金业务的整改办法和转型措施，确保平稳过渡和基金安全。十是搞好统计分析和年度评估工作，及时了解企业年金开展情况，分析存在问题，掌握年金工作动态。各地区也要参照部里的做法，近期重点抓好以下四项工作：一要组织推动企业年金工作，选择一些经济发展较快的地区和效益好的企业，做好重点联系和推动工作，取得经验发挥示范带动作用。二要规范企业年金管理，指导具备条件的企业建立企业年金，做好企业年金基金委托管理工作，规范管理运作行为，最大限度地减少管理运营风险，依法对基金筹集、投资管理以及待遇支付实行全程和动态监管。三要开展企业年金清理检查，提出规范管理的政策建议。组织企业年金管理情况专项调研，逐步做好社保经办机构承办业务的过渡和移交工作。四要加强劳动保障部门内部相关机构的沟通，形成协调配合、步调一致的工作机制，促进企业年金健康、快速发展。

统一思想　坚定信心
加快完善养老保险制度

——在完善养老保险制度座谈会上的讲话

刘永富

（2004年10月11日、19日）

按照完善养老保险制度工作小组的安排，我们召开两个部分省市厅局长座谈会，分析养老保险面临的形势和任务，听取完善养老保险制度的意见和建议，重点研究做实个人账户、改革机关事业单位养老保险制度和加强社会保险经办机构能力建设问题，统一思想认识，明确目标任务，提出完善养老保险制度的政策措施。希望大家畅所欲言，积极献计献策。

一、养老保险改革发展的成就和面临的形势

我国养老保险制度改革从1984年开始，经过20年的探索，制度从无到有，工作由单项推进发展到体系建设，养老保险作为社会保障体系的重要内容，在改革发展稳定大局中的地位越来越重要，作用越来越明显。以养老保险、医疗保险、失业保险为主要内容的社会保障制度，从国有企业改革的配套措施，上升为社会主义市场经济的重要支柱，进而提升到国家的一项基本社会经济制度和稳定社会、安邦治国的根本大计。

（一）改革历程

我国养老保险制度的改革与发展大体可以划分为三个阶段。

1984—1994年为改革探索阶段。20世纪80年代初，随着改革开放的推进，企业间养老保险费用负担畸轻畸重的问题凸显出来，实行退休费用社会统筹，改革养老保险制度势在必行。1984年，全国普遍进行国有企业职工退休费用社会统筹试点，这标志着企业养老保险进入改革探索阶段。在试点的基础上，1991年，国务院下发了《关于企业职工养老保险制度改革的决定》，即国发33号文件。由于当时的退休费用社会统筹主要是企业间的余缺调剂，钱由企业发，事主要由企业办，退休人员也由企业管理，而且不少地方实行差额缴拨，还不是真正意义上的社会保险。1993年，党的十四届三中全会把社会保障作为市场经济体制的五大支柱之一，提出建立多层次的社会保障体系，实行社会统筹与个人账户相结合的基本制度，以及建立统一的社会保障管理机构，这标志着我国养老保险制度模式初步确立。国际上有现收现付和完全积累两种模式，中国既不是完全积累，也不是现收现付，而是部分积累模式，统筹基金现收现付，个人账户基金完全积累。这是基于我国国情探索出的一条有中

国特色的养老保险道路，是对前十年改革的科学总结。

1994—2004年为深化改革阶段。1994年，有关各方围绕统账结合问题进行了深入的讨论。1995年，国务院下发《关于深化企业职工养老保险制度改革的通知》，即国发6号文件，提出了统账结合的两个具体方案，由各地选择进行试点。在各地试点的基础上，1997年，国务院下发了《关于建立统一的企业职工基本养老保险制度的决定》，即国发26号文件，统一了缴费比例、个人账户规模和计发办法等政策。1998年，针对养老金拖欠日趋严重的情况，党中央、国务院提出了“两个确保”的方针，要求确保国有企业离退休人员基本养老金按时足额发放，不得发生新的拖欠，对过去的拖欠要逐步予以补发。同时，国务院决定将铁道、电力等部门负责的行业统筹移交地方管理，解决了条块分割的矛盾。1999年，国务院发布《社会保险费征缴暂行条例》，社会保险费征缴做到了有法可依。1999年以后，按照建立独立于企业之外社会保障体系的要求，大力推进养老金社会化发放和退休人员社会化管理服务。为解决个人账户空账运行等问题，2001年国务院在辽宁进行完善社会保障体系的试点，今年又扩大到吉林、黑龙江两省。经过这十年的改革，我国养老保险制度的模式基本确立。

2004年以后为完善阶段。党的十六届三中全会根据全面建设小康社会和完善社会主义市场经济体制的要求，对完善养老保险制度作出了一系列部署。可以概括为：“两个逐步”，逐步做实个人账户，逐步实行省级统筹；“两个多”，多渠道筹资，多层次保障；“两个全面”，逐步将城镇从业人员全面纳入覆盖范围，全面加强基金征缴和管理；“两个探索”，积极探索机关事业单位社会保障制度改革，探索农村的养老保障。今年修改宪法时，将“国家建立健全同经济发展水平相适应的社会保障制度”写进宪法，说明全党、全社会对社会保障的认识达到一个新的高度。以十六届三中全会提出的一系列要求和社会保障入宪为标志，我国养老保险制度进入完善阶段。

（二）主要成就

1998年实行“两个确保”方针以来，养老保险工作取得伟大的成绩。主要表现在以下六个方面：

一是基本养老金发放实现了当期无拖欠。党中央、国务院提出“两个确保”的工作要求后，各地区、各部门都非常努力，大力开展这项工作。但是，由于历史原因和工作困难，实事求是地说，前几年确保发放并没有完全实现。1998年6月开始统计，到年底共拖欠了43亿元，月均6亿元；1999年拖欠39亿元，月均3亿多元；2000年月均拖欠1亿元；2001年全年拖欠2亿元，发生在农垦企业和个别省份；2002年和2003年分别拖欠1.54亿元、1.3亿元，全部发生在农垦企业。去年党中央、国务院决定将农垦企业养老保险全部纳入地方统筹并由中央财政给予补助后，拖欠的问题才得以解决，今年前9个月各地报告没有发生当期拖欠。前一段时间，我们在中央电视台发布了这个消息，社会反映很好，各方面都没有接到举报的，这说明无拖欠的目标落到了实处。要看到，这几年保发放的人数由2 727万人增加到4 025万人，养老金水平提高了50%多，发放总额由1 500亿元增加到3 000多亿元，成绩确实来之不易。确保养老金发放有效地保障了离退休人员的基本生活，促进了国有企业改革和经济结构调整目标的实现，维护了社会稳定，是个了不起的成就。

二是覆盖范围不断扩大。计划经济时期，只有国有单位的职工可以享受养老保险。近年来，随着多种所有制经济的发展和多种就业形式的出现，养老保险的覆盖范围逐步扩大，外商投资企业、私营企业职工、个体工商户和灵活就业人员逐步纳入覆盖范围，这是制度上的突破。1998年以来，养老保险参保人数由1.1亿人增加到目前的1.6亿人。1999年，个体工商户和灵活就业人员参保人数只有200万人，2003年达到1 200多万人，今年可能超过

1 500 万人。覆盖范围的扩大，既维护了广大从业人员的养老保险权益，也为制度运行打下了基础。

三是多渠道筹资机制初步形成。以用人单位和个人缴费为主、财政补助兜底、当期收入和战略储备并重的筹资格局基本形成。养老保险基金征缴工作不断加强，较好地发挥了主渠道作用。1998 年，养老保险基金征缴收入为 1 353亿元，2003 年达到 3 044 亿元，年均递增 18%。各级政府积极调整财政支出结构，增加对社会保障的投入。1999 年以来，中央财政补助逐年增加，从 100 多亿元增加到 200 多亿元、300 多亿元，去年是 400 多亿元，今年将达到 500 亿元。近几年，地方财政每年补助 60 亿元左右。除基金征缴和财政补助外，国务院还建立了全国社保基金，目前积累近 1 500亿元。多渠道筹资机制的形成，拓宽了养老保险资金的来源，为养老保险的正常运转奠定了物质基础。

四是基金管理得到加强。针对 20 世纪 90 年代社会保险基金挤占挪用比较严重的问题，中央决定按照收支两条线的原则，将社保基金纳入财政专户管理，并停止提取管理费。这项决定执行后，尽管工作经费大幅度减少，遇到了非常大的困难，但保证了基金的安全，也保护了干部。1998 年机构改革，劳动保障系统成立基金监督工作机构，逐步建立监管制度。随后各地普遍成立社会保障监督委员会，初步形成了劳动保障部门牵头、多部门齐抓共管的工作机制。与此同时，加大了清理回收力度，共收回 1998 年以前挤占挪用的基金 160 多亿元，占总额的 80%多，最大程度地减少了损失。为实现基金保值增值，在对统筹基金存银行、购买国债的同时，指导试点地区进行个人账户基金保值增值研究，拓宽全国社保基金投资渠道，研究企业年金基金投资政策。基金监管工作的加强，保证了基金安全，促进了养老保险事业的健康发展。

五是管理服务水平逐步提高。1998 年机构改革，县级以上政府成立劳动保障工作部门，统一管理社会保险工作，紧接着实行行业统筹下放，理顺管理体制，“五龙治水”“条块分割”问题初步得到解决。1999 年开始推进养老金社会化发放工作，目前已基本完成了这项任务。2001 年开始推进退休人员社会化管理，目前有 1 700 多万人纳入街道社区管理。2002 年，“金保工程”建设启动，同时加强街道、社区劳动保障工作，使我们的工作延伸到最基层。前不久中央组织部在天津召开全国社区党建工作会议，邀请我部参加，就是因为社区里面有大量的退休人员和下岗失业人员，有流动就业人员，还有 15 万社区劳动保障工作者，其中有大量的党员，加强社区党的建设需要劳动保障部门的参与。管理服务水平的提高，减轻了企业的社会事务负担，为退休人员提供了服务，也促进了养老保险的规范化建设。

六是完善社会保障体系试点工作成效明显。2001 年 7 月，辽宁省开始试点，经过各方共同努力，到 2003 年年底试点工作基本结束。我给大家介绍辽宁试点情况时，曾说过从试点开始到结束，有五个“一百”的变化。第一个“一百”，是 175 万职工由企业人变为社会人，进入劳动力市场，市场配置劳动力资源的基础性作用得到发挥。第二个“一百”，是非公经济从业人员增加了 101 万人，这说明经济结构、劳动力就业结构调整了。出来 175 万人，到非公经济去了 101 万人，还有 70 多万人，一部分还没有就业，一部分退休了，一部分又回到了国有企业。第三个“一百”，是到今年 9 月个人账户基金积累 111 亿元，年底可达 130 亿元。辽宁离退休人数多，国有企业困难，基金收不抵支，在中央补助 50 亿元的基础上积累 130 亿元，如果不试点，攒不下这笔钱。目前辽宁累计结余在全国排第四位，这在做实前是难以想象的。试点把个人账户做实就是逼着我们去做好征缴，逼着我们调整财政支出结构。这 130 个亿搁在那里，如果国家有政策可以投资运营，存在银行里还可以贷出去，支援经济建设。这三个“一百”是从成绩方面讲的，还有两个“一百”是需要完善的。一个是失业人数超过100万，一个是养老保险的缴费人数最多的时候下降了100万。为此，今年在吉林、黑龙江扩大试点时对有关政策作了适当调整：并轨工作要与再就业工作紧密结合，促进就业再就业，控制失业率；规范个体工商户和灵活就业人员参保政策，扩大覆盖面；完善基本养老金计发办法，逐步建立参保缴费的激励约束机制，防止出现缴费人数下降局面。试点工作的推进，为我们在全国完善养老保险制度积累了经验。

（三）形势和问题

如果说养老保险取得了“伟大成绩”，同样可以说养老保险还存在着“天大问题”，主要表现在客观形势面临的三个严峻挑战和养老保险自身存在的三方面问题。

人口老龄化的挑战。按照60岁以上人口比重达到10%的标准，我国已于2000年进入老龄化社会。由于我国人口基数大和长期实行计划生育政策，不仅老年人口规模大，而且老龄化速度比任何国家都快，老龄化高峰持续时间也长，2030年前后，我国将步入老年高峰期。1990年企业参保职工与退休人员的比例还是5∶1，2003年就上升到3∶1。到2010年，城镇退休人员将达7 000万人，2020年将超过1亿人。人口老龄化的加速发展，使养老金支付压力进一步加大，也使管理服务的工作量越来越大。在国际社会保障协会第28届全球大会上，一些外国代表对我国老龄化问题的认识比我们还要深刻，对其中的困难和问题估计得比我们还要严重。因此，我们应对老龄化，要做的工作会很多，任务是十分艰巨的。

就业形式多样化的挑战。随着产业结构调整和企业改革的深化，所有制结构发生了重大变化。1992年，国有、集体企业从业人数高峰期时有11 108万人，其中国有企业7 643万人，集体企业3 465万人。十年下来，国有、集体企业在岗人数减到4 089万人，其中国有企业3 225万人，集体企业864万人。与此同时，城镇从业人员从17 861万人增加到25 639万人。这一变化，有企业改制的原因，一部分国有、集体企业改制了，但主要还是就业的所有制结构大大调整了，非公经济从业人员、个体工商户和灵活就业人员大量增加，就业形式日益多样化。以公有制经济为主体、多种所有制经济共同发展和就业形式的多样化，对养老保险工作提出了新的要求。一是制度的开放性问题。传统的养老保险制度是针对固定单位、正式职工设计的，无单位依托、灵活就业的人员难以参加进来，必须对现行制度进行调整。二是管理的手段和方式问题。在有单位依托的情况下，一个劳资处管着几千人甚至上万人，参保缴费和管理服务的方式相对简单。而灵活就业人员参保后，没有单位依托了，必须实行一对一管理、面对面服务，提升管理手段、改进管理方式势在必行。

农村城镇化的挑战。目前进城务工的农民已达1亿人，在乡镇企业的农民为1.3亿人，被征地农民有4 000多万人。未来20年，我国城镇化率将由现在的40%左右提高到60%左右。农村城镇化是全面实现小康社会的重要内容，是根本解决三农问题的重要途径，但对养老保险来说是很大的压力。随着城镇化的推进，迫切需要研究解决三个方面的问题。一是日益增加的城镇人口的养老问题，二是进城农民工和失地农民的养老问题，三是农村老年人的养老问题。

以上三个宏观形势，是经济社会发展的必然趋势，不以我们的意志为转移，也必将从客观上推动养老保险制度与时俱进、不断改革完善。从养老保险自身看，在体制、机制和管理方面都存在一些亟待解决的问题。

一是体制障碍。主要表现为机关、事业、企业的制度不衔接，城乡未统筹安排，人员难流动。目前，机关事业单位实行与企业不同的养老制度，不仅制度之间缺乏衔接，而且因为调整机制不同导致待遇差距不断扩大，对社会稳定和事业单位改革造成不利影响。各地的一些养老保险政策和做法差异较大，跨省流动就业人员退休时谁也不愿承担养老责任，相互推诿扯皮，易地就业的人员到龄办不了退休，养老保险没有着落，反映的问题越来越多。由于个人账户“空账”，无钱可以转移，也给劳动力的流动造成障碍。

二是制度缺失。主要表现为制度不完善，机制不健全，各方责任难界定。从计发办法上讲，缴费满15年的，不论缴费长短、缴费多少，都领取相同数额基础养老金的办法，缺乏激励约束机制，使许多人缴够15年就不再缴费，等着领基础养老金，或想方设法提前退休，减少缴费年限，增加领取年限；个人账户按10年计发，与目前的城镇职工平均75岁的预期寿命严重不符，未来将出现个人账户挤占统筹基金的问题。一些企业不愿参保，许多企业瞒报缴费基数和人数，尽量少缴费。从职工个人来讲，许多年轻人不愿参保，而接近退休年龄的人又急于参保。从中央和地方的责任讲，地方的积极性调动得不好，存在地方依赖中央的倾向。从政府与企业的责任讲，养老保险承担了许多改革成本，仅这几年通过特殊工种、病退以及关闭破产等提前退休的人员就达400多万人，按每人减收增支1万元计算，每年直接增加基金缺口400多亿元。中央财政补助的钱，基本上是让提前退休的人员吃掉了。

三是管理滞后。主要表现为经办能力不强，经办条件不足，操作不规范，制度办法难以落实到位。目前只有少数省市实现了省级统筹，其余多为市县统筹。统筹层次低，社会保险大数法则难以发挥作用，基金在省内不能调剂，缺口主要靠中央财政补助。2003年，按省算账全国基金缺口291亿元，而按县算账却达到690亿元。一些基层经办机构经费拮据，工作手段落后，工作条件非常艰苦，许多政策措施难以落实到位。土法上马太多，许多操作不规范。由于一些企业瞒报、少报缴费基数，费率高但收缴的绝对额少；采取封定工资的办法，计发养老金的工资基数是多年前的，替代率高但养老金水平低；为吸引个体工商户和灵活就业人员参保，实行低费率、低基数缴费，基金收支严重失衡；按社平工资60%～300%缴费，要么缴费偏少，要么待遇过高，特别是一些地方实行补缴社会保险费甚至“买保险”的办法，一次性补缴几万元，但将来领取额都在十几万元乃至几十万元，给未来的基金平衡留下很大隐患。

二、完善养老保险制度的重要性和基本思路

当前，完善养老保险制度既十分必要，又十分重要，同时也有着难得的条件和环境。我们要坚定不移地贯彻党的十六大和十六届三中、四中全会精神，提高认识，统一思想，坚定信心，统筹规划，扎扎实实地推进养老保险制度建设。

（一）完善养老保险制度的重要性和紧迫性

完善养老保险制度是贯彻党的十六大和十六届三中、四中全会精神的重要内容。党的十六大提出了全面建设小康社会的宏伟目标，对新世纪新阶段我国改革开放和社会主义现代化建设作出了全面部署。建立健全同经济发展水平相适应的社会保障体系，是全面建设小康社会的重要内容，是社会稳定和国家长治久安的重要保证。党的十六大明确，要坚持社会统筹与个人账户相结合，完善城镇职工基本养老保险制度，多渠道筹集和积累社会保障基金。党的十六届三中全会确定了完善社会主义市场经济体制的目标任务，提出了五个统筹和五个坚持的方针，明确要坚持以人为本，树立全面、协调、可持续的发展观，促进经济社会和人的全面发展。全会作出的决定把完善社会保障体系作为完善社会主义市场经济体制的一项重要任务，要求加快建设与经济发展水平相适应的社会保障体系，而且对逐步做实养老保险个人账户等重要问题作出了一系列规定和要求。党的十六届四中全会作出了加强党的执政能力建设的决定，明确了加强执政能力建设的指导思想、总体目标和主要任务，对提高五个方面能力提出了要求，作出了部署。劳动保障部门贯彻落实党的十六大和十六届三中、四中全会精

神，一项重要而紧迫的任务就是要加快完善社会保障体系，这是坚持科学发展观、统筹经济社会发展和构建和谐社会的重要内容。

完善养老保险制度是劳动保障事业持续发展的客观要求。近年来，我们按照党中央、国务院的部署和要求，始终以“两个确保”为中心，就业再就业工作取得明显成效，社会保险事业有了长足发展，有些甚至是跨越式发展。适应全面建设小康社会和完善社会主义市场经济体制的需要，未来一个时期，劳动保障工作要在继续解决好计划经济时期历史遗留问题的同时，更加注重构建与市场经济体制相匹配的制度和机制，向制度化、规范化和良性运行的方向迈进，向体系建设的方向发展。黄菊副总理在国际社会保障协会第28届全球大会上指出，要正确处理当前与长远的关系，不能只满足于解决眼前问题，为了国家的长治久安，要研究建立一种可持续发展的长效机制。这一点，在养老保险工作上反映得更为明显。总体上说，经过几年的艰苦努力，采取了很多应急措施，确保基本养老金当期发放的目标实现。但由于缺乏历史积累、没有支付改革成本，加上人口老龄化到来，养老保险制度不适应的问题越来越突出。要从根本上解决长期确保发放的问题，必须抓紧时间从制度和机制上进行完善。

完善养老保险制度是落实国务院工作部署和工作要求的需要。党中央、国务院高度重视养老保险工作，中央领导同志经常对“两个确保”和社会保障体系建设作出指示，提出工作要求。黄菊副总理多次听取养老保险工作汇报，在今年5月10日听取汇报时，要求我们尽快研究东北试点向全国推进的问题，年底前拿出方案报国务院。按照领导同志的指示精神，6月份成立了由我部牵头，财政部、人事部参加的完善养老保险制度工作小组，三个部主要领导非常重视，郑斯林部长亲自到一些省市调研听取意见。与此同时，按国务院要求，中编办牵头，财政部、人事部和我部等部门参加，正在研究事业单位改革问题，其中要求我部提出社会保障的改革意见。以上情况说明，不管是企业养老保险，还是机关事业单位养老保险，中央领导同志都很重视，改革和完善工作已经提到了议事日程，我们必须抓紧工作。

完善养老保险制度有较好的基础和条件。党的十六大和十六届三中全会明确了完善养老保险制度目标任务，为我们指明了努力的方向；未来20年是我国发展的重要战略机遇期，国民经济将保持持续快速健康发展，为完善养老保险制度提供了有力的物质保证；全面建设小康社会，加快完善社会主义市场经济体制，坚持以人为本、经济社会全面协调可持续发展的科学发展观，为完善养老保险制度提供了思想基础和社会环境；20年的改革实践，特别是近年来“两个确保”工作和在东北三省进行的完善社会保障体系的试点，探索出了一些路子，积累了很多好的经验，已经有一个比较好的工作基础，同时也锻炼了一支能吃苦、能战斗的队伍。

（二）完善养老保险制度的基本思路

完善养老保险制度，必须深刻认识养老保险的一般特点和我国的具体情况。从养老保险的共性看，一般具有三个特点：一是普遍性，人人会遇到。二是长期性，现在攒钱，几十年以后才能花，制度好不好，可行不可行，需要30年、50年时间才能验证。三是政治性，由于养老保险基金规模大，涉及人员多，对社会经济的影响大，许多政策都是从政治上、从社会分配的宏观角度来决策，不能仅从业务工作上考虑。从我国的国情看，也有三个特点：一是未富先老。西方国家老龄化率从5%上升到10%，一般经过40年甚至更长的时间，而且是先实现工业化，后进入老龄化，有一定的经济实力作支撑。我国进入老龄社会仅用了20年左右的时间，工业化尚未完成，老龄化就到来，基金压力大。二是自学成才。西方国家一般都是先立法建制度后推进工作，而我国是在实践中不断探索、开展试点的基础上逐步建立的，是先实践后立法。加上各地经济发展不均衡，城乡二元结构、机关事业单位与企业情况差异大，政策和办法多种多样，加大了统一和规范的难度。三是体制转轨。现行的养老保险制度是从计划经济体制时期国家保障演变而来的，是“旧城改造”。由于养老保险待遇具有刚性增长的特点，对新旧制度改革和转换中的待遇衔接问题提出了很高的要求，技术上比较复杂，政治上十分敏感，调整起来难度很大。

完善养老保险制度，要树立正确的指导思想。当前完善养老保险制度，要以邓小平理论和“三个代表”重要思想为指导，认真贯彻落实党的十六大和十六届三中、四中全会精神，解放思想，实事求是，与时俱进，以建立养老保险长效机制为核心，进一步完善制度、理顺体制、健全机制、加强管理，整体推进养老保险制度的改革和完善。要认真总结改革实践和试点经验，保持政策的连续性和相对稳定性，稳步推进改革。要立足当前，着眼长远，分步实施，对中央已经明确了的改革任务，必须不折不扣地贯彻实施，认真落实到位，逐步建立规范化、法制化、多层次的养老保险体系，满足人口老龄化、就业形式多样化和农村城镇化的需要，实现养老保险的可持续发展。为此，应当把握好以下几个原则：一是坚持社会统筹与个人账户相结合的基本制度，老人老办法，新人新机制，中人逐步过渡，统筹规划机关事业和企业的工作。二是坚持养老保险水平与经济发展水平相适应，逐步提高养老保险待遇，确保退休人员的基本生活。三是坚持权利与义务对应，兼顾公平和效率，分清政府、企业和个人的责任，充分调动各方面的积极性。四是坚持制度的开放性，保持制度的弹性，有利于更多的人参保缴费，方便人员流动。五是坚持正确处理改革发展稳定的关系，统筹协调整体利益与局部利益、当前利益与长远利益，待遇水平合理衔接，制度平稳过渡，维护职工权益和社会稳定。

完善养老保险制度，要明确近几年的主要任务。总的说是三句话：完善企业养老保险制度，改革机关事业单位养老保险制度，探索农村养老保障问题。一是坚持社会统筹和个人账户相结合的基本制度，在总结东北三省试点经验的基础上，逐步做实个人账户，实现制度转换。二是不断扩大覆盖范围，加强基金征缴，确保基本养老金按时足额发放，补发历史拖欠的养老金，妥善解决困难集体企业未参保退休人员的生活保障问题。三是逐步调整养老金的结构，完善基本养老金计发办法和享受条件，发展企业年金和商业保险，建立多层次的保障体系，划清中央与地方，政府、企业与个人的责任。四是提高统筹层次，逐步实现省级统筹，增强基金调控能力，实现规范化管理，逐步消化统筹外项目。五是完善养老金正常调整机制，统筹考虑机关、事业、企业退休人员养老金调整问题，逐步缩小差距。六是继续调整财政支出结构，特别是要加大地方财政投入，同时通过划转国有资产等手段做大全国社保基金，增加战略储备。七是加强金保工程和街道社区劳动保障平台建设，实现社会保障管理信息化，基本实现退休人员管理服务社会化。八是制定机关事业单位养老保险改革方案，探索解决农民特别是失地农民、农民工的养老问题。九是出台社会保险法和养老保险条例等法律法规，实现有法可依，依法行政。

三、完善企业养老保险制度的主要工作

经过20年的改革和探索，企业养老保险制度基本确立。东北地区的试点工作，在完善制度方面积累了经验。近两年，我们按照中央的要求，开展了大量调查研究，认识不断深化，思路日渐明确。要在这些已有工作的基础上，进一步完善政策、健全机制、加强管理、改善服务，抓紧制度定型，推进制度入轨，发挥出制度的效应。具体有以下几项任务。

（一）逐步做实个人账户

党的十四届三中全会确立了企业基本养老保险实行统账结合、部分积累的制度模式，《国务院关于建立统一的企业职工基本养老保险制度的决定》（国发［1997］26号）将个人账户规模确定为11%。在实际运行中，为了保当期发放，不得不动用本应留作积累的个人

账户基金，致使个人账户出现空账，统账结合的制度未能实现，还是现收现付。到 2003 年底，空账额达 6 000 多亿元，并且以每年1 000 亿元的速度增加。长期下去，不仅制度难以持续发展，人员难以流动，而且随着人口老龄化加剧，这个问题更难解决。

做实个人账户是分清各方责任的基础，是实现统账结合制度的关键。由于统筹基金和个人账户基金混用，以及个人账户养老金计发办法不合理，当前是统筹基金占用个人账户基金，形成个人账户空账，以后是个人账户基金占用统筹基金，造成统筹基金更大的缺口，加剧企业依赖政府、地方依赖中央的状况，难以形成良性的制度效应。做实个人账户也是应对人口老龄化的重要措施，可以给未来退休高峰时积累一部分基金。否则，在老人历史债务没有解决的情况下，新的隐性债务又会使政府不堪重负。做实个人账户还是把握当前有利时机的抉择，经过试点证明是可以做到的。当前，我国经济持续快速发展，财政状况较好，可以拿出一些财力支持做实。养老保险基金 2002 年比上年增收 326 亿元，2003 年增收 416 亿元，预计今年将增收近 500 亿元。为继续保持基金增收的好势头，防止分光吃净，应当抓住当前的有利时机，采取逐步做实的办法，抓紧做实个人账户。辽宁试点从 2001 年 7 月开始，按 8%的比例一步做实，既确保了当期发放，又增加了积累，各方面反映很好。吉林、黑龙江今年 1 月开始试点，从 5%起步做实，另外的 3 个百分点通过加强征缴做实，从明年开始每年增加做实 1 个百分点。这说明，做实是可以推开的。

对于做实个人账户，尽管目前还有些不同认识，客观上也确实存在资金不足和工作难度大等困难，但作为主管部门，作为从事这项工作的同志，我们责无旁贷，不能犹豫和动摇，不能因为有困难就否定制度，认为做实没有必要。要把思想统一到中央的决定精神上来，按照十六届三中全会提出的要求，坚定不移地推开做实个人账户的工作。

做实个人账户，应当把握好以下六点：

一是老中新分开。老人老办法，新人新制度，中人逐步过渡。已经退休的老人不做实，继续由统筹基金支付养老金；新人从参加工作时就开始做实，实行新制度，建立新机制；中人以前的空账不做实，历史债务逐步化解，以后的缴费做实。

二是东中西分开。东部沿海经济发达地区主要依靠自己的力量做实，中西部地区和老工业基地在中央财政支持下做实，东部沿海经济发达地区和中西部有条件的地区做实的步子可以快一些。

三是逐步做实。如果从 5%起步，2005 年全国可做实 649 亿元。如果从 3%起步，2005 年全国可做实 423 亿元。到底从多少起步，要考虑本地实际情况和资金承受能力，积极稳妥地推进。

四是确保发放。做实个人账户后，要继续确保养老金当期发放。对出现的基金缺口，通过“三三制”的办法解决，即中央财政对中西部地区补助一点，地方财政补助一点，加强征缴解决一点。

五是保值增值。目前的设想主要是，国家发行特种定向债券，利率按照高于普通国债的利率水平（如 5%左右）确定，由各省购买，这样既能获取稳定的收益，又可将资金用于国家经济建设。同时，还可以考虑，东部 7 省做实的基金，可由省级根据国家政策投资运营，并保证较高的回报率；中西部地区中央财政补助的资金委托全国社保基金理事会负责运营，承诺一定的投资回报率。

六是加强管理。做实的个人账户基金不能分散在市、县，要统一集中到省级管理，确保基金安全。同时，要规范个人账户基金的归集、记账和运营的流程，做到记账到人、账钱相符、及时对账。为进一步加强基金管理和监督，省级政府都应建立社会保障监督委员会，政府领导同志担任主任，有关部门参加，负责对社会保障政策执行情况和基金管理情况实施监督。

（二）继续扩大养老保险覆盖面

让“人人享有社会保障”是我们的目标，当前的任务是让更多的人享有社会保障。不断扩大覆盖面是实现广大从业人员社会保障权益的需要，是落实我们党立党为公、执政为民宗旨的体现，也是社会保险大数法则的客观要求。只有扩大覆盖面，才能在更大范围内化解风险，制度的运行才能有坚实的基础。要依照征缴条例的规定，继续督促各类企业依法参保缴费，维护职工的合法权益。根据就业形式多样化的趋势，扩大覆盖面的重点是城镇个体工商户和灵活就业人员，应尽快统一他们的参保缴费政策。考虑到这些人不应承担国有企业的历史债务，缴费比例可低于企业职工，按20%缴纳，其中8%计入个人账户，12%用于社会统筹，缴费基数统一为当地职工平均工资。对有稳定劳动关系的进城农民工，可以参加企业基本养老保险制度。

（三）完善养老金的计发办法

为体现公平与效率结合的原则，实现基金的长期平衡，从根本上保护参保职工合法权益，必须在计发办法中建立激励和约束机制。初步设想是：结合吉林、黑龙江试点的做法，基础养老金计发基数用职工平均工资和本人缴费工资的平均值，可以使在职贡献大、收入高的人获得较高的养老金，调动职工参保缴费的积极性。单位缴费满15年的发给15%，以后每多缴一年增加一个百分点。考虑到人均寿命不断延长的实际，个人账户养老金可用退休人员预期寿命减去本人实际退休年龄再除账户储存额，即按1/x计发。职工个人账户累计储存额除以用预期寿命减职工的退休年龄，早退休除数大，晚退休除数小，有利于控制提前退休等现象。改革计发办法工作量很大，目前吉林、黑龙江已测算完毕并开始实施，按新办法实际人均增加7元多，效果不错。下一步，各省市可以按这个改革的办法先组织测算，摸清底数。改革的关键是要解决好“减的逐步减，增的逐步增”，平稳过渡。

（四）逐步实行省级统筹

国际上养老保险一般都是全国统筹。我国由于地区经济发展不平衡，加之养老保险是在市、县试点的基础上发展起来的，长期以来统筹层次过低。按照完善社会保障体系的要求，逐步提高统筹层次是大势所趋，在我国实行省级统筹是必要的。当前省级统筹之所以进展不快，有财政分灶吃饭的客观因素，但主要还是担心责任集中到省级政府。从一些省份的成功经验看，只要分清省、市、县三级政府的责任，科学合理地确定基金征缴计划和调剂与补助办法，省级统筹是能够做到的。近几年，新疆维吾尔自治区连续迈出三大步：一是1999年1月1日在全区实行省级统筹，当年就确保了发放，而且全部补发了2.3亿元历史拖欠。二是2001年将全区企业费率统一为20%，原来26%以上的费率都降了下来，个人缴费6%，今年达到7%，统一管理的工作进一步规范。三是2003年基金征缴收入大于支出近2亿元，开始步入良性运行的轨道。他们实行省级统筹的具体做法是：养老保险基金全区统一管理和调剂使用，各地向自治区上解调剂金，行业统筹结余和部分中央缺口补助资金由自治区统一掌握使用；全区统一下达征缴和预算计划，超收部分留存当地；基金征缴完不成计划，或工作不到位形成的基金缺口，由各地动用结余或本级财政负责解决。由于各地政府责任明确，积极做好征缴工作，至今没有出现完不成征缴计划的情况，成为实现确保发放的有效机制。新疆既是少数民族地区、边疆地区，又是经济欠发达地区，他们能够做到省级统筹，既无历史拖欠又无当期拖欠，而且基金收支平衡，全国多数地区应当能做到。

（五）逐步调整养老金结构

为进一步划清中央与地方、政府与企业及个人的责任，建立多层次的养老保险制度，可以考虑将养老金的结构逐步调整为五块。第一块是基础养老金，由统筹基金支付，基金实行现收现付，体现政府责任，条件成熟时实行全国统筹。第二块是个人账户养老金，根据个人缴费年限长短和缴费多少确定，基金实行完全积累，体现个人责任。第三块是地方养老金，在将来基础养老金实行全国统筹后，由省级政府根据当地经济发展水平和物价水平等情况确定，体现地区差别和地方政府责任。第四块是企业年金，在国家政策指导和税收优惠支持下，企业根据效益情况自主建立，便于吸引人才。第五块是商业保险，鼓励职工自愿参加。

（六）其他相关问题

一是做大社保基金问题。全国社保基金的性质是战略储备，主要是应对人口老龄化，解决老人历史权益和中人以前的空账问题。目前这个基金的规模还比较小，应当做大。除现有的筹资渠道外，可考虑划拨部分国有资产，包括现金、实物和处置的不良资产，以及土地收益等。

二是调整机制问题。现在的养老金调整，随意性大，办法不统一，缺乏统筹协调。正常的养老金调整应当根据经济的发展和生活费指数变动等情况来进行，体现社会公平，让老年人能够分享社会经济发展成果。今后要按照这个方向，建立统一的正常调整机制。

三是企业年金问题。建立和发展企业年金，是建立多层次养老保险体系的重要内容，不仅能够减轻基本养老保险的压力，又可以增强企业凝聚力和竞争力。目前，由于缺少税收优惠，发展不够快，全国只有700多万职工参加，积累资金不到500亿元。下一步，要争取国家的政策扶持，出台税收优惠办法。同时，要加强工作指导和监督，规范管理运营，使企业年金能够健康发展。

四是退休年龄问题。发达国家领取养老金的年龄已经达到65岁左右，大部分发展中国家也都在60岁以上，呈普遍延长的趋势。我国企业职工退休年龄仍执行20世纪50年代的规定，总体偏低。特别是女干部55岁、女工人50岁退休的规定，在企业已打破干部工人身份界限的情况下很难操作，往往是效益差的想退休就说自己是工人，效益好的不想退休就说自己是干部，引发了大量矛盾。考虑到企业改制没有完成和就业压力大的实际情况，目前主要是执行现有规定，还不具备普遍延长女职工退休年龄的条件，但可以考虑对女职工实行弹性退休年龄，允许她们在50～55岁之间选择退休，待条件具备时再统一到55岁。

五是人员流动问题。按现行规定，职工跨统筹地区流动时要转移个人账户基金。实际执行中由于个人账户是空账难以操作，也由于各地规定不同和统筹基金承受能力等问题，使一些流动就业人员到龄办不了退休，领不到养老金。完善养老保险制度，必须解决人员流动问题，这符合建立统一劳动力市场的客观要求。对此，国家将出台统一政策，明确在转移个人账户基金的基础上，由最后就业地办理退休并负责发放养老金。

六是体制外、统筹外和历史拖欠问题。“体制外”是指一部分没有参保的困难集体企业退休人员生活保障问题，这些企业过去没有参保，现在无力缴费，目前的退休人员约有100多万人。各地可比照东北试点的做法，按当地低保标准发放生活费。“统筹外”是指统筹项目以外由地方或企业确定并负责发放的补贴，这些项目往往是有钱的时候就发，没钱的时候就不发，既难以规范，又难以确保发放。能否考虑通过养老金调整，将一些统筹外项目纳入统筹内，逐步取消统筹外项目，新办退休的人员不再有统筹外项目，新的计发办法也不再含有统筹外项目。历史拖欠是指过去差额缴拨时企业欠发的养老金。目前已有1/3的省市补发完毕，尚有20个省130亿元没有补发。对这部分历史拖欠，各地可以利用结余基金逐步补发。

七是征缴体制问题。根据国务院《社会保险费征缴暂行条例》的规定，征缴体制由省级政府确定。自2002年以来，征缴体制基本稳定。其中，有16个省市实行税务征收，15个省市和新疆生产建设兵团由社保机构征收。从近两年我们掌握的情况看，税务部门征收的地区，参保人数和职工工资总额占全国的59%，征收的养老保险费占全国征缴收入的54%。社保机构征收的地区，参保人数和职工工资总额为全国的41%，征收的养老保险费占全国征缴收入的46%。目前，首先要保持征缴体制的稳定，待总结经验后再进行统一。同时，要明确不管由哪个部门征收，都要做到应收尽收。实行税务征收的，社保机构要配合做好征缴工作。由社保机构征收的，要努力做好征缴工作。

四、改革机关事业单位养老保险制度

1998年机构改革时，将管理机关事业单位养老保险职能划转到劳动保障部门。这几年，由于忙于"两个确保"等原因，尚未出台机关事业单位养老保险制度改革方案。现在，事业单位进行改革和转制，遇到的突出矛盾就是社会保障不衔接问题，改制改不了，转制转不动，人员流动有后顾之忧，迫切要求改革社会保障制度。一些地方虽然进行社会统筹和个人账户改革试点，但由于国家没有统一的政策，各地做法不同，特别是计发办法没有改变，各地既想前进，又难以决策，目前进退两难。由于机关事业单位退休人员养老金水平比企业差不多高出一倍，引发很多矛盾，来信来访长期居高不下，群体性事件不断发生。进行机关事业单位养老保险制度改革，是一项重大的政治决策，也是一项复杂而敏感的工作，需要广泛听取意见，充分论证，慎重决策。这里，我把一些想法提出来，与大家共同讨论。

（一）关于改革的主要原则

我们认为，机关事业单位养老保险制度改革主要应把握以下几个原则：一是统筹考虑机关事业单位和企业养老保险制度改革。二是待遇水平要与经济发展状况和各方面承受能力相适应。三是要有利于机关事业单位改革和人员流动。四是发挥单位和职工等多方面的积极性，建立多层次保障体系，体现机关事业单位特点。五是要搞好新旧制度的衔接，不降低现有的待遇水平，维护职工权益和社会稳定。

机关事业单位改革的关键是解决好待遇衔接问题，其中既包括老制度与新制度的待遇差问题，又包括机关事业单位与企业差距过大问题。初步设想是："坚持老人老办法、新人新机制、中人逐步过渡"和"存量不变、增量调整"。就是改革前已经退休的老人，继续按原来的办法发放养老金，不损害他们的利益。改革后参加工作的新人，按效率优先、兼顾公平的原则，不论是基础养老金，还是个人账户养老金的计发都更多地与他们的参保缴费年限和缴费额挂钩，鼓励多缴费多积累。改革前参加工作、改革后退休的中人，要保证退休待遇不降低。对他们在建立个人账户前的工作年限，可视同为缴费年限，在基础养老金和个人账户养老金的基础上，再发给一定的过渡性养老金。所谓存量不变，就是已经退休的人员，现有的待遇水平保持不变，未来退休人员不能比以前退休的同类人员低；所谓增量调整，就是建立统一的养老金调整机制，将来机关事业单位退休人员待遇调整应与在职职工工资增长脱钩，与企业养老金调整统筹考虑。通过控制调整幅度，逐步缓解机关事业单位和企业退休人员待遇差距大的矛盾。

（二）关于制度问题

主要有三种观点。一种认为，我国从建国初期到20世纪80年代机关事业单位与企业一直实行基本相同的退休制度，从有利于人员流动和减少社会矛盾出发，机关事业单位应与企业实行基本相同的制度。另一种观点认为，机关建立一个制度，企业建立一个制度，事业单位两边靠。第三种观点认为，机关实行单独的养老保险制度，事业单位建立新的养老保险制度，企业执行现在的制度。

（三）关于缴费和账户问题

一种观点认为，机关事业单位都应按照社会统筹与个人账户相结合的制度要求，实行单位和个人缴费制度，统筹基金现收现付，个人账户完全积累。另一种观点认为，事业单位实行个人缴费并建立个人账户，机关公务员可以不缴费，不建个人账户。

（四）关于改革步骤问题

机关和事业单位是同步改革还是分步走，也有不同的看法。赞成同步的理由，主要是可以减少攀比，便于人员在更大范围内流动；赞成分步的理由，主要是事业单位改革比较迫切。但不管是赞成同步，还是赞成分步，都主张机关事业单位改革方案应统筹规划。

（五）关于补充保险问题

一种观点认为，机关事业单位补充保险应基本相同，都实行职业年金制度；另一种观点认为，事业单位建立职业年金制度，公务员建立退休补贴制度。

关于农村养老保障问题，部里的想法是，积极研究、支持探索、不搞一刀切。目前，从群体上讲，有农民的，有农民工的，有失地农民的，失地农民的比较急迫；从险种上分，有工伤的，有医疗的，有养老的，工伤保险、大病医疗应优先考虑。目前，部里正在按照国务院的要求组织调研。

五、加强社会保险经办机构能力建设

党的十六届四中全会做出了关于加强党的执政能力建设的决定，加强劳动保障工作能力建设是加强党的执政能力建设的重要组成部分。社会保险经办机构作为党和国家社会保障政策的执行机构，地位举足轻重，其能力高低直接影响到工作的落实。社会保障工作“三分制度，七分管理”。良好的管理是有效实现社会保障计划的基础。黄菊副总理指出，社会保障的最终目的，是在规定的时间、规定的地点、按照规定的标准，把社会保障待遇支付给规定的人。他把正确处理政策制定与加强管理的关系作为实现社会保障事业健康发展要处理好的六大重要关系之一。郑部长在国际社会保障大会的总结会上，把加强经办机构能力建设作为这次全球大会给我们的四大启示之一。因此，我们应该既要有好的制度，也要有好的管理，把加强经办机构能力建设摆上更重要的位置。

（一）充分肯定社保机构能力建设取得的成绩

这些年，我们的经办队伍在社会保险的工作中做出了很大贡献，能力建设也相应取得较大进展。经办队伍不断壮大，工作人员由1998年初的5.7万人增加到2003年的10.4万人，机构由3 406个增加至6 805个；街道社区普遍建立了社会保障事务机构，工作人员63 800人。经过“两个确保”的锻炼和洗礼，作风建设不断加强，队伍素质不断提高。业务规程粗具规模。国务院颁布施行了《社会保险费征缴暂行条例》，规范了社会保险费征缴工作流程。部里先后发布了《养老保险个人账户管理规定》《社会保险登记管理暂行办法》《社会保险费申报缴纳暂行办法》《社会保险稽核办法》等。部社保中心还研究制定了养老、医疗和工伤保险业务规程。管理逐步完善，规章制度不断健全，信息化建设取得一定成果。除边远地区外，养老保险工作基本实现了计算机管理，十几个省还实现了与部联网。在多年的辛勤工作中，涌现出一大批先进集体和先进个人。据部社保中心统计，1998年以来，受到各级政府或主管部门表彰的个人达2万人次，有59个集体、88名个人受到部里表彰。今年“五一”前夕，全国总工会又授予上海市社会保险基金结算中心全国五一劳动奖状，授予河北省吴桥县社会保险所所长朱秀燕等5人全国五一劳动奖章。以上荣誉的取得，表明党和政府以及社会各界对社会保险经办工作的重视和认可。

（二）进一步增强加强经办机构能力建设的紧迫性

我们还要看到，目前经办机构能力建设还存在不少问题，离党和人民的要求和事业发展的需要相比还有较大差距。比如说业务流程，我们搞金保工程，但数据一联网，问题就暴露出来了，有许多垃圾数据，有的地方参保人数超过100%，这里面有大量的重复计算。又如养老金核定，我接到一封信，有一个人找同一个经办机构测算养老金，一年之内算了四次，每次找的人不同，算出来的结果也不同。再比如说经办机构名称问题，有局、中心、所、公司、统筹办等，数量和规格也不一样。还有如经办队伍的专业结构不尽合理，综合素质、业务技能有待提高。工作量不断增加，人员长期超负荷运转。管理不规范不仅增加了管理成本，加大了参保对象的负担，也不利于提高统筹层次和规范化、信息化建设。这些问题不解决，社会保障制度就难以顺畅地实施，工作的基础就难以牢固，政策的执行就会打折扣，制度和政策的效应难以很好地发挥出来。

完善社会保障制度就必须同步加强经办机构能力建设。首先，这是社会保险事业全面发展的要求。过去经办机构以养老保险为主，现在情况发生了很大变化，随着医疗、失业保险参保人数超过亿人大关和工伤保险参保人数的迅速增加，社会保险事业得到了全面发展，要求加强经办机构能力建设。其次，这是以人为本的要求。坚持以人为本，践行立党为公、执政为民，要求我们将管理和服务落实到人，以服务作为各项工作的根本出发点，方便参保人员和参保单位，拓展服务范围，实行人性化服务。第三，这是依法行政的要求。推进依法行政，要求进一步规范社会保险经办工作，规范工作流程，实行标准化管理，提升管理手段和管理水平。

（三）加强经办机构能力建设的指导思想

以邓小平理论和“三个代表”重要思想为指导，贯彻全面、协调、可持续的科学发展观，坚持以人为本的理念，以提高队伍素质和经办能力为核心，以提供优质、高效服务为目标，以整合各项经办资源为抓手，以规范管理服务为重点，统一思想，提高认识，与时俱进，不断提高管理服务水平，做好社会保险业务经办工作，把党和国家关于社会保障的方针政策落到实处。

经办能力建设，要服从服务于改革发展稳定的大局，适应完善社会主义市场经济体制的需要，符合完善社会保障体系的要求；要健全工作制度，规范业务流程，整合经办资源，加快金保工程建设，加强对街道社区工作的指导；要改善工作条件，提升工作手段，提高人员素质，强化服务意识，提高工作效率和质量；要突出重点，分步实施，先易后难，逐步提高。

（四）近期加强能力建设的主要工作

为推动社会保险经办机构能力建设工作，我们已经有了一些初步的想法。

首先是要规范业务流程。规范化是信息化的基础，标准不一样，信息化就难以推进。各项险种的业务规程，能规范的要规范，特别是个人账户做实后的资金归集、记账、支付、管理和对账。这几年，部社保中心制定了一些经办规程，但各地落实情况不理想，这里既有客观原因，如一些地区不愿放弃自己原来的办法，也有制定的规程不尽合理，不符合实际方面的原因。明年，部社保中心要和有关司局一起，在这方面花大力气，集全系统之力，尽快出台实施合理、顺畅的经办规程，并在全系统贯彻实施。

二是要实现统一参保登记和五险合并征收。参保登记、申报缴费审核应该是统一的。五个险种统一由一个机构去征收，收上来后分别入账，不能让企业感到今天来个人收养老保险费，明天来个人收医疗保险费，后天来个人收工伤保险费，再来一个人收失业保险费，几只手同时伸向企业，弄得参保范围和缴费基数各不相同，不仅降低了效率，增大了成本，也损坏了形象。

三是要大力加强人员培训。进一步提高人员素质，铸造能打硬仗、敢打硬仗的作风，培养社会保险经办工作方面的专才，建立学习型队伍。明年，我们将结合中欧合作项目的实施，重点加强经办机构人员培训工作，让大家了解先进地区是怎么做的，国外是怎么做的，我们的差距在哪里，更好地改进我们的工作。部社保中心负责省级经办机构处级以上干部和地市经办机构负责人的培训工作，各地也要积极开展培训工作。

四是要做好金保工程建设。目前，各地对金保工程的积极性都很高，这是好事，但如果联网只是开通线路，数字是垃圾数据，就失去了意义，而且每年还要交几十万元的线路费。为此，我们强调，首先要把金保工程的重点放在省内，实现省里和市县联网。在此基础上，才能和部里联网。

五是要加强对街道社区社会保障平台的指导。街道社区工作在最基层，与管理对象面对面接触，工作质量、工作效率、服务态度等直接关系着老百姓对劳动保障部门的评价。很多街道社区工作者都是从下岗失业人员中招聘的，他们很珍惜这个岗位。对于我们来说，主要是加强工作指导，帮助他们提高能力，同时严格要求，规范服务，让他们知道干什么、怎么干。

在劳动保障部部机关传达中央纪委第三次全会精神会议上的讲话

中纪委驻劳动和社会保障部纪检组组长　崔会烈

（2004年2月12日）

一、认真学习中央纪委全会精神，把思想统一到中央的部署上来

中央纪委第三次全会是在建立和完善社会主义市场经济体制的新形势下召开的。胡锦涛总书记在会上作的重要讲话，从实现全面建设小康社会宏伟目标的战略高度，深刻阐述了新形势下大力弘扬求真务实精神、大兴求真务实之风的极端重要性，要求全党同志紧密联系加强和改进党和国家的各项工作，大兴求真务实之风。讲话充分肯定了十六大以来反腐倡廉工作取得的成绩，对建立健全教育、制度、监督并重的惩治和预防腐败体系，深入推进反腐倡廉工作提出了明确要求，强调要加强思想道德教育和纪律教育，筑牢拒腐防变的思想防线；加强党风廉政制度建设，为反腐倡廉提供有力保证；加强监督制约，保证各级干部正确行使人民赋予的权力。胡锦涛同志的重要讲话是加强党的作风建设和深入开展反腐败工作的纲领性文件，具有重大的现实意义和深远的历史意义。

吴官正同志的工作报告，在全面总结去年工作的基础上提出了今后一个时期党风廉政建设和反腐败斗争的指导思想、工作原则及基本思路，并从领导干部廉洁自律、查办案件、加强党风政风建设等六个方面对今年的工作进行了部署，任务明确，措施有力，体现了十六届三中全会精神和立党为公、执政为民的宗旨。

胡锦涛同志的重要讲话和吴官正同志的工作报告，反映了我们党继续推进党风廉政建设和反腐败斗争的坚定信心，也为我们深入开展反腐倡廉工作指明了方向。各单位要认真组织党员干部学习讲话和报告精神，深刻领会在新形势下弘扬求真务实精神的极端重要性，深刻认识反腐败斗争面临的严峻形势和坚持惩防并举、注重预防的必要性，按照中央纪委全会确定的基本原则、工作思路和任务，积极推进我部的党风廉政建设和反腐败工作。

二、贯彻落实中央纪委全会的部署，抓好我部的党风廉政建设

近年来，部党组对党风廉政建设十分重视，郑斯林部长逢会必讲这项工作。要求各单位领导对党风廉政建设切实负起责任，抓好部署、检查、落实和考核工作；要求机关党员干部加强学习和思想改造，树立正确的人生观、价值观、权力观，严格遵守廉洁自律各项规定。纪检监察机构和部属各单位在党组的领导下，围绕反腐倡廉做了大量工作。一是开展多种形式的党风廉政教育。组织向先进人物学习

三是要充分发挥纪检监察职能，协助党组抓好党风廉政建设工作。从今年开始，驻部纪检组、监察局与机关纪委不再合署办公，纪检组、监察局由中央纪委、监察部直接领导，工作对中央纪委、监察部负责。主要职责是加强对驻在部门维护党的政治纪律，贯彻执行民主集中制，选拔任用领导干部，贯彻落实党风廉政建设责任制和廉政勤政情况的监督检查；协助党组和行政领导班子组织协调部门及系统的党风廉政建设和反腐败工作。派驻纪检组、监察局虽然在管理体制、工作职责上发生了很大变化，但任务还是协助党组抓好党风廉政建设工作。今后，我们将一如既往地向部党组请示、报告工作，协助领导班子抓好党风廉政建设的部署、检查和指导；围绕党风廉政建设和部门中心工作开展调查研究，提出工作建议；按照中央纪委部署和部门工作实际开展专项检查，促进劳动保障各项政策落实。同时，我们还要围绕劳动保障中心工作思考一些深层次的问题，为党组抓党风廉政建设当好参谋。总之，我们将在职责的范围内，为劳动保障部门及系统的党风廉政建设多做工作、做好工作。希望机关党员干部对我们进行监督，并对我们的工作予以支持和配合。

三、《中国的就业状况和政策》白皮书

中国的就业状况和政策

（国务院新闻办公室　2004 年 4 月）

前　言

就业是民生之本，是人民改善生活的基本前提和基本途径。

中国有近 13 亿人口，是世界上人口最多的国家。在中国，解决就业问题任务繁重、艰巨、紧迫。

中国政府从亿万人民的根本利益出发，高度重视就业问题。中国政府依据《中华人民共和国宪法》，以及《中华人民共和国劳动法》等法律法规，保障劳动者的就业权利，采取各种政策措施积极促进就业，不断满足劳动者的就业需求。

中国政府从国情出发，通过实践探索并借鉴国际经验，制定和实施了一系列积极的就业政策。目前，中国已建立起市场导向的就业机制，计划经济时期形成的企业富余人员问题基本得到解决，在经济发展和经济结构调整中就业规模持续扩大，就业结构逐步优化，就业渠道不断拓宽，就业形式更加灵活，总体上保持了就业形势的基本稳定。

按照相互尊重、平等互利的原则，中国政府积极参加国际劳工事务。中国批准了《准予就业最低年龄公约》《禁止和立即行动消除最恶劣形式的童工劳动公约》《对男女工人同等价值的工作赋予同等报酬公约》《就业政策公约》等国际劳工公约。在劳动就业领域，中国与国际劳工组织、联合国开发计划署、世界银行、亚洲开发银行等众多国际机构以及许多国家进行了卓有成效的交流与合作。

一、就业基本状况

中国劳动年龄人口众多，国民教育水平较低，就业矛盾十分突出。主要表现在：劳动力供求总量矛盾和就业结构性矛盾同时并存，城镇就业压力加大和农村富余劳动力向非农领域转移速度加快同时出现，新成长劳动力就业和失业人员再就业问题相互交织。

人口与劳动力

2003 年，中国总人口达到 12.92 亿（不包括香港特别行政区、澳门特别行政区和台湾省）。全国 16 岁以上人口为 99 889 万人，其中城镇 42 375 万人，农村 57 514 万人；经济活动人口 76 075 万人，劳动力参与率为 76.2%。16 岁以上人口中，初中以上文化程度占 61.7%，大专以上文化程度占 6.6%；技术工人中，初级占 61.5%，中级占 35%，高级占 3.5%。

就业总量

2003 年，中国城乡从业人员达到 74 432 万人（见图 1），其中城镇 25 639 万人，占 34.4%（见图 2），乡村 48 793 万人，占 65.6%。1990—2003 年，共增加从业人员 9 683万人，平均每年新增 745 万人。

就业结构

从三次产业就业结构看，1990—2003 年，第三产业从业人员所占比重稳步增长，由 18.5%提高到 29.3%，从业人员达到21 809

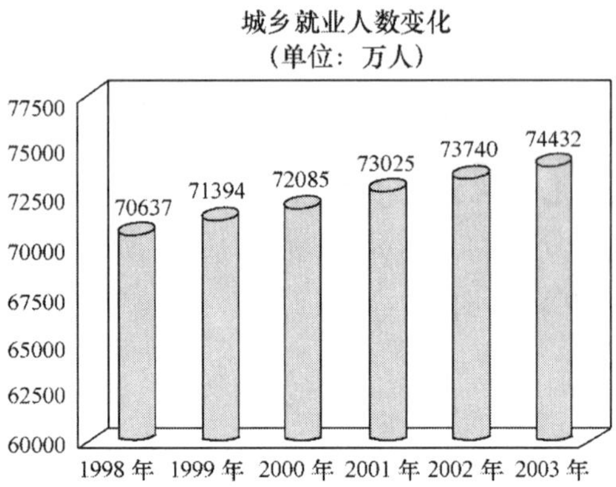

图1

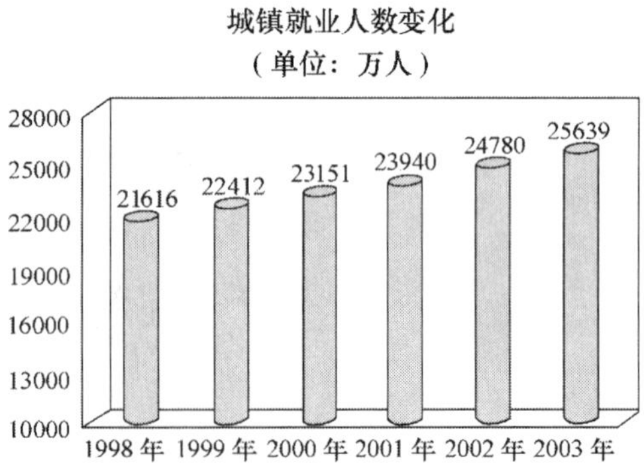

图2

万人；第二产业从业人员所占比重稳定在21.6%，从业人员达到16 077万人；第一产业从业人员所占比重有所下降，由60.1%下降到49.1%，从业人员为36 546万人（见图3）。从城乡就业结构看，1990—2003年，乡村从业人员所占比例由73.7%下降到65.6%。从不同经济成分就业结构看，1990—2003年，国有单位从业人员减少3 470万人，为6 876万人；城镇个体私营经济组织的从业人员增加3 596万人，为4 267万人，占同期城镇新增就业人数的46.5%；各种外商投资和多种形式经济，非全日制、临时性、季节性、钟点工、弹性工作等各种就业形式迅速兴起，成为扩大就业的重要渠道。

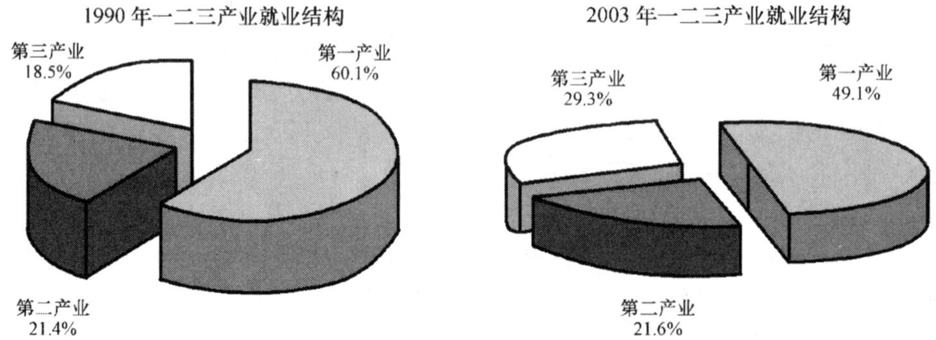

图3

失业率

近年来，在就业压力持续加大的情况下，中国政府采取多种措施控制城镇失业率的急剧上升。2003年底，城镇登记失业率为4.3%，城镇登记失业人数为800万人（见图4）。

2004年，中国政府确定就业再就业工作目标为新增就业900万人，下岗失业人员再就业500万人，其中困难人员再就业100万人，城镇登记失业率控制在4.7%左右。

城乡居民收入

随着经济的发展和就业机会的增多，居民收入不断增长。1990—2003年，城镇居民人均可支配收入由1 510元增长到8 472元，增长4.6倍，实际增长1.6倍；农村居民人均纯收入由686元增长到2 622元，增长2.8倍，实际增长77%（见图5）。

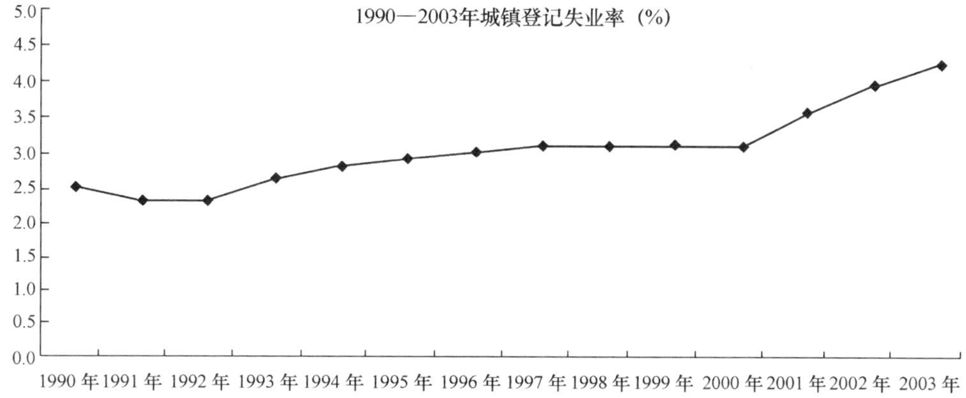

图 4

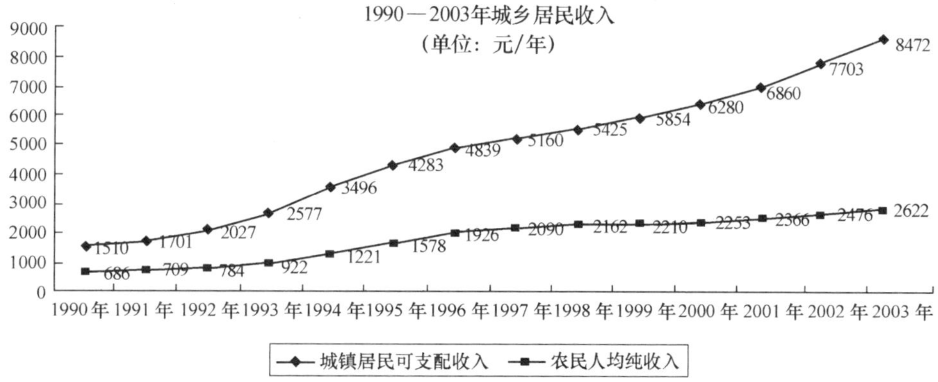

图 5

二、积极的就业政策

中国实行积极的就业政策，确立了“劳动者自主就业，市场调节就业，政府促进就业”的就业方针。中国政府坚持通过发展经济、调整经济结构、深化改革、协调发展城乡经济以及完善社会保障体系促进就业，并采取各种有效措施，千方百计增加就业，扩大就业规模，努力把失业率控制在社会可承受的限度内。

发展经济，调整结构，积极创造就业岗位

——通过发展经济扩大就业。中国政府始终将促进就业作为国民经济和社会发展的战略任务，将控制失业率和增加就业岗位作为宏观调控的主要目标，纳入国民经济和社会发展计划，坚持实行扩大内需的方针，实施积极的财政政策和稳健的货币政策，保持国民经济平稳较快的发展，并积极调整经济结构，提高经济增长对就业的拉动能力。

——发展第三产业，扩大就业容量。中国政府坚持把发展服务业作为扩大就业的主要方向，鼓励发展社区服务、餐饮、商贸流通、旅游等行业，更多地增加这些行业的就业岗位。2002 年，中国政府制定了大力发展第三产业、拓展传统服务业领域的就业渠道、努力发展旅游业等增加就业岗位的扶持政策，重点是开发社区公益性就业岗位，帮助和促进下岗失业人员和其他就业困难群体再就业。

——鼓励发展多种所有制经济，拓宽就业渠道。中国政府注重发挥劳动力资源优势，积极发展具有比较优势和市场需求的劳动密集型产业和企业，特别是就业容量大的私营、个体经济和中小企业，吸纳的劳动力占城镇就业增量的80%左右。2002年8月，中国颁布了《中小企业促进法》，进一步规范和推动了中小企业的发展。

——发展灵活多样的就业形式，增加就业途径。中国政府鼓励劳动者通过灵活多样的方式实现就业，积极发展劳务派遣组织和就业基地，为灵活就业提供服务和帮助。政府制定了非全日制用工、临时就业人员医疗保险等政策，在劳动关系、工资支付、社会保险等方面建立制度，促进和保障灵活就业人员的合法权益。

完善公共就业服务体系，培育发展劳动力市场

——建立市场导向的就业机制。中国政府积极培育和发展劳动力市场，逐步确立企业作为劳动力市场的用人主体、劳动者作为供给主体的地位。同时，协调推进社会保障制度、住房制度、户籍制度等项改革，劳动力市场发育的客观环境明显改善，市场机制已经在劳动力资源配置中发挥基础性作用。

——发展完善公共就业服务体系。20世纪90年代后期以来，中国政府大力加强劳动力市场科学化、规范化、现代化建设，建立公共就业服务制度。目前在大中城市和部分有条件的小城市，市、区两级普遍建立了以公共职业介绍机构为窗口的综合性服务场所，地级以上城市基本建立了街道社区劳动保障工作平台，完善了基层就业服务组织网络。在全国近100个大中城市建立了劳动力市场信息网，实现了市、区就业服务机构的信息计算机联网，部分城市已经将信息网络连接到街道、社区。全国已有89个大中城市按季向社会发布劳动力市场职业供求分析信息，对促进劳动力资源合理配置和职业培训事业的发展起到了引导作用。政府还鼓励和规范民办职业介绍机构的发展。2003年底，全国共有各类职业介绍机构2.6万个，其中各级劳动和社会保障部门举办的公共职业介绍机构1.8万个。公共职业介绍机构每年为近2 000万人次提供就业服务，成功介绍1 000万人次实现就业。

——完善失业保险制度。20世纪80年代中期，中国建立了失业保险制度，为失业人员提供失业救济和失业医疗补助，开展失业人员管理和服务，并充分发挥失业保险促进就业和再就业的作用。1999年1月，中国政府发布《失业保险条例》，进一步完善了失业保险制度。据劳动和社会保障部统计，2003年全国失业保险基金收入249亿元，支出200亿元，滚存结余304亿元。2003年底，全国参加失业保险人数10 373万人，年末领取失业保险金人数为415万人。

促进下岗失业人员再就业

在中国长期处于劳动力供大于求的背景下，随着经济结构的不断调整，从传统产业分流了一大批下岗失业人员。1998—2003年，国有企业累计下岗2 818万人。近年来，中国政府提出了一整套促进下岗失业人员再就业的政策：大力开发就业岗位，搞好再就业服务，增加再就业资金投入，强化再就业技能培训，积极引导下岗失业人员转变就业观念。1998—2003年，中央财政共安排国有企业下岗职工基本生活保障和再就业资金731亿元。2003年，经过全国各级政府的共同努力，共有440万下岗失业人员实现了再就业，其中有120万为男50周岁、女40周岁以上的困难人员。

——建立再就业服务中心。中国政府组织各方力量在有下岗职工的国有企业普遍建立再就业服务中心，为下岗职工提供基本生活保障，代缴养老、医疗等社会保险费，并为他们提供一次职业指导、三次就业信息服务和一次免费的职业培训机会。

——实行税费减免和小额担保贷款扶持政策。对下岗失业人员自谋职业，从事个体经营的，三年内免征有关税费；对下岗失业人员自谋职业和自主创业提供小额担保贷款，由政府建立担保基金，并提供财政贴息。

——实行社会保险补贴和减免税收政策。对各类服务型企业和商贸企业新增岗位招用国有企业下岗失业人员，由政府提供社会保险补贴。为鼓励企业多吸纳下岗失业人员，对服务型企业、商贸企业、劳动就业服务企业中的加工型小企业，以及街道社区具有加工性质的小企业实体，在当年新增岗位中招用下岗失业人员达到30%以上的，三年内减免有关税收。

——通过再就业援助帮助就业困难对象。对有就业能力和就业愿望的男50周岁、女40周岁以上就业困难的下岗失业人员，作为就业援助的主要对象，提供即时岗位援助等多种帮助。政府投资开发的公益性岗位优先安排大龄就业困难对象。在社区开发公益性岗位安排原国有企业的大龄就业困难职工就业，政府给予社会保险补贴和岗位补贴。

——鼓励国有大中型企业分流安置富余人员。鼓励国有大中型企业通过主辅分离、辅业改制，分流安置本企业富余人员。对改制企业以及兴办的经济实体安置富余人员达到一定比例的，三年内可免征企业所得税。

——加强对下岗失业人员的就业服务。在各级公共职业介绍机构中，对下岗失业人员实行求职登记、职业指导、职业介绍、社会保险关系接续"一站式"就业服务，并开展免费职业介绍和职业培训。运用现代化的信息网，为下岗失业人员及时准确地提供就业信息。对下岗失业人员自谋职业和自主创业，在有条件的地方设立专门窗口，实行工商登记、税务办理、劳动保障事务代理等"一条龙"服务。组织开展多层次、多形式的再就业培训，提高下岗失业人员的就业能力。对有开业条件的人员开展创业培训和开业指导，提供项目咨询、跟踪扶持等服务，通过培养创业带头人带动更多人就业。

完善社会保障体系，维护劳动关系的和谐稳定

——建立"三条保障线"制度。1998年以来，中国政府建立了以国有企业下岗职工基本生活保障、失业保险和城市居民最低生活保障为内容的"三条保障线"制度。在有下岗职工的国有企业普遍建立再就业服务中心，下岗职工在中心期间可领取最长为三年的基本生活费。三年期满出中心后没有实现再就业的下岗职工和其他失业人员，已参加失业保险并足额缴费的，可按规定领取最长期限两年的失业保险金（见图6）。城市居民家庭人均收入低于当地最低生活保障标准的下岗失业人员，可按规定享受城市居民最低生活保障标准。通过建立"三条保障线"，将下岗失业人员的生活保障、社会保障和再就业紧密联系起来。

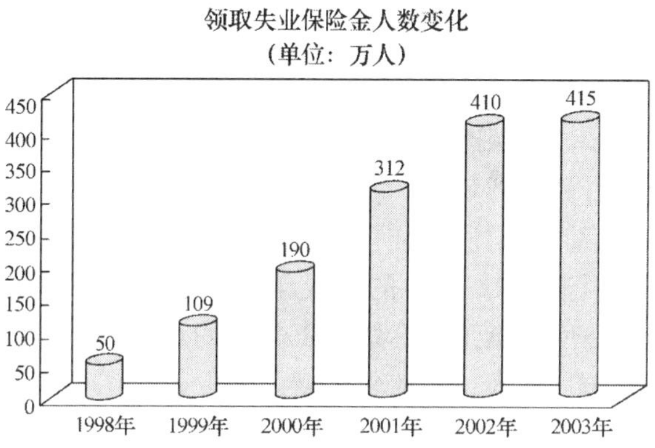

图6

——加强社会保障服务。中国政府采取各种措施，积极探索建立独立于企业事业单位之外、资金来源多元化、保障制度规范化、管理服务社会化的社会保障体系。1998年以来，建立了下岗失业人员的社会保险关系接续制度，促进下岗失业人员再就业。下岗失业人员离开企业时，其过去的社会保险缴费年限和个人账户继续保留，再就业后继续参加养老保险并按规定缴费的，其前后缴费年限合并计算。对下岗失业人员以非全日制、临时性、弹性工作等灵活形式就业的，初步制定了适应其就业特点的社会保险办法和劳动用工管理制度。

——建立新型劳动关系调整机制。中国政府积极推动建立"双方自主协商、政府依法调整"的劳动关系协调机制，推动建立通过劳动合同确立劳动关系的制度。劳动合同制度已在城镇各类企业中广泛实施。政府鼓励企业不断加强职工代表大会和工会的职能，完善职工民主参与制度，积极探索和推行通过平等协商签订集体合同的制度。到2003年底，全国签订集体合同63.5万份，覆盖企业127万家，覆盖职工 8 000 余万人。其中签订工资专项集体合同的企业 29.3 万家，覆盖职工 3 579 万人。中国全面启动建立符合本国国情的政府、工会和企业三方协商机制，对涉及劳动关系的重大问题进行沟通和协商。目前，全国已有 30 个省、自治区、直辖市先后建立起省级三方劳动关系协调会议制度，已建立各级三方协商机制 5 062 个。与此同时，中国还建立了劳动争议调解、仲裁和法律诉讼制度，将劳动争议纳入依法处理的轨道。

——保障劳动者就业权利。中国法律规定，劳动者就业，不因民族、种族、性别、宗教信仰不同而受歧视。中国法律严禁用人单位招用未满 16 周岁的未成年人，国家严厉查处非法使用童工和介绍童工就业的行为。中国政府通过加大执法监督力度，督促企业认真落实法律法规中有关平等就业的规定，纠正劳动力市场上的各种歧视行为，禁止在媒体上刊登或播出有歧视性的招聘广告。同时，提高劳动者的维权意识和能力，营造良好的舆论氛围，支持和鼓励劳动者运用法律武器保护自身劳动就业权益。中国政府不断完善职业安全与卫生的国家标准、行业标准和地方标准，于 1999 年颁布了职业安全卫生管理体系标准，并全面开展了认证工作。2003 年，国务院颁布了《工伤保险条例》，并于 2004 年 1 月 1 日起施行。

三、提高劳动者素质

中国政府通过多种途径，积极发展各类教育与培训事业，实行学历证书和职业资格证书并重的制度，全面提高劳动者的就业能力、创业能力和适应职业变化的能力。

发展各类教育事业

——普及中小学教育。2003 年，全国小学学龄儿童入学率达 98.6%，初中毛入学率达 92.7%；高中阶段教育（包括普通高中、职业高中、成人高中、普通中专、成人中专和技工学校）共有学校 31 900 所，在校生 3 241 万人，高中阶段毛入学率达 43.8%。其中，中等职业教育（包括职业高中、普通中专、成人中专和技工学校）共有学校 14 800 所，在校生 1 254 万人。

——发展高等教育和成人教育。2003 年，高等教育总规模达 1 900 万人，高等教育毛入学率 17%。2003 年，全国各类学校举办的各种形式的成人非学历教育结业人数达 7 436 万人次，目前有 5 844 万人正在接受各类培训，其中职业技术培训学校全年共培训 7 242 万人次。2003 年，各级各类民办学校共有 70 000 所，在校生总规模达 1 416 万人。

建立职业培训体系

中国的职业培训包括就业前培训、转业培训、学徒培训和在职培训，涵盖了初级、中级、高级技师职业资格培训和其他适应性培训等层次。国家通过发展高等职业院校、高级技工学校、中等专业技术学校、技工学校、就业训练中心、民办职业培训机构、企业职工培训中心等职业培训机构，努力形成全方位、多层次的职业教育和培训体系，加强对城镇新生劳动力、下岗失业人员、农村转移劳动力和在岗职工的培训。技工学校是以培养技术工人为主，同时开展各类长短期培训的综合性职业培训基地；就业训练中心是培训新生劳动力和失业人员的基地，以实用技术和适应性培训为主。截至 2003 年底，全国共有技工学校 3 167 所（其中包括高级技工学校 274 所），在校学生 191 万人，面向社会开展各类培训 220 万人次；就业训练中心 3 465 所，社会培训机构 17 350所，全年开展培训 1 071 万人次。

——加强就业前培训。中国全面实施劳动预备制度，普遍建立和实行新生劳动力的就业前培训制度，形成了覆盖城乡的职业培训网络，使城镇绝大多数新生劳动力能够接受劳动预备制培训，并逐步将农村新生劳动力特别是从事非农产业和向城镇转移的农村劳动力纳入劳动预备制培训范畴。2003 年，有 126 万城镇未能继续升学的初高中毕业生参加了劳动预备制培训。

——加强劳动者技能培训。从 2002 年开始，国家实施《加强职业培训提高就业能力计划》和《国家高技能人才培训工程》，并启动了“三年五十万新技师培训计划”，在全社会广泛开展技能振兴行动，加快培养一大批技术技能劳动者特别是高级技能人才，提高全体劳动者的就业能力、工作能力和职业转换能力。着重开展新技术、新材料、新工艺、新设备的培训，培养一批企业急需技术技能型、复合技能型人才，以及高新技术发展需要的知识技能型人才。2003 年，全国的企业在职职工中，当年接受各种岗位技能培训的达 3 400 万人次。

——加强再就业培训。中国政府把再就业培训作为促进下岗失业人员再就业的常规性制度确立下来。1998—2000 年，政府组织实施了“三年千万再就业培训计划”。三年间，累计培训下岗职工 1 300 万人，其中 65%的人实现了再就业。在总结经验的基础上，又组织实施了第二期“三年千万再就业培训计划”。2001—2003 年，通过灵活多样的培训形式，共组织 1 530 万下岗失业人员参加再就业培训。1998 年以来，在全国 30 个城市开展创业培训工作。通过组织开展培训指导、政策咨询和跟踪服务，切实提高下岗失业人员从事个体、私营经济或创办小企业的能力。全国各级工会开办的职业培训机构，累计培训了下岗失业人员 360 万人次。2003 年，全国共有近 28 万人参加了创业培训，其中有近 14 万人成功创业或自谋职业。

——发展远程培训。中国政府利用信息网络技术和卫星数据传输技术，大力发展远程培训。国家加快远程职业培训总体规划的制定和实施，逐步形成社会化、开放式的培训网络。

全面推行职业资格证书制度

中国自 1994 年实行职业资格证书制度以来，已初步建立起职业资格证书制度的法律法规和工作体系。1999 年，中国政府要求在全社会实行学历证书、职业资格证书并重的制度。2000 年，初步建立起就业准入制度框架。目前，中国已基本建立起与国家职业资格相对应，从初级、中级、高级技工直至技师、高级技师的五级职业资格培训体系，并使之成为劳动者终身学习体系的重要组成部分。目前，全国有职业技能鉴定机构 8 万多个，职业技能鉴定考评人员 18 万人，职业技能鉴定平均通过率为 84%，共有 4 500 万人（次）获得职业资格证书。

开展技能竞赛和技术能手表彰活动

中国的职业技能竞赛分为国家、省和市三级竞赛。国家级技能竞赛一般每两年举办一次。同时，政府、工会、企业三方密切合作，开展行业性的和企业一级的职业技能竞赛，提高职工的职业技能水平。2003 年，全国参加技术练兵、技术比武活动的职工达 1 800 余万人。从 1995 年开始，国家每年评选表彰 10 名“中华技能大奖”和 100 名“全国技术能手”。

四、农村劳动力就业

农村人口占中国人口的大多数，中国政府高度重视农村的就业问题。中国政府坚持走大中小城市和小城镇协调发展的中国特色城市化道路，统筹城乡经济社会发展，调整农业和农村经济结构，扩大农村就业容量，采取多种措施推动农村富余劳动力向非农产业转移，并逐步消除不利于城市化发展的体制和政策障碍，引导农村劳动力合理有序流动。

调整农业和农村经济结构

中国政府积极调整农业和农村经济结构，大力发展传统种植业以外的农业产业，扩大农业综合开发，提高农业综合效益。国家大力推进农业产业化经营，发展农产品加工、销售、储运、保鲜等产业，延长农业产业链。采取财政、税收、信贷等方面的优惠政策，扶持一批重点龙头企业加快发展。鼓励农业服务组织创新，培育经纪人队伍，全面发展农业社会化服务。中国政府将发展乡镇企业作为解决农村富余劳动力就业的一条重要出路。20 多年来，通过体制创新、技术改造、布局优化和产业升级，不断提高乡镇企业的市场竞争力。目前，乡镇企业已经具有相当的规模和经济总量，成为繁荣农村经济、增加农民收入的重要力量和安排农村富余劳动力就业的主渠道。2003 年，全国乡镇企业实现增加值 36 686 亿元，占国内生产总值的 31.4%，已经成为国民经济的重要支柱；吸纳农村富余劳动力 1.36 亿人，占农村劳动力的 27.8%。

引导农村劳动力合理有序流动就业

2003 年，中国农村劳动力到乡以外地方流动就业的人数已超过 9 800 万人，是 1990 年 1 500 万人的 6 倍以上。20 世纪 90 年代后，农民离乡外出就业平均每年以 500 万人左右的规模迅速增加，成为农村劳动力转移的主要渠道。90 年代以来，中国政府对农民工进城实行“公平对待、合理引导、完善管理、搞好服务”的方针，对农民进城就业加强引导和服务，建立了劳务协作制度、就业服务制度、重点监控制度等有效的管理服务制度，充分发挥政府在信息导向、管理服务方面的职能作用。在此基础上，大力加强公共就业服务机构建设，建立健全劳务用工信息网络，开展用工信息调查并及时分析发布企业用工需求信息。加强农村劳动力职业培训，制定《2003—2010 年全国农民工培训规划》，将在七年内对拟转移的 6 000 万农村劳动力开展引导性培训和职业技能培训，提高农民工整体素质和就业能力。中国政府从国民经济和社会发展的全局出发，积极采取措施，引导农民进城按需有序流动就业。

维护农民工合法权益

中国政府逐步健全对进城务工农民的劳动合同管理，用人单位招用农民工，必须依法签订劳动合同，明确单位和农民工的权利和义务。加强劳动力市场清理整顿，加强对用工单位、中介机构的监督检查力度，加强对工资支付、劳动条件等方面的管理，集中开展农民工权益保障专项执法检查，严肃查处非法职业介绍和编造虚假用工信息坑害农民工的行为，有效维护了农民工合法权益和劳动力市场秩序。积极探索发展农民工社会保险的途径，广东、福建、北京等主要劳务输入地区已经将社会保险的覆盖范围向农民工延伸，制定了相应的政策法规，积极开展农民工工伤、医疗、养老等社会保险工作。

实施农村劳动力开发就业试点

1991 年以来，中国政府在一些地区实施农村劳动力开发就业试点项目，探索不同自然、经济和社会条件下农村劳动力开发就业的具体途径、实现方式和政策措施，建立与各种就业方式相配套的社会化服务体系和组织管理形式，研究政府统筹管理城乡就业的政策、法规和宏观调控办法，促进农村劳动力就业。目前，以城乡就业统筹、返乡创业、农村劳动力转移培训和推进西部开发就业为主要内容的试点工作，正在全国 26 个省市的 98 个县市深入开展。

五、妇女、青年和残疾人就业

中国政府一贯十分关注和高度重视妇女、青年和残疾人就业问题，对男女平等就业赋予了法律保障，积极采取优惠政策保护残疾人就业。

保障妇女平等就业权利

《中华人民共和国宪法》《中华人民共和国劳动法》《中华人民共和国妇女权益保障法》对保障妇女就业权利均有专门规定。国家保护妇女享有与男子平等的劳动权利，消除就业性别歧视，实行男女同工同酬，保障女职工在经期、孕期、产期和哺乳期以及在工作场所受到特殊劳动保护。2001 年 5 月，中国政府颁布《中国妇女发展纲要（2001—2010 年）》，确定了促进妇女就业的发展目标。随着经济的持续快速增长，以及适合女性就业的产业和行业的发展，妇女就业人数不断增长，就业领域不断拓宽。中国城乡妇女就业人数从 1990 年的 2.91 亿增加到 2003 年的 3.37 亿。目前，城镇单位女性从业人员为 4 156 万人，占城镇单位从业人员总数的 38%。在中国政府推进经济体制改革和经济结构调整过程中，出现了一批女性下岗失业人员。为扶持女性特别是大龄女性下岗失业人员再就业，各级政府积极开发和拓展适合女性就业的行业和领域，实行更加灵活的就业形式，为不同就业需求的女性提供就业机会；政府公共职业介绍机构免费为下岗失业女性提供政策咨询、岗位信息、职业指导和职业介绍等服务，积极开展对女性的职业技能培训。1998—2003 年，在累计 1 336 万女性下岗失业人员中，共有 972 万人实现了创业和再就业。政府支持妇联组织积极开展妇女创业和再就业工作，1998—2003 年，各级妇联共培训下岗失业妇女 580 万人次，直接帮助 250 万名妇女实现再就业。政府建立了生育保险制度，规定生育保险费由企业缴纳，职工个人不缴费，为妇女平等参与就业竞争营造了良好环境。

促进青年就业

中国青年人口规模大，每年新成长劳动力数以千万计，青年就业问题日益突出。城镇登记失业人员中，35 岁以下的占 70%左右。为缓解全社会的就业压力，提高青年劳动者的技能素质，中国政府对未能升学的初高中毕业生全面实行一至三年的劳动预备制培训。在各类中等职业学校开设了职业指导的必修课程。同时，以促进学生充分就业为目标，大力加强职业指导工作，加强就业服务和创业教育工作。为解决大学毕业生就业问题，中国政府实施了促进高校毕业生就业的若干措施，主要有：坚持市场导向、政府调控、学校推荐、学生与用人单位双向选择的改革方向，鼓励高校毕业生到基层和艰苦地区工作，充实城市社区和农村乡镇单位；鼓励各类企事业单位特别是中小企业和民营企事业单位聘用高校毕业生；鼓励高校毕业生自主创业和灵活就业，为他们提供税收优惠、小额贷款和创业培训；建立健全高校毕业生就业服务信息网络，做好就业指导和就业服务工作。同时，引导高校适应市场要求调整专业结构和人才培养结构。2003 年，政府实施高等职业院校毕业生职业资格培训工程，集中职业技能培训优质资源，对高等职业院校中没有落实工作的毕业生提供培训和服务，为高等职业院校毕业生自主就业创造条件。上海等地实施了青年见习计划，按照政府补偿、社会援助、企业自愿的原则，在有条件的企业建立高等院校毕业生就业实习基地，组织暂时未就业的毕业生进行实际锻炼，增强上岗适应性。

帮助残疾人就业

中国目前有残疾人 6 000 万人，约占全国人口总数的 5%。其中处于劳动年龄段的有 2 400万人。改革开放以来，中国在促进残疾人就业方面，积极发挥政府和社会的主导作用，努力创造残疾人平等参与社会生活的良好环境。中国法律规定，国家保障残疾人劳动的权利，政府对残疾人劳动就业统筹规划，为残疾人创造劳动就业条件。为保障残疾人就业的合法权益，政府加强监察执法，及时发现和纠正用人单位违反法律法规侵害残疾人合法权益的行为。中国实行集中就业与分散就业相结合的方针，采取优惠政策和扶持保护措施，通过多渠道、多层次、多种形式促进残疾人就业。集中就业是指国家和社会举办残疾人福利企业、工疗机构、按摩医疗机构和其他福利性企业事业组织集中安排残疾人就业。政府通过给予税收减免等优惠政策，鼓励发展福利企业，以吸纳更多的残疾人就业。分散就业是指用人单位按比例安排残疾人就业，并为其选择适当的工种和岗位，达不到规定比例要求的，单位要缴纳残疾人就业保障金。国家还采取各种优惠政策和扶持措施鼓励城乡残疾人个体劳动者就业，并通过扶贫贴息贷款方式帮助具有一定劳动能力的贫困残疾人进行自主创业和发展一些能够增加收入的项目。同时，政府和社会组织积极开展对残疾人的就业服务，为残疾人免费提供职业指导、职业介绍和职业培训。截至 2003 年底，全国城镇残疾人已就业人数为 403.1 万人，其中集中就业 109.1 万人，分散就业 123.6 万人，个体就业 170.4 万人。农村残疾人已就业人数为 1 685.2 万人。残疾人就业率为 83.9%。

六、21 世纪前期就业展望

21 世纪前 20 年，中国进入全面建设小康社会的新时期。中国政府清醒地认识到，由于受人口基数、人口年龄结构、人口迁移以及社会经济发展进程等诸多因素的影响，21世纪前20年中国仍然面临较大的就业压力。未来20年，中国16岁以上人口将以年均550万人的规模增长，到2020年劳动年龄人口总规模将达到9.4亿人。“十五”时期（2001—2005年）劳动年龄人口增长最为迅速，年均增长1 360万人。在劳动年龄人口持续增长的同时，目前尚有1.5亿农村富余劳动力需要转移，有1 100万以上的下岗失业人员需要再就业。在劳动力供求总量矛盾尖锐的同时，劳动力素质与岗位需求不相适应的结构性失业问题日益凸显。

还应该看到，在21世纪前期，解决中国的就业问题也存在诸多有利条件：中国政府高度重视就业问题，坚持以人为本，树立全面、协调、可持续的发展观，促进经济社会和人的全面发展，为进一步解决好就业问题提供了思想认识基础；经过多年的探索和实践，解决就业问题的大政方针已定，方向明确，措施配套，以市场为导向的就业机制初步形成，为解决好就业问题提供了政策和机制保障；经济保持持续、快速、协调和健康发展，财政收入增长较快，经济结构调整顺利推进，企业经济收益明显好转，第三产业发展加快，必将对就业形成强有力的拉动；坚持推进西部大开发、振兴东北地区等老工业基地、促进中部地区崛起、鼓励东部地区加快发展的促进地区协调发展战略的实施，以及城镇化步伐的加快，将为解决就业问题带来新的机遇；随着各项促进就业政策的深入落实和完善，政策效应将进一步释放，就业和创业环境将进一步改善；加入世界贸易组织，对外贸易的不断增长，中国经济与世界经济联系的更加紧密，将为解决就业问题提供良好的外部环境。

总体目标

21世纪前期，中国解决就业问题的总体目标是：按照全面建设小康社会的总体要求，树立和落实科学的发展观，适应经济社会发展对人力资源的开发利用的需求，满足广大劳动者参与劳动和提高收入水平的愿望，努力实现社会就业比较充分，将失业率控制在社会能够承受的范围内。通过发展经济、改善结构带动大量就业岗位的开发，通过加强教育培训带动劳动者就业能力的开发，使中国丰富的劳动力资源得到比较充分的开发和合理利用；创造更加良好的劳动者自主择业、自由流动、自主创业的环境，形成稳定的促进就业政策和制度，健全城乡统一、内外开放、平等竞争、规范有序的劳动力市场，保持就业渠道通畅；将社会失业率和平均失业周期控制在社会可承受的范围内，使有劳动能力和就业愿望的劳动者都能够得到平等就业机会或处于积极准备就业的状态。到2020年，就业总量达到8.4亿，失业率控制在社会可承受的水平；大部分人有机会就业，少量失业者基本生活有保障并为就业做准备，社会总体上处于比较充分的就业状态。

主要措施

——继续保持经济较快增长，把就业和再就业工作放在更加突出的位置。坚持扩大内需的方针，保持国民经济持续快速健康发展，为扩大就业提供强大动力。制定经济增长和产业调整政策时，突出创造就业岗位和扩大就业的战略目标，把创造更多的就业机会作为重要发展目标，并积极体现到制定国民经济和社会发展计划、产业政策、财税政策、投资政策、金融货币政策等宏观经济政策上来，实现国民经济快速健康发展和促进充分就业的双重目标。

——经济结构调整与就业结构改善协调推进，扩大就业容量。加大产业结构、所有制结构和企业结构的调整力度。注重发展劳动密集型产业，更充分地发挥其在吸纳劳动力就业方面的重要作用。将第三产业作为今后扩大就业的主攻方向，特别是利用服务业的社会需求大和发展前景广阔的优势，进一步发挥其扩大就业的作用。继续支持和引导非公有制经济发展，进一步贯彻落实鼓励中小企业和多种所有制经济发展的各项政策措施，在投融资、税收、技术服务、市场开发、信息咨询和人员培训等方面加大扶持力度，支持它们在促进就业和再就业方面发挥更大作用。在继续深化国有企业改革中，通过实行主辅分离、辅业改制，分流安置富余人员，实现国有企业改革、经济结构调整与就业结构调整的协调推进。

——坚持城乡经济社会协调发展，统筹城乡就业。坚持大中小城市和小城镇协调发展、走中国特色的城镇化道路，消除不利于城镇化发展的体制和政策障碍，为农民创造更多的就业机会。取消对农民进城就业的限制性规定，逐步统一城乡劳动力市场，加强引导和管理，形成城乡劳动者平等就业的制度。依法维护进城农民工的合法权益，引导农村富余劳动力平稳有序转移。推进乡镇企业改革和调整，大力发展县域经济，积极拓展农村就业空间。

——建立和完善以劳动者自主就业为主导、以政府法律制度为基础的市场就业机制。更充分地发挥市场机制在劳动力资源配置中的基础性作用，特别是要形成以劳动者自主就业为主导的新格局。顺应用工需求多样化的趋势，因势利导地推行灵活多样的就业形式；改善创业环境，鼓励个人创业，以创业带动就业；全面加强政府公共就业服务机构建设，加强职业介绍、职业指导、职业培训，提供优质就业服务。加强法制建设，明确政府促进就业的责任，规范企业用人行为和劳动力市场秩序，保障劳动者平等就业权利的实现。加快培育和发展劳动力市场，建立起以劳动者自主就业为主导、以市场调节就业为基础、以政府促进就业为动力的就业机制。

——提高教育水平，加强职业培训，使人力资源能力建设水平与经济发展的要求相适应。充分发挥各种教育资源的作用，加强人力资源能力建设，着力推进素质教育，重视培养实践能力，努力提高教育质量，为社会主义现代化建设造就数以亿计的高素质劳动者、数以万计的专门人才和一大批拔尖创新人才。适应市场需要和劳动者素质提高的要求，加强基础教育，积极发展高等教育，大力发展职业教育、成人教育和其他继续教育，逐步形成社会化的终身培训、终身教育体系。适应经济发展和科技进步对劳动者的知识水平和劳动技能提出的越来越高的要求，进一步调整职业教育结构，增加投入，建设现代职业教育体系，大力加强技术工人尤其是高级技术工人和技师的培养。适应农村经济结构调整和农村富余劳动力转移的要求，重视农民的基础教育和各类专业技能培训。全面推行劳动预备制度和就业准入制度，实现提高青年劳动者就业能力和调节劳动力供给双重目标。建立和完善职业资格证书制度，大力推行学历证书与职业资格证书并重制度，在全社会所有技术性职业工种全部推行职业资格证书制度，实现从学校教育到社会就业的紧密衔接。

——合理安排社会保障与就业，对困难群体实行基本生活保障和就业援助。通过不断完善失业保险制度和城市居民最低生活保障制度，切实保障困难群体的基本生活。继续大力实施就业援助，开发适合困难群体特点的就业岗位特别是公益性就业岗位，通过优惠政策鼓励企业招用、免费就业服务等政策措施，促进困难群体实现再就业。

——提高对外开放水平，发挥中国劳动力资源优势。大力组织具有优势的劳动密集型农产品的生产和加工。在不断增加高技术含量和高附加值工业品出口的同时，努力提高劳动密集型产品的出口竞争力和市场占有率，以保持和增加国内就业岗位。合理引导外商向劳动密集型产品或劳动密集型和资本密集型相结合的产业投资，尽可能多地增加就业岗位。积极实施“走出去”战略，努力开拓国际劳务市场。

四、《中国的社会保障状况和政策》白皮书

中国的社会保障状况和政策

（国务院新闻办公室　2004年9月）

前　言

社会保障是现代国家最重要的社会经济制度之一。建立健全与经济发展水平相适应的社会保障体系，是经济社会协调发展的必然要求，是社会稳定和国家长治久安的重要保证。

中国是世界上最大的发展中国家，人口众多，经济发展起点低，地区之间、城乡之间发展不平衡，完善社会保障体系的任务十分艰巨和繁重。

中国政府从国情出发，坚持以人为本，高度重视并积极致力于社会保障体系的建立和完善。《中华人民共和国宪法》明确规定，国家建立健全同经济发展水平相适应的社会保障制度。中国政府把发展经济作为改善民生和实现社会保障的基本前提。

在1978年改革开放前，中国长期实行与计划经济体制相统一的社会保障政策，最大限度地向人民提供各种社会保障。20世纪80年代中期以来，伴随着社会主义市场经济体制的建立和完善，中国对计划经济时期的社会保障制度进行了一系列改革，逐步建立起与市场经济体制相适应，由中央政府和地方政府分级负责的社会保障体系基本框架。

中国的社会保障体系包括社会保险、社会福利、优抚安置、社会救助和住房保障等。社会保险是社会保障体系的核心部分，包括养老保险、失业保险、医疗保险、工伤保险和生育保险。

一、养老保险

中国已经进入老龄社会，老龄化速度快，老年人口规模大，本世纪30年代人口老龄化将达到高峰。为保障老年人的基本生活，维护老年人合法权益，中国政府不断完善养老保险制度，改革基金筹集模式，建立多层次养老保险体系，努力实现养老保险制度的可持续发展。

加强城镇职工基本养老保险制度建设

——改革城镇企业职工基本养老保险制度。1997年，中国政府统一了全国城镇企业职工基本养老保险制度，实行社会统筹与个人账户相结合。企业职工达到法定退休年龄（男性职工60周岁，女性干部55周岁，女性工人50周岁），且个人缴费满15年的，退休后可以按月领取基本养老金。基本养老金主要由基础养老金和个人账户养老金构成，基础养老金月标准相当于当地上年度职工月平均工资的20%左右，个人账户养老金月标准为本人个人账户（比例为本人工资的11%）累计储存额的1/120。国家参照城市居民生活费用价格指数和职工工资增长情况，对基本养老金水平进行调整。2003年，企业参保退休人员月平均基本养老金为621元。

——扩大基本养老保险覆盖范围。中国的基本养老保险最初只覆盖国有企业和城镇集体企业及其职工。1999年，中国把基本养老保险的覆盖范围扩大到外商投资企业、城镇私营企业和其他城镇企业及其职工。省、自治区、直辖市根据当地实际情况，可以规定将城镇个体工商户纳入基本养老保险。2002 年，中国把基本养老保险覆盖范围扩大到城镇灵活就业人员。2003 年，全国基本养老保险参保人数达 15 506 万人，其中参保职工 11 646 万人。

——开展完善基本养老保险制度改革试点。2001 年，中国政府开始进行完善基本养老保险制度改革试点，主要包括：逐步做实个人账户，实现部分基金积累，探索基金保值增值办法；改革基础养老金计发办法，将基础养老金水平与职工参保缴费年限更加紧密地联系起来，职工参保缴费 15 年后每多缴费一年增发一定比例的基础养老金；统一灵活就业人员的参保缴费办法，缴费基数统一为当地职工平均工资，缴费比例统一为 20%。在辽宁省进行试点的基础上，2004 年将试点范围扩大到吉林、黑龙江两省。

——探索改革机关和事业单位退休制度。中国的国家机关和事业单位工作人员实行不同于企业的离退休养老制度。2003 年，机关事业单位有离休人员 67 万人，退休人员 931 万人。20 世纪 90 年代起，部分地区开始探索改革机关事业单位退休制度，进行离退休费用社会统筹的改革试点。2003 年底，参加社会统筹试点职工 1 199 万人，离退休人员 258 万人。

多渠道筹集基本养老保险基金

在人口老龄化加速、退休人员不断增多的背景下，中国的基本养老保险基金支付压力越来越大。为确保基本养老金按时足额发放，中国政府通过多种渠道筹集基本养老保险基金。

——实行企业和职工共同缴费。企业缴费一般不超过企业工资总额的 20%，具体比例由省、自治区、直辖市人民政府确定；职工个人按本人工资的 8%缴费。城镇个体工商户和灵活就业人员参加基本养老保险，由个人按当地社会平均工资的 18%左右缴费。2003 年，全国企业基本养老保险征缴收入总额为 2 595 亿元。

——增加财政对基本养老保险基金的补助。国家规定，各级政府都要加大调整财政支出结构力度，增加对社会保障的投入。2003 年，各级财政补助基本养老保险基金 544 亿元，其中中央财政补助 474 亿元。

——建立全国社会保障基金。2000 年，中国政府决定建立全国社会保障基金。全国社会保障基金的来源包括：国有股减持划入资金及股权资产、中央财政拨入资金、经国务院批准以其他方式筹集的资金及投资收益。全国社会保障基金由全国社会保障基金理事会负责管理，按照《全国社会保障基金投资管理暂行办法》规定的程序和条件实行市场化运营。全国社会保障基金是养老保险等各项社会保障得以实施的重要财力储备，2003 年底已积累资金 1 300多亿元。

推进养老保险管理服务社会化

中国企业过去要负担本企业退休人员基本养老金的发放和人员管理工作。为保证退休人员基本养老金按时足额发放，减轻企业社会事务负担，政府积极推进基本养老金社会化发放。2003 年底，企业退休人员基本养老金全部实现社会化发放，已有 84.5%的企业退休人员实现社会化管理服务。

为全面提高社会保险管理水平，适应劳动力转移流动中社会保险关系接续的需要，中国政府自 2003 年起开始实施“金保工程”，目标是实现社会保障信息的全国计算机联网运行。目前已初步实现养老保险信息的中央和省级的联网。

建立多层次养老保险体系

近年来，中国政府大力推进多层次养老保险体系建设，在按规定参加基本养老保险的基础上，有条件的企业可为职工建立企业年金。企业年金费用由企业和职工个人共同缴纳，实行基金完全积累，采用个人账户方式进行管理。企业年金基金实行市场化管理和运营。2003 年，已有近 700 万人参加了企业年金计划。此外，国家还鼓励开展个人储蓄性养老保险。

21世纪前20年，是中国养老保险事业发展的关键时期。国家将继续完善社会统筹与个人账户相结合的基本养老保险制度，逐步做实个人账户。将符合条件的城镇从业人员全部纳入基本养老保险。建立健全省级养老保险调剂基金，在完善市级统筹基础上逐步实行省级统筹。

二、失业保险

中国政府在推动企业用工制度改革和建立市场导向就业机制的同时，加快建立和完善失业保险制度，保障职工失业后的基本生活，帮助失业人员实现再就业，推进国有企业下岗职工基本生活保障制度向失业保险并轨。2003年底，全国参加失业保险人数达10 373万人，全年共为742万失业人员提供了不同期限的失业保险待遇。

规范完善失业保险制度

中国政府于1999年颁布《失业保险条例》，使失业保险制度更加规范和完善。

——参保范围和缴费。城镇企业事业单位及其职工必须参加失业保险。用人单位按照本单位工资总额的2%、职工按照本人工资的1%缴纳失业保险费；统筹地区的失业保险基金不敷使用时，由失业保险调剂金调剂、地方财政补贴。

——享受条件。失业人员享受失业保险待遇需要具备三个条件：缴纳失业保险费满一年；非因本人意愿中断就业；已办理失业登记并有求职要求。

——失业保险金标准。省、自治区、直辖市人民政府按照低于当地最低工资标准、高于城市居民最低生活保障标准的水平，确定本地区失业保险金标准。享受期限的具体规定是：失业人员失业前所在单位和本人按照规定累计缴费时间满1年不足5年的，领取期限最长为12个月；满5年不足10年的，最长为18个月；10年以上的，最长为24个月。

——其他失业保险待遇。失业人员在领取失业保险金期间患病，可领取医疗补助金；在领取失业保险金期间死亡，其遗属可领取丧葬补助金和遗属抚恤金；在领取失业保险金期间还可享受职业培训和职业介绍补贴。

——城镇企业事业单位招用的农民合同制工人参加失业保险。用人单位按规定缴费，个人不缴费。连续工作满一年，劳动合同期满未续订或提前解除劳动合同的，可以根据工作时间长短申领一次性生活补助。

促进再就业

在保障失业人员基本生活的同时，国家积极探索失业保险对促进再就业的有效办法。加强失业保险服务和就业服务的有机衔接；及时进行失业登记，积极提供就业信息，全面开展就业指导和职业介绍，帮助失业人员在技能、心理方面提高竞争就业的能力；增加失业保险基金对职业介绍、职业培训的投入；通过直接组织培训和政府购买成果的形式，广泛开展技能培训，增强失业人员的再就业能力。

保障国有企业下岗职工基本生活

1998年，鉴于国有企业分流富余人员的压力加大，而失业保险支撑能力尚显不足的实际情况，中国政府建立国有企业下岗职工基本生活保障制度，确保国有企业下岗职工的基本生活。

——确保国有企业下岗职工基本生活费按时足额发放。有下岗职工的国有企业普遍建立再就业服务中心，下岗职工进中心后，由中心为其发放基本生活费，基本生活费标准略高于当地失业保险金标准。中心还为下岗职工缴纳养老、医疗、失业等社会保险费。中心用于保障下岗职工基本生活和缴纳社会保险费用的资金，原则上采取“三三制”的办法解决，即财政预算安排1/3、企业负担1/3、社会筹集（主要从失业保险基金中调剂）1/3。1998年至2003年，全国共有2 400多万国有企业下岗职工进入中心，其中有近1 900万人出中心实现再就业，进中心下岗职工基本按时足额领到了基本生活费并由中心代缴了社会保险费。

——建立“三条保障线”制度。1998年

以来，中国政府建立了以国有企业下岗职工基本生活保障、失业保险和城市居民最低生活保障为内容的“三条保障线”制度。下岗职工领取基本生活费的期限最长为三年；期满后未实现再就业的，可以按规定享受失业保险待遇；家庭人均收入低于当地城市居民最低生活保障标准的，可以按规定申请享受城市居民最低生活保障待遇。

——向失业保险并轨。随着失业保险制度的日臻完善和基金积累的增加，从 2001 年开始，实行国有企业下岗职工基本生活保障制度向失业保险并轨，国有企业不再建立新的再就业服务中心；企业新的减员原则上也不再进入中心，由企业依法与其解除劳动关系，按规定享受失业保险待遇。

今后一个时期，中国劳动力总量过剩的矛盾和就业的结构性矛盾将持续存在，失业保险面临的压力仍然较大。中国政府将努力扩大失业保险覆盖范围，规范基金征缴和使用管理，在保障失业人员基本生活的同时，进一步发挥失业保险对促进再就业的作用。

三、医疗保险

在先行试点的基础上，中国政府于 1998 年颁布《关于建立城镇职工基本医疗保险制度的决定》，在全国推进城镇职工基本医疗保险制度改革。2003 年底，全国参加基本医疗保险人数达 10 902 万人，其中参保职工 7 975 万人，退休人员 2 927 万人。

建立城镇职工基本医疗保险制度

中国实行社会统筹与个人账户相结合的城镇职工基本医疗保险制度。这一基本医疗保险制度原则上实行属地管理。

——覆盖范围和缴费。基本医疗保险覆盖城镇所有用人单位和职工，包括所有机关、事业单位、各种类型企业、社会团体和民办非企业单位的职工和退休人员。城镇灵活就业人员也可以参加基本医疗保险。基本医疗保险资金来源主要为用人单位和个人共同缴纳医疗保险费：用人单位缴费比例为职工工资总额的 6%左右；个人缴费为本人工资的 2%；退休人员个人不缴费。个人缴费全部划入个人账户，单位缴费按 30%左右划入个人账户，其余 70%左右建立统筹基金。

——支付标准。医疗费由医疗保险基金和个人共同分担：门诊（小额）医疗费用主要由个人账户支付；住院（大额）医疗费用主要由统筹基金支付。统筹基金有明确的起付标准和最高支付限额，起付标准原则控制在当地职工年平均工资的 10%左右，最高支付限额一般为当地职工年平均工资的 4 倍左右。起付标准以上、最高支付限额以下的医疗费用，主要从统筹基金中支付，个人也要负担一定比例。退休人员个人负担医药费的比例适当低于在职职工。

加强医疗保险管理服务

为规范医疗服务行为，降低成本，国家同步推进基本医疗保险制度改革、医疗卫生体制改革和药品生产流通体制改革。制定国家基本医疗保险药品、诊疗项目和医疗服务设施的目录；保证参保人员享受必要的医疗服务，限制不合理的医疗费用支出，以提高基本医疗保险基金的利用效率；对提供服务的医疗机构和药店实行定点管理，建立竞争机制，选择医疗行为规范、服务较好的医疗机构和药店作为医疗保险定点机构；制定和不断完善医疗保险经办机构与定点医疗机构的费用结算办法。

完善多层次医疗保障体系

在建立基本医疗保险制度的同时，为满足不同参保人员的医疗需求，国家建立和完善多层次医疗保障体系，减轻参保人员的个人负担。各地区根据实际情况，普遍建立了大额医疗费用补助制度，其资金来源主要由个人或企业缴费，以解决超过基本医疗保险最高支付限额以上的医疗费用。国家鼓励企业为职工建立补充医疗保险，主要用于解决企业职工基本医疗保险待遇以外的医疗费用负担。企业补充医疗保险费在工资总额 4%以内的部分，从成本中列支。针对国家公务员及原享受公费医疗的事业单位人员，建立公务员医疗补助制度。国家逐步建立主要由政府投入支持的社会医疗救助制度，为特殊困难群体提供基本医疗保障。

中国医疗保险制度改革还面临着诸多艰巨任务。今后，国家将进一步扩大医疗保险覆盖面，将符合条件的城镇各类从业人员逐步纳入基本医疗保险。加强和完善医疗保险管理和服务，控制医疗费用不合理增长，为参保人员提供更好的服务。建立健全多层次医疗保障体系，逐步减轻参保人员的个人负担，实现医疗保险制度的稳健运行和可持续发展。

四、工伤保险

中国政府努力建立职工的工伤预防、工伤补偿和工伤康复相结合的工伤保险制度。2004年1月，国家颁布的《工伤保险条例》实施后，工伤保险的覆盖范围迅速扩大，截至2004年6月底，参加工伤保险的职工人数达4 996万人。

建立工伤保险基金统筹制度

国家规定，各类企业和有雇工的个体工商户均应参加工伤保险，为本单位全部职工或者雇工缴纳工伤保险费，劳动者个人不缴费。工伤保险实行以支定收、收支平衡的基金筹集模式，由地级以上城市建立统筹基金。政府根据不同行业的工伤风险程度确定行业差别费率，并根据工伤保险费使用、工伤发生率等情况在每个行业内确定若干费率档次。

明确保障待遇

工伤保险实行“无过失补偿”的原则。待遇项目主要包括：工伤医疗费用；根据劳动能力丧失程度确定的伤残补助金、伤残津贴、伤残护理费；因工死亡劳动者直系亲属领取的丧葬补助金、供养亲属抚恤金和一次性工亡补助金等。给付工伤保险待遇的主要条件是：职工在工作时间、工作区域内，因工作原因发生意外事故伤害或患职业病。

实行劳动能力鉴定制度

国家统一制定和颁布职工工伤与职业病致残程度鉴定标准，对因工负伤职工经治疗伤情相对稳定后存在残疾且影响劳动能力的，进行劳动能力鉴定。劳动能力鉴定包括劳动功能障碍程度和生活自理障碍程度的等级鉴定。在省级和设区的市一级设立由政府有关部门、工会组织和用人单位等方面代表组成的劳动能力鉴定委员会，负责对伤残职工进行劳动能力鉴定。劳动能力鉴定由用人单位、工伤职工或其直系亲属向设区的市一级劳动能力鉴定委员会提出申请。劳动能力鉴定委员会建立医疗卫生专家库，在收到劳动能力鉴定申请后，随机抽取专家进行鉴定，提出鉴定意见，并据此作出鉴定结论。

加强工伤预防和职业康复

中国政府采取改进工程技术、进行宣传教育、制定安全规程、实施安全卫生标准，以及通过工伤保险单位费率浮动机制促进用人单位改进安全生产条件等措施，积极开展工伤和职业病预防工作。按照“安全第一、预防为主”的原则，督促企业和职工遵守劳动安全卫生法规和制度，严格执行国家劳动安全卫生规程和标准，防止劳动过程中的事故，减少职业危害。

国家积极探索开展职业康复工作，对工伤职工进行工伤康复、心理康复、职业培训、就业指导，并在一些地区建立了职业康复中心和康复医院，帮助工伤职工克服由工伤带来的生理和心理障碍，恢复健康和工作能力，重返工作岗位。

五、生育保险

国家于1988年开始在部分地区推行生育保险制度改革。2003年底，全国参加生育保险的职工有3 655万人；全年共有36万名职工享受生育保险待遇。

生育保险制度主要覆盖城镇企业及其职工，部分地区覆盖了国家机关、事业单位、社会团体、企业单位的女职工。生育保险费由参保单位按照不超过职工工资总额1%的比例缴纳，职工个人不缴费；没有参保的单位，仍由其承担支付生育保险待遇的责任。职工生育依法享受不少于90天的生育津贴。女职工生育或流产后，其工资、劳动关系保留不变，按规定报销医疗费用。

六、社会福利

中国政府积极推进社会福利事业的发展，通过多种渠道筹集资金，为老年人、孤儿和残疾人等群体提供社会福利。

老年人社会福利

《中华人民共和国老年人权益保障法》规定，国家和社会采取措施，改善老年人生活、健康以及参与社会发展的条件。各级政府将老年事业纳入国民经济和社会发展计划，逐步增加对老年事业的投入，并鼓励社会各方面投入，使老年事业与经济、社会协调发展。近年来，通过推进社会福利社会化，逐步形成以国家、集体举办的老年社会福利机构为骨干，以社会力量举办的老年社会福利机构为新的增长点，以社区老年人福利服务为依托，以居家养老为基础的老年人社会服务体系。目前，中国共有各类老年人社会福利机构 3.8 万个，床位数 112.9 万张，平均每千名 60 岁以上的老年人拥有床位 8.4 张。2001 年，国家开始实施“全国社区老年福利服务星光计划”，截至 2004 年 6 月，全国城乡共新建和改建社区“星光老年之家”3.2 万个，总投入 134.9 亿元。

儿童社会福利

依据《中华人民共和国未成年人保护法》《中华人民共和国教育法》等法律法规，国家为儿童提供教育、计划免疫等社会福利，特别是为残疾儿童、孤儿和弃婴等处在特殊困境下的儿童提供福利项目、设施和服务，保障其生活、康复和教育。目前，全国共有 192 个专门儿童福利机构和近 600 个综合福利机构中的儿童部，收养 5.4 万名孤残儿童。全国各地还兴办康复中心、弱智儿童培训班等社区孤儿、残疾人服务组织近万个。

中国政府决定，从 2004 年开始，用三年左右的时间，筹集 6 亿元资金，开展“残疾孤儿手术康复明天计划”，每年为 1 万名左右的残疾孤儿实施手术康复。争取到 2006 年，使全国社会福利机构中收养的具有手术适应症的残疾孤儿，都能得到有效的手术矫治和康复。

残疾人社会福利

国家颁布实施《中华人民共和国残疾人保障法》，为残疾人康复、教育、劳动就业、文化生活、社会福利等提供法律保障。政府通过兴办福利企业、实施按比例就业和扶持残疾人个体从业等形式，帮助残疾人实现就业；采取临时救济和集中供养以及兴办残疾人福利安养机构等福利措施，对残疾人提供特别照顾。截至 2003 年底，全国城镇共有 403 万残疾人实现就业，农村共有 1 685 万残疾人从事生产劳动；259 万贫困残疾人得到生活保障；44.2 万残疾人在各类福利院、养老院享受集中供养、五保供养；246 万残疾人得到临时救济、定期补助和专项补助；累计扶持 701 万贫困残疾人解决基本温饱。2003 年，各级政府安排残疾人事业费 15 亿元，募集社会福利资金近 1 亿元。

七、优抚安置

优抚安置制度是中国政府对以军人及其家属为主体的优抚安置对象进行物质照顾和精神抚慰的一种制度。目前，中国有 4 000 多万优抚安置对象。

中国政府为保障优抚对象的权益，陆续颁布了《革命烈士褒扬条例》《军人抚恤优待条例》等法规。国家根据优抚对象的不同及其贡献大小，参照经济、社会发展水平，确立不同的优抚层次和标准。对于烈士遗属、牺牲和病故军人遗属、伤残军人等对象实行国家抚恤，对老复员军人等重点优抚对象实行定期定量生活补助；对义务兵家属普遍发放优待金；残疾军人等重点优抚对象享受医疗、住房、交通、教育、就业等方面的社会优待。2003 年，享受国家抚恤补助的优抚对象为 465 万人，国家各级财政投入抚恤资金 87.9 亿元。

《中华人民共和国兵役法》《退伍义务兵安置条例》等法律法规，对退役军人的安置作出规定。政府为城镇退役士兵安排就业岗位，对自谋职业的城镇退役士兵发给一次性经济补助，并给予优惠政策扶持；对农村退伍义务兵在生产、生活、医疗等方面的困难，视不同情况予以解决。机关、团体、企事业单位招工时，在同等条件下优先录用城乡退伍军人。对报考大中专院校的，在同等条件下优先录取退伍军人。对退出现役的伤残军人，在就业、生活等方面给予适当照顾。对军队干部（含士官）退出现役，分别实行复员、转业和退休等安置办法。目前，各级政府普遍建立了相关工作机构。

中国政府将动员社会各方面力量，从保障优抚对象和退役军人的切实利益出发，不断完善各项优抚安置制度，提高优抚对象的保障水平，推进退役军人安置管理的法制化、制度化建设，维护优抚安置对象的合法权益。

八、社会救助

中国政府从国家发展的实际出发，最大限度地对生活困难的城乡居民实行最低生活保障，对受灾群众进行救济，对城市流浪乞讨人员予以救助，提倡并鼓励开展各种社会互助活动。

城市居民最低生活保障

1999年，中国政府颁布《城市居民最低生活保障条例》，规定：对持有非农业户口的城市居民，凡共同生活的家庭成员人均收入低于当地城市居民最低生活标准的，均可从当地政府获得基本生活物质帮助；对无生活来源，无劳动能力，无法定赡养人、扶养人或者抚养人的城市居民，可按当地城市居民最低生活保障标准全额救助。保障标准的制定主要依据城市居民的人均收入和人均生活消费水平、上年物价水平、生活消费物价指数、维持当地最低生活水平所必需的费用、需要衔接的其他社会保障标准以及维持吃穿住等基本生存所需物品和未成年人义务教育费用等，同时还考虑当地经济社会发展水平、本地符合最低生活保障条件人数以及财政承受能力等情况。城市居民最低生活保障资金由地方政府列入财政预算。对财政确有困难的地区，中央财政给予支持。截至2003年底，全国领取城市居民最低生活保障金的人数为2 247万人，月人均领取58元；当年全国各级政府财政支出最低生活保障资金156亿元，其中中央政府对中西部困难地区补助92亿元。

灾害救助

国家建立了针对突发性自然灾害的应急体系和社会救助制度。政府视人民生命安全为第一，灾害发生时及时抢救、转移受灾群众，灾后引导群众进行生产自救、互助互济，并动员社会各方力量参与，最大限度地减少灾害造成的人员伤亡和财产损失，确保受灾群众有饭吃、有衣穿、有房住、有病能医。各级政府在财政预算中安排救灾支出，用于救灾物资储备和转移救济灾民。2003年，各级政府共安排用于受灾群众生活方面的救灾资金53.1亿元，其中中央政府安排40.5亿元。

流浪乞讨人员救助

2003年8月1日，国家正式实施《城市生活无着的流浪乞讨人员救助管理办法》。该办法按照“自愿受助、无偿援助”的原则，对在城市生活无着的流浪乞讨人员给予关爱性的救助管理，根据受助人员的不同情况和需求，给予食宿、医疗、通讯、返乡及接送等方面的救助服务。截至2003年底，全国共建有救助管理站909个，当年救助生活无着的流浪乞讨人员21万多人。

社会互助

国家鼓励并支持社会成员自愿组织和参与扶弱济困活动，推动社会捐赠制度建设，建立健全经常性的捐助工作机构、工作网点和仓储设施，随时接受各种社会捐赠。2003年底，大中城市和有条件的小城市共有社会捐赠接收站点2.8万个。1996年至2003年，累计接受社会各界捐款捐物折合人民币230多亿元，衣被9.6亿件，得到援助的灾民、贫困群众达4亿多人次。基层政府通过兴办社区服务业，为贫困对象提供照顾和服务。中国各级工会组织每年开展对困难职工家庭的“送温暖”活动。从1994年到2004年初，共筹集慰问款181.1亿元，走访慰问困难职工5 577.8万户（次）。

中国各级工会组织积极开展互助保障活

动。2003年底，全国工会系统兴办职工互助保障组织1.8万个，参保人员723万人；开办职工互助保障的工会组织1 839个，参加人员1 485万人，累计有600余万人次获得了待遇给付。

九、住房保障

中国政府积极推进以住房公积金制度、经济适用住房制度、廉租住房制度为主要内容的城镇住房保障制度建设，不断改善城镇居民的住房条件。到2003年底，城镇居民人均住房建筑面积达到23.7平方米。

住房公积金制度

住房公积金制度是中国政府为解决职工家庭住房问题的政策性融资渠道。住房公积金由国家机关、事业单位、各种类型企业、社会团体和民办非企业单位及其在职职工各按职工工资的一定比例逐月缴存，归职工个人所有。住房公积金专户存储，专项用于职工购买、建造、大修自住住房，并可以向职工个人住房贷款，具有义务性、互助性和保障性特点。1994年，住房公积金制度在城镇全面推行。1999年，国家颁布《住房公积金管理条例》，并于2002年重新发布，使住房公积金制度逐步纳入法制化和规范化轨道。目前，已基本建立起住房公积金管理委员会决策、住房公积金管理中心运作、银行专户存储、财政监督的管理体制。住房公积金按规定可以享受列入企业成本、免交个人所得税等税收政策，存贷款利率实行低进低出原则，体现政策优惠。截至2003年底，全国建立住房公积金职工人数达6 045万人，累计归集公积金5 563亿元，职工因购建住房和退休等支取1 743亿元，累计发放个人住房贷款2 343亿元，支持327万户职工家庭购建住房，为改善居民家庭住房条件发挥了重要作用。

经济适用住房制度

1998年，中国确定发展经济适用住房。经济适用住房是由政府提供政策优惠，限定建设标准、供应对象和销售价格，具有保障性质的政策性商品住房。符合下列条件的家庭可以申请购买或承租一套经济适用住房：有当地城镇户口（含符合当地安置条件的军队人员）或市、县人民政府确定的供应对象；无房或现住房面积低于市、县人民政府规定标准的住房困难家庭；家庭收入符合市、县人民政府划定的收入线标准；市、县人民政府规定的其他条件。经济适用住房的租售价格以保本微利为原则，购买经济适用住房满一定年限后，方可上市出售，且须将收益按一定比例向政府交纳。经济适用住房实行申请、审核和公示制度，强调公开透明，严格监督管理。从1998年到2003年，经济适用住房竣工面积达4.77亿平方米。

廉租住房制度

1998年以来，中国政府积极推进廉租住房制度建设，不断完善廉租住房保障政策。对按政府规定价格出租的公有住房和廉租住房，暂免征收房产税、营业税。各地政府在国家统一政策指导下，结合当地经济社会发展的实际情况，因地制宜建立城镇最低收入家庭廉租住房制度。廉租住房制度以财政预算安排为主、多渠道筹措廉租住房资金，实行以住房租赁补贴为主，实物配租、租金核减为辅的多种保障方式。对住房面积和家庭收入在当地政府规定标准之下的家庭，当地政府按申请、登记、轮候程序给予安排，保障其基本要求。2003年，全国已有35个大中城市全面建立了最低收入家庭廉租住房制度。

十、农村社会保障

中国农村人口占全国人口的大多数，经济发展水平较低。在农村，土地既是生产资料，又是生活资料；土地属于集体所有，实行家庭联产承包责任制。受历史传统文化影响，农村具有家庭供养、自我保障、家族互助的长期传统。根据农村经济社会发展特点，国家在农村实行与城镇有别的社会保障办法。

探索建立农村养老保险制度

中国农村养老保障以家庭为主。20世纪

90年代以后，部分地区根据农村社会经济发展实际，按照“个人缴费为主、集体补助为辅、政府给予政策扶持”的原则，建立了个人账户积累式的养老保险。2003年底，全国有1 870个县（市、区）不同程度地开展了农村社会养老保险工作，5 428万人参保，积累基金259亿元，198万农民领取养老金。2004年，中国政府开始对农村部分计划生育家庭实行奖励扶助制度的试点：农村只有一个子女或两个女孩的计划生育夫妇，每人从年满60周岁起享受年均不低于600元的奖励扶助金，直到亡故为止。奖励扶助金由中央和地方政府共同负担。

建立新型农村合作医疗制度

为保障农民的基本医疗需求，减轻农民因病带来的经济负担，缓解因病致贫、因病返贫问题，中国政府于2002年开始建立以大病统筹为主的新型农村合作医疗制度，由政府组织、引导、支持，农民自愿参加，政府、集体、个人多方筹资。目前正在30个省、自治区、直辖市的310个县（市）进行试点。截至2004年6月，覆盖9 504万农业人口，实际参加人数6 899万人；共筹集资金30.2亿元，其中地方各级财政补助11.1亿元，中央财政对中西部地区补助3.9亿元。

实行农村社会救助

20世纪50年代，中国开始建立五保供养制度，1994年国务院颁发《农村五保供养工作条例》，对农村村民中符合下列条件的老年人、残疾人和未成年人实行保吃、保穿、保住、保医、保葬（未成年人保义务教育）的五保供养：无法定扶养义务人，或者虽有法定扶养义务人，但是扶养义务人无扶养能力的；无劳动能力的；无生活来源的。为解决部分生活不能自理五保老人的照料问题，各地相继兴办敬老院，将这些人员集中供养，并逐步发展成为五保供养的一种重要形式。2003年底，全国实际五保供养人数为254.5万人，敬老院2.4万所，集中供养五保对象50.3万人。

中国政府针对各地区经济发展不平衡和地区间财政经济状况差异大的实际，鼓励有条件的地区探索建立农村最低生活保障制度。其他地区则坚持“政府救助、社会互助、子女赡养、稳定土地政策”的原则，建立特困户基本生活救助制度。同时，对患病的农村困难群体实行医疗救助。截至2003年底，全国享受最低生活保障和特困户生活救助的农村特困人数为1 257万人。

结 束 语

经过多年的探索和实践，中国特色的社会保障体系框架初步形成。当前及今后一个时期，中国发展社会保障事业的任务依然艰巨。人口老龄化将进一步加大养老金和医疗费用支付压力，城镇化水平的提高将使建立健全城乡衔接的社会保障制度更为迫切，就业形式多样化将使更多的非公有制经济从业人员和灵活就业人员被纳入社会保障覆盖范围，等等，这些都对中国社会保障制度的平稳运行和建立社会保障事业可持续发展的长效机制提出新的要求。

加快完善社会保障体系，是中国政府全面推进小康社会建设的一项重要任务。中国国民经济保持持续、快速、协调、健康发展而使国家综合经济实力的增强，全面、协调、可持续的科学发展观的贯彻落实，经过多年探索建立起的适合中国国情的社会保障体系，将为中国社会保障事业持续发展提供各种有利条件。在未来的岁月里，中国人民将进一步从国家的发展进步中获益，必将享有更丰厚的物质文明成果。

五、2004中国就业论坛共识

2004 中国就业论坛共识

中国劳动和社会保障部和国际劳工组织于2004年4月28—30日在北京共同举办中国就业论坛。来自中国、国际劳工组织以及其他国家和国际组织的400多名代表参加了本次论坛。论坛围绕经济全球化、结构调整与就业促进这一主题，重点讨论促进就业与经济全球化、促进就业与消除贫困和促进就业与劳动力市场建设等问题。经过认真讨论，认识到面对近年来随着经济全球化进程的不断加快，促进就业已经成为国际劳工组织体面劳动议程的一项核心任务。中国和国际劳工组织就过去和当前在这一领域开展的工作以及今后将要进行的共同努力，达成以下共识：

就业是民生之本，是经济社会持续发展和生活水平提高的关键。就业不仅是劳动世界男女谋生的手段，也是融入社会、给个人和家庭带来希望的重要途径。这使得就业成为社会和谐稳定的一个重要因素。使所有人享有平等就业机会、尊重工人权利和获得充分就业，对于实现社会公正、经济发展和世界和平至关重要。

作为世界上人口最多的发展中国家，中国在经济发展和社会进步方面取得了巨大进展，促进就业和消除贫困成果显著。中国在经济转轨过程中，努力将促进就业与建立社会保障制度相结合，将扩大就业同经济结构调整相结合，将提高就业质量与人力资源开发相结合。

针对新时期就业的形势和特点，围绕着解决下岗失业人员的再就业问题，中国政府制定并实施了有中国特色的积极就业政策。这一政策的基本内容可概括为：利用宏观政策增加就业机会，通过调整经济结构以及发展小企业创造就业；采取措施帮助就业困难群体再就业；为下岗失业人员提供就业服务和职业培训的劳动力市场政策；完善社会保护和再就业援助的政策措施；完善社会保险的政策措施。上述政策在实践中已取得促进就业的实效，对于其他国家具有示范作用。同时，本次论坛也认识到，由于受巨大的人口和经济发展水平的限制，中国仍然面临很大的就业压力。促进经济增长，进一步培育和完善劳动力市场，不断扩大就业规模，提高就业质量将是中国政府一项长期而紧迫的任务。

就业是所有公民享有的基本权利，创造就业机会是各国政府的重要使命。各国应根据本国的国情和经济发展水平，制定实现体面劳动的具体措施，关键是改善那些处于不利地位劳动者群体的就业环境和劳动条件，促进充分就业。与会代表认识到，长期以来，世界各国和各地区源于历史传统、文化习俗、经济水平，形成了多种多样的就业形式。尊重工作中的基本原则和权利，是建立劳动力市场管理机制，促进就业和不同国情国家经济社会发展的基础。因此，无论何种就业形式，劳动者工作中的基本权利应当得到同样的尊重和保护。鼓励社会伙伴参与政策和决策制定过程，这样的社会对话有利于促进就业、减少贫困和发扬民主。为此，与会代表赞赏中国政府批准和有效实施与就业相关的国际劳工标准，特别是第100号《同工同酬公约》、第122号《就业政策公约》、第138号《准予就业最低年龄公约》和第182号《禁止或立即行动消除最恶劣形式童工劳动公约》等重要公约，以及支持国际劳工组织关于工作中的基本原则和权利宣言及其后续措施。

在经济和技术日新月异的21世纪，劳动世界面临着前所未有的机遇和挑战。失业和贫困成为制约社会经济发展的一个根本性问题。综观世界，唯有促进充分的生产性就业，包括自主就业，才是实现可持续发展的最佳途径。就业和享受工作中的权利应成为解决贫困和社会排斥现象的首要步骤。通过社会对话促进充分就业应成为社会和经济政策的优先目标，以使劳动者都能从事自由选择的生产性就业，获得有保障的、持续性的生活来源。

生产性就业机会的扩大依赖于经济增长、良性经济结构调整，以及通过提升职业技能和改进劳动力市场功能而得以提高的就业能力。然而，如果没有目标明确而行之有效的经济和社会政策以及适宜的参与机制，经济增长将不会自动使就业岗位增加，经济增长所创造的财富也不会为社会各阶层所广泛分享。各国要根据国情通过制定有效的制度和实施适宜的经济社会政策，以促进社会各阶层的男女获得平等就业机会和更加公平的福利。各国还应改进与工作条件、工作时间、工资以及工作和家庭福利相关的就业条件。本着上述精神，本次论坛讨论的主要议题中的一些关键内容包括：

（1）通过建立企业家得以发展的外部环境，促进小企业的创建和成长，也包括自主创业，从而增加对劳动用工的需求；

（2）加强三方对话，使其成为提高企业生产经营能力、预防和解决争议、促进就业、维护社会稳定的重要机制；

（3）更新劳动者的知识和技能，使其具备更高的择业灵活性和就业保障，为在知识经济中就业做好准备。

六、国际社会保障协会第28届全球大会宣言

国际社会保障协会第 28 届全球大会宣言

（2004　北京）

2004 年 9 月 12—18 日，第 28 届国际社会保障协会全球大会在中国北京召开。国际社会保障协会 151 个国家 377 个会员机构的社会保障主管、决策人员和经办人员参加了大会。

大会集中讨论了社会保障在经济和社会发展中的作用，以及确保良好管理和维护社会保障权利的必要性。大会强调了世界各国完善社会保障体系所进行的改革。

大会深切关注如下问题：

• 世界上多数人在年老、残疾、死亡、疾病、工伤事故和失业等方面没有任何正规社会保障的保护。近年来，世界上某些地区的社会保障覆盖率甚至在下降。

• 公共讨论主要限于社会保障的费用问题，而社会保障在全球化世界中为经济和社会发展所带来的利益却大都被忽略了。

• 人口老龄化往往被视为对社会保障的挑战。

• 为确保社会保障计划在财务方面具有可持续性而做出的努力，可能忽视待遇水平是否充分，从而也就忽视了为个人提供的保护水平。

• 这些倾向结合在一起，导致公众对社会保障计划未来的活力缺乏信心，许多公民感到困惑和担忧，不清楚在他们及其家人出现困难时能够获得什么保护。

全球大会的主席和副主席宣布，全球大会的发言反映了在以下主要方面达成国际共识：

经济和社会发展之间存在基本联系

社会保障通过支持经济增长和增进社会凝聚力，在促进经济和社会发展中发挥着重要作用。社会与经济发展必须同步进行，而社会保障是实现经济和社会发展的重要因素。

扩大覆盖面

为了减少贫困和实现社会融合，必须将社会保障的覆盖面扩大到那些尚未从任何正规社会保障计划中受益的群体。社会保障是所有减贫战略的核心，必须寻找扩大覆盖面的新方法。

良好的管理与公众的理解

良好的管理是有效社会保障计划的基础。就社会保障进行明确有效的沟通，展开各抒己见的讨论可以建立公众信心，并使他们做出知情的选择。社会保障计划的管理必须做到诚信，并遵守其所依据的各项法律。

社会保障权利

政府负责对社会保障权利提供适当保证。这一责任包括建立有效的监督和监管机制，从而保护私营社会保障计划参与者获得待遇的权利。

人口老龄化

人口老龄化对改革劳动力市场以适应不断发展的全球经济、确保社会保障计划的长期可持续性既是机遇也是挑战。政府可以在如下领域发挥关键作用：通过改变退休模式延长人们的工作生命；通过技能开发和学习提高人们适应劳动力市场的能力。

结　论

社会保障在经济和社会发展中发挥着重要的作用。因此，所有国家需要继续努力应对社会保障面临的挑战，并立即采取行动将社会保障扩大覆盖到那些生活在社会边缘的人，让更多的人享有社会保障。

每个国家必须确定其期望并有能力承受的社会保障制度，建立完全反映人民价值观的制度。这并不是由政府单独做出的决定，也不是由社会保障管理部门或者社会伙伴单方面做出的决定。政府对社会保障坚定的支持对保证社会保障在社会和财政方面的长期可持续性是至关重要的。

国际社会保障协会处于独特的地位，可以帮助全球社会保障机构扩大社会保障覆盖面、提高管理能力和公共服务水平、提高保障水平并推动各国就社会保障未来发展问题开展更为理性的讨论。

因此，国际社会保障协会必须加强并改进其工作，以实现其章程确立的目标："……在国际上，为促进和发展世界各地的社会保障而进行合作……以便在社会正义的基础上改善人类的社会和经济条件。"

七、重 要 文 件

中华人民共和国国务院令

第 423 号

《劳动保障监察条例》已经 2004 年 10 月 26 日国务院第 68 次常务会议通过，现予公布，自 2004 年 12 月 1 日起施行。

总理　温家宝
2004 年 11 月 1 日

劳动保障监察条例

第一章　总　　则

第一条　为了贯彻实施劳动和社会保障（以下称劳动保障）法律、法规和规章，规范劳动保障监察工作，维护劳动者的合法权益，根据劳动法和有关法律，制定本条例。

第二条　对企业和个体工商户（以下称用人单位）进行劳动保障监察，适用本条例。

对职业介绍机构、职业技能培训机构和职业技能考核鉴定机构进行劳动保障监察，依照本条例执行。

第三条　国务院劳动保障行政部门主管全国的劳动保障监察工作。县级以上地方各级人民政府劳动保障行政部门主管本行政区域内的劳动保障监察工作。

县级以上各级人民政府有关部门根据各自职责，支持、协助劳动保障行政部门的劳动保障监察工作。

第四条　县级、设区的市级人民政府劳动保障行政部门可以委托符合监察执法条件的组织实施劳动保障监察。

劳动保障行政部门和受委托实施劳动保障监察的组织中的劳动保障监察员应当经过相应的考核或者考试录用。

劳动保障监察证件由国务院劳动保障行政部门监制。

第五条　县级以上地方各级人民政府应当加强劳动保障监察工作。劳动保障监察所需经费列入本级财政预算。

第六条　用人单位应当遵守劳动保障法律、法规和规章，接受并配合劳动保障监察。

第七条　各级工会依法维护劳动者的合法权益，对用人单位遵守劳动保障法律、法规和规章的情况进行监督。

劳动保障行政部门在劳动保障监察工作中应当注意听取工会组织的意见和建议。

第八条 劳动保障监察遵循公正、公开、高效、便民的原则。

实施劳动保障监察，坚持教育与处罚相结合，接受社会监督。

第九条 任何组织或者个人对违反劳动保障法律、法规或者规章的行为，有权向劳动保障行政部门举报。

劳动者认为用人单位侵犯其劳动保障合法权益的，有权向劳动保障行政部门投诉。

劳动保障行政部门应当为举报人保密；对举报属实，为查处重大违反劳动保障法律、法规或者规章的行为提供主要线索和证据的举报人，给予奖励。

第二章 劳动保障监察职责

第十条 劳动保障行政部门实施劳动保障监察，履行下列职责：

（一）宣传劳动保障法律、法规和规章，督促用人单位贯彻执行；

（二）检查用人单位遵守劳动保障法律、法规和规章的情况；

（三）受理对违反劳动保障法律、法规或者规章的行为的举报、投诉；

（四）依法纠正和查处违反劳动保障法律、法规或者规章的行为。

第十一条 劳动保障行政部门对下列事项实施劳动保障监察：

（一）用人单位制定内部劳动保障规章制度的情况；

（二）用人单位与劳动者订立劳动合同的情况；

（三）用人单位遵守禁止使用童工规定的情况；

（四）用人单位遵守女职工和未成年工特殊劳动保护规定的情况；

（五）用人单位遵守工作时间和休息休假规定的情况；

（六）用人单位支付劳动者工资和执行最低工资标准的情况；

（七）用人单位参加各项社会保险和缴纳社会保险费的情况；

（八）职业介绍机构、职业技能培训机构和职业技能考核鉴定机构遵守国家有关职业介绍、职业技能培训和职业技能考核鉴定的规定的情况；

（九）法律、法规规定的其他劳动保障监察事项。

第十二条 劳动保障监察员依法履行劳动保障监察职责，受法律保护。

劳动保障监察员应当忠于职守，秉公执法，勤政廉洁，保守秘密。

任何组织或者个人对劳动保障监察员的违法违纪行为，有权向劳动保障行政部门或者有关机关检举、控告。

第三章 劳动保障监察的实施

第十三条 对用人单位的劳动保障监察，由用人单位用工所在地的县级或者设区的市级劳动保障行政部门管辖。

上级劳动保障行政部门根据工作需要，可以调查处理下级劳动保障行政部门管辖的案件。劳动保障行政部门对劳动保障监察管辖发生争议的，报请共同的上一级劳动保障行政部门指定管辖。

省、自治区、直辖市人民政府可以对劳动保障监察的管辖制定具体办法。

第十四条 劳动保障监察以日常巡视检查、审查用人单位按照要求报送的书面材料以及接受举报投诉等形式进行。

劳动保障行政部门认为用人单位有违反劳动保障法律、法规或者规章的行为，需要进行调查处理的，应当及时立案。

劳动保障行政部门或者受委托实施劳动保障监察的组织应当设立举报、投诉信箱和电话。

对因违反劳动保障法律、法规或者规章的行为引起的群体性事件，劳动保障行政部门应当根据应急预案，迅速会同有关部门处理。

第十五条 劳动保障行政部门实施劳动保障监察，有权采取下列调查、检查措施：

（一）进入用人单位的劳动场所进行检查；

（二）就调查、检查事项询问有关人员；

（三）要求用人单位提供与调查、检查事项相关的文件资料，并作出解释和说明，必要时可以发出调查询问书；

（四）采取记录、录音、录像、照相或者复制等方式收集有关情况和资料；

（五）委托会计师事务所对用人单位工资支付、缴纳社会保险费的情况进行审计；

（六）法律、法规规定可以由劳动保障行政部门采取的其他调查、检查措施。

劳动保障行政部门对事实清楚、证据确凿、可以当场处理的违反劳动保障法律、法规或者规章的行为有权当场予以纠正。

第十六条 劳动保障监察员进行调查、检查，不得少于2人，并应当佩戴劳动保障监察标志、出示劳动保障监察证件。

劳动保障监察员办理的劳动保障监察事项与本人或者其近亲属有直接利害关系的，应当回避。

第十七条 劳动保障行政部门对违反劳动保障法律、法规或者规章的行为的调查，应当自立案之日起60个工作日内完成；对情况复杂的，经劳动保障行政部门负责人批准，可以延长30个工作日。

第十八条 劳动保障行政部门对违反劳动保障法律、法规或者规章的行为，根据调查、检查的结果，作出以下处理：

（一）对依法应当受到行政处罚的，依法作出行政处罚决定；

（二）对应当改正未改正的，依法责令改正或者作出相应的行政处理决定；

（三）对情节轻微且已改正的，撤销立案。

发现违法案件不属于劳动保障监察事项的，应当及时移送有关部门处理；涉嫌犯罪的，应当依法移送司法机关。

第十九条 劳动保障行政部门对违反劳动保障法律、法规或者规章的行为作出行政处罚或者行政处理决定前，应当听取用人单位的陈述、申辩；作出行政处罚或者行政处理决定，应当告知用人单位依法享有申请行政复议或者提起行政诉讼的权利。

第二十条 违反劳动保障法律、法规或者规章的行为在2年内未被劳动保障行政部门发现，也未被举报、投诉的，劳动保障行政部门不再查处。

前款规定的期限，自违反劳动保障法律、法规或者规章的行为发生之日起计算；违反劳动保障法律、法规或者规章的行为有连续或者继续状态的，自行为终了之日起计算。

第二十一条 用人单位违反劳动保障法律、法规或者规章，对劳动者造成损害的，依法承担赔偿责任。劳动者与用人单位就赔偿发生争议的，依照国家有关劳动争议处理的规定处理。

对应当通过劳动争议处理程序解决的事项或者已经按照劳动争议处理程序申请调解、仲裁或者已经提起诉讼的事项，劳动保障行政部门应当告知投诉人依照劳动争议处理或者诉讼的程序办理。

第二十二条 劳动保障行政部门应当建立用人单位劳动保障守法诚信档案。用人单位有重大违反劳动保障法律、法规或者规章的行为的，由有关的劳动保障行政部门向社会公布。

第四章 法律责任

第二十三条 用人单位有下列行为之一的，由劳动保障行政部门责令改正，按照受侵害的劳动者每人1 000元以上5 000元以下的标准计算，处以罚款：

（一）安排女职工从事矿山井下劳动、国家规定的第四级体力劳动强度的劳动或者其他禁忌从事的劳动的；

（二）安排女职工在经期从事高处、低温、冷水作业或者国家规定的第三级体力劳动强度的劳动的；

（三）安排女职工在怀孕期间从事国家规定的第三级体力劳动强度的劳动或者孕期禁忌

从事的劳动的；

（四）安排怀孕7个月以上的女职工夜班劳动或者延长其工作时间的；

（五）女职工生育享受产假少于90天的；

（六）安排女职工在哺乳未满1周岁的婴儿期间从事国家规定的第三级体力劳动强度的劳动或者哺乳期禁忌从事的其他劳动，以及延长其工作时间或者安排其夜班劳动的；

（七）安排未成年工从事矿山井下、有毒有害、国家规定的第四级体力劳动强度的劳动或者其他禁忌从事的劳动的；

（八）未对未成年工定期进行健康检查的。

第二十四条 用人单位与劳动者建立劳动关系不依法订立劳动合同的，由劳动保障行政部门责令改正。

第二十五条 用人单位违反劳动保障法律、法规或者规章延长劳动者工作时间的，由劳动保障行政部门给予警告，责令限期改正，并可以按照受侵害的劳动者每人100元以上500元以下的标准计算，处以罚款。

第二十六条 用人单位有下列行为之一的，由劳动保障行政部门分别责令限期支付劳动者的工资报酬、劳动者工资低于当地最低工资标准的差额或者解除劳动合同的经济补偿；逾期不支付的，责令用人单位按照应付金额50%以上1倍以下的标准计算，向劳动者加付赔偿金：

（一）克扣或者无故拖欠劳动者工资报酬的；

（二）支付劳动者的工资低于当地最低工资标准的；

（三）解除劳动合同未依法给予劳动者经济补偿的。

第二十七条 用人单位向社会保险经办机构申报应缴纳的社会保险费数额时，瞒报工资总额或者职工人数的，由劳动保障行政部门责令改正，并处瞒报工资数额1倍以上3倍以下的罚款。

骗取社会保险待遇或者骗取社会保险基金支出的，由劳动保障行政部门责令退还，并处骗取金额1倍以上3倍以下的罚款；构成犯罪的，依法追究刑事责任。

第二十八条 职业介绍机构、职业技能培训机构或者职业技能考核鉴定机构违反国家有关职业介绍、职业技能培训或者职业技能考核鉴定的规定的，由劳动保障行政部门责令改正，没收违法所得，并处1万元以上5万元以下的罚款；情节严重的，吊销许可证。

未经劳动保障行政部门许可，从事职业介绍、职业技能培训或者职业技能考核鉴定的组织或者个人，由劳动保障行政部门、工商行政管理部门依照国家有关无照经营查处取缔的规定查处取缔。

第二十九条 用人单位违反《中华人民共和国工会法》，有下列行为之一的，由劳动保障行政部门责令改正：

（一）阻挠劳动者依法参加和组织工会，或者阻挠上级工会帮助、指导劳动者筹建工会的；

（二）无正当理由调动依法履行职责的工会工作人员的工作岗位，进行打击报复的；

（三）劳动者因参加工会活动而被解除劳动合同的；

（四）工会工作人员因依法履行职责被解除劳动合同的。

第三十条 有下列行为之一的，由劳动保障行政部门责令改正；对有第（一）项、第（二）项或者第（三）项规定的行为的，处2 000元以上2万元以下的罚款：

（一）无理抗拒、阻挠劳动保障行政部门依照本条例的规定实施劳动保障监察的；

（二）不按照劳动保障行政部门的要求报送书面材料，隐瞒事实真相，出具伪证或者隐匿、毁灭证据的；

（三）经劳动保障行政部门责令改正拒不改正，或者拒不履行劳动保障行政部门的行政处理决定的；

（四）打击报复举报人、投诉人的。

违反前款规定，构成违反治安管理行为的，由公安机关依法给予治安管理处罚；构成犯罪的，依法追究刑事责任。

第三十一条 劳动保障监察员滥用职权、玩忽职守、徇私舞弊或者泄露在履行职责过程中知悉的商业秘密的，依法给予行政处分；构成犯罪的，依法追究刑事责任。

劳动保障行政部门和劳动保障监察员违法行使职权，侵犯用人单位或者劳动者的合法权益的，依法承担赔偿责任。

第三十二条 属于本条例规定的劳动保障监察事项，法律、其他行政法规对处罚另有规定的，从其规定。

第五章 附 则

第三十三条 对无营业执照或者已被依法吊销营业执照，有劳动用工行为的，由劳动保障行政部门依照本条例实施劳动保障监察，并及时通报工商行政管理部门予以查处取缔。

第三十四条 国家机关、事业单位、社会团体执行劳动保障法律、法规和规章的情况，由劳动保障行政部门根据其职责，依照本条例实施劳动保障监察。

第三十五条 劳动安全卫生的监督检查，由卫生部门、安全生产监督管理部门、特种设备安全监督管理部门等有关部门依照有关法律、行政法规的规定执行。

第三十六条 本条例自 2004 年 12 月 1 日起施行。

中华人民共和国劳动和社会保障部令

第20号

《企业年金试行办法》已于2003年12月30日经劳动和社会保障部第7次部务会议通过，现予公布，自2004年5月1日起施行。

部　长　郑斯林
2004年1月6日

企业年金试行办法

第一条　为建立多层次的养老保险制度，更好地保障企业职工退休后的生活，完善社会保障体系，根据劳动法和国务院的有关规定，制定本办法。

第二条　本办法所称企业年金，是指企业及其职工在依法参加基本养老保险的基础上，自愿建立的补充养老保险制度。建立企业年金，应当按照本办法的规定执行。

第三条　符合下列条件的企业，可以建立企业年金：

（一）依法参加基本养老保险并履行缴费义务；

（二）具有相应的经济负担能力；

（三）已建立集体协商机制。

第四条　建立企业年金，应当由企业与工会或职工代表通过集体协商确定，并制定企业年金方案。国有及国有控股企业的企业年金方案草案应当提交职工大会或职工代表大会讨论通过。

第五条　企业年金方案应当包括以下内容：

（一）参加人员范围；

（二）资金筹集方式；

（三）职工企业年金个人账户管理方式；

（四）基金管理方式；

（五）计发办法和支付方式；

（六）支付企业年金待遇的条件；

（七）组织管理和监督方式；

（八）中止缴费的条件；

（九）双方约定的其他事项。

企业年金方案适用于企业试用期满的职工。

第六条　企业年金方案应当报送所在地区县以上地方人民政府劳动保障行政部门。中央所属大型企业企业年金方案，应当报送劳动保障部。劳动保障行政部门自收到企业年金方案文本之日起15日内未提出异议的，企业年金方案即行生效。

第七条 企业年金所需费用由企业和职工个人共同缴纳。企业缴费的列支渠道按国家有关规定执行；职工个人缴费可以由企业从职工个人工资中代扣。

第八条 企业缴费每年不超过本企业上年度职工工资总额的十二分之一。企业和职工个人缴费合计一般不超过本企业上年度职工工资总额的六分之一。

第九条 企业年金基金由下列各项组成：

（一）企业缴费；

（二）职工个人缴费；

（三）企业年金基金投资运营收益。

第十条 企业年金基金实行完全积累，采用个人账户方式进行管理。

企业年金基金可以按照国家规定投资运营。企业年金基金投资运营收益并入企业年金基金。

第十一条 企业缴费应当按照企业年金方案规定比例计算的数额计入职工企业年金个人账户；职工个人缴费额计入本人企业年金个人账户。

企业年金基金投资运营收益，按净收益率计入企业年金个人账户。

第十二条 职工在达到国家规定的退休年龄时，可以从本人企业年金个人账户中一次或定期领取企业年金。职工未达到国家规定的退休年龄的，不得从个人账户中提前提取资金。出境定居人员的企业年金个人账户资金，可根据本人要求一次性支付给本人。

第十三条 职工变动工作单位时，企业年金个人账户资金可以随同转移。职工升学、参军、失业期间或新就业单位没有实行企业年金制度的，其企业年金个人账户可由原管理机构继续管理。

第十四条 职工或退休人员死亡后，其企业年金个人账户余额由其指定的受益人或法定继承人一次性领取。

第十五条 建立企业年金的企业，应当确定企业年金受托人（以下简称受托人），受托管理企业年金。受托人可以是企业成立的企业年金理事会，也可以是符合国家规定的法人受托机构。

第十六条 企业年金理事会由企业和职工代表组成，也可以聘请企业以外的专业人员参加，其中职工代表应不少于三分之一。

第十七条 企业年金理事会除管理本企业的企业年金事务之外，不得从事其他任何形式的营业性活动。

第十八条 确定受托人应当签订书面合同。合同一方为企业，另一方为受托人。

第十九条 受托人可以委托具有资格的企业年金账户管理机构作为账户管理人，负责管理企业年金账户；可以委托具有资格的投资运营机构作为投资管理人，负责企业年金基金的投资运营。

受托人应当选择具有资格的商业银行或专业托管机构作为托管人，负责托管企业年金基金。

受托人与账户管理人、投资管理人和托管人确定委托关系，应当签订书面合同。

第二十条 企业年金基金必须与受托人、账户管理人、投资管理人和托管人的自有资产或其他资产分开管理，不得挪作其他用途。

企业年金基金管理应当执行国家有关规定。

第二十一条 县级以上各级人民政府劳动保障行政部门负责对本办法的执行情况进行监督检查。对违反本办法规定的，由劳动保障行政部门予以警告，责令改正。

第二十二条 因履行企业年金合同发生争议的，当事人可以依法提请仲裁或者诉讼；因订立或者履行企业年金方案发生争议的，按国家有关集体合同争议处理规定执行。

第二十三条 参加企业基本养老保险社会统筹的其他单位，可参照本办法的规定执行。

第二十四条 本办法自2004年5月1日起实施。原劳动部1995年12月29日发布的《关于印发〈关于建立企业补充养老保险制度的意见〉的通知》同时废止。

中华人民共和国劳动和社会保障部令

第21号

《最低工资规定》已于2003年12月30日经劳动和社会保障部第7次部务会议通过，现予公布，自2004年3月1日起施行。

部　长　郑斯林
2004年1月20日

最低工资规定

第一条　为了维护劳动者取得劳动报酬的合法权益，保障劳动者个人及其家庭成员的基本生活，根据劳动法和国务院有关规定，制定本规定。

第二条　本规定适用于在中华人民共和国境内的企业、民办非企业单位、有雇工的个体工商户（以下统称用人单位）和与之形成劳动关系的劳动者。

国家机关、事业单位、社会团体和与之建立劳动合同关系的劳动者，依照本规定执行。

第三条　本规定所称最低工资标准，是指劳动者在法定工作时间或依法签订的劳动合同约定的工作时间内提供了正常劳动的前提下，用人单位依法应支付的最低劳动报酬。

本规定所称正常劳动，是指劳动者按依法签订的劳动合同约定，在法定工作时间或劳动合同约定的工作时间内从事的劳动。劳动者依法享受带薪年休假、探亲假、婚丧假、生育（产）假、节育手术假等国家规定的假期间，以及法定工作时间内依法参加社会活动期间，视为提供了正常劳动。

第四条　县级以上地方人民政府劳动保障行政部门负责对本行政区域内用人单位执行本规定情况进行监督检查。

各级工会组织依法对本规定执行情况进行监督，发现用人单位支付劳动者工资违反本规定的，有权要求当地劳动保障行政部门处理。

第五条　最低工资标准一般采取月最低工资标准和小时最低工资标准的形式。月最低工资标准适用于全日制就业劳动者，小时最低工资标准适用于非全日制就业劳动者。

第六条　确定和调整月最低工资标准，应参考当地就业者及其赡养人口的最低生活费用、城镇居民消费价格指数、职工个人缴纳的社会保险费和住房公积金、职工平均工资、经济发展水平、就业状况等因素。

确定和调整小时最低工资标准，应在颁布的月最低工资标准的基础上，考虑单位应缴纳的基本养老保险费和基本医疗保险费因素，同时还应适当考虑非全日制劳动者在工作稳定性、劳动条件和劳动强度、福利等方面与全日制就业人员之间的差异。

月最低工资标准和小时最低工资标准具体测算方法见附件。

第七条 省、自治区、直辖市范围内的不同行政区域可以有不同的最低工资标准。

第八条 最低工资标准的确定和调整方案，由省、自治区、直辖市人民政府劳动保障行政部门会同同级工会、企业联合会/企业家协会研究拟订，并将拟订的方案报送劳动保障部。方案内容包括最低工资确定和调整的依据、适用范围、拟订标准和说明。劳动保障部在收到拟订方案后，应征求全国总工会、中国企业联合会/企业家协会的意见。

劳动保障部对方案可以提出修订意见，若在方案收到后14日内未提出修订意见的，视为同意。

第九条 省、自治区、直辖市劳动保障行政部门应将本地区最低工资标准方案报省、自治区、直辖市人民政府批准，并在批准后7日内在当地政府公报上和至少一种全地区性报纸上发布。省、自治区、直辖市劳动保障行政部门应在发布后10日内将最低工资标准报劳动保障部。

第十条 最低工资标准发布实施后，如本规定第六条所规定的相关因素发生变化，应当适时调整。最低工资标准每两年至少调整一次。

第十一条 用人单位应在最低工资标准发布后10日内将该标准向本单位全体劳动者公示。

第十二条 在劳动者提供正常劳动的情况下，用人单位应支付给劳动者的工资在剔除下列各项以后，不得低于当地最低工资标准：

（一）延长工作时间工资；

（二）中班、夜班、高温、低温、井下有毒有害等特殊工作环境、条件下的津贴；

（三）法律、法规和国家规定的劳动者福利待遇等。

实行计件工资或提成工资等工资形式的用人单位，在科学合理的劳动定额基础上，其支付劳动者的工资不得低于相应的最低工资标准。

劳动者由于本人原因造成在法定工作时间内或依法签订的劳动合同约定的工作时间内未提供正常劳动的，不适用于本条规定。

第十三条 用人单位违反本规定第十一条规定的，由劳动保障行政部门责令其限期改正；违反本规定第十二条规定的，由劳动保障行政部门责令其限期补发所欠劳动者工资，并可责令其按所欠工资的1至5倍支付劳动者赔偿金。

第十四条 劳动者与用人单位之间就执行最低工资标准发生争议，按劳动争议处理有关规定处理。

第十五条 本规定自2004年3月1日起实施。1993年11月24日原劳动部发布的《企业最低工资规定》同时废止。

附件：最低工资标准测算方法

附件

最低工资标准测算方法

一、确定最低工资标准应考虑的因素

确定最低工资标准一般考虑城镇居民生活费用支出、职工个人缴纳社会保险费、住房公积金、职工平均工资、失业率、经济发展水平等因素。可用公式表示为：

M＝f(C、S、A、U、E、a)

M　最低工资标准；

C　城镇居民人均生活费用；

S　职工个人缴纳社会保险费、住房公积金；

A　职工平均工资；

U　失业率；

E　经济发展水平；

a　调整因素。

二、确定最低工资标准的通用方法

1. 比重法　即根据城镇居民家计调查资料，确定一定比例的最低人均收入户为贫困户，统计出贫困户的人均生活费用支出水平，乘以每一就业者的赡养系数，再加上一个调整数。

2. 恩格尔系数法　即根据国家营养学会提供的年度标准食物谱及标准食物摄取量，结合标准食物的市场价格，计算出最低食物支出标准，除以恩格尔系数，得出最低生活费用标准，再乘以每一就业者的赡养系数，再加上一个调整数。

以上方法计算出月最低工资标准后，再考虑职工个人缴纳社会保险费、住房公积金、职工平均工资水平、社会救济金和失业保险金标准、就业状况、经济发展水平等进行必要的修正。

举例：某地区最低收入组人均每月生活费支出为210元，每一就业者赡养系数为1.87，最低食物费用为127元，恩格尔系数为0.604，平均工资为900元。

1. 按比重法计算得出该地区月最低工资标准为：

月最低工资标准＝210×1.87＋a＝393＋a（元）　　(1)

2. 按恩格尔系数法计算得出该地区月最低工资标准为：

月最低工资标准＝127÷0.604×1.87＋a＝393＋a（元）　　(2)

公式（1）与（2）中a的调整因素主要考虑当地个人缴纳养老、失业、医疗保险费和住房公积金等费用。

另，按照国际上一般月最低工资标准相当于月平均工资的40％～60％，则该地区月最低工资标准范围应在360～540元之间。

小时最低工资标准＝[(月最低工资标准÷20.92÷8)×(1＋单位应当缴纳的基本养老保险费、基本医疗保险费比例之和)]×(1＋浮动系数)

浮动系数的确定主要考虑非全日制就业劳动者工作稳定性、劳动条件和劳动强度、福利等方面与全日制就业人员之间的差异。

各地可参照以上测算办法，根据当地实际情况合理确定月、小时最低工资标准。

中华人民共和国劳动和社会保障部令

第 22 号

《集体合同规定》已于 2003 年 12 月 30 日经劳动和社会保障部第 7 次部务会议通过，现予公布，自 2004 年 5 月 1 日起施行。

部　长　郑斯林

2004 年 1 月 20 日

集体合同规定

第一章　总　　则

第一条　为规范集体协商和签订集体合同行为，依法维护劳动者和用人单位的合法权益，根据《中华人民共和国劳动法》和《中华人民共和国工会法》，制定本规定。

第二条　中华人民共和国境内的企业和实行企业化管理的事业单位（以下统称用人单位）与本单位职工之间进行集体协商，签订集体合同，适用本规定。

第三条　本规定所称集体合同，是指用人单位与本单位职工根据法律、法规、规章的规定，就劳动报酬、工作时间、休息休假、劳动安全卫生、职业培训、保险福利等事项，通过集体协商签订的书面协议；所称专项集体合同，是指用人单位与本单位职工根据法律、法规、规章的规定，就集体协商的某项内容签订的专项书面协议。

第四条　用人单位与本单位职工签订集体合同或专项集体合同，以及确定相关事宜，应当采取集体协商的方式。集体协商主要采取协商会议的形式。

第五条　进行集体协商，签订集体合同或专项集体合同，应当遵循下列原则：

（一）遵守法律、法规、规章及国家有关规定；

（二）相互尊重，平等协商；

（三）诚实守信，公平合作；

（四）兼顾双方合法权益；

（五）不得采取过激行为。

第六条　符合本规定的集体合同或专项集体合同，对用人单位和本单位的全体职工具有法律约束力。

用人单位与职工个人签订的劳动合同约定

的劳动条件和劳动报酬等标准，不得低于集体合同或专项集体合同的规定。

第七条 县级以上劳动保障行政部门对本行政区域内用人单位与本单位职工开展集体协商、签订、履行集体合同的情况进行监督，并负责审查集体合同或专项集体合同。

第二章 集体协商内容

第八条 集体协商双方可以就下列多项或某项内容进行集体协商，签订集体合同或专项集体合同：

（一）劳动报酬；

（二）工作时间；

（三）休息休假；

（四）劳动安全与卫生；

（五）补充保险和福利；

（六）女职工和未成年工特殊保护；

（七）职业技能培训；

（八）劳动合同管理；

（九）奖惩；

（十）裁员；

（十一）集体合同期限；

（十二）变更、解除集体合同的程序；

（十三）履行集体合同发生争议时的协商处理办法；

（十四）违反集体合同的责任；

（十五）双方认为应当协商的其他内容。

第九条 劳动报酬主要包括：

（一）用人单位工资水平、工资分配制度、工资标准和工资分配形式；

（二）工资支付办法；

（三）加班、加点工资及津贴、补贴标准和奖金分配办法；

（四）工资调整办法；

（五）试用期及病、事假等期间的工资待遇；

（六）特殊情况下职工工资（生活费）支付办法；

（七）其他劳动报酬分配办法。

第十条 工作时间主要包括：

（一）工时制度；

（二）加班加点办法；

（三）特殊工种的工作时间；

（四）劳动定额标准。

第十一条 休息休假主要包括：

（一）日休息时间、周休息日安排、年休假办法；

（二）不能实行标准工时职工的休息休假；

（三）其他假期。

第十二条 劳动安全卫生主要包括：

（一）劳动安全卫生责任制；

（二）劳动条件和安全技术措施；

（三）安全操作规程；

（四）劳保用品发放标准；

（五）定期健康检查和职业健康体检。

第十三条 补充保险和福利主要包括：

（一）补充保险的种类、范围；

（二）基本福利制度和福利设施；

（三）医疗期延长及其待遇；

（四）职工亲属福利制度。

第十四条 女职工和未成年工的特殊保护主要包括：

（一）女职工和未成年工禁忌从事的劳动；

（二）女职工的经期、孕期、产期和哺乳期的劳动保护；

（三）女职工、未成年工定期健康检查；

（四）未成年工的使用和登记制度。

第十五条 职业技能培训主要包括：

（一）职业技能培训项目规划及年度计划；

（二）职业技能培训费用的提取和使用；

（三）保障和改善职业技能培训的措施。

第十六条 劳动合同管理主要包括：

（一）劳动合同签订时间；

（二）确定劳动合同期限的条件；

（三）劳动合同变更、解除、续订的一般原则及无固定期限劳动合同的终止条件；

（四）试用期的条件和期限。

第十七条 奖惩主要包括：

（一）劳动纪律；

（二）考核奖惩制度；

（三）奖惩程序。

第十八条 裁员主要包括：

（一）裁员的方案；

（二）裁员的程序；

（三）裁员的实施办法和补偿标准。

第三章 集体协商代表

第十九条 本规定所称集体协商代表（以下统称协商代表），是指按照法定程序产生并有权代表本方利益进行集体协商的人员。

集体协商双方的代表人数应当对等，每方至少3人，并各确定1名首席代表。

第二十条 职工一方的协商代表由本单位工会选派。未建立工会的，由本单位职工民主推荐，并经本单位半数以上职工同意。

职工一方的首席代表由本单位工会主席担任。工会主席可以书面委托其他协商代表代理首席代表。工会主席空缺的，首席代表由工会主要负责人担任。未建立工会的，职工一方的首席代表从协商代表中民主推举产生。

第二十一条 用人单位一方的协商代表，由用人单位法定代表人指派，首席代表由单位法定代表人担任或由其书面委托的其他管理人员担任。

第二十二条 协商代表履行职责的期限由被代表方确定。

第二十三条 集体协商双方首席代表可以书面委托本单位以外的专业人员作为本方协商代表。委托人数不得超过本方代表的三分之一。

首席代表不得由非本单位人员代理。

第二十四条 用人单位协商代表与职工协商代表不得相互兼任。

第二十五条 协商代表应履行下列职责：

（一）参加集体协商；

（二）接受本方人员质询，及时向本方人员公布协商情况并征求意见；

（三）提供与集体协商有关的情况和资料；

（四）代表本方参加集体协商争议的处理；

（五）监督集体合同或专项集体合同的履行；

（六）法律、法规和规章规定的其他职责。

第二十六条 协商代表应当维护本单位正常的生产、工作秩序，不得采取威胁、收买、欺骗等行为。

协商代表应当保守在集体协商过程中知悉的用人单位的商业秘密。

第二十七条 企业内部的协商代表参加集体协商视为提供了正常劳动。

第二十八条 职工一方协商代表在其履行协商代表职责期间劳动合同期满的，劳动合同期限自动延长至完成履行协商代表职责之时，除出现下列情形之一的，用人单位不得与其解除劳动合同：

（一）严重违反劳动纪律或用人单位依法制定的规章制度的；

（二）严重失职、营私舞弊，对用人单位利益造成重大损害的；

（三）被依法追究刑事责任的。

职工一方协商代表履行协商代表职责期间，用人单位无正当理由不得调整其工作岗位。

第二十九条 职工一方协商代表就本规定第二十七条、第二十八条的规定与用人单位发生争议的，可以向当地劳动争议仲裁委员会申请仲裁。

第三十条 工会可以更换职工一方协商代表；未建立工会的，经本单位半数以上职工同意可以更换职工一方协商代表。

用人单位法定代表人可以更换用人单位一方协商代表。

第三十一条 协商代表因更换、辞任或遇有不可抗力等情形造成空缺的，应在空缺之日起15日内按照本规定产生新的代表。

第四章 集体协商程序

第三十二条 集体协商任何一方均可就签订集体合同或专项集体合同以及相关事宜，以书面形式向对方提出进行集体协商的要求。

一方提出进行集体协商要求的，另一方应

当在收到集体协商要求之日起 20 日内以书面形式给以回应，无正当理由不得拒绝进行集体协商。

第三十三条 协商代表在协商前应进行下列准备工作：

（一）熟悉与集体协商内容有关的法律、法规、规章和制度；

（二）了解与集体协商内容有关的情况和资料，收集用人单位和职工对协商意向所持的意见；

（三）拟定集体协商议题，集体协商议题可由提出协商一方起草，也可由双方指派代表共同起草；

（四）确定集体协商的时间、地点等事项；

（五）共同确定一名非协商代表担任集体协商记录员。记录员应保持中立、公正，并为集体协商双方保密。

第三十四条 集体协商会议由双方首席代表轮流主持，并按下列程序进行：

（一）宣布议程和会议纪律；

（二）一方首席代表提出协商的具体内容和要求，另一方首席代表就对方的要求作出回应；

（三）协商双方就商谈事项发表各自意见，开展充分讨论；

（四）双方首席代表归纳意见。达成一致的，应当形成集体合同草案或专项集体合同草案，由双方首席代表签字。

第三十五条 集体协商未达成一致意见或出现事先未预料的问题时，经双方协商，可以中止协商。中止期限及下次协商时间、地点、内容由双方商定。

第五章 集体合同的订立、变更、解除和终止

第三十六条 经双方协商代表协商一致的集体合同草案或专项集体合同草案应当提交职工代表大会或者全体职工讨论。

职工代表大会或者全体职工讨论集体合同草案或专项集体合同草案，应当有三分之二以上职工代表或者职工出席，且须经全体职工代表半数以上或者全体职工半数以上同意，集体合同草案或专项集体合同草案方获通过。

第三十七条 集体合同草案或专项集体合同草案经职工代表大会或者职工大会通过后，由集体协商双方首席代表签字。

第三十八条 集体合同或专项集体合同期限一般为 1 至 3 年，期满或双方约定的终止条件出现，即行终止。

集体合同或专项集体合同期满前 3 个月内，任何一方均可向对方提出重新签订或续订的要求。

第三十九条 双方协商代表协商一致，可以变更或解除集体合同或专项集体合同。

第四十条 有下列情形之一的，可以变更或解除集体合同或专项集体合同：

（一）用人单位因被兼并、解散、破产等原因，致使集体合同或专项集体合同无法履行的；

（二）因不可抗力等原因致使集体合同或专项集体合同无法履行或部分无法履行的；

（三）集体合同或专项集体合同约定的变更或解除条件出现的；

（四）法律、法规、规章规定的其他情形。

第四十一条 变更或解除集体合同或专项集体合同适用本规定的集体协商程序。

第六章 集体合同审查

第四十二条 集体合同或专项集体合同签订或变更后，应当自双方首席代表签字之日起 10 日内，由用人单位一方将文本一式三份报送劳动保障行政部门审查。

劳动保障行政部门对报送的集体合同或专项集体合同应当办理登记手续。

第四十三条 集体合同或专项集体合同审查实行属地管辖，具体管辖范围由省级劳动保障行政部门规定。

中央管辖的企业以及跨省、自治区、直辖市的用人单位的集体合同应当报送劳动保障部或劳动保障部指定的省级劳动保障行政部门。

第四十四条 劳动保障行政部门应当对报送的集体合同或专项集体合同的下列事项进行合法性审查：

（一）集体协商双方的主体资格是否符合法律、法规和规章规定；

（二）集体协商程序是否违反法律、法规、规章规定；

（三）集体合同或专项集体合同内容是否与国家规定相抵触。

第四十五条 劳动保障行政部门对集体合同或专项集体合同有异议的，应当自收到文本之日起15日内将《审查意见书》送达双方协商代表。《审查意见书》应当载明以下内容：

（一）集体合同或专项集体合同当事人双方的名称、地址；

（二）劳动保障行政部门收到集体合同或专项集体合同的时间；

（三）审查意见；

（四）作出审查意见的时间。

《审查意见书》应当加盖劳动保障行政部门印章。

第四十六条 用人单位与本单位职工就劳动保障行政部门提出异议的事项经集体协商重新签订集体合同或专项集体合同的，用人单位一方应当根据本规定第四十二条的规定将文本报送劳动保障行政部门审查。

第四十七条 劳动保障行政部门自收到文本之日起15日内未提出异议的，集体合同或专项集体合同即行生效。

第四十八条 生效的集体合同或专项集体合同，应当自其生效之日起由协商代表及时以适当的形式向本方全体人员公布。

第七章 集体协商争议的协调处理

第四十九条 集体协商过程中发生争议，双方当事人不能协商解决的，当事人一方或双方可以书面向劳动保障行政部门提出协调处理申请；未提出申请的，劳动保障行政部门认为必要时也可以进行协调处理。

第五十条 劳动保障行政部门应当组织同级工会和企业组织等三方面的人员，共同协调处理集体协商争议。

第五十一条 集体协商争议处理实行属地管辖，具体管辖范围由省级劳动保障行政部门规定。

中央管辖的企业以及跨省、自治区、直辖市用人单位因集体协商发生的争议，由劳动保障部指定的省级劳动保障行政部门组织同级工会和企业组织等三方面的人员协调处理，必要时，劳动保障部也可以组织有关方面协调处理。

第五十二条 协调处理集体协商争议，应当自受理协调处理申请之日起30日内结束协调处理工作。期满未结束的，可以适当延长协调期限，但延长期限不得超过15日。

第五十三条 协调处理集体协商争议应当按照以下程序进行：

（一）受理协调处理申请；

（二）调查了解争议的情况；

（三）研究制定协调处理争议的方案；

（四）对争议进行协调处理；

（五）制作《协调处理协议书》。

第五十四条 《协调处理协议书》应当载明协调处理申请、争议的事实和协调结果，双方当事人就某些协商事项不能达成一致的，应将继续协商的有关事项予以载明。《协调处理协议书》由集体协商争议协调处理人员和争议双方首席代表签字盖章后生效。争议双方均应遵守生效后的《协调处理协议书》。

第八章 附 则

第五十五条 因履行集体合同发生的争议，当事人协商解决不成的，可以依法向劳动争议仲裁委员会申请仲裁。

第五十六条 用人单位无正当理由拒绝工会或职工代表提出的集体协商要求的，按照《工会法》及有关法律、法规的规定处理。

第五十七条 本规定于2004年5月1日起实施。原劳动部1994年12月5日颁布的《集体合同规定》同时废止。

中华人民共和国劳动和社会保障部
中国银行业监督管理委员会
中国证券监督管理委员会
中国保险监督管理委员会令

第 23 号

现公布《企业年金基金管理试行办法》，自 2004 年 5 月 1 日起施行。

中华人民共和国劳动和社会保障部部长　郑斯林
中国银行业监督管理委员会主席　刘明康
中国证券监督管理委员会主席　尚福林
中国保险监督管理委员会主席　吴定富
2004 年 2 月 23 日

企业年金基金管理试行办法

第一章　总　　则

第一条　为维护企业年金各方当事人的合法权益，规范企业年金基金管理，根据劳动法、信托法、合同法、证券投资基金法等法律和国务院有关规定，制定本办法。

第二条　企业年金基金的受托管理、账户管理、托管以及投资管理适用本办法。

本办法所称企业年金基金，是指根据依法制定的企业年金计划筹集的资金及其投资运营收益形成的企业补充养老保险基金。

第三条　设立企业年金的企业及其职工作为委托人与企业年金理事会或法人受托机构（以下简称受托人），受托人与企业年金基金账户管理机构（以下简称账户管理人）、企业年金基金托管机构（以下简称托管人）和企业年金基金投资管理机构（以下简称投资管理人），按照国家有关规定建立书面合同关系。

书面合同应当报劳动保障行政部门备案。

第四条 企业年金基金必须存入企业年金专户。企业年金基金财产独立于委托人、受托人、账户管理人、托管人、投资管理人和其他为企业年金基金管理提供服务的自然人、法人或其他组织的固有财产及其管理的其他财产。

企业年金基金财产的管理、运用或其他情形取得的财产和收益，应当归入基金财产。

第五条 委托人、受托人、账户管理人、托管人、投资管理人和其他为企业年金基金管理提供服务的自然人、法人或其他组织，因依法解散、被依法撤销或被依法宣告破产等原因进行终止清算的，企业年金基金财产不属于其清算财产。

第六条 企业年金基金财产的债权，不得与委托人、受托人、账户管理人、托管人、投资管理人和其他为企业年金基金管理提供服务的自然人、法人或其他组织固有财产的债务相抵消。不同企业的企业年金基金的债权债务，不得相互抵消。

第七条 非因企业年金基金财产本身承担的债务，不得对基金财产强制执行。

第八条 受托人、账户管理人、托管人、投资管理人和其他为企业年金基金管理提供服务的自然人、法人或其他组织必须恪尽职守，履行诚实、信用、谨慎、勤勉的义务。

第九条 劳动保障部负责制定企业年金基金管理的有关政策。劳动保障行政部门对企业年金基金管理进行监管。

第二章 受 托 人

第十条 本办法所称受托人，是指受托管理企业年金基金的企业年金理事会或符合国家规定的养老金管理公司等法人受托机构（以下简称法人受托机构）。

第十一条 企业年金理事会由企业代表和职工代表等人员组成，依法管理本企业的企业年金事务，不得从事任何形式的营业性活动。

企业年金理事会理事应当诚实守信、无重大违法记录，并不得以任何形式收取费用。

第十二条 法人受托机构应当具备下列条件：

（一）经国家金融监管部门批准，在中国境内注册；

（二）注册资本不少于1亿元人民币，且在任何时候都维持不少于1.5亿元人民币的净资产；

（三）具有完善的法人治理结构；

（四）取得企业年金基金从业资格的专职人员达到规定人数；

（五）具有符合要求的营业场所、安全防范设施和与企业年金基金受托管理业务有关的其他设施；

（六）具有完善的内部稽核监控制度和风险控制制度；

（七）近3年没有重大违法违规行为；

（八）国家规定的其他条件。

第十三条 受托人应当履行下列职责：

（一）选择、监督、更换账户管理人、托管人、投资管理人以及中介服务机构。

（二）制定企业年金基金投资策略。

（三）编制企业年金基金管理和财务会计报告。

（四）根据合同对企业年金基金管理进行监督。

（五）根据合同收取企业和职工缴费，并向受益人支付企业年金待遇。

（六）接受委托人、受益人查询，定期向委托人、受益人和有关监管部门提供企业年金基金管理报告。发生重大事件时，及时向委托人、受益人和有关监管部门报告。

（七）按照国家规定保存与企业年金基金管理有关的记录至少15年。

（八）国家规定和合同约定的其他职责。

第十四条 本办法所称受益人，是指参加企业年金计划并享有受益权的企业职工。

第十五条 法人受托机构具备账户管理或投资管理业务资格，可以兼任账户管理人或投资管理人，但应当保证各项管理之间的独立性。

第十六条 有下列情形之一的，法人受托机构职责终止：

（一）违反与委托人合同约定的；

（二）利用企业年金基金财产为其谋取利益，或为他人谋取不正当利益的；

（三）依法解散、被依法撤销、被依法宣告破产或被依法接管的；

（四）被依法取消企业年金基金受托管理业务资格的；

（五）委托人有证据认为更换受托人符合受益人利益的；

（六）有关监管部门有充分理由和依据认为更换受托人符合受益人利益的；

（七）国家规定和合同约定的其他情形。

企业年金理事会有前款规定情形之一的，应当按国家规定重新组成。

第十七条 受托人职责终止的，委托人应当在30日内委任新的受托人。

受托人职责终止的，应当妥善保管企业年金基金受托管理资料，及时办理受托管理业务移交手续，新受托人应当及时接收。

第十八条 受托人职责终止的，应当按照规定聘请会计师事务所对受托管理进行审计，将审计结果报委托人并报有关监管部门备案。

第三章 账户管理人

第十九条 本办法所称账户管理人，是指受托人委托管理企业年金基金账户的专业机构。

第二十条 账户管理人应当具备下列条件：

（一）经国家有关部门批准，在中国境内注册的独立法人；

（二）注册资本不少于5 000万元人民币；

（三）具有完善的法人治理结构；

（四）取得企业年金基金从业资格的专职人员达到规定人数；

（五）具有相应的企业年金基金账户信息管理系统；

（六）具有符合要求的营业场所、安全防范设施和与企业年金基金账户管理业务有关的其他设施；

（七）具有完善的内部稽核监控制度和风险控制制度；

（八）国家规定的其他条件。

第二十一条 账户管理人应当履行下列职责：

（一）建立企业年金基金企业账户和个人账户；

（二）记录企业、职工缴费以及企业年金基金投资收益；

（三）及时与托管人核对缴费数据以及企业年金基金账户财产变化状况；

（四）计算企业年金待遇；

（五）提供企业年金基金企业账户和个人账户信息查询服务；

（六）定期向受托人和有关监管部门提交企业年金基金账户管理报告；

（七）按照国家规定保存企业年金基金账户管理档案至少15年；

（八）国家规定和合同约定的其他职责。

第二十二条 有下列情形之一的，账户管理人职责终止：

（一）违反与受托人合同约定的；

（二）利用企业年金基金财产为其谋取利益，或为他人谋取不正当利益的；

（三）依法解散、被依法撤销、被依法宣告破产或被依法接管的；

（四）被依法取消企业年金基金账户管理业务资格的；

（五）受托人有证据认为更换账户管理人符合受益人利益的；

（六）有关监管部门有充分理由和依据认为更换账户管理人符合受益人利益的；

（七）国家规定和合同约定的其他情形。

第二十三条 账户管理人职责终止的，受托人应当在30日内确定新的账户管理人。

账户管理人职责终止的，应当妥善保管企业年金基金账户管理资料，及时办理账户管理业务移交手续，新账户管理人应当及时接收。

第二十四条 账户管理人职责终止的，应当按照规定聘请会计师事务所对账户管理进行审计，将审计结果报受托人并报有关监管部门备案。

第四章 托 管 人

第二十五条 本办法所称托管人，是指受托人委托保管企业年金基金财产的商业银行或专业机构。

单个企业年金计划托管人由一家商业银行或专业机构担任。

第二十六条 托管人应当具备下列条件：

（一）经国家金融监管部门批准，在中国境内注册的独立法人；

（二）净资产不少于50亿元人民币；

（三）取得企业年金基金从业资格的专职人员达到规定人数；

（四）具有保管企业年金基金财产的条件；

（五）具有安全高效的清算、交割系统；

（六）具有符合要求的营业场所、安全防范设施和与企业年金基金托管业务有关的其他设施；

（七）具有完善的内部稽核监控制度和风险控制制度；

（八）国家规定的其他条件。

商业银行担任托管人，应当设有专门的基金托管部门。

第二十七条 托管人应当履行下列职责：

（一）安全保管企业年金基金财产；

（二）以企业年金基金名义开设基金财产的资金账户和证券账户；

（三）对所托管的不同企业年金基金财产分别设置账户，确保基金财产的完整和独立；

（四）根据受托人指令，向投资管理人分配企业年金基金财产；

（五）根据投资管理人投资指令，及时办理清算、交割事宜；

（六）负责企业年金基金会计核算和估值，复核、审查投资管理人计算的基金财产净值；

（七）及时与账户管理人、投资管理人核对有关数据，按照规定监督投资管理人的投资运作；

（八）定期向受托人提交企业年金基金托管和财务会计报告；

（九）定期向有关监管部门提交企业年金基金托管报告；

（十）按照国家规定保存企业年金基金托管业务活动记录、账册、报表和其他相关资料至少15年；

（十一）国家规定和合同约定的其他职责。

第二十八条 托管人发现投资管理人的投资指令违反法律、行政法规、其他有关规定或合同约定的，应当拒绝执行，立即通知投资管理人，并及时向受托人和有关监管部门报告。

托管人发现投资管理人依据交易程序已经生效的投资指令违反法律、行政法规、其他有关规定或合同约定的，应当立即通知投资管理人，并及时向受托人和有关监管部门报告。

第二十九条 有下列情形之一的，托管人职责终止：

（一）违反与受托人合同约定的；

（二）利用企业年金基金财产为其谋取利益，或为他人谋取不正当利益的；

（三）依法解散、被依法撤销、被依法宣告破产或被依法接管的；

（四）被依法取消企业年金基金托管业务的；

（五）受托人有证据认为更换托管人符合受益人利益的；

（六）有关监管部门有充分理由和依据认为更换托管人符合受益人利益的；

（七）国家规定和合同约定的其他情形。

第三十条 托管人职责终止的，受托人应当在30日内确定新的托管人。

托管人职责终止的，应当妥善保管企业年金基金托管资料，及时办理托管业务移交手续，新托管人应当及时接收。

第三十一条 托管人职责终止的，应当按照规定聘请会计师事务所对托管进行审计，将审计结果报受托人并报有关监管部门备案。

第三十二条 禁止托管人有下列行为：

（一）托管的企业年金基金财产与其固有财产混合管理；

（二）托管的企业年金基金财产与托管的其他财产混合管理；

（三）托管的不同企业年金基金财产混合管理；

（四）挪用托管的企业年金基金财产；

（五）国家规定和合同约定禁止的其他行为。

第五章 投资管理人

第三十三条 本办法所称投资管理人，是指受托人委托投资管理企业年金基金财产的专业机构。

第三十四条 投资管理人应当具备下列条件：

（一）经国家金融监管部门批准，在中国境内注册，具有受托投资管理、基金管理或资产管理资格的独立法人。

（二）综合类证券公司注册资本不少于10亿元人民币，且在任何时候都维持不少于10亿元人民币的净资产；基金管理公司、信托投资公司、保险资产管理公司或其他专业投资机构注册资本不少于1亿元人民币，且在任何时候都维持不少于1亿元人民币的净资产。

（三）具有完善的法人治理结构。

（四）取得企业年金基金从业资格的专职人员达到规定人数。

（五）具有符合要求的营业场所、安全防范设施和与企业年金基金投资管理业务有关的其他设施。

（六）具有完善的内部稽核监控制度和风险控制制度。

（七）近3年没有重大违法违规行为。

（八）国家规定的其他条件。

第三十五条 投资管理人应当履行下列职责：

（一）对企业年金基金财产进行投资；

（二）及时与托管人核对企业年金基金会计核算和估值结果；

（三）建立企业年金基金投资管理风险准备金；

（四）定期向受托人和有关监管部门提交投资管理报告；

（五）根据国家规定保存企业年金基金财产会计凭证、会计账簿、年度财务会计报告和投资记录至少15年；

（六）国家规定和合同约定的其他职责。

第三十六条 有下列情形之一的，投资管理人应当及时向受托人和有关监管部门报告：

（一）企业年金基金财产市场价值大幅度波动的；

（二）减资、合并、分立、依法解散、被依法撤销、决定申请破产或被申请破产的；

（三）涉及重大诉讼或仲裁的；

（四）董事、监事、经理及其他高级管理人员发生重大变动的；

（五）可能使企业年金基金财产价值受到重大影响的其他事项；

（六）国家规定和合同约定的其他情形。

第三十七条 有下列情形之一的，投资管理人职责终止：

（一）违反与受托人合同约定的；

（二）利用企业年金基金财产为其谋取利益，或为他人谋取不正当利益的；

（三）依法解散、被依法撤销、被依法宣告破产或被依法接管的；

（四）被依法取消企业年金基金投资管理资格的；

（五）受托人有证据认为更换投资管理人符合受益人利益的；

（六）有关监管部门有充分理由和依据认为更换投资管理人符合受益人利益的；

（七）国家规定和合同约定的其他情形。

第三十八条 投资管理人职责终止的，受托人应当在30日内确定新的投资管理人。

投资管理人职责终止的，应当妥善保管企业年金基金投资管理资料，及时办理投资管理业务移交手续，新投资管理人应当及时接收。

第三十九条 投资管理人职责终止的，应当按照规定聘请会计师事务所对投资管理进行审计，将审计结果报受托人并报有关监管部门备案。

第四十条 禁止投资管理人有下列行为：

（一）将其固有财产或他人财产混同于企业年金基金财产；

（二）不公平对待其管理的不同企业年金基金财产；

（三）挪用企业年金基金财产；

（四）国家规定和合同约定禁止的其他行为。

第六章 中介服务机构

第四十一条 本办法所称中介服务机构，是指为企业年金管理提供服务的投资顾问公司、信用评估公司、精算咨询公司、律师事务所、会计师事务所等专业机构。

第四十二条 中介服务机构经委托可以从事下列业务：

（一）为企业设计企业年金计划；

（二）为企业年金管理提供咨询；

（三）为受托人选择账户管理人、托管人、投资管理人提供咨询；

（四）对企业年金管理绩效进行评估；

（五）对企业年金基金财务报告进行审计；

（六）国家规定和合同约定的其他业务。

第四十三条 中介服务机构提供企业年金中介服务应当严格遵守相关职业准则。

第七章 企业年金基金投资

第四十四条 企业年金基金投资管理应当遵循谨慎、分散风险的原则，充分考虑企业年金基金财产的安全性和流动性，实行专业化管理。

第四十五条 投资管理人的董事、监事、经理和其他从业人员，不得担任托管人或其他投资管理人的任何职务。

投资管理人与托管人不得为同一人，不得相互出资或相互持有股份。

第四十六条 企业年金基金财产的投资范围，限于银行存款、国债和其他具有良好流动性的金融产品，包括短期债券回购、信用等级在投资级以上的金融债和企业债、可转换债、投资性保险产品、证券投资基金、股票等。

第四十七条 企业年金基金财产的投资，按市场价计算应当符合下列规定：

（一）投资银行活期存款、中央银行票据、短期债券回购等流动性产品及货币市场基金的比例，不低于基金净资产的20%。

（二）投资银行定期存款、协议存款、国债、金融债、企业债等固定收益类产品及可转换债、债券基金的比例，不高于基金净资产的50%。其中，投资国债的比例不低于基金净资产的20%。

（三）投资股票等权益类产品及投资性保险产品、股票基金的比例，不高于基金净资产的30%。其中，投资股票的比例不高于基金净资产的20%。

第四十八条 根据金融市场变化和投资运作情况，劳动保障部会同中国银监会、中国证监会和中国保监会，适时对企业年金基金投资管理机构、投资产品和比例进行调整。

第四十九条 单个投资管理人管理的企业年金基金财产，投资于一家企业所发行的证券或单只证券投资基金，按市场价计算，不得超过该企业所发行证券或该基金份额的5%；也不得超过其管理的企业年金基金财产总值的10%。

第五十条 投资管理人管理的企业年金基金财产投资于自己管理的金融产品须经受托人同意。

第五十一条 企业年金基金不得用于信用交易，不得用于向他人贷款和提供担保。

投资管理人不得从事使企业年金基金财产承担无限责任的投资。

第八章 收益分配及费用

第五十二条 账户管理人根据企业年金基金财产净值和净值增长率，按周或按日足额记入企业年金基金企业账户和个人账户。

第五十三条 受托人提取的管理费不高于受托管理企业年金基金财产净值的0.2%。

第五十四条 账户管理人的管理费按每户每月不超过5元人民币的限额，由设立企业年金计划的企业另行缴纳。

第五十五条 托管人提取的托管费不高于托管企业年金基金财产净值的0.2%。

第五十六条 投资管理人提取的管理费不高于投资管理企业年金基金财产净值的1.2%。

第五十七条 根据企业年金基金管理情况，劳动保障部会同中国银监会、中国证监会和中国保监会，适时对有关管理费或托管费进行调整。

第五十八条 投资管理人从当期收取的管理费中，提取20%作为企业年金基金投资管理风险准备金，专项用于弥补企业年金基金投资亏损。企业年金基金投资管理风险准备金在托管银行专户存储，余额达到投资管理企业年金基金财产净值的10%时可不再提取。

第九章 信息披露

第五十九条 受托人、账户管理人、托管人和投资管理人应当按照规定向有关监管部门报告企业年金基金管理情况，并对所报告内容的真实性、完整性负责。

第六十条 受托人应当在每季度结束后15日内向委托人提交季度企业年金基金管理报告；并应当在年度结束后45日内向委托人提交年度企业年金基金管理报告，其中年度企业年金基金财务会计报告须经会计师事务所审计。

第六十一条 账户管理人应当在每季度结束后10日内向受托人提交季度企业年金基金账户管理报告；并应当在年度结束后30日内向受托人提交年度企业年金基金账户管理报告。

第六十二条 托管人应当在每季度结束后10日内向受托人提交季度企业年金基金托管和财务会计报告；并应当在年度结束后30日内向受托人提交年度企业年金基金托管和财务会计报告，其中年度财务会计报告须经会计师事务所审计。

第六十三条 投资管理人应当在每季度结束后10日内向受托人提交经托管人确认的季度企业年金基金投资组合报告；并应当在年度结束后30日内向受托人提交经托管人确认的年度企业年金基金投资管理报告。

第十章 监督检查

第六十四条 法人受托机构、账户管理人、托管人、投资管理人开展企业年金基金管理相关业务应当向劳动保障部提出申请。法人受托机构、投资管理人向劳动保障部提出申请前应当先经其业务监管部门同意，托管人向劳动保障部提出申请前应当先向其业务监管部门备案。

第六十五条 劳动保障部收到法人受托机构、账户管理人、托管人、投资管理人的申请后，应当组织专家评审委员会，按照规定进行审慎评审。经评审符合条件的，由劳动保障部会同有关部门确认公告；经评审不符合条件的，应当书面通知申请人。

专家评审委员会由有关部门代表和社会专业人士组成。

第六十六条 受托人、账户管理人、托管人、投资管理人开展企业年金基金管理相关业务，应当接受劳动保障行政部门的监管。

受托人、托管人和投资管理人的业务监管部门按照各自职责对其经营活动进行监督。

第六十七条 凡违反本办法规定的，由劳动保障部予以警告，责令限期改正；逾期不改的，可责令其停止企业年金基金管理相关业务。

第十一章 附 则

第六十八条 企业年金基金管理，国务院另有规定的，从其规定。

第六十九条 本办法自2004年5月1日起施行。

中华人民共和国劳动和社会保障部令

第 24 号

《企业年金基金管理机构资格认定暂行办法》已于 2004 年 12 月 24 日经劳动和社会保障部第 9 次部务会议通过，现予公布，自 2005 年 3 月 1 日起施行。

部　长　郑斯林

2004 年 12 月 31 日

企业年金基金管理机构资格认定暂行办法

第一条　为规范企业年金基金管理机构资格认定工作，根据《中华人民共和国行政许可法》《国务院对确需保留的行政审批项目设定行政许可的决定》和国家有关规定，制定本办法。

第二条　本办法所称企业年金基金管理机构，是指从事企业年金基金管理业务的法人受托机构、账户管理人、托管人和投资管理人等补充养老保险经办机构。

第三条　从事企业年金基金管理业务的机构，必须根据本办法规定的程序，取得相应的企业年金基金管理资格。

劳动保障部负责企业年金基金管理机构资格认定。

第四条　申请企业年金基金管理资格的机构（以下简称申请人）应当按照本办法附件规定的内容与格式，向劳动保障部提出书面申请。

第五条　法人受托机构应当具备下列条件：

（一）经国家金融监管部门批准，在中国境内注册；

（二）注册资本不少于 1 亿元人民币，且在任何时候都维持不少于 1.5 亿元人民币的净资产；

（三）具有完善的法人治理结构；

（四）取得企业年金基金从业资格的专职人员达到规定人数；

（五）具有符合要求的营业场所、安全防范设施和与企业年金基金受托管理业务有关的其他设施；

（六）具有完善的内部稽核监控制度和风险控制制度；

（七）近 3 年没有重大违法违规行为；

（八）国家规定的其他条件。

第六条 账户管理人应当具备下列条件：

（一）经国家有关部门批准，在中国境内注册的独立法人；

（二）注册资本不少于5 000万元人民币；

（三）具有完善的法人治理结构；

（四）取得企业年金基金从业资格的专职人员达到规定人数；

（五）具有相应的企业年金基金账户管理信息系统；

（六）具有符合要求的营业场所、安全防范设施和与企业年金基金账户管理业务有关的其他设施；

（七）具有完善的内部稽核监控制度和风险控制制度；

（八）国家规定的其他条件。

本条第（五）项规定的企业年金基金账户管理信息系统规范，由劳动保障部另行制定。

第七条 托管人应当具备下列条件：

（一）经国家金融监管部门批准，在中国境内注册的独立法人；

（二）净资产不少于50亿元人民币；

（三）取得企业年金基金从业资格的专职人员达到规定人数；

（四）具有保管企业年金基金财产的条件；

（五）具有安全高效的清算、交割系统；

（六）具有符合要求的营业场所、安全防范设施和与企业年金基金托管业务有关的其他设施；

（七）具有完善的内部稽核监控制度和风险控制制度；

（八）国家规定的其他条件。

商业银行担任托管人，应当设有专门的基金托管部门。

第八条 投资管理人应当具备下列条件：

（一）经国家金融监管部门批准，在中国境内注册，具有受托投资管理、基金管理或者资产管理资格的独立法人。

（二）综合类证券公司注册资本不少于10亿元人民币，且在任何时候都维持不少于10亿元人民币的净资产；基金管理公司、信托投资公司、保险资产管理公司或者其他专业投资机构注册资本不少于1亿元人民币，且在任何时候都维持不少于1亿元人民币的净资产。

（三）具有完善的法人治理结构。

（四）取得企业年金基金从业资格的专职人员达到规定人数。

（五）具有符合要求的营业场所、安全防范设施和与企业年金基金投资管理业务有关的其他设施。

（六）具有完善的内部稽核监控制度和风险控制制度。

（七）近3年没有重大违法违规行为。

（八）国家规定的其他条件。

第九条 劳动保障部对申请人提出的申请，应当根据下列情况分别作出处理：

（一）申请材料存在可以当场更正错误的，应当允许申请人当场更正。

（二）申请材料不齐全或者不符合法定形式的，应当场或者在5个工作日内一次告知申请人需要补正的全部内容。逾期不告知的，自收到申请材料之日起即为受理。

（三）申请材料齐全、符合法定形式，或者申请人按照要求提交全部补正申请材料的，劳动保障部应当受理申请人申请。

劳动保障部受理或者不受理申请人申请，应当出具加盖劳动保障部专用印章和注明日期的书面凭证。

正在接受司法机关或者有关监管机关立案调查的机构，在被调查期间，劳动保障部不受理其申请。

第十条 劳动保障部受理申请人申请后，应当组建专家评审委员会对申请材料进行评审。评审委员会专家按照专业范围从专家库中随机抽取产生。专家库由有关部门代表和社会专业人士组成。

专家评审委员会对申请人申请材料按照分期分类的原则进行评审，所需时间由劳动保障部书面告知申请人。

第十一条 劳动保障部认为必要时应当指

派2名以上工作人员，根据申请人申请材料对申请人进行现场检查。

第十二条 劳动保障部根据专家评审委员会评审结果及现场检查情况，会商中国银监会、中国证监会、中国保监会后，认定企业年金基金管理机构资格，并于认定之日起10个工作日内，向申请人颁发《企业年金基金管理资格证书》。证书制式由劳动保障部统一印制。

对于未取得企业年金基金管理资格的申请人，由劳动保障部书面通知，说明理由并告知申请人享有依法申请行政复议或者提起行政诉讼的权利。

第十三条 劳动保障部会同中国银监会、中国证监会、中国保监会，在全国性报刊上公告取得企业年金基金管理资格的机构。

第十四条 企业年金基金管理机构的资格证书有效期为3年，期限届满前3个月应当向劳动保障部提出延续申请。

第十五条 有下列情形之一的，劳动保障部应当办理企业年金基金管理机构资格的注销手续：

（一）企业年金基金管理机构资格有效期届满未延续的；

（二）企业年金基金管理机构依法解散、被依法撤销、被依法宣告破产或者被依法接管的；

（三）企业年金基金管理机构资格被依法撤销的；

（四）国家规定的应当注销企业年金基金管理机构资格的其他情形。

劳动保障部办理企业年金基金管理机构资格的注销手续后，会同中国银监会、中国证监会、中国保监会，在全国性报刊上公告。

第十六条 申请人隐瞒有关情况或者提供虚假材料的，劳动保障部不予受理或者不予认定企业年金基金管理机构资格，并给予警告；申请人1年内不得再次申请企业年金基金管理机构资格。

第十七条 申请人采用贿赂、欺诈等不正当手段取得企业年金基金管理机构资格的，劳动保障部会商中国银监会、中国证监会、中国保监会后取消其资格；申请人3年内不得再次申请企业年金基金管理机构资格；构成犯罪的，移交司法机关依法追究刑事责任。

第十八条 劳动保障部建立健全企业年金基金监管制度，定期或者不定期对有关机构企业年金基金管理运营情况进行监督检查。

第十九条 本办法自2005年3月1日起施行。

附件：企业年金基金管理机构资格申请材料内容与格式

附件

企业年金基金管理机构资格申请材料内容与格式

一、申请材料目录与内容

（一）资格申请表

按劳动保障部统一编制的资格申请表填写（可从劳动保障部网站 www.molss.gov.cn 下载）。

（二）资源配置说明

1. 企业年金基金管理专用场所安全说明；

2. 企业年金基金管理相关设备和系统说明；

3. 企业年金基金账户管理信息系统流程、系统测试报告（仅适用账户管理人资格申请人）；

4. 公司高级管理人员、企业年金基金管理专业人员配置情况及人员简历。

（三）管理制度和流程

1. 基本制度

（1）公司章程；

（2）公司治理结构及组织结构说明，若申请多项资格须对各项业务独立性做出说明；

（3）企业年金稽核和风险控制制度；

（4）企业年金管理专职人员行为规范；

（5）企业年金管理业务岗位设置及岗位职责；

（6）企业年金管理业务记录及档案管理制度；

（7）危机事件报告制度和处理流程。

2. 法人受托机构资格申请人补充材料

（1）选择、监督、评估、更换账户管理人、托管人、投资管理人及其他中介机构的制度和流程；

（2）战略资产配置及投资决策制度和流程。

3. 账户管理人资格申请人补充材料

（1）账户管理组织架构；

（2）账户管理业务制度和流程；

（3）客户服务制度和流程。

4. 托管人资格申请人补充材料

（1）资金清算、支付能力及电子化水平等基本情况概述，确保资金清算安全、快捷的制度及措施；

（2）交易数据及财务数据管理制度；

（3）基金托管业务职责、权限和业务分工；

（4）投资管理风险评估程序、风险预警制度及投资运营监控系统。

5. 投资管理人资格申请人补充材料

（1）企业年金基金投资与风险管理制度；

（2）企业年金基金财产独立运作和管理制度；

（3）企业年金基金投资管理风险准备金制度。

（四）申请人自律承诺书

1. 承诺申请材料真实、准确、完整；

2. 承诺取得资格后，将严格遵守有关法律法规，诚信合法、勤勉尽责地从事企业年金基金管理业务。

（五）相关证明材料

1. 国家工商行政管理部门颁发的企业法人营业执照（副本）复印件；

2. 国家业务监管部门出具的业务许可证（副本）复印件；

3. 国家业务监管部门出具的同意函原件（限于法人受托机构或者投资管理人资格申请人）；

4. 国家业务监管部门出具的托管业务备案受理证明材料原件（限于托管人资格申请人）；

5. 会计师事务所出具的申请人近 3 年财务无保留意见审计报告；

6. 律师事务所就申请人独立法人、公司章程等材料真实性出具的法律意见书。

以上证明材料为复印件的均须加盖公司公章。

（六）业务可行性报告

二、纸张、封面及份数

（一）纸张

采用 A4 规格纸张，并用 245 毫米×315 毫米规格的硬皮夹子装订。

（二）封面和侧面

1. 封面标注：“企业年金基金管理机构——×××（如法人受托机构、账户管理人、托管人或者投资管理人）资格申请材料”、申请公司名称、申请日期等；

2. 侧面标注：“×××公司企业年金基金

管理机构×××资格申请材料”。

（三）字体和页码

除固定格式外，其余材料标题字体为四号仿宋，正文内容字体为小四号仿宋，1.5倍行距。主要材料应当双面印刷，页码置于每页下端居中，字符大小为五号。按内容分章节安排页码顺序，例如：1—4、2—26、3—58或者1—4—1、3—1—2、3—4—21……，章节之间应当有分隔页。

（四）份数

申请材料可以邮寄或通过劳动保障部网站申报。首次报送一式十二份，其中一份为原件。

中华人民共和国劳动和社会保障部令

第 25 号

《关于实施〈劳动保障监察条例〉若干规定》已经劳动和社会保障部第 9 次部务会议讨论通过，现予公布，自 2005 年 2 月 1 日起施行。

部　长　郑斯林
2004 年 12 月 31 日

关于实施《劳动保障监察条例》若干规定

第一章　总　　则

第一条　为了实施《劳动保障监察条例》，规范劳动保障监察行为，制定本规定。

第二条　劳动保障行政部门及所属劳动保障监察机构对企业和个体工商户（以下称用人单位）遵守劳动保障法律、法规和规章（以下简称劳动保障法律）的情况进行监察，适用本规定；对职业介绍机构、职业技能培训机构和职业技能考核鉴定机构进行劳动保障监察，依照本规定执行；对国家机关、事业单位、社会团体执行劳动保障法律情况进行劳动保障监察，根据劳动保障行政部门的职责，依照本规定执行。

第三条　劳动保障监察遵循公正、公开、高效、便民的原则。

实施劳动保障行政处罚坚持以事实为依据，以法律为准绳，坚持教育与处罚相结合，接受社会监督。

第四条　劳动保障监察实行回避制度。

第五条　县级以上劳动保障行政部门设立的劳动保障监察行政机构和劳动保障行政部门依法委托实施劳动保障监察的组织（以下统称劳动保障监察机构）具体负责劳动保障监察管理工作。

第二章　一 般 规 定

第六条　劳动保障行政部门对用人单位及其劳动场所的日常巡视检查，应当制定年度计划和中长期规划，确定重点检查范围，并按照现场检查的规定进行。

第七条　劳动保障行政部门对用人单位按照要求报送的有关遵守劳动保障法律情况的书面材料应进行审查，并对审查中发现的问题及时予以纠正和查处。

第八条 劳动保障行政部门可以针对劳动保障法律实施中存在的重点问题集中组织专项检查活动，必要时，可以联合有关部门或组织共同进行。

第九条 劳动保障行政部门应当设立举报、投诉信箱，公开举报、投诉电话，依法查处举报和投诉反映的违反劳动保障法律的行为。

第三章 受理与立案

第十条 任何组织或个人对违反劳动保障法律的行为，有权向劳动保障行政部门举报。

第十一条 劳动保障行政部门对举报人反映的违反劳动保障法律的行为应当依法予以查处，并为举报人保密；对举报属实，为查处重大违反劳动保障法律的行为提供主要线索和证据的举报人，给予奖励。

第十二条 劳动者对用人单位违反劳动保障法律、侵犯其合法权益的行为，有权向劳动保障行政部门投诉。对因同一事由引起的集体投诉，投诉人可推荐代表投诉。

第十三条 投诉应当由投诉人向劳动保障行政部门递交投诉文书。书写投诉文书确有困难的，可以口头投诉，由劳动保障监察机构进行笔录，并由投诉人签字。

第十四条 投诉文书应当载明下列事项：

（一）投诉人的姓名、性别、年龄、职业、工作单位、住所和联系方式，被投诉用人单位的名称、住所、法定代表人或者主要负责人的姓名、职务；

（二）劳动保障合法权益受到侵害的事实和投诉请求事项。

第十五条 有下列情形之一的投诉，劳动保障行政部门应当告知投诉人依照劳动争议处理或者诉讼程序办理：

（一）应当通过劳动争议处理程序解决的；

（二）已经按照劳动争议处理程序申请调解、仲裁的；

（三）已经提起劳动争议诉讼的。

第十六条 下列因用人单位违反劳动保障法律行为对劳动者造成损害，劳动者与用人单位就赔偿发生争议的，依照国家有关劳动争议处理的规定处理：

（一）因用人单位制定的劳动规章制度违反法律、法规规定，对劳动者造成损害的；

（二）因用人单位违反对女职工和未成年工的保护规定，对女职工和未成年工造成损害的；

（三）因用人单位原因订立无效合同，对劳动者造成损害的；

（四）因用人单位违法解除劳动合同或者故意拖延不订立劳动合同，对劳动者造成损害的；

（五）法律、法规和规章规定的其他因用人单位违反劳动保障法律的行为，对劳动者造成损害的。

第十七条 劳动者或者用人单位与社会保险经办机构发生的社会保险行政争议，按照《社会保险行政争议处理办法》处理。

第十八条 对符合下列条件的投诉，劳动保障行政部门应当在接到投诉之日起5个工作日内依法受理，并于受理之日立案查处：

（一）违反劳动保障法律的行为发生在2年内的；

（二）有明确的被投诉用人单位，且投诉人的合法权益受到侵害是被投诉用人单位违反劳动保障法律的行为所造成的；

（三）属于劳动保障监察职权范围并由受理投诉的劳动保障行政部门管辖。

对不符合第一款第（一）项规定的投诉，劳动保障行政部门应当在接到投诉之日起5个工作日内决定不予受理，并书面通知投诉人。

对不符合第一款第（二）项规定的投诉，劳动保障监察机构应当告知投诉人补正投诉材料。

对不符合第一款第（三）项规定的投诉，即对不属于劳动保障监察职权范围的投诉，劳动保障监察机构应当告诉投诉人；对属于劳动保障监察职权范围但不属于受理投诉的劳动保障行政部门管辖的投诉，应当告知投诉人向有关劳动保障行政部门提出。

第十九条 劳动保障行政部门通过日常巡视检查、书面审查、举报等发现用人单位有违反劳动保障法律的行为，需要进行调查处理的，应当及时立案查处。

立案应当填写立案审批表，报劳动保障监察机构负责人审查批准。劳动保障监察机构负责人批准之日即为立案之日。

第四章 调查与检查

第二十条 劳动保障监察员进行调查、检查不得少于2人。劳动保障监察机构应指定其中1名为主办劳动保障监察员。

第二十一条 劳动保障监察员对用人单位遵守劳动保障法律情况进行监察时，应当遵循以下规定：

（一）进入用人单位时，应佩戴劳动保障监察执法标志，出示劳动保障监察证件，并说明身份；

（二）就调查事项制作笔录，应由劳动保障监察员和被调查人（或其委托代理人）签名或盖章。被调查人拒不签名、盖章的，应注明拒签情况。

第二十二条 劳动保障监察员进行调查、检查时，承担下列义务：

（一）依法履行职责，秉公执法；

（二）保守在履行职责过程中获知的商业秘密；

（三）为举报人保密。

第二十三条 劳动保障监察员在实施劳动保障监察时，有下列情形之一的，应当回避：

（一）本人是用人单位法定代表人或主要负责人的近亲属的；

（二）本人或其近亲属与承办查处的案件事项有直接利害关系的；

（三）因其他原因可能影响案件公正处理的。

第二十四条 当事人认为劳动保障监察员符合本规定第二十三条规定应当回避的，有权向劳动保障行政部门申请，要求其回避。当事人申请劳动保障监察员回避，应当采用书面形式。

第二十五条 回避决定应在收到申请之日起3个工作日内作出。作出回避决定前，承办人员不得停止对案件的调查处理。对回避申请的决定，应当告知申请人。

承办人员的回避，由劳动保障监察机构负责人决定；劳动保障监察机构负责人的回避，由劳动保障行政部门负责人决定。

第二十六条 劳动保障行政部门实施劳动保障监察，有权采取下列措施：

（一）进入用人单位的劳动场所进行检查；

（二）就调查、检查事项询问有关人员；

（三）要求用人单位提供与调查、检查事项相关的文件资料，必要时可以发出调查询问书；

（四）采取记录、录音、录像、照相和复制等方式收集有关的情况和资料；

（五）对事实确凿、可以当场处理的违反劳动保障法律、法规或规章的行为当场予以纠正；

（六）可以委托注册会计师事务所对用人单位工资支付、缴纳社会保险费的情况进行审计；

（七）法律、法规规定可以由劳动保障行政部门采取的其他调查、检查措施。

第二十七条 劳动保障行政部门调查、检查时，有下列情形之一的可以采取证据登记保存措施：

（一）当事人可能对证据采取伪造、变造、毁灭行为的；

（二）当事人采取措施不当可能导致证据灭失的；

（三）不采取证据登记保存措施以后难以取得的；

（四）其他可能导致证据灭失的情形的。

第二十八条 采取证据登记保存措施应当按照下列程序进行：

（一）劳动保障监察机构根据本规定第二

十七条的规定，提出证据登记保存申请，报劳动保障行政部门负责人批准。

（二）劳动保障监察员将证据登记保存通知书及证据登记清单交付当事人，由当事人签收。当事人拒不签名或者盖章的，由劳动保障监察员注明情况。

（三）采取证据登记保存措施后，劳动保障行政部门应当在7日内及时作出处理决定，期限届满后应当解除证据登记保存措施。

在证据登记保存期内，当事人或者有关人员不得销毁或者转移证据；劳动保障监察机构及劳动保障监察员可以随时调取证据。

第二十九条 劳动保障行政部门在实施劳动保障监察中涉及异地调查取证的，可以委托当地劳动保障行政部门协助调查。受委托方的协助调查应在双方商定的时间内完成。

第三十条 劳动保障行政部门对违反劳动保障法律的行为的调查，应当自立案之日起60个工作日内完成；情况复杂的，经劳动保障行政部门负责人批准，可以延长30个工作日。

第五章 案件处理

第三十一条 对用人单位存在的违反劳动保障法律的行为事实确凿并有法定处罚（处理）依据的，可以当场作出限期整改指令或依法当场作出行政处罚决定。

当场作出限期整改指令或行政处罚决定的，劳动保障监察员应当填写预定格式、编有号码的限期整改指令书或行政处罚决定书，当场交付当事人。

第三十二条 当场处以警告或罚款处罚的，应当按照下列程序进行：

（一）口头告知当事人违法行为的基本事实、拟作出的行政处罚、依据及其依法享有的权利；

（二）听取当事人的陈述和申辩；

（三）填写预定格式的处罚决定书；

（四）当场处罚决定书应当由劳动保障监察员签名或者盖章；

（五）将处罚决定书当场交付当事人，由当事人签收。

劳动保障监察员应当在2日内将当场限期整改指令和行政处罚决定书存档联交所属劳动保障行政部门存档。

第三十三条 对不能当场作出处理的违法案件，劳动保障监察员经调查取证，应当提出初步处理建议，并填写案件处理报批表。

案件处理报批表应写明被处理单位名称、案由、违反劳动保障法律行为事实、被处理单位的陈述、处理依据、建议处理意见。

第三十四条 对违反劳动保障法律的行为作出行政处罚或者行政处理决定前，应当告知用人单位，听取其陈述和申辩；法律、法规规定应当依法听证的，应当告知用人单位有权依法要求举行听证；用人单位要求听证的，劳动保障行政部门应当组织听证。

第三十五条 劳动保障行政部门对违反劳动保障法律的行为，根据调查、检查的结果，作出以下处理：

（一）对依法应当受到行政处罚的，依法作出行政处罚决定；

（二）对应当改正未改正的，依法责令改正或者作出相应的行政处理决定；

（三）对情节轻微，且已改正的，撤销立案。

经调查、检查，劳动保障行政部门认定违法事实不能成立的，也应当撤销立案。

发现违法案件不属于劳动保障监察事项的，应当及时移送有关部门处理；涉嫌犯罪的，应当依法移送司法机关。

第三十六条 劳动保障监察行政处罚（处理）决定书应载明下列事项：

（一）被处罚（处理）单位名称、法定代表人、单位地址；

（二）劳动保障行政部门认定的违法事实和主要证据；

（三）劳动保障行政处罚（处理）的种类和依据；

（四）处罚（处理）决定的履行方式和

期限；

（五）不服行政处罚（处理）决定，申请行政复议或者提起行政诉讼的途径和期限；

（六）作出处罚（处理）决定的行政机关名称和作出处罚（处理）决定的日期。

劳动保障行政处罚（处理）决定书应当加盖劳动保障行政部门印章。

第三十七条　劳动保障行政部门立案调查完成，应在15个工作日内作出行政处罚（行政处理或者责令改正）或者撤销立案决定；特殊情况，经劳动保障行政部门负责人批准可以延长。

第三十八条　劳动保障监察限期整改指令书、劳动保障行政处理决定书、劳动保障行政处罚决定书应当在宣告后当场交付当事人；当事人不在场的，劳动保障行政部门应当在7日内依照《中华人民共和国民事诉讼法》的有关规定，将劳动保障监察限期整改指令书、劳动保障行政处理决定书、劳动保障行政处罚决定书送达当事人。

第三十九条　作出行政处罚、行政处理决定的劳动保障行政部门发现决定不适当的，应当予以纠正并及时告知当事人。

第四十条　劳动保障监察案件结案后应建立档案。档案资料应当至少保存三年。

第四十一条　劳动保障行政处理或处罚决定依法作出后，当事人应当在决定规定的期限内予以履行。

第四十二条　当事人对劳动保障行政处理或行政处罚决定不服申请行政复议或者提起行政诉讼的，行政处理或行政处罚决定不停止执行。法律另有规定的除外。

第四十三条　当事人确有经济困难，需要延期或者分期缴纳罚款的，经当事人申请和劳动保障行政部门批准，可以暂缓或者分期缴纳。

第四十四条　当事人对劳动保障行政部门作出的行政处罚决定、责令支付劳动者工资报酬、赔偿金或者征缴社会保险费等行政处理决定逾期不履行的，劳动保障行政部门可以申请人民法院强制执行，或者依法强制执行。

第四十五条　除依法当场收缴的罚款外，作出罚款决定的劳动保障行政部门及其劳动保障监察员不得自行收缴罚款。当事人应当自收到行政处罚决定书之日起15日内，到指定银行缴纳罚款。

第四十六条　地方各级劳动保障行政部门应当按照劳动保障部有关规定对承办的案件进行统计并填表上报。

地方各级劳动保障行政部门制作的行政处罚决定书，应当在10个工作日内报送上一级劳动保障行政部门备案。

第六章　附　　则

第四十七条　对无营业执照或者已被依法吊销营业执照，有劳动用工行为的，由劳动保障行政部门依照本规定实施劳动保障监察。

第四十八条　本规定自2005年2月1日起施行。原《劳动监察规定》（劳部发［1993］167号）、《劳动监察程序规定》（劳部发［1995］457号）、《处理举报劳动违法行为规定》（劳动部令第5号，1996年12月17日）同时废止。

国务院办公厅关于妥善解决国有企业办中小学退休教师待遇问题的通知

国办发［2004］9号

各省、自治区、直辖市人民政府，国务院各部委、各直属机构：

分离企业办社会的职能是党中央、国务院作出的加快国有企业改革、完善社会主义市场经济体制的重大举措。企业办中小学移交地方管理，是企业分离办社会职能工作的重要组成部分。近年来，分离企业办中小学工作取得了一定的进展，但也存在一些问题。由于企业办中小学教师工资及退休待遇执行的政策与地方政府办中小学不尽相同，造成大部分国有企业中小学退休教师待遇偏低。根据《中华人民共和国教师法》有关规定，为妥善解决上述问题，现通知如下：

一、各地区、各有关部门要以“三个代表”重要思想为指导，全面贯彻落实党的十六大、十六届三中全会精神，从推进国有企业改革、促进基础教育事业发展、切实维护社会稳定的大局出发，加快国有企业办中小学移交地方政府管理的进度，理顺办学管理体制。

二、对已经移交地方政府管理的企业所办中小学，其退休教师仍留在企业的，由企业按照《教师法》的有关规定，对退休教师基本养老金加统筹外项目补助低于政府办中小学同类人员退休金标准的，其差额部分由所在企业予以计发。

尚未移交地方政府管理的企业办中小学，其在职教师的工资和退休教师的基本养老金加统筹外项目补助，低于政府办中小学同类人员标准的，由企业按政府办中小学同类人员标准计发。

企业上述支出，允许计入费用，在所得税前扣除。按政府办中小学同类人员标准计发确有困难的亏损企业，同级财政予以适当补助。中央亏损企业，由中央财政给予适当补助。

上述规定自2004年1月1日起执行。

三、对各地已实施关闭破产的企业，其关闭破产前所办中小学退休教师的待遇问题，由各地方政府研究解决。

四、今后在企业办中小学移交地方政府管理时，企业退休教师一并移交。在职人员的移交要在核定的编制限额内进行。移交后，退休教师退休金待遇按照当地政府办中小学同类人员标准执行。中央管理企业所办中小学移交地方政府管理后，由中央财政对困难地区给予适当补助。

五、解决国有企业办中小学退休教师待遇问题，情况复杂，涉及面广，政策性强，各级人民政府和有关部门要高度重视，加强领导，密切配合，狠抓落实。各地要从当地实际情况出发，抓紧制定具体的政策措施和工作方案，精心组织，周密部署，认真实施，切实加强思想政治工作，将国有企业办中小学退休教师的待遇问题妥善解决好，维护社会稳定。

2004年1月20日

国务院办公厅转发民政部等部门关于扶持城镇退役士兵自谋职业优惠政策意见的通知

国办发［2004］10号

各省、自治区、直辖市人民政府，国务院各部委、各直属机构：

民政部、教育部、公安部、财政部、人事部、劳动保障部、人民银行、税务总局、工商总局《关于扶持城镇退役士兵自谋职业优惠政策的意见》已经国务院同意，现转发给你们，请认真贯彻执行。

城镇退役士兵自谋职业是社会主义市场经济条件下安置城镇退役士兵的有效途径，对维护退役士兵的合法权益，促进国防和军队建设，保持经济发展和社会稳定具有重要意义。制定城镇退役士兵自谋职业优惠政策，对促进安置工作尽快适应社会主义市场经济发展要求，确保自谋职业工作的顺利开展是十分必要的。地方各级人民政府要以“三个代表”重要思想和党的十六大精神为指导，着眼于国防和军队建设大局，从党和国家的根本利益出发，加强领导，精心组织，周密安排。各有关部门要各司其职，相互支持，密切配合，及时督促检查，认真研究解决工作中遇到的矛盾和问题，落实好扶持城镇退役士兵自谋职业的各项优惠政策。

各省、自治区、直辖市人民政府可根据本通知规定制定具体实施意见。

2004年1月20日

关于扶持城镇退役士兵自谋职业优惠政策的意见

民政部　教育部　公安部　财政部　人事部
劳动保障部　人民银行　税务总局　工商总局

（2003年12月8日）

为适应社会主义市场经济发展的要求，促进国防和军队建设，维护退役士兵的合法权益，根据《中华人民共和国兵役法》和国务院、中央军委的有关政策规定，现就扶持城镇退役士兵自谋职业的有关优惠政策提出如下意见：

一、享受优惠政策的资格

（一）符合城镇安置条件，并与安置地民政部门签订《退役士兵自谋职业协议书》，领取《城镇退役士兵自谋职业证》的士官和义务兵，可以享受自谋职业优惠政策。

自谋职业的城镇退役士兵，凭《城镇退役士兵自谋职业证》在户口所在地享受自谋职业优惠政策。

《城镇退役士兵自谋职业证》式样由民政部统一制定，各省、自治区、直辖市负责印制，安置地民政部门负责核发。

二、就业服务和社会保障

（二）各类就业培训和职业教育等机构，要根据劳动力市场变化和产业结构调整需要，为自谋职业的城镇退役士兵提供就业培训。对经过培训取得国家承认的职业资格证书的城镇退役士兵，安置地民政部门要对个人所付培训费给予一定的补助，所需经费由地方财政列入预算，中央财政对安置任务重和经济欠发达地区给予适当补助。

（三）各类人才交流服务机构和公共职业介绍机构，要积极为自谋职业的城镇退役士兵提供职业介绍和指导服务。公共职业介绍机构要为自谋职业的城镇退役士兵提供档案管理及劳动保障事务代理服务，并在一定期限内减免有关服务费用。

（四）用人单位在面向社会招聘员工时，同等条件下要优先录用自谋职业的城镇退役士兵。各级行政机关在考录公务员时，应允许符合报考条件的自谋职业的城镇退役士兵参加考试，服役期视为具有社会实践的年限，在同等条件下优先录用。

自谋职业的城镇退役士兵，在两年内被行政机关或财政补助的事业单位录用的，要将《城镇退役士兵自谋职业证》交回民政部门，并退回发给的一次性经济补助金，不再享受自谋职业优惠政策。

（五）自谋职业的城镇退役士兵就业后，要按照国家和当地政府有关规定，参加基本养老、基本医疗、失业等社会保险，军龄视同社会保险缴费年限，并和实际缴费年限合并计算，享受相应社会保险待遇。

安置地社会保险经办机构凭县级以上民政部门核发的《城镇退役士兵自谋职业证》，为自谋职业的城镇退役士兵办理社会保险登记接续手续，及时建立基本养老、基本医疗等社会保险个人账户。在服役期间参加基本养老、基本医疗保险的个人账户储存额，并入新建立的基本养老、基本医疗保险个人账户。

三、成人教育和普通高等教育

（六）自谋职业的城镇退役士兵报考成人高等学校的，投档总分可增加 10 分，其中服役期间荣立三等功以上的，投档总分可增加 20 分。

自谋职业的城镇退役士兵报考普通高等学校的，投档总分可增加 10 分，其中服役期间荣立二等功以上或被大军区以上单位授予荣誉称号的，投档总分可增加 20 分。

自谋职业的城镇退役士兵具有本科学历报考研究生的，在同等条件下，可优先予以复试或录取。

四、个体经营

（七）自谋职业城镇退役士兵从事个体经营的，除国家限制的行业（包括建筑业、娱乐业以及广告业、桑拿、按摩、网吧、氧吧等）外，自工商部门批准其经营之日起，凭《城镇退役士兵自谋职业证》，3 年内免交下列费用：

1. 工商部门收取的个体工商户注册登记费（包括开业登记、变更登记）、个体工商户管理费、集贸市场管理费、经济合同示范文本工本费。

2. 卫生部门收取的民办医疗机构管理费。

3. 劳动保障部门收取的劳动合同鉴证费。

4. 各省、自治区、直辖市人民政府及其财政、价格主管部门批准设立的涉及个体经营的登记类和管理类收费项目。

5. 其他有关登记类、管理类的收费项目。

五、税收

（八）为安置自谋职业的城镇退役士兵就业而新办的服务型企业（除广告业、桑拿、按摩、网吧、氧吧外）当年新安置自谋职业的城镇退役士兵达到职工总数30%以上，并与其签订1年以上期限劳动合同的，经县级以上民政部门认定，税务机关审核，3年内免征营业税及其附征的城市维护建设税、教育费附加和企业所得税。

上述企业当年新安置自谋职业的城镇退役士兵不足职工总数30%，但与其签订1年以上期限劳动合同的，经县级以上民政部门认定，税务机关审核，3年内可按计算的减征比例减征企业所得税。减征比例=(企业当年新招用自谋职业的城镇退役士兵÷企业职工总数×100%)×2。

（九）为安置自谋职业的城镇退役士兵就业而新办的商贸企业（从事批发、批零兼营以及其他非零售业务的商贸企业除外），当年新安置自谋职业的城镇退役士兵达到职工总数30%以上，并与其签订1年以上期限劳动合同的，经县级以上民政部门认定，税务机关审核，3年内免征城市维护建设税、教育费附加和企业所得税。

上述企业当年新安置自谋职业的城镇退役士兵不足职工总数30%，但与其签订1年以上期限劳动合同的，经县级以上民政部门认定，税务机关审核，3年内可按计算的减征比例减征企业所得税。减征比例=(企业当年新招用的自谋职业的城镇退役士兵÷企业职工总数×100%)×2。

（十）对自谋职业的城镇退役士兵从事个体经营（除建筑业、娱乐业以及广告业、桑拿、按摩、网吧、氧吧外）的，自领取税务登记证之日起，3年内免征营业税、城市维护建设税、教育费附加和个人所得税。

（十一）本意见所称新办企业是指本意见印发后新组建的企业。原有的企业合并、分立、改制、改组、扩建、搬迁、转产以及吸收新成员、改变领导或隶属关系、改变企业名称的，不能视为新办企业。

本意见所称服务型企业是指从事现行营业税“服务业”税目规定的经营活动的企业。

（十二）对自谋职业的城镇退役士兵，从事开发荒山、荒地、荒滩、荒水的，从有收入年度开始，3年内免征农业税。对从事种植、养殖业的，其应缴纳的个人所得税按照国家有关种植、养殖业个人所得税的规定执行。对从事农业机耕、排灌、病虫害防治、植保、农牧保险和相关技术培训业务以及家禽、牲畜、水生动物的繁殖和疾病防治业务的，按现行营业税规定免征营业税。

六、贷款

（十三）自谋职业的城镇退役士兵从事个体经营或创办经济实体，经营资金不足时，可持《城镇退役士兵自谋职业证》向商业银行申请贷款。符合贷款条件的，商业银行应优先予以信贷支持。

七、户籍

（十四）自谋职业的城镇退役士兵在县级以下城镇具有合法固定住所、稳定职业或生活来源的，应准予其凭《城镇退役士兵自谋职业证》和相应证明办理落户，其家属和子女是农业户口的，允许办理“农转非”手续并随其落户。自谋职业的城镇退役士兵在地级以上城市落户的，按照当地的有关规定办理。

各地在办理自谋职业城镇退役士兵及其随调（迁）配偶、子女落户时，不得收取国家政策规定以外的费用。

国务院办公厅关于进一步做好改善农民进城就业环境工作的通知

国办发［2004］92号

各省、自治区、直辖市人民政府，国务院各部委、各直属机构：

农民有序进城就业，对于促进农村富余劳动力转移，增加农民收入，满足城市劳动力需求，统筹城乡发展，都具有重要意义。党中央、国务院高度重视改善农民进城就业环境工作，《国务院办公厅关于做好农民进城务工就业管理和服务工作的通知》（国办发［2003］1号）下发以来，各地区、各有关部门做了大量工作，农民进城就业的环境不断改善，但目前仍存在一些亟待解决的问题。主要是农民进城就业管理服务制度建设滞后，城市公共职业介绍、培训服务还不能满足农民进城就业的需要，一些不法分子以职业介绍为名坑骗农民工钱财的违法犯罪活动时有发生，农民进城就业收费多、手续繁的问题有待进一步解决，部分行业和企业拖欠农民工工资、侵害农民工权益等问题仍然比较突出。为进一步改善农民进城就业环境，维护农民工合法权益，经国务院同意，现就有关问题通知如下：

一、进一步做好促进农民进城就业的管理和服务工作

（一）清理和取消针对农民进城就业等方面的歧视性规定及不合理限制。各地区、各有关部门要继续清理对企业使用农民工的行政审批，取消对农民进城就业的职业工种限制，不得干涉企业自主合法使用农民工。要严格审核、清理农民进城就业的手续，取消专为农民工设置的登记项目，实行暂住证一证管理。各行业和工种尤其是特殊行业和工种要求的技术资格、健康等条件，对进城就业农民和城镇居民要一视同仁。各地教育部门和学校对进城就业农民子女接受义务教育，在入学条件等方面与当地学生同等对待，不得违反国家规定乱收费。要推进大中城市户籍制度改革，放宽农民进城就业和落户的条件。要研究进城就业农民的住房问题。

（二）开展有组织的劳务输出。要充分调动政府职能部门、农村基层组织和社会各方面的积极性，整合乡镇劳动保障、农业、乡镇企业管理等部门在促进农村劳动力转移就业方面的职能作用，形成合力，发展有组织的劳务输出。劳动力输出数量较大的地区，应成立劳务输出工作领导小组。各地要统筹做好开拓劳务市场、收集发布劳务信息、培训劳务人员、组织劳务输出、协调劳务管理、提供劳务服务和法律咨询、维护农民工合法权益等方面的工作。要加强跨省劳务工作和乡镇劳动服务工作，积极建立劳务基地，大力发展劳务协作，通过订单培训、定向输出，提高农民外出务工组织程度。要制定扶持政策，规范发展劳务派遣组织，为农民进城就业提供职业介绍、培训、管理和维护权益“一条龙”服务。

（三）完善对农民进城就业的职业介绍服务。城市各级公共职业介绍机构要免费向农民工开放，积极为农民工免费提供就业信息和政策咨询，对求职登记的农民工免费提供职业指导和职业介绍服务。有条件的大中城市，要开设面向农民工的服务窗口或建立专门的服务场所，集中为农民工提供就业服务。要不断完善和充分利用现有劳动力市场体系，建立农村劳动力输出地和输入地信息对接机制，及时发布供求信息，为农村劳动力转移就业提供便捷、高效服务，引导农村劳动力有序流动。农民工免费公共就业服务所需经费，按财政部、劳动保障部、公安部、教育部、人口计生委联合下发的《关于将农民工管理等有关经费纳入财政预算支出范围有关问题的通知》（财预［2003］561号）规定执行。对基层财政困难，中央财政通过一般性转移支付渠道帮助解决。

（四）做好对农民工的咨询服务工作。大中城市要开通劳动保障电话咨询服务。要选派政治素质高、精通劳动保障业务和工作责任心强的工作人员担任电话咨询员。要建立规范快捷的咨询反馈流程，及时为农民工和其他劳动者提供服务。

（五）加强对农民进城就业的培训工作。地方各级政府要采取积极措施，引导和鼓励农民工自主参加职业教育和培训，鼓励用人单位、各类教育培训机构和社会力量开展农民工职业技能培训。要充分发挥各级劳动保障、农业、教育、科技、建设等职能部门和农村基层组织的优势，充分动员和利用社会各方面的职业教育培训资源，积极引导、鼓励和组织准备进城务工的农民参加职业技能和安全生产知识培训。继续实施好《2003—2010年全国农民工培训规划》，鼓励农民工自愿参加职业技能鉴定，对鉴定合格者颁发国家统一的职业资格证书。职业技能鉴定要尊重农民意愿，任何单位不得强制农民工参加收费鉴定。农民工培训经费由政府、用人单位和农民工个人共同负担。各级财政要在财政支出中安排专项经费扶持农民工职业技能培训工作。用于补助农民工培训的经费要专款专用，要让农民工直接受益。

二、切实维护农民进城就业的合法权益

（一）进一步解决拖欠农民工工资问题。劳动保障、建设等部门要在2004年基本解决建设领域2003年拖欠的农民工工资问题的基础上，加大工作力度，尽快抓紧解决2003年以前拖欠的建设领域农民工工资。对其他行业拖欠农民工工资情况也要进行清理，对恶意拖欠和克扣工资的企业，要依法处理并通过新闻媒体曝光。在清欠的同时，要落实最低工资制度，逐步建立工资支付监控、欠薪保障、企业劳动保障诚信等制度。

（二）加强劳动合同管理和劳动保障监察执法。要制定适合农民工就业特点的劳动合同文本，重点督促、指导使用农民工较集中的建筑、餐饮、加工等行业的用人单位依法与农民工签订劳动合同。各级劳动保障监察机构要加强对这些重点行业的监察执法，公布举报投诉电话，及时处理举报投诉案件。严厉查处随意延长工时、克扣工资、使用童工等违法行为，维护农民工的合法权益。

（三）及时处理农民工劳动争议案件。劳动争议仲裁机构对农民工申诉的劳动争议案件，要及时作出是否受理的决定；对已受理案件，在条件允许的情况下要依法采取简易程序快速审理；对因用人单位拖欠劳动报酬、工伤待遇等问题申请仲裁的案件，应视情况减免应由农民工本人负担的仲裁费用。各地区要加强劳动争议仲裁机构和仲裁员队伍建设。

（四）支持工会组织依法维护农民工的权益。地方各级政府要积极支持工会组织按照《中华人民共和国工会法》开展工会活动，维护农民工合法权益。各级劳动保障部门要指导、协调用人单位与工会在平等协商的基础上签订集体合同，并对集体合同的履行情况实施监督。

（五）做好农民工工伤保险工作。各地要认真贯彻落实《工伤保险条例》，将与用人单位形成劳动关系的农民工全部纳入工伤保险范围。用人单位必须为签订了劳动合同或形成事实劳动关系的农民工及时办理参加工伤保险的手续；发生工伤的，劳动保障行政部门要依法进行认定。未参加工伤保险的企业，农民工发生工伤的，企业必须按照《工伤保险条例》规定的标准支付工伤费用。要重点推进农民工较多、工伤和职业病风险程度较高的建筑、矿山等行业参加工伤保险。劳动保障部门要制定适合农民工特点的待遇支付方式，方便农民工参保和享受待遇。建筑施工企业要按照《中华人民共和国建筑法》《建设工程安全生产管理条例》规定，为施工现场从事危险作业的农民工办理意外伤害保险，作为工伤保险的重要补充。

三、进一步健全完善劳动力市场

（一）整顿劳动力市场秩序。各地区以及劳动保障、公安、工商等部门要加大对大中城市劳动力市场清理整顿工作力度，重点打击职业介绍领域的各种违法犯罪活动，取缔各类非法职业中介机构。要进一步加强对民办职业中介机构的规范管理，引导和规范自发形成的零工市场。每年春节后，要集中一段时间清理整顿职业中介机构和劳动力市场秩序，并形成制度。

（二）探索建立城乡一体化的劳动力市场。劳动保障部门要会同有关部门选择部分农民工人数较多、劳动保障工作基础较好、公共就业服务能力较强的城市，开展城乡一体化劳动力市场的试点工作。试点工作内容主要是：改革城乡分割的就业管理体制；健全和完善公共就业服务体系，对包括进城就业农民在内的所有求职者提供就业服务；完善企业职工培训制度，提升农民工的职业素质；规范企业招用工行为，维护农民工合法权益。试点城市可进行全面的综合试点，也可根据本地实际选择重点内容进行试点。

地方各级政府，特别是城市政府要进一步提高认识，把改善农民进城就业环境作为重要职责，列入重要工作日程。要定期开展以“改善农民进城就业环境，维护农民工合法权益”为主题的普法宣传活动，增强用人单位依法用工和农民工依法维权的意识。要建立综合治理、齐抓共管的工作机制。要按照本通知要求，加强协调配合，结合当地社会经济发展状况，将农民进城就业纳入经济社会发展规划，制定本地区改善农民进城就业环境的实施方案。要层层落实责任制，掌握工作进度，注意总结经验，及时发现和解决工作中遇到的新问题。国务院将组织专项检查，督促改善农民进城就业环境和维护农民工权益的各项措施落到实处。

2004年12月27日

劳动和社会保障部关于对部分规范性文件的部分内容停止执行的通知

劳社部发［2004］8号

各省、自治区、直辖市劳动和社会保障厅（局）：

根据《国务院关于取消第一批行政审批项目的决定》（国发［2002］24号）、《国务院关于取消第二批行政审批项目和改变一批行政审批项目管理方式的决定》（国发［2003］5号）及《国务院关于贯彻实施〈中华人民共和国行政许可法〉的通知》（国发［2003］23号）要求，我部对部分取消或改变管理方式的行政审批项目的设定依据进行了清理，决定对《劳动和社会保障部关于加强职业技能竞赛管理工作的通知》（劳社部发［2000］6号）等10件规范性文件的部分内容停止执行。

附件：部分内容停止执行的规范性文件名称及具体内容

2004年3月25日

附件

部分内容停止执行的规范性文件名称及具体内容

序号	涉及的行政审批项目	规范性文件名称	停止执行的内容
1	职业技能竞赛活动审批	《劳动和社会保障部关于加强职业技能竞赛管理工作的通知》（劳社部发［2000］6号）	第五条
2	劳动就业服务企业股份合作制设立的审批	《劳动部、国家计委、国家经贸委、国家体改委、人事部、建设部、中国人民银行、国家税务总局、国家工商行政管理局、国家国有资产管理局关于劳动就业服务企业发展第三产业安置富余人员若干问题的通知》（劳部发［1993］200号）	第六条中"原有劳服企业实行股份制改组，先由职工（职工代表）大会向当地劳动部门提出申请；新办股份合作制企业由发起人向当地劳动部门提出申请。经劳动部门核准后"

续表

序号	涉及的行政审批项目	规范性文件名称	停止执行的内容
3	劳动就业服务企业股份合作制设立的审批	原劳动部、国家体改委、国家税务总局、国家国有资产管理局四部门根据劳部发［1993］200号制定颁布《劳动就业服务企业实行股份合作制规定》（劳部发［1994］419号）	第十四条中“均需报地方劳动部门就业服务机构审查同意后” 第十五条 第四十四条中“应报当地劳动部门就业服务机构批准”
4	技工学校招生全国性计划审批	原劳动部《关于颁发〈技工学校招生规定〉的通知》（劳培字［1990］13号）	第五条的（二）（三）（四），第六条的（二），第三章，第十三条中的“具有城镇户口”和（四），第十四条，第十五条，第六章，第七章，第三十八条
5	高级技工学校的审批	原劳动部、国家计委《关于申办高级技工学校有关事项的通知》（劳部发［1997］350号）	第二条中的“高级技工学校申报审批表” 第三条 附件：高级技工学校申报审批表
6	重点技工学校、重点就业训练中心审批	原劳动部《关于开展技工学校评估工作的通知》（劳培字［1991］4号）	第三条中的省（部）级重点技工学校“由各省、自治区、直辖市人民政府和有关主管部门审批”，“国家级重点技工学校由省（部）级推荐，劳动部组织检查评估及审批。重点技工学校需填报《重点技工学校申报审批表》” 附件：3. 重点技工学校申报审批表
7	重点技工学校、重点就业训练中心审批	原劳动部《关于建立全国重点就业训练中心评估认定制度的通知》（劳部发［1996］263号）	第二条中的“就业司将根据各地上报的有关材料进行评估，并进行重点抽查。对符合条件的，认定为全国重点就业训练中心”
8	国有企业改制为股份有限公司的初始工资水平核定	《劳动部、国家体改委关于印发〈股份有限公司劳动工资管理规定〉的通知》（劳部发［1994］497号）	第二条中的“国有企业改建或以国有企业为主新设立的公司，其初始工资水平，由公司报劳动部门核定”
9	基本医疗保险医院制剂目录及给付比例备案	《劳动和社会保障部关于印发国家基本医疗保险药品目录的通知》（劳社部发［2000］11号）	第三条中的“并报省级劳动保障行政管理部门备案”
10	职业培训教师上岗资格认定	原劳动部《关于做好技工学校和就业训练中心及其他职业培训机构教师上岗资格认定工作的通知》（劳部发［1997］88号）	第二条第三自然段中“经省级劳动行政部门核准” 第三条第二自然段中“由所在地县级以上人民政府劳动行政部门审查后，报地市以上劳动行政部门认定”

劳动和社会保障部　国家统计局 国家工商行政管理总局关于印发《城镇就业人员变动数据测算暂行办法》的通知

劳社部发［2004］9号

各省、自治区、直辖市劳动和社会保障厅（局）、统计局、工商行政管理局：

城镇就业人员变动数据是反映就业工作状况和政策落实情况的重要指标，为了落实党中央、国务院关于就业再就业工作的有关要求，进一步规范城镇就业人员变动数据测算工作，现将《城镇就业人员变动数据测算暂行办法》印发给你们，请遵照执行。

2004年4月2日

城镇就业人员变动数据测算暂行办法

为反映城镇就业和再就业工作情况，规范城镇就业人员变动数据的测算工作，特作如下规定。

一、指标概念

（一）城镇净增就业人员

城镇净增就业人员是反映报告期就业工作最终结果的指标，是指报告期末城镇就业人数与报告期初城镇就业人数之差。

（二）城镇累计新就业人员

城镇累计新就业人员数是反映报告期就业工作过程的指标，是指报告期内城镇各类单位（包括国有单位、城镇集体单位、其他经济类型单位）、私营个体经济组织、社区公益性岗位累计新就业的人数，以及通过各种灵活就业形式新就业的人数总和。既包括初次就业的各类人员，也包括实现再就业的下岗、失业人员，但不包括从其他单位调入的人员。

（三）城镇新增就业人员

城镇新增就业人员数是检查各地就业和再就业工作计划完成情况的指标。城镇新增就业人员数等于报告期内城镇累计新就业人员数减去自然减员人数。

自然减员人数是指报告期内按照国家政策

规定办理正式退休手续人员和因伤亡减员的人数，包括城镇各类单位、私营个体经济组织、社区公益性岗位及灵活就业人员中的离退休人数及在职人员伤亡减员人数。

二、测算方法

城镇就业人员变动数据主要依据现有统计调查的资料，分别采用如下方法进行测算。

（一）城镇净增就业人员的测算

1. 年度数据

全年城镇净增就业人员根据各级统计部门公布的年度城镇就业人员数，按照报告期末人数减报告期初人数的方法进行计算。全国城镇就业人员年末数由国家统计局根据劳动力调查数据进行推算。各省、自治区、直辖市的城镇就业人员年末数仍采用现行的方法进行统计。在劳动力调查方案进一步完善后，各省、自治区、直辖市的城镇就业人员数也应根据劳动力调查数据进行推算。

2. 季度数据

在按季度组织的劳动力调查正式实施前，季末城镇就业人员数可根据统计部门掌握的城镇各类单位就业人员数、工商部门掌握的城镇私营个体就业人员数和劳动保障部门掌握的公益性岗位及各种灵活就业人员数等方面数字之和计算。按照报告期末人数减报告期初人数的方法测算城镇净增就业人员数。

（二）城镇累计新就业人员的测算

城镇累计新就业人员数主要由城镇各类单位、私营个体经济组织、公益性岗位和各种灵活就业形式新就业的人员构成。测算城镇累计新就业人员数可采用分别测算、相加汇总的办法。

城镇各类单位新就业人员数由各级统计部门负责测算。有季度就业人员增减变动情况表的地区，可根据增减表中增加项合计数减调入数作为本期城镇单位新就业人员数；没有季度就业人员增减变动情况表的地区，可以用城镇单位就业人员的期末数减期初数求出本期净增数，然后再加上本期因自然减员、中止或解除劳动合同等原因减少的人员数求得。其中，本期因自然减员、中止或解除劳动合同等原因减少的人员数可根据上年年报的数据进行分解测算。

城镇私营个体经济组织新就业人员数由各级工商部门负责测算。本期新就业人数可在原有私营个体经济组织新就业人数的基础上，加上在本期新开业的私营个体经济组织中的就业人数求得。

公益性岗位和各种灵活就业形式新就业人员数由各级劳动保障部门负责测算。本期新就业人数主要根据各地劳动保障部门建立的各项就业登记、行政记录和统计调查资料测算，主要包括在未列入单位统计和未进行工商登记注册的各级政府开发的公益性岗位、社区就业实体和劳务派遣公司中新就业的人员及其他各种灵活就业的新就业人数。

考虑到一名劳动者在一年内有可能重复就业的情况，各地在测算新就业人数时，应根据本地实际，按照一定比例剔除重复就业的人数。

三、部门分工

（一）统计部门负责组织劳动力调查和城镇各类单位就业人员统计工作，根据劳动力调查或其他资料推算城镇就业总量数据，按照所附表式向部门会商会议提供本部门负责的有关数据。

（二）工商行政管理部门负责组织本地区城镇私营、个体就业人员的统计工作，按照所附表式向部门会商会议提供本部门负责的有关数据。

（三）劳动和社会保障部门负责组织公益性岗位和各类灵活就业人员的统计工作，按照所附表式向部门会商会议提供本部门负责的有关数据。

（四）劳动保障、统计、工商行政管理等部门应每季度召开一次部门会商会议，部门会商会议由劳动保障部门负责召集。部门会商会议要对各部门提供的数据进行认真评估和分析，并最终确定本地区城镇净增就业人员、累计新就业人员和新增就业人员数据，由劳动保障部门汇总。各部门按照所附表式向上级部门报送本地区经会商确定的全部数据。各部门上报或发布相关数据，应使用经部门会商确定的数据。

四、工作要求

城镇就业人员变动数据是各级政府掌握本地区就业工作进展情况的重要依据。各级有关部门要按照本办法的要求，加强部门间的协调与配合，进一步做好各自负责的相关数据的统计工作。现有资料不能满足测算需要的，要加以改进和完善。根据各部门资料推算有关数据时，不能将各部门的数据简单相加，而应认真核对，以消除可能存在的重复或遗漏，确保数据质量。

城镇就业人员变动数据采用分级测算的办法，各级应根据本级各部门所掌握的数据进行认真测算。下级上报的数据仅供掌握情况和作为测算本级数据的参考，不能利用简单的方法加总形成本级的数据。

本办法附表所列数据请于每季度后 15 日前上报。

本办法自 2004 年 1 季度起执行。

附件：城镇就业人员变动数据测算表

附件

城镇就业人员变动数据测算表

填报单位：________________ 200 年 季 单位：万人

	序号	上期末	本期末	本期比上期增加
甲	乙	(1)	(2)	(3)
城镇就业人员总计	1			
城镇累计新就业人员	2			
城镇新增就业人员	3			
一、单位就业人员	4			
(一) 本期新就业人数	5			
(二) 本期自然减员人数	6			
(三) 本期其他因素减员人数	7			
二、私营个体就业人员	8			
(一) 个体就业人数	9			
其中：安置下岗失业人数	10			
(二) 个体本期新就业人数	11			
其中：本期新开业就业人数	12			
(三) 私营企业就业人数	13			
其中：安置下岗失业人数	14			
(四) 私营企业本期新就业人数	15			
其中：本期新开业就业人数	16			
(五) 本期自然减员人数	17			
三、社区公益岗位和灵活形式就业人员数	18			

续表

	序号	上期末	本期末	本期比上期增加
甲	乙	(1)	(2)	(3)
(一)社区公益岗位就业人数	19			
其中:安置下岗失业人员数	20			
(二)其他灵活形式就业人数	21			
其中:安置下岗失业人员数	22			
(三)本期新就业人数	23			
(四)本期自然减员人数	24			
(五)本期其他原因减员人数	25			

单位负责人: 处(科)负责人: 制表人: 报出日期: 年 月

填表说明:

栏目关系:

甲栏:1=4+8+18;2=5+11+15+23;3=5−6+11+15−17+23−24;8=9+13;
9≥10;11≥12;13≥14;15≥16;18=19+21;19≥20;21≥22。

宾栏:(3)=(2)−(1)

劳动和社会保障部关于贯彻落实《民办教育促进法》做好民办职业培训工作的通知

劳社部发［2004］10号

各省、自治区、直辖市劳动和社会保障厅（局）：

《中华人民共和国民办教育促进法》和《中华人民共和国民办教育促进法实施条例》（以下简称《实施条例》）已颁布实施。为做好贯彻实施工作，推动民办职业培训事业健康发展，现就有关事项通知如下：

一、认真学习法律法规，加强民办职业培训工作

民办职业培训是民办教育的重要组成部分，是提高劳动者就业能力和工作能力，促进就业再就业的重要依托。《民办教育促进法》和《实施条例》规定了劳动保障部门的审批权限、管理职责及工作要求，各级劳动保障部门要高度重视民办职业培训工作，认真学习、深入理解和掌握法律法规的具体规定，抓好贯彻落实。要将民办职业培训工作纳入当地劳动和社会保障以及人才工作整体规划，指定专门人员，明确目标任务，落实工作责任，加强依法管理，推动民办职业培训事业在规范中不断发展。

二、依法履行职责，逐步完善审批制度

（一）完善审批制度。坚持“积极鼓励、大力支持、正确引导、依法管理”的方针，做好民办职业培训的审批、管理、指导和服务工作。各级劳动保障行政部门要根据《民办教育促进法》规定的审批范围进行审批和管理，抓紧制定和完善相关的审批管理制度和工作流程。

民办职业培训学校按照办学所在地属地原则进行审批和管理。具体审批层次和权限，由各省、自治区、直辖市劳动保障行政部门制定。各级劳动保障行政部门要本着服务、高效原则，采取多种方式，受理民办职业培训学校的设立申请，并依照法定程序和期限做好审批工作。要参照《民办职业培训学校设置标准（试行）》（见附件）要求，对申请机构的申办材料和实际办学条件进行认真审查。对新批准正式设立的民办职业培训学校，应及时发给《民办职业培训办学许可证》，并向同级教育行政部门备案，向社会公告，同时，通知该学校按规定到当地民政部门办理登记手续。对《实施条例》实施前已经批准设立的民办职业培训学校，要参照《民办职业培训学校设置标准（试行）》进行评估，评估合格者，应在2005年4月1日前换发《民办职业培训办学许可证》，不合格者，限期半年内进行整改，期满仍不合格的，取消办学资格，收回《民办职业培训办学许可证》。《民办职业培训办学许可证》由劳动和社会保障部统一印制，由相应的审批机关颁发。职业技能鉴定机构不得举办与其所实施的鉴定项目相关的民办职业培训。

（二）规范办学名称。民办职业培训学校只能使用一个名称，且名称应规范，统一使用“××市××职业培训学校”，民办职业培训学校的外文名称应与中文名称一致。经省、自治区、直辖市劳动保障行政部门按照规定的条件批准，可以以捐赠者姓名或者名称作为校名。

（三）加强备案管理。各级劳动保障部门要通知并督促其审批的民办职业培训学校及时做好如下材料的备案：设置的专业、开设的课程、选用的教材；学籍和教学管理制度；招生简章和广告；出资人取得合理回报的决定和向社会公布的与其办学水平和教育质量有关的材料、财务状况等。

三、做好对民办职业培训学校的教学指导和服务

（一）加强教学指导和服务。各级劳动保障部门要向民办职业培训学校提供劳动力市场职业供求信息，引导其合理设置专业，并在教学（培训）计划、大纲、教材建设等方面提供服务。我部将重点组织开发通用性较强、需求量较大专业（工种）的教学（培训）计划、大纲，已颁布的适用于社会培训机构的餐厅服务员等十三个专业的培训计划、大纲继续有效；尚未开发的，各地劳动保障部门可结合实际组织开发，并报我部备案。目前国家或地方暂时没有制定教学（培训）计划和大纲的专业（工种），可由民办职业培训学校依据《国家职业标准》，自行制定教学（培训）计划、大纲，并经专家论证后报审批机关备案再组织实施。为民办职业培训毕（结）业生提供职业技能鉴定服务，对鉴定合格者，颁发相应的职业资格证书，及时将民办职业培训学校毕（结）业生纳入当地劳动力市场信息网络，提供就业信息和职业指导。

（二）做好校长和教师的上岗资格认定及培训。参照同级公办技工学校校长任职要求，明确民办职业培训学校校长或主要行政负责人的任职条件。民办职业培训学校专职教师应具备相应的教师资格和相关职业资格证书。对兼职教师也要提出相应的要求。定期举行民办职业培训学校校长和教师培训研修活动，定期对教学管理水平高、培训质量突出、就业率高的学校的优秀校长和教师进行评选和表彰。

四、加强对民办职业培训学校的监督和管理

（一）强化办学监督和质量管理。采取多种形式，加强对民办职业培训学校的日常监督，处理有关事项，并做好相关记录，由监督人员签字后归档。定期组织或委托具有资质的社会中介组织对民办职业培训学校的办学条件、管理水平和培训质量等进行客观公正的评估，形成评估报告。我部将委托中国就业培训技术指导中心在民办职业培训学校中试点开展质量管理体系建设工作。有条件的地方，可探索对民办职业培训学校建立信用等级制度，委托社会信誉好、业内影响大的中介组织，对区域内的民办职业培训学校进行信用等级评估。可设立举报电话，接受社会对民办职业培训学校的办学行为进行监督。日常监督的记录、评估报告、质量管理体系建设以及信用等级应作为衡量民办职业培训学校办学水平的重要依据。对监督、评估过程中发现民办职业培训学校管理混乱，培训质量低下，虚假办学，造成恶劣影响的，由审批机关限期整顿，整改期内，不得招收新生和举办新的培训活动；期满仍不合格的，取消办学资格，收回《民办职业培训办学许可证》，并督促其妥善安置在校学生，依法做好财务清算和清偿，并及时通报登记机关予以注销登记。

（二）做好招生收费和广告的监督工作。与地方价格主管部门协调，引导民办职业培训学校根据生均培养成本和市场需求合理确定收费项目和标准。认真核对民办职业培训学校的招生简章和广告，一经发现在机构名称、培养目标、培训层次、培训形式、培训条件、培训期限、收费标准、证书发放和就业方式等方面的虚假信息和承诺，应及时予以纠正；拒不纠正且情节严重的，可吊销《民办职业培训办学许可证》。

五、争取政策扶持，做好信息公开，总结先进典型

（一）提供政策支持。积极争取地方政府和其他有关部门支持民办职业培训事业的发展，争取地方政府设立民办教育发展专项资金，并明确一定比例用于民办职业培训发展。帮助落实民办职业培训学校在建设用地、税收优惠、金融信贷以及教师、学生各项待遇等方面享有与公办学校同等的待遇。对承担下岗失业人员再就业培训等任务的学校，应按照有关规定给予培训经费补助。组织有关评奖评优、文体活动和课题、项目招标时，要为民办职业培训学校及其教师、职员和参加培训人员提供同等机会。民办职业培训审批、管理和监督的必要经费，应列入本级劳动保障部门办公经费预算，并报财政予以保障。

（二）建立服务平台。建立专门的民办职业培训管理服务工作平台，并通过报纸、网络等多种方式向社会公开工作制度、审批程序、办公时间和联络方式，公告所审批的民办职业培训学校及其章程，引导学员到具有办学资质的民办职业培训学校接受培训。我部将依托中国劳动力市场网（www.lm.gov.cn）建立民办职业培训专栏。

（三）树立办学典型。总结和推广民办职业培训学校贴近市场规范办学、注重质量追求效益、积极开展再就业培训、高技能人才培训、农村富余劳动力转移培训、促进就业再就业效果明显的典型经验并加强宣传。定期开展民办职业培训经验交流和先进表彰活动。

附件：民办职业培训学校设置标准（试行）

2004 年 4 月 7 日

附件

民办职业培训学校设置标准（试行）

第一条 基本办学规模应不低于 200 人。

第二条 应有与办学规模相适应的培训场所，租用的场所租赁期不少于 3 年。有办公用房；理论课集中的教学场所应达到 300 平方米以上，无危房，有良好的照明、通风条件，桌椅、讲台和黑板设施齐全；有满足实习教学需要的实习操作场所，符合环保、劳保、安全、消防、卫生等有关规定及相关工种的安全规程。

招收住宿学生，其食宿场所也应符合环保、安全、消防、卫生等有关规定。

第三条 应具有满足教学和技能训练需要的教学、实习、实验设施和设备，有充足的实习工位。

第四条 管理人员，应具备较高职业道德和专业素质。

第五条 应配备专职校长。校长应具有大专以上文化程度及中级以上专业技术职务任职资格或三级以上国家职业资格，有 2 年以上职业教育培训工作经历，熟悉国家职业培训方针政策和法律法规。

第六条 应根据办学规模配备相应数量的

专职教学管理人员。专职教学管理人员应具有大专以上文化程度及中级以上专业技术职称或三级以上国家职业资格，有 2 年以上职业教育培训工作经历，具有丰富的教学管理经验。

应配备从事职业指导和就业服务的相关人员。财务管理人员应具有财会人员资格证书。

第七条 应配备与办学规模相适应、结构合理的专兼职教师队伍。专职教师一般不少于教师总数的 1/4，每个培训专业（职业、工种）至少配备 2 名以上理论课教师和实习指导教师。理论课教师和实习指导教师均应具有与其教学岗位相应的教师上岗资格。

第八条 应具有与培训专业（职业、工种）相对应的教学（培训）计划、大纲和教材。职业资格培训的教学（培训）计划、大纲和教材应符合国家职业标准。自编的教学（培训）计划、大纲和教材应经过专家论证，并报审批机关备案后组织实施。

第九条 应建立各项管理制度，包括办学章程与发展规划、教学管理、教师管理、学生管理、财务及卫生安全管理、设备管理等项制度。

第十条 举办者应有稳定、可靠的经费来源，固定资产应达到 20 万元以上，注册资金 10 万元以上。

第十一条 本标准为设置民办职业培训学校的基本要求。各地应以本标准为依据，对照与培训专业（职业、工种）相对应的国家职业标准具体要求，结合实际情况执行。

第十二条 本标准所指的职业培训学校不包括技工学校和高级技工学校，设立民办技工学校和高级技工学校应参照技工学校和高级技工学校设置标准执行。

劳动和社会保障部　人事部　财政部 科学技术部关于转制单位部分人员延缓退休有关问题的通知

劳社部发［2004］11号

各省、自治区、直辖市劳动和社会保障、人事、财政厅（局）、科技厅（科委）：

经国务院同意，现就转制单位部分人员延缓退休有关问题通知如下：

转制单位中任届未满的省（自治区、直辖市）人大常委会委员和政协常委以上职务的人员，少数确因工作需要、身体能够坚持正常工作的副教授、副研究员和相当这一职称以上的高级专家，转制时需留任的院所厅（局）级以上党政一把手，按照国家有关政策和干部管理权限，经有关部门批准，可以适当延长退休年龄。其中，转制前到达退休年龄，转制后办理退休的，执行事业单位退休待遇计发办法和调整政策；转制过渡期内到达退休年龄，延缓办理退休的，按企业的办法和到达退休年龄当年的过渡期政策计发基本养老金，并按企业的办法调整基本养老金。

上述规定适用于各类转制单位。已经按国家有关规定办理延缓退休手续的人员，仍按原规定执行；今后办理延缓退休手续，按本通知规定执行。

2004年4月2日

劳动和社会保障部关于进一步做好失业调控工作的意见

劳社部发［2004］13号

各省、自治区、直辖市劳动和社会保障厅（局）：

控制失业率和增加就业岗位是宏观调控的重要内容，为落实国民经济和社会发展计划关于控制失业率的目标，进一步做好失业调控工作，现提出如下意见：

一、充分认识做好失业调控工作的重要性

在党中央、国务院高度重视和直接领导下，各地区、各部门积极开展就业再就业工作，取得明显成效。但从当前和今后一个时期看，就业形势依然严峻，任务依然繁重。解决就业再就业问题，要把扩大就业放在经济社会发展的更加突出的位置，紧密结合经济发展，找准就业增长点，落实积极的就业政策，加大就业服务力度，促进就业。同时，要从产生失业的源头抓起，采取多种手段和政策措施，有效调控失业。这对于全面实现就业再就业目标任务，稳定就业局势，保持社会安定，促进经济社会全面协调发展，具有重要意义。

二、明确失业调控工作的基本任务

做好失业调控工作，要紧紧围绕国民经济和社会发展计划确定的控制失业率的目标，全面完成四项基本任务：一是有效控制失业人数过快增长，使失业人员数量不超过经济活动人口的一定比例；二是尽力缩短失业周期，将长期失业者所占比例控制在一定幅度；三是积极调控失业群体出现的时间及地区分布，避免过于集中，保持各地就业局势稳定；四是切实保障失业人员基本生活，按规定提供失业保险待遇，并采取措施促进再就业，或将其组织到再就业的准备活动中。

三、积极稳妥推进国有企业下岗职工基本生活保障向失业保险并轨

各级劳动保障部门要认真贯彻执行中央关于国有企业下岗职工基本生活保障向失业保险并轨的方针政策，并将促进就业贯穿其中，因地制宜，分类指导，积极稳妥地推进并轨进程。东北地区要根据振兴老工业基地战略需要，把完善社会保障体系试点中的并轨与促进下岗失业人员再就业结合起来，制定和实施相配套的就业促进政策；中西部地区要以促进再就业为主线，制定具体工作计划和切实措施，使并轨与再就业更好地结合；东部地区要以市场就业为主线，形成市场就业和失业管理服务的新机制，以及城乡统一的劳动力市场。对协议期满已经出中心、且实现再就业的人员，要继续落实再就业扶持政策，搞好社会保险关系接续，帮助其稳定就业。对协议期满将要出中心，或已经出中心但未与原企业解除劳动关系的下岗职工，要督促企业妥善处理支付经济补偿金和偿还所欠职工债务等问题，维护职工的

合法权益。要特别关注大龄就业困难下岗失业人员，落实各项扶持政策，提供就业援助，帮助其实现再就业。对难以实现再就业的大龄困难下岗职工，要按有关规定帮助他们解决基本生活保障和社会保险问题。对协议期满暂时无法出中心的下岗职工，要继续运用现有各类资金渠道筹措的资金保障其基本生活。要认真搞好国有企业下岗职工基本生活保障、失业保险与城市居民最低生活保障“三条保障线”的衔接，并在保障基本生活的基础上，使失业人员尽早实现再就业。

四、支持国有大中型企业做好主辅分离、辅业改制分流安置富余人员工作

各级劳动保障部门要按照中央关于国有大中型企业主辅分离、辅业改制分流安置富余人员方针政策的要求，加强与有关部门协调，结合本地区实际情况，制定具体办法，指导企业做好相关工作，做到多分流、少失业，实现富余人员从“岗位”到“岗位”的转换。要认真做好职工分流安置方案的审核，对涉及劳动关系处理和社会保险关系接续等问题，及时与有关部门和企业进行协调，指导和帮助企业完善职工安置方案。要加强对方案执行情况的监督检查，督促企业严格按照审核后的方案操作，及时纠正执行过程中出现的偏差。对暂不具备主辅分离条件的企业，要引导其挖掘企业内部潜力，开辟其他渠道，做好本企业富余人员的分流工作。对于通过主辅分离、辅业改制等多种渠道分流安置富余人员的企业，应对其开展的转岗培训及其他稳定就业措施予以支持。

五、规范企业裁员行为

各级劳动保障部门要加强对企业裁员的指导，严禁企业随意裁员。对生产经营遇到暂时困难的企业，要引导其与职工进行协商，通过采取适当缩短工时、降低工资等措施，稳定就业，避免规模裁员。对生产经营不正常、长期停产半停产确需裁员的企业，要指导其严格按照劳动法律、法规规定的程序，规范裁员行为。裁员方案要依法征求工会或职工的意见，方案中要明确裁减人员的数量、裁员条件、资金渠道及安置措施等，并依法向劳动保障行政部门报告。凡职工安置方案不明确，不能依法支付经济补偿金并妥善解决债权债务的，不得进行裁员。企业一次性裁员超过一定数量和比例的，要事先向当地政府报告。各级劳动保障部门应通过提前介入，全程参与，做好政策宣传等措施，加强对企业裁员行为的规范和指导，避免因企业裁员造成大规模失业。同时，及时提供劳动保障服务，保证企业裁员工作的平稳进行。

六、切实做好关闭破产企业职工安置工作

各级劳动保障部门要在当地政府领导下，加强与有关部门的协调配合，共同做好本地区企业关闭破产规划的制定和组织实施工作。要把握工作的进度和力度，避免在同一地区、同一时间，实施关闭破产企业的数量过于集中。企业关闭破产数量较大、职工安置任务较重的地区，要指定专门机构和人员负责此项工作。对政策性关闭破产企业，在前期准备工作阶段，要指导其制订切实可行的职工安置方案，并按照国家有关政策规定和要求，对方案进行严格审核。职工安置方案和社会保障办法不明确、资金不到位的，不得进入关闭破产程序。进入关闭破产程序后，要指导企业规范操作，严格按照方案实施。关闭破产程序终结后，要及时为职工提供社会保险关系接续和转移等相关服务，做好善后工作。对依法破产企业及实施兼并、改组、改制企业，劳动保障部门应按照国家有关法律、法规的规定，及时帮助企业和职工解决涉及劳动保障的具体问题，切实保障和维护职工的合法权益。

七、建立失业预测预警机制

各级劳动保障部门要高度重视建立失业预测预警机制工作，从实际出发，加强研究和探索。要把建立失业预测预警机制同完善就业统计体系紧密结合起来，同步考虑和部署实施。

要完善失业统计制度，建立劳动力抽样调查制度，实行动态分析监测。要在对失业率、长期失业人员比例、失业人员增幅、享受失业保险待遇人数、失业保险基金收支、就业形势等综合分析的基础上，确定失业预警线，制订预案，在进入预警状态时启动相应措施，努力缓解失业增加可能带来的各种问题。

八、加强对失业调控工作的组织领导

调控失业是各级政府的重要职责，劳动保障部门要切实发挥主管部门的作用，主动向当地政府报告有关情况，提出相应工作建议，并与有关部门协调，做好统筹规划和组织实施工作。要认真分析本地区就业、失业形势，精心制订以下岗失业人员为主，兼顾城镇新成长劳动力、农村富余劳动力转移的失业调控总体方案。要把失业调控工作放到重要位置上部署和安排，切实加强领导，搞好内部的组织协调，落实责任，抓好各项失业调控措施的落实，控制失业人员数量增长的趋势，努力实现失业调控目标，为保持就业局势稳定发挥作用。工作中遇到的重大情况和问题，要及时向劳动保障部报告。

2004 年 4 月 15 日

劳动和社会保障部关于进一步做好2004年高校毕业生就业有关工作的通知

劳社部发［2004］14号

各省、自治区、直辖市劳动和社会保障厅（局）：

为贯彻落实《国务院办公厅关于做好2004年普通高等学校毕业生就业工作的通知》（国办发［2004］35号）精神，做好今年的高校毕业生就业工作，现就有关工作要求通知如下：

一、将高校毕业生就业工作纳入就业整体规划

高校毕业生就业是全国就业工作的重要组成部分。针对今年高校毕业生总量增多的情况，各级劳动保障部门要主动与教育部门联系，了解本地高校毕业生的情况，制定相应措施，并将高校毕业生就业工作纳入当地就业工作总体规划，统筹安排，整体推进。要加强与有关部门的信息沟通，将高校毕业生就业和失业情况纳入就业和失业的统计体系。

二、继续实施好高职院校职业资格培训工程

各地要按照《劳动和社会保障部教育部关于印发2004年高职院校毕业生职业资格培训工程的通知》（劳社部发［2004］12号）安排，与教育部门密切配合，及早部署，做好工程的组织实施工作。去年已开展这项工作的地区要认真总结经验，分析存在的问题，研究改进措施，进一步推进工作，取得实效。工作中，要以就业难度较大的高职院校毕业生为主要培训对象，兼顾其他高校毕业生。要在进行职业技能和职业资格培训的同时，重点开展创业培训。要根据高校毕业生需要，采取灵活方式，组织专场职业技能鉴定，提供面对面的职业指导和就业服务。劳动保障部门要配合教育部门多渠道筹集培训经费，并适当减免高校毕业生参加技能鉴定的费用。各地要通过工程的实施，逐步建立将高职院校毕业生的职业技能鉴定与国家职业资格制度对接的长效机制。

三、努力为高校毕业生提供及时有效的就业信息

各城市公共职业介绍机构要把为高校毕业生提供就业信息服务作为今年下半年的一项重点工作。要与用人单位加强联系，通过多种渠道，收集一批适合高校毕业生的空岗信息，通过市、区、街道的就业服务场所向毕业生提供。有条件的地方可开展网上就业信息服务。大中城市要举办高校毕业生专场招聘会，组织供需见面。公共职业介绍机构要建立高校毕业生求职信息库，向用人单位推荐求职者。要主动为企业服务，鼓励民营企业聘用高校毕业生，同时为企业提供相应的劳动保障事务代理服务。

四、深入开展大学生职业指导工作

各地劳动保障部门要继续选派优秀的职业指导师进入高校，配合学校开展大学生就业指导工作。要宣传市场就业的方向和有关方针政策，指导毕业生树立正确的就业观念。要将劳动力市场职业供求分析和工资价位等信息送进学校，为毕业生择业和高校调整专业提供参考。有条件的城市可组织毕业生参观公共职业介绍机构，了解求职现场和有关就业的方针政策及就业服务功能。对多次求职未成功的毕业生，要配合学校有针对性地组织咨询指导活动。

五、做好高校毕业生就业服务窗口工作

各城市公共职业介绍机构要开设专门窗口，配备专门人员，为高校毕业生和各类专业技术技能人才服务。对毕业半年内的应届高校毕业生和已进行失业登记的高校毕业生要免费提供职业介绍、职业指导和档案管理服务。有条件的城市，可配备相应设施，探索自助式计算机服务、远程网上招聘面试等受高校毕业生欢迎的服务形式。

六、引导高校毕业生自主创业

各地劳动保障部门要将高校毕业生创业培训工作纳入创业培训总体规划，加强创业培训师资、教材、培训机构等各种资源的技术支持，并与国家促进大学生就业的相关扶持政策相衔接，为毕业生提供创业培训与项目开发、开业指导、小额担保贷款、减免收费、跟踪服务等“一条龙”服务。

七、积极开展青年职业见习试点工作

各省级劳动保障部门可在有条件的中心城市开展青年职业见习试点，组织未就业的高校毕业生到定点企业和单位进行职业见习，使他们获得工作经验，提高就业能力。各地要及时总结试点经验，并做好推广工作。

八、搞好未就业高校毕业生的失业登记和免费就业服务

各地劳动保障部门要依托街道和社区，积极组织毕业半年后仍未找到工作的毕业生进行失业登记，对登记后的人员提供各项免费就业服务。对其中就业困难的人员要给予专门指导，积极向用人单位推荐。各地要做好登记失业人员的分类统计，对失业登记的高校毕业生进行专门的统计分析。

各地要按照上述要求，加强领导，明确任务，制订具体工作方案，落实工作责任。省级劳动保障部门要指定专门机构牵头负责高校毕业生就业工作。要积极与教育、人事等部门配合，研究促进高校毕业生就业的政策措施。要切实落实登记失业人员免费就业服务的经费补贴政策，并积极争取财政支持，解决高校毕业生培训、鉴定和见习补贴的资金来源。要掌握工作进展情况，及时总结工作经验。各省、自治区、直辖市劳动保障部门请分别于6月底和11月底将高校毕业生就业工作开展情况和已进行失业登记的高校毕业生人数报我部培训就业司。工作中遇到的新情况、新问题，要及时上报。

2004年4月22日

劳动和社会保障部关于健全技能人才评价体系推进职业技能鉴定工作和职业资格证书制度建设的意见

劳社部发［2004］15号

各省、自治区、直辖市劳动和社会保障厅（局），国务院有关部门劳动保障工作机构：

为贯彻落实《中共中央国务院关于进一步加强人才工作的决定》（中发［2003］16号）中关于完善人才评价体系的要求，推动技能人才队伍建设，现就健全技能人才评价体系，进一步做好职业技能鉴定工作，大力推行职业资格证书制度提出如下意见。

一、明确总体要求

全面贯彻实施人才强国战略，以提高劳动者素质和培养高技能人才为出发点，将职业技能鉴定工作做细做好，将职业资格证书制度建设工作做强做大。围绕技术技能型、复合技能型和知识技能型人才的培养和使用，健全技能人才评价体系，强化质量，创新模式，扩展规模，直接有效地为企业和劳动者服务。2004年至2006年，要在确保质量的前提下，实现鉴定数量每年递增20%，技师、高级技师三年新增50万人。

二、健全评价体系

在评价内容上，坚持职业能力与工作业绩相结合；在评价标准上，坚持国家标准与岗位要求相结合；在评价机制上，坚持专业评价与企业认可相结合；在组织实施上，坚持行政指导和技术支持相结合；在管理体制上，坚持属地管理与行业管理相结合。要在大力推进职业技能鉴定社会化管理的同时，加快企业在职职工和职业院校毕业生技能人才评价方式的改革，逐步健全以职业能力为导向，以工作业绩为重点，注重职业道德和职业知识水平的技能人才评价体系。对技术技能型人才的评价，在现有考核模式上，突出实际操作能力和解决关键生产难题的考核要求，并增加新技术和新知识的要求；对知识技能型人才的评价，应根据高新技术产业发展需要，突出新技术、新知识掌握和运用能力的要求；对复合技能型人才的评价，应根据产业结构调整和技术进步的需要，强化综合性考核和多项技能的考核。

三、推进职业技能鉴定社会化管理工作

继续坚持面向市场、扩大范围、完善制度、提高质量的指导思想，按照统一标准、命题、考务和证书等质量管理原则，完善职业技能鉴定的运行机制、工作流程、技术支持和质量监督。提升管理水平和鉴定层次，扩大资格证书覆盖面，逐步完善以城市为中心的鉴定实施体系，探索建立示范性中心鉴定所，着力做好企业需求量大的高新技术应用领域技能人才评价工作。

2004年至2006年，重点抓好200个左右

从业人员多、技术要求高的职业（工种）的鉴定工作，做到基础工作配套、管理运行规范，充分发挥其示范作用，以指导和推动企业、行业和教育培训机构的技能鉴定工作。同时，积极开发市场需求的新职业（工种）项目，做好部分新职业（工种）的全国统一鉴定工作。

四、加快企业技能人才评价方式改革

按照统一标准、现场考核、强化督导的原则，通过生产现场的能力考核和工作成果的业绩评定等方法，重点评价企业职工执行操作规程、解决生产问题和完成工作任务的能力。劳动保障部门派遣质量督导员进行监督，按照统一的技术标准和工作规范，指导企业考核工作，保证评价的客观性和公正性。

劳动保障部将会同有关部门选择部分中央直属企业开展企业技能人才评价改革试点。各省级劳动保障部门可结合本地区实际选择部分大、中型企业开展试点工作。试点企业按照国家职业标准的统一要求，结合企业生产特点和岗位要求，可对国家题库确定的考核内容进行30％的调整。考核合格者，根据企业要求，可按规定核发职业资格证书或出具统一的考核成绩证明，并列入职业技能鉴定的统计范围。

五、积极推进院校职业资格认证工作

各级劳动保障部门应帮助、支持和指导职业教育培训机构和普通高等院校的毕（结）业生参加社会化职业技能鉴定。定期发布职业院校与职业分类标准对应目录，做好职业资格认证与专业设置的对接服务。按照统筹规划、合理布局、发挥优势的原则，确定一批具备条件的职业院校建立职业技能鉴定所（站）。

对按照国家职业分类和标准设置专业的职业院校，其毕业生职业技能鉴定可与学校教学考核结合起来，凡能一致的要避免重复考核。各地要加大工作力度，在现有工作的基础上，选择10～20所具备条件的院校扩展资格认证工作。对参加资格认证的院校应按照国家职业标准的要求，调整教学计划和教学内容，强化职业技能训练，采取单元式教学、模块化考核、学分制管理的办法，突出对学生的职业能力评价，使职业院校毕业生在取得学历证书的同时，取得相应的职业资格证书。劳动保障部门要加强职业院校学生参加职业资格认证工作的管理和质量督导，建立对毕业生跟踪考核和业绩评价机制。

六、加强技师和高级技师的考评工作

对于社会通用性强的职业（工种）的技师考评可采用社会化鉴定的方式，按照“统一标准、自主申报、社会考核、企业聘任”的原则，实行鉴定机构考核与专家评审相结合的考评办法。对于企业生产一线技术复杂和操作性强的职业（工种），技师考评可采取企业内业绩评定的方式，实行能力考核与业绩评定相结合的考评办法。能力考核强调解决实际问题，业绩评定突出实际贡献。企业可根据职业标准的要求和生产岗位的实际需要确定技师考评的要素和内容，组织开展技师考核鉴定工作。对有突出贡献的技术骨干可破格参加技师、高级技师的考评。

七、强化职业技能鉴定的质量管理

在规范鉴定工作体系的基础上，加快建立职业技能鉴定质量督导制度，进一步完善质量管理的规章制度，严格执行鉴定的工作规范、技术标准和管理规程。推行鉴定机构质量认证标准，建立考评人员和质量督导人员诚信培训和考核记录制度，坚持对各地区、各行业的质量管理情况按季度进行定期通报。建立职业技能鉴定机构和考评人员年检制度，对优秀职业技能鉴定机构和个人给予表彰和奖励。对通过质量认证标准并连续两年年检合格者，可在三年内予以免检。对于连续两年年检不合格或在一年之内没有开展鉴定工作的职业技能鉴定所（站），要予以撤销。

八、健全鉴定工作的违规退出和惩处机制

对经查实存在违规行为的鉴定机构、考评

人员和质量督导人员，第一次予以通报警告，限期改正；第二次取消其参加鉴定活动的资格。对于违反规定进行跨地区、跨行业考核活动的地区和行业，上级主管部门可根据情况停止其开展相关职业鉴定活动。对于经查实存在重大违规行为的，可提请其主管部门对责任人予以行政处罚。对于违反国家法律和法规，构成刑事责任的，要依法提请有关部门惩处。

九、完善职业技能鉴定的基础工作

坚持以职业活动为导向、以职业能力为核心的指导思想，充分发挥行业组织和专业机构的作用，定期修订和完善国家职业标准，建立动态、开放的职业分类与标准体系。实施《三年三千种职业培训教材开发计划》，加快教材开发工作。加强专家队伍建设，创新鉴定技术和考评方法。严格标准和题库的开发与使用管理，有条件的地区和行业，可试行命题统一管理，鉴定内容公开，考核现场抽签确定鉴定项目的办法。完善考务管理系统，规范考务管理流程，结合模块认证试点，探索签证式、写实性的证书管理方式，建立证书查询系统。推进国家职业资格在线工程建设，扩大国家职业资格工作网应用范围，加快职业技能鉴定信息化建设步伐。

十、建立职业资格证书制度与技能竞赛的沟通机制

鼓励企业、行业和地方开展各种形式的职业技能竞赛和群众性岗位练兵活动，选拔企业急需的技术技能带头人。在各类技能竞赛中获得优秀名次的选手，可按有关规定直接晋升技术等级或优先参加技师、高级技师考评。

十一、进一步将职业资格证书制度与就业制度紧密结合

认真贯彻实施“先培训后就业、先培训后上岗”的就业准入制度，指导用人单位把好就业准入的入口关。用人单位在招用技术工种劳动者时，应从已取得职业资格证书的人员中择优录用；招用非技术工种的劳动者，也应从接受过职业培训的人员中选择。职业介绍机构要把落实就业准入制度作为一项基本工作要求，在显著位置公告就业准入的职业目录，在发布技术工种人员招聘广告时，对应聘人员条件注明职业资格要求。劳动保障监察机构对违反有关规定的行为要予以纠正和查处。

十二、加强职业资格证书制度与企业劳动工资制度的衔接

指导企业大力推行“使用与培训考核相结合，待遇与业绩贡献相联系”的做法，充分发挥职业资格证书在企业职工培训、考核和工资分配中的杠杆作用，建立职工凭技能得到使用和晋升，凭业绩贡献确定收入分配的激励机制。要把高技能人才占职工总量的比重作为企业参加投标、评优、资质评估的必要条件。建立高技能人才奖励和津贴制度，汇集、公布技能人才工资市场价位，完善高技能人才同业交流机制。

2004 年 4 月 30 日

劳动和社会保障部关于废止外商投资企业工资收入管理暂行办法的通知

劳社部发［2004］16号

各省、自治区、直辖市劳动和社会保障厅（局）：

经研究，决定废止原劳动部《关于印发外商投资企业工资收入管理暂行办法的通知》（劳部发［1997］46号），其解释性文件《劳动部办公厅对〈关于中外合资（合作）企业中方高级管理人员名义工资支配使用权属问题的请示〉的复函》（劳办发［1997］106号）一并废止。

上述文件废止后，各地区要继续加强对外商投资企业支付劳动者工资情况的监督和监察，配合有关部门做好相关工作。

2004年5月18日

劳动和社会保障部关于落实艾滋病抗病毒治疗政策的通知

劳社部发［2004］17号

各省、自治区、直辖市劳动和社会保障厅（局）：

为了贯彻落实《国务院关于切实加强艾滋病防治工作的通知》（国发［2004］7号）精神，采取有效措施落实艾滋病救治政策，切实保证参加基本医疗保险的艾滋病患者及其感染者获得必要的治疗，现就有关问题通知如下：

一、各地推行城镇职工基本医疗保险制度时，要保证参加基本医疗保险的艾滋病患者及艾滋病病毒感染者与其他疾病患者一样，能够平等地参加基本医疗保险并公平地享受基本医疗保险待遇。不允许对参保的艾滋病患者及感染者采取任何歧视性的政策。

二、将卫生部、财政部《关于印发艾滋病抗病毒治疗和自愿咨询检测办法的通知》（卫疾控发［2004］107号）中公布的《艾滋病免费抗病毒治疗药品名单》，调整列入《国家基本医疗保险药品目录》（具体名单附后），以保证参加基本医疗保险的艾滋病患者及其感染者能获得有效的抗病毒药物治疗。

三、各地要将参加基本医疗保险的艾滋病患者及感染者抗病毒药物治疗的费用列入统筹基金支付范围，以切实减轻这部分人群的个人医疗费用负担。

请各地认真遵照执行。

附件：列入《国家基本医疗保险药品目录》的艾滋病抗病毒治疗药品名单

2004年5月31日

附件

列入《国家基本医疗保险药品目录》的艾滋病抗病毒治疗药品名单

分类		药品名称	规格	剂型
抗病毒药	核苷类逆转录酶抑制剂	齐多夫定	100 mg	胶囊
			300 mg	片剂
		司它夫定	15 mg	胶囊
			20 mg	胶囊
		去羟基苷	167 mg	散剂
			250 mg	散剂
			100 mg	散剂
			100 mg	片剂
			100 mg	咀嚼片
			25 mg	咀嚼片
			50 mg	颗粒
		拉米夫定	150 mg	片剂
	非核苷类逆转录酶抑制剂	奈维拉平	200 mg	片剂
			200 mg	胶囊
	蛋白酶抑制剂	茚地那韦	200 mg	片剂
			200 mg	胶囊

劳动和社会保障部关于农民工参加工伤保险有关问题的通知

劳社部发［2004］18号

各省、自治区、直辖市劳动和社会保障厅（局）：

为了维护农民工的工伤保险权益，改善农民工的就业环境，根据《工伤保险条例》规定，从农民工的实际情况出发，现就农民工参加工伤保险，依法享受工伤保险待遇有关问题通知如下：

一、各级劳动保障部门要统一思想，提高认识，高度重视农民工工伤保险权益维护工作。要从践行“三个代表”重要思想的高度，坚持以人为本，做好农民工参加工伤保险、依法享受工伤保险待遇的有关工作，把这项工作作为全面贯彻落实《工伤保险条例》，为农民工办实事的重要内容。

二、农民工参加工伤保险、依法享受工伤保险待遇是《工伤保险条例》赋予包括农民工在内的各类用人单位职工的基本权益，各类用人单位招用的农民工均有依法享受工伤保险待遇的权利。各地要将农民工参加工伤保险，作为今年工伤保险扩面的重要工作，明确任务，抓好落实。凡是与用人单位建立劳动关系的农民工，用人单位必须及时为他们办理参加工伤保险的手续。对用人单位为农民工先行办理工伤保险的，各地经办机构应予办理。今年重点推进建筑、矿山等工伤风险较大、职业危害较重行业的农民工参加工伤保险。

三、用人单位注册地与生产经营地不在同一统筹地区的，原则上在注册地参加工伤保险。未在注册地参加工伤保险的，在生产经营地参加工伤保险。农民工受到事故伤害或患职业病后，在参保地进行工伤认定、劳动能力鉴定，并按参保地的规定依法享受工伤保险待遇。用人单位在注册地和生产经营地均未参加工伤保险的，农民工受到事故伤害或者患职业病后，在生产经营地进行工伤认定、劳动能力鉴定，并按生产经营地的规定依法由用人单位支付工伤保险待遇。

四、对跨省流动的农民工，即户籍不在参加工伤保险统筹地区（生产经营地）所在省（自治区、直辖市）的农民工，1至4级伤残长期待遇的支付，可试行一次性支付和长期支付两种方式，供农民工选择。在农民工选择一次性或长期支付方式时，支付其工伤保险待遇的社会保险经办机构应向其说明情况。一次性享受工伤保险长期待遇的，需由农民工本人提出，与用人单位解除或者终止劳动关系，与统筹地区社会保险经办机构签订协议，终止工伤保险关系。1至4级伤残农民工一次性享受工伤保险长期待遇的具体办法和标准由省（自治区、直辖市）劳动保障行政部门制定，报省（自治区、直辖市）人民政府批准。

五、各级劳动保障部门要加大对农民工

参加工伤保险的宣传和督促检查力度，积极为农民工提供咨询服务，促进农民工参加工伤保险。同时要认真做好工伤认定、劳动能力鉴定工作，对侵害农民工工伤保险权益的行为要严肃查处，切实保障农民工的合法权益。

2004 年 6 月 1 日

劳动和社会保障部　国防科学技术工业委员会关于做好关闭破产军工企业职工安置工作有关问题的通知

劳社部发［2004］19号

各省、自治区、直辖市劳动和社会保障厅（局）、国防科工委（办），各军工集团公司：

为认真贯彻《听取国防科工委关于军工企业改革脱困工作情况汇报的会议纪要》（国阅［2004］6号）精神，进一步落实《国务院关于印发军工企业改革脱困方案的通知》（国发［2002］7号）的要求，切实做好关闭破产军工企业职工安置工作，现就有关问题通知如下：

一、提高认识，加强领导，确保军工企业改革脱困工作稳步实施

党中央、国务院对军工企业改革脱困工作高度重视。认真做好这项工作并妥善安置职工，有利于国防现代化建设和维护社会稳定，有利于加快军工行业结构调整和促进企业良性发展，有利于保障部分困难军工企业职工的生活和改善就业环境。

各级劳动保障部门、国防科工委（办）和各军工集团公司要进一步提高对军工企业改革脱困工作重要性的认识，把做好关闭破产军工企业职工安置工作摆上重要议事日程。要切实加强工作的组织领导，认真履行职责，密切配合，扎实工作。在军工企业关闭破产前期准备工作阶段，要帮助企业制订破产预案和职工安置方案，协助企业办理划转地方政府管理的有关手续。企业进入关闭破产程序后，要组成联合工作组，指导企业规范操作，督促企业认真落实职工安置方案。企业关闭破产程序终结后，要共同处理好涉及职工利益的有关善后问题，切实保障和维护职工的合法权益。各军工集团公司要加强与地方政府有关部门的沟通协调，争取地方政府的支持。

二、加强审核，规范操作，切实做好职工安置工作

实施关闭破产的军工企业，要认真制订切实可行的职工安置方案，职工安置方案必须经职工代表大会讨论通过，并报当地劳动保障部门审核。

各级劳动保障部门要对军工企业关闭破产中涉及职工安置和社会保障的问题严格把关。对企业上报的职工安置方案，要依据国家有关政策规定和劳动保障部《关于做好关闭破产国有企业职工安置方案审核工作的通知》（劳社部函［2003］35号）的要求进行审核，明确提出审核意见。对存在的问题，应及时与企业及军工集团公司协调，指导企业修改完善安置方案。对需要核实的问题，要逐项搞清。凡职工安置方案和社会保障办法不明确、资金不落实的，不得进入关闭破产程序。

三、严格执行国家政策，做好社会保险关系接续，保障职工的合法权益

各级劳动保障部门、国防科工委（办）和各军工集团公司要严格按照国家有关政策规定，积极做好关闭破产军工企业各类人员社会保险关系的接续和转移工作。关闭破产军工企业离退休人员的基本养老保险和医疗保障费用问题，国家已有明确规定，各地要按照国家关于军工企业关闭破产有关政策认真予以落实。要充分考虑军工企业的特殊困难，帮助企业和职工解决实际问题，解决好退休人员的医疗保障问题。

对关闭破产军工企业欠缴的社会保险费，各军工集团公司要与当地劳动保障部门积极进行协调。劳动保障部门可与企业或军工集团公司签订补缴协议，督促企业按照国家有关政策规定予以补缴或在资产变现中予以清偿。各军工集团公司要千方百计帮助关闭破产军工企业认真履行缴费义务，切实保障职工的合法权益。

四、加强失业调控，做好就业服务，努力促进再就业

妥善安置关闭破产企业职工是失业调控工作的重要组成部分，对缓解本地区就业压力，维护社会稳定，具有十分重要的意义。各级劳动保障部门、国防科工委（办）和各军工集团公司要积极为关闭破产军工企业提供各种支持和帮助，指导企业充分利用多种渠道和关闭破产有效资产重组安置职工，实现从原有岗位到新岗位的平稳转移，尽可能减少转到社会的失业人员。

各级劳动保障部门要按照《中共中央国务院关于进一步做好下岗失业人员再就业工作的通知》（中发［2002］12号）要求，进一步做好就业服务工作。将国家制定的各项再就业扶持政策落实到位。对符合享受再就业扶持政策条件的人员，及时发给《再就业优惠证》，并将创业培训、职业指导和再就业援助等就业服务引入到关闭破产军工企业中去。要对核工业矿山和地处三线的关闭破产军工企业，给予重点支持和帮助。有条件的地区，政府开发的公益性岗位要优先安置关闭破产军工企业中的再就业困难职工，积极采取各种有效措施促进职工再就业。

五、深入调查研究，加强工作协调，加大跟踪和监控力度

各级劳动保障部门、国防科工委（办）和各军工集团公司要经常深入军工企业调查研究，详细了解关闭破产军工企业职工安置情况，建立健全职工安置工作信息资料库。进一步加大对职工安置情况的跟踪和监控力度，加强工作协调，对重点和难点问题，要及时研究解决。要做好不稳定因素的排查和防治预案，对职工安置中存在的重大问题和发生的突发性群体事件，要及时报告。

要认真总结关闭破产军工企业职工安置工作的好经验、好做法，抓好工作典型，指导企业开展工作。今年，各地和各军工集团公司要在本地区、本行业树立1～2个典型加以推广。典型经验材料请于9月底前报送劳动保障部关闭破产企业职工安置工作协调小组办公室。

2004年6月17日

劳动和社会保障部关于做好国有大中型企业主辅分离辅业改制分流安置富余人员有关工作的通知

劳社部发［2004］20号

各省、自治区、直辖市劳动和社会保障厅（局）：

为进一步贯彻落实《中共中央国务院关于进一步做好下岗失业人员再就业工作的通知》（中发［2002］12号）精神，支持和鼓励有条件的国有大中型企业实施主辅分离、辅业改制分流安置富余人员，妥善处理劳动关系，现就做好有关工作通知如下：

一、协助做好中央企业主辅分离辅业改制分流安置富余人员实施方案的审核备案工作

按照《关于国有大中型企业主辅分离辅业改制分流安置富余人员的实施办法》（国经贸企改［2002］859号）和《关于国有大中型企业主辅分离辅业改制分流安置富余人员的劳动关系处理办法》（劳社部发［2003］21号）规定，中央企业主辅分离辅业改制的总体方案经国资委、财政部、劳动保障部批复后，由中央企业组织所属企业实施。中央企业所属企业制订的实施方案及实施过程中变更或解除劳动合同的情况、解除劳动关系人员支付经济补偿金情况、改制后的企业吸纳富余人员的比例，由省级劳动保障部门审核。各项社会保险关系接续情况、内部退养职工和移交社会化管理退休人员的数量，以及内部退养职工的生活费和社会保险费、移交社会化管理的退休人员费用支付和预提情况、债务处理情况、职代会讨论通过决议等，向省级劳动保障部门备案。在规定的审核时间内，省级劳动保障部门对中央企业所属企业报送的方案和有关材料要及时予以审核，出具相关认定证明，同时报劳动保障部备案。具体审核备案材料由省级劳动保障部门确定。

二、积极推动地方国有大中型企业主辅分离辅业改制分流安置富余人员工作

鼓励国有大中型企业实施主辅分离辅业改制分流安置富余人员，是促进国有企业改革的重大举措，也是国家为促进就业、减少失业采取的一项宏观就业政策。做好主辅分离辅业改制工作，不仅有利于精干和加强主业，增强国有企业的市场竞争力，也有利于分流安置富余人员，实现富余人员从岗位到岗位的平稳转移，减少转到社会的失业人员。各级劳动保障部门要充分认识做好这项工作的重要意义，积极配合有关部门认真做好本地区国有大中型企业主辅分离辅业改制工作。一方面，要按照中央12号文件和国务院有关部门的配套文件精神，主动参与本地区国有大中型企业主辅分离辅业改制政策措施的制定工作，特别是对涉及职工安置的资产、资金等，要主动与同级国有资产管理、财政等部门加强协调沟通。另一方

面，要指导企业制订切实可行的职工安置方案，做好职工安置方案的审核工作。职工安置方案要经职代会或职工大会讨论通过。凡符合条件的，要及时予以审核认定，并帮助落实相应的优惠扶持政策。凡是职工安置方案不明确、资金不到位或资产不落实的，要责成企业予以明确和落实，否则，一律不予批准，以切实保障职工合法权益和改制工作的顺利进行。

三、指导企业做好社会保险关系接续、档案移交和退休人员管理等工作

各地劳动保障行政部门要按照国家和省级政府有关政策规定，指导改制企业做好各项社会保险关系的接续和转移工作，并妥善解决离退休人员医疗保障资金和统筹项目外养老金的来源问题。对拟改制企业欠缴的各项社会保险费，应责成企业在改制前缴清。

对于参加省级统筹的中央企业，原行业统筹单位辅业分离改制后的基本养老保险仍由省级社保机构管理；其他中央企业辅业分离改制后，基本养老保险经办机构可由地方劳动保障部门根据实际情况与有关方面协商确定。对分流到其他企业就业人员或到社会上自谋职业的人员，要督促其所在企业和个人继续参保缴费。

四、妥善处理企业主辅分离辅业改制分流过程中工伤职工的管理问题

各地劳动保障行政部门要督促企业足额缴纳工伤保险费用。企业在足额缴纳工伤保险费后，被鉴定为一至四级的工伤职工、退休的工伤人员及因工死亡人员供养直系亲属移交社会化管理，由工伤保险基金支付工伤保险待遇；应由企业支付的工伤待遇，由企业一次性支付工伤职工。被鉴定为五至十级的工伤职工，一般由原主体企业管理，继续承担各类工伤保险费用；经协商一致，与原主体企业终止或解除劳动合同的，原主体企业可以根据《工伤保险条例》及当地的有关规定，支付工伤职工一次性工伤医疗和伤残就业补助金。

2004 年 6 月 21 日

劳动和社会保障部　建设部关于印发《建设领域农民工工资支付管理暂行办法》的通知

劳社部发［2004］22号

各省、自治区、直辖市劳动和社会保障厅（局）、建设厅（建委）：

为维护建设领域农民工合法报酬权益，规范建筑业企业工资支付行为，现将《建设领域农民工工资支付管理暂行办法》印发给你们，请结合实际情况制定实施办法，认真贯彻执行。

各级劳动和社会保障行政部门应会同建设行政主管部门积极探索建立解决建筑业企业拖欠或克扣农民工工资问题的长效机制，大力推进农民工工资支付监控制度及信用制度建设，在有条件的地区探索建立工资支付保障制度。要加强同各级工会组织、企业联合会/企业家协会（企业组织）的协调和沟通，指导、推动企业建立集体协商制度，充分发挥劳动关系三方协商机制在解决拖欠或克扣农民工工资问题中的作用。

2004年9月6日

建设领域农民工工资支付管理暂行办法

为规范建设领域农民工工资支付行为，预防和解决建筑业企业拖欠或克扣农民工工资问题，根据《中华人民共和国劳动法》《工资支付暂行规定》等有关规定，制定本办法。

一、本办法适用于在中华人民共和国境内的建筑业企业（以下简称企业）和与之形成劳动关系的农民工。

本办法所指建筑业企业，是指从事土木工程、建筑工程、线路管道设备安装工程、装修工程的新建、扩建、改建活动的企业。

二、县级以上劳动和社会保障行政部门负责企业工资支付的监督管理，建设行政主管部门协助劳动和社会保障行政部门对企业执行本办法的情况进行监督检查。

三、企业必须严格按照《劳动法》《工资支付暂行规定》和《最低工资规定》等有关规定支付农民工工资，不得拖欠或克扣。

四、企业应依法通过集体协商或其他民主协商形式制定内部工资支付办法，并告知本企业全体农民工，同时抄报当地劳动和社会保障行政部门与建设行政主管部门。

五、企业内部工资支付办法应包括以下内容：支付项目、支付标准、支付方式、支付周期和日期、加班工资计算基数、特殊情况下的工资支付以及其他工资支付内容。

六、企业应当根据劳动合同约定的农民工工资标准等内容，按照依法签订的集体合同或劳动合同约定的日期按月支付工资，并不得低于当地最低工资标准。具体支付方式可由企业结合建筑行业特点在内部工资支付办法中规定。

七、企业应将工资直接发放给农民工本人，严禁发放给“包工头”或其他不具备用工主体资格的组织和个人。

企业可委托银行发放农民工工资。

八、企业支付农民工工资应编制工资支付表，如实记录支付单位、支付时间、支付对象、支付数额等工资支付情况，并保存两年以上备查。

九、工程总承包企业应对劳务分包企业工资支付进行监督，督促其依法支付农民工工资。

十、业主或工程总承包企业未按合同约定与建设工程承包企业结清工程款，致使建设工程承包企业拖欠农民工工资的，由业主或工程总承包企业先行垫付农民工被拖欠的工资，先行垫付的工资数额以未结清的工程款为限。

十一、企业因被拖欠工程款导致拖欠农民工工资的，企业追回的被拖欠工程款，应优先用于支付拖欠的农民工工资。

十二、工程总承包企业不得将工程违反规定发包、分包给不具备用工主体资格的组织或个人，否则应承担清偿拖欠工资连带责任。

十三、企业应定期如实向当地劳动和社会保障行政部门及建设行政主管部门报送本单位工资支付情况。

十四、企业违反国家工资支付规定拖欠或克扣农民工工资的，记入信用档案，并通报有关部门。

建设行政主管部门可依法对其市场准入、招投标资格和新开工项目施工许可等进行限制，并予以相应处罚。

十五、企业应按有关规定缴纳工资保障金，存入当地政府指定的专户，用于垫付拖欠的农民工工资。

十六、农民工发现企业有下列情形之一的，有权向劳动和社会保障行政部门举报：

（一）未按照约定支付工资的；

（二）支付工资低于当地最低工资标准的；

（三）拖欠或克扣工资的；

（四）不支付加班工资的；

（五）侵害工资报酬权益的其他行为。

十七、各级劳动和社会保障行政部门依法对企业支付农民工工资情况进行监察，对违法行为进行处理。企业在接受监察时应当如实报告情况，提供必要的资料和证明。

十八、农民工与企业因工资支付发生争议的，按照国家劳动争议处理有关规定处理。

对事实清楚、不及时裁决会导致农民工生活困难的工资争议案件，以及涉及农民工工伤、患病期间工资待遇的争议案件，劳动争议仲裁委员会可部分裁决；企业不执行部分裁决的，当事人可依法向人民法院申请强制执行。

十九、本办法自发布之日起施行。

劳动和社会保障部关于印发国家基本医疗保险和工伤保险药品目录的通知

劳社部发［2004］23号

各省、自治区、直辖市劳动保障厅（局）：

根据《国务院关于建立城镇职工基本医疗保险制度的决定》（国发［1998］44号）和《工伤保险条例》的要求，我部按照《城镇职工基本医疗保险用药范围管理暂行办法》（劳社部发［1999］15号），经过专家评审，会同有关部委制定了《国家基本医疗保险和工伤保险药品目录》（以下简称《药品目录》）。现将《药品目录》印发各地，并就有关问题通知如下：

一、制定《药品目录》是建立和完善社会保险制度的要求，是保障参保人员基本用药需求和适应医药科技进步的客观需要。各省（自治区、直辖市）劳动保障部门要提高认识，按照基本医疗保险和工伤保险的规定，认真贯彻执行《药品目录》。《药品目录》在2000年《国家基本医疗保险药品目录》的基础上进行了以下调整：一是险种适用范围从基本医疗保险扩大到工伤保险。二是在保持用药水平相对稳定与连续的基础上，增加了新的品种。三是调整了《药品目录》的分类，对部分剂型进行了归并，明确了部分药品准予支付费用的限定范围。四是在《药品目录》中增加“凡例”，对《药品目录》进行解释和说明。

二、各省（自治区、直辖市）要认真做好《药品目录》乙类药品的调整工作。要精心组织，搞好部门协调，制订科学的评审方案，严格评审程序，广泛听取意见，完善专家评审机制，充分尊重专家意见。不得要求企业申报，不得以任何名目向企业收取费用。调整工作要在2004年年底前完成。对各统筹地区执行《药品目录》要提出明确的时间要求。

各省（自治区、直辖市）对国家《药品目录》甲类药品不得调整，乙类药品调入与调出的数量总和控制在国家《药品目录》乙类药品总数的15%以内。民族药的调整不受比例限制，增加的品种应有国家食品药品监督管理局正式颁布的民族药标准。调入《药品目录》的乙类药品，除工伤保险用药可以特殊考虑血浆蛋白类制品以及中成药的酒类制剂外，均要符合基本医疗保险用药范围管理规定。药品名称和剂型严格执行国家《药品目录》的规范，不得使用或标注商品名。对《药品目录》中部分药品所规定的支付限定范围可以进行调整，但不得取消。调整的乙类药品品种要上报我部审核。

三、各统筹地区要严格执行本省基本医疗保险、工伤保险药品目录，不得调整或另行自定。参保人员使用《药品目录》中的西药与中成药所发生的费用，应由工伤保险基金支付的，不分甲、乙类；应由基本医疗保险基金支付的，甲类药品严格按照基本医疗保险规定支付，乙类药品由各统筹地区根据实际确定个人自付比例。对《药品目录》限定适应症的药品，各统筹地区要制定相应的审核支付办法，加强对使用这部分药品临床依据的审核。对《药品目录》中的非处方药品，要允许基本医疗保险参保人员不用医师处方直接到定点零售药店购买，费用由个人账户支付。各统筹地区要根据实际，适当放宽紧急抢救期间用药的范围并制定相应的支付管理办法。

各统筹地区社会保险经办机构要及时更新医疗、工伤保险计算机信息管理系统，做好药品通用名称与商品名、异名对应工作，不得对《药品目录》的药品用商品名进行限制。

各省级药品食品监管部门批准的治疗性医院制剂，统筹地区要在征求卫生、中医药、食品药品监管等部门及有关专家意见的基础上，制定纳入基本医疗保险、工伤保险支付范围的医院制剂目录，明确支付办法，并纳入定点协议的范围。

四、各地要做好新旧《药品目录》使用和管理的衔接，加强与有关部门的协调配合，严格基本医疗保险、工伤保险用药管理，保障职工的基本用药需求，控制药品费用支出。各省（自治区、直辖市）要加强对药品目录执行情况的监督检查。如有重大问题，及时报告我部。

附件：国家基本医疗保险和工伤保险药品目录（略）

2004 年 9 月 13 日

劳动和社会保障部　中国证监会关于企业年金基金证券投资有关问题的通知

劳社部发［2004］25号

各省、自治区、直辖市劳动和社会保障厅（局），中国证监会各省、自治区、直辖市、计划单列市监管局，上海、深圳证券交易所，中国证券登记结算有限责任公司，中国证券业协会：

为贯彻落实《国务院关于推进资本市场改革开放和稳定发展的若干意见》，保障企业年金基金财产安全，维护企业年金管理当事人合法权益，促进企业年金健康发展，现就企业年金基金证券投资有关问题通知如下：

一、受托人、托管人、投资管理人要依据《企业年金基金管理试行办法》及相关法律法规，管理企业年金基金财产，从事证券投资活动。

二、托管人要根据受托人委托，为企业年金基金申请代理开立证券账户。证券账户按企业年金基金投资管理人管理的每个组合开立，账户名称为企业年金计划和托管人的联名。

三、托管人负责所托管企业年金基金的资金清算和交收。投资管理人要确保企业年金基金证券交易的正常运作，并承担其投资过程中产生的超买、卖空行为的交收责任。

四、托管人以其名义在中国证券登记结算有限责任公司（以下简称“中国结算公司”）申请开立结算备付金账户，用于其所托管全部基金（含企业年金基金）的资金清算与交收。

五、投资管理人要按不同托管人，为企业年金基金证券交易租用或安排专用席位。

六、托管人和投资管理人要及时从证券交易所和中国结算公司获得企业年金基金证券交易结算数据，发现数据错误应及时与证券交易所和中国结算公司核对。

七、托管人作为证券交易所的信息披露联系人，要根据交易所业务规则要求，报告相应资料，及时提醒受托人履行信息披露义务。

八、受托人、托管人、投资管理人要按照中国结算公司制定的《企业年金基金证券投资登记结算业务指南》（见附件），开展企业年金基金投资涉及的证券账户管理及相关的证券登记、托管、结算等业务。

九、劳动保障部定期不定期对受托人、托管人和投资管理人执行上述规定的情况进行监督检查。

十、本通知发布之日起，其他按规定可以进行证券投资的社会保障基金参照本通知执行。

附件：企业年金基金证券投资登记结算业务指南

2004年9月29日

附件

企业年金基金证券投资登记结算业务指南

第一条 为方便企业年金基金参与证券市场投资活动，保障基金资产安全，保护职工合法权益，根据国家法律法规和《企业年金试行办法》《企业年金基金管理试行办法》，按照中国证券监督管理委员会（以下简称“中国证监会”）有关规定和中国证券登记结算有限责任公司（以下简称“中国结算公司”）有关业务规则，制定本指南。

第二条 本指南适用企业年金基金投资涉及的证券账户管理及相关的证券登记、托管、结算等业务。

第三条 企业年金基金证券账户由企业年金计划托管人（以下简称“托管人”）直接到中国结算公司上海、深圳分公司（以下统称“中国结算公司”）办理。

第四条 托管人开立企业年金基金证券账户须提供以下材料：

（一）《机构证券账户注册申请表》；

（二）劳动保障部门企业年金基金监管机构出具的企业年金计划确认函（含登记号）原件及复印件；

（三）企业年金计划受托人（以下简称“受托人”）对托管人的委托授权书；

（四）托管人法定代表人证明书及法定代表人的有效身份证明文件复印件；

（五）法定代表人委托授权书或总行对分行开办企业年金基金托管业务资格的批准文件；

（六）加盖托管人授权印章的托管人营业执照复印件；

（七）受托人与托管人签订的托管协议原件；

（八）经办人有效身份证明文件原件及复印件；

（九）中国结算公司要求提供的其他材料。

第五条 托管人在填写《机构证券账户注册申请表》时，“持有人名称”一项应为“××企业年金计划＋托管人”；“身份证明文件号码”一项应为“劳动保障部门企业年金基金监管机构出具的企业年金计划确认函中的登记号”。企业年金计划名称和登记号根据本指南第四条第（二）项填写。单个企业年金计划可在不同市场最多分别开立十个证券账户，中国证监会和劳动保障部批准的除外。

第六条 中国结算公司审核本指南第四条规定材料无误后予以开户，并留存规定的文件原件或复印件。

第七条 托管人申请证券账户注册资料查询与变更、账户卡挂失补办、账户注销等业务，参照《中国证券登记结算有限责任公司证券账户管理原则》的相关规定办理。企业年金计划变更托管人按照本指南第八条和第九条办理。

第八条 企业年金计划变更托管人后，应当委托新的托管人申请办理证券账户注册资料变更。申请人应提交以下资料：

（一）《证券账户注册资料变更申请表》；

（二）受托人对托管人的委托授权书；

（三）托管人法定代表人证明书及法定代表人的有效身份证明文件复印件；

（四）托管人法定代表人委托授权书或总行对分行开办企业年金基金托管业务资格的批

准文件；

（五）加盖托管人授权印章的托管人营业执照复印件；

（六）受托人与新托管人签订的托管协议原件；

（七）证券账户卡；

（八）原托管人出具的解除托管关系确认书；

（九）经办人有效身份证明文件原件及复印件；

（十）中国结算公司要求提供的其他材料。

第九条 变更企业年金计划托管人的，中国结算公司在审核本指南第八条规定材料无误后，可予变更证券账户注册资料，并留存规定的文件原件或复印件。

第十条 托管人申请办理相关账户业务时，应按中国结算公司有关机构账户的收费标准交纳相应费用。

第十一条 托管人作为中国结算公司的结算参与人（以下简称"结算参与人"），应以一个净额完成其所托管包括企业年金基金的全部基金等证券交易的资金清算与交收。对于企业年金基金投资运作过程中出现证券超买、卖空等行为，托管人应负责向相关责任人追究相应的交收责任，并报告相关监管部门。

第十二条 结算参与人办理结算业务前，应与中国结算公司签订结算协议，明确各方的权利和义务。

第十三条 结算参与人应以自身名义在中国结算公司开立唯一一个结算备付金账户，通过该账户并按一个净额完成其所托管全部基金等（不含 QFII）的资金结算业务。企业年金基金作为托管基金的一部分，应纳入结算参与人结算备付金账户的单一净额结算。

第十四条 结算参与人应当在中国结算公司预留指定收款账户，通过该账户接收其从结算备付金账户汇划的资金。指定收款账户名称应与结算参与人名称一致。

第十五条 结算参与人名称、指定收款账户、托管企业年金基金等信息发生变更时，结算参与人应及时向中国结算公司提供相应资料，办理结算账户变更手续。

第十六条 已开立结算备付金账户的结算参与人，新增托管企业年金基金时，应向中国结算公司提交受托人的委托授权书。托管人新增的企业年金基金与其所托管的其他基金，共同参与该结算参与人结算备付金账户的单一净额结算。

第十七条 受托人变更托管人后，新任托管人应按本指南第十一条、第十二条、第十三条规定在中国结算公司开立结算备付金账户，或按本指南第十六条规定执行。

第十八条 对于结算参与人所托管的企业年金基金，中国结算公司按结算备付金管理的相关规定核定相应的最低结算备付金。结算参与人结算备付金账户的日末余额不得低于中国结算公司核定的最低结算备付金限额。

第十九条 企业年金基金应通过专用交易席位进行证券交易。每个交易日（T 日）闭市后，中国结算公司根据证券交易所企业年金基金专用交易席位证券账户 T 日的成交数额及其他数据，计算企业年金基金证券账户买卖相关证券的应收、应付数量，产生证券清算数据；根据结算参与人所托管全部基金等 T 日的成交数额及其他数据，计算结算参与人的资金应收或应付净额，确定相关交收责任。

第二十条 T 日清算完成后，中国结算公司将当日证券、资金清算数据存放于结算系统，作为对结算参与人的证券、资金交收依据与交收指令，结算参与人应及时从中国结算公司系统获取。

除因中国结算公司系统原因结算参与人无法获取相关数据外，其他情况下中国结算公司视同已将交收指令通知结算参与人。

第二十一条 结算参与人应按中国结算公司的证券、资金交收指令，按时履行交收义务。结算参与人对中国结算公司提供的清算数据存有异议，应及时向中国结算公司反馈。经中国结算公司核实，确属清算差错的，中国结算公司予以更正，但结算参与人不得因此拒绝履行或延迟履行当日交收义务。

第二十二条 中国结算公司按现行业务规定，依据 T 日清算数据，于 T+1 日与结算参与人完成最终不可撤销的证券与资金交收处理。

第二十三条 为防范结算风险，结算参与人应依据风险共担原则，按规定缴纳结算互保基金。结算互保基金的缴存、调整、管理和使用按照中国结算公司规定执行。

第二十四条 按中国证监会、财政部《证券结算风险基金管理暂行办法》的规定，中国结算公司向结算参与人代理收取证券结算风险基金。

第二十五条 如结算参与人结算备付金账户出现透支，视为发生资金交收违约。中国结算公司对其资金交收违约行为可采取以下措施：

（一）根据结算参与人透支金额，按中国结算公司有关规定计收透支资金利息及违约金。

（二）结算参与人可于交收日（T+1 日）15:00 之前，向中国结算公司提交透支扣券申请书，指定其托管的透支基金证券账户及透支金额。中国结算公司按其指定的透支基金证券账户买入证券的先后顺序，自后向前依次扣券，直至扣券市值达到透支金额的 120%（证券市值按当日收盘价计算，下同）。如该基金证券账户所有证券价值不足透支金额的 120%，即扣该基金证券账户的全部证券。

如结算参与人不予指定透支基金，中国结算公司有权自行确定暂不交付相当于透支金额 120%市值的证券。

（三）因结算参与人原因造成的资金交收透支，中国结算公司将作为结算参与人业务不良记录登记。

（四）及时向中国证监会报告资金交收透支情况。

（五）提请证券交易所，限制或暂停结算参与人指定的透支基金证券账户的证券买入。

第二十六条 如结算参与人所托管基金证券账户发生证券卖空，视为该结算参与人发生证券交收违约。中国结算公司在 T+1 日暂不交付与卖空价款对应的资金，并按中国结算公司有关规定，以卖空价款为基数计收违约金，如两个交易日内卖空证券得以补足，中国结算公司可解除对卖空价款的暂扣。否则，中国结算公司将以暂扣的资金买入与卖空等量的证券，因此产生的损益由结算参与人负责向责任方追索或归还。

第二十七条 中国结算公司有权对结算风险较大的结算参与人进行特别监控，必要时可采取措施提高结算互保基金缴纳额，调整最低结算备付金缴存比例与时间，有效防范相关风险。

第二十八条 结算参与人申请注销其结算备付金账户时，在与中国结算公司结清证券登记结算相关的债权债务后，可向中国结算公司申请划付结算备付金余额和结算互保基金余额。

第二十九条 本指南由中国结算公司负责解释。

劳动和社会保障部　财政部关于做好2004年企业工资总额同经济效益挂钩工作的通知

劳社部发［2004］26号

各省、自治区、直辖市劳动和社会保障厅（局）、财政厅（局），国务院国有资产监督管理委员会、有关部门：

为了做好2004年企业工效挂钩工作，现就有关事宜通知如下：

一、要继续做好工效挂钩工作，指导、督促企业建立和完善工资增长与经济效益相联系的机制，使企业工资总额和工资水平增长与经济效益增长保持合理关系。

二、对企业工效挂钩方案的审核，要严格按照《关于进一步做好企业工资总额同经济效益挂钩工作的通知》（劳社部发［2003］31号）的规定执行。不得在国家政策之外任意开口子。效益工资的确定应剔除政策及非劳因素带来的效益。对工资增长过快、工资水平过高的特殊行业（企业）工效挂钩方案，要从紧审核。

对效益下降的企业，应严格按照国家工效挂钩政策相应核减企业效益工资，切实做到企业工资水平随经济效益状况浮动，建立起工资能升能降的市场化工资决定机制。

三、要根据国家政策，结合企业生产经营特点，进一步完善企业工效挂钩方案，使企业工资增长与企业经济效益紧密联系。通过效益增长逐步提高职工工资水平，通过工资的合理增长调动广大职工的积极性，促进企业的发展。

四、已完成公司制改革、国有股权不占绝对控股地位的企业，不再实行工效挂钩办法，由企业管理方和员工依法通过集体协商确定工资总额和工资水平。对已完成公司制改革、国有股权占绝对控股地位的企业，政府劳动保障和财政部门将按照国家关于调节行业分配关系的总体要求和企业的具体情况，对其工资分配进行宏观管理和监督。

五、根据国有企业分配制度改革的需要，选择少数工资分配和财务管理比较规范的竞争性企业，进行工效挂钩审批办法的改革试点工作。工效挂钩办法一定三年不变。三年期间工资清算由社会中介机构进行审计。国家有关部门对企业工效挂钩情况进行监督检查，对企业违规行为，按照国家有关政策进行处理。三年到期，由企业工效挂钩主管部门对企业工效挂钩情况进行审核。

六、要加强对挂钩企业工资总额的管理。企业工资总额的提取要严格按照经有关部门（机构）批复的工效挂钩方案执行。对超过应提工资提取工资总额的企业，其超提部分应相应冲减累计工资储备金。工资储备金不足的应作调账处理，不得挤占企业当年成本、费用。同时，按国家有关规定进行处理。

七、要指导企业将工效挂钩办法和内部工资分配制度改革有机结合，参照当地劳动力市场工资价位，将新增效益工资主要用于理顺内部工资分配关系，进一步打破平均主义分配，加大对关键岗位、人才的激励力度，切实建立收入分配的激励机制。

八、各级国有企业工资内外收入监督检查机构要加强对企业执行国家工效挂钩政策的监督检查，将监督检查工作作为促进企业正确处理国家、企业和职工个人三者间分配关系，确保国有资产保值增值，调节行业收入分配关系的重要手段，切实维护国有资产所有者权益和国家工资政策的严肃性，促进企业工资分配约束机制的建立，形成良好的收入分配秩序。

九、铁道部、国家烟草专卖局、国家邮政局、国家民航总局等部门应于 2004 年 11 月 20 日前将所属企业工效挂钩方案报劳动保障部、财政部审批。上报的材料中需附上年劳动工资统计年报、经中介机构审计确认的会计报表或财政部门批复的年度财务决算、工资清算表及其他相关材料。

十、国有资产监督管理委员会、铁道部、国家烟草专卖局、国家邮政局、国家民航总局等部门（机构），要根据本通知要求，组织安排好所属企业或所监管企业工效挂钩工作，及时批复企业工效挂钩方案，保证今年工效挂钩工作的顺利进行。上述部门（机构）应在 2005 年 4 月 30 日前，将本部门（机构）所属或所监管企业 2004 年工效挂钩工作情况分别报劳动保障部、财政部。

十一、各省、自治区、直辖市及计划单列市的劳动保障、财政部门应参照本通知的有关精神，并结合当地情况，制定具体实施办法，切实做好本地区 2004 年工效挂钩工作，保证企业工资分配工作的顺利进行。

2004 年 10 月 28 日

劳动和社会保障部关于贯彻落实《劳动保障监察条例》的通知

劳社部发［2004］29号

各省、自治区、直辖市劳动和社会保障厅（局）：

《劳动保障监察条例》（以下简称《条例》）已于2004年11月1日以国务院令第423号公布，将于2004年12月1日起施行。《条例》的颁布实施，是劳动保障法制建设的又一重要成果，标志着劳动保障监察工作进入一个新的发展时期，对于深入贯彻实施劳动保障法律、法规和规章，规范并推动劳动保障监察工作，切实维护广大劳动者的合法权益具有重要意义。为保证《条例》全面、正确实施，全面推进劳动保障监察工作，现就有关问题通知如下：

一、认真学习贯彻《条例》，加强对《条例》的宣传工作。《条例》是开展劳动保障监察工作的行为准则。《条例》的颁布既为劳动保障监察工作提供了强有力的法律依据，也是维护广大劳动者合法权益的有力武器。《条例》所确立的合法原则、公开原则、公正原则、高效原则、便民原则、处罚与教育相结合原则、保障当事人权利原则、监察执法与行政监督和社会监督相结合的原则以及监察执法主体制度、劳动保障监察员资格制度、举报投诉处理制度、管辖制度、程序制度、用人单位守法诚信制度及法律责任制度等，都是对劳动保障监察制度的进一步规范和完善。对于切实维护劳动者合法权益，规范劳动保障监察执法工作，推进劳动保障监察依法行政，将会产生积极深远的影响。各级劳动保障行政部门应当从实践“三个代表”重要思想，坚持执政为民，树立并落实科学发展观的高度充分认识《条例》颁布实施的重要性，增强做好劳动保障监察工作的使命感和责任感，认真学习贯彻落实《条例》。

当前要深入学习《条例》，全面理解和准确把握《条例》的精神实质和主要内容，统一思想认识。各级劳动保障行政部门要对学习、宣传、贯彻《条例》制订方案，具体部署，狠抓落实，为《条例》实施做好充分的准备。劳动保障行政部门特别是监察机构的人员要熟悉条例的内容，准确理解和熟练掌握条例的规定。我部将组织专项培训，各地也要制定培训计划，推动学习《条例》活动的深入开展。要高度重视《条例》的宣传工作，我部将于近期印发《条例》的宣传提纲，同时编写《条例》有关问题的解答资料。各级劳动保障部门要采取多种形式，充分利用报刊、广播电视、互联网等广泛宣传《条例》，深入到街道、社区及各类用人单位中进行普法宣传，让社会各界理解与支持劳动保障监察工作。要把《条例》的宣传与普及劳动保障法律法规知识结合起来，营造良好的劳动保障法治环境。

二、抓紧做好与《条例》配套文件的制定工作，确保《条例》顺利实施。各省、自治区、直辖市劳动保障行政部门要抓紧做好有关规章和规范性文件的制定和清理工作。我部将根据《条例》的规定制定劳动保障监察程序规定，统一监察执法标志（现暂时没有监察执法标志的，用劳动保障监察胸卡代替）、执法证件、执法文书等，并会同有关部门制定劳动保障监察员管理办法。还将对《条例》颁布前有关劳动保障监察工作的规章和规范性文件进行清理，对与《条例》不一致或内容过时的要予以修改或废止。按照《条例》规定，各省、自治区、直辖市要制定劳动保障监察管辖的规定。同时对监察执法的业务流程和自由裁量权的掌握标准也要尽快研究制定。各地要抓紧清理《条例》颁布前的有关劳动保障监察的文件，对与《条例》规定不一致的地方性法规和规章要相应进行修改，对与《条例》内容抵触的规范性文件要予以废止。

三、提高依法行政意识，完善劳动保障监察执法体制。党的十六大提出：要加强对执法活动的监督，推进依法行政。国务院《全面推进依法行政实施纲要》也对行政执法活动提出了明确的要求。《条例》对劳动保障监察的主体制度和程序制度等作出具体规定，各级劳动保障部门特别是从事劳动保障监察工作的同志要不断提高依法行政的意识，将贯彻《条例》与贯彻《全面推进依法行政实施纲要》结合起来，按照权责明确，行为规范，监察有效，保障有力的要求，建立健全有关制度，完善监察执法体制。劳动保障行政部门要严格按照法定程序行使权力、履行监察职责，杜绝行政不作为的现象。各级劳动保障行政部门在监察执法过程中要保障用人单位的陈述权、申辩权和救济权，正确行使自由裁量权并在执法文书中说明理由；要完善监察执法案卷制度，建立包括检查记录、证据材料、执法文书等材料的监察执法案卷。要健全监察执法案卷评查制度，完善监察执法责任制度，建立公开、公平、公正的评议考核制和错案追究制，对监察人员因故意或重大过失造成错案的，要依法追究其相应的行政和法律责任。

四、健全劳动保障监察机构，提高监察队伍素质。《条例》规定，劳动保障监察必须由劳动保障行政部门或由其依法委托的符合监察执法条件的组织实施。据此规定，各地属于事业组织的劳动保障监察机构（总队、支队、大队）受劳动保障行政部门委托具体实施监察，其他任何事业组织不得行使监察执法权，以前不符合此规定的做法要尽快纠正。目前劳动保障监察机构和人员状况远不能适应贯彻落实《条例》的要求，各地劳动保障行政部门要依据《条例》和现有文件规定，积极主动向当地党委、政府和机构编制部门汇报，争取对劳动保障监察工作的理解和支持，健全劳动保障监察机构。各地要以贯彻《条例》为契机，把建设高效、廉洁的行政执法队伍作为提高劳动保障行政部门依法行政水平的重要工作来抓。根据《条例》规定，从事劳动保障监察执法的人员必须取得监察员资格才能上岗。各地要注意选拔政治素质和业务素质较高的人员充实到劳动保障监察岗位，并通过加强职业教育，规范工作程序，完善责任制度等各种措施，提高监察人员工作责任心和依法办事的自觉性，造就一支政治合格、纪律严明、业务精通、作风过硬的劳动保障监察队伍。

五、做好劳动保障监察的基础工作，提高依法行政能力。基础工作是做好劳动保障监察执法工作的重要保证，也是贯彻实施《条例》必须做好的准备工作。一是要建立用人单位基本情况档案。各级劳动保障行政部门要全面收集掌握所管辖用人单位的基本情况，如招用劳动者人数、规章制度建立、劳动用工和社会保险情况等，在此基础上建立企业守法诚信档案。逐步完善以诚信数据收集体系、动态监管体系、信息交流体系和失信惩戒机制为内容的企业劳动保障诚信制度，对企业劳动保障诚信情况进行动态管理和服务。二是加强劳动保障监察内部制度建设。完善目标管理制度，规范主办监察员的条件、权限和责任。按照公开执法的要求，将劳动保障监察的依据、内容、程序、职责及监察员的名单、举报电话、监督电话等予以公示，接受社会监督，方便用人单位和劳动者咨询和投诉。三是建立劳动保障监察信息管理系统。目前，一些地方劳动保障监察工作情况统计和对违法案件查处情况统计的时效性不强，准确性不高，有的地区统计手段还比较落后。各地应积极创造条件，逐步实行计算机管理，建立企业数据库，逐步实行网上举报、网上审查用人单位报送的材料、网上信息通报等劳动保障监察日常工作的信息化管理，提高工作效率和依法行政能力。

六、完善监察执法经费保障机制，保证监察执法工作正常开展。根据《条例》规定，劳动保障监察所需经费列入同级财政预算。各级劳动保障行政部门要积极与财政部门协调，将劳动保障监察所需的人员、工作、办案及举报奖励经费等列入财政预算。劳动保障行政部门及其委托的监察执法机构，不得非法向用人单位收取费用，也不得向监察机构和监察员下达罚款任务。严格执行罚款收支两条线的规定。劳动保障行政部门及其委托的监察执法机构收缴的罚款和没收的违法所得必须上缴财政，不得截留、挪用、私分或者变相私分罚没财物，对违反规定者，要依法追究相应的法律责任。

七、进一步加强组织协调，确保《条例》全面实施。《条例》规定，县级以上地方各级人民政府应当加强劳动保障监察工作。县级以上各级人民政府有关部门根据各自职责，支持、协助劳动保障行政部门的劳动保障监察工作。据此，劳动保障行政部门要积极向地方党委、政府汇报劳动保障监察工作，使政府及有关部门认识到劳动保障监察工作的重要性，将《条例》的贯彻落实作为政府工作的一项重要议程，并采取有效措施，解决劳动保障监察工作在机构、编制和经费方面的困难，为劳动保障监察执法提供必要的工作条件和较好的外部环境。对《条例》贯彻和实施前的准备工作，各级劳动保障部门主要领导要亲自抓，分管领导要直接抓。劳动保障监察工作综合性强，其职能涉及方方面面。要在各级党委、政府的领导下，加强与公安、工商、建设、税务、卫生、人民法院等有关方面的协调配合，发挥工会、妇联、共青团及新闻媒体的法律监督作用。在机构经费方面还要加强与编制、财政部门的沟通。通过各方面的协调，形成合力，齐抓共管，确保《条例》全面贯彻实施。

各省、自治区、直辖市劳动保障行政部门要结合本地区实际情况，认真贯彻落实本通知要求，并于2004年12月31日前将贯彻实施方案报送劳动保障部。对《条例》实施中的有关情况和问题，请及时报告劳动保障部。

2004年11月19日

劳动和社会保障部关于建立行业人工成本信息指导制度的通知

劳社部发［2004］30号

各省、自治区、直辖市劳动和社会保障厅（局），国务院有关部门劳动保障工作机构：

为了转变政府职能，加快建立与现代企业制度相适应的企业工资分配宏观调控体系，为企业工资分配提供信息指导和服务，促进企业加强人工成本的管理，合理确定工资水平，我部决定建立行业人工成本信息指导制度，现就有关问题通知如下：

一、建立行业人工成本信息指导制度是完善政府公共服务职能的需要

行业人工成本信息指导制度是指政府劳动保障部门或由其委托的社会组织调查、收集、整理并分析预测行业人工成本水平，定期向社会公开发布行业人工成本信息，指导企业加强人工成本管理、合理确定人工成本水平的制度。

建立和完善行业人工成本信息指导制度是完善与现代企业制度相适应的企业工资宏观调控体系的一项重要任务，是改进和加强政府对企业工资分配的社会管理和公共服务职能的要求，是贯彻落实国务院关于健全行业信息指导制度的切实措施。各级劳动保障部门要充分认识建立行业人工成本信息指导制度的重要意义，将其作为完善政府公共服务职能的重要工作，切实抓紧抓好。

二、工作目标

（一）总体目标

建立以中心城市为依托，广泛覆盖各类行业，国家、省（自治区、直辖市）、市多层次发布的行业人工成本信息指导制度。

（二）具体目标

一是建立规范化的人工成本信息采集制度，保证统计调查资料的真实性、代表性和时效性；二是建立科学化的人工成本指标体系和分析方法，保证发布信息的代表性、准确性和可比性；三是建立现代化的信息发布手段，使行业人工成本信息直接、及时、便捷地为企业、劳动者和公众提供服务。

（三）进度安排

2005年在全国35个大中城市（不含拉萨）建立行业人工成本信息指导制度，2006年各地区再增加2～3个中心城市，力争在3～5年内，在全国各中心城市全面建立行业人工成本信息指导制度，形成国家、省（自治区、直辖市）、市多层次、广覆盖的人工成本信息网络。

三、工作要求

各级劳动保障部门要根据转变政府职能、健全企业工资分配宏观调控体系的要求，积极推进行业人工成本信息指导制度的建设。劳动

保障部统一领导行业人工成本信息指导制度建设和全国信息的发布；省、自治区、直辖市劳动保障厅（局）负责本地区制度建设，组织和指导所属中心城市开展工作；中心城市负责具体实施。工作要求是：

（一）要将建立行业人工成本信息指导制度，作为建立和完善企业工资分配宏观调控体系的重要内容来抓，把人工成本信息指导制度与工资指导线制度、劳动力市场工资指导价位制度相结合，共同指导企业工资分配。各地劳动保障行政部门要按照本通知要求，切实担负起责任，狠抓落实，保证行业人工成本信息指导制度建设工作的顺利进行。

（二）各地要根据我部的总体部署，制定本地区建立行业人工成本信息指导制度的工作规划，确定本地区建立行业人工成本信息指导制度的实施步骤和方案，明确工作职责和工作要求，使行业人工成本信息指导制度建设工作规范、有序地进行。工作规划报我部劳动工资司备案。

（三）随着建立行业人工成本信息指导制度的中心城市逐步增加，各地应在汇总分析本地区有关信息的基础上，发布本省、自治区、直辖市行业人工成本信息。

（四）要充分利用新闻媒介等手段，大力宣传行业人工成本信息指导制度，让企业、劳动者及公众广为了解，切实发挥人工成本信息指导制度对企业工资分配和人工成本管理的指导作用。

（五）各省和中心城市要在发布人工成本信息后10日内，将发布的有关信息按一式3份分别报我部劳动工资司和规划财务司。

附件：行业人工成本信息指导制度实施办法

2004年12月6日

附件

行业人工成本信息指导制度实施办法

为了规范行业人工成本信息指导制度建设工作的开展，特制定本办法：

一、制订调查方案

调查方案包括确定调查行业和企业范围、调查内容、调查对象和调查方法以及制作调查表等。

（一）调查范围和内容

调查范围：调查城市行政区域内的生产经营正常的独立核算企业。

调查内容：人工成本总额（包括从业人员劳动报酬总额、社会保险费用、福利费用、教育费用、劳动保护费用、住房费用和其他人工成本共七个构成部分）、企业从业人员平均人数（包括在岗职工人数）、企业增加值、企业销售收入、企业利润总额、企业成本（费用）总额。

（二）调查对象和方法

一般采取抽样调查方法或典型调查方法。根据以下要求分别确定调查行业、调查企业、调查职业（工种）。

调查行业、企业：在19个大行业中，调

查一般以制造业为重点，并可根据实际情况对行业进行细化。调查企业按抽样方法在有关行业中分别抽取不少于 1/3 的生产经营正常的独立核算的企业进行调查。每个中心城市按抽样调查方法抽取不少于 1/3 的生产经营正常的独立核算企业填报。有关中央单位及企业集团抽取一定数量生产经营正常、有代表性的独立核算企业填报。确定调查企业要兼顾企业经济类型和规模。

调查职业（工种）：制定发布企业职位人工成本水平的，要根据当地产业结构的特点来确定，特别注重选择通用的或市场上流动性较强的职业（工种）。职业的名称、代码要按照《中华人民共和国职业分类大典》和我部编制的《劳动力市场职业分类与代码》进行规范，保证职业分类的统一化和标准化。

二、实施调查

数据的采集是制度建设的重要基础工作。为了保证统计调查的规范和统一，在确定的调查企业中，各地要严格按照我部劳动保障统计报表制度中的《企业人工成本调查表》的要求进行调查，采集有关数据。调查应按制度规定的时间完成，并按要求上报我部规划财务司。收集的数据资料应准确、真实，具有代表性和可比性。

三、汇总分析有关数据、资料

行业人工成本信息要在对有关数据资料进行科学的整理和分析的基础上制定。严格按照《行业人工成本调查和分析方法》的要求，对数据进行调查统计、汇总分析，以保证行业人工成本在不同地区之间具有可比性。主要分析指标及计算方法如下：

指标主要分为人工成本水平指标、人工成本结构指标、人工成本投入产出指标以及人工成本指数指标四类。

（一）水平指标

1. 人均人工成本（计量单位：千元、元）

人均人工成本是企业全部人工成本支出平均分摊到每一名从业人员的份额。可以细化为人均年、月和小时人工成本，人均月、小时人工成本应按年人均人工成本指标进行折算，是国际间进行横向比较的常用指标。

$$\text{年人均人工成本}=\frac{\text{年人工成本总额}}{\text{年从业人员平均人数}}$$

$$\text{月人均人工成本}=\frac{\text{年人均人工成本}}{12}$$

$$\text{小时人工成本}=\frac{\text{年人均人工成本}}{\text{年人均实际工作时数}}$$

企业从业人员年人均实际工作时数是指企业从业人员实际发生的年人均实际工时。其额度是按国家和企业内部规定平均每人每年的制度工作时数和加班工作时数之和减去非正常工作工时损耗。

2. 职位人工成本

职位人工成本是企业在一定时期内对某一类职位从业人员直接和间接支出的平均人工成本指标，据此反映企业在一定时期内（一般为一年，也可以是月、小时）因使用某一类人员所发生的全部人工成本，同时反映这一类人员在一定时期内获得的总体报酬水平。

（二）结构指标

1. 人工成本分项结构比例（计量单位：%）

人工成本分项结构比例是企业支出的全部人工成本中的七大构成项目各自占有的比例。它可以反映企业人工成本支出的总体结构以及各个构成部分的变动状况和优化程度。

$$\text{某项人工成本构成比例}=\frac{\text{某个人工成本项目总额}}{\text{企业人工成本总额}}\times 100\%$$

2. 人工成本相当总成本（费用）的比例（计量单位：%）

$$\text{人工成本相当于总成本（费用）的比例}=\frac{\text{企业人工成本总额}}{\text{企业成本（费用）总额}}\times 100\%$$

（三）水平指数

人工成本水平指数是指当期人均人工成本（年度、月、小时人工成本）、职位人工成本与基期的对比关系。该指标以定比或环比形式反映一定时期内人工成本水平的升降幅度。

1. 年度人均人工成本环比指数

年度人均人工成本环比指数是指报告年度

人均人工成本水平与上一年度人均人工成本水平之间的比值。

$$\text{年度人均人工成本环比指数}=\frac{\text{报告年度人均人工成本}}{\text{上一年度人均人工成本}}\times 100$$

2. 年度人均人工成本定比指数

年度人均人工成本定比指数是指报告年度人均人工成本水平与某一基期年度人均人工成本水平之间的比值。

$$\text{年度人均人工成本定比指数}=\frac{\text{报告期年度人均人工成本}}{\text{某一基期年度人均人工成本}}\times 100$$

月人均人工成本环比指数、月人均人工成本定比指数、小时人均人工成本环比指数以及小时人均人工成本定比指数可参照上述公式的方法进行计算。

（四）人工成本分析的投入产出指标

1. 劳动分配率（计量单位：%）

劳动分配率是指人工成本占增加值（纯收入）比重。它是集中反映企业人工成本投入产出水平的指标，也是衡量企业人工成本相对水平高低程度的重要指标。

$$\text{劳动分配率}=\frac{\text{人工成本总额}}{\text{增加值（纯收入）}}\times 100\%$$

2. 人事费用率（计量单位：%）

人事费用率指人工成本占销售收入（营业收入）比重。该指标反映了人工成本的投入产出比例、从业人员报酬在企业总收入中的份额以及从业人员报酬与劳动生产率的对比关系。

$$\text{人事费用率}=\frac{\text{人工成本总额}}{\text{销售收入}}\times 100\%$$

3. 人工成本利润率（计量单位：%）

人工成本利润率是指企业投入的人工成本代价与企业最终获得的以利润表现的经济效益之间的关系。该指标表明，在企业新创造价值当中，从业人员直接和间接得到的全部报酬与企业利润之间的关系。在同行业企业中，人工成本利润率越高，表明单位人工成本支出所取得的经济效益越好，人工成本的相对水平越低。

$$\text{人工成本利润率}=\frac{\text{利润总额}}{\text{人工成本总额}}\times 100\%$$

四、人工成本提示、预警和预测方法

（一）人工成本的提示

人工成本提示是政府在发布的信息中对有关人工成本指标高于行业平均水平一定幅度的企业进行提醒，使企业关注其竞争力。主要内容包括：

1. 提示指标的调查样本总量。

2. 企业指标在样本总量中的排名位置。

3. 调查指标样本统计数值。

①高位数；②中位数；③低位数。

4. 企业指标偏离值。

①与高位数±相差的绝对数和百分比；②与中位数±相差的绝对数和百分比；③与低位数±相差的绝对数和百分比。

（二）人工成本的预警

人工成本预警是对人工成本指标过高的企业以警示，使企业了解其人工成本水平可能已对企业竞争力产生严重的不利影响。主要内容包括：

1. 投入产出指标预警

当企业的人工成本利润率或人事费用率与全国（或本地区）同行业同类指标众数的偏离值达到30%以上（各城市根据自己的情况进行调整），即可提出预警。

2. 水平指标预警

当企业的“小时人工成本”过高，表示总体人工成本水平过高或劳动时间组织不合理；某些“职位人工成本”过高或过低，表示人工成本配置不合理。

两个指标过高的评价标准是：与全国（或本地区）同行业同期指标的众数偏离值达到30%以上（各城市可根据当地的情况进行调整）。

（三）人工成本的预测

人工成本的预测是对行业人工成本指标未来变动趋势进行预测，以便企业了解人工成本变动趋势，及时采取应对措施；是根据对人工成本有关指标的分析，对人工成本水平偏高、人工成本投入产出效益偏低的企业进行提示或预警，指导企业加强人工成本管理。人工成本预测的表现形式可为趋势曲线图。主要预测方法有：回归预测法、趋势预测法和调研预测法。

五、人工成本信息的发布和反馈

各省、自治区、直辖市和中心城市应在每年6月底前发布上一年当地行业人工成本信息。发布采用文件、资料等形式。有条件的城市，要通过劳动力市场信息网络发布，供企业、劳动者和其他需求者查询。各级劳动保障部门要在人工成本发布后，利用多种渠道收集市场、企业和劳动者等各方面的反映，不断完善行业人工成本信息指导制度。

发布内容包括人工成本总额、人均人工成本水平指标、企业人工成本占总成本比重指标、企业人工成本结构指标、人工成本投入产出指标、人工成本变动趋势及对人工成本水平偏高和过高的企业进行提示和预警等信息。各地可根据需要增加发布的指标。

中国人民银行　财政部　劳动和社会保障部关于进一步推进下岗失业人员小额担保贷款工作的通知

银发［2004］51号

中国人民银行各分行、营业管理部，各省、自治区、直辖市、计划单列市财政厅（局）、劳动和社会保障厅（局），财政部驻各省、自治区、直辖市、计划单列市财政监察专员办事处，各国有独资商业银行、股份制商业银行：

为进一步推进下岗失业人员小额担保贷款工作，鼓励各商业银行、农村合作银行和城乡信用社（以下简称银行）对新增就业岗位吸收下岗失业人员达到一定比例的劳动密集型小企业给予信贷支持，更好地支持下岗失业人员扩大再就业，现就有关事宜通知如下：

一、进一步完善下岗失业人员小额担保贷款管理办法，完善风险补偿机制，简化贷款担保和贷款审批手续。

（一）各省、自治区、直辖市以及地级以上市要按照《下岗失业人员小额担保贷款管理办法》有关规定，抓紧筹集下岗失业人员小额贷款担保基金并及时到位。省级政府设立的下岗失业人员小额贷款担保基金应至少承担地市贷款担保基金代偿损失的10%。

（二）对已经落实贷款担保机构的地区，银行、财政和劳动保障部门要加强协调工作，进一步简化担保贷款手续，各地可结合个人信用制度的建立和创业培训的成效情况，降低反担保门槛。反担保所要求的风险控制金额原则上不超过下岗失业人员实际贷款额的30%。各地可以研究采取措施，对具备一定条件的下岗失业人员取消反担保，同时，积极探索其他防范小额担保贷款风险的办法。

（三）尚未落实贷款担保机构的地区，可将贷款担保基金直接存入同级财政部门指定的商业银行。财政部门与该商业银行应签订协议，明确双方相应的权利和义务，由经办银行按照不超过贷款担保基金5倍的数额发放下岗失业人员小额贷款，贷款担保基金自动提供相应担保，以此方式发放贷款出现的损失由经办银行分担20%。经办银行应对已发放的小额担保贷款单独设立台账，接受有关部门的监督检查。财政部门应加强对担保基金代偿的审核监督，做好风险管理工作。

（四）人民银行各分行、营业管理部要协调督促辖区内相关金融机构进一步制定和完善《下岗失业人员小额担保贷款管理办法》实施细则，积极推进下岗失业人员小额担保贷款相关工作。在有效落实风险防范控制措施的基础上，积极推广下岗失业人员小额信用贷款和联保贷款。鼓励银行与社区签订合作协议，利用现有社区服务平台，创建信用社区，建立社区信用担保机制，简化小额担保贷款审批手续。

二、鼓励银行对符合贷款条件、新增就业岗位吸纳下岗失业人员达到一定比例的劳动密集型小企业加大信贷支持。

（一）适用此项优惠政策的小企业是指当年新招用下岗失业人员达到企业现有在职职工总数30%以上，并与其签订一年以上期限劳动合同的劳动密集型小企业。小企业标准依据原国家经贸委、国家计委、财政部和国家统计局《关于印发中小企业标准暂行规定的通知》（国经贸中小企［2003］143号）执行。

（二）银行对符合上述条件的小企业发放贷款由财政部门按中国人民银行公布的贷款基准利率（不含利率上浮部分）的50%给予贴息（展期不贴息），贴息资金由中央和地方财政各负担一半。银行开办此项业务发生的贷款呆账损失，由财政部门按相关规定核定后承担10%的补偿，中央和地方财政各承担一半。

（三）地方财政对开办符合上述条件的小企业贷款的经办银行按季给予手续费补助，补助金额为贷款实际发放金额的0.5%。

（四）经办银行应根据符合上述条件的小企业吸纳的下岗失业人员数量，合理确定贷款额度，最高不超过人民币100万元，贷款期限不超过两年。借款人提出展期且符合贷款展期条件的，商业银行可按照相关规定展期一次，展期期限不能超过一年。

（五）对已享受上述优惠政策的小企业贷款，政府不再提供担保形式的支持。

三、人民银行各分支机构、各级财政、劳动和社会保障部门要根据各自职责加强对下岗失业人员小额担保贷款工作的监督管理，切实做好政策解释宣传和贯彻落实工作，对政策执行过程中遇到的新情况、新问题，要及时上报。

请中国人民银行各分行、营业管理部迅速将本《通知》转发至辖区相关金融机构。

2004年3月16日

财政部 中国人民银行 劳动和社会保障部关于推进下岗失业人员小额贷款工作财政支持政策具体实施意见的通知

财金［2004］66号

各省、自治区、直辖市、计划单列市财政厅（局）、劳动和社会保障厅（局），财政部驻各省、自治区、直辖市、计划单列市财政监察专员办事处，中国人民银行各分行（营业管理部）、各省会（首府）城市中心支行，各国有独资商业银行、股份制商业银行：

为贯彻落实《中共中央、国务院关于进一步做好下岗失业人员再就业工作的通知》（中发［2002］12号，以下简称《通知》）和《中国人民银行、财政部、劳动和社会保障部关于进一步推进下岗失业人员小额担保贷款工作的通知》（银发［2004］51号）的精神，现将财政支持经办银行发放对新增就业岗位吸收下岗失业人员达到一定比例的劳动密集型小企业（以下简称符合条件的小企业）贷款的具体实施意见通知如下：

一、对符合条件的小企业的认定、审核程序

（一）企业申请认定

符合条件的小企业的认定工作由地市劳动保障部门和财政部门负责。

劳动密集型的小企业（除广告业、桑拿、按摩、网吧、氧吧以及其他国家产业政策不予鼓励的企业外），当年新招用下岗失业人员达到现有在职职工人数30%以上（含30%），并与下岗失业人员签订1年以上期限劳动合同的，在向经办银行申请贷款前，可向劳动保障部门递交书面认定申请，劳动保障部门认定后报财政部门复核。

（二）企业申请认定需要报送下列材料

1. 营业执照副本；

2. 税务登记副本；

3. 下岗失业人员《再就业优惠证》；

4. 职工花名册（企业盖章）；

5. 企业与新招用的下岗失业人员签订的劳动合同（副本）；

6. 企业为职工缴纳社会保险的记录；

7. 企业工资支付凭证（工资表）；

8. 劳动保障部门和财政部门要求的其他材料。

（三）认定办法

地市劳动保障部门接到企业报送的材料后，重点核查下列事项：一是核查该企业是否符合银发［2004］51号规定的小企业条件；二是核查企业当年新招用的人员是否属于《通知》中规定的享受政策支持的下岗失业人员；三是核查企业新招用的下岗失业人员占企业现有在职职工人数的比例；四是核查企业是否与下岗失业人员签订了1年以上期限的劳动合同；五是核查企业为新招用的下岗失业人员缴纳的社会保险费的记录。必要时，应深入企业

进行现场核实。

劳动密集型小企业经核实符合贷款支持条件的，由劳动保障部门审核、财政部门复核后出具《劳动密集型小企业吸纳下岗失业人员认定证明》（以下简称《认定证明》），《认定证明》应注明企业吸纳下岗失业人员的数量、占职工人数的比例等事项。

（四）企业申请贴息贷款程序

符合条件的小企业向银行申请贴息贷款的，除了提供贷款所需文件以外，应向经办银行提供《认定证明》。

（五）经办银行对小企业贷款的管理

1. 经办银行对符合条件的小企业的贷款申请，应根据相关法规，按照独立审贷的原则进行审核，同意发放贷款的，在贷款合同中加盖贴息贷款专用章。

2. 经办银行应单独设置符合条件的小企业贷款业务台账，并接受有关部门的检查。

二、经办银行备案管理

对符合条件的小企业办理财政贴息贷款的各国有独资商业银行、股份制商业银行、城市商业银行、农村商业银行、城乡信用社，需预先提交书面报告，报地市财政部门备案，地市财政部门应通过媒体公布经办银行的名单，审核企业资格时应告知企业经办银行名单。

三、财政贴息、呆账损失补偿和手续费补助资金的审核拨付程序

（一）申请财政贴息资金的审核程序

1. 地市经办银行向符合条件的小企业发放贷款后，应将贷款合同复印件、贷款发放凭单复印件报地市财政部门备案。

2. 季度结束后的15个工作日内，符合条件的小企业向地市财政部门申请财政贴息资金（人民银行公布的贷款基准利率的50%），并附经办银行开具的上一季度放款利息回单。同时，经办银行应将对符合条件的小企业贷款计收利息清单报送地市财政部门核对。

3. 地市财政部门在收到企业申请和经办银行的材料后15个工作日内审核拨付贴息资金，同时将贴息资金（中央财政和地方财政贴息资金分开注明）的拨付情况报省级财政部门和财政部驻当地财政监察专员办事处（以下简称专员办）备案。

4. 年度终了后20日内，地市财政部门将上年度贴息资金（中央财政和地方财政贴息资金分别注明）拨付情况及明细表，并附各借款企业《认定证明》、贷款合同复印件、贷款发放凭单复印件、每季度国库拨付给经办银行贴息资金的凭证（包括中央财政和地方财政贴息资金）等报送省级财政部门和专员办。

明细表包括每笔贷款的金额、发放时间、期限、借款企业名称、法人代表、年度贴息金额等内容。

5. 专员办和省级财政部门对地市财政部门报送的材料进行审核并出具意见，由省级财政部门在年度终了后3个月内报财政部对中央财政贴息资金进行审核清算。

（二）对符合条件的小企业贷款呆账损失补偿资金的申请审核程序

1. 经办银行对符合条件的小企业贷款呆账的认定按照财政部《金融企业呆账准备金提取及呆账核销管理办法》（财金［2001］127号，以下简称《呆账核销办法》）的规定执行，并按规定的程序办理呆账核销。

2. 年度终了后30日内，地市经办银行将上年度呆账损失补偿申请和明细表报送地市财政部门审核，并附《呆账核销办法》第十三条规定的每笔呆账核销的证明材料以及地市财政部门要求提供的其他材料。

补偿申请应包括呆账核销金额、笔数、申请补偿金额、贷款损失原因等内容。明细表包括每笔呆账的金额、贷款发放时间、期限、借款企业名称、法人代表等内容。

3. 地市财政部门在收到经办银行申请后的30个工作日内出具审核意见，拨付相当于呆账损失10%的补偿资金。同时，将审核意见并附经办银行的申请材料，报送省级财政部门和专员办。

4. 专员办会同省级财政部门对拨款申请材料进行审核确认，在30个工作日内将中央财政负担的呆账损失补偿资金拨付给地市财政部门。

5. 经办银行应严格执行《呆账核销办法》第二十二条规定，加强对呆账核销后资产追偿工作，建立专门台账，每半年向地市财政部门和专员办报告资产追偿情况，追偿收入的10%交回地市财政部门，地市财政部门将其中50%通过省级财政返还中央财政。

（三）经办银行对符合条件的小企业贷款手续费补助资金的审核拨付程序由省级财政部门自主确定

四、资金的预算安排以及中央财政补助资金的拨付和清算

（一）北京、上海、山东（含青岛）、江苏、浙江（含宁波）、福建（含厦门）、广东（含深圳）7省市（以下简称东部沿海7省市）所需贴息资金和呆账损失补偿资金，由地方预算安排。具体的预算安排和资金的审核拨付程序由省级财政部门确定。

其他省（市、区）需要由地方财政负担的贴息资金和呆账损失补偿资金的预算安排由省级财政部门确定。

（二）地方财政按经办银行对符合条件的小企业发放的贷款金额一次性给予手续费补助，补助资金的预算安排由省级财政部门确定。

（三）财政部每季度初向各省级财政部门（不含东部沿海7省市）拨付中央财政补助资金（含贴息资金和呆账损失补偿资金），年终进行清算。省级财政部门于每季度末将下一季度的贴息资金预拨到地市财政部门，同时，将资金预拨情况抄送专员办。

五、统计报告制度

（一）各省级财政部门（含东部沿海7省市财政部门）应按季向财政部和中国人民银行总行报送符合条件的小企业贷款贴息情况统计表，反映本地区贷款的季度发生额、余额、发放笔数、本年累计发放笔数、应贴息金额、实际贴息金额和按照经办银行类型分类的明细情况，以及中央财政拨付和本省市预算安排的贴息资金使用和结余情况。报送时间为下季度10日以前。在报送财政部和中国人民银行总行的同时抄送专员办。

（二）地市经办银行应按季度向地市财政部门报送符合条件的小企业贷款发放情况，反映贷款的季度发生额、本年贷款累计发生额、发放笔数、本年累计发放笔数、未解除责任的贷款余额等内容。报送时间为下季度5日以前。

（三）省级财政部门（含东部沿海7省市财政部门）应每半年一次对本地区符合条件的小企业贷款发放和贴息资金的审核拨付情况，以及存在的问题进行认真分析，以书面形式报财政部。

六、监督管理

（一）各级财政部门应加强对符合条件的小企业贷款贴息、呆账损失补偿和手续费补助资金的审核工作，加强监督检查，必要时应深入企业和经办银行进行现场核实，对检查中发现的问题及时处理和反映。

（二）专员办应加强对中央财政贴息资金、呆账损失补偿资金拨付使用情况的监督检查，确保资金专款专用，发现问题及时处理并报告财政部。

（三）借款企业提供虚假证明材料，骗取财政贴息资金的，财政部门应予追回，按照有关规定进行处罚，并通过媒体曝光。

（四）对经办银行虚报材料，骗取呆账损失补偿资金或手续费补助资金的，财政部门应追回贴息资金，同时按国家有关规定进行处罚。

（五）各级财政部门未按规定及时拨付财政补助资金的或虚报材料骗取挪用中央财政贴息资金或呆账损失补偿资金的，财政部将采取责令纠正、追回资金、媒体曝光等措施，并按国家有关规定进行处罚。

2004年7月22日

劳动和社会保障部关于加强就业服务制度化、专业化和社会化工作的通知

劳社部函［2004］103号

各省、自治区、直辖市劳动和社会保障厅（局）：

为贯彻落实胡锦涛总书记在2003年全国再就业工作座谈会上提出的就业服务要实现制度化、专业化和社会化（以下简称“新三化”）的要求，进一步完善就业服务功能，提高就业服务质量和效率，为求职者和用人单位提供便捷高效的服务，更好地促进就业和再就业，现就加强就业服务“新三化”工作通知如下：

一、各地要高度重视就业服务“新三化”工作，将其作为强化就业服务的重要措施，作为促进下岗失业人员再就业的重要手段，加强领导，与其他各项促进就业措施统筹安排，协调推进。

二、各省级劳动保障部门应根据《加强就业服务制度化、专业化和社会化工作要点》（见附件），结合本地实际，制定推进就业服务“新三化”的中期（3年）和年度工作计划，指导各城市制订推进就业服务“新三化”的具体方案并组织实施。此前已列入劳动力市场科学化、规范化、现代化建设推进试点的城市，应将加强就业服务“新三化”工作作为试点重要内容，率先实施。

三、各地要指导公共就业服务机构按照就业服务“新三化”要求，完善业务流程和工作标准，建立规范的管理和服务制度，加强内部配合和业务工作的衔接，进一步提高就业服务的质量和效率。

四、为推动工作，我部将制定就业服务“新三化”评估标准，在全国树立一批典型。各地要加强对就业服务“新三化”工作的宣传，及时总结推广基层先进经验，通过典型引路，全面推进就业服务“新三化”工作。

附件：加强就业服务制度化、专业化和社会化工作要点

2004年6月3日

附件

加强就业服务制度化、专业化和社会化工作要点

为进一步完善就业服务功能，向求职者和用人单位提供便捷高效服务，使就业困难人员切实得到就业援助，更好地促进就业再就业，现就加强就业服务制度化、专业化和社会化工作，提出以下工作要点。

一、实现就业服务制度化

落实中发［2002］12号文件要求，将强化就业服务纳入各级政府职责，建立公共就业服务制度。重点完善以下四项具体制度：

（一）失业人员登记和免费就业服务制度

完善失业登记办法，建立覆盖各类学校未就业毕（肄）业生、就业转失业人员以及其他失业人员的失业登记制度。建立就业登记、失业登记与就业服务有机衔接的工作流程，加强对失业人员的动态管理。

落实对全部城镇登记失业人员和下岗职工提供免费职业介绍、对其中就业转失业人员提供免费再就业培训的政策，保证登记失业人员享受免费服务的权利。将公共就业服务资金列入财政预算，使免费服务和培训的经费补贴有稳定的资金来源。同时，按规定从失业保险基金中列支职业培训补贴和职业介绍补贴。

（二）就业困难群体再就业援助制度

通过街道社区劳动保障工作平台，对就业困难对象提供个性化就业服务和即时公益性岗位援助。根据当地政府确定的再就业援助任务，设立公共就业服务和公益性岗位开发项目。依托社区对就业困难对象实行专人帮扶，制定专门就业计划。统筹管理政府有关部门开发的公益性岗位，有针对性地开展岗位援助。坚持日常援助与集中援助相结合，使就业援助活动制度化，使各项帮扶措施更具人性化并取得实效。

（三）政府出资购买服务和培训制度

完善职业介绍补贴和再就业培训补贴政策。探索建立社会化的招投标办法，制定措施鼓励社会各类就业服务和培训机构为下岗失业人员提供免费服务和培训，形成政府购买就业服务和培训成果的机制。

（四）公共就业服务统筹管理制度

公共就业服务在设区的市范围内实行统筹管理。城市统一制定公共就业服务计划；统一设立公共就业服务项目；统一公共就业服务的工作流程和服务规范；统一确定与服务绩效挂钩的专项经费使用办法；统一评估服务项目实施情况；使求职者和用人单位在全市范围内得到统一的服务。

二、推动就业服务专业化

围绕服务对象的各种需求，加强公共就业服务机构内部专业化建设，提高就业服务的效率和质量，提高求职者和用人单位的满意度。

（一）功能多元化

充分利用现有服务机构和服务设施，最大限度地拓展服务功能，满足劳动力市场供求双方需要。针对不同失业人员群体，有针对性地设立专门的服务项目。拓展服务内容，大力开展多种形式的职业指导、创业培训和创业服务。在坚持对失业人员提供公益性基础服务的同时，发展对社会其他人员的劳动保障事务代理等市场化延伸服务。适应用人单位的需求，

在主动开展各类招聘服务的基础上，积极开发人力资源管理代理服务等形式多样的有偿服务项目。

（二）服务人性化

树立以人为本的服务理念，切实提高服务质量，使公共职业介绍机构成为当地人民群众信得过、满意度高的服务窗口。以方便服务对象为目标，简化手续，开展求职登记、职业指导、职业介绍、招聘洽谈、培训申请、鉴定申报、档案托管、劳动保障事务代理等“一站式”服务。制定服务标准，规范服务操作。改进服务态度和工作作风，实行“首问负责制”和适应群众需要的灵活服务方式。合理布局服务场所，完善服务设施，营造便利、舒适的服务环境。

（三）队伍专业化

加强就业服务工作人员队伍建设。对从业人员普遍开展政策业务和操作技能培训，实行持证上岗。近期突出强化就业服务机构管理人员、职业指导人员、信息网络技术和信息分析人员、街道社区劳动保障工作人员能力建设，建立专业化的工作人员队伍。

（四）手段信息化

按“金保工程”要求，完善就业服务信息系统。地级以上城市以“数据集中、服务下延、全市联网、信息共享”为目标，建立全市集中式资源数据库和覆盖市、区、街三级的计算机网络，做到“一点登录，全市查询”，逐步实现就业服务和失业保险业务的全程信息化。有条件的城市建立劳动力市场网站，开展网上招聘求职服务。完善信息公开发布系统和职业供求状况分析制度，在做好供求信息季度报告同时，逐步实现信息综合月报，引导劳动者求职就业和单位合理用人。

三、促进就业服务社会化

动员全社会的资源，推动就业服务工作在全社会普及提高，建设统一、开放、公平、诚信的劳动力市场。

（一）面向社会服务

公共职业介绍机构要面向全社会各类求职者和用人单位开展服务。将进城务工的农村求职者、高技能人才和高校毕业生等纳入服务范围，为各种类型的用人单位提供服务。

（二）动员社会资源

各级劳动保障部门要统筹规划和依法管理各类职业中介机构。要制定措施鼓励发展各类非营利性职业介绍机构和营利性职业介绍机构，发展各种专业性职业中介机构和劳务派遣、职业咨询指导、就业信息服务、职业培训等社会化服务组织，建立社会化的就业服务体系。充分发挥工会、共青团、妇联、残联等社会团体举办的就业服务机构的作用。建立健全职业中介机构运行规则，建立监督检查制度，完善职业中介机构退出机制。开展无虚假信息、争创诚信职业中介机构活动，保持劳动力市场良好秩序。

（三）接受社会监督

以顾客满意为就业服务体系建设的最终衡量标准。公开服务标准，实行制度公示，公布举报电话，接受舆论监督。

劳动和社会保障部办公厅关于推进混合所有制企业和非公有制经济组织从业人员参加医疗保险的意见

劳社厅发［2004］5号

各省、自治区、直辖市劳动保障厅（局）：

根据《中共中央关于完善社会主义市场经济体制若干问题的决定》关于进一步改革城镇职工基本医疗保险制度的精神，为进一步扩大医疗保险覆盖面，完善医疗保险制度，现就推进混合所有制企业和非公有制经济组织从业人员参加医疗保险工作提出如下意见：

一、统一思想认识，明确工作重点

（一）随着经济体制改革进一步深化，国有企业向混合所有制企业转制的进程加快，个体、私营等非公有制经济组织迅速发展，混合所有制企业和非公有制经济组织成为我国城镇新增劳动力、下岗失业人员和农村进城务工人员就业的主要渠道。推进混合所有制企业和非公有制经济组织从业人员参加医疗保险，是贯彻党的十六届三中全会精神、坚持和落实以人为本的科学发展观的重要任务，是进一步深化国有企业改革、完善社会主义市场经济体制的迫切要求，是改善经济环境、促进就业和再就业的重要措施，是提高医疗保险保障能力、确保医疗保险制度稳健运行和可持续发展的客观需要。当前要采取切实措施，加大推进混合所有制企业和非公有制经济组织从业人员参加医疗保险的工作力度，促进基本医疗保险事业全面协调可持续发展。

（二）推进混合所有制企业和非公有制经济组织从业人员参加医疗保险，要以做好在职职工医疗保险关系接续和解决退休人员医疗保险资金为重点，巩固和扩大国有企业转制为混合所有制企业后的参保面。要以私营、民营等非公有制企业为重点，提高中小企业参保率。要以与城镇用人单位建立了劳动关系的农村进城务工人员为重点，积极探索他们参加医疗保险的有效途径和办法。要以大中城市为重点，加强工作指导，妥善处理各方面关系，梯次推进。

二、坚持基本原则，进一步完善政策

（三）对混合所有制企业和非公有制经济组织从业人员，要坚持权利和义务相对应、缴费水平与待遇水平相挂钩的原则，通过建立统筹基金和参加大额医疗费用补助办法将他们纳入医疗保险范围，重点解决大额医疗费用风险。对门诊等未纳入医疗保险支付范围的医疗费用，用人单位应给予适当补助。

（四）逐步将与用人单位形成劳动关系的农村进城务工人员纳入医疗保险范围。根据农村进城务工人员的特点和医疗需求，合理确定缴费率和保障方式，解决他们在务工期间的大病医疗保障问题，用人单位要按规定为其缴纳医疗保险费。对在城镇从事个体经营等灵活就业的农村进城务工人员，可以按照灵活就业人员参保的有关规定参加医疗保险。

（五）切实保障参保人员的医疗保险权益。统一执行基本医疗保险定点管理、医疗服务项目支付范围和标准等医疗服务管理政策和办法，及时结算医疗费用，保证待遇落实。在坚持医疗保险待遇支付基本政策的同时，可以根据不同的保障方式，采取待遇支付标准与连续缴费年限挂钩、建立最低缴费年限制度等办法，鼓励用人单位和各类从业人员连续参保。

三、强化医疗保险管理，提高经办服务水平

（六）加强参保登记、缴费基数核定和基金征缴。对灵活就业人员、个体经济组织业主及其从业人员、外来务工人员以及规模较小的企业等难以准确核定缴费基数的，可以参照当地上年度职工平均工资确定。

（七）根据混合所有制企业和非公有制经济组织用工制度灵活、人员流动性大的特点，充分发挥街道社区劳动保障工作平台的作用，将医疗保险管理服务延伸到街道社区。充分利用银行、邮局等社会窗口，委托办理缴费手续，为参保人员提供方便快捷的服务。

四、加强统筹协调，精心组织实施

（八）各级劳动保障部门要在当地党委和政府的领导下，加大宣传力度，加强部门协调，积极争取工商、税务等部门的支持配合，为推进混合所有制企业和非公有制经济组织从业人员参加医疗保险工作创造良好条件。

（九）各地要在认真调研的基础上，制订重点突出、措施得力的具体方案。加大督促检查力度，及时了解有关情况，分析和研究工作中出现的新情况、新问题，不断总结经验，完善政策和管理措施，积极稳妥地将混合所有制企业和非公有制经济组织从业人员逐步纳入医疗保险范围。

2004年5月28日

劳动和社会保障部办公厅关于对异地居住退休人员进行领取养老金资格协助认证工作的通知

劳社厅发［2004］8号

各省、自治区、直辖市劳动和社会保障厅（局）：

近年来，在实行养老金社会化发放，特别是在向异地居住人员发放养老金过程中，冒领问题时有发生。为规范管理，堵塞漏洞，决定对异地居住退休人员领取养老金资格进行协助认证工作，现就有关问题通知如下：

一、统一认识，加强领导

对异地居住退休人员领取养老金资格进行协助认证，是社会化管理服务工作的重要内容，它既是防止冒领养老金的一项有效措施，同时也是掌握异地居住的企业退休人员情况，将其纳入所居住社区实行社会化管理服务的需要。各地劳动保障部门及其所属社会保险经办机构要充分认识协助认证工作的重要性和必要性，树立大局观念和协作意识，积极开展工作。各级劳动保障部门要加强领导和协调，进一步完善劳动保障工作平台建设，积极创造工作条件。各级社会保险经办机构要制订具体的工作方案和措施，加大对街道社区劳动保障工作平台的指导力度，强化基础管理，制定并不断完善有关制度，建立健全工作网络，尽快将异地居住退休人员领取养老金资格协助认证工作开展起来。

二、确定范围，明确责任

异地居住退休人员是指已参加基本养老保险、退休后居住在非养老保险关系所在地的人员。各地要根据本地区实际情况，明确进行异地领取养老金资格认证的人员范围。居住国外或港澳台地区退休人员领取养老金的资格认证，可按照原来的认证办法进行。对异地居住的享受遗属补助人员，其领取待遇的资格也可列入协助认证范围。

各地社会保险经办机构负责对所辖地区异地居住退休人员的资格协助认证工作进行管理和指导。协助认证工作应以方便退休人员为原则，由退休人员居住地所在街道（乡镇）劳动保障工作机构负责办理；尚未建立街道（乡镇）劳动保障工作机构的，暂由退休人员居住地所在县（区）级社会保险经办机构负责办理，并指定专人负责。

三、制定程序，规范管理

开展异地居住退休人员领取养老金资格协助认证工作，一般应包括以下程序：

（一）确定认证时间。每年至少要开展一次异地居住退休人员领取养老金资格协助认证工作，具体时间可根据实际情况自行确定。

（二）发出认证通知。异地居住退休人员

养老保险关系所在地的社会保险经办机构应在规定的认证截止日期前60日，以信函形式向退休人员发出认证通知，内容包括：致退休人员的慰问信和《异地居住退休人员领取养老金资格协助认证表》（一式两份，样表附后，以下简称“协助认证表”）。慰问信中要告知退休人员本人持身份证、退休证和协助认证表到居住地所在街道（乡镇）劳动保障工作机构或县（区）级社会保险经办机构办理认证手续。为方便退休人员反馈认证信息，有条件的地区可将印有本地社会保险经办机构地址、邮政编码的信封及邮票一并寄给异地居住的退休人员。

（三）办理认证手续。退休人员居住地的街道（乡镇）劳动保障工作机构或县（区）级社会保险经办机构对前来办理领取养老金资格认证的退休人员，要当面核对其身份证和退休证。经审核认定后，在协助认证表上加盖协助认证机构印章并签署经办人和负责人姓名。协助认证表一份存档备查，一份交退休人员本人。

退休人员因年老体弱或患病，本人不能前来办理资格认证的，由本人或委托他人提出申请，居住地的街道（乡镇）劳动保障工作机构或县（区）级社会保险经办机构应派人上门办理；退休人员死亡，或者发生下落不明、被判刑收监等情形的，应由其亲属提供相关证明。

在资格认证工作中，要注意发挥社区劳动保障协管员和退休人员自我管理、互助服务组织熟悉社区居住退休人员情况的优势，必要时可请他们协助核实有关情况。

（四）反馈认证信息。办理资格认证后，退休人员本人或家属应在规定时间内将协助认证表寄回养老保险关系所在地的社会保险经办机构。

（五）认证结果处理。养老保险关系所在地社会保险经办机构在收到协助认证表后，要认真复核，经审核确认退休人员仍具有领取养老金资格的，应继续按时足额发放养老金。在限定期限内没有收到退休人员的协助认证表，应暂停发放养老金，并再次向退休人员发函催办认证手续。退休人员发生死亡、下落不明、被判刑收监等情形，或经催办反馈了认证信息并被其养老保险关系所在地社会保险经办机构确认的，应按照劳动和社会保障部办公厅《关于进一步规范基本养老金社会化发放工作的通知》（劳社厅发［2001］8号）的有关规定，分别做出停发、暂时停发、补发并恢复发放养老金的处理。

四、履行职责，周到服务

各地社会保险经办机构以及街道（乡镇）劳动保障工作机构的工作人员在协助认证工作中，要切实履行职责，如实提供异地居住退休人员的有关情况。如发现弄虚作假者，要严肃处理，给养老保险基金造成损失的要追究有关人员责任。

开展异地居住退休人员领取养老金资格协助认证是一项新的工作，各地要做好对退休人员的宣传、解释工作，取得他们的理解和支持。为方便广大退休人员进行领取养老金资格认证，市、县（区）社会保险经办机构要把所辖街道（乡镇）劳动保障工作机构的地址、电话公之于众。工作人员对前来办理资格认证的退休人员要主动热情，随到随办。

五、认真总结，逐步完善

各地要注意总结认证协查工作开展情况，建立报告制度。每年2月底前，各省（区、市）要将上年办理协助认证情况和认证信息反馈情况报我部社会保险事业管理中心。有关报告内容和统计方法另行通知。

各地要认真总结经验，不断完善异地居住退休人员领取养老金资格认证协查办法，并在此基础上逐步将异地居住的企业退休人员纳入所在地街道、社区实行社会化管理服务。有关工作进展情况和意见、建议请及时反馈。

对已参加养老保险社会统筹异地居住离休人员领取养老金资格的协助认证工作，可参照本通知的规定执行。

附件：异地居住退休人员领取养老金资格认证协查表（略）

2004年6月22日

劳动和社会保障部办公厅关于进一步加强生育保险工作的指导意见

劳社厅发［2004］14号

各省、自治区、直辖市劳动和社会保障厅（局）：

近十年来，各级劳动保障部门认真贯彻落实《企业职工生育保险试行办法》（劳部发［1994］504号），生育保险工作取得了积极进展。为贯彻落实党的十六届三中全会精神，推进生育保险制度建设，加强生育保险管理，保障生育职工合法权益，现就进一步加强生育保险工作提出如下意见：

一、高度重视生育保险工作

建立生育保险制度，是我国社会主义市场经济发展和全面建设小康社会的必然要求，对促进经济和社会协调发展、保障妇女平等就业、促进企业公平竞争、维护妇女合法权益等方面具有重要作用。各级劳动保障部门要将建立和完善生育保险制度作为完善社会保障体系的一项重要任务，纳入当地劳动保障事业发展规划，逐步建立和完善与本地区经济发展相适应的生育保险制度。没有出台生育保险办法的地区，要积极创造条件，尽快建立生育保险制度。已经出台生育保险办法的地区，要逐步完善政策措施，确保生育保险制度稳健运行和可持续发展。

二、协同推进生育保险与医疗保险工作

各地要充分利用医疗保险的工作基础，以生育津贴社会化发放和生育医疗费用实行社会统筹为目标，加快推进生育保险制度建设。要充分利用医疗保险的医疗服务管理措施和手段，积极探索与医疗保险统一管理的生育保险医疗服务管理模式。各地要按照《中国妇女发展纲要（2001—2010年）》提出的2010年城镇职工生育保险覆盖面达到90%的目标要求，制定发展规划，积极扩大参保范围。

三、切实保障生育职工的医疗需求和基本生活待遇

各地要按照国务院《女职工劳动保护规定》（国务院令第9号）明确的产假期限和当地职工工资水平，合理确定生育津贴标准并及时支付，逐步实现直接向生育职工发放生育津贴，保障女职工生育期间的基本生活。暂不具备条件的地区，可以先实行生育医疗费用社会统筹，生育津贴由用人单位负担的办法，以保障生育职工的合法权益。生育保险筹资水平按照以支定收、收支基本平衡的原则合理确定，并及时调整。

四、加强生育保险的医疗服务管理

生育保险实行医疗机构协议管理，签订协议的医疗机构范围要考虑基本医疗保险定点医疗机构和妇产医院、妇幼保健院等医疗机构。社会保险经办机构在对这些医疗机构的保险管

理、服务质量、信息管理等服务能力评价的基础上，选择适合生育保险要求的医疗机构签订生育保险医疗服务协议，明确双方的权利和义务。参保职工在生育保险协议医疗机构因生育所发生符合规定的医疗费用，由生育保险基金支付。生育保险医疗费用支付的范围原则上按照基本医疗保险药品目录、诊疗项目和医疗服务设施标准执行，具体支付办法由各地根据实际情况制定。

要积极探索生育医疗费用的结算办法，逐步实现社会保险经办机构与协议管理医疗机构直接结算。要加强对医疗服务费用的监督检查，控制不合理的支出，探索制定科学规范的生育医疗费用结算办法。在协议中明确监督检查措施和考核办法。要根据协议及时结算医疗费用，对不合理的医疗费用不予支付，对严重违反协议的医疗机构可以终止协议。采取向生育职工定额支付生育保险待遇的地区，应根据本地区职工工资水平、生育医疗费用实际支出等情况，合理确定待遇支付标准，并建立调整机制。

五、提高经办机构管理和服务水平

经办生育保险的社会保险经办机构要理顺管理职能，落实经费和人员，完善管理措施，加强基础建设，提高管理服务能力。要认真做好生育保险参保登记、保险费征缴和基金管理工作，加强医疗服务协议管理和生育保险津贴的社会化管理服务工作，简化经办流程，提高办事效率，为参保职工提供快捷、便利的服务。

2004 年 9 月 8 日

全国劳动和
社会保障工作

就业和再就业

一、就业总量继续增长，就业结构进一步改善

2004 年末，全国城乡从业人员75 200万人，比上年末增加 768 万人。其中第一产业35 269万人，占 46.9%；第二产业16 920万人，占 22.5%；第三产业23 011万人，占 30.6%。年末城镇就业人员26 476万人，其中单位就业人员11 099万人，城镇私营和个体就业人员5 515万人，分别比上年末增加 129 万人和 593 万人。在城镇单位就业人员中，在岗职工10 576万人，比上年末增加 84 万人。

二、再就业政策进一步得到落实，再就业工作取得新进展

2004 年是落实再就业政策的第二年，各地普遍加大目标责任，加大落实力度，推动各项工作取得新进展。年初，国务院确定了"95147"就业再就业任务。3 月，召开国务院再就业工作部际联席会议，印发《部际联席会议成员单位 2004 年主要工作安排》，进一步明确联席会议各成员单位工作任务。3 月 16 日，中国人民银行、财政部、劳动保障部联合下发《进一步推进下岗失业人员小额担保贷款工作的通知》，明确要求各地要简化贷款担保程序，降低反担保门槛，并对吸纳下岗失业人员达到一定比例的劳动密集型小企业加大贷款扶持力度。针对小额担保贷款政策和主辅分离政策落实难的问题，劳动保障部会同有关部门，于 6 月和 9 月，组织召开了推进小额担保贷款政策落实电视电话会和全国国有大中型企业主辅分离改制分流工作经验交流会，黄菊副总理分别作出重要批示，进一步加大了工作落实力度。9 月 3 日至 4 日，国务院召开全国再就业工作表彰大会，国务院下发《关于表彰全国再就业工作先进集体和个人的决定》（国发［2004］22 号），对 138 个全国再就业先进工作单位、130 名全国再就业先进工作者、127 家全国再就业先进企业和 129 名全国再就业优秀个人进行了表彰。温家宝总理接见与会的先进集体和先进个人代表，并发表了重要讲话。黄菊等国务院领导同志出席会议并作重要讲话。11 月中旬，联席会议组织开展就业再就业工作联合调研活动，由 16 个成员单位组成的 11 个督查调研组分赴河北、山西等 22 个省份，了解各地区贯彻落实全国再就业工作表彰大会精神的情况，进一步督促各地落实各项再就业扶持政策，推动政策的深入贯彻落实。经过各地各部门的共同努力，全国全年城镇新增就业岗位 980 万，下岗失业人员实现再就业 510 万（其中"4050"人员再就业 140 万），年末全国城镇登记失业人数为 827 万人，城镇登记失业率为 4.2%，比上年末下降 0.1 个百分点，全面完成了年初国务院确定的"95147"目标任务。国企下岗职工基本生活保障成果进一步得到巩固，到年底，全国国有企业下岗职工 153 万（比上年减少 107 万），其中在中心下岗职工 92 万，全部足额领到基本生活费并代缴社会保险费。同时，按照因地制宜、分类指导的原则，指导各地积极推进并轨工作，年底有 11 个省份实现了并轨。

三、高举人本服务旗帜，推进就业服务“新三化”，就业服务水平进一步提高

各级就业服务机构树起人本服务的旗帜，不断延伸就业服务功能，提高就业服务质量。2月，组织各地开展以“送政策、送岗位、送技能、送服务”为内容的再就业援助周活动，帮助就业困难人员实现就业，并逐步使援助活动常规化和制度化。6月，下发《关于加强就业服务制度化、专业化和社会化工作的通知》，6月30日，召开开展人本服务推进就业服务新三化座谈会，对就业服务制度化、专业化和社会化（简称“新三化”，下同）建设进行部署并组织实施，指导地方进一步整合现有服务资源，拓展服务功能。

继续做好高校毕业生就业工作。4月，下发《关于进一步做好2004年高校毕业生就业有关工作的通知》，将高校毕业生就业工作纳入就业整体规划，积极开展高职院校毕业生职业资格培训工程，开展职业培训，加强未就业高校毕业生就业服务工作，做好高校毕业生的失业登记工作。

全国就业服务体系建设取得较大进展。2004年底，我国地级以上城市的街道基本上建立了劳动保障工作机构，绝大多数社区已聘用了专门的工作人员，基本实现机构、人员、经费、场地、制度和工作“六到位”。2004年底，全国已建立劳动保障工作机构的街道共6 037个，街道劳动保障工作人员2.2万人，已建立机构的乡镇共26 663个，乡镇劳动保障工作人员6.4万人。全国已聘用人员开展劳动保障服务工作的社区共55 336个，社区劳动保障工作人员8.4万人。截至2004年年底，全国已基本建成了为下岗失业人员和企业退休人员提供管理与服务的基层网络。为加强街道社区劳动保障平台建设，在湖南省常德市和天津市分别召开南片和北片重点城市街道社区劳动保障工作观摩交流会，加强工作交流，夯实就业服务基础。

2004年底，全国共有各类职业介绍机构33 890所。其中，各级劳动保障部门举办的公共职业介绍机构23 347所（县区以上公共职业介绍机构3 821所，街道5 157所，乡镇14 369所），其他组织举办的3 053所，个人举办的7 490所。全国各类职业介绍机构共有工作人员106 533人。其中，劳动保障部门71 265人（县区以上机构27 179人，街道15 145人，乡镇28 941人），其他组织举办的职介机构工作人员11 465人，个人举办的职介机构工作人员23 803人。全年全国劳动保障部门举办的公共职业介绍机构接受登记求职2 527.9万人次，介绍成功1 335.5万人次，比上年增长18%。年末，全国已有117个城市开展了职业供求信息季度分析并向社会发布。

四、完善政策措施，农村劳动力进城务工环境进一步得到改善

2004年，劳动保障部积极协调配合有关部门，研究制定改善农民进城就业环境的政策措施。2月，组织开展部分城市春运期间企业用工信息调查并及时发布，引导农民按需有序流动就业。3月，开展“打击非法黑职介”专项行动，大力整顿劳动力市场秩序，严厉打击非法中介机构和各种违规行为。5月，印发《关于加强跨省劳务输出工作有关问题的通知》，加强劳务工作派出机构建设，提高跨省劳务输出的组织化程度。10月，召开推进农村劳动力跨地区就业工作电视电话会议，指导各地取消限制、加强服务、推动培训、搞好对接、关注扶贫，切实改善进城农民就业管理服务，推进有组织的劳务输出和相关培训、服务工作。12月，国务院办公厅印发《关于进一步做好改善农民进城就业环境工作的通知》（国办发［2004］92号），要求各地进一步做好促进农民进城就业的管理和服务工作，切实维护农民进城就业的合法权益，进一步健全完善劳动力市场。各地公共职业介绍机构按照文件要求，普遍开展面向进城就业农民的职业介绍服务，一些城市已经免费为进城务工农民提供就业信息和政策咨询。同时，与有关部门共

同组织实施农村劳动力转移培训阳光工程，加强农民工职业技能培训工作。积极协调扶贫办研究探索促进贫困地区劳动力转移就业的政策措施和有效途径。

五、中国就业论坛成功召开，进一步加强国际交流合作

4 月 28 日至 30 日，劳动保障部、国际劳工组织在北京共同举办中国就业论坛。来自世界 26 个国家和地区的政府部门、非政府组织、实际工作部门、相关国际组织的代表和国内外知名专家学者共 600 余人参加了论坛。温家宝总理接见了国际劳工组织总干事索马维亚及有关国家劳工部长，黄菊副总理出席了论坛开幕式并致辞。与会代表以“全球化、结构调整和就业促进”为主题，分 7 次全会和 9 个分会，进行了讨论交流。论坛最后通过了《2004 中国就业论坛共识》，达到了“加强交流、扩大共识、促进就业”的目的。

职 业 培 训

一、贯彻落实全国人才工作会议精神，大力加强高技能人才队伍建设，带动职业培训工作全面开展

贯彻落实全国人才工作会议精神，以高技能人才培养、评价、使用、激励为重点，带动选拔、交流和保障等环节工作，大力推动高技能人才队伍建设，并以此带动劳动者素质的整体提高，推动职业培训的全面提升。4 月 6 日，劳动保障部召开高技能人才队伍建设暨职业技能鉴定工作会议，全面动员部署高技能人才队伍建设和技能人才评价工作。4 月，召开高技能人才培养座谈会，与中组部、全国总工会、科技部、国资委等 8 部门进行座谈，加强高技能人才培养理论探讨和工作实践交流。4 月 10 日至 25 日，开展城镇单位岗位空缺和技能人才调查。9 月，按照人才统计工作领导小组的部署和要求，完成《技能人才统计指标体系研究报告》，完成《技能人才队伍建设规划研究报告》。10 月，为加强高技能人才组织领导，经中央人才工作协调小组同意，组织建立由中组部、劳动保障部等 11 个部门组成的高技能人才队伍建设工作司（局）际协调小组，制定协调小组工作规程，明确各有关部门的工作职责。

组织实施“三年五十万新技师培养计划”，以制造业、服务业技术技能含量较高的职业为重点，推动地方和行业制定技师培养计划和相关措施，将技师、高级技师的培养工作落在实处，2004 年，新培养技师 12 万人。继续抓好高技能人才培训工程机电、信息和电力项目的实施，确立一批信息产业和电力高技能人才培训基地。与团中央等有关部门联合实施“青年技能振兴计划”，与全国总工会等部门开展“创建学习型组织，争做知识型职工”活动。

组织研究技能人才培养机构就业导向评价指标体系，推动技工学校和各类技能人才培养机构深化改革，加快发展。2004 年底，全国共有技工学校 2 884 所，其中国家重点技校 472 所，高级技校 302 所。就业训练中心 3 323所，社会培训机构21 425所。2004 年底，全国技工学校在校学生 234 万人，比上年末增加 41 万人。面向社会开展培训 265 万人次，比上年增长 17%。社会培训机构开展培训 1 488万人次，比上年增长 27.6%。开展技校技能大赛活动，做好国家重点技校贯标复评工作。做好《民办教育促进法》的贯彻落实工作，4 月，印发《关于贯彻落实〈民办教育促进法〉做好民办职业培训工作的通知》《民办职业培训学校设置标准（试行）》和《关于启用民办学校办学许可证有关问题的通知》，明确民办职业培训的审批管理和指导服务工作。7 月 2 日至 3 日，召开民办职业培训经验交流暨工作推动会，交流民办就业培训管理和办学经验，表彰先进民办职业培训学校典型，研讨推动民办培训工作的有效措施。

二、继续做好再就业培训和创业培训工作

继续做好再就业培训和创业培训工作。启动《2004—2005 年再就业培训计划》，进一步加大再就业培训和创业培训工作力度，完善培训经费补贴与促进再就业效果挂钩的工作机

制，提高经费使用效果。7月，引进并实施“创办和改善你的企业”（SIYB）中国项目，利用国际先进培训技术，提高创业培训的实施能力，进一步完善创业培训与小额担保贷款等再就业扶持政策相结合的工作模式，提高创业成功率。全年组织530万人参加再就业培训，培训后有350万人实现了再就业，培训后再就业率达到71%。全国共组织40万人参加创业培训，培训后有23万人成功创办了企业或实现了自谋职业，创业成功率达60%。

三、建立技能人才评价新体系，加强鉴定基础工作，职业技能鉴定工作取得新进展

2004年，全国共有880万人参加了职业技能鉴定，比上年增长28%；有736万人取得职业资格证书，比上年增长26%。全国各地共培养新技师12万人（达到计划目标10万人的120%）。截至2004年年底，全国共有职业技能鉴定机构9 458个，职业技能鉴定考评人员19.8万人。

建立健全技能人才评价体系，推进职业技能鉴定工作和职业资格证书制度建设。4月，劳动保障部下发了《关于健全技能人才评价体系推进职业技能鉴定工作和职业资格证书制度的意见》。为加强高技能人才队伍建设，劳动保障部、国务院国资委选择34家中央企业开展了高技能人才队伍建设试点工作。同时，劳动保障部启动实施了百所职业院校推进实施职业资格证书制度国家级试点工作。

加强基础建设工作。劳动保障部建立了新职业定期发布制度，并召开两次新职业发布会，对外公布19个新职业。制定和颁布了110个国家职业标准，启动了第三批国家题库开发工作和《中华人民共和国职业分类大典》修订工作，并开通了全国职业培训教材网。加强职业技能鉴定质量工作。劳动保障部建立职业技能鉴定质量通报制度，通报了各地、各部门质量管理工作情况，并查处一批职业技能鉴定违规违纪行为。同时，在天津、福建、湖南、新疆等地区和铁道部、中国石油天然气集团公司开展了职业技能鉴定机构质量管理体系认证试点工作。

开展以“高技能、新技师”为主题的2004年职业技能竞赛系列活动，举办了“第一届数控技能大赛”等5项国家一类竞赛及100余项国家二类竞赛。通过竞赛，选拔了一批技能带头人。12月17日，劳动保障部在京召开第七届中华技能大奖和全国技术能手表彰活动，表彰了20名大奖获得者，55家突出贡献奖单位，还表彰了评选和竞赛产生的全国技术能手433人。黄菊副总理出席了表彰会，接见获奖选手，并讲话。

劳动关系

2004年，劳动合同制度进一步完善，集体协商集体合同制度稳步推进，协调劳动关系三方机制建设深入开展，国有大中型企业主辅分离辅业改制分流安置富余人员工作平稳运行，劳动争议处理工作取得明显进展，劳动关系整体上保持了和谐稳定的局面。

一、做好国有大中型企业主辅分离、辅业改制工作

为贯彻落实中央关于做好国有企业下岗失业人员再就业工作的通知精神，支持和鼓励国有大中型企业主辅分离辅业改制分流安置富余人员，劳动保障部与国资委、财政部联合审核批复51家中央企业的主辅分离改制分流总体方案，涉及辅业单位2 000余户，分流安置富余人员31.6万余人。印发《关于做好国有大中型企业改制分流安置富余职工有关问题的通知》，并向各地劳动保障部门通报了中央企业主辅分离辅业改制总体方案的批复情况，指导地方做好国有企业主辅分离辅业改制过程中劳动关系处理、社会保险关系接续、审核备案等相关工作。

二、加强劳动合同立法，完善劳动合同制度

积极开展《劳动合同法（草案）》的起草论证工作，在听取专家和地方劳动保障部门意见的基础上，劳动保障部研究起草了《劳动合同法（送审稿）》，已于2004年底报国务院法制办。地方劳动合同立法工作进展较快，截至2004年年底，上海、山东、江苏、安徽、福建、海南6个省颁布了地方性劳动合同法规。北京、辽宁、内蒙古、湖南、广东、宁夏、新疆、天津、河北、吉林、黑龙江11个省颁布了劳动合同政府规章。其他省份也在这方面做了大量工作。

为落实中央关于纠正损害职工合法权益行为的要求，解决农民工劳动合同签订率低的问题，劳动保障部与建设部、全国总工会联合开展了对广东、湖南、湖北、河南、山东、安徽、江苏、四川和重庆9省市建筑企业使用农民工劳动合同签订情况的调研。根据《国务院办公厅关于进一步做好改善农民进城就业环境工作的通知》（国办发［2004］92号）文件精神，研究起草《关于加强建设等行业农民工劳动合同管理的通知》，要求各地劳动保障部门大力加强对农民工签订劳动合同的管理工作，并会同有关部门制定适合农民工就业特点的劳动合同示范文本。在加强劳动合同管理，促进劳动合同履行等方面发挥了积极作用，促进了劳动关系的和谐稳定。

三、大力推进集体协商集体合同制度

集体协商集体合同制度建设取得新进展。年初修订颁布了《集体合同规定》，于2004年5月1日起正式实施，新规定扩大了集体协商范围，加大对集体协商代表保护的力度。为进一步推动用人单位建立集体协商集体合同制度，劳动保障部会同全国总工会、中国企业联合会/企业家协会下发了《关于贯彻〈集体合同规定〉的通知》。各地按照要求，开展多形式的宣传培训活动，提高广大企业与职工对集

体协商集体合同制度重要性的认识和开展集体协商的水平。

地方集体合同立法工作取得积极进展。截至2004年年底，河北、山西、内蒙古、江苏、浙江、江西、福建、山东、河南、湖北、广东、四川、贵州、云南、陕西、新疆16个省、自治区人大颁布了《集体合同条例》，黑龙江、宁夏2个省、自治区政府颁布了《集体合同规定》。

四、进一步完善协调劳动关系三方机制

三方机制组织建设进一步扩大。目前，全国地市一级基本建立了三方机制，多数省份正向县、区一级延伸，有的已在县、区全面建立。各地三方机制积极完善工作制度，创造性地开展工作，在促进劳动关系和谐稳定方面的宏观协调作用进一步显现，在解决劳动关系领域的突出问题、维护社会稳定方面较好地发挥了作用。

各级三方活动丰富多彩。国家协调劳动关系三方召开了第六、七次会议。为进一步完善我国三方机制建设，积极开展劳动关系三方协调机制的课题研究。国家三方与国际劳工组织亚太局开展完善中国三方机制的国际合作项目，拟在深入进行国际比较的基础上，对进一步建立健全中国特色三方机制提出政策建议。地方协调劳动关系三方在定期召开会议的同时，结合本地区劳动关系特点开展活动。北京市三方将解决农民工工资支付问题作为工作重点；河北省三方联合表彰了协调劳动关系先进单位、个人和劳动关系和谐企业；辽宁省三方推行对用人单位人力资源管理诚信评价制度；吉林省三方制定了企业开展集体协商集体合同工作规范运作标准；上海市三方建立了劳动关系协调员制度；福建省三方开展了创建和谐劳动关系工业园区活动。

五、劳动争议处理工作取得明显进展

2004年全国各级劳动争议仲裁委员会共立案受理劳动争议案件26万件，涉及劳动者76万人。其中，集体劳动争议案件1.9万件，共涉及劳动者47.8万人。劳动争议案件结案率为93.2%。此外，各级劳动争议仲裁委员会还以非立案方式调解处理劳动争议案件7.1万件。仲裁委员会通过处理劳动争议案件，有效维护了当事人双方的合法权益，为深化企业改革，促进劳动关系和谐稳定，构建和谐社会发挥了积极作用。

2004年劳动争议案件呈现以下特点：一是劳动争议案件总量继续增长，但增长率比去年有所下降。2004年，劳动争议案件增幅为15.3%。二是集体劳动争议案件数量增长很大，但涉及人数有所下降。三是国企、私营企业争议案件数量仍居高不下，有限责任公司争议案件数量较大。四是劳动争议案件多集中在经济较发达地区。江苏、广东、山东、上海、北京、浙江6省市受理案件占全国案件总数的59.6%。五是劳动争议案件处理裁决比例高。六是劳动者申诉率占绝大比重，胜诉率较高。七是保险福利、劳动报酬、劳动合同是引发劳动争议案件的主要因素。

2004年劳动争议处理工作在机构、制度及队伍建设方面做了大量工作，劳动争议处理能力不断提高。

一是劳动仲裁机构实体化建设取得明显成效。为提高劳动仲裁效能，解决劳动仲裁人手不足，经费紧张，解决仲裁与行政职能不分等问题，10月，劳动保障部组织召开了全国劳动争议仲裁机构效能建设座谈会，就劳动仲裁机构实体化问题提出了明确要求。目前，黑龙江、广东、浙江、辽宁、安徽等地的实体化建设工作取得了较好成效。

二是劳动争议预防和调解工作进一步得到加强。各地继续大力开展企业劳动争议调解委员会的组织建设工作，探索建立由协调劳动关系三方组成的区域性、行业性劳动争议调解组织，认真做好跨区域、跨行业劳动争议的处理工作。

三是强化队伍素质建设，加强对仲裁员的培训、管理和监督。为加强对仲裁员队伍的培

训，劳动保障部会同全国总工会、中国企业联合会/企业家协会开展了对仲裁员的资格培训。针对目前劳动仲裁员业务素质相对偏低的状况，各地采取严把准入关、加强岗前培训和继续学习相结合的办法，努力提高仲裁员的素质。与此同时，加强了对劳动仲裁员的管理，积极推进劳动仲裁文明窗口建设，着力打造公正、公平、高效、廉洁的劳动仲裁形象，努力维护当事人的合法权益。

四是完善劳动争议处理各项制度。各级劳动保障部门和劳动争议仲裁委员会狠抓劳动仲裁制度建设，不断改进办案方式，积极推进劳动争议处理工作的规范化，努力提高办案效率和质量。

企业工资收入分配与劳动标准

一、企业工资收入分配

2004年，按照国务院的要求和劳动保障部关于劳动保障工作的总体部署，全国劳动保障系统企业劳动工资管理部门全力解决拖欠农民工工资问题，加快完善企业工资立法，继续推进企业工资分配宏观调控体系建设，取得了积极成效。在经济持续增长的同时，广大企业职工工资水平进一步提高。2004年全国城镇企业在岗职工年平均工资15 559元，比上年增长14.6%，扣除价格因素，实际增长10.9%。

（一）解决拖欠农民工工资问题取得明显成效

1. 加大专项检查工作力度，严厉打击拖欠工资行为。2004年，各级劳动保障部门继续将开展农民工工资支付情况专项检查工作，作为解决拖欠农民工工资问题的重要手段，加大工作力度。年初，劳动保障部联合建设部、全国总工会在全国组织开展了农民工工资支付情况专项大检查。5月15日至6月15日，劳动保障部再次与公安部、国家工商行政管理总局及全国总工会在全国范围组织开展农民工合法权益保护专项检查活动，将用人单位支付农民工工资情况作为重点检查内容。10月31日至11月12日，劳动保障部与建设部和国家审计署组成全国清理拖欠工程款和农民工工资检查组，由部领导带队，对贵州省等地区清理拖欠工程款和农民工工资进展情况进行了检查。为保证农民工在2005年元旦和春节两节前拿到工资，12月1日至2005年2月1日，劳动保障部与建设部、全国总工会再次在全国组织开展了农民工工资支付情况专项检查活动。多次专项检查活动的开展，对督促用人单位依法支付工资，维护劳动者劳动报酬权益发挥了重要作用。

2. 完善法规政策，建立预防和解决拖欠工资问题的长效机制。在抓好解决当前拖欠和历史拖欠的同时，注重建立解决拖欠工资问题的长效机制。

一是针对当前建筑行业拖欠工资比较突出的问题，劳动保障部会同建设部制定颁布了《建设领域农民工工资支付管理暂行办法》（劳社部发［2004］22号），对建设领域农民工工资支付行为进行规范，要求企业按时支付农民工工资，明确了对拖欠或克扣农民工工资行为的处罚措施。

二是指导各地加快建立工资支付保障等制度。在制定下发的有关文件中，多次对建立预防和解决拖欠工资问题的长效机制提出要求。有关地区结合当地实际，积极推进工资支付监控制度和工资支付保障制度等长效机制的建立。截至2004年年底，北京、天津、上海、内蒙古、黑龙江、山西、江苏、广西、湖南、湖北、贵州、四川、深圳、宁波、山东威海15个省市先后建立或开始建立工资支付保障制度（欠薪保障制度），陕西等地在新颁布的有关法规中也明确要建立此项制度。天津、山西、黑龙江、山东、江苏、福建、江西、湖北、云南、四川、广西、新疆及辽宁大连市、广东中山市14个省市建立了工资支付监控制度（欠薪报告制度）。

在各级党委、政府领导下，经过有关部门

共同努力，解决拖欠农民工工资工作取得了明显成效。截至年底，全国已偿还建设领域农民工工资331亿元，偿付比例为上报拖欠总额336亿元的98.4%。其中2003年当年拖欠的164亿元，已偿还163.3亿元，偿付比例为99.6%。2003年以前历史拖欠的172.6亿元，已偿还167.7亿元，偿付比例为97.1%。

（二）企业工资分配法规进一步完善

1. 推进最低工资保障制度建设，保障低收入者工资收入水平。1月20日，劳动保障部以部长令的形式颁布了新的《最低工资规定》，新规定于2004年3月1日起实施。新规定明确，将职工个人缴纳社会保险费和住房公积金因素纳入确定和调整月最低工资标准应考虑的因素，并要求制定和发布小时最低工资标准。根据新的规定，2004年全国有16个地区调整了当地最低工资标准，22个省、自治区、直辖市以及5个城市（大连、青岛、宁波、深圳和成都）颁布了小时最低工资标准，西藏自治区首次颁布了当地的最低工资标准。截至年底，全国31个省、自治区、直辖市全部建立了最低工资保障制度。

为使广大劳动者和社会普遍了解《最低工资规定》，7月，劳动保障部与全国总工会在全国范围组织开展了《最低工资规定》宣传周活动。通过举办现场政策咨询，免费发放《最低工资规定》有关宣传材料以及新闻媒体报道宣传，使政策法规深入人心。

2. 加快《企业工资条例》的研究起草工作。根据国务院领导同志有关批示精神，劳动保障部与国务院法制办就完善企业工资立法进行了专题研究，确定了研究制定《企业工资条例》的工作思路。在调研论证基础上，起草了《企业工资条例》初稿，分别提交全国劳动工资工作座谈会、部分中央企业工资立法研讨会及部分地区企业工资分配工作调研座谈会讨论。同时，有关地区积极完善当地工资法规。2004年，陕西、江苏、深圳和昆明4省市颁布了当地新的工资支付法规。截至年底，全国有14个省市颁布了当地新的工资支付法规。

（三）企业工资宏观调控体系建设取得新进展

工资指导线制度建设工作取得新突破。截至2004年年底，全国除西藏以外的30个省、自治区、直辖市建立了工资指导线制度。各地区根据当年本地区经济增长、物价水平及就业状况等因素，制定发布工资指导线，对引导企业工资合理增长和工资集体协商发挥了重要作用。

劳动力市场工资指导价位制度建设工作取得新进展。随着劳动力市场“三化”建设试点城市范围的扩大，进一步扩大了工资指导价位制度建设的工作面。

推动行业人工成本信息指导制度的建立。2004年劳动保障部颁布了《关于建立行业人工成本信息指导制度的通知》，提出了“建立以中心城市为依托，广泛覆盖各类行业、国家、省（自治区、直辖市）、市多层次发布的行业人工成本信息指导制度”的总体目标和相关工作要求，明确2005年在全国35个大中城市建立此项制度。同时，制定发布了《行业人工成本信息指导制度实施办法》，规范此项制度的建立。北京、上海等中心城市及时发布了当地主要行业人工成本信息，指导企业合理确定人工成本水平，增强市场竞争力。

（四）国有企业工资制度改革进一步推进

开展了中央金融企业绩效工资改革工作。为进一步完善与社会主义市场经济体制相适应的企业工资总额决定机制，制定下发了改革中央金融企业工资总额管理办法的工作文件，指导中央金融企业及其他企业实行绩效工资改革，建立企业工资总额、水平与经济效益同增长的机制，国家不再对其工资总额实行计划管理。

继续抓好国有企业工资内外收入监督检查工作。与财政部、国家审计署共同下发《关于做好2004年国有企业工资内外收入监督检查工作的通知》，对全国国有企业工资内外收入监督检查工作进行了布置，要求各级监督检查机构以电力、电信、金融、交通运输等行业为重点，对国有企业执行国家工资分配法律法规和政策的情况进行监督检查，对违规行为依法进行处理，以规范工资分配秩序，维护国有资产所有者权益。

二、劳动标准

2004年，继续开展劳动标准制修订的基础性工作，并加强了对劳动标准热点问题的调查研究。

一是开展有关劳动标准的制修订工作。配合国务院法制办完成了《职工带薪年休假规定》的起草论证。继续开展全国劳动定额定员标准化技术委员会的日常工作，组织制定并经国家标准管理委员会批准颁布了《劳动定员定额标准的结构和编写规则》（LD/T 122—2004)；启动了国家标准《测时法》制定、《劳动定额术语》修订工作。按照国家标准化管理委员会的要求，组织有关专家学者对劳动定额领域国家标准开展清理评价工作，并已将清理评价初步结果（表）报送国家标准化管理委员会。

二是加强对劳动标准相关问题的调查研究。会同全国总工会联合开展了《女职工劳动保护规定》实施情况的调研，初步提出了修订意见。对中国航空工业第二集团公司、中国核工业建设集团公司部分工作岗位实行不定时工作制和综合计算工时工作制进行了批复。为完善工时制度，对部分中央企业执行特殊工时制度情况进行了初步调研。同时，针对社会广泛关注的企业社会责任问题，与有关部门联合开展了调研并进行了课题研究。

养老保险

2004 年，养老保险工作以完善社会保障体系为目标，大力推动养老保险制度改革，通过抓重点、抓调研、抓落实，在确保养老金发放、解决扩面难点、提高企业退休人员养老金水平、提高统筹层次、发展多层次体系、推进社会化管理服务等方面取得积极进展。

一、企业离退休人员养老金做到按时足额发放

2004 年，全国养老保险基金保持增收势头，基金总收入达4 258亿元，其中征缴收入达3 585亿元，分别比 2003 年增收 578 亿元和 540 亿元，基金收缴率为 96.05%。各级财政用于养老保险的补助为 590 亿元，其中中央财政补助 522 亿元，分别比 2003 年增加 35 亿元和 48 亿元，增长 6.3%和 10.1%。为解决重点难点问题，中央财政在资金安排中还重点确定了对农垦企业的补助资金为 15 亿元，对企业退休人员调整待遇补助 22.5 亿元。在加强基金征缴，增加财政补助的同时，各级劳动保障部门还抓紧清理企业欠费，全年共清理企业欠费 156 亿元，占基金征缴收入的 4.4%。2004 年基本养老金总支出3 502亿元，比 2003 年增支 380 亿元，增长 12.2%，增收大于增支。经过各方面的不懈努力，2004 年，全国企业离退休人员基本养老金首次实现全年无拖欠。

二、养老保险扩面工作取得新进展

一年来，各地劳动保障部门进一步加大扩面工作力度，着力推进非公有制经济组织和灵活就业人员参加养老保险，使扩面工作取得明显进展。截至 2004 年年底，全国参加基本养老保险的总人数达16 353万人，比 2003 年增加 847 万人，增长 5.5%，其中：参保职工人数为12 250万人，较 2003 年增加 604 万人，增长 5.2%，参保离退休人员为4 103万人，比 2003 年底增加 243 万人，增长 6.3%。全国参保缴费人数达11 106万人，占参保职工总人数的 90.7%，比 2003 年增加 0.6 个百分点，其中企业比 2003 年增加 0.3 个百分点，机关事业单位比 2003 年增加 1 个百分点，其他人员（主要是个体工商户、灵活就业者等）增加 3.3 个百分点。

三、农垦企业参保工作基本落实到位

2004 年，劳动保障部把农垦企业参加地方基本养老保险作为全年工作的重点之一，按照劳动保障部等四部门下发的《关于农垦企业参加企业职工基本养老保险有关问题的通知》（劳社部发［2003］15 号）要求，指导各地认真贯彻落实，大力推动农垦企业参保工作，同时组织测算 2004 年农垦企业参保基金缺口，与财政部下达补助资金分配方案，确保参保后农垦企业退休人员养老金的发放。截至 2004 年年底，11 个省（区）农垦企业 136 万职工和 76 万离退休人员已全部纳入养老保险统筹。农垦企业参保政策的落实，对实现全年养老金无拖欠起到了重要作用。

四、企业退休人员基本养老金进一步增加

经国务院批准，劳动保障部、财政部下发

了《关于从2004年7月1日起增加企业退休人员基本养老金的通知》（劳社部发［2004］24号），规定从2004年7月1日起，为2003年12月31日前已按规定办理退休手续的企业退休人员增加基本养老金。调整水平按照当地上年企业在岗职工平均工资增长率的45%左右确定，并要求继续向退休早、养老金偏低的人员适当倾斜。对财政确有困难的中西部地区、老工业基地及新疆生产建设兵团，中央财政通过专项转移支付方式予以适当补助。由于各级政府和劳动保障部门的高度重视，措施得力，资金到位，各地调整工作已顺利完成，共有3 511万名企业退休人员增加了养老金，月人均增加42.6元。截至2004年年底，全国企业退休人员基本养老金月人均为647元。与此同时，部分地区还加大补发养老金历史拖欠的工作力度，全年共补发历史拖欠8.15亿元，无历史拖欠的省份增加到10个。

五、加快完善企业养老保险制度

按照国务院领导同志的指示精神，2004年6月成立了由劳动保障部牵头，财政部、人事部参加的完善养老保险制度工作小组，并开展工作。重点从逐步做实个人账户、完善养老金计发办法、规范退休年龄、提高统筹层次等方面进行完善企业养老保险制度研究；按照保障水平与经济发展水平相适应、既要与企业制度相衔接又注意政策的连续性、有利于促进事业单位改革等项原则，研究制订事业单位退休养老制度改革方案。与此同时，劳动保障部还抓紧研究解决一些行业和不同人群参加基本养老保险政策，配合有关部门协调处理转制事业单位的养老保险问题、文化体制改革中的养老保险问题、企业办中小学退休教师、企业退休军转干部待遇问题、军人配偶随军未就业期间社会保险问题、监狱体制改革试点中工人参保问题、城镇残疾人个体户养老保险缴费补贴问题、中央军工企业关闭破产问题、企业改制和主辅分离过程中的养老保险问题等。

六、提高统筹层次工作取得进展

按照统筹规划、分类指导、稳步推进的思路，指导各地推动提高统筹层次的工作并取得进展。截至2004年年底，全国已有北京、天津、上海、福建、陕西、吉林、宁夏、甘肃、云南、重庆、青海和新疆12个省区市实现省级统筹。有83个地市实现市级统筹，包括山东、辽宁和新疆兵团的全部地市，以及广东、海南、安徽、湖北、内蒙古等省区的部分地市。

七、推动建立企业年金制度

2004年，劳动保障部先后发布了《企业年金试行办法》《企业年金基金管理试行办法》和《企业年金管理运营机构资格认定暂行办法》，重点开展了宣传和培训工作，组织培训人员1 135人。各地劳动保障部门按劳动保障部的要求，陆续制定贯彻实施意见，部分省市出台或延续了税收优惠政策，推动企业年金工作的进一步开展。

八、管理服务社会化工作进程加快

为加快推进企业退休人员管理服务社会化，劳动保障部会同有关部门认真贯彻中办、国办转发劳动保障部等部门《关于积极推进企业退休人员社会化管理服务工作的意见》，要求各地把退休人员管理服务社会化作为完善社会保障体系的重要内容积极推进。截至2004年年底，全国企业离退休人员养老金实行社会化发放的人数达3 770万人，社会化发放率达99.8%，社会化发放工作已处于基本稳定状态。全国已实行社会化管理服务的企业退休人员达到3 430万人，社会化管理率达93.2%。其中纳入社区管理的退休人员2 166万人，社区管理率达63.1%。

失业保险

2004年，按照实施积极的就业政策和构建社会保障体系的战略要求，创新工作思路，从建立促进就业的长效机制和完善失业保险制度入手，对失业保险工作进行整合，拓展业务领域，突出重点，实现了失业保险、失业调控和关闭破产企业职工安置工作同步发展。

一、失业保险工作平稳运行

2004年，劳动保障部指导各地进一步贯彻落实《失业保险条例》及相关政策，着重在发挥制度作用上下工夫，在扩大覆盖范围、强化基金征缴、保障失业人员基本生活和促进再就业方面取得新的成效。

参保人数创历史新高。2004年末，全国参加失业保险人数10 584万人，比上年末增加211万人，创历年来最高纪录。其中，国有企业和城镇集体企业参保人数分别减少259.8万人和56.9万人，其他企业、事业单位和其他单位分别增加435.3万人、80.6万人和11.7万人。按应参保人数计算，全国平均覆盖率为80.1%，比上年末增加0.5个百分点。广东、上海、江苏、河南4省市覆盖率超过90%。

基金收入持续增长。2004年，全国失业保险基金收入290.8亿元，比上年增加39.6亿元，增幅15.8%，连续6年保持两位数增长。各地基金收入普遍增加，广东、江苏、上海、山东、北京、浙江、陕西、福建、黑龙江和广西10个省市增收超过亿元，其中陕西增幅最高。

基金支出有所增加。2004年，全国共支出失业保险基金211.3亿元，比上年增加8.3亿元，增幅4.1%。其中，保障失业人员基本生活支出149亿元，向国有企业再就业服务中心调剂资金22.8亿元，农民合同制工人生活补助支出3.4亿元，职业培训、职业介绍和其他支出36.2亿元。当年，失业保险基金收支相抵后，全国基金结余79.5亿元。截至年底，全国滚存结余385.8亿元。

并轨取得重大进展。2004年，全国共向753.5万失业人员提供了失业保险待遇，比上年增加11.9万人。当年12月领取失业保险金人数为418.6万人，比上年末增加3.7万人。同期，国有企业再就业服务中心内的下岗职工为91.7万人，比上年末减少82.9万人，失业保险在两种保障形式总量中所占份额达到82%，比上年末提高12个百分点。从地区分布情况看，辽宁领取人数最多，全年达161.4万人，超过30万人的还有山东、广东、安徽、河南和上海。与上年比，有14个地方领取人数有所减少。另外，全年共为44.3万名农民合同制工人支付了一次性生活补助，比上年增加20.4万人。

管理进一步规范。为保障失业人员权益，劳动保障部下发了《关于对不符合领取失业保险条件人员原有缴费时间的处理意见》（劳社厅发［2004］11号），对各地做法进行了规范。结合“金保工程”和劳动力市场建设，推进了失业保险信息化建设。指导地方规范业务流程和服务标准，强化服务意识，提高工作质量。

二、失业调控工作取得初步进展

在实施积极就业政策和推动失业保险制度建设的同时，劳动保障部按照国务院领导同志的要求，加强了失业调控工作。召开了全国失业保险工作座谈会，对失业调控工作进行部署，会后下发了《关于进一步做好失业调控工作的意见》，明确提出失业调控工作的目标、任务和主要政策措施，并对进一步规范企业规模性裁员的有关问题进行了明确，为全面启动失业调控工作提供了政策依据。主要内容是：以控制失业率为目标，紧密结合扩大就业政策措施，运用法律、经济和必要的行政手段对城镇失业的源头进行调控，把失业造成的影响控制在社会可承受的程度，实现有效调控失业总量、努力缩短失业周期、防止失业过于集中、保证失业人员生活和求职有着落等四项具体目标。按照部署，各地积极采取措施，启动和组织失业调控工作。截至 2004 年年底，有部分省份出台了失业调控方案，一些省份转发了劳动保障部的相关文件并提出了落实措施，相关工作开始启动。在实际工作中，各地较好地把握了经济性裁员、企业关闭破产和改制改组等工作的节奏，保持了就业局势稳定，为做好失业调控工作积累了一定的经验。

三、关闭破产企业职工安置工作有序推进

2004 年，劳动保障部按照中央的统一部署和要求，与有关部门密切合作，进一步加强组织领导，督促各地抓好政策落实，认真纠正侵害职工合法权益的行为，推动关闭破产企业职工安置工作取得新的进展。

一是强化职工安置方案审核，规范操作行为。2004 年，经国务院批准，全国企业兼并破产和职工再就业工作领导小组共下达关闭破产计划项目 174 户，涉及职工 67 万人。劳动保障部会同有关部门对 104 户中央及中央下放关闭破产企业前期准备工作情况进行了审核，涉及职工 49 万人。审核中，对部分前期准备工作不充分、存在问题较多的企业，明确提出暂缓进入关闭破产程序，要求做好相关工作和整改，并加强对地方劳动保障部门和企业的工作指导，使企业操作行为进一步得到规范。

二是突出工作重点，加强监督检查。2004 年，劳动保障部将关闭破产军工企业职工安置作为工作重点，会同国防科工委联合下发了《关于做好关闭破产军工企业职工安置工作有关问题的通知》等文件，组织召开部分省市关闭破产军工企业职工安置工作座谈会，明确要求和措施。会同国资委等有关部门共同开展在国有企业重组改制和关闭破产中维护职工合法权益专项治理工作，并组成联合检查组，对地方进行抽查。进一步加强对重点地区和行业职工安置情况的监控和跟踪，对发现的问题，要求地方或企业及时进行整改和纠正，为维护职工的合法权益做出了努力。

三是加强工作协调，及时处理重点个案问题。2004 年，劳动保障部进一步加大了与各有关方面的协调力度，共同研究解决办法，妥善处理有关问题。对职工上访反映的问题，在耐心细致地做好政策解释的同时，认真进行核查，抓好重点地区和重要案件的督查督办。同时，配合国家信访局等部门，及时处理关闭破产企业职工集体上访问题。

四是认真搞好调研，积极研究有关政策。2004 年，劳动保障部会同国资委、国防科工委等部门，对一些省市的部分关闭破产企业、资源枯竭矿山职工安置工作进行了调研，并对有关企业依法破产的法律问题进行了研究。

为进一步完善企业退出机制，实现关闭破产企业职工安置与劳动保障各项工作的衔接，2004 年，劳动保障部在失业保险司增设新的处室，将关闭破产企业职工安置工作正式纳入行政管理的内容。

医 疗 保 险

2004 年，根据党中央、国务院的统一部署，各级劳动保障部门按照“完善政策、健全机制、积极扩面、强化管理、统筹兼顾、突出重点”的工作思路，一手抓扩面，一手抓管理，全面完成医疗保险各项任务。

一、全面总结十年改革经验，明确新阶段完善改革发展方向

2004 年是“两江”医疗保险制度改革试点 10 周年。劳动保障部在江苏省镇江市召开了全国医疗保险制度改革经验交流会，举办了医疗保险制度改革论坛，组织编发了反映十年医疗保险制度改革历程的书籍和专题片，举办了以弘扬医保精神为主题的征文和演讲活动，并向国务院作了《关于城镇职工医疗保险制度十年改革进展情况的报告》。黄菊副总理在专题报告上批示：“城镇职工医疗保险制度改革经过十年不断探索，取得了阶段性成果。要在总结经验的基础上，按照十六届三中、四中全会精神，根据我国经济社会发展和三医改革的进程，研究提出下一步工作意见，逐步完善医疗保障体系。”与此同时，各地也以各种形式加大了医疗保险制度改革的宣传和工作力度。为完善改革创造了良好的社会氛围。

二、积极扩大医疗保险覆盖面，超额完成全年任务

截至 2004 年年底，医疗保险参保人数达到12 404万人，较 2003 年底增加1 502万人，增长 13.8%。其主要特点：一是高度重视，措施有力。各地将扩面纳入劳动保障整体工作，提早规划部署，层层分解任务，落实目标责任；纳入各级政府考核目标，月月督促检查，考核工作进度，形成较为完善的工作机制。二是因地制宜，突出重点。各地根据当地经济社会发展状况，有的侧重抓国有困难企业和破产转制企业退休人员参保，有的侧重抓非公有制企业和灵活就业人员参保，取得较好效果。三是完善政策，拓展空间。各地根据城镇就业人群结构变化，通过完善政策，探索解决农村进城务工人员、失地农民以及小城镇从业人员等其他城镇就业人群的参保办法，逐步拓展了制度覆盖范围。

三、正确把握指导思想和基本原则，顺利完成药品目录调整工作

在总结前几年执行《国家基本医疗保险药品目录》（2000 年版）经验的基础上，2004 年 9 月完成了《国家基本医疗保险和工伤保险药品目录》（2004 年版）调整制定工作。其中，西药品种增加了 42%，中成药品种增加了 98%。在药品品种调整的同时，对药品的剂型标准做了整合规范，对药品给付限制范围也进行了规范。在工作中，一是明确了坚持以人为本、与时俱进，以保障参保人员用药需求为出发点的指导思想。二是按照“三公”（公开、公平、公正）原则，采取“三严”（严肃的态度、严谨的程序、严格的纪律）措施，制定了科学、严谨的工作方法、工作程序和工作纪律。三是坚持专家评审制度，聘请 204 名咨询专家，先后召开 21 次会议，组织 16 个省市及军队系统 1 648 名遴选专家，根据 146.6 万个

评审记录，对上万种药品进行了客观公正的评审。四是坚持统筹协调，形成合力，劳动保障部相关司局和有关部门积极参与，纪律监察部门全程跟踪监督，保证了评审工作的顺利进行。

四、围绕改革发展稳定大局，不断完善医疗保险政策

2004 年 5 月，劳动保障部下发《关于推进混合所有制企业和非公有制经济组织从业人员参加医疗保险的意见》，进一步明确混合所有制和非公有制经济组织从业人员的参保政策和工作重点，提出了解决进城务工人员医疗保障问题的“低费率、保当期、保大病”的思路。另外，劳动保障部与军队及有关部门共同出台了《关于军队机关事业单位职工参加城镇职工基本医疗保险有关问题的通知》《关于移交政府安置的军队离休退休干部及离休干部无经济收入家属、遗属医疗保障有关问题的通知》等文件，促进了军队医疗保障制度的改革。

五、适应国有企业改革需要，探索解决关闭破产企业和困难企业参保问题

中央高度重视困难企业和破产企业退休人员参加医疗保险问题。在经济工作会议上，温家宝总理在讲话中明确要求解决破产企业退休人员的医疗保障问题。2004 年 5 月，黄菊副总理作出重要批示，要求有关部门尽快研究解决方案。劳动保障部与有关部门协调，就解决这一问题的基本思路和办法初步达成共识。各地充分发挥主动性，不等不靠，积极协调，探索多渠道筹集资金的办法。黑龙江省、河南省郑州市、山西省太原市等省市政府出台文件，明确财政对困难企业人员或关闭破产企业退休人员的参保资金给予帮助。

六、强化基金管理，确保制度稳健运行

2004 年上半年，少数统筹地区医疗保险统筹基金当期收不抵支，针对这一问题，及时采取措施，加大了基金收支管理的力度。一是从建立基本医疗保险基金运行情况分析报告制度入手，加强基金收支分析，针对关键问题采取措施。二是以参保人数和缴费基数为重点，开展医疗保险基金稽核工作。各地劳动保障部门联合有关部门，对 30%的用人单位进行稽核。2004 年，全国 25 个省区市和新疆生产建设兵团通过稽核，补缴医疗保险费 1.8 亿元。三是加强了支出管理，下半年支出增长与收入增长的比例差从上半年的 13%下降到 8%。全年医疗保险基金收入1 141亿元，支出 862 亿元。

七、进一步加强医疗服务管理，控制医疗费用过快上涨

全国定点医药机构范围不断扩大，定点医疗机构已经达到 5 万多家，定点药店 3 万多家。定点医疗机构协议管理进一步加强，监督考核指标和违规处罚办法等内容进一步量化和细化，用药“三率”（即基本医疗保险药品率、医疗服务中的基本医疗保险药品使用率和个人自费药品负担率，下同）控制办法继续落实。在完善医疗机构分类管理的基础上，开始探索信用等级制度。及时汇总分析欺诈冒领医疗保险待遇案件，查找和堵塞漏洞，研究防范措施，医疗保险反欺诈工作逐步得到各地重视。医疗服务管理标准化工作从理论研究逐步转到探索实践，一些地方通过制定基本医疗保险诊疗常规对医疗服务进行全面规范，保证了医疗保险基金平稳运行。

工 伤 保 险

2004年是《工伤保险条例》（以下简称《条例》）实施的第一年。按照“完善政策、健全机构、推进扩面、夯实基础、做好衔接”的总体要求，劳动保障部狠抓《条例》贯彻实施，切实推进各项基础工作，全年工作取得了明显进展。

一、顺利完成司组建和对全年工作的部署

经中编办批准，工伤保险司于2004年初开始筹建，3月2日正式成立。在完成建司工作的同时，抓紧开展各项业务工作，在认真调研、充分准备的基础上，2004年6月23日至24日，劳动保障部在山东省威海市召开了工伤保险司成立以来第一次全国工伤保险工作座谈会，就《工伤保险条例》的贯彻实施和全年工作任务进行了部署，工伤保险工作全面展开。

二、狠抓《条例》贯彻实施，扩面和完善政策标准体系工作取得明显进展

2004年是《条例》贯彻实施的第一年，为充分利用这一有利时机，全力推进工伤保险扩面，进一步完善政策标准体系，年初，劳动保障部明确提出了统筹地区全面启动工伤保险、参保人数达到6 000万两项硬任务指标，并分解下达了扩面计划任务，实行了扩面月调度制度和重点省份督查制度。

在推进扩面工作方面，主要抓了三个重点：抓重点城市，主要是省会城市和大中城市；抓重点人群，主要是农民工；抓重点行业，主要是高风险行业和跨地区流动性大行业。

经过上述积极措施和上下共同努力，2004年扩面工作取得显著进展，截至12月底，全国工伤保险参保人数已达6 845万人，比上年末增加2 270万人，增幅49.6%，享受工伤保险待遇52万人。工伤保险基金收入58亿元，支出33亿元，年末工伤保险基金累计结存119亿元。与此同时，全国绝大多数统筹地区已启动实施工伤保险，基本实现年底所有统筹地区全部启动实施工伤保险的目标。

在完善政策体系方面，围绕《条例》的贯彻实施，重点抓了五方面工作：一是按照贯彻实施条例的要求，督促指导各地制定实施办法和相关配套文件，目前全国31个省、自治区、直辖市和新疆生产建设兵团均已制定了贯彻条例的实施办法，绝大多数省市都结合实际出台了相关配套文件，为条例的贯彻实施奠定了较好基础。二是按照党中央、国务院关于切实解决农民工进城就业环境和社会保障问题的要求，在部党组的统一领导和部署下，针对农民工多集中于高风险行业，数量大、流动性强的特点，我部印发了《关于农民工参加工伤保险有关问题的通知》（劳社部发［2004］18号），解决了农民工的工伤认定、工伤保险待遇支付等问题。该通知下发后，各地都及时予以了转发，还结合实际制定了本地区的农民工参保办法，农民工的工伤保险权益得到了较好保障，社会反响良好。三是针对跨地区流动性大行业参保困难的情况，我部会同铁道部联合下发了《关于铁路企业参加工伤保险有关问题的通知》（劳社部函［2004］257号），解决了铁路企业参加工伤保险有关政策和管理问题，推动了铁

路企业的参保和有关政策管理工作。四是针对《条例》在贯彻实施过程中各地反映的一些政策性问题，在反复征求各地和有关部门意见后，印发了《关于实施〈工伤保险条例〉若干问题的意见》（劳社部函［2004］256号），对《条例》的贯彻实施起到了较好的推动作用。五是根据《条例》的规定，在反复论证和严格审核把关的基础上，首次颁布了“国家工伤保险药品目录”，印发了《关于印发国家基本医疗保险和工伤保险药品目录的通知》（劳社部发［2004］23号），严格了工伤保险用药管理，指导和推动了各地工作的顺利开展。六是为进一步推进矿山、建筑施工和危险化学品、烟花爆竹、民用爆破器材生产等企业参加工伤保险，2004年12月，劳动保障部发出《关于进一步推进矿山等高风险企业参加工伤保险工作的通知》（劳社部明电［2004］9号），要求各地大力推进高风险企业参加工伤保险，积极研究高风险企业参加工伤保险的有关政策，加强工伤预防政策的研究，加大宣传力度，切实保障职工合法权益。

此外，按照《条例》的要求，就机关事业单位参加工伤保险问题与国务院有关部门多次反复协商，并取得一定进展。初步启动了“劳动能力鉴定标准”研究工作，对建国以来涉及工伤保险的政策法规文件进行了全面清理，工伤保险工作正逐步走上制度化、规范化轨道。

三、抓管理促落实，工伤保险各项基础工作进一步夯实

在全力抓好各项业务工作的同时，注重完善各项基础管理工作，努力为《条例》和各配套政策的贯彻实施营造良好的软硬件环境。全年在基础管理方面着重抓了以下几方面工作：一是抓机构建设，推进体制、机构、人员三到位，促进各地工伤保险行政、经办和劳鉴三套工作机构的落实。经过努力，2004年，全国21个省（自治区、直辖市）单独设立了工伤保险行政管理工作机构。各地还普遍成立了劳动能力鉴定机构，落实了负责工伤保险的经办机构和经办人员，为开展工伤保险工作提供了组织保障。二是抓调研工作，努力为各项政策措施的制定提供科学依据。2004年，在加强调研工作方面主要采取了集中调研、赴重点省市督查和召开片会等几种形式，通过加强调研工作，既保证了重大政策出台的科学性和实效性，同时也指导帮助各地解决了条例贯彻实施中出现的一些突出问题，推动了工作的开展。三是加大了工伤保险宣传和培训的力度，在争取全社会对工伤保险工作的了解、支持和参与以及提高系统队伍素质方面均取得了较好的效果。宣传工作方面，主要是利用各种媒体，通过典型事件如河南大平煤矿矿难事件等，大力宣传工伤保险工作的重要意义。2004年四季度，就《条例》实施1周年，在全国范围布置开展了宣传咨询活动。培训工作方面，为配合《条例》的贯彻实施，有针对性地举办了两期培训班，各省市及相关统筹地区和部分行业从事工伤保险工作的人员参加了培训，学员普遍反映良好，收到了积极效果。四是完善了工伤保险统计工作，着手筹建工伤保险案例库。针对工伤保险工作的特点，在完善现行工伤保险统计制度的同时，研究制定了工伤认定和劳动能力鉴定统计报告制度，并将从2005年开始实施。同时，针对工伤保险个案多的特点，布置了工伤保险案例库建设工作。五是有针对性地开展了国际交流与合作工作并取得积极进展。ISSA大会期间积极参加了工伤保险分会的活动，宣传我国工伤保险政策，与德国、意大利等国家开展了双边交流，并就今后在工伤预防和工伤康复等领域开展合作达成了初步意向。2004年，先后对意大利、英国、德国、希腊4国工伤保险制度进行了考察，为进一步推进我国工伤保险制度建设获取了有益的启示。

生育保险

劳动保障部紧紧围绕贯彻落实党的十六届三中全会《决定》提出的继续推行职工生育保险制度的要求，积极探索生育保险制度管理模式，按照“完善政策、强化管理、突出重点、协同推进”的工作思路，着力研究解决生育保险工作中存在的突出问题。

截至2004年年底，全国有28个省（区、市）和新疆兵团开展了生育保险，参保职工为4 384万人，较上年增加729万人，增长19.93%。参加生育保险的职工人数占全国从业人员总数的40%；占全国企业从业人员数的61%。有20个省份参保人数增长较快，其中16个省份参保人数超过100万人。全年基金收入31.9亿元，支出18.6亿元，累计结余55亿元。人均生育待遇5 547元，为46万名职工提供了生育保险待遇。

一是明确生育保险推动方式，落实工作目标。各地按照生育保险与医疗保险协同推进的工作思路，积极开展生育保险工作。认真贯彻落实劳动保障部下发的年度发展规划，落实到每个统筹地区，顺利完成全年的工作目标。9月，劳动保障部办公厅下发《关于进一步加强生育保险工作的指导意见》（劳社厅发［2004］14号），对生育保险政策和管理等内容进行规范和指导，促进生育保险工作顺利进行和可持续发展。

二是加快制度建设，逐步规范生育保险政策。湖南、新疆两地实施生育保险制度，制度运行平稳，社会反响较好。上海市以政府令的形式颁布了《上海市人民政府关于修改〈上海市城镇生育保险办法〉的决定》，对原办法进行了调整。

三是建立生育保险重点联系制度。8月，劳动保障部下发《关于确定生育保险与医疗保险协同推进重点联系城市的通知》，确定了廊坊、包头、济南、绍兴、南京、桂林、襄樊、成都8个城市为生育保险工作全国重点联系城市。探索生育保险与医疗保险协调推进的管理模式，研究生育医疗费用按照病种结算的办法。全国有14个省根据上述通知要求，确定了本省（区）的生育保险重点联系城市，共计25个。

农村养老保险

截至2004年年底，全国31个省（自治区、直辖市）的1 887个县（市、区）不同程度地开展了农村社会养老保险，5 378万人参保，积累保险基金285亿元，约205万参保农民领取养老金。

一、开展全国性的农民工和被征地农民社会保障综合调研

2004年2月，劳动保障部组织力量开展全国性的农民工和被征地农民社会保障综合调研，先后派出6个调研组分赴14个省、自治区、直辖市进行重点调研。同时，组织各省（市、区）开展调研工作，有29个省（区、市）上报了本地关于农民工和被征地农民社会保障情况调研报告。在对调研情况进行分析和总结的基础上，将农民工社会保险的有关问题向部党组作了专题汇报，提出了政策建议。2004年8月4日至6日在大连召开了全国副省级以上城市农民工和被征地农民社会保障工作座谈会。会议交流了各地农民工和被征地农民社会保障基本状况，总结了关于农民工和被征地农民社会保障调研工作进展情况和取得的成绩，研究和讨论了关于建立农民工和被征地农民社会保障制度的基本思路及各地的探索经验，部署了下一步工作任务。

截至2004年年底，已有浙江、江苏、山东、上海、重庆、四川等省市出台了解决被征地农民社会保障问题的有关文件。

二、指导有条件的地方积极推进农村养老保险制度建设

通过深入调查研究、介绍典型经验、指导地方改革试点等方式，支持有条件的地方积极推进农村养老保险制度建设。2004年，先后派员赴18个省、自治区、直辖市调研；提供3期《劳动和社会保障工作信息》素材，介绍地方农村养老保险典型经验；确定北京市通州区和大兴区、山东省青岛市为农村养老保险试点联系单位。4月，劳动保障部批复了北京市《关于在改革完善农村社会养老保险方案过程中有关问题的请示》，支持北京市在完善农村养老保险制度模式、筹资方式和计发办法等方面所进行的改革和探索。

三、督促地方进一步理顺农村社会保险管理体制

针对西部四省区农保管理体制没有理顺、管理工作出现很大困难的情况，劳动保障部于年初向陕西、新疆、青海、宁夏四省区政府发出了《关于建议尽快明确农村社会养老保险工作主管部门的函》（劳社部函［2004］40号），要求尽快明确农村社会保险主管部门，切实履行管理职能。7月，派员赴青海、新疆，督促地方做好理顺管理体制的工作。目前，除陕西省外，新疆、青海、宁夏农保管理职能已经明确，民政部门和劳动保障部门正在进行机构和人员的交接。

四、防范基金风险，规范业务管理

为进一步防范农保基金风险，2004年10月劳动保障部制定下发了《关于进一步防范农村养老保险风险的紧急通知》（劳社部函［2004］240号），强调农保基金主要通过购买

国债和存入银行增值。任何部门都不得挪作他用或用于直接投资。各地要对农保基金的投资管理进行清查，纠正违规行为。各级社会保险基金监督机构要将农保基金列入日常监督业务范围。同时，探索建立农保基金的增值运营机制和监管体系。同时，指导地方认真总结整顿规范经验，配合国家审计署对农村养老保险基金管理情况进行调研，推动地方进一步规范农村养老保险业务管理。河北省劳动保障厅对所辖各县市农村养老保险整顿规范工作进行了全面验收。山东省烟台市在总结整顿规范经验的基础上，进一步完善了业务操作和基金管理制度，农村养老保险养老金全部实现社会化发放。南京市农村养老保险业务全部实现计算机网络化管理。

社会保险基金管理与监督

一、社会保险基金管理

（一）确保发放实现新突破

2004年，全国各级劳动保障部门及其所属的社会保险经办机构继续把确保企业离退休人员基本养老金按时足额发放作为维护社会稳定、促进经济社会发展的头等大事，落实目标责任制，实行重点监控，及时搞好资金调剂，在农垦企业全部纳入地方养老保险统筹和企业离退休人员增加、养老金待遇水平普遍提高、养老金支付总量增长的情况下，按时足额发放企业离退休人员基本养老金3 031亿元，实现了年初制定的全年无拖欠的目标，取得了1998年实行“两个确保”以来的最好成绩。同时，各地还加大了补发工作力度，全年补发历史拖欠养老金8.15亿元，无历史拖欠省份达到10个。在确保企业离退休人员基本养老金按时足额发放的基础上，各地还保证了医疗、工伤和生育等各项社会保险待遇的及时足额结算与支付，进一步保障了广大参保人员的基本生活，解除了企业和参保人员的后顾之忧，为维护社会稳定，促进经济社会发展做出了积极贡献。全年共支付基本医疗保险金862亿元，工伤保险金33亿元，生育保险金19亿元。

（二）扩面工作取得新成果

各地继续努力扩大社会保险覆盖范围，着力推进非公有制经济组织和灵活就业人员参加社会保险，各项社会保险的参保人数持续增加。截至2004年年底，全国基本养老保险参保人数达到16 353万人，比上年增加847万人。其中，参保职工12 250万人，比上年增加604万人；离退休人员4 103万人，比上年增加243万人。2004年，11个省区农垦企业135万在职职工和76万离退休人员，已全部纳入地方养老保险统筹，较好地完成了党中央、国务院下达的任务。基本医疗保险参保人数达到12 404万人，比上年增加1 502万人。其中，在职职工9 045万人，比上年增加1 070万人；退休人员3 359万人，比上年增加432万人。工伤保险参保人数达到6 845万人，比上年增加2 270万人。生育保险参保人数达到4 384万人，比上年增加729万人。各项社会保险覆盖面的不断扩大，维护了广大参保职工的基本权益，对深化国有企业改革，促进社会发展进步，发挥了积极作用。

（三）基金征缴收入再创新高

各地抓住我国经济较快增长的有利条件，狠抓基金征缴，各项社会保险基金均实现增收大于增支。全年社会保险基金（不含失业保险）总收入5 490亿元，总支出4 417亿元；期末累计结余4 107亿元，较年初增长36.4%。其中：企业基本养老保险基金收入突破3 000亿元，达到3 088亿元，比上年增收493亿元；支出3 031亿元，比上年增加315亿元，增收大于增支近178亿元。基本医疗保险基金收入1 141亿元，比上年增加250亿元；支出862亿元，比上年增加207亿元。工伤保险基金收入58亿元，比上年增加20亿元；支出33亿元，比上年增加6亿元。生育保险基金收入32亿元，比上年增收7亿元；支出19亿元，比上年增加6亿元。总体上讲，社会保险基金运行态势平稳，支撑能力进一步增强，为实现社会保险经办工作可持续发展，完善社会保障体系，奠定了基础。

（四）稽核和清理收回企业欠费取得新进展

各地进一步加大稽核和清欠工作力度，开展了领取基本养老金资格认证以及基本医疗保险、工伤和生育保险待遇支付稽核等工作。共清理收回企业欠缴的基本养老保险费163.5亿元，完成全年清欠计划的148.5%，企业欠费总额比年初减少19亿元，实现了年初确定的清欠大于新欠的目标。共查出企业少报缴费基数179.6亿元，少缴基本养老、医疗、工伤和生育保险费31.3亿元，已补缴到账25.4亿元；查出欺诈、冒领社会保险待遇1.14亿元，已追回1.06亿元。稽核和清欠工作力度的不断加大，有力地打击了欺诈、冒领行为，对防止社会保险基金“跑、冒、滴、漏”，确保增收节支，发挥了重要作用。

（五）社会化管理服务水平有了新提高

各地积极探索，不断规范管理，拓展服务内容，社会化管理服务水平不断提高。截至2004年年底，全国有3 430万企业退休人员纳入社会化管理服务，社会化管理率达93.2%，比年初增加497万人，提高8.7个百分点。其中，纳入社区管理的2 166万人，比年初增加865万人，占实行社会化管理企业退休人员的63.1%。

（六）基础管理迈出新步伐

各地适应社会保险事业发展的需要，转变管理理念，创新管理体制，强化基础管理，社会保险经办管理工作建设取得积极进展。全国31个省份及新疆兵团已全部与劳动保障部实现联网，20个省份实现了养老保险数据上传，涉及参保人员6 000多万人，比年初增加3 000多万人。同时，各地还按照劳动保障部的要求，积极推行养老、医疗和工伤保险业务规程试行工作，认真规范岗位设置、工作环节，明确岗位职责，工作质量和效率进一步提高，内部制约机制和规范化、透明度进一步增强。

（七）队伍建设取得新成绩

各地坚持“抓业务素质建设，抓系统行风建设，抓思想作风建设”，积极开展行风评议和“优质服务窗口”创建活动，干部队伍建设成绩喜人。有26个省份按要求开展了业务素质考核工作，5.3万人取得合格证书。在2004年全国五一劳动奖章（状）评选活动中，上海市社会保险基金结算管理中心荣获全国五一劳动奖状，河北省吴桥县社保局朱秀燕，山东省龙口县社保处王丽娜，江西省高安市社保局杨国华，吉林省长春市社保局张发文和吉林省吉林市社保公司高志霞5位同志荣获全国五一劳动奖章。

（八）国际交流合作开辟了新局面

国际社会保障协会（以下简称ISSA）在北京召开了第28届全球大会。这是ISSA组织第一次在中国举办的全球大会，来自151个国家、377个会员机构的1 500多名代表，其中有40个国家的80名副部长以上高官参加了会议。会议专门召开了中国特别全会，发表了北京宣言。黄菊副总理出席了在人民大会堂举行的开幕式，并代表中国政府致辞。我国与亚行合作的中国社会保险经办机构能力建设项目正式启动，上海、天津、吉林、山东、湖南、陕西等省市社会保险经办机构负责人和有关专家参与了有关工作。此外，中德、中韩社会保险协定、协议的执行情况也取得新进展，全年共办理有关证明书245份，均比上年有明显增加。

二、社会保险基金监督

（一）完善监管机制，共同推进监管工作

2004年4月，劳动保障部在珠海市召开全国社会保障基金监管工作会议。会议总结近两年基金监管工作经验，分析面临的形势，提出今后一个时期工作任务。在完善监管机制方面，重点提出了两个要求：一是加强社会保障监督委员会建设，发挥其沟通上下、联络左右的作用，共同推进监管工作；二是进一步推动劳动保障部等七部门《关于加强社会保障基金监督管理工作的通知》的贯彻落实，加强部门之间合作，建立协同监管机制。全国建立省级监督委员会24个，地市级监督委员会165个。云南省实现了全省范围内省地县三级全部建立监督委员会的目标，并且以监督委员会名义组织各有关部门参加，开展全省社会保险基金监督检查，取得了很好的效果。陕西省监督委员会定期召开工作会议，发挥监督委员会的领导、协调作用。

（二）强化监管手段，拓展监管内容

在指导各地开展现场监督的同时，研究起草了《社会保险基金非现场监督指导意见》，按照分类指导、分步实施、逐步完善的原则提出开展非现场监督工作的要求。为遏制不断出现的社会保险基金欺诈行为，指导地方开展了反欺诈工作。

（三）加大监管力度，查处重要案件

3月，根据国务院领导批示及部领导要求，劳动保障部会同民政部、财政部联合下发通知，要求各地立即对挤占挪用基金问题进行查处纠正，认真分析发生问题的原因，防止今后发生类似问题，并对问题较多的省区进行督查。截至8月底，已回收挤占挪用基金4.2亿元。认真受理群众举报电话。截至2004年年底，共接收举报电话570件，其中挪用基金15起，已结案12起，涉案金额5 849.5万元，收回4 120.17万元。

（四）加强法规建设，控制基金风险

结合吉、黑两省完善社会保障体系试点，指导研究制定《个人账户基金投资管理办法》。针对做实个人账户基金投资运营需求，与财政部国债司对购买国债的方式、品种、期限、利率等相关问题进行研究。

为配合《企业年金试行办法》和《企业年金基金管理办法》的贯彻实施，研究起草了《关于企业年金基金证券投资有关问题的通知》《企业年金基金管理机构资格认定暂行办法》《企业年金基金管理运作流程》《企业年金基金账户管理信息系统标准》和《企业年金基金管理机构资格认定专家评定规则》等配套法规，组织专家编辑出版《企业年金基金管理试行办法释义》《企业年金基金管理指引》和《企业年金运营与监管》，指导企业和年金管理机构的运作行为。

（五）会同财政部加强全国社会保障基金监管

2004年年底，全国社保基金规模为1 659.86亿元。全年实现投资收益45.91亿元，收益率为3.32%，比当年一年期定期存款利率2.25%高1.07个百分点。投资范围增加了对交通银行的股权投资。新增易方达等4家公司为投资管理人。

（六）加强队伍建设，提高监管能力

为使企业年金工作健康发展，培养工作骨干，举办了3期企业年金培训班，培训人员1 133人。各地结合《社会保险审计检查证》规范管理工作，有计划地开展培训，提高监管队伍素质和监管能力建设，全国有10个省市，2 969人参加培训并领取了审计检查证。

法 制 建 设

一、《劳动保障监察条例》出台，立法工作取得新突破

2004年11月1日，国务院发布《劳动保障监察条例》（以下简称《条例》），并于2004年12月1日起施行。《条例》总结了十多年来劳动保障监察工作的经验，规范了劳动保障监察程序，明确了劳动保障行政部门在劳动保障监察工作中的权利与义务，强化了劳动保障监察执法手段。对于进一步加大劳动保障监察执法力度，规范劳动保障监察执法行为，维护劳动者的合法权益，完善劳动和社会保障法律体系，促进劳动关系的和谐稳定与经济社会的协调发展，具有重要意义。《条例》的颁布、施行，获得了社会各界的广泛好评，并被《法制日报》等新闻媒体评为2004年度十大法制新闻。配合《条例》的颁布实施，劳动保障部制定颁布了《关于实施〈劳动保障监察条例〉若干规定》，对劳动保障监察程序等问题作出了进一步规范，促进了《条例》的实施。

在做好《条例》及其配套规章制定工作的同时，基本完成了《社会保险法（草案）》《劳动合同法（草案）》修改工作，为2005年报送国务院审议做好了准备；起草了《职业技能培训与鉴定条例（草案）》；按照全国人大农委要求，开展了《农民权益保护法》有关劳动保障权益保护内容的立法调研和法律草案起草工作；会同中国残疾人联合会起草了《残疾人就业条例（草案）》；配合国务院法制办对《职工带薪年休假规定（草案）》进行了修改；制定颁布了《企业年金基金管理试行办法》《企业年金基金管理机构资格认定暂行办法》。与此同时，各地根据工作急需并结合当地实际，出台了一系列劳动保障地方法规和规章，促进了各项工作的依法开展。

二、以维护农民工合法权益为重点，监察维权工作取得新成效

2004年，劳动保障部以维护农民工合法权益为重点，组织开展了四次专项执法检查活动。

一是会同公安部、国家工商行政管理总局、全国总工会于5月15日至6月15日，在全国联合开展了农民工劳动保障权益保护专项检查活动。重点是检查各类企业与农民工签订劳动合同情况、禁止使用童工情况、工资支付、参加社会保险情况以及职业中介机构遵守劳动保障法律法规情况等。

二是组织各地劳动保障部门于2004年8月10日至9月10日开展了贯彻实施《禁止使用童工规定》情况检查活动。

三是与国家环境保护总局、商务部、中国纺织工业协会联合开展了部分地区纺织企业遵守劳动保障及环境保护法律法规情况监督检查活动，督促企业贯彻落实国家劳动保障、环境保护法律法规，保障职工劳动保障权益和人身健康。

四是与建设部、全国总工会于2004年12月1日至2005年2月1日在全国范围联合组织开展了农民工工资支付情况的专项检查，取得了明显成效。据建设部门统计，截至2004

年年底，全国已偿还建设领域历年拖欠的农民工工资331亿元，占各地上报拖欠工资额（336亿元）的98.4%。其中2003年当年拖欠的农民工工资163.9亿元，已偿还163.7亿元，清偿比例达99.9%。

在组织开展专项检查，重点做好维护农民工合法权益工作的同时，各级劳动保障监察机构认真做好日常巡视检查和劳动保障年检工作，进一步加大对重点地区、重点企业的监察执法力度，及时受理群众举报案件，查处违反劳动保障法律法规的行为，维护了劳动者的合法权益。全年共主动检查用人单位115.2万户，涉及劳动者8 162.7万人；查处群众举报投诉案件25万件，结案率为98.5%；对100.2万户用人单位进行了劳动保障年检；备案审查用人单位制定的内部劳动保障规章制度62.9万件。通过劳动保障监察执法，共计查处各类违法案件36.6万件，责令用人单位限期改正22.2万件，作出行政处理决定1.4万件，作出行政处罚决定2.7万件。共责令用人单位为1 102.9万劳动者补签了劳动合同，责令用人单位补发870.6万劳动者的工资待遇等62.1亿元，督促18.4万户用人单位补缴社会保险费40.9亿元，督促8.8万户用人单位办理了社会保险登记、申报，取缔非法职业中介机构7 470户，纠正违反职业资格和职业培训规定的单位1.8万户，责令用人单位退还收取劳动者的风险抵押金1.3亿元，纠正用人单位制定的内部劳动保障规章制度12.1万件。

劳动保障监察制度建设和机构建设得到了进一步加强。一是推动各地建立健全劳动保障监察工作各项管理制度；二是推动各地在完善劳动保障年检制度基础上全面推行企业劳动保障守法诚信制度；三是积极推进各地健全劳动保障监察机构和充实人员，开展了监察员培训工作，继续推进在工会、妇联、共青团及新闻单位等组织中聘请劳动保障法律监督员的工作。

三、深化改革、开拓创新，执法监督和普法工作取得新进展

配合国务院审改办完成了劳动保障部的行政审批项目清理任务，在国务院审改办确认的45项劳动保障行政审批项目中，取消了13项，改变管理方式4项，保留了28项。在清理行政许可和行政审批项目的同时，根据国务院要求，对劳动保障部直接实施的行政许可项目的实施机关及被取消审批项目的设定依据进行了清理，修改了有关规范性文件；针对被取消审批事项的衔接和监管工作，研究制定并落实了相关的措施和办法，防止出现管理脱节；对改变管理方式的审批事项，及时做好向有关事业单位和社会中介组织的移交工作。加强规范性文件审核和备案工作，依法办理行政复议和行政应诉案件，纠正违法或不适当的具体行政行为，维护相对人的合法权益。

《条例》发布后，劳动保障部及时采取措施宣传贯彻《条例》。召开了各地劳动保障部门负责人参加的贯彻实施《条例》座谈会，对有关工作进行了部署。下发了《关于贯彻落实〈劳动保障监察条例〉的通知》和《〈劳动保障监察条例〉宣传提纲》，印制了《条例》宣传画，通过新闻媒体，并结合开展维护农民工劳动保障权益普法宣传活动对《条例》进行了广泛宣传。

根据劳动保障部《关于做好2004年劳动和社会保障法制宣传教育工作的意见》要求，各级劳动保障部门认真做好普法宣传工作，尤其是抓住《劳动法》颁布10周年以及《工伤保险条例》《行政许可法》相继施行等重要时机，积极组织开展普法宣传活动，取得了很好的普法效果。劳动保障部也重点组织开展了三次大的普法活动，一是联合全国人大常委会法制工作委员会、国务院法制办、全国总工会、中国企业联合会召开了《劳动法》颁布10周年座谈会，邀请全国人大常委会副委员长盛华仁同志出席会议并讲话。二是于11月份在全国范围内组织开展维护农民工劳动保障权益普

法宣传活动，各地劳动保障部门在普法宣传活动期间举办法规政策咨询、商请新闻媒体进行系列宣传报道，向农民工大力宣传劳动保障法律法规规定。三是组织编写了《农民工维权手册》，针对农民工最关心的问题，重点介绍了农民工在劳动保障方面享有的基本权利和维护自身权益的法律途径、应该履行的义务和需要注意的一些问题。劳动保障部及各地劳动保障部门免费向农民工印发了一批宣传手册，同时在劳动保障部政府网站公布了手册文本，供广大农民工及用人单位免费浏览、下载。

规划统计

一、规划工作

2004年，劳动保障规划工作不断推进规划理论、制度、方法和手段的创新，努力加强规划与整个国民经济和社会发展、与劳动保障事业发展、与年度各项工作目标的有机衔接，大力开展重大战略问题研究，科学编制规划，狠抓各项规划目标的落实，劳动保障事业发展规划工作取得新进展。

（一）着力抓好“十一五”规划编制工作

“十一五”时期是全面建设小康社会承前启后的关键时期，编制和实施好这一时期的规划，对于实现全面建设小康社会的宏伟目标具有十分重大的意义。按照中央的统一部署和要求，2004年全系统启动了“十一五”规划编制工作。各级劳动保障部门把“十一五”规划编制工作当作大事来抓，专门成立工作班子，制订工作方案，动员各方面力量，围绕劳动保障面临的重大问题广泛开展调查研究和数据测算，科学谋划劳动保障事业发展，研究提出目标任务以及实现目标任务的重大举措，初步形成了“十一五”时期劳动保障事业发展规划的基本思路，并广泛开展了研讨和论证。各地在“十一五”规划编制工作中创新工作思路，探索出一些有益的经验和做法。北京市劳动保障局成立了由相关委办局参加的“十一五”规划协调指导小组，建立起部门密切配合的工作机制，通过向社会公开招标，组织开展了21项重大课题前期研究并取得初步成效。广东省劳动保障厅一手抓规划编制工作，一手抓项目落实工作，研究提出了“五个一工程”，即一楼（每个市县劳动保障部门都要建起一个综合办公楼）、一场（每个市县都要建立一个劳动力市场）、一校（每个市县都要建立一个国家级的技校）、一所（每个市县的街道社区都要建立劳动保障事务所）和一网（全省劳动保障信息网络），以确保“十一五”劳动保障事业发展规划落到实处。

（二）制定并落实年度劳动保障事业发展计划

按照“早、精、实”的要求，在总结分析2003年劳动保障事业发展计划执行情况的基础上，结合劳动保障中心工作任务，在年初制定了2004年劳动保障事业发展计划。各地劳动保障部门重视抓好年度计划的落实工作，普遍实行目标管理，采取切实有效措施，加大计划执行力度，全年的各项计划目标全面实现。山东、湖北、陕西等省市，将劳动保障主要计划指标纳入了省政府的年度考核目标，与地市签订责任状，层层分解，落实到基层。同时进行考核评估，建立起奖惩机制，有力推动了年度计划工作的开展。

2004年对年度劳动保障事业发展计划工作进行了改革，在研究编制好年度事业发展计划的同时，按照全国再就业工作座谈会的部署和国务院领导的指示，首次组织各地编制了就业再就业专项计划，进一步明确和细化了“95147”的就业再就业目标任务。各地在计划执行过程中，采用按季调度的方式，逐级分解计划指标，落实目标责任，加强部门间的协调配合，采取切实有效的政策措施，确保了各项计划目标的落实。

（三）实施计划检查评估工作制度

劳动保障事业发展计划执行情况检查评估制度是劳动保障部于2003年在总结各地经验基础上建立起来的，是保证计划落实的一项重要工作制度。2004年，劳动保障部根据落实专项计划的需要，专门下发了《关于开展就业再就业专项计划执行情况检查评估工作的通知》，完善了专项计划的检查评估制度。各地按照建立和实施计划检查评估制度的要求，结合政策落实情况专项检查、统计会审和劳动保障形势分析等，采用多种方式开展了年度计划执行情况检查评估工作。在此基础上，对各地2003年度计划执行情况进行了通报，取得了积极成效。

（四）加强规划基础建设

2004年规划基础工作建设得到加强。一是加强了对规划基础理论的研究和对实践经验的总结，逐步形成了一套新形势下劳动保障规划工作的理论、制度、方法和机制，并将其纳入劳动保障系统干部培训教材。二是加强了规划工作信息化建设，搜集整理了一批与劳动保障事业发展相关的数据资料，包括国内外经济和社会发展的数据、劳动保障数据和政策信息等，为科学制定规划、动态监测规划实施情况等打下良好的信息基础。

二、统计工作

2004年，劳动保障统计工作取得了新的进步，统计制度进一步完善，统计方法进一步改进，统计管理进一步加强，统计服务决策的水平进一步提高，较好地发挥了统计工作的作用。

（一）完善制度建设，统计数据实现统一归口管理

进一步完善统计会审制度，坚持每季度对劳动保障核心数据进行会审，统一对外发布。与此同时，在全国劳动保障系统推行统计会审制度，到目前为止，各级劳动保障部门形成了“统一会审，一个口子出数”的新机制，解决了长期存在的“数出多门”的问题。

在搞好系统内部会审的同时，为解决就业和再就业数据底数不清的问题，劳动保障部与国家统计局、国家工商局经过反复研究，建立三家会审机制，联合下发了《关于印发〈城镇就业变动数据测算办法〉的通知》。为进一步明确统计口径，随后又下发了《关于开展城镇就业人员变动数据测算有关指标解释的函》，使会审数据更加符合实际。

（二）改革统计调查方法，为领导科学决策提供有力支持

2004年4月，为贯彻落实全国再就业工作表彰大会和全国人才工作会议精神，按照国务院领导关于改善农民工就业环境的重要指示，经国家统计局批准，劳动保障部在全国40个城市开展了城镇单位岗位空缺和技能人才情况调查。调查分析报告及调查数据在工作研究中发挥了重要作用。城镇单位岗位空缺和技能人才情况调查达到了预期目的，为今后开展大规模抽样调查积累了宝贵的经验。

各地劳动保障部门在做好常规统计报表的同时，也主动开展一系列的抽样调查和典型调查。山东、贵州、陕西、云南等省市在全省范围内开展了城镇劳动力就业和社会保障状况抽样调查，北京市开展了低收入职工情况调查，河北省开展了农民工社会保障状况调查，河南省开展了全省欠缴社会保险费情况调查、企业欠发职工工资情况调查、企业军转干部待遇情况调查等专项调查。

（三）加强统计分析，拓宽统计工作进言献策渠道

2004年，结合劳动力需求调查完成了《40个城市单位岗位空缺和技能人才情况调查报告》。每季度在定期报表数据的基础上，对劳动保障工作进展情况进行比较全面的分析。结合灵活就业和社会保险基金收支等热点问题，完成了《关于我国灵活就业情况的统计分析报告》和《关于对企业基本养老保险基金征缴收入情况的分析报告》。2004年二、三季度，先后四次向全国人大财经委汇报最新的劳动保障工作情况，并对劳动保障工作面临的形

势进行了分析和预测。

（四）编印多种统计资料，丰富统计数据的产出形式

2004年5月，劳动保障部与国家统计局联合发布了《2003年劳动保障事业发展统计公报》，全面反映了劳动保障工作的进展情况。在汇总年报数据的基础上，同国家统计局共同编辑出版了《中国劳动保障统计年鉴（2003）》及光盘。在2000年人口普查数据基础上，组织加工整理了劳动力方面的数据，编辑出版了《2000年人口普查劳动力统计资料》。根据全国部分城市的工资价位调查数据，编辑出版了《2003年中国劳动力市场工资指导价位》及光盘。同时，将主要统计数据及时上网，方便了社会各界和有关部门的查询，扩大了统计工作的影响。

信息化建设

2004年，根据劳动保障部党组的总体部署和金保工程建设的工作安排，金保工程建设确定了“三个完成，三个推进”的工作目标，即完成金保工程立项、部省联网和有关试点工作，推进数据中心建设、统一软件开发应用和其他各项信息化工作。各级劳动保障部门团结协作，在金保工程立项、全国联网及应用、统一软件的开发与推广、公共服务系统建设和加强对地方的指导等各项工作中均取得了明显成效，劳动保障信息化水平得到了较大提高。

一、完成中央各项立项审批程序，推动地方立项工作

在2003年8月国务院批准了《金保工程一期项目建议书》的基础上，2004年金保工程一期中央部分的初步设计和投资概算以及金保工程西部地区补助方案相继获得批复。中央部分的立项审批工作全部完成。中央级建设资金和西部补助资金的投资计划于11月分别下达。

积极推进地方立项工作，根据制定的地方可行性研究报告审查要点，组织人力及时对各地报送的可行性研究报告进行了审查和批复。截至2004年年底，除上海、黑龙江外，全国30个地区（含新疆生产建设兵团）完成了可行性研究报告的编制工作，并通过了劳动保障部的审查。同时，各地可行性研究报告也已陆续报送至同级项目审批部门，其中广东、重庆、青海、江西、河南、吉林、陕西7个省（市）已获得批复。

二、实现全国联网预定目标，联网应用进一步扩大

年初召开了2003年已联网的12个省区市和2004年应联网的20个省区市（含新疆生产建设兵团）部省联网工作座谈会，对2004年的联网工作安排、数据整理实施方案提出了明确目标和要求。截至12月中旬，32个省级单位全部与劳动保障部实现了联网，完成了年初预定目标。

在联网应用方面，在实现部省联网的基础上，有20个省级单位实现了联网传输养老保险宏观分析数据；下发了《关于建立失业登记和失业保险监测制度的通知》（劳社厅发[2004] 16号）、《失业登记和失业保险监测信息分析设计及基本项目》《失业登记和失业保险监测数据标准》《失业登记和失业保险监测数据库结构》等规划标准文件，失业登记和失业保险监测联网应用开始启动；医疗保险管理服务监测、工伤保险管理服务监测和社会保险基金监管等项联网应用开始调研和设计；完成了部省视频会议系统技术方案的制订，设备招标采购，部及32个省级单位视频会议系统的安装、配置和调试工作，于12月23日正式开通部省视频会议系统并成功召开了近期培训就业工作情况通报视频会议。

三、统一软件的开发应用持续得到发展

2004年，完成了基于J2EE标准的B/S/S三层体系架构的“劳动99”三版软件的招标、需求分析和开发工作，并于10月正式发布；

完成了全国联网失业监测软件的需求分析、初步设计、详细设计及编码工作。

主体软件应用范围进一步扩大。截至2004年年底，社会保险核心平台软件已在全国28个省的274个统筹地区得到应用，其中有37家使用了二版软件；“劳动99”软件应用由2003年的159个城市扩大到了174个城市；劳动和社会保险统计信息管理系统应用范围进一步扩大，劳动工资和农村社会保险两个业务系统开始使用软件处理相关统计报表，截至2004年年底，该软件累计推广总数达11 700多套。

四、加强工作指导，积极推进数据中心建设

10月，在福建省厦门市召开了劳动和社会保障信息化工作会议，劳动保障部部长郑斯林到会，传达了黄菊副总理对金保工程建设的批示精神，并作了《全面推进金保工程建设，努力实现劳动保障事业的全面可持续发展》的重要讲话。会后下发了《关于进一步加快实施金保工程建设的意见》（劳社部函［2004］262号）和《金保工程示范城市建设实施方案》等文件，对金保工程建设重点工作作了进一步部署。组建了金保工程调度室，下发了《关于进一步加强金保工程调度工作的通知》（劳社信息函［2004］8号），定期对各地金保工程建设实施情况，特别是各地数据中心建设和数据整理入库情况进行跟踪了解。在《中国劳动保障报》开设“关注金保工程”专栏，加强了对地方的指导和宣传。

五、公共服务系统建设和电子政务试点示范工程取得阶段性成果

继续加强部政府网、劳动保障系统工作信息网、部办公网和中国劳动力市场网的建设和管理，网站的访问量稳定增长。政府网站2004年月均访问人数超过40万人，月均点击次数超过1 600万次，全年点击次数平均每月增长6%。截至2004年年底，已有24个省级单位和81个市级单位的政府网站同部政府网站建立了链接。中国劳动力市场网站2004年月均访问人数超过17万人，月均点击次数超过900万次，全年点击次数平均每月增长12.5%，21个省级单位和137个市级单位的劳动力市场网站与中国劳动力市场网站建立了链接。

制定下发了《劳动保障电话咨询服务系统建设指导意见》（劳社信息函［2004］13号），对各地电话咨询服务中心的建设加强了督促和指导。北京、上海、广州、南京、贵阳、长春、深圳、珠海、大连、郑州等多个城市建立了电话咨询服务中心，有20个省会城市正在筹建电话咨询服务中心。

完成了电子政务试点示范工程“网上公共职业介绍应用系统”的开发、运行环境准备、系统部署和用户培训等工作，建立了基于公钥基础设施技术的劳动保障部安全应用支撑平台，下发了《关于电子政务试点示范工程网上公共职业介绍应用系统试点工作安排的函》（劳社培就司函［2004］73号），于8月开始在大连、济南、苏州等6个城市开展试点工作，系统运行状态良好。

六、社会保障卡建设稳妥有序

2004年社会保障卡工作继续稳步推进。根据《行政许可法》和国务院有关文件，对行政许可项目“社会保障卡专用COS（卡内操作系统）核准”和保留的非行政许可的行政审批项目“发行社会保障卡审批”的工作流程及相应的管理制度进行了修订和完善。在完成社会保障卡的注册审批、密钥分散、PSAM卡发放、技术咨询、协调管理等工作的同时，劳动保障部把国产算法在社会保障卡中的应用作为本年工作重点，并就国产算法的实施问题与国家密码管理委员会办公室等有关单位进行了多次沟通和交流，形成并下发了《社会保障卡应用国产算法实施计划》，确定上海、杭州、无锡等地为国产算法应用试点。同时完成国产算法密钥管理系统、PSAM卡、COS

检测平台等的开发工作，并组织相关国产算法产品的研发和测试，为国产算法试点做好技术准备。截至2004年年底，全国累计已有48个地区完成发卡注册并领取密钥，其中，43个地区已发放社会保障卡，累计发卡量达1 600万张。

科 学 研 究

2004 年，劳动保障科学研究紧紧围绕劳动保障工作的中心任务和工作目标，开展了一系列重大课题研究。为领导决策和实际工作的开展提供了理论支撑，为推动劳动保障事业全面、协调、可持续发展发挥了重要作用。

一、科研理论研究工作

（一）劳动就业和劳动关系方面

完成《完善社会主义市场经济体制中的劳动关系问题研究》《小城镇就业和社会保障政策研究》《高技能人才队伍建设的理论与实践研究》《劳动争议处理体制研究》《我国经济增长与就业状况的总体分析及前景展望》《信息化与扩大就业研究》《促进就业法起草中的难点问题研究》《促进就业长效机制研究》《国际劳工“地方经济发展促进就业（LED）”项目》《国际劳工“中国灵活就业对策”项目》《广东省城市化中的城乡统筹就业问题研究》《黑龙江省振兴老工业基地技能人才建设战略研究》《企业社会责任运动应对策略研究》《劳动力需求预测及就业战略研究》《人才激励机制与薪酬体系研究》《2001—2002 年农村劳动力流动与就业状况年度报告》《劳动保障统计指标体系研究》《农村劳动力流动就业重点监控分析预报系统研究》《关于农民工短缺调研报告》《关于技工短缺调研报告》《完善农民工进城务工就业环境研究报告》和《艾滋病对工作场所的影响研究》等课题报告。

（二）工资分配方面

完成《“十一五”期间企业工资收入分配变化趋势与健全宏观调控机制研究》《居民收入分配关系存在的突出问题》《当前我国不稳定因素分析研究》《中国居民收入分配关系预警系统研究》和《社会保险缴费工资基数的核定与征缴问题研究》等课题报告。

（三）社会保险方面

完成《小城镇就业政策和社会保障制度研究》《非正规就业群体社会保障问题研究》《人口与社会保障研究》《完善城镇社会保障体系研究》《经济社会统筹发展中的就业、收入分配和社会保障协调机制研究》《农民工社会保险问题研究》《中国社会保险监测评估系统》和《医疗保险预测预警系统》等课题报告。

（四）国际劳动和社会保障方面

完成《国外社会保障制度改革引发社会动乱情况研究》《国外促进就业立法研究》《全球化条件下中国就业政策研究》《发达国家开展基层、社区就业服务的做法及对我国的启示》和《企业社会责任对我国劳动保障和外贸出口的影响研究》等课题报告。

此外，还按照中财办、中央政策研究室、中办秘书局、国务院研究室、国务院人口领导小组、国务院发展研究中心、国家自然科学基金会等部门的要求，就有关重大理论和政策问题进行了专题研究，按时完成了多项课题任务。

二、科研项目开发工作

劳动保障科研院所在开展课题研究的同时，注重科研成果的开发、转化和利用。院所组织科研和管理人员通过积极探索，加大参与科研成果转化和开发新项目的工作力度，承担了社会和企业有关薪酬方案设计、人力资源培训、政策法规咨询、软件运用开发等项目，将研究成果直接运用于实际工作和改革的实践，收到了较好的社会和经济效果。

此外，在科研工作中注重深入调查研究，使科研与实际工作紧密结合。组织多方专家学者就有关重大理论和实践问题进行学术交流和研讨。2004年共召开各种国际、国内会议20多次。通过组织召开科研工作座谈会、重大项目研讨会、论证会及学术交流会等，充分听取并吸收各方面的意见，有力地推动了科研工作的开展。

三、国际交流合作工作

本着国际交流合作要为科研服务的思想，根据科研工作重点，科研院所有针对性地组织了8个出国培训考察团组，跟踪国外的劳动保障方面的最新研究动态，学习借鉴国外先进经验。围绕着国际合作交流项目，开展了相关活动，包括亚太劳研网组织的项目，中英共同执行的“中国劳动争议仲裁院试点建设”合作项目，法国国际社会合作所考察西部项目，组团出席“东北亚劳动论坛”，接待赞比亚劳动和社会保障部部长、非洲国家执政党、越南劳动荣军社会事务部部长、加拿大社会发展部副部长等20多个代表团组。承办了“中国—东盟失业保险与就业服务高层研讨会”。

四、图书文献工作

图书文献是开展科研工作的重要组成部分。积极配合科研工作，对科研所需数据库进行分类整理和完善，进一步充实了科研信息网中图书文献、法律法规和典型案例数据库数据，完成《图书文献快报》网络版编写，为院所及劳动保障部有关单位就专题文献提供服务。

新闻宣传与出版

一、新闻宣传和信息工作

2004年是贯彻落实党的十六大和十六届三中、四中全会精神，全面贯彻落实科学发展观的关键之年。在党中央、国务院的正确领导下，劳动保障的各项工作都取得了新的进展。2004年也是劳动保障新闻宣传工作再上新台阶的一年。各级劳动保障部门认真学习贯彻全国劳动和社会保障工作会议精神，按照全国劳动保障宣传工作座谈会的部署，积极贯彻落实《关于进一步加强和改进劳动保障宣传工作的意见》（劳社厅发［2004］12号）提出的各项任务和要求，坚持宣传工作与业务工作紧密结合，坚持以团结鼓劲和正面宣传为主，坚持宣传内容形式的不断创新和与时俱进，积极发挥舆论的导向、监督作用，为劳动保障事业的发展营造了良好的舆论环境。政务信息工作进一步加强。为进一步做好劳动和社会保障政务信息工作，各级劳动保障部门立足于劳动保障中心工作，采集编辑了大量有价值的政务信息，为领导提供了决策参考，同时，对指导各地劳动保障工作发挥了重要作用。

（一）新闻报道数量增多，质量提高

2004年，在各地劳动保障部门和部属各单位的支持和共同努力下，加大了协调采访报道工作力度，中央媒体关于劳动保障工作的宣传报道较去年数量大幅度增加，质量明显提高。全年共安排采访324人次，组织中央媒体对劳动保障部重要会议和活动采访报道29次。中央级媒体共刊播报道2 820余条，较2003年增加420余条，其中人民日报、新华社、中央人民广播电台和中央电视台新闻联播、焦点访谈、东方时空等重要版块、栏目刊播新闻稿件1 000余篇。

（二）再就业宣传形成声势

8月至10月，劳动保障部向各地转发了中宣部《关于深入开展再就业宣传报道的意见》，对再就业宣传进行了全面部署，指导各地加强宣传报道工作，并组织中央媒体通过开辟专栏、发表社论、系列专题报道等形式，对全国再就业工作表彰大会精神和再就业典型进行系统的宣传报道。经报请国务院领导同志批准，推出了再就业十大典型，组织新华社等中央媒体进行了深入报道，在全社会引起很好的反响，推动了就业再就业工作的深入开展。

（三）对外宣传开创新局面

4月和9月，配合国务院新闻办参与起草并发布了《中国的就业状况和政策》和《中国的社会保障状况和政策》两部白皮书，引起了国际社会和社会各界的广泛关注。4月、7月和9月，充分利用中国就业论坛、APEC劳动保障高层研讨会和国际社会保障协会第28届全球大会（以下简称ISSA大会）的召开，通过媒体广泛宣传、制作电视宣传片、印制宣传画册、举办展览等多种形式，从不同侧面展示了我国近几年来劳动保障事业所取得的成就，树立了中国政府以人为本的形象。特别是ISSA大会的宣传报道工作，实现了参会媒体数量创纪录、报道数量创纪录、现场采访创纪录、专栏专版创纪录等四大突破。

（四）专项宣传活动成效显著

一是维权宣传广泛深入。针对国内媒体普

遍关注劳动者维权话题的情况，11月，围绕《劳动保障监察条例》的发布，组织策划了对《条例》的宣传和进城务工人员维权咨询活动，采取现场直播、系列访谈、主动发布消息等形式，广泛深入宣传了《条例》的主要内容、劳动者的维权渠道和将给劳动者带来的实惠，使劳动者维权话题成为当期国内的焦点新闻，树立了政府关心民生、体贴百姓、关注维权的形象。

二是高技能人才宣传长流水、不断线。一年来，先后组织开展了党和国家领导人北戴河接见高技能人才、“三年五十万新技师培养计划”、全国首届数控技能大赛、高技能人才出国考察、中华技能大奖和全国技术能手表彰等宣传报道工作，既宣传中华技能大奖获得者和全国技术能手的先进事迹，宣传为培育技术工人做出突出贡献的单位，也宣传国家在高技能人才培养、选拔、评价、使用、激励、交流、保障等方面的政策措施，为在全社会形成尊重技能人才的时代风尚做出了贡献。

三是《劳动法》宣传掀起新高潮。6月至10月，组织开展了纪念《劳动法》颁布10周年劳动保障知识竞赛活动。通过在《人民日报》等媒体整版刊登试题，组织全国各地职工参与竞赛，进一步普及了劳动保障政策法规。据统计，全国各地共有90多万人参赛答题，取得了良好的社会效益。7月和12月，分别组织了纪念《劳动法》颁布和实施10周年的报道工作，宣传了10年来劳动保障法制建设取得的积极进展和成就。

此外，还围绕今年劳动保障工作取得的新进展和成就，开展了广泛的宣传报道工作。组织开展了《国家基本医疗保险和工伤保险药品目录》、医疗保险改革10周年成就、《工伤保险条例》实施1周年、我国境外就业中介管理、创业培训等方面的宣传报道工作。

（五）部属报刊在宣传工作中继续发挥重要作用

2004年，《中国劳动保障报》紧紧围绕劳动保障工作加强整体策划，突出深度报道，集中力量组织了对“两会”“中国就业论坛”以及ISSA大会和全国劳动保障工作会议等重要会议和事件的报道。紧密配合以就业再就业和“两个确保”为中心的劳动保障业务工作，积极宣传报道劳动保障工作中的热点难点问题，适应读者需求，开辟专栏宣传政策，解答群众问题。深入基层进行采访，发表了一批质量较高的系列报道和影响较大的文章，其中，有40多篇被《新华文摘》、中央电视台和中央人民广播电台等中央主流媒体转（摘）发，有11件好新闻、版面、漫画、摄影作品获产业报协奖励，1件作品获司法部组织的新闻评选三等奖。全年共出版244期，发行超过10万份，经营收入比上年增长8%。

《劳动保障通讯》加强宣传策划力度，部分栏目和版式设计有较大改进；围绕劳动保障中心工作，及时报道各地劳动保障改革发展的经验成就，针对当期劳动保障的重点、难点和热点问题组织宣传报道，较好地发挥了杂志作为劳动保障部工作指导期刊的作用。《中国社会保障》在强化品牌形象、坚持社会效益和经济效益方面取得新的成效，在传播劳动保障理论和宣传劳动保障政策方面继续发挥着积极作用。《中国劳动》《中国培训》《中国就业》《职业》《劳工世界》《劳动和社会保障法规政策专刊》等刊物和劳动保障部政府网站及中国劳动力市场网站等也在宣传劳动保障政策和劳动保障工作方面发挥了应有的作用。

（六）政务信息工作再上新台阶

2004年，共办理信息阅办件368件。上报《劳动和社会保障情况反映》3期。《劳动保障部专报信息》123期，其中中办采用113条，国办采用101条。编辑下发《劳动和社会保障工作信息》52期。编辑《参阅资料》58期。采用各地信息360余条。信息工作继续坚持准确、及时报送的原则，在提高数量的同时，进一步强化质量的提高，实现上通下达。《劳动和社会保障情况反映》和《劳动保障专报信息》基本做到了将劳动保障部和系统内有关政策和工作进展情况及时上报，并做到有情况、有分析、有建议；《劳动和社会保障工作信息》坚持对地方工作有指导、有借鉴、有启发；《参阅资料》则侧重于将地方落实各项政策情况、工作中存在的问题、政策建议及与劳动保障工作有重要关系的事件及时上报。劳动保障部信息工作连续两年被中办评为信息报送先进单位及先进个人。2004 年，中央、国务院领导在劳动保障部报送的信息上批示共 25 件（次），在推动工作方面起到了非常重要的作用。

二、出版工作

2004 年，中国劳动社会保障出版社提前并超额完成了三年选题规划和五年发展规划中当年的各项目标。图书的先进性、科学性、适用性得到市场的认可和用户的好评，发行取得了较好的成绩。全年共发行图书3 000多种，1 950万册，销售码洋 2.74 亿元，比 2003 年增长 29.25%，为建社以来的最高水平，进一步强化了其作为职业教育与职业培训教材重要出版基地、劳动保障和安全生产专业图书权威性出版社的地位。

全年共印制图书1 442种，其中出版新书 644 种，与 2003 年相比，增加了 177 种，增长了 37.9%，重印率达 55.3%。同时，质量合格率和优良率继续保持较高水平，多部图书获奖。在中国出版工作者协会、中国美术家协会联合举办的第六届全国书籍装帧艺术评奖中，《计算机动画设计与制作》丛书获装帧设计铜奖，《赢得你想要的工作》求职系列和《花卉园艺工》获封面设计优秀作品奖。在中国出版工作者协会举办的2004 中国年鉴奖暨第三届全国年鉴评比中，《中国劳动和社会保障年鉴（2003）》获综合奖二等奖。在中国劳动法学研究会举办的《劳动法》10 周年优秀科研成果奖评比中，《中国劳动法若干重要理论与政策问题研究》《劳权论》荣获著作类一等奖，《工业化市场经济国家的集体谈判》荣获著作类二等奖，《世界劳动立法》《外国劳动和社会保障法选》荣获教材奖。

国际交流与合作

2004年是劳动保障国际交流与合作工作大发展的一年，在国内举办了多次重大国际会议，高层交往活跃，多双边交流与合作领域拓宽，境外就业工作取得新进展。

一、高层交往

郑斯林部长8月率团访问波兰、匈牙利、保加利亚。王东进副部长6月出席亚欧会议就业大会、劳工大会，并于11月出访葡萄牙、挪威。步正发副部长9月出席国际移民组织亚洲劳工部长会议，随后率团访问马来西亚、南非。华福周副部长7月率团出访德国和意大利。张小建副部长11月率团出访墨西哥、古巴。刘永富副部长3月率团出访澳大利亚和新西兰。中央纪委驻劳动保障部纪检组组长崔会烈11月率团访问印度、斯里兰卡。

一年来，通过多双边活动，接待了60多位外国部长、副部长等。美国劳工部长赵小兰率四位助理副部长于2004年6月访华。这是近10年来美国劳工部长首次访华，也是美国劳工部历来最高层次的访华团组。访问期间，劳动保障部与美国劳工部签署了关于工时和企业年金的合作谅解书。通过此次访华，中美双方增进了理解，加强了合作。同时，对我国总体外交战略的实施和中美两国关系的发展也起到了积极的推动作用。

2004年，劳动保障部与美国、英国、德国、伊朗、莫桑比克等国劳动保障部门共签署了6个合作协议。

双边高层交流与合作进一步发展，巩固和增进了劳动保障部与有关国家劳动保障部门的友好交流与合作，有力地宣传了我国劳动和社会保障改革的成果。

二、多双边交往与技术合作

继续组织落实中国—欧盟社会保障合作项目。经过双方积极努力，该项目文件已于2004年12月8日在中欧第七次首脑会上签署。欧盟将为该项目提供2 000万欧元用于完善我国社会保障制度，主要是提高政策开发和管理能力，并开展教材开发和培训活动。该项目是迄今我国在社会保障方面对外合作最大的项目，投入多，周期长。项目正在组织招标，执行期5年。

中美劳动法律项目按照项目计划开展了相关活动，取得了比较积极的成果。在《劳动保障监察条例》出台前，邀请美方专家对《条例》草案进行了讨论，对草案的修改提出了建设性意见。在两个试点城市（天津和昆明）建立了弱势群体法律服务中心，农民工行前培训活动已经开始进行。

中英失业保险项目全面展开，进行了中期评估。中加能力建设项目（基金反欺诈）、中加失业保险项目（宏观政策）和中德下岗女职工项目二期顺利实施。

创业培训（SIYB）项目，在与国际劳工局的共同努力下，争取到英国发展署330万美元的资金支持，于2004年7月正式启动了创业培训项目。该项目在14个城市试点，100个城市参与。

完善社会保障机构经办能力建设项目。向亚洲开发银行提交了2004—2005年度劳动保障部与亚行的合作建议书，多次接待亚行政策磋商调研团。亚行决定提供 70 万美元技术援助“完善社保经办机构能力建设项目”。该项目已于 2004 年 5 月启动。开展了灵活就业人员医疗保障问题课题研究。组团赴德国、新加坡、韩国进行了考察，与国际劳工组织专家就灵活就业和医疗保险及其管理制度等问题进行了交流。

三、国际组织活动

中国就业论坛。2004 年 4 月，劳动保障部与国际劳工组织在北京共同举办了中国就业论坛，这是国际劳工组织历史上第一次与成员国共同举办专业性论坛，国内外代表近 500 人与会。国内各省、自治区、直辖市和计划单列市劳动保障部门主要负责同志出席了论坛。温家宝总理会见了出席论坛的国际劳工组织总干事和 20 多位与会的外国劳工部长，黄菊副总理出席开幕式并致辞。论坛发表了《北京共识》这一历史性文件，对中国积极的就业政策给予了高度评价。

国际社会保障协会全球大会。2004 年 9 月，在北京成功地承办了国际社会保障协会第 28 届全球大会，超过1 500名中外代表与会，各地劳动保障部门和社保经办机构主要负责同志出席。黄菊副总理会见了国际社会保障协会高官及与会的各国部长，并出席开幕式、致辞。大会期间举办了中国社会保障特别全会，专门介绍中国的经验。大会发表了《北京声明》，按照我国的提议，声明强调了让人人享有社会保障的理念。

APEC 劳动保障高层研讨会。根据胡锦涛主席 2003 年在 APEC 第十一次领导人非正式会议期间提出的 APEC 劳动保障领域合作倡议，2004 年 7 月，在辽宁沈阳市举办了 APEC 劳动保障高层研讨会。15 个 APEC 成员的高级官员和专家以及东北三省等有关地方劳动保障部门负责同志共 120 人出席了会议。郑斯林部长、王东进副部长出席会议并致辞。

东盟 10+3 劳工部长会议及其与中国的后续行动。2004 年劳动保障部第四次参加东盟 10+3 劳工部长会议。继前两年在海口和柳州举办了中国—东盟社会保障研讨会，2004 年 10 月又在珠海成功举办了中国—东盟失业保险及公共就业服务高层研讨会。

第 92 届国际劳工大会及第 290 次理事会，王东进副部长与会。大会主要围绕总干事关于国际劳工组织 2002—2003 双年度计划实施情况报告进行了一般性辩论；通过了“人力资源”建议书；通过了关于工作中社会性别问题的决议；对移民工人问题进行了一般性辩论；对会员国实施已批准公约的情况进行了审议。大会期间还召开了亚太地区劳工部长会议。

组织参加了国际劳工局第 289、290、291 次理事会。

向国务院报送第 91 届国际劳工大会通过的国际劳工标准；正式启动批准第 111 号公约的程序；向香港征询关于适用第 111 号国际劳工公约的意见；向国际劳工组织提交我国履行已批准国际劳动公约报告；开展了关于基本人权公约的调研。

此外，还参与了 WTO、APEC、亚太自贸区等服务贸易谈判中相关问题研究以及境外人员和机构安全工作。

四、召开全国劳动保障国际交流与合作工作座谈会

2004 年 12 月中旬，在海口召开了全国劳动保障国际交流与合作工作座谈会。这是劳动保障部成立以来第一次就劳动保障系统国际交流合作问题召开全国性会议。王东进副部长出席了会议并发表了《认真做好新时期国际合作与交流工作，为劳动保障事业全面协调可持续发展服务》的重要讲话。

五、境外就业

2004 年 11 月 15 日，在广西北海召开全国境外就业中介机构管理工作会议，王东进副部长出席会议并讲话。与公安部、外交部等七部委联合组织了打击非法出入境中介的“春雷

行动”，并取得阶段性成果。妥善处理了赴哥斯达黎加、帕劳等国家和地区的境外就业违规经营行为。

根据《境外就业中介管理规定》，进一步规范境外就业中介机构审批工作，截至2004年年底，全国共有351家机构获得劳动保障部颁发的境外就业中介机构经营许可证，遍布全国26个省、自治区、直辖市。截至2004年年底，通过中介机构介绍，累计有62 671人出境就业。

继续赴日研修生的派遣工作，保持与中国驻日使馆及日方接收机构和企业的沟通以加强研修生境外管理，积极开拓技能开发交流的新渠道。

学会与协会

一、中国劳动学会工作

（一）重要会议

2004年3月6日，中国劳动学会第五届第七次常务理事会议在北京召开，原则通过了《中国劳动学会2003年度工作总结和2004年度工作计划》。

3月17日至19日，全国劳动学会秘书长工作会议在重庆市召开。会议在总结学会工作的同时，讨论和交流了学会工作经验。

8月21日至23日，中国劳动学会在云南省昆明市召开全国劳动学会会长工作会议。这是中国劳动学会成立以来，首次召开全国劳动学会会长工作会议。

（二）主要学术研讨活动

7月21日至22日，中国劳动学会与新疆劳动学会在乌鲁木齐市联合举办了《劳动法》实施10周年及劳动保障法制建设回顾与展望学术研讨会。会议代表对《劳动法》颁布实施10周年以来所取得的成绩和存在的问题进行深入探讨。

10月23日，中国劳动学会2004年度年会暨新时期劳动关系问题学术研讨会在湖北省武汉市召开。劳动保障部副部长王东进作了《以科学发展观为指导，深入开展新时期劳动关系问题研究》的主旨报告。会议通过了《关于增补中国劳动学会副会长的建议》《关于增补中国劳动学会常务理事的建议》《关于中国劳动学会第六届换届工作的若干意见》和《中国劳动学会会费调整办法》。

11月9日，中国劳动学会企业信息经验交流会在湖北省十堰市召开。会议广泛交流了信息经验，尤其是跨行业的信息经验，有利于工作的推动。

根据劳动保障工作及企业改革和发展的需要，积极组织专项课题研究工作。一是组织推动各会员单位围绕促进就业与再就业、劳动关系调整、理顺收入分配关系以及完善社会保障体系等问题开展研究；二是针对农民工这一弱势群体，完成了“农民工权益保障”课题研究；三是开展“构建和谐稳定的劳动关系战略目标及中长期发展规划研究”。

（三）培训工作

2004年，中国劳动学会在云南省昆明市举办了《企业劳动政策法规》培训班。来自全国各地130多名企、事业单位从事劳动保障工作的业务人员参加了培训。

（四）对外交流活动

6月23日，国际劳动关系学会第五届亚洲大会在韩国首都汉城召开，来自世界30多个国家和地区的450多名代表与会。中国劳动学会参加了这次会议，并提交了研讨报告。

二、中国职协工作

2004年，中国职协以贯彻全国人才工作会议和《民办教育促进法》精神，配合国家高技能人才的培养工程为主题，积极开展工作。

（一）积极推进企业培训师职业资格制度建设

2004年，共有8个省（直辖市）、5个行业经审批获得资格开展企业培训师试点工作，组织1 500余人参加企业培训师职业资格培训。

（二）制定民办职业培训学校信用等级评价办法

根据劳动保障部的要求，2004 年 9 月中国职协正式承担《民办职业培训学校信用等级评价办法》的制定工作。

（三）加强理论研究和科研成果推广工作，扩展研究领域，提升活动质量

10 月，中国职协在珠海召开学术委员会年会。会上调整通过了学术委员会领导组成人员，林用三会长当选为新一届学术委员会主任。

完成了 2002—2003 年度的科研成果评审工作，并对下一年度的科研成果评审工作进行了部署。

（四）加强对外交流与合作，开展双边合作项目

继续承办日本海外职业训练协会 APEC－IT 技能研讨会和研修班项目。继续承接日本厚生劳动省的海外调研项目。

三、中国劳企协工作

2004 年，中国劳动就业服务企业协会坚持为企业服务，为企业办实事的宗旨，以贯彻落实再就业扶持政策，促进下岗失业人员再就业为中心，推动劳服企业、小企业、社区就业实体的发展，有效促进了下岗失业人员实现再就业。截至 2004 年年底，全国劳服企业、社区就业实体、生产自救基地共有 25.3 万个，比 2003 年增加 1.3 万个，增长 5.4%。2004 年，中国劳企协根据新形势要求，经民政部同意，更名为中国就业促进会。

（一）进一步规范街道社区劳动保障平台建设，加强劳动保障协理员专业化队伍建设

3 月 1 日至 3 日，与劳动保障部培训就业司、社保中心在天津市联合举办了北片重点城市现场观摩交流活动。张小建副部长出席会议并讲话。参与组织开发《社区劳动保障工作手册》，并免费下发到全国街道社区；参与组织开发《劳动保障协理员职业技能培训教材》。9—10 月，配合开发了劳动保障协理员国家题库。10 月 30 日至 11 月 5 日举办劳动保障协理员师资培训班。张小建副部长到会并作了重要指示，为明年全面开展此项工作打下了基础。

（二）积极配合落实再就业优惠政策难点

9—12 月，对 100 个重点联系城市的小额担保贷款工作进展情况建立了月调度、月通报制度，每月对 100 个重点城市小额担保贷款发放、还款、创业培训与小额贷款的结合以及创建信用社区等进展情况进行月调度、月分析、月通报，并将分析报告报部领导及国务院再就业领导小组，有效地促进了小额担保贷款政策的落实，为有关方面作决策提供了重要的数据。

11 月，参加了国务院和劳动保障部组织的赴湖南等中部五省以及河南、安徽等地的再就业工作情况调研，为领导和有关方面决策提供依据。对灵活就业人员的服务和管理，促进灵活就业，研究制定相应的政策，扩大就业领域。

配合国资委等有关部门研究制定《关于妥善解决东北老工业基地厂办大集体若干问题的实施意见》。

（三）中国劳动就业服务企业协会更名为中国就业促进会

经劳动保障部同意，民政部审核，国务院批准，中国劳动就业服务企业协会更名为中国就业促进会。2004 年 10 月 27 日，民政部正式予以批复，同意更名。

四、中国社会保险学会

（一）召开第二次会长工作会议

2004 年 3 月 17 日至 18 日，中国社会保险学会在天津市召开了第二次会长工作会议。会议听取了《关于中国社会保险学会 2003 年工作汇报》《关于中国社会保险学会 2003 年财务工作汇报》《关于中国社会保险学会 2004 年工作计划的汇报》。对学会的工作提出了具体要求。并把对“中国社会保险可持续发展”问题的研究作为学会今年的工作主题。

（二）召开中国社会保险学会企业年金工作委员会第二次会议

2004 年 4 月 25 日，中国社会保险学会企业年金工作委员会第二次会议在上海召开。出席会议的委员们围绕劳动保障部刚公布的《企业年金试行办法》和《企业年金基金管理试行办法》提出了观点和建议。

（三）召开了中国企业年金基金管理实务研讨会

2004 年 4 月 24 日，中国社会保险学会与国泰基金管理有限公司在上海联合举办了“中国企业年金基金管理实务研讨会”。与会嘉宾与代表分别就企业年金法律法规，企业年金基金的运作监管，地方社保机构、企业集团发展企业年金的经验，企业年金受托、托管、账户、投资等管理实务进行了热烈的研讨与交流。

（四）召开了中国社会保险学会学术委员会第二次会议

2004 年 8 月 7 日至 8 日，中国社会保险学会学术委员会第二次会议在青海省西宁市召开。会议讨论通过《中国社会保险学会优秀论文评选办法（讨论稿）》《中国社会保险可持续发展研究提纲（讨论稿）》，安排《中国社会保险制度可持续发展研究》开题工作。

（五）积极开展国际交流与合作，扩大了学会的国际影响

2004 年 3 月 5 日至 12 日，中国社会保险学会秘书长张怀琚率团出席在科威特召开的国际社会保障协会（ISSA）第 13 届亚太地区会议，此次会议的主题是“变革为主导的世界社会保障”，主要讨论社会保障对国家发展的效果、在当前经济环境下的可行性、与其参保方的关系以及与其他国家社会保险项目的关系等问题。

与国际社会保障协会合作，组织翻译了《全球企业年金》（2003）中文简体版。

2004 年 11 月 4 日，亚洲银行项目专家布罗根先生和尼格先生访问了中国社会保险学会。

地方劳动和
社会保障工作

北 京 市

2004 年，是实施统筹城乡劳动保障工作目标的第一年，也是最具制度创新和突破的一年。北京市各级劳动保障部门认真落实科学发展观，坚决贯彻市委、市政府的重大决策和部署，抓住重点，突破难点，团结奋斗，锐意进取，全面完成了各项任务，促进了首都经济社会的协调发展。

一、就业再就业工作圆满完成预定指标

2004 年，北京市牢固树立就业是民生之本的思想，始终把就业再就业工作摆在十分突出的位置来抓。全年共开发社区就业岗位 14.32 万个，安置失业人员 10.63 万人；启动了“三同时”制度试点，发挥经济增长对就业的拉动作用；推行了就业倍增计划，以创业带动就业；将有劳动能力的农转居人员、残疾人员和城镇低保人员纳入失业登记和就业服务范围，享受促进就业优惠政策；出台相关办法，建立了最低生活保障与促进就业相结合的工作机制；深入实施再就业援助制度，加大对“4050”就业困难人员的帮扶力度；大力发展社区公益性就业组织，目前全市已建立 197 家，累计安置就业特困人员 1.3 万人，占认定就业特困人员的 98.6%；开展对农村富余劳动力的就业服务，帮助 5.5 万名农村富余劳动力实现了转移就业。

2004 年，北京市城镇新增就业 23.35 万人，失业人员再就业 17.43 万人，其中，“4050”失业人员再就业 5.65 万人，城镇登记失业率为 1.3%，保持了全市就业局势的基本稳定。

二、职业技能培训工作迈出新步伐

2004 年，北京市落实人才强国战略，贯彻全国及市人才工作会议精神，加大了“3 年 100 万”职业技能培训计划的实施力度，共培训城镇失业人员、企业在职职工、城镇新成长劳动力和农村富余劳动力 59.92 万人；制定并实施“3 年 2 万”新技师培养计划，有 0.46 万人取得了技师和高级技师资格；举办了近 100 万人参加的“新世纪北京首届职业技能竞赛”，调动了广大职工爱岗敬业、学习技能的积极性。首钢总公司获得“国家技能人才培养突出贡献奖”，高和平等 4 名职工被授予“全国技术能手”称号。

三、城市化进程中农民的社会保险取得制度性突破

2004 年，北京市制定出台了《北京市建设征地补偿安置办法》，建立了社会保险与促进就业相结合的转非劳动力安置制度，将建设征地转非劳动力统一纳入城镇社会保险体系；整合完善政策，扩大了整建制农转居人员参加社会保险试点；制定政策，妥善解决了 5.8 万名征地转工自谋职业人员参加社会保险的历史遗留问题，海淀、朝阳、丰台等区付出很大努力，率先完成了任务；确立了农村养老保险制度的改革模式和筹资方式，并在大兴、通州区进行了试点；按照“低门槛、低缴费、保大病、保当期”的原则，出台并实施来京务工人员参加工伤和医疗保险办法，增强了来京务工人员抵御风险的能力。

四、城镇社会保险制度更加健全和完善

2004年，北京市制定了《北京市企业职工生育保险规定》，将于2005年7月1日起实施，社会保险体系框架更加健全；提高基本医疗保险统筹基金最高支付限额和万元以下住院费报销比例，进一步减轻了参保人员的医疗费负担；加大了政府医疗救助力度，对困难企业患大病的974名特困职工实施救助，救助金额620万元；落实中央关于离休干部“三个保障”机制，制定实施了市级离休干部医疗费统筹管理办法；加强定点医疗机构管理，进一步规范了医疗行为；进行社保所报销退休人员医药费的试点，方便了退休人员报销医药费；深入落实《工伤保险条例》，实现了新旧制度的平稳转换；调整了城市居民最低生活保障相关待遇标准，并继续将基本养老金向退休时间早、退休金水平低的人群倾斜，使困难群体的基本需求得到了有效保障。目前，企业退休人员人均基本养老金达到955元；积极稳妥地推进企业退休人员社会化管理服务，对55.8%的企业退休人员提供了社区服务。

五、社会保险扩面征缴取得重大进展

2004年，北京市坚持和完善扩面征缴工作机制，社会保险覆盖范围不断扩大。全市养老、医疗、失业和工伤保险参保人数已分别达到460万人、484万人、308万人和259万人，分别比上年净增11.5万人、47.9万人、1.4万人和16.1万人；社会保险基金持续增长，全年共收缴4项社会保险基金299.92亿元，增幅达到20%；各项社会保险基金收缴率均达到98%以上。

与此同时，北京市的社会保险经办模式改革取得了实质性进展。经过全系统的不懈努力，养老、失业、工伤保险费“统一征缴，一单托收”系统已在全市平稳启动，从根本上改变了各险种在基金征缴上“各自为战”的局面，简化了参保手续，方便了企业和职工。

六、劳动关系协调力度进一步加大

2004年，北京市加强了对用工单位实行劳动合同制度的监控和指导，全市地方企业城镇职工劳动合同续订率为89%；集体合同制度进一步推进，已覆盖职工135.6万人；深入开展“劳动用工规范一条街”工程，已在全市228个重点区域实施；劳动关系三方协商制度向基层延伸，已在107个街道（乡镇）初步建立；各级劳动关系、仲裁、监察和信访部门整体联动，妥善处理突发性、群体性事件。2004年，全市受理群众来信来访21.83万件，同比增长38.3%；解答群众电话咨询85.36万人次；执法检查用人单位6.2万户次，查处违法案件1.67万起，同比分别增长22.5%和70.9%；受理劳动争议1.59万件，其中集体劳动争议701件，同比分别增长12.2%和35.9%，结案率达到99%，维护了企业和社会稳定。

七、清理拖欠农民工工资工作取得新成果

2004年，北京市针对建筑施工企业严重拖欠农民工工资问题，与建委配合，建立了联席会议制度；制定了建筑施工企业劳动用工和工资支付管理规定，以及设立工资预留户的指导性意见；连续3次开展专项执法大检查，共检查建筑施工企业1.6万户次，涉及农民工98.4万人，查处拖欠农民工工资违法案件7 327件，处理群体性拖欠工资突发事件375件，累计为15.31万名农民工追发工资2.61亿元，维护了农民工的合法权益。

八、其他工作全面推进

认真贯彻落实《行政许可法》，劳动保障法制建设进一步加强；社会保险基金监管更加规范；劳动鉴定和职业技能鉴定质量不断提高；劳动保障宣传教育更加广泛；劳动保障科研日益深入；信息系统建设、政务运转和统计工作服务大局，保障有力；行风建设进一步加强，在2004年市政府组织的民主评议政风活

动中，劳动保障系统被评为先进单位，进入前3名。市劳动和社会保障局再次被市政府授予“政绩突出单位”称号。崇文区职介中心被评为市先进基层党组织和思想政治工作先进单位，刘雁平同志受到胡锦涛总书记的亲切接见。

（北京市劳动和社会保障局）

天　津　市

2004年，天津市劳动保障系统认真落实科学发展观，坚持以人为本，把解决人民群众最现实、最关心、最直接的就业、社会保障和维护职工权益问题，作为劳动保障工作的着力点，扎实工作，统筹协调，较好地完成了市委、市政府确定的工作任务，为促进全市经济社会协调发展做出了积极贡献。

一、就业和再就业

2004年，天津市就业再就业工作取得新的进展。全市实现新增就业21.5万人，比上年增加3.33万人，同比增长18.4%；安置下岗失业人员13.7万人，同比增长13.4%，其中安置"4050"人员3.01万人。城镇登记失业率为3.76%。就业工作呈现出"三增、三减"的可喜局面。"三增"：一是企业单位从业人员净增2.6万人，扭转了10年来天津市企业单位从业人员负增长的趋势；二是社区灵活就业人数达到10.7万人，比上年增加3.7万人；三是公益性岗位就业人数达到3.7万人，比上年增加2.01万人。"三减"：一是领取失业保险金人数比上年末减少了4.4万人；二是享受城镇最低生活保障人数比上年末减少了3.62万人；三是新增下岗人员比上年减少3.1万人，减幅达53.8%。9月28日，市委、市政府召开全市再就业工作表彰大会，中共中央政治局委员、市委书记张立昌，市委副书记、市长戴相龙等市委、市政府领导同志亲切接见了先进集体代表和先进个人，张立昌书记作了重要讲话。对就业再就业工作提出了更高要求。2004年就业工作的主要特点：

（一）就业总量不断扩大

天津市就业工作继2003年实现新增就业人数大于新增下岗失业人员数量之后，2004年又实现了新增就业人数大于新增下岗失业人员数量和新生劳动力数量之和的目标。在工作中，劳动保障部门将经济增长点作为扩大就业的着力点，紧紧围绕天津市委确定的"五大战略举措"，提出了"六个注重"的创岗思路，即：注重在劳动密集型产业发展中，促进规模就业；注重在中小企业发展中，实现扩岗就业；注重在个体私营经济发展中，促进自主择业和组织起来就业；注重在社区多种就业形式的发展中，促进灵活就业；注重在开发公益性岗位中，强化政府组织作用，促进困难群体再就业；注重在高新科技企业发展中增强劳动者就业竞争能力，促进市场配置就业。各集团（总公司）在产业升级、技术进步过程中，一方面积极推进高新技术产业发展，促进市场配置就业，另一方面大力发展劳动密集型企业，促进规模就业，共开发就业岗位实现就业6.51万人；各区县结合区域经济的特点，积极促进灵活就业形式的发展，紧紧围绕机关后勤社会化、旧楼区改造等，大力开发公益性岗位，全年新增就业人员11.04万人；通过政策引导、资金扶持，促进自主择业和组织起来就业，实现就业3.9万人。

（二）就业质量稳步提高

2004年，天津市续签劳动合同18万份，续签率由2003年的73%上升为76%，提高了3个百分点，反映出劳动者岗位稳定性在逐步提高。调整了小时最低工资标准，灵活就业人员收入水平稳步提高；对困难企业下岗职工从事家政服务、护老托幼、代买代送、手工编制等阶段性、季节性和计时性灵活就业的“4050”人员，给予养老、失业、医疗保险补贴。截至年末，已为7.6万人补贴1.37亿元。同时，为在公益性岗位从业的“4050”人员补贴工资、社会保险1.2亿元，通过社会保险的连续性保持了就业的稳定性。

（三）政策效应全面显现

截至2004年末，天津市共核发《再就业优惠证》22.48万个；为3 255人发放小额担保贷款7 336万元，政府贴息168万元；减免税额3.81亿元；免收工商管理、卫生防疫等26项行政事业性收费2 323万元。共使3 495户企业8.92万人受益。2004年，全市再就业资金用于下岗失业人员个人的补贴占总支出的80%，实现了对准人头，按人补贴，为促进下岗失业人员再就业提供了有力的资金支撑。失业保险、城镇低保与再就业联动机制效果明显。2004年，为自谋职业、自主创业的失业人员发放扶持资金4 800万元；并将减少享受失业保险和低保人数而结余的资金3 700万元充实到再就业资金中，走出了一条由生活保障转向就业保障的新路子。同时，积极延伸放大再就业政策，支持工业东移和企业改组改制，使2万余名富余人员得到妥善安置。

（四）就业服务体系日臻完善

2004年，按照就业服务工作“专业化、制度化、社会化”要求，由国家劳动部和天津市人民政府联合组建的“中国天津人力资源开发服务中心、国家职业展示中心、国家职业资格培训鉴定实验基地”三个国家级机构，大力开展高端人力资源开发服务工作，在劳动就业、职业培训、资格鉴定和劳动事务代理等项服务中，发挥了主导作用，成为天津市公共就业服务体系的龙头。全市18个区县和106个街镇全部建立了劳动保障服务中心，配备工作人员1 185人。1 765个居委会选聘了4 765名“4050”人员担任劳动保障协管员，开展了就业状况调查和就业推荐工作，形成了两级政府、三级管理、四级网络的就业服务体系。3月中旬，劳动保障部专门在天津市召开了街道社区平台建设经验交流会，推广天津经验。一年来，全市公共就业服务机构提供免费职业介绍60万人次，免费培训下岗失业人员10.4万人，8万人实现了再就业。有5 350人参加创业培训，其中3 300人创业成功，带动2.55万人再就业。境外就业服务机构发展到25家，实现境外就业1.2万人。全年发展劳服企业、服务型企业、商贸企业795家，安置下岗失业人员2.11万人，发展劳务派遣组织102家，安置下岗失业人员1.78万人。

（五）困难群体实现托底安置

2004年，天津市各部门、各区县把提供公益性岗位纳入本单位工作计划并组织实施，确定了新的创岗切入点，积极组建交通协管员和治安协勤员队伍等，截至年末，共开发公益性岗位安置下岗失业人员3.7万人，不仅使有就业愿望的下岗失业人员得到妥善安置，而且交通秩序和社会治安明显好转，实现了加快城市建设、提高社会文明程度与开发公益性岗位的双促进。与此同时，支持各区县、各部门、各街镇积极组建公益性再就业公司300家，使下岗失业人员变短期就业为长期就业，变分散就业为组织起来就业，增强了依托感、归属感和稳定感。

二、社会保险

2004年，天津市坚持促进公平、维护稳定的基本思路，不断完善社会保险制度体系，加强扩面征缴工作，基金实力不断增强，保障水平不断提高，广大职工和退休人员在经济社会全面协调发展中享受到更多实惠。

（一）养老保险扩面征缴工作取得新进展，企业退休人员养老金水平增速加快，养老保险制度日趋规范

为了加大社会保险征缴工作力度，2004年，天津市政府先后下发了《关于下达2004年扩大社会保险覆盖面工作的通知》和《关于印发天津市社会保险费征缴若干规定的通知》，

将扩面任务直接下达给区县政府，作为政绩考核依据。年末，企业基本养老保险参保缴费人数达到178.6万人，比上年净增10万人；基金征缴收入78.9亿元，比上年增收16.9亿元，同比增长27.3%，当期基金支出90亿元，增长14.8%。基金征缴增幅比支出增幅高出12.5个百分点，收支差距缩小，滚存基金增加，保障能力增强。

2004年末，天津市企业退休人员为100万人。自7月份起按照国家有关规定为企业退休人员提高了养老待遇。基本养老金连续4年实现了按时足额发放，没有新的拖欠。养老待遇调整向退休早、缴费时间长的人员和高级专业技术人员倾斜，待遇水平与缴费年限联系更加紧密。退休人员社会化管理工作取得进展，以天津市委办公厅名义下发了《天津市企业退休人员社会化管理实施方案》，将退休人员基础数据按照属地原则分解到街道社区劳动保障服务机构。按照“土地换保障”的原则，出台了被征地农民社会保障办法，制订了实施方案。建立了养老金防冒领机制，全年共追回和停付已故人员养老金2 300万元。对困难企业军转干部实行提前5年退休和养老金补齐到全市平均水平的优惠政策，解决了困难企业军转干部的养老保险问题。

（二）基本医疗保险参保人数大幅增加，保障范围扩大，参保患者医疗保险负担进一步减轻

2004年末，天津市医疗保险参保263.03万人，比上年末增加40.24万人。其中职工158.24万人，比上年末增加13.2万人；退休104.79万人，比上年末增加27.04万人。基金征缴25.03亿元，增长28.2%；支出27.17亿元，增长33.2%。社会保险经办机构管理服务效能显著提升，定点医院联网达到210家，90%的参保患者实现了网上办理住院手续。围绕健全制度、完善政策、减轻参保人员负担，2004年，天津市出台了5项新的医保政策，重点解决了3个方面的问题：

1. 切实解决困难企业退休人员的医疗保障问题。2004年，天津市制定实施了《困难企业退休人员大病统筹医疗保险暂行办法》，对那些按照困难企业低基数、低费率参保仍然无力缴费的困难企业，采取由企业、企业主管部门与财政分担的办法多渠道筹措保障资金，根据企业的困难程度，由财政分别给予90%、70%和40%的医疗保险费补贴，退休人员可以享受大病住院和特殊病门诊医疗待遇。这项政策将479家困难企业的25万名退休人员纳入了大病统筹医疗保障范围。

2. 进一步减轻参保患者医疗保险负担。2004年，天津市出台实施了3项减负政策，包括：第一，合并两类特殊病的起付标准。由原来两类特殊病分别执行1 100元和2 200元的标准，调整为统一执行1 300元的标准。第二，降低60岁以上退休人员的门诊起付标准。由原来的统一执行800元的标准，调整为70岁以下退休人员700元，70岁以上退休人员650元。第三，提高建国前参加革命工作的老工人的医疗保险待遇。将建国前的老工人的统筹基金、门（急）诊大额补助、大额救助的报销比例均提高到95%，将门（急）诊大额补助的起付线由800元降低为600元。这3项减负政策，使29万人直接受益，共减负4 930万元，人均减负170元。

3. 研究解决基本医疗保险制度覆盖范围以外的原享受半费医疗人群和其他社会未就业人员的医疗保障问题。2004年，天津市研究制定了《天津市城镇居民合作医疗暂行办法》，将城镇职工基本医疗保险制度覆盖范围以外人群，包括学龄前儿童、在校生、残疾人等无业居民全部纳入城镇居民合作医疗制度，以区县为单位统筹，由区县政府组织实施，以家庭为单位参保，以个人缴费为主、财政和集体补助为辅的办法筹集医疗保障资金。目前正在两个区筹备试点。

（三）失业保险参保人数继续保持增长，领取失业保险金人数大幅下降

2004年末，天津市失业保险参保人数195.1万人，比上年末增加1.6万人，在2003

年首次实现正增长的基础上，继续保持增长态势。实现基金征缴收入6.45亿元，同比增长14%，比2003年增幅提高了8.2个百分点，从而使基金保障能力大大增强，全年为11.8万人次失业人员发放了失业保险金。加强了征缴制度建设，建立了个人缴费记录、用人单位缴费申报制度，基金征缴工作更加规范化。进一步完善了失业保险与再就业的联动机制，对准备申领和正在领取失业保险金人员发放《失业人员服务指南》，宣传失业保险待遇和再就业政策，通过联动机制，全年帮助13 902人提前停保实现再就业，其中10 039人享受到自谋职业的鼓励政策。由于就业再就业工作力度不断加大，期末领取失业保险金人数从上年末的9.5万人下降到5.13万人，同比下降46%。

（四）工伤保险制度正式启动，运行平稳

天津市工伤保险制度于2004年1月1日正式启动，年末参保缴费人数达到111万人，基金征缴1.45亿元，制度运行平稳。

1. 积极稳妥地解决老工伤问题。2004年，天津市印发了《关于2003年12月31日前工伤职业病人员办理审核登记查体鉴定的通知》，将老工伤职工的工伤医疗费、职业康复费、辅助器具配置费全部纳入工伤保险基金支付范围；对被鉴定为完全丧失劳动能力尚未达到退休年龄的老工伤人员的伤残津贴、生活护理费也由工伤保险基金按月支付。从7月1日开始，有5.6万名老工伤人员和职业病患者待遇纳入工伤保险支付范围，较好地解决了老工伤历史遗留问题，保障了老工伤职工的待遇，减轻了用人单位负担，促进了企业参保。

2. 做好工伤保险与养老、医疗保险的政策衔接，保障老工伤人员的待遇水平。2004年，天津市制定了《工伤保险与养老、医疗保险政策衔接问题的处理意见》，分别就老工伤已退休人员和尚未办理退休手续人员的待遇问题做出规定，允许1996年9月30日以前发生工伤被鉴定为1～4级人员，可以在2004年年底以前继续办理工伤退休手续；对1996年10月1日至2003年12月31日期间发生工伤被鉴定为1～4级人员，可按照国家当时的规定，核定工伤保险待遇。

3. 规范管理，推进工伤保险制度的实施。2004年，天津市劳动保障局与市卫生局联合下发了《天津市工伤医疗服务管理办法》，就工伤职工就医、费用结算及管理做出规定；制定了《天津市农民工参加工伤保险规定》，允许农民工可以先行参加工伤保险；会同市财政局制定了《天津市工伤保险基金财务管理办法》，就工伤保险基金预算、筹集、支付、监督与检查做出了规定。编印了近万份《工伤保险条例》宣传册，对区县劳动保障局、社会保险基金经办机构及用人单位的近万名工作人员进行了培训。举办《工伤保险条例》颁布实施1周年大型宣传咨询活动，利用电台、电视台和报纸等新闻媒体深入宣传。在2004年6月召开的全国工伤保险工作会议上，天津市介绍了推进工伤保险制度改革和建设的做法及经验。

（五）制定2004年至2007年健全和完善社会保障体系规划纲要

为健全和完善与经济发展水平相适应的社会保障体系，维护人民群众的社会保障权益，2004年，天津市立足当前，着眼长远，制定实施《天津市2004年至2007年健全和完善社会保障体系规划纲要》，确立了社会保障工作的指导思想、总体目标、年度目标、主要任务和政策措施。到2007年，在天津市基本建立起比较健全和完善的社会保障体系。社会保险、社会救济、社会优抚、社会福利等各项保障制度和政策相互衔接，资金来源多渠道，保障水平多层次，覆盖全市城乡居民，管理服务社会化，使广大人民群众及时分享经济发展和社会进步的成果。

主要任务，一是围绕经济社会发展，在巩固和完善现行城镇职工社会保险制度的基础上，重点围绕6个方面健全和完善制度。这6个方面是：围绕不同经济条件用人单位和不同经济收入人群的社会保险需求，建立城镇居民合作医疗制度，建立医疗保险社会救济制度，推行企业年金制度，推进农村养老保险和新型合作医疗制度；围绕多种经济成分并存的新形势，研究制定混合所有制和非公有制企业参加养老、医疗、失业保险的办法；围绕城乡一体化建设和促进劳动力的有序流动，研究制定被征用土地农民和进城务工人员的养老、医疗、工伤保险办法；围绕保护女职工劳动权益，积极推行生育保险制度；围绕弱势群体的社会保障需求，增进社会福利，保持社会公平，进一步健全和完善社会救济、社会福利和社会优抚制度；围绕经济体制改革和社会发展，不断研究新情况、新问题，及时调整和完善社会保障政策体系，促进人与经济社会协调发展。二是围绕社会保障制度的可持续发展，建立稳定的资金筹集机制。三是从满足职工群众对社会保障基本需求出发，建立社会化管理服务机制。四是坚持依法规范运作，建立人性化的社会保险经办服务机制。五是建立有效的社会保险基金监督管理机制。

三、职业技能培训和鉴定

2004年，天津市职业技能培训和鉴定工作服从服务于经济结构调整和下岗失业人员再就业。全年培训66.5万人次，其中企业在岗职工培训32万人，社会培训19万人，下岗失业人员培训10万人，农民工培训5万人，创业培训5 350人。完成职业技能鉴定20.2万人次。

（一）推进高技能人才队伍建设

2004年，天津市劳动保障局根据本市经济发展、产业结构调整及企业对技能人才的需求，着手建设以国家级和市级职业培训基地为主导，以支柱产业、相关行业和各区县培训机构为骨干，以企业培训为基础，以职业院校和社会培训为依托的多元化高技能人才培训体系。电子信息与高新技术、机械加工制造业、现代服务业、汽车服务业、海洋与石油化工等6个市级职业技能培训鉴定基地建设取得进展。社会力量开办的职业技能培训机构达到200多家。在11家大型企业开展了高技能人才评价试点工作，引导企业发挥在职工培训方面的主体作用。大力推进职业院校实施职业资格证书制度，在高级技工学校和部分高等职业学院中开展高级技能（国家职业资格三级）鉴定工作。2004年，天津市培养高级工1.8万人，技师2 929人，高级技师387人，高级工及以上人员达到10.9万人，占技术工人总数的13.05%，比上年提高了1.95个百分点。

（二）促进技工学校发展

通过调整合并改造，天津市技工学校由“十五”初期的112所调整为2004年的69所，技工学校的教学资源得到充分整合，对初中毕业生的吸引力增强，2004年，全市技校招生人数1.8万人，比上年增长4.6%，毕业生中级工率达到70%以上。技工学校的专业设置更加贴近经济发展和社会用人需求，毕业生受到了用人单位的好评，就业率保持在98%以上。

（三）大力开展职业技能竞赛

2004年，天津市通过开展技能竞赛、练兵比武和技术创新等活动，在各行业各职业领域发现和选拔具有高超技能的人才，提高企业对岗位技能培训的重视，营造有利于技能人才成长的社会氛围。2004年组织全市性各职业（工种）竞赛21场次，40.6万人参加了初赛、预赛、决赛，2 029人在竞赛中获得了不同层次的奖励和表彰，1 034人得到了高级工以上的等级晋升奖励，并组队参加了全国第一届数控大赛和全国技工学校系统职业技能竞赛，在全部4个职业8个项目中取得了3个冠军、3个亚军、3个季军的优异成绩。在全国第七届中华技能大奖和全国技术能手表彰活动中，天津市有1人获得中华技能大奖，23人被授予全国技术能手荣誉称号，并有2个单位获国家技能人才培育突出贡献奖，获奖总数位居全国各省市之首。

（四）制定《2004—2007年天津市职业培训规划纲要》

为尽快改善天津市高技能人才短缺、技术等级结构不合理的状况，加快培养适应天津经济社会发展需要的高素质产业大军，2004年，天津市劳动保障局制定了《2004—2007年天津市职业培训规划纲要》，并经市委、市政府批准实施。2004—2007年在全市实施职业技能振兴计划，培训各类人员260万人次，完成职业技能鉴定75万人；实施高技能人才培养计划，培养10万名高级工、3万名技师、高级技师或具有同等职业资格的人员，使技师、高级技师比例达到5%，高级工比例达到21%，中级工比例达到45%，初级工比例降到29%。

（五）加强职业技能鉴定

2004年，天津市职业技能鉴定20.2万人，比上年增长32%，其中初级13.8万人，中级4.9万人，高级1.5万人。天津市职业技能鉴定指导中心作为全国首批职业技能鉴定质量体系认证试点单位，通过了劳动和社会保障部组织的质量体系认证，初步建立起以提高自我控制能力为基础的科学的质量管理体系；培训并组建了全国首批职业技能鉴定质量督导员队伍，启动质量督导机制，通过派遣质量督导员监督检查职业技能鉴定过程，保证鉴定质量；根据技师、高级技师考核鉴定的需要，培训并组建了首批80人的高级考评员队伍。同时，完成《家用电器产品维修工》和《高低压电器装配工》两个工种国家题库的建设工作。

四、从业人员劳动报酬

2004年，天津市工资宏观调控指导作用不断强化，通过制定企业工资增长指导线，推行工资集体协商制度，调整最低工资标准等措施，引导企业在提高经济效益的基础上合理增加职工工资。2004年，天津市城镇单位从业人员劳动报酬总额399.93亿元，其中企业302.26亿元，同比分别增长14.1%和14.2%，继续保持两位数增长；从业人员人均劳动报酬21 045元，同比增加2 534元，增长13.7%，其中企业20 907元，增加2 560元，增长14%，均保持较高增幅，对城镇居民可支配收入拉动作用明显。

五、劳动关系协调机制和劳动保障法制建设

（一）劳动争议处理与仲裁

2004年，天津市加大劳动争议处理工作力度，推进劳动合同制度和集体合同制度，加强劳动关系协调，维护了劳动关系的和谐稳定。

1. 加强劳动合同管理，规范用工行为。2004年，天津市加强了对劳动用工管理的政策研究，针对一些用人单位不与职工订立劳动合同，劳动合同履行不严格、管理不规范等侵害劳动者权益的问题，制定了《关于加强劳动用工管理维护劳动者合法权益的意见》及其实施办法；推动各区县成立了加强劳动合同管理领导小组；规范了建筑企业招用农民进城务工人员劳动合同文本及招用农民工行为，明确了建筑企业招用农民工的工资、工伤保险、劳动保护、劳动条件、争议处理等问题。至年末，全市签订劳动合同职工191.7万人。办理劳动合同鉴证备案40.2万人，其中鉴证备案新签劳动合同19.6万人，续订劳动合同19.7万人，变更劳动合同0.9万人，劳动合同续签率由上年的70%提高到73.8%。

2. 以新《集体合同规定》颁布为契机，推动集体协商集体合同制度。2004年，天津市劳动保障局加大了对集体协商集体合同的宣传力度，与市总工会、企业联合会等部门协调配合，对集体合同实施情况进行检查指导，推动各类企业特别是非公有制企业和乡镇企业建立集体协商机制。把劳动争议多发企业作为集体合同工作的重点，把劳动争议焦点问题作为集体合同协商的重要内容，使集体合同工作对预防劳动争议更具有针对性。规范了集体合同审查备案制度，审查备案工作进入市政府行政许可中心办理，方便了用人单位。截至年末，全市对148个单位的22.4万名职工进行了集体合同的审查备案，其中新签企业56户，涉及职工0.9万人；续订企业92户，涉及职工21.5万人。全市还在建委城建集团进行了农

民工签订集体合同的试点工作，促使40家企业与农民工签订了集体合同。

3. 完善劳动关系三方协商机制。2004年，天津市召开了市级第六次和第七次三方协商机制例会，重点研究了推动工资集体协商集体谈判和困难企业劳动关系的调整问题。在巩固市和区县两级三方协商机制的基础上，推进三方协商制度向街道、乡镇延伸。

4. 提高劳动争议仲裁定效能，公正、及时处理劳动争议案件。2004年，天津市引入兼职仲裁员直接处理劳动争议案件，增强了案件处理的透明度。在全市106个街镇劳动保障服务中心设立了劳动争议调解窗口，开辟了调处劳动关系的新渠道。在全年处理的劳动争议案件中立案处理3 526件，涉及职工5 299人，时效内结案率达96.5%。立案处理争议中，劳动报酬争议964件，劳动合同争议443件，工伤争议479件，社会保险争议861件，其他争议779件。处理集体劳动争议81件，涉及职工1 851人。

（二）劳动保障执法监察

2004年，天津市各级劳动保障监察机构按照执法效能年的要求，以维护劳动者合法权益为重点，开展劳动保障监察工作。1月10日至5月10日开展了劳动年检工作，参检用人单位3.06万户，比上年增长7.3%，认定合格单位2.06万户，占参检单位的67.6%。通过年检、日常巡查、专项执法检查及举报投诉查处等各种形式，检查用人单位3.89万户（次），涉及劳动者383.2万人，分别比上年增长7.3%和16.8%。受理查处群众举报投诉案件1 942件，增长5.6%，结案1 891件，结案率达97%。协调处理劳动保障突发事件136起，涉及劳动者22 870人。通过各种形式的监督检查，查处劳动违法违规行为2 014起，处罚违法单位231户，罚款65.08万元，并通过新闻媒体将近百户严重违法用人单位公开曝光；取缔非法职业介绍机构75家，清退童工44人，补办就业证卡27.41万人；督促用人单位与10.63万名劳动者补签了劳动合同，为19.36万名劳动者追讨被拖欠工资3 720万元；督促2 314户用人单位办理了社会保险登记，追缴社会保险费6 768万元。配合市建委开展了建筑企业拖欠农民工工资的清查工作，为15万名农民工发放了工资卡，清理拖欠农民工工资12.09亿元，追回其他行业企业拖欠农民工工资4 128万元。

（三）劳动保障信访

坚持“分级负责、归口办理”的原则和局长接待日制度，2004年，天津市劳动保障系统接待职工群众来信来访来电10.44万件次，其中接待集体来访348批、8 646人次。市劳动和社会保障局受理群众来信来访来电2.38万件次，同比下降24%。其中，咨询政策2.2万件次，占信访总量的94%；求决问题1 397件次，同比下降22%，仅占信访总量的6%。

（四）劳动保障法制建设

2004年，天津市根据《行政许可法》规定，修订了《天津市劳动就业管理条例》，进一步规范了行政行为，将十几项行政许可在市行政许可服务中心统一集中办理，对53项行政管理行为实行“一门受理一门送达”制度，行政行为更加公开高效。启动劳动保障政策进社区制度和劳动保障政策发布、反馈系统。全年制定劳动保障规范性文件40余件，受理和处理行政复议案件90件。加强调查研究，完成涉及劳动就业制度、社会保险制度、收入分配制度、规范企业用工行为、完善职业技能开发体系等方面调研课题20项，其中5项在市级调研成果评选中获奖。

（天津市劳动和社会保障局）

河　北　省

2004年，在省委、省政府的领导和劳动保障部的指导下，河北省劳动保障系统认真落实科学发展观，以积极有为的姿态，把各项工作往深里做、往实里做，圆满完成了劳动保障工作的目标任务。

一、劳动就业

（一）就业再就业

2004年，河北省围绕省委、省政府关于实施“十项民心工程”的安排部署，进一步落实了再就业工作责任。各级政府都将就业再就业列入经济社会发展宏观调控指标体系，摆在更加突出的位置。省政府将工作任务、责任目标逐项分解到各市，按月调度，加强督查，形成了部门配合、企业参与、社会支持的工作合力。进一步落实了再就业政策，多数市都把地方财政收入的1%列入预算，用于促进再就业。省财政安排再就业资金8 400万元，同比增长40%。共有5.2万人享受社保补贴6 676万元，有3.6万人享受岗位补贴7 661万元，有16.5万人享受再就业培训补贴4 762万元，有9.9万人享受职业介绍补贴1 093万元。为从事个体经营的下岗失业人员发放小额贷款5 166万元，减免各种税费8 603万元；为吸纳下岗失业人员的244户服务型企业减免税额2 621万元。开展再就业培训18.8万人次，创业培训2.1万人，为4.7万名下岗失业人员提供了社区治安巡防、城管交通协理、保洁、保障等公益性岗位。建立了调控失业责任制，把调控目标分解到市县。规范企业裁员行为，合理调控下岗职工出中心的节奏，防止失业人员集中出现。全年全省城乡就业人员3 516.71万人，其中城镇就业人员848.30万人，比上年增加26.11万人；下岗失业人员再就业22.14万人，其中“4050”人员再就业4.5万人，分别完成全年任务的152.6%、147.6%和180%。城镇登记失业率为4.03%，控制在调控目标之内。由于领导重视、政策配套、措施得力、效果明显，再就业工作受到国务院的表彰。

（二）职业介绍

2004年，河北省加强了对职业指导人员和信息管理服务人员的培训，进一步完善“一站式”就业服务，创新招聘形式，广泛开展网上职业介绍、职业素质测评和对困难群体的再就业援助等项工作，全面提升人本化服务水平，为下岗失业人员和求职者提供快捷、便利的服务。劳动力市场建设不断加强，全省共有各类职业介绍机构1 953所，全年各类职业介绍服务机构共组织召开劳动力交流洽谈会2 824场次，其中下岗职工专场796场次。提供就业岗位154.45万个次，求职登记160.41万人次，介绍成功92.54万人，分别比上年增加34.52万人次、33.73万人次和25.96万人次。其中，公共职业介绍机构介绍成功83.79万人次，比上年增长36.3%。

（三）农村劳动力转移培训阳光工程

2004年，河北省制定了3年300万培训计划，按照公开、公平、公正的原则，认定了培训基地。省与承担培训任务的各市阳光工程办公室和承担培训任务的各培训基地签订了2004年农村劳动力转移培训阳光工程的任务责任书，将任务层层分解。加强了督导检查，加大了宣传力度。争取国家扶持资金1 300万元，落实省级资金1 500万元、各市配套资金3 000万元。精心选择培训项目，采取灵活多样的培训形式，推进阳光工程扎实开展。全年培训农村劳动力180.3万人，超额完成培训100万人的目标。

（四）农村劳动力转移

2004年，河北省逐步建立城乡统一的劳动力市场机制，进一步清理和取消了限制农村劳动力进城务工的政策和不合理收费，不断完善城乡统一的就业证书制度，推进公共就业服务机构向乡镇延伸，强化农村富余劳动力转移就业的管理与服务。各级劳动保障部门在党委、政府的领导下，把劳务输出作为加快城市化进程、增加农民收入的重要举措，通过加强信息搜集与发布、在劳务输出集中地设立办事处、召开劳务洽谈会等形式，改善管理服务，创建劳务品牌，扩大输出规模，提高农民收入。全省全年实现向非农产业转移160.4万人次，劳务输出达370.6万人。

（五）劳动保障平台建设

2004年，河北省全面加强劳动保障基层平台各项基础建设，进一步明确工作职责，健全各项工作制度及工作流程，规范平台工作的运作程序和办事规则。从提高工作人员政策业务素质入手，积极开展对街道（乡镇）、社区劳动保障平台工作人员的政策、业务培训工作。突出做好调查摸底、建立基础数据库等工作，建立基层工作台账。

（六）社区就业工作

2004年，河北省注重发展社区就业实体及各类服务型企业，开发就业岗位，进一步促进辖区内下岗失业人员再就业。全省新创办社区就业实体3 211个，新发展劳服企业（生产自救基地）、服务型企业744个，安置下岗失业人员4.9万人。

二、社会保障体系建设

（一）“两个确保”

2004年，河北省加强了对重点地区、重点时段的监控力度，全年发放企业离退休人员养老金108.12亿元，发放国有企业下岗职工基本生活保障资金5.33亿元，全部做到了按时足额发放。

（二）企业养老保险

2004年，河北省按照省政府的安排，采取积极稳妥措施，认真谋划，周密部署，全省筹集8.5亿元，对历史拖欠企业养老金进行了补发，解决了多年来的遗留问题。养老保险政策进一步完善。调整了全省企业职工养老保险个人缴费比例，实现了个人缴费8%的目标水平。出台了《河北省企业年金实施意见》，积极推动多层次养老保险体系建设。为解决职工断保问题和促进民营企业参加养老保险，制定了“降低门槛、分段补缴”的优惠政策，受到劳动保障部的肯定。把混合所有制和非公有制经济从业人员、灵活就业人员作为扩面的重点，结合企业改制，为企业职工接续养老保险关系，加大了扩面续保工作力度。全省参加养老保险社会统筹的企业职工和离退休人员分别为415.38万人和148.45万人，分别比上年增加5.32万人和6.5万人。实行社会化管理服务的退休人员131.6万人，社会化管理服务率达到了90.4%，其中纳入社区管理的退休人员66.6万人，社区管理服务率达到50.6%。

全省全年养老保险基金收入155.3亿元，比上年增加31.76亿元；同期发放养老金108.12亿元，比上年增加7.7亿元。年末，河北省有52户企业建立了企业年金，涉及职工22.69万人，企业年金规模达到2.88亿元。加强养老保险金稽核工作，严查少缴、漏缴和虚报冒领现象。社会化管理服务工作实现新突破，制定下发了企业退休人员社会化管理服务经费的征缴、支付办法，以提高社区管理比例和政策细化为重点，培养和树立社区管理的示范点，全省涌现出了一批管理较为规范的社区典型。

（三）机关事业单位养老保险

2004年，河北省以聘用人员应保尽保为重点，以推开部分县（区）全员统筹为目标，继续扩大养老保险覆盖范围。全省机关事业单位基本养老保险参保职工95.69万人，管理离退休人员23.48万人，分别比上年同期增加3.84万人和1.86万人。全年养老保险基金征缴30.15亿元，比上年同期增收2.95亿元；同期支出29.72亿元，比上年增支3.67亿元。以“促征缴、抓清欠、保发放”为主要内容，积极推进基金征管，全省基金征缴率达到96%，清收历年欠费0.53亿元。

（四）农村社会养老保险

2004年，河北省在整顿规范的基础上，被征地农民、计划生育对象等重点人群的社会养老保险试点工作逐步展开。农村社会养老保险工作得到进一步发展，管理体制进一步理顺，财务管理得到改善，档案管理明显加强。到年底，全省参加农村社会养老保险的农民237.39万人，比上年增加4.11万人，增长1.7%；领取养老保险金人数4.20万人，比上年增长17.0%。年末，全省农村社会养老保险基金累计结余5.20亿元。

（五）医疗保险

2004年，河北省多层次的医保体系进一步完善，医保基金总体运行平稳。适应经济结构和就业结构的新变化，以大中型企业作为扩面工作的重点，突破难点户，带动一般户，强力推进工作。落实目标责任制，积极拓宽医保发展空间，制定切实可行的措施，抓好混合所有制、个体私营等非公有制企业人员的参保。全年扩面88.8万人，完成目标任务的222%，参保人数达472万人。健全公务员医疗补助办法，完善大额医疗保险管理办法，指导企业积极建立补充医疗保险，不断完善医疗保险政策体系。积极采取措施，落实破产企业、困难企业参保的政策。对困难企业，通过降低缴费率、只建统筹基金不建个人账户、调整缴费基数、财政补助等方式参保。认真落实离休干部医疗保障机制，确保离休干部医药费按规定报销。明确企业改制中退休人员、内退人员和离休干部医疗费筹集政策，积极与有关部门配合，抓紧审核改制企业方案，做好实施工作，切实保障改制企业职工医疗保险待遇。年末，全省基本医疗保险参保人数为472.46万人，比上年同期增加89.28万人，增长23.3%；基本医疗保险基金收入35.51亿元，比上年增长33.1%，支出25.92亿元，比上年增长44.9%；基本医疗保险基金累计结余32.03亿元。2004年，全省有1 589户企业建立了补充医疗保险，涉及职工21.99万人，补充医疗保险基金规模达到2 918万元。

（六）失业保险

全面落实《失业保险条例》，2004年，河北省认真搞好3条保障线衔接，以事业单位和非公有制企业为重点，加强部门协调，硬化联动措施，通过落实责任和督导检查，扎实推进失业保险覆盖工作。全省参加失业保险的职工人数为479.00万人，年末实际领取失业保险金人数为11.02万人，比上年同期增加2.75万人。全年各级失业保险机构共为17.75万名失业人员提供了不同时限的失业保险待遇。

进一步完善个人缴费记录，规范征缴行为，提高综合保障实力。坚持以人为本，加强政策宣传，开展“假如我是一名失业人员”的活动，强化服务促就业，全省失业保险基金用于促进再就业支出2.1亿元。9个设区市实行基金全部或部分统筹，在确保发放中发挥了重要作用。

（七）工伤保险

2004年，河北省认真贯彻落实国务院《工伤保险条例》，制定出台了《河北省工伤保险实施办法》及农民工参加工伤保险等配套政策，通过召开座谈会、调度会、组织督导检查、定期通报等多种措施，推动工作的开展。年末，全省参加工伤保险的职工人数为273.95万人，比上年增加128.24万人，增长88.0%。享受工伤待遇职工0.56万人。全年工伤保险基金收入1.22亿元，支出0.55亿元，工伤保险基金累计结余1.46亿元。

（八）生育保险

2004年，河北省稳步推进生育保险，年末全省生育保险参保职工114.14万人，比上年增加 20.05 万人，增长 21.3%。享受生育保险职工 0.45 万人。全年生育保险基金收入 0.20 亿元，支出 0.11 亿元，生育保险基金累计结余 0.61 亿元。

（九）基金监督

2004 年，河北省的基金监督工作得到加强，全省建立社会保险基金监督管理委员会的省辖市达 8 个，社会保障基金协同监管机制初步形成。全年共受理各种基金举报电话 400 多个，98%以上均被答复和妥善处理。开展了社保基金现场监督检查，加大了对违规基金的查纠督办力度，对全省 11 个省辖市、37 个县（市）企业的养老保险、机关事业养老保险、医疗保险和失业保险 4 项基金收入、支出和财政专户管理情况进行了现场监督检查，回收以往挤占挪用社保基金 1.43 亿元。

三、劳动关系调整和劳动工资分配

（一）劳动关系调整

2004 年，河北省进一步加强了对劳动合同的管理，大力推进集体协商和集体合同制度，重点做好非公有制企业集体合同的建立、完善和履行。全省国有、集体和改制后的各类企业劳动合同签订率达到 95%，其他用人单位签订率达到 80%。省市县全部建立了劳动关系三方协商机制，并开始向乡镇、街道延伸，协商内容由劳动合同逐步向劳动保障工作的其他领域扩展，三方协商机制发挥了积极作用。实行工资集体协商制度的企业10 587户，比上年增加 364 户。积极参与国企改革政策性文件的起草，认真审核职工安置方案，劳动保障厅本级完成了 71 户省属企业主辅分离辅业改制、42 户省直厅局属改制企业和 6 户省属主体企业改制职工安置方案的审核备案，涉及职工 27.02 万人。

（二）企业工资分配制度改革

2004 年，河北省继续推进国有企业经营者收入分配制度改革，建立经营者收入与其职责、承担的风险和业绩挂钩的分配制度，完善企业经营者激励机制。推进企业内部分配制度改革，全省大部分企业实行了以岗位工资为主的内部分配制度，逐步使工资收入水平与劳动力市场价位接轨。逐步拉开收入分配差距，稳步构建收入分配的激励约束机制，基本建立起符合河北省实际的现代企业分配制度。加强了工资内外收入的监督检查，进一步规范了工资支付行为，为建立适应现代企业制度的收入分配制度进行了有益探索。

（三）提高职工群众收入水平

2004 年，河北省调整了职工最低工资标准，并率先将职工应缴纳的社会保险费、住房公积金计入最低工资，月标准由上年的 250～350 元提高到 420～520 元。首次制定了非全日制劳动者小时最低工资标准。提高了企业工资指导线水平。企业工资指导线首次突破下线的零增长或负增长，由上年增长 0～17%提高到 3%～18%。发布了 339 个工种的工资指导价位和企业人工成本信息，比上年增加 89 个，为企业科学制定内部分配方案，确定各岗位工资水平，进行工资集体协商提供了参考依据。提高了养老金待遇水平，调整了基本养老金计发口径，由过去的社会平均工资调整为在岗职工平均工资，从而相应提高了养老金计发基数和标准。按照国家统一部署，调整了企业退休人员基本养老金待遇水平，平均每人每月提高 39.5 元。根据省政府的统一部署，在调整机关事业单位干部职工职务津贴标准时，同步调整了机关事业单位离退休人员和企业离休人员养老金标准，提高了失业保险金标准，从 7 月 1 日起，人均月增加 55 元。

（四）劳动争议仲裁

2004 年，河北省的仲裁机构实体化建设开始启动，三方办案机制和劳动争议调解体系逐步向基层延伸。劳动争议仲裁案件继续上升，办案质量和结案率有所提高。全年各级劳动保障仲裁委员会立案受理劳动争议案件 6 288件，比上年增长 16.2%，涉及劳动者 1.41 万人。其中集体劳动争议案件 411 件，涉及劳动者 0.80 万人。全年各级劳动争议仲裁委员会审理结案 5 284 件（含上年结转案件

196件），结案率为96.9%。完善群体性事件应急机制，认真处理群众来信来访，及时化解突出矛盾，维护了社会稳定。

四、职业培训

（一）高技能人才队伍建设

2004年，河北省委、省政府制定出台了《关于进一步加强人才工作的若干意见》，将高技能人才培养纳入人才强省战略总体规划。全省人才会议确定了河北省加快高技能人才队伍建设的政策框架，下发了《河北省3年2万5千新技师培养计划》，全年培养新技师9 103人，完成目标任务的151.7%。全省高技能人才队伍建设的做法受到省委、省政府的肯定。

（二）技工教育

2004年，河北省按照“面向市场、统筹规划、整合资源、突出特色、扩大规模、提高层次”的技工学校发展思路，加快高级技工学校、技师学院和高技能人才培养基地建设。全省新建高级技工学校1所，技师学院2所，高级技工学校和技师学院总数分别达到14所和10所。坚持以就业为导向的办学方针，加大宣传力度，改善办学条件，改革招生方式，技校招生摆脱了连续多年低水平徘徊，出现强劲增长势头，全年招生达4.2万人，创历史最高水平。

（三）职业资格证书制度

2004年，河北省以职业能力为导向，以工作业绩为重点，注重职业道德和知识水平的技能人才评价体系，突破比例、年龄、资历和身份局限，营造不拘一格选人才的政策环境。加快实施高职院校毕业生职业资格培训工程，扩大职业技能鉴定领域和服务范围，开展了物流师、茶艺师等新职业技能鉴定试点，全年鉴定人数达27.56万人次，同比增长43.1%。

（四）职业技能竞赛

2004年，河北省积极参与全国技能竞赛年活动，成功举办了“第一届全国数控技能大赛”“全国技工学校技能竞赛”和“中国首届电子商务大赛”河北赛区选拔赛，有5 000余人参赛，选拔出41名选手分别参加全国竞赛。在第一届“全国数控技能大赛”中，河北省选手获得学生组数控铣床第一名、职工组数控车床第四名；团体总成绩列全国第7名，被授予最佳组织奖。在“全国技工学校技能竞赛”中，河北省选手取得了电工学生组第6名的成绩，省劳动保障厅获得优秀组织奖。在全国计算机调试员技能大赛中，河北省获得团体三等奖。

（五）技能人才交流展示

2004年，在河北省“5·18”经贸洽谈会上，首次举办了大型技能人才展示交流活动。全省97所职业院校、技工学校和民办培训机构参展，省内外720多家用人单位参加交流洽谈，签订就业协议345份，协议计划用人6.1万人，是预计协议用人的4.1倍。技工学校毕业生初次就业率达到95%以上，有2.3万名2005年毕业生与用人单位达成了就业意向，成为洽谈会最大的亮点。全国政协副主席张思卿、劳动保障部副部长张小建、博鳌亚洲论坛秘书长龙永图给予了高度评价，白克明书记和季允石省长分别题词。这次活动大规模、多角度地展示了河北省职业培训成果，实现了经贸洽谈与技能人才支持的有机结合，初步树立起河北职业培训的品牌形象。

五、劳动保障监察

（一）制度建设

2004年，按照构建省市县乡四级劳动保障监察执法网络体系的要求，河北省劳动保障监察机构规范化建设步伐进一步加快，在乡镇（街道）设立监察机构或派出监察人员的县区已经超过1/3。年末，全省劳动保障监察机构192个。各地劳动保障部门配备劳动保障监察员2 574人，其中专职监察员1 206人，兼职监察员1 368人。

（二）依法行政

2004年，河北省劳动保障部门认真学习《行政许可法》和有关法规政策，积极组织培训、知识讲座等活动，普及相关知识。对涉及劳动保障系统的80余项行政许可事项进行了认真清理，对符合法律法规的保留事项，明确了实施主体。制定印发了《实施行政许可法试行办法》等7项配套制度，受理和办理行政许可实行一个窗口对外，明确了行政许可公示、听证、审理工作规则，规定了工作程序和办理期限，建立了行政许可责任追究以及监督检查制度，保证了《行政许可法》的顺利实施。

（三）日常监察

针对劳动保障热点、难点工作和社会普遍关心的侵权问题，2004年，河北省各级劳动保障监察机构坚持日常巡察、举报专查、重点检查和年度审查多措并举，对用人单位遵守劳动保障法律法规的情况进行了全面检查。全年主动检查用人单位6.1万户，涉及职工544万人，督促补签劳动合同59.3万份，补办社会保险登记3 302户，清退童工171人，群众举报专查结案率达到91%，切实维护了劳动者的合法权益。

（四）专项检查

围绕增加就业岗位和净化就业环境，2004年，河北省各级劳动保障部门在《劳动法》颁布10周年前后，利用100天的时间，在全省统一组织开展了百日专项监察活动。对检查中发现的诸如未按规定订立劳动合同、拖欠克扣劳动者工资、使用童工等违法行为，严格按照《河北省劳动和社会保障监察条例》等劳动保障法律法规进行了处理。全省各级劳动保障监察机构全年检查各类用人单位6.12万人，受理投诉举报1.13万起，督促企业补签劳动合同59.3万份，取缔职业介绍机构317家，清退童工171人，对346户违反劳动保障法律法规、严重侵害劳动者权益的单位进行了处罚。

（五）查处拖欠工资工作

按照省政府确定的2004年底前解决建筑领域拖欠农民工工资80%的目标要求，河北省各级劳动保障部门在当地政府清欠领导小组的统一部署下，建立完善了清欠工作分工负责制和定期报告制度，进一步畅通投诉举报渠道，方便劳动者举报。从12月1日开始，全省各级劳动保障部门联合建设、监察、总工会共同开展了查处农民工工资专项检查，发起了追讨拖欠农民工工资的攻坚战役。截至年底，全省累计清偿拖欠农民工工资11.29亿元，其中建设领域9.38亿元，占建设领域拖欠总额的99.6%。

六、信息化建设

（一）规划和计划

2004年，河北省劳动保障厅完成了省本级金保工程可研报告的编制工作，并对各市金保工程可研报告进行了技术性审查、批复。制定了《河北省社会保障信息系统建设方案编制计划》，界定了河北省社会保障信息系统建设第一期核心业务范围，提出了建设重点，理清了信息共享思路。

（二）联网应用

2004年，在部省市联网的基础上，河北省完成了养老保险全国联网系统软件和养老保险传输软件的安装调试，建立了联网设备、软件配置的技术档案和系统维护运行台账，加强了网络的日常监测和系统维护，保证了金保工程部省市专网的正常运行，实现了养老保险数据按照国家统一标准由市到省、由省到部的稳定传输。全省视频会议系统正式启用，加强了对视频会议系统的管理，保证了系统的正常稳定运行。河北省成为全国首批实现与劳动保障部连通的少数几个省市之一。

（三）统一软件开发

2004年，河北省在深入调研的基础上，提出了《河北省社会保险业务管理软件开发应用实施方案》。组织完成了企业养老保险、机关事业养老保险和失业保险的业务需求分析工作，形成了全部业务需求文档资料。完成了在邯郸、张家口、邢台3个软件应用试点市的调研和软件开发的策划、计划评审工作。

（四）公共服务系统建设

2004年，河北省各市门户网站建设取得突破性进展，到年底，全省已有10个市建立了劳动保障门户网站。结合贯彻落实《提高工作效率强化便民服务的具体措施》，开设了“网上办事”专栏，公开了全部劳动保障审批事项的办事指南、1996 年以来国家和河北省劳动保障政策和法律法规。加强了网站基础建设工作，制定了《河北劳动保障网上网信息格式规范》以及信息采集和上网信息审批制度，在制度上保证了上网信息的数量、质量、时效性和安全性。2004 年，网站点击量达到 20 万次，比上年增加 7 万次。在 2004 年“河北省首届政府系统国际互联网网站评议活动”中，河北劳动保障网综合得分在省直部门中居第四位，被评为优秀网站。

七、队伍和廉政建设

（一）队伍建设

2004 年，河北省劳动保障系统紧紧围绕劳动保障中心工作和创新目标，积极组织开展“三个代表”重要思想和科学发展观的学习活动，加强了思想政治建设、作风建设和精神文明建设。完善了学习制度，丰富了学习内容，提高了干部队伍的理论素养和业务能力。

（二）政务公开

2004 年，河北省劳动保障厅出台了“提高工作效率，强化为民服务”的 26 条措施，缩短办事时限，简化办事程序，公布咨询举报电话，面向全社会公开承诺。省委、省政府主要领导做出专门批示，劳动保障部部长郑斯林批示转发全国。

（三）廉政建设

2004 年，河北省劳动保障厅突出抓好党内监督条例和纪律处分条例的学习教育，开展了正面典型示范教育和反面典型警示教育，把廉洁自律规定落到实处。继续加强党风廉政建设责任制，落实了领导干部一岗双责，突出强化责任考核和责任追究，完善了监督检查机制。重点查处了骗取社保基金和下岗职工基本生活费的案件，追究了有关人员的责任。进一步加强行风建设，突出抓好政务公开、窗口建设各项规定和承诺践诺机制的落实，抓住薄弱环节重点督导，解决了一批社会关注、群众关心的热点难点问题，树立了劳动保障部门的良好形象。在 2004 年度全省民主评议活动中，省劳动和社会保障厅取得了第一名的好成绩，被省委、省政府授予“优胜单位”称号。

（河北省劳动和社会保障厅）

山　西　省

2004年，在山西省委、省政府的正确领导下，全省各级劳动保障部门按照“一个目标，三个重点，六项创新”的总体部署，坚持执政为民，勇于开拓进取，各项工作均取得了重大进展。

一、就业再就业成效显著

2004年，山西省紧紧抓住经济增长和扩大就业的结合点，强化政府责任，落实扶持政策，完善就业服务体系，走出了一条市场调节就业和政府促进就业相结合的路子。全省城镇新增就业岗位41.7万个，下岗失业人员再就业15.6万人，“4050”人员再就业5.1万人，分别完成全年目标任务的148.9%、112.8%和127.3%。城镇登记失业率为3.2%，低于4.5%的年度控制指标。全省9.8万名从事个体经营的下岗失业人员，享受减免行政事业性收费1 001.8万元；4.3万人享受减免税费10 711.4万元；5.6万人享受社会保险补贴3 601万元。经过省政府和有关部门的督促检查，小额贷款开始有了突破，省直和各市均已启动，共办理贷款485笔、3 445万元。

在落实扶持政策中，山西省各地积极开展了再就业援助活动，全省共开发公益性岗位2.5万个，全部用于安置就业困难人员。新开发的公益性岗位，由原来的社区服务、交通协管等扩展到机关事业单位和大中专院校。新开工项目也腾出部分岗位用于安置“4050”人员。通过财政补贴，10.3万人享受了免费职业介绍，9.7万人享受了免费再就业培训。

二、“两个确保”继续巩固

2004年底，山西省在中心保生活的国有企业下岗职工17万人，其基本生活费全部得到保障，当年支出5.4亿元。全省为93万名企业离退休人员发放基本养老金68亿元，月人均616元。按照国家统一部署，山西省出台了调整企业退休人员基本养老金的相关政策，月人均增加39元，2005年春节前全部落实到位。

三、职业培训得到加强

2004年，山西省各级劳动保障部门从人才强省的战略高度出发，全面加强了高技能人才培养和职业培训工作，按期完成了新技师、再就业和创业培训计划。省劳动保障厅制定下发了《山西省技师高级技师职业资格考评实施办法》，组织开展了“晋机杯”数控技能、“汾酒杯”烹饪技能、交通行业职业技能大赛等大型活动，187名技术骨干荣获“三晋技术能手”称号。全省职业技能鉴定7.9万人，比上年增长27%；技工学校招生3.6万人，比上年增长31%，创历史最好成绩。

四、社会保险扩面征缴创历史新高

2004年，山西省养老、医疗、失业和生育保险参保人数，分别达到279万人、290万人、286万人和92万人，比上年增加2万人、45万人、2万人和8万人。工伤保险启动实施，参保职工99万人。67万人参加了机关事业单位养老保险，204万人参加了农村养老保险，均比上年增加10万人。在扩面的同时，基金征缴呈现出前所未有的良好局面。失业、医疗、工伤、生育保险，以及机关事业单位养老保险和农村养老保险基金持续增收。企业养老保险基金收入73亿元，支出68亿元，近10年来首次出现收大于支，从而标志着山西省各项社会保险基金均纳入了良性循环的轨道。

五、社会保险制度建设取得新进展

在统一统筹项目的基础上，2004年7月1日，山西省企业养老保险缴费比例统一调整为20%，实现了真正意义上的省级统筹，直接为企业减轻负担2.4亿元。与此同时，省劳动保障厅会同相关部门提出了适当增加统筹项目外养老金的指导意见，并建议省政府出台了建立企业年金的办法，对完善全省多层次的养老保险体系起到了积极作用。由于原《山西省城镇职工失业保险暂行条例》已不适应变化了的形势，在新条例未颁布之前，省政府及时下发了《关于失业保险几个具体问题的通知》，保持了失业保险工作的连续性和政策的衔接。医疗保险从加强管理入手，规范了定点医疗机构、定点药店的协议管理和费用结算办法，建立了跨地区就医协助制度和基金预警分析报告制度，并对不同群体参保的相关政策进行了有益探索。为了实施《工伤保险条例》，山西省政府及时出台了《试行办法》和《关于加快建立工伤保险制度的通知》，省劳动保障厅下发了《工伤职工停工留薪期管理办法（试行）》等配套政策文件，参保登记、认定、鉴定和待遇支付等工作全面展开。在调查研究的基础上，省里制定下发了《关于改革机关事业单位职工养老保险办法有关问题的通知》，有力地推动了此项工作的开展。农村养老保险在完成划转移交、理顺体制的前提下，积极推进工作，率先列入农村小康项目验收标准，得到了劳动保障部的充分肯定，在全国农保工作会上作了经验介绍。

六、劳动保障法制建设和维权工作进一步加强

山西省政府下发了《关于调整我省最低工资标准的通知》（晋政办发［2004］55号），从2004年7月1日起，全省将职工最低工资标准由340元、300元、260元、220元，依次提高为520元、480元、440元、400元，每档增资幅度180元，这是山西省历史上四次调标增幅最大的一次，有力地保障了劳动者的合法权益。市、县两级普遍建立了劳动关系三方协商机制，加强了劳动合同管理工作，国有及国有控股企业全部签订了劳动合同，集体企业、股份制企业、外资企业、私营企业、乡镇企业劳动合同签订率分别为94%、86%、84%、48%和86%。积极参与国企改革，认真审核职工安置方案，省厅先后完成了17户企业改制方案的审核工作。各级劳动保障部门普遍建立了维稳工作领导组，省、市两级还建立了处理突出问题和群体性事件工作机构，实施排查监控，立足超前预防，加大调处力度，及时化解了矛盾。全省共受理劳动争议案件3 289件，涉及职工9 607人，结案率为95%；接待来信来访5.9万件次，结案率达98.5%。

通过劳动保障监察，全省共检查用人单位1.9万户，年检用人单位8 125户，查处群众举报投诉案件2 093件；责令用人单位为67.9万名劳动者补签了劳动合同，为10.4万名劳动者追回拖欠工资5 100万元；清理拖欠农民工工资5.3亿元，其中建设领域4.9亿元，清欠率为98.9%。与此同时，还开展了煤炭企业和公路建设领域劳动用工、职业介绍机构整顿、禁止使用童工等专项执法检查，有力地维护了劳动者的合法权益。

七、劳动保障基础建设迈出新步伐

2004年，山西省劳动保障厅已编制完成了金保工程可行性研究报告，并通过了劳动保障部的审核。省本级数据中心一期建设项目基本完成，如期实现了与劳动保障部的联网。二期建设项目资金预算也已落实，建设方案正在实施过程中。劳动力市场“三化”（制度化、专业化、社会化）建设取得新进展，公共就业服务体系进一步拓展，街道社区普遍建立了劳

动保障管理服务机构，配备或聘用了劳动保障工作人员，并开展了下岗失业和退休人员管理服务工作，85%的企业离退休人员实现了社会化管理。为了提高社保机构工作人员的业务素质和办事能力，全省对经办人员进行了系统的培训考核，5 800名工作人员顺利领取了部颁的业务素质资格证书。

八、劳动保障系统精神文明建设再创佳绩

按照胡锦涛总书记提出的“为民、务实、清廉”的要求，2004 年，山西省各级劳动保障部门进一步加强了精神文明建设，重点抓了政务公开、简化审批程序等 10 条便民措施的落实。为提高自身素质，全省普遍开展了争当人民满意公务员活动，以及行风评议工作。通过落实党风廉政建设责任制，加强了财务资产的管理和监督，有利于从源头上治理和预防腐败。在行风评议中，全省上下唱响“塑公仆形象、树行业新风”的主旋律，形成争先创优的热潮，树立了劳动保障部门良好的社会形象。6 个市劳动保障局被当地评为行风评议优秀单位。全省职业介绍、社会保险、信访仲裁、培训鉴定机构有 147 个被评为“三优”文明窗口先进单位，259 个被评为“三优”文明窗口达标单位。为了使社会各界了解和掌握劳动保障的方针政策，山西省各级劳动保障部门与报刊、电视、电台等新闻媒体密切合作，紧扣就业再就业、社会保险、执法维权等热点难点问题，广泛开展了形式多样的宣传活动，使党的劳动保障政策更加深入人心，营造了良好的社会氛围。

山西省 2004 年的工作之所以能够取得重大进展，主要得益于省委、省政府的坚强领导和正确决策；得益于各级党委、政府的高度重视和有关部门的大力支持；得益于全省劳动保障系统广大干部职工的顽强拼搏和扎实工作。在总结 2004 年成绩的同时，山西省的劳动保障工作还面临着许多困难和问题。全省的就业形势仍然十分严峻，劳动力供求总量矛盾和结构性矛盾在短期内不会根本改变，特别是山西作为中西部地区的一个老工业基地，困难行业、关闭破产企业、资源枯竭矿山以及困难群体的就业问题比较突出；社会保障覆盖范围还比较窄，相当一部分非公有制经济组织从业人员和灵活就业人员没有纳入社会保障体系，社保基金的总体支撑能力相当脆弱；劳动关系不规范的问题没有根本解决，下岗职工出中心、理顺劳动关系的难度较大，关闭破产企业职工安置遗留问题较多，有的地方劳动纠纷有上升和激化趋势；企业工资分配宏观调控机制不够完善，行业分配差距继续扩大，拖欠和克扣工资的现象仍然严重；随着城镇化的快速推进，被征地农民的基本生活和养老问题愈加凸显，改善农民进城就业环境的任务更加繁重。这些问题集中反映了劳动保障工作转型期的特点，有的迫切需要立足当前抓紧解决，有的则需要着眼长远，通过建立长效机制加以解决。只有认真对待，分类处置，才能使劳动保障工作走上可持续发展的轨道。

（山西省劳动和社会保障厅）

内蒙古自治区

2004年，在内蒙古自治区党委、政府的领导下，全区劳动保障系统紧紧围绕自治区改革发展稳定的大局，按照年初确定的“以人为本，突出重点，突破难点，协调推进”的工作思路，求真务实，开拓进取，圆满完成了全年各项目标任务，全区劳动保障工作取得重大进展。

一、就业再就业工作取得显著成效

2004年，内蒙古自治区就业再就业各项工作目标任务全面超额完成。全区城镇累计新就业24.53万人，其中下岗失业人员再就业13.92万人，“4050”人员3.9万人，分别完成年度计划的117%、116%和130%；城镇登记失业率为4.59%，低于计划目标0.11个百分点。

（一）建立健全了目标责任管理、督查通报等制度

2004年，自治区上下都将就业再就业列入经济社会发展宏观调控指标体系，摆在了更加突出的位置。年初，自治区与各盟市签订了目标责任状，各盟市又向下层层分解。与此同时，建立和完善了目标考核、责任追究、联席会议、监督检查、定期通报等一系列制度，有力地保障了全年目标的实现。

（二）进一步完善了再就业政策体系

在已有政策的基础上，2004年，自治区又陆续下发了关于加快推进城乡劳动力统筹就业、做好农牧民进城务工、鼓励下岗失业人员从事灵活就业、推进小额担保贷款、加强失业调控等政策措施。各盟市也结合当地实际，制定了不少进一步促进就业再就业的具体措施，使自治区就业再就业的政策体系更加完善，就业环境更加宽松。如包头市制定的为灵活就业人员支付社保补贴的办法，激发了下岗失业人员实现灵活就业的积极性，得到了劳动保障部的充分肯定，并在全国推广。各级劳动保障部门积极主动与有关部门密切协调配合，狠抓政策落实。特别是不断加大小额贷款工作力度，截至年底，全区共筹集小额贷款担保基金0.82亿元，累计发放小额贷款2.5亿元，扶助2.5万人实现了自主创业，走在了全国前列。

（三）着力开发就业岗位，拓宽就业渠道

2004年，内蒙古自治区坚持经济发展到哪里，就业岗位就开发到哪里，在加快发展中解决就业问题。充分发挥劳动保障平台作用，注重通过新建重点工业项目、发展劳动密集型产业、中小企业、第三产业增加就业岗位，支持和帮助企业实行主辅分离、创办经济实体，鼓励和引导下岗失业人员实现灵活就业，年底，全区下岗失业人员实现灵活就业人数比上年同期增加4.6万人。

（四）加强就业服务，加大培训力度

2004年底，自治区已建立各类职业介绍机构1 451个，基本形成了覆盖盟市旗县的全方位的劳动力市场信息网络，为下岗失业人员提供免费培训和职业介绍。组织开展了多层次、多形式，具有针对性、实效性的再就业培训，全年培训城镇登记失业人员和下岗职工20.8万人，培训后就业率达80%以上。举办创业培训班127期，其中已有3 100人成功创

办了自己的企业，并带动吸纳了1.4万多名下岗失业人员实现再就业。认真贯彻落实全区人才工作会议精神，提出了加快自治区高技能人才队伍建设的意见，实施了“3年万名新技师培养计划”，年内培养新技师1.44万人，超额完成了计划。大力推进职业资格证书制度，全年鉴定各类人员7.3万人，同比增长46%。开展了多项职业技能竞赛，充分发挥竞赛选拔人才的作用。

（五）推进城乡劳动力统筹就业，劳务输出工作取得突破性进展

2004年，内蒙古自治区把劳务输出作为推进城乡统筹就业、增加农牧民收入的一项重要工程来抓。年初，下发了《关于加快推进城乡劳动力统筹就业的意见》，并制定了相关配套政策，为建立城乡统一的劳动力市场和平等就业制度创造了宽松的政策环境。4月，自治区劳动保障厅在全区开展了农村牧区剩余劳动力资源基本情况调查，在此基础上，各地劳动保障部门加强与有关部门的配合，加大劳务输出工作力度。9月，又专门召开了全区劳务输出工作会，进一步推动这项工作的开展。年底，全区劳务输出达173万人，比2003年增加53.5万人。外出前接受培训人数比例也由2003年的9.88%提高到19.35%。

二、社会保险改革工作取得重大进展

（一）社会保险扩面取得积极进展

2004年，内蒙古自治区坚持各项社会保险以扩面为中心，各地重点抓了新建企业、非公有制企业和灵活就业人员的参统及中断缴费人员社保关系的接续工作，各项社会保险参保人数持续增加。到年底，全区参加养老保险236.8万人（不含82万名参统的离退休人员），失业保险222.3万人，医疗保险273.3万人，工伤保险84.84万人，生育保险70.08万人，分别完成年初任务的103.4%、100.1%、102%、154.3%和116.8%，新增参加养老、医疗、失业、工伤保险人数分别为20万人、22.43万人、11.1万人和53万人，是近几年增加最多的一年，使更多的人享受到了社会保障。养老保险稽核工作取得新进展，实地稽核人数占缴费职工人数的68.5%，此项指标在全国排名第一。同时，劳动保障部门与地税部门密切配合，抓住全区经济快速增长的机遇，加强社保基金征缴，全年征缴各项社保费65亿元，比上年增加10亿元，增长19%。

（二）“两个确保”得到巩固和加强

2004年，自治区累计为2万名下岗职工发放基本生活费0.47亿元，为10.7万名失业人员发放失业保险金2亿元，为77.3万名企业离退休人员发放养老金53.4亿元，下岗失业人员和企业离退休人员的基本生活得到了保障。全面启动了农垦企业养老保险制度，农垦企业的离退休人员得到了养老待遇，初步解决了这一历史遗留问题。

（三）养老保险政策进一步完善

2004年，内蒙古自治区12个盟市都建立了养老保险调剂金制度，锡盟、乌海两个地区实行了盟市级统筹，在自治区实现了盟市级统筹零的突破。统一调整了企业退休人员养老金待遇水平，并及时发放到位。完善了退休审批“三公开”（政策、程序、结果公开）管理制度，使退休审批走上了依法行政的轨道。推进了企业退休人员社会化管理服务，全区社会化管理服务率达到95%，其中纳入当地社区管理为42.6%。

（四）医疗保险工作稳步推进

2004年，内蒙古自治区确立了以完善政策为主线、健全机制、强化管理、优化服务的思路，推进全区医保改革。年内，灵活就业人员和困难群体参保政策已在所有统筹地区出台，纳入灵活就业人员6.18万人，完成年度计划的124%，纳入困难人群3.3万人。84个统筹地区建立了大额补充保险，参保人数占参加基本医疗保险总数的81.9%。管理服务工作进一步加强，管理水平不断提高。制度总体运行平稳，基金收支平衡，职工的基本医疗需求得到了保障。

（五）失业保险加快发展

2004年，内蒙古自治区努力扩大失业保险覆盖范围，不断提高失业保险抵御风险的能力。充分发挥失业保险在促进就业、调控失业中的作用，运用失业保险金支持国有大中型企业分流安置富余人员。

（六）工伤保险制度全面启动

2004年，内蒙古自治区各地积极贯彻实施国务院《工伤保险条例》，一手抓加快工伤保险机构建设，一手抓制度启动实施。经过努力，全区12个盟市全部启动了新制度，在扩面和管理上有了明显突破。生育保险工作也有了新的进展。

三、加大劳动关系协调和执法力度，努力维护社会稳定

2004年，内蒙古自治区以建立和谐稳定的劳动关系为出发点，指导和督促企业加强劳动合同管理，积极开展劳动合同签订和集体合同的审查工作，从源头上规范企业用工行为。全区进一步健全劳动保障部门、工会和企业联合会三方协调机制，协商内容由劳动合同逐步向劳动保障工作其他领域扩展。自治区各级劳动保障部门积极参与国企改革政策性文件的把关，认真审核职工安置方案和社保待遇，促进了国企改革的平稳进行。深化工资分配制度改革，制定了《内蒙古自治区工资支付规定》，对工资支付不规范、无故拖欠和克扣工资等问题作出了明确规定，调整提高了全区最低工资标准，出台了企业工资指导线，部分地区制定了建筑企业农民工工资保障金制度。完善突发事件应急措施，理顺劳动争议仲裁体制，及时化解突出矛盾，共受理劳动争议案件1 971件，已结案1 966件，结案率为99%。加大执法力度，维护职工的合法权益。在开展日常检查工作的基础上，2004年上半年，自治区劳动保障厅协调自治区总工会、监察厅、建设厅、工商局等部门开展了历时两个多月近1 000人参加的全区劳动保障法律法规大检查，检查各类用人单位32 015户，涉及劳动者75.85万人，查处劳动保障违法案件657件，督促参加社会保险的单位2 896户，补缴社会保险费3 836万元，补签劳动合同12.4万份，补发劳动者工资820.44万元。下半年，由自治区人大常委会牵头开展了“一法两条例”的执法检查。自治区劳动保障部门主动与有关部门配合，开展了清欠工程款和农民工工资专项检查，到年底，帮助建设领域农民工追回被拖欠工资7.5亿元，占拖欠总额的94.21%，其中，偿付2003年农民工工资3.4亿元，占当年拖欠额的98.72%。

四、强化基础建设，奠定可持续发展的基础

（一）信息化建设步伐加快

2004年，内蒙古自治区金保工程一期建设项目全面启动，完成了自治区本级立项和各地可行性报告编制审查工作，12个盟市和部分旗县建起了局域网，自治区已与劳动保障部初步实现了联网。

（二）进一步加强了干部队伍建设

2004年，自治区劳动保障厅组织举办了厅机关及所属单位所有干部职工，盟市、旗县劳动保障局长培训班，并由盟市对6 400多名劳动保障平台工作人员进行了培训；组织了全区“五保”人员业务素质的统一考试。

（三）政风行风建设有了新进展

2004年，自治区劳动保障系统不断加强党风廉政建设，落实领导干部一岗双责，突出责任考核和责任追究，完善监督检查机制。狠抓行风建设，加大了对“三优”文明窗口、政务公开、行政效能的监察力度，落实绩效考核制、首问责任制、限时办结制等，解决了一批社会关注、群众关心的热点难点问题，树立了劳动保障部门的良好形象。

（内蒙古自治区劳动和社会保障厅）

辽 宁 省

2004年，在省委、省政府的正确领导下，在国家劳动保障部的指导帮助下，辽宁省劳动保障系统以邓小平理论和“三个代表”重要思想为指导，认真贯彻省九届七次全会和全国劳动保障工作会议精神，全面落实科学发展观和以人为本的思想，以服从和服务于振兴老工业基地这个大局为中心，坚持抓住重点、突破难点、把握平衡点的工作思路，全面推进了全省劳动和社会保障各项工作。

一、各项重点工作得到全面推进

（一）全省就业局势基本稳定

2004年末，辽宁省城乡就业从业人员2 097.3万人，比上年末增加78.4万人。其中，第一产业721.2万人，占34.4%；第二产业586.8万人，占28%；第三产业789.2万人，占37.6%。城镇从业人员1 013.5万人，比上年末增加10.9万人。其中城镇单位从业人员648.4万人，比上年末减少9.4万人；城镇私营和个体从业人员365.1万人，比上年末增加20.3万人。在城镇单位从业人员中，在岗职工481.1万人，比上年末减少2.4万人。到年末，全省城镇登记失业人员68万人，城镇登记失业率为6.3%，比上年末下降了0.4个百分点。

（二）就业和再就业工作成效显著

2004年，辽宁省委、省政府高度重视就业和再就业工作，把此项工作摆在了经济社会发展更加突出的位置，提出了就业工作优先汇报、就业问题优先解决、就业措施优先落实、就业目标优先考核“4个优先”原则，并两次召开全省就业工作会议进行安排、部署和推动。按照省委、省政府的工作要求，全省各级劳动保障部门把就业和再就业工作作为本部门工作的重中之重，通过进一步强化各级政府的责任主体地位、完善考核体系、落实再就业扶持政策、加强就业服务等措施，大力推进就业和再就业工作。在各个方面的共同努力下，全省实现就业和再就业111万人，完成年度计划的111%。培训下岗失业人员46.4万人，完成年度计划的154.6%。开发公益性岗位安排大龄就业困难对象10万人，完成年度计划的100%。全省全面落实了就业实名制度，对当年所有实现就业和再就业的人员做到了有名有姓、有联系电话，并逐一登记造册，进一步提高了就业质量。

（三）社保试点成果得到进一步巩固

2004年，辽宁省下发了《关于巩固社保试点成果，继续完善社会保障体系的通知》《关于做好并轨收尾工作有关问题的通知》等文件，对做好试点收尾工作提出了明确的要求和部署。到年底，全省基本养老保险个人账户当年做实49.5亿元，完成全年计划的110%，累计做实138.3亿元，做实率达到100%。辽宁省各级政府通过强化目标责任制、加强督促指导、落实各项偿债政策、推介典型经验等措施，着力推动偿还企业拖欠并轨人员债务工作。全省当年偿债7.1亿元，试点以来累计偿还拖欠的并轨人员债务55.5亿元，偿债率达到94.4%。各级政府积极筹措资金，完成了2003年底遗留的3.4万人的并轨工作，试点以来全省累计实现并轨178.9万人，并开展了并轨工作收尾大检查，重点对经济补偿金发放、各项社会保险接续、并轨失业人员领取失业保险金以及再就业等情况进行了全方位检查验收，对发现的问题及时进行了整改。

（四）社会保险覆盖面进一步扩大

2004年，辽宁省在巩固以往扩面成果的基础上，全省企业基本养老保险以非公有制经济和灵活就业人员为重点，失业保险以个体私营企业为重点，基本医疗保险以中省直大中型企业、困难企业和灵活就业人员为重点，不断加大扩面工作力度。到年底，全省企业基本养老保险参保人数达到694.7万人，完成年度计划的100.7%；失业保险参保职工达到616.2万人，完成年度计划的101%；基本医疗保险参保人数达到782.5万人，完成年度计划的146%；工伤保险参保职工达到403万人，完成年度计划的100%；生育保险参保职工达到210万人，基本完成年度计划。重点推进了全省农垦企业参加基本养老保险工作，印发了《关于农垦企业参加企业职工基本养老保险有关问题的通知》，召开了专题会议，并对各市未参保农垦企业离退休人数进行了核查。到年底，全省农垦企业已全部参加本市企业基本养老保险统筹，新增参保人数24.3万人，有11.2万名离退休人员按规定享受了有关待遇。

（五）各项社会保险待遇基本做到按时足额发放

2004年，辽宁省参保企业离退休人员308.3万人，当期发放企业离退休人员基本养老金215.4亿元，除当期征缴统筹基金外，通过财政补助、动用结余等方法筹集资金82.6亿元，确保了参保企业离退休人员基本养老金的按时足额发放。为全省企业退休人员调整了养老金待遇，人均35元。医疗保险政策体系逐步完善，多层次医疗保险体系初步建立，参保人员的医疗保险待遇得到保障，个人医疗费用负担比例已降到30%以下。全省共支付基本医疗保险基金49.5亿元，其中有近4万人次享受了大额医疗保险待遇，保证了参保人员的基本医疗需求。全省享受失业保险待遇月平均人数102.7万人，当期发放失业保险金29.1亿元，除当期征缴失业保险基金15.1亿元外，督促各级政府按照“强化征缴增一块、规范管理压一块、促进就业减一块、调剂财力补一块、银行贷款借一块”的办法，弥补了失业保险基金缺口，基本实现了失业保险金的按时足额发放。此外，全省参保人员的工伤保险、生育保险待遇也基本上得到了保证。

（六）劳动保障维权工作力度进一步加大

2004年，辽宁省和谐稳定劳动关系的“3年行动计划”、人力资源管理诚信等级评价制度得到稳步推进，三方协调机制在解决重大劳动关系问题上发挥了重要作用。全省国有及国有控股企业劳动合同签订率继续巩固在99%以上，非国有企业劳动合同签订率为52%，通过集体协商签订集体合同2.5万份。辽宁省各级劳动保障部门共处理劳动争议案件9 912件，涉及职工14.1万人，涉及经济标的约28亿元，接待人民群众来信来访12.4万余人次。进一步加大了对《辽宁省劳动监察条例》和其他劳动保障法律法规的贯彻执行力度，加强劳动保障监察执法，全省各级劳动保障监察机构检查用人单位6.1万户，涉及劳动者456万人，补签劳动合同60余万份，为劳动者直接追发拖欠的工资2.9亿元，督缴社会保险费1.2亿元。开展了农民工工资支付情况、农民工劳动保障权益保护和劳动合同签订情况等专项执法检查，全省清理拖欠农民工工资11.3亿元，占2003年底拖欠总额的96.3%。

二、各项难点工作取得较大突破

（一）再就业扶持政策“瓶颈”问题初步得到解决

2004年，辽宁省针对政策实施中的难点问题，加大了调查研究、完善政策的工作力度，制定出台了一系列政策，进一步完善了小额担保贷款、主辅分离辅业改制、集体企业下岗失业人员再就业、大龄就业困难对象再就业援助、培训资金筹集和管理、公益性岗位分类补助等方面政策，使再就业扶持政策更加具有可操作性。同时，采取典型引路的办法，在鞍山召开了全省就业工作现场经验交流会，总结推广了鞍山、大连等市的经验和做法，并加强了再就业扶持政策落实情况的监督检查，有效地解决了政策实施中的“瓶颈”问题。到年底，全省为从事个体经营的下岗失业人员减免税费2.3亿元；筹集再就业扶持资金10.8亿元，使用再就业扶持资金8.1亿元；全省支付社保补贴1.3亿元，公益性岗位补贴3亿元，再就业培训补贴1.3亿元，职业介绍补贴6 592万元；为下岗失业人员发放小额担保贷款3.6亿元，在全国排在第一位。

（二）高技能人才培养政策取得新的突破

2004年，辽宁省经过积极努力和争取，将培养高技能人才有关政策纳入到省委、省政府制定的《2004—2010年辽宁省人才队伍建设规划》和《关于在老工业基地振兴中进一步加强人才工作若干政策规定》之中，提高了技师、高级技师在工资、养老、福利等方面的待遇，对有杰出贡献的高级技师实行政府津贴制度。按照省委、省政府的工作部署，省劳动保障厅制定了3年3万新技师培养计划，到年底，全省完成新技师培训1.1万人。基本完成了技工学校整合工作，全省形成了以重点技工学校为骨干、二产专业为重点的技工培训体系。同时，面向冶金、造船、汽车制造等行业，重点发展机械加工、数控车床、加工、模具量具制造、特种技术焊接、机电一体化等30个专业；强化了职业技能鉴定，建立起统一标准、自主申报、社会考核、企业聘用的高技能人才成长通道，推进了职业资格证书制度。2004年全省职业技能鉴定机构达到153个，参加职业技能鉴定并获得职业资格证书的人数为20.3万人。加强了技工学校的招生和教研工作，全省技校160所，在校学生7.8万人，比2003年增加了1.67万人。

（三）社会保障难点问题得到初步破解

2004年，辽宁省劳动保障厅指导各市有步骤地降低了企业基本养老保险缴费费率，减轻了企业负担，优化了投资环境。沈阳、营口、辽阳、铁岭市经批准，已将企业缴纳的基本养老保险费比例降低到20%。加上试点结束时已降至20%以下（含20%）的5个市，到年底全省已有9个市的费率达到国务院规定的水平。同时，对实行差额缴拨时期企业拖欠退休人员养老金、养老保险市级统筹、困难企业职工和破产企业退休人员参加医疗保险、中央下放的煤炭有色破产企业历史遗留问题、工伤保险有关政策衔接、农民工和失地农民社会保障、资源枯竭矿山企业离退休人员取暖费、统筹外养老金资金严重不足等劳动保障信访热点、难点问题，在全省范围内开展了大规模的调查研究，并逐一进行了定性定量分析，形成了几万字的调查研究报告。调查报告提出的问题，有的已被省政府采纳，并开始组织实施。

（四）专项治理工作取得重大进展

随着各项改革的不断深入，涉及职工权益的信访、群访案件不断增加，2004年，辽宁省劳动保障系统坚持“以人为本、执政为民”和稳定压倒一切的方针，率先在全省开展了集中处理突出信访问题及群体性事件的专项治理工作，通过落实双包案、双负责制度，坚持定期调度、专题研究，综合运用法律手段，强化督办等措施，确保了专项治理工作件件有着落，事事有回音，有效地化解了大量社会热点问题和突发事件，基本上实现了“人要回去、事要解决”的工作目标，维护了社会稳定。2004年，国家劳动保障部和省委、省政府交给劳动保障部门办的573件集中处理信访案件，绝大多数得到及时办结并息访。其中办结483件，占全部案件的84.3%；因没有资金来源，暂无法办结33件，占5.8%；办理过程中的案件57件，占9.9%。各地来省进京上访量与2003年相比呈下降趋势，尤其是集体访显著下降。2004年，省劳动保障厅直接接待上访9 451人次，比2003年下降17.6%，其中集体访175批、4 073人次，下降47%；进京上访4 149人次，下降17%。

三、各项基础工作得到进一步巩固

（一）劳动保障法制建设成果显著

2004年是辽宁省劳动保障法规、政策出台较多的一年。以省政府令的形式颁布实施了《辽宁省劳动合同规定》《辽宁省最低工资规定》，对提升劳动合同管理层次、调整用人单位和劳动者之间的关系、扩大社会保险覆盖面、维护劳动者合法权益提供了法律保障。各市根据《辽宁省最低工资规定》，调整了本地区的最低工资标准。起草了《辽宁省就业促进规定》和《辽宁省工伤保险实施办法》，已报省政府法制办，有望在2005年以政府规章形式出台。另外，还以省政府办公厅的名义下发了规范性文件4件，与省直有关部门联合下发26件，省劳动保障厅制发的规范性文件39件，进一步完善了劳动保障政策法规体系。

（二）信息化建设稳步推进

2004年，辽宁省基本建立了覆盖社会保险和劳动力市场的计算机网络系统，养老保险实现了部、省、市三个层次的信息交换和信息共享，数据质量有了较大的提高，初步建立了养老保险宏观分析指标体系。推进了金保工程立项工作，完成了可行性研究报告的编制，并率先得到劳动保障部的批准。信息化综合管理机构逐步健全，全省已有6个市劳动保障局成立了信息中心，负责统筹规划、管理全市劳动保障信息化工作。

（三）社会保险基金监管机制不断完善

2004年，辽宁省由政府部门、用人单位、工会、职工代表和有关专家等组成的省市两级社会保障监督委员会进一步完善了监管机制，初步实现了由被动监管向主动监管转变，由“看住”基金向“看好”基金转变，由单纯外部监管向外部监管与内部自律并重转变。省劳动保障厅配合国家劳动保障部、财政部和审计部开展专项审计2次，本系统组织检查5次，对发现的问题及时进行了整改，有效地保证了资金的安全运行。

（四）劳动力市场建设又有了新的发展

2004年，辽宁省各级职业介绍机构1 715个，场所面积达到15.3万平方米，广泛开展了求职登记、职业指导、职业介绍、培训申请、鉴定申报、档案管理、社会保险关系等内容在内的“一站式”就业服务。全省14个市建立了市级劳动力市场信息网络中心，其中有5个市劳动力市场信息网络实现了市、县（区）、街道、社区4级联网。全省职业介绍机构有专兼职信息员2.5万人，全年收集用工信息48万条，提供就业岗位150.8万个，为企事业单位登记招聘130多万人，为各类人员求职登记158万人次，介绍成功90.5万人次。

（五）街道社区劳动保障平台得到进一步加强

2004年，辽宁省586个街道、4 374个社区全部建立了劳动保障所、站，1 124个乡镇中有968个建立了劳动保障机构。加强了街道社区劳动保障平台建设和劳动力资源管理，管理台账实现了统一表格、统一内容、统一时间，对辖区内下岗失业人员做到了家庭状况清、就业意向清、就业状况清，形成了较为完善的资源管理平台。大力开展了社区就业工程活动，送岗位到社区、送政策到社区、就业援助到社区，下岗失业人员足不出社区便能得到各项就业服务。

（六）劳动保障队伍建设又上了一个新台阶

2004年，辽宁省劳动保障系统坚持“两手抓、两手都要硬”的方针，在工作任务十分繁重的情况下，以“三优文明窗口”竞赛活动为载体，不断加强全战线干部队伍建设。省劳动保障厅组织了“看变化、谋发展”活动和“辽宁要振兴，劳动保障工作怎么办?”的大讨论，各市劳动保障局也相应组织开展了一系列活动。经过社保试点以来艰苦工作的磨炼，全系统干部队伍的整体素质有了明显提高，精神面貌也发生了深刻变化，强化了求真务实的作风，造就了刻苦钻研、勇于进取的品格，树立了无私奉献的精神，形成了一支吃苦耐劳的干部队伍。

（辽宁省劳动和社会保障厅）

大 连 市

一、劳动就业

2004年，大连市城镇单位从业人员（包括城镇单位在岗职工人员、离岗职工人员和其他从业人员）呈上升趋势。全市城镇单位从业人员96.5万人，比上年末增加2.3万人。其中：职工总数为88.9万人，与上年末持平；在岗职工82万人。职工总数中，第一产业1.7万人，第二产业43.7万人，第三产业43.5万人，分别占职工总数的1.9%、49.2%和48.9%。2004年末，全市实有登记失业人员8.9万人，比上年下降10.1%。城镇登记失业率为4.4%，同比下降0.1%。

全市城镇单位职工年平均工资为18 709元，月均水平达1 559元，分别比上年增长12.5%；在岗职工年平均工资为19 719元，月均水平达到1 643元，分别比上年增长12.3%。

（一）城镇实现就业和再就业16.2万人

2004年，大连市出台了《关于进一步扶持大龄失业人员再就业的通知》等一系列政策，不断加大就业和再就业工作力度，全年实现城镇就业与再就业16.2万人，比上年增长14.9%。其中：就业转失业人员再就业11.4万人，稳定就业4.8万人，困难群体就业3.6万人，同比分别增长23.9%、108.7%和9.1%，持《再就业优惠证》人员就业5.4万人。

（二）再就业扶持政策进一步落实

2004年，大连市转发了《关于进一步推进下岗失业人员小额贷款工作的通知》等新政策，使再就业政策扶持体系进一步完善，就业援助措施实现有效延伸和发展，小额担保贷款落实实现新突破，政策推动就业的效应进一步释放。通过政策扶持，全市累计发放《再就业优惠证》19.43万人；全年共筹集再就业资金1.4亿元，使用再就业资金1.5亿元。为11 643人发放小额贷款2.43亿元。对82.3万人次下岗失业人员减免行政事业性收费6 373万元，对942户吸纳下岗失业人员的商贸服务型企业减免税1 680万元。

（三）就业服务进一步加强

2004年，大连市为促进就业工作不断深入，加大了就业服务力度，除长海县外，全市73个街道劳动保障事务所全部实现计算机联网。全市社区劳动保障事务所普遍建立了大龄管理台账，实现城镇劳动力失业、就业、培训的动态管理，全面建立了就业实名制度。组织第二届再就业项目洽谈会，开展了以促进小额贷款政策落实为主要内容的再就业工作8月行动，不断完善小额贷款优惠政策，规定发展前景比较好的项目贷款规模最高可放宽到5万元，并且延长小额贷款的期限，降低担保门槛等，初步建立起促进小额贷款政策落实的工作机制，全市全年共发放小额贷款超过2.43亿元，在全国同类城市中位居前茅。通过小额贷款的扶持，培育创业带头人5 306人，带动就业19 713人。全市公共职业介绍机构全年收集岗位36万个，接待求职人员37万人，介绍12万人就业，其中戚秀玉职介所介绍就业4.6万人。

（四）认真贯彻落实《大连市劳动合同规定》

2004年，大连市的劳动关系工作以《大

连市劳动合同规定》颁布实施为契机，在全市范围内组织开展劳动合同专项执法检查，共检查企业5274户，涉及职工28万人。针对检查中发现的情况，全市下发了《关于加强对未签订劳动合同企业整改工作的通知》，督促整改企业抓紧做好整改工作，整改率达到98%以上。

为了与《大连市劳动合同规定》相配套，真正体现平等就业、体面就业的就业理念，大连市在深入企业调研，经过多次论证、修改的基础上，从2004年6月1日起，取消了原有的外来用工合同文本，对新签订劳动合同的职工，全市统一启用了新的劳动合同文本，深受用人单位的好评。推进集体合同工作有新进展，新增加集体合同备案企业58户，涉及职工45 351人。

（五）劳动争议处理方式进一步扩大

2004年，大连市积极探索新的劳动争议处理方式，向全市推广了开发区针对外商投资企业无主管部门的特点，建立劳动关系协调组织，开展区域性劳动保障法制宣传，预防争议发生，协调劳资纠纷，开展研讨等活动的经验。进一步扩大劳动仲裁乡镇派出庭范围，在乡镇设立的劳动仲裁派出庭达到21个；试行劳动仲裁预备庭制度，不断提高办案效率和办案质量。全年共受理劳动争议案件2 966件，比上年增长25.9%，增幅比上年降低9.1个百分点。通过仲裁手段，全年共为劳动者追回工资、保险待遇、经济补偿金等1 837万元。劳动争议仲裁实体化工作取得新进展，大连市劳动争议仲裁院年内正式成立。

（六）劳动保障监察机构作用明显

2004年，大连市劳动保障监察机构对2.04万户用人单位实施劳动保障年检，常规检查用人单位9 394户。全年共为1.3万名劳动者追发工资1.79亿元，责令1 023户用人单位为12.6万名劳动者缴纳社会保险费2 233.6万元。在全市范围内开展严厉打击非法职业中介机构活动，依法取缔黑中介33家，责令23家超范围从事职业介绍和家政服务的机构限期整改。清理建筑行业拖欠农民工工资问题，帮助6.5万名农民工追回工资1.48亿元。开展遵守劳动保障法律法规诚信C级用人单位筛选工作，劳动保障监察向街道（社区）延伸工作进一步推进。

（七）企业拖欠职工工资问题全部解决

2004年，大连市劳动和社会保障局积极指导全市各类企业通过集体协商办法确定工资标准，并发布2004年企业工资指导线、劳动力市场价位和人工成本的统计和分析。改进工效挂钩审核办法，由企业按照“两低于”（写出两低于具体内容）的原则，自主确定和发放工资总额。2004年，大连市继续加大清理企业拖欠职工工资工作，特别是10月2日，王兆国同志视察大连市以后，根据市委、市政府的要求，市属国有、集体企业限期完成偿还拖欠职工工资工作，市劳动保障局与市总工会密切配合，加大工作力度，使清欠工作取得了阶段性成果。据2004年9月末统计，全市41户企业共拖欠职工工资3 723.9万元，涉及职工8 165人（不含中省直企业），其中市属国有企业6户，拖欠1 139.7万元，涉及职工1 703人；集体企业5户，拖欠1 156.6万元，涉及职工1 482人；区市县30户，拖欠1 427.6万元，涉及职工4 980人。至年末，全市41户企业拖欠职工工资问题已全部解决。

（八）职业技能培训和鉴定工作有新进展

2004年，大连市培训各类人员14.8万人，其中培训下岗失业人员6.4万人，培训就业率达75%，比上年提高13个百分点。全市参加职业技能鉴定9.1万人，比上年增长18.2%，其中获得职业资格证书的6.6万人，获证率达72.5%，比上年提高1.5个百分点，职业技能鉴定数量和质量明显提高。年内开发完成15个职业的技能题库，考核鉴定全面实现微机化管理。首次举办17个职种的职业技能大赛。

二、社会保障

2004年，大连市社会保障体系进一步完

善，离退休人员养老金按时足额发放和国有企业下岗职工基本生活费发放得到确保。养老保险覆盖面不断扩大，养老保险费征缴达到历史最高水平，企业离退休人员养老金水平大幅度提高；事业单位基本养老保险社会统筹工作全面启动，参保范围进一步扩大；失业保险基金收缴持续增长；基本医疗保险覆盖面进一步扩大，基金收支平衡，运行健康，参保人员的基本医疗得到保障；工伤和生育保险运行平稳。

社会保险基金监督管理制度进一步健全，建立了社会保险基金监督评估考核指标体系，经办机构的基金管理水平不断提高。养老、失业、医疗、工伤和生育保险征缴系统与医疗保险系统、机关事业单位保险系统数据整合全面完成，网络管理更趋于科学。至年末，全市已有2 780户企业实现网上申报和银行托收业务。

（一）企业离退休人员养老金水平大幅度提高

2004年，大连市调整企业军转干部生活补助金；将企业离退休人员劳模荣誉津贴纳入统筹项目；对企业离休人员增加生活补贴，全市企业离退休人员养老金水平大幅度提高。当年，全市企业离退休人员月人均养老金达到769元，居全省第一位，高于全国水平。

（二）农转城人员参加城镇职工社会保险试点工作稳步推进

2004年，大连市农转城人员参加城镇职工社会保险试点工作在上年试点的基础上，将试点范围扩大到姚家、泡崖、大连湾等地，至年末，镇改街企业职工和农转城人员参加城镇职工社会保险人员达2万多名；按照有关规定办理退休手续并享受基本养老保险金待遇的达2 000多人。

（三）事业单位基本养老保险社会统筹工作全面启动

2004年，大连市事业单位基本养老保险社会统筹工作全面启动，事业单位参保范围进一步扩大。全市491个全额、差额拨款事业单位44 139名在职职工全部纳入养老保险统筹范围，实现了机关事业单位社会保险费统一征缴。至年末，全市机关事业单位养老保险参保人数已达12.9万人，比上年增长1.1倍。全年征缴保险费5.2亿元，比上年增长67.7%。

（四）养老保险

2004年，大连市养老保险覆盖面不断扩大，养老保险费征缴达到历史最高水平。全市养老保险参保人数达到120.1万人，比上年增长6.8%。全年征缴养老保险费42.6亿元，比上年增长25.3%，保证了全市47.6万名离退休人员全部按时足额领取基本养老金。全市纳入社区管理的企业退休人员40.3万人，占企业退休人员总数的99.9%。

（五）医疗保险

2004年，大连市医疗保险覆盖面进一步扩大，市区统筹区域大部分困难企业和关闭企业的退休人员纳入医疗保险范围并享受待遇，领取失业金期满人员的医疗保险接续和参保工作进展顺利。企业离休人员医疗费用统筹办法不断完善，调整用药范围，并建立个人账户；对3万名慢性病患者、3 048名个人负担重的重病患者给予适当救助；用市场招标的办法确定慢性病检诊医院，检诊价格大大降低；简化定点医疗机构、定点药店的审批手续，方便参保职工就医购药；调整医疗保险住院结算标准，基本医疗保险基金收支平衡，基金运行健康，参保职工的基本医疗得到保障。全市医疗保险参保人数173.2万人，其中年内新增18.9万人；全年征缴保险费16.2亿元。

（六）工伤保险

2004年，大连市积极贯彻《工伤保险条例》，新老政策过渡平稳。重新核定本市参保企业工伤保险费率，1～4级的2 231名工伤人员定期伤残补助金改为一次性发放。对区市县工伤认定工作和委托医院的鉴定工作进行全面检查，与符合标准的医疗机构签订世纪协议书，实行工伤医疗费用与定点医疗机构直接结算。工伤保险的参保覆盖面逐步扩大，行业企业、金融、证券、保险等单位按属地原则陆续参保。全市工伤保险参保人数82.4万人，比上年增长12.1%；全年征缴保险费1.2亿元，比上年增长 23.5%。

（七）生育保险

2004 年，大连市调整了生育保险的支付标准和支付方式。在调研的基础上，提高了产前检查及顺产、难产、剖腹产的费用支付标准，并对生育职工的生育费用支付方式进行了调整，取消定点管理，通过银行系统实行生育费用定额发放，方便了参保职工和经办人。截至年底，全市生育保险参保人数 78.5 万人，比上年增长 10.9%；全年征缴保险费7 000万元，比上年增长 15.5%。

（八）失业保险

2004 年，大连市失业保险参保 85.7 万人，比上年增长 10%。全年征缴失业保险费 3.96 亿元，比上年增长 10%；全年累计发放失业保险待遇 5.8 亿元，比上年下降 14.7%，确保全市 24.6 万名失业人员按时足额领取失业保险金。

（大连市劳动和社会保障局）

吉 林 省

2004年，吉林省各级劳动保障部门在省委、省政府的领导下，认真学习贯彻党的十六届三中、四中全会和省委八届四次、五次全会精神，围绕振兴吉林老工业基地和完善城镇社会保障体系试点这一中心任务，不断加大就业再就业工作力度，加快健全完善社会保障体系，较好地完成了各项工作任务。就业再就业工作取得积极成效。截至年末，全省共开发城镇就业岗位50.2万个，城镇新增就业39万人，其中，下岗失业人员实现再就业29.3万人，全省城镇登记失业率为4.23%。社会保险扩面取得新进展。坚持以“万户民企进社保”为载体，积极推动非公有制经济参保。截至年末，全省养老保险参保人数达到315.91万人，其中，非公有制经济参保人数达到69.09万人，养老保险参保结构得到了进一步优化。失业保险功能作用进一步增强。全省失业保险参保人数达到282.18万人，失业保险金发放率达到100%。全省参加医疗保险人数达到269.95万人，医疗保险缴费率达到99.4%。工伤保险参保人数达到114.29万人。工资分配制度改革进一步深化，劳动关系处理工作进一步加强，劳动仲裁、劳动保障信访、劳动保障监察等在维护劳动者合法权益方面发挥了积极作用，促进了企业和社会的稳定。

一、再就业工作取得显著成效

（一）创业促就业

响应吉林省委八届四次、五次全会关于“加强全民创业文化建设，激发全民创业热情”的号召，按照省政府关于大力推进全民创业的指导意见和全省全民创业就业促进大会精神，2004年，省劳动保障厅等8部门联合开展了“十百千创业促就业成功项目”、劳务输出“双百工程”等11项全民创业促就业系列活动。通过征集开发创业项目、组织创业培训、完善创业服务、落实扶持政策等措施，推动广大城乡劳动者的创业实践，带动就业工作深入开展。截至年末，全省共有30.58万人通过11项活动实现就业再就业，推动224万名城乡劳动力输出转移就业。

（二）再就业扶持政策落实

2004年，吉林省围绕落实再就业扶持政策，积极研究切实可行的办法和措施，简化就业服务补贴相关手续，进一步降低了各类服务型企业享受社会保险补贴政策的门槛。在全省组织开展小额担保贷款百日攻坚活动，推动了小额担保贷款政策的落实。加快推进国有大中型企业主辅分离辅业改制分流安置富余人员工作，使再就业优惠政策效应得到了较好发挥。截至年末，全省累计发放《再就业优惠证》34.53万个。共筹集小额贷款担保基金9 311万元，享受小额担保贷款8 538人，发放小额担保贷款9 697万元。享受免交行政事业性收费政策7.94万人，享受税收扶持政策10.27万人，享受社会保险补贴政策1.06万人，从事社区公益性岗位工作享受岗位补贴政策1.17万人。享受免费职业介绍服务14.04万人，享受免费职业培训10.21万人。

（三）失业调控

2004年，吉林省积极开展失业登记和就业登录工作，促进隐性失业、就业显性化。摸索建立失业保险、城市居民最低生活保障和再就业联动工作机制。切实强化关闭破产及改组改制国有企业人员安置工作，规范企业裁员行为，创办面向市场的经济实体分流企业富余人员。组织推动下岗失业人员灵活就业，建立并轨人员灵活就业申报及协议管理制度，鼓励各地通过发展劳务派遣企业、建立再就业基地、提供就业服务等措施，提高灵活就业的组织化程度，较好地推动了并轨人员灵活就业，控制了失业率的过快攀升。截至年末，全省城镇登记失业率为4.23%。

（四）人力资源市场和基层劳动保障机构建设

截至2004年末，吉林省各级人力资源市场场所面积已达3.77万平方米，比上年同期增加1.77万平方米，增长88.5%。有7个市州建设了本级信息网络中心。全面提升公共就业服务水平，不断完善职业供求状况分析发布和工资指导价位制度。结合推进就业服务新三化建设，制定开展人本服务的具体措施和标准，全面树立人本服务新形象。基层劳动保障平台建设不断加强。各地以规范化建设活动为契机，不断加大工作力度，截至年末，全省共有基层劳动保障机构2 466个，配备工作人员5 125人，其中专职3 387人，兼职1 738人；全省有52.9%的基层劳动保障机构达到一级标准，47.1%达到二级标准。

（五）劳务输出

2004年，吉林省围绕贯彻落实中央1号和省委1号文件精神，从解决限制农村劳动力进城就业的有关规定入手，省劳动保障厅与省直9个部门联合制定下发了关于积极推进农村劳动力转移就业有关问题的通知，在全省组织开展了“劳务输出市州行”的特色宣传采访活动。制定了农村劳动力资源档案管理暂行办法。加强省际间交流与合作，与四川省建立了劳务协作伙伴关系。深入开展劳动保障部和国际劳工组织在吉林省实施的SYB和SIYB创业培训项目，切实强化项目带动就业的作用，推进了创业促就业工作的开展。大力加强境外就业中介机构建设，全省境外就业中介机构数量及境外就业人数得到长足发展。积极争取到比利时政府援助的公共就业服务项目和由欧盟援助的中国—欧盟社会保障合作项目，扩大了国际合作和交流的领域。截至年末，全省实现劳务输出224.4万人，完成年计划的112.2%，同比增长27.2%。劳务输出总收入101.74亿元，劳务输出人员人均收入4 534元。

（六）困难行业、地区和企业再就业

2004年，吉林省共确定就业困难企业340户，涉及下岗失业人员12.3万人。为解决这部分人的就业问题，专门组织召开了全省资源枯竭地区再就业工作现场会，在全省推广了长春、白山等地发展接续产业和区位优势，妥善分流安置下岗失业人员的先进经验。同时，积极研究和探索综合运用各项扶持政策，解决困难行业企业人员再就业问题的途径和办法。大力推行再就业援助的制度化，在全省开展了以“帮您再就业，我们的责任”为主题，以“送政策、送岗位、送技能、送服务”为主要内容的“2004再就业援助活动周”，取得了较好效果。2004年，仅长春市在营城地区就帮助4 800多名下岗失业人员实现了再就业。

二、城镇就业持续增长

2004年，吉林省就业总量继续增长。全年城镇新增就业人数39.0万人，比上年增加7.1万人，增长22.3%。其中：女性新增就业人数17.28万人，占新就业人数的44.3%。在新增就业的人员中，到国有企业就业的0.82万人，占就业总数的2.1%；到集体企业就业的1.11万人，占就业总数的2.85%；到私营企业就业的5.0万人，占就业总数的12.82%；到个体就业的5.03万人，占就业总数的12.9%；到其他经济单位就业的2.75万人，占就业总数的7.05%；到乡镇企业就业的1.53万人，占就业总数的3.92%；自谋职业的9.09万人，占就业总数的23.31%；劳务输出6.61万人，占就业总数的16.95%；从事社区服务业4.45万人，占就业总数的

11.41%；到其他单位就业的2.61万人，占就业总数的6.69%。非公有制经济单位成为就业主渠道，占就业总数的97.9%。年末，全省城镇失业人员28.24万人，比上年减少0.19万人。在年末城镇失业人员中，女性失业人员14.78万人，占失业人员总数的52.34%。城镇登记失业率为4.23%，比上年减少0.07个百分点。

外国人及港澳台人员在吉就业有所增长。截至2004年末，在吉林省境内就业的外国人达912人。从国别上看，他们分别来自30多个国家和地区，其中，韩国人722人，朝鲜人79人，其他国家111人。从分布的地区上看，延边地区占61.5%；长春地区占23.4%；其他地区占15.1%。从就业的岗位上看，高级管理人员岗位占61%；专业技术人员岗位占23.55%；其他人员岗位占15.45%。香港、台湾、澳门地区居民在吉林省境内就业的有18人。从就业的区域来看，台湾地区占85%，香港地区占11%，澳门地区占4%。从分布的地区来看，长春地区占87%，吉林地区占9.5%，其他地区占3.5%。从就业的岗位来看，高级管理人员岗位占61%；专业技术人员岗位占23.5%；其他人员岗位占15.5%。

三、完善城镇社会保障体系试点工作扎实展开

2004年，吉林省完善城镇社会保障体系试点主要包括两个方面内容，一方面是国有企业下岗职工基本生活保障向失业保险并轨；另一方面是做实养老保险个人账户。为做好试点工作，省劳动保障厅先后4次组织督查调研，指导各市州和省直部门进行社保试点并轨的准备和实施工作，基本掌握了4种人员的底数；在两个市县进行了模拟试点，探索实施并轨的具体办法。5月13日，国务院下发了《关于同意吉林省完善城镇社会保障体系试点实施方案的批复》(国函［2004］35号)。5月19日，省委常委会又专题研究了试点工作。之后召开了试点工作动员大会，对试点进行全面部署。以此为标志，吉林省的试点工作由准备阶段转入具体实施阶段。按照省委、省政府的工作部署，省劳动保障厅先后组织市县政府、有关部门和省直行业、企业负责人、劳资干部参加试点政策培训；召开并轨工作现场会，推广试点并轨管理系统软件；加强宣传，营造有利于试点的舆论氛围。特别是从吉林省的实际出发，制定了比较完善的试点方案。经反复研究协调，相继出台了近30份试点配套政策文件，吉林省制定的并轨工作指导意见、基本养老金计发办法、企业自筹资金和清理债务办法、建立再就业与失业保险和低保联动机制、失业调控意见等政策文件针对性、指导性和操作性都比较强，为试点的顺利进行提供了政策保证。积极做好对上争取资金工作，国家核拨吉林省的补助资金基本保证了试点工作的实际需要。同时，加强地方配套资金的筹集工作，省及各地采取调整财政支出结构解决一块、预算新增安排一块的办法，千方百计落实并轨和做实个人账户地方财政补助资金。明确了并轨企业自筹资金及清偿职工债务工作责任，提出了土地出让、资产变现等15个方面的资金筹集办法。截至年末，全省完成并轨人员审核31.43万人，开始陆续领取经济补偿金或生活补助费。

四、积极开展"万户民企进社保"专项行动

2004年4月，吉林省各地按省政府要求，集中组织开展了"万户民企进社保"的专项行动。通过积极宣传发动、调查摸底、开展征缴登记和自查总结，综合运用法律、行政和经济手段，采取劳动保障监察、工资基数核查、年检验照和税务登记等措施，民营企业参加社会保险工作取得了积极成果。截至年底，全省新参加养老保险民营企业19 568户，新增参保人员113 864人；新参加失业保险民营企业2 662户，新增参保人员80 090人；新参加医疗保险民营企业19 301户，新增参保人员47 551人。营造了民营企业关爱员工、保障权益的良好舆论氛围。

五、养老保险工作取得新进展

截至2004年末，吉林省养老保险参保人数达到315.91万人，完成年计划的102.6%，与上年同比增长1.4%。通过开展“万户民企进社保”活动，全省非公有制经济参保人数达到69.09万人，完成年计划的131.6%，同比增长29.4%，全省养老保险参保结构得到了进一步优化。按照完善城镇社会保障体系试点的总体要求，调整和完善了基本养老金计发办法，更加充分地引入效率因素，调动了企业和参保人员缴费的积极性，并以此为契机，妥善解决了一批历史遗留问题。全面实行了社保基金缴费由企业一个主体变为企业和个人两个主体的新办法，取得了缴费工作的重大突破，社保基金征缴率明显提高。全省已参保退休人员的基本养老金做到了按时足额发放，而且调剂保障能力明显增强。企业退休人员社会化管理服务稳步推进，到年末，全省退休人员社会化管理率达到90%。继续坚持省对市县“分级负责，定额补助，自求平衡”的管理模式，建立省补助资金与各地工作实绩挂钩的激励机制，从减轻企业养老保险负担出发，提出自2005年起将企业的缴费比例从原来的24%调整为23%，全省共减轻参保企业养老保险负担将达2.5亿元左右，得到了企业的广泛拥护。进一步加强和改进集体企业市县统筹办法，提出了实行集体企业全省统一管理的政策建议并获得省政府通过，以此为标志，实现了集体企业统一政策、统一管理、统一运行和统一考核的运行机制，使全省养老保险统筹层次得到了实质性提升。加强对农垦企业参保工作的检查和指导，认真落实参保政策，对全省农垦企业参保缴费和基本养老金发放情况以及中央补助资金使用情况进行重点督查，确保了新参保农垦企业职工养老金的按时足额发放。认真研究和探索解决进城务工农民和失地农民养老保障问题的措施和办法，在长春市组织开展的失地农民养老保险工作试点的各项前期准备工作已经基本就绪。严格控制提前退休行为，特别是重点加强对政策性破产企业以及困难企业提前退休的控制和管理，做到公开、公正、透明。积极稳妥地组织开展企业离退休人员待遇的调整工作，由于坚持原则，宣传到位，措施得力，使国家的政策措施得到了较好的贯彻落实，赢得了社会各界和广大离退休人员的支持和欢迎。

六、失业保险功能作用进一步增强

2004年，吉林省进一步依法推进失业保险工作，深入贯彻落实《吉林省失业保险办法》，组织各地集中精力狠抓失业保险扩面征缴工作。通过采取上门宣传政策法规、进行参保登记、实行社会保障监察、法院强制执行、社会舆论监督等措施，推动民营经济纳入失业保险。中央所属高校等事业单位参保工作有一定进展。截至年末，全省参保人数达到了282.18万人，征缴失业保险费4.92亿元，比上年增长1.6%。规范失业金领取流程，对不符合享受失业保险待遇条件人员重新就业再次失业后，领取失业保险金的年限问题做了明确规定，避免了失业金的流失。同时，积极发挥失业保险促进再就业的功能作用，继续开展失业保险促进再就业试点工作。

七、医疗保险制度运行平稳

2004年，吉林省认真贯彻落实国家关于基本医疗保险制度改革的总体规划要求，全面推动医疗保险制度改革的深入开展。实行月调度、月通报制度，对各统筹地区完成任务情况逐月调度、逐月通报，对完成任务进度迟缓的统筹地区实行重点督查。探索建立了多种形式的医疗保险模式和办法，形成了以基本医疗保险制度为基础，以公务员医疗补助、企业补充医疗保险和大额医疗保险为补充的多层次医疗保险体系，认真研究解决混合所有制经济组织从业人员和灵活就业人员的参保问题，特别是通过采取先建立统筹基金，暂不建立个人账户的办法，降低了企业的缴费比例，使国有困难企业参保工作取得了积极进展。截至年末，全省参加医疗保险人数达到了269.95万人，其中国有困难企业参保人数达到40万人，完成年计划的103.8%；全省医疗保险缴费率为99.4%，超过年计划4.4个百分点。基金收支平衡，略有结余。继续组织开展医疗保险规范管理服务活动，切实解决医疗保险管理和服务方面存在的突出问题和矛盾，使各级医疗保险经办机构在基金管理、“两定”管理、目录管理、结算管理以及统计分析、预警监测等方面进一步规范化、制度化，业务经办流程和岗位责任制不断完善，医疗保险管理服务质量和水平有了明显提高，参保单位和参保职工比较满意。

八、工伤、生育保险和劳动能力鉴定工作稳步推进

2004年，吉林省深入贯彻落实《吉林省实施〈工伤保险条例〉若干规定》，组织推动50个统筹地区启动实施和扩面工作。集中组织开展工伤保险宣传月和工伤保险百日参保扩面活动，通过采取逐户企业调查摸底、限期参保、劳动保障监察和新闻曝光等手段，以及由省政府督查室对各地政府下发督办通知单等办法，较好地推动了扩面工作的开展。截至年末，全省工伤保险参保人数达到114.29万人，完成年计划的142.9%。加快生育保险立法进程，省劳动保障厅起草制定的《吉林省城镇职工生育保险办法》已经省政府常务会议讨论通过，将于2005年1月在全省组织实施。积极组织开展劳动能力鉴定工作。始终坚持公开、公平、公正原则，做到了坚持标准，实事求是，一视同仁，公开透明，杜绝了弄虚作假行为的发生。全年共组织劳动鉴定26次，集中鉴定时间108天，鉴定人数达到了1.46万人。

九、企业劳动关系调整和工资分配制度改革工作不断深入

2004年，吉林省各级劳动保障部门进一步加大劳动关系调处工作力度，积极帮助改组改制企业、裁减人员的优势企业依法做好劳动合同签订或变更、解除和终止等劳动关系处理工作，加强指导和监督，维护职工的合法权益。充分发挥劳动关系三方协调机制在处理劳动关系方面的积极作用，截至年底，全省除69个市州、县（市、区）全部建立三方机制外，还有30个乡镇街道、5个经济开发区建立了三方机制，推动企业建立和完善集体合同制度；全省建立集体合同的企业已达10 334户，覆盖职工195.2万人。不断完善工资增长指导线制度，政府对企业工资增长的宏观调控得到加强。职工工资水平进一步提高，2004年，全省在岗职工平均工资达到12 431元，同比增加1 350元，比2003年增长了12.18%。认真落实最低工资保障制度，人力资源市场工资指导价位制度建设扎实推进。全省9个地市级城市全面建立了人力资源市场工资指导价位制度，信息数量明显增加。进一步改进和完善工资总额同经济效益挂钩办法，较好地促进了企业经济效益增长和职工积极性的提高，使工资增长与效益增长保持了合理关系。

十、职业技能培训工作取得初步成效

2004年，吉林省坚持把职业培训作为促进再就业的重要手段，指导各级劳动保障部门在各类职业培训机构确定定点培训单位，根据人力资源市场需求和下岗失业人员的求职愿望，组织开展不同形式的职业技能培训，积极推行创业培训。全年共培训下岗失业人员15.42万人，培训后就业率达70%，同比提高6个百分点。技能人才队伍建设得到明显加强，围绕五大基地建设，在全省组织实施了技能振兴行动，制定了《吉林省2810高技能人才工程实施意见》，组织开展了岗位练兵和技能竞赛活动，调动和激发了广大一线工人学习钻研技术的积极性。省有关部门先后总结了18个先进典型经验，评出了62个再就业培训先进典型，吉林省有两名生产第一线的工人被评为中华技能能手，在全省初步营造了一个尊重知识、尊重人才的良好舆论氛围。

十一、劳动保障信访、劳动争议处理力度不断加大

2004年，吉林省围绕维护企业和职工合法权益，不断加大劳动关系调整工作力度。在全省建立了劳动保障信访工作目标责任制，建立了劳动保障信访协调处理制度和情况通报制度。进一步完善了厅领导信访接待日和阅批职工群众上访信制度，厅领导亲自处理重大信访案件，2004年共完成信访接待日17个，共接待上访人员72批次、320人次。组织开展不稳定因素的排查工作，对重点企业实施监控，制订处置预案，提前工作，化解不稳定因素。据统计，2004年全省各级劳动保障部门共接待处理职工群众来信来访54 970件（批）次，与上年同比上升了63%。经过耐心细致的工作，一批信访问题得到妥善处理。加强劳动争议仲裁工作力度，依法处理矛盾纠纷。全年各级劳动争议仲裁委共受理劳动争议案件4 337件，比上年增长18%，共涉及34 752人，比上年增长17%，结案率有所提高。

十二、劳动保障法制与监察工作取得新突破

2004年，吉林省的劳动保障立法工作步伐进一步加快，通过积极工作、多方协调，《吉林省劳动合同条例》《吉林省促进就业条例》的前期准备工作已基本完成。积极做好建议提案办理工作。2004年，省劳动保障厅共收到人大、政协建议提案33件，比上年同期增长53%；全年共受理行政复议和行政诉讼案件39起，比上年增长68%。省劳动保障厅连续两年被省政府评为全省法制工作先进单位。围绕劳动保障中心工作，不断加大劳动保障监察工作力度。2004年，全省共检查用人单位34 780户，比上年增长18.2%。其中：为39.02万人补签了劳动合同；为28.4万人追发工资等待遇4 899.5万元；督促1 399户用人单位办理社会保险登记，督促3 074户用人单位补缴社会保险费0.12亿元；清退童工163人；清理取缔非法职业中介机构975户。特别是加大了对拖欠农民工工资案件的查办力度，2004年，在全省范围内组织开展了5次大规模的专项执法检查，共检查用人单位7.1万户，涉及农民工32.4万人，追回被拖欠的工资及赔偿金3 846.7万元，有力地打击了克扣农民工工资的行为，维护了农民工的权益，受到了省政府和社会各界的认可。

十三、离退休人员保险福利进一步提高

2004年末，吉林省离休、退休、退职人员为137.81万人，比上年增加7.80万人，增长6%。按单位性质统计，其中：企业为109.75万人（离休人员为2.45万人，退休人员为105.42万人，领取定期生活费的退职人员为1.88万人），比上年增加5.57万人，增长5.3%；事业为22.02万人（离休人员为1.40万人，退休人员为20.31万人，领取定期生活费的退职人员为0.31万人），比上年增加1.55万人，增长7.6%；机关为6.04万人（离休人员为0.78万人，退休人员为5.13万人，领取定期生活费的退职人员为0.13万人），比上年增加0.68万人，增长12.7%。按人员构成统计，其中：离休人员为4.64万人，比上年减少0.32万人，下降6.4%；退休人员为130.85万人，比上年增加8.12万人，增长6.6%；领取定期生活费的退职人员为2.32万人，与上年持平。

2004年末，全省保险福利费用支出119.40亿元，比上年增加10.08亿元，增长9.2%。按单位性质统计，其中：企业支出83.74亿元（离休金支出4.80亿元，退休金支出72.45亿元，退职生活费支出0.75亿元，医疗卫生费支出3.74亿元，其他支出2亿元），比上年增加9亿元，增长12%；事业支出27.62亿元（离休金支出2.45亿元，退休金支出23.85亿元，退职生活费支出0.12亿元，医疗卫生费支出0.71亿元，其他支出0.49亿元），比上年增加0.63亿元，增长2.3%；机关支出8.04亿元（离休金支出

1.39亿元，退休金支出6.12亿元，退职生活费支出0.06亿元，医疗卫生费支出0.28亿元，其他支出0.19亿元），比上年增加0.45亿元，增长5.9%。按人员构成统计，其中：离休金支出8.64亿元，比上年增加0.34亿元，增长4.2%；退休金支出102.42亿元，比上年增加12.17亿元，增长13.5%；退职生活费支出0.93亿元，比上年增加0.07亿元，增长8%；医疗卫生费支出4.72亿元，比上年下降1.89亿元，下降28.7%；其他支出2.69亿元，比上年减少0.61亿元，下降18.5%。

（吉林省劳动和社会保障厅）

黑 龙 江 省

2004年，是黑龙江省实施老工业基地振兴战略的开局之年，也是劳动保障事业开拓进取、极不平凡的一年，劳动保障部门承担的各项任务，涉及面之广、政策性之强、难度和工作量之大，都是前所未有的。一年来，全省各级劳动保障部门按照省委、省政府和劳动保障部的部署，以完善城镇社会保障体系试点为中心，以实施国有企业下岗职工基本生活保障向失业保险并轨、完善社会保险制度、促进就业再就业和维护劳动者权益为重点，在时间紧、任务重、资金少、要求高的情况下，强化措施，攻坚克难，狠抓责任落实，圆满完成了各项任务，有力地促进了全省劳动保障事业的新发展，为维护改革发展和稳定大局做出了积极贡献。

一、完善城镇社会保障体系试点顺利启动并取得显著成效

2004年，黑龙江省有68.2万名国有企业离下岗人员实现了并轨，超出全年计划18.2万人。按照5%的规模部分做实了基本养老保险个人账户，全省各级财政承担的1.25个百分点共计3.8亿元资金已于年底前归集到位。从2004年7月1日开始，按新的基本养老金计发办法为新退休人员核发基本养老金，实现了新老基本养老金计发办法的有效衔接和平稳过渡。

黑龙江省委、省政府对试点工作十分重视，从2003年以来，多次组织劳动保障厅有关同志去辽宁省考察学习，多次召开省委常委会、省长办公会和试点领导小组会议，研究部署试点工作。各地、各有关部门按照国务院和省委、省政府要求，精心准备，为试点的顺利启动奠定了坚实基础。

1. 抓组织领导，实施了专项推进。全省试点工作动员大会后，随即召集各市地和系统试点办主任，就贯彻落实会议精神做出了具体安排。全省13个市地和农垦、森工系统都成立了试点工作领导小组及其办公室，抽调了人员，落实了经费，实行了集中办公。齐齐哈尔、大庆、牡丹江、哈尔滨、黑河等地还分别向首批启动并轨试点工作的企业派出了由各单位抽调处级干部任组长的工作组，专项推进并轨工作。

2. 搞好舆论宣传和骨干人员培训。2004年，黑龙江省围绕试点的重大意义和主要政策，通过免费印发宣传提纲、在新闻媒体开辟专栏、播发公益广告等多种形式，开展了一系列试点政策和典型经验的宣传活动，形成了有利于试点工作开展的良好舆论氛围。同时，为了培养一批掌握政策、精通业务的骨干人员从事试点工作，从2004年5月份开始，从省到市地和县区进行了逐级培训。全省共举办各类培训班300余次，参加人员达2万余人。

3. 开展经常性的调研督查，及时发现问题，纠正偏差。2004年，黑龙江省试点办多次组成工作组，累计深入市县和企业达到60余次。围绕国务院批复的试点实施方案，在充分调研、反复论证、多方征求意见的基础上，共出台了10个配套性文件，对有关政策进行了细化。对《黑龙江省城镇企业职工基本养老保险规定》《黑龙江省城镇个体劳动者基本养

老保险规定》进行了修改完善。指导各地制订本地试点工作方案，确定了并轨等各项改革的阶段性目标和具体实施步骤。针对检查中发现的问题，先后下发了《关于妥善处理全省并轨工作中若干问题的意见》和《关于进一步做好2004年全省并轨工作的通知》等政策文件，对并轨范围和对象、经济补偿金计算标准、困难企业的认定、失业保险关系的接续等具体问题做了进一步明确，对并轨工作推进的步骤、资金的筹措、审核审批等方面提出了更加具体的要求。试点启动之初，对首批实施并轨的企业，实行一户一审、一户一批，保证了工作质量。并轨工作全面推开后，指导各地准确执行政策，在审核审批中严格把住了并轨人员范围、并轨人员再就业认定、困难企业审核、经济补偿金标准、债务偿还等“五个关口”。

4. 实行联合办公，加快审核审批速度，提高工作效率。为了确保完成50万人的并轨任务，黑龙江省试点办从2004年11月开始取消节假日，实行24小时办公，随时受理并轨审核审批工作。为缩短工作周期，同志们吃、住在试点办，实行流水作业，开展了“一条龙”服务，工作时间经常持续到第二天凌晨。将以前逐级报送、逐级审核的“串联”方式，改为实行并轨预案沟通、审批与并轨人员资格审查、微机录入以及困难企业认定、债务清偿等环节同步推进的“并联”方式，大大提高了工作效率。

5. 妥善处理好并轨与国有企业改制的关系，确保两项改革紧密结合，相互促进，协调运作。

6. 加强调度，及时准确掌握试点工作动态。从省到市县，逐级建立了试点工作的日报告和周、月定期总结制度，定期编发信息简报。

二、就业再就业工作力度进一步加大

2004年，黑龙江省新增就业64.2万人，完成计划的116.8%。下岗失业人员再就业50.25万人，完成计划的111.7%，其中“4050”人员13.23万人，完成计划的132.3%。各地通过开发公益性岗位共安置“4050”人员7.7万人，完成计划的118.3%。2004年底，全省城镇登记失业率为4.47%，比年初确定的控制目标低1.23个百分点。

2004年，黑龙江省继续落实省委确定的“促进再就业行动”，加强了对企业裁员的调控，广辟就业门路，进一步落实再就业政策，强化就业服务，努力将城镇登记失业率控制在合理范围内。由于工作成绩显著，2004年，省劳动和社会保障厅被国务院授予“全国再就业工作先进集体”称号。

（一）狠抓再就业优惠政策的落实

2004年，黑龙江省通过实行再就业政策落实情况检查制度、部门协商沟通制度、社会监督举报制度，以及政府部门之间再就业联席会议制度，促进了各项再就业政策的落实。加强了再就业优惠证的发放、管理和回收工作；积极协调推进小额担保贷款发放工作，将小额贷款工作向县（市）延伸，使更多的下岗失业人员享受到了再就业优惠政策。全省已累计发放《再就业优惠证》102.32万本，累计为1.53万人发放小额贷款2.76亿元，税费减免、社保补贴等优惠政策均得到了较好的落实。

（二）积极寻找就业增长点，努力拓展就业空间

2004年，黑龙江省结合实施“主辅换位、建设畜牧业强省战略”，鼓励下岗失业人员到农村和城乡结合部发展畜牧业和养殖业，鼓励发展多种所有制经济吸纳下岗失业人员。起草了《黑龙江省促进灵活就业管理办法》，提高了灵活就业的组织化程度，落实灵活就业人员再就业扶持政策等措施，引导鼓励各地大力发展第三产业，努力提高服务业市场化、社会化水平，积极发展特色旅游、商贸流通、交通运输、文化娱乐等就业容量大的第三产业，广泛开辟就业渠道，安置下岗失业人员或实现灵活就业30余万人，保证了并轨工作的顺利推进。

特别是通过发展“打工经济”、推动城乡劳务输出，使全省142万人（其中城镇国有企业下岗职工19.6万人）实现了异地就业。

（三）继续实施“再就业援助行动”，帮助困难群体实现再就业

2004年，黑龙江省各地普遍推行了针对就业困难群体的送政策、送信息、送岗位、送技能、送资金等“五送”工作机制，通过社区保洁、保绿、保安及交通协管、劳动保障平台等形式安置“4050”人员，取得了较大成效。

（四）强化职业技能培训，积极开展就业和再就业服务

2004年，黑龙江省科学地制定了培训计划和考评办法，规范了再就业培训基地，指导各地开展了灵活多样的培训，以“订单式”培训为重点，以培训与劳务输出相结合的方式，精心打造再就业培训品牌；着力抓好师资队伍建设，在国家项目办的支持下，举办了全省第二期SYB、第三期SIYB培训班，还下发了《创业在龙江活动实施方案》，加强了对各地创业培训工作的指导和劳动预备制培训定点机构的管理，指导各地开展有针对性、实用性和有效性的培训，提高了劳动预备制人员的技能水平和就业能力，建立了整体推进的工作运行机制，并逐步走向市场化。全年共为33.72万名下岗失业人员提供了再就业培训，培训合格率为95%，培训后再就业率为68%；对2.34万名有创业愿望和开业条件的下岗失业人员进行了创业培训和开业指导，成功创办小企业和自谋职业的共有1.5万人。

三、“两个确保”继续巩固，养老、医疗、失业、工伤等社会保险运转良好

2004年，黑龙江省共为再就业服务中心内的11.5万名国有企业下岗职工按时足额发放基本生活费4.9亿元；为192.3万名企业离退休人员按时足额发放基本养老金125.2亿元。全省基本养老保险参保人数达到530.8万人，比年初净增12.6万人；共征缴基本养老保险费97.1亿元，比上年增加14亿元，征缴率为96.6%，比上年提高3.4个百分点；共清理欠费7.2亿元；离退休人员实现社会化管理服务171.2万人，社会化服务率达91.1%，其中纳入社区管理的56.3万人。基本医疗保险参保人数达到551万人，当年新增115.8万人，共收缴医疗保险费31.53亿元。失业保险参保人数为475.8万人，共收缴失业保险费7.9亿元，比上年增加1亿元，累计为19.5万名失业人员发放失业保险金3.06亿元，全部实现了按时足额发放。工伤保险参保人数为202.7万人，净增80.7万人，基金收入1.69亿元，支出1.6亿元，累计结余1.21亿元。

（一）基本养老保险

2004年，黑龙江省紧紧抓住社会保险登记环节，通过修订黑龙江省《城镇企业职工基本养老保险规定》和《城镇个体劳动者基本养老保险规定》，以及扩面攻坚、劳动保障监察等手段，大力推动基本养老保险扩面工作；积极配合税务机关，狠抓缴费、申报、基金管理等重要环节，使基金征缴额逐年增加。全年共拨付基本养老金125.2亿元，拨付率达100%，并为1.77万名企业退休人员增加了基本养老金。同时，积极推进企业退休人员社会化管理服务工作。截至年底，全省已成立街道退管机构3 249个、社保退管机构91个，实行社会化管理服务的对象已达171.2万人，占全省企业退休人员总数的91.1%，比上年同期增加13.4万人。

（二）失业保险

2004年，黑龙江省认真贯彻执行《黑龙江省失业保险条例》，通过完善失业保险申领办法，对申报、登记、建档、建账实行有序管理等措施，保证了失业保险基金的合理使用。通过逐户核查等形式，千方百计扩大覆盖范围。开展“失业保险促缴月”活动，强化保费征缴，保持了基金征缴逐年增长的良好态势。截至年底，全省失业保险参保率已达98.8%；共收缴失业保险费7.94亿元，收缴率达97.17%，比上年增收1亿元，达到了黑龙江省失业保险基金征缴的历史最高水平。

（三）基本医疗保险

2004年，黑龙江省按照《国务院关于建立城镇职工基本医疗保险制度的决定》的要求，结合本省实际，认真制定完善政策。紧紧抓住混合所有制企业、个体私营等非公有制经济组织从业人员和灵活就业人员参保这一全年扩面工作的重点，以省政府办公厅名义下发了《关于进一步推进全省城镇职工基本医疗保险制度改革工作的通知》等文件，全力扩大覆盖面。到年底，全省医疗保险参保人数已达551万人，多层次医疗保障体系已基本形成。医疗保险服务管理得到强化，建立和完善了医、保、患三方制约机制，进一步减轻了参保职工个人负担。全省基金收支基本平衡、略有结余，医疗保险已步入健康、快速发展的轨道。

（四）工伤保险

2004年，黑龙江省13个市地已全部启动了工伤保险，参保职工已达202万人。为了更好地贯彻实施黑龙江省《贯彻〈工伤保险条例〉若干规定》，出台了黑龙江省工伤保险史上第一部《工伤保险业务规程》，统一了工伤认定、劳动能力鉴定及业务经办程序，为依法规范全省各级工伤管理部门的日常工作提供了重要依据。同时，黑龙江省工伤保险信息系统需求分析工作也已初步完成。

四、劳动者技能培训工作形势继续看好

2004年，黑龙江省培养高技能人才3.9万人，超额完成计划的30%。完成劳动预备制培训9.4万人，完成计划的124.8%；完成职业技能鉴定15.9万人，完成计划的115.2%；技校招生达到19 837人，完成计划的165%，其中招收高级技工2 617人。全年完成企业职工培训35.2万人次。

按照全国人才工作会议提出的关于“实施人才强国战略，努力造就数以亿计的高素质劳动者、数以千万计的专门人才和一大批拔尖创新人才”要求，黑龙江省根据振兴东北老工业基地的需要，强化了高技能人才的培养工作。

1. 根据劳动保障部提出的3年50万新技师培养计划，制定并组织实施了黑龙江省《3年9万高技能人才培养计划》，提出了旨在加强高技能人才队伍建设的“39330”工程和深化技工学校改革的“21020”工程。“39330”工程，即力争通过3年的努力，在原有基础上高技能人才增加9万人，其中技师、高级技师增加3万人，中级工增加30万人。2004年，已培训高技能人才3.9万人。“21020”工程，即经过2年的努力，在全省组建2所技师学院，10所示范性高级技工学校，每年重点建设20个骨干名牌专业。目前已确定在哈尔滨市、齐齐哈尔市先行建设2所以实施老工业基地振兴战略急需的装备制造专业设置为主的技师学院。

2. 加强高技能人才基地建设，不断扩大培训规模和职业资格证书覆盖面。2004年，黑龙江省指导各类高等职业院校、技工学校及社会力量办学机构，广泛开展有组织、有计划、大规模、多层次的职业技能培训工作，加快技术工人的培养。充分发挥各类高技能人才培训基地的作用，强化企业培训，突出培训的针对性和实效性。广泛开展岗位练兵活动，激发技术工人学习技术的积极性。以培训工作为依托，全省职业资格证书覆盖面进一步扩大，全年共为15.9万人进行了职业技能鉴定，其中13.51万人通过鉴定，鉴定合格率为85%。

3. 强化政策措施，搭建高技能人才成长平台。2004年，黑龙江省出台了《黑龙江省人民政府关于加强高技能人才队伍建设的意见》，建立了“使用与培训考核相结合，待遇与业绩贡献相联系”的高技能人才培养机制，明确提出高技能人才享有与专业技术人才的同等待遇；取得高级职业资格证书的高级技工学校毕业生可以比照大学专科生同等对待和使用；对获得“有突出贡献技师”荣誉称号的高技能人才，可享受省政府高技能人才津贴。

4. 开展职业技能大赛，促进岗位成材。黑龙江省劳动保障厅将2004年确定为职业竞赛年，组织开展了黑龙江省技术工人岗位技能竞赛。这也是黑龙江省首次以劳动保障厅名义

独立举办的一项赛事。大赛采取省、市（地）、县三级联动形式，全省共有13个市（地）、8个行业2万余人参加。竞赛的工种（职业）为数控铣工、数控车工、数控线切割和电焊工。有23名选手荣获黑龙江省技术能手称号。大赛的成功举办，为青年技能人才脱颖而出搭建了平台，营造了尊重高技能人才，争当高技能人才的社会氛围。

5. 加大政府投入，扶持技工教育。2004年，在劳动保障部门的积极争取下，黑龙江省政府决定从2004年起，每年投入1 500万元，作为技工学校发展专项资金，主要用于省部级重点技工学校、示范性高级技工学校、技工学校骨干名牌专业建设，以及技工学校实验实习场地建设、更新设备、教师培训等。按照省政府要求，各地市均建立了相应的专项资金。2004年，全省技校招生形势继续看好，招生数量超出计划近8 000人。

五、劳动关系协调和维护劳动者权益工作得到加强

2004年，黑龙江省各级劳动保障信访仲裁部门共接待、处理群众来信来访8.3万件次，比上年增长了9.8%；受理劳动争议案件4 871件，近94%的案件在法定时限内得以审结。各级劳动保障监察机构共受理各类侵权举报案件1.12万件，立案4 107件，已结案4 085件，结案率达99.5%。为17.5万名农民工追讨工资3.83亿元，完成全部清欠任务的99.3%，是前3年清欠总额的2.88倍。全年主动监察各类用人单位4.42万户，完成计划的122%。同时，以依法规范调整劳动关系为统领，充分发挥劳动保障监察和信访仲裁手段，积极预防和妥善解决侵害劳动者权益的问题，切实维护了社会稳定。

（一）继续完善劳动关系协调机制

2004年，黑龙江省制定了《关于妥善处理劳动关系若干问题的意见》《国有大中型企业主辅分离改制分流安置富余人员的劳动关系处理意见》和《关于妥善处理并轨过程中若干问题的意见》，为依法处理好企业改制和实施并轨工作中的劳动关系问题提供了政策依据。重新规范了劳动合同文本，并单独制定了适用于建筑行业农民工的劳动合同文本。全面建立了劳动关系三方协调会议制度，积极推行劳动合同和集体合同制度。全省已有504.5万名职工与企业签订了劳动合同，签订率已达95.2%；有12 341户企业签订了集体合同，完成年度目标的103%。

（二）积极推进企业工资宏观调控机制及企业内部工资收入分配制度改革

2004年，黑龙江省制定下发了《企业工资集体协商指导意见》，为建立适应市场经济需要的企业工资决定机制提供了政策依据。全省已有315户企业开展了工资集体协商，比上年增长了57%。调整了企业最低工资标准，月增加29元，比1999年的标准提高了11%。全省已有6 245户企业实行了岗位工资制，比上年增长了8.7%；316户企业实行了经营者年薪制，并在10户企业进行了生产要素按贡献参与分配的改革试点。

（三）积极发挥劳动保障信访仲裁作用，切实维护劳动关系双方合法权益

2004年，黑龙江省加强劳动争议预防和调解体系建设，推进劳动仲裁机构实体化，将劳动仲裁院试点从鸡西、哈尔滨两市扩大到双鸭山、七台河和大庆等市。同时，按国家要求，对全省3 000余名劳动仲裁员进行了业务轮训，有510人获得了专兼职仲裁员证书。

（四）充分利用劳动保障监察手段，维护劳动者特别是农民工的合法权益

2004年，黑龙江省在农民工维权方面已形成了联合互动的工作机制。劳动保障、建筑、工商、公安、安监、工会等部门，以及电视、广播、报纸等新闻媒体，在各自职责内开展维权工作，效果显著。劳动保障监察机构把农民工维权列为常规性工作，在全省配备了960余名监察员，重点受理农民工欠薪举报投诉案件。依法维权的常效机制已初步建成。黑龙江省于10月1日正式实施的《黑龙江省农

民工工资保障规定》是全国第一部以省级人民政府名义颁布实施的维护农民工劳动报酬权的政府规章，为农民工维权工作提供了有力的法律支持。劳动保障监察机构克服了人手少、条件差、难度大等实际困难，排除干扰，为农民工追讨工资 3.83 亿元。一年清欠的数额相当于前 3 年总和的近 3 倍。通过劳动保障年检等手段，共督促1 841户用人单位进行了社保登记，涉及劳动者 7.7 万人；督促5 160户用人单位缴纳社会保险费 1.72 亿元，涉及劳动者 32.2 万人；取缔非法职业中介 222 户；清退童工 62 人，抵押金 276.1 万元；补签劳动合同 43.2 万份。

（五）积极主动配合有关部门开展工作，为维护社会稳定做出了应有的贡献

2004 年，黑龙江省主动加强了对和平机械厂、松江电机厂等近 30 户省属（或行业所属）国有企业破产、改制、主辅分离过程中劳动关系处理工作的指导。对省煤机公司、龙涤集团等 22 户企业改制的职工安置方案进行了审核。由于政策把握准确，保证了改制工作的平稳推进，得到了广大企业职工的理解和支持。2004 年初，省劳动保障厅向省政府提出了《关于省直部分企业军转干部办理提前退休过程中困难企业认定问题的意见》，并选派人员会同人事厅等部门赴外省调研，参与起草了省委办公厅、省政府办公厅《关于转发人事厅等部门〈关于进一步解决部分企业军转干部生活困难问题的意见〉的通知》，提高了企业退休军转干部的养老待遇水平，建立起了解决此类问题的长效机制。在具体工作的落实过程中，劳动保障部门承担的核实工资补贴和生活补助金标准、提前退休的审批、对拖欠工资 30％部分的核实，以及财务统计、综合协调等基础性工作也都按时圆满完成，得到了有关部门的一致好评。

（黑龙江省劳动和社会保障厅）

上 海 市

2004 年，上海市的劳动和社会保障工作在市委、市政府的领导下，以“三个代表”重要思想为指导，全面树立和落实科学发展观，认真贯彻党的十六届三中、四中全会精神，全面落实市委、市政府和劳动保障部的各项工作部署，与时俱进，开拓创新，各项工作取得了新的进展。

一、城镇登记失业率出现近 10 年来首次下降

2004 年，上海市政府将新增 50 万个就业岗位列为市政府实事项目，到年底，上海市实际实现新增就业岗位 60.8 万个，城镇登记失业人数为 27.4 万人，城镇登记失业率为 4.5%，比上一年下降了 0.4 个百分点，出现近 10 年来第一次明显下降。上海市的失业率自 1998 年以来，每年都呈上升趋势。1998 年的失业率为 2.9%，以后每年递增，至 2003 年达到 4.9%，形成了巨大的就业压力。2004 年，上海市政府从经济发展、社会稳定和关心人民生活的高度出发，通过建立政府促进就业责任体系等一系列措施，开发新增岗位和稳定已有岗位双管齐下，使本市的促进就业工作取得了重大突破，当年的失业率回落了 0.4 个百分点，首次出现了失业率下降。

为了有效地促进就业，上海市进一步改善了微小型企业的创业环境。2004 年，政府对 7 700万元专门用于微小型企业创业的专项小额贷款进行担保，加上前 3 年的总和，此项小额贷款担保已累计达到 1.4 亿元。各级劳动保障部门对有志于创业的“小老板”免费进行创业培训，截至年底，有 6.2 万人次参加了此项创业培训，通过培训后的开业成功率超过 60%。在上海市开业指导专家志愿服务团坚持每周为开业者提供免费咨询服务的基础上，2004 年全市有 16 个区县陆续建立了开业指导专家志愿服务分团。市、区（县）两级 600 多名开业指导专家志愿者累计为 4.1 万人次的开业者提供了各种服务。2004 年，上海市非正规劳动组织的总数达到 3.1 万家，吸纳就业人数为 27.4 万人，其中有1 300多家非正规劳动组织成功转制为正规的微小型企业。

在促进就业中，上海市的公共就业服务机构发挥了职业中介的主渠道作用。2004 年，全市公共就业服务机构共发布招聘岗位 100.3 万个，受理求职登记 103.1 万人，提供“一对一”的职业指导超过 120 万人次，其中有 31.6 万人成功就业。“上海市专业人员招聘网”已经形成一个稳定的网上劳动力市场供需平台，平均每日在网上发布的有效招聘岗位在 8 万个左右。

二、首次启动“万人就业项目”，逐步成为对就业困难群体开展就业援助的主要渠道

2004 年 1 月正式启动的上海“万人就业项目”，是由上海市政府出资购买社会公益性服务项目和政府特许经营并收费的社会公益性项目及无偿使用公共资源开展服务的项目。这些项目原来分散在各个行业或部门，现在政府有意识地把这些项目组织起来，主要用于安置年龄较大、市场竞争能力较弱、就业比较困难的下岗失业人员。按照规划设计，每个项目的

最终目标可以吸纳1万人以上就业，被称作“万人就业项目”。2004年，“万人就业项目”被列入上海市政府的实事项目。

2004年首先启动的“万人就业项目”，主要有环境保护协管、房屋协管、税收协管、商品交易市场协管、市容环境协管、劳动监察协管、交通协管、社区助残、社区助老、林业养护、河道保洁和卫生消毒保洁等。为扶持“万人就业项目”的组织启动，上海市有关部门专门出台了两项相关的优惠政策，一是“万人就业项目”可以申请开办非正规劳动组织，享受减免所有地方税费、社会保险缴费优惠和从业人员参加政府补贴的综合保险等；二是市区两级政府给予一定的开办费补贴、培训费补贴、岗位补贴、社会保险费补贴和交通费补贴等。

到2004年底，上海市推进的“万人就业项目”已经吸纳6.6万各类就业困难人员就业，并逐步成为对困难人员开展就业援助的主要渠道。通过推进“万人就业项目”，形成了上海市城镇登记失业人数和享受最低生活保障人数“双下降”的局面。

三、高技能人才占技术性从业人员的比例进一步提升，成为上海市人才战略计划的重要组成部分

上海市通过市场导向、信息引领，加大了对高技能人才的培养力度。到2004年底，上海市高技能人才占技术性从业人员的比例已从上一年的9.4%提升到12.1%。

为了有效地加强对高技能人才的培训，上海市进一步完善了多层次职业培训体系。2004年，全市对23.8万人开展了高级、中级、初级职业技能培训，比上一年增长20.1%，其中，劳动力市场中急需的中高层次职业培训占全部职业培训人数的比例达到52.3%。

为了进一步提高职业培训的质量，上海市劳动保障及相关部门加强了对培训机构培训质量的监控。通过实施培训机构网检、培训资质等级申报评估等方法，2004年，全市职业培训网络新增132家培训机构，有83家培训机构因没有通过网检而退出职业培训网络。这些措施的落实从职业培训的源头提高了培训质量，同时，对高技能人才的考核评价方式也进行了改进，使其更趋合理。2004年，全市共组织了464个职业（工种）、41.8万人次的职业技能鉴定考核，其中，中高层次的职业技能鉴定考核为17.8万人次，占全部鉴定考核人数的42.6%。

为了更多地培养既能动脑，又能动手的复合型高技能人才，上海市的职业培训公共实训平台为中高层次的职业培训免费提供实训服务，全年有29.6万人次参加了实训，比上一年增长了12.6%。为适应上海市产业机构调整的需要，市级公共实训基地的数字制造技术实训中心已建成。

四、“五险合一”的基本社会保险体系基本形成，社会保障制度进一步完善

上海市在已经建立养老保险、医疗保险、失业保险和生育保险的基础上，2004年，根据国务院颁布的《中华人民共和国工伤保险条例》，制定了《上海市工伤保险实施办法》，工伤保险在上海市正式启动。至年底，全市有488万人参加了工伤保险，有500多人按照《上海市工伤保险实施办法》享受了工伤保险待遇。至此，上海市“五险合一”的基本社会保险体系已基本形成。

至2004年底，上海市参加养老保险的人数达到720万人，其中有265万人按月领取养老金。同时，2004年，上海市对城镇退休人员的养老金增长机制进行了调整，即不再以每月领取养老金的金额为基数，按同比例增加养老金，改为按同一标准增加养老金。当年，全市有247万退休人员按照每人55元的标准增加了养老金。失业保险在保障对失业人员实行救助的基础上，进一步向促进就业倾斜，加大了对职业培训、自主创业方面的投入，将失业保险与积极的促进就业政策有机地结合起来，完善了失业保险的功能。2004年，上海市提高了低收入生育妇女的生育保险待遇，即对缴纳社会保险费基数低于本市社会平均工资水平的生育妇女，按照本市社会平均工资水平享受生育保险待遇，此举更好地保障了生育妇女的权益。

2004年，上海市继续加大了依法征缴社会保险费的力度，全年基本社会保险基金的征缴率达到99.9%。包括各项基本社会保险和外来从业人员综合保险、残疾人就业保障金、小企业欠薪保障金，以及各类补充保险在内的11项社会保险费，全年的征缴总额达到623.2亿元，比上一年增长26%。

五、小城镇社会保险和外来从业人员综合保险制度全面实施，维护了郊区失地农民和外来从业人员的社会保障权益

为切实保障上海市郊区失地农民的社会保障权益，市政府于2004年推出了在全市郊区范围内，针对失地农民的小城镇社会保险制度。至年底，小城镇社会保险推进工作取得了突破性进展，参保人数达到58.7万人，完成了市政府年初确定的参保人数达到50万人的目标，有4 700多名参保人员开始享受小城镇社会保险的养老金及相关待遇。

在稳步推进小城镇社会保险的同时，通过完善管理服务机制，提高保障水平，农村养老保险更趋规范。至2004年底，全市参加农村养老保险的用人单位达到2.4万家，参保人数达到146.8万人，其中有39.9万人按月领取养老金。

为完善外来从业人员在沪工作期间的医疗、工伤保障和今后的养老保障，上海市建立了外来从业人员综合保险制度。至2004年底，全市有9.8万户使用外地劳动力的单位，209.4万外来从业人员参加了外来从业人员综合保险，参保人数比上一年增长了66.3%，其中，有66.1万人领取了老年补贴凭证，9 200多人享受了工伤待遇，4 900多人享受了住院医疗待遇。

六、基本形成劳动力市场价格信息发布机制，全年发布了1 300个职位的工资指导价位

上海市劳动保障部门从1998年起每年向社会发布劳动力市场价格信息，即上海市职位工资指导价。随着调查、统计方式的不断完善和社会各方面对劳动力市场价格信息的关注和需求程度不断提高，上海市劳动保障部门发布的工资指导价位所涉及的职位数逐年增加。2004年，全年发布的工资指导价位所涉及的职位达到1 300个，比上一年增加了600个。2004年，上海市首次发布了非全日制（小时工）工资指导价位，涉及的职位超过100个。

为适应上海市经济、社会的发展状况，市政府及时提高了最低工资标准，由2003年的每月570元提高到2004年的每月635元，增长率为11.4%，每小时最低工资为5.5元。

七、劳动关系三方协调机制的组织建设全面推进，基本建立了市、区（县）两级三方协调联席会议制度

2004年，上海市劳动关系三方协调机制的组织建设进一步推进，全市各区（县）均已建立劳动关系三方协调联席会议制度，除定期开展活动外，还经常就一些具体问题召开联席会议进行商议。街道一级的劳动关系三方协调机制建设也在逐步推进，大部分街道和经济技术开发区建立了劳动关系三方协调联席会议制度，并积极开展各种活动。

在劳动关系三方协调机制的推动下，用人单位就员工的劳动报酬、劳动条件等进行集体协商后，按照《劳动法》等有关法律法规的规定订立了集体合同。2004年底，上海市各用人单位已经订立并有效的集体合同1.2万份，涉及员工152万人。

为维护和谐的劳动关系，上海市各级劳动争议仲裁委员会积极稳妥地处理各类劳动争议案件。2004年，全市各级劳动争议仲裁机构接待劳动争议申诉2.1万件，受理劳动争议仲裁案件1.8万件，比上一年增长了16%。全年受理的劳动争议案件在当年全部结案，其中经仲裁机构调解，劳动争议双方达成和解的占71％；在仲裁机构裁决的案件中，劳动者一方全部胜诉和部分胜诉的占全部裁决案件的86％。

为切实维护劳动者的合法权益，上海市劳动监察部门坚持面上检查和专项监察相结合，加大了劳动监察的力度。2004年，共受理各类举报3.2万件，检查用人单位3.4万户，查处违法案件1.4万件。通过监察，追缴社会保险费、责令用人单位补发拖欠的劳动者工资、清退收取的劳动者就业押金，共计4.5亿元，58万劳动者的权益得到了维护。2004年，全市劳动监察部门集中开展了“规范劳动力市场百日检查”专项行动，通过多渠道接受群众举报、对用人单位集中检查、对违法行为快速处理等，形成了一定的社会震慑力，改善了维护劳动者合法权益的社会氛围。

（上海市劳动和社会保障局）

江 苏 省

2004年，在劳动保障部的指导下，在省委、省政府的领导和有关部门的共同配合支持下，江苏省劳动保障部门的全体同志奋力开拓，大胆创新，促使劳动保障各项工作在新的平台上稳健运行，取得了新突破、新进展。

一、城乡就业工作取得新成效

2004年，江苏省全面贯彻积极的就业政策，坚持落实目标责任制，大力开展再就业援助行动，切实抓好就业服务，有力地促进了就业再就业工作的发展。就业渠道进一步拓宽，就业结构发生积极变化，特别是民营经济成为吸纳新增就业的主要渠道，使就业再就业工作取得了比预期目标更好的成绩。全年城镇新增就业89.02万人，净增就业70.02万人，下岗失业人员再就业40.51万人，其中“4050”等困难人员实现再就业10.7万人，均全面超额完成全年的目标任务。年末，全省城镇登记失业人数为42.9万人，城镇登记失业率为3.9%，低于全国平均水平，比上年末下降0.2个百分点，近3年来首次回落到4%以内，就业总体形势出现阶段性好转。

2004年，江苏省进一步建立健全了劳务输出工作机制。突出抓好加大技能培训、加快劳动力市场建设、加强民工权益保障和深化南北挂钩协作四大重点，进一步提升了农村劳动力的就业竞争能力，提高了劳务输出的组织化程度，拓展了劳务输出的空间，促使农村劳务输出持续增长。年末，全省农村劳动力输出总量达699.2万人，其中当年新增劳务输出70.2万人，超额完成全年确保新增劳务输出50万人、力争新增劳务输出70万人的目标任务。

二、社会保障体系建设取得新进展

2004年，江苏省已初步形成以养老、医疗、失业、工伤、生育5项社会保险为主要内容的多种类、多层次的社会保障体系。参保人数不断增加，主要险种不断向非公有制经济组织、进城务工农民和乡镇企业覆盖，养老、医疗保险等参保总人数及新增人数均居全国前列，基金征缴工作得到进一步加强。

（一）养老保险

2004年，江苏省劳动保障厅以扩大覆盖面和加快完善多层次养老保险体系为主线，与财税等部门加强沟通协作，对市县劳动保障部门加强指导检查，为服务对象提供优质便捷的服务，着力解决养老保险工作面临的体制性、热点性等问题。加强政策指导，清理扩面征缴和招商引资违规政策措施，推动企业年金和企业退休人员养老金的调整工作。基本养老保险的覆盖面继续扩大。年末，全省参加基本养老保险的单位15.98万家，参保职工839.2万人，比上年增加60.66万人，增幅为7.8%，参保缴费总人数位居全国第二位。

（二）医疗保险

2004年，江苏省的医疗保险政策措施不断完善，在推进解决困难和破产企业退休人员和灵活就业人员参保的同时，混合所有制企业和非公有制经济组织从业人员参保工作得到新的进展。医疗保险基金管理和医疗服务管理都得到进一步加强。医疗保险覆盖面继续得到扩大，年末，参保人数976万人，比上年末增加162万人，增幅为19.8%，参保总量和增量继续分别居全国第二位和第一位。

（三）工伤保险

2004年，江苏省基本建立了新型和工伤保险制度政策体系，为工伤保险的发展提供了政策支持。工伤保险覆盖面进一步扩大，年末，参保人数577.2万人，比上年末净增74.2万人。工伤保险基础工作得到进一步加强。全年工伤认定27 723起，对16 713名工伤职工进行了劳动能力鉴定和再鉴定。

（四）生育保险

2004年，江苏省继续贯彻执行《江苏省城镇企业职工生育保险规定》，重点推进生育保险直接与定点医疗服务机构结算生育医疗费用的试点工作，提高社会化服务水平。南京市出台了《关于生育保险部分医疗项目定点就诊结算“三统三分”试点工作的意见》。年末，全省生育保险参保人数552万人。

（五）失业保险

2004年，江苏省对失业保险和失业调控等问题组织开展调研，调控好4个具体目标：一是有效调控失业过量；二是努力缩短失业周期；三是防止失业过于集中；四是保证生活和求职有着落。年末，全省参加失业保险的人数为797.1万人，比上年末增加35.48万人，增长4.7%；全省领取失业保险金人数43.6万人，比上年末减少5.33万人。失业保险的作用进一步增强。

（六）农村社会养老保险

2004年，江苏省13个省辖市、100个县（市、区）、1 276个乡（镇）的农保职能已移交劳动保障部门，农保工作呈现了良好的发展势头。截至年底，参保人数已达829.7万人，领取养老金人数71.4万人，历年累计发放养老金13.29亿元，基金积累总额居全国首位。清理回收农保基金的力度进一步加强，全省共回收到期尚未收回的基金1.8亿元。

（七）机关事业单位养老保险

随着事业单位改革的不断深入，2004年，江苏省机关事业单位参保单位和参保人数逐步减少。年末，全省参保单位为30 322家，参保职工85.46万人，比上年减少2.63万人，减少3%。享受机关事业单位基本养老保险的离退休人员25.49万人，比上年增加0.54万人，增幅为2.2%。

三、“两个确保”进一步巩固

2004年，江苏省先后两次进行了养老金调整工作，使企业离退休人员养老金待遇不断提高。按照基本补助和挂钩补助的新办法，江苏省继续对33个困难市县给予重点补助8.71亿元，确保了养老金的按时足额发放，并先后两次对企业退休人员养老金进行了调整，省追加安排困难市县补助资金1.7亿元，进一步提高了待遇水平。至年底，全省43.6万名符合条件的失业人员均按时足额领取了失业保险金，实现了全年无拖欠的目标。同时，社会化管理服务稳步推进。年末，全省有242.16万名企业退休人员实行了社会化管理，比年初增加32.49万人，社会化管理率达93.4%，其中纳入社区管理的退休人员为197.59万人，比年初增加48.02万人，社区管理率达81.6%，高于全国平均水平。

四、职业培训和技能鉴定工作取得新成绩

2004年，江苏省技工学校共招生8.9万余人，同比增长20%，超额完成全年招生任务。当年，技校毕业生3.1万人，就业率达98%。按照全国、全省人才工作会议要求，各地切实将加快高技能人才队伍建设摆上重要议事日程。江苏省委办公厅、省政府办公厅制定下发了《关于进一步加强高技能人才队伍建设的意见》，为高技能人才的培养提供了重要的政策支撑。通过组织开展“技能竞赛年”系列活动，积极实施“3年3万6千”新技师培养计划，全面完成了6 000名新技师的培训任务，高技能人才的培养工作取得了历史性突破。同时，各地深入实施第二期“3年100万”再就业培训、“100镇100万”农村劳动力开发就

业培训和创业培训，培训人数不断增加，培训质量得到不断提高。

五、职工维权工作得到新加强

2004年，江苏省坚持以调整劳动关系为突破口，重点关注职工的劳动合同订立、经济补偿金和安置费支付、社会保险接续等问题，着力解决劳动关系方面的突出矛盾，全力维护劳动者的合法权益，促进了劳动关系的和谐稳定。按照“组织网络化、工作规范化、活动经常化”的要求，劳动关系三方组织协调机制得到进一步完善。特别是《江苏省工资支付条例》的出台并实施，对解决当前工资支付行为不规范，拖欠、克扣职工特别是农民工工资现象，以及解决企业内部工资决定机制不完善、职工工资增长缓慢等问题起到了十分积极的作用。按照富民强省的要求，江苏省及各地及时公布企业工资增长调控目标，指导企业建立健全了与经济发展相适应的工资收入增长机制。全省企业最低工资标准和小时工最低工资标准也及时进行了调整，较好地保障了低收入职工的生活来源。同时，劳动保障监察执法工作不断加强。各地在抓好受理投诉举报、日常巡查、违法案件办理的同时，全省统一组织开展专项执法检查，加大了维权力度。全年全省各级劳动保障监察机构共接受群众举报3.87万件，主动检查单位12.28万户，为88.85万名劳动者补签了劳动合同，为67.91万名劳动者追发工资等待遇2.13亿元，其中追发农民工工资等待遇1.53亿元，督促1.47万户用人单位申报缴纳社会保险费2.51亿元，清退童工458人，清退风险抵押金1 412.2万元。

六、劳动保障法制建设取得新突破

2004年，江苏省积极争取省人大审议出台了《江苏省工资支付条例》和《江苏省集体合同条例》。全省集中组织开展了纪念《劳动法》颁布10周年和贯彻实施《江苏省社会保险费征缴条例》大型宣传咨询活动、贯彻实施《江苏省工资支付条例》宣传月活动，取得了良好的社会效益。认真贯彻实施《行政许可法》，对涉及劳动保障的行政许可项目以及非行政许可审批项目进行了全面清理。同时，认真做好行政复议和应诉工作。

七、规划统计制度建设得到新推进

2004年，江苏省及各地积极开展就业再就业规划的制定和检查评估工作，完善城镇就业统计会审制度，建立适应市场经济要求的就业统计框架。制定并分解实施2004年度就业再就业专项计划，充分发挥了规划对就业再就业的预测和指导作用。进一步完善新型城镇就业统计制度和就业核心数据的会审制度，数据质量不断提高，为就业再就业工作提供了有效的评价考核办法。同时，规范了全省劳动保障报表的制定和下发工作，提高了数据的准确性和时效性。

八、“金保工程”建设取得新发展

2004年，江苏省共批复项目资金2.22亿元，全年到位资金超过7 000万元。数据中心建设和联网工作有所突破，省级劳动保障数据中心已基本建成，并通过专网与劳动保障部实现实时连通。重点进行了全国联网养老保险宏观分析80项数据指标的整理工作。原来分散建设的劳动保障各个业务应用系统得到整合，统一程度明显提高。“江苏劳动保障网”自3月8日开通运行以来，上网浏览人次超过20万。

九、劳动争议处理水平取得新提升

2004年，江苏省充分发挥劳动争议处理的作用，不断提升劳动争议处理能力建设，进一步规范集体争议的处理程序和制度，对涉及企业改制、职工下岗、拖欠工资等引发的集体争议，做到优先受理，积极调解，慎重处理，适时裁决。制定并组织实施了《简单劳动争议案件处理办法》，提高了争议处理效率，一大批简单劳动争议的审理期限从60天降为20天。全年全省各级劳动争议仲裁委员会共立案受理各类案件4.252 8万件，比上年同期增长16%。审理结案4.189 5万件，结案率达94.5%。

十、廉政建设和作风建设再上新台阶

2004年，江苏省劳动保障部门继续加强党风廉政建设，认真落实党风廉政建设责任制，切实做到一级抓一级、层层抓落实，切实增强劳动保障系统干部职工的岗位警觉意识。进一步强化机关作风和干部队伍建设，建立长效管理机制和监督检查机制，加大检查力度，保证各项规章制度的落实，使机关作风和干部队伍建设工作真正成为一项持之以恒的工作。建立作风建设检查考核制度，在评优评先、干部使用等方面实行“一票否决”。大力弘扬先进，充分发挥先进典型的示范带头作用，营造比学赶超的良好气氛。

（江苏省劳动和社会保障厅）

浙　江　省

一、就业再就业工作

2004年，浙江省各级党委和政府高度重视就业再就业工作。一是贯彻落实积极的就业政策。各地根据促进就业再就业的需要和政策执行过程中遇到的问题，对已出台的政策进行细化完善，如降低小额担保贷款门槛，增加担保贷款额度，提高再就业补贴标准等，增强政策的操作性。2004年，全省筹集再就业资金6.15亿元。二是落实和强化就业再就业工作目标责任制。完善工作目标责任体系，将新增就业岗位、下岗失业人员再就业和帮扶困难人员就业等工作指标列为省政府一类考核指标。7月下旬至8月上旬，浙江省委、省政府专门组织开展了再就业专项督查，指导和推动各地的工作。开展全国和全省再就业先进集体和先进个人的评选活动，促进就业再就业工作的开展。三是强化失业人员再就业服务，完善公共就业服务制度，基本建立起再就业援助长效机制。四是推进城乡统筹就业工作。扩大城乡统筹就业的试点范围。实施“山海协作工程”，推进农村劳动力转移工作。做好农民工进城就业管理服务工作，彻底清理针对农民进城就业的歧视性规定和不合理限制，改善农民进城就业的环境。同时，统筹兼顾做好大中专毕业生和被征地农民的就业和转移就业工作。2004年，浙江省新增城镇就业岗位61.6万个，其中开发社区就业岗位11.4万个，帮助城镇下岗失业人员实现再就业人数36万人，其中就业困难人员12.9万人；年末，城镇登记失业率为4.1%，全省就业局势继续保持稳定。

二、高技能人才队伍建设和职业培训工作

2004年，浙江省贯彻落实全国和全省人才工作会议精神，省劳动保障厅成立了高技能人才工作领导小组，制订了总体规划和实施方案，出台了加快推进高技能人才队伍建设的意见，在全省实施了“3年3万”新技师培养计划。在医药、电力、交通、建设、信息通信等行业逐步设立了高技能人才培训基地。举办全省性的技能大赛，选拔了一大批高技能人才。2004年，浙江省新培养高技能人才5万人，其中技师6 332人。加强再就业培训和创业培训工作，全省全年再就业培训19.4万人，创业培训1.5万人，培训后再就业率为63%。抓好职业技能鉴定工作，发挥企业、高职院校和各类职业培训机构的作用，大力推行职业资格证书制度，全省职业技能鉴定取证45万人。同时，进一步加大农村劳动力转移培训工作力度，积极推广衢州等地的农村劳动力转移就业培训的经验和做法，全年培训农村转移劳动力58万人，培训后实现就业率达75%。

三、养老保险工作

2004年，浙江省按照“抓两头、促中间”工作计划，通过重点督查，倒排扩面进度计划、按月通报等措施，大力推进养老保险全覆盖工作，26个发达县（市）如期实现了养老保险基本全覆盖的目标，13个基金支付困难县（市）支付能力稳步提高，其中6个县（市）实现了基金收支基本平衡。在“抓两头”的同时，省里加大了对一般县市扩面征缴工作

的督导，明确任务，核定指标，将扩面重点转移到非公有制、规模以上企业。2004年，浙江省调整了企业退休人员退休待遇。加快推进企业退休人员社会化管理服务，参与省属事业单位改制的实施工作。到年底，浙江省养老保险参保人数为888万人，其中企业参保人数670.5万人；企业实际缴费人数601.5万人，比上年末净增69.7万人。企业养老保险基金收入205.15亿元，支出137.16亿元，累计结余235.17亿元，比上年末增加68.04亿元，企业养老保险基金支付能力稳定上升，支付能力达18个月；人均养老金达到858元，134万企业离退休人员养老金全部按时足额发放，社会化发放率继续保持100%，退休人员社会化管理服务率已达95%。

四、医疗保险工作

2004年，浙江省扩大基本医疗保险覆盖面，推进非公有制企业和灵活就业人员的参保工作。截至年底，全省基本医疗保险参保人数达569万人，比上年增加93万人，其中，由大病统筹转为基本医疗保险人数34万。在深入调研的基础上，省劳动保障厅会同有关部门出台了破产、关闭、解散和改制后无用人单位的退休人员参加基本医疗保险政策；较好地解决了驻浙部队机关事业单位职工参加基本医疗保险问题。继续扩大定点医疗机构、定点零售药店范围，并引入定点医疗机构退出机制，方便了参保人员就医购药。出台城镇职工基本医疗保险关系转移政策，解决了人才流动中的医疗保险关系转移问题。加强医疗保险基金管理，统筹基金和个人账户收支平衡，略有结余。

五、失业保险工作

2004年，浙江省劳动保障部门围绕《浙江省失业保险条例》的贯彻实施，会同财政等部门制定出台了《失业保险调剂金使用管理办法》《失业保险基金促进再就业经费使用管理办法》等配套政策，全省近一半的统筹地区已实现地税征收。全省以26个经济发达县（市）为重点，与养老保险全覆盖同步推进失业保险扩面力度，效果明显。到年底，失业保险参保人数达到428万人，比上年末增加32万人；失业保险基金征缴14.77亿元，比上年末增加2.84亿元；基金支出6.64亿元；领取失业保险金人数为11.3万人，比上年末减少6.2万人。全省失业保险基金收支平衡，略有结余。

六、工伤、生育保险工作

2004年，浙江省认真贯彻落实国务院《工伤保险条例》，按照省政府关于贯彻执行《条例》的通知要求，扩大覆盖面，理顺了省、市、县三级劳动保障行政部门工伤保险工作的职责；探索生育保险与医疗保险协同推进的扩面办法。到年底，浙江省工伤、生育保险参保人数达361万人和240万人，分别比上年末净增73万人和25万人。

七、被征地农民基本生活保障工作

2004年，根据浙江省被征地农民基本生活保障工作会议提出的“加大力度，全面推进，进一步规范完善被征地农民基本生活保障制度”的要求，2004年7月到8月，浙江省委、省政府对全省被征地农民基本生活保障工作进行了专项检查，以推动这项工作的开展。到年底，浙江省被征地农民基本生活保障制度已初步建立，全省有139万名被征地农民纳入社会保障范围，其中116万名参加基本生活保障的被征地农民，已有49万名符合条件的参保对象领取了基本生活保障金。

浙江省各地积极探索建立符合当地实际的新型农村社会养老保险制度，嘉兴等市已初步拟订了改革方案。

八、劳动保障监察工作

2004年，浙江省针对存在的非法职业中介、非法使用童工、拖欠工资、农民工劳动权益保护、用工管理等方面的突出问题，组织开展了5次专项检查，共计检查用人单位8.2万家。全面开通了12333投诉举报电话系统，劳动保障监察投诉举报渠道进一步畅通。按照浙江省政府召开的清欠农民工工资电视电话会议的要求，加大了检查力度，做好农民工工资清欠工作，解决了全省建设领域农民工工资历年拖欠问题。探索建立治理企业欠薪的长效机制，初步建立起工资拖欠举报、欠薪报告、拖欠工资追偿等制度。健全了劳动保障诚信制度建设，向社会公示了4 439家企业劳动保障管理诚信情况，表彰了382家诚信示范企业。2004年，浙江省共立案受理举报投诉5.9万件，结案率达97%；为66万名劳动者追回被拖欠工资4.1亿元，清退抵押金1 291万元，补缴社会保险费4 194万元；清退童工834名。

九、劳动关系调整工作

2004年，浙江省认真贯彻实施《浙江省劳动合同管理办法》，围绕解决突出矛盾、理顺劳动关系的原则，加强劳动合同和集体合同管理，做好企业改革改制改组过程中职工权益的维护工作，确保劳动关系的和谐稳定。到年底，浙江省职工的劳动合同签订率达到83%。积极发挥劳动关系三方协调机制的作用，召开浙江省推进三方协商劳动关系工作经验交流会，推进劳动关系三方协调机制建设。

十、劳动争议处理和信访工作

针对案件大幅度增长的实际，浙江省各级劳动争议仲裁委员会加大办案力度，简化程序，依法受理和处理各类劳动争议案件。2004年，全省共处理各类劳动争议案件4.7万件，其中劳动争议仲裁委员会立案受理1.5万件，涉及劳动者2.7万人，结案率达95%；乡镇劳动关系协调委员会调解处理3.2万件，结案率达95%。2004年，浙江省共处理群众来信1.8万件，接待处理群众上访1.9万人次，其中接待处理集体上访4 206批，涉及8万多人次。

十一、工资分配工作

针对部分企业实行计件工资制过程中随意压低计件单价、超时加班加点、工资报酬难以兑现等问题，2004年，浙江省出台了计件工资制度管理的意见；制定了2004年度企业工资指导线，指导企业合理确定职工工资增长水平；调整了企业最低工资标准；继续做好工效挂钩和企业经营者年薪制工作。浙江省基本形成了以最低工资、工资指导线、劳动力市场工资指导价位、人工成本预测制度为主体的企业工资调控体系。

十二、劳动保障法制建设

2004年，浙江省加快了地方劳动保障立法的步伐，《浙江省劳动保障监察条例》已报请浙江省人大二审。《浙江省女职工劳动保护办法（修正案）》已于7月1日起实施。浙江省政府已着手调研《〈浙江省职工基本养老保险条例〉实施办法》。各地认真开展劳动法执法检查情况“回头看”，并抓好整改措施的落实。认真贯彻实施《行政许可法》，开展了劳动保障行政许可和非行政许可审批项目的清理工作，并制定了相应的配套制度，促进依法行政。

（浙江省劳动和社会保障厅）

宁　波　市

2004年，宁波市各级劳动保障部门按照年初确定的工作任务，抓落实，求发展，各项工作都取得了预期成效：城镇失业人员再就业优惠政策得到全面贯彻落实，城乡统筹就业和培训工作扎实开展，被国务院评为全国再就业工作先进单位；社会保险各项政策进一步完善，社会保障水平不断提高；基层劳动保障服务机构建设全面推进，管理服务职能扩大；劳动关系协调方式多样，并逐步规范化、制度化，劳动关系总体和谐稳定；效能建设成绩显著，干部职工队伍战斗力提高。

一、同步推进城镇失业人员、农村劳动力及被征地人员就业再就业工作

（一）城镇失业人员再就业政策全面贯彻落实

2004年初以来，宁波市各级政府和有关部门大力发展经济、创造岗位促进就业，开发公益性岗位有效安置困难人员就业，发展非正规就业劳动组织鼓励失业人员组织起来就业，依托劳动力市场主渠道实现市场化就业，发挥基层劳动保障机构作用就近就地帮助就业，促进失业人员再就业工作取得了明显成效。2004年，全市新增就业岗位12.05万个，分别完成省、市考核任务的133.9%和120.5%；开发社区就业岗位2.6万个，完成省、市考核任务的115.1%，其中公益性岗位6 465个。各级劳动保障部门及街道（乡镇）劳动保障机构等单位累计提供帮困就业岗位5.7万个。至年底，市区成立非正规就业劳动组织591家，吸纳从业人员1.3万人，其中就业困难人员占92.2%。

同时，各级政府及劳动保障、财政、银行等部门积极落实小额贷款鼓励失业人员自主创业，落实用工补助和社保补贴吸引用人单位拉动就业，发放再就业援助补贴补助特困就业人员，充分发挥了政府优惠政策的积极作用。2004年，全市累计向521户自主创业失业人员提供小额贷款1 760.5万元。发放社保补贴和用工补助1.79亿元，其中，上半年发放8 412万元，共有1.17万家用人单位和4.3万名就业困难人员受惠；下半年发放9 512万元，共有1.49万家招用就业困难人员的用人单位和4.83万名困难失业人员受惠。共向6 044名就业困难人员发放了再就业援助补贴1 195.5万元。

经过各种努力，2004年，全市共帮助7.09万名失业人员实现了再就业，其中就业困难人员2.3万名，年末城镇实有登记失业人员4.2万名，城镇登记失业率为3.75%，就业局势持续稳定。鉴于再就业工作的先进做法和显著成效，宁波市于2004年9月被国务院评为全国再就业工作先进单位。

（二）农村劳动力及被征地人员就业工作扎实开展

宁波市为全面落实市委、市政府统筹城乡发展、加快农村全面小康建设的要求，加快了农村劳动力向非农产业转移的步伐。2004年，在原试点的基础上，进一步扩大了城乡统筹就业工作试点范围，并以市政府名义下发《关于推进城乡统筹就业工作的实施意见》。各地根据实际情况，在促进城镇失业人员再就业的同

时，统一服务理念、延伸服务功能、健全信息网络、统筹就业渠道、加强用工管理，扎实有效地促进农村劳动力及被征地人员转岗就业。截至年底，余姚、慈溪、奉化等地已出台城乡统筹就业实施意见，余姚、慈溪、海曙、科技园区和东钱湖旅游度假区已开始全面实施城乡统筹就业工作。其他地区也都选择了一个乡镇（街道）或一个村开展试点。其中，镇海、鄞州、江北还出台了扶持农村劳动力及被征地人员就业和创业的优惠政策，鼓励企业吸纳就业、鼓励“农村能人”自主创业并带动农村劳动力转移就业。

同时，宁波市各级劳动保障部门积极开展农村劳动力及被征地人员的情况调查，摸清农村劳动力及被征地人员底数，对他们进行分类登记、实行动态管理。至12月底，全市登记在册被征地人员达39.56万，向2万余名被征地人员核发了与城镇失业人员一致的《宁波市城镇新增劳动力失业登记证》，向8.3万名未办理农转非手续的被征地人员核发了《宁波市被征地人员申请就业登记证》。2004年，通过各种途径，全市共帮助6.4万名农村劳动力及被征地人员实现转岗就业。

二、统筹开展城镇失业人员、农村劳动力和被征地人员培训以及高技能人才培养工作

（一）城镇失业人员再就业培训效率提高

2004年，宁波市各地逐一落实再就业培训补助政策，积极提供适应性培训服务，开展创业培训、订单培训、定向培训等多种形式培训，基本形成了企业订单、培训机构接单、政府买单的培训模式，提高了培训后的再就业率。2004年，全市共组织实施失业人员再就业培训2.9万人次，完成全年计划的112%，培训后再就业率为56%，共支出培训补助经费1 162万元。

（二）农村劳动力及被征地人员培训全面实施

2004年，宁波市各地都出台实施了农村劳动力及被征地人员培训办法，培训经费全部到位，培训工作全面启动，市、县、镇三级培训组织管理体系也已经建立，基本做到有领导、有机构、有专人负责。镇海、余姚、江北等地还通过建立村级劳动保障服务机构或村级培训联络员机制，将培训组织管理网络延伸到村。至年底，全市已设立培训基地174家，覆盖城乡劳动力的培训网络初步形成。在培训过程中，各地针对农村劳动力实际情况，围绕市场用工需求，注重提高技能培训办学比重，借鉴失业人员培训做法，探索并实践多样化培训模式。各地还加大了培训信息宣传力度，江东、江北、镇海、北仑、鄞州、奉化等县（市、区）积极推行技能培训卡做法，印制技能培训卡、技能优惠卡、培训指南等资料22万份，一一发放到办理就业登记的被征地人员手中，方便学员自主选择培训专业，就近就地参加培训。2004年，全市共组织7.1万名农村劳动力和被征地人员参加各类职业技能培训，完成年度计划的118%，共有5.3万人次通过考核取得各类职业资格证书或技能培训证书，培训后就业率为54%，支出培训补助经费达1 728万元。

（三）高技能人才培养工作迈出坚实步伐

为贯彻落实人才工作会议精神，2004年，宁波市各级劳动保障部门通过灵活技师职业资格考评机制、建立宁波市高技能人才培训基地、扩大技工学校办学规模、设立高技能人才培训奖励资金等途径，加快高素质技术工人的培训步伐，拓宽高技能人才的成长渠道。同时，继续扩大职业技能鉴定和职业资格证书制度实施范围，在被征地人员、普通高校、高职院校中积极推行职业资格证书制度。2004年，全市共培训高技能人才8 450名，组织开展各类职业技能鉴定6.6万人，占年度计划的120%，经鉴定合格核发职业资格证书5.8万人，其中初级工3.5万人，中级工1.8万人，高级工3 657人，技师941人，高级技师30人。

三、加快建立城乡统筹社会保障制度

（一）被征地人员养老保障工作全面实施，

农村养老保险工作逐步规范

2004年，在总结分析被征地人员养老保障制度实施经验和存在问题的基础上，宁波市进一步完善了被征地人员养老保障政策。允许符合条件的劳动年龄段被征地人员按城镇自谋职业人员参加城镇职工基本养老和基本医疗保险，多数地区对被征地人员参加养老保障实行了政府缴费补贴，大大推进了被征地人员养老保障制度的实施进度。年底，全市110个街道（乡镇）、1 412个行政村（社区）实施了被征地人员养老保障工作，占被征地村总数的74.1%。全市被征地人员累计参保人数达36.5万人，远远超过年初确定的参保人数突破10万人的目标，其中男45周岁、女35周岁以上参保人员为33.5万人，占重点参保对象的71.7%。按月享受养老保障待遇人数达20.6万人。

2004年，农保工作在基本完成职能移交后，宁波市劳动保障局会同各地对农保工作组织专题调研。在摸清情况、分析问题的基础上，提出规范稳定老农保、探索建立新农保的基本思路，并召开了两次专题会议，下发了关于加强管理、规范操作的意见。各地也结合当地实际，按市要求做了大量工作，为下一步改革发展农保打下了较好基础。

（二）城镇职工社会保险制度进一步完善，社会保障水平进一步提高

1. 城镇职工基本养老保险方面。从2004年5月1日起，宁波市将企业职工个人缴纳基本养老保险费比例由7%调整为8%，个体劳动者基本养老保险费缴费比例调整为20%，并将通过3年时间逐步调整到与企业和职工合计缴费同等比例。同时，按省规定，普遍调整提高了全市企业退休人员养老金水平。年末，全市人均月养老金为882元，其中市本级924元，位于全省第一。

2. 城镇职工基本医疗保险方面。2004年，宁波市进一步补充完善了基本医疗保险政策，并通过规范和细化定点机构医疗服务协议、组织开展医保药品使用监管试点、建立定点医疗机构医疗费用宏观监控体系等途径，加强了对医疗保险的基础管理，确保城镇职工基本医疗保险制度顺利施行。为适当减轻医保病人的住院费用支出负担和有效控制不合理费用增长，市级统筹地区从5月1日起，降低了住院起付线标准，制定并实施医疗保险违法违规行为举报奖励政策，收到了较好效果。

3. 失业、工伤、生育保险方面。2004年，《浙江省失业保险条例》已在宁波市得到全面贯彻落实，失业保险金经过两次调整后，目前标准为每人每月434元，比原标准提高了126元。为贯彻落实国务院《工伤保险条例》并实现新老政策的衔接，继市政府出台《宁波市人民政府关于贯彻执行〈工伤保险条例〉有关事项的通知》后，劳动保障部门相继出台了保险费征缴、待遇结算、工伤认定、扩面及农民工参保等配套政策，并且进一步规范工伤认定工作、加强劳动鉴定工作，不断完善工作机制，新工伤保险制度在全市平稳实施。生育保险制度已在全市范围实施，运行也相当平稳。

（三）社会保险覆盖面进一步扩大，基金征缴管理进一步加强

2004年，宁波市各地在实行政府考核、强化行政推动的同时，抓住重点企业，充分发挥社保登记和稽核作用，采取内外携手联动办法，促进社会保险覆盖面进一步扩大，基金征缴管理力度进一步加强。至2004年底，全市参加城镇职工基本养老保险人数达134.3万人，其中实际缴费人数94.7万人，比上年底净增12.7万人，分别完成省、市考核任务的244.2%和210.8%；全市参加基本医疗保险人数达94.5万人，参保人数比上年底净增10.25万人，其中市级统筹范围内参保人数达58.1万人，分别完成省、市考核任务的205%和128.1%；全市参加失业保险人数达74.5万人，完成省、市考核任务的100.7%，参保人数比上年底净增3.8万人；参加工伤保险人数达60.6万人，比上年底净增13.2万人，分别完成省、市考核任务的264%和219.2%；参加生育保险人数达36.9万人。在各级财政

和劳动保障部门的共同努力下，2004年，全市城镇职工基本养老保险基金总收入达33.96亿元，完成省、市考核任务的115.1%，累计结余达48.1亿元，抗风险能力为27.51个月，高于全国全省平均水平。全市征缴医保基金达17亿元，完成省、市考核任务的110.4%。全市共收缴失业保险基金3.31亿元，分别完成省、市考核任务的118.2%和118%，领取失业保险金失业人员达32.61万人（次），失业保险金累计滚存结余达3.22亿元。

（四）研究拟订了完善全市社会保险制度的两个草案

为适应就业形式多样化的趋势，满足城乡多类社会群体对社会保障的需求，2004年，宁波市劳动保障局重点研究了中小企业及灵活就业人员参加社会保险的思路与对策。在调查的基础上，初步形成《宁波市企业职工养老保险低门槛准入、低标准享受暂行办法（草稿）》和《宁波市城镇灵活就业人员和农村进城务工人员住院医疗保险暂行办法（草案）》。

四、进一步完善基层基础和服务体系建设

（一）劳动保障服务机构建设全面推进

宁波市各级劳动保障部门按照2004年初确定的目标，不断推进和完善基层机构建设。截至年底，全市已有56个街道、91个乡镇、297个社区、65个行政村建立基层劳动保障服务机构，工作人员达1 277名，1 670个行政村配备了专职或兼职协管员，街道（乡镇）建站率达100%，社区建室率达91.1%。其中，101个街道（乡镇）、218个社区、65个行政村实现网络互联和信息资源共享。同时，基层劳动保障机构工作职能不断健全和扩大。2004年，在就业管理服务、离退休人员管理服务、农村和外来务工人员管理服务、社会保险管理服务等职能的基础上，又新增了非正规就业劳动组织初审、社保补贴和用工补助办理、贷款资格初审、走访和培训记录、公益性岗位开发与组织、企业退休人员基本信息库建立、享受养老金待遇资格认证等职能，基层机构的作用进一步得到体现与发挥。

（二）劳动力市场建设和就业服务不断规范

2004年，按照“专业化、制度化、社会化”要求，宁波市各级劳动保障部门在“老三化”建设的基础上，不断推进劳动力市场“新三化”建设。进一步规范各级就业服务机构的办事程序和工作流程，促进机构、人员、运作、管理专业化，切实提高就业服务的质量和效率；逐步建立完善就业服务长效机制，推动工作走上制度化轨道。2004年，全市进场招聘单位共11.2万家（次），提供各类招聘岗位116.2万个（次），进场求职人员共103.8万人（次）；全市各级联网公共职业介绍机构提供岗位信息17.46万个（次），介绍成功率达83.6%。同时，针对目前结构性矛盾造成的“技工荒”现象，进一步加强与企业联系，及时掌握用工信息，采取“走出去、请进来”的办法与老工业基地辽宁、吉林、黑龙江等省广泛开展劳务合作，与省内外大中专院校和劳动保障部门建立人力资源配置协作关系，有针对性地引进全市急需技术技能型劳动力。

（三）企业离退休人员社会化管理服务工作稳步推进

2004年，宁波市随着劳动保障基层组织的逐步健全，社会化管理服务基本目标、工作形式、主要内容等问题的进一步明确，各地企业离退休人员的养老、医疗等社会化管理服务工作日趋完善，社会化管理率逐步提高。截至年底，全市已有19.3万名离退休人员纳入社会化管理，约占离退休人数的97.1%，其中依托企业管理占6.8%，社保机构管理率为19%，社区管理率为71%。

五、切实维护稳定和谐的劳动关系

（一）《行政许可法》顺利贯彻实施

2004年，当《行政许可法》颁布实施之际，宁波市各级劳动保障部门积极组织学习《行政许可法》，全面清理整顿政务公开事项中的实施主体、法律依据、行政许可项目，研究

制定行政许可审查、听证、对被许可人监督检查、责任追究等配套制度，保证《行政许可法》在劳动保障领域内得以顺利实施。同时，以《行政许可法》实施为契机，认真做好劳动保障普法工作，进一步加大了政策宣传力度，规范和简化了为民办事程序。

（二）劳动合同制度进一步推进，企业工资支付监督管理进一步加强

2004 年，宁波市各级劳动保障部门以非公有制企业为主攻方向，重点突出农民工依法签订劳动合同工作，着重规范机关、事业单位编外人员及民间组织工作人员的用工行为，以此全面推进劳动合同制度、集体合同制度和企业工资集体协商制度。至年底，全市共有 5 万余家用人单位实行劳动合同制度，111 万名职工与用人单位签订了劳动合同，2.2 万家企业与职工签订了集体合同，1.3 万家企业开展了工资集体协商。

同时，宁波市进一步规范非全日制用工劳动合同关系和非全日制用工行为，维护非全日制劳动者的合法权益。继续完善企业工资收入分配宏观调控体系，严格执行新调整的企业职工最低工资标准，强化对企业工资支付行为的监督管理。2004 年，市劳动保障局与建委等部门联合，在全市范围内实施建筑企业欠薪保障金制度、企业工资支付信用制度、企业拖欠工资情况通报制度等企业工资支付管理机制。至年底，全市共有 1 006 家建筑企业纳入了欠薪保障制度，欠薪保障金和人工工资支付担保额度达 4.2 亿元；为妥善预防和解决因欠薪引起的突发事件，专门建立了农民工工资应急专项周转资金制度。目前，市本级、余姚、慈溪、宁海、北仑、江东、江北、鄞州、保税区和科技园区资金都已到位，其中余姚和慈溪乡镇也都设立了专项资金，资金总额度达1 050 万元。

（三）执法监察力度进一步加大

2004 年，宁波市各级劳动保障部门把维护农民工合法权益作为执法监察的重点，通过开展“春雷”“春雨”“春苗”等农民工和未成年工合法权益维护等专项监察活动，采取群众举报案件专查、突出事件处理及劳动保障联合年检等手段，共监察用人单位8 625户，涉及职工 66.76 万人，受理群众举报5 673件，立案查处劳动违法案件2 336件，取缔非法职介机构 159 家，清退童工 79 名，清退各类押金 180.1 万元。2004 年，全市共为 2.24 万名劳动者追回工资3 351.9万元；“两节”期间“春雨”追薪行动开展以来，已为5 868名劳动者追回工资 807.2 万元。

（四）仲裁与信访处理更加有效及时

2004 年，宁波市各级劳动保障部门应对人手紧缺、案件繁多的状况，纷纷探索简易办案新路子，为农民工等弱势群体申请劳动仲裁开辟绿色通道，市本级、慈溪、宁海、鄞州还探索建立了劳动争议仲裁院，确保劳动争议能及时、公正地得到处理。同时，全面落实信访责任制度、局领导接待信访制度及处级干部信访接待日制度，坚持信访情况定期报告，及时接待群众信访、化解群众矛盾。2004 年，全市共受理劳动争议案件3 843件，2003 年未结案 337 件，共结案3 923件，结案率为 93.9%。仅市劳动保障局就受理 12333 电话近 2 万个，受理人民群众来信来访11 547件（人、次），处理群众集体上访 97 批（次）、1 267 人（次），按期办结率为 99%。

（宁波市劳动和社会保障局）

安 徽 省

2004年，安徽省各级劳动保障部门认真贯彻劳动保障部和省委、省政府的决策部署，围绕年初劳动保障部确定的重点工作任务，以促进就业再就业、完善社会保障体系和维护劳动者合法权益为重点，坚持以人为本，弘扬务实作风，积极开拓进取，奋力攻坚克难，全面完成了预定的各项工作目标任务，劳动保障各项工作取得新进展。

一、促进就业和再就业取得明显成效

2004年，安徽省各地把促进就业再就业工作作为劳动保障工作的第一要务，摆在突出重要位置来抓，形成了上下联动、共破难关的良好局面。进一步健全工作责任体系，严格实行责任追究；结合实际突破现有框架，制定了一系列针对性和操作性强的政策办法。各地创新思路，以组织起来就业为重要形式，努力拓宽就业渠道，扩大就业规模，提高就业质量。坚持落实各项政策，特别是在简化申办小额贷款程序、降低担保条件上下工夫，突破了小额担保贷款难点，全年共发放贷款1.2亿元。加强街道社区工作平台建设，实施送政策、送信息、送岗位和托底安置等援助措施，多形式开展再就业援助。大力推行和规范政策咨询、求职登记、职业指导、职业介绍等“一站式”公共就业服务，积极开展免费职业技能培训、免费职业介绍和创业培训，全年全省有13.9万名下岗失业人员参加了各类免费职业技能培训，享受免费职业介绍的下岗失业人员达13.6万人，参加创业培训6 500人，培训合格率达85%。加强失业调控，在控制失业人员增长的同时，统筹做好高校毕业生、城市新增劳动力就业和农村富余劳动力转移就业工作。全年就业再就业目标任务提前超额完成，全国再就业工作联席会议办公室向全国推介了安徽省组织起来就业和小额担保贷款的做法。11月，国务院赴皖检查组对安徽省就业再就业工作予以充分肯定。

二、养老保险制度建设进一步巩固加强

2004年，安徽省17个市中有4个市实现养老保险基金统收统支，其余市都建立了养老保险调剂金制度；制定出台改制事业单位养老保险办法，解决了事业单位在转制改企中面临的养老保险制度转轨、待遇衔接等突出矛盾，为事业单位转企改制创造了前提条件。实施企业年金制度，统一调整了全省企业退休人员养老金待遇水平；提高了企业因工伤残人员伤残津贴、护理费标准以及因病非因工死亡遗属抚恤待遇，解决了因企业改制出现的遗属抚恤兑现难问题。继续抓好养老保险扩面征缴，强化基数稽核，增强基金实力，养老保险覆盖范围继续扩大，基金征缴收入稳步增长。到12月底，全省养老保险参保职工达到345.1万人，参保企业离退休人员119万人。1—12月，全省征收养老保险基金71.5亿元，基金征缴率达94%；共发放企业离退休人员基本养老金81亿元，全省做到当期无拖欠，确保了参保企业离退休人员养老金按时足额发放，社会化发放率达100%。全面推进企业退休人员社会化管理服务工作，特别是行业统筹单位退休人员纳入当地社区管理步伐加快，到12月底，

全省企业退休人员社会化管理服务率达92.2%，其中社区管理服务率为57.5%。

三、失业保险制度进一步健全完善

2004年，安徽省各地按照“因地制宜、一企一策、分类指导、规范操作”的原则，采取“保老、扶中、推青”的分类帮促措施，妥善处理出中心人员的劳动关系、接续社保关系，实施再就业援助，积极稳妥地推进下岗职工出中心。到2004年6月底，全省自1998年以来进入国有企业下岗职工服务中心的78.87万名下岗职工全部陆续实现出中心，顺利完成基本生活保障向失业保险并轨。认真做好改制改组企业职工失业保险关系接续，加大事业单位和民营企业扩面力度，大力组织开展失业保险专项稽核工作，加强对失业人员的服务和管理，严格按规定及时足额给付失业保险待遇，做到应发尽发。失业保险制度建设进一步加强，扩面征缴取得积极进展，到12月底，全省参加失业保险人数达372万人，征收基金6.5亿元，基金征缴率达91.9%；全省失业保险基金共支出8.3亿元，全年确保了300万人次失业金的发放，失业保险已经成为下岗失业人员基本生活的主要保障形式。

四、城镇职工医疗保险制度继续稳步推进

2004年，安徽省继续完善医疗保险政策体系，着力解决困难人群的基本医疗保障问题，全省17个市全部出台了困难企业、困难群体及灵活就业人数的参保办法，部分统筹地区出台了农民工参加医保的办法。省劳动保障厅制定下发了驻皖部队机关事业单位职工参保办法以及省属困难企事业单位离休干部医疗费补助办法。通过适当提高支付比例、建立多层次医疗保险、落实医疗补助等办法，妥善解决参保职工医疗费用个人负担过重的问题。在坚持医改基本制度的前提下，针对不同企业从业人员类型和特点建立不同的参保方式，积极推进困难企业职工和灵活就业人员参保工作。到12月底，全省医疗保险参保人数达362万人，基金征缴率达95.4%，超额完成全年目标任务。多层次医疗保障体系基本建立，医疗保险管理服务不断加强，“三二一”管理措施进一步落实，医保基金收支基本平衡，参保职工基本医疗需求得到有效保障。部分市探索生育保险与医疗保险信息系统相连接的管理办法，与医保同步推进，有的市已将生育保险覆盖范围扩大到了所有机关、企事业单位和社会团体。到年底，全省参加生育保险的人数达到28万人。

五、工伤保险制度改革积极启动实施

国务院《工伤保险条例》出台后，安徽省及各地一手抓加快工伤保险机构建设，一手抓制度启动实施，制定相关配套办法，规范工伤保险业务管理和经办流程，注意抓好新老办法和工伤待遇的衔接。加强工伤保险政策宣传和业务培训，抓紧组建成立各级工伤保险经办机构。在狠抓合肥、蚌埠等6个省级重点联系城市的基础上，以点带面，推动全省工伤保险制度启动实施工作。到12月底，全省17个市全部实行了工伤保险社会统筹，参保职工102万人，基金征缴率达94.5%。

此外，安徽省还积极开展农村社会养老保险制度改革试点，探索建立被征地农民的社会保险制度，起草了《安徽省人民政府关于切实解决被征地农民社会保障问题的意见》，对以往被征地农民的社会保障问题提出了新的解决思路。

六、社保基金征缴和监管工作进一步加强

2004年，安徽省政府成立了社会保障监督委员会，形成了法制监督、行政监督和社会监督的机制；省市两级基金监管目标责任得到较好落实，全面开展专项检查，及时通报检查情况，各级劳动保障部门建立了社会保险内部控制制度，在部分市组织了非现场基金监督试点，纠正回收获得新进展，1—12月，全省共回收基金1 200万元。加大稽核清欠工作力度，整合养老、医疗、失业等社会保险经办机构力

量，集中开展专项稽核工作，全年查出应补缴社会保险费 3.57 亿元，已补缴到账 2.38 亿元，追缴欠费 2.6 亿元。下达缴费基数指标和缴费人数指标，切实加强基金征缴工作，全省各项社会保险费征缴率均达到 90%以上。

七、企业收入分配改革进一步深化

2004 年，安徽省积极指导企业建立以岗位工资为主的基本工资制度，以岗定薪，适当拉开不同岗位的收入差距，提高关键岗位和有突出贡献人员的收入水平，目前全省建立以岗位工资为主的基本工资制度的企业5 317户，涉及职工 118 万人。加强收入分配宏观调控，发布了 2004 年全省企业工资指导线，劳动力市场工资指导价位试点工作有了新进展，全省有 12 个市发布了工资指导价位。同时，积极改进国有企业经营者收入分配方式，推行年薪制、期股、期权制等分配制度，2004 年全省有 67 户企业进行了年薪制试点工作，对省属 314 户工效挂钩企业进行了清核工作。

八、职业技能培训工作扎实开展

2004 年，安徽省认真贯彻全省人才工作会议精神，从制度创新入手，以营造有利于技能人才成长环境为重点，积极推动高技能人才队伍建设。制定并实施了“3 年 1 万”新技师培养计划，各地高度重视高技能人才培养，积极主动争取党委、政府支持，以企业为依托，采取多种形式开展技师培养工作，全年全省共培养新技师2 549名。经省政府批准，《安徽省举办技师学院实施意见》正式出台。再就业培训和创业培训进一步加强，到年底，全省参加再就业培训 12.8 万人，培训合格率达 95.8%；参加创业培训人数达6 500人，培训合格率达 85%。通过培训，促进了下岗失业人员的市场竞争就业能力和创业能力的提高。各级劳动保障部门以推行就业准入制度为抓手，不断扩大技能鉴定规模，到年底，全省参加技能鉴定人数达 22.78 万余人次，同比增长 30.2%。

九、劳动者合法权益得到切实维护

2004 年，安徽省认真贯彻落实《安徽省劳动合同条例》，加强劳动合同管理，重点在非公有制企业和农民工中推行签订劳动合同工作，进一步提高劳动合同签订率，到 12 月底，全省有 284 万名职工签订了劳动合同。大力推进企业建立劳动合同制度和集体合同制度，重点做好改制改组、兼并联合、出售转让、承包租赁、关闭破产等企业劳动合同的变更、解除、终止或续订工作。指导和帮助企业制订、完善分流安置方案，积极配合有关部门做好分流方案的审核工作，确保企业改制工作的顺利进行和社会的稳定。继续推行平等协商签订集体合同制度，建立健全劳动关系三方协调机制，全省已有 17 个市和 80%以上的县建立了三方协调会议制度。建立劳动争议处理季报分析制度、疑难案例定期分析制度，规范处理程序，依法妥善处理劳动争议案件，全年全省共立案受理劳动争议案 3 157 件，结案率达 98%。各级劳动保障部门始终把清理拖欠农民工工资作为一件大事来抓，健全清欠工作制度，着手建立预防拖欠的长效机制。全年共清理拖欠农民工工资 9.8 亿元，占拖欠总额的 98.9%。

十、劳动保障法制建设取得新成效

2004 年，安徽省人大常委会颁布了《安徽省劳动合同条例》，这是该省第三部劳动保障地方性法规；省政府颁布了《安徽省实施〈工伤保险条例〉办法》；经省政府批准，省劳动保障厅制定了 2004 年全省最低工资标准和非全日制小时最低工资标准。全省集中开展了《行政许可法》《劳动法》《工伤保险条例》《劳动保障监察条例》《安徽省劳动合同条例》等 5 次大规模法制宣传活动，扩大了影响，取得了实效。认真处理行政复议案件，1—12 月，省劳动保障厅共受理行政复议案件 27 起，是 2003 年同期的 3 倍，办结率为 100%。各级劳动保障监察机构开展了贯彻执行《劳动合同条例》《禁止使用童工规定》和农民工工资支付情况等3次大的专项执法检查活动，主动检查用人单位3.78万户，年检用人单位1.99万户，查处群众举报投诉案件3 023件，责令用人单位为27.93万名劳动者补签了劳动合同，补发拖欠工资1.92亿元，补缴社会保险费1.43亿元，对一批违反劳动保障法律法规的用人单位给予了行政处罚；同时，制定下发了《安徽省企业劳动保障诚信评价暂行办法》，鼓励企业依法用工、树立诚实守信的社会形象。

十一、农村劳务输出工作取得新进展

2004年，安徽省结合实际研究制定有关政策措施，改善农民工进城就业环境。加强基层劳务服务机构建设，完善劳务输出服务体系，全省17个市和58个县（市、区）已按要求建成了具有一定规模的劳动力市场，省、市、县三级劳动力市场基本实现信息联网，融职业介绍、信息发布、就业指导、技能培训、社会保险办理、劳动事务代理等服务功能为一体，公共就业服务制度基本建立。充分发挥技工学校、就业培训中心的作用，积极配合组织实施农村劳动力转移培训阳光工程，全省共培训农村劳动力39.8万人，完成年计划的159.2%。进一步加强区域性劳务协作，加强与劳务输入地的沟通联系，拓宽输出渠道，劳务输出工作继续保持良好的发展势头，2004年，全省新增劳务输出45万人，超额完成全年40万人的目标任务。实施“筑巢引凤”工程，制定出台了一系列鼓励和优惠政策，积极鼓励外出务工经商人员返乡创业。据统计，全省已有50多万人返乡创业，创办各类企业30多万个，创造了大量的就业岗位，有力地促进了农村富余劳动力就地就近转移。

十二、政风建设工作成效明显

2004年，安徽省劳动保障厅认真贯彻落实劳动保障部和省委、省政府关于加强政风建设的部署和要求，紧密结合劳动保障工作实际，切实采取有效措施，严格依法行政，不断提高行政执法水平；全面推行政务公开制度，以行政审批、劳动保障监察执法、劳动争议仲裁、就业服务机构和社会保险经办机构为重点，公开涉及群众切身利益、需要群众清楚明白的事项，并对公开的内容实行动态管理；规范工作程序，改进工作方式，转变工作作风，制定了《厅机关事业单位工作人员禁酒的规定》，严禁工作日午餐饮酒，并在全系统实施；出台了《安徽省劳动保障厅便民措施》，向社会公开承诺22项便民措施，减少办事程序、强化为民服务，受到社会各方面的广泛好评。加强对来信来访工作的组织领导，建立了信访工作责任制、信访隐患排查调处制、首问负责制、责任追究制等一系列管理制度，严格规范受理群众信访的行为，规范信访办理程序，及时化解突出矛盾，有力地维护了社会稳定。

十三、重要事项督查督办全面落实

2004年，安徽省劳动保障厅将劳动保障部和省委、省政府的重要督办事项、人大代表议案和建议及政协委员提案纳入督查督办工作范围，基本建立了事前登记交办、事中联系协调和事后反馈落实“一条龙”作业模式，明确工作责任，规范工作程序，强化工作督查，进一步加强和完善了督办工作机制。2004年劳动保障部和省委、省政府交办的40多件重要督办事项、省劳动保障厅承办的67件人大代表、政协委员提案全部在规定时间内按时办结，提案议案的办复率、联系率和满意率均达到了100%。

十四、精神文明创建取得重要成果

2004年，安徽省劳动保障厅及时制定出台2004年度精神文明建设工作意见，坚持把“让人民满意”作为衡量工作成效的标准和准则，建立并严格执行服务承诺、效能考评、限时办结等制度规定，不断加大文明机关创建力度。制定出台了《关于在全省劳动保障系统开展创建文明行业工作先进单位和模范文明职工学习的通知》，召开了全省劳动保障系统创建文明行业经验交流会暨先进事迹报告会，通过发挥先进典型示范作用，在全省劳动保障系统营造学赶先进、争创一流的氛围，进一步巩固创建成果，不断提高创建工作整体水平。认真对照劳动保障系统“三优”文明窗口标准和文明行业创建标准，结合窗口工作的不同特点，加强优质规范服务制度建设，进一步细化量化服务标准，指导和推动各地深入开展文明行业创建、争创“三优文明窗口”活动，全系统精神文明建设工作取得了重大进展。同时，紧紧抓住街道、乡镇和社区劳动保障工作机构基本建立的有利时机，将基层劳动保障工作机构纳入劳动保障系统整体创建工作中，大力组织开展基层站所的文明创建工作，不断提高基层劳动保障服务机构的工作效率和服务水平。

十五、行政审批工作日益规范

2004年，安徽省认真贯彻落实《行政许可法》，组织清理进中心行政审批项目，取消了企业缴费费率审批、用人单位空岗报告等7个“零办件”项目，对保留的行政审批和收费项目，坚持完善监督制约机制，加强后续监管，严格依法实施。规范审批程序，制定出台了《关于进一步做好进入政务服务窗口行政审批项目办理工作的通知》，从办理、衔接、配合、督办、管理5个方面，进一步明确窗口和承办处室的职责。积极推进“一窗式受理”和“一站式审批”，对行政审批涉及的有关表格、填写说明和办事程序在网上公布，本着为服务对象着想的原则，尽量减少办件的运转环节，复杂事项由窗口受理后直接提交承办处室办理，对窗口工作人员能够直接办理的事项授权窗口当场办理，缩短办理时间，提高办理效率，方便群众办事。对行政性收费和罚没收入，坚决按照中央和省的规定，实行收支两条线管理，收缴分离、罚缴分离。2004年，安徽省劳动保障厅窗口共受理办结各类办件4 523件，被评为“安徽省政务服务中心2004年度优秀红旗窗口”。

（安徽省劳动和社会保障厅）

福 建 省

2004 年，福建省劳动保障部门在各级党委、政府的领导下，认真学习贯彻党的十六大和十六届三中、四中全会精神，以科学发展观为指导，紧紧围绕建设海峡西岸经济区的战略构想，按照年初确定的工作思路，以人为本，千方百计促就业，大力发展劳务派遣，加快社会保障体系建设，切实维护劳动者的合法权益，劳动保障队伍精神面貌焕然一新，充满活力，劳动保障工作取得突破性进展，为全省经济社会持续快速发展、保持社会稳定做出了积极贡献，受到各级党委、政府和全社会的充分肯定。

一、就业再就业和职业培训工作成效显著

（一）就业再就业工作目标全面实现

2004 年，福建省城镇新增就业人数 51 万人，超额完成全年 50 万人的任务数；下岗失业人员实现再就业 7.5 万人，其中困难就业群体实现再就业 2.3 万人，100%完成全年任务数；城镇登记失业率控制在全年指标 4.5%以内；全省共成立劳务派遣公司 74 家，派遣人员 6.8 万人，完成年计划派遣 5 万人的 136%。

（二）再就业政策进一步落实

2004 年，福建省共发放《再就业优惠证》6.58 万本，下岗失业人员享受从事个体经营自谋职业减免行政性收费的有 1.76 万人，减免金额 902.9 万元；享受减免国税税收政策 9 983人，减免税款2 865万元；享受减免地税税收政策 1.53 万人，减免金额达4 390.12万元；全省就业补助资金财政预算支出 1.63 亿元，其中省级预算安排5 600万元；全省共发放小额贷款1 828笔、3 122万元。

（三）城乡一体的就业格局初步形成

2004 年，福建省开展农村劳动力转移培训和农村“一户一就业”活动，改善农民工进城就业环境，全面推进农村劳动力有序转移就业工作。全年共组织 30 万人次农村劳动力参加职业培训，其中实现转移就业 22.5 万人次。进一步落实各项就业措施，大中专毕业生就业和复退转业军人就业工作取得了阶段性成效。2004 年，全省高校毕业生 5.58 万人，就业率达 84.4%，实现了就业率不低于 2003 年同期的目标。残疾人就业人数达到了 43.5 万人，就业率达到了 87.5%。

（四）劳务派遣打开局面

截至 2004 年 12 月底，福建省按统一名称、统一模式、统一运作机制，集“派遣就业、技能培训、社会保障、依法维权”为一体的要求，共成立了 74 家劳务派遣公司，有 6.8 万人通过劳务派遣实现了就业，其中下岗失业人员19 632名、向非农转移的农村劳动者23 188名。劳务派遣以促进就业为导向，通过市场需求定培训，以培训成果支持派遣，再以派遣促进就业，实现了需求→培训→派遣→就业的良性互动。既有利于解决弱势就业群体同工不同酬、同工不同权问题，也有利于缓解沿海部分地区“招工难”、经济欠发达地区“就业难”的结构性矛盾，实现城乡劳动者就业逐步由“自发无序”向“依法有序”转型，受到了企业、劳动者和社会的欢迎。2004 年底，在全国率先以省政府名义出台了《福建省人民

政府关于开展劳务派遣工作的若干意见（试行）》（闽政［2004］27号）文件，填补了福建省劳务派遣的政策空白。

（五）开辟省内、省外、境外就业通道

2004年，福建省积极开展省内山海劳务协作，省内有59个山区、沿海就业服务机构、劳务派遣公司和培训机构建立了劳务协作关系。积极与华南、华东、华北开展省际劳务协作，据不完全统计，2004年全省农村劳动力外出就业达到100万人次，省外劳务输出不仅缓解了福建省就业难的矛盾，也为农民找到了一条增收致富的路子。培育和发展福建省境外就业中介市场，开辟境外就业通道。截至年底，福建省已批准成立了24家境外就业中介机构，在各级劳动力市场开设境外就业咨询服务窗口，鼓励省内劳动力依法有序走出国门到境外就业，据不完全统计，2004年全省劳动力境外就业的人员达到了6 600人。

（六）就业工作网络化建设进展迅速

到2004年底，福建省已有4个设区市和41个县（区、市）劳动就业服务机构列入了财政拨款，130个街道全部建立劳动保障事务所，1 230个社区已有954个社区建立劳动保障工作站；989个乡镇有573个乡镇建成劳动保障事务所；有86个县区基本建成劳动力市场信息网络；各级各类职业介绍机构达到823所，其中，民办职业介绍机构202所；劳动力市场供求信息达232万人次。

（七）职业培训工作成绩斐然

2004年，福建省认真贯彻全国人才工作会议精神，牢固树立“职业培训就是就业培训”的观念，坚持以就业引导培训，以培训促进就业。到年底，全省建成77个高技能人才培训考核基地，30多个县（市）建立了职业技能鉴定指导中心；参加技师、高级技师社会化考评人数为3 384人次，是上年的6.9倍，参加鉴定人数31.75万人，比上年增长了52.9%；技工学校招生数和在校生数均创历史新高，招生数3.36万人，比上年增长5.3%，在校生7.66万人，比上年增长15.3%；共有11所重点技工学校创办高级工班，在校生达4 750人，比上年增加2 727人，增幅达135%；全年共组织100多场市级以上职业技能竞赛，有35个职业（工种）的3万多名选手参加竞赛，530多名选手获奖，其中88名选手获得了全省技术能手称号，通过竞赛不仅使优秀高技能人才脱颖而出，而且营造出了全社会学习技能、提高技能、尊重技术人才的浓厚氛围。

二、社会保障体系建设日臻完善

（一）养老保险规范运作，稳步发展

截至2004年年底，全省参加企业职工基本养老保险人数达239.56万人，比上年底增长3.8%，覆盖面达76.5%；全省企业基本养老保险基金收入58.47亿元，比上年底增长15.12%；确保全省68.21万名企业离退休人员按时足额领取50.33亿元养老金；61.71万名企业退休人员实行社会化管理服务，比上年底增长11.85%，社会化管理服务率达92.5%。积极推动企业年金工作，全省已有4 500余家企业建立了企业年金制度，年金资产达到4.7亿元，涉及职工13.76万人；机关事业养老保险初步建立了缴费、激励、统筹、过渡、退出、服务六大机制，缓解了长期以来“缴费与待遇不挂钩、企事业单位间人员流动没有政策支持、取消收双费缺乏好的征收机制”等问题。截至2004年年底，全省参加机关事业养老保险的单位有1.9万家，参保的在职人员54.11万名，离退休人员16.16万名，全年养老保险基金收入27.10亿元，支付养老金24.48亿元，全省月人均养老金1 282元。探索农村失地农民养老保险工作有新进展，截至2004年年底，全省农村养老保险参保人数157.28万人，1.47万人领取养老金，当年全省农村养老保险基金收入6 000万元，支出1 400万元。

（二）医疗保险狠抓扩面，超额完成

截至2004年年底，福建省医疗保险参保人数已达285.93万人，比上年增长15.4%，超额完成全年扩面任务，覆盖率达87.2%；

基本医疗保险基金收入 34.21 亿元，比上年增长 29.34%，支出 22.25 亿元，略有结余。同时，多层次的基本医疗保障体系也正在逐步完善，全省 9 个设区市和部分县已实行了公务员医疗补助办法，部分有条件的企业也建立了企业补充医疗保险制度。定点医疗服务管理逐渐加强，各地续签的医保双方协议增加了医疗服务量化指标和违规处罚的内容。劳动保障、卫生、药监、物价、监察、新闻等部门建立了紧密协作关系，构建医疗保险社会监督体系，合理控制医疗费用支出，确保基金收支平衡。

（三）失业保险既保生活又促就业

截至 2004 年年底，福建省参加失业保险人数 266.41 万人，覆盖率达 75.3%。全年全省失业保险基金收入 7.00 亿元，比上年同期增长 7.36%；支出 4.22 亿元，比上年同期减少 2.54%。12 月底领取失业保险金人数 9.49 万人。加大省级调剂力度，全年共下拨失业保险调剂金2 000万元，共支出职业培训和职业介绍补贴 400 万元，帮助近 1 万名下岗失业人员实现再就业。2004 年，全省失业人员领取失业保险金人均月 261 元，居全国第 11 位。

（四）工伤保险规范起步，生育保险平稳推进

2004 年 4 月底，福建省政府出台了《福建省实施〈工伤保险条例〉办法》的通知，全省已有 6 个设区市政府出台了贯彻国务院《工伤保险条例》和省政府《实施办法》的配套文件，为福建省贯彻《工伤保险条例》创造良好条件。到 2004 年底，全省参加工伤保险的企业职工 176.20 万人，较上年底增长 22.35%，全年全省工伤保险基金收入 1.82 亿元，支出 7 300万元；各级劳动保障行政部门受理工伤认定申请10 445件，作出工伤认定决定10 317 件，受理行政复议 218 件。参加生育保险的企业职工 117.59 万人，比上年末增长 5.71%，全年全省生育保险基金收入 1.01 亿元，支出 5 100万元；福建省还开展了机关事业单位职工工伤、生育医疗费用管理办法，省本级和 5 个设区市的机关事业单位职工已有 29.1 万人和 28.8 万人参加工伤、生育医疗费用统筹管理。

三、依法维权步伐渐行渐疾

（一）和谐劳动关系机制逐步完善

到 2004 年 3 月，福建省所有县（市、区）全部建立了劳动关系三方协商机制；规范国企改革劳动关系处理，会同有关部门审核 326 户省属、中央属企业改制、关闭破产职工安置方案，基本上解决了欠发“出中心”下岗职工经济补偿金问题。劳动合同、集体合同覆盖范围进一步扩大，到 2004 年底，全省签订劳动合同职工 416.73 万人，签订集体合同企业8 959 家，实行工资集体协商制度的企业 2 771 家；劳动争议处理能力进一步增强，2004 年全省劳动争议仲裁机构立案受理劳动争议案件 7 152件，调解劳动争议7 982件，立案受理案件数比上年增长了 27.19%；涉及劳动者人数 20 818人，同比减少了 20.91%。其中集体劳动争议案件2 690件，涉及当事人数15 989人，全年劳动争议案件办结率为 92%。同时，各级劳动保障部门认真处理群众来信来访，及时化解突出矛盾，维护了劳动关系的和谐和社会的稳定。

（二）维护职工合法权益工作逐步落实

2004 年，福建省制订实施《福建省企业重组改制、关闭破产中维护职工合法权益工作实施方案》，积极开展改制关闭破产企业维护职工合法权益检查工作，通过对已完成或正在进行重组改制关闭破产 409 家国有企业开展维护职工权益大检查，纠正了许多侵害职工合法权益的问题，共为 818 名职工补发经济补偿金（安置费）1 018.98万元，为1 899名职工补缴养老费 681.22 万元，为 896 名职工补缴医疗保险费 492.66 万元，为1 748名职工补缴失业保险费 56.91 万元。制订实施《福建省坚决纠正企业拖欠和克扣农民工工资保护农民工合法权益工作实施方案》，通过日常巡视检查、举报专查和开展专项大检查，严厉查处企业拖欠克扣农民工工资问题。截至 2004 年年底，福

建省各级劳动保障监察机构共检查用人单位2.85万户，受理投诉举报12 800起，为24.13万名农民工追回被拖欠克扣的工资2.4亿元。截至12月31日，建设领域拖欠的农民工工资已清偿了99.77%，其中，2003年度的拖欠已基本偿清，2003年以前历年的拖欠已清偿99.71%。

四、劳动保障基础建设逐步夯实

2004年，福建省金保工程取得突破。坚持统一规划、统一建设的原则，根据劳动保障部总体部署和本省实际，开展数据资源整合，已经形成养老保险、医疗保险和劳动力市场3个系统的数据库，实现了部省联网，开通了部省视频会议系统，初步建立省级数据中心，金保工程可研已经通过部审核批准。

2004年，福建省劳动保障系统行风评议和党风廉政建设等项工作也都取得了新的进展和成绩，干部职工的精神面貌、思想和工作作风、机关形象出现了可喜变化，正气得到弘扬，团结气氛明显增强，大局意识、合力观念进一步强化，为劳动保障工作提供了强有力的思想组织保证。与此同时，社会保险基金监督、劳动保障法制建设、规划统计、新闻宣传、劳动保障信访等也都取得了新的进展和成绩。

（福建省劳动和社会保障厅）

厦　门　市

2004年，厦门市就业和社会保障工作取得了明显进步，就业局势保持了基本平衡，年末失业率比2003年下降了0.2个百分点，领取失业金的人数多年来首次出现下降，就业再就业的政策效应正在进一步凸显，社会保险的覆盖面有了较大增长，社会保障体系得到完善，劳动保障监察进一步加强，劳动保障事业全面持续协调健康发展。

一、全力推进城乡统筹就业，就业局势基本稳定

2004年，厦门市新就业人数20万人、失业人员再就业人数3.38万人，其中持《再就业优惠证》实现再就业的下岗、失业人员有0.83万人（其中“4050”人员5 306人，完成全年任务数3 000人的176.87%）。12月末，城镇单位本市城镇从业人员总数46.33万人，实有登记失业人数1.98万人，城镇登记失业率为4.1%。

（一）建立起一整套鼓励和促进灵活就业的政策，有力地促进了失业人员实现再就业

2004年3月，厦门市出台了《关于社区劳动组织、从事灵活就业人员的认定及相关补贴办法的通知》，与2003年底的《厦门市人民政府关于努力推行灵活多样就业形式的若干意见》《关于灵活就业人员参加基本养老保险的实施意见》和《关于下发灵活就业人员参加基本医疗保险实施办法的通知》等文件配套，建立了一整套鼓励和促进灵活就业的政策，使灵活就业形式在实际应用中有了制度基础。从6月开始实施到12月底，经认定从事灵活就业的人员就有6 769人。为进一步促进再就业重点援助对象实现再就业，还制定了公益性岗位工资性补贴的规定。对招用持《再就业优惠证》的失业人员从事社区公益性岗位的用人单位实行工资性补贴，即给予每人每月当地最低工资标准50%的补贴。全年继续拨付用人单位招用持《再就业优惠证》的下岗失业人员的社会保险费补贴175万元，有力地促进了失业人员实现再就业。

（二）职业技能培训鉴定迅猛发展，再就业渠道不断拓宽

2004年，厦门市各区职业培训机构完成下岗、失业人员培训7 338人，完成任务数（5 000人）的146.7%，培训后实现再就业人数约4 400人。外来务工人员岗前培训28.3万人，完成任务数（20万人）的141%。进一步加大职业技能鉴定工作力度，新批职业技能鉴定站13个，新增工种8个。职业技能鉴定工作取得了突破性进展，职业技能鉴定由2003年的16 052人增至2004年的31 125人（其中高级工2 886人，技师675人）。继续推行“1+1”培训和“1+1群”创业培训，1—12月有1 875名下岗失业人员参加了创业培训，共举办25期，培训了1 653人，合格学员1 529人，帮助856人实现了创业和就业，并将创业培训延伸到待业的大中专毕业生和农村富余劳动力。成功举办了三届“1+1群”创业（青年）项目推介会，得到劳动保障部、省劳动保障厅领导的充分肯定。

（三）农村富余劳动力的转移工作继续保持良好势头，用两年的时间完成市政府下达的

3年任务数

2004年，厦门市各区采取推广“厂村挂钩”“镇企共建”等形式，积极推荐农村富余劳动力转移就业。全市各区共召开43场专场招聘会，735家单位提供了用工岗位23 129个，有43 420人报名，实际招用7 819人。实现转移农村富余劳动力33 361人，培训农村富余劳动力12 833人，分别完成年度工作计划数(15 000人和5 000人)的222%和256%。

(四) 关注大中专毕业生就业工作，出台鼓励政策

2004年，厦门市劳动保障局与市财政局、人事局联合制定厦门市生源未就业大中专毕业生职业见习规定，联系用人单位提供岗位给未就业大中专毕业生见习，并给予毕业生最低工资标准70%的见习补贴，缓解毕业生就业压力，目前已有132人走上见习岗位。为鼓励毕业生参加技能培训，提高就业竞争力，出台了关于对厦门市生源大中专毕业生开展职业技能培训的规定，并对其培训费实行600元补贴的优惠政策。同时，高度重视农村未升入高中或大中专院校青年的劳动技能培训工作，目前已有30位农村未继续升学的初、高中毕业生进入技校学习。

二、进一步完善制度，加强征管，社会保障体系日臻完善

(一) 以社保登记申报业务移交地税为契机，继续发挥“五险合一”统一征缴的优势，2004年是近几年社会保险覆盖面和基金征缴增长幅度最快的一年

截至2004年12月末，厦门市社会保险参保人数分别为：基本养老保险65万人，基本医疗保险70万人，失业保险55万人，工伤保险53万人，生育保险18.92万人，农村养老保险15.77万人，分别比2003年末增长16.40%、46.37%、22.29%、15.25%、8.30%和4.64%。全年新制社保IC卡25万张。1—12月，各项社会保险费收入分别为：基本养老保险费137 672.16万元，基本医疗保险费93 779.60万元，失业保险费19 218万元，工伤保险费8 716.53万元，生育保险费3 067.20万元，农村养老保险费1 481.12万元，分别比2003年同期增长32.95%、37.89%、27.36%、11.77%、120.72%和−0.48%。

(二) 确保各项社会保险待遇按时足额发放

2004年，厦门市共发放各项社会保险金163 094.10万元，其中养老保险金92 719.18万元，基本医疗保险金60 319万元，失业保险金7 409万元，工伤保险金1 900.36万元，生育保险金651万元，农村社会养老保险金110.91万元。实施了企业退休人员养老金调整，7.2万名退休人员人均增资30元，平均基本养老金928元，居全国前列。调整了企业离休和其他单位委托代管的退休待遇，完成了企业转制专项生活补贴发放工作。

(三) 深化养老保险制度改革

2004年，厦门市制定了《厦门市事业单位职工基本养老保险试行办法》和《厦门市被征地人员基本养老保险暂行办法》，对推进事业单位改革，保障事业单位退休人员的退休待遇，保障失地农民的基本生活，促进厦门市城乡经济社会协调发展，维护社会安定稳定具有十分重要的意义。

(四) 实行IC卡刷卡购药办法，定点医疗机构向社区延伸

2004年，厦门市根据1月1日实施的《厦门市城镇职工医疗保险规定》，制定《厦门市国家公务员医疗补助暂行办法》《厦门市城镇职工基本医疗保险定点零售药店审定暂行办法》《关于规范基本医疗保险缴费管理工作的通知》等9个配套政策，进一步规范基本医疗保险医疗行为，保障广大参保人员的基本医疗保险待遇。同时，按照公平、公开、公正的原则，评审开通20家定点医疗机构和23家定点零售药店；根据6月份全市卫生工作专题会议精神，将经专家招标、验收合格，并取得《医疗机构执业许可证》的社区卫生服务机构，纳入医保定点医疗服务管理。截至年底，100%

的社区卫生服务机构被纳入医保定点医疗服务管理。

（五）做好《工伤保险条例》实施工作，全面推进生育保险

2004年，厦门市依据《工伤保险条例》规定，以政府令形式出台了《厦门市实施〈工伤保险条例〉规定》，完善了厦门市工伤保险政策，初步解决了一些长期困扰的问题，较好地维护了工伤职工的权益。同时，以贯彻实施《工伤保险条例》为契机，着力抓好工伤认定、伤残鉴定、待遇支付3个环节的工作，确保了《工伤保险条例》的顺利实施和平稳过渡。统一和规范各区社会保险经办机构的工伤保险业务，下发《关于市、区两级社会保险经办机构工伤保险业务职责及分工的通知》。根据省劳动保障厅要求，对《职工工伤和职业病伤残程度鉴定标准》进行修改完善。同时，做好生育保险待遇审核支付的各项准备工作，落实相关配套措施，制定下发《实施〈厦门市企业职工生育保险暂行办法〉有关问题的通知》。截至2004年12月底，全市共1 167人领取了生育保险金。

（六）推动企业退休人员社会化管理服务工作

截至2004年12月，厦门市已累计接收68 846名退休人员进入社会化管理，社会化管理率达到97%，并实现了100%社区管理，社区管理率居全省第一；累计接收管理了60 233份退休人员档案。不断探索社会化管理的有效形式和服务内容，以服务促管理，为退休人员提供及时、周到的服务，并开展形式多样、有益身心健康的老年文体活动，使退休人员在社区新家里处处感受到温暖。

（七）完善农村养老保险制度

2004年，厦门市继续做好村干部、义务兵和农村计划生育对象的养老保险工作，4月，厦门市劳动保障局和市计生部门多次协商，同市计生委、计生协联合发文确定了2004年农村计生养老保险工作任务。在市政府“土地换社保”政策未出台前，各区都积极动员被征地农民参加农村社会保险。同时，深入各区、镇街进行沟通，积极开展农村社会保险调研，比较全面地掌握了第一手资料，以便着手修订《厦门市农村社会养老保险暂行规定》。进一步加强基金管理，在充分了解基金市场和严格筛选比较的基础上，购买4 400万国家开发银行发行的债券和1 150万的国债，确保基金保值增值。

（八）加强社会保险基金监管

2004年，厦门市劳动保障局根据劳动保障部、省劳动保障厅的有关规定和要求，筹建社会保险基金监督委员会。加强与审计、财政等部门的配合，进一步建立健全管理和监督制度。如通过医疗保险信息系统的监控，加强违规行为的查处力度，确保基金安全。先后对24起定点医疗机构违规、参保人员的门诊违规和住院违规案例进行了严肃查处，暂停16位参保人员的医疗保险待遇，追回医保基金12.3万元，并处罚金7万多元。继续开展退休人员指纹采集工作，对3 000多名离退休死亡人员供养直系亲属领取抚恤金资格进行了检查确认。

三、劳动监察和劳动争议处理进一步加强，深化企业工资分配制度改革，劳动者的合法权益得到有效维护

（一）强化劳动保障监察执法，加大农民工工资清欠力度

2004年，厦门市劳动监察机构共检查用人单位4 210户，受理群众举报3 929件，处理劳动突发事件及集体上访案件265件，取缔非法职业中介机构109户，清欠农民工工资3 780万元。

（二）加强劳动争议仲裁工作

2004年，厦门市成立了劳动争议仲裁院，建立了多层次、多渠道的劳动争议调解网络，1—12月，共立案处理各类劳动争议案件1 648起，涉及劳动者5 428人，涉案经济标的人民币4 963.48万元。同时，通过引导劳动者走法律诉讼的程序，解决了中科大辰信、台湾

酒店、宏都夜总会、三圈日化等集体争议案件。

（三）完善企业工资总额宏观调控，协调劳动关系三方会议制度延伸到区

2004年，厦门市人大审核通过了《厦门市企业工资支付条例》，成为全省乃至全国屈指可数的以人大条例规范企业工资支付行为的城市。率先在全省建立企业人工成本预测预警制度，引导企业合理确定职工工资水平，逐步建立与现代企业制度相适应的收入分配制度，推进企业科学管理，加强成本控制。此外，同安、海沧等大多数区已经完成三方会议制度的建设工作。

四、劳动保障信息化、服务化建设快速发展

（一）在全国率先建立了覆盖市、区、街（镇）、居（村）四级就业服务和信息网络

2004年，厦门市的就业信息网络已覆盖了6个区、20个街道、16个镇、165个社区，有516名符合条件的下岗失业人员被录用从事社区劳动保障工作。此外，岛外各区还招聘了286名农村就业协管员，在全市构筑起比较完善的公共就业服务体系。同时，根据国务院的有关规定，出台了《厦门市职业介绍机构管理暂行办法》。开展职介工作人员的培训，形成公办、公益、民办相辅相成的就业服务职介平台，壮大和培育劳动力市场。

（二）启动12333电话咨询信息系统

2004年11月10日，厦门市在全省范围内率先启动12333电话咨询信息系统，为市民提供包括社会保险、劳动就业、维护权益、举报投诉等相关法规政策咨询和有关查询服务。截至12月底，12333共受理电话25 390个，其中自动语音电话12 087个、人工服务电话13 303个。在人工服务各类业务咨询中，以社会保险业务咨询最多，占总数的72.86%；劳动关系业务咨询次之，占17.11%；之后是就业、再就业业务咨询及劳动培训业务咨询，分别占4.82%和0.68%。12333咨询专线的开通，及时解决了市民对劳动保障问题的信息需求，进一步拉近了劳动保障部门与企业和职工之间的距离。

（三）完善劳动力市场运行机制，加快各区劳动力市场建设

截至2004年年底，厦门市同安劳动力市场已完成选址和业主代理招标工作；集美劳动力市场主楼已封顶；海沧劳动力市场由于用地规划调整，市计委已重新立项，现已完成代建单位的招标工作，即将开工建设。

（厦门市劳动和社会保障局）

江　西　省

2004年是江西劳动保障政策落实和机制完善年。在劳动保障部的大力支持和指导下，在中共江西省委、省政府的领导下，全省各级劳动保障部门以邓小平理论和“三个代表”重要思想为指导，紧紧围绕全省改革、发展、稳定的大局，以落实政策、完善机制为主线，以促进就业、完善社会保障制度、维护劳动者权益为重点，开拓创新、扎实工作，进一步巩固了“两个确保”，大力推进就业和再就业工作，社会保障体系建设得到进一步加强，各项劳动保障工作都取得了新的发展。

一、再就业扶持政策全面落实，就业和再就业工作成效明显

2004年，江西省各级劳动保障部门以贯彻落实全国再就业工作座谈会精神为重点，按照“工作责任到位、政策落实到位、资金投入到位、措施保证到位”的要求，健全和完善了责任体系，切实落实各项扶持政策，全省就业和再就业工作实现了“两个到位”“两个超过”和“两个突破”，即再就业政策基本落实到位，市场就业和政府促进就业的载体基本到位；就业的增长超过了失业的增长，就业再就业的主要目标全部超过了年初预定目标；城镇就业岗位首次突破600万个，跨省劳务输出首次突破500万人。

（一）政府促进就业责任制度进一步落实，就业再就业的主要目标全部超过了年初预定目标

2004年初，江西省政府与各设区市政府、各设区市政府与县（区）政府签订了2004年扩大就业目标责任书，落实了各级政府促进就业的责任，完善了目标责任体系和目标考核办法，初步建立了市县领导干部帮扶下岗失业人员、再就业联席会议成员单位挂点联系、常规性督促检查、定期通报和社会举报5项制度。上半年省再就业联席会议组织开展了对17个成员单位再就业政策落实情况的评议评价活动，省劳动保障厅组织了5个调研组，重点围绕扩大就业和“两个确保”、再就业优惠政策落实、社会保险扩面征缴、人本化就业和社会保险服务等内容，对全省11个设区市的劳动保障工作进行了督查调研。11月省委、省政府召开了全省再就业工作表彰大会，表彰了178个先进典型。到2004年底，全省净增城镇就业岗位28.8万个，全年城镇新增就业42.38万人，其中下岗失业人员再就业18.2万人，困难群体再就业4.1万人，城镇登记失业率为3.56%。这几个主要指标的增幅都比2003年有较大增长，也大大超过了2004年初确定的目标。

（二）以再就业小额担保贷款为突破口，各项再就业扶持政策得到全面落实

2004年，江西省领取《再就业优惠证》的下岗失业人员有16.9万人，有16.1万人享受社会保险补贴1.8亿元，公益性岗位补贴5 700万元，减免税收1亿元，工商、税务减免收费4 529万元；发放小额贷款2.6亿元，累计发放小额贷款3.97亿元，累计扶持和带动下岗失业人员再就业7.31万人。全省63户国有大中型企业实现了主辅分离辅业改制，涉及煤炭、冶金、钨业、电子、江铜等行业，累

计安置职工13 194人，其中分流安置原企业富余人员9 650人，改制企业共享受税收优惠累计达2 890.4万元。全国再就业政策落实中小额贷款和主辅分离两大难点，江西完成情况都占到了全国的1/7。

（三）以创业培训为重点，技能培训工作全面推开

2004年，江西省抓住劳动保障部确定南昌市为国家级创业培训示范基地的有利时机，及时建立了12个省级创业示范基地，开展了“造就千个小老板、带动万人再就业”活动，积极推进“4050”项目的开发建设，引进连锁加盟项目，建立创业项目的推广制度，形成以培训促进创业、创业带动就业的良好格局。首次在全省实施青年见习与创业计划，为青年人获得工作经历提供制度保障和政策支持。积极推行职业培训社会招标办法，动员和组织全社会优质培训资源参与培训，努力提高下岗失业人员的就业技能和创业能力，为全省工业园区和经济技术开发区搞好岗位对接。2004年，全省免费再就业培训16.24万人，培训结业16.22万人，培训合格率达99.8%，培训后实现就业11.25万人，占结业人数的69%；创业培训1.49万人，其中已成功创办小企业的4 577人。

（四）以建立街道社区服务平台为手段，促进就业服务体系进一步完善

2004年，江西各级党委和政府在加大市、县（市、区）劳动力市场建设的同时，加快了街道和建制镇服务平台的建设速度。各设区市劳动力市场普遍按新的职能进行了改造，南昌、宜春、萍乡、九江、上饶、吉安等市已完成了市本级与区（县）和街道社区平台的信息网络的连接，不少地方还开展了网上招聘，南昌市推出了远程见工服务、12333电话政策咨询和短信息服务，对于提高就业服务效率，降低求职成本产生了积极影响，全省免费职业介绍26.2万人次。在加强劳动力市场建设的同时，还组织了街道社区劳动保障工作平台的检查验收工作。到2004年底，全省120个街道办事处中有114个建立了劳动保障事务所，72个城关镇已全部建立劳动保障事务所。2004年，在工矿企业、工业园区集中的镇以及新增街道办事处又新建了40个劳动保障事务所。全省绝大多数市、县（区）劳动力市场和所有劳动保障事务所，都按照落实再就业政策、促进劳动者自主创业的模式进行了改造和建设。这些载体为劳动者自主择业、市场调节就业和政府促进就业打下了坚实的基础。

（五）就业困难群体帮扶工作力度进一步加大

2004年，江西省全面推广了“4050”人员“不挑不拣、72小时推荐就业”的即时服务，继续组织开展了省市县三级101个会场联动的春季就业和再就业招聘活动，提供就业岗位信息54万个，现场录用10万人；先后组织开展了“再就业心连心送岗上门”活动，以“送政策、送技能、送温暖、送岗位”为主的再就业援助周活动，以及“情系学子、送岗进校”就业招聘会、高职院校毕业生就业招聘会等一系列再就业援助活动。2004年，全省帮扶困难群体就业4.1万人，享受社会保险补贴援助16.11万人次，实行岗位补贴3.33万人次。

（六）以统筹城乡就业为目标，积极构建推动农村劳动力转移的就业机制

2004年，江西省各地在逐步消除农民进城务工限制性条件的同时，总结劳务输出经验，积极拓展省外劳务输出市场，充分发挥泛珠三角“9+2”劳务合作机制，加强了省际间劳务协作，在省内培育了一批劳务输出基地，大力培育和发展劳务派遣业务，积极引导和组织劳务输出基地开展订单式培训与输出。2004年，全省已建立劳务输出基地151家，建立劳务派遣机构200多家，走出了一条省内增岗与省外就业并重的新路。全省跨省劳务输出首次突破500万人，达到502万人，其中有组织输出129万人。

二、完善政策措施，强化扩面征缴，社会保障体系建设进一步加强

2004年，江西省在巩固“两个确保”的

基础上，以扩大覆盖面和强化基金征缴为重点，积极推进农垦企业纳入养老保险和企业退休人员社会化管理服务工作，努力推动社会保险信息系统建设和社会保险基础建设，社会保险工作取得了较好的成效。

（一）“两个确保”继续巩固，“三条保障线”进一步衔接

到2004年底，江西省共发放国有企业下岗职工基本生活费和代缴社会保险费3.1亿元，发放基本养老金55.69亿元和失业保险金2.48亿元，保障了12.3万多名国有企业下岗职工、99.92万名离退休人员和10.2万名失业人员的基本生活。全省领取低保的91.8万人中，有68万下岗失业人员。养老金社会化发放率达99.9%，企业退休人员社会化管理服务率达到90%。按照国家的统一部署，认真落实了农垦企业纳入地方养老保险统筹政策，先后为企业离退休人员调整了基本养老金水平。按照规范劳动关系、接续社会保险、落实再就业政策的要求，因地制宜，先易后难，积极稳妥地推进下岗职工基本生活保障向失业保险并轨工作，已有13万名下岗职工出中心，7万人实现了并轨。调整了失业保险金发放标准，调整幅度最高达到每月增加82.5元。

（二）狠抓社会保险扩面征缴，夯实社会保障基础

2004年，江西省各级劳动保障机构坚持扩大覆盖面和接续社会保险关系并重，以非公有制企业参保和下岗失业人员续保为重点，大力推动中小企业、私营企业、个体工商户等非公有制经济和灵活就业人员参加养老和医疗保险，积极推动事业单位及非公有制企业参加失业保险，认真落实社会保险补贴和个人预缴专户政策，社会保险扩面征缴工作有了新的突破。到2004年底，全省基本养老保险、失业保险和医疗保险参保人数分别达到271.8万人、226.6万人和248.7万人，同比分别增长3.6%、5%和31.1%，其中全省非公有制经济参加养老保险人数达30.08万人，同比增加15.33万人，增长率为86.4%；工伤、生育保险稳步推进，参保职工分别达到134.6万人和107.6万人。农垦企业参加养老保险工作基本完成，全省15.6万名农垦企业职工参加了基本养老保险，参保率为68%。全省养老保险费、失业保险费和医疗保险费征缴总额分别达到48.9亿元、3.53亿元和13.42亿元，同比总量增加11.1亿元，增长20.3%。

（三）进一步深化社会保险制度改革，努力完善社会保险政策

2004年，江西省进一步健全了养老保险基金事前调剂制度，强化县市平衡养老保险基金的责任，完善定额补助、责任分担、缺口自筹的基金平衡机制，省劳动保障厅在深入调研的基础上，提出了完善江西省社会保险有关政策的意见并经省委常委会、省政府常务会原则同意，对规范社会保险操作办法、完善事业单位参加养老保险、积极帮助困难企业参加基本医疗保险，以及完善失地农民就业和社会保障问题明确了思路和原则。其中《江西省劳动和社会保障厅关于统一规范全省新参保单位基本养老保险费补缴和已参保欠费单位滞纳金收取政策的通知》经省政府同意已在年内下发，《江西省人民政府办公厅关于进一步规范事业单位参加企业基本养老保险办法的通知》和《关于大力做好失地农民就业工作的通知》在年内由省劳动保障厅上报省政府，《关于困难企业和职工参加医疗保险有关问题的指导意见》也在年内由省劳动保障厅起草好。《江西省实施〈工伤保险条例〉若干规定》正式颁布实施，相关配套文件已基本制定完毕。同时，全省各地积极做好老办法向新《条例》的平稳过渡工作，特别是做好工伤认定及劳动能力鉴定和工伤保险待遇支付的平稳过渡。“金保工程”已经劳动保障部和江西省发改委批准立项，一期建设已经启动。社会保险费统一合并征收试点工作已在九江、萍乡、抚州3个设区市展开。

（四）稳步推进了医疗保险制度改革

2004年，江西省根据参保单位和个人的承受能力，采取分类管理的方法，建立了以统账结合的医疗保险制度模式为核心，以单建统

筹基金模式为补充，统账结合、住院医疗保险、大病医疗统筹、困难企业医疗保险等多种模式的基本医疗保险制度，进一步推动了基本医疗保险覆盖面的扩大。到年底，全省11个设区市全部开展了大额医疗互助保险，10个设区市建立了企业补充医疗保险，6个设区市建立了公务员医疗补助，7个设区市建立了单建统筹基金的住院医疗保险，6个设区市出台了灵活就业人员参保办法，多层次的医疗保险体系正在全省形成。全省普遍建立了以市县为基础、省级调剂的企业离休干部医药费单独统筹机制，全省2.25万名离休干部中已有1.77万名纳入了单独统筹范围。同时在认真总结协议管理经验的基础上，对定点医疗机构协议管理的考评办法进行了内容细化和指标量化，开展了对定点医疗机构协议执行情况的调查和信用等级评定的前期工作，建立了定点医疗机构信息发布制度。到年底，全省有1 265家医疗机构、600余家零售药店与医疗保险经办机构签订了定点医疗服务协议。继续把医疗保险费用结算管理作为医疗保险管理的重点，不断完善费用结算办法，在保障职工基本医疗的前提下，合理控制医疗保险费用支出，全年支出医疗保险基金13.32亿元，基金收支做到了基本平衡，保障了基本医疗保险制度的正常运转。工伤保险制度改革取得积极进展。全省11个设区市中已有10个市本级启动了工伤保险，100个县（市、区）中已有93个启动了工伤保险。生育保险工作得到较快发展，累计有近10万名女职工享受了生育保险待遇。

（五）社会保险机构自身建设进一步提升

2004年，经中共江西省委常委会研究决定，江西省社会保险事业管理局升格为副厅级事业单位。6月28日，省社保局完成班子组建工作，10月18日，通过竞争上岗，完成内设处室领导和工作人员的配备。省社保局的升格，标志着社会保险经办工作在政府中的地位进一步提升。省社保局升格后，对机关内部管理制度进行了全面的梳理，建立健全了十几项内部管理制度，进一步加强了内部管理。同时，继续推进经办大厅建设，截至2004年年底，全省114个社会保险经办机构中有102个建立了经办大厅，占全省经办机构总数的90%，全省单独设立的医疗保险经办机构也大部分建立了经办大厅。省社会保险服务大楼（办公面积达8 000平方米）已开工建设，预计2005年底竣工，省社会保险服务大楼的建成，将全面改善省社保局的经办条件。

三、进一步加强了高技能人才培养，全面提高劳动者就业与职业转换能力

2004年，江西省把贯彻落实全国人才工作会议精神作为工作的重点，积极采取有效措施，着力提高劳动者就业与职业转换能力，加快技能人才尤其是高技能人才队伍的建设，取得了明显成效。

（一）高技能人才队伍建设稳步推进

2004年，江西省围绕实施“人才强省”的战略，研究制定了《江西省5年30万新技师培养计划》《江西省高技能人才评选奖励办法》和《关于进一步做好高技能人才队伍建设和人才社会保障工作的实施意见》等一系列高技能人才的培养规划，加快培养社会急需的技术技能型、复合型技能人才以及高新技术产业发展需要的知识技能型人才，推动技能人才队伍的整体建设。同时，改革技师考评办法，将以往一年一次的全省技师考评工作增加到一年两次，在车工、维修电工等7个职业开展了技师社会化考评，并在新职业的国家统考中也进一步加强了新技师的考核力度。2004年，全省实际参加技师考评的人数达到4 200多人，考评高级技师160人。经报省政府批准，首批建立了江西省冶金技师学院、江西省赣州技师学院、江西省现代技师学院。

（二）技工学校改革和发展有了突破性进展

2004年，江西省组织制定并全面启动了《江西省技工学校2004—2010年发展规划》，确定了今后7年全省技工学校发展的指导思想、发展步骤、具体目标和政策措施。经劳动保障部批准，新增2所国家重点技工学校和1所高级技工学校。经省政府批准，新增2所省重点技工学校。同时，一批民办技工学校的成立和发展，为全省技工学校增添了新的活力。到2004年底，全省已有各类技校76所。其中，技师学院3所，国家重点技校16所，高级技校14所，省级以上重点技校28所，民办技工学校10所。全年招收新生37 080人，比2003年增长23.9%，其中招收高级班学生4 642人，比2003年增长45.9%。全省技校毕业生为17 854人，就业学生达17 016人，其中高级班学生1 535人，总就业率为95.3%，远远高于高职就业率的64%和中专就业率的80%。

（三）职业技能培训和鉴定工作力度进一步加大

2004年，江西省制定下发了《关于加强民办职业培训机构管理工作的通知》，进一步建立健全了民办职业培训机构的登记、备案、公告、评估制度，对11个设区市和35个民办职业培训机构贯彻落实《民办教育促进法》的情况进行了检查。到年底，全省共有民办职业培训机构655个，全年开展各类培训22.1万人次，有4所民办培训机构获得劳动保障部授予的全国先进民办职业培训机构荣誉称号。全年开展各级各类鉴定190 414人次，比2003年同期增长20%，共有16.78万人取得职业资格证书。全年新批职业技能鉴定机构13个，撤销11个，到2004年底，全省职业技能鉴定机构共有249个，鉴定机构的布局进一步合理。新职业的鉴定工作发展较快。2004年，全省参加全国统一鉴定的人员达到8 117人，计算机高新技术考试人数达到16 665人，比2003年同期分别增长43%和16.4%。此外，北大青鸟软件工程师、中英NVQ企业行政管理、ATA等考试在江西相继开展，全年有500多人参加了考试认证。

（四）职业技能竞赛和技能人才表彰活动进一步深入

2004年，江西省组织举办了全省职业院校“现代杯”数控加工中心职业技能竞赛，并组队参加全国第一届数控竞赛，有4位参赛选手入围了优秀奖。组织了“广州数控杯”全国技工学校技能竞赛江西选拔赛，并组队参加了全国比赛，荣获组织奖。开展了全省电子商务技能竞赛，并选派3名选手组队参加了全国比赛，3名选手均荣获银奖。各地也相继组织开展了形式多样的技能竞赛活动，进一步推动了岗位练兵、技术比武活动的蓬勃开展。同时，积极做好优秀高技能人才的评选推荐工作。2004年，江西昌河飞机有限责任公司刘火生荣获第七届“中华技能大奖”，谢秀忠等4位同志荣获全国技术能手称号，洪都航空集团有限公司获得国家技能人才培育突出贡献奖，这也是江西获奖人数最多的一次。

四、深化劳动工资制度改革，促进劳动关系的和谐稳定

2004年，江西省各级劳动保障部门紧紧围绕改革、发展、稳定的大局，积极促进劳动关系的和谐稳定，进一步深化劳动工资制度改革，职工工资不断增长。2004年，全省在岗职工平均工资11 860元，比2003年增加1 336元。

（一）调整了江西省最低工资标准及其适用区域

2004年，江西省劳动保障厅在加强调查研究、认真测算的基础上，提出了江西省最低工资标准及其适用区域调整意见，首次召开了听证会，两次召开省级劳动关系三方协商会，广泛征求意见，经报劳动保障部审核、省政府审议通过发布，于9月1日正式实施。本次调整的最低工资标准适用区域共涉及15个县（区），平均增幅为43%。其中一类区域由250元/月调整为360元/月，二类区域由230元/月调整为330元/月，三类区域由210元/月调整为300元/月，四类区域由190元/月调整为270元/月。

（二）搞好企业工资分配宏观调控的三项制度建设

2004年，江西省劳动保障厅根据全省

2003年国民经济运行状况和2004年发展计划，提出了江西省2004年企业工资指导线，报省政府批准，并发布实施；建立和完善了劳动力市场工资指导价位制度，11个设区市全部发布了2004年度劳动力市场工资指导价位。做好发布人工成本状况工作，指导企业搞好内部工资分配。

（三）完善了省级劳动关系三方协商机制，妥善调整企业劳动关系

2004年，江西省组织召开了省协调劳动关系三方工作会议，对调整全省最低工资标准及县级劳动仲裁机制、国有企业改制等问题展开了协商与磋商，加强了政府劳动保障行政部门、工会组织、企业组织三方的协调。指导企业妥善安置改制企业职工，妥善调整劳动关系，维护社会稳定。省劳动保障厅对深化科研机构产权制度改革的实施意见、国有工业企业改革专项资金管理暂行办法、森工企业改制实施方案、农口直属企业改革的若干意见等提出了意见，并与省国资委一起制订了企业改制中侵害职工合法权益的专项治理方案，进行了专项检查。

（四）进一步完善了劳动争议仲裁制度，提高办案水平

2004年，江西省各地进一步加大了劳动争议仲裁制度建设的力度，积极推行了当事人选择仲裁员制度、公开仲裁制度、受审分离难易分办速审速办制度以及现场办案和案后回访制度，规范了办案工作规程，使劳动争议仲裁工作逐步走上了制度化、规范化、法制化的轨道。2004年，全省共受理劳动争议案件1 803起，比2003年增加了650起，其中集体劳动争议案件134起，结案率达到96%。劳动者胜诉的1 107起，占63.7%；用人单位胜诉的205起，占11.8%；双方胜诉的425起，占24.5%。其中不服裁决向人民法院起诉的案件有74起。

五、劳动保障监察力度进一步加大，有效维护了劳动者的合法权益

2004年，江西省各级劳动保障监察机构紧紧围绕劳动保障中心工作，全面贯彻实施《江西省劳动保障监察条例》，认真履行法定赋予的职责，进一步加大劳动保障监察执法力度，切实保证劳动保障法律法规的贯彻实施，保护了劳动者的合法权益，维护了社会稳定，促进了经济的发展。

（一）基本实现了国务院关于2005年春节前基本完成清欠农民工工资工作目标

对于治理拖欠农民工工资损害农民工利益问题，江西省委、省政府高度重视，2004年，严格按照党中央和国务院的统一部署，把清欠农民工工资治理工作放在重要位置，建立健全了严格项目审批管理和竣工验收制度、严格建筑市场准入和清出制度、严格劳动用工制度，建立支付担保制度，建立欠薪报告和举报制度、严格监督检查制度和对欠薪企业经营者的惩罚制度等“六项制度”，改变了以往清欠手段不足、拖欠总额不断上升的被动局面，从源头上控制了新的拖欠现象的发生。同时，在专项治理工作期间，省劳动保障厅牵头，监察、建设、发改委、总工会、财政、交通、水利等部门根据省政府的分工，加强了部门协调，结合工作实际，全面落实了“六项制度”。据统计，截至2004年12月25日，全省拖欠农民工工资50 869.44万元，已清欠49 274.27万元，清欠比例达96.86%，涉及民工99 674人。2001年以来拖欠农民工工资总额不断增长的势头得到了有效遏制，国务院关于2005年春节前基本完成清欠农民工工资的工作目标，江西已经基本实现。

（二）禁止使用童工和劳动力市场秩序专项检查活动取得实效

江西省于2004年8月10日至9月10日在全省范围内组织开展了禁止使用童工和劳动力市场秩序的专项检查活动。对禁止使用童工的检查，重点放在服装、餐饮、制造等劳动密集型企业，特别是城乡结合部的私营企业和个体工商户；对职业中介机构的检查，重点放在各类民办职业介绍机构和兼营职业介绍业务的有关单位。检查中发现使用童工的用人单位，

发现一起，查处一起，绝不姑息迁就。同时，对非法使用童工的用人单位不是以简单罚款或清退回家了事，而是注重实效，防止非法使用童工回流，从源头上遏制童工的产生。这次专项检查活动，全省共检查用人单位8 600多户，涉及劳动者13.2万人，查处非法使用童工176人，无证无照非法从事职业机构36家，对非法使用童工的单位、业主和非法职介机构下达行政处罚和行政处理83件。

（三）劳动保障年度检查工作取得了新进展

2004年，江西省各级劳动保障监察机构根据各地实际情况，采取不同形式，对各类用人单位进行了年检。在年检中，认真履行法定职责，严格执法，对用人单位逐户检查，发现有违法违规行为的及时下达限期整改指令书，要求整改；对年检合格单位，颁发年检合格证。据统计，2004年，全省劳动保障年检单位3.38万户，涉及劳动者68.17万人，补签劳动合同11.24万人，补缴社会保险费2.54亿元，清退风险抵押金140万人，责令3.53万从事技术工种的劳动者参加职业技能培训，并领取了职业资格证。

（四）群众投诉举报渠道畅通，查处违法行为力度加大

2004年，江西省各级劳动保障监察机构在受理职工群众举报案件时，做到热情接待、耐心听取举报人陈述，对符合立案条件的在7日内立案受理，30日内结案；对不符合立案的案件，做好耐心细致的解释工作，对需要转办的案件先予登记，及时转办，未出现推诿、扯皮现象。据统计，全年全省各级劳动保障监察机构共受理投诉举报案件5.65万件，立案4.52万件，结案4.54万件，结案率达98%。

六、劳动保障法制建设进一步加强，依法行政工作取得了较好的成效

2004年，江西省进一步加大了劳动保障法律、法规的学习宣传力度，加快劳动保障法制建设步伐，规范劳动保障行政行为，取得了明显的成效。《江西省城镇职工养老保险条例》《江西省职业技能鉴定管理条例》已报省人大立法调研项目；《江西省劳动争议处理实施办法》正在修订并已修改10稿。各设区市按照劳动保障事业发展的总体要求，结合当地的实际，围绕工伤保险、失业保险、劳动合同、工资支付、劳动保障监察等重点，出台了不少规范性文件。清理和规范劳动保障行政许可项目和实施主体，全省劳动保障行政审批项目由原来的44项减少到10项。同时，各设区市对本部门的劳动保障行政审批项目认真进行了清理，为实施《行政许可法》抓紧做好各项准备工作。几年来，江西省各级劳动保障部门共处理行政复议案件125件，行政应诉案件22余件。行政复议决定维持原具体行政行为的比例为81%，行政应诉案件被人民法院判决维持的占92%。其中，省里受理行政复议案件22件，参加行政应诉15件。顺利完成了第二年度的政务环境评议评价工作，劳动保障政务环境、"三优"文明窗口建设、依法行政等方面工作有明显提高。劳动保障规划统计、劳动保障宣传调研、学会等方面工作也取得了新的进展。

（江西省劳动和社会保障厅）

山 东 省

2004年，在省委、省政府的领导下，山东各项劳动保障事业坚持用“三个代表”重要思想和科学发展观统领全局，紧紧抓住扩大就业和完善社会保障体系两条主线，有力地维护了全省改革、发展和稳定大局。

一、城镇就业再就业成效显著

2004年，山东省各级紧紧抓住经济增长和扩大就业的结合点，强化政府责任，落实优惠政策，完善就业服务体系，走出了一条市场调节就业和政府促进就业相结合的路子。

2004年4月，山东省十届人大常委会第七次会议通过了《山东省就业促进条例》（以下简称《条例》），将政府推进就业和再就业工作纳入了法制化轨道。全省各级劳动和社会保障部门以贯彻落实《条例》为契机，以落实各项扶持政策为工作重点，坚持考核与督查相结合，抓好各地、各部门就业和再就业目标任务的落实。年初对17市2003年度就业与再就业任务完成情况进行了认真考核，以联席会议办公室名义将考核结果和排名情况上报省委和省政府，并通报到各市政府。6月和11月两次集中开展了专项督查活动，对各地存在的问题提出了具体的整改要求，确保了各项目标任务的按时完成。到年底，全省共发放《再就业优惠证》26万本；认定享受扶持政策的现有（新办）服务型企业、商贸企业1 263家，吸纳下岗失业人员3.8万人，享受税收减免1.04亿元。认定享受扶持政策的国有大中型企业主辅分离33户，分流安置富余人员5 200人，累计减免税收5 614万元。全省各级共安排再就业资金5.32亿元，其中省财政安排再就业专项补助资金8 500万元。全省各级共支出再就业资金4.73亿元，其中各项再就业补贴2.75亿元，劳动力市场建设费8 100万元。发放小额担保贷款5 032万元，扶持了2 937名下岗失业人员。通过各级、各部门和社会各界的共同努力，全省城镇新就业128万人，扣除自然减员，城镇新增就业103万人。其中下岗失业人员再就业44万人，困难群体人员再就业6.6万人，分别完成全年目标任务的126%和110%。期末城镇登记失业人员42.3万人，城镇登记失业率为3.4%，比2003年减少0.29个百分点，低于4%的预期控制目标，全省就业局势基本稳定。

二、农村劳动力转移实现新突破

2004年，山东省按照省委、省政府关于“突破菏泽”和加大农村劳动力转移的整体部署，以组织“西输东接”工程和“南下北上”行动为重点，进一步加大了农村劳动力转移就业的速度。

（一）以加快菏泽农村劳动力转移为突破口，大力实施“西输东接”工程

2004年，山东省先后于2月和11月两次组织东部7市的1 500多家企业赴菏泽，举办现场招聘会36场，帮助转移农村劳动力29.3万人，其中通过“西输东接”转移13.3万人。这项工作得到了省委、省政府主要领导同志的高度重视，省委书记张高丽、省长韩寓群多次作出批示。

（二）以拓宽省外劳务市场为目标，开展

“南下北上”劳务推介活动

2004年，山东省先后组织西部8市和菏泽8县的劳动保障部门到北京、天津、上海、浙江、广东等经济发达地区举办了一系列劳务推介活动，建立了比较稳定的省（市）际劳务合作关系，达成了一批合作意向。认定了110家省级劳务培训基地，打造了“菏泽保安”“聊城劳务”“沂蒙红嫂”等一批劳务品牌。全省通过劳务输出转移农村劳动力130万人，其中省（市）际转移占38%，完成全年工作目标的108%。

三、社会保险覆盖面进一步扩大

2004年，山东省坚持把扩面征缴作为完善社会保障体系的基础环节来抓，以扩面促征缴、以征缴保发放。着力推进非公有制经济组织和灵活就业人员参保缴费，实现了参保人数和基金收入同步增长。全省养老、失业、医疗、工伤、生育保险参保人数分别达到986.37万人、747.5万人、771.9万人、476.7万人和390.8万人，比2003年底分别增加69.9万人、28.4万人、80.8万人、195万人和54万人，超额完成了年初预定的扩面任务。全省社会保险基金总收入400.3亿元，比2003年增长17.3%；总支出321.2亿元，比2003年增长15.3%。其中，企业养老保险基金收入218亿元，支出165亿元，通过向困难地区下拨省级调剂金和调整财政支出，确保了全省182.2万企业离退休人员养老金按时足额发放；机关事业单位养老保险基金收入82.6亿元，支出80.3亿元，50万离退休人员按时领到了养老金；失业保险基金收入20.5亿元，支出13.2亿元，50.4万失业人员领到了失业保险金；医疗保险基金收入73.4亿元，支出59.3亿元，收支基本平衡，制度运行平稳；工伤保险基金收入2.9亿元，支出1.7亿元；生育保险基金收入2.9亿元，支出1.7亿元。

四、社会保障制度建设取得新进展

2004年，山东省进一步加强了社会保障制度建设，规范管理服务，提高经办水平，初步构建起了与省情和经济发展水平相适应的社会保障体系。

（一）继续巩固确保发放，按时足额发放率和社会化发放率继续保持100%

2004年，山东省企业离退休人员待遇调整机制更趋完善。给符合条件的离休干部、建国前的老工人9万余人增加了养老金，月人均增加69.3元。企业年金制度初步建立，全省参加企业年金试点的企业有29家，涉及职工8万人。退休人员社会化管理工作全面推开，实行了社会化管理的企业退休人员达167.6万人，比2003年底增加20.7万人；社会化管理率提高到96.6%，比2003年底增加7.4个百分点。

（二）完善城填医疗保险体系

2004年，山东省认真贯彻落实省政府2003年12月下发的《关于完善城镇医疗保险体系有关问题的通知》，改变了过去只盯着“机关、国有和集体”的传统做法，将城镇所有从业人员都纳入覆盖范围；从国有单位转向各种所有制单位，从大企业转向中小企业，从效益好的单位转向部分有缴费能力的困难企业；政策上做到灵活，缴费与待遇挂钩，提供多种缴费与保障模式，供企业按照自已的情况选择。健全完善了医疗保险管理服务措施，规范了医疗费用结算办法，有效地控制了医疗费的不合理支出。全省定点医疗机构达2 900多家，定点零售药店1 800多家。采取灵活的缴费办法和保障模式，促进特困企业和人员参保，合理解决了拖欠职工和离休干部医疗费的问题。

（三）建立失地农民基本生活保障制度

2004年，山东省认真贯彻落实《山东省人民政府关于建立失地农民基本生活保障制度的意见》（鲁政发［2003］115号文件），制定了《失地农民基本养老保障操作办法》，加快推进失地农民基本生活保障制度建设。有10个市出台了失地农民基本生活保障制度实施意见，并开展了试点工作。全省有3.5万失地农民参加了农村养老保险，收缴保险费 1.5 亿元。

农村养老保险稳步发展，参保农民达1 033万人，基金结余 53.34 亿元，有 50 万农民领取了养老金。

五、劳动关系协调和维权力度进一步加大

（一）认真做好国有企业改革中的劳动关系调整工作

2004 年，山东省各级劳动保障部门围绕“平安山东”建设，认真做好国有企业改革中的劳动关系调整工作，切实维护职工的合法权益。制定下发了《山东省省属国有企业改制劳动保障有关问题处理办法》，加强了对改制企业职工安置方案的审核。围绕贯彻落实《山东省劳动合同条例》，以解决拖欠农民工工资问题为突破口，强化了劳动合同管理，切实抓好劳动合同签订工作，劳动合同签订率进一步提高。全省国有、集体企业劳动合同签订率达到99%，非国有企业达到 63%。劳动关系三方协调机制在市一级全部建立，88%的县（市、区）建立了相应机构。三方联合出台了《关于企业工资集体协商的指导意见》和《关于对企业实行欠薪报告制度的通知》，坚持不懈地抓好解决企业拖欠工资工作。全省补发拖欠职工工资 6.6 亿元，涉及职工 11.6 万人，到年末拖欠工资总额下降到 6.3 亿元。

发布了企业工资指导线，调整了全省最低工资标准。深化企业内部分配制度改革，指导企业建立了工资随效益增减的分配机制。全省城镇单位在岗职工年平均工资14 332元，比 2003 年增长 14%。国有单位16 031元，增长 14.7%；城镇集体单位 9 864 元，增长 16.8%；其他所有制单位 12 026 元，增长 12.6%。

（二）依法及时处理了大量劳动争议案件

2004 年，山东省各级劳动争议处理机构围绕劳动保障中心工作，从维护劳动关系和谐稳定的大局出发，着力开展了“一步到庭”和“阳光仲裁”活动，依法、及时、公正地处理了大批劳动争议案件。全年各级劳动仲裁机构共立案受理劳动争议案件21 313件，涉及职工65 931万人，分别比 2003 年增长 13.1% 和 1.2%，其中受理集体争议案件 705 件。全年各级劳动争议仲裁机构审理结案 2.2 万件，结案率为 95%。

与此同时，山东省切实做好集体争议和群众性突发事件的预警、预报和处理。按照省委、省政府关于建设“平安山东”决定的要求，印发了《劳动保障部门建设“平安山东”工作实施方案》和《关于建设“平安山东”工作有关问题的通知》，确保了重大活动和重要敏感时期的社会稳定。积极探索劳动争议预防工作新机制，在小企业比较集中的地方建立了区域性、行业性劳动争议调解委员会，在较大规模的企业建立劳动争议调解中心。加强集体合同审查和完善劳动合同鉴证制度，消除了劳动争议隐患。

六、高技能人才队伍建设得到加强

2004 年，山东省把高技能人才纳入全省人才工作统一规划，在全国率先召开了高技能人才工作现场会，对高技能人才队伍建设作出了专门部署。注重加强技能人才培养体系和选拔机制建设，研究制定了《关于加强高技能人才队伍建设的意见》和《山东省首席技师选拔管理规定》，规定被评为山东省首席技师的人员，享受中青年有突出贡献专家待遇，每月享受政府津贴1 000元。实施了“3 年 5 万新技师培养计划”，开展了“金蓝领”培训项目试点，组织了一系列技能竞赛活动。通过企业岗位技能培训、高级技工学校培养、个人岗位技能提高相结合等方式，重点在制造业、服务业等领域培养了一批企业急需的技术技能型人才。全省新增高级技工 6.2 万人，新增技师 1.4 万人，高级工以上人员占企业一线职工的比例达到 8%左右。技工教育实现了由规模扩张向提高质量转变，全省技校招生突破 12.8 万人。

2004 年，山东省的职业技能鉴定扩面工

作有新发展。对高级技工学校毕业生由省统一鉴定；在全省建工系统推行职业资格证书制度；会同省教育厅下发了《关于在高职院校推行职业资格证书的意见》，将全省53所高职院校的36万名在校生纳入职业资格鉴定范围。全年鉴定人数达到31.6万人，其中23.6万人获得了不同等级的职业资格证书。总结推出了一批高技能人才和培养单位的先进典型。在全国20名中华技能大奖获得者中，山东有3人获奖，3个单位获得技能人才培育突出贡献奖。

以创业培训为重点，积极开展再就业培训。全省组织再就业培训25.5万人，培训后再就业率达97.8%。其中，组织创业培训1.9万人次，创业成功率达62.6%。

七、劳动保障基础建设迈出新步伐

（一）劳动保障立法、普法工作富有成效

2004年4月，山东省人大常委会颁布了《山东省就业促进条例》，这是全国第一部促进就业的省级地方立法，把全省就业工作纳入了法制化轨道。劳动保障普法效果明显。加强了对《工伤保险条例》《劳动保障监察条例》《山东省就业促进条例》等法律法规的学习宣传，扩大了劳动保障法律法规的普及面，营造了良好的劳动保障法制环境。劳动保障法律监督得到加强。行政复议、应诉工作质量进一步提高。全年共办理行政复议案件83件，案件维持率达到74%。其中劳动和社会保障部和省政府受理的涉及省劳动保障厅的行政复议案件4起，全部维持了省劳动保障厅的具体行政行为。行政复议结案率保持100%，诉讼案件全部胜诉。

（二）劳动保障执法力度加大

2004年，山东省劳动保障系统按照劳动和社会保障部的统一部署，在全省范围内先后开展了对农民工工资支付、维护农民工合法权益、禁止使用童工、纺织企业遵守劳动保障法律法规情况进行了专项检查。针对全省普遍关心的热点、难点问题，组织开展了职业中介清理、职业资格证书和职业技能培训机构清理等专项检查。全省通过年检、专项检查和举报检查等执法活动，共检查用人单位8.7万户，查处各类违法案件1.8万件，责令用人单位补签劳动合同74万份，补发克扣拖欠农民工工资3.6亿元，补缴社会保险费6.7亿元。劳动保障监察机构队伍建设进一步加强。全省各市、县全部设立了劳动保障监察机构，17个市和大部分县（市、区）成立了事业编制的劳动保障监察支队或大队，配备了专职人员和监察专用车辆、设备。劳动保障一体执法、一个窗口对外、监察事项统一规划、监察力量统一安排、违法行为集中处理，避免了多头执法和重复检查，树立了劳动保障部门的良好形象。在全国劳动保障依法行政座谈会上得到了劳动保障部领导的好评和肯定。

（三）劳动保障信息化工作取得了明显进展

2004年，山东省淄博、青岛、潍坊和菏泽4市已实现市县联网。省劳动保障厅机关及各直属单位6个办公地点之间已建成由国际互联网、业务专网和办公网组成的局域网。街道、社区劳动保障平台建设日趋完善，服务就业和管理社会保障的功能初步显现。全省养老保险数据库中数据入库数量、入库比例和统计库按时上报率均位居全国前列。电子政务系统建设规划已全面启动。

（山东省劳动和社会保障厅）

青 岛 市

2004年，青岛市各级劳动保障部门以邓小平理论和“三个代表”重要思想为指导，全面贯彻党的十六大和十六届三中、四中全会精神，按照“巩固、提高、创新、发展”的思路，围绕完善市场化的促进就业体系、社会化的社会保障体系、法制化的监督维权体系、网络化的管理服务体系，解放思想，干事创业，结合“保持共产党员先进性教育”试点，“三个文明”建设同步推进，精心打造“真情相助”服务品牌，各项劳动保障工作取得了明显成效。全市劳动保障系统获省、国家级表彰奖励达30多项次。市政府被评为全国再就业工作先进单位，受到国务院表彰。

一、就业再就业

2004年，在经济快速健康发展的拉动下，通过全面落实促进就业政策、完善劳动力市场体系、强化就业管理服务等措施，青岛市实现就业14.1万人，同比增长26%，连续3年实现就业增速大于失业增速。年末，城镇登记失业率为3.1%，降到2001年以来的最低点。促进就业政策得到全面落实，9.4万名失业人员领取了《再就业优惠证》，其中有求职要求的80%实现了再就业，为297户吸纳失业人员的企业减免税收6 900多万元，为1万多名从事个体经营的失业人员减免税费1 500多万元。市、区（市）两级促进就业资金总规模达到2亿元，其中市级1.5亿元，为促进就业提供了可靠的资金支持。岗位开发力度进一步加大，全市新开发政策扶持性岗位2.1万个，公益性岗位存量达1万多个，有求职要求的就业困难人员安置率达到了92%。创业环境进一步改善，开通了永和热线，组织领导、创业培训、项目开发、资金扶持、后续服务“五位一体”的创业工作机制初步建立，全市组织创业培训5 000多人，创业成功2 500多人，带动就业1万多人。农村劳动力转移就业工作取得较大突破，全市农村劳动力转移15.7万人，其中向本市二三产业转移9万人，组织农村劳动力参加职业培训4万人，城乡一体就业的新格局正在形成。

2004年，青岛市以提升职业能力为核心，坚持运作市场化、资源集约化、鉴定标准化，全面加强职业技能培训。出台了《2004—2008年技能人才培养规划》，职业技能培训的政策体系进一步完善。实施了“金蓝领”培训工程，启动“万名技师培训计划”，全市新培养技师、高级技师901人。完善了高技能人才奖励机制，全市享受政府津贴的突出贡献技师达到49人，并评选7名高技能人才为全市拔尖人才，在全国属首次。加强失业人员培训，政府购买培训成果机制进一步完善，全市培训失业人员4.3万人，其中“4045”人员1.3万人。职业培训基地建设进一步加强，高级技校新校区建设方案初步确定，全省第一所公共机电实训基地投入使用。技工教育实现新的突破，全市技工学校当年招生1.56万人，创历史新高；毕业生安置4 643人，安置率达98%。职业资格证书制度进一步落实，全市7.6万人参加职业技能鉴定，其中6万人获得职业资格证书。成功举办了第八届职业技能大赛，选拔产生了49名状元、1名大师、296名技术能手，为更多“振超式”技能人才脱颖而出创造了良好环境。

二、社会保险

（一）完善社会保障体系

2004年，青岛市进一步降低了国有、集体企业养老保险缴费比例，由23%降为21%。新型农村养老保险制度在城阳、黄岛、崂山三区全面启动，参保人数达到30多万人，当期收缴社会养老保险费5.89亿元。重新制定并出台了《青岛市城镇职工基本医疗保险规定》，提高了医疗保障能力，降低了职工负担水平，新政策从2005年2月1日起实施。在总量控制、确保医保基金收支平衡的基础上，对16个病种实行了单病种结算办法，收到了较好效果。新的《工伤保险条例》顺利实施，失业、生育保险制度进一步完善。企业退休人员社会化管理工作全面推进，全市纳入社会化管理的企业退休人员达34.8万人，社会化管理率达到98%，其中社区管理率达到72%。

（二）社会保险扩面征缴

2004年，青岛市企业养老保险扩面新增参保职工20万人，比年初净增10万人，参保缴费职工首次突破100万人，实现了历史性跨越。医疗、失业、工伤、生育保险覆盖面进一步扩大，参保人数分别达到140万人、96万人、83万人、72万人。社会保险基金征缴率继续保持较高水平，企业养老、医疗、失业保险基金征缴率分别达到97%、95%、96%，工伤、生育保险达到94%，机关事业单位各项社会保险基金征缴率均在98%以上。清欠力度进一步加大，追缴企业历年欠缴的社会保险费2亿元。通过扩面、征缴和清欠，有效地缓解了降低缴费比例带来的基金压力，不仅弥补了当期3个多亿的基金缺口，保证了企业离退休人员养老金的按时足额发放，而且实现了养老保险基金当年结余近5年来首次突破2亿元。全市共为35.5万企业离退休人员发放养老金32亿元，为5万机关事业单位离退休人员发放养老金10.5亿元，为9.3万失业人员支付失业保险金2.8亿元。

三、劳动工资管理

2004年，青岛市制定发布了年度企业工资指导线，劳动力市场工资指导价位发布工种扩大到465个，促进了劳动力市场价格的形成。工资集体协商制度扩大到2 906户企业、59万职工，促进了劳动关系的和谐稳定。调整提高了最低工资标准，市南、市北、四方、李沧、崂山、城阳、黄岛7区由每月410元提高到530元，胶州、胶南、平度、莱西、即墨5市由380元提高到470元。认真贯彻《青岛市企业工资支付规定》，建立了欠薪报告和执行最低工资报告制度，规范了企业工资支付行为。进一步巩固了清理企业欠薪的成果，前清后欠现象得到有效遏制。

2004年，青岛市按照劳动关系协调从基础和源头抓起的思路，开展了“劳动合同管理年”活动，推行劳动合同微机化管理，劳动合同签订率达到了96%，比年初提高了4个百分点。认真做好破产企业职工分流安置和改制企业劳动关系理顺工作，保证了企业破产和改制的顺利进行。

四、劳动保障执法

（一）劳动保障监察

2004年，青岛市进一步加强了劳动保障监察队伍建设，完善了劳动保障综合执法体系，加大了监察执法力度。全市两级劳动监察机构检查用人单位1.2万户，涉及职工80万人；受理举报投诉9 466件，立案查处违法违规行为5 367件，结案5 313件，结案率达99%。通过监察执法，责令用人单位补办用工手续14万人、补签劳动合同24万份。开展了劳动保障诚信评价和“劳动保障诚信示范一条街”活动。开通了讨薪热线，实行举报查处与集中排查相结合，为劳动者追讨工资6 300多万元。

（二）劳动保障争议处理

2004年，青岛市劳动仲裁制度和运行机

制进一步完善，“阳光仲裁”品牌活动深入推进，办案质量和办案效率进一步提高。全市两级劳动仲裁机构受理争议案件4 844起，结案4 488起，按期结案率达 97%。通过劳动仲裁，为劳动者追回劳动报酬8 188万元，为用人单位挽回经济损失1 090万元。

（三）*劳动信访工作*

认真落实信访目标责任制，强化公开承诺、联席会议等信访制度落实，解决了大量涉及全局和职工切身利益的热点、难点问题。全市两级劳动保障信访部门共受理群众来信来话来访求决问题5 328起、14 790人次，起数和人数分别比上年同期下降了 34%和 45%，处结率达 99%。为职工群众提供劳动法规政策咨询服务30 628起、39 622人次。

五、劳动保障法制与基础建设

2004 年，青岛市认真贯彻《行政许可法》，进一步完善行政办理大厅运行机制，促进了劳动保障部门依法行政、阳光行政。出台了《青岛市城镇职工医疗保险规定》。劳动力市场体系进一步完善，1.2 万平方米的市级综合劳动力市场顺利竣工并投入使用。街道、社区劳动保障平台建设取得新进展，全市街道（镇）劳动保障工作机构达到 157 个，场所总面积达 1.8 万平方米，工作人员达到1 241人，其中社区劳动保障协管员 633 人，为实现劳动保障工作重心下移奠定了基础。劳动保障信息网络进一步完善，近年来累计投资6 000多万元，建成了数据量达 150 G，光纤总长 500 多公里，市、区、街、居2 000多台电脑工作站的网络系统，为整体提升劳动保障管理服务水平提供了网络支持。

（青岛市劳动和社会保障局）

河 南 省

2004年，河南省各级劳动保障部门在各级党委、政府的领导下，认真落实科学发展观，按照年初确定的工作目标，坚持抓住重点，突破难点，把握平衡点的工作思路，切实转变作风，深入调查研究，强化督促检查，狠抓工作落实，各项劳动保障工作取得新进展。

一、就业再就业工作取得显著成效，超额完成全年工作目标

2004年，为推进再就业工作，河南省建立完善了再就业工作领导机构和工作机制，形成了纵向贯通、横向联动、领导主抓、部门协作、齐抓共管的再就业工作新局面；河南省政府制定下发了《河南省就业再就业工作目标考核办法》，将就业再就业主要指标纳入省政府目标考核体系；在各级政府的重视和支持下，通过各级劳动保障部门的艰苦努力和各部门的共同参与，极大地促进了再就业政策的落实，使全省就业再就业人数创历史最高。截至2004年年底，全省城镇新增就业人员107.85万人，完成年度目标任务的134.8%；下岗失业人员实现再就业58.36万人，完成年度目标任务的173.7%；安置大龄困难群体再就业17.23万人，完成年度目标任务的183.3%；街道社区平台作用得到发挥，全省依托社区平台累计发放《再就业优惠证》251 815人；城镇登记失业率为3.43%。再就业扶持政策进一步落实，全省地税、国税系统为下岗失业人员再就业共减免税收12 575万元，涉及人数68 685人；国税、地税系统为9户实行主辅分离企业减免税收586万元；工商部门为下岗失业人员办理工商登记免收费2 799.3万元；省辖各市再就业资金实际使用63 693万元，各级财政为下岗失业人员提供社保补贴20 213万元，提供公益性岗位补贴14 261万元；发放小额担保贷款22 126.3万元。各级财政投入8 609万元，购买公益性岗位65 396个，安置下岗失业人员60 998名。再就业培训进展顺利，全省免费培训下岗失业人员43.2万人，1.04万名下岗失业人员参加了创业培训；为684 870名下岗失业人员提供了免费职业介绍。并轨工作稳步推进，漯河、新乡、南阳、鹤壁、许昌、濮阳、济源7个市中心已无下岗职工，全省在中心国有企业下岗职工由年初的16.3万人下降到8.59万人，全省共发放基本生活费3.07亿元、代缴三项社会保险费1.89亿元，国有企业在中心下岗职工基本生活保障率达100%。

二、企业离退休人员养老金按时足额发放，养老保险工作取得明显成效，社保金征收创历年最高

2004年，河南省参加养老保险职工达522.3万人，比年初净增18.32万人；缴费职工439.19万人，比年初净增9.06万人，近年来首次实现了参保职工、缴费职工的双增长。全省领取养老金的离退休人员达166.4万人，同比增加8.68万人；全省新扩面31.6万人；社会化管理服务工作稳步推进，全省实行社会化管理服务的企业退休人员149.49万人，社会化管理率达92.5%。全省共征缴养老保险费116.08亿元，首次突破100亿元大关（其

中清理往年欠费12.47亿元)，同比增收19.4亿元，增幅为20.07%，综合征缴率为111.3%，当期征缴率为94.5%。发放养老金114.34亿元，同比增加9.96亿元，增幅为9.54%。中央补助该省企业养老保险专项转移支付资金和农垦企业基本养老保险专项转移资金288 983万元。省级统筹调剂力度进一步加大，市级统筹方案已经出台，“五保合一”征收意见经多次调研已形成初稿。水利、银行、农科等科研单位转制涉及养老保险问题多，该省对有关政策进行了规范，对5.5万离休人员和近160多万退休人员待遇进行了调整。机关事业养老保险参保职工92.37万人(其中离退休人员14.73万人)，征缴养老保险费20.13亿元，征缴率为96.7%，清欠10 640万元，综合征缴率为102%，发放养老金17.25亿元。

三、失业保险扩面征缴稳步推进，基金保障能力明显提高

2004年，河南省失业保险参保职工达681.6万人，基金收入9.87亿元，完成收入计划的131.5%，增幅为15.7%；基金支出总额7.93亿元，其中失业保险金支出5.54亿元，向“中心”调剂1.13亿元，两项补贴支出0.42亿元，先后帮助6万失业人员实现再就业；累计领取失业金人员达36.18万人次，12月份尚有领取人员22.33万人；截至12月底，基金滚存结余19.51亿元。失业调控工作初步启动，省劳动保障厅向省政府报送了《关于我省失业调控和失业保险监测预警情况的报告》，转发了劳动保障部《关于进一步做好失业调控工作的意见》，制定下发了《关于建立失业保险保障能力监测预警制度的通知》，指导各地开展失业调控工作。

四、医疗保障制度进一步完善，医疗保险事业有了新发展

2004年，河南省各地按照年初确定的工作目标和工作思路，进一步加大扩面征缴工作力度，不断完善多层次医疗保障政策体系，积极探索困难群体和灵活就业人员的参保办法，加强和改进医疗服务管理，各项工作取得了新成绩。18个市级以上统筹地区出台了公务员医疗补助办法，19个市级以上统筹地区全部出台了企业补充医疗保险办法。大额医疗费补充保险办法和门诊慢性病管理办法全部建立。13个省辖市和21个县(市)出台了困难企业和困难职工参保办法，全省困难职工参保40万人；16个省辖市和7个县(市)出台并实施了灵活就业人员参保办法，参保人数4万人。2004年底，全省基本医疗保险参保人数已达590.09万人，医疗保险基金收入31亿元(其中统筹基金收入17.81亿元，个人账户基金收入13.19亿元)，支出24.96亿元(其中统筹基金支出14.6亿元)，累计结余基金28.3亿元，其中统筹基金11.85亿元，个人账户16.45亿元；在推动困难企业参保方面进行了积极探索，郑州市率先建立财政支持机制解决困难企业退休人员参保的办法，受到了劳动保障部的肯定。

全省参加生育保险人数200.66万人，征缴生育保险费5 465.46万元，支出3 437.29万元，期末累计结余8 284.17万元，享受生育保险待遇人数14 535人。

离休干部医疗保障管理起步良好。全省离休干部78 601人，其中省直8 775人。省直参保离休干部6 882人，其中在郑省直单位离休人员4 950人。研究制定了省离休干部医疗保障有关政策，与基本医疗保障相比，离休干部医疗保障药品目录新增268种，新增诊疗、服务项目40多项，实现了与定点医疗机构和定点零售药店的计算机联网。全年征缴医疗费1 498.38万元，征缴率达98%。全年审核报销医疗费用1.1亿元，审核处方10万多份、病历4 000多份，查处违规检查、用药金额35万元。离休干部医疗保障的统一管理，解决了长期困扰离休干部尤其是差供及自收自支事业单位、困难企业离休干部就诊、用药、报销等难题，在保证离休干部医疗服务水平有所提高的情况下，有效遏制了医疗费的不合理增长，减轻了财政负担。

五、工伤保险政策体系初步完善，工伤保险制度改革取得阶段性成果

2004年，河南省完善了工伤保险政策体系，及时转发了劳动保障部关于工伤保险的配套政策和办法，制定发布了河南省工伤认定和劳动能力鉴定相关文书、程序和工伤认定办法，起草了8个规范性办法，批复了煤炭行业和铁路局《工伤保险条例》的实施意见。2004年底，全省参保职工已达324.72万人，同期享受工伤保险待遇10 985人，其中享受伤残待遇6 927人。征缴工伤保险基金2.08亿元，支付11 182万元，累计结余基金2.7亿元。工伤认定和劳动能力鉴定工作正常开展，全省共认定职工工伤7 789人，进行劳动能力鉴定11 618人。参保单位发生的工伤职工工伤费用全部足额支付。在郑州大平矿难的处理中，按照《工伤保险条例》及时足额拨付了148名工亡职工的工亡补助金和亲属供养补助金，赔付金额少的10多万元，多的近20万元，使事故的善后工作得到较为妥当的处理，先后得到了国务院工作组和劳动保障部的充分肯定。

六、劳动保障法制工作进一步加强，职工合法权益得到更好保障

2004年，河南省共受理行政复议案件75起（省厅23起）、行政应诉案件60起（省厅2起）。

2004年，河南省组织开展了农民工工资支付、农民工劳动保障权益、砖瓦窑厂及矿山企业劳动用工、禁止使用童工专项检查、企业参加基本养老保险情况等专项检查，共检查各类用人单位58 736万户，涉及劳动者317.5万人；接受群众举报投诉25 410件，立案7 117件，结案7 008件，结案率达98%；参与处理突发事件764起，清退童工510人，全省共促缴社会保险费1.83亿元，为劳动者追发工资待遇2.63亿元，清退风险抵押金770万元。

2004年，河南省共受理劳动争议案件8 707件，其中各级仲裁委立案受理7 399件（含上年结转971件），涉及劳动者2.6万人；受理集体劳动争议427件，涉及劳动者1.4万人。全省共接待群众来访25.27万人次，同比增长13.6%；接待5人以上集体上访3 168批次，涉及7.5万人；受理群众来信2 959件，信访立案处理737件，已结案698件，结案率达94.7%。全年处理突发事件101起，涉及职工6 560人。

七、劳动合同管理工作进一步加强，企业工资收入制度改革进一步深化

2004年，河南省进一步完善劳动合同和集体合同制度，建立健全劳动关系协调机制，促进了劳动关系和谐稳定。全省督促企业新签订劳动合同9.78万份、续订14.41万份、变更3.61万份，终止3.7万份，解除5.28万份；各地还开展了劳动合同执法情况专项检查活动，加大了对不签订劳动合同的处罚力度。据调查，全省国有、集体企业、城镇其他企业、乡镇企业、私营企业及个体工商户劳动合同签订率分别达98.3%、94.2%、73.7%、72.1%、59.8%。进一步推进集体协商和集体合同制度，全省共签订集体合同1.49万份，涉及职工381万人。继续加强了劳动关系三方协商机制的组织和制度建设，积极推进劳动合同立法进程，修订了《河南省劳动合同规定（讨论稿）》。指导各地做好国有企业劳动关系处理工作，全省国有企业出中心理顺劳动关系4.87万人，其中终止解除劳动合同8 113人。指导企业完善内部分配制度，推行以岗位工资为主的基本工资制度，合理确定各类人员工资水平和工资分配差距，形成有效的工资分配激励约束机制，全省有14户企业实行岗位工资和效益工资相结合的工资制度，6户企业实行岗位工资为主的工资制度，329户企业开展了工资集体协商并签订了工资协议书。进一步建立健全了企业工资收入宏观调控体系，11个市建立了劳动力市场工资指导价位制度，发布了指导价位信息；部分市初步建立了人工成本预测预警制度，初步拟订了河南省工资指导线意见，在宏观经济预测的基础上，确定了工资增长的上、下线。

八、职业技能开发工作进一步加强

2004年，河南省认真实施3年2万新技师培养计划，确定了2004年培养5 000名新技师的目标，技师考评社会化管理职业范围从8个工种扩展到10个工种，全省共评定技师近6 000人；全省技校计划招收新生4万人，实际招生6.87万人，其中招收高级工7 300人，在校生总数达到14.41万人，毕业生当年就业率达到94.8%；民办社会培训机构培训34.02万人。职业资格证书制度取得进展，全省参加职业技能鉴定人数达23.3万人。为提高技工学校培训质量，开展了全省技工学校“技工杯”技能大赛，组织参加了全国首届数控技能大赛，获2金1铜总成绩全国第二的好成绩，并获优秀组织奖；组织参加全国技工学校“广数杯”技能竞赛，9名教师、6名学生参加全国5个工种决赛，并获优秀组织奖。组织参加了中国首届电子商务技能大赛和首届营销员技能大赛。2004年，全国共20人获中华技能大奖，河南省有2人获奖，另有9人获全国技术能手称号。河南省首次评选出技术能手100名。

九、劳务输出管理服务工作有了新进展

2004年，河南省圆满完成了对疆劳务合作（中央专项）任务，实现了平稳、安全的目标；完成了赴疆摘棉协调任务，河南省与新疆兵团正式签订用工协议1.07万人，全省赴疆摘棉人数达15.9万人，比上年增加3万多人，其中政府组织的8.2万人，带回劳务收入3亿元。完成了全省60个劳务输出基地县筛选确定工作；整理树立河南劳务品牌11个，劳务输出组织化程度明显提高，劳务输出“品牌效应”开始显现，劳务输出规模不断扩大，全省转移的农村劳动力已达1 411万人，比上年度增加101万人，占河南省农村富余劳动力总量2 800万人的50%，其中输出省外838万人，省内转移569万人，境外就业（含外派劳务）4万人，劳务输出总量居全国首位。劳务总收入增幅较大，2004年，全省劳务总收入达到613亿多元，比2003年同期的528亿元增加85亿元。

十、基金监督管理和规划统计工作进一步规范

2004年，河南省制定下发了《关于切实加强社保基金监管的若干措施》，加强了对社保基金征缴、发放、管理、保值增值等全过程的监督。通过各种形式清理回收被挤占挪用的社保基金18 223万元，其中1998年4月以后的9 112万元，1998年以来发生的挤占挪用社保基金已全部清理完毕。按时完成了2003年度社会保障基金决算和2004年度社保基金预算工作，按时完成了“两个确保”和社保费征缴发放情况的月报、季报及欠费大户通报工作，认真进行劳动保障宏观监测季报数据分析及城市社保和劳动力情况的抽样调查工作，及时为领导决策提供参考；完成了2003年劳动和社会保障统计公报编制工作，并已在网上公布。

十一、信息化建设有了新突破

2004年，河南省完成了省本级金保工程一期工程的全部立项程序，批复工程建设规模为7 947万元，已落实建设资金2 000万元。数据中心建设持续推进，将省劳动力市场数据库集中到了省级数据中心，顺利完成了对前台业务支持的切换；许昌市、新乡市实现了5项保险生产区的整合，实现了劳动力市场信息的统一管理，许昌市还启动了县级数据库的整合工作；郑州、鹤壁、周口、洛阳、漯河、安阳、开封、平顶山等市建设了数据中心机房，生产区硬件设备已经到位。应用系统建设开始启动，对部核心平台软件本地化工作进行了筹备，初步落实了资金和组织。养老保险信息网

已与各市联网，数据库输入了 108 万退休人员和部分在职人员信息，可进行系统数据分析；劳动就业与社会保障两大业务软件流程框架已有草案；“12333”短号码已获批准，郑州市于 12 月 16 日正式开通了电话服务系统网站，许昌市开通了网站、社保通，洛阳、安阳也相继开通了网站，公众可随时查阅相关信息。

（河南省劳动和社会保障厅）

湖　北　省

2004年，党中央、国务院继续把扩大就业、减少失业作为经济发展的重要目标，将扩大就业再就业、完善社会保障体系、推进收入分配制度改革作为构建和谐社会的重要内容，将劳动保障部门作为社会综合经济管理部门，把劳动保障工作摆在更加突出的位置。湖北省委、省政府第一次把城镇新增就业45万人作为为民办的8件实事之首，向全省人民进行承诺，多次召开省委常委会、省政府办公会、专题会研究劳动保障工作。湖北省各级劳动保障部门围绕省委、省政府确定的目标任务，按照“抓住重点、突破难点”的工作思路，齐心协力，扎实工作，劳动保障制度改革稳步推进，劳动保障事业快速发展。省劳动保障厅受到国务院表彰，被评为省社会治安综合治理先进单位。

一、就业再就业

2004年，湖北省进一步落实并完善积极促进就业的政策措施，大力强化就业服务，各项扶持政策效应逐步显现。全年城镇新增就业60.5万人，实现了省政府对全省人民的郑重承诺；下岗失业人员再就业43万人，其中，帮助困难群体再就业14万人；新成长劳动力就业24万人，劳动力市场介绍就业74万人，组织劳务输出34万人；城镇登记失业率为4.2%。中央下拨的下岗职工基本生活保障和再就业补助资金占全国的1/16，列全国第三位。全省各级财政筹集再就业资金7.6亿元，使用7.5亿元；税务、工商等部门减免各类行政事业性收费1.4亿元，减免税收5.2亿元。集中开展了下岗失业企业军转干部再就业行动，帮助有求职愿望的下岗失业企业军转干部基本实现了再就业。建立并实行了城乡劳动者统一的就业登记制度。

二、社会保险

（一）“五险一单”、乡镇、文化、血防事业单位、农垦企业养老保险5项改革顺利推进

2004年，湖北省劳动保障厅大力推行五险“统一核定、一票征收”，在深入调研的基础上，报请省政府出台了乡镇事业单位养老保险制度改革实施方案，7个县试点工作进展顺利；文化、血防事业单位养老保险制度改革稳步推进；将49万国有农场职工及退休人员纳入养老保险。

（二）社会保险覆盖面进一步扩大

2004年，湖北省五大保险扩面新增124万人，企业养老、机关事业养老、失业、医疗、工伤、生育保险年末参保人数分别为531万人、56万人、391万人、467万人、187万人、180万人。征收社会保险费近155亿元，支付158亿元，全年收支总规模首次达到300亿元，企业养老保险补助资金列全国第四位；农垦企业参保专项补助资金占全国21.8%。“两金一费”实现全年无拖欠，是历史上最好的时期之一。从7月1日起，对全省171万企业退休人员普调养老金，月均增加49.3元，调整幅度是近几年最大的。

（三）各项管理服务进一步规范

2004年，湖北省对37%的参保企业、31%的参保职工进行了稽核，补收养老保险费1亿元，追回冒领养老金89万元。企业退休

人员社会化管理服务达到95%，其中，社会管理比例达到60%。省劳动保障厅与省财政厅联合制定了《湖北省社会保障专项转移支付资金分配、划拨管理办法》，资金分配进一步科学规范。

三、职业培训和鉴定

2004年，湖北省大力推动各类培训，实施高技能人才培训工程，积极开展各种技能竞赛和教学研究，着力培养企业急需的技能型、复合型人才，带动各类高、中、初级技能人才梯次发展。全年培训企业在岗职工50万人，组织再就业培训33万人，创业培训2万多人，新技师培训2.1万人，农村劳动力转移培训37.8万人。组织各类技能鉴定19.6万人，鉴定规模增长20%。组织4次全省性技能大赛，在全国大赛中获1金2银3铜和最佳组织奖。技校招生6万人，毕业生就业率达98%。

四、用工分配

2004年，湖北省进一步加强对工资支付行为的监管和指导。全省12个市（州）建立了建筑企业工资支付保障金制度，收取保障金1 400多万元。全省有309户企业实行了年薪制试点，3 408户企业建立了以岗位工资为主的基本工资制度，735户企业探索了生产要素参与收益分配制度。

五、劳动关系协调和维护社会稳定

2004年，湖北省城镇企业劳动合同签订率达85%。17个市（州）和80%的县（市、区）建立了劳动关系三方协商机构。清偿拖欠农民工工资清欠率高于全国平均水平。制定了省属企业改制破产职工安置有关问题77条处理意见，荆源、蒲纺等25户特困企业的下放工作全部结束。落实企业军转干部各项政策待遇，下岗失业企业军转干部再就业率、企业军转干部养老保险、医疗保险参保率基本达到3个100%。在全省范围内组织了4次不稳定因素的排查，对可能引发群体性事件的172户企业实施监控，对52件赴京上访事件进行了清理、跟踪督办。

六、劳动保障法制建设

2004年，湖北省人大颁布了《湖北省劳动和社会保障监察条例》，省政府颁布了《劳动合同管理规定》。对劳动保障系统干部职工进行了《行政许可法》《工伤保险条例》和劳动保障监察两个条例的学习培训，提高了干部职工的依法行政水平。

七、劳动保障基础建设

2004年，湖北省金保工程建设步伐加快，一期建设项目可行性研究报告获劳动保障部批准。基本建成了省级数据中心和连接市州的网络传输系统。基层劳动保障服务机构建设得到进一步加强，部分市县探索解决了社区工作人员的养老、医疗保险问题。

（湖北省劳动和社会保障厅）

湖 南 省

2004年，湖南省劳动和社会保障工作在国家劳动保障部的指导下，在省委、省政府的高度重视和有关部门的大力支持下，坚持以科学发展观和党的十六届三中全会精神为指导，巩固和加强“两个确保”，加快健全社会保障体系，努力扩大社会就业，着手建立新型劳动关系，深入开展劳动法制检查，为促进经济和社会的全面、协调、可持续发展做出了积极努力。

一、“两个确保”全面落实

（一）确保了企业离退休人员养老金按时足额发放

2004年，湖南省参保企业离退休人员145万人，比上年增加15万人，增长11.5%；根据国家统一部署，从7月份起，按人平每月39元标准调高了企业退休人员基本养老金，全年应发养老金92.3亿元，实发92.3亿元，增长12.4%。养老金社会化发放率达到100%。

（二）确保国有企业下岗职工基本生活

2004年，湖南省国企下岗职工基本生活费按时发放到位。为保证协议期满出再就业服务中心后的19.47万名国有困难企业下岗职工的基本生活，全省共筹集资金4.21亿元，按城市居民最低生活保障标准按时足额发放了基本生活费。

二、就业再就业工作成效显著

（一）就业总量继续扩大

2004年，湖南省从业人员3 747.1万人，比上年增加52.32万人，增长1.4%。农村从业人员2 792.67万人，基本稳定在上年的水平；城镇从业人员954.43万人，增长6.2%，是1995年以来增速最快的一年。为认真落实省政府为民办“八件实事”的工作目标，全年城镇新增就业56.52万人，其中下岗失业人员再就业39.82万人；安排大龄就业困难对象（“4050”人员）再就业8.94万人，城镇登记失业率为4.4%，比上年降低0.1个百分点，实现了控制目标。

（二）就业结构调整成效显著，农村从业人员向非农产业转移步伐加快

2004年，湖南省第一产业从业人员1 896.03万人，比上年减少65.93万人，占从业人员总量的比重为50.6%，下降2.5个百分点；第二产业从业人员839.35万人，增加48.67万人，占22.4%，上升1个百分点；第三产业从业人员1 011.72万人，增加69.55万人，占27%，上升1.5个百分点。

（三）城镇社区就业稳步扩大

经过近两年的大力发展，湖南省社区就业能力不断加强，逐渐成为城镇就业的重要渠道。2004年，全省共兴办社区就业实体3 950个，创建了178个“最充分就业社区”，全面建立起街道社区劳动保障工作平台，共开发社区就业岗位21.6万个，比上年增加1.3万个，增长6.4%；安置下岗失业人员18.3万人。

（四）劳动力市场建设进展加快

2004年，湖南省职业介绍机构和职业介绍工作健康发展。全省拥有各类职业介绍机构640家，其中，劳动保障部门办404家。进入各级劳动力市场招聘的用人单位提供就业岗位

77.56 万个；进场求职登记人数达 105.63 万人，职业介绍成功 37.66 万人（其中，下岗人员 9.72 万人，失业人员 17.87 万人），介绍成功率为 35.7%。县以上公共职业介绍机构全年共组织了2 437场次劳动力招聘洽谈会，有 6.2 万家单位进行现场招聘，进场求职人数 76.94 万人，达成用工协议 16.93 万人。劳动保障事务代理工作取得进展。全省累计接受托管档案 30.2 万份，其中，2004 年新增 9.47 万份；代办社会保险 21.2 万人，增长 51.4%。同时，劳务派遣工作逐步铺开，境外来湘人员就业管理工作进一步加强。2004 年，湖南省 14 个市州职业介绍服务机构代理劳务派遣业务，派遣单位 383 家，累计派遣劳务人员 2.97 万人。在湘就业的外国人共 232 人，增长 28.2%；港澳台人员 58 人。

（五）农村劳务输出力度加大，劳务经济较快发展

2004 年，湖南省农村外出务工人员达到 829.1 万人，比上年增加 93.1 万人，增长 11.2%；务工总收入 497.46 亿元，增长 11.3%。人均年务工收入6 000元，基本稳定在上年的水平。

三、社会保障体系基本确立

（一）企业职工养老保险工作取得重大进展

2004 年，湖南省企业职工养老保险扩面工作取得成效。全省参保企业25 598户，参保职工达到 353.80 万人，比上年增加 36.36 万人，是近 5 年以来扩面最快的一年；基金征缴稳步增长。全省累计征缴基本养老保险费 84.1 亿元（含清收企业欠费 6.1 亿元），比上年增加 11.7 亿元，基金征缴率达 97%；退休人员社会化管理服务工作稳步推进。全省实行社会化管理人数 137.4 万人，比上年增加 28.1 万人，其中直接纳入社区管理人数 76.2 万人，占 55.5%。

（二）机关事业单位养老保险平稳发展

2004 年，湖南省机关事业单位养老保险参保在职职工人数 152.53 万人，比上年增加 1.28 万人。养老保险费征缴收入 41.9 亿元，基本养老金支出 38.5 亿元，基本保证了全省 40.12 万名机关事业单位参保离退休人员基本养老金的发放。

（三）失业保险稳步发展

2004 年，湖南省失业保险参保职工 380.5 万人，新增 33 万人，增长 9.49%。征收失业保险费 6.58 亿元。

（四）医疗保险全面推进，覆盖面显著扩大

2004 年，湖南省医疗保险参保职工达 476.96 万人（其中，在职职工 343.08 万人，退休职工 133.88 万人），比上年增加 53.5 万人，增长 12.6%。基本医疗保险费收入 34.24 亿元，支出 27.18 亿元，实现了“收支平衡、略有结余”的目标。

（五）工伤、生育保险全面启动

2004 年，湖南省工伤保险参保人数 203 万人，工伤保险基金收入8 237万元，征缴率为 90%，支出费用2 515万元，累计基金结余 1.93 亿元；生育保险参保人数 212 万人，收入7 034万元，支出 709 万元，历年累计结余 6 584万元。

（六）社会保险基金监管力度明显加大

2004 年，湖南省结合反欺诈工作的开展，受理举报制度进一步完善。全省共受理举报 337 起，处理结案 331 起，追回违规违纪基金 1 829.45万元，其中，根据举报查处冒领社保金 172 人次，追回冒领金额 178.43 万元。同时，加强了基金现场监督工作。全省组织现场监督 225 次，派出监督检查人员 748 人次，被检查单位达 431 家，共追回违规、违纪挪用基金1 597.4万元。出台了《社会保障基金管理综合评估制度》和监督检查制度，增强了稽核工作的可操作性。

四、劳动保障地方立法和监察执法取得良好效果

（一）劳动保障法规体系逐步完善

2004 年，湖南省按照立法计划，先后出

台了《湖南省实施〈工伤保险条例〉办法》等政府规章，进一步健全和完善了劳动保障法律法规体系。

（二）劳动保障监察案件处理成效显著，监察执法工作进一步加强

2004 年，湖南省依法受理群众举报案件6 963件，结案6 615件，结案率达 95%；出动专兼职监察员3 630人次，检查用人单位4 196家，涉及职工 210 多万人；查处违法案件2 300件，补签劳动合同 4 万多份。特别是年底在全省范围内开展了追讨农民工工资的执法大检查，取得了显著成效，共追讨拖欠的农民工工资 3.9 亿元，切实维护了进城务工农民的合法权益。

五、劳动争议处理和维护稳定工作做出新的贡献

（一）劳动争议仲裁工作不断加强，办案质量和结案率明显提高

2004 年，湖南省各级劳动争议仲裁机构共立案受理劳动争议案件5 854件（其中 2004 年度受理4 686起，集体争议案件 687 起），在法定办案时限内结案4 854起。省、市、县三级劳动争议仲裁委员会还通过庭外和解方式处理劳动争议4 156起。省本级劳动仲裁委员会全年共立案受理 116 起，结案 104 起，结案率为90%；通过庭外和解方式处理劳动争议 282 起。

（二）人民来信来访得到妥善处理

2004 年，湖南省各级劳动保障部门接待群众来访 10.98 万人次，处理人民来信 5.02 万件。其中，省劳动保障厅直接接待上访群众1.03 万人次，处理人民来信4 228件。

六、劳动关系协调和维权工作力度加大

（一）用人单位劳动合同签订率进一步提高

2004 年，湖南省 99.4 万个用人单位中，有 89.9 万个单位与劳动者签订了劳动合同，劳动合同签订率为 90.5%，比上年提高 0.4 个百分点。其中机关事业单位、国有及国有控股和城镇集体企业劳动合同签订率分别达到99.7%、99.6%、98.7%，基本稳定在上年水平；外商投资企业劳动合同签订率为 98.4%；私营企业为 86.9%，比上年提高 3.9 个百分点；乡镇企业为 79.1%，提高 0.1 个百分点。

（二）职工工资总额稳步增长

2004 年，湖南省城镇职工工资总额为543.76 亿元，比上年增长 9.98%。其中，国有经济单位 432.98 亿元，增长 8.24%；城镇集体单位 31.2 亿元，增长 7.44%；其他经济类型单位 79.58 亿元，增长 21.74%。职工平均工资显著提高。全省全部职工平均工资达到11 463元，比上年增长 16.3%，其中，在岗职工平均工资13 928元，增长 13.97%；国有经济单位职工年平均工资12 173元，增长 16.1%；城镇集体单位为 6 228 元，增长 21.9%；其他经济类型为11 602元，增长 12.3%。

七、职业培训体系日臻完善

（一）技校规模略有扩大，招生人数快速增长

2004 年，湖南省共有各类技工学校 135 所，其中，高级技校 19 所；在职教师职工8 130人，比上年减少 55 人，其中，高级讲师962 人（含高级实习指导教师 120 人），增长4.9%，讲师2 249人（含一级实习指导教师520 人），技师、高级技师 254 人，增长49.4%；在校生 10.39 万人，增长 18.1%；招生 5.3 万人，增长 11.2%，其中，高技班学生7 256人，增长 47.8%；毕业生就业率为98.6%。民办职业培训机构明显增加。全省民办职业培训机构 716 个，比上年增加 147 个，增长 25.8%；在职教职工 8 856 人，增长49.7%，其中，教师6 917人，增长 47.1%；培训人数 21.1 万人，增长 54.2%。

（二）“百万培训工程”计划顺利完成

2004 年，湖南省共对 133.15 万人实施了职业技能培训，其中培训下岗失业人员 28.73 万人，劳动预备制人员 17.57 万人，农村劳动力转移就业人员 34.13 万人，企业在职职工

52.72 万人。

（三）职业技能鉴定范围进一步扩大

2004 年，湖南省共有鉴定所（站）453 家，取得考评员资格的6 218人。全年共鉴定 31.2 万人，取得职业资格证书的 24.1 万人，增长 6.9%。其中，取得高级职业资格证的 1.6 万人；取得技师资格证的4 146人；取得高级技师资格证的 283 人，增长 2.7 倍。

八、劳动保障信息化建设稳步推进

2004 年，湖南省“金保工程”建设取得新进展，工伤、生育保险业务信息系统搭建成功，顺利实现了养老、医疗、工伤、生育和失业五大险种的统一征缴；下岗失业人员数据库基本建成，全年共发放下岗失业人员《再就业优惠证》99.08 万个，领证对象的基本情况实现了网上查询；劳动保障公众信息网站建设得到加强，全年共发布各类劳动保障政策、法律、法规、新闻1 100多篇，约 160 万字，网站点击累计达 48 万人次。

（湖南省劳动和社会保障厅）

广　东　省

2004 年，广东省劳动保障部门按照“以人为本，深化改革，创新制度，协调发展”的要求，突出就业再就业、社会保险、劳动者合法权益保障和技能型人才培养四大重点，积极进取，扎实工作，各项劳动保障工作取得可喜成绩，为构建和谐广东做出了应有的贡献。

一、劳动就业

（一）就业局势继续保持稳定

2004 年，广东省城镇净增就业岗位 105.4 万个，同比增长 9.5%，完成年度计划（80 万个）的 132%；国有企业下岗失业人员实现再就业 25.3 万人，完成年度计划（25 万人）的 101%；“4050”人员实现再就业 6.1 万人，完成年度计划的 101%；全面完成了2 400多家民办职业培训机构的检查工作，参加职业培训人数达 146 万人（不含企业内部培训），其中，参加技能培训 95.9 万人，再就业培训 16.8 万人，均完成了年度确定的工作目标。年末，全省城镇从业人员总数达1 288万人（新增从业人员 83 万人），同比增长 6.9%；新增农村劳动力转移就业 67.5 万人，同比增长 41%；国有企业下岗失业人员减至 31.97 万人，同比减少 29%；全年累计城镇登记失业人员 99.8 万人，同比减少 7.7%；年末城镇登记失业率为 2.7%，同比下降了 0.2%。全省共为 11 万多名再就业的下岗失业人员减免了税收和行政事业性收费，共帮助6 106户“零就业家庭”的 8 788名下岗失业人员实现再就业，新发放小额担保贷款达3 861.6万元，扶持2 000多名下岗失业人员成功创业，全省共有 10.4 万下岗失业人员从事个体经营。全省普遍实行就业承诺制度，共开发社区就业岗位 22 万个，公益性岗位 6.8 万个，安置下岗失业人员 5 万人。广东省妇联系统近年也培训了下岗失业妇女达 8.5 万人，为近 7 万人次提供了就业岗位推荐服务，帮助约 4 万名妇女实现就业再就业。全省共安排劳动力市场建设资金 1.1 亿多元，地级以上市、85 个县（区）和部分乡镇劳动力市场实现与省联网，全省共收集上网求职、岗位信息 369 万条，比上年增长了 15.3%。全省地级以上市市区 100%的街道和乡镇建立了劳动保障工作机构。县（县级市）一级 100%的街道和 93.5%的乡镇建立了劳动保障工作机构。各市、县都设立了公共就业服务机构和公益性职业介绍机构，建立了“一站式”就业服务大厅，基本形成了省、市、县、街（镇）四级就业服务体系和省、市、县、街（镇）、社区五级服务网络。全省建立农村劳动力培训基地 80 个，就业基地 42 个，共培训农村劳动力 50 万人（其中贫困户劳动力 4.1 万人），培训后转移就业率达到 90%。全省共安排再就业专项资金 8.7 亿元（其中省财政安排 4.64 亿元），其中，小额担保贷款资金5 646万元，社会保险补贴17 483万元，公益性岗位补贴 9 166万元，再就业培训和职业介绍补贴 16 565万元，增加安排“4050”人员再就业社保补贴5 000万元，技工学校基本建设经费 2.56 亿元。全年共为高校毕业生提供就业岗位信息 6.77 万条，为 21.77 万人次的高校毕业生提供了各项就业服务。还举办专场招聘会 191 场，提供就业岗位 8.03 万个，进场应聘的高校毕业生逾 12.96 万人次，达成就业意向 4 万多人。

2004 年，广东省省际省内劳务合作取得新的突破。省际方面，成功组织召开了泛珠三角区域劳务合作第一次联席会议暨考察交流活动，签订《泛珠三角九省区劳务合作协议》，审议通过了《泛珠三角劳务合作联席会议章程》和《泛珠三角区域劳务合作近中远期计划》，加强泛珠三角区域劳务合作。省劳动保障厅牵头，深圳、惠州分别承办了泛珠三角 9 省（区）劳务合作洽谈暨技术技能人才招聘大会、泛珠三角城市劳务合作暨企业用工招聘会。此外，广东省还与湖南、广西、黑龙江等省区开展了多方位的劳务合作，加强了与香港、澳门的互访交流。省内方面，成功举办了第三届“三洽会”劳务合作和劳务招聘大会，签订 47 个劳务合作项目。

（二）职业培训和技工教育事业取得新的发展

2004 年，广东省成功举办了首届广东省职业培训和技工教育成果展示会，召开了全省技工教育工作会议。市一级技校建设加快，省财政下达资金后，推动各市资金投入达 4 亿多元。全省技工学校招生数和在校生数分别达到 11.4 万人和 28 万人，再创历史新高，两项指标均居全国首位。技校学生就业率稳步上升，2004 年达到 97.8%。参加首届全国数控技能大赛和 2004 年广州数控杯技能竞赛并取得优异成绩，特别是在全国数控技能大赛中广东省代表队荣获团体总分第一名，18 名选手中有 13 名获得个人奖（18 名选手中有 17 名为技工学校教师或学生）。全省智力扶贫工作有了新进展，除继续招收山区和农村贫困家庭子女入读技校外，还招收了 200 名贫困渔民家庭子女；韶关市政府资助 100 名下岗职工子女免费就读技校；广州市政府资助当地 200 名贫困子女就读技校；广州市 9 所市属技工学校从广西百色市招收了 86 名贫困生；民办省华立技校招录 100 名贫困家庭子女就读该校，以回报社会。粤港两地师资培训工作正式启动；与德国巴州汉斯·赛德尔基金会签署了职业培训合作项目框架协议，并与加拿大教育服务集团拟定开展职业培训合作意向。

（三）职业技能开发和鉴定成果显著

2004 年，广东省各级劳动保障部门充分抓住贯彻落实全国人才工作会议的有利时机，成立了高技能人才工作协调办公室，制定了高技能人才培训规划，从 2004 年起，用 3 年时间，培养 30 万高技能人才，其中技师 5 万人。鉴定和获证人次连续 7 年居全国第一。全年共有 95.8 万人次参加职业技能鉴定，73.7 万人次获得职业资格证书，同比分别增长了 17.7%和 19.7%。其中，职业院校毕业生参加鉴定并获证人数占总数的 36%。在全省参加鉴定总人数中，有 9.8 万人参加高级工以上职业资格鉴定，5.86 万人次获得职业资格证书。其中，参加技师以上鉴定人次首次突破万人，达 1.3 万人次，有6 219人次获得技师以上职业资格，同比分别增长了 146.5% 和 82.8%。鉴定基础建设进一步加强，省职业技能鉴定中心项目正式启动，成立第二届职业技能鉴定专家组 43 个，聘任专家 440 名。至 2004 年底，全省共批准设立高技能人才实训基地 25 家，培养高级工以上技能人才 11.5 万人，并顺利完成了年初提出的“四个一”的工作目标（即建立 10 个创业培训基地、培养 100 名师资、投入1 000万元、培养10 000名学员），至年底，全省共建立创业培训示范基地 11 个，培养创业师资 107 人，培训学员达 1.12 万人，其中有 30%成功创业。此外，认定了 400 家再就业培训定点单位，并向社会公布。省劳动保障厅会同有关部门开展计算机技术、电子商务、数控技术、钳工技能等 16 个工种（岗位）的职业技能竞赛活动。开展了第七届中华技能大奖和全国技术能手推荐以及广东省技术能手评选工作，经评选和竞赛选拔，全省共有 16 人荣获全国技术能手，82 人荣获广东省技术能手。中国石化集团茂名石油化工公司、深圳市职业技能训练中心等 2 个单位被劳动保障部授予“国家技能人才培育突出贡献奖”。

（四）企业职工分流安置进展顺利

2004年，广东省华侨农场、有色金属、军工等企业、行业改制改组中的职工安置分流工作基本完成，完成了粮食企业、文化单位、供电企业等企业、行业改制的政策制定工作，省劳动保障厅与省侨办、省财政厅、省经贸委对华侨农场改制工作进行了检查，督促当地政府尽快启动农场改制，保障改制工作的顺利进行。全省粮食企业、文化单位、供电企业改制工作稳步推进，职工分流安置工作有序进行，审核了全部20个市粮食企业的总体改革方案，涉及职工6.9万人，涉及财政补助金额5.62亿元。6月份，省劳动保障厅发出通知，进一步明确国有粮食企业改革职工安置的有关问题，要求各地劳动保障部门切实履行职责，维护职工的合法权益，并对7个地级市的职工分流安置方案进行了审核。

（五）企业工资分配机制运作正常

2004年，广东省规范工资支付行为，保障劳动者的合法权益，进一步完善企业工资分配的宏观调控体系，在全省各市均建立了以最低工资保障制度为基础、工资指导线和劳动力市场指导价位为主体的工资收入分配调控体系的情况下，根据社会的发展需要，适当调整了最低工资标准，将职工个人社会保险最低缴费额纳入了最低工资范畴，适当提高了最低工资水平，全省最低工资平均增长8.6%，逐步提高了低收入职工的收入水平，保障劳动者的基本生活。劳动力市场工资指导价位制度不断发展完善，工资市场价位数据的调查、采集、分析、汇总和发布办法不断改进，工种（岗位）的调查、公布范围不断扩大，18个市建立了劳动力市场工资指导价位制度。职工收入稳步增长，全年在岗职工工资总额1 703.7亿元，比上年增长12.4%。在岗职工年平均工资21 000元，增长8.5%，扣除物价因素，实际增长5.3%。

（六）劳动关系调整机制进一步得到完善

2004年，广东省劳动合同管理工作进一步规范，制定了新的《广东省职工劳动合同》样本，统一了劳动合同文本，彻底打破了“正式工”与“临时工”、本地职工与流动人员等身份界限，逐步改变劳动合同签订中的歧视、不公平现象，达到同工同酬。稳步推进劳动合同制度和集体合同制度，全省签订劳动合同人数为1 496.6万人，比上年增加420.6万人，合同签订率为84.8%。大力加强平等协商机制，推动和指导企业签订集体合同，区域性、行业性集体合同试点工作卓有成效。至2004年底，全省累计签订集体合同企业7.6万家，涉及职工723万人。做好非全日制用工的试点工作，以韶关市为试点地区，加强非全日制用工制度管理模式的研究和探讨，指导制定了《韶关市非全日制用工试行办法》。劳动关系三方协调机制不断完善，评选了百家“广东省首届和谐劳动关系先进单位”，推进了全省和谐劳动关系的建设。

（七）劳动保障法制建设成绩突出

2004年，广东省劳动保障法制建设成绩突出，修订了《广东省工伤保险条例》，出台了《广东省社会保险基金监督条例》，完成了《广东省工资支付条例》的定稿工作并报省人大常委会审议通过。对1993年以来印发的约1 000个政策文件进行了全面清理，确保政策文件的统一和规范。

（八）维护劳动者合法权益工作进一步落实

2004年，根据国务院、广东省政府对解决建筑领域拖欠农民工工资问题的部署和要求，省劳动保障厅联合省建设厅、财政厅、发改委、省高院等8个部门研究制定了贯彻《国务院办公厅关于切实解决建设领域拖欠工程款问题的通知》实施意见，建立了3项制度：一是建立了清理拖欠农民工工资工作月度报告制度和通报制度，每月上报清欠工作进展情况，通报批评清欠进展缓慢、措施不到位的地区；二是建立了劳动保障维权分析研究例会制度，分析研究当前广东省劳动保障维权形势，找出存在的问题，提出解决方案和下一步工作计划；三是建立了重大欠薪案件专报制度，对拖欠农民工工资引发群体性突发事件的企业进行曝光。开展了4次以建筑施工企业为重点的专项执法检查，有效地解决了拖欠农民工工资问题。截至2004年年底，全省已清理建筑领域2003年以前拖欠农民工工资11.13亿元，清欠比例达100%。制定了《广东省预防和处理劳动保障群体性事件试行办法》，进一步健全反应灵敏、协调有序、措施有力的应急处理机制。2004年，共参与处理突发事件3 659宗，涉及劳动者47.5万人，同比分别增长了20%和25.7%，其中群体性突发事件1 190宗，涉及人数124 218人，同比分别增长了43%和36%。全省共检查用人单位166 989户，比上年增长了17%；受理群众投诉举报专查结案2.9万件，共为133万劳动者追回工资待遇7.4亿元，分别增长了4.2%、66.7%和6.56%；督促6.8万户用人单位为343万劳动者缴纳社会保险费6.2亿元，督促8 400多家用人单位为14.9万劳动者登记参保，督促用人单位为184万多人补签劳动合同；取缔了477家非法职业中介机构；清退395名童工；作出行政处理决定777件，行政处罚决定1 754件，比上年分别增长了27.2%和15.9%。加强了劳动保障监察队伍的建设，广州、深圳、肇庆、惠州市相继组建劳动保障监察支队，至2004年底，专职监察员数达到1 694人，比2000年机构改革时增加了105人。印发了《广东省劳动保障法律监督员管理办法》，开展了劳动保障法律监督员培训工作。其中，省劳动保障厅举办培训班2期，通过考核聘请省属、中央、部队驻穗单位劳动保障法律监督员361名。

（九）劳动保障基础建设得到加强

2004年，广东省积极做好劳动保障事业发展“十一五”规划编制工作的前期准备工作，成立了规划编制领导机构和办事机构，初步形成了广东省劳动保障事业发展“十一五”规划的基本思路。《广东省就业“十一五”规划》和《广东省社会保险“十一五”规划》已列入省政府“十一五”重点规划系列，《广东省高技能人才队伍建设和培养“十一五”规划》列入了省政府“十一五”一般专项规划系列。继续开展劳动保障事业发展重点统计指标联合会审，提高了统计数据的质量；收集、整理了近几年劳动保障统计资料，编印了《广东省劳动保障统计摘要》，及时交流了信息，实现了统计信息共享。认真组织并完成了“广东省城镇单位岗位空缺与技能人才情况”抽样调查，摸清了单位就业岗位和技能人才的实际状况与需求情况，为领导决策提供了必要的数据支持。

二、社会保障

（一）养老保险制度不断得到完善

到2004年底，广东省参加企业基本养老保险的人数为1 226万人，比上年增长7%。全省企业离退休人数210.95万人，比上年增长7.65%。进一步提高了企业离退休人员的养老待遇水平。全省企业月人均基本养老金769元，增加58.4元，比上年增长8.31%。截至2004年年底，全省20个市实现养老保险市级统筹，实现了全省基本实行市级统筹的目标。按照中央精神，对困难企业的军转干部实施提前退休、基本养老金“保底”等政策措施，并由省财政安排专项资金，解决关闭破产企业欠缴军转干部养老保险费的问题，切实保障困难企业军转干部的基本生活。

（二）失业保险充分发挥了作用

2004年，广东省已有14个市启动了市级统筹工作；到12月末，全省参加失业保险人数达到1 005.80万人，比上年末增加51.71万人，增长5.42%，参保人数继续居全国首位；失业保险基金支付能力明显增强，全省全年征缴失业保险费27.07亿元，比上年增加4.43亿元，增长19.56%；失业保险作用进一步发挥，全年共向符合享受失业保险待遇条件的42.32万人发放失业保险待遇共11.45亿元，待遇支出比上年减少0.25亿元，下降2.14%，全省领取失业保险金人数比上年减少

7.27%。

（三）医疗保险有了新的突破

2004年，广东省参加基本医疗保险人数已达1 034.16万人，突破了千万大关，与2003年底相比增加了157.2万人，增长17.93%。广州、深圳、佛山、东莞等市的参保人数均已超过100万人。基本医疗保险基金收支平衡，形成了一定的保障能力。全省的基本医疗保险制度已从制度上覆盖所有用人单位，参保人员包括了合同制职工、外来工、灵活就业人员等各类人员，并从城镇职工逐步向乡镇居民、失地农民扩展。佛山市顺德区开始试行城乡居民医疗保险的办法，佛山市南海区开展了农村基本医疗保险，东莞市出台了农（居）民基本医疗保险的办法。

（四）工伤保险制度取得新的发展

根据国务院《工伤保险条例》，修订了《广东省工伤保险条例》，实现了与国务院条例的平稳衔接。修订后的《广东省工伤保险条例》已于2004年2月1日开始实施。截至年底，全省工伤保险参保人数达到1 215万人，比上年底增加了95万人，增长8.5%，超额完成了劳动保障部部署的2004年达到1 150万的扩面任务。2004年，全省累计征缴工伤保险基金149 634万元，平均征缴率为97.87%，当期基金支出8.56亿元，基金总体收支状况良好，历年累计结余基金40余亿元。2004年，全省共完成工伤认定8.2万多人次，劳动能力鉴定8万多人次，共有107 878人次工伤职工及工亡职工遗属享受了工伤保险待遇。

（五）生育保险制度有了新的扩展

2004年，广东省各地在积极推动基本医疗保险制度改革的同时，注重生育保险的发展。截至2004年年底，全省参加生育保险人数已达到376.73万人，比上年底增加45.97万人，增长了13.9%。

三、机关建设跨上了新台阶

2004年，广东省劳动保障部门在以“创新观念、创新体制、创新服务、优化发展环境”为主题的机关作风建设“回头看”的活动中，进一步巩固和发展机关作风建设成果，落实打造“阳光政府”的各项措施，并与作风建设、依法行政和廉政建设有机结合，全省“一个综合服务大厅、一条劳动保障服务热线、一个公众网站、一个劳动仲裁庭”“四个一工程”取得重大进展，有效地优化了政务环境，提高了政务效率，推进了政务公开，规范了行政行为，促进了廉政建设，树立了劳动保障部门的新形象。

（广东省劳动和社会保障厅）

深　圳　市

2004年3月22日，深圳市委、市政府启动深化行政管理体制改革，按照省委、省政府批准的《深圳市行政管理体制改革试点方案》，撤销原市劳动局和市社会保险局，组建市劳动和社会保障局（以下简称市劳动保障局）。局领导班子同心同德，带领全局干部职工真抓实干，各项工作取得了新成绩，荣获国务院授予的“全国再就业先进工作单位”和劳动保障部授予的“国家技能人才培育突出贡献奖”。

一、社会劳动力

（一）技术技能人才招聘

2004年，深圳市劳动保障局牵头举办泛珠三角9省区劳务合作洽谈暨技术技能人才招聘会，组织9省区515名由劳动保障部门及技工学校代表组成的庞大代表团参加，与8省（区）签订劳务合作意向协议942份，达成在两年内引进外省劳动力15.5万人的意向书，其中技术技能人才4.25万人，普工11.25万人；组织了8场技术技能人才技能展示表演。组织企业分别赴四川、黑龙江省进行劳务招聘。这次活动在参会人数、规模、活动内容与形式上都前所未有，搭建了区域广泛的劳务合作及技术技能人才交流平台，有效缓解了部分企业出现的结构性“用工难”问题。此次招聘会吸引了海内外40多家媒体采访报道。劳动保障部和广东省劳动保障厅先后刊发了有关消息，并给予高度评价。

（二）招调工政策

2004年，为引进企业所需的技术技能人才，深圳市劳动保障局完善招调工政策和招调工申报系统，出台了对引进高级工以上技能人才政策倾斜的特殊政策，即规定对全国或全省统考或经深圳市职业技能鉴定获得高级以上职业资格的拟招调人员，如系农业户口，可同时申请办理“农转非”手续，随迁其16周岁以下家属。这对引导员工学习技能，缓解深圳市技能人才严重不足局面具有重要作用。2004年，完成市外招调工21 483人，其中招工11 902人，调工3 855人，办理劳务工手续419.47万人次。同时，将审批结果向社会公开，更好地体现了“公平、公正、公开、透明”的行政审批原则。

（三）就业和再就业

2004年，深圳市政府强化再就业工作目标责任制，全市各级政府共签订责任书84份，在全省再就业工作目标责任制考评中，深圳市以96分的高分达标，获得省政府的表彰和奖励。市劳动保障局全面实施就业和再就业工程“关爱·自立”行动。推出对新增劳动力进行实习培训和就业预备的“阳光计划”，对失业人员进行免费职业指导的“春雨计划”，对困难失业人员进行多种形式就业托底安置的“金桥计划”和扶持失业人员自主创业的“彩虹计划”，建立了33家再就业基地、85家再就业培训基地、33家青年职业见习基地，聘请了43名创业指导专家志愿团成员，帮助失业人员再就业和自强自立。同时，进一步调整和完善了就业和再就业政策，把《再就业优惠证》的发放范围扩大到曾在深圳市国有企业就业的全部失业人员；将对困难失业人员进行托底安置服务的对象范围，扩大到全市凡对就业岗位无特定要求、连续失业3年以上并未缴纳养老保险基金的登记失业人员；对于由就业服务机构通过劳务派遣方式安排就业，或由企业直接招用的困难失业人员，提高其工资差额补贴标准，使其月收入达到本市上年度社会月平均工资的60%；将参加以工代赈的困难失业人员的生活补贴，提高到本市上年度社会月平均工资的50%；放宽对失业人员参加再就业技能培训次数和学费报销额度方面的限制。加大了再就业培训、困难失业人员托底安置力度。建立了市、区联动的就业和再就业工作机制，充分发挥了市再就业工作领导小组和市居民就业委员会的统筹协调作用，加大公益性岗位开发力度，进一步完善全市就业服务体系特别是基层工作平台。全年帮助失业人员29 860人实现就业和再就业；开展失业人员再就业培训45 753人次，相当于前5年的总和；托底安置困难失业人员8 065人次；公益性就业岗位开发和青年职业见习工作实现了零的突破；为失业人员提供小额贷款380人次，同比增长100%。全市城镇登记失业率为2.94%，就业局势稳定。市劳动保障局还组织人力完成了劳动保障部定点联系城市技能人才和岗位空缺抽样调查工作，形成专题研究报告《深圳市劳动就业现状研究》，为政策制定提供了较好的参考依据，被劳动保障部规划财务司评为2003—2004年度全国劳动保障综合统计优秀分析报告。

（四）涉外劳动管理

2004年，深圳市劳动保障局组织举办了全国外国人就业座谈会，切实加强境外人员在深就业的管理服务工作，严格依法行政，把好审批环节，坚持开展用工调查和监督检查，切实维护国家的就业主权和国内公民的就业权利。7月份《行政许可法》实施，召开了全市境外人员在深就业管理工作座谈会，探讨《行政许可法》实施之后，如何进一步在全市范围内规范业务操作流程，依法做好外国人、台港澳人员在深就业的审批工作，配合局法规处就相关的审批程序提出新的方案并报市法制办和审改办审议，促进境外人员就业管理工作全面走上法制化轨道。同时，采取有效措施，做到管理与服务相结合，扩大外企驻深代表机构中方雇员管理覆盖面，向新机构派发有关政策宣传资料，使外商及时了解聘用中国员工的有关政策，自觉纳入管理；3月和9月两次对外企代表机构的用工情况开展专项检查，共检查211家代表机构，督促其中的56家代表机构为133名中国员工补办了用工手续，维护了员工的合法权益；经常深入较大的外商机构走访座谈，加强沟通，增进感情，为外商解决一些实际问题，并针对一些中国员工较多或办公地点较偏远的机构，主动上门服务，如地王大厦、蛇口新时代广场、宝安区、盐田区等，使之成为业务联系网点；完善合同管理，及时处理劳资纠纷，依法维护外商及中方雇员的合法权益。全年纳入管理的境外在深就业人员12 402人，其中外国人6 059人，台港澳人员5 893人；纳入管理的外商驻深代表机构和人事档案托管企业1 461家，全职、兼职、临时、托管员工8 438人；人力资源派遣员工1 050人；开办各种研讨班和培训班40期，参加学员2 800人。此外，对外劳动服务有限公司所办企业安置就业岗位100个。

（五）政策性安置

2004年，深圳市劳动保障局组织召开了4次随军家属安置工作企业座谈会，积极鼓励和推动企业招用随军家属；7月10日举办2004年深圳市的军嫂、警嫂专场招聘会，共有101家企业进场招聘，提供岗位1 700多个，囊括400多个工种，招聘现场共吸引近176名军嫂入场应聘。市政府办公厅于10月转发了《市劳动和社会保障局解决驻深部队随军家属工作安置任务的通知》，对各用人单位下达了安置任务。此项措施大力推动了随军家属的安置工作，全年共安置随军家属124人。

（六）劳动力市场

2004年，深圳市劳动部门大胆创新，加快市场化进程。市职业介绍中心建立了发展人力资源开发、配置、管理三大公司。2月份以市场就业服务部为基础，组建了深圳市鹏程人力资源配置公司，与劳动事务代理部、深劳人力资源开发公司和鹏劳人力资源管理公司互相配套，形成劳务派遣、劳动力配置、劳动事务代理三位一体，各自侧重的专业化布局。5月12日，深圳市人力资源宝安分市场启动，迈出了市区联动第一步，结束了宝安区没有政府举办的职业介绍机构的历史，取得了良好的社会效益。市劳动保障局和市人事局于8月8日在香港会展中心联合举办了“深圳（香港）人才招聘和智力交流会”，288家用人单位提供3 600多个职位，1 200多人达成初步意向。这次招聘活动受到香港市民和媒体的高度关注，有利于进一步落实CEPA协议，融入泛珠三角“9+2”的具体行动，受到劳动保障部和省劳动保障厅的关注。职介业务全年服务用人单位1.5万家次，提供空岗信息35万个，服务求职者30万人次；全年新增档案3 400份，档案保有量9 500份，全年办理招调工人数突破1 000人；劳务派遣协作单位达165家，派遣员工超过17 500人，其中以托底安置、以工代赈方式成功推荐1 000多名困难失业员工到公益性岗位工作。

二、企业工资分配宏观调控

（一）工资分配

2004年，深圳市劳动保障局大力加强工资分配宏观调控。公布了全市最低工资标准，特区内610元/月，特区外480元/月，分别比上年增长1.67%和3.23%；公布了2004年工资指导价位，涉及418个工种，同比增长40%。公布了企业工资增长指导线，基准线为8%，预警线为14%。开展了企业社会责任认证的课题调研，完成了《深圳企业克扣、无故拖欠工资原因探析与政策调整》的研究报告，获得专家评审组的好评。劳动保障部劳动工资研究所已采用了该研究报告的部分内容，在6月的《劳动工资动态》刊物上发表。

（二）欠薪保障

经过5年的努力，《深圳市员工工资支付条例》经深圳市和广东省人大常委会批准，于2004年颁布实施。《深圳市企业欠薪保障条例》（草案）获得了市政府常务会议通过。加强和规范了欠薪保障工作，完成了市欠薪保障基金委员会委员的调整工作；建立和健全了管理制度，起草印发了《垫付欠薪工作操作规范》；对6个区劳动（人力资源）局的欠薪保障基金管理及使用情况进行了检查，加强了对各区的业务指导、管理和监督。全市共征收欠薪保障费1 741万元，使用欠薪保障基金垫付企业欠薪54宗，垫付员工6 600人，垫付金额1 006万元。化解了矛盾，促进了社会的和谐稳定。加强了对企业工资分配宏观调控的指导和欠薪保障工作。

三、职业技能开发与技能鉴定

（一）职业技能开发

2004年，深圳市劳动保障部门加强了对技能人才的统筹规划和发展。成立了高技能人才工作办公室，统筹全市高技能人才的培养工作；拟定了《深圳市职业培训发展五年规划（2006—2010）》，提出了加快培养深圳高技能人才的实施意见，其中建立技能人才评价新体系、建立技能津贴制度、紧缺技能人才培训补贴制度等有关政策和建议被市委、市政府采纳写入《市委市政府进一步加强人才工作的实施意见》；成立深圳市高技能人才训练工作组，加快全市最大的高技能人才训练和服务机构的建设，打造全市职业训练和技能人才服务的公共平台；开展市委、市政府确定的2004年重大调研课题“加快技能型人才队伍建设”课题研究，组成以局长管林根为组长的课题组，以1个课题总报告和9个分报告，系统研究技能人才培养和发展问题。组织参加全省职业培训和技能教育成果展示会，集中展示了深圳市20多年来职业培训和技工学校教育的成果，受到省委、省政府领导的高度评价。组织开展深圳首届评选表彰100名优秀技师、树10名技能标兵活动，营造尊重技能、尊重人才的良好氛围。扶持民办职业教育，首次许可设立2

家民办技工学校。加强对民办职业培训机构的评估工作，划分为A、B、C 3个等级，建立起市场退出机制。严厉打击非法办学。以查处沙井非法培训机构为突破口，相继查处“亮点365咨询公司”非法办学和非法组织国家职业资格考试事件，净化培训市场。与教育、民政部门协同作战，专项清理整顿计算机类培训机构，清除打着计算机培训旗号暗地从事网吧业务的违法违规行为。组织开展中式面点师等10个工种培训鉴定专项治理工作，督促培训和考核质量的提升。召开了职业培训系统先进单位和个人表彰大会，评选了17家先进办学单位、2家文明鉴定所及一批优秀教师和优秀考评员。2004年，全市职业培训总量达220万人次，比上年增长28%，与年初目标计划相比增长4%。其中企业培训194万人次，比上年增长29%；社会培训机构培训26万人次，比上年增长23%。全市新培养技师2 000人，完成3年新培养5 000名技师目标计划的40%，超出省劳动保障厅下达1 700名技师培养任务的17%。全市技能人才队伍总量达到142万人，比上年的130万人增长9.2%。经市、区劳动保障部门审批设立的职业培训机构达到225家，比上年同期增长16%，其中市劳动保障局管理的职业培训机构68家。

（二）职业技能鉴定

2004年，深圳市劳动保障局积极适应市场需求，在开发新工种、提升鉴定层次、创新考核方式方面选择部分涉及面广、影响大的工种，开发制定符合深圳实际的地方职业规范和考试大纲，其中《深圳市保安员职业规范》和《深圳市钟表装配工职业规范》通过市政府公报向社会发布，增强了法律效力；联合公安部门共同发出《关于开展保安员职业培训和技能鉴定工作的通知》，对整个行业产生积极影响，受到劳动保障部和公安部的肯定。积极组织各行业专家，制定了13个工种、41个级别的考试大纲。积极开发推行模块化考核模式，由市劳动保障局组织开发的物流管理模块考核经劳动保障部批准作为广东省统考试点项目，2004年9月在全省推开，6本系统配套的物流管理培训考核教材由出版社正式出版。全年有1 881人次参加电工、制冷、电梯等工种的技师和高级技师模块化考核。同时，完成了大规模的试题库开发修订工作，为解决机械加工、汽车维修等行业部分工种试题库内容陈旧、题量较小，与企业生产实际脱节等问题，与20多家学校、行业协会、企业、培训机构和鉴定所签订协议，完成了158个新题库开发协议书和236个题库修订协议书。2004年，全市各类考核量达10.93万人次，与2003年8.25万人次考核量相比增长32.5%。全年招调员工技能水平测试5 853人次，比2003年下降24%。全年鉴定量10.35万人次，比2003年增长37.9%。其中初级鉴定量为2.3万人次，中级鉴定量为6.1万人次，高级鉴定量为1.6万人次，技师鉴定量为3 276人次，高级技师鉴定量为216人次。鉴定工种数达184个，比2003年增加了35个。技师鉴定大幅提升。为加快高技能人才培养，积极推行技师模块化考核，技师和高级技师鉴定量为3 492人次，比2003年同期增加了16倍。统考项目和计算机高新技术考试人数增幅较大。全年计算机高新技术考试量达到2.85万人次，比2003年增长140%；国家及省统考的12个职业的鉴定量为9 199人次，比2003年增长39.8%。2004年还对184名考评员进行了考核评价，实行严格的淘汰制，对评价不合格的坚决解聘。积极发展新考评员，加强实操考评业务培训，共有450多人通过业务培训考核，充实到考评员队伍中，极大地提高了深圳市考评员队伍的质量和数量，全市考评员队伍从上年的1 038人增加到1 500人。

（三）技工教育

2004年，深圳高级技工学校认真加强教学基础工作和专业课程体系建设，教学教研工作稳步推进。教务管理部门和教学单位加大了教学计划制定、期中督促、期末检查的工作力度，保证了教学工作按教学计划和教学大纲要求进行。在专业课程体系建设方面，完成全校

2002级、2003级、2004级专业教学计划的研讨、编制、审核。各专业教研室和教师结合课程开设情况，广泛研究和分析技术岗位能力需求状况，基本搭建起与岗位需求相对应的课程和教学体系；“一体化”教学模式逐渐推广、深入，“模块化”教学在部分专业已经实施；同时，加强教研教改活动。大力开展校企之间、校校之间、校内之间、系内之间的各种教研活动。组织参与了全国技工教育创新发展论坛；确立了校级以上57个教研科研项目；全校首批13个专业顾问委员会正式成立，共聘请118位专业委员；2004年，高级技校招生1 000人，582名毕业生推荐就业，一次上岗率达93.2%，稳定就业率达90%。高级技工学校继获得全省职业教育先进单位后，又获得了全省技工教育先进单位称号。2004年，技师学院工作也上了新台阶。全年共完成社会培训221个班，培训学员共7 600人次，培训工种达50个，其中培训技师749人次，高级技师72人次。

四、劳动关系处理

（一）劳动关系调整机制

2004年，深圳市劳动保障部门努力完善劳动关系调整机制，在调查研究的基础上，召开了由劳动和社会保障部、市法制局、人大法工委、中级人民法院、深圳大学法学院、社会科学院等劳动法律法规方面的专家学者参加的专家论证会。完成了《深圳市劳动合同条例（草案）》（以下简称《草案》）的起草制定工作。《草案》强化了对员工合法权益的保护，突出了双方自主约定的法律地位，增加了非全日制劳动合同的调整规范。2004年3月3日，召开了深圳市劳动关系协调委员会2004年度工作会议，深圳市副市长梁道行以及三方领导出席了此次会议。会议确定了2004年的工作目标与任务。2004年10月，宝安区劳动关系协调委员会成立，至此，全市6个区均成立了劳动关系协调委员会，罗湖、南山与盐田区还将三方协商机制进一步延伸至69个街道、居委会、建设行业系统、股份公司。这标志着全市劳动关系三方机制框架基本形成，并进入一个新的发展阶段。同时，建立劳动关系三方协调处理重大劳动争议制度。市劳动关系协调委员会制定了《市劳动关系协调委员会协调重大劳动争议工作规则》，三方联合处理重大争议13家，发挥了三方协调处理劳动争议的作用。起草制定了《深圳市劳动争议调解办法》。为建立多层次、全方位的基层调解组织提供政策依据，真正形成良性协调争议的渠道。劳动保障部门选择条件比较好的大型企业作为建立企业劳动争议调解组织的示范单位，由主管部门代表、企业法人代表和员工代表按1∶1∶3的比例组成，以增加制约机制，增强了劳动争议在企业内部解决的可能性。千人企业劳动争议调解组织的组建率达到70%。同时，开展多种形式区域性行业性集体合同。2004年6月30日，罗湖区黄贝街道凤凰社区签订了深圳市首份维护员工权益和社会保险专项集体合同，该集体合同包括《企业及个体工商户职工权益保护协议书》《金融、房地产租赁服务行业职工社会保险协议书》和《企业及个体工商户职工工资集体协商协议书》，涉及员工2 581人。同年7月4日，深圳市金满盈发展有限公司等24家珠宝加工业企业的企业代表与员工代表签订了《深圳市罗湖区新村工业区珠宝行业（企业）工资、劳动保护集体协商协议书》，这是深圳市第一份珠宝加工业行业专项集体合同，涉及员工900多人。此外，市劳动保障局与市总工会、市私营企业协会、个体工商户协会联合下发了《关于进一步加强我市私营企业和个体工商户劳动合同管理工作的通知》，为促进非全日制用工劳动关系的健康发展，选择了人人乐、沃尔玛、欢乐谷等10家企业，对其非全日制用工的劳动关系、工资支付、社会保险等问题开展调研，为制定相关政策提供了依据。据统计，全市共有4 466家企业签订集体合同，涉及员工36万人，其中3 218家企业签订了工资集体协议；劳动合同签订数达400万人；建立1 000人以上企业调解组织294家，企业组建率达70%以上；全市6个区已全部建立劳动关系协调委员会。

（二）信访

2004年，深圳市劳动保障局制定实施了《深圳市劳资纠纷突发事件处理办法》《深圳市劳资纠纷重大隐患排查调处制度》和《深圳市劳资纠纷群体性事件排查调处办法》，抓好信访突出问题的排查处理，使重大劳资纠纷从排查苗头、及时处理、案件移交到责任追究都走上了程序化、规范化、制度化轨道。成立了处理信访突出问题及群体性事件联席会议劳动保障工作小组，并发挥部门联动分工负责的作用，积极、细致地开展排查工作，共排查出企业早期退休人员、江苏华建公司、戴维营俱乐部等信访突出问题及群体性案件12宗，经报市联席会议办公室审定，属市劳动保障局为责任单位的3宗。经过艰苦细致的工作，上述3宗重大信访案件均基本处理结束，受到市的通报表扬。制定实施了《局领导接访、接电工作制度》，针对劳动保障信访热点、难点多的特点，从6月起加大局领导接访的密度，变原来的每月一次接访为每周一次接访，并建立局领导接电制度，每周2位局领导到电话中心接听群众来电，加强劳动保障部门与人民群众的联系，及时解决群众反映的热点问题，有针对性地解决一批疑难信访案件。2004年，劳动信访总量达14 258宗，其中来访12 642宗，来信1 490宗，重劳126宗；信访涉及人数42 659人次，其中来访24 615人次，来信1 803人次，重劳16 241人次；重劳涉及金额1 120.7万元，来电957 129人次。劳动信访总量比上年增长17.3%。其中，来访增长14.8%，来信增长43.6%。妥善处理市信访办批转的案件268件，结案率达100%。2004年，劳动信访反映的前5位问题有：拖欠工资占26.3%，辞退补偿占15.4%，法规咨询占13.1%，收取押金占8.1%，超时加班加点占4.9%。其他问题占32.3%。2004年，社保信访总量8 526宗，其中来访7 690宗，来信836宗。来访总人数25 376人次。来电总人数21 500人次。社保信访总量比上年增长17.3%。其中，来访增长15.0%，来信增长43.4%。市劳动信访信息系统于1月5日开始正式使用，使信访业务处理走上了信息化、网络化的轨道，罗湖、南山等各区劳动局先后使用新信息系统。初步形成了劳动信访信息网络的互连互通，实现了资源共享，有效避免和制止了重复访、越级访。4月12日，开通使用了全国劳动保障系统统一电话咨询号码12333，配置15线的人工接听专线和45线的自动语音线路，每天人工接听群众来电可达1 500人次，自动语音受理2 000人次以上，群众来电首次拨号接通率达100%，8月12日，召开了全市劳动保障信访工作暨表彰大会，部署了今后任务，表彰了全市在劳动保障信访工作中取得优异成绩的45个先进、优秀集体和52名先进个人。

（三）劳动保障监察

2004年，深圳市劳动保障局认真落实监察工作责任制，强化日常巡查和案件审理工作，各级劳动保障监察部门全年共检查用人单位23 829家，涉及劳动者419.6万人，分别比上年增长52.9%和74.88%；处罚用人单位1 081家，处罚金额1 777.99万元；为劳动者追加欠薪2.37亿元。此外，还开展多次专项检查。组织开展预防和治理建筑行业欠薪专项检查活动。根据国家、省关于切实解决建筑领域拖欠工程款和工人工资问题的精神和要求，与建设等有关部门联合，分别于2004年1月和8月，组织开展了全市建筑行业用人单位工资发放情况的排查工作，共排查建筑行业用人单位（包括基建项目）2 624家，涉及劳动者35.56万人，其中查处欠薪问题187宗，涉及劳动者2.926万人，涉及欠薪9 007万元，并已全额责令支付。组织开展维护妇女和儿童权益专项检查活动。5月中旬，开展了流动妇女儿童维权情况专项检查，检查用人单位583家，涉及劳动者13.95万人，其中女工6.95万人；查处未签劳动合同的企业34家，补签合同0.38万人，其中女工0.28万人；查处收取押金或报名费的企业35家，涉及员工0.17

万人，其中女工 0.14 万人，并退回押金 64.23 万元。6 月，开展了劳务工劳动权益保障专项检查活动。市、区两级劳动保障部门通力合作，结合举报线索深入用人单位开展执法检查。共检查用人单位3 641家，涉及劳务工 101.19 万人，责令支付工资及补偿金总额 4 191.88万元，责令补缴社会保险费 308.6 万元。11—12 月，市劳动保障局与市政府办公厅、建设、公安、财政、工商、城管和总工会、团市委、市妇联 10 个单位联合开展了全市用人单位工资发放情况大检查暨《深圳市员工工资支付条例》宣传活动。共检查用人单位 9 673家，涉及员工 173.85 万人，查处违法用人单位4 198家，追回欠薪款 1.62 亿元。8 月，又组织开展禁止非法使用童工专项检查活动，以制造、餐饮等劳动密集型企业为重点检查对象，对非法使用童工违法行为进行了严厉打击，共检查用人单位1 777家，涉及劳动者 23.56 万人，对存在非法使用童工问题的用人单位一一责令改正并依法予以处罚，并清退童工 6 名。2004 年 2 月，组织全市劳动监察系统开展了为期一周的查处和打击非法职介活动专项整治活动，共检查职业介绍机构 81 家，查处 52 家非法职介机构，当场清退非法中介费1 000多元，有力地打击了非法职介活动，维护了求职者的合法权益和劳动力市场的正常秩序。在重大劳资纠纷处理方面，妥善处理了宝安西乡长营电器（深圳）有限公司员工罢工和冲击南头关、深圳美芝海燕来料加工厂员工堵塞北环大道、深圳火车站桑拿按摩企业和江苏华建建筑公司员工群体上访等重大突发事件，并全力查处发生重大劳资纠纷用人单位的违法行为，对深圳美芝海燕来料加工厂的违法行为开出了全国金额最大的罚单 196 万元。

（四）劳动争议仲裁

2004 年，深圳市劳动保障局制定了《深圳市劳动仲裁事业五年（2004—2008 年）发展规划》，明确了总体发展目标，对完善组织机构和基础设施建设，创新管理制度，推动体制改革等主要任务，提出了各项保障措施。制定了《深圳市争议仲裁委员会关于劳动争议案件简易处理办法》，对申诉标的在一定数额以下和仅追索被拖欠工资的、仅要求补缴社会保险金的等其他案件由当事人自主选择简易程序处理。即可采用口头申诉、口头答辩、放弃 15 天答辩期而当庭答辩、当庭裁决等方式，使劳动仲裁程序大为简化，办案时限较一般案件缩短 2/3 以上。继续落实市区事权划分的要求，加强对基层的业务指导和帮助。针对各区业务量增大、人手紧张的状况，一方面通过案件移送审理的方式，调派工作人员，先后帮助福田、罗湖两区办理审结了一批案件，大大减轻了区工作压力；另一方面通过出具书面办案意见，受理电话咨询，下基层开展大规模调研等方式，加大了对各区业务的指导力度，并协助各区解决实际问题。劳动保障部、省劳动保障厅先后在深圳市召开了全国、全省劳动仲裁实体化建设现场会。深圳市被劳动保障部列为中英联合开展的“中国劳动仲裁院建设试点合作项目”的试点城市。2004 年，全市共受理各类劳动争议案件11 395宗，其中调解6 314宗，案件涉及当事人数达41 326人，共结案 10 792宗，法定时限内立案率和结案率均达 100%。2004 年，处理了集体案件 654 宗，妥善处理了戴维营俱乐部、中铁等一批重大疑难复杂案件，立案准确率大幅度提高。

五、社会保险

（一）养老保险

2004 年，深圳市劳动保障局社会保险基金管理中心进一步完善养老保险管理。各类享受养老待遇的人员由 2003 年的 4.5 万人猛增到 2004 年的 11.15 万人，增加了 1.27 倍，其中城市化人员由 0.09 万人增加到 3.82 万人，个人缴费人员由 0.2 万人增加到 2.01 万人，企业退休人员由 5.32 万人增加到 4.75 万人，支付死亡等一次性养老待遇人数2 860人，全年支付各种养老待遇 28.44 亿元。不但享受待遇的人数大幅增加，覆盖的人群范围也更广。

养老金100%按时足额社会化发放。指纹采集率达98%，指纹验证率达97.5%，有效防止了养老基金的流失。企业退休人员社会化管理服务取得新进展。市、区、街道、社区四级社会化管理和服务平台基本建立，全市398个社区社保窗口实现联网，依托社区平台建立了离退休人员基本信息库，配备了劳动保障协管员。指纹验证开始进入街道和社区。《关于积极推进我市企业退休人员社会化管理服务工作实施方案》由市委办、市府办联合发文实施，充分肯定了企业退休人员社会化管理服务的模式，确定了三级管理四级服务的格局，明确了发展方向。同时，完成了本年度退休人员养老待遇测算、报批、支付工作，给2004年6月以前的企业退休人员人均调整了养老待遇80元。上半年，长达9年之久诉求的部分早期退休人员不服法院判决，不断到市政府和社保部门集体上访，要求提高待遇。在市委、市政府和市局的部署下，社会保险基金管理中心耐心接待来访人员，解释政策，澄清误解，听取意见，妥善解决改革中的问题，根据市政府批准的决定，给企业早期退休的1.31万人发放了生活补贴，月人均增加待遇150元，缓解了矛盾，解决了部分早期企业退休人员的上访问题，维护了社会稳定。

（二）医疗保险

2004年，深圳市社会保险基金管理中心完善医疗保险管理机制，全年医疗保险参保人员230万人，同比增加65.26万人，增长40.4%。医保收入25亿元，同比增加3.83亿元，增长22.6%。基本医疗保险金总支付111 843.85万元，同比增加26 197.01万元，增长36.9%；人均支付465.76元，同比减少56.31元。为参保人提供门诊服务626万人次，同比增长8.68%；住院9.68万人次，同比增长26.04%；现金报销18 214人次，同比增长96.61%。同时，调整了偿付标准，完成了268家定点机构的重新签约工作；定点医疗机构增加到312家，分布更加合理；重新制定了医疗保险审核报销规定；加强了特殊医保人员医疗费用管理。加大了定点医疗机构监管力度，对园岭医院、南油医院等5家定点医疗单位的违规行为严肃查处和曝光，全年共扣回违规金额800多万元，有力地打击了欺诈骗保行为。通过建立举报奖励制度、组建医保社会监督员队伍、加强医保标准信息化监管，有效地规范了定点医疗机构的医保行为。对医保、工伤、生育统筹和劳动能力鉴定的社保定点医疗机构实行统一签约、统一检查、统一表彰、统一专家库，集中了监管力量，发挥了统一管理的优势。通过加强监管，首次出现了医疗保险费减少的局面，即医疗保险费人均支出同比减少56.31元；住院医疗保险费人均支出同比减少32.49元；特殊医疗保险费支出同比减少1.59万元。

（三）工伤保险

2004年，深圳市社会保险基金管理中心加强工伤医疗监管和预防力度，认真贯彻国家《工伤保险条例》，出台配套办法，妥善解决新老条例过渡期间的待遇补偿争议和历史遗留问题，加强了对工伤医疗费用在约定医疗单位记账偿付的管理。完善了工伤约定医疗协议并重新签约。落实市、区两级工伤预防联席会议制度，市劳动保障部门与安全监督等部门联合开展了工伤事故高发企业大检查。医务鉴定程序得到进一步规范，全年共完成工伤认定60 173宗，同比增长30.8%，伤残鉴定23 998例，同比增长30.09%；依法补偿工伤事故44 910人，同比增长3.1%。其中，有伤无残33 489人、致残11 251人、死亡170人，分别比上年同期增长－1.0%、17.6%和4.9%。核发工伤补偿金28 066.9万元，比上年同期增长7.3%。其中，审核报销或记账偿付工伤医疗费9 451.8万元，比上年同期增长38.8%；上述费用占总补偿费用的33.7%，比上年同期增长7.7个百分点。

（四）失业保险

2004年，深圳市社会保险基金管理中心努力做到确保失业员工的生活和医疗，力促失业保障和再就业协调发展。全年发放失业保险金14.3万人次，同比增长33.64%；发放失业救济金0.73亿元，同比增长43.98%；为失业员工缴交住院保险费254.7万元，同比增长0.65%；发放失业员工特殊社会困难补助163人，同比增加2.19倍；发放困难补助费73.35万元，同比增加5.46倍；一次性领取164人，同比增加2.42倍；金额126万元，同比增加2.19倍；补发51人，金额16.8万元；对120名失业员工进行了家访调查。发放国企改制内退人员生活费1 521人次、273.5万元，有效配合了国企改革。通过在失业人员中择优聘用社区社保协管员、对失业保险和促进再就业基金统一预算管理等方式，发挥了失业保险基金对再就业工作的促进作用。失业与就业实现系统联网和信息资源共享。

（五）社会保险基金管理监督

2004年，深圳市劳动保障局社保基金管理监督更加规范，认真落实社会保险基金收支两线、财政专户管理的规定和会计核算岗位责任制。建立规范的社保基金预算管理制度，充分发挥预算工作的指导作用。基金使用做到季度、半年、年终有分析报告。2004年的预算报告被劳动保障部评为三等奖，被广东省评为二等奖。在基金运行管理方面，与各家银行协调，实行业务往来责任制度。在基金监管方面，建立协同管理监督机制，聘用了21位专业人士担任社保基金兼职监督员，参与社保基金征收、偿付、管理、运营等各环节的监督检查。2004年，市审计局的审计报告对社保基金收支、管理和运营情况予以高度评价。同时，建章立制，在原来出台的《内部审计监督制度》《内部审计监督工作规范》和《审计监督处岗位职责》等制度基础上，进一步规范基金监督行为，起草了《社会保险基金监督暂行办法》《社会保险基金兼职监督员管理暂行规定》《社保基金账户管理办法》《企业年金基金管理实施细则》。根据《广东省社会保险基金监督委员会章程》（粤府办［2004］88号）和《关于尽快组建社会保险基金监督委员会的通知》（粤劳社［2004］942号）精神，按照《广东省社会保险基金监督条例》要求，筹备调整深圳市社会保险监督委员会，并广泛征求相关单位和部门意见，以确保其合理性、规范性和可操作性。

六、法制化和信息化建设

（一）法制化建设

2004年，深圳市劳动保障局努力完善劳动保障法规体系，积极推进依法行政。经市人大和省人大审议通过，出台了《深圳市员工工资支付条例》，为规范全市企业员工工资支付提供了法律依据。配合市人事制度改革，出台并实施了《深圳市事业单位职员社会养老保险暂行方案》。探索劳务工统筹医疗办法，积极解决劳务工就医难问题，借鉴"布吉医疗保险模式"，结合全市劳务工群体实际需求，深入调研，撰写了既保门诊又保住院的劳务工统筹医疗保险方案。研究修订和完善深圳经济特区劳务工、劳动合同等条例的意见，开展了建立公务员医疗补助制度、少儿住院保险暂行办法和修订欠薪保障、职业技能鉴定等方面条例的调研工作。为全市统一执行国家《工伤保险条例》，制定了多项配套办法，妥善解决了新老条例过渡期间的待遇补偿争议和历史遗留问题，以及工伤保险"一市两制"问题。同时，按照《行政许可法》有关规定，完成行政许可项目、行政审批登记制度及规范性文件的清理工作，进一步精简行政审批项目。制定劳动法律法规政策疑难问题的指导意见，强化依法行政内部通报制度和行政过错追究制度。全年行政诉讼和行政复议应诉案件524宗，维持率达84%。

（二）信息化建设

2004年，深圳市劳动保障局认真整合劳动和社会保险信息系统，提高劳动保障工作运行水平。实现了统一调度、统一管理、统一经费、统一联网、统一数据中心建设、统一规划、统一开发利用，初步实现了劳动保障系统网络互连互通，资源共享，提高了效率。完成了主机扩容和网络安全监察系统，实现与市、区、街道办事处的劳动和社会保障部门联网，与 51 个劳动保障事务所和 371 个社区居委会联网。同时，开发了就业服务信息系统，进一步扩充了社保待遇网上支付系统。

（深圳市劳动和社会保障局）

广西壮族自治区

2004年，在自治区党委、自治区人民政府的领导和劳动保障部的指导下，广西壮族自治区各级劳动保障部门以“三个代表”重要思想为指导，认真落实科学发展观，进一步加大就业再就业工作力度，积极推进社会保障体系建设，切实维护劳动者合法权益，有力地促进了全区劳动保障事业的全面协调健康发展。2005年1月1日至4日，中共中央政治局常委、国务院副总理黄菊在视察广西时，高度评价了广西的劳动保障工作。黄菊副总理指出：“近年来广西各级干部做了大量卓有成效的工作，各方面都取得了显著成绩。就业再就业和社会保障工作不断推进。2004年全区城镇新增就业人数、下岗失业人员再就业、大龄就业困难人员再就业分别超额完成年度目标任务，城镇登记失业率低于年度控制数。下岗职工基本生活费和城镇离退休人员基本养老金做到了100%按时足额发放，养老保险覆盖面不断扩大，2004年底已超过了200万人，保费征缴率保持较高水平，养老保险基金滚存结余的支撑能力居全国各省区市前列。这些成绩是在困难比较多的情况下取得的，是很不容易的。”

一、就业和再就业工作取得显著成效

（一）就业和再就业工作目标全面完成

1. 就业再就业各项工作指标完成情况良好。2004年，广西城镇新增就业22.52万人，其中领取《再就业优惠证》的下岗失业人员实现再就业8.68万人，“4050”人员再就业2.25万人，分别完成年度目标任务的125.1%、108.5%、112.5%；城镇登记失业率为4.1%，低于年度控制数0.6个百分点。

2. 再就业扶持政策得到进一步落实。2004年，广西共发放小额担保贷款541笔，贷款金额1 032万元，年末小额担保贷款余额1 236万元。全区共有2.81万人享受免缴行政事业性收费政策，有1.2万人从事个体经营或自主创业享受税收扶持政策，有0.76万人被服务型企业（包括商贸企业）吸纳享受税收扶持政策，0.42万人被服务型企业（包括商贸企业）吸纳享受社会保险补贴政策，0.96万人从事公益性岗位工作享受社会保险补贴政策，1.01万人从事公益性岗位工作享受岗位补贴政策。全区共为16.8万下岗失业人员提供免费职业介绍，为8.6万下岗失业人员提供免费职业培训。全区领取《再就业优惠证》的下岗失业人员从事个体经营2.37万人，通过灵活形式等其他方式实现再就业的领证人员达3.86万人。

3. 再就业资金投入增加，使用趋于合理。2004年，广西各级政府积极调整财政支出结构，克服困难千方百计增加再就业资金投入。2004年，全区财政预算安排的再就业资金12 886万元，比2003年增加了3 593万元，增长38.7%；各级财政支出再就业资金29 253.6万元（含中央财政补助资金），其中，用于社会保险补贴3 761.2万元，岗位补贴9 344.9万元，再就业培训2 963.9万元，职业介绍补贴588.4万元，劳动力市场建设费7 334.7万元，其他再就业项目5 260.5万元。

（二）农村劳动力转移就业工作取得重大进展

2004年，广西劳动保障部门开展农村劳动力转移就业职业技能培训22.35万人，完成全年计划任务的114.6%。全区农村劳动力转移就业新增68.8万人，完成目标任务的123%，其中区内转移就业新增17.58万人，向广东输出新增51.25万人。全年全区跨县以上转移就业的农村劳动力累计达到318万人，其中跨省转移就业258万人，在跨省转移就业人员中转移到广东就业的就有226万人。跨省劳务合作取得显著成效。2004年2月，广西、广东两省区签订了两省区劳务合作协议；7月，广西与广东等9省区劳动保障部门又签订《泛珠三角九省区劳务合作协议》；12月，广西与福建两省区签订了两省区劳务合作协议。目前，广西与广东省的18个市、县建立了劳务合作关系，与浙江、江苏的劳务合作关系也取得了明显进展。

（三）劳动力市场建设以及城市街道、社区和乡镇劳动保障工作机构建设不断加强

至2004年末，广西有13个地级市、68个县完成了劳动力市场场所建设并正常运行，南宁、柳州、桂林3市和广西壮族自治区本级劳动力市场初步完成了信息网络建设。2004年末，全区共有职业介绍机构386个，工作人员1 475人，其中劳动保障部门开办的288个，工作人员1 166人。各类职业介绍机构全年办理求职登记80.25万人次，用人单位用人登记82.24万人，职业指导33.90万人，成功介绍就业39.10万人次。全区城市街道和乡镇普遍建立了劳动保障管理服务机构，大部分社区建立了劳动保障工作平台，大部分机构配备或聘用了专门的劳动保障工作人员，开展了就业服务、下岗失业人员和企业退休人员管理服务等工作。全区已建立城市街道、乡镇劳动保障工作机构1 276个，配备工作人员2 316人；建立社区劳动保障工作平台950个，配备工作人员1 456人。

（四）职业培训事业蓬勃发展

2004年，广西全区共有各类职业培训机构542所，培训46.32万人，比2003年增长67.3%。其中有56所技工学校招生，招生人数2.92万人，比2003年增长12.9%；新生中农村生源2.17万人，占74.04%；校均招生人数达522人；年内毕业生1.6万人，在校生6.77万人，分别比上年增长12.70%和16.93%；毕业生当年就业率达96.91%；开展学历教育和短期培训共计12.24万人，同比增长34.3%。全区有就业训练中心91所，培训18.27万人，同比增长47.4%；有民办职业培训机构395所，培训15.81万人，同比增长31.7%。各类培训机构全年共培训下岗失业人员9.38万人，企业在职职工5.2万人，劳动预备制培训4.37万人，以农村劳动力为主的其他人员21.12万人。另外，各高校还对1.8万名高校毕业生进行了职业资格培训。创业培训开始启动。全年开展创业培训7 599人，完成年计划的126.7%，培训合格人数6 918人，合格率达91%，其中，660人实现创业，3 267人实现自谋职业，创业成功率达56.8%。对下岗失业人员进行“创办你的企业”的自主创业和自谋职业培训，共培训下岗失业人员6 021人，其中参加SYB培训1 542人，完成目标计划的100.4%，培训合格4 907人，培训合格率达81.5%。经过培训的下岗失业人员成功创办小企业的有534人，自谋职业2 562人，创业成功率为63.1%。

（五）职业技能鉴定工作取得新成效

2004年，广西全区共有160 673人获得各等级职业资格证书，完成全年任务的100.42%。全区参加计算机信息高新技术考试人数和参加全国统一考试的人数双双首次突破1万人，较2003年有较大幅度的提高。全年共培训高级工2万人，技师0.4万人，有2 095人获得技师以上职业资格。全区共评选表彰了广西技能大奖获得者10名，广西技术能手130名，技能培育突出贡献奖单位7个。其中有5名技术工人和2个单位分别获得全国技术能手和国家技能培育突出贡献奖单位。组织了首届全区数控技能大赛、电子商务大赛，以及计算机（微机）调试员、技工学校技能竞

赛缫丝工、焊工等职业技能竞赛暨全国比赛的选拔赛。全区共组织市级比赛50场，参赛人数近万人，参加自治区各工种决赛的选手共计1 600人，其中有500人次获各级奖励，19人被授予广西技术能手称号。晋升技师39人，晋升高级工200人，共决出57名选手参加全国比赛并取得1个第4名、1个第5名和2个第10名的好成绩。

2004年，广西职业技能鉴定机构逐步发展壮大。先后批准广西水利电力职业技术学院、广西工业职业技术学院、广西药科学校、广西第一工业学校、广西桂林机电工程学院建立职业技能鉴定所。到2004年底，全区职业技能鉴定机构达175家，已逐步形成覆盖面广、技术含量高、鉴定层次齐全、布局和结构日趋合理的新格局。

二、社会保障体系进一步完善

（一）“两个确保”继续得到全面巩固

到2004年底，广西在再就业服务中心的国有企业下岗职工已减至0.23万人，在中心的下岗职工100%按时领到了基本生活费。全年国有企业下岗职工出中心0.98万人，其中有0.95万人实现了再就业。全年全区共为70.22万名企业离退休人员发放基本养老金47.85亿元，按时足额发放率达100%，当期没有发生新的拖欠。全区共有69.02万名城镇企业离退休人员基本养老金实行了社会化发放，社会化发放率达98.2%。农垦、林业和华侨系统的企业离退休人员基本养老金基本实现了社会化发放。此外，广西还从2004年7月起对2003年12月31日前按规定办理正式退休手续的企业退休人员增加基本养老金，使企业离退休人员养老金待遇不断提高，有力地维护了社会稳定。

（二）社会保险覆盖范围继续扩大，各项保险基金持续增收

到2004年底，广西全区养老、失业、医疗、工伤、生育保险参保职工人数分别达到209.09万人、226.37万人、272.2万人、133.53万人、134.76万人，分别完成年度计划的104.5%、100.6%、106.7%、102.7%、117.2%。5项保险全部超额完成了劳动保障部年初下达的目标任务。全区基本养老保险费当期征缴收入46.55亿元，追收企业历年欠费2.32亿元，分别完成劳动保障部下达任务数的113.8%、136.2%；失业保险费征缴收入5.31亿元，完成年度计划的123.4%；医疗保险费征缴收入21.3亿元；工伤保险费征缴收入1.09亿元；生育保险费征缴收入0.79亿元。

2004年，广西工伤保险全面启动并取得新突破。全年工伤保险基金支出8 559.3万元，享受工伤保险待遇3 241人；各市、县工伤保险行政管理和经办机构以及劳动能力鉴定委员会逐步建立。全区基本统一了工伤认定流程、劳动能力鉴定流程和工伤待遇审核发放流程，经办机构内部管理制度建设得到加强，夯实了工伤保险管理基础。

2004年，广西协同推进生育保险工作。全年生育保险基金支出6 015万元，享受生育保险待遇1.62万人；全区统一了生育保险的参保申报、缴费、支付、协议管理等业务流程，生育保险工作规范化建设进一步加强，生育保险制度有序运行。

（三）企业退休人员社会化管理服务工作取得新进展

2004年，广西继续把企业退休人员社会化管理服务工作作为深化国有企业改革和完善社会保障体系建设的重要工作抓紧落实。自治区党委办公厅、自治区政府办公厅专门转发了自治区劳动保障厅等部门《关于积极推进企业退休人员社会化管理服务工作的意见》，对于推进全区企业退休人员社会化管理工作，进一步规范工作制度，提高管理服务水平发挥了积极作用。到2004年底，全区实行社会化管理服务的企业退休人员62.53万人，社会化管理率为90.06%，其中纳入社区管理的人数为44.35万人，占实行社会化管理服务人数的70.92%。全区共建立社会化管理服务机构2 921个，配备工作人员4 910人。一个新型的

企业退休人员管理体制已初步建立。广大企业职工退休以后直接进入社区，由“企业人”变为“社会人”，为企业的生存、发展和提升市场竞争力创造了前提条件。

（四）失业保险和失业调控工作进一步加强

2004年1月17日，广西自治区人民政府发布了《广西壮族自治区失业保险办法》（自治区人民政府第5号令），并于3月1日正式施行，进一步扩大了广西自治区行政区域内失业保险覆盖范围，打破了城乡分割的二元结构，赋予农民工平等参加失业保险以及平等享受失业保险待遇的权利，有力地推动了失业保险工作的全面开展。2004年，全区领取失业保险金人数达15.3万人，同比增长10.9%，当年全区失业保险基金累计支出3.39亿元，同比增长19.37%，全年全区合计下拨失业保险调剂金170万元，一定程度上弥补了部分统筹地区的基金缺口，确保了失业人员的基本生活，维护了社会稳定。从2004年12月起，广西还根据调整后的全区职工最低工资标准，及时调整了失业保险金发放标准。这是自2001年以来第3次调整失业保险金标准，也是历次调整幅度最大的一次，使全区近10万名失业人员从中受益。此外，2004年全国失业保险工作座谈会首次提出失业调控的工作任务和工作目标后，广西自治区根据实际情况及时出台了《广西壮族自治区人民政府办公厅关于做好失业调控工作的通知》，明确了加强失业调控的具体措施，有力地推动了全区失业调控工作的稳步开展。

（五）多层次的医疗保障体系初步建立

2004年，广西按照“突出重点、稳步扩面、强化管理、再上台阶”的工作思路，重点在建立覆盖各类人群的医疗保障体系上下工夫，通过建立基本医疗保险统账结合、单建统筹基金、住院医疗保险等不同制度保障平台，适应不同人群医疗需求的选择；通过建立多层次医疗保障体系，兼顾多层次医疗需求，形成了以基本医疗保险制度为主体，以公务员医疗补助、大额医疗费用补助、企业补充医疗保险为补充的多层次医疗保障体系。到2004年底，全区共有53个统筹地区实施了公务员医疗补助政策；有92个统筹地区实施了大额医疗费用补助办法；有65个统筹地区出台了企业补充医疗保险政策。全年享受公务员医疗补助人数和大额医疗费用补助人数分别达到26.3万人和207.59万人。关闭破产企业离退休人员的医疗保障和困难企业职工参加基本医疗保险问题取得突破，全区共为破产企业44 662名退休人员和困难企业72 977人办理了医疗保险。南宁、柳州市由财政出资帮助关闭破产企业离退休人员和困难企业职工解决医疗保险费的做法，得到了劳动保障部的充分肯定。医疗保险服务管理进一步规范，医疗保险服务水平进一步提高。到12月底，全区定点医疗机构扩大到2 091家，定点零售药店扩大到506家。通过对“两个定点”的定期考评考核，有效控制了费用支出的过快增长。同时，加强对“两个定点”发生医疗费用的审核工作，建立了定点医疗机构和定点零售药店“退出”机制，促进了医疗保险制度的健康运行。

（六）农村社会养老保险进一步规范

2004年，广西各级农村社会养老保险机构认真贯彻落实劳动和社会保障部《关于做好当前农村养老保险工作的通知》和《关于进一步防范农村社会养老保险基金风险的紧急通知》精神，结合实际情况，将工作重心放在理顺管理体制，加强基金运营管理，规范业务操作和搞好专题调研上。截至年底，全区参加农村社会养老保险人数为180.64万人，领取养老金人数30 177人。农村社会养老保险基金结余4.94亿元。全区农村社会养老保险管理体制进一步理顺，截至2004年年底，全区已有7个地级市、30个县（市、区）的劳动保障部门接管了农村社会养老保险业务，已有52个农村社会养老保险经办机构的人员工资经费由同级财政解决。

（七）社会保险基金监督工作全面加强

2004年，广西进一步加强了社会保险基

金管理使用的监督，建立基金监督管理制度，规范基金现场监督检查，清理追收被挤占挪用的基金。1998年以后，自治区本级没有发生任何新的挤占挪用社会保险基金。2004年，全区回收挤占挪用基金941.14万元。自治区组织了检查组分别对基本养老、失业、医疗、工伤、生育保险基金进行了专项检查，对北海、桂林、梧州、钦州等市进行了重点检查，对平乐、南丹、合浦等县和玉州区进行了专项检查，对检查中发现的问题及时进行了纠正。

三、劳动保障法制建设取得新成绩

（一）立法工作稳步推进

2004年，自治区人民政府颁布实施了《广西壮族自治区失业保险办法》，进一步规范了广西的失业保险工作，促进了失业人员再就业。结合《行政许可法》的贯彻实施，自治区劳动保障厅积极开展劳动保障规章及规范性文件的清理工作，通过自治区人民政府公布修改了的《广西壮族自治区实施〈全民所有制企业招用农民合同制工人的规定〉细则》等3件劳动保障规章，废止了20件劳动保障规范性文件。各地劳动保障部门也对政策文件进行了全面清理，维护了法制的统一，确保了政令的畅通。同时，面对劳动保障领域出现的新情况、新问题，本着解决当前突出矛盾与着眼长远制度建设相结合的原则，在推进农村劳动力转移就业、治理拖欠农民工工资等方面制定了一系列劳动保障规范性文件，有力地推动了各项工作的开展。

（二）监察执法工作取得新突破

2004年，广西劳动保障监察执法工作牢固树立“以劳动保障监察为切入点，推动劳动保障事业全面发展”的理念，以制度建设为基础，以狠抓办案为龙头，切实维护劳动者的合法权益。2004年，全区通过劳动保障监察主动检查用人单位6.5万户，涉及劳动者231.25万人；对8.99万户用人单位实施劳动保障监察年审；为15.85万名劳动者追发工资待遇2.4亿元；责令补签劳动合同38.255万份；督促9 539户用人单位进行社会保险登记，督促1.29万户用人单位缴纳社会保险费1.49亿元。劳动保障监察立案6 517件，结案6 121件。建筑行业农民工工资保障金制度得到进一步落实，工资支付预警制度及监控制度逐步建立健全，清理拖欠农民工工资工作成效显著。全区通过劳动保障监察，处理克扣拖欠农民工工资案件3 982件，追发农民工工资等待遇2.2亿元。中共中央办公厅在其主办的《工作信息交流》上以《广西治理拖欠农民工工资工作成效显著》为题全面介绍了广西的经验和做法。劳动保障监察执法管理体制和工作机制创新取得了新进展。着力推进劳动保障监察网上年审，全年共有5万多家用人单位进入“市场与就业”网站进行登记，为加快劳动力市场网络建设、全面推行劳动保障监察书面材料审查制度打下了坚实的基础。全区劳动保障监察机构执法互动机制运转有效，充分发挥了上下联动、横向协作的执法网络的功能。探索建立企业劳动保障诚信制度取得初步成效，促进了企业用工情况公开化、透明化。进一步推行主办监察员制度，通过落实行政执法责任，增强了执法人员的责任感，提高了监察执法水平。

（三）依法行政水平进一步提高

2004年，广西以贯彻《行政许可法》为契机，全面完成了劳动保障行政许可项目、行政许可规定、行政许可实施主体的清理及报送审查工作，同时取消了职工档案管理费等5项行政事业性收费项目。各级劳动保障部门建立健全了法律审核、集体讨论、规范性文件合法性审查及备案、行政复议、行政应诉等工作制度，通过开展执法监督特别是强化事前监督，有效地避免或减少了行政违法行为。全年共处理行政复议案68件，其中受理53件，不予受理及依法作其他处理的15件；已结案47件，结案率为88.7%。在已结案的案件中，复议决定维持29件、撤销11件、申请人中途撤回5件、变更1件、确认违法或责令限期履行1件。行政应诉案42件（含上期未结5件），法院判决维持19件，占已结案比例的63.3%；

撤销7件，变更1件，撤销和变更的共占26.7%；原告中途撤诉3件。

（四）劳动保障宣传工作效果显著

2004年，广西围绕劳动保障中心工作，深入开展了贯彻实施《劳动法》10周年维护劳动者合法权益宣传咨询、维护农民工权益普法宣传周、再就业宣传周、贯彻实施《劳动保障监察条例》和《工伤保险条例》等全区性的专题宣传活动，发放宣传资料70多万份，进一步扩大了普法受众的覆盖面。柳州市通过在报纸办专栏、电视设专题、电台开辟“劳动热线连万家”节目等形式，宣讲劳动保障法律法规和政策，同时主动争取新闻媒体的支持，实现与媒体的良性互动，有力地推动了农民工维权工作的开展。桂林市通过建立宣传工作目标责任制和宣传工作奖励制度，形成了普法宣传“齐抓共管，责任到人”的工作格局，把劳动保障普法宣传工作推上了新台阶。自治区劳动保障厅建立了劳动保障新闻通报制度和新闻发言人制度，全年共举办新闻通报会9次，组织区内各新闻单位的记者分别到有关市、县采访8次，为劳动保障各项工作的开展创造了良好的舆论氛围。

四、企业工资管理和劳动关系调整工作力度加大

（一）企业工资管理得到加强

2004年，广西根据本区域经济发展水平的实际情况，调整了职工最低工资标准，并增设了小时最低工资标准。一类标准由原来的340元调整至460元，3.5元/小时；二类标准由原来的335元调整至400元，3元/小时；三类标准由原来的315元调整至360元，2.7元/小时；四类标准由原来的305元调整至320元，2.4元/小时。与此同时，各类标准的适用范围也作了相应调整，一类标准的适用地区为南宁市、柳州市、桂林市、梧州市、北海市；二类标准的适用地区为防城港市、钦州市、贵港市、玉林市、百色市、贺州市、河池市、来宾市、崇左市；三类标准的适用地区为各县级市；四类标准的适用地区为各县、自治县。年内，广西壮族自治区确定的工资指导线为：上线（预警线）18%，基准线8.5%，下线0或负增长。2004年，南宁市发布劳动力市场工资指导价位383项，柳州市426项，桂林市363项，梧州市312项。

2004年，广西城镇单位在岗职工年平均工资为13 579元，比上年增长13.6%，在全国各省、市、自治区中居第19位。

（二）劳动合同管理继续推进

2004年，广西继续全面加强劳动合同制度管理，着重做好国有企业改制、重组、主辅分离中的劳动关系处理，规范企业的用工行为，依法做好劳动合同和集体合同的签订、变更和解除工作，促进劳动关系的和谐稳定，维护企业和社会的稳定发展。推进各类企业特别是非公有制企业劳动合同的签订工作。全区签订集体合同的企业8 567户，涉及职工132.15万人；签订工资集体协商合同的企业633户，涉及职工18万人。同时，积极探索建设劳动关系三方协调机制，全区各市普遍建立了劳动关系三方协调机制。

（三）劳动争议处理和群体性突发事件的预防和处理工作成效明显

2004年，广西各级劳动保障部门和劳动争议仲裁机构克服人手少、任务重的困难，积极主动地处理了大量劳动争议案件，维护了劳动关系的和谐稳定。2004年，全区共处理劳动争议案件14 061起，同比增长38.3%，其中，立案处理7 345起，结案7 148起，结案率为97.3%，同比上升3.9个百分点；劳动争议涉及劳动者人数1.85万人，其中，集体争议案件223件，涉及劳动者4 668人。接待群众来信、来访、来电咨询14.5万人次，鉴证劳动合同40.4万份。群体性突发事件的预防和处理工作得到加强。健全了群体性突发事件监控预警机制、突发事件信息报告机制，从源头上预防群体性事件的发生。同时，将大量无序的群体性事件纳入有序的劳动争议仲裁程序，妥善处理企业改革和发展中遇到的矛盾和

问题，构建和谐劳动关系。

五、党风廉政建设、干部队伍建设和机关行政效能建设进一步加强

（一）党风廉政建设和纪检监察工作取得新成效

2004 年，广西各级劳动保障部门紧紧围绕劳动保障中心工作开展党风廉政建设和反腐败各项工作，开展党员学习教育活动，继续抓好源头治理；强化检查监督，进一步落实党风廉政建设责任制；推行政务公开，加强行风建设。加强对社会保险基金和再就业资金管理情况的监督检查，引入纪检监察机制开展对机关行政行为进行有效监督，督促有关部门进一步规范行政审批行为，加强信访举报线索的核查核实和监督，有效地促进了干部职工的廉洁自律。机关党建工作进一步加强。2004 年，自治区劳动保障厅在自治区政务环境评议评价活动中获得了广泛好评。

（二）干部队伍建设取得新进展

2004 年，广西各级劳动保障部门积极推进干部队伍建设，抓好干部教育培训工作。年内，自治区劳动保障厅共举办各种培训班 20 期，举办业务知识讲座 5 期；组织劳动保障业务培训团赴德国学习培训；组织劳务输出业务考察团赴俄罗斯进行考察。继续抓好创建“三优文明窗口”活动，全年授予 6 个单位为“三优文明窗口”单位。

（三）厅机关行政效能建设得到加强

2004 年，自治区劳动和社会保障厅机关紧紧围绕劳动保障中心工作，进一步加强效能建设，较好地完成了各项工作任务。全年处理各类公文4 189件，审核印制劳动保障厅文件1 652件；办理人大代表建议、政协委员提案 43 件，被评为 2003—2004 年度自治区政协提案承办先进单位；全年共编发各类信息近2 000条，上报自治区党委办公厅信息名列区直机关第 5 名，被评为自治区党委系统信息上报工作先进单位一等奖。督查工作被评为自治区党委督查工作先进单位。全年处理群众来信来访3 329件次；整理立卷档案2 767件，归档文件整理工作被自治区评定为优秀并得到通报表扬。厅机关规划财务、计划统计、离退休人员服务、扶贫支教、县域经济定点联系、机关服务等各项工作都取得了新的成绩。近年来，自治区劳动保障厅信息工作连续 3 年被自治区党委办公厅和政府办公厅评为信息上报工作先进单位一等奖；督查工作连续 3 年被评为全区党委系统督查工作先进单位；办理人大代表建议和政协委员提案工作连续 3 年被评为先进单位；档案管理工作连续 3 年被评为优秀。从 2001 年到 2004 年，自治区劳动保障厅共获得各种奖励 55 项次，其中厅办公室就获得 25 项次。由于工作成绩突出，自治区劳动保障厅办公室、医疗保险处、自治区社会保险事业局被自治区人民政府授予“全区社会保障工作先进单位”荣誉称号。

（广西壮族自治区劳动和社会保障厅）

海 南 省

2004年，在国家劳动和社会保障部的指导下，在省委、省政府的领导下，海南省劳动保障部门认真落实科学发展观，坚持抓住重点、突破难点、把握平衡点的总体工作思路，各项劳动保障工作取得重大进展，为全省经济发展做出了贡献。

一、就业再就业工作成绩显著

2004年，海南省各级党委、政府认真落实中央关于再就业工作的各项方针政策，进一步加强了对就业再就业工作的领导，全省各级劳动保障部门始终把就业再就业作为突出工作狠抓落实。

（一）启动了海南省下岗失业人员小额担保贷款工程

为推动下岗失业人员的自主创业，2004年上半年，省人事劳动保障厅与省财政厅、中国人民银行海口中心支行联合下发了《关于海南省下岗失业人员小额担保贷款实施问题的补充通知》，提出了“反担保所要求的风险控制金额原则上不超过下岗失业人员实际贷款额的30%”“各市县可以探索对具备一定条件的下岗失业人员取消反担保”等一系列新措施。2004年，全省共筹集到小额贷款担保资金4 720万元，发放小额贷款261笔，共计500多万元。

（二）建立和完善就业再就业援助制度

2004年，海南省以就业困难对象为重点，以“帮您再就业，我们的责任”为主题，大力开展送政策、送岗位、送技能、送服务的再就业援助活动，同时鼓励各级政府在活动中积极开发公益性岗位，做好下岗失业人员再就业培训工作，举办专场招聘会，为下岗失业人员提供就业岗位。近4 000名下岗失业人员与招聘单位达成意向，300多人被现场录用。

（三）全面建立基层劳动保障服务平台

2004年，为了给下岗失业人员提供快捷方便的再就业帮助，省人事劳动保障厅下发了街道（乡镇）劳动保障服务机构工作职责，进一步规范了基层劳动保障服务机构的工作。至2004年底，全省所有街道、县城，以及经济比较发达、人口比较集中的乡镇共建立了250个劳动保障服务机构，占应建数的100%，配备工作人员623人，做到机构、人员、经费、场地、制度和工作“六到位”。

（四）加大职业技能培训鉴定工作

2004年，海南省人事劳动保障厅首次组织了全省汽车维修和维修电工两个职业的高级技师的培训鉴定，填补了海南省高级技师考核鉴定工作的空白。启动了海南省“3年3千”新技师培养计划，从2004年至2006年，在制造业、现代服务业等技能含量较高的职业中，培养3 000名新技师。至2004年12月底，已培训鉴定技师、高级技师超过1 000人。海南省高级技校被劳动保障部和信息产业部确认为电子信息行业高技能人才培训基地。在2004年11月劳动保障部组织的全国技校系统技能竞赛中，海南省代表队一举获得多个奖项，取得前所未有的好成绩。

（五）进一步加强劳动力市场建设

2004年，海南省充分发挥市场配置人力资源的基础作用，坚持每月举办两次人才劳动力交流会，举办下岗失业人员专场招聘会，大力推行“窗口式”“一站式”“登门式”“全程式”服务。加强信息化建设，2004年10月，开通了海南人力资源网。2004年，用人单位为全省人才劳动力市场提供就业岗位11.2万个，进入市场登记求职人数26万人次。

（六）积极指导各市县开展农村富余劳动力转移就业

2004年，海南省人事劳动保障厅与省农业厅、教育厅等6部门联合成立了“海南省农村劳动力转移培训阳光工程指导小组”。参加了“珠洽会”，签署了《泛珠三角九省区劳务合作协议》，构筑劳务合作新平台。组织省、市、县就业服务机构参加了“深圳劳务合作暨技能人才招聘会”，签署了万人劳务输出意向。2004年，全省组织输出劳动力达2.1万人。

截至2004年12月底，海南省城镇新增就业8.1万人，完成全年任务的109%；下岗失业人员再就业3.6万人，完成全年任务的108%，其中“4050”人员再就业1万人，完成全年任务的103%；城镇登记失业人数3.8万人，城镇登记失业率为3.6%。圆满完成了年度就业再就业工作目标。在国务院召开的全国再就业工作先进集体和个人表彰大会上，海口市龙华区大同路街道办事处、保亭县人事劳动保障局等8个单位和个人受到表彰。

二、社会保障工作进展顺利

（一）企业离退休人员养老保险金发放实现历史性突破

截至2004年12月底，海南省参保人员84.8万人，参保离退休人员35万人，其中企业离退休人员30万人，应发企业基本养老金16.15亿元，实发养老金为16.15亿元，足额发放率为100%，首次实现全省全年企业离退休人员养老金当期无拖欠，实现历史性突破。一是积极采取措施解决农垦养老保险问题。在中央财政和地方财政的鼎力支持下，通过采取核定缴费基数、完善收支两条线、严格经办程序、多方筹措资金等措施，首次实现农垦全年基本养老金按时足额发放。2004年，财政补贴企业基本养老保险基金8.9亿元，补贴总额较上年净增了35.61%。二是加大了企业退休人员社会化管理服务力度。企业退休人员社会化管理服务率和社区管理服务率继续提高，管理服务项目进一步拓展，管理质量和效率进一步提高。到2004年底，全省企业退休人员社会化管理服务率达到90.3%，比上年同期提高了18个百分点；社区管理服务率达到42.7%，比上年同期提高了10.7个百分点。三是启动了支付养老保险待遇资格认证制度。通过社会保障管理服务机构进行养老金领取资格认证，查处冒领养老金行为；开展省内异地居住退休人员领取养老金资格认证协查，堵塞了基金流失的漏洞。

（二）医疗保险制度改革稳步推进

2004年1月1日，海南省政府颁布实施了《海南省城镇个人参加医疗保险办法》，填补了城镇灵活就业人员、失业人员、无缴费能力单位职工参加基本医疗的制度空白。2004年10月12日，实施了《海南省社会医疗补助办法》，主要保障曾经参加医疗保险，但因故无法按《海南省城镇从业人员基本医疗保险条例》规定享受基本医疗保险待遇的退休人员的基本医疗保险权益。《海南省社会医疗补助办法》的颁布，标志着海南省城镇从业人员的医疗保障制度初步形成了由基本医疗保险、基本医疗保险门诊特殊病种统筹、社会补充医疗保险、公务员医疗补助、城镇个人参加医疗保险、社会医疗补助等构成的多层次制度体系，较好地保障了广大医疗保险参保人员的医疗保障权益。到2004年底，全省参加基本医疗保险人员为78.5万人，比2003年增长了24.5%。

（三）工伤、失业和生育保险工作顺利开展

根据国家《工伤保险条例》，2004年7月1日，海南省出台了《海南经济特区工伤保险若干规定》，同时废止了《海南经济特区城镇从业人员工伤保险条例》。新颁布的《若干规定》将工伤医疗康复和职业康复费、工伤预防费、工伤人员劳动能力鉴定费用明确列入工伤保险基金支出项目；建立了全省工伤保险储备金调剂制度，明确了工伤人员自由择业并获得补偿的权利，较好地体现了社会保障“以人为本”的理念。积极开展工伤预防工作，对从事有害有毒工种的6 700多名职工进行职业病健康检查，社会反响良好。截至2004年年底，全省参加工伤保险的职工为64.4万人。失业和生育保险工作进展顺利。全省失业保险参保人数57.4万人；参加生育保险的职工31.7万人。

与此同时，金保工程建设取得突破性进展，一期建设的投标工作全部完成，已进入工程建设阶段。

三、劳动监察工作成效明显

2004年，海南省各级劳动保障监察机构共检查4 500家用人单位，涉及劳动者15万人；受理群众举报案件500件，结案480件，结案率达96%；清退童工18人；追讨劳动者工资1 100万元，涉及劳动者8 000人；取缔非法职业中介机构15家；纠正职业资格和职业培训违规单位90家；为2 000名劳动者追回抵押金20万元；审查用人单位规章7 000件，纠正违法规章1 500件；处理劳动保障突发事件20件，涉及劳动者2 000人。为从源头上治理和预防拖欠、克扣农民工工资行为，发布了《关于建立建设领域农民工工资保证金制度的通知》，建筑领域企业已偿付拖欠农民工工资1 756万元，清欠率达90%。在全省范围开展了一系列专项检查：一是检查农民工工资支付情况，检查用人单位1 427家，涉及农民工4.15万人，为1 938名农民工追回被拖欠工资和应支付赔偿金294.65万元；二是检查贯彻实施《禁止使用童工规定》情况，检查用人单位1 159家，涉及职工46 757人，清退童工10人；三是检查16家企业劳动用工和社会保险缴费情况；四是开展维护农民工劳动保障权益的普法宣传活动。

2004年，海南省加强了劳动关系的协调工作。一是加强劳动合同管理。2004年，全省进行劳动合同鉴证8万份，签订集体合同1 218份，涉及职工34万人。二是做好国有企业改制、关闭、破产职工的安置工作。下发了《省属国有企业改制关闭破产职工安置审查办法》，落实好职工安置的各项政策。三是推行劳动关系三方协商机制，在省直企业开展“用工诚信示范单位”的表彰活动。

2004年，海南省成立了省人事（劳动）仲裁办公室，接受人事争议仲裁申请12件，受理裁决处理6件；接受劳动争议申诉235件，受理210件，其中，裁决处理161件，调解处理18件，促使当事人和解而撤诉的31件，在法定期限内结案率达100%，有效维护了劳动者和用人单位的合法权益。

四、工资收入分配调控能力不断加强

2004年，海南省加强了企业工资宏观调控体系建设。一是经劳动保障部、省政府同意，及时发布了2004年度企业工资增长指导线意见，确定企业工资增长平均线为11%，增长最高线为13%。二是调整2004年最低工资标准，三类地区的最低工资标准分别调高了50元。首次确定和颁布了全省小时最低工资标准，一、二、三类地区分别为4.5元/小时、3.5元/小时、3元/小时。三是在海口市发布了285个岗位的劳动力市场工资指导价位信息，推进了劳动力市场建设。

（海南省人事劳动保障厅）

重 庆 市

2004年，重庆市劳动保障系统在劳动保障部的指导下，市委、市政府的领导下，认真贯彻党的十六大和十六届三中、四中全会精神，努力实践“三个代表”重要思想，团结奋斗，扎实苦干，积极扩大就业和促进再就业，加快技能人才队伍建设，进一步完善社会保障体系，加强劳动关系调整工作，切实维护劳动者合法权益，各项工作取得新成绩，在改革发展稳定的大局中发挥了重要作用。

一、就业和再就业工作取得显著成绩，技能人才队伍建设全面加强

就业是民生之本。2004年，重庆市委、市政府继续把就业和再就业作为“民心工程”和“党政一把手工程”来抓，全市劳动保障系统高度重视，全力推进，超额完成了目标任务。全市城镇新增就业人员18.67万人，完成年计划16万人的116.7%；指导和帮助下岗失业人员实现就业和再就业13.52万人，完成年计划11万人的122.9%；帮助“4050”人员实现再就业3.44万人，完成年计划3万人的114.7%；培训下岗失业人员9.36万人，完成年计划7万人的133.7%；组织劳务输出11.4万人，完成年计划10万人的114%。12月底，全市城镇登记失业率为4.12%，比4.5%的控制目标低0.38个百分点。在9月初国务院召开的全国再就业工作表彰大会上，市就业局荣获“全国再就业先进工作单位”称号；市劳动保障局就业处王世平处长、巴南区劳动保障局李乾华局长、开县就业局罗本华局长3位同志荣获“全国再就业先进工作者”称号。在就业和再就业工作中，重庆市主要采取了以下措施：

（一）建立就业和再就业目标责任考核体系

2004年，重庆市委、市政府将就业和再就业工作的主要指标分解下达给各区县（自治县、市），纳入目标考核，同时强化了失业保险扩面、劳动力市场建设等目标任务，有力地推动了就业和再就业工作的开展。

（二）不断扩大再就业小额贷款发放规模

到2004年底，重庆市所有区县（自治县、市）都开展了再就业小额贷款工作，市和区县（自治县、市）两级财政共投入担保基金1亿多元，比2003年同期增加5 100万元；累计发放再就业小额贷款2.12亿元，其中2004年发放贷款1.59亿元，比2003年底累计发放额增加了近3倍；帮助1.45万下岗失业人员自谋职业和自主创业，贷款到期回收率在96%以上。在7月初中国人民银行等4部门联合召开的推进小额担保贷款政策落实工作电视电话会议上，重庆市介绍了经验。

（三）狠抓街道社区社会保障工作机构建设

到12月底，重庆市已批准395个街道（镇）建立社会保障工作机构，其中80%左右已建设完成并开展工作。全市街道社区社会保障工作机构管理下岗失业人员18.48万人，其中“4050”人员4.25万人。

（四）加强劳动力市场建设

2004年，重庆市劳动力市场信息网络联网单位共办理用工登记23.72万人次、求职登

记 15.1 万人次，介绍成功 9.6 万人。

（五）创新再就业培训工作机制，积极开展创业培训

2004 年，重庆市按照社会化、专业化的要求，制定了再就业培训和经费补助办法，建立起市场导向的再就业培训工作新机制。同时，积极开展下岗失业人员创业培训工作，启动了从国际劳工组织引进的 SYB 创业培训并培训合格2 908人，其他形式的下岗失业人员创业培训合格1 197人，培训后创业成功率在56％以上。市劳动保障局圆满完成了市政府交办的移民培训工作，被评为“三峡移民培训年先进单位”。

（六）积极完善和落实社会保险补贴、岗位补贴政策，重点帮助“4050”人员再就业

针对社会保险补贴落实难的问题，2004 年，重庆市有关部门联合出台了更加符合实际的社会保险补贴和岗位补贴政策，落实社会保险补贴2 017.02万元、岗位补贴1 200.3万元，帮助“4050”人员实现再就业。全年共建立社区公益性劳动组织 165 个；社区公益性岗位吸纳下岗失业人员 1.18 万人，其中“4050”人员 0.8 万人。江北区、沙坪坝区、渝中区等区县还积极探索，通过提供就业补贴、自主创业开办补贴和低保渐退等方式促进低保人员就业，取得一定成效，积累了经验。

（七）统筹做好全社会的就业工作

2004 年，重庆市积极开展劳务输出工作，组织劳务输出 11.4 万人。市劳动保障部门配合有关部门做好高校毕业生就业工作，切实加强就业指导和服务，为自主创业存在资金困难大学毕业生提供小额贷款。

与此同时，全市劳动保障系统认真贯彻落实全国、全市人才工作会议精神，积极实施人才强国、人才强市战略，全面加强技能人才尤其是高技能人才队伍建设。全年共组织职工职业培训 85 万人次，27.14 万人参加职业技能鉴定，20.15 万人取得职业资格证书，比 2003 年增长 25.4％，其中取得高级工职业资格证书的19 979人，取得技师、高级技师职业资格证书的分别为3 190人、1 924人，超额完成了培养2 500名新技师的年度目标任务，全市取得职业资格证书的人数累计达到 82.87 万人，高技能人才达到 12.2 万人。全市 67 所技工学校（班）共计招生26 145人，毕业17 456人，毕业生就业率达 98％以上。新开发地方职业标准 12 个。先后举办了 8 项省级一类技能竞赛。协调有关部门大幅提高了对优秀技能人才的奖励标准，对营造崇尚技能、尊重技能人才的社会氛围，鼓励劳动者岗位成才起到了良好的引导作用。

2004 年，重庆五一高级技工学校以申办高职学院和全面贯彻实施“ISO 9001：2000”质量管理体系为契机，扩大办学规模，深化教学改革，加强师资队伍建设和基础设施建设，各项工作取得了新进展，学校面貌焕然一新，实现了跨越式发展。

二、社会保障体系进一步完善

2004 年，重庆市社会保障体系建设取得了较好成绩。顺利完成了企业职工基本养老保险管理体制调整工作，解决了“一市两制”问题，实现了全市统筹；市第一个社会保险地方性法规——《重庆市失业保险条例》正式实施，开创了失业保险工作新局面；医疗保险在建立多渠道、多层次的医疗保险政策体系方面实现了较大突破，国有破产企业退休人员、达到法定退休年龄的大龄下岗职工等社会弱势群体的医疗保险权益得到了较好维护；工伤保险制度全面启动实施，构建了社会保险的又一重要支柱；社会保障监督机制进一步健全和完善。重庆市的社会保障体系更趋完整，社会保障覆盖范围更加广泛，社会保障能力进一步增强。

（一）企业职工基本养老保险工作取得新成绩

截至 2004 年年底，重庆市参加企业职工基本养老保险的职工人数 185.90 万人、离退休人员 96.24 万人。1—12 月，应发放企业离退休人员基本养老金 58.92 亿元，实际发放 58.92 亿元，连续 7 年确保了基本养老金按时

足额发放。

1. 顺利完成了管理体制调整工作，实现了新旧体制的平稳过渡。完善重庆市企业职工基本养老保险管理体制是市委、市政府为解决重庆市企业职工基本养老保险“一市两制”问题的重要举措，是2004年重庆市各级劳动保障部门的一项重要工作。市劳动保障局认真贯彻落实市委、市政府的部署，在市有关部门、有关区县（市）党委和政府的大力支持、配合下，顺利完成了将市社会保险局直接管理的22个区县（市）养老保险经办机构移交当地政府的工作。同时，组织力量研究制定了适应新体制运行要求的配套政策，建立起了以《重庆市人民政府关于完善我市企业职工基本养老保险管理体制的通知》为核心，以目标考核、集中统一管理数据信息、规范退休审核审批程序等办法为支撑的政策体系和管理体系，基本形成了目标明确、职责清晰、责任分担的基金征收和发放新机制，全市企业职工基本养老保险基金收支运行平稳。

2. 扩面清欠工作取得成效。2004年，重庆市以外商投资企业、私营企业和灵活就业人员为重点，依法扩大基本养老保险覆盖面，积极清理企业欠缴的基本养老保险费，1—12月，新增参保11.48万人，清欠9.39亿元，超额完成了劳动保障部下达的5.9亿元的清欠任务。

3. 企业退休（职）人员基本养老金水平得到提高。2004年，重庆市按照劳动保障部、财政部的统一安排，认真细致地做好企业退休（职）人员基本养老金调整工作，制定了科学合理的调整办法，并对原基本养老金水平偏低的人群给予适当倾斜，提高了全市企业退休（职）人员基本养老金水平。调整增加的基本养老金已在2004年底前兑现。

4. 企业退休人员社会化管理服务工作加快推进。截至12月底，重庆市对94.04万名企业退休人员实行了社会化管理服务，社会化管理率达到98.58%，其中社区管理人数67.58万人，社区管理率达到71.86%，顺利完成了社会化管理率95%、社区管理率50%的目标任务。

（二）失业保险的保障能力进一步增强

2004年，重庆市以事业单位和非公有制企业为重点，积极扩大失业保险覆盖面，全市参保人数为193.45万人。1—12月，接收享受失业保险待遇人员6.02万人，加上2003年底结存的8.13万人，共向14.15万人发放了失业保险金，至12月底仍有9.17万人享受失业保险待遇。从10月1日起，提高了失业保险金发放标准。同时，做好享受失业保险待遇期满的大龄下岗职工的管理和生活费发放工作，确保其基本生活不断档，到12月底共为6.67万人次的大龄下岗职工及时发放了生活费。

（三）医疗保险工作取得了阶段性成果

至12月底，重庆市所有医疗保险统筹地区均启动实施了基本医疗保险，其中26个统筹地区完成了市政府下达的年度扩面目标任务，全市参保人数达206万人，同比增长71.7%，参保覆盖率为70.4%，超额完成了劳动保障部下达的200万人的参保目标任务；全年基本医疗保险基金总收入8.3亿元，支出6.21亿元，结余2.09亿元（其中统筹基金收入4.93亿元，支出4.27亿元，结余0.66亿元，个人账户收入3.37亿元，支出1.94亿元，结余1.43亿元），收支平衡，略有结余。近9 000名离休干部纳入了离休干部医药费统筹管理。全市有基本医疗保险定点医疗机构1 025家、定点零售药店365家，基本满足了参保人员就医、购药的需要。

为解决困难群体的医疗保险问题，重庆市先后出台了国有破产企业退休人员、达到法定退休年龄的大龄下岗职工参加基本医疗保险的政策，至12月底，已有12.4万名国有破产企业退休人员、1 524名达到法定退休年龄的大龄下岗职工按规定参加了基本医疗保险；制定了灵活就业人员参加医疗保险的指导意见，有14个统筹地区出台了灵活就业人员参保办法，10 984名灵活就业人员参加了医疗保险。部分统筹地区根据困难企业实际，通过降低缴费率、降低待遇标准的办法，将困难企业及时纳入了医疗保险。针对参保人员反映的医疗费用结算时间长、手续较为繁杂的问题，各统筹地区切实加强医疗保险基础管理，大力推进医疗保险计算机信息网络系统建设和运用，基本实现了医疗费用的实时结算。

（四）工伤保险全面启动，生育保险取得新进展

2004年是《工伤保险条例》实施的第一年，也是重庆市建立全市统一的工伤保险制度的第一年。根据《工伤保险条例》《重庆市工伤保险实施暂行办法》的有关规定，重庆市先后制发了10个配套文件，构建了工伤保险政策体系，同时积极理顺管理体制，健全工伤机构，狠抓工伤保险启动实施和扩面工作。截至12月底，所有区县（自治县、市）都启动实施了工伤保险，参保人数达122.55万人，工伤保险统筹基金当年收入3 109.34万元，支出2 210.75万元，结余898.59万元，累计结余4 450.75万元。受理工伤认定案件10 251件，结案10 045件。切实加强劳动能力鉴定工作，完成劳动能力鉴定6 178人次，其中再次鉴定326人次，委托鉴定308人次。13个区县（自治县、市）开展了生育保险工作，参保人数12.89万人，生育保险基金当年收入263.27万元，支出181.22万元，累计结余2 403.27万元。

（五）机关事业单位养老保险制度改革稳妥推进，农村社会养老保险加快探索步伐

遵循“积极稳妥、逐步推进”的指导思想和原则，2004年，重庆市属自收自支事业单位养老保险工作取得新进展，至12月底，有参保单位506个，参保在职人数13 695人、离退休人员3 719人；基金征收率达到98%，养老金按时足额支付率达到100%。积极开展农村社会保险调研工作，先后开展了对全市农村社会养老保险工作情况和被征地农民社会保障问题的调研，形成了农村养老保险的相关工作意见；同时，进一步加强了对已开展农村养老保险工作的区县的指导。

（六）社会保障基金监督机制进一步完善

2004年，重庆市认真贯彻落实全国社会保障基金监管工作会议精神，进一步加强社会保险基金监管制度建设。制定实施了《重庆市社会保险基金内部审计暂行办法》，建立了社会保障资金报表制度、社会保障资金各管理部门之间的定期对账机制、社会保障基金管理违纪责任制和社会保险基金日常管理规范。继续开展社会保险基金现场监督工作，对原基本养老保险行业统筹单位2003年度基本养老保险费收入预算执行情况进行了内部审计。市劳动保障局会同市地税局委托3户中介机构对主城6区的社会保险经办机构审核企业缴费基数和人数的情况进行了专项审计，并延伸审计到相关的90户企业，涉及从业人员27 071人。加强社会保障监督委员会的相关制度建设，市社会保障监督委员会第一次全体会议审议通过了《重庆市社会保障监督委员会章程》《重庆市社会保障举报案件处理试行办法》等，所有区县（自治县、市）都成立了社会保障监督委员会，并开展了社会保障监督工作。2004年，市劳动保障局立案受理社会保险基金举报案件12件，其中移交市民政局处理3件，结案8件，1件正在办理之中。

三、劳动关系协调工作得到加强，劳动者合法权益得到有力维护

（一）劳动关系协调工作进一步加强

2004年，重庆市劳动保障系统继续加强劳动合同管理，进一步推进平等协商和集体合同制度。截至12月底，共有2.55万户企业建立了平等协商机制，占应建制企业总数的80%；有4 603户企业签订的集体合同经劳动保障部门审核生效，涉及职工215万余人。积极加强三方协调劳动关系制度建设，所有区县（自治县、市）均已建立了劳动关系三方协调机制，初步构建了多层次、多方位的三方协调劳动关系框架。继续指导企业在改制重组和关闭、破产、搬迁过程中妥善处理劳动关系，保

障职工和企业的合法权益。积极做好国有大中型企业主辅分离辅业改制分流安置富余人员的相关工作，认真研究制定政策，精心组织实施。重庆市国有大中型企业主辅分离辅业改制分流安置富余人员工作已经走上制度化、规范化的轨道，得到劳动保障部的充分肯定，在11月国资委、劳动保障部、财政部、国家税务总局联合召开的全国国有大中型企业主辅分离改制分流经验交流大会上，市劳动保障局作为全国劳动保障系统的唯一代表，作了经验交流发言。

（二）企业工资收入分配制度改革不断深化

2004年，重庆市积极开展劳动力市场工资指导价位制度建设，发布了210个工种（岗位）的劳动力市场工资指导价位；继续进行工资指导线的测算工作，指导企业把工资指导线运用到工资集体协商中去。全市有563户企业开展了工资集体协商工作。制定了2004年国有及国有控股企业工资总额的宏观调控政策和实施办法，对全市400余户国有及国有控股企业2003年度工资总额进行了清结算并审核了2004年工资总额宏观调控方案。认真贯彻《最低工资规定》，调整提高了重庆市的最低工资标准和非全日制职工最低小时工资标准。对实行非标准工时制度的企业进行了清理，依法审批了70余户企业的不定时工作制和综合计算工作制。继续推进工资集体协商工作。

针对建设领域较为普遍存在的拖欠和克扣农民工工资问题，2004年，市劳动保障局会同市建委共同研究制定了《转发劳动和社会保障部建设部关于印发〈建设领域农民工工资支付管理暂行办法〉的通知》，要求建设单位和施工总承包企业规范工程的发包、分包行为，建立农民工工资保障金制度，预支农民工基本生活费，按规定及时与农民工结清工资；建立惩戒机制，把建筑行业兑现农民工工资支付作为重要的信用指标，对严重和恶意拖欠农民工工资的建设单位、施工企业加大处罚力度。

（三）劳动争议仲裁工作水平进一步提高

2004年，重庆市各级劳动争议仲裁机构努力提高案件处理质量，及时处理了一系列重大、疑难、复杂案件，依法维护了当事人双方的合法权益。1—12月，共处理劳动争议案件1.83万件，立案受理7 856件，涉及劳动者2.5万人；已结案7 656件，结案率达97.45%。针对拖欠农民工工资争议案件的特殊性，市劳动争议仲裁委员会作出了优先从快办理的规定，对农民工申诉的拖欠工资劳动争议案件当日立案，一律适用简易程序，并在受理后10日内结案。对重大、复杂、疑难、紧急的拖欠农民工工资劳动争议案件，由各级劳动争议仲裁委员会主任督办或由市劳动争议仲裁委员会督办。九龙坡区劳动争议仲裁委员会顺利处理了两起长期拖欠农民工工资的集体劳动争议案件，被“王志王”等单位拖欠巨额工资的农民工终于获得了自己应得的劳动报酬；江津市劳动争议仲裁委员会现场开庭仲裁拖欠工资案件，创下了3小时结案的纪录。

（四）劳动保障监察工作成绩突出

2004年，重庆市各级劳动保障部门以切实解决拖欠农民工工资问题作为劳动保障监察执法重点，组织开展了3次大规模执法检查。一是从2003年10月底到2004年2月初，开展了“百日追薪”执法检查，追回被拖欠的农民工工资2.43亿元；二是2004年5月至7月，市级7部门联合开展了《劳动法》颁布10周年以来规模最大的维护劳动者合法权益执法大检查，基本摸清了重庆市各类企业贯彻执行劳动保障法律法规的现状和存在的问题，通过重点对建筑业企业与农民工签订劳动合同和支付农民工工资情况进行检查，追回被拖欠的农民工工资3 454万元；三是根据国务院和市政府关于在2005年春节前全部解决拖欠农民工工资问题的要求，市劳动保障局、市建委、市总工会于12月1日起在全市再次组织开展了为期两个月的农民工工资支付情况的专项检查，并结合《劳动保障监察条例》的学习宣传和贯彻实施，推出了劳动保障部门向社会公布用人单位拖欠农民工工资重大违法行为的制度。通过劳动保障监察执法，有力地促进了重庆市拖欠农民工工资问题的解决，得到了市委、市政府的充分肯定和社会各界的广泛赞誉，树立了劳动保障部门的良好形象。

据不完全统计，2004 年，重庆市各级劳动保障部门共对 1.79 万户用人单位进行了执法检查，涉及劳动者 107.33 万人（次），清退风险抵押金 567.36 万元，督促2 178户用人单位进行社会保险登记；参与处理突发事件 351 起，受理群众举报案件8 935件，其中立案查处6 495件，结案率为 99.1%。劳动保障监察机构队伍建设进一步加强，已有 30 个区县（自治县、市）成立了劳动保障监察大队，配备了 160 名专职劳动保障监察员。

（五）集中处理信访突出问题和群体性事件工作机制基本建立

按照劳动保障部和市委、市政府的统一部署，2004 年，重庆市劳动保障系统认真做好集中处理信访突出问题和群体性事件工作，市和区县（自治县、市）劳动保障部门均建立了由主要领导负责、各业务部门参与的联席会议制度，基本建立了群体性事件应急处理机制，及时处理了一批信访突出问题和群体性事件，有力地维护了群众的合法权益和社会稳定。1—12月，市劳动保障局共处理信访总量3 220件次，涉及7 505人次。

四、劳动保障基础建设进一步加强，劳动保障系统自身建设取得新成绩

（一）劳动保障法制建设取得新成绩

1. 加强地方立法工作，为劳动保障事业发展提供法律支撑。2004 年，重庆市劳动保障立法重点项目——《重庆市企业工资支付规定》《重庆市职工生育保险暂行办法》和《重庆市劳动合同规定》已报市政府审议；市劳动保障局承担的市人大常委会 2004 年地方立法调研项目《重庆市人力资源市场管理条例》《重庆市集体合同条例》，已完成了初稿起草工作；《重庆市基本养老保险条例》《重庆市基本医疗保险规定》的立法调研工作已经展开。

2. 认真贯彻《行政许可法》，深化行政审批制度改革。2004 年，重庆市劳动保障部门的行政审批项目已由过去的 57 项缩减为目前的 12 项，减少了 80%。

3. 进一步落实和完善行政执法责任制度，加强对执法机构和执法人员的管理，提高行政执法人员依法行政的素质和能力，提高行政执法水平。

4. 进一步强化行政执法监督，规范行政复议和行政应诉办案程序，提高办案质量。至 12 月底，重庆市劳动保障局共收到行政复议申请 245 件，比 2003 年增长 127%，其中立案受理 233 件，已办理审结 199 件（其中撤销和变更 15 件，维持率为 92.5%）；发生行政诉讼案件 7 件，已审结 4 件。加强对抽象行政行为的监督，完善了规范性文件的审查办法。

5. 围绕劳动保障工作重点、难点问题，加强调查研究。2004 年，重庆市劳动保障局按照市委二届五次全会、六次全会的调研要求和相关部署，组织了加快推进新型工业化工作中完善社会保障体制的研究，完成了相关的调研报告；组织开展了三峡库区社会保险体系建设的专题调研。

（二）社会保障信息系统建设取得较大进展

2004 年，重庆市社会保障信息系统一期工程建设全面有序推进。确定了社会保障信息系统一期工程的监理单位，完成了《业务需求与数据资源整合方案》，并报经市政府领导审批通过。确定了项目的分包招标计划，通过公开招标确定了 7 家建设公司，这些公司在合同签订后，均已陆续投入到一期工程项目建设过程中。启动了社会保障卡的前期准备工作。确认了社会保险业务需求的基本模式。对主城 9 区相关业务单位的数据质量、数据规模等数据基本情况进行了调研，收集了部分基础数据和业务数据。按照劳动保障部关于金保工程全国联网“养老先行”的要求，制订了重庆市与全国养老保险信息系统联网的实施方案，并于 2004 年 12 月 3 日实现了市社会保险局与劳动

保障部养老保险信息系统的联网，成功进行了第一次数据上传和模拟数据分析，标志着重庆市金保工程建设取得了突破性的进展。开通了重庆劳动保障网，网站运行情况良好。

（三）劳动保障规划财务工作进一步强化

2004年，重庆市认真做好劳动保障事业发展“十五”计划实施工作；对2005年的计划指标进行了重大调整，特别是突出了就业和再就业、社会保障体系建设等中心工作。全面推进劳动保障事业发展“十一五”规划编制工作，制订下发了“十一五”规划编制工作方案，完成了“十一五”规划基本思路的编制工作。全面完成统计报表和定期报表工作，加大统计分析工作力度。加强财务管理，千方百计筹集资金，为劳动保障各项工作的开展提供了经费保障。

（四）劳动保障宣传和政务信息工作取得新进展

2004年，重庆市劳动保障系统围绕劳动保障中心工作任务，积极开展劳动保障宣传工作，在通过新闻媒体进行宣传的同时，集中深入开展再就业宣传报道工作，大力宣传再就业先进典型，并先后开展了以纪念《劳动法》颁布10周年为主题的劳动保障法律法规宣传咨询活动，以“推行国家职业资格证书制度，加强高技能人才队伍建设”为主题的技能宣传月活动，以及维护农民工权益普法宣传活动、纪念《工伤保险条例》实施1周年宣传咨询活动等，扩大了劳动保障工作的社会影响，使劳动保障法律法规政策更加深入人心，取得了较好效果。劳动保障政务信息工作紧紧围绕劳动保障工作的重点、热点和上级领导关心、群众关注的重大问题，及时向上级机关报告工作动态、反映存在的问题，整体水平有了进一步提高，为领导决策提供了参考，其中市劳动保障局上报的反映解决拖欠农民工工资问题的信息等被中共中央办公厅、国务院办公厅信息刊物采用。2004年，市劳动保障局被市政府办公厅评为政务信息工作先进集体。

（五）民主评议行风工作取得成效，劳动保障系统自身素质进一步增强

2004年，重庆市劳动保障局被确定为2004年市级部门行风评议工作重点单位。局党组对此高度重视，列入重要议事日程，以解决关系人民群众切身利益的突出问题为主线，以解决拖欠和克扣农民工工资问题为重点，明确目标，落实责任，精心组织实施，切实加强和改进工作，行风评议工作取得了明显成效，在市纠风办确定的8个行风评议工作市级重点单位中，综合测评满意率名列前茅。继续认真做好“两会”建议、提案办理工作，市劳动保障局办理2004年市人大代表建议60件、市政协提案65件，满意率较高，被市委办公厅、市人大常委会办公厅、市政府办公厅、市政协办公厅评为2004年“两会”建议、提案办理工作先进单位。全市劳动保障系统全面加强党的思想、组织和作风建设，积极开展党风廉政建设和反腐败工作，继续深入开展创建“三优”文明窗口活动，切实加强干部选拔任用和教育培训工作，完成了对全市养老保险经办机构280余名科级以上干部的培训考核工作，干部队伍素质得到进一步提高。2004年，市劳动保障局获“市级文明单位”称号。

（重庆市劳动和社会保障局）

四　川　省

2004年，四川省劳动保障工作在省委、省政府的领导下，坚持以邓小平理论和“三个代表”重要思想为指导，全面贯彻落实党的十六届三中、四中全会和人才工作会议精神，以促进就业再就业、完善社会保障体系和维护劳动者合法权益为重点，协调推进收入分配、劳动关系、劳动保障法制建设、金保工程建设和劳动保障科研工作，劳动保障各项事业得到新的发展。

一、就业和再就业工作力度加大，就业局势基本稳定

2004年，四川省继续把解决就业问题作为头等大事和一把手工程，结合全省经济发展和经济结构调整实际，以增加就业岗位为目标，制定和实施了一系列扩大就业和促进再就业的政策措施，下岗失业人员及困难救助对象的就业再就业、高校毕业生就业、妇女就业、残疾人就业，以及外国人在中国就业、港澳台人员在内地就业、进城务工农民就业的管理服务工作得到统筹兼顾，全省就业规模持续扩大，就业结构进一步优化，就业渠道不断拓宽，就业形式更加灵活，就业局势基本稳定。

2004年末，四川省城镇就业人员总数已达到1 086万人，比上年末增加26万人。其中城镇单位从业人员500.1万人，同比减少5.6万人；城镇私营企业和个体从业人员360万人，同比增加5万人；灵活就业人员225.8万人。城镇单位从业人员中，在岗职工480.7万人，比上年末减少6万人。其中，国有单位305.6万人，减少10.3万人；城镇集体单位43.7万人，减少5万人；其他各种经济类型单位131.4万人，增加9.3万人。

2004年，四川省城镇下岗失业人员就业再就业成绩显著。全省共有下岗职工19.2万人，其中新增2.4万人；下岗职工中，国有企业下岗职工14.9万人，其中新增1.3万人。全省共有城镇登记失业人员83.2万人，其中当年新增50.1万人，新增人数在2003年的基础上又增加了6.8万人。全省城镇需要就业再就业人员132.9万人。由于各级党委、政府的高度重视，措施有力，全省城镇新增就业人数明显增加，突破50万人大关，达到50.9万人；下岗失业人员实现再就业26.5万人，其中“4050”等救助对象再就业8.9万人。截至2004年末，全省实有城镇登记失业人员33.3万人，失业率为4.4%，与上年末持平，低于5%的计划控制目标。

2004年，四川省劳动力市场建设继续加强。全省进一步加快了劳动力市场和就业服务信息化建设步伐，成都、德阳、攀枝花、宜宾、泸州、南充6个城市的就业服务“新三化”建设试点工作已开始启动实施。在全省已建成劳动力市场综合性服务场所地级以上城市中，有14个已建成了劳动力市场广域网或局域网。成都市建成中国西部最大、服务功能和设施最完备的人力资源市场，宜宾、攀枝花、德阳3市的劳动力市场信息广域网络在实现区、县全覆盖的基础上，已开始向重点街道和社区延伸。成都、攀枝花、绵阳、德阳、宜宾、乐山、南充、泸州、雅安、广安、自贡11市已按要求开展了劳动力市场职业供求状

况的分析发布工作，对全省公共职业介绍工作的开展起到了明显的促进作用。

2004年，四川省职业介绍工作取得新的成绩。全省1 795个职业介绍机构共办理登记求职91.3万人次；提供职业指导服务71.4万人次；职业介绍成功49.9万人次，求职成功率为54.7%。全省公共职业介绍机构共为26.2万名下岗失业人员提供了免费职业介绍服务，介绍成功率达到58.3%。成都、攀枝花、德阳、泸州、绵阳、宜宾、南充等城市的公共职业介绍机构已将所有城镇登记失业人员和农村进城就业人员纳入免费职业介绍服务范围，在全社会初步树立了以公益性为主要特点的公共就业服务的良好形象。按照省委、省政府要求，各地高度重视失地无业农民的再就业工作，通过强化就业服务，为他们尽快实现再就业创造条件，全年全省共为9.7万名失地无业农民办理了求职登记，并提供了职业指导、政策咨询、职业介绍等免费就业服务，其中介绍成功的有4.9万人，成功率达50.5%。

2004年，四川省各级就业服务管理机构加大有组织劳务输出力度，劳务输出总量进一步增加。全年直接组织劳务输出17.2万人，比上年增加0.4万人。

2004年，四川省社区就业工作成绩突出。全年新办社区就业实体2 611个；新吸纳下岗失业人员8.8万人，比上年增长10.6%。社区就业实体从业人员达到23.7万人，比上年增长40.9%。

二、各项社会保险工作顺利开展

（一）养老保险

截至2004年末，四川省离休、退休、退职人员（含由民政部门支付离退休费的人员）总数为240万人，比上年末增加7.5万人。其中，离休人员3.1万人，减少0.3万人；退休人员233万人，增加7.5万人；退职人员3.9万人，增加0.2万人。离休、退休、退职人员全年保险福利费用总额为208.2亿元，比上年增长11.1%。其中，离休金6.3亿元，增长6.8%；退休金184.9亿元，增长11.5%；退职生活费1.8亿元，增长12.5%。

截至2004年末，四川省参加基本养老保险的职工有532.8万人，同比增加18.8万人，其中实行企业养老保险办法的422.8万人，同比增加25.6万人；实行机关事业单位养老保险办法的110万人。实行企业养老保险办法的年末参保职工有421.9万人建立了个人账户，建账率达到99.8%。年末养老保险缴费人数497.2万人，参保缴费率达93.3%。全年征收基本养老保险费150.5亿元，征缴率达94.9%。

2004年末，四川省参保离退休总人数已达到222万人，其中实行企业养老保险办法的达到193.5万人，同比增加10.6万人。企业退休人员社会化管理服务率达到96.4%，同比提高9.9个百分点，其中社区管理覆盖率为62.6%。全年共发放养老金151.2亿元，其中企业离退休人员养老金124.7亿元，企业年月人均养老金574元。离退休人员养老金全部实现了按时足额发放。

2004年，四川省农村社会养老保险改革规范工作继续进行。到年末，全省农村参加养老保险的有303.3万人，领取养老保险金的有29.4万人。

2004年，四川省国有企业下岗职工基本生活保障工作得到继续巩固。全年共为全省国有企业再就业服务中心签协议的10.9万下岗职工发放基本生活费和代缴社会保险费3.7亿元，保障了签协议国有企业下岗职工按时足额领到基本生活费和代缴社会保险费。

（二）失业保险

2004年，四川省失业保险扩面征缴工作稳步推进，参保人数保持基本稳定，失业保险费收入继续增加，基金支撑能力得到增强。2004年，全省失业保险新增扩面22.5万人，年末参保人数398.6万人。全年共征收失业保险费8.7亿元，创历史新高，实现征缴率92.7%。全年共支付失业保险金3.1亿元，有22.7万人领取了失业保险金，领取失业保险金人数比上年增加0.5万人。全年共划拨下岗职工基本生活保障资金3.9亿元，为下岗职工按时足额领取基本生活费提供了资金保障。

（三）医疗保险

2004年，四川省医疗保险制度进一步完善，混合所有制、非公有制经济组织从业人员和灵活就业人员参加医疗保险工作取得突破性进展，医疗保险经办管理的标准化和规范化工作取得好的成绩，县级行政区域医疗保险制度实现全覆盖，医疗保险基金运行平稳。到年底，全省21个市州及所属182个县（市、区）全部实行了城镇职工基本医疗保险制度，有20个市州出台了灵活就业人员参保具体办法；基本医疗保险参保人数已达到587.6万人，同比增加56.4万人，其中，混合所有制企业参保人数达到34.3万人，非公经济组织参保人数22.9万人，灵活就业人员参保人数35.2万人。另外，全省还有17万农民工参加了医疗保险。基金征缴和管理工作也得到进一步强化，全年全省共征收基本医疗保险基金42.3亿元，征缴率达到96.4%；基金支出33.5亿元，全年统筹基金收支平衡。

（四）工伤、生育保险

2004年，四川省工伤保险工作全面推进，参保人数快速增长。2004年，全省以贯彻落实《工伤保险条例》为契机，努力完善工伤保险政策体系和标准体系，全面推进工伤保险工作取得好成绩。到年末，全省21个市州及省本级和182个县（市、区）全部开展了工伤保险社会统筹工作，参加工伤保险的人数已达到195.6万人，同比增加34.2万人；全年征收工伤保险基金2.1亿元，实现征缴率87.5%；全年支付工伤保险待遇1.1亿元，有7 560名伤残职工和428名因工死亡职工获得补偿，4 694名职工享受职业病待遇。

2004年，四川省生育保险协同推进，扩面工作取得好成绩。到年末，全省生育保险参保人数已达到187.4万人，同比增加22.3万人，多年来生育保险参保人数持续下滑的势头得到遏制。全年征收生育保险基金1.1亿元，征缴率达到93.4%；共为13 572名职工支付生育保险待遇0.5亿元。

三、大力开展职业培训，提高职业技能鉴定质量

2004年，四川省将职业培训作为促进就业再就业的重要措施和长效措施，把职业培训和高技能人才队伍建设摆到十分突出的位置。以提高劳动者就业能力和培养企业急需的技能人才为出发点，以加强高技能人才队伍建设为龙头，以职业资格证书制度为导向，带动整体职业培训工作。全年对73.8万人进行了技能培训，其中对21.8万名下岗失业人员进行了再就业培训，培训合格人员实现再就业率达74.4%，比上年提高2个百分点；同时，还组织2.8万名下岗失业人员参加创业培训，培训合格人员创业成功率达84.9%。全年共培养新技师7 908人，取得技师、高级技师职业资格证书的5 322人；培训机电、信息技术、汽车修理和服务类等紧缺技能人才3万多人，其中取得高级及以上职业资格证书的2.2万人。

2004年，四川省技工学校得到巩固和发展。全省共有技工学校124所，其中，国家级重点技工学校9所；省部级重点技工学校28所；高级技工学校9所；职业培训学院29所。技工学校的培训层次进一步提高，培训实力增强。2004年，全省技工学校招收新生4.3万人，比上年增加0.7万人；毕业学生2.4万人，比上年增加0.7万人；在校技工学校学生8.6万人，比上年增加1.2万人。短期培训人数呈上升趋势，全年全省技工学校培训社会人员结业数11.9万人，比上年增长14.2%。

2004年，四川省民办职业培训机构快速发展。截至年底，全省民办职业培训机构达到1 212个，比上年增长42.9%；全年共培训各类人员37.7万人次，比上年增长37.1%。

2004年，四川省就业训练中心共163所，共培训下岗职工和各类求职人员24.2万人，同比增加7.5万人，培训后就业率为64.4%。就业训练工作得到进一步推进。

2004年，四川省共有39.5万人参加职业技能鉴定，同比增加1.2万人；获得职业资格证书人数为33.8万人，同比增加1万人。

四、国有企业下岗职工并轨工作稳步推进

2004年，四川省各地继续加强对并轨工作的监控和分类指导，稳步推进下岗职工并轨出中心工作，全年共有5.2万名国有企业下岗职工出中心。到年末，全省21个市州已有攀枝花、乐山、资阳和广安4市完成了并轨任务，企业下岗职工全部出中心。年末，全省国有企业中心内还有下岗职工6万人。

五、继续深化企业收入分配制度改革，协调规范劳动关系

2004年，四川省继续稳步推进劳动合同制度和集体合同制度，企业劳动合同管理工作有所加强。依法处理企业关闭破产和改制中的劳动关系，继续做好包括军工企业在内的国有关闭破产企业、主辅分离辅业改制等国有企业改制中的职工安置工作。逐步研究规范非全日制用工中的劳动关系。继续开展劳动关系三方协调工作。

到2004年末，四川省签订劳动合同职工572.7万人，劳动合同签订率为82.8%。城镇企业签订劳动合同人数331.4万人，劳动合同签订率为95.8%，其中国有企业98.2%、集体企业97.3%、私营企业88.8%、个体工商户70.8%。

2004年，四川省签订集体合同的企业数11 814户，涉及职工169.5万人。其中国有企业2 391户，涉及职工93.5万人；集体企业2 076户，涉及职工21万人；私营企业3 458户，涉及职工14.6万人；纳入区域性集体合同范围的个体工商户1 246户，涉及职工1.1万人。

2004年，四川省职工工资总额为673.9亿元，比上年增加69.4亿元，增长11.5%；全省职工平均工资14 063元，比上年增加1 622元，增长13%，扣除物价上涨因素，实际增长7.8%。2004年，国有单位职工平均工资15 818元，增长13.6%；城镇集体单位职工平均工资9 758元，增长11.9%；其他单位职工平均工资11 362元，增长13.2%。

2004年，四川省企业单位职工平均工资13 268元，比上年增长14.4%；事业单位职工平均工资14 796元，比上年增长10.3%；机关单位职工平均工资16 159元，比上年增长12.8%。全省国有企业职工平均工资16 571元，比上年增长18.2%，其中中央企业职工平均工资21 422元，比上年增长16.5%；地方国有企业职工平均工资12 323元，比上年增长16.7%。

2004年，四川省进一步健全企业工资宏观调控体系，继续加强维护劳动者合法报酬权益工作。发布了全省企业工资指导线，基准线为11%，上线为16%，下线为零增长或负增长。调整了全省最低工资标准，新执行的月最低工资标准分别为280元、340元、400元和450元；小时最低工资标准分别为3.10元、3.70元、4.30元和4.90元。新增2个市建立劳动力市场工资指导价位制度，全省一半以上的市、州建立了此项制度。继续开展国有企业工资内外收入监督检查、工资总额调控和推进企业工资分配制度改革工作。同时，继续将解决拖欠农民工工资问题作为全年的一项重要工作，建立健全各项制度办法，落实清欠目标计划，实施月报制度，强化劳动保障监察执法和督查督办，全省解决建设领域拖欠农民工工资问题取得重大成效。

六、社会保险基金监管工作进一步完善

2004年，四川省进一步建立健全基金监管制度，规范业务工作流程，完善相关制衡机制，依法加强社会保险基金的行政监督和举报案件查处工作。全年共对12个市（州）本级和130个县（市、区）的281个社保经办机构开展了企业基本养老保险基金、失业保险基金、基本医疗保险基金的现场监督，现场监督覆盖面达40.3%；通过收集非现场监督报表，对“三项”基金实施动态监督，非现场监督覆盖面达到98.9%；全年受理群众举报案件32件，结案30件，结案率达到93.8%。在已结案的30件中，属实或基本属实的26件，不实的4件。

七、加大劳动保障监察执法工作力度，切实维护劳动者合法权益

2004年，四川省进一步加大劳动保障监察执法力度，依法开展农民工工资支付、劳动合同签订、社会保险征缴、禁止使用童工等执法检查活动，切实维护了劳动者的合法权益。

为贯彻落实《国务院办公厅关于切实解决建筑领域拖欠工程款的通知》精神，四川省劳动保障部门会同建设、总工会等部门，在全省集中时间、集中力量，开展了农民工工资支付情况专项检查活动，通过监察执法和协调处理，为25万农民工追讨工资6.3亿元。

2004年，四川省劳动保障监察机构队伍建设工作得到继续加强，在全省市（州）一级普遍建立劳动保障监察机构的基础上，县（市、区）级劳动保障监察机构数比上年增加了41个。

2004年，四川省劳动保障监察机构主动监察用人单位55 472户，涉及劳动者307.6万人；年检用人单位33 879户，涉及劳动者249.2万人；督促用人单位与60万劳动者补签了劳动合同，补签劳动合同数比上年增长56.9%；为劳动者追发工资待遇4.5亿元，追发工资额比上年增加2倍；督促5 429户用人单位为42.1万名劳动者办理了社会保险登记；督促13 251户用人单位为劳动者补缴社会保险费3亿元；取缔非法职业中介机构246户；纠正违反职业资格和职业培训的单位363户；纠正用人单位违法规章数1万件；接受群众举报立案15 000件，结案14 903件，结案率达99.5%。

2004年，四川省劳动争议仲裁调解组织和劳动争议仲裁员、调解员队伍建设继续加强，劳动争议仲裁三方机制继续完善，在成都开展了仲裁机构实体化试点探索工作，劳动争议处理工作力度进一步加大，促进了劳动关系的和谐以及社会的稳定。2004年，全省共处理劳动争议案件9 868件，其中集体争议案件652件。结案率为96.2%。

八、劳动保障法制工作取得新进展

2004年，四川省劳动保障法制工作取得新进展。全省各级劳动保障部门认真贯彻落实《行政许可法》和《全面推行依法行政实施纲要》，进一步推动了劳动保障行政审批制度改革。行政许可事项清理规范工作取得阶段性成果，行政许可、行政审批行为进一步规范。建立了以政务公示、对抽象行政行为和具体行政行为监督为重点的政务公开制度。行政执法评议工作开始起步，行政执法责任制得到进一步完善。

2004年，四川省各级劳动保障部门共接到行政复议申请237件，符合受理条件并依法受理的222件。在受理的行政复议案件中，中途撤回的17件，决定维持的136件，变更的1件，撤销的33件，确认违法或限期履行的14件，未结案的21件；全年全省劳动保障部门共办理行政应诉案件161件，其中，中途撤诉的14件，维持的95件，撤销的28件，未结案的24件。

九、金保工程进展顺利

2004年，按照“完整、正确、统一、及时、安全”的要求，四川省的金保工程建设工作得到积极有序地实施。省金保工程可行性研究报告已经劳动保障部审查通过，在省上，也通过了省财政评审中心的项目初审。完成了对各市州可行性研究报告的审查工作。

2004年，四川省本级和自贡、泸州、德阳、绵阳、广元、内江、乐山、宜宾、巴中、资阳、甘孜11个市州已开通了12333劳动保障咨询电话。

省数据中心机房改建工作已基本完成。成都、自贡、攀枝花、德阳、广元、内江、宜

宾、南充、资阳、眉山、雅安11市已上报养老保险交换数据。

十、劳动保障政务调研与科学研究成效显著

2004年，四川省劳动保障科学研究工作取得新成绩。全年先后完成了《四川省统筹城乡就业和社会保障发展战略与对策研究》、四川省“十一五”规划重点研究课题《坚持就业优先与健全社会保障体系研究》、四川省哲学社会科学“十五”规划课题《四川省高技能人才和农村实用人才建设战略与对策研究》，开展了全省农民工问题的调研工作并形成了《四川省农民工和被征地农民社会保障综合调研报告》。2003年完成的课题《四川省社会保障社会化管理服务研究》获“《劳动法》10周年优秀科研成果论文类”一等奖，获政务调研一等奖。

2004年，四川省围绕城乡统筹和推进“三个转变”的要求，组织省劳动保障专家咨询委员会开展了专题调研和研讨活动，编辑发行《专家咨询与建议》和《劳动与社会保障工作研究》，对宣传劳动保障政策，推动劳动保障工作发挥了积极作用。

（四川省劳动和社会保障厅）

贵 州 省

2004年，贵州省继续深入学习贯彻党的十六大和十六届三中、四中全会精神，学习贯彻《中共中央关于加强党的执政能力建设的决定》和《中共贵州省委关于学习贯彻〈中共中央关于加强党的执政能力建设的决定〉的意见》，以邓小平理论和“三个代表”重要思想为指导，认真落实科学发展观，坚持抓住重点，突破难点，大力促进就业再就业，继续巩固“两个确保”，完善社会保障体系，劳动保障工作取得新进展。

一、就业和再就业工作取得明显进展

2004年，贵州省就业再就业工作取得明显进展，全省城镇新增就业18.55万人，完成劳动保障部和贵州省政府下达的全年目标任务17万人的109%；持证下岗失业人员实现再就业7.29万人，完成全年目标任务6.5万人的112%；“4050”人员再就业1.44万人，完成全年目标任务1.2万人的119.78%。12月末，城镇登记失业人数11.61万人，城镇登记失业率为4.1%，控制在4.7%以内。采取的主要措施是：

（一）目标层层分解落实，加强协调配合和督查

在2004年初全省劳动保障工作会议上，贵州省人民政府与各市、州、地政府（行署）签订了2004年就业和再就业工作目标责任状。各地不定期召开再就业工作联席会议，及时研究解决工作中出现的新情况、新问题。全省按照劳社部发［2002］20号文的要求，明确各部门的职责，切实抓好各项再就业扶持政策的落实，对新增就业、下岗失业人员及“4050”人员再就业工作进度、再就业优惠证发放、小额担保贷款、再就业培训及各项再就业政策补贴资金等情况，坚持月通报制度，加强调度。

2004年初，贵州省劳动保障与工商、税务、银行等相关部门组成4个考核组，分别对9个市、州、地2003年度扩大就业和促进再就业工作进行了考核，重点考核了目标任务完成情况和各项扶持政策落实情况。10月份，按照省政府领导的指示，由省再就业工作联席会议有关成员单位组成了5个督查组，分赴各市（州、地）和部分县（市、区、特区）对再就业工作进展、财政资金运用、再就业扶持政策落实等情况进行督促检查，通过实地督查，总结推广好的经验和做法，发现和解决存在的问题，确保全年就业再就业目标任务的顺利完成。

（二）促进各项再就业扶持政策的落实

1. 积极推进小额贷款发放工作，认真落实社会保险补贴和岗位补贴等项政策。2004年，贵州省共使用再就业资金8 518.7万元，其中社保补贴784万元，岗位补贴1 101.5万元，再就业培训补贴2 575.8万元，职业介绍补贴748.8万元，劳动力市场建设费2 709.5万元；共为3 772名下岗失业人员发放小额担保贷款6 214.5万元；工商、税务等部门共为79 821人次下岗失业人员再就业免收行政事业性收费及各种税收。根据国家税务总局和劳动保障部的有关规定，结合贵州省实际，印发了《关于对劳动就业服务企业加工型企业和街道社区具有加工性质的小型企业实体认定工作的

通知》，推进认定工作。

2. 建立和完善下岗失业人员灵活就业和自主创业配套措施，对“4050”人员开展再就业援助行动。2004年，贵州省建立和完善下岗失业人员灵活就业和自主创业配套措施，积极组织各地开展“再就业援助活动周”，通过多种形式和渠道，开展送政策、送岗位、送技能、送服务“四送”活动，加强宣传，为大龄就业困难对象实现再就业提供了切实有效的服务，基本实现再就业援助制度化。

3. 加大资金投入，加强劳动力市场建设。按照劳动力市场需求，贵州省财政在2003年安排1 000万元的基础上，2004年又安排2 000万元支持各级劳动保障部门劳动力市场建设。各地财政也安排了一定资金，支持劳动力市场建设。其中，贵阳市先后投资3 160余万元，建成了总建设面积5 330平方米的劳动力中心市场和各区、县（市）劳动力分市场，10个区（县、市）都已建立了免费服务的公共职业介绍服务机构。指导各地建立和完善了失业人员登记制度、职业介绍免费服务制度、困难群体再就业援助制度，通过“一站式”服务，实现了就业和再就业服务与社会保险、职业培训、职业介绍、劳动事务代理、劳动关系处理之间的相互衔接。

（三）做好再就业培训工作

2004年，贵州省各地按照“条件公开、申请自愿、公平竞争、合理布局、择优认定”的原则，结合本地再就业培训实际，对各类具备资质条件并提出申请的教育培训机构进行了认真考察，认定再就业培训定点机构。全省各级劳动保障部门共认定了128家再就业培训定点机构。各地在下岗失业人员中选出一部分素质较高又有意愿做创业领头人参加SYB培训，并由政府提供再创业孵化项目，与小额担保贷款挂钩提供必要的启动资金，建立了培训—创业—就业的再就业体系。

（四）加快劳务输出基地建设步伐，推动农村富余劳动力转移

2004年，贵州省外出就业人数为80.8万人，其中，有组织劳务输出8万人。为做好农村劳动力输出资源储备工作，在全省开展了劳务输出基地建设工作。下发了《关于印发劳务输出基地设置标准的通知》，提出了劳务输出基地的建设标准；在考核、评估的基础上，确认了25个劳务输出基地县。劳务输出基地的建立，有力地促进了农村富余劳动力的转移。各县依托乡镇劳动保障机构，普遍开展了农村劳动力情况调查。根据《泛珠三角区域合作框架协议》的有关精神，9月份，组织各市（州、地）劳动保障部门、学校共46个单位、86人参加泛珠三角9省（区）劳务合作洽谈暨技术技能人才招聘会，经洽谈，与深圳86家企业达成意向性输出劳务人员9 810人（其中普工7 960人，技工1 850人）。积极开展农村劳动力转移培训和农村劳动力转移管理人员培训。

（五）积极配合教育等部门做好高校毕业生的就业工作

劳动保障部门指定专门人员负责有关高校毕业生就业工作，主动与当地教育部门联系与沟通，了解当地高校毕业生就业情况。继续实施高职院校职业资格培训工程，为高职院校毕业生提供技能培训、职业资格鉴定和就业服务。组织专场招聘会，为用人单位与高校毕业生构架桥梁。6月份，贵州省劳动保障部门与教育部门合作举办了2004年高校毕业生专场招聘洽谈会。

二、高技能人才队伍建设工作进一步加强

按照劳动保障部3年50万新技师培养计划，在调查技师培养状况的基础上，2004年，贵州省制定了3年5 000新技师培养计划，同时下发了《关于下达〈中央在黔、省属企业2004—2006年新技师培养计划〉的通知》，在一些主要企业进一步分解落实。建立了全省技师、高级技师人才信息库，促进技师、高级技师的交流，各市（州、地）积极开展信息库的建设，据初步统计，已登记入库的技师4 327人，高级技师413人。组织参加了第一届全国

数控技能和2004年广州“数控杯”技工学校技能大赛。

2004年，贵州省加强对高技能人才工作的宣传及重视，营造培养、重视、尊重技能人才的良好社会氛围。为肯定技能人才的作用、提高技能人才的社会地位、发挥激励机制及人才带动作用，2004年12月，贵州省劳动保障厅表彰了15名“贵州技术能手”，省总工会授予了5名技能人才“贵州省五一劳动奖章”。同月，贵州省有1名职工荣获中华技能大奖，3名职工荣获全国技术能手称号。2004年春节，省领导、省劳动保障厅专门走访慰问了011基地、061基地、振华集团的4位有突出贡献的高级技师。通过媒体宣传贵州省有突出贡献的高技能人才的事迹，参加编写《黔中英才》，鼓励更多的人参与技能人才的开发和建设工作。

2004年，贵州省技工学校、就业训练中心和民办培训机构共培训20万人，其中再就业培训6.7万人；全省新增技师和高级技师1 832人。

三、“两个确保”成果继续得到巩固

2004年，贵州省按照“三三制”的原则千方百计筹集资金，督促全省各级财政做好预算安排，确保再就业资金的到位。2004年，共使用下岗职工基本生活保障资金25 264.3万元，100%确保了进中心的5.57万名国有企业下岗职工基本生活费的发放和足额代缴社会保险费。及时下划养老保险中央专项补助资金10.3亿元，全省共为参加基本养老保险的离退休人员50万人发放基本养老金35.5亿元，确保了离退休人员基本养老金100%按时足额发放。

根据国家的统一部署，2004年，贵州省及时转发全省企业离休人员、省级统筹自收自支事业单位退休人员基本养老金待遇调整政策，并操作完毕，调整了企业退休人员养老金待遇。贵州省劳动保障部门与财政、老干、经贸部门一道，进一步完善离休干部离休费保障机制，及时下拨省属困难企业离休干部统筹项目外养老金财政补助资金。

为使国有企业下岗职工过好“两节”，维护社会稳定，2004年，贵州省对全省国有企业下岗职工除每人发放基本生活费外，还每人一次性增发过节费50元；对全省困难企业困难职工每人一次性发放生活补助费，省属困难国有企业困难在职职工每人200元，各市、州、地也参照执行，帮助解决困难在职职工春节期间的基本生活问题。

四、社会保障体系建设取得新进展

到2004年底，贵州省基本养老保险参保人数达到174.85万人，比上年增加6.86万人；基本医疗保险参保人数达到152.6万人，比上年增加18.48万人；失业保险参保人数129.93万人，比上年增加1.98万人；工伤保险登记参保人数31.68万人，缴费人数1.2万人。生育保险参保人数为22 654人，比上年增加13 778人；全省社会化管理人数达40.5万人，社会化管理率达到84.3%，全面完成了劳动保障部下达贵州省的目标任务。

2004年，贵州省社会保险扩面征缴工作成效显著。一是建立了劳动保障与工商、税务等相关部门的联动机制，放开养老金计发封控线，推动各类从业人员参保缴费。二是推动混合所有制企业、非公有制经济组织从业人员和灵活就业人员参加医疗保险工作。三是加大对私营企业、外商投资企业的失业保险扩面工作力度，基本遏制住了失业保险参保人数的下滑势头。四是社会保险征缴稽核工作取得成绩。全年基本养老保险费、失业保险费和医疗保险费收缴率分别为93.49%、91.26%和93.62%。

2004年，贵州省社会保险制度进一步完善。一是进一步完善企业职工基本养老保险制度。劳动保障部门配合有关部门出台军转干部参保优惠政策，解决了部分企业退休军转干部生活困难问题。在全省实施统一的企业职工基本养老保险单位和个人缴费比例。二是完善医

疗保险管理，促进医疗保险协调健康运行。各统筹地区加强和完善了对医疗保险服务定点协议的管理。建立了全省医疗保险基金运行报告制度。三是积极为工伤保险的启动实施创造条件。《贵州省实施〈工伤保险条例〉办法》于7月1日正式颁布实施。各市（州、地）陆续出台工伤保险实施细则，并组建工伤保险经办机构。四是劳动保障部门与财政部门共同制定新的《贵州省失业人员职业介绍和职业培训补贴办法》，并开始实施。五是完善离休干部离休费保障机制、医疗费保障机制和财政支持机制。六是企业退休人员社会化管理服务取得较快进展。

五、劳动关系协调工作力度进一步加大，劳动保障法制建设得到加强

2004年，贵州省劳动保障部门配合有关部门积极做好国有企业重组改制和政策性关闭破产中的职工安置，着力做好并轨过程中理顺劳动关系工作。全年共完成了5户破产企业的职工安置方案审核工作，涉及企业职工及退休人员8 871人。劳动关系三方协商机制在8个地区基本建立，9个市、州、地所在地中心城市已全部建立了劳动力市场工资指导价位制度。认真处理群众来信来访，及时化解突出矛盾，维护了社会稳定。

2004年，贵州省大张旗鼓地开展《劳动保障监察条例》的宣传，加大维权工作力度。全省各级劳动保障监察机构共主动检查用人单位1.99万户，年检用人单位1.44万户，责令用人单位为12万劳动者补签了劳动合同，督促2 886户用人单位为7.7万劳动者补缴社会保险费8 716万元。继续执行最低工资保障制度，调整了最低工资标准。认真贯彻《行政许可法》，深化行政审批制度改革，全面清理了原办理的行政许可项目，建立了实施行政许可的配套政策。

六、清理拖欠农民工工资工作取得实效

根据《国务院办公厅关于切实解决建筑领域拖欠工程款问题的通知》要求及国家劳动保障部的有关指示，近几年来，贵州省各级劳动保障和建设部门，把解决无故拖欠和克扣农民工工资和建筑领域拖欠工程款作为一项重要工作来抓，全力开展清理拖欠农民工工资工作，取得了一定成效。2004年，全省共接受群众举报投诉案件8 795件，举报专查立案4 759件，结案4 492件，结案率为94.38%。追发劳动者工资待遇3.5亿元，涉及劳动者25.2万人，为维护农民工合法权益、促进社会稳定起到了积极作用。

根据劳动保障部《关于开展农民工劳动保障权益保护专项检查活动的通知》部署，贵州省先后于2004年“两节”期间、2004年6月、2004年12月至2005年2月3次在全省范围内开展农民工劳动保障权益保护专项监察活动，重点是使用农民工较多的建筑、服务、加工等行业，特别是外商投资企业、私营企业及职业中介机构。在2004年“两节”期间，全省共立案3 068起，为农民工追回工资报酬17 542.19万元，涉及农民工13.65万人；在2004年6月开展的维护农民工合法权益的专项监察活动中，全省主动监察各类用人单位2 819户，涉及农民工89 214人，下达询问通知书、整改指令书166份，为农民工追回被拖欠、克扣的工资592.6万元；2004年12月至2005年2月开展的专项监察活动，还在紧张进行。3次专项监察活动的开展，切实维护了民工的合法权益和企业正常的生产经营秩序，使农民工切实感受到了党和政府的关怀与温暖。

为推动清查拖欠、克扣农民工工资工作，2004年，贵州省开展了声势浩大的宣传报道活动。各地公布了解决拖欠农民工工资举报电话，方便农民工投诉，并张贴宣传标语，散发宣传资料，同时积极与新闻媒体联系，通过电视、报纸、电台等，广泛宣传农民工劳动保障权益保护专项监察活动，形成了良好的社会监督、舆论监督氛围。劳动保障部门对接到的每一起投诉案件，认真进行登记，直接到用人单位了解情况，督促用人单位及时支付农民工工资，收到了良好效果。

七、劳动保障宣传、科研和信息化建设工作取得新成果

2004年，贵州省加大了宣传工作力度，使劳动保障工作的社会影响不断扩大，政策更加深入人心。《我省“十一五”加快建立和完善社会保障体系的思路与对策》课题研究的完成，为制定贵州省“十一五”专项规划和相关政策提供了理论支撑和重要依据。按照基本养老保险全国联网的要求，对80项指标进行收集和清理，完成了数据整理工作，基本实现了全国联网。

（贵州省劳动和社会保障厅）

云 南 省

2004年，云南省各级劳动保障部门坚持以邓小平理论和“三个代表”重要思想为指导，认真贯彻党的十六大和十六届四中全会精神，全面落实科学发展观，紧紧围绕构建社会主义和谐社会的目标，按照全国劳动保障工作会议的部署，突出抓了就业再就业、完善社会保障体系和维护劳动者合法权益三大重点工作，并在特殊困难群体再就业、社会保险扩面、高技能人才培养等难点问题的解决方面有了新的突破，在协调推进各项劳动保障工作中创造了新的亮点，促进了全省劳动保障事业的发展。

一、集中力量抓了3个重点，主要工作指标的完成情况好于上年

（一）就业再就业工作摆在了突出位置，五大核心指标全部超额完成

2004年，云南省的就业再就业任务是城镇新增就业岗位22万个，新增就业15万人，其中持《再就业优惠证》人员实现再就业9万人，特殊困难群体就业再就业2万人，城镇登记失业率控制在4.7%。至2004年底，全省新开发的就业岗位达22.2万个，完成年度目标的101%；城镇新增就业17.16万人，完成年度目标的114.4%，其中，持《再就业优惠证》的下岗失业人员有11.72万人实现了再就业，完成年度计划的130.2%；特殊困难群体有2.12万人实现了就业和再就业，完成年计划的106.1%；城镇登记失业率为4.3%，控制在年初预定的调控目标之内。在此过程中，云南省还对就业难点地区进行了重点帮助，促成了东川再就业特区的启动，用特殊政策破解东川的再就业难题。东川长期居高不下的城镇登记失业率有望逐步下降。

同时，云南省从统筹城乡就业的原则出发，下工夫抓了贫困地区和农村的劳务输出工作。2004年，云南省政府要求当年易地扶贫试点劳务输出3万人和贫困地区劳务输出20万人。至年底，完成试点地区劳务输出3.23万人，完成年计划的107.7%；完成贫困地区劳务输出24.59万人，完成年计划的122.95%。经全省各级劳动保障部门组织输出的劳务人员达133.16万人。

（二）把完善社会保障体系摆在了突出位置，相关工作迈出了前进步伐

2004年，云南省社会保障的法规政策体系和社会保险的管理服务进一步完善，“两个确保”工作得到巩固和发展，“三条保障线”平稳衔接，按时足额发放了参加企业职工基本养老保险的75.3万名离退休人员的基本养老金，确保发放率为100%，社会化发放率升至98.8%；在再就业服务中心的2.5万名国有企业的下岗职工按时足额领到了基本生活费，并按规定为其代缴了社会保险费，保障率为100%；参加失业保险的13.9万名失业人员按时足额领取了失业保险金，领取失业保险金的人数同比增长50%，失业保险金的支出同比增长39%。同时，社会保障监督工作力度加大，省州县全部建立了社会保障监督委员会，并在全省范围内组织开展了对参保单位两个年度缴费情况以及基金征缴、管理、拨付、发放等各个环节的拉网式大检查，查找出了存在的

问题和工作中的薄弱环节，为今后进一步改进工作奠定了良好基础。

（三）把维护劳动者合法权益摆在了突出位置，特殊困难群体的社会保障水平得到提高

2004年，云南省把维护劳动者合法权益、帮助特殊困难群体解决基本生活问题作为一项十分重要的工作，认真部署，狠抓落实。为了从源头上解决维护劳动者合法权益的问题，研究制定了进一步规范劳动用工行为，切实保障劳动者合法权益的相关政策，对用人单位的用工行为和劳动保障执法监督进行规范和指导。同时，云南省积极发挥劳动关系三方协调机制的作用，及时处理涉及劳动关系的社会热点、难点问题；及时指导关闭破产、改制重组的国有企业积极稳妥地做好职工安置工作；加强劳动保障执法年审，加强对用人单位用工行为的执法检查，督促用人单位与职工依法签订劳动合同；动员各方力量，认真做好劳动保障信访、劳动争议调解仲裁和劳动保障监察工作，妥善处理拖欠农民工工资等问题。2004年，共组织查处侵犯农民工权益案件3 087件，作出行政处罚153件，涉及农民工27.5万人，督促用人单位清还拖欠的农民工工资10亿余元；督促2 950户用人单位进行社会保险登记，督促2 637户用人单位补缴社会保险费2 746万元；取缔非法职业中介机构31户；清退童工84人；责令用人单位清退违规向员工收取的各类风险抵押金40.1万元。参与处理相关群体性事件140余件次，积极化解社会矛盾，维护社会稳定。为了提高相关特殊困难群体的社会保障水平，积极组织调研测算，制订具体实施方案，经省政府批准，发布了《云南省最低工资规定》和《2004年云南省最低工资标准调整方案》，从2004年10月1日起将全省的最低工资标准提高了30%，同时，提高了失业人员的失业保险金和医疗补助费标准，企业退休人员也从2004年7月1日起提高了基本养老金，人均提高40元/月。

二、突破了3个难点，制约劳动保障事业发展的瓶颈有所缓解

（一）特殊困难群体再就业难的问题有所突破

2004年，云南省通过建立健全再就业援助制度，用政府出资购买或创造的公益性岗位优先安排就业，并发挥免费职业技能培训、免费职业介绍和对其发放岗位补贴、社会保险补贴等优惠政策的作用，使解决“4050”人员、双下岗和双失业人员、下岗失业的复退转军人、老劳模、老党员、残疾人就业再就业的难题取得了新进展。2004年初预定帮助2万名特殊困难群体人员就业再就业的工作目标已经提前超额完成。

（二）社会保险扩面难的问题有所突破

针对社会保险扩面难的问题，云南省采取积极措施，于2004年7月份在楚雄州专门召开全省社会保险扩面工作现场会，作动员、提要求，并组织扩面工作较好的州市交流经验，让大家现场参观，推动了扩面工作的开展。到年底，全省基本养老保险参保人数达到254.76万人，超额完成参保252万人的目标；城镇职工基本医疗保险参保人数达到301.98万人，超额完成参保295万人的目标；工伤保险参保人数达到148.18万人，超额完成参保147万人的目标；生育保险参保人数达到143.47万人，超额完成参保140万人的目标；失业保险参保缴费人数为175.3万人。农村养老保险参保人数为136万人，有5.2万人开始领取养老金。

（三）高技能人才培养难的问题有所突破

2004年，云南省为改变技能人才，特别是高技能人才奇缺的状况，按照“人才强省”的战略，提出了高技能人才队伍建设要有新的突破的新要求，并制定出台了《云南省“3年10万”高技能人才培养计划》，提出在2004年至2006年间，要通过技师社会化考评、高级技工学校和其他职业技术院校培养、开展岗位练兵活动、职业技能竞赛活动等措施，培养

选拔一批云南省支柱产业紧缺工种的高技能人才。2004年，在全国第七届中华技能大奖和全国技术能手表彰大会上，云南省耿家盛等11位同志被授予全国技术能手称号，云南工业高级技工学校荣获全国技能人才培育突出贡献奖。在全国技工学校教师、学生数控车床、加工中心、工具钳工、维修电工4个工种技能竞赛中，云南省18名参赛选手中，有4人取得优秀成绩，其中2人分别取得维修电工个人第5名和加工中心个人第7名的成绩。云南省被组委会评为优秀组织奖。在全国首届电子商务技能竞赛中，云南省参赛选手取得一金两银的优秀成绩，云南省被组委会评为最佳组织奖。2004年，全省已超额完成培养2.8万名高技能人才的目标。有2.91万人获得高级工以上职业资格证书，其中高技工26 932人，技师2 096人，高级技师60人。至此，云南省高级技师已达127名，这使云南省高级技师总数近10年来首次突破了100名。

三、协调推进各项工作，新的亮点不断涌现

在依法行政方面，按实施《行政许可法》的有关要求，2004年，云南省取消了3项劳动保障行政许可项目，改变了7个项目管理方式。《云南省企业职工失业保险条例》的修订草案已上报省政府，被省人大常委会列入立法计划。《云南省劳动就业条例》的修订和《云南省劳动力市场管理条例》已被省政府列为行政规章立法项目。一年来，全省已组织进行劳动保障法制培训2.53万人，接受现场咨询17万余人次；组织对96 394户用人单位进行了劳动保障执法年审；对4 060户用人单位的违法违规行为下达了限期整改指令书，对2 594户严重违法违规的用人单位进行了行政处罚；对34件人大代表和政协委员提案认真按要求办复，并不断提高了办复的满意率。

在工作能力建设方面，2004年，云南省基本实现了劳动保障工作服务重心下移的目标。基层劳动保障工作平台建设有了新的进展，全省57个街道已全部建立劳动保障所，1 517个乡镇中有1 459个建立了劳动保障所，851个社区中有785个建立了劳动保障工作站；全省企业退休人员社会化管理达到92%，其中社区管理服务率为41.8%，超额完成了劳动保障部下达的35%的计划和省政府下达的40%的计划。全省劳动保障信息管理系统——金保工程建设顺利启动，省部联网工作顺利完成，省市联网工作逐步展开；云南省医疗保险公众服务网已经开通；全省统一标准、统一业务流程的养老保险信息应用系统已完成测试工作；劳动力市场信息网络上下贯通；“12333”劳动保障专用电话公众服务热线已于2004年12月28日在云南省正式开通，共在全省设立了17个咨询中心；省本级和全省州市县区劳动保障部门的对外服务窗口建设已初见成效。

在对外交往与合作方面，2004年，云南省逐步打开了封闭的大门。第一次建立了泛珠三角“9+2”劳动保障合作关系，签订了9省区劳务合作框架协议，并开展了劳务合作；成功地争取到美中劳动保障法律援助项目，美方第一期无偿援助资金已经到位，项目实施工作正在展开；成功地争取到了欧盟—中国下岗失业人员培训援助项目，现已进入实施阶段；接受了国际劳工组织在云南省进行的工作场所艾滋病防治合作项目的考察。云南省还派人参加了中国政府和国际劳工组织主办的《中国就业论坛》、国际社会保障协会第28届全球大会和国际劳工督查大会，为进一步开展对外交流与合作创造了良好条件。

（云南省劳动和社会保障厅）

西藏自治区

在自治区党委、政府的领导下，在国家劳动和社会保障部的关心、帮助和支持下，2004年，西藏自治区各级劳动保障部门认真学习贯彻党的十六大和十六届三中、四中全会，以及区党委六届六次全委（扩大）会议精神，按照西藏自治区经济工作会议确定的目标任务和全区劳动保障工作会议的安排部署，进一步理清思路，转变观念，强化服务，扎实工作，坚持把促进就业再就业工作摆在突出位置，不断加大工作力度，继续巩固“两个确保”，积极推进社会保障体系建设，推进企业劳动用工制度、收入分配制度改革，指导企业做好内部收入分配工作和劳动用工管理，加强劳动关系协调工作，积极做好劳动保障监察和劳动争议仲裁工作，努力维护劳动者的合法权益，在各个方面都取得了新的成绩。

一、超额完成了就业和再就业目标任务

2004年，西藏自治区党委、政府高度重视就业再就业工作，把就业再就业纳入国民经济和社会发展宏观调控目标，统一部署和安排。自治区各级劳动保障部门始终坚持既定的工作目标不动摇，明确责任，分解任务，克难而上，较好地完成了就业再就业工作的目标任务。

（一）千方百计促进就业再就业

2004年，包括下岗失业人员、高校毕业生、军队转业干部和退伍军人在内，西藏自治区共实现就业21 513人。其中，通过各级劳动保障部门培训、指导和介绍等方式，实现就业再就业的15 469人，完成年初确定目标任务的137%，城镇登记失业率控制在4.3%以内，完成了年初确定的坚决将城镇登记失业率控制在4.5%以内的目标。

（二）大力开展职业技能培训

2004年，西藏自治区各级劳动保障部门根据劳动力市场需求，及时调整培训专业（工种），共举办各类培训班232期（次），共培训下岗失业人员8 569人，通过培训实现就业再就业4 835人，培训就业率为56%。培训内容涉及汽车驾驶、餐饮服务、电脑、导游、美容美发、种养殖业等32个专业（工种）。

（三）积极开展职业技能鉴定

2004年，西藏自治区对全区5 578人进行了职业技能鉴定，鉴定合格率为86%，4 781人获得了劳动保障部门颁发的职业资格证书。各地（市）继续开展了工人技术等级考核工作，对参加机关事业单位技术工人晋升技术等级考试合格的3 864人，颁发了资格证书。

（四）继续抓好职业介绍

2004年，西藏自治区接受职业指导的有1.6万人（次），职业介绍1.5万人（次），职业介绍成功0.8万人（次），职业介绍成功率为53%。在做好经常性职业介绍服务工作的同时，全区还举办了多期劳务洽谈会，通过市场化手段，使众多求职者实现了就业、再就业。

（五）加强了对劳动力市场的管理和指导

2004年，西藏自治区在招工比较集中的季节和用工比较集中的地区，开展劳动用工大检查，共检查用人单位600余家，涉及职工7 000多人。对非法张贴招聘广告、私招乱雇

问题突出的 180 余家用人单位进行查处。同时，在西藏电视台开设了用工信息专栏，及时发布用工信息。

（六）开展了对城镇失业人员、技能劳动者的普查

2004 年，西藏自治区劳动保障厅在自治区统计局的配合下，统一部署，在全区全面开展了普查工作，通过普查，初步摸清了全区城镇失业人员、技能劳动者等基本底数，基本掌握了全区就业和失业动态变化情况。

二、国有企业下岗职工出中心再就业工作圆满完成

1998 年，西藏自治区国有企业富余职工约有 1 万多人，占国有企业在职职工总数的 20%左右。同年 8 月，自治区党委、政府召开了国有企业下岗职工基本生活保障和再就业工作会议，作出了建立国企下岗职工再就业服务中心、实现“两个确保”、建立“三条保障线”的重大决策。1998—2002 年，全区共建立再就业服务中心 102 个，累计审批国企下岗职工 2 172人。2003 年，自治区党委、政府制定出台了关于进一步做好下岗失业人员再就业工作的意见及职业培训、职业介绍、社保补贴、下岗失业人员从事公益性岗位工资补贴等 10 多个促进再就业优惠政策。区直、各地（市）通过积极开发就业岗位、落实社保补贴、加强技能培训等方式，大力促进就业再就业。各级劳动保障部门、就业服务机构通过“三三制”筹措资金，确保了下岗职工基本生活费的按时足额发放。截至 2004 年年底，共筹集下岗职工基本生活保障资金2 943.42万元，发放下岗职工基本生活保障费1 583.25万元，代缴社会保险费 720.75 万元。在重大节日期间，通过召开下岗职工座谈会、走访困难和特困下岗职工家庭、开展“送温暖”慰问活动等方式，把党和政府的关心送到下岗职工家里和心中。2004 年底，自治区2 172名国有企业下岗职工完成了向失业保险并轨的任务。在西部各省区，西藏自治区是唯一实现并轨的地区。与其他并轨地区不同的是，西藏自治区原有国有企业下岗职工全部实现了再就业，没有出现将部分国企下岗职工转为失业人员的情况。

三、养老保险制度建设取得新进展

（一）确保了企业离退休人员基本养老金按时足额发放

2004 年，西藏自治区社会保险经办机构把按时足额发放基本养老金作为中心工作，狠抓落实，在各级财政部门的大力支持下，继续确保了企业离退休人员基本养老金按时足额发放，为保障他们的基本生活，维护社会稳定做出了积极贡献。截至年底，全区参加基本养老保险统筹的单位 1 386 家，参统在职职工 45 185人，领取基本养老金的企业离退休人员达28 900人，应支付养老金总额49 043万元，实际支付养老金 49 043 万元，发放率为 100%。全区企业离退休人员养老金实行社会化发放的人数达28 566人，社会化发放率为 98.8%。

（二）开展养老保险专项稽核工作，加大基金征缴和清欠工作力度

2004 年，西藏自治区按照《社会保险稽核办法》的要求，共对 842 家参统单位和 16 703名参统人员的缴费基数、养老金领取等基本情况进行专项稽核，发现并纠正了存在的问题，进一步提高了参统单位参保登记和缴费的意识。2004 年，全区计划征缴养老保险费 26 436万元，实际征缴养老保险费24 453万元，基金征缴率为 92.5%。清理回收历年企业欠费1 727万元，完成了年初计划清欠任务的 345.4%。加上中央财政和自治区财政的专项补助，2004 年自治区养老保险基金收支规模已接近 10 亿元大关。

（三）认真做好养老保险相关政策的拟定工作

2004 年，西藏自治区制定下发了调整全区基本养老保险个人缴费比例、规范养老金计发办法和个人账户记账利率等一系列政策文件，为实现养老保险向自治区级统筹平稳过渡

创造了条件。

（四）积极推进企业退休人员社会化管理服务工作

2004年，西藏自治区通过明确各地工作进度和任务，建立社会化管理服务工作进度和情况通报制度，采取退休人员社会化管理服务基本情况调查摸底等措施，使自治区企业退休人员社会化管理服务工作迈出了实质性步伐，为逐步建立独立于企业之外的社会保障体系创造了条件。截至年底，全区已有5 481人实现社会化管理服务。

（五）提高了企业退休人员基本养老金水平

根据劳动保障部、财政部的统一部署，2004年，西藏自治区劳动保障厅会同自治区财政厅在认真测算和综合分析的基础上，制订了西藏自治区企业退休人员养老金调整方案，经两部批准，人均每月增加养老金40元。这在全国属于最高标准，让广大企业退休人员分享到了社会经济发展的成果，充分体现了党和国家、自治区党委和政府的关怀，也是“三个代表”重要思想在西藏自治区的具体体现。

与此同时，2004年，西藏自治区股份制企业、城镇集体企业、城镇私营企业及其从业人员参加基本养老保险统筹工作已经起步，并取得一定进展，社会反映良好。

四、基本医疗保险制度改革试点工作不断完善

2004年，西藏自治区在拉萨地区进行了基本医疗保险制度改革的试点工作，加大了对定点医疗机构和定点零售药店的协议管理力度，同时认真做好基金征缴和参保人员医疗费用支付、结算等工作，广大参保人员对于医保工作的满意度进一步提高。

（一）拉萨地区基本医疗保险制度改革试点工作稳步实施

截至2004年年底，西藏自治区区直和拉萨市参加基本医疗保险统筹的单位481家，参统职工69 992人。其中：在职职工42 318人，离退休人员27 674人，参保职工较2003年增加9 621人。征缴基本医疗保险费9 420万元，征缴率为95.2%，基金征缴率较上年同期进一步提高。基本医疗保险统筹基金共支出7 314万元，其中：支付参保人员各种医疗待遇2 680万元，划转记入医疗保险个人账户资金4 634万元。同时，继续做好定点零售药店资格认定审查工作，在拉萨市区内新增设3家城镇职工基本医疗保险定点零售药店，进一步方便了参保人员求医购药，保证了拉萨地区城镇职工基本医疗保险制度改革试点工作的平稳运行。

（二）加强对定点医疗机构和定点零售药店的协议管理

2004年，拉萨地区共有8家定点医疗机构、9家定点零售药店，为加强对定点医疗机构和定点零售药店的管理，区市两级医保中心对定点医疗机构和药店进行了实地考察，针对薄弱环节提出了整改意见，并与各定点医疗机构和定点零售药店签订了“服务协议”。组织有关部门及医疗专家，对定点医疗机构及部分零售药店执行“服务协议”情况进行了评审。通过专家评审，逐步规范了各定点医疗机构和药店的服务行为，初步建立了有效制约机制。

（三）继续做好医疗费用支付、结算工作

2004年，西藏自治区两级医疗保险管理中心严格审核医疗费用，及时结算并按政策规定拨付费用。截至年底，共审核住院治疗人员4 645人（次），医疗费用3 810万元，基本医疗保险统筹基金支付2 680万元，统筹基金支付率为70.34%，支付率较上年的60%有较大幅度提高，职工个人负担有所下降。2004年，清理医疗保险个人账户171人（次），支现323人（次）。参保人员广泛使用医疗保险个人账户卡进行刷卡消费，方便了参保人员就医、购药等费用结算。医疗保险个人账户总支出2 255万元，医疗保险个人账户的作用日益显现。

（四）积极落实公务员医疗补助的相关政策规定

2004年，西藏自治区对拉萨地区2003年至2004年度享受公务员医疗补助的住院人员进行公补结算，实际支付补助173人（次），支付金额208.37万元。还有部分人员的补助也即将集中给予结算、发放。

（五）积极研究筹备扩大医疗保险改革试点范围工作

2004年，西藏自治区劳动保障厅会同自治区财政厅研究起草了《关于扩大城镇职工基本医疗保险制度改革试点范围及相关问题的请示》，经自治区政府和劳动保障部、财政部审批核准，将日喀则、昌都、山南和林芝4个地区纳入下一步扩大试点范围。同时，研究制定了自治区军队机关事业单位职工参加城镇职工基本医疗保险有关问题的实施意见，拟将军队机关事业单位及其职工尽快纳入医保统筹范围。

五、继续做好失业保险基金征缴，积极开展实施《工伤保险条例》的各项准备工作

2004年，西藏自治区进一步完善了失业保险费征缴和专项稽核检查的政策规定，加大了对失业保险费专项稽核的力度，并追缴了部分失业保险费。2004年，全区共征收失业保险费4 147万元，征缴率为87%，其中区直征收失业保险费1 543万元，征缴率为98%。为贯彻落实国务院《工伤保险条例》，西藏自治区结合区情进行了认真的调查研究和前期准备，历时一年起草完成的《西藏自治区实施〈工伤保险条例〉办法》，经自治区政府常务会议审议通过，以自治区人民政府令发布，从2005年1月1日起实施。与此同时，继续开展各类企业职工工伤认定，特别是做好外来务工人员因工受伤的调查取证工作，依法保障工伤职工和用人单位的合法权益。2004年，共受理工伤认定申请41件，审核认定24件，办理因工伤问题的行政复议9件。

六、继续做好企业工资分配的宏观调控和指导工作

2004年，西藏自治区各级劳动保障部门根据企业效益情况，按照“两低于”的原则审核办理了70家企业的调资工作，涉及职工人数5 849人，月人均增资287元。根据国家劳动保障部《最低工资规定》和《西藏自治区企业最低工资暂行规定》的要求，结合自治区职工平均工资、劳动者就业状况和经济发展水平等实际情况，拟订了《西藏自治区最低工资标准方案》。经自治区政府和国家劳动保障部审批同意，西藏自治区最低工资标准于2004年11月1日起正式发布实施。最低工资标准的实施，维护了劳动者通过付出劳动取得合理劳动报酬的权益。

七、劳动关系协调和维权工作力度进一步加大

2004年，西藏自治区继续加大推行劳动合同制的工作力度，规范用工行为，维护劳动者的合法权益。全年全区签订、续订劳动合同19 246人，在集体协商的基础上，有55家企业签订了集体合同。全区共鉴证劳动合同1.9万份，督促企业和个人续签劳动合同620份，责令更改无效合同1 108份。

2004年，西藏自治区重视提高劳动仲裁工作的质量和效率。通过加强管理和培训，进一步增强了仲裁员队伍的业务能力和服务意识，办案水平进一步提高。全年共立案1 079件，涉及1.2万人，涉及金额2 837万元。结案1 053件，其中调解753件，仲裁300件，结案率达97%。通过劳动仲裁，为农牧民工和外地进藏务工人员追讨工资和挽回资金2 643万元。

与此同时，西藏自治区继续加大劳动保障监察执法力度，依法查处侵犯劳动者合法权益的行为。全年共检查用人单位1.2万户（次），下发监察整改指令书650份。受理举报案件1 908件，涉及2.6万人，结案率达99%。涉案金额2 000余万元，其中，依法追讨兑付农牧民工工资1 625万元。

八、认真做好各项劳动保障基础工作

2004年，西藏自治区劳动保障计划统计、宣传、信访等各项基础性工作进一步规范。编制了年度就业和社会保障计划，按时完成上报了劳动保障事业发展综合统计年报和各项季度报表；大力开展劳动保障宣传工作，在西藏日报上进行了就业再就业、社会保险政策、劳动保障法律法规等方面的宣传，取得了较好的社会效应。同时，认真接待、处理群众来信来访，按照区党委、政府的要求，及时成立了处理信访突出问题及群体性事件工作领导小组，耐心细致地做好来访群众的解释说服工作，重点做好拖欠农牧民工工资和各类涉及社会保险政策的来信来访调处工作。对于群众提出的要求，凡是符合法律和政策规定的，积极与有关部门配合，采取措施予以落实；不符合法律和政策规定的，分析事实，讲清道理，争取上访群众的理解和支持。通过各地劳动保障部门的大排查、大调处，2004年，自治区劳动保障领域未发生大规模群体性事件，维护了自治区的社会稳定。此外，自治区金保工程建设迈出新步伐。金保工程一期建设项目开始启动，在国家劳动保障部的大力支持下，完成了养老保险部区联网工作，视频会议系统全面开通，各项信息化建设开始稳步推进，将为进一步提高科学决策水平、管理能力和社会化服务提供技术支持。

（西藏自治区劳动和社会保障厅）

陕 西 省

2004年是全面贯彻落实党的十六大和陕西省委十届四次全会精神，全面建设小康社会、实现西部经济强省三步走的重要一年。面对繁重艰巨的工作任务，陕西省劳动保障系统深入学习和实践“三个代表”重要思想，认真贯彻落实党中央、国务院和省委、省政府关于劳动保障工作的一系列重要指示和重大决策，紧紧围绕改革发展稳定的大局，坚持抓住重点、突破难点、把握平衡点的工作思路，团结一致，扎实苦干，圆满完成了年初确定的目标任务，劳动保障各项工作得到全面发展，凸现许多亮点。

一、就业和再就业工作取得显著成效

2004年初，根据陕西省经济社会发展情况，陕西省委、省政府提出了全省新增就业岗位23万个，其中下岗失业人员再就业10万人，“4050”人员再就业2.5万人，失业率控制在4.6%以内的就业再就业目标任务。截至12月底，全省城镇新增就业人员共25.35万人，下岗失业人员再就业10.3万人，其中安置“4050”人员2.65万人，城镇登记失业率控制在4.6%以内，均超额完成了全年目标任务。2004年，全省各级劳动保障部门始终坚持把就业再就业作为突出工作来抓，在各级党委、政府的领导下和有关部门的大力支持配合下，强力推进就业再就业工作的开展。

（一）强化了工作责任

2004年，陕西省各级政府都将就业再就业列入经济社会发展宏观调控指标体系，摆在更加突出的位置。省政府将工作任务、责任目标逐项分解到各市，按月通报，加强督查，推进工作。各市围绕目标任务制订工作方案，调动各方面力量促进就业再就业，形成了部门配合、企业参与、社会支持的工作合力。

（二）加大了资金投入

2004年，陕西省在中央补贴的基础上增加了再就业配套资金，达到4 000万元。分两次将基本生活保障和再就业资金全部下拨各市。大部分市也将再就业资金纳入了财政预算，拿出了配套资金。

（三）积极落实政策

2004年，陕西省组织召开了3次再就业联席会议，开展了全省再就业工作督查活动，及时调整工作措施，初步扭转了小额贷款进展缓慢的局面，进一步推动了再就业扶持政策的落实。到年底，全省累计向27万人发放了《再就业优惠证》，向4 546人发放了小额担保贷款。全省共有7.47万人享受了税费减免等扶持政策，减免税费3 617万元；共有3.68万人享受了社保补贴和岗位补贴，涉及资金1 831万元。

（四）大力开发就业岗位

2004年，陕西省将积极推进社区就业、开发公益性就业岗位和推动培训创业作为开发就业岗位的突破点，取得明显效果。宝鸡、延安等市积极开展创业基地建设试点，以餐饮、汽车保洁等行业为重点，培育创业项目开发，促进再就业。全省全年创业培训2万人，创业成功率达到50%以上。2003年7月到2004年6月，在全省范围内开展了创建促进就业先进社区活动，一年来有8万人通过开发社区就业岗位实现了再就业。7月，陕西省政府召开了全省创建促进就业先进社区活动表彰大会，命名表彰了20个“促进就业示范社区”，下拨400多万元对促进就业先进单位进行了奖励。咸阳市积极开发农业就业岗位，投资近500万元筹建了种植大棚菜工程，为下岗职工再就业开创出了一条新路。2004年，陕西省各地还积极开发公益性岗位3万多个，帮助2万多名“4050”人员实现了再就业。

（五）加强了就业服务

2004年，陕西省各级公共就业服务机构普遍推出个性服务、诚信服务等新举措，积极开展以“送政策、送岗位、送技能、送服务”为主要内容的再就业援助活动，帮助下岗失业人员再就业。截至年底，全省各类职业介绍服务机构共提供就业岗位64.4万个，接待求职登记84.9万人，职介成功45.8万人。全省再就业培训15万人，培训就业率达到60%以上。

二、职业培训工作得到全面加强

2004年，陕西省认真贯彻落实全国、全省人才工作会议精神，研究出台了一系列文件，对全省高技能人才的培养提供了重要的技术支持和政策保障。按照《新技师培养计划》要求，顺利完成了全年培养新技师6 000人的任务。陕西省劳动保障厅加快高技能人才队伍建设的做法受到省委、省政府的肯定。全省技工院校以市场需求为导向，调整专业设置，改革招生方式，技校招生再创新高，2004年达到5.6万人，较2003年增加近2万人，成为招生人数最多的一年，技工院校毕业生就业率连续4年达到96%以上。各级各类职业技能鉴定机构努力扩大职业技能鉴定服务范围，提高职业资格证书的权威性和社会认知度。全年参加鉴定的各类人员达17.5万人，共有16.7万人获得资格证书，同比增长20.04%，创历史最高水平。在全国技工学校技能大赛中，陕西省取得了1银、2铜的好成绩，奖牌数列全国第三、西部地区第一，并获得全国十佳优秀组织奖。

三、劳务输出工作取得显著成效

2004年，陕西省各级劳动保障部门积极发挥牵头作用，制定了一系列劳务输出配套政策；进一步完善劳务输出组织机构，加强基地建设，畅通输出渠道；强化职业培训，提高就业能力；做好服务管理，维护合法权益。截至年底，全省劳务输出338万人次，超额完成了全年260万人的目标任务，创经济收入135亿元，人均年收入4 000元，占整个农民纯收入的1/3，劳务输出已成为陕西省农民增收的一个主要途径。

四、“两个确保”继续得到巩固

2004年，面对养老保险费收支缺口巨大的严峻形势，陕西省通过强化基金征缴，清理企业欠费等措施，千方百计筹集资金，确保了企业离退休人员基本养老金的按时足额发放。共为102.67万名企业离退休人员发放基本养老金75.93亿元，社会化发放率始终保持100%，继续实现了“不漏一人，不拖一天，不少一分”的承诺。全省国有企业下岗职工基本生活费继续保持了按时足额发放。2004年，全省保障下岗职工人数为9.08万人，共筹集资金5.1亿元，其中发放基本生活费2.7亿元，代缴社会保险费2.4亿元。同时，通过建立健全失业保险金发放责任追究制度，加大基金调剂力度，使11.68万名符合条件的失业人员按时足额领到了失业保险金，社会化发放率达到100%。

2004年元旦、春节期间，按照省委、省政府的要求，陕西省劳动保障厅和财政厅共安排资金1 305万元，其中拨付各市505万元，开展了困难企业特困职工救助活动，使他们过好双节，感受到了党和政府的温暖。

在认真做好基本生活保障的同时，按照劳动保障部的要求，陕西省积极稳妥地做好下岗职工基本生活保障向失业保险并轨工作，提出了2004年基本生活保障人数比2003年减少

40%的目标。各级劳动保障部门采取分类对待、分类保障的原则，精心做好下岗职工出中心、再就业的各项工作。2004年，全省共有近6.3万人出中心，大部分实现了再就业，切实减轻了基本生活保障的压力，受到了劳动保障部领导的充分肯定。

五、社会保障体系进一步完善

（一）养老保险省级统筹制度进一步加强

2004年，陕西省基本养老金新老计发办法过渡工作稳步推进，实现了新办法的全覆盖。两次调整提高了企业离休人员基本养老金水平，并制定实施了企业离休人员统筹外生活补助发放办法，妥善解决了企业离休人员关注的这一难点问题。按照省政府的要求，省劳动保障厅集中力量，紧张工作，在2004年年底前，顺利完成了全省96万多名企业退休人员基本养老金调整工作，缓解了因部分退休人员养老金水平偏低引发的社会矛盾。

（二）失业保险加快发展

2004年，陕西省劳动保障厅通过开展广泛调研，针对问题向省政府提出了完善失业保险制度的8项建议，得到省政府同意，并以省政府专项问题研究会议纪要第67号下发，对统一各部门的认识，形成工作合力，解决失业保险工作中的难点、热点问题，全面推动失业保险工作，具有重要意义。建立了调控失业责任制，规范企业裁员行为，合理调控下岗职工出中心的节奏，防止了失业人员集中出现。在全国率先开展了失业保险专项稽核工作，对1.4万户参保企业进行了专项稽核，核实欠费1.94亿元，已通过整改收回3 300万元。

（三）医疗保险工作稳步推进

2004年，陕西省出台了《关于城镇灵活就业人员参加基本医疗保险的指导意见》，多层次的医保体系不断完善，管理服务水平整体提升，较好地保障了参保职工的基本医疗需求。

（四）贯彻实施《工伤保险条例》取得明显成效

2004年，陕西省出台了《陕西省工伤保险条例实施办法》及农民工参加工伤保险等配套政策，通过组织督导检查、定期通报等多种措施，推动工作的开展，全省11个统筹地区全部启动实施了工伤保险。省上还正式设立伤残鉴定机构，进一步规范了全省伤残鉴定工作。同时，积极参与了陈家山“11·28”矿难的善后处理工作，得到了省委、省政府的充分肯定。

（五）基金监督和稽核工作得到加强

2004年，陕西省的社会保障基金监督工作始终与社会保障体系建设协调发展，同步推进。2004年，陕西省各级社会保障基金监督机构，查处违规挤占挪用社保基金5 819万元，追回和纠正违规基金2 918万元。按照劳动保障部的要求，省劳动保障厅联合省财政、地税部门，对全省养老保险欠费企业和参保企业历年缴费情况实施了现场监督，通过对1 201户企业的审计检查，共查出欠缴费5.03亿元，补缴到账1.2亿元。省社会保障监督委员会的各项工作走在全国前列，为全国社会保障监督工作提供了经验。2004年，通过专项检查和跟踪督办，使各市滞留的再就业资金及时得以分配，提高了资金使用效率，促进了再就业工作的开展。通过实施缴费基数申报公示制度，2004年使人均月缴费基数达到741元，较上年增加103元，增长幅度为16%；对全省近1.3万户企业进行了缴费基数稽核，占参保企业的58.6%，查出少、漏报参保人数4.6万人，少、漏缴基金3 291万元，收回2 784万元，查出冒领养老金187人，追回冒领基金31万元。

（六）企业退休人员社会化管理服务工作取得新进展

2004年，陕西省实行社会化管理服务的退休职工达到95.6万人，社会化管理服务率达到94.6%，纳入社区管理的达49.41万人，社区管理率为51.76%，均超额完成了目标任务。其中，铜川、渭南等市社会化管理服务率达到98%以上。

六、社会保险覆盖范围和基金征缴实现双增长

截至2004年年底，陕西省养老保险参保人数达到369万人，新增扩面9.3万人；失业保险参保人数达到325.66万人，比上年净增2.34万人，完成扩面任务的115.25%，扩面增长率居全国前列；医疗保险参保职工人数达到323万人，比上年增加22万人，完成扩面任务的104%；工伤保险参保人数达到110万人，比上年净增65万人，完成扩面任务的110%；全省有汉中、安康、商洛等7个市和杨凌示范区启动实施了生育保险，参保职工达到36万人，比上年增加16.5万元，完成扩面任务的120%。其中，汉中市生育保险扩面达6.59万人，超出任务5万多人。

2004年，陕西省养老保险基金总收入84.9亿元，其中基金征缴61.5亿元，争取中央转移支付20.48亿元，其他收入2.92亿元；失业保险基金征收达到6.2亿元，比上年增加1.46亿元，增长30.8%；医疗保险基金征收15.4亿元，收缴率达95%；工伤保险基金征收5 631万元；生育保险基金征收1 070万元。各项社会保险基金稳定增长，安全运行，为完善社会保障体系建设提供了可靠的资金保障。

七、劳动保障法制建设步伐加快，企业工资分配宏观调控工作不断完善，劳动关系协调和劳动争议处理工作力度进一步加大

2004年，为规范劳动力市场秩序，陕西省劳动保障厅配合省人大对《陕西省劳动力市场条例》进行了修订；为规范用人单位支付工资行为，维护劳动者合法权益，配合省人大制定了《陕西省企业工资支付条例》，这两个《条例》都于2004年6月份颁布实施；为贯彻实施《工伤保险条例》，省劳动保障厅拟定了《陕西省〈工伤保险条例〉实施办法》，于2004年4月份由省政府审定并颁布实施。这些法规、规章的出台，为全省劳动保障部门依法行政奠定了良好基础。

2004年，陕西省各级劳动保障监察机构进一步加大了执法力度，开展了3次具有声势的清理和解决拖欠农民工工资专项执法检查活动，严厉打击了拖欠农民工工资的违法行为，共帮助劳动者讨回工资6 517万元，实现了中央提出的基本解决建设领域农民工欠薪的工作目标，其中西安市清欠农民工工资2 618万元。

陕西省各级劳动保障监察机构主动检查用人单位3万多户，涉及劳动者197万人，维护了劳动者的合法权益。劳动争议处理工作力度进一步加大。全省劳动争议仲裁机构共处理劳动争议案件3 379件，较上年增长19.7%。

2004年，陕西省企业工资宏观调控体系运行良好，以岗位工资为主的基本工资制度得到全面推广。全省11个市（区）全部建立并实施了劳动关系协调机制。省劳动保障厅积极做好国有企业改制、兼并破产过程中职工安置和劳动关系协调工作。共对15家改制企业的职工分流安置方案进行了审核备案，安置企业富余人员7 000多人。审核了12户破产企业职工安置方案，并向国家上报了审核意见书。同时，积极做好维护稳定工作，落实维护稳定工作责任制，及时化解突出矛盾，妥善平息了多起国企改革中的突发性事件。

八、劳动保障信息化建设进展顺利

2004年，陕西省金保工程一期建设项目完成了省本级立项审批工作，正式纳入了国家基本建设项目。召开了全省劳动保障信息化工作会议，进一步明确了全省信息化队伍建设、各市金保工程立项审批、资金筹措、示范城市建设、12333电话咨询服务中心建设、数据中心建设及联网应用等工作任务。积极筹措金保工程一期省本级建设资金，向各市划拨了金保工程建设专项补助资金500万元。渭南、咸阳、宝鸡、榆林、铜川、汉中6市已经开启了12333公益咨询专用电话。劳动保障部确定了省本级和5个市为金保工程示范城市。劳动力市场省级主站建设项目、失业登记和失业保险监测、医疗保险监测的技术准备已全面开展。

陕西省养老保险数据整理工作，在全国组织的检查评比中名列第二。

此外，陕西省劳动保障厅还积极加强了与省电视台、电台、报纸杂志、电子网络等媒体的联系，广泛宣传全省的就业再就业、劳务输出、社会保障等工作政策和取得的成就，社会反响较好，有力地促进了劳动保障工作的开展。

九、劳动保障系统自身素质进一步提高

2004年，陕西省劳动保障系统在做好以上工作的同时，按照省委、省政府的统一部署，认真学习贯彻十六届三中、四中全会和省委十届四次、五次全会精神，进一步增强了做好新形势下劳动保障工作的责任感和紧迫感。2004年，按照省委的统一部署，省委第四巡视组对省劳动保障厅开展了为期3个月的巡视工作，有力地促进了厅领导班子的自身建设。陕西省各级劳动保障部门在工作中，切实抓好各项目标任务的落实，建立了自下而上、层层负责的工作目标责任体系。通过积极开展行风建设活动，切实转变职能，改进作风，党风廉政建设工作进一步加强，劳动保障队伍的凝聚力和战斗力进一步提高，保证了各项工作任务的顺利完成。陕西省劳动保障厅再次被省政府评为“优秀厅局”。

（陕西省劳动和社会保障厅）

甘 肃 省

2004 年，在劳动保障部的指导下和省委、省政府的领导下，在地方党委、政府的大力支持下，在有关部门的密切配合下，甘肃省各级劳动保障部门以邓小平理论和“三个代表”重要思想为指导，全面贯彻落实科学发展观，按照省委“高举发展的旗帜、高举改革的旗帜”和“发展抓项目、改革抓企业、保证抓党建”的总体思路，把握大局，突出重点，全力以赴做好就业再就业、“两个确保”和社会保障体系建设等重点工作，加大劳务输转和劳动关系调整力度，积极做好职业技能培训、工资分配和劳动保障法制建设等工作，全省劳动保障工作取得新进展，为维护全省改革发展稳定大局做出了积极贡献。

一、就业和再就业工作取得明显成效

2004 年，甘肃省认真贯彻劳动保障部的工作部署，省委、省政府高度重视就业和再就业工作，省政府把这项工作纳入政府目标管理体系，与各市州政府签订了目标责任书，进一步明确了“126247”的工作目标，各地也层层签订目标管理责任书，将任务分解到街道社区劳动保障工作机构。制定了《甘肃省就业和再就业目标责任考核办法》，实行工作月报制度，积极开展评优表彰活动，加大再就业宣传力度，完善了就业和再就业工作推动机制。各级劳动保障部门认真落实目标责任，积极推进以人本服务为主线的“新三化”（专业化、制度化、社会化）就业服务工作，开展再就业援助，加强就业培训，落实各项政策，强化失业调控，开发就业岗位，全省就业和再就业工作取得了明显成效，截至年底，全省新增就业 12.74 万人，领取再就业优惠证的下岗失业人员再就业 6.53 万人，其中就业困难人员实现再就业 2.33 万人，分别完成全年计划的 106.17%、108.83%和 116.5%；全省实有城镇登记失业人员 9.53 万人，城镇登记失业率为 3.4%，实现了控制在 4.7%左右的工作目标。

二、劳务输转工作取得突破性进展

2004 年，甘肃省委、省政府认真贯彻落实中央 1 号文件精神，把劳务输转作为增加农民收入的重要措施，加强组织领导，加大政策扶持力度，全省劳务输转工作遇到前所未有的发展机遇。可以概括为 6 个“第一次”：省委、省政府第一次下发了《关于进一步加强劳务输转工作加快劳务经济发展的意见》（省委发［2004］31 号），明确了全省劳务输转工作的指导思想、目标任务和政策措施；省政府第一次召开了全省劳务工作会议，对全省劳务输转工作进行总体部署安排；省政府办公厅第一次批转了省劳动保障厅 2004—2007 年甘肃省农民工培训规划，明确了农民工培训工作的目标和措施；在全省财政十分困难的情况下，省政府第一次安排 100 万元专门用于农村劳动力职业技能培训，并将省级劳务机构工作经费纳入财政预算，从 2004 年起每年补助 100 万元；省政府第一次把劳务输转作为省政府驻外办事处的一项新职责，在驻广州、江苏、浙江、西安、厦门、海南办事处加挂省劳务办工作管理机构的牌子，在驻北京、上海、天津、深圳、新疆办事处与省劳务办及有关市州设在当地的劳务管理机构建立了联席会议制度，进一步完善了劳务工作机构网络；省上第一次把劳务输转列为2004年全国乡洽会、第十二届兰洽会和第十三届乌鲁木齐洽谈会的项目，积极进行了推介。面对这样好的发展机遇，甘肃省各级劳动保障部门及劳务工作机构开拓创新，扎实工作，全省劳务输转工作取得突破性进展，实现了输转规模和劳务收入的双突破。截至年底，全省共输转城乡富余劳动力324.25万人次，输转规模首次突破300万人次，创劳务收入64.4亿元，劳务收入首次突破60亿元。2004年，全省农民人均纯收入达到1 840元，增长10%，全省劳务输转工作功不可没，为农民增收做出了积极贡献。

三、"两个确保"继续巩固

2004年，甘肃省进一步加大保发放资金的筹集力度，继续实行养老金保发放资金补助包干办法，强化各市州保发放的责任。1—12月，全省企业离退休人员基本养老金按时足额发放率达到100%。截至年底，全省共有国有企业下岗职工9.6万人，其中在中心9.3万下岗职工基本生活费按时足额发放率达到100%，并足额代缴了社会保险费。

四、社会保障体系进一步完善

养老保险工作，截至2004年年底，甘肃省参保人数达到141.97万人，完成全年目标计划的100.7%；积极推进企业退休人员社会化管理服务工作，到年底，全省社会化管理人数达到50.29万人，占企业退休人数的95.4%；按期完成了企业离退休人员基本养老金标准的调整工作，全省企业退休人员基本养老金达到月均690元。失业保险工作，截至年底，甘肃省参保人数达161.96万人，完成全年计划的99%；1—12月，全省累计为7.52万名失业人员发放失业保险金1.02亿元，向再就业服务中心调剂资金8 778万元；经省政府同意，从2004年10月1日起，将失业保险金发放标准由原来180元/月调整为205元/月。医疗保险工作，截至年底，甘肃省参保人数达到165万人，完成全年目标计划的103.6%；加强定点医疗机构和定点零售药店的管理，全省共确定定点医疗机构1 870家，定点零售药店1 572家。工伤保险工作，甘肃省认真贯彻落实《工伤保险条例》，加快组织实施步伐，14个市州和甘肃矿区都出台了实施方案，13个市州组织实施，截至年底，全省工伤保险参保人数42万人，完成全年计划的105%；加强机构建设，省劳动保障厅和嘉峪关、酒泉、张掖、平凉、天水、白银、临夏、甘南8市州成立了工伤保险经办机构，工作人员也已逐步到位。生育保险工作，甘肃省有8个市州和甘肃矿区开始实施，参保人数由年初的6万人增加到31万人。清理企业拖欠社会保险费工作取得突破性进展，截至年底，全省共清理回收企业欠缴的社会保险费4.06亿元，其中养老保险费3.65亿元，失业保险费4 158万元，完成全年清欠计划的105.4%。

五、劳动保障法制建设不断推进

截至2004年年底，甘肃省共设立省、地、县三级劳动保障监察机构123个，配备专兼职监察员730人。认真开展劳动保障年检工作，责令用人单位为47.93万名劳动者补签了劳动合同，全省年检覆盖率达到95%以上。加大劳动保障维权工作力度，围绕清理拖欠农民工工资，畅通劳动者投诉举报渠道，完善维权工作制度，明确有关清欠政策，同时以建设领域为重点，在全省范围内集中组织开展了3次支付农民工工资情况专项检查活动，共检查各类用人单位5.5万户，涉及劳动者193.85万人，其中农民工92.7万人，全省共清欠和追发农民工工资4亿元，其中清欠和追发建设领域农民工工资3.73亿元。深化行政审批制度改革，对省劳动保障厅原有的27项行政审批项目进行了清理，提出了改革意见，已报省审改办初审。1—12月，省劳动保障厅共受理行政复议案件22件，结案17件。

六、劳动关系协调力度进一步加大

2004年，甘肃省制定了《甘肃省非全日制用工若干问题的规定》，全省14个市州全部建立了三方协调机制，并逐步向县区延伸。认真贯彻落实《集体合同规定》，全省共审批企业集体合同33份，涉及职工4.1万人。完成了兰州柴油机厂等13户改制企业职工安置方案的初审工作，会同有关部门审核了15户破产企业职工的安置方案。加大劳动争议处理力度，全省共立案受理劳动争议案件1 227件，结案1 192件，结案率达97.15%。积极做好群众来信来访工作，省劳动保障厅全年共接待群众来信来访2 171件（次），涉及职工5.92万人。

七、企业收入分配制度改革不断深化

2004年，甘肃省完成了110户省属国有、集体企业的工效挂钩和77户企业工资总额包干的审核。加强对企业内部工资收入分配的政策指导，在建筑、房地产等行业、企业中，逐步建立政策指导与企业自主决定相结合的内部工资分配制度。积极推行劳动力市场工资指导价位制度，全省12个市共发布306个工种（职位）劳动力市场工资指导价位。

八、职业技能培训工作进一步加强

2004年，甘肃省认真贯彻全国和全省人才工作会议精神，制定了《甘肃省2004—2006年新技师培养计划》，全面加强高技能人才培养工作，全年共培训技师、高级技师2 391人，考评通过1 085人。省劳动保障厅与省电力行业协会和省通信管理局共同启动了电力、通信行业高技能人才培训项目；组织了全省数控技能大赛和技工学校技能竞赛，与有关部门配合组织了青工岗位技能大赛、“长庆杯”技能大赛等4项全省性的职业技能竞赛。全省技校招生10 986人，比上年增长78%；技校毕业生总体就业率达92.09%，较上年增长了3.13个百分点。全省共对59 794人进行了职业技能鉴定，比上年增长了32.65%。积极开展再就业培训和创业培训，再就业培训14.53万人，其中7.44万人实现了再就业，再就业率为51.2%；对7 972名下岗失业人员进行了创业培训。

九、劳动力市场、街道社区劳动保障工作平台和金保工程建设取得新进展

截至2004年年底，甘肃省共有各类职业介绍机构557所，其中公共职业介绍机构444所；10个劳动力市场“三化”（科学化、规范化、现代化）建设试点城市和省农垦总公司建成了局域网。全省已有105个街道、339个乡镇和1 026个社区建立了劳动保障服务所（站），共有工作人员3 339人。全省金保工程一期可行性报告已经劳动保障部正式批复，全面完成了养老保险数据库建设，建成了劳动和社会保障省级数据中心。

十、积极做好基金监督、规划统计、信息宣传等各项基础工作

2004年，甘肃省开展了企业年金和农村社会养老保险基金的监督检查，对全省劳动保障事业“十五”规划及年度发展计划执行情况进行了检查评估，开展了编制“十一五”规划的前期准备工作；发布了2003年全省劳动保障事业统计公报，建立了劳动保障、统计、工商三部门统计数据会审制度；加强劳动保障系统政务信息工作，报送信息的数量和质量有了明显提高，省劳动保障厅全年共编发工作信息、专报信息88期，其中被国务院、劳动保障部和省委、省政府办公厅采用82条；《甘肃劳动保障》杂志复刊发行3期，为加强劳动保障宣传和政策研究发挥了积极作用。

回顾总结2004年甘肃省的劳动保障工作，省劳动保障厅认为主要有以下5个特点：

一是坚持以科学发展观为指导，体现以人为本的理念。一年来，省劳动保障厅坚决贯彻落实党中央、国务院和省委、省政府的决策部署，用科学发展观统一思想，凝聚力量，指导

工作。按照统筹城乡发展的要求，在做好就业再就业工作的同时，加大劳务输转力度，上下集思广益，投入大量人力、物力和精力，狠抓农村劳动力培训和劳务输转工作，努力实现城乡就业的同步推进，取得了积极效果。各级劳动保障部门始终坚持把保障和维护劳动者权益作为工作的出发点和落脚点，无论是政策的出台，还是工作的推进，都充分考虑群众的可承受程度，注意把握改革的力度和节奏。在具体工作部署上，突出重点，全力抓好“两个确保”、就业再就业、解决拖欠农民工工资、改制破产企业职工安置、基本养老金和失业保险金标准调整等事关劳动者切身利益的工作。同时，特别注重加大对困难群体的政策扶持力度，根据全省实际情况，将国有企业未进中心的下岗职工、城镇集体企业下岗失业人员中的“4050”人员纳入享受再就业优惠政策的范围，维护了这部分职工的切身利益。

二是坚持加强领导和协调配合，形成工作合力。2004 年，甘肃省的劳动保障工作得到了劳动保障部和省委、省人大、省政府、省政协的高度重视。年初，省委书记苏荣专门就劳动保障工作作出重要批示，提出了殷切希望和具体要求，陆浩省长也多次召集会议研究劳动保障工作；省委常委、常务副省长徐守盛多次专门听取汇报，安排部署工作，并带领有关部门负责同志专程赴京到有关部委争取落实社会保障资金，亲自带队赴新疆开展劳务洽谈。省政府把劳动保障工作作为政府目标管理的 7 项工作之一，与各地签订了目标管理责任书，省委组织部把各地劳动保障目标任务的完成情况纳入党政领导班子政绩考核体系。甘肃省各级劳动保障部门也积极主动地争取党政领导的重视和支持，主动请示汇报工作，积极争取政策扶持，同时，主动加强与财政、地税、审计、建设、发改、农牧等部门的协调配合，建立和完善了就业再就业部门联席会议制度、养老保险联合月报制度、劳务输转和农民工培训联席会议制度、农民工工资清欠联合办公制度等，形成了党政领导高度重视，有关部门大力配合，全社会关心支持劳动保障工作的良好局面。

三是坚持与时俱进，推动工作创新。2004 年，甘肃省劳动保障厅坚持把创新贯穿于劳动保障工作的各个方面，根据不断出现的新情况和新问题，创新工作思路和方法，创造性地开展工作。根据省委十届四次全委扩大会议的部署，及时调整工作思路，提出了劳动保障工作主动服务于全省“两个高举、一个加强”和“两抓两放”工作大局，以劳动保障工作推动项目的实施，推动企业的改革。围绕发展抓项目，结合劳动保障工作实际，积极争取中央和国际合作项目。2004 年，全省“金保工程”项目开始启动，争取中央补助建设资金 932 万元，补助额在西部 13 个省中排第六，西部 6 省排第二；世行贷款“职业培训和劳动力市场建设”项目，在省劳动保障厅和张掖、武威、定西、临夏 4 市州开始实施，争取资金 95 万美元；启动了“中加合作甘肃妇女就业项目”，在省劳动保障厅和兰州、白银实施，争取加方出资 367.3 万加元；与省发改委积极配合，编制了甘肃省创业培训和农民工培训基地建设项目规划方案，已经国家发改委批复，并落实中央引导资金1 000万元；实施了职业教育国债资金建设项目，争取国债资金 200 万元。为了确保省委“两抓两放”的顺利实施，避免在企业管理体制转换过程中，因历史遗留问题引发矛盾，省劳动保障厅把本应由企业补发的原地方统筹企业历史拖欠的 2.09 亿元养老金，一次性予以补发；为了减小企业关闭破产的成本，经省政府同意，省劳动保障厅与省财政厅联合修订了企业关闭破产预留和清偿基本养老保险费办法，出台了核销破产企业欠缴基本养老保险费的办法，加大了对企业破产改制的扶持力度；为了保持企业劳动关系的和谐稳定，提出了仲裁工作重在协调的工作思路，主动化解矛盾，尽可能把劳动保障纠纷消化在基层，处理在萌芽状态；为了促进企业深化改革，积极参与企业事业单位的改制改革工作和关闭破产职工安置方案的审核认定工作，严把政策关，注意本着实事求是的原则处理历史遗留问题，在落实有关社保政策方面，变事后补救为事先审核。通过工作创新，省劳动保障厅及时确定劳动保障工作的新思路、新措施，使全省劳动保障工作始终能够切合甘肃省实际，坚持与时俱进。

四是坚持加大宣传力度，营造良好舆论氛围。2004 年，甘肃省劳动保障厅紧紧围绕劳动保障中心工作，先后在全省范围内集中组织开展了维护进城务工人员合法权益，再就业援助，贯彻落实《工伤保险条例》《最低工资规定》《劳动保障监察条例》，纪念《劳动法》颁布 10 周年等一系列有声势、有影响的宣传活动。各级劳动保障部门采取开通政策咨询热线电话，印发宣传资料，开辟专栏、专版，制作专访等多种形式，广泛深入地宣传劳动保障政策，不断扩大劳动保障工作的影响，增强劳动者的维权意识，为劳动保障工作的顺利开展创造了良好的舆论氛围。

五是坚持作风建设和队伍建设两手抓，不断提高劳动保障部门的行政能力。2004 年，根据甘肃省政府关于落实营造发展环境 5 件事的总体部署，省劳动保障厅在全省劳动保障系统大力推行政务公开，实行限时办结制，建立了首问责任制。天水市还结合实际，组织开展了行风评议活动。积极开展调查研究，围绕就业再就业、社会保险、劳务输转、劳动工资、高技能人才队伍建设等工作，厅领导先后 10 多次带队，深入各市州、企业和乡镇进行工作调研。在劳动保障系统开展了社会保险经办机构业务素质培训考核工作，对全省各市（州）社保经办机构工作人员和县（区）社保经办工作机构负责人进行了培训考核。全省劳动保障系统的作风建设和队伍建设进一步加强，为全省劳动保障工作的顺利开展提供了强有力的思想保证和组织保证。

（甘肃省劳动和社会保障厅）

青　海　省

2004 年，青海省劳动和社会保障工作以党的十六届四中全会精神为指导，全面贯彻“三个代表”重要思想，认真落实全国、全省劳动保障会议精神，紧紧围绕服务于青海改革发展稳定的大局，坚持以人为本，以就业和再就业工作为重点，继续巩固“两个确保”，进一步完善社会保障体系，加强劳动保障法制建设，切实维护劳动者合法权益，实现了劳动保障事业的全面协调发展，为维护青海经济发展和社会稳定发挥了重要作用。

一、努力扩大就业

2004 年，青海省把就业和再就业作为工作的重点，各级劳动保障部门全面贯彻落实就业再就业工作的方针政策，认真贯彻青海省委、省政府的工作部署，狠抓就业再就业工作目标责任制的落实，大力拓展就业渠道，广开就业门路，落实就业再就业的各项优惠政策，有力地促进了青海的就业再就业工作。

（一）坚持实行就业和再就业工作目标责任制

2004 年，青海省委、省政府把安置城镇失业人员就业、国有企业下岗职工再就业、控制城镇登记失业率纳入政府目标责任制管理。各级党委、政府按照省委、省政府确定的就业和再就业目标任务，层层分解，签订了就业再就业目标责任书，明确工作责任，加强督促检查，认真落实各项工作措施，定期召开形势分析会、再就业工作联席会，每月进行就业再就业工作情况通报，保证了就业和再就业任务的完成。

（二）积极落实各项就业再就业政策

2004 年，青海省各级就业部门立足实际，积极协调，制定措施，明确程序，努力落实税费减免、社保补贴、小额贷款、免费服务等各项促进下岗失业人员再就业扶持政策，并积极筹集再就业资金，切实加大资金投入，促进下岗失业人员再就业。全年为 1.29 万人减免各项税收1 798万元，为 1.82 万人减免各项收费 936 万元；全省累计为1 628名下岗失业人员发放小额担保贷款1 910万元；向用人单位支付社保补贴2 894万元，安置下岗失业人员 1.78 万人；免费培训下岗失业人员 2.63 万人，向培训机构支付培训补贴 551 万元；为 2.38 万名下岗失业人员办理了免费职介手续，支付职介补贴 275 万元；为公益性岗位安置的 0.71 万人支付岗位补贴1 655万元。

（三）大力拓展就业渠道，扩大就业容量

2004 年，青海省有关部门协调配合，大力发展服务业、中小企业和非公有制经济，积极发展劳动密集型产业，提倡灵活多样的就业方式，多渠道增加就业岗位。各地以社区建设为依托，大力开发社区公益性就业岗位，将岗位开发、创业培训、劳务派遣等工作结合起来，同步推进，切实帮助一批“4050”就业困难群体实现再就业。

（四）完善公共就业服务体系

2004 年，青海省各地进一步加强了劳动力市场“三化”（科学化、规范化、现代化）建设，加快了西宁市、海东地区、格尔木市的就业信息联网工作。加强劳动力市场监管，规范企业用工行为和职业中介行为。积极开展以

“送政策、送岗位、送技能、送服务”为主要内容的再就业援助活动，坚持开发岗位和落实扶持政策并举，把劳动关系变更和接续社会保险衔接起来，开展“一站式”服务。定期组织召开劳务用工招聘会、洽谈会等活动，及时提供用工信息，做好就业再就业服务。同时，加快青海省驻外省劳务机构建设，全省在长三角、珠三角、北京、新疆等劳务输出的重点地区设立了60多个劳务服务机构，为青海省外出务工提供服务。

（五）统筹城乡就业工作

2004年，青海省坚持城乡统筹就业，按照“平等对待、合理引导、完善管理、搞好服务”的原则，采取有效措施，全面做好农民进城务工就业服务的各项工作。进一步加大劳务输出工作力度，劳务输出在数量和质量上有新的提高，劳务输出已成为青海东部地区农民增加收入的重要途径，劳务经济的观念和组织工作体系已经初步形成。2004年，全省农村富余劳动力转移就业80万人（次），实现劳务收入15亿元。继续协调做好残疾人、妇女等各类困难群体的就业。积极引导大中专毕业生、复转军人通过劳动力市场实现就业。

（六）实施高技能人才培养工程，加强职业培训和职业技能鉴定工作

2004年，按照青海省人才工作会议精神，青海制定并开始实施高技能人才培训工程。进一步加强下岗失业人员再就业培训工作，全省完成下岗失业人员再就业培训4.2万人；全省参加职业技能鉴定3.26万人，合格获证人数2.78万人，合格率达85.4%。大力开展农村富余劳动力流动就业前培训，对6.17万名农村劳动力进行转移就业前培训，其中，参加职业技能鉴定的农民工1.37万人，合格获证的1.2万人，合格率达86.8%。

2004年，通过努力，青海省就业和再就业形势保持了基本稳定。全年安置城镇各类人员就业5.51万人，其中新增就业2.9万人，国有企业下岗职工再就业1.08万人，“4050”人员再就业0.71万人，城镇登记失业率为3.9%，控制在4.5%以内。

二、“两个确保”成果继续得到巩固

2004年，青海省各级劳动保障部门按照中央确定的“两个确保”工作目标、政策措施和工作要求，加强领导，狠抓落实，加强养老保险基金省级统筹，配合地税部门征缴养老、失业保险费，认真做好缴费基数的核定、申报工作，提高基金调剂和保障能力。同时，各级劳动保障部门与有关部门密切配合，对养老金发放、下岗失业人员基本生活保障、社会保险基金征缴等重要工作定期与有关部门积极协调，对重点地区和困难企业实行重点监控，从而保证了“两个确保”目标任务的完成。2004年，青海省为16.5万名企业离退休人员按时足额发放基本养老金16.5亿元，社会化发放率达100%。确保了国有企业下岗职工的基本生活，进入企业再就业服务中心的下岗职工，均按时足额享受了基本生活保障。与此同时，还开展了下岗职工出中心再就业享受基本生活保障向失业保险并轨工作。

三、社会保障体系建设不断完善

（一）进一步深化养老保险制度改革

2004年，青海省养老保险制度改革以广覆盖、促收缴、保发放、社会化管理和信息化建设为主线，进一步加强基础管理，完善城镇职工养老保险体系。一是扩大养老保险覆盖面。重点做好期满出中心下岗职工、国有破产企业一次性安置人员养老保险的接续工作，将机关事业单位和群众团体临时聘用人员以及民营企业主及其从业人员纳入养老保险。各地普遍开设“一站式”服务缴费窗口，加强服务，积极引导和鼓励个体工商户、自由职业者和灵活就业人员参加养老保险。至2004年底，全省参加城镇企业职工基本养老保险人数达到58.5万人，2004年扩面新增1.7万人。二是提高了企业离退休人员的待遇水平。调整提高了企业离退休人员的待遇，并给企业离退休人员增加了冬季取暖费补助。三是进行了异地居

住退休人员领取养老金资格认证工作。四是企业退休人员社会化管理服务工作稳步推进。截至年底，全省实行社会化管理服务人员 13 万人，社会化管理服务率达 80%。五是加强和规范了各项基础工作，继续做好养老保险缴费基数核定、申报工作，加强社会保险稽核力度，清理和完善基本养老保险系统数据库。

（二）积极推进失业保险制度改革

2004 年，青海省失业保险以抓扩面、促征缴、保发放为重点，保障了失业人员的基本生活。全省参加失业保险的人数达 33.1 万人。一是以扩面为重点，将具有一定经济规模、经济效益好、劳动关系稳定的私营经济纳入失业保险的覆盖范围。二是加强了对缴费工资基数、参保职工人数、缴费额的审核，劳动保障部门配合地税部门加强了征缴。三是确保了失业人员失业保险金按时足额发放。同时，对出中心的下岗职工及时接续社会保险关系，为其再就业解除后顾之忧。四是调整了失业保险金标准，失业保险金标准从 2004 年 10 月份调整为西宁、海东地区为 220 元，海南、海北、黄南州为 230 元，海西、果洛州为 240 元，玉树州为 250 元。保障了失业人员的基本生活。

（三）加强医疗保险制度改革

2004 年，青海省医疗保险继续完善政策，推进信息化建设，加强基础管理，全面深化改革。全省参加城镇职工基本医疗保险人数达到 60 万人。在保证参保人员基本医疗需求的同时，实现了基金收支略有结余。一是继续完善医疗保险政策，加大了公务员医疗补助、大额医疗补助及灵活就业人员参加基本医疗保险工作力度，多层次的医疗保障体系基本建立。二是加强医疗保险基金征缴和管理，进一步完善基金监控措施，全面实施了对定点医疗机构和定点零售药店的协议管理和考核工作。三是医疗保险管理工作逐步规范。突出以基金管理为重点，以制度建设和人员培训为基础，紧紧围绕完善一个结算办法，加强两个定点管理（定点医疗机构和定点零售药店），统一用药目录、统一医疗项目、统一服务设施标准，实行规范管理。四是全面调查了解了各统筹地区医疗保险基金收缴情况，并在对欠缴医疗保险费原因进行分析的基础上，及时采取了相应的措施。五是生育保险在西宁市继续试点，为下一步全面推进做积极准备。

（四）工伤保险制度改革稳步推进

2004 年，青海省工伤保险制度改革全面启动实施。从 7 月 1 日起，青海省工伤保险制度改革正式启动实施。加强了完善政策体系和标准体系建设，制定了相关配套政策，初步理顺了工伤保险体制。各地相应建立了行政管理、业务经办和劳动能力鉴定机构。工伤保险覆盖面不断扩大，全省参加工伤保险人数已达 19 万人。

（五）社会保险基金监督工作不断加强

为规范社会保险基金管理，2004 年，青海省制定了《社会保险基金行政监督实施办法》，对西宁、海东地区各项社会保险基金进行现场监督检查，评估基金管理现状，对存在的问题提出整改意见。同时，根据各项社会保险基金审计中提出的意见和建议，从制度建设、加强监管、内部管理等方面提出了整改措施，强化对各项社会保险基金的监督力度，保证各项基金安全运行。

四、加强劳动保障法制建设，规范企业用工和工资分配制度，依法开展劳动监察和劳动争议处理工作，维护劳动者的合法权益

认真贯彻实施《劳动法》，加大劳动保障行政执法检查工作力度，是 2004 年青海省劳动保障工作的一个突出方面。重点检查了用人单位拖欠克扣农民工工资、用人单位不与劳动者签订劳动合同、不参加社会保险和收取劳动者各类风险抵押金等问题。各级劳动保障监察部门检查各类用人单位3 300多户，补签劳动合同 2.5 万人，督促缴纳社会保险费1 200多万元，清退各类风险抵押金 124 万元。与此同时，继续做好群众上访、举报、投诉案件的查证处理工作，全年共受理各类案件1 600余起。

2004 年，青海省开展了专项清理拖欠农

民工工资的工作，建立了农民工工资清欠工作目标责任制，实行了定期通报制度、监督检查制度和责任追究制度，进一步规范了工资支付制度，加大查处拖欠工资工作的力度。在全省范围内组织了4次专项清理拖欠农民工工资大检查，通过专项检查，累计查出拖欠农民工工资12 744万元，清欠12 442万元，清欠率达到98%。其中，2003年以前拖欠9 760万元，经过各级政府和省有关部门的共同努力，到春节前，已清欠9 610万元，清欠率达98%，基本完成了省政府确定的目标任务。

2004年，青海省加强了对企业收入分配的宏观调控。根据《青海省工资指导线试行办法》，综合分析测算了青海省2004年工资指导线水平。开展劳动力市场工资指导价位调查和信息发布工作。积极建立企业人工成本预测预警制度，加强企业人工成本控制与管理。大力开展工资集体协商工作。继续开展国有企业工资内外收入监督检查工作，规范收入分配秩序。调整了最低工资，青海省最低工资标准从2004年10月调整为西宁、海东地区330元，海南、海北、黄南州为340元，海西、果洛州为360元，玉树州为370元，并确定了每两年进行调整的机制。

2004年，青海省各地普遍建立了协调劳动关系三方机制。加大了劳动争议处理力度，完善了劳动争议仲裁规则，及时妥善处理劳动争议。推行了劳动争议处理简易程序和分段审理程序，为农民工实行了仲裁援助，进一步完善了案件评查制度。全省共审理劳动仲裁案件324起。

五、劳动和社会保障信息系统建设取得实质性进展

按照劳动保障部电子政务建设统一规划的“一个工程（金保工程）、两大系统（社会保险和劳动力市场）、三层结构（省、州地市、县）、四大功能（业务经办、公共服务、基金监管、宏观决策）”的要求，青海省的“金保工程”可行性研究报告已经劳动保障部审核通过，青海省发改委已于2004年5月正式批复立项。同时，在青海省委、省政府的高度重视和有关部门的大力支持下，“金保工程”建设的各项前期准备工作已经就绪。

2004年，青海省劳动保障规划统计工作也得到加强，开展了劳动保障事业发展计划执行情况的检查评估工作，开展了对非公有制经济从业人员参加社会保险情况的调研分析，并研究编制了《青海省劳动保障事业发展“十一五”规划编制方案》。

（青海省劳动和社会保障厅）

宁夏回族自治区

2004年，宁夏回族自治区劳动保障工作坚持以邓小平理论和“三个代表”重要思想为指导，认真贯彻执行党的十六届三中、四中全会精神，积极争取自治区党委、政府和有关部门的支持，树立科学的发展观和正确的政绩观，创新工作思路、创新工作方式和方法，抓住重点，突破难点，实实在在为老百姓办实事、办好事，圆满完成了年初制定的各项目标任务，劳动保障工作取得了显著成效。

一、2004年目标任务顺利完成

（一）就业再就业工作

由于各级政府及各有关部门高度重视，措施得力，2004年，宁夏回族自治区落实就业再就业目标任务顺利完成。全区实现城镇新就业4.85万人，其中下岗失业人员实现再就业0.86万人，“4050”人员实现再就业0.56万人，分别完成年计划的105.4%、143.3%和200%；城镇登记失业率为4.51%；全区输出劳务58万人次，总收入15.08亿元，稳定在6个月以上的29万人，平均每人次创收2 600元，同比增长4.3%、124%、11.5%、114.9%。

（二）社会保障工作进展情况

2004年，宁夏回族自治区通过各级社会保险经办机构的艰辛努力，社会保险覆盖范围逐步扩大，各项社会保险的参保人数有所增长。养老、失业、医疗、工伤、生育保险参保人员分别达到62.2万人、36.2万人、55.3万人、19.1万人、18万人，分别完成年计划的101%、100.5%、110.6%、106%、102.2%，全面完成了年初预定的扩面任务。养老保险基金总收入16.21亿元（其中当期征缴11.7亿元，清理历年欠费1.1亿元，完成年计划任务的137.5%；预收破产企业一次性缴纳养老保险费3.2亿元），总支出13.2亿元，当期收支基本平衡；失业保险基金收入0.79亿元，完成年计划任务的105%，支出0.42亿元，当期收大于支；医疗保险基金收入4.36亿元，支出3.24亿元，当期收大于支，总体运行平稳；工伤保险基金收入0.147亿元，支出0.123亿元，生育保险基金收入0.071亿元，支出0.044亿元。全年5项社会保险基金的当期收支总规模达38.61亿元（总收入21.58亿元，总支出17.03亿元）。

二、采取的具体措施

为了全面完成上述目标任务，2004年，宁夏回族自治区狠抓就业再就业和社会保障政策的落实，积极争取各方面的支持，尤其是在劳务输出工作方面，自治区劳动保障厅注重与各有关厅局的协调和配合，形成了齐抓共管的工作局面，为圆满完成各项目标任务奠定了坚实的基础。

（一）贯彻落实积极的就业政策，强化目标责任管理

1. 签订目标责任书。2004年初，宁夏回族自治区人民政府与各市人民政府签订了促进就业和完善社会保障体系目标责任书，将就业再就业的目标任务层层分解下达到各市，并将目标责任制完成情况作为考核各级政府和领导政绩的主要内容之一，实行目标责任管理，年

底进行了考核验收。

2. 组织实施“万人再就业工程”。2004年，宁夏回族自治区通过小额贷款、就业援助、自强自立、主辅分离、社区就业、创业典型示范6个分项子工程的实施，帮组1万多名下岗失业人员实现再就业，经考核超额完成了“万人再就业工程”目标任务。

3. 认真落实就业再就业的扶持政策，多渠道、多形式促进就业和再就业。2004年，宁夏回族自治区累计发放《再就业优惠证》45 722本，减免税费、社保补贴、岗位补贴等政策得到较好落实，对暂时尚未就业的国企下岗职工按时足额给予了基本生活保障，对部分停产企业的困难职工进行了阶段性救助。

4. 加强劳动保障平台建设。2004年，宁夏回族自治区部分市县街道社区劳动保障平台建设基本做到机构、人员、经费、场地、制度和工作“六到位”，基层就业服务组织网络进一步完善，并有效地推动了工作。

5. 积极开展再就业培训工作，努力提高劳动者素质。2004年，宁夏回族自治区充分发挥各类培训机构作用，开展有针对性、实用性的职业培训和订单式培训。全年培训各类人员4.4万人，其中培训城镇各类失业人员2.89万人，培训下岗失业人员1.48万人次，分别完成年计划的111%、123%，培训合格率达到92%，培训后的再就业率达到60%，有1 500人参加了创业培训；同时宁夏回族自治区对40多所职业技术院校和培训机构进行了调研，着手研究对全区职业培训资源进行整合，探索通过培训促进就业工作的新机制。组织1.3万名各类职业院校毕业生和企业、社会、机关事业等单位职工参加了职业技能鉴定，有1.09万人取得职业资格证书。

6. 重视大中专毕业生的就业。在2003年工作的基础上，2004年，宁夏回族自治区又对4所高校大学毕业生的就业情况进行了实地调研，并首次在宁夏大学举办旨在提高大学生创业能力的SYB大学生创业培训班，有49人参加了培训。同时，自治区再次安排引导4 000名大学毕业生到企业锻炼、到事业单位实习、到宁南山区农村中小学支教。

7. 不断完善劳动力市场功能。2004年，宁夏回族自治区制定了劳动力市场及其信息网络建设规划，重点推动自治区和地级市劳动力市场建设。同时，着手建设自治区、市、县、乡四级劳动力市场信息网络。全年举办了167场次就业再就业洽谈会，为进场求职人员提供就业岗位5万多个。

8. 加大就业再就业政策的宣传力度。2004年，宁夏回族自治区在继续坚持加强重点媒体宣传力度的同时，文艺团体也加入了就业再就业宣传行列，使就业再就业的各项优惠政策深入人心。

（二）统筹城乡就业，大力发展劳务经济

2004年，宁夏回族自治区党委、政府第一次召开了全区劳务输出工作会议，对劳务输出工作进行了全面的安排部署，自治区党委、政府主要领导要求各市、县（区），尤其是南部山区市、县（区）要制定硬目标、硬任务，采取硬措施，强力推进劳务输出工作。自治区党委、政府分管领导亲自规划部署，亲自检查指导，把劳务输出作为解决“三农问题”，缓解城乡就业压力，增加农民收入的重要举措。有些市县把劳务输出确定为当地的主导产业，并形成了全力以赴抓劳务产业的局面。

1. 健全了组织领导体系。2004年，宁夏回族自治区成立了劳务输出工作领导小组，相继出台了一系列政策措施，山区市县（区）也相继成立了劳务经济管理局，并按照自治区的要求抽调1 000名干部下派到乡镇，同乡镇所抽调的1/3的干部一道抓劳务输出工作。各乡镇都成立了劳动保障事务所或劳务管理站，各行政村都聘用了劳务信息员。全区上下从组织领导、目标任务、工作机制、考核验收等方面形成了多方位抓落实的工作体系，使劳务输出工作得到了极大的加强。

2. 确定劳务输出工作目标任务。2004年初，宁夏回族自治区人民政府分别与各市签订了劳务输出工作目标责任书，自治区和各市、县（区）对劳务输出工作实行目标责任管理制，并将其列入各级政府工作考核的主要内容，确保目标责任的落实。

3. 多方开辟务工市场。2004 年，宁夏回族自治区、市、县、乡各级领导，从厅长、市委书记到县（区）长、乡镇长先后有数十人到新疆、内蒙古等地考察劳务市场。首先，抓山川优势互补。在自治区内的建设、交通、水利、电力等重点建设项目和用工量大的川区市县，优先使用附近的农民工，2004 年通过区内重点建设项目带动 10 万名农村劳动力外出务工，增加农民收入。其次，巩固现有沿海发达地区的劳务基地，扩大输出规模和开辟新基地并举，输出稳固率和收入明显提高。第三，根据宁夏劳动力素质及其他诸多特点，对劳务市场进行了划分，年龄较轻、就业技能较高的劳动力向东部沿海地区输出，以长期稳定的就业为目标；年龄较大、就业技能不高的劳动力向新疆、内蒙古等地输出，以短期就业为主。

4. 建立了资金投入机制。2004 年，宁夏回族自治区财政筹集1 600万元用于劳务输出工作，并决定从 2004 年起，自治区 4 年内从扶贫资金、支农资金、就业资金中筹措6 400万元，重点用于劳务输出的培训补助。

5. 积极开展劳务输出培训工作。这是提高输出人员素质、解决全区百万农村富余劳动力转移就业、全面提升劳务输出质量、解决输出人员“输得出、留得住、赚大钱”问题的重要手段和必需途径。2004 年，宁夏回族自治区根据用工市场对务工者素质要求越来越高的重大变化，及时提出了把农民工培训作为劳务输出工作的重中之重的主导思想。制订了《宁夏回族自治区劳务输出人员培训方案》，提出了百万农民工培训规划，同时，印发了《宁夏回族自治区劳务输出培训机构市场准入办法》《宁夏回族自治区劳务输出培训方案》《宁夏回族自治区关于培育扶持劳务中介组织和劳务经纪人队伍的意见》等文件，并于 11 月 16 日在红寺堡开发区举行了“百万农民工培训工程”启动仪式。

6. 克服困难，夯实基础。2004 年，宁夏回族自治区各县、乡、村在农村劳动力转移就业信息网络建设滞后、管理手段落后的情况下，不等不靠，因陋就简，采取了用手工抄录的办法完成了劳动力资源台账立账工作，并建立了一整套信息统计、传送办法。

7. 加强对务工人员的服务工作。2004 年，宁夏回族自治区首先在新疆、内蒙古等外省区建立了劳务管理服务处，开辟了上万个用工岗位，通过省际间劳务合作与交流，为务工人员提供用工信息、维权服务等。其次是加大区内农民工的维权力度，为农民工追讨工资。第三，除了为外出务工人员提供信息服务外，2004 年，在铁路部门的大力支持下，还首次组织了运送务工人员的专列，引导农村劳动力大批量赴新疆短期务工，8—9 月份，西吉县、彭阳县、原州区、同心县等县（区）有组织、大规模输送6 648名农民到新疆采摘番茄、棉花，总收入 844.4 万元，起到了很好的典型示范和带动作用。

8. 强化对劳务输出工作的宣传。2004 年，宁夏回族自治区各地充分利用报刊、广播、电视和互联网开办专栏、排演专题戏曲等形式进行专题报道，并请劳务输出典型现身说法等贴近群众的宣传教育方式广泛宣传，深受群众欢迎，切实提高了广大农民对发展劳务产业、增加收入的认识。

（三）狠抓扩面征缴，强化社会保险的保障功能

1. “两个确保”不断巩固。2004 年，宁夏回族自治区多方筹措资金，确保了企业离退休人员养老金按时足额发放，为 15.2 万名企业离退休人员发放养老金 13.2 亿元，支付率达 100%，社会化发放率达 100%；确保了国有企业下岗职工基本生活费按时足额发放，支付率达 100%，没有发生拖欠。离退休人员在年内还调整提高了离退休待遇，退休人员人均每月增加养老金 78 元。在有效保障国有企业下岗职工基本生活的同时，宁夏回族自治区劳动保障厅按照中央关于工作目标、政策措施和

工作要求“三不变”的原则，与有关部门密切配合，千方百计筹措资金，为在企业再就业服务中心的国有企业下岗职工按时足额发放了基本生活保障金，支付率达到100%，并为其代缴了养老、失业和医疗保险金。在全区上下的共同努力下，在企业再就业服务中心的国有企业下岗职工减少到不到500人。

2. 养老保险开始向个人和非公有制经济扩面。2004年，宁夏回族自治区通过采取行政、经济、法律等手段，不断加强养老保险费的征缴工作，养老保险覆盖面逐步扩大，企业缴费意识不断增强，基金征收和清欠都有新的增长。同时，为了破解非公有制企业养老保险扩面的难题，自治区劳动保障厅进行了大量的调研和论证工作，拟定了《关于推进我区非公有制企业养老保险扩面工作的实施意见》报自治区政府研究。为适应灵活就业人员参加社会保险，已有10个市县创办了个人参保征缴大厅。截至年底，宁夏回族自治区以个人身份参保和续保的人员（含个体工商户）已达4.3万人，呈增长趋势。对农民工和失地农民的社会保障问题进行了专题调研，为下一步解决农民工和失地农民养老保险问题做了前期研究。同时，全区各级劳动保障部门及其社会保险经办机构积极推进企业退休人员社会化管理服务工作，养老金社会化发放率达100%，退休人员社会化管理服务率达70%。

3. 失业保险的保障功能得到充分发挥。2003年，宁夏回族自治区政府制定了《宁夏回族自治区失业保险办法》；2004年，宁夏回族自治区劳动保障厅狠抓各项工作的落实，年初印发了《2004年失业保险工作要点》和《2004年全区失业保险参保、征缴、清欠任务指标》。为了把党和政府对困难群众的关怀落到实处，2004年，宁夏回族自治区对全区失业保险金的标准分不同类区分别上调12元；对国有企业下岗职工基本生活费标准分不同类区分别上调15元，使广大群众分享了改革的成果。

4. 基本医疗保险制度改革稳步推行。2004年，宁夏回族自治区以努力满足广大人民群众基本医疗服务需求为目标，继续扩大医疗保险覆盖范围，将参保范围由城镇职工扩大到所有从业人员。同时，不断规范和完善医疗保障服务管理工作，针对参保职工医疗费用增长过快、定点医院和药店违规行为时有发生的情况，加大督查工作力度，制定出“制度化建设、规范化管理、经常化检查”的“三化”建设和“平时与年度考核相结合、明察与暗访相结合、内审与外评相结合、网络监控与实地稽核相结合”的“四结合”措施，极大地维护了群众的医疗服务需求。为了进一步扩大医保用药范围，切实方便群众在看病用药方面的需求，根据国家的统一安排部署，宁夏回族自治区2004版医保用药药品目录的调整工作，在广泛征求人大代表、政协委员等社会方方面面意见的基础上，通过召开听证会等形式进行广泛论证，力争2005年下半年付诸实施。以基本医疗保险、公务员医疗补助、大额医疗费用补助、离休人员医疗保障等为主要内容的多层次的医疗保险体系框架在宁夏已基本形成，基本医疗保险制度改革运行情况良好。

5. 工伤保险制度改革逐步推开。《工伤保险条例》已从2004年1月1日起实施，按照《条例》的要求，宁夏制定了《宁夏回族自治区实施〈工伤保险条例〉办法》和贯彻意见，按照贯彻意见确定的目标、任务、措施和要求，加大扩面参保力度。银川市、石嘴山市、吴忠市、固原市已启动工伤保险，中卫市的方案正在待批。

（四）积极营造全社会维权的氛围

1. 探索建立维护劳动者合法权益的有效机制。一是加强劳动保障法规建设，积极寻求政策法规支持。针对当前劳动关系多元化、复杂化的趋势，2004年，宁夏制定了《宁夏回族自治区劳动合同条例》，报请人大审议。二是针对当前劳动保障行政处罚手段较弱的实际情况，积极组织人员对原《宁夏回族自治区劳动监察条例》进行修订。三是针对建筑行业拖欠农民工工资问题比较严重的实际情况，在宁夏回族自治区部分行业建立了农民工工资保证金制度，规定建设单位和施工企业在工程招投标和申领施工许可证时，必须分别按工程造价的2%缴纳农民工工资保证金，一旦企业拖欠农民工工资，经核实后用工资保证金支付。四是针对建筑行业农民工劳动合同签订率极低的实际情况，制定下发了建筑行业农民工建立劳动关系签订劳动合同的办法。五是为了防范社会保险基金风险，及时成立了社会保障监督委员会及办事机构，并正在制定宁夏回族自治区《社会保险基金监管办法》和《违纪违规使用社保基金纪律处分办法》等一系列规范性文件。

2. 强化监督检查，营造全社会维权意识的氛围。2004 年，宁夏回族自治区在全区范围内组织开展了劳动合同制度推行、农民工权益保障、禁止使用童工和执行最低工资规定等5次专项检查活动。通过对用人单位，特别是对非公有制企业执行劳动保障法律法规情况进行监督检查，查处了一大批违反劳动法规行为的案件，通过对这些案件的查处，强化了劳动者和用人单位的维权意识，营造了全社会的维权氛围。同时，从建立完善劳动者工资制度、工作制度、工时制度等方面维护劳动者合法权益，并在案件的举报受理、调解、仲裁、查处等方面加大工作力度，较好地维护了劳动者的合法权益。

2004 年，宁夏回族自治区各级劳动保障监察机构主动检查用人单位6 123户，涉及职工 29.7 万人，其中农民工 18.6 万人；受理举报案件2 172件，立案1 472件，已调查处理和协商解决1 389件。在已处理的案件中，为8.87 万名职工和农民工补签了劳动合同；清欠拖欠各类职工的工资款7 435.8万元，涉及职工 4.87 万人，其中为农民工清欠工资款6 832.47万元，涉及农民工 3.92 万人；清退童工 21 人；取缔非法职业中介机构 15 户；清退劳动者各种风险押金 46.54 万元；督促 383 户单位补缴各项社会保险费1 867万元，涉及职工 3.71 万人。全区各级劳动争议仲裁机构当期受理劳动争议仲裁案件 665 起，涉及当事人2 746人，结案 625 起，案件涉及经济标的2 725.18万元。

（五）坚持“两手抓”，促进党风廉政建设工作深入开展

2004 年，宁夏回族自治区各级劳动保障部门以“三个代表”重要思想为指导，坚持一手抓劳动保障业务工作，一手抓党风廉政建设，两手互促共进，有效地促进了劳动保障干部队伍建设，保证了全区各项劳动保障任务的顺利完成，有力地推动和促进了劳动保障事业的发展。宁夏回族自治区劳动保障厅认真贯彻落实中央和自治区党委关于党风廉政建设和行风建设工作的一系列重要部署，紧紧围绕劳动保障部门的工作职能，大力推进党风廉政建设和行风建设工作深入持久地开展，不断提升全区劳动保障系统党风廉政建设和行风建设的整体水平。一是抓教育，以学促廉。2004 年初，宁夏回族自治区劳动保障厅党组集中 3 天时间将机关事业单位处级以上干部集中起来封闭学习，针对全区各级劳动保障部门在工作作风、工作效率、服务态度、服务质量等方面存在的问题进行了认真的查摆和剖析，制定了具体的整改措施。二是抓制度，以规促廉。宁夏回族自治区劳动保障厅党组紧密结合自身的工作实际，先后修订完善了政治理论学习、党风廉政责任制分解实施细则、行风建设标准、廉政谈话制度等一系列工作制度和管理办法，量化目标，明确责任，用制度及时发现和解决妨碍各项工作发展的突出问题，排除阻碍各项工作的因素。三是抓作风，以情促廉。2004 年，宁夏回族自治区劳动保障厅坚持深化对人民群众的感情，改进作风，坚决纠正和改革那些有悖于为人民服务宗旨，不利民、不便民的做法和规定，及时查处和纠正严重损害群众利益的行为，认真解决事关群众切身利益的难点、热点问题，把行风建设、政务公开和文明示范窗口建设紧密结合起来，树立了亲民、爱民、为民的新形象。四是抓领导，以率促廉。从强化一岗双责规定入手，建立了责任追究制度，注意党员领导干部在党风廉政建设工作中的率先垂

范作用，强化自律意识，同时加强监督检查，促进了劳动保障厅党员领导干部清正廉洁、奋发有为的精神，树立了“百官共廉”的形象。五是抓落实，以纪促廉。2004 年，宁夏回族自治区劳动保障厅把狠抓党风廉政建设责任制的落实作为一项重点的工作抓紧抓实，开展多种形式的检查，从小事抓起，从形式抓起，以小促大，通过各项具体工作的落实促进了党风廉政建设责任制的全面落实。

2004 年，宁夏回族自治区的工作，有很多经验值得总结。第一，各级党政领导高度重视，有关部门协调配合，是做好劳动保障工作的重要保证。2004 年，宁夏回族自治区党委、政府先后召开全区劳务输出工作会议、万人再就业工程启动仪式、百万农民工培训启动仪式，安排部署劳动保障工作。陈建国书记、马启智主席和郑小明副主席多次对劳动保障工作做出批示，提出要求。各级党委、政府切实把劳动保障工作摆在更加突出的位置，结合当地实际，采取有效措施推进工作，取得重大进展。各级就业再就业工作联席会议成员单位、劳务输出联席会议成员单位、劳动关系三方协商机制成员单位各负其责，协调联动，形成合力，为推动劳动保障工作健康发展发挥了重要作用。第二，树立和落实科学发展观，是做好劳动保障工作的根本要求。2004 年，宁夏回族自治区坚持用科学发展观指导工作，检验工作，加大了再就业工作力度，强力推进劳务输出工作，制定实施了提高职工群众和离退休人员待遇的政策措施，努力使发展的成果惠及全体人民，受到自治区党委、政府的充分肯定和人民群众的真心欢迎。第三，坚持围绕中心、服务大局，是做好劳动保障工作的重要原则。回顾 2004 年的劳动保障工作，都是紧紧围绕自治区党委的中心工作、政府的重点工作展开的。围绕再就业工作，启动万人再就业工程；配合推进城市化战略，着手研究制定城乡统一的就业和社会保障制度，全面加强劳务输出工作；围绕深化国企改革，做好劳动关系协调和社保关系接续工作等，既促进了中心工作、重点工作的开展，又进一步提升了劳动保障部门的社会地位，加快了劳动保障事业的发展。第四，加强党风廉政和制度建设，是做好劳动保障工作的重要前提。2004 年，宁夏回族自治区劳动保障厅切实加强了党风廉政建设，认真落实责任制，督办行风建设，并出台了一系列政策措施，规范劳动保障工作，建立长效机制，为劳动保障事业的长期健康发展创造了环境，奠定了基础。第五，坚持改革创新、求真务实，是做好劳动保障工作的重要措施。2004 年，宁夏回族自治区劳动保障厅强调各项工作要往深里做、往实里做，要求各处室、各单位、各级劳动保障部门都要确定创新目标，制定创新措施，督查创新之处，总结创新成果，因而 2004 年的劳动保障工作取得了超出预料的好成绩。

（宁夏回族自治区劳动和社会保障厅）

新疆维吾尔自治区

2004年，新疆维吾尔自治区劳动和社会保障部门紧紧围绕自治区党委、自治区人民政府的中心工作，以“三个代表”重要思想为指导，认真落实科学发展观，采取多种措施扩大就业再就业，继续扩大社会保险覆盖面，加快社会保障管理服务社会化工作实施步伐，进一步规范劳动关系，切实保障职工的合法权益，协调推进劳动保障各项工作，圆满完成了全年的目标任务，为维护自治区的改革发展稳定大局发挥了积极作用。

一、超额完成就业再就业工作目标任务

2004年，新疆维吾尔自治区各级劳动保障部门围绕自治区党委、自治区人民政府提出的实现31万人就业再就业的目标任务，以增加就业岗位为目标，以落实再就业扶持政策为主线，以强化再就业服务为手段，以加大再就业资金投入为保障，以社区劳动保障平台建设为基础，以促进下岗失业人员和“4050”就业困难人员再就业援助为重点，进一步完善和落实就业再就业目标责任制度、督促检查制度、定期通报制度，积极培育再就业基地，大力发展劳务派遣组织，全面落实扩大就业的政策措施，确保了全年目标任务的完成。全区实现就业再就业33.89万人，完成全年目标任务的109.3%，其中下岗失业人员再就业13.27万人，“4050”人员再就业1.97万人。城镇登记失业率为3.8%，低于4%的控制目标。全区农村富余劳动力转移就业75.94万人，其中，转移城镇就业31.32万人，完成全年目标任务的125.3%。农村劳动力外出就业587 139人，其中，女性180 144人，跨省就业39 409人，外来劳动力就业476 401人。新培育再就业基地172个，发展劳务派遣组织83个，为促进下岗失业人员再就业发挥了积极作用。

二、继续巩固“两个确保”

2004年，新疆维吾尔自治区按照中央关于“两个确保”“三不变”（工作目标不变、政策措施不变、工作要求不变）的原则，各级劳动保障部门与有关部门密切配合，想方设法筹措资金，积极落实下岗职工基本生活保障政策，加强对各地下岗职工基本生活保障资金和基本养老保险基金调剂，确保了国有企业下岗职工基本生活保障费和企业离退休人员养老金按时足额发放。全年进中心国有企业下岗职工0.91万人，出中心3.17万人，截至年底，仍在中心的有1.88万人。全区支付国有企业下岗职工基本生活保障费并代缴社会保险费1.81亿元，为企业离退休人员发放养老金38.75亿元，养老金发放率达100%。

三、社会保险制度建设取得新进展

（一）基本养老保险政策进一步完善

2004年，新疆维吾尔自治区先后下发了《关于调整自治区机关事业单位基本养老保险缴费费率的通知》《关于调整个体工商户、自由职业者和灵活就业人员基本养老保险缴费费率和基数的通知》《关于企业退休人员养老保险最低保证数有关问题的通知》等文件，将机关事业单位自行聘用人员全部纳入了企业职工基本养老保险社会统筹范围，个体工商户、自

由职业者和灵活就业人员的缴费费率统一调整为20%，机关事业单位与城镇企业实现了统一费率，企业退休人员特殊工种补贴逐步被取消，企业年金制度开始启动。2004年，自治区养老保险年计划参保目标168万人，实际完成173.76万人，完成年计划的103.42%。全年养老金应征缴43.8亿元，实际征缴43.08亿元，基金征缴率为98.36%。农牧企业参保政策得到了落实，截至年底，农牧企业上报应参保职工129 129人，其中，国有职工参保79 631人，非国有职工参保49 498人；实际参保职工125 980人，其中，国有企业职工参保率为96%，非国有企业职工参保率为6%。企业离退休人员养老金待遇得到调整。全区社会化管理服务率为89%，其中纳入社区管理的达到46%。

（二）失业保险工作稳步推进

2004年，新疆维吾尔自治区所有地州市实现了失业保险地级统筹，部分中央行业失业保险移交地方管理，失业保险待遇标准得到提高。截至年底，失业保险参保人数达到138.58万人，新增领取失业保险金人数为34 827人，全年有9.1万人享受到失业保险待遇。全区失业保险基金征缴收入为55 376.71万元，基金收缴率为94.6%，完成全年基金收缴率达到90%以上的目标任务。补缴历年欠费3 547.46万元，清欠率为58%，全区失业保险累计欠费4 155.75万元，其中，事业单位欠费占70%。

（三）基本医疗保险制度改革政策不断完善，服务管理进一步加强

2004年，新疆维吾尔自治区劳动保障厅提请自治区人民政府出台了解决国有关闭破产企业和改制企业一次性领取医疗费问题的办法，提出了解决部分地方财政负担的行政事业单位职工医疗保险费欠费等问题的意见，建立了基本医疗保险定点医疗机构治疗参保患者病种医疗费用定期公布制度，会同有关部门修订了自治区城镇职工基本医疗保险诊疗项目目录和医疗服务设施项目，加强了对定点医疗机构和定点零售药店的监督检查，进一步降低了参保人员的不合理负担。截至年底，绝大多数地州市均实现了基本医疗保险地级统筹。全区14个地州市（石河子市参加兵团医保）参加基本医疗保险职工人数达到195.97万人，为应参保职工人数的93.59%。基本医疗保险费应缴21.41亿元，实缴20.46亿元，征缴率为95.6%。

（四）工伤保险和生育保险制度改革全面实施

2004年，新疆维吾尔自治区出台了配套文件，制定了农民工参加工伤保险和工伤待遇支付政策，下发了生育保险药品目录、诊疗项目目录和医疗服务设施项目目录，制定了生育保险定点医疗机构管理办法和费用结算办法，除个别地州没有启动工伤保险、生育保险外，其他地州市均已启动。工伤、生育保险扩面征缴力度进一步加大，截至年底，全区工伤保险参保人数为60.8万人，完成年计划目标任务的121.6%。工伤保险基金当年收入7 790万元，基金支出3 409万元。统筹内享受工伤保险待遇的有4 861人，其中，1～4级伤残职工有3 626人，享受生活护理费的有3 050人，供养的亲属有1 111人。全区已有12个地州市开展了城镇职工生育保险工作，全年参加生育保险的职工人数达59.23万人，比上年增长184.3%。其中，女性24.36万人。

四、职业技能培训取得新成效

2004年，新疆维吾尔自治区认真贯彻落实“以培训促就业、以培训促发展”战略，大力开展职业技能培训，培训数量和质量有了新的提高。全年培训各类人员103.96万人，完成全年目标任务的121%。在就业再就业培训的31.75万人中，有23.58万人实现了就业再就业，就业再就业率达74.29%。企业职工培训38.93万人，完成目标任务的111.11%。农村富余劳动力转移培训18.55万人，完成目标任务的92.8%。推行职业资格证书制度进展顺利，技能人才评价体系初步建立，国家职

业资格工作网和智能化考试平台开始运行，全年新增持证人数18.02万人，使全区生产技术岗位持证人数达48.02万人，持证率达到33.7%。高技能人才培养工作全面实施，高端带动作用进一步增强，新培养高级工以上技能人才1.68万人，使全区高技能人才达到10万人，约占生产技术从业人员总数的6.2%。职业技能竞赛取得重大突破，全年组织23.9万人参与了16个自治区一级竞赛和13个自治区二级竞赛，成功举办了“2004·中国新疆首届美食文化节暨创名师、创名牌、创新业技能大赛”。职业培训机构管理和市场化改革取得新成绩，健全和完善了职业培训管理制度，加强与区外职业培训机构的联合办学，进一步提高了办学水平，拓宽了毕业生的就业渠道。

五、进一步规范劳动关系

2004年，新疆维吾尔自治区劳动保障部门加强了对各地建立劳动关系三方协调机制的指导，进一步完善三方工作制度，各地劳动关系三方机构正逐步向乡镇、街道、社区延伸。依法加强劳动合同和集体合同的管理，自治区拟定了集体合同文本和工资集体协商文本式样，督促、指导和检查、规范企业在劳动合同签订、变更、续签、终止、解除等过程中的不合法不规范行为，进一步推进了劳动合同和集体合同的法制化和规范化。全区国有及国有控股企业劳动合同签订率达到95%以上，非国有企业劳动合同签订率达到70%以上。依法保护国有企业改制重组中职工的合法权益，组织审核了改制、破产企业和转制科研机构职工安置方案。进一步加强了劳动争议预防和调解体系建设，实行“先调解、后立案”的劳动争议先行调解制度，促进了劳动争议调解工作的开展。进一步完善劳动争议处理制度和仲裁工作制度，认真做好劳动争议案件的处理工作，全区共受理劳动争议案件3 838起，结案3 719起，结案率达96.9%。

六、继续推进企业收入分配制度改革

2004年，新疆维吾尔自治区调整了企业最低工资标准和自治区非全日制最低小时工资标准，并及时向社会发布。落实工资支付制度，进一步规范了企业工资支付行为，维护了职工的合法权益。15个地州市均建立了企业工资指导线和劳动力市场工资指导价位制度，基本做到按时向社会发布，为调节行业之间、企业之间、企业与职工之间和不同岗位之间的收入分配关系，保护职工的合法权益起到了积极作用。部署开展了国有企业工效挂钩和工资内外收入监督检查工作，对企业工资内外收入情况进行了检查，同时委托社会中介机构对6家单位工资内外收入情况进行了专项审计。

七、不断加大劳动保障监察执法力度

2004年，新疆维吾尔自治区各级劳动保障部门认真开展劳动保障年审工作，对1.87万户各类用人单位的用工情况进行了审查，补缴养老、失业保险金8 980万元。加大劳动保障巡视监察力度，全区各级劳动保障监察机构共巡视监察用人单位3.76万户次、涉及劳动者113万人，处理因侵害职工权益而引发的15人以上的集体投诉案件159起，纠正或补签劳动合同7.4万份，向8 260家单位下达了限期整改指令书。查处违法使用童工案件112起，涉及童工131人。受理投诉信件、举报电话7 963人次，其中，立案4 252起，结案4 052起，劳动监察结案率达到95.3%。突出抓好农民工工资清欠工作，各地按照自治区的要求普遍建立了农民工工资支付保证金制度，开展了对农民工劳动保障权益保护的专项检查，全区共收缴农民工工资支付保证金9 300余万元，追缴拖欠农民工工资12.38亿元。继续强化对社会保险基金的监管，指导两个定点联系城市做好协同监管体制的建立和开展现场监督和非现场监督，对挪用、冒领、骗取社会保障基金的行为进行了查处。

八、劳动保障法制建设得到加强

2004年，新疆维吾尔自治区人民政府发布了《新疆维吾尔自治区实施〈工伤保险条例〉办法》和《新疆维吾尔自治区城镇职工生育保险办法》。开展了行政许可事项和行政许可主体的清理工作，报经自治区人民政府确认公布的行政许可事项10项，自行停止执行行政许可事项4项，调整行政许可实施主体2项。全区共受理行政复议案件110起，已结案81起。深入开展“四五”普法教育，下达了2004年度劳动保障普法工作计划，组织全区劳动保障系统干部职工进行了年度普法考核，合格率达90％以上。在《劳动法》颁布10周年之际，自治区各级劳动保障部门采取多种形式，开展了面向全社会的《劳动法》宣传教育活动，收到了良好的宣传教育效果。

九、各项基础工作取得新成果

2004年，新疆维吾尔自治区金保工程已建成了自治区数据中心；实现了与劳动保障部联网，开通了与劳动保障部的IP电话和视频会议系统；狠抓了数据整理、数据集中等基础工作，实现了自治区本级和部分地区养老保险数据的提取上传；全区统一开发的社会保险应用系统在自治区本级的实施和运行工作已经开始，地州市“五保合一”版本的开发工作近期可完成；自治区与7个地区实现联网，7个地州市与所辖县市全部联网，50个县（市）社会保险经办机构数据已按标准集中到地州市。社会保险经办基础工作得到加强，“大厅式”“一站式”“一条龙式”服务得到推广，经办业务流程进一步规范，工作效率和服务质量有了新的提高。街道（乡镇）社区劳动保障平台建设基本到位，各项服务功能得到初步发挥。劳动保障政策宣传力度加大，紧紧围绕劳动保障中心工作，充分利用“民生之本”栏目、先进典型报告会等多种宣传载体，组织开展了形式多样、贴近群众的宣传活动，有力地支持了业务工作的开展。统计信息、信访等工作也都取得了新的成绩。

十、进一步加强干部队伍建设和党风廉政建设

2004年，新疆维吾尔自治区各级劳动保障部门在干部职工中深入开展了“三个代表”重要思想和党的基本理论、基本路线、基本纲领和基本经验的学习教育活动，进一步提高了干部队伍的政治素质。干部业务培训力度加大，仅自治区就组织全系统业务培训班22期，培训人员3 600多人，并对全系统社会保险经办机构工作人员进行了业务素质考核，促进了干部业务能力的提高。党风廉政建设进一步加强，突出抓好党内监督条例和纪律处分条例的学习、先进典型示范教育和反面典型警示教育、党风廉政责任制的落实和全系统作风评议工作，不仅使干部职工的廉政意识、群众意识、服务意识明显增强，思想作风、工作作风和精神面貌有了新的转变，而且也解决了一批社会关注、群众关心的热点难点问题，树立了劳动保障部门的良好形象。

（新疆维吾尔自治区劳动和社会保障厅）

新疆生产建设兵团

2004年，新疆生产建设兵团劳动保障工作在国家劳动保障部的指导下，认真贯彻落实兵团党委和兵团的决策部署，取得了显著成绩。

一、就业再就业工作取得显著成效

一是继续确保了下岗职工基本生活，超额完成了就业再就业目标任务。建立了再就业联席会议制度、定期通报制度、目标责任考核制度、督导检查制度和政策咨询宣传制度，初步形成了体系比较完整、制度比较健全、行动比较协调的工作机制，出现了部门配合、企业参与、社会支持的良好局面。二是各项再就业政策措施得到进一步贯彻落实。各师加大了在小额担保贷款、社保补贴、岗位补贴及“4050”人员安置等方面的工作力度，强化了就业服务工作，积极开展以“送政策、送岗位、送技能、送服务”为主要内容的再就业援助活动，帮助就业困难的下岗失业人员实现了再就业。三是国家和兵团表彰了一批再就业先进集体和先进个人，并对他们的典型经验和先进模范事迹进行大力宣传，以典型引路，为推进再就业工作创造了良好氛围。四是劳动力引进管理工作取得新成效。组织引进秋季拾花工43万人（其中疆内15万人），在拾花工的引进和管理、平抑拾花价格、兑现拾花收入、组织安全返乡等方面采取了多种有效措施，缓解了“三秋”劳动力短缺的矛盾，受到了植棉团场、内地县市和拾花工的高度赞扬，同时，也为帮助区内外农民脱贫致富做出了积极贡献。

是年，兵团累计安置就业6.80万人，其中下岗失业人员再就业3.20万人，“4050”人员再就业0.36万人，分别完成全年任务的113%、106%和120%。全年城镇登记失业率为2.55%，低于计划3.50%的目标。

二、养老保险扩面工作取得突破性进展

2004年，兵团党委、兵团作出关于扩大养老保险覆盖面的重要部署后，兵师劳动保障部门从大局出发，统一思想认识，明确工作目标，下定决心，全力以赴，采取了各种强有力的措施，全年实现扩面11万人，完成率为110%。

三、信访工作得到全面加强

2004年11月举办了兵团劳动保障系统信访培训班，各师普遍加强了信访工作，有的师建立了劳动保障系统来信来访工作网，进一步强化了信访工作的处置手段，提高了工作效率和工作质量；有的师落实了信访工作责任制，将大量的信访问题化解在基层；兵团劳动保障局选派本局副处级后备干部到信访一线轮岗工作，同时，农六师、农七师、农八师及建工师选派人员到兵团劳动和社会保障局信访处协助工作，都收到了很好的效果。

四、职工培训特别是高技能人才培养工作取得了令人鼓舞的成绩

一是高技能人才培训工作取得较大进展。制定了兵团“3年3千新技师培养计划”，着手高技能人才培养基地（站）的建设工作。全

年兵师两级共培养技师1 084人，超额完成了任务。二是围绕兵团“十一五”时期新型工业项目，拟订了规划，为兵团加快工业化进程提供技能人才保障作了前瞻性的战略研究。三是以职工业余技校为基地，组织和指导各行业部门以及企业开展多种形式的专业技能培训和职工技术等级培训，有针对性地开展了再就业培训和创业培训，全年完成各类培训 23 万人次。四是积极推行职业资格证书制度，鉴定质量进一步提高，全年参加鉴定的各类人员达 3.3 万人。五是加快了职业教育改革和职业教育资源整合步伐，技工学校工作取得了新的发展，全年招收新生3 252人，毕业1 394人，就业率达100%。兵团高级技工学校已被自治区人民政府批准为技师学院。

五、社会保险工作稳步发展

一是继续确保养老金按时足额发放，全年发放企业退休人员养老金 31.38 亿元，为兵团离退休干部、建国前老工人代发养老金 3.65 亿元；拟订了 2004 年企业退休人员基本养老金调整方案，平均每人每月增加 50 元；对实施兵团级养老保险统筹、集体所有制性质的单位参加养老保险问题进行了认真研究，为进一步深化兵团养老保险制度改革作出了有益的探索。圆满完成了除名、自动离职等人员补费参保工作，妥善解决了这部分人的养老保险问题。二是医疗保险“三二一”管理措施得到落实，政策体系逐步完善，医疗服务管理水平得到提高，属地参保、灵活就业人员参保取得实质性突破。三是全年为 2.4 万名失业人员发放失业保险金6 224万元。四是认真贯彻《工伤保险条例》。兵师两级均成立了工伤保险工作领导小组，开展了宣传、培训及文件的立、改、废工作，制定完善相关政策措施，加强督促检查，规范工伤认定及劳动能力鉴定工作，保证《条例》的贯彻实施。五是切实加强社会保险基金监管工作。在管好“入口”方面，认真核定缴费基数，强化基金征缴，加大清欠力度，增加基金收入。全年养老保险基金收入16.86 亿元，其中清理历年欠费4 594万元；医疗保险基金收入 6.16 亿元，其中清理历年欠费 678 万元；失业保险基金收入 1.37 亿元，工伤保险基金收入2 723万元，生育保险基金收入2 053万元。在实行动态监管方面，定期召开基金运行分析会，及早发现问题，及时完善和调整政策，为保证社会保险制度的可持续运行奠定了基础。在严把“出口”关方面，狠抓稽核工作，严防基金的“跑、冒、滴、漏”，保证了基金的安全。

六、劳动关系协调工作成效明显

一是认真贯彻落实了《兵团劳动合同管理办法》，加强了劳动合同管理，为规范劳动关系奠定了基础。截至是年 11 月底，全兵团应签劳动合同 64.2 万人，实签 61.8 万人，劳动合同签订率达到 96%。加快了劳动合同规范化管理步伐，目前大部分团场对劳动合同都实行了计算机管理。二是按照“快立案、快结案”的指导思想，将劳动争议纳入依法渠道解决，促进了劳动争议工作的规范化发展。2004 年，兵师两级劳动争议仲裁部门共受理劳动争议案件 626 起，涉及 1 182 人，结案率达 96.97%，非立案调解处理 435 起，有效地化解了劳动争议的发生，减少了职工重复上访。三是继续深化了企业工资分配制度改革。制定下发了企业工资指导线的意见和劳动力市场工资指导价位，开展企业人工成本管理预测预警工作。

七、劳动保障监察执法力度和行政复议工作进一步加强

一是深入开展了《劳动保障监察条例》的学习、宣传活动，为条例的全面贯彻实施奠定了基础。二是围绕劳动保障事业的中心工作开展有效的日常监察、巡察及专项检查工作，全年共受理监察案件 299 件，结案 281 件，结案率达 94%。三是配合有关部门开展清理建筑企业拖欠农民工工资工作，全年共清欠农民工工资 1.35 亿元，完成全年清欠目标的

97.7%。四是加大行政复议案件的处理力度，全年共受理29件，结案率达95%，有效地促进了依法行政，较好地维护了公民、法人的合法权益。

（新疆生产建设兵团劳动和社会保障局）

劳动和社会保障
大事记

2004 年劳动和社会保障大事记

1月1日至4日　国务院副总理黄菊在贵州省考察工作。期间视察了中国航天科工集团某基地、中国铝业贵州分公司、林东矿务局、贵阳市劳动力市场和花溪区农村信用联社，看望了科技工作者、劳动模范，走访了困难职工和农民家庭。考察期间，黄菊同志听取了省委、省政府的工作汇报并作重要讲话。黄菊同志在讲话中指出，要十分关心群众的生产生活，进一步推进就业再就业和社会保障工作；继续落实好中央制定的一系列再就业政策，特别是要把财政资金、信贷支持和税费减免等政策落到实处；要把改革、发展、结构调整与扩大就业有机结合起来，千方百计扩大就业再就业门路；要调整财政支出结构，继续增加社会保障支出，巩固“两个确保”；努力完善城镇职工基本养老保险、基本医疗保险制度，扩大各项社会保险的覆盖面。张小建同志陪同考察。

1月3日至16日　王东进同志率中央督查组赴湖北、河南省督查学习贯彻“三个代表”重要思想和解决群众生产生活问题的情况；王东进同志代表劳动和社会保障部和中华全国总工会在福建、海南省开展送温暖活动，到部分困难企业，慰问看望困难职工和劳动模范。期间，听取湖北、河南、福建、海南等省劳动保障工作情况和省工会工作情况汇报。

1月5日　刘永富同志听取河北省副省长付双建及省劳动保障厅、社保局有关领导同志、邯郸市政府、有关企业领导同志关于邯钢违规办理提前退休问题的情况介绍，并就有关问题进行座谈。

1月6日　郑斯林同志签发劳动和社会保障部第20号令，颁布实施《企业年金试行办法》。该办法对企业建立企业年金的条件、工作程序、监管等做出明确规定。

同日　张小建同志主持召开劳动和社会保障部关闭破产企业职工安置工作协调小组联席会议，听取2003年关闭破产企业职工安置工作情况汇报，研究有关问题，部署2004年工作，并明确破产办由培训就业司划归失业保险司管理。

1月8日　张小建同志会见由日本厚生劳动省助理部长长谷川真一先生和国际劳工组织亚太局局长野寺康幸先生率领的国际劳工组织/日本政府城市就业促进项目中期评估团一行，向客人介绍了我国的就业状况和促进就业的政策措施。双方就进一步促进合作项目发展、拓宽合作领域等交换了意见。

1月9日　国务院总理温家宝主持召开国务院第35次常务会议，讨论《政府工作报告（讨论稿）》。郑斯林同志参加会议。

同日　中国社会保障杂志社主办的“养老保险基金管理与投资运营研讨会”在北京召开，刘永富同志出席并讲话。证监会、银监会、保监会及劳动和社会保障部办公厅、养老保险司、基金监督司、社保中心、社保所、社保学会有关负责同志，辽宁、吉林、黑龙江、上海、福建等省（直辖市）劳动保障部门有关负责同志参加会议。

1月11日至13日　中央纪委第三次全体会议在北京召开，中共中央总书记胡锦涛出席全会第二次大会并发表重要讲话。郑斯林同志列席全会第二次大会，崔会烈同志出席会议。

1月12日　劳动和社会保障部在北京召开加快培养高技能人才工作座谈会，张小建同志出席并讲话。

同日　劳动和社会保障部发出《关于印发2004年劳动和社会保障工作要点的通知》（劳社部发［2004］1号）。通知明确大力促进就业再就业，继续推进社会保障体系建设，规范和协调劳动关系，切实维护劳动者合法权益，加强基础工作，推进劳动保障事业全面发展等4方面30项重点工作。

同日　劳动和社会保障部、财政部联合发出《关于预拨2004年中央财政对地方养老保险专项转移支付资金的通知》（财社［2004］3号）。为确保"两节"期间养老金按时足额发放，向23个省（自治区、直辖市）预拨资金50亿元。

1月12日至16日　步正发、华福周、张小建同志分别赴广西壮族自治区、四川省、江西省慰问困难职工，对劳动保障工作进行调研。期间，分别走访慰问部分困难职工家庭；听取自治区、省和有关市劳动和社会保障部门的工作汇报；考察了劳动保障厅所属有关单位，分别与自治区和省党政领导同志交换了意见。

1月13日　郑斯林、刘永富同志主持召开会议，研究在吉林、黑龙江两省进行完善城镇社会保障体系试点工作。部内试点成员单位负责同志参加会议。

同日　劳动和社会保障部在北京召开行业部门加强高技能人才队伍建设工作座谈会，张小建同志出席并讲话。

1月14日　国务院总理温家宝主持召开国务院第36次常务会议，研究在吉林和黑龙江两省进行完善城镇社会保障体系试点等问题。郑斯林同志参加会议并作汇报，刘永富同志参加会议。

同日　劳动和社会保障部、财政部联合发出《关于从2003年7月1日起增加企业离休人员基本养老金的通知》（劳社部发［2004］2号）。经国务院批准，从2003年7月1日起，为2003年6月30日前已办理离休手续的企业离休人员提高基本养老金水平。

1月15日　劳动和社会保障部在北京召开企业退休人员社会化管理服务工作座谈会，刘永富同志出席并讲话。会上通报了全国企业退休人员社会化管理服务工作情况。中组部、发展改革委、民政部、财政部、卫生部、国资委、全国总工会、团中央、全国妇联、老龄委等部门有关司局的负责同志及劳动和社会保障部养老保险司、社保中心、宣传中心有关负责同志参加会议。

1月17日　全国人大常委会预算工作委员会听取劳动和社会保障部关于2003年预算执行和2004年预算安排情况的汇报。步正发同志作汇报。

同日　劳动和社会保障部召开机关2003年度工作总结会，郑斯林同志出席会议并讲话。郑斯林同志对劳动和社会保障部2003年的工作进行了全面的回顾和总结，对如何完成2004年的工作任务提出了要求。李其炎同志主持会议，华福周、张小建、刘永富、崔会烈和李伯勇、林用三、王建伦同志出席，部机关全体干部和事业单位司局级干部参加。

1月18日　国务院总理温家宝主持召开国务院第3次全体会议，讨论《政府工作报告（征求意见稿）》。郑斯林同志参加会议。

1月20日　郑斯林同志签发劳动和社会保障部第21、22号令，颁布实施《最低工资规定》和《集体合同规定》。《最低工资规定》对最低工资的确定、调整、发布、给付以及最低工资的保障监督和相应的法律责任作了规定。《集体合同规定》对集体协商内容，集体协商代表，集体协商程序，集体合同的订立、变更、解除和终止，集体合同审查，集体协商争议的协调处理等做出明确规定。

1月21日　劳动和社会保障部、发展改革委、民政部、财政部、国资委、税务总局、中华全国总工会联合向国务院报送《国务院完善城镇社会保障体系试点工作小组关于报请审定在吉林和黑龙江两省进行完善城镇社会保障体系试点工作意见的请示》（劳社部报［2004］1号）。

1月29日　劳动和社会保障部向国务院报送《关于当前企业拖欠工资情况及解决工资拖欠问题对策措施的报告》（劳社部报［2004］2号）。

同日　劳动和社会保障部发出《关于印发2004年劳动和社会保障事业发展计划的通知》（劳社部发［2004］3号）。对2004年劳动保障事业的发展进行总体部署。

2月3日　国务院总理温家宝主持召开座谈会，征求经济、社会等方面专家学者对《政府工作报告（征求意见稿）》的意见。郑斯林同志参加会议。

2月4日　劳动和社会保障部发出《关于表彰2003年度全国技术能手的决定》（劳社部发［2004］4号）。决定授予曹遂军等69名同志"全国技术能手"荣誉称号，颁发奖章、证书和奖牌，并号召广大劳动者向他们学习。

2月5日　郑斯林同志主持召开劳动和社会保障部党组第18次会议，研究工伤保险司"三定"和有关人事任免事项，讨论部2004年度会议计划和外事计划等。王东进、步正发、华福周、刘永富、崔会烈同志出席。

2月11日　国务院总理温家宝主持召开国务院第39次常务会议，讨论《重大突发事件信息报送标准（讨论稿）》《重大突发事件信息处理办法（讨论稿）》和《关于改进和加强国内突发事件新闻发布工作的实施意见（讨论稿）》。郑斯林同志参加会议。

同日　国务院办公厅发出《关于在吉林黑龙江进行完善城镇社会保障体系试点工作的通知》（国办函［2004］19号），明确了在吉林和黑龙江扩大试点的指导思想、总体目标、基本原则和主要任务。

2月11日至12日　王东进同志赴天津调研。期间，听取天津市劳动保障工作汇报，考察了市社会保险基金管理中心医保结算中心和河西分中心，并与天津市副市长崔津渡交换了意见。

2月12日　劳动和社会保障部召开部机关处以上干部、事业单位司局级干部、离退休党支部书记大会，郑斯林同志出席会议并讲话，华福周同志主持会议。会上，步正发同志传达了中共中央总书记胡锦涛在中央纪委第三次全会上的讲话，华福周同志传达了中央国家机关第十八次党的工作会议和中央国家机关第十六次党的纪检工作会议精神，刘永富同志传达了国务院总理温家宝在接见中央国家机关第十八次党的工作会议代表时的讲话，崔会烈同志传达了中央纪委第三次全会精神并作讲话。

2月13日　国务院召开第二次廉政工作会议，国务院总理温家宝出席并讲话，国务院副总理黄菊、吴仪、曾培炎、回良玉，国务委员周永康、曹刚川、唐家璇、陈至立出席会议。中央纪委书记吴官正、中央纪委副书记何勇应邀出席会议。国务院秘书长华建敏主持会议。郑斯林同志出席会议。

2月14日　国务院副总理黄菊、国务委员周永康、国务院秘书长华建敏听取中央督查组关于切实解决好人民群众切身利益问题的督查情况汇报。王东进同志出席并作汇报。

2月16日至21日　中共中央办公厅举办省部级主要领导干部"树立和落实科学发展观"专题研究班，郑斯林同志参加。

2月16日至21日　全国医疗保险工作座谈会在广东省召开，王东进同志出席并讲话。会议总结了2003年医疗、工伤、生育保险工作，研究部署了2004年工作。期间，王东进同志考察了东莞市社保局等单位，听取了东莞市、湛江市、阳江市劳动保障工作汇报，并与广东省副省长谢强华交换了意见。

2月20日　劳动和社会保障部召开部机关处以上干部、事业单位司局级干部、离退休党支部书记会。郑斯林同志传达国务院第二次廉政工作会议精神，步正发同志主持会议，华福周、张小建、刘永富、崔会烈同志出席。

2月23日　郑斯林、刘明康、尚福林、吴定富同志分别代表劳动和社会保障部、银监会、证监会、保监会联合签发第23号部令，颁布实施《企业年金基金管理试行办法》。《办法》对企业年金基金的受托管理、账户管理、托管以及投资管理等做出明确规定。

同日　劳动和社会保障部党组发出《关于王爱文同志试用任职的通知》（劳社党发［2004］3号）。经部党组研究决定，王爱文同志试任规划财务司司长，试用期为1年，免去其规划财务司巡视员职务。

2月24日　劳动和社会保障部发出《关于组织开展第七届中华技能大奖和全国技术能手表彰活动的通知》（劳社部函［2004］38号）。通知明确了本届表彰活动的规模、推荐申报办法、评选审核方式等。

2月24日至27日　全国养老保险工作暨社会保险局长会议在四川省召开，刘永富同志出席。会议主要内容是：学习贯彻党的十六届三中全会精神，落实全国劳动保障工作会议部署，总结2003年养老保险和社会保险经办工作，安排2004年工作，围绕建立养老保险长效机制，研究进一步完善保险制度。各省（自治区、直辖市）劳动保障厅（局）和计划单列市、新疆生产建设兵团劳动保障局分管养老保险工作的负责同志、社会保险经办机构负责人共100多人参加了会议。期间，刘永富同志先后赴成都市、德阳市就劳动保障工作进行调研，考察街道社区劳动保障工作平台，并与省委、省政府有关领导同志交换了意见。

2月25日　国务院总理温家宝主持召开第41次常务会议，讨论《国务院关于进一步深化粮食流通体制改革的意见（稿）》和《实行对种粮农民直接补贴调整粮食风险基金使用范围的实施意见（稿）》，并审议《民办教育促进法实施条例（草案）》。郑斯林同志参加会议。

2月26日　中央纪委召开2004年中央和国家机关党风廉政建设和反腐败工作任务分工会议，中央纪委副书记何勇出席会议并讲话。步正发、崔会烈同志出席会议。

同日　劳动和社会保障部召开“两会”期间维稳安全保密工作会，华福周同志出席会议并对做好“两会”期间维稳、安全、保卫保密等工作提出具体要求。会上通报了近期工作情况。部属各单位主要负责同志及综合处处长参加会议。

2月27日　国务院再就业工作部际联席会议召开第六次全体会议，郑斯林同志主持会议，国务院副秘书长尤权、张小建同志出席会议。与会人员学习党中央、国务院领导同志指示精神，总结2003年就业和再就业工作，通报和交流各部门2004年工作安排，研究确定了联席会议2004年工作要点。联席会议15个成员单位的有关同志参加会议。

同日　步正发、崔会烈同志主持召开会议，传达中央和国家机关党风廉政建设和反腐败工作任务分工会议精神，研究具体贯彻落实措施。

同日　劳动和社会保障部发出《关于建议尽快明确农村社会养老保险工作主管部门的函》（劳社部函［2004］40号）。要求陕西、青海、新疆、宁夏四省（自治区）人民政府进一步明确农村社会养老保险主管部门，并妥善解决好这项工作的机构、编制和经费问题。

3月1日　加强就业服务体系专业化、制度化、社会化建设研讨会在天津召开，张小建同志出席并讲话。天津市委书记张立昌及市委、市政府有关领导同志会见了与会代表，并对做好就业再就业工作提出重要意见。各省（自治区、直辖市）及计划单列市劳动和社会保障部门负责就业服务工作的有关同志、部培训就业司、技术指导中心有关负责同志参加会议。

3月2日　王东进同志出席工伤保险司成立会并讲话。部属有关单位主要负责同志参加会议。

同日　步正发同志与内蒙古自治区人大副主任周维德、政府副主席郭子明及区劳动保障厅、民政厅有关领导同志就内蒙古劳动保障工作进行座谈。部属有关单位负责同志参加。

同日　劳动和社会保障部发出《关于印发

2004—2005年再就业培训计划的通知》（劳社部发［2004］5号）。决定在2004—2005年实施主题为“提高你的再就业能力”的再就业培训计划，要求各地区结合本地实际，确定目标任务，认真组织实施。

3月2日至3日　全国重点城市（北片）街道社区劳动保障工作平台观摩交流活动在天津举行，张小建同志出席活动并讲话。

3月3日　郑斯林同志主持召开会议，研究“两会”记者招待会有关事宜及答问口径。王东进、张小建同志出席。

同日　步正发、刘永富同志主持召开会议，布置和协调农民工和被征地农民社会保障综合调研工作。

同日　国务院发出《国务院批转教育部2003—2007年教育振兴行动计划的通知》（国发［2004］5号）。在实施“职业教育与培训创新工程”问题中，提出大力发展职业教育，大量培养高素质的技能型人才特别是高技能人才；以就业为导向，大力推动职业教育转变办学模式；大力发展多样化的成人教育和继续教育。

3月5日　劳动和社会保障部发出《关于劳动和社会保障部门加强求真务实作风建设的意见》（劳社部发［2004］6号）。要求在全系统统一思想，充分认识加强求真务实作风建设的重要性，加强学习，不断提高求真务实的自觉性，扎实工作，大兴求真务实之风，健全制度，建立求真务实的长效机制，领导带头，做求真务实的表率。

3月6日　劳动和社会保障部新建办公楼正式开工。王东进同志主持召开新建办公楼工程开工协调会并讲话。中咨工程建设监理公司、北京建工集团有限责任公司、建设综合勘察设计院有关负责人，国务院机关事务管理局及劳动保障部基建领导小组成员参加会议。

3月8日　步正发同志主持召开会议，布置贯彻落实国务院领导同志关于改善农民进城就业环境，切实办几件实事的有关批示精神的相关工作。

3月9日　十届全国人大二次会议召开记者招待会，郑斯林、王东进、张小建同志应邀出席，并分别就我国的社会保障体系建设、就业再就业工作、农民工的权益保护等问题，回答了新华社、法新社、中央电视台、香港卫视、英国IFX、人民日报等中外新闻机构记者的提问。

3月10日　王东进同志主持召开劳动和社会保障事业发展“十一五”规划编制工作启动会，对劳动和社会保障事业发展“十一五”规划编制工作进行部署。

同日　张小建、刘永富同志与江西省委副书记、常务副省长吴新雄，副省长孙刚和省长助理兼劳动保障厅厅长熊盛文等进行座谈。

3月11日　郑斯林同志主持召开劳动和社会保障部党组第19次会议，传达中央文件，研究部颁规章制定工作计划和办班计划等。步正发、张小建、刘永富、崔会烈同志出席。

同日　步正发同志主持劳动和社会保障部学习贯彻《行政许可法》报告会，国务院法制办主任曹康泰作报告。张小建、刘永富、崔会烈同志出席。

同日　劳动和社会保障部发出《关于开展农民工和被征地农民社会保障综合调研的通知》（劳社厅明电［2004］6号）。

3月12日　刘永富同志主持召开会议，听取吉林、黑龙江两省制订试点方案情况介绍，研究试点方案有关政策和下一步工作安排。吉林省、黑龙江省、国办秘书局、试点小组成员单位、全国社保基金理事会及劳动和社会保障部试点办成员单位有关同志参加会议。

3月14日　郑斯林同志主持召开会议，研究落实中央领导同志指示，解决低收入群体待遇问题。步正发、张小建、刘永富同志出席。

3月16日　郑斯林同志主持召开部机关处以上干部、事业单位司局级干部和离退休党支部书记大会，传达贯彻十届全国人大二次会议、全国政协十届二次会议精神，并对传达学习“两会”精神提出要求。华福周、王建伦同志分别传达了人大和政协会议精神。步正发、张小建、崔会烈、林用三同志出席。

同日　中央纪委召开专题会议，张小建、崔会烈同志出席并汇报关于纠正在企业重组改制和破产中职工合法权益受到侵害的工作进展情况。

同日　国务院发出《国务院关于切实加强艾滋病防治工作的通知》（国发［2004］7号）。在落实救治政策，做好药品供给问题中，明确劳动和社会保障部、卫生部要抓紧研究确定纳入城镇职工基本医疗保险及新型农村合作医疗报销目录的抗艾滋病病毒药品品种，切实保证救治工作顺利进行。

3月16日至27日　刘永富同志率团访问新西兰和澳大利亚。在新西兰期间，了解了新西兰的社会保障制度，就在新华人华侨领取新西兰养老金事宜与华人华侨代表及我驻新使、领馆进行了座谈，与新方交流了看法，并向新方介绍了我国社会保障改革的基本情况，双方签署了会议纪要，表示继续加强两国在社会保障领域，包括在新华人华侨领取新西兰养老金问题上的交流、磋商和合作。在澳大利亚期间，重点了解了澳大利亚社会保障制度，特别是强制性职业年金的有关政策、投资运营和管理情况；了解了澳大利亚与其他国家签署社会保障协议的情况和在澳华人华侨领取澳基本养老金的情况；与澳有关部门就社会保险经办、反欺诈政策和技术进行了会谈；双方同意在适当的时候签署新的合作谅解备忘录，以进一步推动两部之间的交流与合作。

3月17日　郑斯林同志主持召开劳动和社会保障部党组第20次会议，研究有关人事工作。李其炎、王东进、步正发、华福周、张小建、崔会烈同志出席。

3月18日至19日　全国失业保险工作座谈会在山东省青岛市召开，张小建同志出席会议并讲话。会议研究分析了失业保险工作面临的形势和任务，提出了失业保险、失业调控和关闭破产企业职工安置三项工作一起抓的工作思路，并重点就控制失业率攀升，切实做好失业调控工作进行了部署。会上还交流了工作做法和经验。期间，张小建同志听取了山东省及青岛市劳动和社会保障部门工作汇报，分别考察了济南市和青岛市街道劳动保障服务中心等单位。

3月19日至20日　国务院召开西部开发工作会议，国务院总理温家宝出席并作重要讲话。郑斯林同志出席会议。

3月22日　中共中央政治局常委罗干主持召开中央维护稳定工作领导小组会议，讨论中央维稳办关于当前影响社会稳定的突出问题及工作建议。张小建同志出席会议。

同日　郑斯林同志主持召开劳动和社会保障部第8次部务会议，研究改善农民进城就业环境有关问题。步正发、华福周、张小建、崔会烈同志出席。

同日　国务院发出《关于印发全面推进依法行政实施纲要的通知》（国发［2004］10号）。《纲要》确立了建设法治政府的目标，明确规定了今后十年全面推进依法行政的指导思想和具体目标、基本原则和要求、主要任务和措施，是进一步推进我国社会主义政治文明的重要政策文件。

同日　国务院办公厅发出《关于贯彻落实全面推进依法行政实施纲要的实施意见》（国办发［2004］24号），就贯彻落实《纲要》提出具体要求。

3月23日　国务院总理温家宝主持召开国务院振兴东北地区等老工业基地领导小组第一次全体会议并作重要讲话。国务院副总理黄菊、曾培炎出席会议并讲话。郑斯林同志参加会议。

3月24日　国务院副总理黄菊出席全国社会保障基金理事会第一届理事大会第三次会议并讲话。郑斯林同志出席会议。

同日　劳动和社会保障部与中华全国工商业联合会联合发出《关于表彰全国就业和社会保障先进民营企业的决定》（劳社部发［2004］7号）。决定对125户企业进行表彰。

3月24日至25日　全国劳动保障依法行

政工作座谈会在云南省昆明市召开，步正发同志出席并讲话。会议就《社会保险法（草案）》和《劳动保障监察条例（草案）》征求了与会代表的意见。

3月25日至28日　国务院副总理黄菊在湖南省考察工作。期间，就国有企业改革发展和当前工业交通经济运行问题进行调研，考察了多家企业，还深入长沙市街道和社区劳动和社会保障管理服务中心，考察了就业再就业和社会保障工作。张小建同志陪同考察。

3月25日　劳动和社会保障部发出《关于对部分规范性文件的部分内容停止执行的通知》（劳社部发［2004］8号）。决定对《劳动和社会保障部关于加强职业技能竞赛管理工作的通知》（劳社部发［2000］6号）等10件规范性文件的部分内容停止执行。

3月26日　劳动和社会保障部与全国工商联联合召开“全国就业和社会保障先进民营企业表彰大会”，郑斯林同志出席并讲话。会上125家企业被授予“全国就业和社会保障先进民营企业”称号并颁发了奖牌。全国政协副主席黄孟复，中央统战部副部长胡德平，全国工商联副主席张龙之、谢伯阳、王以铭、孙晓华、程路，中宣部副部长胡振民，中华全国总工会副主席周玉清，北京市副市长孙安民等出席了会议。

3月26日至28日　步正发同志赴云南省进行调研，分别与当地政府及劳动保障等部门负责同志进行座谈，考察了昆明市、玉溪市、曲靖市和玉溪市红塔区劳动力市场，并就有关劳动保障工作与云南省副省长李新华交换了意见。

3月29日　劳动和社会保障部向中央纪委报送《关于贯彻落实中纪委2004年党风廉政建设和反腐败工作部署安排意见的报告》（劳社部报［2004］6号）。

3月30日　郑斯林同志主持召开劳动和社会保障部党组第21次会议。研究有关人事工作。步正发、华福周、张小建、刘永富同志出席。

3月31日至4月3日　华福周同志参加四川省劳动保障信息化工作会议并讲话。随后参加与国务院信息化工作领导小组办公室联合召开的“信息化与就业论坛”并在开幕式上致辞。期间，到四川省内江市等地进行调研，并看望我部挂职干部。

4月1日　劳动和社会保障部召开人大建议和政协提案交办会，王东进同志出席并对建议和提案办理工作提出要求。

4月1日至2日　崔会烈同志带队赴北京市劳动保障局就劳动和社会保障部门的行风建设、社保资金管理与拨付、专项治理等工作开展调研，先后听取了市劳动保障局、市劳动服务管理中心以及部分区劳动保障局的工作汇报，实地考察了市劳动保障局“12333”电话咨询服务中心，并就如何做好窗口单位的行风建设、政务公开、民主评议行风、维护劳动者合法权益等工作进行了座谈。

4月2日　国务院总理温家宝主持召开国务院第46次常务会议，听取国有企业监事会工作及对中央企业监督检查情况的汇报。郑斯林同志参加会议。

同日　劳动和社会保障部、国家统计局、国家工商行政管理总局联合发出《关于印发〈城镇就业人员变动数据测算暂行办法〉的通知》（劳社部发［2004］9号）。通知要求各地有关部门加强合作，共同搞好城镇就业人员变动数据的测算工作。

同日　劳动和社会保障部与人事部、财政部、科学技术部联合发出《关于转制单位部分人员延缓退休有关问题的通知》（劳社部发［2004］11号）。通知明确了转制单位部分人员延缓退休的审批、基本养老金的计发等事项。

4月5日　纪念前国际劳工组织官员派克·阿罗先生座谈会在北京召开，张小建同志出席。阿罗先生一年前在北京进行中国就业论坛筹备工作期间，不幸感染SARS，以身殉职。张小建同志高度赞扬了阿罗先生为加强国际劳工组织与中华人民共和国劳动和社会保障部合作以及筹备中国就业论坛做出的贡献，并代表劳动和社会保障部对阿罗先生的家属表示慰问。阿罗先生的遗孀及三位子女、芬兰驻华大使巴鑫先生、国际劳工组织北京局局长庄古先生和劳动和社会保障部部属有关单位负责同志参加了座谈会。李其炎同志会见并宴请了派克·阿罗先生遗孀及子女一行。

4月6日　中央纪委在建设部召开检查中央纪委三次全会精神落实情况汇报会，中纪委书记吴官正、国务院副总理曾培炎出席会议并讲话，中纪委副书记何勇主持会议。步正发同志作了关于解决拖欠和克扣农民工工资问题的汇报，崔会烈同志参加汇报会。

同日　加强高技能人才队伍建设暨全国职业技能鉴定工作远程视频会议在北京召开，张小建同志出席并作讲话。会议部署了进一步推进高技能人才队伍建设工作，并对健全技能人才评价体系，进一步推动职业技能鉴定工作和职业资格证书制度建设提出任务要求。中组部、国务院有关部门、行业组织、集团公司、北京市劳动保障局和部属有关单位负责同志参加了主会场的会议。

同日　全国城镇劳动力需求情况调查暨就业统计培训会在北京召开，张小建同志出席并讲话。会议部署了城镇单位岗位空缺和技能人才调查，对贯彻落实《关于印发〈城镇就业人员变动数据测算暂行办法〉的通知》（劳社部发［2004］9号）精神提出具体要求。

同日　劳动和社会保障部向国务院办公厅报送《关于报送安排困难群众生活有关工作情况的函》（劳社部函［2004］60号）。由劳动和社会保障部牵头，财政部、人民银行、银监会、国资委、税务总局、工商总局、中华全国总工会等部门参加，共同对“关于做好社会保障、就业再就业和维护劳动者合法权益工作”的执行情况进行了汇报。

4月7日　中央纪委、监察部召开派驻机构统一管理工作会议，中纪委书记吴官正出席会议并讲话。郑斯林、崔会烈同志出席会议。

同日　劳动和社会保障部发出《关于贯彻落实〈民办教育促进法〉做好民办职业培训工作的通知》（劳社部发［2004］10号）。要求认真学习法律法规，加强民办职业培训工作；依法履行职责，逐步完善审批制度；做好对民办职业培训学校的教学指导和服务；加强对民办职业培训学校的监督和管理；争取政策扶持，做好信息公开，总结先进典型。

4月8日　郑斯林同志会见Manpower人力资源管理公司总裁乔杰夫先生，向客人介绍了我国的劳动力市场政策，在就业领域面临的主要挑战和政府促进就业，特别是加强培训的措施，双方探讨了加强合作事宜。

同日　劳动和社会保障部召开中国城市就业促进试点项目年度工作会议和国家创业示范基地建设阶段性总结推动会，张小建同志出席并讲话。会议总结了2003年中国城市就业促进试点项目进展和国家创业示范基地建设工作，交流了各示范城市工作经验，部署安排了2004年创业培训工作。国际劳工组织有关专家、中国城市就业促进试点项目城市代表和所在省有关同志、10个国家创业示范基地城市代表等参加会议。

同日　国务院发出《国务院关于印发2004年工作要点的通知》（国发［2004］11号）。在做好就业和社会保障工作，不断提高人民生活水平问题中，提出继续实施积极的就业政策；继续做好“两个确保”和“三条保障线”衔接工作；切实保障农民工的合法权益。

4月9日　国务院总理温家宝主持召开国务院第47次常务会议，研究当前经济形势及对策，郑斯林同志参加会议。

同日　张小建同志与来访的国际劳工局执行主任胡廷先生会谈，就中国就业论坛筹备工作交换了意见，并介绍了我国在就业方面所面临的挑战及对策措施。

4月12日　国家协调劳动关系三方会议第六次会议在北京召开，王东进同志出席并讲话。中华全国总工会副主席孙宝树、中国企业联合会/中国企业家协会副会长兼理事长陈兰通出席会议。

同日　刘永富同志与财政部副部长肖捷就完善社会保障体系试点有关问题进行座谈。

4月13日　步正发、崔会烈同志主持召开会议，研究关于贯彻落实中纪委2004年党风廉政建设和反腐败工作的具体目标和工作要求。

同日　劳动和社会保障部发出《关于开展企业年金清理检查工作的通知》（劳社部函［2004］67号）。通知对检查的对象和内容、组织实施等提出具体要求。

4月13日至14日　郑斯林、华福周同志分别接待中央国家机关工委党建专题调研组，并就“围绕中心、服务大局”开展机关党建工作情况进行了座谈。华福周同志汇报了劳动和社会保障部直属机关党建工作情况。

4月14日　劳动和社会保障部与发改委、民政部、财政部、国资委、税务总局、中华全国总工会联合向国务院报送《国务院完善城镇社会保障体系试点工作小组关于报请审定吉林黑龙江两省试点实施方案的请示》（劳社部报［2004］11号）。

4月15日　郑斯林同志主持召开劳动和社会保障部党组第22次会议。研究机关服务中心所属经济实体改革问题、通报中国就业论坛筹备工作情况、传达贯彻中央纪委监察部派驻机构统一管理工作会议精神、传达国务院经济形势分析会议精神。步正发、华福周、张小建、刘永富、崔会烈同志出席。

同日　张小建同志与全国妇联书记处书记甄砚等，就妇女创业和再就业工作进行座谈。

同日　劳动和社会保障部发出《关于贯彻〈企业年金试行办法〉和〈企业年金基金管理试行办法〉的通知》（劳社部函［2004］72号）。通知要求充分认识建立企业年金制度的重要意义，认真清理相关政策法规，指导企业积极稳妥地开展企业年金工作，推进企业年金管理运营向市场化过渡，加强工作的协调配合。

同日　劳动和社会保障部发出《关于进一步做好失业调控工作的意见》（劳社部发［2004］13号）。通知要求充分认识做好失业调控工作的重要性，明确失业调控工作的基本任务，积极稳妥推进国有企业下岗职工基本生活保障向失业保险并轨，支持国有大中型企业做好主辅分离、辅业改制分流安置富余人员工作，规范企业裁员行为，切实做好关闭破产企业职工安置工作，建立失业预测预警机制，加强对失业调控工作的组织领导。

4月16日　郑斯林同志主持部党组理论学习中心组集中学习关于科学发展观的论述，并围绕加强党的执政能力建设问题进行学习讨论，交流学习体会。步正发、华福周、张小建、刘永富、崔会烈同志出席。

4月19日至20日　全国社会保障基金监管工作座谈会在广东省珠海市召开，华福周、刘永富同志出席并讲话。会议总结了过去两年基金监管工作取得的成绩，布置了今后一个时期基金监管工作任务，对基金监管工作的地位和作用、目标和任务、规律和特点、方法和途径、体制和机制等问题进行了研讨。广东省副省长谢强华出席会议并致辞，全国各省（自治区、直辖市）及新疆生产建设兵团劳动和社会保障部门有关负责同志参加会议，部分城市政府领导应邀参加会议，并做大会经验介绍。

4月21日　国务院召开2004年全国普通高校毕业生就业工作电视电话会议，国务院副总理黄菊出席并讲话，国务委员陈至立主持会议。张小建同志出席会议并代表劳动和社会保障部发言。

4月21日至23日　华福周同志到广东省调研。期间，考察了基层劳动和社会保障部门和劳动保障信息化建设情况，先后听取了当地政府关于劳动保障工作汇报。

4月21日至27日　崔会烈同志赴浙江省调研劳动保障系统窗口单位行风建设工作。期间，先后听取了省及杭州、舟山、宁波市劳动保障工作、窗口单位行风建设工作和中纪委年初部署的三项工作落实情况汇报；考察了杭州市社会保险服务局等单位，分别召开了座谈会，就如何深化窗口单位行风建设进行研讨。

4月22日　步正发同志与中编办副主任黄文平商谈有关劳动和社会保障部境外就业职能问题。

同日　劳动和社会保障部发出《关于印发劳动和社会保障部门贯彻落实中纪委2004年党风廉政建设和反腐败工作部署的意见的通知》（劳社部函［2004］83号）。明确了劳动和社会保障部参与的三项主要工作，并提出了具体要求。

同日　劳动和社会保障部发出《关于进一步做好2004年高校毕业生就业有关工作的通知》（劳社部发［2004］14号）。

4月23日　张小建同志与前来出席中国就业论坛的古巴劳动和社会保障部副部长巴来劳依先生一行座谈，向客人介绍了我国积极的就业政策，并就加强进一步合作交换了意见。

同日　刘永富同志与司法部副部长范方平等同志就监狱体制改革有关劳动保障问题进行座谈。

同日　劳动和社会保障部发出《关于启用民办学校办学许可证有关问题的通知》（劳社厅函［2004］107号）。通知对《民办学校办学许可证》的使用管理提出具体要求。

4月28日　中央企业分离办社会职能试点工作会议在京召开，国务院副总理黄菊出席并讲话。刘永富同志出席。

4月28日至30日　由劳动和社会保障部与国际劳工组织共同举办的“中国就业论坛”在北京召开。国务院总理温家宝在中南海会见了国际劳工组织总干事索马维亚和出席中国就业论坛的各国劳工部长及代表团团长。国务院副总理黄菊出席开幕式并致辞。此次论坛的主题为“全球化、结构调整与就业促进”。郑斯林同志和索马维亚先生分别做主旨报告。中央在京27个部委的领导和有关负责同志、有关国际组织、26个国家和地区的政府代表团、国内外专家以及各地劳动保障厅局长和企业代表等620多人参加了论坛。劳动和社会保障部部领导全体出席论坛，并在论坛期间开展了多次双边交流活动。在为期3天的论坛期间，中外代表以促进就业为核心议题，围绕“全球化、结构调整与就业促进”，从经济政策、技能培训、劳动力市场和社会保护等方面进行了广泛交流和深入探讨，达到了预期目的，获得了圆满成功。论坛还通过《2004中国就业论坛共识》。

4月29日　中共中央组织部发出《关于李伯勇同志离职休养的通知》（干任字［2004］125号）。

4月30日　劳动和社会保障部向国务院办公厅报送《关于报送劳动和社会保障部预防处理群体性事件工作预案的函》（劳社部函［2004］86号）。明确了劳动和社会保障部对预防处理群体性事件工作的领导和工作机构，以及处理程序。

同日　劳动和社会保障部发出《关于健全技能人才评价体系推进职业技能鉴定工作和职业资格证书制度建设的意见》（劳社部发［2004］15号）。为贯彻落实《中共中央、国务院关于进一步加强人才工作的决定》（中发［2003］16号）中关于完善人才评价体系的要求，推动技能人才队伍建设，提出健全技能人才评价体系，进一步做好职业技能鉴定工作和职业资格证书制度建设的总体要求和具体工作意见。

同日　劳动和社会保障部、公安部、国家工商行政管理总局、中华全国总工会联合发出《关于开展农民工劳动保障权益保护专项检查活动的通知》（劳社部明电［2004］3号）。决定于2004年5月15日至6月15日在全国开展农民工劳动保障权益保护专项检查活动，并派出4个联合工作组赴9个省（自治区、直辖市）进行督查。重点是各类企业与农民工签订劳动合同情况、禁止使用童工情况、工资支付情况、参加社会保险情况以及职业中介机构遵守劳动保障法律法规情况等。

5月1日至2日　国务院副总理黄菊赴江西考察工作。郑斯林同志陪同。

5月8日　劳动和社会保障部发出《关于建立基本医疗保险基金运行情况分析报告制度

的通知》(劳社厅函［2004］115号)。通知要求进一步加强基本医疗保险基金管理，确保基本医疗保险制度的平稳健康运行，决定从2004年二季度开始建立全国基本医疗保险基金运行情况分析报告制度。

5月9日　步正发同志与中编办副主任黄文平就境外就业职能问题交换意见。

5月10日　国务院副总理黄菊听取郑斯林同志关于养老保险工作汇报。刘永富同志出席。

同日　劳动和社会保障部召开第四批援藏干部选派工作会议，步正发同志作动员讲话并部署选派援藏干部工作。

同日　张小建同志会见德国工会联合会主席夏米埃尔·佐墨尔先生一行，向客人介绍了我国的劳动力市场政策，企业工资确定机制，企业民主管理和集体协商情况，以及农民工就业、培训、权利保护和社会保险方面的政策和措施。

5月10日至17日　王东进同志率团出席在文莱斯里巴加湾市召开的东盟与中日韩劳工部长会议，并代表中国政府在大会上发言。会议讨论了东盟各国与中日韩三国在劳动和社会保障方面共同关心的问题，总结过去一年来东盟与中日韩三国在劳工领域合作进展情况，并提出拟开展合作的新项目。大会期间，王东进同志与文莱内政部长伊萨先生、常务副部长达托先生等官员进行了会谈，分别与东盟各成员国及日本和韩国的与会部长就劳动保障领域有关问题交换了看法；与国际劳工组织亚太地区次区域局局长克里斯女士，就继续加强国际劳工组织与中国之间的技术合作交换了意见。

5月11日　郑斯林同志主持召开劳动和社会保障部党组第23次会议，听取有关国际社会保障协会第28届全球大会筹备工作情况汇报。张小建、刘永富、崔会烈、王建伦同志出席。

同日　张小建同志主持召开国务院再就业工作部际联席会议办公室会议，通报国务院领导同志对再就业工作经验交流暨表彰会议的批示精神，并与人事部、联席会议各成员单位有关人员共同研究讨论《全国再就业工作经验交流暨表彰会议方案》和《全国再就业工作先进集体和个人表彰方案》。部属有关单位负责同志及人事部、联席会议各成员单位有关工作人员参加会议。

5月11日至13日　第二届吴地工匠文化节开幕式暨高技能人才高峰论坛在苏州市举行，张小建同志出席。期间，考察了苏州工业园区职业技术学院等。

5月12日至14日　步正发同志对湖南劳动保障工作进行调研，分别听取了省劳动保障厅、长沙市和湘潭市政府有关工作汇报，考察了省职业介绍中心等单位。期间，步正发同志分别与省委、省政府有关领导同志交换意见。

5月13日　国务院发出《国务院关于同意吉林省完善城镇社会保障体系试点实施方案的批复》(国函［2004］35号)和《国务院关于同意黑龙江省完善城镇社会保障体系试点实施方案的批复》(国函［2004］36号)。正式批复吉林和黑龙江两省完善城镇社会保障体系试点实施方案。

5月14日　劳动和社会保障部举办关于树立和落实科学发展观讲座，邀请中央党校副校长王伟光做了题为《关于统筹经济社会发展》的报告。华福周同志主持会议并要求部属各单位组织党员干部结合学习王伟光同志报告，进一步推动学习和落实科学发展观，推进劳动保障事业全面、协调、可持续发展。

同日　张小建同志会见了来访的香港特区政府教育统筹局常任秘书长罗范淑芬女士一行，双方就加强内地和香港在职业资格证书领域的合作交换意见。

5月15日至16日　全国人大财经委在湖南长沙召开《企业破产法(草案)》征求意见座谈会，全国人大常委会副委员长李铁映出席会议并讲话。步正发同志参加会议并就进一步完善《企业破产法(草案)》，搞好与国有企业破产政策的衔接，加大破产企业职工权益保护力度等问题作了发言。

5月17日　刘永富同志召开会议，听取海南省人事劳动保障厅和农垦总局关于海南省农垦企业养老保险工作情况汇报，研究有关问题并对下一步工作提出要求。

5月17日至28日　按照国务院领导同志和部党组要求，劳动和社会保障部组成7个调研组，分赴河北等8个省（自治区、直辖市）和新疆生产建设兵团对再就业工作进展和政策落实情况进行调研。张小建同志率调研组到河北省、新疆维吾尔自治区和新疆生产建设兵团进行了调研，分别与省、自治区、兵团负责同志交换意见，先后到廊坊市、唐山市和乌鲁木齐市、昌吉州、阿克苏地区、农八师石河子市进行了实地考察，听取当地政府及劳动保障部门工作汇报，召开当地再就业工作联席会议各部门参加的座谈会、下岗失业人员座谈会、国有大中型企业座谈会，并实地考察了基层就业服务机构、职业培训机构和街道社区劳动保障工作平台。

5月18日　国务院总理温家宝主持召开会议，听取专家学者对当前宏观经济形势的分析及做好宏观调控工作的对策建议。郑斯林同志参加会议。

同日　劳动和社会保障部发出《关于废止外商投资企业工资收入管理暂行办法的通知》（劳社部发［2004］16号）。决定废止原劳动部《关于印发外商投资企业工资收入管理暂行办法的通知》（劳部发［1979］46号）及其解释性文件《劳动部办公厅对〈关于中外合资（合作）企业中方高级管理人员名义工资支配使用权属问题的请示〉的复函》（劳办发［1997］106号）。

5月19日至21日　郑斯林同志率国务院完善城镇社会保障体系试点工作小组先后赴黑龙江、吉林两省出席试点工作动员大会并讲话。期间，分别听取两省政府关于试点和劳动保障工作情况汇报，并与黑龙江省委书记宋法棠，省长张左己，副省长张成义、王东华，吉林省委书记王云坤，省长洪虎，副省长王儒林、李斌等交换意见。在吉林期间，还考察了长春市人力资源市场。刘永富同志、国资委副主任邵宁、中华全国总工会副主席徐德明及试点工作小组成员单位有关负责同志出席。

5月19日至22日　全国劳动工资工作座谈会在四川省召开，王东进同志出席并讲话。会议总结了2003年劳动工资工作，分析了当前形势和存在的主要问题，安排部署了2004年的各项工作。各省（自治区、直辖市）劳动保障厅（局）分管厅（局）长及有关处室负责同志、部属有关单位负责同志及部分中央企业有关负责人参加了会议。期间，王东进同志与省委、省政府有关领导同志交换了意见，并先后听取了四川省、遂宁市、德阳市劳动保障工作汇报。

5月20日　中华全国总工会促进再就业工作经验交流会在北京召开，中华全国总工会主席王兆国出席并讲话。步正发同志出席会议并代表劳动和社会保障部和国务院再就业工作部际联席会议成员单位致辞。

5月23日至27日　全国规划财务工作座谈会在湖南省召开，王东进同志出席并讲话。会议传达了全国劳动保障工作会议精神，分析了当前形势，总结交流了经验，研究部署了2004年规划财务工作，启动了“十一五”规划编制工作。各省（自治区、直辖市）劳动保障厅（局）分管厅（局）长和规划财务处长、部属有关单位负责同志和有关部委同志参加了会议。期间，王东进同志与省政府有关领导同志交换了意见，并先后听取湖南省、衡阳市、郴州市劳动保障工作汇报，考察了郴州市劳动保障大楼等单位。

5月24日至28日　崔会烈同志带队赴山西省调研窗口单位行风建设和中央财政专项补助资金拨付使用情况。期间，先后听取了省及部分市县劳动保障工作和窗口单位行风建设情况汇报；分别召开了省及部分市劳动保障局窗口单位负责人座谈会，就如何深化窗口单位行风建设进行了研讨；实地考察了省和部分市县社会保险经办机构、职业介绍机构及社区劳动保障工作站。调研期间，崔会烈同志还与省委、省政府有关领导同志交换了意见。

5月25日　国务委员周永康、国务院秘书长华建敏主持召开会议，分析当前企业军转干部稳定工作形势和解困政策落实情况，研究目前存在的主要问题及对策措施，部署下一阶段工作。刘永富同志出席会议。

同日　中央政法委召开全国集中处理涉法上访工作电视电话会议，中共中央政治局常委罗干出席并讲话，国务委员周永康主持会议。刘永富同志出席会议。

5月26日　刘永富同志与国务院振兴东北办副主任宋晓梧座谈。

5月26日至27日　世界银行主办、中国政府承办的全球扶贫大会在上海召开，国务院总理温家宝出席开幕式并发表重要讲话，国务院副总理回良玉出席闭幕式并讲话。来自120多个国家、地区和国际组织的1 200多名代表交流了国际社会特别是发展中国家的扶贫工作经验。会议发表了呼吁国际社会团结一致战胜贫困、促进发展的《上海宣言》。步正发同志出席会议。在上海期间，步正发同志对上海农民工社会保障的情况进行了调研，先后听取了市劳动保障局、松江区和九亭镇的工作汇报，考察了上海外来媳妇就业技能培训成果展览，与上海市委、市政府有关领导同志交换了意见。

5月28日　劳动和社会保障部发出《关于推进混合所有制企业和非公有制经济组织从业人员参加医疗保险的意见》（劳社厅发［2004］5号）。进一步明确了混合所有制和非公有制经济组织从业人员的参保政策和工作重点，提出了解决进城务工人员医疗保障问题的“低费率、保当期、保大病”的思路。

5月30日至6月19日　第92届国际劳工大会在日内瓦召开，此次会议的主题是实现公正的全球化、推进体面劳动和消除贫困。王东进同志率中国三方代表团出席并代表中国政府在大会上发言，指出消除贫困是世界各国面临的共同任务。面对全球化的挑战，发展中国家应当根据本国情况制定出可行的经济和社会可持续发展战略；发达国家和国际机构应当向发展中国家提供切实有效的技术支持。世界各国都应成为公正性全球化的受益者。王东进同志还出席了国际劳工大会期间召开的亚太劳工部长会议；并分别与国际劳工组织总干事索马维亚先生、国际劳工局高级官员就加强技术合作等事宜交换了意见。王东进同志还与国际社保协会秘书长霍斯金先生就国际社会保障协会第28届全球大会的筹备工作等问题交换了意见。会议期间，王东进同志还与波兰、匈牙利、南非、德国、俄罗斯、葡萄牙、斯里兰卡、古巴、马来西亚、菲律宾、埃及、新加坡、莫桑比克等20多个国家的劳工部长、副部长进行了工作会谈。前往日内瓦之前，王东进同志还率中国代表团出席了6月1日至2日在德国柏林市召开的亚欧会议就业大会。本届大会由德国联邦经济与劳动部主办。王东进同志作为会议主宾应邀在开幕式上致辞，阐述了中国政府对亚欧会议高度重视，愿与亚欧会议各成员国政府一道，积极推动亚欧国家在就业领域的交流与合作；并介绍了近年来中国在劳动保障改革方面取得的成就。

5月31日　劳动和社会保障部发出《关于落实艾滋病抗病毒治疗政策的通知》（劳社部发［2004］17号）。要求采取有效措施落实艾滋病救治政策，切实保证参加基本医疗保险的艾滋病患者及其感染者获得必要的治疗。

同日　劳动和社会保障部向国务院信息化工作办公室报送《关于调整劳动和社会保障部电子政务工作领导小组成员名单的函》（劳社部函［2004］98号）。劳动和社会保障部电子政务工作领导小组组长郑斯林，副组长华福周，成员胡晓义、闫宝卿、王爱文、于法鸣、邱小平、焦凯平、毛健、姚宏、陈刚、赵殿国、孙建勇、刘旭、孟昭喜、王东岩、陈宇。

6月1日　国务院副总理、国务院扶贫开发领导小组组长回良玉主持召开国务院扶贫开发领导小组第二次全体会议。步正发同志出席会议。

同日　劳动和社会保障部发出《关于农民

工参加工伤保险有关问题的通知》(劳社部发[2004] 18号)。通知对农民工参加工伤保险，依法享受工伤保险待遇有关问题作出规定。

6月2日　国务院副总理曾培炎主持召开会议，听取建设部关于城市房屋拆迁、清理建设领域拖欠工程款和农民工工资等工作情况汇报，研究有关工作。刘永富同志出席会议。

同日　劳动和社会保障部举办部属单位新任司局级干部和机关新任处级干部任职培训班。郑斯林、崔会烈同志分别在大会上讲话，对新任司处级干部提出希望和要求，步正发同志主持会议并讲话。

同日　劳动和社会保障部召开青年干部座谈会。郑斯林同志出席会议并作重要讲话。他在讲话中对青年同志提出三点希望和要求：一是勤于学习，崇尚科学，适应时代发展的需要；二是与时俱进，开拓创新，在本职岗位上创造一流业绩；三是甘于奉献，勤奋工作，为劳动保障事业的发展贡献力量。华福周同志主持座谈会，张小建、崔会烈同志出席。

同日　劳动和社会保障部与民政部、财政部联合发出《劳动和社会保障部、民政部、财政部关于查处挤占挪用社会保障资金有关问题的通知》(劳社部函[2004] 104号)。通知要求16个省(自治区)劳动保障厅、民政厅、财政厅严肃查处和纠正挤占挪用社会保障资金问题。

6月3日　郑斯林同志主持召开劳动和社会保障部党组第24次会议，研究有关人事任免和援藏干部选派等工作。步正发、华福周、张小建、刘永富、崔会烈同志出席会议，办公厅负责同志列席。

同日　郑斯林同志主持召开会议，传达中央有关文件精神。步正发、华福周、张小建、刘永富、崔会烈同志出席会议。

同日　国际社会保障协会第28届全球大会国家组委会第一次全体会议在劳动和社会保障部召开，郑斯林同志出席，刘永富同志主持会议。会上，对筹备工作进行动员和部署，组委会秘书处汇报了工作。组委会常务副主席、国务院副秘书长尤权，组委会副主席、国资委副主任邵宁，安监局副局长孙华山，中华全国总工会经审委员会主任董力，中国老龄协会会长李本公，北京市人民政府副市长孙安民，王建伦同志、组委会成员等出席会议。

同日　劳动和社会保障部发出《关于开展2004年就业再就业专项计划执行情况检查评估的通知》(劳社部函[2004] 102号)，明确了检查评估内容、方式和工作步骤要求。

同日　劳动和社会保障部发出《关于加强就业服务制度化、专业化和社会化工作的通知》(劳社部函[2004] 103号)。通知要求进一步完善就业服务功能，提高就业服务质量和效率，为求职者和用人单位提供便捷高效的服务。同时下发了加强就业服务制度化、专业化和社会化工作要点。

6月4日至7日　郑斯林同志到广东省深圳市对养老保险工作进行调研。

6月10日至13日　国务院副总理黄菊到内蒙古自治区考察工作，听取了自治区党委、政府工作汇报，先后到呼伦贝尔、鄂尔多斯、包头和呼和浩特市，深入农村牧区、工矿企业、职业介绍服务中心，走访慰问各族群众，详细了解中央宏观调控政策措施贯彻落实和当前工业交通经济运行情况，对内蒙古经济发展、就业和社会保障工作提出希望和要求。张小建同志随同考察。

6月10日至11日　刘永富同志赴河北省进行调研。期间，出席了省农村劳动力转移培训“阳光工程”启动仪式暨项目培训工作会议并讲话，看望了省劳动和社会保障部门干部职工并听取养老保险工作情况汇报，考察了石家庄市街道社区劳动保障工作平台建设和社会化管理服务工作，与省政府有关领导同志就河北省劳动保障工作和完善养老保险制度等问题交换了意见。

6月14日　郑斯林同志主持召开劳动和社会保障部党组第25次会议，听取农民工社会保障综合调研情况汇报。步正发、华福周、张小建、刘永富、崔会烈同志出席。

6月17日　劳动和社会保障部与国防科工委联合发出《关于做好关闭破产军工企业职工安置工作有关问题的通知》（劳社部发〔2004〕19号）。要求工作中加强审核，规范操作；严格执行国家政策，做好社会保险关系接续；加强失业调控，做好就业服务，努力促进再就业；深入调查研究，加强工作协调，加大跟踪和监控力度。

6月17日至20日　郑斯林同志到陕西省就养老保险工作调研。

6月18日至19日　劳动和社会保障部与教育部等7部门在江苏南京联合召开全国职业教育工作会议。国务委员陈至立出席会议并讲话，要求各地区对发展职业教育的认识要有新高度，工作要上新水平，努力开拓新局面，要面向市场，以就业为导向，以服务为宗旨，加快培养大批高技能人才和高素质劳动者，逐步建立起与经济社会发展相适应的现代职业教育体系，要把职业教育工作作为落实科学发展观的大事抓紧抓好。张小建同志出席会议并作发言。中央、国务院有关部门同志，各省（自治区、直辖市）和计划单列市分管教育的负责同志及教育、财政、劳动和社会保障部门负责同志参加会议。

6月19日　国家发展和改革委员会发出《关于电子政务社会保障工程社会保险信息系统分工程一期项目（中央部分）初步设计和投资概算的批复》（发改投资〔2004〕1146号），正式批复了金保工程一期建设项目（中央部分）建设的初步设计投资概算和西部补助方案。

6月20日　劳动和社会保障部在苏州市召开职业培训工作座谈会，张小建同志出席。会议对贯彻落实全国职业教育工作会议精神，进一步做好职业培训工作进行研讨。各省（自治区、直辖市）劳动保障厅（局）及技术指导中心有关负责同志参加。

同日　部分企业农民工社会保障研讨会在苏州召开，张小建同志出席，农村社会保险司有关负责同志参加会议。

6月21日　郑斯林同志与来访的美国劳工部长赵小兰女士一行进行会谈，双方就在劳动保障领域进一步开展合作与交流交换了意见。郑斯林同志提出了中外合作相互了解、相互信任、互惠互利和长远发展的基本原则。郑斯林同志与美国劳工部长赵小兰女士共同出席了《中华人民共和国劳动和社会保障部与美利坚合众国劳工部关于年金计划补充合作谅解书》和《中华人民共和国劳动和社会保障部与美利坚合众国劳工部关于工资、工时法规补充合作谅解书》的签订仪式。

同日　步正发同志与中编办副主任黄文平商谈有关境外就业职能问题。国际合作司有关负责同志随同。

同日　劳动和社会保障部发出《关于2003年劳动保障事业发展计划执行情况的通报》（劳社部函〔2004〕112号），对2003年劳动保障事业发展计划执行情况检查评估的结果进行了通报，并提出做好2004年劳动保障事业发展计划工作的意见。

同日　劳动和社会保障部发出《关于做好国有大中型企业主辅分离辅业改制分流安置富余人员有关工作的通知》（劳社部发〔2004〕20号）。通知要求协助做好中央企业主辅分离辅业改制分流安置富余人员实施方案的审核备案工作；积极推动地方国有大中型企业主辅分离辅业改制分流安置富余人员工作；指导企业做好社会保险关系接续、档案移交和退休人员管理等工作；妥善处理企业主辅分离辅业改制分流过程中工伤职工的管理问题。

6月22日　国务院总理温家宝在中南海紫光阁会见了来访的美国劳工部长赵小兰女士一行。郑斯林同志参加会见。

同日　美国劳工部长赵小兰女士举行访华答谢宴会，郑斯林同志应邀出席。

6月22日至25日　全国工伤保险工作座谈会在山东省威海市召开，王东进同志出席并讲话。会议分析了《工伤保险条例》的实施进展情况，交流了各地工伤保险工作经验，研究了工作中遇到的问题，部署了下一步工作。各省（自治区、直辖市）劳动保障厅（局）主管厅（局）长、处长、劳动能力鉴定机构和经办机构负责同志以及部属有关单位主要负责同志参加了会议。期间，王东进同志听取了省和部分市劳动保障工作情况汇报，与省政府有关领导同志交换了意见，考察了临沂市医保大厅。

6 月 23 日　国务院总理温家宝主持召开国务院第 55 次常务会议，审议《军人抚恤优待条例（修订草案）》等，郑斯林同志参加会议。

同日　国务院副总理黄菊在人民大会堂会见了来访的美国劳工部长赵小兰女士一行。黄菊副总理指出，中国政府高度重视劳动和社会保障工作，解决好就业和社会保障关系到中国的改革发展稳定大局，也是对世界的一种贡献；中美建交以来，两国合作领域在扩大，合作基础在加强，进一步发展中美建设性合作关系符合两国人民的根本利益，中方愿与美方共同努力，加强劳动和社会保障领域的交流与合作。美方表示愿意进一步加强两国在劳动和社会保障领域的交流，增进互信和合作，为两国关系的发展做出努力。郑斯林同志出席。

同日　刘永富同志会见应国务院港澳办邀请来内地访问的香港特区政府社会工作主任协会交流团，向交流团介绍了内地劳动就业和社会保障制度改革的相关情况。

6 月 24 日　中央纪委、监察部组织召开部分派驻机构负责同志座谈会，崔会烈同志出席会议并就驻部纪检组、监察局上半年工作情况和下半年工作安排作了汇报。

6 月 25 日　劳动和社会保障部向国务院报送《关于做好改善农民进城就业环境工作有关问题的请示》（劳社部报［2004］21 号）。

同日　劳动和社会保障部与国资委联合发出《关于开展高技能人才队伍建设试点工作的通知》（劳社部函［2004］123 号）。确定 34 家中央企业作为高技能人才队伍建设试点企业，明确试点目标和试点工作具体安排。

6 月 28 日　王东进同志会见德国经济与劳动部国务秘书安德雷斯先生一行，向对方介绍了我国劳动保障改革的有关经验，双方就进一步加强双边合作关系交换了意见。

6 月 28 日至 29 日　张小建同志到上海市调研，听取了市劳动保障局工作汇报，并就加强高技能人才队伍建设进一步推动职业培训工作进行了研讨。技术指导中心有关负责同志陪同。

6 月 29 日　中央政治局举办“关于加强党的执政能力建设的若干问题”集体学习讲座，郑斯林同志参加。

同日　第四期全国劳动保障厅局长培训班在国家行政学院开班，步正发同志出席开班式并讲话。来自全国各省（自治区、直辖市）劳动和社会保障部门的 123 名厅（局）长进行为期 9 天的培训。部属有关单位主要负责同志系统讲授劳动保障业务，国家行政学院、北京大学、发展改革委宏观经济研究院等单位的专家学者分别讲授宏观经济、依法行政、领导科学和政府管理创新等专题知识。培训班期间，组织学员到北京市职业介绍中心、社保中心、医保中心和电话咨询中心参观，并对当前劳动保障工作面临的重点、难点、热点问题进行研讨。

同日　国务院总理温家宝签署第 412 号国务院令，公布《国务院对确需保留的行政审批项目设定行政许可的决定》，决定予以保留并设定行政许可共 500 项，其中劳动保障行政部门实施的共 9 项。包括：设立技工学校审批、职业介绍机构资格认定、设立中外合资（合作）职业介绍机构审批、境外就业职业介绍机构资格认定、以技能为主的国外职业资格证书及发证机构资格审核和注册、补充保险经办机构资格认定、外国人入境就业许可、台港澳人员在内地就业许可、社会保障卡专用 COS（卡内操作系统）核准。

6 月 30 日　劳动和社会保障部发出《关于利用劳动保障系统工作信息网推进电子政务的通知》（劳社厅函［2004］179 号）。为进一步推进劳动保障系统电子政务工作，促进劳动保障系统内部的工作信息交流，劳动和社会保障部从2004年7月起启用劳动保障系统工作信息网。

同日　劳动和社会保障部、财政部联合发出《关于下达对地方养老保险专项转移支付资金的通知》（财社［2004］39号），向地方拨付养老保险补助资金438.5亿元。

6月30日至7月1日　全国就业服务“新三化”工作会议暨劳动就业服务专业委员会大会在江西省南昌市召开，张小建同志出席会议并讲话，各省（自治区、直辖市）及有关城市劳动和社会保障部门的同志参加了会议。

6月30日至7月2日　郑斯林同志到宁夏就养老保险有关工作进行调研。

7月1日至2日　劳动和社会保障部召开“树立和落实科学发展观，创造性地开展机关党建工作”会议。华福周同志主持会议并作总结讲话，对进一步做好机关党建工作提出了三点要求：一要提高认识，不断增强做好新时期机关党建工作的紧迫感和责任感；二要统筹安排，确保机关党建工作的落实；三要适应新形势新任务要求，不断提高党务干部的自身素质。与会同志进行了交流、研讨和培训。机关党总支书记、党支部书记、事业单位党委书记和专职副书记共30多人参加会议。

7月1日至4日　张小建同志在广东省调研。期间，与广东省委书记张德江座谈；听取了省和深圳市劳动保障工作汇报；并分别出席了全国民办职业培训机构表彰大会、广东省技工教育工作会议、2004广东职业培训和技工教育成果展示会开幕式；实地考察部分技工学校。

7月5日　全国人大常委会法工委、国务院法制办、劳动和社会保障部、中华全国总工会和中国企业联合会在人民大会堂共同举办纪念《劳动法》颁布10周年座谈会。全国人大常委会副委员长兼秘书长盛华仁出席座谈会并作重要讲话。郑斯林、全国人大常委会法工委副主任王胜明、国务院法制办副主任汪永清、中华全国总工会副主席孙宝树、中国企业联合会副会长陈兰通等在会上发言。步正发同志主持会议。最高人民法院、发展改革委、公安部、建设部、国资委、国家工商总局、共青团中央、全国妇联等单位的代表，企业和劳动者代表，部分高等院校和科研院所劳动法专家，劳动和社会保障部部属有关单位负责同志和中华全国总工会有关负责同志共100余人参加了会议。

7月6日　劳动和社会保障部与财政部、中国人民银行、中国银监会联合召开推进小额担保贷款政策落实工作电视电话会议，国务院副秘书长尤权出席会议并宣读了黄菊副总理对会议的重要批示。张小建同志和财政部、中国人民银行、中国银监会负责同志出席会议并讲话。国务院再就业工作部际联席会议办公室成员和各国有商业银行总行、股份制商业银行总行有关同志在北京主会场参加会议，各省（自治区、直辖市）、计划单列市及地级市人民政府负责同志和劳动保障、财政、人民银行、银监会系统的有关同志分别在各地分会场参加了会议。

7月7日　国务院总理温家宝主持召开国务院第57次常务会议，听取关于侨务工作的汇报，审议《军人抚恤优待条例（修订草案）》等，郑斯林同志参加会议。

同日　中央纪委召开纠风工作汇报会，中央纪委副书记何勇出席会议。华福周同志代表劳动和社会保障部作了关于纠正企业重组改制和破产中侵害职工合法权益工作和关于纠正拖欠和克扣农民工工资、保护农民工合法权益工作的汇报，崔会烈同志参加汇报会。

7月7日至13日　刘永富同志率调研组赴黑龙江、吉林两省就试点工作进行调研。期间，听取了两省政府关于试点启动以来工作进展情况汇报，对有关数据进行审核并与两省有关同志交换了意见。调研组先后在黑龙江省哈尔滨市、齐齐哈尔市，吉林省长春市、白山市，分别召开政府有关部门、企业负责人和职工参加的7个座谈会，了解有关情况并听取意见。财政部有关同志和部属有关单位负责同志参加。

7月10日至11日　劳动和社会保障部与国际劳工局联合召开“创办和改善你的企业(SIYB)”中国项目战略规划会暨启动会，张小建同志出席开幕式并致辞。会议研究部署在14个试点城市引入国际劳工组织SIYB培训技术，提高劳动者的创业能力，进一步推动我国创业培训工作。部属有关单位负责同志和国际劳工组织、英国国际发展部代表、来自14个试点城市和城市所在省劳动和社会保障部门代表以及SIYB培训师参加了会议。

7月12日　国务院总理温家宝主持召开企业界人士经济形势座谈会，郑斯林同志参加会议。

7月12日至15日　华福周同志到云南省调研。期间，分别听取了省和部分市劳动和社会保障部门的工作汇报，与省和部分市政府有关领导同志交换了意见；召开了省级三方机制负责人座谈会，与部分企业领导、工会组织、职工代表进行了座谈；到昆明市劳动争议仲裁庭等单位进行实地考察。办公厅、规划财务司、劳动工资司、信息中心有关负责同志陪同。

7月13日　国务院副总理黄菊听取劳动和社会保障部就业和再就业工作汇报并作重要指示。国务院副秘书长尤权出席。张小建同志出席。

7月14日　国务院总理温家宝主持召开国务院第58次常务会议，听取当前经济运行情况和下半年工作建议的汇报。步正发同志参加会议。

7月14日至15日　全国人大财经委召开会议，听取劳动和社会保障部和国家发改委等7个部门关于2004年上半年国民经济形势及其运行情况的汇报。张小建同志出席并作汇报。

7月14日至16日　亚太经合组织(APEC)劳动保障高层研讨会在沈阳市召开，郑斯林同志出席开幕式并致辞，王东进同志作主旨发言，并在闭幕式上讲话。此次会议是落实中共中央总书记胡锦涛在APEC第十一次领导人非正式会议上有关APEC劳动保障合作倡议的一项活动。包括中国在内的15个APEC成员、APEC秘书处、国际劳工组织和世界银行派高级官员出席会议。会议主题为弱势群体的社会保护及促进弱势群体参与经济发展。与会官员和专家学者广泛、深入地交流了有关做法和经验。办公厅、失业保险司、国际合作司、劳科院、劳科报、社保所负责同志参加会议。在辽宁期间，王东进同志考察了沈阳市医疗保险管理中心等单位，听取辽宁省、沈阳市劳动保障工作汇报。

7月19日至23日　步正发同志赴内蒙古自治区调研，先后听取了自治区劳动保障厅、呼和浩特市和包头市政府关于劳动保障工作汇报，实地考察了呼和浩特市东风路街道劳动保障事务所等单位。与自治区委、区政府有关领导同志分别交换了意见。

7月20日　郑斯林同志会见应中华全国总工会邀请访华的日本工会总联合会代表团一行，双方就共同关心的就业和社会保障问题交换了意见。

7月21日　国务院总理温家宝主持召开会议，审议《军人抚恤优待条例(修订草案)》。郑斯林同志参加会议。

同日　刘永富同志与财政部副部长肖捷就养老保险有关问题进行座谈。

7月22日　郑斯林、王东进、华福周、刘永富同志接见了社会保险系统获得全国五一劳动奖状和全国五一劳动奖章的先进集体代表和先进个人，并进行座谈。郑斯林同志充分肯定了他们做出的成绩，勉励大家戒骄戒躁，谦虚谨慎，在本职工作中做出更大贡献。

7月23日　劳动和社会保障部发出《关于开展贯彻实施〈禁止使用童工规定〉情况检查活动的通知》(劳社厅明电［2004］18号)，决定于2004年8月10日至9月10日在全国范围内开展贯彻实施《禁止使用童工规定》情况检查活动。

7月24日　劳动和社会保障部、中华全国总工会联合开展“贯彻实施《最低工资规定》宣传周”活动，华福周同志参加活动启动仪式。

7月26日　劳动和社会保障部向国务院扶贫开发领导小组办公室报《关于落实国务院扶贫开发领导小组第二次全体会议精神情况的函》(劳社部函［2004］168号)。劳动和社会保障部将从职业技能培训、就业服务、劳务输出、职业资格证书、社会保险、统计等方面落实会议精神。

7月26日至29日　国务院副总理黄菊同志在青海省考察工作。分别视察了西宁市职业介绍中心、省电力公司电力调度中心、青海绿色药业有限公司、青海量具刃具有限责任公司、青海湖生态环境保护区、龙洋峡水电站和青藏铁路建设工地等，就中央宏观调控政策措施的贯彻落实情况，以及企业改革发展、生态环境保护、就业再就业、西部大开发等问题进行调研。张小建同志陪同。

7月27日至8月6日　华福周同志率代表团对德国和意大利进行友好访问。在德国期间，先后与德国经济和劳动部国务秘书安德雷斯进行工作会谈。重点了解德国劳动保障面临的问题和挑战、今后的改革措施，并与安德雷斯国务秘书共同签署了两部间《中德联合声明》。代表团还访问了德国雇主联合会和德国南北维洲服务业联合会，重点了解了德国的劳资关系和三方机制的状况。在意大利期间，与意大利劳动和社会政策部副部长阿尔伯特·博诺比拉进行了工作会谈，意方重点介绍了用工制度改革的情况；代表团还访问了托斯卡诺地区劳动局，了解了地方劳动部门的职能和劳动争议的处理程序。

7月28日至30日　劳动保障工作形势分析会在南戴河劳动保障培训中心召开，会上分析了上半年劳动保障工作，对下半年工作形势进行了预测，提出了下一步工作对策与建议。郑斯林、王东进、步正发、刘永富、崔会烈同志出席。

7月30日　郑斯林同志主持召开劳动和社会保障部党组第25次会议，研究部分司处级干部工作安排和职务调整，听取部新建办公楼工程和职工住房出售工作情况的汇报、医疗工伤保险药品目录调整制定工作情况的汇报、全国再就业工作经验交流暨表彰会议筹备进展情况和农村劳动力跨地区就业和培训工作情况的汇报、被征地农民社会保障调研情况的汇报。王东进、步正发、张小建、刘永富、崔会烈同志出席。

7月30日至8月2日　劳动和社会保障部司局级干部领导能力建设培训班在南戴河劳动保障培训中心举办，部属单位30多名司局级干部参加培训。步正发同志出席开班式并作动员讲话。中央党校、国家行政学院、发展改革委、国家工商总局的专家围绕司局级干部的领导能力建设，分别对科学发展观、现代领导能力开发、宏观经济形势、官员与媒体等内容进行专题讲授。

8月2日　国务院办公厅发出《关于保留部分非行政许可审批项目的通知》(国办发［2004］62号)，决定对211项非行政许可审批项目暂予保留，其中由劳动保障行政部门实施的共10项。包括：企业基本养老保险事项审批、省级基本医疗保险乙类药品目录调整审批、工伤保险率审定、破产企业无法清偿的社会保险费欠费核销、在京中央国家机关公务员医疗补助实施范围审批、参照国家公务员医疗补助实施范围审批、发行社会保障卡审批、基本医疗保险定点医疗机构资格审查、基本医疗保险定点零售药店资格审查、参加基本养老保险的职工提前退休审批。

8月2日至3日　全国社会保险局长会议在新疆召开，刘永富同志出席并讲话。之后，刘永富同志先后到自治区和兵团就完善养老保险制度进行调研，分别与自治区委、区政府有关领导同志，兵团有关领导同志交换了意见。刘永富同志还主持召开了部分省市养老保险分管厅局长、养老处长和社保局长座谈会，听取对完善养老保险制度的意见和建议。

8月3日　王东进同志会见国际移民组织总干事麦金利先生一行，介绍了我国境外就业和劳动力流动政策，探讨了与国际移民组织在劳务移民方面加强交流与合作事宜。

8月3日至6日　步正发同志赴辽宁省对劳动保障工作进行调研，分别听取了辽宁省和大连市劳动和社会保障部门、营口市政府工作汇报，考察了沈阳市劳动力市场等单位。期间，分别与省和大连市政府有关领导同志交换了意见。

8月4日　郑斯林同志主持召开劳动和社会保障部党组第26次会议，传达中央有关文件精神。王东进、张小建、崔会烈同志出席。

8月4日至6日　农民工和被征地农民社会保障制度建设综合调研座谈会在大连市召开，步正发同志出席座谈会并讲话。

8月6日至9日　国务院副总理黄菊先后到陕西省延安市、西安市、咸阳市考察工作，就中央宏观调控政策措施贯彻落实、国有企业改革发展、西部大开发、就业再就业和社会保障等问题深入调研。张小建同志陪同。

8月8日至10日　完善养老保险制度座谈会在内蒙古自治区呼伦贝尔市召开，刘永富同志出席。会议听取了部分省市对完善企业养老保险制度和改革机关事业单位养老保险制度的意见和建议。7个省市的劳动保障、财政、人事厅局有关同志参加会议，劳动和社会保障部有关单位负责同志和财政部社保司、人事部工资福利与离退休司负责同志出席。期间，刘永富同志与自治区政府有关领导同志交换了意见，并考察了海拉尔市街道社区。

8月9日至21日　郑斯林同志率团访问波兰、匈牙利和保加利亚。访问期间，郑斯林同志与波兰社会政策部副部长巴尼亚克，匈牙利就业政策与劳动部部长布拉尼，匈牙利卫生、福利和家庭事务部部长哥盖尼以及保加利亚劳动与社会政策部部长赫里斯托娃等进行工作会谈，考察了三国有关就业和社会保险经办机构，与匈牙利就业政策与劳动部部长和保加利亚劳动与社会政策部部长分别举办了联合记者招待会。通过访问，了解了三国在就业和社会保障方面的现状、有关立法、政策、面临的问题和应对措施，特别是三国在经济转轨过程中促进就业和安置原国有企业失业人员的政策措施以及解决养老保险隐形债务问题的办法；宣传了我国改革开放的政策和成就，特别是劳动和社会保障方面的政策、成就和面临的挑战；增进了相互了解，加深了友谊，促进了我国和上述三国在劳动和社会保障领域的交流与合作。

8月10日至11日　全国劳动保障宣传工作座谈会在黑龙江省召开，张小建同志出席并讲话。会议总结了近几年来劳动保障宣传工作，交流了经验，部署下一阶段工作。

8月12日至13日　张小建同志先后到黑龙江省哈尔滨市、牡丹江市调研。期间，与省政府有关领导同志进行座谈，并听取省劳动保障厅工作汇报，分别考察了哈尔滨市和牡丹江市劳动力市场等单位。

8月16日　张小建同志主持召开劳动和社会保障部关闭破产企业职工安置工作协调小组联席会议，总结2004年上半年有关工作情况，对职工安置中存在的问题进行了研究，对下一步工作进行部署。协调小组各成员单位有关负责同志和联络员参加会议。

同日　刘永富同志与财政部副部长肖捷就吉林、黑龙江两省试点和完善养老保险制度等问题交换意见。

同日　国家发展改革委员会发出《关于下达劳动和社会保障部2004年中央预算内专项资金（国债）投资计划的通知》（发改投资[2004] 1697号）。标志着金保工程（中央部分）顺利完成立项审批工作。

8月19日　刘永富、王建伦同志与北京市副市长孙安民等同志就国际社会保障协会第28届全球大会筹备有关工作进行座谈。

8月20日　部分省市关闭破产军工企业职工安置工作座谈会在北京召开，张小建同志出席会议并讲话。会议介绍了全国关闭破产企业职工安置和军工企业改革脱困总体情况，研讨了关闭破产军工企业职工安置中存在的有关问题，明确提出了工作要求，并对下一步工作进行部署。

同日　劳动和社会保障部发出《关于进一步加强和改进劳动保障宣传工作的意见》（劳社厅发［2004］12号）。

同日　共青团中央、中共中央治安综合治理委员会办公室、最高人民法院、最高人民检察院、公安部、司法部、劳动和社会保障部、国家广播电影电视总局、国家工商行政管理总局、国家质量监督检验检疫总局、新闻出版总署联合发出《关于表彰2002、2003年度全国优秀“青少年维权岗”及创建活动突出贡献奖和先进个人的决定》（中青联发［2004］47号），决定在劳动保障系统授予北京市劳动和社会保障局劳动保障监察科等54个单位全国优秀“青少年维权岗”称号；授予马文涛同志全国优秀“青少年维权岗”创建活动突出贡献奖称号；授予聂长齐等26名同志全国优秀“青少年维权岗”创建活动先进个人称号。

8月24日　张小建同志在天津市会见国际劳工局执行主任胡廷先生一行，双方就劳动力市场建设和就业政策等进行了座谈。天津市政府有关领导同志出席，部属有关单位负责同志和天津市劳动保障局有关同志参加。之后，张小建同志听取了天津市劳动保障局关于推进就业服务“新三化”加快劳动力市场建设的工作汇报，并就如何做好下一步工作进行座谈。

同日　刘永富同志与黑龙江省副省长王东华同志就试点工作进行座谈。

8月25日　国务院副秘书长尤权主持召开会议，研究部署全国再就业工作表彰大会筹备工作。张小建同志出席会议。

8月26日　劳动和社会保障部召开部属单位办公室工作会议。会议传达了全国政府系统秘书长办公厅主任会议和中央有关文件精神，通报了2004年以来办公室工作情况，部署下一阶段办公室工作。王东进同志出席会议并讲话。他充分肯定了办公室工作在劳动保障全局工作中的地位和作用，深刻分析了新形势下办公室工作的新特点和新任务，同时对下一步加强办公室建设提出了具体要求。

同日　国务院发出《国务院关于表彰全国再就业工作先进集体和个人的决定》（国发［2004］22号）。决定召开全国再就业工作表彰大会，授予北京市丰台区宛平城地区办事处等138个集体“全国再就业先进工作单位”称号；授予赵俊田等130人“全国再就业先进工作者”称号；授予北京首钢开源服务中心等127家企业“全国再就业先进企业”称号；授予王桂玲等129人“全国再就业优秀个人”称号。

8月27日　国务院副总理黄菊主持召开会议，听取中央编办关于事业单位分类管理和改革有关情况的汇报，国务院副总理吴仪，中组部部长贺国强，国务委员华建敏、陈至立出席会议。步正发同志参加会议。

同日　劳动和社会保障部召开部行政审批制度改革工作会议，步正发同志出席并讲话。他充分肯定了行政审批制度改革对推进依法行政的重要意义，深刻分析了新形势下行政审批制度改革工作的新特点和新任务，同时对进一步推进行政审批制度改革工作提出了具体要求。

8月30日　全国人大常委会《工会法》执法检查组召开第一次全体会议，听取劳动和社会保障部、国资委、中华全国总工会等单位关于贯彻实施《工会法》情况的汇报，部署执法检查工作。中华全国总工会主席王兆国、全国妇联主席顾秀莲出席会议并讲话，全国人大副委员长成思危、盛华仁出席会议。步正发同志参加会议并汇报。

同日　劳动和社会保障部、中华全国总工会、中国企联/中国企协联合发出《关于贯彻实施〈集体合同规定〉的通知》（劳社部函［2004］195号）。通知要求认真学习宣传《集体合同规定》，充分认识开展集体协商签订集体合同工作的重要性；加大推进建立健全集体协商机制的力度，实现制度化、规范化；明确集体协商代表的权利和义务，提高集体协商代表的自身素质；以工资集体协商为切入点，努力提高集体协商的实效性；从实际出发，确定集体合同的形式和内容；加强指导，密切配合，推动集体协商集体合同工作健康发展。

8月31日　华福周、崔会烈同志主持召开部党风廉政建设联席会议第一次会议。会议通报了派驻机构实行统一管理后劳动和社会保障部党风廉政建设工作的有关情况，研究通过了党风廉政建设联席会议制度。

同日　刘永富同志会见香港特区政府社会福利署署长邓国威先生为团长的访问团，向访问团介绍了内地下岗失业人员等困难群体再就业和社会救助等方面的有关情况。

9月1日　劳动和社会保障部发出《关于贯彻实施〈行政许可法〉深化劳动保障行政审批制度改革工作的通知》（劳社厅发［2004］13号）。通知要求各级劳动和社会保障部门要严格执行国务院有关行政审批事项的决定；加强与实施行政许可、行政审批相配套的工作制度建设；强化对行政许可和行政审批的监督检查工作；继续深化行政审批制度改革；加强行政复议工作。

9月3日至4日　全国再就业工作表彰大会在北京召开。国务院总理温家宝、国务院副总理黄菊等党和国家领导人亲切会见与会代表。温家宝同志发表了重要讲话，强调要充分认识做好就业再就业工作的极端重要性，把这项工作摆在经济社会发展更加突出的位置，坚定信心，解放思想，转变观念，广开门路，努力开创就业再就业工作新局面。黄菊同志在会上发表了题为《总结经验，发扬成绩，进一步做好就业再就业工作》的讲话。国务院秘书长华建敏主持会议并作总结讲话。会上宣读了《国务院关于表彰全国再就业工作先进集体和个人的决定》（国发［2004］22号），524个全国再就业工作先进集体和个人受到表彰。各省（自治区、直辖市）及计划单列市人民政府、新疆生产建设兵团负责同志，中央国家机关有关部门和单位负责同志，全国再就业工作先进集体和个人参加了会议。郑斯林、王东进、步正发、华福周、张小建、刘永富、崔会烈同志出席会议。

9月4日　郑斯林同志主持召开全国劳动保障厅局长座谈会并讲话。要求深刻领会全国再就业工作表彰大会会议精神，学习先进，扎实工作，努力完成2004年的就业和再就业工作任务；统筹兼顾，协调推进，全面完成2004年劳动保障工作的各项任务；立足当前，着眼长远，推动劳动保障事业再上新台阶。王东进、步正发、刘永富、崔会烈同志出席会议。北京、黑龙江、山东、广东、四川、新疆6省（自治区、直辖市）代表就如何贯彻落实好全国再就业工作表彰大会会议精神、做好2004年劳动保障各项工作作了发言。

9月6日　国际社会保障协会大会国家组委会召开第二次全体会议，听取组委会秘书处关于筹备工作汇报，部署下一步工作。郑斯林同志出席会议，并对做好会议的筹备和承办工作作了部署。刘永富同志主持会议。国务院副秘书长尤权、外交部部长助理沈国放、民政部副部长杨衍银、财政部副部长肖捷、新闻办副主任王国庆、社保基金理事会副理事长刘雅芝、中华全国总工会经审委员会主任董力等组委会领导和成员出席会议。

同日　王东进同志会见芬兰国家研究与发展基金会会长埃斯科·阿霍先生一行，向代表团介绍了我国劳动保障制度改革所取得的成就，并就加强双方在劳动保障领域的交流与合作交换了意见。之后，双方进行了工作会谈。

同日　劳动和社会保障部与建设部联合发出《关于印发〈建设领域农民工工资支付管理暂行办法〉的通知》（劳社部发［2004］22号）。通知对建筑业企业农民工工资支付作出规定，明确业主和企业对拖欠农民工工资应承担的责任，并要求各级劳动保障行政部门会同建设行政主管部门积极探索建立解决建筑企业拖欠或克扣农民工工资问题的长效机制，大力推进农民工工资支付监控制度及信用制度建设。

9月7日　国务院新闻办召开《中国的社会保障状况和政策》白皮书新闻发布会，王东进同志出席并向与会人员介绍有关情况，回答中外记者提问。中外 67 家媒体共 103 名记者参加。

9 月 8 日　北京市举行就业倍增计划暨创业项目展示推荐活动启动仪式，华福周同志出席并讲话。

同日　刘永富同志会见美国劳工部财务总长莫天成先生一行。向对方介绍了我国劳动保障制度改革的情况，并就加强双方在劳动保障领域的交流与合作交换了意见。

同日　劳动和社会保障部发出《关于进一步加强生育保险工作的指导意见》（劳社厅发［2004］14 号）。强调要高度重视生育保险工作，协同推进生育保险与医疗保险工作，切实保障生育职工的医疗需求和基本生活待遇，加强生育保险的医疗服务管理，提高经办机构管理和服务水平。

9 月 8 日至 14 日　崔会烈同志赴吉林省调研劳动保障系统纪检监察工作情况。期间，先后听取了省和部分市劳动保障厅局工作汇报；实地考察了省医保中心及长春、白城市职业介绍服务中心和社保公司办事大厅；在长春市主持召开了部分企业劳资干部座谈会，听取对劳动和社会保障部门行业风气和窗口单位服务质量的意见和建议。调研期间，崔会烈同志与吉林省副省长李斌就调研情况交换了意见。

9 月 9 日　王东进、刘永富同志会见国际社会保障协会主席维斯雷腾先生及其夫人。双方就中国举办国际社会保障协会第 28 届全球大会的意义、中国社会保障领域的改革及其成就等交换了意见。

9 月 12 日至 18 日　国际社会保障协会第 28 届全球大会在北京召开，国务院副总理黄菊出席开幕式并致辞。大会的主旨是“社会保障：确保社会公平”。期间共进行了 10 次专业会议和 4 次全会。在专门召开的中国社会保障特别全会上，郑斯林同志作了主旨发言，发展改革委副主任朱之鑫、财政部副部长肖捷、民政部副部长杨衍银、卫生部副部长马晓伟、中国社保学会会长王建伦、全国社会保障基金理事会副理事长高西庆、保监会资金运用监管部副主任曾于谨、全国总工会书记处书记张鸣起等先后发言，全会由刘永富同志主持。王东进同志在里奥论坛上作了发言，并在闭幕式上致辞。步正发、华福周、张小建、崔会烈、林用三等同志出席会议。会议结束时，大会发表了北京宣言，提出让更多的人享有社会保障的目标。来自世界五大洲 151 个国家和地区的 1 500名代表和 80 名部级高官出席大会。

9 月 13 日　国务院总理温家宝主持召开国务院第 64 次常务会议，听取 8 月份经济形势的通报，审议《国务院关于深化改革严格土地管理的决定（代拟稿）》等。王东进同志参加。

同日　劳动和社会保障部发出《关于印发国家基本医疗保险和工伤保险药品目录的通知》（劳社部发［2004］23 号）。

9 月 16 日　劳动和社会保障部举办新闻发布会，发布《国家基本医疗保险和工伤保险药品目录》。王东进同志出席并讲话。人民日报、新华社、中央电视台等 30 余家新闻单位参加。

同日　王东进同志主持召开劳动和社会保障事业发展“十一五”规划编制工作会，研究落实中财办和国家发改委联合部署的“十一五”规划编制重大课题研究工作。劳动和社会保障部承办了“人口、就业和社会保障专题研究”“收入分配关系专题研究”和“高技能人才队伍建设专题研究”。

9 月 17 日　劳动和社会保障部、国家环境保护总局、商务部、中国纺织工业协会联合发出《关于开展部分地区纺织企业遵守劳动保障及环境保护法律法规情况监督检查活动的通知》（劳社部明电［2004］6 号），决定开展部分地区纺织企业遵守劳动保障及环境保护法律法规情况监督检查活动。

9 月 18 日至 10 月 1 日　应国际移民组织和菲律宾劳动与就业部以及马来西亚人力资源部和南非劳工部的邀请，步正发同志率团出席在菲律宾马尼拉举办的第二届亚洲劳工移民部长级磋商会，并对马来西亚和南非进行了工作访问。会议期间，步正发同志代表中国政府在大会上发言，与菲律宾劳动与就业部长托马斯女士、国际移民组织总干事麦金利先生进行会谈，并与各国到会部长就劳动保障领域有关问题交换了意见。步正发同志还与马来西亚人力资源部冯镇安部长和南非劳工部拉拉那部长进行了工作会谈，就协调劳动关系、完善劳动立法和加强劳动监察方面的政策、措施和经验进行了交流，并探讨了加强双边合作事宜。

9月20日　郑斯林同志主持召开党组会议，传达中央有关会议精神。华福周、张小建、刘永富同志出席。

9月20日至24日　中国医疗保险制度改革论坛和医疗保险制度改革经验交流会在镇江市召开，王东进同志出席。并先后赴江苏省、上海市，听取江苏省和镇江市劳动保障工作汇报，考察镇江市社保中心，与江苏省副省长吴瑞林交换了意见。在上海市期间，听取了医疗保险局工作汇报并考察了静安社区及定点药店，与上海市副市长周太彤交换了意见。

9月23日　华福周同志主持召开劳动和社会保障部信息化工作领导小组第二次会议，讨论《关于进一步加快实施金保工程的意见（征求意见稿）》，通报全国劳动保障信息化工作会议的筹备情况。劳动和社会保障部信息化领导小组成员参加会议。

同日　劳动和社会保障部、财政部联合向国务院报送《关于2004年调整企业退休人员基本养老金有关问题的请示》（劳社部报［2004］33号）。

9月23日至25日　国务院副总理黄菊赴宁夏回族自治区考察工作。刘永富同志陪同。

9月26日　劳动和社会保障部新建办公楼主体结构工程封顶总结会召开，王东进同志出席并代表劳动和社会保障部对施工方、设计方、监理方和项目管理方的辛勤劳动表示感谢。北京建工集团有限责任公司、建设综合勘察研究设计院、中咨工程建设监理公司负责同志分别代表总包、设计、项目管理和监理单位总结了前一阶段工程建设情况，对继续做好下一阶段工作提出了目标要求。

9月27日　国务院试点办召开吉林、黑龙江两省完善社会保障体系试点工作座谈会。刘永富同志出席并作总结讲话。会议听取了吉林、黑龙江两省关于试点工作进展情况的汇报，国务院试点工作小组各成员单位发表了意见和建议。会议要求认真研究做实个人账户基金委托投资管理工作，做实后的个人账户基金要经得起查对。

同日　劳动和社会保障部发出《关于印发〈金保工程中央补助资金管理办法〉的通知》（劳社厅发［2004］15号），对其用途、享受条件及管理等做出明确规定。

9月28日　为庆祝中华人民共和国成立55周年，劳动和社会保障部举行主题为“祖国颂”演唱会。郑斯林同志代表部党组在演唱会开幕时致辞，华福周同志主持，王东进、刘永富、崔会烈同志出席并亲自参加第一个大合唱节目。部属各单位共演出15个节目。经现场评比，社保中心、办公厅、出版社获优秀节目奖，技术指导中心、规划财务司、机关服务中心获优秀组织奖。同时，还评出纪念奖9个。部属各单位近千名干部职工参加了演唱会。

9月29日　国际社会保障协会第28届全球大会国家组委会召开第三次全体会议，听取组委会秘书处关于大会承办工作情况汇报，审议组委会向国务院的承办工作报告。郑斯林同志出席会议并讲话，对圆满完成承办工作作了充分肯定，对下一步工作提出了希望和要求。会议由刘永富同志主持。组委会各成员单位有关同志出席会议。

同日　劳动和社会保障部召开国际社会保障协会第28届全球大会总结会，郑斯林同志出席会议并讲话，王东进同志出席，刘永富同志主持会议，办公厅负责同志就国际社会保障协会大会承办情况作了汇报。部属各单位负责同志、国家组委会秘书处工作人员及部内参与会议服务的全体人员参加。

同日　劳动和社会保障部、证监会联合发

出《关于企业年金基金证券投资有关问题的通知》（劳社部发［2004］25号）。通知对受托人、托管人、投资管理人从事证券投资活动做出一系列规定。

9月30日　劳动和社会保障部、财政部联合发出《关于从2004年7月1日起增加企业退休人员基本养老金的通知》（劳社部发［2004］24号）。通知提出为2003年12月31日前已按规定办理退休手续的企业退休人员提高基本养老金水平。此次调整，中央财政对中西部困难地区和老工业基地下达专项转移支付资金22.5亿元。

同日　劳动和社会保障部发出《关于建立失业登记和失业保险监测制度的通知》（劳社厅发［2004］16号），进一步明确了失业登记和失业保险监测工作的目标、内容和工作要求。

10月6日至11日　国务院副总理黄菊赴四川考察工作。王东进同志陪同。

10月10日　劳动和社会保障部发出《关于进一步防范农村社会养老保险基金风险的紧急通知》（劳社部函［2004］240号）。要求各省（自治区、直辖市）劳动保障部门防范农村社会保险基金风险，加强监管，规范投资行为，确保基金安全增值。

10月11日　步正发同志分别会见德国联邦议院经济和劳动委员会主席文德先生一行和丹麦议会劳务市场政策委员会主席维比约先生和就业事务大臣弗雷泽里克先生一行。向客人介绍了我国就业状况和政策措施、社会保障发展状况，并回答了代表团所关心的问题。

10月11日至14日、18日至20日　刘永富同志分别在四川、江西召开完善养老保险制度座谈会，听取18个省（自治区、直辖市）劳动保障厅（局）主要负责同志对完善企业养老保险制度、改革机关事业单位养老保险制度和加强经办机构能力建设等问题的意见和建议。期间，还分别到四川省阿坝州、江西省吉安市调研，应邀出席了四川省乐山市社会保障卡的发行仪式。

10月12日　王东进同志会见国际劳工局北京局新任局长托马斯女士，对其表示欢迎和祝贺，肯定了北京局在劳动和社会保障部与国际劳工组织合作中发挥的积极作用，并希望与北京局继续加强合作。

同日　全国人大常委会工会法执法检查组召开第二次全体会议，研究讨论工会法执法检查报告稿。全国人大常委会副委员长王兆国、顾秀莲出席会议并讲话，步正发同志出席会议并就报告稿提出修改意见。

10月12日至14日　劳动和社会保障部在福建厦门召开全国劳动和社会保障信息化工作会议，郑斯林、华福周同志出席。会上，郑斯林同志传达了黄菊副总理关于金保工程建设的重要批示，并发表了重要讲话。华福周同志主持会议，并总结了近年来劳动保障信息化工作的成绩，部署了当前及今后一个时期金保工程的建设任务。期间，郑斯林同志、华福周同志与福建省副省长李川交换了意见，考察了厦门市劳动力市场和社区。

10月13日　国务院总理温家宝主持召开国务院第66次常务会议，审议《国务院关于深化改革严格土地管理的决定（代拟稿）》等。王东进同志参加。

10月15日　郑斯林同志会见日本石川县知事谷本正宪先生一行，向客人介绍了中国劳动保障的相关情况。

同日　劳动和社会保障部发出《关于开展维护农民工劳动保障权益普法宣传活动的通知》（劳社厅函［2004］344号），决定11月份在全国范围内开展一次维护农民工劳动保障权益普法宣传活动，并提出具体要求。

10月18日　全国人大财经委召开全体会议，听取国务院有关部门关于2004年前三季度国民经济形势和2005年工作安排的汇报。王东进同志出席会议并作汇报。

10月19日　国有资产监督管理委员会发出《关于解放军企业管理干部学院资产划转有关问题的批复》（国资产权［2004］962号）。同意自2004年1月1日起，将新兴铸管集团有限公司所属解放军企业管理干部学院资产划归劳动和社会保障部。

10月21日　共青团中央和劳动和社会保障部等11个单位联合召开第四届全国优秀“青少年维权岗”表彰大会，全国人大常委会副委员长顾秀莲出席会议并讲话。劳动保障系统共有54个集体和27名个人获奖。步正发同志参加会议。

同日　国务院发出《关于深化改革严格土地管理的决定》（国发［2004］28号）。要求劳动和社会保障部门会同有关部门尽快提出建立被征地农民的就业培训和社会保障制度的指导性意见，并对被征地农民社会保障费用来源作出原则性规定。

10月21日至22日　全国劳动保障系统办公室工作座谈会在江西省南昌市召开，王东进同志出席并讲话。各省（自治区、直辖市）劳动保障厅（局）主管领导和办公室主任及办公厅有关负责同志参加。期间，王东进同志听取了江西省、南昌市、九江市劳动保障工作汇报，考察了南昌劳动康复中心、南昌市劳动力市场等单位，与江西省委书记孟建柱、省长助理熊盛文交换了意见。

10月22日　离退休干部局召开第二次党员代表大会。华福周同志代表部党组向大会致贺并作了重要讲话。

同日　中国社会保障杂志社出刊10周年纪念座谈会在北京召开，同时“社保在线”（www.cnss.cn）正式开通。刘永富同志出席会议并讲话。

同日　劳动和社会保障部向国务院报送《关于请审核确定2005年就业再就业工作目标任务的请示》（劳社部报［2004］36号）。

10月23日至24日　“中国劳动学会2004年度年会暨新时期劳动关系问题学术研讨会”在湖北省武汉市召开，王东进同志出席并讲话，期间还与湖北省省长罗清泉、常务副省长周坚卫就有关工作交换了意见。

10月24日至26日　中国—东盟失业保险和公共就业服务高层研讨会在广东省珠海市召开，王东进同志出席并致辞。研讨会就失业保险和公共就业服务发展现状、面临问题和政策选择，通过完善失业保险制度和公共就业服务来促进就业等专题开展了深入的探讨与交流。东盟8个成员国的代表，办公厅、失业保险司、国际合作司、劳科院、劳科所负责同志和广东省劳动和社会保障部门的代表参加了研讨会。期间，王东进同志出席了珠海市庆祝《劳动法》颁布10周年竞赛活动，考察了万山区万山岛劳动保障事务所。

10月24日至11月3日　崔会烈同志率团对印度的社会保障制度和斯里兰卡的境外就业制度进行考察。考察团先后访问了印度劳动与就业部及其下属的国家社会保障培训与研究所、V. V. Giri国家劳动研究院、国家妇女职业培训中心、雇员国家保险计划定点医院和斯里兰卡劳动关系与境外就业部及其下属的境外就业局等单位，并分别与印度劳动与就业部部长欧拉先生和斯里兰卡劳动关系与境外就业部部长阿塔乌达先生进行工作会谈。

10月25日至26日　国务院残工委召开全国扶助贫困残疾人工作会议，国务院副总理回良玉出席会议并作重要讲话，张小建、刘永富同志分别出席25日和26日上午的会议，刘永富同志代表劳动和社会保障部作了大会发言。

10月26日　劳动和社会保障部召开推进农村劳动力跨地区就业工作电视电话会议，张小建同志出席会议并讲话。会议分析了新的形势，统一思想认识，总结交流经验，研究进一步做好农村劳动力跨地区就业工作的措施。

10月27日　郑斯林、刘永富同志前往原解放军企业管理干部学院与领导班子成员进行座谈并召开了全体职工大会。

同日　步正发同志主持召开会议，传达中央人才工作协调小组第六次会议精神，落实工作任务，并从提高对人才工作的认识、切实做好劳动和社会保障部职能范围内的人才工作提出了要求。

10月27日至28日　全国劳动争议仲裁

机构效能建设座谈会在广东省深圳市召开，王东进、华福周同志出席。会上，王东进同志讲话，华福周同志作总结。会议回顾了五年来劳动争议处理工作的基本情况，总结交流了近年来劳动争议处理工作的经验，分析了当前面临的基本形势，提出了加强劳动争议处理能力建设的指导思想和主要任务，对下一步工作进行了安排部署。来自全国各省（自治区、直辖市）及计划单列市劳动和社会保障部门以及最高人民法院、中华全国总工会、中国企业联合会的代表参加了会议。期间，王东进同志听取了深圳市、东莞市劳动保障工作汇报，考察了深圳市劳动争议仲裁院、深圳市罗湖区社保分局、东莞市劳动争议仲裁庭。华福周同志考察了广东省劳动争议仲裁委员会劳动争议仲裁庭，深圳市劳动争议仲裁院。王东进、华福周同志还与广东省委副书记、深圳市委书记黄丽满，广东省委常委、深圳市市长李鸿忠，广东省副省长谢强华等交换了意见。

10月28日至30日　劳动和社会保障部在怀柔举办部属单位司局级干部领导能力建设培训班，聘请中组部、国家发展改革委、国家工商总局、中央党校、国家行政学院等单位专家学者分别讲授“关注我们的学习”“科学发展观”“宏观经济形势”“领导艺术与管理创新”“官员与媒体”等专题知识。部属单位近50名司局级干部参加。步正发同志与学员座谈并讲话。

10月29日　中共中央总书记胡锦涛主持召开中央财经领导小组会议。郑斯林同志参加。

同日　刘永富同志与来部的财政部副部长肖捷就完善企业养老保险制度、改革机关事业单位养老保险制度等问题进行座谈。

10月31日至11月4日　华福周同志赴贵州省进行全国清理拖欠工程款和农民工工资检查活动。先后听取了贵州省、贵阳市、遵义市政府关于清理拖欠工程款和农民工工资工作的汇报，实地考察了贵州省团校综合楼等9个工程项目，参观了贵阳市劳动力市场。期间，与贵州省副省长包克辛就贯彻落实全国清理拖欠工程款电视电话会议精神交换了意见。

11月1日　国务院总理温家宝签署第423号国务院令，公布《劳动保障监察条例》，条例共分五章三十六条，分别为总则、劳动保障监察职责、劳动保障监察的实施、法律责任、附则。条例自2004年12月1日起施行。

同日　郑斯林同志主持召开劳动和社会保障部党组第27次会议，研究成立中欧社会保障合作项目筹备组，通报当前经济形势。王东进、刘永富同志出席。

同日　劳动和社会保障部发出《关于实施〈工伤保险条例〉若干问题的意见》（劳社部函［2004］256号），对《工伤保险条例》第十四、十五、十七、三十六条规定及有关问题做出了具体解释。

同日　劳动和社会保障部、建设部、中华全国总工会联合发出《关于开展农民工工资支付情况专项检查活动的通知》（劳社厅函［2004］368号）。通知对检查范围、检查方法等提出具体要求。

同日　劳动和社会保障部发出《关于进一步做好劳动保障系统办公室工作的通知》（劳社厅发［2004］17号）。通知要求各级劳动和社会保障部门要充分认识办公室工作面临的新形势和新任务；不断强化综合协调职能；进一步加强调研；努力提高公文办理质量；加强政务信息和新闻工作；切实做好信访工作；努力加强自身建设。

11月2日　国务院副秘书长陈进玉主持召开座谈会，研究国有企业退休教师待遇问题。刘永富同志出席。

同日　“中国—欧盟社会保障合作项目”筹备组成立，筹备组由劳动和社会保障部办公厅、规划财务司、国际合作司、人事教育司有关人员组成，平四来同志为组长，李保国等同志为副组长。主要就项目的机构和人员安排提出建议，为项目启动实施做相关准备工作。

11月3日　劳动和社会保障部、铁道部联合发出《关于铁路企业参加工伤保险有关问题的通知》（劳社部函［2004］257号）。通知对铁路企业参加工伤保险的原则，费率，基金筹集、使用、管理，工伤职工的工伤认定等事项做出规定。

同日　劳动和社会保障部人事教育司下发《关于调整失业保险司内设机构的通知》（劳社人司发［2004］60号）。在失业保险司增设“三处”，同时挂“破产安置办公室”的牌子，并明确了相应编制和主要职能。

11月4日　劳动和社会保障部、财政部联合向国务院报送《关于农垦企业参加基本养老保险有关问题的报告》（劳社部报［2004］40号）。报告了各地工作进展情况和进一步做好农垦企业参加基本养老保险工作的意见。

11月4日至5日　步正发同志在陕西省对劳动保障工作进行调研，分别听取省劳动保障厅、西安市和咸阳市政府关于劳动保障工作汇报，考察了西安市莲湖区北关街道劳动保障事务所、咸阳市小额贷款担保中心，看望了分别在西安、咸阳挂职锻炼和基层锻炼的劳动和社会保障部同志。期间，与陕西省委副书记、西安市委书记袁纯清，西安市市长孙清云交换了意见。法制司负责同志随同调研。

11月5日　北京市召开再就业工作会议，郑斯林同志出席并讲话。

同日　王东进同志会见德国联邦议员、前联邦劳动和社会秩序部部长瓦尔特·李斯特先生一行，介绍了中国社会保障制度改革的有关情况。

11月8日　国务院副秘书长尤权召开会议，研究做实养老保险个人账户有关问题。刘永富同志参加。

同日　王东进同志与公安部政治部主任孙明山一行就公安民警医疗待遇问题座谈。

同日　国务院发出《国务院关于编制2005年中央预算和地方预算的通知》（国发［2004］31号）。在2005年财政支出安排及政策要点问题中，提出进一步做好就业再就业和社会保障工作，保持社会稳定。继续完善社会保障体系，确保国有企业下岗职工基本生活费、企业离退休人员基本养老金、城市居民最低生活保障金按时足额发放。推进国有企业下岗职工基本生活保障向失业保险并轨，促进下岗失业人员再就业。继续实施中央及中央下放国有企业政策性破产，做好关闭破产企业人员安置工作。支持并逐步解决企业分离办社会等历史遗留问题。

同日　劳动和社会保障部发出《关于进一步加快实施金保工程的意见》（劳社部函［2004］262号）。通知要求各级劳动和社会保障部门要统一思想，加强领导，加强各级数据中心建设，加快推进联网建设和联网应用，推进数据整合工作，加强安全管理，加强业务和技术培训，进一步推进金保工程建设步伐。

11月8日至19日　应墨西哥劳动和社会保护部以及古巴劳动和社会保障部的邀请，张小建同志率团对墨西哥和古巴进行了工作访问。期间，代表团与墨西哥劳动和社会保护部部长阿巴斯卡、副部长洛佩斯，古巴劳动和社会保障部部长莫赛雷斯，副部长玛格丽特、巴来依罗、卡洛琳等进行了工作会谈。在墨西哥期间，代表团听取了墨西哥劳动和社会保护部劳动就业司、教育部培训司和经济部城市规划司等部门的负责人员介绍有关劳动力市场政策以及职业培训等方面的情况，实地考察了尤卡坦州劳动就业中心。双方还就签署中墨两部间合作声明进行了工作磋商。代表团还拜会了古巴外交部副部长格拉门切罗，考察了古巴劳动和社会保障部干部管理学院和哈瓦那市共青团青年干部学院，就2005年与古巴劳动和社会保障部共同举办社会保障研讨会事宜进行了磋商。张小建同志还应古方邀请向古巴劳动和社会保障部处以上干部介绍了中国的培训与就业情况。

11月9日　国务院副秘书长陈进玉、尤权召开会议，研究落实企业退休教师待遇问题。刘永富同志出席。

11月10日　国务院总理温家宝主持召开国务院第70次常务会议，听取关于《进一步做好改善农民进城就业环境工作的通知（稿）》

的汇报。郑斯林同志出席会议并作汇报，步正发同志参加会议。

同日　劳动和社会保障部发出《关于认真学习贯彻全国街道社区党的建设工作座谈会精神进一步做好基层劳动和社会保障工作的通知》（劳社部发［2004］27号）。通知要求认真学习贯彻党建工作座谈会精神，切实加强与街道、社区党组织的沟通与配合；坚持以人为本，服务群众，进一步做好街道、社区的劳动和社会保障工作；进一步落实工作条件，搞好街道、社区劳动保障工作平台建设。

11月11日　劳动和社会保障部召开部属各单位主要负责同志会议，传达中央、国务院有关经济形势的分析和经济工作的部署。郑斯林同志出席并作重要讲话，王东进同志主持会议，步正发、华福周、刘永富、崔会烈同志出席。

同日　步正发同志主持召开部扶贫工作领导小组会议，传达全国扶贫开发工作会议精神，并对下一步工作提出要求，做出部署。与会同志结合劳动和社会保障部工作职责，对农村劳动力转移、就业和培训以及定点扶贫工作进行了讨论，提出了贯彻意见。部扶贫工作领导小组成员参加会议。

同日　为进一步探索建立适合我国国情的工伤康复制度，研究制定相应的技术规范和标准，探索工伤康复专门人才的培养方向，劳动和社会保障部同意广州市为部工伤康复重点联系城市，广州市工伤康复中心为部工伤康复综合试点单位。

11月12日　郑斯林同志会见应劳动和社会保障部邀请访华的马来西亚人力资源部部长冯振安先生一行，介绍了我国总体经济发展和劳动及社会保障改革的有关情况，并就双方共同关心的问题交换了意见。

同日　劳动和社会保障部发出《关于贯彻落实〈劳动保障监察条例〉的通知》（劳社部发［2004］29号）。通知要求认真学习贯彻《条例》，加强对《条例》的宣传工作；抓紧做好与《条例》配套文件的制定工作，确保《条例》顺利实施；提高依法行政意识，完善劳动保障监察执法体制；健全劳动保障监察机构，提高监察队伍素质；做好劳动保障监察的基础工作，提高依法行政能力；完善监察执法经费保障机制，保证监察执法工作正常开展；进一步加强组织协调，确保《条例》全面实施。

11月13日至15日　国务院总理温家宝在辽宁省视察并主持召开振兴东北地区等老工业基地工作座谈会，郑斯林同志陪同并出席会议。

11月15日　华福周同志会见美国联邦劳动仲裁和调解局局长彼得·赫特根先生一行，向客人介绍了我国劳动关系特别是劳动争议处理方面的有关情况。双方讨论了两国在劳动和社会保障领域合作的情况并就其他共同关心的问题交换了意见。

同日　劳动和社会保障部发出《关于印发〈劳动保障监察条例〉宣传提纲的通知》（劳社部发［2004］28号）。通知要求各级劳动和社会保障部门要确定宣传重点，大力宣传《条例》发布实施的重要意义；制定宣传计划，开展丰富多彩的宣传活动；加强部门配合，动员全社会各方面力量支持劳动保障监察工作。

11月15日至16日　全国境外就业中介机构管理工作会在广西壮族自治区北海市召开，王东进同志出席并讲话。会议总结境外就业工作取得的成绩，分析当前境外就业工作发展的思路和途径。期间，王东进同志分别听取自治区、北海市和防城港市劳动保障工作汇报，考察了两市社会保险经办中心、劳动保障局和劳动力市场，与自治区副主席张文学交换了意见。

11月16日　步正发同志参加“2004年北京市维护来京务工人员合法权益宣传咨询日”活动，向农民工代表赠送《农民工维权手册》，看望参加咨询活动的工作人员，并就依法维护农民工权益工作接受新闻媒体采访。北京市副市长孙安民一同参加活动。

同日　华福周同志出席中央处理信访突出问题及群体性事件联席会议第三次全体会议，

并召开部属各单位主要负责同志会议，传达会议精神，部署劳动和社会保障部预防处置群体性事件工作。

同日　刘永富同志与财政部副部长肖捷座谈完善养老保险制度有关问题。

同日　劳动和社会保障部、财政部联合发出《关于中央农垦企业养老保险专项转移支付资金的通知》（财社［2004］12号）和《关于下达地方农垦企业养老保险专项转移支付资金的通知》（财社［2004］121号）。下拨专项转移资金15亿元，确保农垦企业离退休人员基本养老金按时足额发放。

11月16日至20日　崔会烈同志在武汉市主持召开部分省市劳动保障厅（局）纪检组组长座谈会，听取对系统纪检监察工作的意见和建议，研究修改2005年劳动保障系统纪检监察工作安排。并就系统行风建设、专项治理和社保基金监督检查等工作在武汉、宜昌市进行调研。分别听取湖北省劳动保障厅和武汉、宜昌市劳动保障局工作汇报，实地查看了两市劳动力市场和社会保险经办大厅，召开了窗口单位行风建设、社保基金监督管理等工作座谈会。

11月19日　劳动和社会保障部发出《关于对鼓励合规奖金投资资本市场若干建议的意见的函》（劳社厅函［2004］417号）。明确劳动和社会保障部制定出台《基本养老保险个人账户基金管理办法》，在国家法律法规允许的范围内，逐步放宽个人账户基金的运用范围，实现基金保值增值。同时，强调抓紧制定《社会保险法》和《社会保障基金管理条例》。

11月20日至23日，张小建同志率调研组到山西省调研。期间，分别听取了山西省政府、太原市及清徐市政府工作汇报，实地考察了劳动力市场、政府就业项目、再就业基地、企业、街道社区劳动保障工作平台，分别召开了政府有关部门、下岗失业人员、企业负责人、街道社区劳动保障工作人员座谈会，了解再就业政策落实情况，听取对再就业工作的意见建议。

11月22日　劳动和社会保障部向国务院报送《关于城镇职工医疗保险制度十年改革进展情况的报告》（劳社部报［2004］45号）。报告了医疗保险制度改革进展情况、当前面临的主要困难和问题及下一步工作打算。

11月22日至23日　全国贯彻实施《劳动保障监察条例》座谈会在福建省厦门市召开，步正发同志出席会议并讲话，对《条例》的学习和贯彻实施工作进行部署，提出要求。

11月22日至12月1日　应葡萄牙社会保障、家庭与儿童部和挪威劳动与社会事务部邀请，王东进同志率团访问葡萄牙和挪威。期间，代表团与葡萄牙社会保障、家庭与儿童部部长尼古奥先生、葡萄牙经济部负责劳动事务的国务秘书安特雷斯先生、挪威劳动与社会事务部国务秘书拉文洁女士等进行工作会谈，并考察两国有关社会保险经办机构。

11月23日　国务院副总理吴仪主持召开深化城市医疗服务体制改革工作座谈会。华福周同志出席会议。

同日　郑斯林同志主持召开劳动和社会保障部党组第28次会议，传达学习吴官正、贺国强同志在全国党风廉政建设责任制电视电话会议上的讲话精神。刘永富、崔会烈同志出席。

11月23日至25日　步正发同志到福州、厦门、泉州市调研，分别听取了福建省劳动保障厅和福州、泉州市政府关于劳动保障工作的汇报，实地考察了省劳务派遣服务有限公司和厦门、泉州劳动力市场等单位。

11月24日　张小建同志主持召开再就业联合调研情况汇报会，听取各调研组情况汇报，并研究向国务院上报调研情况有关事宜，调研组全体同志参加会议。

同日　由劳动和社会保障部、教育部、科技部、国防科工委、中华全国总工会、中国机械联合会6部门联合举办的第一届全国数控技能大赛举行闭幕式，张小建同志出席并讲话。此次大赛历时一年，全国共有30个省（自治区、直辖市）近20万人直接参加。职工组全国决赛各工种前5名的选手将获得“全国技术能手”荣誉称号和技师或高级技师职业资格证书；各工种全国决赛第一名的选手向中华全国总工会申报五一劳动奖章；各工种第6至30名的选手晋升一级职业资格。学生组各工种前20名的选手，获得技师职业资格证书。

11月25日　劳动和社会保障部、中华全国总工会、卫生部、中国企业家联合会/中国企业家协会在北京联合举行“中国职工红丝带健康行动”启动仪式。国务院副总理吴仪出席并作重要讲话。华福周同志代表劳动和社会保障部在启动仪式上讲话。

11月26日至27日　劳动和社会保障部和国资委、财政部、国家税务总局联合召开全国国有大中型企业主辅分离改制分流工作经验交流会，国务院副总理黄菊为大会作了重要批示，张小建同志和国资委副主任邵宁、国家税务总局副局长王力出席会议并讲话。

11月29日　郑斯林同志主持召开劳动和社会保障部司局级干部大会，传达吴官正同志在全国党风廉政建设责任制工作电视电话会议上的讲话精神，郑斯林同志结合劳动和社会保障部工作实际，就贯彻落实好吴官正同志讲话精神作了部署，并对年底前有关工作提出要求。步正发、华福周、张小建、刘永富同志出席。

同日　郑斯林同志主持召开劳动和社会保障部党组第29次会议，研究有关人事问题和对党风廉政建设责任制落实情况进行检查的安排意见。步正发、华福周、张小建、刘永富、崔会烈同志出席，办公厅、人事教育司负责同志列席。

11月30日　国务院副总理黄菊主持召开会议，听取劳动和社会保障部和国务院再就业工作联席会议成员单位联合进行的再就业工作调研情况汇报，并发表重要讲话，明确就业再就业工作任务目标，并对进一步做好下一阶段工作提出要求。郑斯林同志作汇报，张小建同志和部属有关单位负责同志参加，国务院再就业工作联席会议各成员单位负责同志和国务院法制办同志参加会议。

12月1日　中共中央在中南海怀仁堂举办中央政治局集体学习讲座。郑斯林同志参加。

12月1日至3日　部分地区劳动工资工作调研座谈会在海口市召开，华福周同志出席。会议总结了“十五”期间劳动关系调整工作进展情况及存在的问题，研讨了“十一五”时期劳动关系调整体制的总体思路和措施。期间，华福周同志与海南省委常委、常务副省长吴昌元交换了意见。

12月2日　劳动和社会保障部向国家发展改革委员会报送《关于报送劳动和社会保障事业发展“十一五”规划基本思路的函》（劳社部函［2004］274号）。包括“十五”期间劳动保障事业发展成就，“十一五”时期面临的机遇与挑战，指导思想、主要奋斗目标和任务，政策措施等四部分。

12月2日至3日　张小建同志在上海市进行调研。期间出席了劳动和社会保障部在上海召开的第二次新职业发布会并讲话，与上海市劳动保障局负责同志就东部地区培训、就业工作思路进行座谈，并进行了实地考察。

12月3日　国务院试点办在北京召开吉黑两省完善社会保障体系试点工作进展情况通报会，刘永富同志出席会议并作总结讲话。会议听取了两省关于试点工作进展情况和2005年工作安排的汇报，国务院试点工作小组各成员单位发表了意见和建议。

12月3日至5日　郑斯林同志出席中央经济工作会议。

12月6日　郑斯林同志主持召开会议，传达中央经济工作会议精神。华福周、张小建、刘永富、崔会烈同志出席。

同日　国务院副秘书长尤权与刘永富同志和财政部肖捷同志，研究完善企业养老保险制度有关问题。

同日　劳动和社会保障部发出《关于建立行业人工成本信息指导制度的通知》（劳社部发［2004］30号）。通知明确了建立行业人工成本信息指导工作的目标、要求和实施办法。

12月7日　国家协调劳动关系三方会议第七次会议在北京召开。会议增补劳动和社会保障部副部长华福周、中华全国总工会和中国企业联合会各一位领导同志担任副主席，调整了部分成员，听取三方会议办公室关于第六次会议议定事项落实情况的报告，审议将于2005年举行的三方联合评选表彰和谐劳动关系先进企业、先进仲裁机构、调解组织和优秀仲裁员、调解员的总体方案。王东进同志出席会议并讲话，华福周同志出席会议。

同日　劳动和社会保障部发出《关于做好2005年度社会保险基金预算和2004年度社会保险基金决算编报工作的通知》（劳社部函［2004］275号)。通知要求各级劳动和社会保障部门要高度重视社会保险基金决算工作；明确职责，分工协作，共同做好决算工作。

同日　劳动和社会保障部向国务院报送了《关于报送涉及劳动保障方面群体性事件应急预案的报告》(劳社部报［2004］46号)。

12月8日　步正发同志赴北京市大兴区调研农村社会养老保险工作，分别听取市劳动保障局和大兴区政府的工作汇报，实地考察林校路街道劳动保障所和青云店镇东辛屯村，并与基层干部和村民代表进行座谈。

同日　华福周同志主持召开落实党风廉政建设责任制检查组成员会议，通报了检查组分工情况并对检查工作提出了明确要求。崔会烈同志出席会议并讲话。

12月9日　国务院副总理黄菊主持会议，听取劳动和社会保障部、财政部关于完善企业职工基本养老保险制度的汇报。郑斯林、刘永富同志出席。

12月9日至10日　由劳动科学研究所组织、中国劳动法学研究会主办的纪念《劳动法》实施10周年理论研讨会在京召开，总结《劳动法》实施以来取得的成就，探讨完善劳动保障法制的理论和实际问题。王东进、步正发同志出席会议并讲话。全国人大法工委、最高人民法院、国务院法制办、中华全国总工会、中国企业家协会和中国法学会领导出席会议。中国劳动法学研究会会员代表、法学领域的专家学者和政府官员250多人参加了会议。会议还对近年来劳动保障法制建设优秀科研成果和理论研究的杰出贡献者进行了评选表彰。

12月10日　郑斯林同志主持召开部属各单位主要负责同志和正局级干部会议并作总结讲话。华福周同志传达了黄菊同志在再就业工作联席会上的讲话精神；刘永富同志传达了黄菊同志在完善企业养老保险制度汇报会上的讲话精神；崔会烈同志传达了中纪委关于田凤山、韩桂芝、徐国健、吴振汉、丁鑫发严重违纪违法案件的通报。

同日　劳动和社会保障部发出《关于表彰第七届中华技能大奖获得者全国技术能手及国家技能人才培育突出贡献奖获得单位的决定》(劳社部发［2004］31号)。决定授予许振超等20人中华技能大奖获得者荣誉称号，颁发中华技能大奖奖章、证书、奖杯和奖金；授予高和平等433人全国技术能手荣誉称号，颁发全国技术能手奖章、证书、奖杯和奖金；授予首钢总公司等55家单位国家技能人才培育突出贡献奖，颁发奖牌和证书。

12月13日至14日　全国劳动保障国际合作与交流工作座谈会在海南省海口市召开，王东进同志出席并讲话。海南省副省长陈成出席开幕式并讲话。会议总结劳动保障国际合作与交流的经验，分析面临的新形势，部署下一步工作。吉林、甘肃、上海等省（直辖市）和劳科院负责同志在会上做了经验介绍。各省（自治区、直辖市）劳动保障厅（局）主管领导及处长和部属有关单位负责同志参加会议。期间，王东进同志对海南省劳动保障工作情况进行了考察。

12月14日　国务院副总理黄菊主持召开会议，研究企业分离办社会和厂办大集体问题，张小建同志出席会议。

同日　国务委员周永康、华建敏主持召开会议，审议《国家大规模群体性事件应急预案》。华福周同志出席会议。

同日　郑斯林同志主持召开劳动和社会保障部党组第30次会议，传达中央有关文件，研究有关人事问题，听取全国劳动和社会保障工作会议筹备情况的汇报。王东进、步正发、华福周、刘永富、崔会烈同志出席，办公厅、人事教育司负责同志列席。

12月15日　国务院总理温家宝主持召开国务院第72次常务会议，审议《国家行政机关公务员行政处分条例（草案）》，郑斯林同志列席。

同日　郑斯林同志主持召开部属各单位副司局级以上、部机关现职正处级以上干部会议并作重要讲话。会上，华福周同志传达了胡锦涛同志在中央经济工作会议上的讲话精神，张小建同志择要传达了温家宝同志在中央经济工作会议上的讲话精神，崔会烈同志传达了中纪委关于田凤山、韩桂芝、徐国健、吴振汉、丁鑫发严重违纪违法案件的通报。

12月16日　遵照国务院领导同志的指示，劳动和社会保障部、财政部在北京联合召开完善企业职工基本养老保险制度座谈会，听取部分省市对完善养老保险制度的意见和建议。刘永富同志和财政部副部长肖捷出席会议，10个省（自治区、直辖市）的劳动保障厅（局）、财政厅（局）和社保局有关负责同志参加会议。

同日　劳动和社会保障部发出《关于开展春风行动完善农民工就业服务的通知》（劳社部函［2004］280号）。通知要求各级劳动和社会保障部门要向进城求职的农村劳动者提供免费就业服务；加强和改善对民办职介机构的管理服务；大力开展宣传，加强信息引导。

同日　劳动和社会保障部发出《关于2005年元旦春节期间严格遵守廉洁自律有关规定反对铺张浪费的通知》（劳社部函［2004］282号）。通知要求各级劳动和社会保障部门，特别是各级领导干部要保持艰苦奋斗、勤俭节约的作风，反对铺张浪费行为；严格执行廉洁自律有关规定，坚决禁止以权谋私行为；切实转变工作作风，坚决纠正损害群众利益的突出问题；认真开展监督检查，严肃查处违纪违法行为。

12月17日至18日　全国劳动保障工作会议、全国劳动保障系统维护稳定工作座谈会、第七届中华技能大奖和全国技术能手表彰大会在北京召开。国务院副总理黄菊出席会议并讲话。黄菊同志强调，劳动保障工作直接关系广大人民群众的基本利益，事关改革发展稳定大局，事关社会公平和公正。要按照中央经济工作会议的部署，加强领导，明确责任，落实政策，通力合作，确保完成2005年各项就业再就业目标任务，进一步做好社会保障工作。国务院副秘书长尤权、中组部副部长李建华和郑斯林、王东进、步正发、华福周、张小建、刘永富、崔会烈同志以及各省（自治区、直辖市）劳动保障厅（局）主要负责同志，部属各单位主要负责同志，中华技能大奖获得者，全国技术能手代表，国家技能人才培育突出贡献获奖单位代表，全国高技能人才协调小组成员单位有关同志，中华技能大奖获得者所在行业负责同志出席会议。郑斯林同志作了题为《立足当前　着眼长远　努力开创劳动保障工作的新局面》的工作报告；王东进同志作了总结讲话；郑斯林、华福周同志分别在维稳会上讲话；张小建同志在表彰会经验交流时作了总结讲话。

12月20日　步正发同志召开会议，传达中央组织部关于为东北三省选派干部工作精神，并作动员和部署。

12月21日　华福周、崔会烈同志主持召开会议，听取部党风廉政建设责任制落实情况检查组的情况汇报。

12月21日至23日　全国农村社会保险工作座谈会在山东省烟台市召开，步正发同志出席并讲话。山东省委常委、烟台市委书记焉容竹同志出席会议并致辞。北京、河北、山西、上海、江苏、浙江、安徽、福建、山东、云南和烟台等厅（局）负责同志在会上进行了经验介绍和交流，与会代表还考察了烟台招远市的农保工作。各省（自治区、直辖市）、计划单列市劳动保障（民政）分管厅（局）长、农保处长、农保经办机构负责人参加了会议。期间，步正发同志还考察了烟台市劳动力市场、网络信息中心等单位。

12月22日　劳动和社会保障部发出《关于开展2005年再就业援助月活动的通知》（劳社厅明电［2004］38号），要求各地于2005年元旦、春节期间，开展向大龄就业困难对象送政策、送岗位、送技能、送服务、落实社会保险补贴政策的再就业援助月活动。

12月23日　国务院副总理吴仪主持召开会议，研究深化城市医疗服务体制改革工作。王东进同志出席。

同日　郑斯林同志接见韩国驻华大使金夏中。金夏中大使向郑斯林同志转交了韩国劳动部长官邀请郑斯林部长访韩的邀请函。

同日　劳动保障系统部—省视频会议系统开通，华福周同志出席并讲话，对部省视频会议系统开通表示祝贺，并对2004年金保工程建设工作任务提出明确的要求。张小建同志出席。

12月24日　“全国非公有制经济人士优秀建设者表彰大会”在北京举行。全国政协主席贾庆林、国务院副总理曾培炎接见与会代表。华福周同志出席会议。随后，劳动和社会保障部与中华全国总工会、全国工商联联合举行“合作推动就业与再就业工作协议”签字仪式，郑斯林同志出席仪式并讲话，华福周同志出席仪式并代表劳动和社会保障部签署协议。

同日　郑斯林同志主持召开劳动和社会保障部第9次部务会议。审议并通过了《企业年金基金管理机构资格认定暂行办法》《企业年金基金管理运作流程》《企业年金基金账户管理信息系统标准》和《企业年金基金管理机构资格认定专家评审规则》；审议并通过了《劳动保障监察程序规定（草案）》的内容，将名称更改为《关于实施〈劳动保障监察条例〉若干规定》；审议了《中外合资中外合作职业介绍机构设立管理暂行规定（修改草案）》，会议议定，就设立中外合资中外合作职业介绍机构审批权限向国务院申请行政许可。王东进、步正发、华福周、张小建、刘永富、崔会烈同志出席。

同日　郑斯林同志主持召开劳动和社会保障部党组第31次会议，研究为东北三省选派干部有关问题。王东进、步正发、华福周、张小建、刘永富、崔会烈同志出席。

同日　劳动和社会保障部组织召开促进就业立法研讨会，步正发同志出席会议并讲话，张小建同志主持会议。全国人大法工委、国务院法制办和国务院再就业工作部际联席会议成员单位负责同志参加会议并发言，法律、经济、社会学等方面的部分专家学者就制定《促进就业法》有关问题进行了研讨。

12月27日　国务院发出《国务院办公厅关于进一步做好改善农民进城就业环境工作的通知》（国办发［2004］92号）。要求进一步做好促进农民进城就业的管理和服务工作；切实维护农民进城就业的合法权益；进一步健全完善劳动力市场。

12月29日　崔会烈同志主持召开会议，通报全国劳动保障系统优质服务窗口创建活动有关情况，听取有关单位的意见和建议。优质服务窗口创建活动指导小组成员单位的负责同志参加会议。

同日　劳动和社会保障部发出《关于进一步推进矿山等高风险企业参加工伤保险工作的通知》（劳社部明电［2004］9号）。针对最近一段时期以来，安全形势严峻，接连发生特大伤亡事故，部分矿山、建筑施工等高风险企业没有参加工伤保险，职工尤其是农民工工伤保险权益没有得到有效保障问题，对高风险企业参加工伤保险工作提出了明确要求。

12月30日　郑斯林同志主持召开劳动和社会保障部党组第32次会议，研究新建办公楼装修事宜，听取检查部属各单位落实党风廉政建设责任制情况的汇报，研究有关案件处理意见。王东进、步正发、华福周、张小建、刘永富、崔会烈同志出席。

12月31日　郑斯林同志签发劳动和社会

保障部第 24、25 号令，颁布施行《企业年金基金管理机构资格认定暂行办法》《关于实施〈劳动保障监察条例〉若干规定》。

同日　劳动和社会保障部发出《关于印发〈企业年金基金管理运作流程〉〈企业年金基金账户管理信息系统规范〉和〈企业年金基金管理机构资格认定专家评审规则〉的通知》（劳社部发［2004］32 号）。

2004年劳动和社会保障十大新闻

一、全国再就业工作表彰大会召开，就业再就业工作取得新的进展

2004年9月3日至4日，国务院在北京召开全国再就业工作表彰大会，524个全国再就业工作先进集体和个人受到表彰。这是全国首次对再就业先进单位和先进个人进行表彰，中共中央政治局常委、国务院总理温家宝，中共中央政治局常委、国务院副总理黄菊等党和国家领导人亲切会见与会代表并发表重要讲话，国务委员兼国务院秘书长华建敏主持会议并作了总结讲话，充分体现了党中央、国务院对就业再就业工作的高度重视，对下岗失业人员的深切关怀。会议重申了做好就业再就业工作的重要意义，要求进一步提高认识，切实加强领导，把就业再就业工作放在经济社会发展的突出位置。加快发展，推进改革，调整结构，实施积极的就业政策。认真落实党中央、国务院制定的各项再就业扶持政策，努力帮助下岗失业人员实现再就业。

2004年就业再就业工作成效显著。1—12月，全国城镇新增就业人员980万人，下岗失业人员再就业510万人，其中“4050”人员再就业140万人，分别完成了全年任务的109%、102%和140%。12月底城镇登记失业率为4.2%，比去年底下降0.1个百分点，低于年初预计0.5个百分点。

二、《劳动保障监察条例》发布实施

2004年11月1日，国务院发布《劳动保障监察条例》（以下简称《条例》）。《条例》总结了十多年来劳动保障监察工作的经验，规范了劳动保障监察程序，明确了劳动保障行政部门、用人单位和劳动者在劳动保障监察工作中的权利与义务，强化了劳动保障监察执法手段。《条例》的贯彻实施，对于进一步加大劳动保障监察执法力度，规范劳动保障监察执法行为，维护劳动者的合法权益，完善劳动和社会保障法律体系，促进劳动关系的和谐与经济社会的发展，具有十分重要的意义。

三、国务院对改善农民进城就业环境工作进行全面部署，清理拖欠农民工工资取得明显成效

为进一步改善农民进城就业环境，2004年11月10日，国务院总理温家宝主持召开国务院常务会议，研究改善农民进城就业环境问题。会议提出，切实改善农民进城就业环境，是解决“三农”问题的又一大举措，充分体现了党中央、国务院以人为本、执政为民的思想。2004年12月27日，国务院办公厅下发《关于进一步做好改善农民进城就业环境工作的通知》，《通知》要求，要进一步解决建设等领域拖欠农民工工资问题，加快清理和取消针对农民进城就业的歧视性规定、不合理限制和乱收费，加大劳动保障监察执法力度，改善就业服务，加强农民工职业技能培训，整顿劳动力市场秩序，大力推进农民工工伤保险工作。

截至2004年11月26日，全国共清理拖欠农民工工资318亿元，其中2003年当年拖欠的农民工工资已清理162亿元，完成了预期目标。全国2003年年底以前拖欠农民工工资总额171

亿元，已累计偿付156亿元，偿付比例为92%。

四、企业离退休人员基本养老金发放首次做到全年当期无拖欠

2004年以来，全国企业离退休人员基本养老金实现按时足额发放，在全国范围内第一次实现连续报告无拖欠的良好局面，取得自1998年以来的最好成绩。

五、完善城镇社会保障体系试点扩大到吉林和黑龙江两省

根据中央关于把完善城镇社会保障体系试点范围从辽宁省扩大到吉林和黑龙江两省的部署，在总结辽宁试点经验的基础上，按照国务院批复的实施方案，5月份，吉林和黑龙江两省试点工作正式启动。

六、中国政府首次发表《中国的就业状况和政策》和《中国的社会保障状况和政策》白皮书

2004年4月26日，中国政府发布《中国的就业状况和政策》白皮书，这是中国政府发表的第一本专门阐述中国就业问题的白皮书，全面准确地介绍了目前中国的就业状况和中国政府制定的政策以及采取的措施，体现了中国政府对就业问题的高度重视，展示了一整套行之有效的政策措施，有力地宣传了中国政府关于就业问题的立场和方针政策。

2004年9月7日，中国政府发表了《中国的社会保障状况和政策》白皮书，系统阐述了中国社会保障的基本政策框架、取得的成就和面临的问题及应对策略。这是中国政府发表的第一本专门阐述中国社会保障问题的白皮书，充分体现了中国政府以人为本、执政为民的发展理念。

七、劳动保障部举办和承办一系列重要国际会议，开创劳动保障领域国际合作与交流的新局面

2004年4月28日至30日，中国就业论坛在北京召开，来自中国、国际劳工组织及其他国家和国际组织的400多位代表出席，中共中央政治局常委、国务院总理温家宝在中南海会见了国际劳工组织总干事索马维亚和部分国家劳工部长，中共中央政治局常委、国务院副总理黄菊出席开幕式并致辞。本次论坛以“全球化、结构调整和促进就业”为主题，集中讨论了促进就业与经济全球化、促进就业与消除贫困和促进就业与劳动力市场建设等问题，构建了一个各国各个方面共同应对就业挑战的平台，并达成《2004中国就业论坛共识》。论坛展示了我国在就业领域取得的重大成就和积极进展，进一步增进与参会各国的了解和合作，促进了我国的就业和再就业工作。

2004年9月12日至18日，国际社会保障协会第28届全球大会在北京召开，这是协会成立77年来首次在中国召开全球大会。来自151个国家和地区负责社会保障的政府官员、协会会员、机构代表等1 500余人出席会议。中共中央政治局常委、国务院副总理黄菊出席开幕式并致辞。大会的主题是“社会保障：确保社会公平”，与会代表深入探讨全球社会保障的发展趋势，谋求进一步推动社会公正、平等、和谐。大会发表了《北京宣言》，确立了“让更多的人享有社会保障”的基本理念。此次大会展示了我国近几年来劳动保障事业所取得的成就，树立了中国政府以人为本的大国形象。

为落实胡锦涛主席在APEC第十一次领导人非正式会议上提出的APEC劳动保障领域合作倡议，2004年7月14日至16日，APEC劳动保障高层研讨会在辽宁省沈阳市举行。研讨会围绕弱势群体社会保护与促进弱势群体参与经济发展这一主题，从多个角度分析了全球化和结构调整对弱势群体的影响以及应当采取的对策措施，介绍了各成员在弱势群体社会保护方面的政策和有效做法，对加强各成员在劳动保障领域的交流与合作进行了深入讨论，并提出了APEC劳动保障领域合作建议。

八、一批关系劳动者权益的规章颁布实施

2003年12月30日，劳动保障部正式通过了《最低工资规定》，并于2004年3月1日开始施行。《规定》进一步完善了现行的最低工资制度，将有效地保障劳动者合法权益，促进灵活就业形式的发展，有利于促进政府对企业工资分配进行宏观调控，实现政府职能的转变。

2003年12月30日，劳动保障部正式通过了《集体合同规定》，并于2004年5月1日开始施行。《规定》进一步完善了我国的集体合同制度，适应市场经济条件下调整劳动关系的要求，有利于保护职工的合法权益。

2004年1月6日和2月23日，劳动保障部先后颁布《企业年金试行办法》和《企业年金基金管理试行办法》，标志着我国开始全面推行和完善企业年金制度，是企业年金法规建设的重要一步，为完善多层次养老保险体系奠定了基础。

2004年9月16日，劳动保障部发布《国家基本医疗保险和工伤保险药品目录（2004年版）》（以下简称《药品目录》）。与2000版相比，调整后的《药品目录》较好地体现了经济社会的发展进步，较好地体现了临床医药科技的进步，较好地体现了以人为本、与时俱进的精神，能够保障广大医疗、工伤保险参保人员的合理用药需求。

九、劳动保障部首次对外正式发布新职业，技能人才建设取得新进展

2004年8月19日，劳动保障部正式对外发布了形象设计师等9个新职业，标志着我国新职业研究与定期发布制度的正式建立。12月2日，劳动保障部向社会发布第二批会展策划师等10个新职业。新职业发布制度的建立，将丰富和发展我国国家职业分类和职业标准体系，为开展劳动力需求预测和规划，进行就业人口的结构及其发展趋势调查统计和分析研究，开展职业培训、职业介绍、职业指导、职业技能鉴定提供重要依据。今后，劳动保障部将按季度向社会公布新职业以及相关工作最新进展。

为贯彻落实全国人才工作会议精神，劳动保障部提出做好高技能人才培养的8条措施，并启动了“3年50万新技师培养计划”，从2004年至2006年，在制造业、服务业及有关行业技能含量较高的职业中，培养50万新技师。同时，部署加快建立和完善技能人才评价体系工作，积极建立注重职业能力、工作业绩和职业技能鉴定社会化的高技能人才评价体系。

为全面推动工作，劳动保障部联合有关部门先后启动了国家高技能人才培训工程机电、信息产业、电力三个项目，开展了“青工技能振兴行动计划”，在34个国有大型企业启动了高技能人才队伍建设试点工作，开展了企业职工创新成果评选表彰活动和“创建学习型企业，争做学习型职工”活动，启动了“技能型紧缺人才培养培训工程”“百所职业院校职业资格证书培训试点”以及“高等院校学生职业资格培训工程”等。

同时，劳动保障部会同有关部门，组织开展了“2004中国职业技能竞赛”系列活动，依托地区、行业、大型企业集团和技工学校等职业培训机构，在制造业、服务业以及技术含量高的新职业领域，组织开展不同层次的竞赛活动。扩大技能评选表彰规模，2004年年底对20名中华技能大奖获得者、通过评选和竞赛产生的433名全国技术能手、55家获得技能人才培育突出贡献奖的单位进行表彰。

十、部分地区出现民工短缺，显示劳动力市场供求关系发生重要变化

今年以来，部分地区出现民工短缺现象，普通劳动力相对短缺，工资待遇低、工作环境差、劳动强度大的企业缺工严重。劳动保障部有关调研结果表明，工资待遇长期徘徊、劳工权益缺乏保障、企业用工迅速扩张、经济模式面临变革等是造成局部地区民工短缺的主要原因；用工短缺现象的出现，是当地劳动力市场供给、需求和工资状况的综合反映，是市场调节的结果。

劳动和社会保障
统计资料

一、2004年度劳动和社会保障事业发展统计公报

2004年度劳动和社会保障事业发展统计公报

劳动和社会保障部　国家统计局

2004年，在党中央、国务院的正确领导下，劳动和社会保障各项工作全面推进，就业和再就业工作取得显著成效，"两个确保"继续得到巩固，社会保险覆盖范围继续扩大，社会保障制度建设稳步推进，劳动者合法权益得到有效维护，劳动保障法制建设得到加强，劳动保障基础建设迈出新步伐。

一、劳动就业

年末全国城乡就业人员共75 200万人，比上年末增加768万人。其中，第一产业就业人员35 269万人，占全国城乡就业人员的46.9%；第二产业16 920万人，占22.5%；第三产业23 011万人，占30.6%。年末城镇就业人员26 476万人，其中单位就业人员11 099万人，城镇私营企业和个体经济组织就业人员5 515万人，分别比上年末增加129万人和593万人。在城镇单位就业人员中，在岗职工10 576万人，比上年末增加84万人。

全年城镇新增就业980万人，比预期目标多80万人。全年有510万下岗失业人员实现了再就业，其中"4050"人员再就业140万人。年末城镇登记失业人数为827万人，城镇登记失业率为4.2%，比上年末下降0.1个百分点。

年末国有企业（含国有联营企业、国有独资公司）下岗职工153万人，比上年末减少107万人。其中，进入再就业服务中心的下岗职工92万人，全部按时足额领到了基本生活费并由中心代缴了社会保险费。

劳动力市场信息网络初步建成，117个城市实现了按季度发布职业供求分析报告。年末全国共有各类职业介绍机构33 890所，其中公共职业介绍机构23 347所。全年公共职业介绍机构成功介绍职业1 336万人次，比上年增长15.6%。

年末全国共有技工学校2 884所，在校学生234万人，比上年末增加41万人。全年技工学校面向社会开展培训265万人次，比上年增长17%。年末全国共有就业训练中心3 323所，社会培训机构21 425所，全年共开展培训1 488万人次，比上年增长27.6%。全年共有530万失业人员和下岗职工参加了再就业培训，其中31万人参加了创业培训。全年189万城镇未能继续升学的初高中毕业生参加了劳动预备制培训。

年末全国共有职业技能鉴定机构9 458个，比上年增长30.4%，职业技能鉴定考评人员20万人。全年共有880万人参加了职业技能鉴定，比上年增长28%，736万人取得不同等级职业资格证书，比上年增长26%。全年职业技能鉴定平均通过率为83.7%。全年共培养新技师12万人，比预期目标多2万人。

二、社会保险

（一）养老保险

年末全国共有离退休人员4 675万人，比上年末增加152万人。其中，离休人员132万人，比上年末减少 9 万人；退休人员4 543万人，比上年末增加 161 万人。

年末全国参加基本养老保险的人数为16 353万人，比上年末增加 847 万人。其中，参保职工12 250万人，参保离退休人员4 103万人，分别比上年末增加 604 万人和 243 万人。年末企业参加基本养老保险的人数为14 679万人，比上年末增加 797 万人。

全年企业离退休人员基本养老金全部按时足额发放。年末共有3 430万企业退休人员实行社会化管理，比上年末增加 497 万人。年末全国企业退休人员社会化管理率为 93.2%，比上年末提高 8.7 个百分点。年末纳入社区管理的企业退休人员有2 166万人，占企业退休人数的 58.9%。

全年基本养老保险基金总收入4 258亿元，比上年增长 15.7%，其中征缴收入3 585亿元，增长 17.8%。各级财政补贴基本养老保险基金 614 亿元，其中中央财政 522 亿元，地方财政 92 亿元。全年基金总支出3 502亿元，比上年增长 12.2%。年末基本养老保险基金累计结存2 975亿元。

年末全国参加农村养老保险的人数为5 378万人，全年共有 205 万农民领取了养老金。年末农村养老保险基金累计结存 285 亿元。

（二）医疗保险

年末全国参加基本医疗保险的人数为12 404万人，比上年末增加1 502万人。其中参保职工9 045万人，参保退休人员3 359万人，分别比上年末增加1 070万人和 432 万人。

全年基本医疗保险基金收入1 141亿元，支出 862 亿元，分别比上年增长 28.1% 和31.6%。其中，统筹基金收入 623 亿元，支出464 亿元，分别比上年增长 20.5%和 22.5%。年末基本医疗保险基金累计结存 958 亿元，其中统筹基金结存 553 亿元，个人账户积累 405亿元。

（三）失业保险

年末全国参加失业保险的人数为10 584万人，比上年末增加 211 万人。年末全国领取失业保险金人数为 419 万人，比上年末增加 4 万人。

全年失业保险基金收入 291 亿元，支出211 亿元，分别比上年增长 15.8%和 4.1%。年末失业保险基金累计结存 386 亿元。

（四）工伤保险

全国绝大部分统筹地区已启动实施工伤保险。年末全国参加工伤保险人数为6 845万人，比上年末增加2 270万人。全年享受工伤保险待遇人数为 52 万人，比上年增加 19 万人。

全年工伤保险基金收入 58 亿元，支出 33 亿元，分别比上年增长 55.1%和 22.9%。年末工伤保险基金累计结存 119 亿元。

（五）生育保险

年末全国参加生育保险人数为4 384万人，比上年末增加 729 万人。全年共有 46 万人次享受了生育保险待遇，比上年增加 10 万人次。

全年生育保险基金收入 32 亿元，支出 19 亿元，分别比上年增长 24%和 39.3%。年末生育保险基金累计结存 56 亿元。

（六）社会保险基金监督

年末全国共有 26 个省成立了省级社会保障监督委员会，制定了基金监管办法，大部分省市开展了社会保险反欺诈工作，纠正和查处了个别地区违规挤占挪用基金的问题。进一步推进企业年金制度建设，制定发布了企业年金试行办法和基金管理试行办法。

（七）完善城镇社会保障体系试点

在总结辽宁试点经验的基础上，5 月份启动了吉林和黑龙江两省完善城镇社会保障体系试点工作。年末，吉林和黑龙江两省已有 99 万人实现了国有企业下岗职工基本生活保障向失业保险的并轨。

三、工资分配

全年城镇单位在岗职工平均工资16 024元，比上年增长 14.1%，扣除价格因素，实际增长 10.5%。国有单位在岗职工平均工资16 729元，城镇集体单位9 814元，其他单位

16 259元。

全国有30个省、自治区和直辖市建立了工资指导线制度，有140个大中城市发布了劳动力市场工资指导价位，有13个大中城市发布了行业人工成本信息，有29万家企业建立了工资集体协商制度。

四、劳动关系

全年审核了47户中央及中央下放企业关闭破产职工安置方案，涉及职工32万人。审核批复了58户中央企业主辅分离辅业改制方案，涉及辅业企业3 047户，涉及职工44万人。

全年各级劳动争议仲裁委员会立案受理劳动争议案件26万件，比上年增长15.2%，涉及劳动者76万人。其中，集体劳动争议案件1.9万件，比上年增长72.7%。全年各级劳动争议仲裁委员会审理结案25.9万件，结案率为93.2%。

五、劳动保障法制与监察

2004年11月，国务院发布了《劳动保障监察条例》。劳动保障部修订了《集体合同规定》《最低工资规定》，颁布了《关于实施〈劳动保障监察条例〉若干规定》。

年末全国共有劳动保障监察机构3 277个，劳动保障监察机构组建率为96.5%。各级劳动保障部门配备劳动保障专职监察员1.9万人。

在全国范围内重点组织开展了农民工权益保护、禁止使用童工等专项检查活动，全年主动检查用人单位115万户，年检用人单位100万户，查处群众举报投诉案件25万件，责令用人单位为1 103万劳动者补签劳动合同，补发871万劳动者被拖欠的工资，督促用人单位补缴社会保险费41亿元，取缔非法职业中介机构7 470户。

六、金保工程和社区平台建设

金保工程一期建设项目全面启动，完成了中央本级立项和各地可行性报告编制工作，实现了部与32个省份（含新疆生产建设兵团）的网络连通，并开始上传有关数据，部省之间的视频会议系统正式开通。数据中心建设、统一软件开发应用和其他各项信息化工作稳步推进。

年末全国已建立劳动保障工作机构的街道共6 037个，占街道总数的98%。建立机构的乡镇26 663个，占乡镇总数的73%。全国已聘用人员开展劳动保障服务工作的社区55 336个，占社区总数的89%。

七、国际交流与合作

与国际劳工组织在北京共同举办了中国就业论坛，这是国际劳工组织第一次在一个成员国举办就业论坛，国内外代表近500人与会。成功举办了亚太经合组织（APEC）劳动保障高层研讨会，15个成员国的高级官员和专家参加了会议。成功承办了国际社会保障协会第28届全球大会，1 500多名中外代表与会，大会期间举办了中国社会保障特别全会，专门介绍了中国的经验。

注：1. 本公报中的各项统计数据均未包括香港特别行政区、澳门特别行政区和台湾省。

2. 本公报中的有关数据为最终年报数据，与《中华人民共和国2004年国民经济和社会发展统计公报》中的部分数据有所不同。

二、统计资料

（一）综　　合

历年国内生产总值、增长及构成

年份	国内生产总值	第一产业	第二产业	第三产业
一、绝对数（亿元，按当年价格计算）				
1997	74 462.6	14 211.2	37 222.7	23 028.7
1998	78 345.2	14 552.4	38 619.3	25 173.5
1999	82 067.5	14 472.0	40 557.8	27 037.7
2000	89 468.1	14 628.2	44 935.3	29 904.6
2001	97 314.8	15 411.8	48 750.0	33 153.0
2002	105 172.3	16 117.3	52 980.2	36 074.8
2003	117 390.2	16 928.1	61 274.1	39 188.0
2004	136 875.9	20 768.1	72 387.2	43 720.6
二、构成（%）				
1997	100	19.1	50.0	30.9
1998	100	18.6	49.3	32.1
1999	100	17.6	49.4	33.0
2000	100	16.4	50.2	33.4
2001	100	15.8	50.1	34.1
2002	100	15.3	50.4	34.3
2003	100	14.4	52.2	33.4
2004	100	15.2	52.9	31.9
三、比上年增长（%，按可比价格计算）				
1998	7.8	3.5	8.9	8.9
1999	7.1	2.8	8.1	8.5
2000	8.0	2.4	9.4	9.8
2001	7.5	2.8	8.4	8.7
2002	8.3	2.9	9.8	10.0
2003	9.5	2.5	12.7	12.8
2004	9.5	6.3	11.1	11.5

历年分城乡就业人员年末人数及构成 单位：万人

年份	就业人数			构成（%）		
	合计	城镇	乡村	合计	城镇	乡村
1997	69 820	20 781	49 039	100	29.8	70.2
1998	70 637	21 616	49 021	100	30.6	69.4
1999	71 394	22 412	48 982	100	31.4	68.6
2000	72 085	23 151	48 934	100	32.1	67.9
2001	73 025	23 940	49 085	100	32.8	67.2
2002	73 740	24 780	48 960	100	33.6	66.4
2003	74 432	25 639	48 793	100	34.4	65.6
2004	75 200	26 476	48 724	100	35.2	64.8

注：1990 年以后从业人员数字根据 2000 年人口普查数进行了调整。

历年分产业就业人员年末人数及构成 单位：万人

年份	就业人数				构成（%）			
	合计	第一产业	第二产业	第三产业	构成	第一产业	第二产业	第三产业
1997	69 820	34 840	16 547	18 432	100	49.9	23.7	26.4
1998	70 637	35 177	16 600	18 860	100	49.8	23.5	26.7
1999	71 394	35 768	16 421	19 205	100	50.1	23.0	26.9
2000	72 085	36 043	16 219	19 823	100	50.0	22.5	27.5
2001	73 025	36 513	16 284	20 228	100	50.0	22.3	27.7
2002	73 740	36 870	15 780	21 090	100	50.0	21.4	28.6
2003	74 432	36 546	16 077	21 809	100	49.6	21.8	29.6
2004	75 200	35 269	16 920	23 011	100	46.9	22.5	30.6

历年城镇就业人员构成 单位：万人

年份	城镇就业人数	#单位就业人员	#私营个体就业人员
1995	19 040	15 301	2 045
1996	19 922	15 221	2 329
1997	20 781	15 036	2 669
1998	21 616	12 696	3 232
1999	22 412	12 130	3 467
2000	23 151	11 613	3 404
2001	23 940	11 166	3 658
2002	24 780	10 985	4 267
2003	25 639	10 970	4 922
2004	26 476	11 099	5 515

注：1. 城镇就业人员数由国家统计局根据人口抽样调查和劳动力抽样调查推算得出。

2. 单位就业人员数是国家统计局统计数，私营个体就业人员数是国家工商行政管理总局统计数。

历年城镇分经济类型单位就业人员构成

单位：万人

年份	合计	国有单位	集体单位	股份合作单位
1997	20 781	11 044	2 883	
1998	21 616	9 058	1 963	136
1999	22 412	8 572	1 712	144
2000	23 151	8 102	1 499	155
2001	23 940	7 640	1 291	153
2002	24 780	7 163	1 122	161
2003	25 639	6 876	1 000	173
2004	26 476	6 710	897	192

年份	联营单位	有限责任公司	股份有限公司	私营企业
1997	43		468	750
1998	48	484	410	973
1999	46	603	420	1 053
2000	42	687	457	1 268
2001	45	841	483	1 527
2002	45	1 083	538	1 999
2003	44	1 261	592	2 545
2004	44	1 436	625	2 994

年份	港澳台商投资单位	外商投资单位	个体	其他
1997	281	300	1 919	3 093
1998	294	293	2 259	5 698
1999	306	306	2 414	6 837
2000	310	332	2 136	8 162
2001	326	345	2 131	9 159
2002	367	391	2 269	9 643
2003	409	453	2 377	9 908
2004	470	563	2 521	10 024

历年分经济类型单位职工人数 单位：万人

年份	合计	在岗	国有单位	在岗
1997	14 668		10 766	
1998	14 314	12 337	10 044	8 809
1999	13 928	11 773	9 675	8 336
2000	13 468	11 259	9 260	7 878
2001	12 892	10 792	8 710	7 409
2002	12 517	10 558	8 103	6 924
2003	10 969	10 492	6 875	6 621
2004	12 182	10 576	7 383	6 438
年份	城镇集体单位	在岗	其他单位	在岗
1997	2 817		1 085	
1998	2 458	1 900	1 812	1 628
1999	2 233	1 652	2 020	1 785
2000	2 008	1 447	2 200	1 935
2001	1 753	1 241	2 429	2 142
2002	1 527	1 071	2 887	2 563
2003	1 356	950	3 244	2 920
2004	1 210	851	3 588	3 287

注：1998 年以后的职工人数包括在岗职工和离岗职工的人数。

历年企业、事业、机关职工人数 单位：万人

年份	企业				事业	
	合计	国有	集体	其他	合计	国有
1997	10 887	7 131	2 673	1 084	2 732	2 592
1998	10 524	6 394	2 320	1 810	2 729	2 595
1999	10 112	5 998	2 095	2 019	2 745	2 611
2000	9 628	5 564	1 867	2 197	2 761	2 622
2001	9 054	5 017	1 612	2 425	2 758	2 617
2002	8 713	4 446	1 388	2 879	2 731	2 588
2003	7 172	3 067	820	2 910	2 724	2 582
2004	8 321	3 660	1 088	3 573	2 753	2 621

续表

年份	事业		机关		
	集体	其他	合计	国有	集体
1997	137.8	1.8	1 049.4	1 042.8	6.6
1998	131.9	1.8	1 061.2	1 055.2	6.0
1999	132.5	1.7	1 070.8	1 065.7	5.1
2000	136.0	3.0	1 079.4	1 074.5	4.9
2001	137.1	4.2	1 079.6	1 075.4	4.2
2002	136.0	7.0	1 073.0	1 069.0	4.0
2003	131.9	9.8	1 072.0	1 067.7	3.8
2004	116.6	15.4	1 107.0	1 102.7	4.4

注：1998年以后的职工人数包括在岗职工和离岗职工。

历年分行业职工年末人数

单位：万人

年份	合计	农、林、牧、渔业	采掘业	制造业	电力、燃气及水的生产和供应业	建筑业	地质勘查业、水利管理业	交通运输、仓储和邮电通信业
1978	9 499	830	652	3 595	107	623	178	669
1980	10 444	788	697	3 947	118	710	188	714
1985	12 358	777	795	4 620	142	900	197	823
1989	13 742	782	842	5 206	180	900	199	874
1990	14 059	780	882	5 304	192	896	197	895
1991	14 508	769	905	5 443	203	940	199	916
1992	14 792	758	898	5 508	215	995	202	921
1993	14 849	708	925	5 469	232	1 153	144	826
1994	14 849	680	904	5 434	244	1 072	137	835
1995	14 908	660	914	5 439	257	1 053	134	824
1996	14 845	617	886	5 293	272	1 035	128	830
1997	14 668	612	851	5 083	282	1 004	128	824
1998	12 337	546	702	3 769	281	846	115	701
1999	11 773	519	650	3 496	283	778	110	682
2000	11 259	494	581	3 240	282	744	109	659
2001	10 792	458	544	3 010	284	733	104	629
2002	10 558	430	537	2 907	285	756	96	613

续表

年份	批发和零售贸易、餐饮业	金融、保险业	房地产业	社会服务业	卫生、体育和社会福利业	教育、文化艺术和广播电影电视业	科学研究和综合技术服务业	国家机关、政党机关和社会团体	其他
1978	1 079	65	31	166	247	736	92	430	
1980	1 239	89	37	218	287	817	105	490	
1985	1 518	126	36	271	342	962	131	718	
1989	1 675	184	43	327	382	1 117	147	885	
1990	1 715	195	44	344	392	1 143	152	929	
1991	1 786	208	48	369	410	1 181	156	974	
1992	1 844	223	54	386	421	1 212	159	996	
1993	1 796	239	66	422	416	1 205	166	1 030	55
1994	1 833	261	72	447	428	1 249	174	1 017	63
1995	1 828	273	77	449	438	1 291	178	1 027	66
1996	1 807	288	82	458	451	1 345	176	1 075	103
1997	1 774	298	84	480	464	1 403	179	1 080	125
1998	1 256	301	89	451	469	1 451	168	1 084	108
1999	1 110	300	90	453	473	1 480	165	1 088	96
2000	977	294	93	457	476	1 500	164	1 091	99
2001	840	292	97	463	481	1 512	154	1 088	104
2002	733	287	107	483	480	1 517	151	1 056	120

分地区分行业职工人数

(2004)

单位：万人

地　　区	合计	农、林、牧、渔业	采掘业	制造业	电力、燃气及水的生产和供应业	建筑业	交通运输、仓储和邮政业	信息传输、计算机服务和软件业	批发和零售业	住宿和餐饮业
2003 年	**10 492.0**	**459.7**	**481.0**	**2 898.9**	**292.3**	**773.5**	**609.7**	**104.0**	**592.0**	**159.4**
2004 年	**10 575.8**	**438.1**	**491.2**	**2 960.0**	**294.0**	**777.7**	**598.4**	**110.6**	**550.9**	**162.6**
北　京	446.4	2.9	1.9	98.0	6.1	37.0	31.4	16.3	37.2	21.3
天　津	172.6	0.9	6.8	72.2	2.9	8.6	11.7	1.8	9.4	2.6
河　北	480.0	8.6	27.7	119.6	16.2	29.7	25.2	4.3	28.1	4.9
山　西	352.0	3.9	63.4	72.9	11.5	19.3	20.7	3.1	23.0	3.5

续表 1

地　　区	合计	农、林、牧、渔业	采掘业	制造业	电力、燃气及水的生产和供应业	建筑业	交通运输、仓储和邮政业	信息传输、计算机服务和软件业	批发和零售业	住宿和餐饮业
内 蒙 古	238.7	30.6	16.9	43.4	9.0	11.9	16.1	2.6	7.8	2.6
辽　　宁	481.1	28.8	31.0	144.7	16.7	30.0	32.5	4.7	17.3	6.0
吉　　林	279.4	20.9	14.8	65.6	8.0	14.9	23.9	2.5	14.9	3.1
黑 龙 江	476.9	72.7	42.7	105.5	15.3	36.6	30.4	4.1	26.9	3.6
上　　海	264.4	1.0		98.0	5.4	10.2	27.4	3.1	16.7	5.1
江　　苏	575.1	16.2	14.8	223.0	13.7	22.5	31.6	5.2	29.7	7.2
浙　　江	434.6	2.4	1.7	151.6	9.3	64.3	18.5	4.4	18.6	8.7
安　　徽	324.8	10.3	29.3	69.2	8.8	23.9	16.4	2.5	18.8	3.2
福　　建	365.6	7.0	3.9	180.8	8.0	25.3	14.1	2.9	10.8	4.6
江　　西	258.4	15.6	8.5	61.1	9.0	17.9	15.2	2.4	10.8	2.1
山　　东	776.1	8.8	60.4	279.6	20.8	43.1	30.4	4.9	38.1	8.4
河　　南	676.9	8.9	47.6	150.2	21.7	60.0	32.7	4.2	51.4	9.4
湖　　北	488.7	29.8	12.0	146.0	12.1	32.1	29.2	3.5	26.6	9.2
湖　　南	367.4	10.6	10.8	75.1	11.2	25.6	22.0	3.7	17.3	5.5
广　　东	811.8	11.6	3.9	315.3	19.6	52.7	43.8	12.0	38.4	20.3
广　　西	260.8	13.1	4.7	55.3	8.0	17.3	16.0	2.5	13.4	4.3
海　　南	72.5	18.7	1.1	7.0	1.8	5.0	4.1	0.7	2.8	3.1
重　　庆	208.0	2.4	8.4	52.0	5.6	34.4	14.1	2.2	9.3	2.5
四　　川	480.7	10.0	18.3	113.8	14.7	68.0	21.1	4.5	19.1	4.6
贵　　州	192.7	4.1	9.0	41.2	5.8	17.4	8.5	2.0	11.7	2.3
云　　南	235.4	15.2	5.3	44.4	6.5	14.8	12.5	2.9	12.4	3.7
西　　藏	14.5	0.2	0.1	0.7	0.6	0.4	0.6	0.2	0.5	0.5
陕　　西	318.5	6.5	17.1	83.8	8.4	19.6	19.5	2.7	20.1	4.2
甘　　肃	187.0	8.5	7.7	46.4	6.9	14.3	12.2	1.9	8.2	2.3
青　　海	40.5	2.2	1.7	6.5	1.7	2.5	3.4	0.7	1.6	0.4
宁　　夏	58.5	4.1	6.0	11.8	2.9	3.8	3.1	0.5	2.1	0.7
新　　疆	236.0	62.0	13.8	25.4	5.5	14.7	10.5	1.6	7.7	2.6

续表 2

地区	金融业	房地产业	租赁和商务服务业	科学研究、技术服务和地质勘查业	水利、环境和公共设施管理业	居民服务和其他服务业	教育	卫生、社会保障和社会福利业	文化、体育和娱乐业	公共管理和社会组织
2003 年	**286.2**	**108.3**	**167.6**	**206.3**	**163.9**	**47.5**	**1 401.7**	**471.7**	**122.0**	**1 146.3**
2004 年	**286.9**	**120.2**	**176.3**	**207.6**	**164.6**	**47.5**	**1 424.5**	**476.8**	**117.7**	**1 170.2**
北京	10.1	19.1	38.6	24.5	6.4	9.3	33.0	14.6	12.1	26.7
天津	3.5	1.6	3.8	4.7	3.4	2.6	15.7	6.8	1.8	11.8
河北	14.2	2.8	3.9	7.5	8.4	2.2	82.4	22.1	4.7	67.3
山西	8.8	1.3	4.0	5.3	4.9	3.1	44.3	13.5	4.3	41.2
内蒙古	6.8	1.6	2.6	4.0	5.6	0.9	32.3	10.3	3.1	30.5
辽宁	13.8	5.8	7.2	8.9	10.1	1.9	50.5	20.5	5.1	45.6
吉林	8.3	2.8	3.8	6.1	6.2	1.0	36.4	13.8	4.2	28.3
黑龙江	9.7	4.2	4.6	8.6	6.6	4.8	42.5	16.2	3.7	38.3
上海	11.0	4.9	10.3	9.9	3.9	2.6	22.6	13.3	3.7	15.0
江苏	16.0	5.8	7.6	8.3	9.0	1.3	78.9	27.6	4.9	51.8
浙江	14.9	5.0	10.5	6.4	4.9	0.8	48.5	22.0	4.5	37.7
安徽	8.8	2.9	3.3	5.0	5.2	1.2	55.5	16.6	3.4	40.5
福建	8.2	4.0	4.0	3.6	3.5	1.2	41.4	11.2	3.0	28.0
江西	7.3	2.3	1.6	5.1	4.0	0.7	43.7	12.9	3.0	35.0
山东	18.7	5.2	8.0	7.2	10.4	1.1	104.3	33.9	5.7	87.2
河南	17.3	4.5	8.8	10.8	10.2	1.6	103.7	32.3	6.9	94.6
湖北	11.5	4.8	7.2	9.2	8.2	1.3	61.5	24.3	6.1	53.9
湖南	11.1	3.6	4.7	6.0	6.6	0.5	66.0	22.3	4.0	60.8
广东	25.9	17.2	16.5	10.2	10.9	3.4	92.3	34.8	7.1	75.9
广西	7.1	2.2	5.3	4.5	4.4	0.6	51.0	15.4	3.2	32.4
海南	1.8	1.4	1.2	1.4	1.9	0.1	8.4	2.8	1.2	8.1
重庆	5.1	2.7	1.4	5.7	2.3	0.5	30.6	8.3	1.5	19.1
四川	12.6	4.0	3.2	12.1	6.5	1.3	76.8	24.5	4.3	61.2
贵州	4.4	2.8	2.6	3.1	2.2	0.5	35.4	8.2	1.9	29.6
云南	6.8	1.7	2.4	5.0	3.6	0.5	45.1	12.0	3.6	37.1
西藏	0.6			0.5	0.1		2.6	0.9	0.5	5.5
陕西	8.4	1.8	3.0	11.8	5.0	1.5	47.4	13.1	3.8	40.8
甘肃	5.2	1.0	1.7	4.8	3.6	0.3	27.7	7.3	2.8	24.2
青海	1.2	0.1	0.5	1.9	0.6	0.2	6.0	2.1	0.6	6.7
宁夏	1.8	0.6	0.5	1.1	1.7	0.1	7.4	2.5	0.8	6.9
新疆	5.7	2.2	3.5	4.4	4.1	0.4	30.6	10.3	2.3	28.5

历年分经济类型单位在岗职工工资总额及增长情况 单位：亿元

年份	在岗职工工资总额	国有单位	城镇集体单位	其他单位	比上年增长（%）
1998	9 297	6 813	1 022	1 462	0.2
1999	9 876	7 161	963	1 752	6.2
2000	10 656	7 613	919	2 124	7.9
2001	11 831	8 356	865	2 611	11.0
2002	13 161	8 949	828	3 384	11.2
2003	14 744	9 694	829	4 220	12.0
2004	16 900	10 777	838	5 285	14.6

历年分经济类型单位在岗职工平均工资及增长情况 单位：元

年份	在岗职工平均工资	国有单位	城镇集体单位	其他单位	在岗职工平均工资比上年增长（%）	
					货币工资	实际工资
1998	7 479	7 668	5 331	8 972	6.6	7.2
1999	8 346	8 543	5 774	9 829	11.6	13.1
2000	9 371	9 552	6 262	10 984	12.3	11.4
2001	10 870	11 178	6 867	12 140	16.0	15.2
2002	12 422	12 869	7 667	13 212	14.3	15.2
2003	14 040	14 577	8 678	14 574	13.0	12.9
2004	16 024	16 445	9 723	16 519	14.1	13.6

历年全国企业、事业、机关单位在岗职工平均工资 单位：元

年份	在岗职工平均工资	企业				事业
		合计	国有	集体	其他	合计
1998	7 479	7 405	7 644	5 264	8 970	7 620
1999	8 346	8 168	8 350	5 670	9 828	8 665
2000	9 371	9 189	9 324	6 144	10 985	9 634
2001	10 870	10 453	10 619	6 667	12 136	11 491
2002	12 422	11 873	12 109	7 426	13 206	13 246
2003	14 040	13 578	14 028	8 401	14 575	14 564
2004	16 024	15 559	16 336	9 513	16 255	16 489

年份				机关		
	国有	集体	其他	合计	国有	集体
1998	7 689	6 206	10 858	7 740	7 746	6 675
1999	8 748	6 970	10 913	8 925	8 930	7 827
2000	9 749	7 388	10 560	10 020	10 025	8 718
2001	11 640	8 518	14 628	12 125	12 136	8 960
2002	13 438	9 399	15 568	14 005	14 020	9 302
2003	14 770	10 448	15 147	15 736	15 757	9 742
2004	16 690	11 773	17 335	17 869	17 887	12 101

历年分行业职工平均工资

单位：元

年份	合计	农、林、牧、渔业	采掘业	制造业	电力、燃气及水的生产和供应业	建筑业	地质勘查业、水利管理业	交通运输、仓储和邮电通信业
1978	615	470	676	597	850	714	708	694
1980	762	616	854	752	1 035	855	895	832
1985	1 148	878	1 324	1 112	1 239	1 362	1 406	1 275
1989	1 935	1 389	2 378	1 900	2 241	2 166	2 199	2 197
1990	2 140	1 541	2 718	2 073	2 656	2 384	2 465	2 426
1991	2 340	1 652	2 942	2 289	2 922	2 649	2 707	2 686
1992	2 711	1 828	3 209	2 635	3 392	3 066	3 222	3 114
1993	3 371	2 042	3 711	3 348	4 319	3 779	3 717	4 273
1994	4 538	2 819	4 679	4 283	6 155	4 894	5 450	5 690
1995	5 500	3 522	5 757	5 169	7 843	5 785	5 962	6 948
1996	6 210	4 050	6 482	5 642	8 816	6 249	6 581	7 870
1997	6 470	4 311	6 833	5 933	9 649	6 655	7 160	8 600
1998	7 479	4 528	7 242	7 064	10 478	7 456	7 951	9 808
1999	8 346	4 832	7 521	7 794	11 513	7 982	8 821	10 991
2000	9 371	5 184	8 340	8 750	12 830	8 735	9 622	12 319
2001	10 870	5 741	9 586	9 774	14 590	9 484	10 957	14 167
2002	12 422	6 398	11 017	11 001	16 440	10 279	12 303	16 044

年份	批发和零售贸易、餐饮业	金融、保险业	房地产业	社会服务业	卫生、体育和社会福利业	教育、文化艺术和广播电影电视业	科学研究和综合技术服务业	国家机关、政党机关和社会团体	其他
1978	551	610	548	392	573	545	669	655	
1980	692	720	694	475	718	700	851	800	
1985	1 007	1 154	1 028	777	1 124	1 166	1 272	1 127	
1989	1 660	1 867	1 925	1 926	1 959	1 883	2 118	1 874	
1990	1 818	2 097	2 243	2 170	2 209	2 117	2 403	2 113	
1991	1 981	2 255	2 507	2 431	2 370	2 243	2 573	2 275	
1992	2 204	2 829	3 106	2 844	2 812	2 715	3 115	2 768	
1993	2 679	3 740	4 320	3 588	3 413	3 278	3 904	3 505	3 371
1994	3 537	6 712	6 288	5 026	5 126	4 923	6 162	4 962	5 213
1995	4 248	7 376	7 330	5 982	5 860	5 435	6 846	5 526	6 295
1996	4 661	8 406	8 337	6 778	6 790	6 144	8 048	6 340	7 184
1997	4 845	9 734	9 190	7 553	7 599	6 759	9 049	6 981	6 838
1998	5 865	10 633	10 302	8 333	8 493	7 474	10 241	7 773	8 481
1999	6 417	12 046	11 505	9 263	9 664	8 510	11 601	8 978	10 068
2000	7 190	13 478	12 616	10 339	10 930	9 482	13 620	10 043	11 098
2001	8 192	16 277	14 096	11 869	12 933	11 452	16 437	12 142	12 590
2002	9 398	19 135	15 501	13 499	14 795	13 290	19 113	13 975	14 215

分地区分行业职工平均工资

（2004）

单位：元

地区	合计	农、林、牧、渔业	采掘业	制造业	电力、燃气及水的生产和供应业	建筑业	交通运输、仓储和邮政业	信息传输、计算机服务和软件业	批发和零售业	住宿和餐饮业
2003 年	**14 040**	**6 969**	**13 682**	**12 496**	**18 752**	**11 478**	**15 973**	**32 244**	**10 939**	**11 083**
2004 年	**16 024**	**7 611**	**16 874**	**14 033**	**21 805**	**12 770**	**18 381**	**34 988**	**12 923**	**12 535**
北京	29 674	14 677	20 392	22 338	41 854	20 606	24 628	57 412	27 264	17 965
天津	21 754	15 514	28 193	18 431	36 691	22 412	27 305	38 257	18 992	14 058
河北	12 925	5 367	17 934	11 897	19 994	10 462	14 289	23 482	7 654	8 514
山西	12 943	8 691	17 220	10 612	14 415	10 466	16 203	21 953	7 220	7 162
内蒙古	13 324	7 677	12 627	11 438	23 852	9 677	15 917	20 568	9 609	9 462
辽宁	14 921	5 645	16 596	14 099	21 256	11 235	16 579	36 976	12 436	11 235
吉林	12 431	5 790	15 777	13 103	16 779	9 488	11 445	24 806	7 241	8 622
黑龙江	12 557	5 872	15 084	11 240	18 140	12 151	13 831	28 554	9 577	10 170
上海	30 085	22 057	51 226	27 456	34 926	29 211	29 398	58 874	28 288	24 411
江苏	18 202	8 059	18 059	15 146	29 653	14 697	19 781	36 754	14 027	13 595
浙江	23 506	21 149	15 646	14 722	41 370	16 915	26 191	47 690	22 968	14 788
安徽	12 928	6 758	18 680	11 595	15 647	9 625	11 445	20 342	7 748	9 001
福建	15 603	9 027	13 577	13 300	22 842	14 381	20 424	37 500	15 094	11 455
江西	11 860	6 291	10 987	10 817	14 270	10 150	15 576	18 737	9 319	9 077
山东	14 332	9 840	21 077	11 376	19 297	11 751	18 777	29 349	9 051	10 898
河南	12 114	6 886	17 223	10 794	18 714	10 321	13 959	19 021	8 152	9 110
湖北	11 855	5 600	12 433	11 108	15 920	10 649	13 931	19 451	7 694	8 554
湖南	13 928	6 961	10 838	12 954	16 442	10 770	14 659	26 602	12 047	10 162
广东	22 116	9 952	17 617	17 007	31 503	15 639	29 258	45 624	21 279	16 265
广西	13 579	7 661	13 143	12 829	20 192	11 683	15 724	27 152	9 865	8 782
海南	12 652	6 206	11 150	12 068	17 624	10 845	17 503	37 486	9 943	10 184
重庆	14 357	9 871	12 432	13 751	19 580	11 194	14 806	30 607	12 560	10 705
四川	14 063	9 401	12 986	12 744	17 232	10 250	15 149	28 146	11 901	10 349
贵州	12 431	9 665	14 231	11 552	22 243	10 307	16 181	17 399	9 256	9 854
云南	14 581	10 183	13 318	14 898	20 858	11 491	16 575	21 855	13 287	9 361
西藏	30 873	22 438	16 267	12 862	24 889	74 031	26 837	44 235	16 893	14 358
陕西	13 024	8 783	16 195	11 894	18 265	11 071	16 647	30 085	8 506	8 618
甘肃	13 623	9 310	14 727	13 383	19 786	9 899	16 614	13 672	8 222	8 412
青海	17 229	12 324	18 173	12 991	24 040	12 275	18 016	27 423	10 021	12 214
宁夏	14 620	8 500	17 299	11 875	20 699	12 277	16 308	27 114	11 365	8 734
新疆	14 484	9 300	21 576	13 518	20 402	12 705	20 266	24 032	14 103	11 405

续表

地　区	金融业	房地产业	租赁和商务服务业	科学研究、技术服务和地质勘查业	水利、环境和公共设施管理业	居民服务和其他服务业	教育	卫生、社会保障和社会福利业	文化、体育和娱乐业	公共管理和社会组织
2003 年	**22 457**	**17 182**	**16 501**	**20 636**	**12 095**	**12 900**	**14 399**	**16 352**	**17 268**	**15 533**
2004 年	**26 982**	**18 712**	**18 131**	**23 593**	**13 336**	**14 152**	**16 277**	**18 617**	**20 730**	**17 609**
北　京	80 785	27 675	26 438	41 255	25 609	16 735	32 625	39 678	45 130	38 038
天　津	31 454	21 545	16 717	33 134	19 173	15 467	22 582	23 958	23 067	24 358
河　北	17 877	12 022	10 426	18 918	10 871	17 386	12 653	13 435	13 399	13 272
山　西	17 937	10 349	10 156	15 755	9 436	6 785	13 375	12 142	12 386	12 784
内蒙古	17 228	12 438	13 595	15 889	10 848	8 347	15 578	15 361	16 282	16 316
辽　宁	24 198	14 659	13 111	19 441	11 538	11 461	15 787	15 584	16 437	16 570
吉　林	17 493	12 518	12 829	14 980	9 685	11 454	14 323	12 958	12 253	13 440
黑龙江	20 473	12 693	10 100	19 336	10 738	11 754	16 151	15 169	15 868	15 491
上　海	46 269	33 570	26 215	36 232	27 720	19 947	29 111	31 219	35 287	33 420
江　苏	29 256	19 033	17 101	28 124	16 933	18 866	18 850	21 884	23 348	25 400
浙　江	41 996	24 985	21 403	33 258	21 657	22 074	31 835	35 360	33 878	36 543
安　徽	16 636	11 609	8 465	15 874	11 093	11 246	13 597	13 546	14 058	15 065
福　建	29 948	17 542	16 393	21 783	14 067	15 952	16 698	19 071	18 719	18 617
江　西	18 289	10 196	11 073	14 792	9 678	9 239	12 213	13 924	12 544	12 873
山　东	23 222	15 818	13 164	19 724	12 827	13 238	15 201	17 043	18 227	15 418
河　南	17 860	11 324	11 570	15 967	10 428	9 323	12 064	12 529	12 524	11 815
湖　北	17 146	12 232	10 474	17 153	10 026	9 958	13 329	13 460	13 229	13 909
湖　南	20 507	13 986	13 632	16 749	10 907	14 140	14 529	17 281	16 299	14 443
广　东	38 317	23 977	24 644	37 952	17 850	19 665	22 660	28 248	30 105	29 220
广　西	20 363	13 887	11 316	18 588	10 959	12 090	12 759	15 535	15 575	15 488
海　南	25 724	13 942	12 691	13 758	10 693	13 259	16 036	17 712	16 219	17 099
重　庆	25 882	13 518	12 296	16 928	10 454	12 187	14 506	15 937	19 800	16 100
四　川	24 090	13 583	15 150	21 545	11 044	13 960	13 989	16 891	17 117	16 048
贵　州	21 081	9 503	11 879	14 999	9 688	9 729	11 720	13 210	11 412	12 521
云　南	20 103	13 789	18 985	16 884	11 580	11 008	14 613	16 219	13 844	14 381
西　藏	35 451	19 082	17 637	35 027	17 319	32 645	30 482	32 474	31 300	33 133
陕　西	19 832	13 048	11 055	16 596	10 327	9 922	13 634	12 259	12 815	12 070
甘　肃	16 292	9 078	11 692	15 930	12 289	10 360	14 481	14 517	13 640	14 870
青　海	22 366	12 978	12 394	26 637	13 756	14 705	18 657	19 013	17 533	18 742
宁　夏	23 443	12 390	13 030	16 730	13 589	12 956	16 564	14 537	15 426	15 450
新　疆	24 416	14 060	13 502	17 777	13 094	14 269	16 403	16 537	16 510	16 802

分地区企业、事业、机关单位在岗职工平均工资和离岗职工平均生活费

(2004)

单位：元

地区	全部职工		企业单位	
	在岗职工平均工资	离岗职工平均生活费	在岗职工平均工资	离岗职工平均生活费
全国	**16 024**	**3 427**	**15 559**	**3 031**
北京	29 674	8 780	27 902	8 070
天津	21 754	3 035	21 332	2 816
河北	12 925	4 194	12 946	3 357
山西	12 943	2 658	13 042	2 483
内蒙古	13 324	4 278	12 153	3 721
辽宁	14 921	2 199	14 749	2 006
吉林	12 431	1 950	12 172	1 622
黑龙江	12 557	1 707	11 781	1 276
上海	30 085	4 883	29 627	4 495
江苏	18 202	5 035	16 691	4 704
浙江	23 506	7 841	19 354	6 164
安徽	12 928	2 752	12 238	2 641
福建	15 603	3 354	14 900	3 100
江西	11 860	2 138	11 469	1 969
山东	14 332	4 450	13 719	3 767
河南	12 114	2 194	12 288	2 124
湖北	11 855	3 503	11 166	3 126
湖南	13 928	2 886	13 455	2 499
广东	22 116	4 973	20 617	3 871
广西	13 579	3 024	13 188	2 803
海南	12 652	2 273	11 019	1 974
重庆	14 357	4 361	13 902	4 060
四川	14 063	4 789	13 268	4 514
贵州	12 431	3 733	12 638	3 592
云南	14 581	6 951	14 571	6 711
西藏	30 873	25 016	27 803	26 992
陕西	13 024	3 023	13 326	2 820
甘肃	13 623	4 557	13 136	4 495
青海	17 229	6 668	16 543	6 307
宁夏	14 620	6 293	14 145	5 946
新疆	14 484	7 473	13 620	7 297

续表

地区	事业单位		机关单位	
	在岗职工平均工资	离岗职工平均生活费	在岗职工平均工资	离岗职工平均生活费
全　国	**16 489**	**6 326**	**17 869**	**11 162**
北　京	34 979	12 678	38 645	18 258
天　津	22 536	8 788	24 538	3 418
河　北	12 671	7 772	13 427	14 038
山　西	12 699	4 319	12 881	9 006
内蒙古	14 519	5 787	16 428	12 500
辽　宁	14 710	4 432	17 032	10 743
吉　林	12 707	4 453	13 487	11 982
黑龙江	14 459	5 562	15 801	12 800
上　海	30 671	14 479	34 656	10 238
江　苏	19 505	8 447	27 203	13 650
浙　江	32 022	11 293	36 895	26 589
安　徽	13 415	4 181	15 247	7 007
福　建	17 151	5 027	18 416	9 832
江　西	12 070	3 143	13 001	6 060
山　东	15 511	9 393	15 589	9 603
河　南	11 911	2 845	11 722	3 950
湖　北	12 634	5 026	14 421	8 718
湖　南	14 455	5 312	14 499	7 255
广　东	23 971	6 975	29 850	21 188
广　西	13 516	4 322	15 841	6 986
海　南	15 126	6 825	17 580	12 453
重　庆	14 869	7 611	16 505	14 938
四　川	14 796	6 730	16 159	9 581
贵　州	11 999	4 792	12 492	10 450
云　南	14 664	6 358	14 427	13 769
西　藏	30 991	11 446	33 051	18 871
陕　西	12 617	5 721	12 433	6 435
甘　肃	14 073	4 940	14 761	7 258
青　海	17 717	10 264	18 555	8 117
宁　夏	15 284	8 928	15 815	11 944
新　疆	15 825	7 715	16 742	17 129

历年城镇居民消费价格指数和商品零售价格指数

（以上年为100）

年份	城镇居民消费价格指数	城镇商品零售价格指数
1998	99.4	97.4
1999	98.7	97.0
2000	100.8	98.5
2001	100.7	98.9
2002	99.0	98.5
2003	100.9	99.6
2004	103.3	102.1

历年城乡居民收入

单位：元

年份	城镇居民人均可支配收入	农村居民人均纯收入	扣除物价因素比上年增长（%）	
			城镇居民人均可支配收入	农村居民人均纯收入
1998	5 425	2 162	5.8	4.3
1999	5 854	2 210	9.3	3.9
2000	6 280	2 253	6.4	2.0
2001	6 860	2 366	8.2	4.2
2002	7 703	2 476	13.4	4.8
2003	8 472	2 622	9.0	4.3
2004	9 422	2 936	7.7	6.8

（二）就业与失业

分地区城镇单位就业人员年末人数

（2004）　　单位：万人

地　区	合计	企业	事业	机关
全　国	**11 099**	**7 260**	**2 746**	**1 092**
北　京	502.8	393.8	85.4	23.6
天　津	193.9	148.1	33.5	12.4
河　北	494.1	292.7	142.2	59.2
山　西	362.0	237.1	85.6	39.3
内蒙古	243.1	144.2	70.0	28.8
辽　宁	502.6	348.6	114.4	39.6
吉　林	284.8	180.8	80.1	23.9
黑龙江	506.2	382.4	89.8	33.8
上　海	331.1	258.0	57.2	15.9
江　苏	606.8	409.7	151.4	45.7
浙　江	456.6	323.1	96.3	37.2
安　徽	341.4	202.0	102.6	36.8
福　建	377.7	279.0	69.7	29.0
江　西	271.4	151.9	84.9	34.6
山　东	792.1	526.0	188.4	77.8
河　南	695.9	427.9	179.0	89.1
湖　北	509.9	331.6	129.8	48.5
湖　南	393.6	216.4	121.7	55.5
广　东	830.7	589.2	169.6	71.9
广　西	276.2	151.3	96.7	28.2
海　南	74.6	49.7	17.0	7.9
重　庆	213.6	144.6	51.4	17.6
四　川	500.1	295.8	146.0	58.4
贵　州	202.5	114.0	57.9	30.6
云　南	245.9	127.3	82.2	36.4
西　藏	17.5	5.3	6.1	6.1
陕　西	331.6	200.5	92.4	38.7
甘　肃	193.6	112.3	56.1	25.2
青　海	42.5	22.6	13.3	6.6
宁　夏	60.4	37.9	16.0	6.5
新　疆	243.5	156.6	59.3	27.6

分地区企业、事业、机关单位在岗职工年末人数

(2004)

单位：万人

地　　区	合计	企业	事业	机关
全　　国	**10 576**	**6 850**	**2 659**	**1 067**
北　　京	446	346	78	22
天　　津	173	130	32	11
河　　北	480	281	141	59
山　　西	352	230	83	39
内 蒙 古	239	141	69	28
辽　　宁	481	331	111	39
吉　　林	279	177	79	24
黑 龙 江	477	356	88	33
上　　海	264	200	50	14
江　　苏	575	385	146	44
浙　　江	435	307	92	36
安　　徽	325	190	100	35
福　　建	366	269	68	28
江　　西	258	142	82	34
山　　东	776	513	186	77
河　　南	677	412	177	88
湖　　北	489	317	125	47
湖　　南	367	195	118	54
广　　东	812	576	165	71
广　　西	261	142	91	27
海　　南	73	48	17	8
重　　庆	208	140	51	17
四　　川	481	282	141	57
贵　　州	193	108	55	30
云　　南	235	120	80	36
西　　藏	14	4	5	5
陕　　西	319	192	89	38
甘　　肃	187	109	54	24
青　　海	41	21	13	6
宁　　夏	58	36	16	6
新　　疆	236	150	58	27

分地区城镇私营个体就业人员年末人数

(2004)

单位：万人

地区	合计	城镇私营企业			城镇个体从业人员
		小计	投资者	雇工	
全国	**5 515**	**2 994**	**610**	**2 383**	**2 521**
北京	220.8	175.2	41.0	134.2	45.6
天津	52.3	42.0	10.0	32.0	10.3
河北	150.3	63.1	11.7	51.4	87.2
山西	91.1	52.7	8.6	44.0	38.5
内蒙古	100.3	44.2	9.2	35.0	56.1
辽宁	365.1	177.0	28.5	148.5	188.1
吉林	159.9	91.1	7.4	83.7	68.8
黑龙江	173.8	68.2	14.0	54.2	105.6
上海	233.1	211.1	45.4	165.8	22.0
江苏	448.0	300.9	51.5	249.4	147.1
浙江	383.1	236.4	43.3	193.0	146.7
安徽	201.0	82.4	14.5	67.9	118.6
福建	128.3	75.4	18.3	57.1	52.9
江西	163.1	75.8	11.3	64.5	87.3
山东	393.4	228.9	52.9	176.0	164.5
河南	173.6	56.9	14.9	42.0	116.7
湖北	201.6	72.9	24.1	48.8	128.7
湖南	254.5	133.1	18.8	114.3	121.4
广东	540.7	311.2	78.8	232.4	229.4
广西	127.5	49.3	9.2	40.1	78.2
海南	41.9	25.4	5.3	20.1	16.5
重庆	114.3	66.2	12.9	53.4	48.1
四川	229.3	108.3	22.8	85.5	121.0
贵州	63.3	25.3	6.6	18.7	38.0
云南	125.4	47.4	11.4	36.0	78.1
西藏	11.7	3.8	0.5	3.3	7.8
陕西	127.6	53.8	12.4	41.4	73.8
甘肃	70.2	31.5	6.9	24.6	38.7
青海	36.0	17.5	2.2	15.3	18.5
宁夏	27.7	15.8	3.9	11.9	11.9
新疆	105.9	50.8	12.1	38.7	55.2

历年全国城镇登记失业人数及登记失业率

年份	城镇登记失业人数（万人）	登记失业率（%）
1997	577	3.1
1998	571	3.1
1999	575	3.1
2000	595	3.1
2001	681	3.6
2002	770	4.0
2003	800	4.3
2004	827	4.2

分地区城镇登记失业人数及登记失业率

（2004）

地　区	登记失业人数（万人）	登记失业率（%）
北　京	6.5	1.3
天　津	11.8	3.8
河　北	28.0	4.0
山　西	13.7	3.1
内蒙古	18.5	4.6
辽　宁	70.1	6.5
吉　林	28.2	4.2
黑龙江	32.9	4.5
上　海	27.4	4.5
江　苏	42.9	3.8
浙　江	30.1	4.1
安　徽	26.1	4.2
福　建	14.5	4.0
江　西	22.4	3.6
山　东	42.3	3.4
河　南	31.2	3.4
湖　北	49.4	4.2
湖　南	43.0	4.4
广　东	35.9	2.7
广　西	17.8	4.1
海　南	4.7	3.4
重　庆	16.8	4.1
四　川	33.3	4.4
贵　州	11.6	4.1
云　南	11.9	4.3
西　藏	1.2	4.0
陕　西	18.5	3.8
甘　肃	9.5	3.4
青　海	3.5	3.9
宁　夏	4.1	4.5
新　疆	13.3	3.5

35个大中城市城镇登记失业情况

(2004)

城　　市	登记失业人数（万人）	登记失业率（%）
北　　京	6.5	1.3
天　　津	11.8	3.8
石 家 庄	2.7	3.0
太　　原	3.9	3.4
呼和浩特	2.7	4.8
沈　　阳	14.7	6.0
长　　春	6.6	4.0
哈 尔 滨	9.1	3.8
上　　海	27.4	4.5
南　　京	42.9	3.9
杭　　州	7.3	4.3
合　　肥	4.0	4.4
福　　州	2.8	3.3
南　　昌	3.3	3.4
济　　南	5.8	3.9
郑　　州	4.4	3.0
武　　汉	11.2	4.2
长　　沙	5.4	3.9
广　　州	6.8	2.4
南　　宁	2.6	3.8
海　　口	1.7	3.2
重　　庆	16.8	4.1
成　　都	5.8	3.1
贵　　阳	3.3	4.1
昆　　明	2.0	1.9
西　　安	8.3	4.3
兰　　州	1.6	2.5
西　　宁	2.1	4.1
银　　川	1.5	3.6
乌鲁木齐	2.1	3.1
大　　连	8.9	4.4
宁　　波	4.4	3.8
厦　　门	2.0	4.1
青　　岛	6.0	3.1
深　　圳	2.6	2.5

分地区城镇登记失业基本情况

(2004)

单位：人

地区	上年末结转登记失业人数	本年新登记的失业人数			本年失业人员就业人数
			女性	由就业转失业人数	
北京	69 579	184 328	79 205	111 731	174 281
天津	120 264	66 137	33 267	40 126	68 701
河北	256 917	371 542	170 468	135 966	337 261
山西	130 514	193 764	84 307	60 382	187 434
内蒙古	175 889	264 565	117 528	90 138	245 309
辽宁	720 049	1 198 703	551 524	749 321	1 030 925
吉林	284 324	252 333	112 361	104 705	229 766
黑龙江	349 782	383 029	180 023	107 248	403 904
上海	301 134	387 026	161 994	244 242	247 589
江苏	418 548	642 442	304 268	394 370	602 173
浙江	282 740	443 072	221 339	204 749	398 235
安徽	262 561	355 915	177 356	221 007	326 564
福建	146 218	241 612	110 058	75 960	228 947
江西	216 198	335 242	160 144	78 574	325 141
山东	412 792	819 269	369 275	295 633	780 813
河南	263 070	374 340	134 950	139 219	325 731
湖北	493 498	436 410	253 483	190 226	436 255
湖南	371 417	513 378	186 648	133 314	266 050
广东	354 611	643 165	284 051	296 327	638 312
广西	148 581	217 633	101 374	89 998	181 067
海南	36 452	16 100	7 310	13 452	6 042
重庆	161 583	145 907	77 052	99 073	121 007
四川	330 984	501 227	225 257	283 936	476 208
贵州	111 784	144 097	66 580	31 178	128 696
云南	121 156	197 285	90 852	96 087	198 918
西藏	12 340	8 355	4 864	3 781	8 687
陕西	139 490	151 912	87 096	65 228	106 785
甘肃	93 095	105 582	46 450	38 849	103 221
青海	30 743	55 099	24 331	31 724	50 981
宁夏	37 543	51 663	26 993	24 960	48 536
新疆	127 633	267 054	113 082	83 088	261 414

续表

地　　区	本年末实有登记失业人数	女性	长期失业者	本年末从业人数	登记失业率(%)
北　　京	64 617	25 593	38 703	4 912 329	1.3
天　　津	117 700	59 203	52 023	3 010 000	3.8
河　　北	280 104	131 059	92 948	6 670 363	4.0
山　　西	136 844	40 070	45 533	4 218 636	3.1
内 蒙 古	185 118	96 233	78 540	3 847 834	4.6
辽　　宁	700 504	482 041	42 030	10 026 000	6.5
吉　　林	282 432	147 768	91 717	6 388 000	4.2
黑 龙 江	328 907	142 618	66 241	7 030 000	4.5
上　　海	274 283	124 031	116 144	5 900 000	4.5
江　　苏	428 985	218 186	219 420	10 862 900	3.8
浙　　江	301 359	140 998	171 178	7 015 798	4.1
安　　徽	260 826	132 977	124 446	5 949 317	4.2
福　　建	145 133	71 041	74 745	3 486 000	4.0
江　　西	224 296	92 804	43 855	6 078 000	3.6
山　　东	423 311	208 326	210 320	12 000 000	3.4
河　　南	311 679	149 645	83 919	8 773 625	3.4
湖　　北	493 653	234 050	124 618	11 265 461	4.2
湖　　南	429 874	200 647	91 817	9 330 299	4.4
广　　东	359 366	161 433	139 772	12 879 867	2.7
广　　西	178 465	75 985	50 299	4 174 328	4.1
海　　南	46 510	21 985	34 101	1 321 431	3.4
重　　庆	167 620	81 929	94 456	3 900 827	4.1
四　　川	333 328	153 294	103 273	7 200 000	4.4
贵　　州	116 084	49 446	30 634	2 724 996	4.1
云　　南	119 480	62 838	56 314	2 651 762	4.3
西　　藏	12 008	8 223	9 911	291 967	4.0
陕　　西	184 617	100 667	94 025	4 712 385	3.8
甘　　肃	95 256	47 286	38 446	2 704 068	3.4
青　　海	34 861	17 880	15 736	853 882	3.9
宁　　夏	40 670	14 510	7 935	860 233	4.5
新　　疆	133 243	58 452	36 176	3 688 737	3.5

历年国有企业下岗职工人数　　单位：万人

	期末下岗职工人数	当年新增	当年减少	
				再就业人数
1998年初结余	691.8			
1998年	594.8	562.2	659.3	609.9
1999年	652.5	618.6	557.7	490.5
2000年	657.2	445.5	440.8	360.5
2001年	515.4	234.3	376.2	226.8
2002年	409.9	162.1	267.6	120.2
2003年	260.2	103.0	249.0	83.1
2004年	153.0	34.3	141.5	47.3
合计	—	2 160	2 302	1 941

注：1. 国有企业包括国有联营企业和国有独资公司。

2. 7年下岗职工总量为2 852万人，即1998年初结余数加上各年新增下岗职工数之和。

历年分地区国有企业下岗职工人数　　单位：万人

地　　区	1998年底	1999年底	2000年底	2001年底	2002年底	2003年底	2004年底
全　　国	**594.8**	**652.5**	**657.2**	**515.4**	**409.9**	**260.2**	**153.0**
北　　京	5.7	2.9	6.7	1.6			
天　　津	6.0	14.8	12.1	7.1	8.0		
河　　北	18.3	20.7	20.8	23.6	26.8	25.7	22.5
山　　西	18.0	20.9	22.3	18.0	19.2	19.5	12.8
内 蒙 古	14.9	13.1	10.0	7.9	2.5	2.0	0.7
辽　　宁	58.9	70.8	67.2	37.0	7.4		
吉　　林	34.0	34.4	41.9	27.4	19.3	6.7	5.0
黑 龙 江	52.8	74.1	69.9	49.1	44.2	34.1	11.5
上　　海	10.8	11.1	5.6	0.5			
江　　苏	24.5	17.6	14.4	8.4	1.9	0.5	0.3
浙　　江	11.4	6.5	3.6	1.3	0.3		
安　　徽	24.9	30.6	25.2	16.4	7.1	3.1	
福　　建	3.1	2.9	2.0	1.2			
江　　西	24.7	26.2	32.4	34.4	30.1	23.7	15.4
山　　东	18.4	14.9	13.2	4.9	1.7		

续表

地　　区	1998年底	1999年底	2000年底	2001年底	2002年底	2003年底	2004年底
河　　南	25.5	28.8	30.1	25.9	25.0	17.5	8.4
湖　　北	38.6	45.5	50.7	48.1	46.7	32.2	11.7
湖　　南	48.1	52.5	50.0	49.1	42.1	19.5	19.5
广　　东	23.4	16.8	10.1	4.3	0.5		
广　　西	7.1	12.8	15.7	10.9	5.3	1.2	0.2
海　　南	7.1	3.9	2.5	2.0	0.8	0.3	
重　　庆	11.1	13.5	14.5	13.0	11.3	0.9	1.0
四　　川	28.8	29.9	38.7	36.3	31.3	13.6	8.8
贵　　州	10.6	11.0	12.0	9.1	9.6	8.8	7.9
云　　南	5.5	5.9	5.6	5.4	3.6	2.5	0.8
西　　藏							
陕　　西	30.6	32.5	28.8	29.8	29.2	24.9	9.1
甘　　肃	13.7	15.7	18.2	16.6	15.0	11.4	9.6
青　　海	3.8	6.1	9.5	6.6	5.3	3.4	2.0
宁　　夏	3.4	4.0	4.3	4.0	2.7	1.8	1.6
新　　疆	11.2	12.1	19.0	15.1	13.0	7.0	4.2

注：国有企业包括国有联营企业和国有独资公司。

历年分地区国有企业下岗职工再就业人数

单位：万人

地　　区	1998年	1999年	2000年	2001年	2002年	2003年	2004年	7年合计
全　　国	**609.2**	**490.5**	**360.5**	**226.8**	**120.2**	**83.1**	**47.3**	**1 937.6**
北　　京	7.0	4.9	4.5	4.0	1.3			21.7
天　　津	2.9	4.6	5.4	5.1	2.6	2.1		22.7
河　　北	18.8	12.4	21.0	18.2	9.8	4.7	4.2	89.1
山　　西	23.5	12.9	9.1	8.0	6.3	5.2	2.6	67.7
内 蒙 古	26.0	20.0	15.8	8.2	4.7	0.5	1.3	76.5
辽　　宁	49.0	48.5	34.3	17.4	3.2	0.7		153.1
吉　　林	36.4	20.8	7.1	14.6	6.3	4.4	0.3	89.9
黑 龙 江	65.7	48.0	37.6	23.3	8.0	1.0	5.9	189.5
上　　海	17.2	17.9	13.4	3.6	0.5			52.6
江　　苏	29.2	18.8	9.0	7.1	4.1	0.8		69.0

续表

地　　区	1998年	1999年	2000年	2001年	2002年	2003年	2004年	7年合计
浙　　江	12.0	10.4	8.6	1.8	0.5			33.3
安　　徽	22.8	13.0	6.2	7.2	5.9	2.1	1.6	58.8
福　　建	12.2	5.8	5.3	2.1	0.6			26.0
江　　西	17.4	11.2	7.2	2.4	4.8	2.9	2.9	48.7
山　　东	30.2	17.3	10.6	5.1	1.6	0.4		65.2
河　　南	34.8	27.5	28.1	23.4	20.1	10.4	6.5	150.8
湖　　北	40.2	35.3	32.1	9.9	5.7	7.0	11.7	141.9
湖　　南	43.7	48.7	15.9	9.5	5.5	9.7		133.1
广　　东	16.2	22.6	5.5	1.8	0.4			46.6
广　　西	14.6	12.7	7.3	3.8	3.5	3.1	0.9	45.9
海　　南	1.5	4.0	2.3	0.3	0.7	0.2	0.3	9.3
重　　庆	13.0	9.8	12.1	6.5	4.7	5.5	0.3	51.9
四　　川	32.2	26.1	25.7	23.0	10.8	12.0	3.7	133.5
贵　　州	6.3	5.1	4.4	1.8	1.0	0.9	0.4	19.9
云　　南	2.9	1.9	1.2	0.9	0.7	0.5	0.4	8.5
西　　藏								
陕　　西	14.8	12.4	15.7	4.6	0.4			47.9
甘　　肃	5.1	9.0	4.1	3.9	1.1	2.8	1.1	27.0
青　　海	2.7	1.7	3.6	2.7	1.5	1.6	1.1	15.0
宁　　夏	1.4	0.3	0.8	1.5	1.2	0.7	0.4	6.3
新　　疆	9.8	7.0	6.7	4.7	2.7	3.9	1.7	36.5

注：国有企业包括国有联营企业和国有独资公司。

企业下岗职工情况

（2004）

单位：万人

	上年末结转下岗职工人数	本年新增下岗职工人数	本年减少下岗职工人数	年末实有下岗职工人数	男性	50岁以上	女性	40岁以上
全国总计	**420.7**	**49.5**	**198.6**	**271.6**	**150.4**	**52.9**	**121.2**	**47.3**
一、国有企业、国有联营企业、国有独资公司	260.2	34.3	141.5	153.0	86.4	33.1	66.6	25.4
＃中央直属企业	24.2	5.5	14.2	15.5	8.6	3.3	6.9	2.9
＃亏损企业	195.8	29.9	100.1	125.6	69.4	29.0	56.2	21.6
二、城镇集体企业	144.3	12.9	51.9	105.3	57.3	17.8	48.0	19.5
三、其他企业	16.1	2.3	5.1	13.3	7.0	1.9	6.3	2.2

分地区国有企业下岗职工情况

(2004)

单位：万人

地　　区	上年末结转下岗职工人数	本年新增下岗职工人数	进入再就业服务中心人数	本年减少下岗职工人数	从再就业服务中心转出人数	#解除终止劳动关系人数
全　　国	**260.2**	**34.3**	**1.7**	**141.5**	**84.5**	**38.1**
北　　京						
天　　津						
河　　北	25.7	2.5		5.9	5.3	0.9
山　　西	19.5	1.4		8.2	2.9	0.6
内 蒙 古	2.0			1.3	1.3	
辽　　宁						
吉　　林	6.7			1.8	1.8	
黑 龙 江	34.1	11.9		34.5	5.9	5.9
上　　海						
江　　苏	0.5			0.2	0.2	0.1
浙　　江						
安　　徽	3.1			3.1	3.1	1.2
福　　建						
江　　西	23.7	8.5		16.8	9.1	1.3
山　　东						
河　　南	17.5	2.0	0.1	11.1	7.8	2.1
湖　　北	32.2	3.5		24.0	14.4	9.7
湖　　南	19.5					
广　　东						
广　　西	1.2			1.0	1.0	1.0
海　　南	0.3			0.3	0.3	
重　　庆	0.9	1.1	0.9	1.1	0.8	0.8
四　　川	13.6	1.3		6.1	5.2	4.1
贵　　州	8.8	0.3		1.2	0.7	0.3
云　　南	2.5			1.7	1.7	0.7
西　　藏						
陕　　西	24.9			15.8	15.8	4.2
甘　　肃	11.4			1.8	1.7	0.6
青　　海	3.4			1.4	1.4	0.6
宁　　夏	1.8	1.1		1.2	0.6	0.5
新　　疆	7.0	0.7	0.7	3.5	3.5	3.4

注：国有企业包括国有联营企业和国有独资公司。

续表 1

地　　区	＃再就业人数	＃协议到期人数	年末实有下岗职工人数	男性	50 岁以上
全　　国	**47.3**	**47.1**	**153.0**	**86.4**	**33.1**
北　　京					
天　　津					
河　　北	4.2	2.2	22.5	12.4	4.2
山　　西	2.6	0.8	12.8	8.1	2.0
内 蒙 古	1.3		0.7	0.4	0.2
辽　　宁					
吉　　林	0.3	1.8	5.0	3.0	1.0
黑 龙 江	5.9	5.9	11.5	7.0	6.8
上　　海					
江　　苏			0.3	0.1	0.1
浙　　江					
安　　徽	1.6	3.0			
福　　建					
江　　西	2.9	8.1	15.4	8.1	2.3
山　　东					
河　　南	6.5	5.0	8.4	5.5	1.0
湖　　北	11.7	10.3	11.7	5.7	2.6
湖　　南			19.5	10.8	4.8
广　　东					
广　　西	0.9	0.8	0.2	0.1	0.1
海　　南	0.3	0.3			
重　　庆	0.3	0.2	1.0	0.7	0.3
四　　川	3.7	3.2	8.8	4.9	1.5
贵　　州	0.4	0.1	7.9	4.7	1.1
云　　南	0.4	1.2	0.8	0.5	0.3
西　　藏					
陕　　西			9.1	5.3	2.6
甘　　肃	1.1	1.7	9.6	5.3	1.6
青　　海	1.1		2.0	1.1	0.1
宁　　夏	0.4	0.5	1.6	0.8	0.2
新　　疆	1.7	2.1	4.2	2.1	0.5

续表 2

地　　区	女性	40 岁以上	进入再就业服务中心人数	签协议人数
全　　国	**66.6**	**25.6**	**91.7**	**86.4**
北　　京				
天　　津				
河　　北	10.1	3.5	9.6	9.6
山　　西	4.7	1.5	12.7	9.2
内 蒙 古	0.3	0.2	0.7	0.7
辽　　宁				
吉　　林	2.0	0.6	1.2	1.2
黑 龙 江	4.5	1.6	11.5	11.5
上　　海				
江　　苏	0.2	0.1	0.3	0.3
浙　　江				
安　　徽				
福　　建				
江　　西	7.3	2.2	3.2	3.2
山　　东				
河　　南	2.9	1.3	8.6	8.6
湖　　北	6.0	3.2	5.7	5.7
湖　　南	8.7	3.3		
广　　东				
广　　西	0.1		0.2	0.2
海　　南				
重　　庆	0.3	0.2	1.0	1.0
四　　川	3.9	1.4	6.0	6.0
贵　　州	3.2	1.3	5.6	5.6
云　　南	0.3	0.2	0.8	0.8
西　　藏				
陕　　西	3.8	2.8	9.1	9.1
甘　　肃	4.3	1.3	9.3	9.3
青　　海	0.9	0.1	2.0	2.0
宁　　夏	0.8	0.2		
新　　疆	2.1	0.6	4.2	2.3

分地区国有企业再就业服务中心资金筹集与使用情况

（2004）　　　　单位：亿元

地区	上期末资金结转额	合计	企业自筹	社会筹集		财政安排
					失业保险基金	
全　国	**8.7**	**64.9**	**10.0**	**9.1**	**7.4**	**45.8**
北　京						
天　津						
河　北		5.3	1.6	0.7	0.7	3.0
山　西	0.3	6.0	0.4	0.8	0.7	4.8
内蒙古	−0.2	0.6	0.1			0.4
辽　宁						
吉　林	2.7	0.3				0.3
黑龙江	0.1	5.1				5.0
上　海						
江　苏	0.1	0.5	0.1	0.2		0.2
浙　江						
安　徽		0.8	0.2	0.2	0.2	0.3
福　建						
江　西	0.2	5.5	0.5	0.8	0.7	4.3
山　东						
河　南	1.2	4.8	0.9	1.2	1.1	2.8
湖　北	0.6	4.9	0.7	0.3	0.3	3.9
湖　南	1.9	8.2	2.8	1.2	0.8	4.2
广　东	0.7					
广　西		0.3		0.1		0.2
海　南		0.1				0.1
重　庆		1.2	0.4			0.9
四　川		4.3	0.9	0.7	0.5	2.8
贵　州	0.5	2.7	0.3	0.1	0.1	2.3
云　南	0.3	1.4	0.2	0.4	0.4	0.8
陕　西	0.3	5.5	0.1	0.9	0.6	4.5
甘　肃		4.0	0.6	0.8	0.6	2.6
青　海		1.0	0.1	0.2	0.2	0.8
宁　夏						
新　疆		2.4	0.2	0.5	0.5	1.8

续表

地区	本期资金使用额					本期资金结余
	合计	基本生活费	养老保险费	医疗保险费	失业保险	
全国	**64.1**	**35.5**	**18.0**	**4.3**	**2.4**	**9.5**
北京						
天津						
河北	5.3	3.3	1.5	0.3	0.2	
山西	5.4	2.4	2.0	0.5	0.2	0.9
内蒙古	0.5	0.3	0.1			
辽宁						
吉林	0.6	0.3	0.2			2.4
黑龙江	4.9	3.2	1.3	0.3	0.1	0.2
江苏	0.4	0.3	0.1			0.2
浙江						
安徽	0.8	0.5	0.2			
福建						
江西	5.1	1.7	0.1	0.3	0.1	0.6
山东						
河南	5.0	3.1	1.3	0.4	0.2	1.1
湖北	4.7	3.1	0.9	0.2	0.5	0.8
湖南	8.2	5.0	2.8	0.2	0.2	1.9
广东						0.7
广西	0.3	0.2	0.1			
海南	0.1					
重庆	1.2	0.6	0.5		0.1	
四川	4.3	1.9	1.4	0.3	0.2	
贵州	2.5	1.3	0.8	0.2	0.1	0.6
云南	1.6	0.8	0.5	0.2	0.1	0.1
西藏						
陕西	5.7	3.0	1.9	0.8		
甘肃	4.0	2.8	0.9	0.1	0.2	
青海	1.0	0.5	0.4	0.1		
宁夏						
新疆	2.4	1.3	0.8	0.3	0.2	

职业介绍工作情况

(2004)

单位：万人

	本年末职业介绍机构个数（个）	本年末职业介绍机构人数	本年登记招聘人数	本年登记求职人数	#女性
总计	**33 890**	**10.7**	**3 565.2**	**3 582.8**	**1 603.2**
劳动保障部门办	23 347	7.1	2 376.8	2 527.9	1 176.2
# 县（区）及以上	3 821	2.7	1 896.3	1 961.5	924.8
街道	5 157	1.5	196.5	238.6	113.5
乡镇	14 369	2.9	283.9	327.8	137.9
其他组织办	3 053	1.1	213.3	262.9	120.2
公民个人办	7 490	2.4	975.1	792.0	306.8

	#下岗职工	#失业人员	#获取职业资格人员	本年职业指导人数
总计	**434.6**	**1 215.2**	**575.8**	**1 882.0**
劳动保障部门办	305.8	1 006.2	397.5	1 462.2
# 县（区）及以上	254.7	849.9	345.0	1 148.1
街道	36.8	91.9	26.1	131.9
乡镇	14.3	64.4	26.4	182.1
其他组织办	45.6	77.3	38.8	115.7
公民个人办	83.1	131.7	139.4	304.1

	本年介绍成功人数	#女性	#下岗职工	#失业人员	#获得职业资格人员
总计	**1 837.7**	**840.2**	**219.9**	**629.0**	**340.2**
劳动保障部门办	1 335.5	624.7	166.5	532.1	250.7
# 县（区）及以上	1 008.4	478.7	137.0	439.6	213.8
街道	126.4	60.5	21.7	58.9	18.8
乡镇	200.7	85.5	7.9	33.6	18.0
其他组织办	121.5	58.7	17.7	35.2	23.0
公民个人办	380.7	156.8	35.7	61.7	66.5

分地区职业介绍工作情况

(2004)

单位：万人

地　　区	本年末职业介绍机构个数（个）	本年末职业介绍机构人数	本年登记招聘人数
全　　国	**33 890**	**10.7**	**3 565.2**
北　　京	413	0.3	58.2
天　　津	158	0.1	43.1
河　　北	1 953	0.6	154.5
山　　西	941	0.3	21.0
内 蒙 古	1 451	0.3	52.5
辽　　宁	1 715	0.5	142.7
吉　　林	1 204	0.3	56.0
黑 龙 江	1 494	0.3	116.6
上　　海	424	0.5	132.6
江　　苏	2 665	0.9	260.0
浙　　江	2 277	0.6	525.4
安　　徽	1 894	0.5	115.7
福　　建	847	0.2	111.3
江　　西	1 119	0.3	115.6
山　　东	2 076	0.7	277.0
河　　南	1 199	0.5	113.3
湖　　北	1 100	0.3	124.0
湖　　南	640	0.2	77.6
广　　东	1 631	0.8	604.7
广　　西	386	0.1	82.2
海　　南	43		5.0
重　　庆	281	0.1	30.4
四　　川	1 795	0.5	102.4
贵　　州	353	0.1	24.4
云　　南	1 770	0.4	48.4
西　　藏	19		1.8
陕　　西	2 439	0.6	64.6
甘　　肃	567	0.1	19.9
青　　海	307	0.1	37.8
宁　　夏	177	0.1	19.0
新　　疆	552	0.1	27.5

续表1

地　区	#下岗职工	#失业人员	#获得职业资格人员	本年职业指导人数
全　国	**434.6**	**1 215.2**	**575.8**	**1 882.0**
北　京	2.4	22.7	9.0	35.1
天　津	46.2	28.6	6.3	41.8
河　北	9.9	28.4	35.1	107.2
山　西	5.6	6.3	1.4	13.7
内蒙古	12.2	35.8	4.3	22.6
辽　宁	24.6	111.5	23.7	91.0
吉　林	14.5	27.8	8.2	49.2
黑龙江	49.2	52.7	8.4	69.8
上　海	13.9	55.7	7.9	78.8
江　苏	3.9	118.8	62.5	121.6
浙　江	48.2	61.7	58.8	147.4
安　徽	12.5	31.6	9.2	55.0
福　建	5.6	23.5	6.7	48.7
江　西	23.1	49.0	11.1	47.2
山　东	14.5	88.4	43.0	155.1
河　南	37.3	25.2	19.7	68.5
湖　北	26.1	51.6	31.2	91.7
湖　南	23.1	45.1	22.6	94.3
广　东	14.2	166.7	146.3	177.1
广　西	3.7	41.2	5.7	33.9
海　南	0.9	1.0	0.4	7.4
重　庆	3.6	16.4	5.5	21.3
四　川	10.9	47.8	12.6	71.4
贵　州	4.4	9.9	1.5	12.9
云　南	3.2	18.9	6.9	46.8
西　藏		1.4		1.6
陕　西	10.8	13.0	17.2	73.8
甘　肃	3.4	8.0	2.3	13.1
青　海	1.8	5.5	2.1	38.6
宁　夏	1.4	4.9	0.5	18.9
新　疆	3.5	16.3	5.5	26.5

续表 2

地　　区	本年介绍成功人数	#女性	#下岗职工	#失业人员
全　　国	**1 837.7**	**840.2**	**219.9**	**629.0**
北　　京	32.2	14.2	1.2	12.1
天　　津	64.9	25.3	12.1	16.5
河　　北	92.5	41.1	5.7	14.0
山　　西	17.9	6.3	3.6	4.4
内 蒙 古	29.7	13.2	5.5	15.9
辽　　宁	90.5	43.0	11.0	56.7
吉　　林	42.0	17.4	9.2	17.8
黑 龙 江	74.4	33.2	27.8	27.0
上　　海	38.7	18.5	6.7	20.3
江　　苏	148.8	80.3	1.6	64.8
浙　　江	201.7	69.5	20.5	23.0
安　　徽	64.8	29.8	6.7	19.9
福　　建	49.3	26.5	3.0	12.9
江　　西	60.5	30.8	13.1	21.8
山　　东	152.5	70.5	9.9	48.3
河　　南	78.8	31.5	22.4	18.2
湖　　北	76.0	36.4	15.5	34.2
湖　　南	37.7	20.3	9.7	17.9
广　　东	213.8	117.0	6.8	84.1
广　　西	39.1	19.3	2.4	13.5
海　　南	3.3	1.7	0.5	0.3
重　　庆	16.1	8.3	2.3	9.5
四　　川	49.9	23.3	6.4	28.0
贵　　州	11.0	5.1	2.8	5.6
云　　南	32.5	14.3	2.4	12.8
西　　藏	0.8	0.4		0.8
陕　　西	45.8	17.7	6.5	9.5
甘　　肃	9.3	4.1	1.5	3.8
青　　海	34.9	7.2	0.5	3.9
宁　　夏	10.4	5.7	0.8	3.0
新　　疆	18.0	8.1	1.9	8.7

劳动就业服务企业、社区就业实体和生产自救基地综合情况

（2004）　　单位：万人，亿元

	年末实有实体数（个）	＃本年新举办	上年末就业人数	＃女性	本年增加就业人员
总计	**252 932**	**56 307**	**523.2**	**233.8**	**126.6**
一、按企业类型分组					
1. 劳动就业服务企业	46 468	4 459	309.8	142.3	32.5
＃股份合作制企业	7 909	859	46.9	18.2	6.3
2. 社区就业实体	190 466	47 440	182.3	77.4	80.4
3. 生产自救基地	15 998	4 408	31.2	14.1	13.6
二、按产业分组					
1. 第一产业	6 285	776	11.7	4.7	2.9
2. 第二产业	34 092	3 972	156.9	69.3	22.2
3. 第三产业	212 555	51 559	354.6	159.7	101.5

	＃女性	＃失业人员	＃下岗职工	＃富余人员	＃其他人员
总计	**59.5**	**59.1**	**39.6**	**9.5**	**18.3**
一、按企业类型分组					
1. 劳动就业服务企业	14.0	14.2	9.2	3.2	5.8
＃股份合作制企业	2.0	2.5	1.5	0.8	1.5
2. 社区就业实体	38.7	39.4	26.2	5.2	9.6
3. 生产自救基地	6.8	5.5	4.2	1.1	2.8
二、按产业分组					
1. 第一产业	1.3	1.0	1.1	0.4	0.4
2. 第二产业	9.1	9.5	7.3	1.9	3.5
3. 第三产业	49.1	48.5	31.3	7.3	14.4

续表 1

	本年减少就业人数	年末实有就业人数	#女性	#残疾人
总计	**83.5**	**566.3**	**265.3**	**3.9**
一、按企业类型分组				
1. 劳动就业服务企业	46.9	295.4	135.3	2.6
#股份合作制企业	6.5	46.6	14.1	0.4
2. 社区就业实体	28.8	234.0	112.2	1.0
3. 生产自救基地	7.8	37.0	17.7	0.2
二、按产业分组				
1. 第一产业	1.7	12.8	5.3	0.1
2. 第二产业	24.9	154.2	67.8	1.4
3. 第三产业	56.9	399.2	192.2	2.4

	工资总额	增加值	上缴税金	#所得税
总计	**258.7**	**449.8**	**107.4**	**24.5**
一、按企业类型分组				
1. 劳动就业服务企业	192.3	402.4	100.5	22.8
#股份合作制企业	34.7	85.0	19.7	4.6
2. 社区就业实体	56.1	37.7	4.8	1.2
3. 生产自救基地	10.3	9.6	2.1	0.5
二、按产业分组				
1. 第一产业	5.6	6.0	1.0	0.2
2. 第二产业	91.6	191.8	45.7	9.6
3. 第三产业	161.5	252.0	60.7	14.6

	利润	资产总计	流动资产	固定资产净值
总计	**90.3**	**2 445.7**	**1 497.6**	**659.7**
一、按企业类型分组				
1. 劳动就业服务企业	84.4	2 294.3	1 425.3	599.6
#股份合作制企业	12.2	390.2	236.9	111.6
2. 社区就业实体	4.1	99.5	47.9	39.2
3. 生产自救基地	1.8	51.9	24.4	20.9
二、按产业分组				
1. 第一产业	1.3	33.9	17.1	13.5
2. 第二产业	32.5	1 111.2	665.6	319.7
3. 第三产业	56.5	1 300.6	814.9	326.6

续表 2

	其他资产	负债及所有者权益总计	负债	所有者权益
总计	**288.4**	**2 445.7**	**1 519.0**	**926.7**
一、按企业类型分组				
1. 劳动就业服务企业	269.4	2 294.3	1 434.0	860.3
#股份合作制企业	41.7	390.2	229.4	160.8
2. 社区就业实体	12.4	99.5	57.4	42.0
3. 生产自救基地	6.6	51.9	27.5	24.4
二、按产业分组				
1. 第一产业	3.4	33.9	20.6	13.4
2. 第二产业	125.9	1 111.2	693.1	418.1
3. 第三产业	159.1	1 300.6	805.3	495.3

（三）职业培训与技能鉴定

历年技工学校综合情况 单位：万人，亿元

年份	技工学校个数（个）	招生人数	在校学生人数	毕业生人数	在职教职工人数			兼职教师人数
						文化技术理论课教师	生产实习指导教师	
一、绝对数								
1991	4 269	54.4	142.2	45.4	22.1	7.5	2.3	1.2
1992	4 392	60.2	155.6	45.7	33.6	11.1	3.8	1.5
1993	4 477	66.4	171.7	49.7	33.5	11.2	3.8	1.8
1994	4 430	71.4	187.1	55.7	34.0	11.4	3.8	1.7
1995	4 521	74.6	189.0	68.5	33.7	11.5	3.9	1.9
1996	4 467	72.7	191.8	68.1	33.5	11.5	3.9	2.0
1997	4 395	73.4	193.2	69.9	32.8	11.6	3.9	2.6
1998	4 362	59.5	181.3	69.5	30.6	11.0	3.8	2.7
1999	4 098	51.5	156.1	66.2	26.9	11.2	3.8	2.9
2000	3 792	50.4	140.1	64.6	24.0	10.5	3.5	2.7
2001	3 470	55.1	134.7	47.7	22.0	10.0	3.4	2.6
2002	3 075	73.3	153.0	45.4	20.3	9.5	3.2	2.6
2003	2 970	91.6	193.1	45.3	20.2	9.6	3.4	3.0
2004	2 884	109.7	234.4	53.5	20.4	9.6	3.8	2.9
二、比上年增长（%）								
1992	2.9	10.5	9.4	0.6	52.4	48.4	64.2	25.1
1993	1.9	10.3	10.3	8.8	−0.4	1.1	0.7	22.0
1994	−1.0	7.7	9.0	11.9	1.5	2.1	0.4	−3.9
1995	2.1	4.5	1.0	23.0	−1.0	0.9	1.6	8.2
1996	−1.2	−2.6	1.5	−0.5	−0.5	−0.2	0.4	5.9
1997	−1.6	1.0	0.7	2.7	−2.0	0.5	0.5	33.5
1998	−0.8	−19.0	−6.1	−0.7	−6.9	−4.6	−4.0	0.8
1999	−6.1	−13.3	−13.9	−4.6	−11.9	1.9	−0.1	9.5
2000	−7.5	−2.3	−10.2	−2.5	−11.0	−6.9	−6.7	−6.3
2001	−8.5	9.4	−3.8	−26.1	−8.3	−4.9	−3.7	−4.1
2002	−11.4	33.0	13.6	−4.9	−7.4	−5.0	−6.8	−2.4
2003	−3.4	24.9	26.2	−0.2	−0.7	1.5	7.3	17.4
2004	−2.9	19.8	21.4	18.1	1.0	0.0	11.8	−3.3

续表

年份	经费来源总计	事业经费	公司经费	经费支出总计	人员经费	教学经费	培训社会人员人次数	培训社会人员结业人数
一、绝对数								
1991	17.8	6.9	2.6	18.6	7.3	4.3	61.6	47.6
1992	28.0	7.9	2.7	22.3	8.7	5.3	61.5	49.5
1993	33.5	9.1	3.1	27.8	11.1	6.5	61.3	54.2
1994	45.3	11.9	3.9	36.7	16.6	8.6	84.2	68.7
1995	53.7	13.2	4.4	43.3	19.8	10.4	89.9	71.3
1996	59.6	15.9	5.4	48.7	23.3	10.8	113.4	93.0
1997	68.4	24.1	5.3	66.3	28.4	14.1	137.5	110.7
1998	64.9	24.1	4.7	66.4	29.9	14.7	165.1	129.0
1999	59.7	21.7	4.6	59.9	26.9	20.8	149.1	144.6
2000	56.9	21.9	3.2	59.4	27.5	19.5	158.5	156.7
2001	68.1	23.6	3.2	64.6	31.6	22.0	151.7	163.9
2002	67.4	28.2	2.8	67.1	33.5	24.1	208.6	196.9
2003	81.4	30.5	2.8	80.5	36.3	29.0	226.9	223.7
2004	112.5	37.4	5.2	102.8	43.8	27.8	265.6	257.5
二、比上年增长（%）								
1992	57.5	15.2	4.8	20.2	18.8	22.9	−0.2	4.1
1993	19.7	15.0	11.8	24.5	28.3	23.3	−0.4	9.3
1994	35.1	29.7	26.6	32.0	49.7	31.4	37.4	26.8
1995	18.6	11.1	14.3	18.0	18.9	21.8	6.8	3.9
1996	11.1	20.6	20.9	12.4	17.7	3.1	26.1	30.3
1997	14.7	51.7	−2.3	36.3	21.9	30.9	21.2	19.1
1998	−5.0	0	−11.2	0.1	5.5	3.9	20.0	16.5
1999	−8.1	−9.9	−1.2	−9.7	−10.1	42.1	−9.7	16.5
2000	−4.6	0.8	−30.1	−0.9	2.3	−6.2	6.3	8.4
2001	19.7	7.7	0.6	8.7	15.0	12.6	−4.3	4.6
2002	−1.1	19.4	−13.6	3.8	5.8	9.4	37.6	20.2
2003	20.8	8.2	0.1	20.0	8.4	20.6	37.6	20.2
2004	38.2	22.6	85.7	27.7	20.7	−4.1	17.1	15.1

分地区技工学校综合情况

(2004)

地区	技工学校个数(个)	劳动预备制度定点培训机构数	在职教职工人数(人)	女性	文化技术理论课教师	高级讲师	讲师	助理讲师
全国	**2 884**	**1 212**	**204 657**	**79 556**	**96 058**	**20 550**	**44 205**	**25 054**
北京	45	27	3 876	1 844	1 523	279	697	444
天津	70	11	5 814	2 325	2 078	615	901	460
河北	173	22	11 215	4 791	4 795	1 284	2 363	1 330
山西	106	55	8 075	3 556	3 659	740	1 516	1 044
内蒙古	56	30	3 780	1 653	2 007	377	1 119	487
辽宁	160	45	10 274	4 866	5 166	1 399	2 449	1 094
吉林	117	59	5 544	2 565	3 296	659	1 407	1 055
黑龙江	135	67	10 833	4 523	4 994	1 143	2 191	1 353
上海	41	9	3 494	1 217	1 272	189	644	303
江苏	129	37	10 429	3 700	4 868	900	1 976	1 526
浙江	83	19	6 335	2 390	3 467	521	1 419	1 011
安徽	99	22	5 021	1 727	2 538	631	1 287	474
福建	98	46	4 194	1 591	2 177	292	871	667
江西	76	27	5 731	2 061	2 891	674	1 272	719
山东	249	172	21 370	7 454	10 766	2 819	4 388	2 480
河南	169	53	11 840	4 454	5 238	1 112	2 334	1 450
湖北	123	52	10 142	3 674	4 779	1 096	2 546	1 006
湖南	135	66	8 130	2 871	3 667	842	1 729	882
广东	186	51	13 988	5 105	6 257	942	2 830	2 248
广西	56	15	4 398	1 621	2 207	332	1 243	477
海南	14	2	926	392	418	83	178	143
重庆	69	69	3 763	1 500	1 725	452	768	398
四川	124	48	8 899	3 328	4 220	669	1 950	1 134
贵州	56	9	2 725	1 059	1 213	194	664	325
云南	39	10	3 147	1 252	1 389	301	750	304
西藏								
陕西	132	77	8 630	3 088	3 600	931	1 620	747
甘肃	57	35	3 758	1 523	2 012	254	1 089	528
青海	16	7	1 171	492	566	100	299	125
宁夏	12	11	1 320	579	742	241	318	169
新疆	59	59	5 835	2 355	2 528	479	1 387	671

续表 1

地　　区	大学本科以上	生产实习指导教师	高级实习指导教师	一级实习指导教师	二级实习指导教师	三级实习指导教师	技师	一体化教师
全　　国	**63 943**	**38 653**	**3 809**	**10 078**	**10 682**	**4 194**	**6 151**	**21 625**
北　　京	1 156	563	39	176	135	100	119	406
天　　津	1 239	964	105	229	277	70	299	409
河　　北	4 614	1 580	149	476	360	187	238	943
山　　西	2 279	1 227	116	336	333	132	74	504
内 蒙 古	1 074	584	51	156	99	52	121	397
辽　　宁	3 734	2 043	353	549	607	244	121	643
吉　　林	2 038	898	125	302	193	71	121	531
黑 龙 江	3 020	2 626	528	335	930	190	338	618
上　　海	678	640	46	110	155	28	134	220
江　　苏	3 431	2 116	77	537	694	281	441	1 357
浙　　江	2 724	1 357	54	332	324	105	311	841
安　　徽	1 348	793	102	246	218	90	61	468
福　　建	1 110	805	33	176	273	112	74	555
江　　西	1 733	1 188	145	286	309	146	120	713
山　　东	6 755	3 841	452	1 272	1 243	424	450	2 111
河　　南	3 564	2 210	142	602	694	263	353	1 115
湖　　北	2 865	2 027	155	598	579	206	315	1 147
湖　　南	2 271	1 549	120	520	387	139	254	756
广　　东	5 237	3 280	162	814	848	464	860	2 453
广　　西	1 379	928	21	215	302	150	162	610
海　　南	345	202	5	32	30	13	53	154
重　　庆	1 078	878	156	148	130	119	156	322
四　　川	2 535	1 472	149	412	462	186	270	842
贵　　州	653	418	16	124	135	25	35	218
云　　南	903	630	50	138	214	80	50	315
西　　藏								
陕　　西	2 287	1 633	230	376	302	164	285	1 309
甘　　肃	1 158	507	21	131	155	74	52	427
青　　海	364	163	23	55	44	24	17	125
宁　　夏	587	174	7	51	44	7	6	92
新　　疆	1 784	1 357	177	344	206	48	261	1 014

续表 2

地　　区	兼职教师人数（人）	文化技术理论课教师	生产实习指导教师	实习工厂和校办企业个数（个）	实习工厂和校办企业纳税额（万元）	实习工厂和校办企业利润额（万元）	经费来源总计（万元）	事业经费
全　　国	**29 629**	**20 687**	**9 813**	**1 664**	**6 835**	**10 142**	**1 124 528**	**374 447**
北　　京	1 059	743	345	21	226	176	50 582	29 365
天　　津	606	450	165	32	51	9	17 870	12 186
河　　北	1 102	708	301	176	281	366	38 509	9 979
山　　西	804	544	301	56	1 214	787	22 597	7 001
内 蒙 古	415	303	128	19	64	78	21 325	8 482
辽　　宁	1 359	934	390	79	259	248	33 730	10 857
吉　　林	565	390	167	42	94	66	15 671	8 539
黑 龙 江	745	670	455	92	52	85	22 327	13 684
上　　海	743	535	193	16	77	313	23 075	6 013
江　　苏	3 271	2 376	604	57	516	742	81 080	19 677
浙　　江	955	710	402	43	706	571	62 078	26 412
安　　徽	1 116	655	479	71	40	205	23 752	4 589
福　　建	1 383	1 041	260	20	10	21	25 117	9 291
江　　西	1 204	805	408	38	47	172	30 418	6 996
山　　东	2 066	1 328	738	168	1 049	1 543	123 562	38 261
河　　南	1 525	1 015	578	73	323	477	51 227	17 569
湖　　北	1 474	900	666	59	33	128	23 070	5 791
湖　　南	1 131	759	372	57	160	69	35 963	10 021
广　　东	2 119	1 397	722	184	564	760	211 678	75 782
广　　西	739	548	231	49	107	357	23 766	9 425
海　　南	114	151	42	25		2	5 860	2 662
重　　庆	656	444	191	18	163	2 133	33 128	3 154
四　　川	1 390	926	441	60	434	133	30 906	8 450
贵　　州	214	132	86	26	14	11	10 237	3 501
云　　南	437	270	167	24	29	211	12 465	6 197
西　　藏								
陕　　西	1 030	794	335	90	73	—31	10 810	2 900
甘　　肃	567	500	296	18	115	303	55 626	3 366
青　　海	134	81	53	9	1	53	3 806	2 020
宁　　夏	85	67	18	4	31	33	5 790	3 598
新　　疆	621	511	279	38	103	123	18 502	8 680

续表 3

地　区				经费支出总计（万元）			
	公司经费	企业经费	学费		教学支出	基建投资	人员经费
全　国	**51 853**	**120 062**	**472 009**	**1 028 475**	**277 990**	**172 813**	**437 574**
北　京		900	16 533	46 240	15 948	5 089	11 752
天　津	382	1 356	8 950	20 308	4 618	742	10 694
河　北	75	6 783	16 948	36 818	10 098	2 920	17 580
山　西	830	7 101	8 086	22 342	6 699	2 802	10 890
内蒙古	107	2 282	9 609	14 969	3 340	929	9 120
辽　宁	5 109	3 744	13 406	33 431	10 763	3 585	16 622
吉　林	76	1 270	5 794	14 199	3 333	1 641	7 438
黑龙江	466	1 335	5 796	23 118	4 774	2 012	13 589
上　海	460	2 399	9 630	24 126	5 149	2 578	8 232
江　苏	1 555	3 056	48 810	83 220	22 882	18 377	34 411
浙　江	15	3 456	29 868	59 991	20 614	7 181	24 906
安　徽	1 823	2 198	11 695	22 987	5 876	4 154	10 472
福　建	53	2 465	12 202	24 146	6 408	4 213	10 944
江　西	565	3 432	16 534	29 822	6 747	10 706	9 053
山　东	1 176	11 778	63 190	121 056	30 930	33 139	48 691
河　南	1 943	3 035	24 733	52 806	15 428	6 069	23 057
湖　北	382	827	14 029	26 539	4 826	4 903	10 126
湖　南	432	1 082	21 290	36 130	12 217	6 156	14 033
广　东	32 172	3 598	67 861	141 746	39 066	35 861	51 980
广　西	198	773	11 587	22 449	5 395	2 043	10 382
海　南	262	186	3 670	6 464	2 927	753	2 280
重　庆	305	927	9 503	17 755	6 155	4 197	4 990
四　川	775	2 392	17 289	30 799	10 778	4 212	13 181
贵　州	1 637	1 691	2 895	10 554	3 929	607	5 045
云　南	201	1 952	3 269	12 647	5 027	874	6 007
西　藏							
陕　西	133	576	5 821	9 963	2 973	2 193	3 716
甘　肃	620	47 234	3 500	55 994	3 476	1 904	32 993
青　海	102	291	1 142	3 770	1 073	513	2 025
宁　夏			1 766	5 672	2 178	428	2 701
新　疆		1 943	6 604	18 416	4 361	2 033	10 666

分地区技工学校培训情况

(2004)

单位：人

地区	招生学校数（所）	招生人数	高级班学生	女生	农业户口学生	在校学生人数	女生
全国	**2 413**	**1 097 365**	**148 877**	**346 290**	**649 385**	**2 344 504**	**760 137**
北京	45	24 980	1 805	9 262	15 611	69 510	24 252
天津	60	19 913	1 805	6 161	5 949	46 706	14 919
河北	143	41 731	3 607	11 743	20 354	83 069	24 246
山西	89	35 843	2 645	10 115	24 026	74 473	24 982
内蒙古	42	10 291	814	2 666	2 006	22 449	5 933
辽宁	128	40 411	5 016	7 533	14 588	77 971	16 772
吉林	68	18 002	732	4 236	6 632	31 395	8 994
黑龙江	116	21 591	2 693	7 108	6 686	41 411	13 491
上海	41	10 744	27	2 770	2 927	35 285	10 289
江苏	123	98 172	20 219	29 371	53 298	210 867	75 349
浙江	80	40 536	5 940	9 818	17 915	88 652	24 549
安徽	90	34 879	2 745	13 087	19 069	64 616	24 125
福建	89	33 568	2 526	14 752	24 220	76 606	27 830
江西	70	37 080	4 642	13 898	14 752	85 106	35 580
山东	187	121 444	40 907	39 073	83 792	274 432	85 425
河南	141	68 707	7 350	21 294	51 400	144 111	43 710
湖北	110	60 546	4 582	24 732	32 583	110 376	46 029
湖南	101	53 161	7 256	17 751	33 918	103 890	34 283
广东	140	115 201	16 630	29 495	73 009	281 055	69 887
广西	56	29 260	772	8 859	21 665	67 665	21 635
海南	13	4 166	360	970	2 119	10 048	2 791
重庆	67	26 145	1 461	12 192	23 852	57 067	24 777
四川	114	42 638	3 198	16 154	31 904	85 501	33 483
贵州	32	11 474	776	3 704	7 515	21 819	7 556
云南	36	13 002	1 046	3 929	8 341	32 678	10 814
西藏							
陕西	125	52 643	5 749	15 002	33 523	91 405	29 205
甘肃	38	10 986	527	3 905	6 957	19 336	7 077
青海	10	2 372	341	722	1 492	4 072	1 222
宁夏	9	3 193	492	1 108	1 415	6 736	2 488
新疆	50	14 686	2 214	4 880	7 867	26 197	8 444

续表 1

地　区	高级班学生	毕业生人数	获得初级职业资格	获得中级职业资格	获得高级职业资格	培训社会人员人次数	女性
全　国	**261 458**	**535 202**	**54 278**	**411 564**	**20 095**	**2 656 377**	**668 738**
北　京	3 160	15 751	2 800	10 312	543	70 520	25 146
天　津	3 731	13 293	3 910	8 109	261	43 600	12 385
河　北	6 133	20 115	2 276	15 361	523	105 122	25 586
山　西	3 435	14 659	737	11 564	50	52 190	11 250
内蒙古	1 329	6 023	205	3 543	193	54 049	16 939
辽　宁	7 448	17 710	2 685	14 729	296	123 895	35 461
吉　林	1 418	6 614	1 426	4 610	258	46 844	8 362
黑龙江	4 341	12 318	1 793	7 830	356	185 723	43 183
上　海	65	10 559	3 371	6 863	10	43 112	7 154
江　苏	39 536	33 842	1 133	27 706	2 487	207 797	57 439
浙　江	10 892	19 062	3 447	14 728	555	146 113	25 797
安　徽	3 941	18 193	3 085	13 079	446	93 646	32 654
福　建	4 558	18 621	5 601	10 635	75	67 731	9 385
江　西	8 215	17 854	912	13 287	1 113	42 910	12 412
山　东	72 095	58 834	2 193	47 447	6 240	250 966	60 458
河　南	10 993	28 279	1 727	23 193	269	222 532	49 108
湖　北	5 344	32 826	2 960	26 661	777	67 614	22 677
湖　南	15 560	27 453	2 033	17 726	917	65 116	28 259
广　东	28 843	55 381	1 727	50 880	2 628	181 247	46 745
广　西	1 506	16 038	3 626	10 862	13	54 718	9 554
海　南	739	1 886	99	1 499	50	19 262	5 568
重　庆	2 505	17 456	3 277	13 818	47	58 463	7 292
四　川	6 903	23 631	955	19 400	378	118 828	37 951
贵　州	1 413	5 182	144	2 957	201	23 599	4 235
云　南	2 441	7 501	147	6 212	220	41 035	10 055
西　藏							
陕　西	9 407	21 263	427	18 350	800	57 411	16 829
甘　肃	1 321	4 342	51	2 559	336	42 075	9 981
青　海	545	807	7	668	33	17 544	5 354
宁　夏	945	1 676	91	957		13 727	4 788
新　疆	2 696	8 033	1 433	6 019	20	138 988	26 731

续表 2

地区	上年末结转人数	培训社会人员结业人数	按培训对象分组：下岗失业人员	劳动预备制学员	在职职工	其他
全国	**113 073**	**2 574 910**	**489 282**	**192 989**	**1 373 318**	**519 321**
北京	2 878	69 807	16 590	3 998	38 145	11 074
天津	1 459	58 302	15 685	3 307	30 680	8 630
河北	8 427	102 202	15 332	7 514	48 920	30 436
山西	2 828	52 963	2 710	3 112	39 042	8 099
内蒙古	2 604	55 848	14 209	4 894	30 153	6 592
辽宁	4 863	111 715	58 305	3 013	35 866	14 531
吉林	227	44 773	7 652	4 537	29 124	3 460
黑龙江	5 106	181 724	66 465	22 376	81 822	11 061
上海	1 999	37 738	8 057	155	8 411	21 115
江苏	4 125	201 269	34 324	13 442	94 171	59 332
浙江	2 903	140 561	23 060	5 153	51 862	60 486
安徽	2 457	95 171	33 020	6 426	44 236	11 489
福建	2 188	67 119	8 061	2 349	46 991	9 718
江西	557	40 932	10 401	2 564	22 280	5 687
山东	31 016	220 550	21 809	27 060	125 848	45 833
河南	4 813	219 720	43 796	7 236	154 989	13 699
湖北	6 642	68 706	11 355	9 124	31 263	16 964
湖南	2 006	60 982	15 432	12 036	25 204	8 310
广东	13 128	180 311	23 036	17 203	98 925	41 147
广西	2 011	54 171	1 565	3 424	31 481	17 701
海南	267	14 338	1 014	839	8 140	4 345
重庆	269	44 548	3 332	932	34 521	5 763
四川	1 553	120 668	16 848	9 891	69 187	24 742
贵州	1 400	23 049	1 361	778	12 056	8 854
云南	3 412	38 002	4 906	3 993	22 439	6 664
西藏						
陕西	1 480	60 454	11 164	6 942	34 927	7 421
甘肃	1 106	41 226	4 550	2 829	27 066	6 781
青海	100	17 294	814	214	11 076	5 190
宁夏		13 709	1 526	669	5 622	5 892
新疆	1 249	137 058	12 903	6 979	78 871	38 305

续表 3

地　　区	按获取证书分组			就业人数	
	初级职业资格	中级职业资格	高级职业资格		技工学校学生
全　　国	**491 569**	**459 959**	**141 238**	**1 087 182**	**502 331**
北　　京	21 614	18 484	7 213	38 876	1 950
天　　津	19 144	4 899	3 432	16 368	12 742
河　　北	7 977	11 257	2 473	47 293	18 209
山　　西	12 220	4 792	1 446	24 230	9 717
内 蒙 古	13 485	6 892	4 174	12 463	4 004
辽　　宁	18 062	17 068	9 259	48 626	16 062
吉　　林	6 514	8 634	3 747	16 062	5 441
黑 龙 江	18 023	34 869	7 401	51 780	9 627
上　　海	9 501	7 621	1 937	14 429	7 657
江　　苏	51 433	32 072	7 878	92 912	31 805
浙　　江	38 245	17 255	5 960	36 862	15 747
安　　徽	15 741	20 841	3 746	47 171	17 461
福　　建	8 629	8 458	2 669	36 582	17 767
江　　西	3 545	12 140	4 393	20 790	17 016
山　　东	95 901	60 877	10 219	145 560	58 834
河　　南	10 919	23 714	9 817	52 774	26 810
湖　　北	8 182	19 020	10 220	47 003	32 261
湖　　南	5 404	10 013	2 155	39 917	26 055
广　　东	39 955	34 213	7 851	103 159	54 328
广　　西	7 090	4 924	1 984	19 419	15 543
海　　南	1 100	1 131	1 434	2 228	1 765
重　　庆	10 210	22 714	3 004	36 026	17 109
四　　川	19 893	19 212	7 818	49 930	22 849
贵　　州	1 297	2 199	702	7 766	4 768
云　　南	9 191	9 450	6 022	7 258	7 066
西　　藏					
陕　　西	6 389	9 391	3 636	25 645	18 977
甘　　肃	10 651	7 494	2 018	9 015	3 107
青　　海	2 606	2 816	568	14 176	796
宁　　夏	2 946	3 132	1 545	3 673	1 670
新　　疆	15 702	24 377	6 517	19 189	7 630

分地区就业训练中心综合情况

（2004）

地区	就业训练中心个数（个）	拥有实习场地	劳动预备制度定点培训机构数	在职教职工总人数（人）	教师	兼职教师人数（人）	经费来源总计（万元）	财政补助费
全　国	**3 323**	**3 057**	**2 185**	**39 073**	**22 661**	**27 544**	**147 360**	**41 096**
北　京	19	19	6	657	392	670	5 684	739
天　津	19	19	11	352	119	209	2 437	146
河　北	210	195	154	2 137	1 372	1 485	3 546	901
山　西	100	74	42	1 214	647	399	1 329	281
内蒙古	115	103	46	826	423	618	1 790	319
辽　宁	118	116	84	1 664	1 627	1 311	5 796	2 767
吉　林	68	68	45	452	275	342	1 138	434
黑龙江	125	119	111	974	530	512	3 223	2 280
上　海								
江　苏	127	115	91	1 644	950	2 233	10 165	1 619
浙　江	215	168	47	669	300	1 050	6 252	2 305
安　徽	84	84	49	876	568	692	1 850	390
福　建	116	116	62	683	311	811	2 205	978
江　西	116	116	116	1 508	732	1 024	6 423	3 655
山　东	157	153	143	3 598	1 978	1 848	14 260	4 226
河　南	159	159	130	1 525	855	1 843	4 864	1 424
湖　北	165	154	97	1 893	1 115	1 300	5 648	2 252
湖　南	310	295	266	4 955	2 298	2 470	15 769	4 813
广　东	203	196	111	3 631	2 011	2 476	17 956	4 201
广　西	91	86	62	677	287	715	2 310	290
海　南	42	25	10	1 067	631	143	2 419	1 013
重　庆	42	38	36	366	240	382	1 205	471
四　川	163	149	117	1 611	882	1 464	4 545	2 190
贵　州	76	50	23	384	168	361	1 283	629
云　南	123	103	85	1 061	618	563	2 094	466
西　藏								
陕　西	117	117	107	1 496	1 349	865	2 125	326
甘　肃	91	91	69	873	562	365	133	62
青　海	34	13	16	342	163	159	480	209
宁　夏	23	21	4	144	78	137	248	137
新　疆	95	95	45	1 794	1 180	1 097	20 184	1 573

续表 1

地　区				经费支出总计（万元）		
	职业培训补贴	有偿培训收入	其他收入		教学经费	人员经费
全　国	**54 853**	**43 529**	**8 211**	**127 281**	**82 267**	**41 957**
北　京	1 278	3 162	505	5 489	3 312	2 097
天　津	1 630	642	19	1 866	1 295	551
河　北	1 802	785	58	4 530	1 874	2 535
山　西	764	191	93	1 079	424	584
内蒙古	1 149	145	3	1 704	1 030	627
辽　宁	2 867	107	55	5 671	4 121	1 550
吉　林	360	307	38	1 144	678	396
黑龙江	444	141	357	3 088	1 766	1 023
上　海						
江　苏	5 180	2 636	730	8 819	5 239	3 446
浙　江	1 527	1 962	459	4 948	3 433	1 515
安　徽	810	510	140	1 900	1 100	800
福　建	379	650	198	2 219	1 530	675
江　西	2 335	201	232	6 273	4 125	2 148
山　东	5 096	2 857	2 082	14 295	8 724	5 161
河　南	2 037	968	435	4 638	3 322	1 316
湖　北	2 213	936	246	4 636	2 833	1 738
湖　南	3 108	6 888	960	13 993	8 900	4 594
广　东	3 488	9 738	529	15 979	11 119	4 365
广　西	910	1 070	40	2 237	1 413	725
海　南	739	572	95	2 284	1 443	830
重　庆	267	180	287	1 137	808	311
四　川	1 810	481	64	4 423	3 123	1 300
贵　州	304	230	120	907	441	423
云　南	1 395	143	90	1 954	1 257	393
西　藏						
陕　西	613	1115	71	1 904	1 188	716
甘　肃	55	11	5	136	58	77
青　海	242	29		436	248	188
宁　夏	92	16	2	251	137	94
新　疆	11 959	6 856	124	9 343	7 325	1 778

续表 2

地区	就业训练人数（人）	女性	上年末结转人数	结业人数（人）	按训练对象分组		
					劳动预备制学员	下岗失业人员	其他人员
全国	**7 466 895**	**3 475 840**	**205 090**	**7 155 655**	**710 436**	**3 508 740**	**2 936 479**
北京	131 563	52 960	3 962	125 336	1 253	48 437	75 646
天津	75 800	34 909	2 094	73 434	863	44 638	27 933
河北	875 432	390 234	9 150	851 800	122 206	190 975	538 619
山西	89 244	34 571	1 497	90 717	12 907	45 656	32 154
内蒙古	235 877	116 463	2 930	235 650	6 111	191 210	38 329
辽宁	384 894	221 220	39 866	369 152	7 890	201 283	159 979
吉林	82 362	36 889	3 045	82 179	6 068	59 977	16 134
黑龙江	195 241	83 308	4 767	190 389	34 964	138 047	17 378
上海							
江苏	662 052	322 869	13 332	634 188	22 607	346 414	265 167
浙江	303 567	155 090	12 943	290 740	15 446	136 845	138 449
安徽	134 936	66 325	3 456	133 711	5 412	116 385	11 914
福建	231 278	105 275	2 121	227 865	10 999	64 656	152 210
江西	202 893	97 781	1 310	201 816	14 785	142 937	44 094
山东	361 559	189 159	11 698	318 879	51 579	175 073	92 227
河南	483 633	219 341	8 783	475 879	28 873	332 529	114 477
湖北	613 540	262 741	14 616	600 410	48 996	259 522	291 892
湖南	599 093	283 022	19 777	564 723	152 934	273 383	138 406
广东	555 482	236 830	12 942	481 111	30 873	177 444	272 794
广西	182 788	77 226	3 673	180 644	22 268	70 737	87 639
海南	35 543	11 346	4 492	36 418	10 241	17 065	9 112
重庆	88 137	36 846	1 538	86 673	1 849	59 618	25 206
四川	242 397	118 395	9 176	235 420	28 534	126 748	80 138
贵州	55 598	22 392	186	55 247	1 844	25 408	27 995
云南	161 247	67 246	7 308	160 226	24 862	59 974	75 390
西藏							
陕西	160 541	114 798	5 369	153 169	33 934	80 137	39 098
甘肃	80 575	33 278	1 395	76 283	6 918	56 551	12 814
青海	61 398	21 163	427	61 282	292	23 119	37 871
宁夏	15 600	7 332	324	15 132	1 598	5 829	7 705
新疆	164 625	56 831	2 913	147 182	3 330	38 143	105 709

续表 3

地区	按训练期限分组			按获取证书分组			就业人数（人）
	六个月以下	六个月至一年	一年以上	初级职业资格	中级职业资格	高级职业资格	
全国	**6 378 342**	**571 516**	**205 797**	**2 152 290**	**634 457**	**89 891**	**4 662 924**
北京	121 440	1 695	2 201	46 020	36 306	4 546	88 498
天津	71 571	35	1 828	39 759	4 123	230	32 061
河北	743 612	95 562	12 626	76 862	6 790	2 654	472 107
山西	81 867	6 404	2 446	17 985	5 837	142	50 494
内蒙古	233 096	1 520	1 034	35 929	2 856	453	155 944
辽宁	356 660	1 663	10 829	41 566	6 437	344	226 508
吉林	77 890	3 627	662	20 627	3 410	523	51 036
黑龙江	152 315	33 919	4 155	24 204	14 178	6 623	129 575
上海							
江苏	619 518	10 073	4 597	140 258	37 687	2 016	412 545
浙江	282 846	2 743	5 151	261 375	23 973	5 013	182 749
安徽	123 867	7 326	2 518	45 018	12 867	3 658	79 438
福建	224 174	2 430	1 261	54 859	10 733	544	164 109
江西	187 760	11 914	2 142	173 595	19 558	2 017	143 762
山东	277 614	29 363	11 902	192 377	29 833	3 732	206 232
河南	453 196	19 834	2 849	86 393	30 479	4 523	386 573
湖北	454 868	128 640	16 902	80 569	60 845	20 862	418 680
湖南	353 684	120 907	90 132	260 325	134 174	10 434	461 803
广东	458 057	17 067	5 987	244 148	74 258	11 714	241 706
广西	175 191	4 024	1 429	33 777	3 967	236	122 183
海南	35 918	400	100	3 417	215	85	19 574
重庆	83 483	2 101	1 089	13 756	4 416	98	51 373
四川	227 499	7 298	623	91 928	28 665	694	151 718
贵州	51 216	3 863	168	33 131	2 590	72	33 633
云南	135 089	13 703	11 434	39 531	27 464	1 933	84 469
西藏							
陕西	136 476	9 863	6 830	45 874	11 192	1 162	73 804
甘肃	73 527	1 701	1 055	12 727	6 861	106	39 447
青海	60 888	394		2 878	3 996	671	42 134
宁夏	14 375	477	280	2 421	272	43	10 500
新疆	110 645	32 970	3 567	30 981	30 475	4 763	130 269

分地区民办职业培训机构综合情况

（2004）

地区	职业培训机构个数（个）	劳动预备制度定点培训机构数	在职教职工人数（人）	教师	兼职教师（人）	经费来源总计（万元）
全国	**21 425**	**3 256**	**214 949**	**141 673**	**72 146**	**571 134**
北京	480	42	8 710	4 640	4 206	24 325
天津	267	12	3 365	2 136	1 375	9 132
河北	963	57	9 794	6 878	3 182	12 799
山西	368	100	3 305	2 023	998	3 834
内蒙古	232	16	1 411	962	569	1 560
辽宁	847	123	5 890	4 051	1 903	1 005
吉林	655	234	3 167	1 993	802	3 063
黑龙江	1 070	218	6 383	4 701	2 270	7 246
上海	514	40	10 693	4 942	1 651	23 041
江苏	1 576	177	12 462	8 512	5 064	35 160
浙江	949	85	6 728	4 638	2 985	17 698
安徽	683	135	5 977	4 081	1 593	22 537
福建	350	113	3 999	2 703	1 577	7 775
江西	655	239	8 179	5 329	2 291	7 517
山东	1 793	408	23 059	16 998	6 849	42 579
河南	1 267	148	10 457	6 962	3 008	13 165
湖北	1 024	162	8 473	6 243	2 549	14 508
湖南	716	288	8 856	6 917	2 043	11 699
广东	3 016	134	23 281	17 529	8 706	83 791
广西	395	23	5 006	3 357	1 168	9 381
海南	90	8	560	348	315	448
重庆	642	61	5 909	3 797	1 866	8 144
四川	1 212	215	9 354	6 353	4 049	185 210
贵州	178	30	3 439	1 945	1 494	3 537
云南	268	58	6 691	4 240	3 324	7 287
西藏	16		48	48	20	
陕西	500		11 000	5 078	4 000	4 900
甘肃	310	78	2 826	1 890	680	5 022
青海	80	15	445	350	117	187
宁夏	93	3	723	457	184	865
新疆	216	34	4 759	1 572	1 308	3 720

续表 1

地 区	有偿培训收入	经费支出总计（万元）	教学经费	人员经费	培训人数（人）	女性	上年末结转人数
全 国	**305 308**	**354 647**	**169 776**	**117 115**	**7 410 045**	**3 041 650**	**402 124**
北 京	15 614.1	21 363	11 573	7 548	400 827	153 612	18 202
天 津	7 594.5	8 023	5 179	2 294	130 496	48 182	8 924
河 北	11 249.4	11 152	6 245	4 474	201 726	70 920	17 214
山 西	2 847.6	3 908	2 316	1 426	131 530	57 938	8 069
内蒙古	962.4	1 140	442	525	22 667	12 950	2 104
辽 宁	821.9	919	443	360	203 429	90 012	9 803
吉 林	2 931.4	2 928	1 353	1 567	68 433	34 359	4 042
黑龙江	5 249.5	5 467	2 973	2 421	177 394	80 845	11 792
上 海	17 308.0	21 386	12 606	6 426	237 523	111 400	
江 苏	29 877.2	24 173	10 541	12 700	747 820	286 968	18 550
浙 江	13 226.3	14 832	8 090	6 311	339 966	167 753	13 983
安 徽	21 383.3	7 368	4 120	3 005	235 082	106 799	10 314
福 建	4 914.6	7 478	3 494	2 926	158 094	52 337	8 758
江 西	3 802.2	6 869	3 946	2 123	221 444	56 276	15 166
山 东	33 761.8	68 597	21 045	13 317	530 788	196 100	26 258
河 南	10 374.2	10 665	5 597	4 430	340 242	142 623	27 272
湖 北	10 694.3	11 630	5 503	5 567	236 500	108 867	22 099
湖 南	8 665.0	9 686	4 195	3 759	211 404	117 133	16 949
广 东	61 312.4	67 089	35 762	14 191	1 044 855	484 878	72 824
广 西	8 227.9	7 876	3 953	3 730	158 019	67 433	14 242
海 南	374.2	394	137	258	9 381	4 392	42
重 庆	6 603.4	8 194	3 974	3 092	428 697	126 489	15 923
四 川	10 860.8	13 450	6 647	5 559	377 311	158 323	29 127
贵 州	2 794.4	3 009	1 018	1 275	121 270	37 023	4 128
云 南	3 648.2	6 451	3 117	333	153 000	54 595	10 479
西 藏					3 507	1 169	
陕 西	3 700.0	2 100	1 300	500	230 000	98 000	5 000
甘 肃	3 085.5	4 548	2 231	2 202	70 082	34 958	6 812
青 海	187.1	183	90	93	47 177	16 114	726
宁 夏	688.0	763	406	341	29 489	15 629	295
新 疆	2 547.1	3 008	1 483	1 360	141 892	47 573	3 027

续表 2

地区	结业人数（人）	按培训对象分组			按培训期限分组		
		劳动预备制学员	下岗失业人员	其他人员	六个月以下	六个月至一年	一年以上
全　　国	**6 816 944**	**988 437**	**1 590 819**	**4 237 688**	**5 585 220**	**803 283**	**428 441**
北　　京	376 979	16 457	76 895	283 627	347 212	18 220	11 547
天　　津	125 478	16 058	72 687	36 733	120 474	2 302	2 702
河　　北	184 993	13 687	32 724	138 582	146 651	34 999	3 343
山　　西	131 062	18 656	28 383	84 023	111 427	10 911	8 724
内 蒙 古	21 218	3 962	7 074	10 182	17 909	2 313	996
辽　　宁	182 686	7 921	83 298	91 467	161 104	18 122	3 460
吉　　林	64 188	15 200	24 407	24 581	49 273	10 492	4 423
黑 龙 江	174 987	33 410	97 475	44 102	145 746	23 846	5 395
上　　海	204 431	860	111 056	92 515	185 871	17 961	599
江　　苏	699 821	43 097	179 867	476 857	659 508	27 311	13 002
浙　　江	307 596	37 470	63 298	206 828	279 862	14 517	13 217
安　　徽	230 187	48 910	31 159	150 118	151 711	61 020	17 456
福　　建	136 731	22 489	21 463	92 779	127 454	5 712	3 565
江　　西	199 560	39 886	72 519	87 155	156 435	27 186	15 939
山　　东	443 517	107 796	57 927	277 794	349 342	57 897	36 278
河　　南	305 702	44 835	61 254	199 613	257 946	36 889	10 867
湖　　北	224 593	63 103	53 019	108 471	141 897	50 824	31 872
湖　　南	186 482	62 224	45 065	79 193	124 521	33 022	28 939
广　　东	986 604	46 663	122 756	817 185	816 636	135 736	34 232
广　　西	145 390	18 043	21 540	105 807	108 223	17 723	19 444
海　　南	8 994	570	2 315	6 109	8 654	240	100
重　　庆	390 796	209 208	78 512	103 076	351 821	23 910	15 065
四　　川	347 312	43 663	101 806	201 843	271 072	59 640	16 600
贵　　州	88 346	6 952	18 613	62 781	62 143	17 608	8 595
云　　南	150 246	19 668	28 234	102 344	138 112	4 223	7 911
西　　藏	3 507		1 865	1 642	3 507		
陕　　西	215 000	13 000	37 000	165 000	38 000	68 000	109 000
甘　　肃	69 011	21 304	17 102	30 605	54 013	11 298	3 700
青　　海	45 150	915	16 165	28 070	43 925	1 225	
宁　　夏	28 900	863	8 971	19 066	26 299	2 543	58
新　　疆	137 477	11 567	16 370	109 540	128 472	7 593	1 412

续表 3

地区	按获取证书分组				就业人数（人）
	初级职业资格	中级职业资格	高级职业资格	结业证书	
全　国	**1 440 788**	**1 293 945**	**210 017**	**3 835 442**	**4 311 309**
北　京	108 464	108 710	25 957	131 209	185 562
天　津	61 125	23 420	7 121	30 496	21 583
河　北	35 080	38 231	3 399	107 736	128 022
山　西	24 348	12 279	2 068	92 034	70 433
内蒙古	3 559	2 894	264	14 115	9 700
辽　宁	48 624	36 824	6 659	90 579	110 859
吉　林	10 958	9 623	1 244	42 267	42 978
黑龙江	38 801	26 837	3 056	106 100	93 652
上　海	70 798	61 030	9 941	58 674	169 115
江　苏	79 396	91 732	16 851	508 420	502 979
浙　江	104 415	34 272	9 020	158 254	172 568
安　徽	32 195	51 657	1 651	144 583	155 941
福　建	19 836	9 766	3 043	102 938	95 982
江　西	35 846	36 941	1 525	125 038	169 626
山　东	100 436	70 711	6 323	264 938	319 273
河　南	54 800	47 385	4 756	197 444	232 213
湖　北	38 634	67 200	1 0561	104 374	165 574
湖　南	37 106	35 780	1 274	112 269	133 885
广　东	166 168	198 291	33 455	583 688	338 130
广　西	33 327	15 112	717	96 037	92 857
海　南	167	46	32	8 354	5 818
重　庆	47 211	43 071	9 436	288 701	343 564
四　川	55 655	97 920	21 245	171 002	250 955
贵　州	23 279	17 028	1 553	46 486	55 624
云　南	53 133	39 167	13 301	42 834	57 079
西　藏				3 507	858
陕　西	113 000	91 500	10 500		183 000
甘　肃	8 092	9 175	562	51 182	40 409
青　海	5 003	324	75	39 748	23 569
宁　夏	4 335	480		24 085	18 785
新　疆	26 997	16 539	4 428	88 350	120 716

分地区职业技能鉴定综合情况

（2004）

单位：人

地 区	年末职业技能鉴定机构数（人）	鉴定所数	鉴定站数	工考委数
全 国	**9 458**	**5 850**	**3 536**	**72**
北 京	86	86		
天 津	98	64	23	11
河 北	321	303	18	
山 西	234	232		2
内蒙古	126	83	41	2
辽 宁	106	16	90	
吉 林	165	153	12	
黑龙江	20	20		
上 海	43	35	8	
江 苏	389	384	5	
浙 江	302	104	198	
安 徽	317	6	311	
福 建	462	462		
江 西	245	182	63	
山 东	288	211	77	
河 南	451	264	143	44
湖 北	440	440		
湖 南	22	20	1	1
广 东	79	25	54	
广 西	134	87	38	9
海 南	49	49		
重 庆	151	151		
四 川	489	220	268	1
贵 州	145	145		
云 南	163	163		
西 藏	21	21		
陕 西	160	78	81	1
甘 肃	55	55		
青 海	46	27	18	1
宁 夏	67	66	1	
新 疆	248	147	101	

续表 1

地　区	年末考评人员人数	本年鉴定考核人数	初级	中级
全　国	**197 821**	**8 796 272**	**3 146 224**	**4 160 787**
北　京	644	351 557	133 492	130 376
天　津	2 301	183 891	122 842	46 784
河　北	1 783	362 900	184 512	137 450
山　西	3 214	275 612	70 760	163 152
内蒙古	2 674	98 933	19 720	63 035
辽　宁	3 060	73 939	17 672	29 853
吉　林	3 256	257 523	115 868	103 478
黑龙江	7 883	166 698	82 731	61 626
上　海	3 118	159 369	62 523	51 794
江　苏	5 337	405 267	141 435	216 364
浙　江	4 881	511 766	313 471	155 728
安　徽	5 987	227 881	74 981	127 003
福　建	5 904	317 530	102 261	177 711
江　西	3 342	190 414	26 344	145 308
山　东	4 675	316 610	129 374	162 334
河　南	7 822	233 454	57 442	143 019
湖　北	4 810	300 630	55 397	144 219
湖　南	6 218	312 462	79 572	199 858
广　东	3 413	869 863	358 138	427 543
广　西	1 803	180 681	75 238	89 833
海　南	149	14 379	6 083	5 975
重　庆	4 489	271 436	101 051	128 232
四　川	7 018	394 540	137 873	196 162
贵　州	7 038	55 199	17 181	28 738
云　南	5 029	165 250	41 379	88 179
西　藏	60	4 312	1 824	1 236
陕　西	2 155	173 408	44 128	108 582
甘　肃	1 902	49 101	9 526	28 578
青　海	1 009	27 166	12 987	10 629
宁　夏	423	10 289	1 670	5 441
新　疆	4 885	132 387	64 723	50 711

续表 2

地　　区	高级	技师	高级技师	本年获取证书人数	初级
全　　国	**1 228 233**	**212 030**	**48 998**	**7 360 975**	**2 693 139**
北　　京	69 023	17 821	845	308 995	126 891
天　　津	13 744	521		172 097	116 512
河　　北	28 196	11 259	1 483	298 408	161 175
山　　西	32 526	7 131	2 043	246 256	65 867
内 蒙 古	15 491	587	100	97 118	19 286
辽　　宁	9 378	12 238	4 798	69 967	17 454
吉　　林	33 016	4 852	309	203 194	86 442
黑 龙 江	17 317	4 661	363	126 873	57 805
上　　海	28 558	15 639	855	135 421	50 832
江　　苏	38 250	9 082	136	369 503	131 030
浙　　江	35 364	7 110	93	456 938	282 376
安　　徽	21 450	4 215	232	192 710	63 205
福　　建	34 174	3 271	113	267 026	87 351
江　　西	14 775	3 800	187	167 810	25 975
山　　东	21 205	3 318	379	236 115	96 426
河　　南	24 747	7 735	511	209 843	52 775
湖　　北	60 501	19 154	21 359	255 328	47 269
湖　　南	23 722	8 688	622	241 249	65 584
广　　东	71 178	12 470	534	679 701	295 979
广　　西	13 106	2 280	224	160 673	66 962
海　　南	1 214	976	131	10 891	5 226
重　　庆	35 242	4 311	2 600	201 456	79 707
四　　川	52 597	7 193	715	338 498	119 552
贵　　州	7 448	1 687	145	49 033	15 807
云　　南	32 758	2 855	79	140 513	33 223
西　　藏	1 252			4 168	1 776
陕　　西	19 675	992	31	167 369	43 734
甘　　肃	10 857	85	55	43 555	8 793
青　　海	3 238	288	24	24 080	11 953
宁　　夏	2 819	344	15	9 322	1 573
新　　疆	15 269	1 605	79	129 280	63 395

续表 3

地　区	中级	高级	技师	高级技师
全　国	**3 516 216**	**974 538**	**140 810**	**36 272**
北　京	115 735	56 380	9 289	700
天　津	42 483	12 739	363	
河　北	109 631	21 631	5 627	344
山　西	146 252	27 681	4 781	1 675
内蒙古	62 265	14 880	587	100
辽　宁	28 912	9 092	10 359	4 150
吉　林	85 748	27 249	3 540	215
黑龙江	50 494	14 701	3 603	270
上　海	46 495	23 736	13 691	667
江　苏	198 755	32 432	7 157	129
浙　江	138 080	30 150	6 246	86
安　徽	109 499	17 425	2 457	124
福　建	150 817	27 354	1 453	51
江　西	129 831	11 039	778	187
山　东	122 214	14 705	2 469	301
河　南	130 423	20 585	5 699	361
湖　北	126 485	49 220	15 017	17 337
湖　南	155 672	15 564	4 146	283
广　东	332 188	45 315	5 975	244
广　西	79 952	11 664	1 938	157
海　南	4 295	843	472	55
重　庆	96 656	19 979	3 190	1 924
四　川	170 911	42 996	4 678	361
贵　州	26 334	5 746	1 083	63
云　南	78 202	26 932	2 096	60
西　藏	1 182	1 210		
陕　西	104 033	18 643	933	26
甘　肃	25 647	9 032	67	16
青　海	9 104	2 761	242	20
宁　夏	4 920	2 514	300	15
新　疆	49 304	14 916	1 586	79

（四）劳动关系与监察

历年劳动争议处理情况

单位：件

年份	上期未结案件数	案件受理情况		
		当期案件受理数	集体劳动争议案件数	劳动者申诉案件数
1996	2 634	47 951	3 150	41 697
1997	2 864	71 524	4 109	68 773
1998	3 475	93 649	6 767	84 829
1999	3 840	120 191	9 043	114 152
2000	6 374	135 206	8 247	120 043
2001	8 739	154 621	9 847	146 781
2002	12 472	184 116	11 024	172 253
2003	16 276	226 391	10 823	215 512
2004	17 117	260 471	19 241	249 335

年份	劳动者当事人人数（人）	集体劳动争议劳动者当事人人数（人）
1996	189 120	92 203
1997	221 115	132 647
1998	358 531	251 268
1999	473 957	319 241
2000	422 617	259 445
2001	556 230	286 680
2002	608 396	374 956
2003	801 042	514 573
2004	764 981	477 992

续表

年份					案件处理情况	
						处理方式
	变更劳动合同	解除劳动合同	终止劳动合同	其他	结案数	仲裁调解
1996					46 543	24 223
1997	2 992	10 337	5 344	8 917	70 792	32 793
1998	2 840	13 069	4 752	9 515	92 288	31 483
1999	3 469	18 108	8 031	8 626	121 289	39 550
2000	3 829	21 149	10 816	12 549	130 688	41 877
2001	4 254	29 038	10 298	15 276	150 279	42 933
2002	3 765	30 940	12 908	17 562	178 744	50 925
2003	5 494	40 017	12 043	13 131	223 503	67 765
2004	4 465	42 881	14 140	20 447	258 678	83 400

年份	案件处理情况					本期末结案数
			处理结果			
	仲裁裁决	其他方式	用人单位胜诉	劳动者胜诉	双方部分胜诉	
1996	12 789	9 531	9 452	23 696	13 395	3 024
1997	15 060	22 939	11 488	40 063	19 241	3 596
1998	25 389	35 155	11 937	48 650	27 365	4 836
1999	34 712	47 027	15 674	63 030	37 459	6 536
2000	54 142	34 669	13 699	70 544	37 247	10 892
2001	77 250	35 096	31 544	71 739	46 996	13 081
2002	77 340	50 479	27 017	84 432	67 295	17 844
2003	95 774	59 954	34 272	109 556	79 475	19 164
2004	110 708	64 550	35 679	123 268	94 041	18 817

分地区劳动争议处理情况

（2004）

单位：件

地区	上期未结案件数	案件受理情况			劳动者当事人人数（人）
		当期案件受理数	集体劳动争议案件数	劳动者申诉案件数	
全　国	**17 117**	**260 471**	**19 241**	**249 335**	**764 981**
北　京		15 928	701	15 792	23 126
天　津		3 526	81	3 459	5 299
河　北	120	6 288	411	5 273	14 106
山　西	181	3 200	485	3 191	10 300
内蒙古	13	1 971	641	1 432	8 150
辽　宁	943	9 912	463	8 185	140 600
吉　林	1 114	4 337	774	3 973	34 752
黑龙江	469	4 871	1 376	4 497	14 962
上　海	1 702	18 041	478	17 602	24 641
江　苏	1 786	42 528	410	39 271	55 633
浙　江	749	15 192	427	19 314	26 960
安　徽	154	3 157	316	2 971	15 022
福　建	577	7 204	2 690	6 608	20 818
江　西	95	1 735	113	1 625	4 496
山　东	1 402	21 313	705	20 244	65 931
河　南	971	6 428	427	6 308	25 923
湖　北	252	7 886	1 292	6 344	10 975
湖　南	1 168	4 686	687	4 173	8 784
广　东	3 338	41 732	4 304	40 757	148 936
广　西	303	7 042	223	6 923	11 487
海　南	45	1 068	20	1 063	1 818
重　庆	185	7 856	169	7 745	14 529
四　川	503	9 868	652	9 592	28 221
贵　州	199	2 170	160	2 142	8 842
云　南	145	1 635	97	1 614	4 175
西　藏	70	1 079	408		12 019
陕　西	281	3 343	182	3 300	7 436
甘　肃	39	1 158	97	1 129	3 649
青　海	28	443	34	434	1 453
宁　夏		665	36	637	2 746
新　疆	285	4 209	382	3 737	9 192

续表 1

地区	集体劳动争议劳动者当事人人数（人）	争议原因			
		履行劳动合同		变更劳动合同	解除劳动合同
		劳动报酬	保险福利		
全　国	**477 992**	**85 132**	**88 119**	**4 465**	**42 881**
北　京	7 899	8 722	1 662	107	228
天　津	1 851	964	1 397	125	230
河　北	7 958	1 609	2 559	27	679
山　西	5 751	1 500	1 200	100	300
内蒙古	6 281	486	819	18	
辽　宁	127 644	3 117	3 444	181	1 518
吉　林	30 587	1 081	2 099	79	964
黑龙江	9 684	343	3 029		1 124
上　海	7 078	6 451	6 483	66	1 132
江　苏	11 845	13 564	10 306	858	8 416
浙　江	11 804	4 098	7 880	135	2 018
安　徽	11 414	680	1 139	28	912
福　建	15 989	2 278	2 344	74	1 043
江　西	2 407	478	670	39	250
山　东	51 502	5 429	9 756	335	3 447
河　南	14 212	1 539	3 127	102	825
湖　北	4 597	1 059	2 965	490	2 129
湖　南	3 875	1 104	1 100	304	870
广　东	84 390	20 167	8 676	629	10 064
广　西	4 668	1 500	3 181	59	1 561
海　南	699	300	316		288
重　庆	6 842	2 861	3 076	161	907
四　川	17 779	1 869	4 766	60	1 953
贵　州	5 026	315	1 116	10	308
云　南	2 604	342	484	30	351
西　藏	10 687	960	109		6
陕　西	3 953	501	1 839	335	268
甘　肃	2 476	391	440		160
青　海	803	110	207	1	
宁　夏	983	129	209	74	94
新　疆	4 704	1 185	1 721	38	836

续表 2

地区				案件处理情况	
	终止劳动合同	下岗	其他	结案数	处理方式
					仲裁调解
全　国	**14 140**	**1 638**	**17 776**	**258 678**	**83 400**
北　京	120			15 724	4 020
天　津	88		716	3 217	838
河　北	619	36	213	6 212	2 894
山　西	100			3 008	659
内蒙古	138		100	1 966	787
辽　宁	432	257	931	10 095	3 379
吉　林	164		193	5 115	1 274
黑龙江	305		70	5 014	948
上　海	156		3 737	18 028	5 755
江　苏	3 521	80	5 761	41 895	14 177
浙　江	556		572	15 149	7 958
安　徽	100	14	153	3 124	1 089
福　建	507	122	142	7 013	2 988
江　西	117		124	1674	769
山　东	1 243	140	925	21 471	5 295
河　南	237	236	334	6 324	2 013
湖　北	501	123	387	7 732	3 108
湖　南	323	221	147	4 854	1 920
广　东	3 130	240	1 133	40 609	12 141
广　西	123	10	354	7 148	883
海　南	132	24	8	1 055	238
重　庆	532		297	7 656	2 985
四　川	228	47	624	9 982	3 119
贵　州	262	11	108	2 220	574
云　南	84	6	245	1 675	377
西　藏			3	1 053	660
陕　西	100		134	3 080	462
甘　肃	53	18	92	1 192	415
青　海	72	2	33	422	115
宁　夏	52	33	73	616	302
新　疆	145	18	167	4 355	1 258

续表 3

地　区			处理结果			本期末结案数	案外调解案件数
	仲裁裁决	其他方式	用人单位胜诉	劳动者胜诉	双方部分胜诉		
全　国	**110 708**	**64 550**	**35 679**	**123 268**	**94 041**	**18 817**	**70 840**
北　京	7 892	3 812	3 395	5 332	4 960		
天　津	1 244	1 165	1 300	1 388	559		
河　北	2 521	797	889	3 483	1 840	196	1 662
山　西	1 682	667	110	1 914	984	773	
内蒙古	803	376	155	1 351	464	18	271
辽　宁	5 121	1 595	1 577	6 306	2 212	760	186
吉　林	3 658	183	243	3 775	1 097	386	
黑龙江	4 066		1 253	3 238	522	326	
上　海	5 190	7 083	2 566	7 361	8 101	1 715	
江　苏	6 077	21 641	6 014	17 263	18 618	2 419	
浙　江	4 417	2 774	1 522	7 276	6 351	793	4 730
安　徽	1 288	747	462	1 340	1 322	187	765
福　建	2 843	1 178	842	4 039	2 104	629	4 994
江　西	684	221	196	1 067	411	152	589
山　东	11 459	4 717	2 147	8 047	7 668	1 357	7 564
河　南	3 581	730	1 010	3 414	1 900	1 075	1 308
湖　北	3 424	1 200	967	4 861	1 904	406	
湖　南	1 881	1 053	482	1 422	2 950	1 000	4 156
广　东	22 576	5 892	4 313	18 121	18 175	4 461	23 639
广　西	4 967	1 298	785	3 659	2 704	197	6 716
海　南	661	156	36	650	369	58	
重　庆	2 383	2 298	1 001	4 297	2 358	385	10 424
四　川	4 902	1 961	1 113	5 886	2 983	389	1 549
贵　州	1 331	265	482	1 358	331	149	94
云　南	582	716	337	696	642	105	365
西　藏	300	93	3	616	434	96	
陕　西	1 694	924	1 540	1 232	308	544	137
甘　肃	576	193	87	871	234	35	666
青　海	165	144	105	225	92	19	19
宁　夏	273	41	138	268	210	48	390
新　疆	2 467	630	609	2 512	1 234	139	616

劳动保障监察案件结案情况

(2004)

单位：件

	结案数	案件分类			
		养老保险费征缴	失业保险费征缴	医疗保险费征缴	职业中介
总计	365 786	40 718	14 403	6 814	7 799

	案件分类			
	女职工特殊劳动保护	劳动合同的订立和解除	收取风险抵押金	克扣、无故拖欠工资
总计	2 370	94 312	28 512	150 024

	案件分类				案件处理情况
	最低工资支付	工作时间和休息、休假	职业资格与职业培训	其他	责令限期改正
总计	10 168	18 922	10 355	18 677	221 520

	案件处理情况				
	行政处理决定	行政处罚决定	行政处罚分类		
			警告	罚款	其他行政处罚
总计	13 620	26 835	8 013	20 242	655

劳动保障监察工作情况

(2004)

	主动监察		群众举报专查结案数（万件）
	检查单位数（万户）	涉及劳动者人数（万人）	
总计	115.2	8 162.7	25.0

	劳动保障年检单位数（万户）	补签劳动合同（万人）	追发劳动者工资等待遇	
			涉及劳动者人数（万人）	金额（亿元）
总计	100.2	1 102.9	870.6	62.1

	社会保险费征缴		
	督促缴费		督促登记单位数（万户）
	单位数（万户）	金额（亿元）	
总计	18.4	40.9	8.8

	取缔非法职业中介机构（户）	清退风险抵押金金额（万元）	审查用人单位规章数（万件）	纠正用人单位违法规章数（万件）
总计	7 470	13 339.1	62.9	12.1

（五）社会保障

历年全国离休、退休、退职人员年末人数

年份	合计	离休人员	退休人员	领取定期生活费的退职人员	离退休、退职人数与职工人数的比例（以离退休、退职人数为1）
一、绝对数（万人）					
1985	1 637.0	112.0	1 476.0	49.0	1∶7.5
1990	2 301.0	182.0	2 037.0	82.0	1∶6.1
1995	3 094.1	199.5	2 802.9	91.7	1∶4.8
2000	3 875.8	169.7	3 621.0	85.1	1∶3.5
2001	4 017.7	158.7	3 777.8	81.2	1∶3.2
2002	4 222.8	152.9	3 990.4	79.5	1∶3.0
2003	4 523.4	140.9	4 303.1	79.4	1∶2.7
2004	4 675.1	131.9	4 465.7	77.4	1∶2.3
二、比上年增长（%）					
1985	10.8				
1990	4.5	5.2	4.9	−5.7	
1995	5.6	−0.7	6.5	−4.5	
2000	4.0	−3.5	4.4	3.4	
2001	3.7	−6.5	4.3	−4.4	
2002	5.1	−3.7	5.6	−2.1	
2003	7.1	−7.8	7.8	−0.1	
2004	3.4	−6.4	3.8	−2.5	

注：本表包括民政部门和总后勤部事业单位支付离休、退休、退职费的人数。

历年企业单位离休、退休、退职人员年末人数

年份	合计	离休人员	退休人员	领取定期生活费的退职人员
一、绝对数（万人）				
1995	2 366.1	100.7	2 195.2	70.2
2000	2 977.9	86.6	2 821.6	69.7
2001	3 072.4	79.7	2 925.5	67.2
2002	3 261.4	79.7	3 116.0	65.7
2003	3 486.4	73.7	3 345.9	66.8
2004	3 610.1	68.1	3 477.2	64.8
二、比上年增长（%）				
1995	5.7	0.1	6.2	−2.6
2000	3.8	−2.4	4.0	5.4
2001	3.2	−8.0	3.7	−3.6
2002	6.2	−8.1	6.5	−2.2
2003	6.9	−8.2	7.4	1.7
2004	3.5	−7.7	3.9	−3.0
三、构成（以合计为100）				
1995	100.0	4.3	92.7	3.0
2000	100.0	2.9	94.8	2.3
2001	100.0	2.6	95.2	2.2
2002	100.0	2.5	95.5	2.0
2003	100.0	2.1	96.0	1.9
2004	100.0	1.9	96.3	1.8

注：本表不包括民政部门支付离休、退休、退职费的人数。

分地区离休、退休、退职人员年末人数（一）

（2004）

单位：人

地　区	合计	离休人员	退休人员	领取定期生活费的退职人员
全　国	**46 750 756**	**1 319 344**	**44 657 213**	**774 199**
#民政部门	237 649		237 649	
总后事业单位	32 068	1 313	30 431	324
北　京	1 837 990	61 524	1 729 571	46 895
天　津	1 185 742	28 237	1 143 432	14 073
河　北	2 007 720	85 336	1 891 393	30 991
山　西	1 216 365	65 082	1 138 922	12 361
内 蒙 古	834 557	25 409	796 707	12 441
辽　宁	3 374 044	107 417	3 198 281	68 346
吉　林	1 383 055	46 347	1 313 484	23 224
黑 龙 江	2 414 404	88 725	2 279 985	45 694
上　海	2 658 888	33 265	2 591 561	34 062
江　苏	2 929 147	66 404	2 785 292	77 451
浙　江	1 661 314	30 997	1 587 779	42 538
安　徽	1 461 230	51 918	1 385 812	23 500
福　建	865 538	16 842	837 147	11 549
江　西	1 296 423	24 338	1 263 595	8 490
山　东	2 260 729	118 302	2 094 099	48 328
河　南	2 225 540	91 175	2 108 441	25 924
湖　北	2 504 037	46 204	2 413 389	44 444
湖　南	1 808 095	32 634	1 757 537	17 924
广　东	2 401 226	55 624	2 331 062	14 540
广　西	1 096 378	17 180	1 065 403	13 795
海　南	331 507	4 725	311 656	15 126
重　庆	1 127 937	12 731	1 096 980	18 226
四　川	2 409 909	31 172	2 340 070	38 667
贵　州	777 134	17 604	753 907	5 623
云　南	1 147 126	31 301	1 105 655	10 170
西　藏	55 043	705	54 180	158
陕　西	1 190 880	42 664	1 126 679	21 537
甘　肃	737 011	22 475	708 394	6 142
青　海	245 628	7 870	234 048	3 710
宁　夏	208 587	6 586	198 827	3 174
新　疆	1 065 504	47 238	983 494	34 772

注：本表包括民政部门和总后勤部支付离休、退休、退职费的人数。

分地区离休、退休、退职人员年末人数（二）

（2004）

单位：人

地　区	合计	女性	离休人员	退休人员	领取定期生活费的退职人员
全　国	**46 481 039**	**19 761 845**	**1 318 031**	**44 389 133**	**773 875**
北　京	1 799 794	944 518	61 524	1 691 375	46 895
天　津	1 180 145	659 752	28 237	1 137 835	14 073
河　北	1 993 638	736 868	85 336	1 877 311	30 991
山　西	1 212 244	392 357	65 082	1 134 801	12 361
内蒙古	831 918	295 044	25 409	794 068	12 441
辽　宁	3 353 230	1 590 626	107 417	3 177 467	68 346
吉　林	1 378 071	557 231	46 347	1 308 500	23 224
黑龙江	2 410 917	840 073	88 725	2 276 498	45 694
上　海	2 653 473	1 618 467	33 265	2 586 146	34 062
江　苏	2 914 179	1 355 063	66 404	2 770 324	77 451
浙　江	1 654 000	727 427	30 997	1 580 465	42 538
安　徽	1 456 914	545 838	51 918	1 381 496	23 500
福　建	856 948	352 615	16 842	828 557	11 549
江　西	1 290 669	483 030	24 338	1 257 841	8 490
山　东	2 244 567	853 569	118 302	2 077 937	48 328
河　南	2 217 292	871 590	91 175	2 100 193	25 924
湖　北	2 492 122	1 043 556	46 204	2 401 474	44 444
湖　南	1 797 971	725 326	32 634	1 747 413	17 924
广　东	2 393 198	1 122 925	55 624	2 323 034	14 540
广　西	1 093 960	419 796	17 180	1 062 985	13 795
海　南	330 172	157 483	4 725	310 321	15 126
重　庆	1 124 006	459 465	12 731	1 093 049	18 226
四　川	2 400 127	999 436	31 172	2 330 288	38 667
贵　州	775 166	295 922	17 604	751 939	5 623
云　南	1 139 528	399 944	31 301	1 098 057	10 170
西　藏	54 157	20 696	705	53 294	158
陕　西	1 183 289	477 857	42 664	1 119 088	21 537
甘　肃	734 025	237 249	22 475	705 408	6 142
青　海	244 680	74 240	7 870	233 100	3 710
宁　夏	208 251	70 621	6 586	198 491	3 174
新　疆	1 062 388	433 261	47 238	980 378	34 772

注：本表不包括民政部门支付离休、退休、退职费的人数。

分地区企业单位离休、退休、退职人员年末人数

(2004)

单位：人

地区	总计				
	合计	女性	离休人员	退休人员	领取定期生活费的退职人员
全　国	**36 100 853**	**16 144 971**	**680 575**	**34 772 356**	**647 922**
北　京	1 466 060	768 686	31 928	1 390 567	43 565
天　津	989 582	544 891	16 831	959 608	13 143
河　北	1 490 200	573 643	38 785	1 425 783	25 632
山　西	930 709	306 484	30 252	891 332	9 125
内蒙古	597 907	222 215	9 945	577 360	10 602
辽　宁	2 871 382	1 429 196	65 830	2 742 146	63 406
吉　林	1 097 499	451 193	24 485	1 054 161	18 853
黑龙江	1 975 184	698 774	50 189	1 887 197	37 798
上　海	2 301 987	1 428 028	18 141	2 251 498	32 348
江　苏	2 352 175	1 154 187	31 985	2 252 393	67 797
浙　江	1 274 385	576 974	13 532	1 224 790	36 063
安　徽	1 074 319	426 090	25 792	1 028 961	19 566
福　建	653 644	282 451	9 458	635 621	8 565
江　西	1 014 337	394 486	13 431	993 609	7 297
山　东	1 704 012	711 491	58 809	1 611 016	34 187
河　南	1 590 173	653 998	39 181	1 529 601	21 391
湖　北	1 959 176	942 382	24 024	1 896 269	38 883
湖　南	1 342 635	566 297	16 695	1 312 893	13 047
广　东	1 930 467	916 855	28 058	1 891 873	10 536
广　西	735 824	312 727	8 799	715 997	11 028
海　南	267 866	136 556	2 683	250 554	14 629
重　庆	866 462	368 487	6 481	843 789	16 192
四　川	1 711 117	737 478	15 939	1 664 913	30 265
贵　州	522 505	209 772	7 855	510 453	4 197
云　南	797 182	296 239	14 605	775 498	7 079
西　藏	26 540	10 615	131	26 303	106
陕　西	890 713	383 219	22 511	853 596	14 606
甘　肃	530 892	188 810	12 118	514 839	3 935
青　海	165 000	53 600	3 320	159 900	1 780
宁　夏	151 640	53 624	2 745	147 493	1 402
新　疆	819 279	345 523	36 037	752 343	30 899

注：本表不包括民政部门支付离休、退休、退职费的人数。

续表 1

地区	1. 内资企业				
	合计	女性	离休人员	退休人员	领取定期生活费的退职人员
全　国	**35 751 254**	**15 958 165**	**675 857**	**34 433 657**	**641 740**
北　京	1 433 285	752 209	31 724	1 358 630	42 931
天　津	957 265	525 568	16 649	927 849	12 767
河　北	1 477 952	566 746	38 601	1 414 103	25 248
山　西	930 009	306 207	30 200	890 715	9 094
内蒙古	597 704	222 156	9 945	577 157	10 602
辽　宁	2 851 717	1 418 394	65 595	2 722 875	63 247
吉　林	1 094 234	449 371	24 475	1 051 033	18 726
黑龙江	1 969 822	695 904	50 142	1 881 884	37 796
上　海	2 252 879	1 397 564	17 951	2 203 222	31 706
江　苏	2 301 219	1 123 339	31 747	2 202 869	66 603
浙　江	1 245 033	562 909	13 394	1 196 333	35 306
安　徽	1 069 063	423 784	25 727	1 023 885	19 451
福　建	628 647	269 086	9 296	611 056	8 295
江　西	1 013 842	394 295	13 431	993 145	7 266
山　东	1 680 793	704 270	56 282	1 591 153	33 358
河　南	1 585 906	652 023	39 094	1 525 477	21 335
湖　北	1 950 681	938 439	23 963	1 887 962	38 756
湖　南	1 339 680	564 901	16 671	1 310 000	13 009
广　东	1 907 801	904 469	27 934	1 869 462	10 405
广　西	731 891	311 115	8 741	712 177	10 973
海　南	267 784	136 519	2 683	250 472	14 629
重　庆	860 989	366 434	6 416	838 469	16 104
四　川	1 708 203	735 959	15 926	1 662 080	30 197
贵　州	522 487	209 762	7 855	510 435	4 197
云　南	795 917	295 470	14 580	774 261	7 076
西　藏	26 446	10 576	130	26 210	106
陕　西	890 063	382 963	22 508	852 966	14 589
甘　肃	525 357	185 576	12 099	509 348	3 910
青　海	165 000	53 600	3 320	159 900	1 780
宁　夏	150 661	53 204	2 745	146 514	1 402
新　疆	818 924	345 353	36 033	752 015	30 876

续表 2

地区	①国有企业				
	合计	女性	离休人员	退休人员	领取定期生活费的退职人员
全　国	**23 997 736**	**10 024 098**	**546 477**	**23 070 642**	**380 617**
北　京	863 191	448 169	20 700	824 316	18 175
天　津	639 727	325 405	14 184	618 985	6 558
河　北	983 005	345 153	27 646	941 060	14 299
山　西	789 443	239 715	27 105	756 725	5 613
内蒙古	324 621	119 320	6 969	311 304	6 348
辽　宁	1 717 306	763 868	50 779	1 630 109	36 418
吉　林	859 540	327 317	22 091	825 026	12 423
黑龙江	1 682 847	535 384	49 617	1 601 746	31 484
上　海	1 330 180	825 172	13 214	1 306 328	10 638
江　苏	1 006 599	460 279	19 681	961 753	25 165
浙　江	460 140	190 832	8 208	438 237	13 695
安　徽	718 416	256 052	21 404	687 746	9 266
福　建	389 260	159 568	6 806	376 865	5 589
江　西	806 222	298 905	12 310	788 386	5 526
山　东	951 939	365 812	36 654	894 657	20 628
河　南	1 056 055	413 246	30 620	1 011 790	13 645
湖　北	1 373 007	660 930	20 289	1 332 565	20 153
湖　南	1 036 152	424 812	14 904	1 010 155	11 093
广　东	1 192 301	547 398	22 689	1 162 184	7 428
广　西	570 153	236 404	7 242	555 080	7 831
海　南	244 174	123 665	2 402	227 316	14 456
重　庆	552 643	213 569	5 062	538 599	8 982
四　川	1 134 134	465 621	13 760	1 099 745	20 629
贵　州	462 644	182 185	7 469	451 435	3 740
云　南	659 180	231 876	13 046	640 243	5 891
西　藏	26 363	10 541	130	26 127	106
陕　西	713 319	287 866	19 687	683 316	10 316
甘　肃	467 561	162 372	11 422	452 621	3 518
青　海	110 000	42 070	2 330	106 000	1 670
宁　夏	123 004	43 399	2 685	119 177	1 142
新　疆	754 610	317 193	35 372	691 046	28 192

续表 3

地　　区	②集体企业				
	合计	女性	离休人员	退休人员	领取定期生活费的退职人员
全　　国	**6 547 741**	**3 399 778**	**56 172**	**6 323 725**	**167 844**
北　　京	202 989	108 361	1 359	183 225	18 405
天　　津	191 121	79 980	1 229	184 633	5 259
河　　北	220 906	103 915	4 985	209 125	6 796
山　　西	120 050	55 749	2 498	114 433	3 119
内 蒙 古	69 159	30 291	402	67 640	1 117
辽　　宁	679 968	416 390	7 439	651 016	21 513
吉　　林	171 638	92 567	1 424	165 942	4 272
黑 龙 江	270 968	152 478	507	265 260	5 201
上　　海	456 183	282 991	762	440 828	14 593
江　　苏	586 367	317 828	3 783	562 157	20 427
浙　　江	291 351	149 894	1 541	280 654	9 156
安　　徽	236 062	121 412	2 368	224 871	8 823
福　　建	169 993	83 903	1 052	166 806	2 135
江　　西	153 107	74 291	769	150 844	1 494
山　　东	457 331	226 705	10 387	442 371	4 573
河　　南	240 849	115 444	3 456	234 022	3 371
湖　　北	383 281	178 596	2 669	364 871	15 741
湖　　南	236 424	111 740	1 118	233 889	1 417
广　　东	487 091	250 118	3 620	480 982	2 489
广　　西	100 482	45 889	557	98 272	1 653
海　　南	21 297	11 567	271	20 933	93
重　　庆	137 551	76 053	489	133 379	3 683
四　　川	317 728	149 059	480	310 488	6 760
贵　　州	44 291	21 984	218	43 652	421
云　　南	73 620	38 046	488	72 683	449
西　　藏	68	26		68	
陕　　西	122 722	69 528	1 464	117 873	3 385
甘　　肃	42 059	16 102	482	41 212	365
青　　海	25 520	2 510	60	25 370	90
宁　　夏	13 939	6 432	41	13 638	260
新　　疆	23 626	9 929	254	22 588	784

续表 4

地区	③其他企业				
	合计	女性	离休人员	退休人员	领取定期生活费的退职人员
全　　国	**5 205 777**	**2 534 289**	**73 208**	**5 039 290**	**93 279**
北　　京	367 105	195 679	9 665	351 089	6 351
天　　津	126 417	120 183	1 236	124 231	950
河　　北	274 041	117 678	5 970	263 918	4 153
山　　西	20 516	10 743	597	19 557	362
内 蒙 古	203 924	72 545	2 574	198 213	3 137
辽　　宁	454 443	238 136	7 377	441 750	5 316
吉　　林	63 056	29 487	960	60 065	2 031
黑 龙 江	16 007	8 042	18	14 878	1 111
上　　海	466 516	289 401	3 975	456 066	6 475
江　　苏	708 253	345 232	8 283	678 959	21 011
浙　　江	493 542	222 183	3 645	477 442	12 455
安　　徽	114 585	46 320	1 955	111 268	1 362
福　　建	69 394	25 615	1 438	67 385	571
江　　西	54 513	21 099	352	53 915	246
山　　东	271 523	111 753	9 241	254 125	8 157
河　　南	289 002	123 333	5 018	279 665	4 319
湖　　北	194 393	98 913	1 005	190 526	2 862
湖　　南	67 104	28 349	649	65 956	499
广　　东	228 409	106 953	1 625	226 296	488
广　　西	61 256	28 822	942	58 825	1 489
海　　南	2 313	1 287	10	2 223	80
重　　庆	170 795	76 812	865	166 491	3 439
四　　川	256 341	121 279	1 686	251 847	2 808
贵　　州	15 552	5 593	168	15 348	36
云　　南	63 117	25 548	1 046	61 335	736
西　　藏	15	9		15	
陕　　西	54 022	25 569	1 357	51 777	888
甘　　肃	15 737	7 102	195	15 515	27
青　　海	29 480	9 020	930	28 530	20
宁　　夏	13 718	3 373	19	13 699	
新　　疆	40 688	18 231	407	38 381	1 900

续表 5

地区	2. 港、澳、台投资企业				
	合计	女性	离休人员	退休人员	领取定期生活费的退职人员
全国	**174 353**	**93 768**	**1 259**	**169 821**	**3 273**
北京	893	447	8	857	28
天津	11 568	6 915	65	11 332	171
河北	8 532	5 064	123	8 078	331
山西	7	2		7	
内蒙古	203	59		203	
辽宁	11 610	6 433	151	11 350	109
吉林	898	449	6	874	18
黑龙江	4 403	2 354	47	4 356	
上海	19 644	12 186	76	19 311	257
江苏	32 045	19 606	140	31 221	684
浙江	20 799	9 874	108	20 192	499
安徽	1 921	837	19	1 814	88
福建	17 342	9 748	112	17 159	71
江西	339	128		308	31
山东	8 092	2 245	101	7 349	642
河南	1 894	819	55	1 814	25
湖北	6 838	3 113	55	6 706	77
湖南	1 257	439	5	1 232	20
广东	18 467	9 879	118	18 265	84
广西	1 779	658	30	1 713	36
海南	30	18		30	
重庆	2 229	660	8	2 177	44
四川	1 624	849	8	1 580	36
贵州	8	4		8	
云南	919	560	16	900	3
西藏					
陕西	448	149	3	428	17
甘肃	235	111	1	234	
青海					
宁夏					
新疆	329	162	4	323	2

续表 6

地　区	3. 外商投资企业				
	合计	女性	离休人员	退休人员	领取定期生活费的退职人员
全　国	**175 246**	**93 038**	**3 459**	**168 878**	**2 909**
北　京	31 882	16 030	196	31 080	606
天　津	20 749	12 408	117	20 427	205
河　北	3 716	1 833	61	3 602	53
山　西	693	275	52	610	31
内蒙古					
辽　宁	8 055	4 369	84	7 921	50
吉　林	2 367	1 373	4	2 254	109
黑龙江	959	516		957	2
上　海	29 464	18 278	114	28 965	385
江　苏	18 911	11 242	98	18 303	510
浙　江	8 553	4 191	30	8 265	258
安　徽	3 335	1 469	46	3 262	27
福　建	7 655	3 617	50	7 406	199
江　西	156	63		156	
山　东	15 127	4 976	2 426	12 514	187
河　南	2 373	1 156	32	2 310	31
湖　北	1 657	830	6	1 601	50
湖　南	1 698	957	19	1 661	18
广　东	4 199	2 507	6	4 146	47
广　西	2 154	954	28	2 107	19
海　南	52	19		52	
重　庆	3 244	1 393	57	3 143	44
四　川	1 290	670	5	1 253	32
贵　州	10	6		10	
云　南	346	209	9	337	
西　藏	94	39	1	93	
陕　西	202	107		202	
甘　肃	5 300	3 123	18	5 257	25
青　海					
宁　夏	979	420		979	
新　疆	26	8		5	21

分地区事业单位离休、退休、退职人员年末人数

(2004)

单位：人

地区	总计				
	合计	女性	离休人员	退休人员	领取定期生活费的退职人员
全国	**7 400 222**	**2 763 250**	**317 437**	**6 999 662**	**83 123**
北京	232 236	121 378	16 567	212 841	2 828
天津	155 347	102 282	7 509	147 118	720
河北	338 031	128 696	20 440	315 268	2 323
山西	185 047	61 415	14 064	168 734	2 249
内蒙古	154 914	50 723	6 083	147 576	1 255
辽宁	365 460	133 171	23 534	337 876	4 050
吉林	220 151	89 538	14 044	203 045	3 062
黑龙江	302 222	104 050	19 665	276 970	5 587
上海	302 362	177 790	8 792	291 901	1 669
江苏	431 959	167 690	16 593	408 935	6 431
浙江	293 634	119 923	8 632	280 322	4 680
安徽	276 466	91 973	11 967	261 469	3 030
福建	140 081	51 796	3 029	135 426	1 626
江西	204 816	68 671	5 758	198 134	924
山东	378 685	107 481	31 835	337 618	9 232
河南	430 100	157 169	27 333	400 033	2 734
湖北	392 388	45 587	12 108	376 720	3 560
湖南	322 984	114 976	8 682	310 496	3 806
广东	308 563	164 369	12 416	293 796	2 351
广西	240 810	76 608	3 115	235 562	2 133
海南	44 860	16 717	561	44 034	265
重庆	181 143	72 907	3 059	176 884	1 200
四川	474 927	190 916	7 236	462 671	5 020
贵州	163 132	61 205	3 355	159 024	753
云南	220 429	76 088	6 978	211 338	2 113
西藏	16 818	6 047	196	16 590	32
陕西	220 590	76 154	10 849	205 353	4 388
甘肃	143 515	36 597	4 648	138 077	790
青海	46 450	14 000	1 520	44 200	730
宁夏	40 211	12 916	1 645	37 514	1 052
新疆	171 891	64 417	5 224	164 137	2 530

注：本表不包括民政部门支付离休、退休、退职费的人数。

分地区机关单位离休、退休、退职人员年末人数

(2004)

单位：人

地区	总计				
	合计	女性	离休人员	退休人员	领取定期生活费的退职人员
全国	**2 979 964**	**853 624**	**320 019**	**2 617 115**	**42 830**
北京	101 498	54 454	13 029	87 967	502
天津	35 216	12 579	3 897	31 109	210
河北	165 407	34 529	26 111	136 260	3 036
山西	96 488	24 458	20 766	74 735	987
内蒙古	79 097	22 106	9 381	69 132	584
辽宁	116 388	28 259	18 053	97 445	890
吉林	60 421	16 500	7 818	51 294	1 309
黑龙江	133 511	37 249	18 871	112 331	2 309
上海	49 124	12 649	6 332	42 747	45
江苏	130 045	33 186	17 826	108 996	3 223
浙江	85 981	30 530	8 833	75 353	1 795
安徽	106 129	27 775	14 159	91 066	904
福建	63 223	18 368	4 355	57 510	1 358
江西	71 516	19 873	5 149	66 098	269
山东	161 870	34 597	27 658	129 303	4 909
河南	197 019	60 423	24 661	170 559	1 799
湖北	140 558	55 587	10 072	128 485	2 001
湖南	132 352	44 053	7 257	124 024	1 071
广东	154 168	41 701	15 150	137 365	1 653
广西	117 326	30 461	5 266	111 426	634
海南	17 446	4 210	1 481	15 733	232
重庆	76 401	18 071	3 191	72 376	834
四川	214 083	71 042	7 997	202 704	3 382
贵州	89 529	24 945	6 394	82 462	673
云南	121 917	27 617	9 718	111 221	978
西藏	10 799	4 034	378	10 401	20
陕西	71 986	18 484	9 304	60 139	2 543
甘肃	59 618	11 842	5 709	52 492	1 417
青海	33 230	6 640	3 030	29 000	1 200
宁夏	16 400	4 081	2 196	13 484	720
新疆	71 218	23 321	5 977	63 898	1 343

注：本表不包括民政部门支付离休、退休、退职费的人数。

历年全国离休、退休、退职费

年份	离休、退休、退职费用总额（亿元）						人均离退休费（元）	
	合计	民政部门支付	总后事业单位	企业	事业	机关		企业
一、绝对数								
1985	145.6	3.7					935	
1990	396.2	7.2		307.1	62.6	26.4	1 760	1 664
1995	1 305.6	19.4		915.6	275.6	114.1	4 335	3 976
2000	2 733.3	36.4	3.4	1 846.6	635.2	251.6	7 190	6 318
2001	3 072.0	44.3	3.4	1 988.5	768.9	313.8	7 784	6 573
2002	3 659.4	51.0	3.6	2 417.2	873.0	369.2	8 881	7 633
2003	4 148.9	56.7	3.6	2 684.6	1 032.4	431.9	9 485	7 957
2004	4 510.9	65.2	3.6	2 867.3	1 157.4	486.2	9 808	8 081
二、比上年增长（%）								
1985	37.2	23.3					22.1	
1990	24.0	−4.0					19.1	
1995	25.1	10.9		25.8	24.4	20.6	18.6	20.7
2000	12.9	23.0	9.7	10.2	19.6	17.2	8.7	6.3
2001	12.4	21.7		7.7	21.0	24.7	8.3	4.0
2002	19.1	15.1	5.9	21.6	13.5	17.7	14.1	16.1
2003	13.4	11.2		11.1	18.3	17.0	6.8	4.2
2004	8.7	15.0		6.8	12.1	12.6	3.4	1.6

注：本表数字不包括离休、退休、退职职工的医疗卫生费。

历年全国企业、事业、机关单位离休、退休、退职人数及人均离休、退休、退职费

年份	总计			企业				
				合计			离休人员	
	年末人数（万人）	离休、退休、退职费（亿元）	人均离休、退休、退职费（元）	年末人数（万人）	离休、退休、退职费（亿元）	人均离休、退休、退职费（元）	年末人数（万人）	离休金（亿元）
一、绝对数								
1990	2 270.6	388.9	1 713	1 845.8	307.1	1664	92.9	25.4
1995	3 065.5	1 285.9	4 311	2 366.0	915.6	3 976	100.7	66.2
2000	3 848.0	2 693.6	7 137	2 978.0	1 846.6	6 318	86.7	105.3
2001	3 989.9	3 024.3	7 717	3 072.4	1 988.5	6 573	79.7	113.7
2002	4 196.0	3 604.8	8 807	3 261.4	2 417.2	7 633	79.7	143.7
2003	4 496.7	4 088.6	9 407	3 486.4	2 866.2	7 957	73.7	135.2
2004	4 648.1	4 442.1	9 715	3 610.1	2 867.3	8 081	68.1	144.3

续表 1

年份	总计			企业				
				合计			离休人员	
	年末人数（万人）	离休、退休、退职费（亿元）	人均离休、退休、退职费（元）	年末人数（万人）	离休、退休、退职费（亿元）	人均离休、退休、退职费（元）	年末人数（万人）	离休金（亿元）
二、比上年增长（%）								
1995	5.7	25.3	18.7	5.7	25.8	20.7		16.5
2000	4.0	12.8	8.5	3.8	10.2	6.3	-2.3	5.0
2001	3.7	3.9	8.1	3.2	7.7	4.0	-8.1	8.0
2002	5.2	19.2	14.1	6.2	21.6	16.1		26.4
2003	7.2	13.4	6.8	6.9	18.6	4.2	-7.5	-6.0
2004	3.4	8.6	3.3	3.5	6.8	1.6	-7.6	6.7

年份					事业		
		退休人员			合计		
	人均离休金（元）	年末人数（万人）	退休金（亿元）	人均退休金（元）	年末人数（万人）	离休、退休、退职费（亿元）	人均离休、退休、退职费（元）
一、绝对数							
1990	2 734	1 752.9	281.7	1 607	293.2	55.4	1 889
1995	6 574	2 265.3	849.4	3 857	496.2	256.2	5 310
2000	12 007	2 891.3	1 741.3	6 142	619.3	595.4	9 923
2001	13 666	2 992.7	1 874.8	6 373	654.4	721.2	11 324
2002	18 032	3 181.6	2 273.4	7 364	661.1	818.4	12 442
2003	17 627	3 412.7	2 549.4	7 732	720.1	972.1	14 077
2004	20 360	3 542.0	2 723.0	7 831	740.0	1 088.6	14 911
二、比上年增长（%）							
1995	19.0	5.9	26.6	21.1	5.9	25.6	12.3
2000	8.3	4.0	10.6	6.4	6.7	19.4	14.4
2001	13.8	3.5	7.7	3.8	5.7	21.1	14.1
2002	31.9	6.3	21.3	15.6	1.0	13.5	9.9
2003	-2.2	7.2	12.1	5.0	8.9	18.8	13.1
2004	15.5	3.8	6.8	1.3	2.8	12.0	5.9

续表 2

年份	离休人员			退休人员			机关 合计	
	年末人数（万人）	离休金（亿元）	人均离休金（元）	年末人数（万人）	退休金（亿元）	人均退休金（元）	年末人数（万人）	离休、退休、退职费（亿元）
一、绝对数								
1990	44.2	11.3	2 557	249.0	44.1	1 771	131.6	26.4
1995	48.3	36.4	7 490	447.9	219.8	5 066	203.3	114.1
2000	39.7	54.8	13 666	579.6	540.6	9 655	250.7	251.6
2001	37.8	60.4	15 589	616.6	660.9	11 049	263.1	313.8
2002	35.4	66.2	18 072	625.6	752.2	12 110	273.6	369.2
2003	33.3	65.9	19 200	686.8	906.2	13 809	290.2	431.9
2004	31.7	67.1	20 646	708.3	1 021.4	14 644	298.0	486.2
二、比上年增长（%）								
1995	−1.0	19.0	21.2	6.7	26.8	11.6	6.3	20.6
2000	−2.0	10.3	14.7	7.3	20.5	14.6	−0.3	17.2
2001	−4.8	10.2	14.2	6.4	22.2	14.4	4.9	24.7
2002	−6.3	9.6	15.9	1.5	13.8	9.6	4.0	17.7
2003	−5.9	−0.5	6.2	9.8	20.5	14.0	6.1	17.0
2004	−4.8	1.8	7.5	3.1	12.7	6.0	2.7	12.6

年份		离休人员			退休人员		
	人均离休、退休、退职费（元）	年末人数（万人）	离休金（亿元）	人均离休金（元）	年末人数（万人）	退休金（亿元）	人均退休金（元）
一、绝对数							
1990	2 006	41.8	11.0	2 632	89.8	15.4	1 715
1995	5 783	46.9	35.8	7 553	156.4	78.3	5 223
2000	10 020	40.0	53.6	12 885	210.7	198.0	9 451
2001	12 215	37.6	61.5	15 866	225.5	252.3	11 570
2002	13 759	33.9	66.9	18 711	239.7	302.3	12 988
2003	15 319	33.8	68.4	20 197	256.4	363.5	14 654
2004	16 532	32.0	70.1	21 296	266.0	416.2	15 932
二、比上年增长（%）							
1995	12.7	−1.9	12.2	12.7	9.1	24.9	13.9
2000	11.9	−7.4	12.1	15.6	1.2	18.7	11.5
2001	21.9	−6.0	14.7	23.0	7.0	27.4	22.4
2002	12.6	−9.8	8.8	17.9	6.3	19.8	12.3
2003	11.3	−0.3	2.2	7.9	7.0	20.2	12.8
2004	7.9	−5.3	2.4	5.4	3.7	14.5	8.7

注：1. 本表不包括民政部门和总后事业单位支付离休、退休、退职费的数字。
2. 退休人员包括退职人员。

历年全国离休、退休、退职人员保险福利费用构成情况

年份	合计	离休金	退休金	退职生活费	医疗卫生费	其他
一、绝对数（亿元）						
1990	465.2	34.6	239.4	5.0	76.2	110.0
1995	1 522.4	121.9	986.3	15.3	236.3	162.6
2000	3 040.5	201.1	2 305.7	30.3	346.9	156.5
2001	3 337.2	223.4	2 618.7	27.8	312.9	154.4
2002	3 870.7	263.7	3 143.0	33.4	266.0	164.6
2003	4 359.9	269.5	3 592.1	37.6	271.3	189.4
2004	4 814.9	281.5	3 929.4	38.8	372.8	192.4
二、比上年增长（%）						
1995	24.9	18.1	28.7	23.4	22.6	12.9
2000	12.3	8.1	13.3	11.4	8.4	12.0
2001	9.8	11.1	13.6	−8.3	−9.8	−1.3
2002	16.0	18.0	20.0	20.1	−15.0	6.6
2003	12.6	2.2	14.3	12.6	2.0	15.1
2004	10.4	4.4	9.4	3.2	37.4	1.6
三、构成（以合计为100）						
1990	100	7.4	51.5	1.1	16.4	23.6
1995	100	8.0	64.8	1.0	15.5	10.7
2000	100	6.6	75.8	1.0	11.4	5.2
2001	100	6.7	78.5	0.8	9.4	4.6
2002	100	6.8	81.2	0.9	6.9	4.2
2003	100	6.2	82.4	0.8	6.2	4.3
2004	100	5.8	81.6	0.8	7.7	4.0

注：本表不包括民政部门支付的离休、退休、退职费。

历年全国企业单位离休、退休、退职人员保险福利费用构成情况

年份	合计	离休金	退休金	退职生活费	医疗卫生费	其他
一、绝对数（亿元）						
1995	1 082.5	57.2	722.5	11.4	166.8	124.6
2000	2 071.1	99.4	1 618.8	24.0	224.5	104.4
2001	2 193.7	108.2	1 762.4	20.7	204.2	97.2
2002	2 596.6	137.7	2 152.2	25.5	179.5	101.7
2003	2 866.0	135.0	2 412.0	29.0	182.0	109.0
2004	3 129.0	144.3	2 594.9	30.1	261.7	98.0
二、比上年增长（%）						
1995	24.4	18.4	28.6	25.3	17.1	15.3
2000	9.8	5.1	10.6	10.6	6.0	9.1
2001	5.9	8.9	8.9	−13.7	−9.0	−6.9
2002	18.4	27.3	22.1	23.2	−12.1	4.6
2003	10.4	−2.0	12.1	13.7	1.4	7.2
2004	9.2	6.9	7.6	3.8	43.8	−10.1
三、构成（以合计为100）						
1995	100.0	5.3	66.7	1.1	15.4	11.5
2000	100.0	4.8	78.2	1.2	10.8	5.0
2001	100.0	5.0	80.4	0.9	9.3	4.4
2002	100.0	5.3	82.9	1.0	6.9	3.9
2003	100.0	4.7	84.2	1.0	6.4	3.8
2004	100.0	4.6	82.9	1.0	8.4	3.1

注：本表不包括民政部门支付的离休、退休、退职费。

分地区人均离休、退休、退职费

(2004)

地区	总计		企业	
			合计	
	离休、退休、退职费（亿元）	人均离休、退休、退职费（元）	离休、退休、退职费（亿元）	人均离休、退休、退职费（元）
全　　国	**4 442.1**	**9 715**	**2 867.3**	**8 081**
北　　京	234.2	13 026	165.9	11 318
天　　津	128.9	11 272	89.2	9 243
河　　北	181.2	9 280	113.0	7 744
山　　西	107.5	9 094	69.8	7 685
内 蒙 古	74.8	9 261	42.7	7 431
辽　　宁	250.6	7 571	189.0	6 657
吉　　林	114.7	8 564	80.0	7 479
黑 龙 江	194.5	8 284	137.5	7 149
上　　海	325.5	12 521	259.4	11 523
江　　苏	308.7	10 414	198.3	8 340
浙　　江	208.2	12 702	125.3	9 925
安　　徽	144.3	10 080	79.4	7 472
福　　建	73.5	8 570	43.5	6 798
江　　西	95.5	8 268	64.9	7 309
山　　东	242.1	11 118	158.2	9 523
河　　南	189.9	8 946	113.3	7 448
湖　　北	194.3	8 215	125.5	6 671
湖　　南	130.0	6 931	81.4	5 873
广　　东	260.4	11 112	162.5	8 859
广　　西	99.8	9 553	54.4	7 739
海　　南	25.3	7 712	14.2	5 345
重　　庆	90.2	8 237	57.6	6 809
四　　川	202.7	8 580	113.7	6 707
贵　　州	79.2	10 564	42.5	8 541
云　　南	124.4	11 359	66.7	8 781
西　　藏	12.0	22 757	3.5	13 513
陕　　西	102.0	8 832	62.9	7 252
甘　　肃	78.1	10 974	46.7	9 028
青　　海	33.4	14 058	17.3	10 943
宁　　夏	21.1	10 548	13.3	9 181
新　　疆	115.2	11 018	75.9	9 359

续表 1

地区	企业			
	离休人员		退休人员	
	离休金（亿元）	人均离休金（元）	退休金（亿元）	人均退休金（元）
全　国	**144.3**	**20 360**	**2 723.0**	**7 831**
北　京	8.2	25 740	157.7	10 997
天　津	3.7	25 150	85.5	8 999
河　北	7.3	18 496	105.7	7 445
山　西	4.9	14 799	64.9	7 415
内蒙古	1.8	16 937	40.8	7 248
辽　宁	13.1	19 541	175.9	6 347
吉　林	4.8	19 001	75.2	7 200
黑龙江	8.8	17 609	128.6	6 868
上　海	6.1	32 116	253.3	11 349
江　苏	8.1	23 895	190.1	8 115
浙　江	3.2	22 864	122.1	9 781
安　徽	5.9	23 176	73.5	7 089
福　建	1.8	18 707	41.7	6 619
江　西	6.7	55 913	58.2	6 648
山　东	11.9	19 656	146.3	9 140
河　南	6.3	15 630	107.0	7 225
湖　北	4.9	19 758	120.6	6 497
湖　南	2.6	14 151	78.8	5 760
广　东	4.8	17 443	157.8	8 729
广　西	1.5	17 448	52.9	7 622
海　南	0.7	25 087	13.5	5 135
重　庆	1.5	23 045	56.1	6 680
四　川	3.2	18 929	110.6	6 585
贵　州	1.5	18 704	41.0	8 378
云　南	3.3	23 998	63.3	8 498
西　藏		21 993	3.5	13 469
陕　西	6.6	29 099	56.3	6 666
甘　肃	2.4	18 774	44.3	8 780
青　海	0.8	22 008	16.5	10 697
宁　夏	0.6	21 001	12.7	8 946
新　疆	7.5	19 847	68.4	8 845

续表 2

地区	事业					
	小计		离休人员		退休人员	
	离休、退休、退职费（亿元）	人均离休、退休、退职费（元）	离休金（亿元）	人均离休金（元）	退休金（亿元）	人均退休金（元）
全　国	**1 088.5**	**14 911**	**67.1**	**20 646**	**1 021.4**	**14 644**
北　京	40.0	17 370	3.5	23 775	36.5	16 929
天　津	31.5	23 533	2.1	33 557	29.4	23 033
河　北	44.4	13 459	3.9	18 178	40.5	13 127
山　西	24.7	13 658	2.6	17 455	22.1	13 321
内蒙古	20.4	13 142	1.2	19 004	19.2	12 895
辽　宁	44.1	12 261	4.5	18 228	39.6	11 826
吉　林	26.9	12 669	2.4	16 797	24.5	12 365
黑龙江	40.1	13 603	3.7	19 267	36.4	13 209
上　海	55.3	18 397	2.8	32 278	52.5	17 984
江　苏	76.9	16 704	4.4	23 163	72.4	16 423
浙　江	62.9	21 821	2.4	27 132	60.5	21 654
安　徽	43.9	16 746	2.8	22 588	41.1	16 457
福　建	20.8	13 812	1.0	26 777	19.7	13 471
江　西	22.4	11 516	0.8	14 731	21.6	11 428
山　东	59.7	16 581	7.7	24 813	51.9	15 800
河　南	52.1	12 608	4.5	15 952	47.6	12 366
湖　北	49.7	14 091	1.6	14 241	48.0	14 086
湖　南	34.4	9 769	1.4	12 999	33.0	9 665
广　东	66.2	18 748	3.0	24 292	63.2	18 543
广　西	29.1	12 759	0.6	16 731	28.6	12 698
海　南	8.1	18 068	0.1	24 323	7.9	17 983
重　庆	22.0	12 675	0.6	18 654	21.4	12 567
四　川	57.7	12 554	1.5	19 555	56.3	12 439
贵　州	23.0	14 133	0.8	21 702	22.2	13 964
云　南	35.3	16 492	1.6	22 695	33.6	16 278
西　藏	5.0	30 152	0.1	30 506	4.9	30 148
陕　西	28.7	13 200	2.3	20 359	26.3	12 803
甘　肃	21.5	15 387	1.1	21 954	20.4	15 149
青　海	9.8	21 438	0.4	31 058	9.4	21 126
宁　夏	5.3	13 551	0.3	17 691	5.0	13 352
新　疆	26.7	16 208	1.2	24 319	25.5	15 950

续表 3

地区	机关					
	小计				退休人员	
	离休、退休、退职费（亿元）	人均离休、退休、退职费（元）	离休金（亿元）	人均离休金（元）	退休金（亿元）	人均退休金（元）
全国	**486.2**	**16 532**	**70.1**	**21 296**	**416.2**	**15 932**
北京	28.2	27 826	5.0	38 532	23.2	26 256
天津	8.1	18 410	1.1	28 101	7.0	17 442
河北	23.7	14 598	5.3	20 021	18.4	13 533
山西	13.1	13 948	3.3	16 208	9.8	13 315
内蒙古	11.7	14 993	1.9	20 137	9.8	14 291
辽宁	17.6	15 629	3.4	18 733	14.2	15 028
吉林	7.8	13 627	1.4	17 219	6.4	13 036
黑龙江	17.0	12 994	2.8	15 441	14.1	12 592
上海	10.8	22 572	2.0	32 727	8.7	21 046
江苏	33.6	26 444	5.3	28 670	28.3	26 065
浙江	20.0	22 594	2.7	27 081	17.3	22 026
安徽	21.0	19 664	3.4	23 132	17.6	19 102
福建	9.2	13 700	1.1	21 253	8.1	13 068
江西	8.2	11 297	0.7	12 836	7.5	11 175
山东	24.3	15 459	6.2	21 715	18.1	14 078
河南	24.4	13 036	4.0	16 009	20.4	12 577
湖北	19.2	14 544	1.9	18 771	17.3	14 197
湖南	14.2	10 343	1.1	11 981	13.1	10 230
广东	31.6	20 375	3.8	24 020	27.8	19 961
广西	16.3	14 325	1.0	18 295	15.3	14 127
海南	3.0	16 954	0.4	22 999	2.7	16 392
重庆	10.6	14 053	0.6	18 958	9.9	13 826
四川	31.2	15 102	1.7	20 530	29.6	14 879
贵州	13.7	15 332	1.4	20 678	12.4	14 908
云南	22.5	18 395	2.3	22 027	20.2	18 062
西藏	3.6	33 862	0.2	42 155	3.4	33 547
陕西	10.4	14 879	2.0	21 651	8.4	13 826
甘肃	10.0	18 037	1.3	23 876	8.7	17 407
青海	6.3	18 561	0.9	28 146	5.4	17 566
宁夏	2.5	15 565	0.4	18 700	2.1	15 065
新疆	12.5	18 134	1.5	23 830	11.0	17 577

全部离休、退休、退职人员人数及保险福利费用构成情况

(2004)

	离休、退休、退职人员年末人数（万人）				
	合计	女性	离休人员	退休人员	领取定期生活费的退职人员
总计	**4 648.1**	**1 976.2**	**131.8**	**4 438.9**	**77.4**
一、企业	3 610.1	1 614.5	68.1	3 477.2	64.8
1. 内资企业	3 575.1	1 595.8	67.6	3 443.4	64.2
①国有企业	2 399.8	1 002.4	54.6	2 307.1	38.1
②集体企业	654.8	340.0	5.6	632.4	16.8
③其他企业	520.6	253.4	7.3	503.9	9.3
2. 港、澳、台商投资企业	17.4	9.4	0.1	17.0	0.3
3. 外商投资企业	17.5	9.3	0.3	16.9	0.3
二、事业	740.0	276.3	31.7	700.0	8.3
三、机关	298	85.4	32.0	261.7	4.3

	保险福利费用构成（亿元）					
	合计	离休金	退休金	退职生活费	医疗卫生费	其他
总计	**4 814.9**	**281.5**	**3 929.4**	**38.8**	**372.8**	**192.4**
一、企业	3 129.0	144.3	2 594.9	30.1	261.7	98.0
1. 内资企业	3 093.8	143.6	2 565.3	29.7	258.7	96.6
①国有企业	2 164.7	116.5	1 778.3	16.7	177.2	75.9
②集体企业	467.3	11.1	402.6	7.6	36.6	9.5
③其他企业	461.8	15.9	384.4	5.4	44.9	11.2
2. 港、澳、台商投资企业	17.6	0.4	15.0	0.2	1.3	0.6
3. 外商投资企业	17.6	0.4	14.5	0.2	1.7	0.8
二、事业	1 167.2	67.1	953.4	5.5	78.6	62.5
三、机关	518.7	70.1	381.1	3.2	32.4	31.8

分地区全部离休、退休、退职人员保险福利费用构成情况

（2004）

单位：万元

地　区	合计	离休金	退休金	退职生活费	医疗卫生费	其他
全　国	**48 148 580**	**2 814 815**	**39 294 458**	**388 192**	**3 727 601**	**1 923 515**
北　京	2 566 146	167 509	1 964 683	29 654	224 462	179 839
天　津	1 358 726	69 304	1 158 782	7 019	70 006	53 615
河　北	1 922 180	165 918	1 571 686	17 594	110 430	56 551
山　西	1 136 202	108 001	920 397	4 564	61 102	42 139
内蒙古	772 545	49 283	665 642	5 304	24 086	28 231
辽　宁	2 611 136	209 296	2 175 103	22 974	104 873	98 890
吉　林	1 194 024	86 431	1 024 190	9 318	47 203	26 882
黑龙江	2 070 931	153 850	1 680 481	18 140	125 487	92 972
上　海	4 299 619	109 128	2 969 817	25 205	1 044 733	150 737
江　苏	3 283 604	178 528	2 737 779	44 004	196 614	126 678
浙　江	2 264 333	82 564	1 826 306	30 105	182 656	142 703
安　徽	1 516 644	120 985	1 283 416	10 980	73 997	27 266
福　建	752 782	39 179	663 011	8 407	17 776	24 409
江　西	1 009 741	81 104	848 221	3 641	55 143	21 633
山　东	2 662 644	258 018	2 063 972	28 716	241 333	70 605
河　南	1 984 737	147 717	1 694 543	12 911	86 230	43 337
湖　北	2 115 365	83 656	1 709 559	18 117	172 119	131 914
湖　南	1 376 389	51 349	1 201 154	7 463	76 441	39 983
广　东	2 886 545	116 282	2 330 605	8 483	282 733	148 442
广　西	1 030 093	30 239	908 424	7 238	32 441	51 751
海　南	271 541	11 991	231 828	4 033	18 056	5 633
重　庆	995 022	27 371	826 366	7 219	93 187	40 879
四　川	2 081 942	63 005	1 848 528	17 523	54 773	98 113
贵　州	852 263	35 924	716 216	2 440	60 524	37 159
云　南	1 324 059	72 077	1 119 200	6 104	79 671	47 006
西　藏	125 943	2 529	113 452	141	5 764	4 056
陕　西	1 102 623	109 422	871 630	6 659	83 067	31 847
甘　肃	807 691	47 655	706 495	1 379	26 370	25 792
青　海	335 752	21 031	303 527	2 795	1 800	6 600
宁　夏	235 258	13 275	181 970	1 428	23 931	14 654
新　疆	1 202 101	102 193	977 478	18 634	50 595	53 202

分地区企业单位离休、退休、退职人员保险福利费用构成情况

(2004)

单位：万元

地　区	合计	离休金	退休金	退职生活费	医疗卫生费	其他
全　国	**31 290 100**	**1 443 172**	**25 948 868**	**300 936**	**2 616 934**	**980 191**
北　京	1 795 734	82 142	1 486 430	26 870	136 895	63 398
天　津	935 836	36 617	814 552	6 289	43 915	34 463
河　北	1 210 566	73 074	1 008 630	12 228	80 147	36 487
山　西	742 564	49 033	626 524	2 983	44 898	19 125
内蒙古	441 675	18 394	379 725	4 067	14 783	24 706
辽　宁	1 965 555	130 502	1 658 698	19 668	75 862	80 825
吉　林	837 383	48 047	724 497	7 543	37 394	19 903
黑龙江	1 471 385	88 419	1 194 354	11 193	96 783	80 637
上　海	3 477 070	60 753	2 416 142	23 671	882 980	93 524
江　苏	2 093 734	81 054	1 810 412	35 865	111 233	55 171
浙　江	1 365 470	31 720	1 170 446	23 515	112 934	26 856
安　徽	835 432	58 585	710 512	7 677	41 665	16 993
福　建	445 387	17 818	394 696	6 230	10 268	16 375
江　西	685 329	66 648	570 460	2 852	36 507	8 861
山　东	1 729 980	118 955	1 387 803	19 197	148 158	55 867
河　南	1 188 632	63 027	1 034 137	10 032	55 271	26 164
湖　北	1 368 194	48 593	1 167 133	15 272	113 331	23 865
湖　南	858 190	26 464	762 005	5 850	44 155	19 718
广　东	1 797 495	47 855	1 506 267	5 073	172 060	66 240
广　西	561 804	14 550	504 666	5 478	18 201	18 909
海　南	153 967	7 026	127 450	3 655	11 832	4 005
重　庆	647 799	15 338	534 155	5 846	71 732	20 728
四　川	1 167 335	31 655	1 064 282	11 732	29 921	29 747
贵　州	461 349	14 640	393 353	1 491	36 436	15 429
云　南	720 959	33 266	600 564	3 914	54 195	29 020
西　藏	37 235	294	33 230	72	2 342	1 298
陕　西	681 377	65 863	540 546	5 356	52 405	17 207
甘　肃	491 789	24 093	417 867	514	24 887	24 429
青　海	174 363	7 531	157 232	1 200	1 800	6 600
宁　夏	150 041	5 943	121 163	505	16 827	5 603
新　疆	796 471	75 275	630 940	15 098	37 118	38 041

分地区事业单位离休、退休、退职人员保险福利费用构成情况

(2004)

单位：万元

地　区	合计	离休金	退休金	退职生活费	医疗卫生费	其他
全　国	**11 671 842**	**671 013**	**9 534 115**	**55 242**	**786 342**	**625 130**
北　京	457 413	35 347	289 617	2 232	56 966	73 250
天　津	334 070	21 389	279 524	569	18 762	13 825
河　北	464 755	39 431	388 949	2 348	20 684	13 344
山　西	257 760	25 711	205 402	998	11 119	14 530
内蒙古	210 009	11 983	189 102	933	5 644	2 348
辽　宁	458 392	44 592	381 943	2 500	17 581	11 776
吉　林	276 176	24 493	238 532	1 217	7 052	4 882
黑龙江	420 269	36 987	351 591	4 422	18 933	8 336
上　海	692 375	28 006	477 809	1 492	139 090	45 978
江　苏	825 885	44 455	690 009	4 485	57 183	29 753
浙　江	683 210	23 889	500 298	4 925	54 259	99 840
安　徽	458 840	27 907	401 443	2 506	20 136	6 848
福　建	212 037	10 309	190 402	1 264	4 435	5 626
江　西	235 963	7 595	207 859	591	12 207	7 712
山　东	661 510	77 363	502 906	5 754	64 915	10 573
河　南	540 957	44 569	461 761	1 818	20 032	12 776
湖　北	540 551	16 274	403 752	1 719	43 821	74 984
湖　南	363 754	14 231	315 471	833	19 742	13 478
广　东	740 816	30 479	579 891	1 825	78 564	50 058
广　西	300 107	5 815	264 795	1 380	8 731	19 387
海　南	84 783	1 448	78 201	221	3 884	1 028
重　庆	234 406	5 737	201 323	736	14 190	12 420
四　川	595 089	14 586	521 095	3 512	17 599	38 297
贵　州	243 922	7 712	207 121	569	14 203	14 317
云　南	369 539	16 188	324 486	1 761	16 889	10 215
西　藏	51 603	609	47 365	46	2 018	1 566
陕　西	309 369	23 213	250 921	862	22 746	11 627
甘　肃	215 528	10 710	203 362	246	771	439
青　海	98 044	4 466	92 900	677		
宁　夏	58 058	3 185	43 181	500	5 010	6 183
新　疆	276 651	12 333	243 103	2 303	9 179	9 733

分地区机关单位离休、退休、退职人员保险福利费用构成情况

(2004)

单位：万元

地　　区	合计	离休金	退休金	退职生活费	医疗卫生费	其他
全　　国	**5 186 639**	**700 630**	**3 811 475**	**32 014**	**324 325**	**318 194**
北　　京	313 000	50 020	188 636	552	30 601	43 191
天　　津	88 820	11 298	64 707	160	7 329	5 327
河　　北	246 859	53 414	174 107	3 018	9 600	6 720
山　　西	135 878	33 257	88 470	583	5 085	8 483
内 蒙 古	120 860	18 906	96 814	305	3 659	1 176
辽　　宁	187 189	34 202	134 462	806	11 430	6 289
吉　　林	80 464	13 891	61 161	558	2 757	2 097
黑 龙 江	179 277	28 445	134 537	2 525	9 772	3 999
上　　海	130 175	20 369	75 866	42	22 663	11 235
江　　苏	363 985	53 019	237 359	3 655	28 199	41 754
浙　　江	215 652	26 955	155 561	1 665	15 463	16 007
安　　徽	222 372	34 493	171 462	797	12 196	3 424
福　　建	95 359	11 053	77 912	912	3 073	2 408
江　　西	88 450	6 861	69 901	198	6 429	5 061
山　　东	271 154	61 701	173 263	3 766	28 260	4 165
河　　南	255 147	40 120	198 645	1 060	10 926	4 396
湖　　北	206 620	18 789	138 673	1 126	14 967	33 065
湖　　南	154 445	10 655	123 678	781	12 544	6 788
广　　东	348 234	37 949	244 448	1 585	32 109	32 144
广　　西	168 181	9 874	138 963	380	5 509	13 455
海　　南	32 791	3 517	26 177	157	2 341	600
重　　庆	112 817	6 296	90 888	637	7 265	7 731
四　　川	319 518	16 764	263 152	2 280	7 253	30 069
贵　　州	146 992	13 573	115 741	380	9 885	7 413
云　　南	233 561	22 623	194 150	429	8 587	7 772
西　　藏	37 105	1 627	32 858	23	1 404	1 192
陕　　西	111 878	20 346	80 163	440	7 916	3 013
甘　　肃	100 374	12 851	85 266	620	712	924
青　　海	63 346	9 033	53 395	918		
宁　　夏	27 159	4 147	17 626	423	2 094	2 869
新　　疆	128 979	14 584	103 435	1 233	4 298	5 428

历年全国社会保险基金收支及累计结余情况 单位：亿元

年份	合计	基本养老保险	失业保险	医疗保险	工伤保险	生育保险
一、基金收入						
1990	186.8	178.8	8.0			
1995	1 006.0	950.1	35.3	9.7	8.1	2.9
2000	2 644.5	2 278.1	160.4	170.0	24.8	11.2
2001	3 101.9	2 489.0	187.3	383.6	28.3	13.7
2002	4 048.7	3 171.5	215.6	607.8	32.0	21.8
2003	4 882.9	3 680.0	249.5	890.0	37.6	25.8
2004	5 780.3	4 258.4	291.0	1 140.5	58.3	32.1
二、基金支出						
1990	151.9	149.3	2.5			
1995	877.1	847.6	18.9	7.3	1.8	1.6
2000	2 385.6	2 115.5	123.4	124.5	13.8	8.3
2001	2 748.0	2 321.3	156.6	244.1	16.5	9.6
2002	3 471.5	2 842.9	186.6	409.4	19.9	12.8
2003	4 016.4	3 122.1	199.8	653.9	27.1	13.5
2004	4 627.4	3 502.1	211.0	862.2	33.3	18.8
三、累计结余						
1990	117.3	97.9	19.5			
1995	516.8	429.8	68.4	3.1	12.7	2.7
2000	1 327.5	947.1	195.9	109.8	57.9	16.8
2001	1 622.8	1 054.1	226.2	253.0	68.9	20.6
2002	2 423.4	1 608.0	253.8	450.7	81.1	29.7
2003	3 313.8	2 206.5	303.5	670.6	91.2	42.0
2004	4 493.4	2 975.0	386.0	957.9	118.6	55.9

历年全国基本养老保险基金收支及累计结余情况

单位：亿元

年份	合计	企业	事业、机关
一、基金收入			
1990	178.8	178.8	
1995	950.1	950.1	
2000	2 278.1	2 088.3	189.8
2001	2 489.0	2 235.1	253.0
2002	3 171.5	2 783.6	387.8
2003	3 680.0	3 209.4	470.6
2004	4 258.4	3 728.5	529.9
二、基金支出			
1990	149.3	149.3	
1995	847.6	847.6	
2000	2 115.5	1 970.0	145.4
2001	2 321.3	2 116.5	204.4
2002	2 842.9	2 502.8	340.1
2003	3 122.1	2 716.2	405.9
2004	3 502.1	3 031.2	470.9
三、累计结余			
1990	97.9	97.9	
1995	429.8	429.8	
2000	947.1	761.0	186.1
2001	1 054.1	818.6	233.2
2002	1 608.0	1 243.5	364.5
2003	2 206.5	1 764.8	441.7
2004	2 975.0	2 499.3	475.7

历年全国参加基本养老保险职工人数和离退休人数

单位：万人

年份	职工		离退休人员	
	合计	#企业	合计	#企业
1990	5 200.7	5 200.7	1 086.6	1 086.6
1995	8 737.8	8 737.8	2 358.3	2 358.3
2000	10 447.5	9 469.9	3 380.6	3 169.9
2001	10 801.9	9 733.0	3 380.6	3 171.3
2002	11 128.8	9 929.4	3 607.8	3 349.2
2003	11 646.5	10 324.5	3 860.2	3 556.9
2004	12 250.3	10 903.9	4 102.6	3 775.0

历年分地区基本养老保险参保人数　　单位：万人

地区	1998		1999		2000	
	合计	离休、退休、退职人员	合计	离休、退休、退职人员	合计	离休、退休、退职人员
全　国	**11 203**	**2 727**	**12 485**	**2 984**	**13 617**	**3 170**
北　京	352	107	379	109	392	116
天　津	264	75	274	76	288	80
河　北	532	113	545	119	634	137
山　西	337	71	366	79	416	78
内蒙古	257	56	286	61	295	62
辽　宁	895	243	945	258	1 030	281
吉　林	366	87	400	90	388	94
黑龙江	600	146	617	151	625	159
上　海	584	190	663	225	675	234
江　苏	791	176	822	189	890	200
浙　江	378	97	517	107	562	114
安　徽	350	78	389	87	415	93
福　建	203	50	220	52	231	56
江　西	300	64	313	67	327	73
山　东	713	134	939	170	1 009	180
河　南	600	116	677	125	729	135
湖　北	521	107	578	122	597	132
湖　南	413	102	420	105	439	111
广　东	600	143	766	161	1 172	174
广　西	222	46	264	60	239	54
海　南	86	24	112	30	129	30
重　庆	247	67	265	75	271	78
四　川	495	138	527	149	572	159
贵　州	132	34	149	38	165	40
云　南	209	60	224	63	252	68
西　藏	7	2	7	2	7	2
陕　西	278	71	274	74	296	78
甘　肃	175	40	184	42	187	43
青　海	47	12	50	13	51	14
宁　夏	53	11	55	12	57	13
新　疆	225	66	242	73	252	76

续表

地区	2001		2002		2003		2004	
	合计	离休、退休、退职人员	合计	离休、退休、退职人员	合计	离休、退休、退职人员	合计	离休、退休、退职人员
全　国	**14 182**	**3 381**	**14 736**	**3 608**	**15 506**	**3 860**	**16 353**	**4 103**
北　京	426	124	436	133	448	141	460	149
天　津	281	85	296	91	283	98	298	103
河　北	641	145	643	154	665	164	683	172
山　西	366	82	362	85	364	88	377	93
内蒙古	291	65	293	71	301	73	319	82
辽　宁	1 023	289	1 039	302	1 070	316	1 101	334
吉　林	389	100	398	105	427	115	439	123
黑龙江	692	178	690	187	714	196	738	207
上　海	684	240	700	247	716	255	771	265
江　苏	888	213	1 063	253	1 135	271	1 214	289
浙　江	610	125	701	133	801	144	888	152
安　徽	433	99	432	103	457	114	464	119
福　建	242	58	285	62	364	79	377	84
江　西	329	78	340	83	356	93	372	100
山　东	1 023	191	1 043	205	1 136	219	1 219	232
河　南	737	142	758	162	751	171	781	181
湖　北	612	138	629	147	732	178	781	195
湖　南	603	148	617	158	636	168	692	185
广　东	1 370	187	1 405	194	1 482	204	1 589	220
广　西	249	59	257	63	265	66	279	70
海　南	108	31	111	32	117	34	120	35
重　庆	270	82	280	88	280	92	284	97
四　川	579	169	589	178	606	188	668	203
贵　州	159	42	169	45	168	48	175	50
云　南	243	70	252	74	257	78	255	79
西　藏	7	3	7	3	7	3	8	3
陕　西	345	83	352	91	362	97	369	103
甘　肃	188	45	188	48	192	51	195	53
青　海	52	15	54	15	56	16	59	16
宁　夏	58	13	59	14	61	14	62	15
新　疆	258	78	262	80	269	83	295	87

分地区基本养老保险基本情况

(2004)

地　　区	参保职工年末数（万人）		参保离退休人数（万人）	基金收支情况（亿元）		
		企业（含其他）		基金收入	基金支出	累计结余
全　　国	**12 250.3**	**10 903.9**	**4 102.6**	**4 258.4**	**3 502.1**	**2 975**
北　　京	311.1	311.1	148.6	191.4	174.2	55.1
天　　津	195.2	187.9	102.9	104.2	94.1	32.2
河　　北	511.4	415.4	172.0	177.9	139.1	126
山　　西	283.4	283.4	93.3	109.3	76.1	103.4
内 蒙 古	236.8	209.9	82.0	74.2	64.5	36.7
辽　　宁	767.2	695.1	333.8	292.1	245.6	202.3
吉　　林	315.9	304.4	123.1	120	89.2	56.6
黑 龙 江	530.8	473.2	207.3	172	147.8	97.5
上　　海	505.6	442.1	265.3	326.1	319.9	80.5
江　　苏	925.3	839.8	288.8	314.0	271.5	163.6
浙　　江	735.5	670.5	152.4	237.0	164.1	273.6
安　　徽	345.1	328.6	118.8	98.1	86.9	39.1
福　　建	293.8	237.8	83.7	85.2	74.4	57.2
江　　西	271.8	250.3	99.9	66.1	56.8	40.1
山　　东	986.5	775.9	232.2	300.0	245.1	229.4
河　　南	599.9	522.3	181.1	169.6	132.2	134.6
湖　　北	585.1	529.7	195.4	146.4	133.7	66.3
湖　　南	506.3	353.8	185.4	157.8	130.3	103.2
广　　东	1 368.4	1 225.5	220.4	373.6	233.5	596.8
广　　西	209.1	209.1	70.2	59.7	49.7	46.2
海　　南	84.8	65.7	35.2	28.9	25.6	13.9
重　　庆	187.0	185.7	96.8	65.4	60.8	20.2
四　　川	465.3	419.0	202.7	188.9	152.7	142.2
贵　　州	124.8	111.4	50.0	45.5	38	39.6
云　　南	175.9	165.7	79.4	78.2	67.1	56.5
西　　藏	4.5	3.4	3.0	5.1	5.1	
陕　　西	266.8	266.8	102.5	87.2	75.8	31.7
甘　　肃	141.1	135.5	53.5	53.8	46.4	27.4
青　　海	42.1	39.1	16.5	19.1	16.5	3.6
宁　　夏	47.3	47.3	15.2	19.7	13.3	22.2
新　　疆	207.5	198.6	87.3	90.7	71.1	73.5

分地区企业退休人员实行社会化管理情况

(2004)

地　　区	社会化管理人数（万人）	#纳入社区管理的人数	社会化管理率（%）	纳入社区管理的企业退休人员占全部企业退休人员的比例（%）
全　　国	**3 430**	**2 166**	**93.2**	**58.9**
北　　京	136.7	81.6	95.2	56.8
天　　津	88.9	79.9	90.0	80.9
河　　北	131.5	66.6	90.3	45.7
山　　西	77.6	24.7	86.1	27.4
内 蒙 古	73.0	30.9	95.1	40.3
辽　　宁	275.3	238.1	97.7	84.5
吉　　林	108.1	81.6	90.0	67.9
黑 龙 江	171.2	96.4	91.1	51.3
上　　海	214.6	214.6	96.2	96.2
江　　苏	242.2	197.6	93.4	76.2
浙　　江	124.7	64.1	95.0	48.8
安　　徽	103.2	59.4	92.2	53.0
福　　建	61.7	52.8	92.5	79.2
江　　西	83.0	56.5	90.1	61.3
山　　东	167.6	114.8	96.6	66.2
河　　南	149.5	82.7	92.5	51.2
湖　　北	175.4	105.9	95.2	57.5
湖　　南	137.4	76.2	96.0	53.2
广　　东	184.5	64.2	89.1	31.0
广　　西	62.5	44.3	90.1	63.9
海　　南	27.1	11.6	90.8	38.8
重　　庆	92.4	56.8	97.6	59.9
四　　川	184.6	115.6	96.3	60.3
贵　　州	40.5	14.8	84.3	30.8
云　　南	68.4	28.6	92.0	38.5
西　　藏	0.5		19.0	
陕　　西	95.4	49.4	94.6	49.0
甘　　肃	50.3	16.6	95.5	31.5
青　　海	13.2	8.7	80.2	53.1
宁　　夏	12.7	3.5	85.6	23.8
新　　疆	38.1	17.6	89.0	41.1
新疆生产建设兵团	38.7	9.6	91.0	22.5

注：1. 本表人数包括企业化管理事业单位数据。

2. 社会化管理情况不包括离休人员。

历年失业保险、医疗保险、工伤保险、生育保险基本情况

年份	失业保险			基本医疗保险	
	年末参保职工人数（万人）	年末领取失业保险金人数（万人）	全年发放失业保险金（万元）	年末参保职工人数（万人）	年末参保退休人数（万人）
一、绝对数					
1995	8 238.0		81 964	702.6	43.3
2000	10 408.4	190.0	561 984	2 862.8	924.2
2001	10 354.6	312.0	832 563	5 470.7	1 815.2
2002	10 181.6	440.0	1 167 736	6 925.8	2 475.4
2003	10 372.4	415.0	1 334 448	7 974.9	2 926.8
2004	10 583.9	419.0	1 374 983	9 045.0	3 359.2
二、比上年增长（%）					
2000	4.8	74.3	76.3	89.7	66.2
2001	—0.6	64.2	48.1	91.1	96.4
2002	—1.7	41.0	40.2	26.6	36.4
2003	1.9	—5.7	14.3	15.1	18.2
2004	2.0	1.0	3.0	13.4	14.8

年份	工伤保险		生育保险
	年末参保职工人数（万人）	享受工伤保险待遇的人数（万人）	年末参保职工人数（万人）
一、绝对数			
1995	2 614.8	7.1	1 500.2
2000	4 350.3	18.8	3 001.6
2001	4 345.3	18.7	3 455.1
2002	4 405.6	26.5	3 488.2
2003	4 574.8	29.5	3 655.4
2004	6 845.2	51.9	4 383.8
二、比上年增长（%）			
2000	9.8	25.0	2.5
2001	—0.1	—0.6	15.1
2002	1.4	41.7	1.0
2003	3.8	11.3	4.8
2004	49.6	75.9	4.8

历年分地区基本医疗保险参保人数

单位：万人

地区	1999		2000		2001	
	合计	退休人员	合计	退休人员	合计	退休人员
全国	**2 065.4**	**555.9**	**3 786.9**	**924.2**	**7 285.9**	**1 815.2**
北京	235.0	75.5	232.6	81.9	240.7	89.4
天津	20.2	3.1			139.6	46.8
河北	32.3	7.0	159.9	35.4	282.5	61.5
山西	78.0	11.5	72.1	11.4	157.3	34.4
内蒙古	13.4	2.4	103.7	22.1	196.9	45.5
辽宁	63.9	21.7	109.5	36.6	313.6	90.4
吉林	46.1	8.7	40.2	8.5	124.2	27.8
黑龙江	38.3	9.5	52.1	15.1	308.3	89.2
上海	555.6	197.3	569.6	204.3	680.5	238.9
江苏	56.5	15.0	307.3	71.9	456.0	113.5
浙江	200.1	52.9	228.0	67.5	352.7	100.0
安徽	5.7	1.0	61.5	13.3	232.8	53.6
福建	4.2	1.4	77.8	18.9	171.0	38.3
江西	51.6	7.3	61.4	9.5	71.6	12.2
山东	216.2	44.2	253.3	48.7	490.2	86.0
河南	36.6	10.0	296.2	58.4	460.3	94.8
湖北	24.2	4.9	133.9	11.6	255.4	54.5
湖南	8.6	3.4	127.3	30.4	351.6	83.7
广东	124.1	16.3	350.3	41.6	544.8	84.4
广西	8.6	1.6	10.2	2.1	150.1	33.4
海南	17.8	3.6	33.9	5.1	40.9	8.5
重庆	10.1	2.3	9.7	2.4	36.8	9.7
四川	197.9	50.6	261.2	74.1	437.6	128.3
贵州					31.1	6.9
云南			69.5	15.9	185.7	45.6
西藏						
陕西	14.5	3.7	130.5	28.2	231.4	49.4
甘肃	4.0	0.7	5.0	1.2	109.9	23.6
青海	1.9	0.3	12.7	2.6	38.3	12.6
宁夏			5.4	1.1	17.2	4.0
新疆			11.9	4.6	177.0	48.1

续表

地区	2002		2003		2004	
	合计	退休人员	合计	退休人员	合计	退休人员
全　国	**9 401.2**	**2 475.4**	**10 901.7**	**2 926.8**	**12 403.6**	**3 359.2**
北　京	321.1	113.2	436.1	134.7	483.9	141.7
天　津	250.2	103.8	254.7	108.5	263.0	104.8
河　北	330.4	73.0	383.2	84.7	472.5	108.9
山　西	216.7	49.5	245.5	51.3	295.5	63.9
内蒙古	221.7	54.2	252.3	66.1	274.2	78.1
辽　宁	619.0	188.7	697.7	217.2	783.7	247.3
吉　林	176.9	39.8	230.8	55.3	270.0	67.5
黑龙江	392.8	108.2	435.2	122.1	544.1	151.7
上　海	694.8	245.9	709.6	250.6	714.1	260.9
江　苏	690.9	183.2	815.0	227.6	976.7	261.6
浙　江	423.4	117.0	510.3	139.5	569.2	150.3
安　徽	273.4	65.6	318.2	79.8	362.2	97.7
福　建	230.0	54.7	247.8	61.8	285.9	69.5
江　西	106.6	22.7	188.2	45.7	250.4	65.8
山　东	625.6	119.5	691.1	138.0	771.9	153.5
河　南	537.4	115.2	567.9	126.9	590.0	136.8
湖　北	338.1	80.6	416.6	110.1	466.8	132.5
湖　南	398.1	108.3	423.5	116.1	477.0	133.9
广　东	717.7	118.8	877.0	146.4	1 034.2	168.9
广　西	201.8	54.1	235.0	66.1	272.2	77.8
海　南	52.6	11.5	63.1	15.4	78.6	22.3
重　庆	58.7	18.0	121.8	41.7	206.3	76.2
四　川	480.6	150.1	531.2	173.8	587.6	196.5
贵　州	94.6	26.6	134.1	38.2	152.6	44.0
云　南	238.4	65.0	281.5	81.4	302.3	89.6
西　藏			6.0	1.8		
陕　西	261.8	65.1	301.0	77.4	325.6	86.8
甘　肃	124.1	26.0	146.0	32.8	165.8	40.6
青　海	51.1	16.3	56.4	17.8	60.2	19.5
宁　夏	36.8	10.1	48.1	12.7	55.6	14.6
新　疆	235.7	70.6	276.7	85.3	304.4	93.2

分地区基本医疗保险基本情况

(2004)

地　　区	年末参保人数（万人）			基金收支情况（万元）		
	合计	职工	退休人员	基金收入	基金支出	累计结余
全　　国	**12 404**	**9 045**	**3 359**	**1 140.5**	**862.2**	**957.9**
北　　京	483.9	342.2	141.7	89.2	73.9	39.8
天　　津	263.0	158.2	104.8	25.0	27.2	3.7
河　　北	472.5	363.6	108.9	35.5	25.9	32.0
山　　西	295.5	231.6	63.9	18.2	11.3	16.6
内 蒙 古	274.2	196.1	78.1	15.2	11.8	12.8
辽　　宁	783.7	536.4	247.3	53.7	39.8	46.9
吉　　林	270.0	202.4	67.5	14.8	10.2	12.5
黑 龙 江	544.1	392.5	151.7	34.7	26.8	22.8
上　　海	714.1	453.3	260.9	134.3	119.5	61.4
江　　苏	976.7	715.1	261.6	94.4	69.4	77.0
浙　　江	569.2	418.9	150.3	67.6	45.0	83.7
安　　徽	362.2	264.5	97.7	22.4	16.2	19.6
福　　建	285.9	216.5	69.5	34.0	22.3	41.0
江　　西	250.4	184.6	65.8	12.4	9.2	8.5
山　　东	771.9	618.4	153.5	62.2	49.2	45.2
河　　南	590.0	453.3	136.8	33.2	24.8	34.6
湖　　北	466.8	334.4	132.5	34.4	22.1	34.6
湖　　南	477.0	343.1	133.9	34.2	27.2	26.1
广　　东	1 034.2	865.2	168.9	117.6	76.3	166.9
广　　西	272.2	194.4	77.8	21.7	15.2	20.9
海　　南	78.6	56.3	22.3	4.9	4.3	3.2
重　　庆	206.3	130.2	76.2	15.6	7.7	11.7
四　　川	587.6	391.0	196.5	47.5	33.5	49.3
贵　　州	152.6	108.6	44.0	8.9	6.6	7.9
云　　南	302.3	212.8	89.6	32.5	27.1	24.5
西　　藏	7.1	4.3	2.8	1.3	1.5	0.5
陕　　西	325.6	238.7	86.8	21.7	15.3	16.0
甘　　肃	165.8	125.2	40.6	10.8	8.6	6.6
青　　海	60.2	40.7	19.5	6.6	5.1	6.7
宁　　夏	55.6	41.0	14.6	4.3	3.4	4.1
新　　疆	304.4	211.2	93.2	31.8	26.0	20.4

历年分地区失业保险参保人数　　单位：万人

地区	1999		2000		2001	
	年末参保职工人数	年末领取失业保险金人数	年末参保职工人数	年末领取失业保险金人数	年末参保职工人数	年末领取失业保险金人数
全　国	**9 852**	**109**	**10 408**	**190**	**10 355**	**312**
北　京	306.2	3.3	306.2	5.1	287.2	5.5
天　津	204.4	6.1	216.9	8.6	214.3	10.8
河　北	543.2	1.0	542.2	5.1	513.2	7.3
山　西	257.6	2.3	254.8	1.8	286.0	5.9
内蒙古	215.6	2.6	220.4	3.7	217.7	5.4
辽　宁	695.0	12.0	693.7	18.2	656.7	20.3
吉　林	291.9	3.3	279.3	7.2	283.8	13.2
黑龙江	528.0	3.3	526.3	4.6	532.6	12.5
上　海	431.6	7.9	434.9	9.0	430.7	13.1
江　苏	755.6	10.8	764.1	22.8	766.5	39.5
浙　江	365.5	11.3	388.6	22.8	391.1	33.0
安　徽	345.8	2.4	368.7	5.2	375.2	11.5
福　建	146.4	2.3	167.3	5.2	239.6	9.6
江　西	211.1	0.4	226.8	0.6	235.9	2.1
山　东	624.3	8.3	715.9	12.5	700.2	20.5
河　南	631.0	2.2	671.0	4.7	676.1	10.0
湖　北	517.6	4.6	497.9	11.5	420.8	26.1
湖　南	353.0	4.4	346.5	2.7	352.0	4.4
广　东	440.7	8.5	748.5	14.4	819.5	21.2
广　西	225.4	1.2	224.6	2.0	217.7	5.0
海　南	56.2	0.2	56.2	0.6	56.1	0.7
重　庆	204.5	2.4	210.0	3.3	210.0	7.7
四　川	461.9	2.7	470.2	10.6	412.2	11.9
贵　州	126.2	0.2	138.7	0.3	136.4	1.2
云　南	181.0	1.9	191.2	2.9	190.7	3.6
西　藏	5.7		5.7		6.3	
陕　西	314.0	0.4	309.8	1.2	304.9	3.5
甘　肃	159.3	1.4	172.0	1.0	162.7	1.1
青　海	49.3	0.2	43.8	0.5	35.7	1.4
宁　夏	37.2	0.2	34.1	0.2	34.7	0.7
新　疆	166.7	1.0	182.5	1.8	188.2	3.9

续表

地区	2002		2003		2004	
	年末参保职工人数	年末领取失业保险金人数	年末参保职工人数	年末领取失业保险金人数	年末参保职工人数	年末领取失业保险金人数
全国	**10 182**	**440**	**10 372**	**415**	**10 584**	**419**
北京	299.6	4.8	306.6	5.2	308.2	3.8
天津	196.3	12.4	193.5	9.4	195.1	5.1
河北	488.6	7.2	484.2	8.3	479.0	11.0
山西	278.9	4.5	284.1	5.7	286.5	5.4
内蒙古	219.7	7.1	221.6	5.7	222.3	5.8
辽宁	591.2	82.2	622.2	67.0	616.2	81.7
吉林	284.0	15.6	292.9	16.2	282.2	12.2
黑龙江	466.0	19.6	479.0	12.6	475.8	9.7
上海	436.0	14.4	441.1	14.0	487.8	15.9
江苏	735.6	49.7	761.6	48.9	797.1	43.6
浙江	390.0	27.5	396.8	17.4	428.4	11.3
安徽	378.8	17.5	380.8	23.4	371.1	26.4
福建	249.5	11.1	266.4	10.0	266.4	9.5
江西	226.7	3.9	215.5	5.9	226.6	7.2
山东	701.2	30.1	719.1	30.1	747.5	30.6
河南	670.4	16.8	680.0	18.7	681.6	22.3
湖北	416.1	25.1	390.1	18.7	391.3	17.0
湖南	326.6	7.9	347.5	10.5	380.5	9.8
广东	890.2	26.2	954.1	25.9	1 005.8	23.4
广西	215.5	7.6	219.1	8.9	226.4	9.8
海南	60.2	1.7	57.7	1.8	57.9	2.1
重庆	205.3	9.1	199.5	8.1	193.4	9.2
四川	402.9	14.0	400.0	12.6	398.6	12.6
贵州	132.2	1.6	128.0	1.3	129.9	1.2
云南	183.2	4.6	183.0	6.6	173.2	10.5
西藏	7.1		7.1		6.7	
陕西	315.7	7.3	323.3	8.2	325.5	7.2
甘肃	161.0	2.7	162.1	3.8	161.0	4.3
青海	32.2	1.0	33.2	1.3	33.1	1.2
宁夏	35.7	0.8	36.3	1.0	36.4	1.2
新疆	185.2	5.7	186.5	7.4	192.4	7.7

分地区失业保险基本情况

(2004)

单位：万人

地区	年末参保人数	企业	国有企业	集体企业	事业单位	其他单位	年末领取失业保险金人数
全国	**10 583.9**	**8 148.4**	**4 624.4**	**1 067.7**	**2 255.9**	**179.5**	**418.6**
北京	308.2	236.7	92.8	12.8	71.5		3.8
天津	195.1	162.8	95.7	18.5	32.2		5.1
河北	479.0	354.7	237.0	43.8	122.9	1.3	11.0
山西	286.5	240.5	212.6	25.7	45.6	0.4	5.4
内蒙古	222.3	157.5	92.4	12.1	62.3	2.5	5.8
辽宁	616.2	467.3	214.0	120.7	108.8	40.2	81.7
吉林	282.2	233.0	189.4	20.5	48.5	0.6	12.2
黑龙江	475.8	425.5	322.5	71.8	49.8	0.4	9.7
上海	487.8	365.3	99.4	35.6	63.4	59.0	15.9
江苏	797.1	640.9	242.9	122.2	141.6	14.6	43.6
浙江	428.4	321.7	70.4	34.8	93.0	13.8	11.3
安徽	371.1	281.3	170.0	53.3	88.7	1.1	26.4
福建	266.4	216.7	67.9	21.6	47.4	2.3	9.5
江西	226.6	152.4	132.3	10.6	74.0	0.1	7.2
山东	747.5	586.2	382.7	97.1	158.8	2.5	30.6
河南	681.6	508.9	336.9	93.9	167.8	4.9	22.3
湖北	391.3	284.3	222.5	30.3	105.7	1.3	17.0
湖南	380.5	255.4	204.1	26.4	123.0	2.1	9.8
广东	1 005.8	883.6	226.7	81.6	101.3	20.9	23.4
广西	226.4	139.0	102.3	12.8	87.1	0.3	9.8
海南	57.9	43.6	32.6	3.1	12.8	1.5	2.1
重庆	193.4	154.4	114.3	28.1	36.4	2.7	9.2
四川	398.6	270.6	160.5	21.1	126.5	1.6	12.6
贵州	129.9	89.3	77.1	5.3	40.6	0.1	1.2
云南	173.2	117.0	73.0	15.4	55.0	1.1	10.5
西藏	6.7	2.8	2.8		3.9		
陕西	325.5	251.9	198.0	28.8	71.3	2.3	7.2
甘肃	161.0	120.6	98.4	13.4	39.9	0.4	4.3
青海	33.1	21.6	16.7	0.7	11.1	0.3	1.2
宁夏	36.4	25.9	22.9	1.2	10.4	0.2	1.2
新疆	192.4	137.0	113.5	4.5	54.5	0.9	7.7

分地区失业保险基金收支及累计结余情况

(2004)

单位：亿元

地　区	本年基金收入	#失业保险金	本年基金支出	#失业保险金	年末累计结余
全　国	**290.8**	**270.8**	**211.3**	**137.5**	**385.8**
北　京	15.6	15.4	10.8	6.0	16.2
天　津	6.5	6.4	3.1	2.5	6.7
河　北	10.1	9.6	6.2	3.6	21.3
山　西	4.3	4.1	2.6	1.3	10.8
内蒙古	3.6	3.5	2.5	1.9	5.7
辽　宁	25.6	15.2	29.5	26.9	−7.9
吉　林	5.6	5.5	3.6	2.6	6.6
黑龙江	8.3	8.1	4.6	3.6	19.3
上　海	29.5	29.3	29.4	6.7	8.5
江　苏	26.7	25.4	21.1	14.7	27.2
浙　江	15.8	14.8	6.6	5.7	24.3
安　徽	8.0	6.9	8.2	6.1	2.8
福　建	7.0	6.7	4.2	3.3	12.4
江　西	3.7	3.6	3.1	1.5	7.6
山　东	20.5	20.1	13.2	9.9	30.7
河　南	9.9	9.5	8.0	5.5	20.9
湖　北	7.7	7.4	5.8	4.0	8.3
湖　南	6.8	6.6	6.1	3.0	12.6
广　东	28.0	27.1	12.5	9.9	55.6
广　西	5.6	5.3	3.4	2.9	13.9
海　南	1.6	1.6	0.7	0.6	3.8
重　庆	3.6	3.1	2.8	2.5	2.3
四　川	9.1	8.7	7.4	3.1	14.6
贵　州	3.6	3.5	0.8	0.4	13.7
云　南	5.2	5.2	5.1	3.4	9.5
西　藏	0.4	0.4	0.1	0.0	1.8
陕　西	6.4	6.3	3.2	2.1	9.5
甘　肃	3.1	3.0	2.4	1.2	6.4
青　海	1.0	1.0	0.4	0.2	2.1
宁　夏	0.9	0.8	0.4	0.3	2.4
新　疆	7.0	6.8	3.5	2.2	16.3

历年分地区工伤保险基本情况

单位：人

地区	1999		2000		2001	
	参保职工人数	享受待遇人次数（人次）	参保职工人数	享受待遇人次数（人次）	参保职工人数	享受待遇人次数（人次）
全　国	**39 602 843**	**151 736**	**43 502 744**	**188 221**	**43 453 489**	**187 086**
北　京			2 126 718	6 493	2 046 539	1 334
天　津	78 193	8				
河　北	1 539 641	5 009	1 522 771	4 001	1 631 029	8 151
山　西	839 458	428	773 491	405	717 751	152
内蒙古	212 967	3 960	222 944	3 953	267 209	5 349
辽　宁	3 709 989	47 914	4 091 713	48 384	3 905 915	50 162
吉　林	674 313	21 150	669 483	20 294	307 164	11 206
黑龙江	1 037 972	132	1 302 014	478	1 043 613	854
上　海						
江　苏	4 542 827	5 607	4 502 482	7 045	4 739 356	6 558
浙　江	2 310 633	1 681	2 120 934	4 624	2 196 715	5 621
安　徽	606 369	72	747 247	759	734 204	2 046
福　建	1 289 519	1 316	1 329 657	1 875	1 590 411	2 295
江　西	1 453 112	1 553	1 370 570	1 654	1 377 713	1 891
山　东	2 496 937	6 405	2 794 293	4 689	2 854 635	6 125
河　南	1 698 551	2 825	1 881 505	3 138	1 960 065	5 059
湖　北	1 837 949	20 586	1 849 517	17 635	1 823 231	13 385
湖　南	479 862	1 146				
广　东	7 983 202	10 285	9 606 577	46 042	9 900 946	51 773
广　西	1 367 965	2 062	1 265 640	1 139	1 240 567	1 000
海　南	516 324	191	739 978	150	695 253	267
重　庆	329 118	1 257	273 511	780	250 126	940
四　川	2 252 743	8 521	2 011 111	6 218	1 793 195	4 553
贵　州	18 666	6	17 357	6	17 029	6
云　南	996 389	7 753	991 437	7 018	972 559	6 028
西　藏						
陕　西	269 815	416	263 581	263	245 033	618
甘　肃	116 003	108	83 741	68	95 355	176
青　海	92 811	285	94 292	160	70 731	435
宁　夏	138 658	338	123 826	241	113 911	290
新　疆	712 857	632	726 354	709	863 234	812

续表

地区	2002		2003		2004	
	参保职工人数	享受待遇人次数（人次）	参保职工人数	享受待遇人次数（人次）	参保职工人数	享受待遇人次数（人次）
全　国	**44 056 394**	**265 069**	**45 748 335**	**328 508**	**68 451 673**	**518 808**
北　京	2 210 814	7 227	2 428 990	12 056	2 589 339	24 534
天　津					1 472 299	1 268
河　北	1 467 338	3 957	1 456 909	4 108	2 739 492	8 692
山　西	463 086	582	484 432	400	1 040 064	1 310
内蒙古	238 403	2 431	318 332	2 786	850 174	4 657
辽　宁	3 905 379	59 638	3 458 000	72 825	4 042 359	81 910
吉　林	365 921	15 438	371 226	12 100	1 142 880	30 741
黑龙江	1 189 600	9 014	1 309 403	10 952	2 026 736	42 634
上　海					4 883 160	658
江　苏	4 799 950	12 842	5 030 194	17 195	5 771 985	26 567
浙　江	2 260 040	9 787	2 877 043	14 183	3 604 423	27 006
安　徽	698 037	3 059	679 906	3 930	1 020 315	5 302
福　建	1 706 913	2 952	1 722 504	5 954	2 054 085	8 436
江　西	1 292 539	1 934	1 296 637	2 982	1 346 504	4 257
山　东	2 777 033	10 796	2 818 274	15 192	4 767 363	47 098
河　南	2 187 900	6 890	2 106 114	4 958	3 247 231	10 985
湖　北	1 831 567	17 124	1 891 875	14 276	1 871 792	17 723
湖　南			85 942	292	2 033 328	3 381
广　东	10 499 142	80 367	11 200 081	96 663	12 150 911	112 935
广　西	1 172 636	2 163	1 203 323	3 258	1 335 306	6 521
海　南	688 606	619	681 660	993	645 161	1 175
重　庆	296 539	733	264 538	1 627	1 225 525	3 825
四　川	1 673 945	6 065	1 614 084	12 069	1 956 096	16 416
贵　州	13 464	17	12 639	18	12 425	29
云　南	889 603	8 639	841 140	12 094	1 509 309	11 378
西　藏						
陕　西	255 671	421	350 523	766	1 151 182	7 244
甘　肃	87 342	149	79 902	207	420 022	750
青　海	65 518	302	66 063	440	156 940	1 356
宁　夏	159 667	471	152 179	903	190 726	3 032
新　疆	859 741	1 452	946 422	5 281	1 194 541	6 988

分地区工伤保险基本情况

(2004)

地　　区	参保职工人数（人）	基金收入（万元）	基金支出（万元）	累计结余（万元）	享受待遇人次数（人次）
全　　国	**68 451 673**	**582 900**	**332 853**	**1 185 828**	**518 808**
北　　京	2 589 339	33 614	25 222	37 787	24 534
天　　津	1 472 299	14 466	1 593	12 873	1 268
河　　北	2 739 492	12 531	5 615	14 978	8 692
山　　西	1 040 064	7 116	1 665	10 086	1 310
内 蒙 古	850 174	2 414	1 250	3 222	4 657
辽　　宁	4 042 359	26 509	22 326	43 616	81 910
吉　　林	1 142 880	4 093	2 686	4 391	30 741
黑 龙 江	2 026 736	21 594	22 096	10 445	42 634
上　　海	4 883 160	25 529	1 893	23 636	658
江　　苏	5 771 985	42 475	28 226	90 171	26 567
浙　　江	3 604 423	34 453	17 997	85 210	27 006
安　　徽	1 020 315	7 325	5 317	9 815	5 302
福　　建	2 054 085	22 154	9 418	72 522	8 436
江　　西	1 346 504	6 786	4 010	30 340	4 257
山　　东	4 767 363	28 952	17 347	46 561	47 098
河　　南	3 247 231	22 454	11 260	31 128	10 985
湖　　北	1 871 792	6 769	3 696	17 404	17 723
湖　　南	2 033 328	11 981	4 574	33 647	3 381
广　　东	12 150 911	165 010	97 890	437 230	112 935
广　　西	1 335 306	15 062	8 577	35 860	6 521
海　　南	645 161	5 112	2 820	16 819	1 175
重　　庆	1 225 525	6 992	5 000	6 327	3 825
四　　川	1 956 096	24 443	11 703	50 993	16 416
贵　　州	12 425	192	262	377	29
云　　南	1 509 309	16 009	9 397	29 127	11 378
西　　藏					
陕　　西	1 151 182	2 546	1 528	3 836	7 244
甘　　肃	420 022	2 336	535	2 936	750
青　　海	156 940	2 410	1 611	1 696	1 356
宁　　夏	190 726	1 730	1 225	1 751	3 032
新　　疆	1 194 541	9 843	6 114	21 044	6 988

历年分地区生育保险基本情况

单位：人

地区	1999	2000	2001	
	参保职工人数	参保职工人数	参保职工人数	享受待遇人次数（人次）
全国	**29 453 554**	**30 016 395**	**34 550 557**	**244 869**
北京				
天津	75 497			
河北	1 429 444	1 380 158	1 315 476	7 612
山西	1 216 432	1 131 829	1 080 399	2 500
内蒙古	264 619	264 708	279 192	2 655
辽宁	1 981 709	2 288 627	2 277 558	12 016
吉林	565 177	551 065	239 563	659
黑龙江	503 179	702 903	681 812	1 915
上海			4 436 661	653
江苏	4 465 128	4 576 600	4 834 639	46 015
浙江	2 138 565	2 000 168	1 876 402	16 786
安徽	335 164	238 391	233 986	1 466
福建	996 621	938 275	1181 935	9 387
江西	1 419 753	1 293 785	1 201 528	8 304
山东	2 654 384	3 255 450	3 318 382	34 305
河南	2 160 850	2 002 863	1 963 637	10 676
湖北	1 890 646	1 912 960	1 821 375	10 929
湖南	155 634		37 041	98
广东	2 103 160	2 315 665	2 500 681	23 655
广西	1 006 401	1 125 761	1 135 325	12 183
海南			107 764	596
重庆	247 782	255 546	235 863	2 217
四川	1 918 669	1 881 954	1 781 030	15 614
贵州	11 696	11 148	10 867	20
云南	966 711	954 694	961 061	11 689
西藏				
陕西	57 147	52 622	45 862	783
甘肃	75 305	60 014	50 312	309
青海	85 381	85 145	66 366	540
宁夏	105 738	93 696	86 603	1 466
新疆	622 762	642 368	789 237	9 821

续表

地区	2002		2003		2004	
	参保职工人数	享受待遇人次数（人次）	参保职工人数	享受待遇人次数（人次）	参保职工人数	享受待遇人次数（人次）
全　国	**34 882 321**	**283 105**	**36 554 162**	**363 816**	**43 838 222**	**460 866**
北　京						
天　津						
河　北	953 849	6 895	940 908	4 311	1 141 391	4 475
山　西	843 197	3 042	843 391	2 493	931 712	2 465
内蒙古	233 676	1 052	403 282	1 735	667 453	4 395
辽　宁	2 160 980	12 486	1 991 090	14 666	2 158 780	20 603
吉　林	326 821	1 383	340 173	1 180	350 994	1 615
黑龙江	1 532 309	12 084	1 675 292	27 488	1 872 635	34 520
上　海	4 528 525	36 516	4 610 582	40 737	5 055 557	49 435
江　苏	4 860 631	40 730	5 040 625	72 415	5 526 758	92 308
浙　江	1 936 864	18 562	2 150 367	21 155	2 398 456	30 024
安　徽	236 497	1 550	238 558	1 868	376 241	2 279
福　建	1 237 079	9 639	1 393 519	14 469	1 464 892	17 401
江　西	1 094 188	6 772	1 087 337	5 640	1 076 310	4 860
山　东	3 227 504	38 441	3 364 535	40 852	3 907 637	47 493
河　南	2 059 339	11 311	1 991 625	11 153	2 012 299	14 631
湖　北	1 827 436	7 778	1 821 199	6 190	1 798 685	5 643
湖　南	33 675	470	32 796	366	2 129 157	4 746
广　东	2 586 749	24 796	3 307 594	30 042	3 767 320	35 940
广　西	1 067 871	10 642	1 110 668	12 364	1 347 613	16 213
海　南	231 543	2 197	283 814	2 168	317 123	3 919
重　庆	198 767	1 415	164 980	688	128 938	305
四　川	1 664 450	11 884	1 651 039	12 790	1 873 718	13 572
贵　州	8 869	55	8 876	58	22 654	127
云　南	868 783	10 222	827 883	14 210	1 423 347	22 621
西　藏						
陕　西	54 034	724	146 427	1 158	361 829	2 135
甘　肃	51 307	351	68 207	393	310 015	1 016
青　海	43 237	460	51 843	922	58 411	1 272
宁　夏	150 055	1 749	150 702	1 929	184 355	2 028
新　疆	864 086	9 899	856 850	20 376	1 173 942	24 825

分地区生育保险基本情况

(2004)

地　　区	参保职工人数（人）	享受待遇人次数（人次）	基金收入（万元）	基金支出（万元）	累计结余（万元）
全　　国	**43 838 222**	**460 866**	**321 076**	**188 121**	**558 523**
北　　京					
天　　津					
河　　北	1 141 391	4 475	1 990	1 087	6 129
山　　西	931 712	2 465	1 988	1 004	4 492
内 蒙 古	667 453	4 395	2 139	1 421	2 735
辽　　宁	2 158 780	20 603	10 497	7 038	20 756
吉　　林	350 994	1 615	1 577	395	5 651
黑 龙 江	1 872 635	34 520	8 493	4 970	8 552
上　　海	5 055 557	49 435	70 720	46 733	109 441
江　　苏	5 526 758	92 308	50 099	29 238	99 148
浙　　江	2 398 456	30 024	22 385	15 154	50 991
安　　徽	376 241	2 279	1 587	804	2 629
福　　建	1 464 892	17 401	13 005	6 578	15 411
江　　西	1 076 310	4 860	3 221	1 716	11 185
山　　东	3 907 637	47 493	28 680	16 666	41 865
河　　南	2 012 299	14 631	6 012	2 889	8 625
湖　　北	1 798 685	5 643	4 539	1 909	11 993
湖　　南	2 129 157	4 746	7 097	834	6 736
广　　东	3 767 320	35 940	37 942	23 800	64 125
广　　西	1 347 613	16 213	9 235	6 015	16 269
海　　南	317 123	3 919	2 141	689	3 817
重　　庆	128 938	305	796	562	2 466
四　　川	1 873 718	13 572	11 892	5 317	27 131
贵　　州	22 654	127	28	12	89
云　　南	1 423 347	22 621	13 500	7 482	22 339
西　　藏					
陕　　西	361 829	2 135	1 685	607	1 754
甘　　肃	310 015	1 016	1 498	293	1 682
青　　海	58 411	1 272	680	429	746
宁　　夏	184 355	2 028	744	436	583
新　　疆	1 173 942	24 825	6 906	4 043	11 183

分地区农村社会养老保险基本情况

(2004)

地　区	开展工作的地区和单位（个）				
	地级	县级	乡镇	村	乡镇企业
全　国	**270**	**1 887**	**26 737**	**394 397**	**102 525**
北　京		13	186	3 372	2 408
天　津					
河　北	11	142	1 605	30 726	577
山　西	11	120	1 497	10 896	6 582
内蒙古	10	56	829	7 926	
辽　宁	10	59	918	7 870	5 071
吉　林	6	29	444	1 046	14
黑龙江	13	94	962	10 917	20 079
上　海	10		128	1 991	19 226
江　苏	13	100	1 276	20 208	21 774
浙　江	11	79	1 051	24 319	5 659
安　徽	17	90	1 669	17 428	4 471
福　建	9	82	1 065	15 295	
江　西	11	96	1 553	18 522	7 586
山　东	17	151	1 850	83 535	3 538
河　南	14	63	927	17 025	423
湖　北	13	89	1 058	21 947	3 090
湖　南	13	95	1 786	23 567	424
广　西	14	88	1 115	9 495	374
海　南	2	22	220	4 116	114
重　庆		12	563	3 519	84
四　川	20	101	2 363	31 228	115
贵　州		6	141	477	1
云　南	14	105	1 171	9 460	501
西　藏					
陕　西	10	99	1 613	14 145	356
甘　肃	1	9	194	1 345	54
青　海	7	23	193	2 000	
宁　夏		5	44	231	
新　疆	12	44	242	1 366	4
深　圳	1	2	19	219	

续表

地区	参保人数（万人）			本年领取养老金人数	本年退保转移死亡人数
	合计	本年参保人数	本年乡企参保人数		
全国	**5 382.4**	**397.7**	**36.9**	**205.5**	**179.6**
北京	36.8	7.0	1.5	1.8	0.1
天津					
河北	237.4	4.1		4.2	12.7
山西	204.0	2.0	0.4	0.5	0.1
内蒙古	80.0	1.7		0.5	0.2
辽宁	193.0	3.2	0.1	2.7	0.8
吉林	8.9			0.1	0.1
黑龙江	183.3	0.4		3.9	0.3
上海	112.1	7.0	3.0	2.9	14.3
江苏	829.8	62.5	21.5	71.5	10.0
浙江	453.4	6.3	7.0	7.6	6.5
安徽	170.7	12.0	0.6	2.0	0.4
福建	158.3	2.1		1.5	0.4
江西	221.9	0.1		7.2	0.5
山东	1 033.2	128.4	1.3	49.9	4.4
河南	155.2	5.8	0.1	2.9	2.3
湖北	311.4	0.5	0.2	2.8	112.0
湖南	165.7	0.7		2.9	1.7
广西	180.6	108.0		3.0	0.5
海南	30.4	0.4		0.7	
重庆	36.0			0.9	1.4
四川	303.3	1.6		29.4	8.0
贵州	9.9			0.2	0.3
云南	135.8	3.5	1.3	4.5	0.9
西藏	14.4	14.4			
陕西	89.7	15.3		0.4	1.4
甘肃	9.8				0.1
青海	13.8				0.1
宁夏	1.5				
新疆				0.3	
深圳	11.0	10.8		1.1	0.2

形 象 展 示 专 页

深圳市劳动和社会

2004年，在市委、市政府的领导和关怀下，深圳市劳动保障局坚持以邓小平理论和“三个代表”重要思想为指导，树立和落实科学发展观，同心同德，真抓实干，荣获国务院授予的“全国再就业先进工作单位”和劳动保障部授予的“国家技能人才培育突出贡献奖”。

2004年，全市强化再就业工作目标责任制，全面实施就业和再就业工程“关爱·自立”行动，全年帮助29 860人实现就业和再就业；开展失业人员再就业培训45 753人次，相当于前5年的总和；政策性安置随军家属124人；托底安置困难失业人员8 065人次；为失业人员提供小额贷款380人次，同比增长100%。全市城镇登记失业率为2.49%，就业局势稳定。

社会保险方面，社会保险费征收首次突破“百亿”大关。全年全市养老、医疗、失业、工伤、生育保险的参保人数分别达到295万人、128万人、231万人、360万人、69万人，同比增长分别为16.9%、12.9%、39.7%、12.3%、25.4%。按时、足额、准确、社会化地发放各项社会保险待遇，全年共支付51亿元，同比增长36.8%，有效保障了参保人权益。2004年，深圳市成为全国首个实现城市化人员与城镇职工养老保险一体化的城市。城市化人员养老保险参保13.7万人，参保率达100%；享受退休待遇38 078人，月人均养老保险水平达916元，养老金社会化发放率达100%。确立了三级管理、四级服务的格局和覆盖全市398个社区的社会保险信息服务平台，为163名特困员工发放补助73.35万元，为1 521人次的国企改制内退人员发放生活费273.5万元。

2004年，全市职业培训总量达220万人次，同比增长28%；全市技能人才队伍总量达142万人，同比增长9.2%。2004年，劳动行政部门加大劳动监察力

保障局

度，全年共检查用人单位19 640家，涉及劳动者约337万人；立案4 511宗，结案率达100%；责令支付劳动者工资等待遇约15 570万元，涉及人数30.4万人；处理重大劳资案件1 250宗。劳动争议实体化建设和规范化管理取得明显成效。全市共受理各类劳动争议案件11 395宗，其中调解6 314宗，案件涉及当事人数达41 326人，共结案10 792宗，法定时限内立案率和结案率均达100%。

1. 2004年6月4日，劳动保障部部长郑斯林（左二）视察深圳市劳动保障局社保中心服务大厅。
2. 2004年10月29日，劳动保障部副部长王东进（前排右三）在局长管林根（前排右二）陪同下，视察深圳市劳动争议仲裁院立案庭。
3. 深圳市人大副主任郭荣俊（中）、广东省劳动保障厅副厅长孙庆奇（前左二）、深圳市副市长梁道行（前右二）参加深圳市劳动就业大厦（劳动力市场）启用仪式剪彩。
4. 深圳市劳动保障局荣获国务院授予的“全国再就业先进工作单位”称号。
5. 深圳市职业技能训练中心获“全国技能人才培育突出贡献奖”。
6. 深圳市劳动保障局局长管林根（中）率执法工作人员在龙岗某企业深入调查欠薪情况。
7. 2004年9月21日，在泛珠三角劳务合作洽谈暨技能人才招聘会上，现场签订劳务合作协议94份，引进技术、技能人才约1万人，共签订劳务合作协议942份。
8. 2004年12月6日，为解决劳务工就医难问题，深圳市劳动保障局在布吉镇召开解决劳务工就医难问题联合调研座谈会。

天津市社会保险

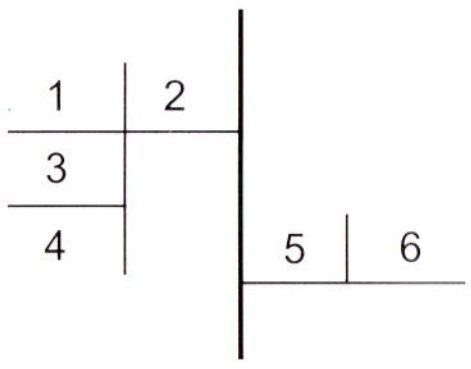

1. 劳动保障部副部长王东进视察天津医疗保险经办工作。
2. 天津市副市长崔津渡亲临社会保险宣传咨询服务现场。
3. 市中心主任黄桂芳在处级干部竞争上岗演讲会上做动员。
4. 2002年年底，天津市社会保险基金管理中心荣获全国劳动保障部系统集体一等功。
5. 离退休人员在银行领取养老金。
6. 为参保人员提供社会保险宣传咨询服务。

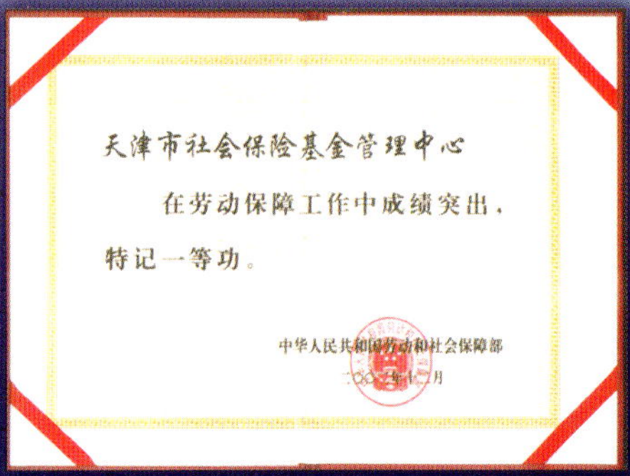

基金管理中心

天津市社会保险基金管理中心是天津市政府指定的专门从事社会保险基金筹集、管理和支付工作的经办机构。现有干部职工1 000余人，按行政区划在天津市21个区、县分别设有分中心，在全市设有一个医疗保险结算中心，承担着全市城镇职工基本养老、医疗、工伤和生育保险基金的征缴、支付和管理工作。

多年来，在天津市委、市政府的领导下，天津市逐步建立起较为完善的社会保险经办体系，社会保险事业步入快速、持续、健康、协调发展的轨道。社会保险覆盖范围逐步扩大，经办管理不断规范，经办手段日趋先进，经办效能明显提高，广大职工退有所养、病有所医、失有所助、伤有所扶、生有所补的社会保障功能基本得以实现。截至2004年年底，各类参保人员达300万人，养老保险基金征缴79亿元，同比增长26.7%；医疗保险基金征收24.94亿元，同比增长27.7%，确保了离退休人员养老金按时足额发放，使广大职工的基本医疗得到了保障。为适应机构垂直管理的特点，针对体制、机制、模式等方面影响社会保险经办可持续发展的弊端，天津市社保中心注重管理方式与服务对象需求的关系，改革管理体制，创新管理机制，优化经办模式，在坚持机构垂直管理和一体化结算的基础上，逐步形成了独具天津特点的基金一级结算、业务两级经办、管理三个层面、网络四级平台、经办五险合一的管理架构。

天津市社会保险基金管理中心领导班子坚持不懈地加强党的建设和干部职工队伍建设，加强对广大干部职工的思想教育，增强责任意识。大力推进处级干部队伍“四化”的进程，同时，开展全员大培训，建立绩优者优训、优训者优用的激励机制，为优秀人才的成长创造条件。在2004年全国社保经办机构人员业务素质考核中，中心领导班子成员成绩名列全国第一。几年来，中心系统先后有6个单位荣立全国社保系统集体一等功，先后有34人荣获“全国社保系统先进工作者”“市级劳动模范”“三八红旗手”等称号和“十五”立功奖章。2002年，市中心荣立全国劳动保障系统集体一等功。

深圳市

原区委书记王毅（前排中）等领导在南山区劳动局局长张伟建（左二）的陪同下检查指导工作。

2004年，深圳市南山区劳动局在区委、区政府正确领导和市劳动和社会保障局指导下，以邓小平理论和党的十六大精神为指导，认真实践“三个代表”重要思想，坚持依法行政，不断完善劳动力市场运作机制，主动出击，加大劳动关系调整力度，促进劳动工作取得新成绩。

狠抓服务，就业再就业工作再上台阶。认真抓好服务网络建设，8个街道办事处和80个社区居委会都建立了劳动和社会保障窗口。认真落实“阳光”“春雨”“金桥”计划，大批量地解决了困难失业人员的再就业；再就业成果显著，在全市率先成功消灭“零就业”家庭；改善原有服务大厅软、硬件，促进窗口服务上一新台阶。2004年，共有3 388名失业人员走上了工作岗位，其

深圳市南山区劳动局局长张伟建

下岗再就业人员向南山区劳动局赠送“关爱职工”锦旗。图为南山区劳动局局长张伟建（中）接受锦旗。

南山区外来劳务工普法骨干培训班

中困难失业人员1 420名，共组织了5 443名失业人员参加了各种技能、创业、随岗培训。劳动管理工作力度进一步加大，共办理用工手续单位1 940个，劳务工就业登记85 756人，劳务工合同签收率达100%。不断完善劳动力市场功能和服务内容，采取各种形式扩大劳动力市场的影响力。

创新工作，培育技工人才队伍。成功组织开展了区首届职工技术运动会工业赛区的比赛，为优胜者优先解决市外招调工户口指标，形成了外来劳务工敬业爱岗、学习技术

南山区劳动局

的良好氛围。2004年，南山区招收技术骨干超过3 000人，取得历史性突破。

主动出击，重大劳资纠纷得到遏制。针对劳资纠纷高发地域，实施个性化管理；重点监控“问题”企业，及时把握劳资动态；聘请劳动协理员，充实基层队伍；设立仲裁派出庭，建立劳动仲裁管理与服务“三级网络”；继续扩大区民营企业工资集体协商协议签订范围，力争从源头上遏制劳资纠纷。2004年，共受理信访案件2 672宗，受理仲裁案件933宗，涉及人数2.4万人，为员工追回欠薪、补偿金累计4 018万元。重大劳资纠纷呈大幅下降的趋势。

南山区“再就业爱心早餐工程”启动仪式。

突出重点，法制宣传力度不断加大。开展了5次大型的户外劳动法律法规咨询活动，共发放

南山区劳动局举办失业人员再就业创业技能培训班。

南山区劳动局开展维权“阳光投诉”活动日活动。

劳动法律法规宣传资料23 000多份，接受7 000多人次咨询。举办各类法律法规讲座35场次，共有6 000多人次参加了讲座。还组织开展了3期劳务工普法骨干培训班，对全区1 900多名劳务工普法骨干进行了法律法规的培训。同时对劳动部门工作人员进行普法强化学习68次，还进行法律法规政策研讨420多次，参加市、区年度普法考试合格率达到100%，取得了显著的成效，为实现劳动关系的和谐稳定奠定了坚实的基础，为全区劳动事业更上新台阶创造了良好的法制环境。

● 太平洋寿险拥有丰富的保险产品——现开办险种近150个，覆盖人寿保险、年金保险、健康保险、意外伤害保险等多个领域，深受客户欢迎和市场肯定。

● 太平洋寿险注重服务系统的建设和服务质量的提升——通过不断完善“急难救助服务计划”、95500全国统一电话服务系统和太保网站，努力塑造专业化、高品质的人寿保险品牌。

● 太平洋寿险建立了基本覆盖全国的销售服务网络——目前公司在全国共设有521家分支机构和3 000余家营销服务部，拥有2.06万名员工和21.20万名营销员。

★ 公司两次被世界权威资信评估机构——标准普尔评为世界保险企业200强，1999年列第48位，2000年列第45位。
★ 2000—2004年，公司被“商业创新方向”国际组织先后授予国际质量“金星奖”“白金奖”“钻石奖”及“欧洲国际质量技术杰出钻石奖”。
★ 2003年，公司荣获全球评级公司颁发的保险行业“质量与效率国际金奖”。
★ 2003年，在中国用户满意度调查中，太平洋保险获得保险业“总体满意度评价”排名第一。
★ 2004年10月，太平洋保险被全国消费者推选为“中国保险服务市场消费者最满意品牌”。
★ 2004年12月，太平洋保险被评为“中国十大最具影响力品牌”。

太平洋保险先后被国际组织授予“金星奖”“白金奖”“钻石奖”及“欧洲国际质量技术杰出钻石奖”。

太平洋寿险一直致力于参与我国社会保障体制的建设：

◆ 1999年，太平洋寿险与厦门市医保部门合作，创建商业保险公司与政府共同建设城镇医疗保障体系的“厦门模式”。

◆ 2000年，太平洋寿险与江阴市合作，创立了商业保险公司与政府共同建设农村居民医疗保障体系的“江阴模式”。

◆ 2002年，太平洋寿险与劳动保障部合作开展了“企业年金财税政策与运行”课题研究。公司在十多个省市与当地劳动保障部门合作，推动企业年金市场的发展。近三年，公司团体补充养老保险业务保费收入达250亿元，处于业内领先地位。

2005年3月，太平洋保险获得中国质量协会授予的“中国用户满意鼎”。

中国太平洋人寿保险股份有限公司
CHINA PACIFIC LIFE INSURANCE CO.,LTD.

中国太平洋人寿保险股份有限公司是专业经营各类人寿保险业务的全国性股份制商业保险公司，公司成立于2001年11月9日，总部设在上海。2004年，公司资产总额达到913.10亿元，实现保费收入344.90亿元。

公司的控股股东中国太平洋保险（集团）前身是成立于1991年的中国太平洋保险公司。太平洋保险（集团）在国内投资控股中国太平洋财产保险股份有限公司和中国太平洋人寿保险股份有限公司，在美国和中国香港投资设有分支机构，在伦敦和纽约设有代表处，并与荷兰国际集团合资设有太平洋安泰人寿保险有限公司。

2005年8月，太平洋寿险获得第一批国家认定的企业年金基金管理机构资格。

公司为适应国家社会保障体制改革需要和市场需求，加大团体年金业务的发展力度，2004年实现保费收入79.15亿元。公司已构建了完整的团体年金产品体系，成为我国目前唯一拥有传统型、分红型、万能型和投资连接型团体年金的寿险公司。

位于上海陆家嘴的太平洋保险总部大楼

太平洋寿险依托集团优势，坚持“稳健经营，以效益为中心”的经营指导思想，努力倡导和发扬“诚信天下，稳健一生”的企业核心价值观，致力于通过持续的产品创新和服务创新，满足客户多方面的需求。

诚信天下
稳健一生

广东省劳动保障厅

2004年，广东省劳动保障工作突出就业再就业、社会保险、劳动者合法权益保障和技能型人才培养四大重点，积极进取，扎实工作，各项劳动保障工作取得可喜成绩。全省劳动保障部门在机关作风建设“回头看”活动中，落实打造“阳光政府”的各项措施，“四个一工程”（一个综合服务大厅、一条劳动保障服务热线、一个公众网站、一个劳动仲裁庭）取得重大进展。

2004年，全省城镇从业人员总数达1 288万人，年末城镇登记失业率为2.7%，同比下降了0.2%；共安排劳动力市场建设资金1.1亿多元，建立农村劳动力培训基地80个，就业基地42个，共培训农村劳动力50万人；成功组织召开了泛珠三角区域劳务合作第一次联席会议暨考察交流活动，与湖南、广西、黑龙江等省区开展了多方位的劳务合作；成功举办了第三届“三洽会”劳务合作和劳务招聘大会，签订47个劳务合作项目；成功举办首届广东省职业培训和技工教育成果展示会；参加首届全国数控技能大赛和2004年广州“数控杯”技能竞赛并取得优异成绩，团体总分名列第一名；省技能鉴定和获证人次连续七年居全国第一。

全省参加企业基本养老保险的人数为1 226万人，比上年增长7%；20个市实现养老保险市级统筹。参加失业保险人数达到1 005.80万人，增长5.42%，参保人数继续居全国首位，全省领取失业保险金人数比上年减少7.27%。参加基本医疗保险人数已达1 034.16万人，增长17.93%。参加工伤保险人数达到1 215万人，增长8.5%。参加生育保险人数已达到376.73万人，比上年底增加45.97万人，增长了13.9%。

全省签订劳动合同人数为1 496.6万人，合同签订率为84.8%。全省累计签订集体合同企业7.6万家，涉及职工723万人。全省最低工资平均增长8.6%。

劳动保障法制建设成绩突出，修订了《广东省工伤保险条例》、出台了《广东省社会保险基金监督条例》，以及完成了《广东省工资支付条例》的定稿工作并报省人大常委会审议通过，维护劳动者合法权益工作进一步落实。截至2004年年底，全省共为133万劳动者追回工资待遇7.4亿元。

1
2
3
4

1. 中共中央政治局委员、广东省省委书记张德江（中）视察"三洽会"劳务展馆。

2. 广东省省长黄华华（左二）、副省长谢强华（中）在广东省职业培训和技工教育成果展示会上观看展示成果。

3. 厅长方潮贵（右）在广东省第三届珠江三角洲与山区经济协作洽谈会上接受记者采访。

4. 全国首次、广东省第一届职业培训和技工教育成果展示会在广州隆重开幕。

东莞市社会保障局

2004年2月17日，劳动保障部副部长王东进(左二)在东莞市视察劳动保障工作。

东莞市从1997年开始实行社会保险全市统筹，2000年社会保险全面扩面，并实施农民养老保险制度，2003年推行失业保险扩面，2004年又成功实施农（居）民基本医疗保险制度。全市社会保险的覆盖范围已经从城镇向农村，从国有企业、集体企业向外商投资企业、私营企业和个体工商户等各类经济性质单位稳步拓展。参保对象从固定工、合同工向临时用工、外来劳动者和全市农民全面推进。

东莞市的社会保险由开始的养老保险单一险种，发展到今天包括“职工基本养老保险、基本医疗保险、工伤保险、失业保险、生育保险以及东莞市农（居）民基本养老保险、农（居）民基本医疗保险”等7个社保险种，已初步构建起了涵盖全市城镇和农村、保险项目齐全、制度建设规范、管理服务科学的社会保险体系。截至2004年年底，参加职工基本养老保险100.77万人，职工基本医疗保险105.95万人，工伤保险150.46万人，失业保险100.08万人，生育保险18.31万人，农（居）民基本养老保险59.74万人，农（居）民基本医疗保险108.51万人。各项社保基金均能保持收支平衡，确保了社会保险制度的稳健运行。

东莞市社会保险管理服务已基本实现规范化、信息化和社会化，特别是2004年建立并运行了“5+2”社会保险管理与服务系统以来，社保部门履行职能的方式由管理型向社会服务型转变，推动了东莞市社保事业与经济社会的全面、协调、可持续发展。

2004年6月24日，东莞市市委书记佟星为参保人发放医保卡。

2004年召开东莞医保广州定点医院座谈会。

2004年10月，东莞市召开《“5+2”社会保险管理与服务系统》科技成果鉴定会。

2004年，广东省佛山市顺德区各级劳动保障部门以党的十六大精神和“三个代表”重要思想为指导，全区劳动和社会保险工作取得了显著成效。

■ 就业和再就业工作取得新进展。区委、区政府高度重视就业工作，先后出台了《关于优先本市劳动力就业的意见》《关于进一步深化农村体制改革，促进农村社会经济全面发展的若干意见》等文件，制定了促进本区劳动力就业的各项优惠政策和奖励措施。截至2004年年底，全区申领《再就业优惠证》的下岗失业人员有568人，其中“4050”人员占211人，已实现再就业362人，下岗失业人员再就业率为63.7%；受理小额贷款申请8笔，发放贷款16万元；发放80家企业申领招用本区劳动力就业奖励金65.72万元，其中企业招用“4050”人员286人；10个镇(街道)登记失业率均控制在2.5%以下，兑现了区委、区政府10万元的奖励。

■ 社会保险工作取得新成绩。2004年，全区共征集各项社会保险费14.38亿元，基金征缴率为99.25%，支付各项社会保险金10.05亿元。参保单位39 488个，参加养老保险45.9万人，参加医疗保险47.35万人，参加工伤保险45.96万人，参加失业保险46.18万人。

■ 劳动关系调整工作取得新成效。加大预防和查处劳动保障违法行为的力度，劳动保障不稳定因素和信访事项的排查处理工作得到加强，劳动关系协调机制进一步健全。

■ 职业技能培训工作取得新突破。配合全区经济发展，全面推行国家职业资格证书制度。一年来，全区各类技能培训30 143人，核发国家职业资格证书28 908人，其中：初级技能17 866人，中级技能9 870人，高级技能1 172人，比2003年同期增长15.8%。

广东省佛山市顺德区劳动保障局

1
2
3
4

1. 2004年4月，劳动保障部副部长华福周(右二)在广东省劳动保障厅和佛山市领导的陪同下，到顺德区考察调研。
2. 2004年2月，顺德区劳动服务中心新办公大楼启用剪彩仪式。
3. 2004年4月，顺德区劳动保障局等单位联合举办顺德首届汽车维修竞技大赛。图为发动机维修项目比赛现场。
4. 2004年5月，顺德区职业技能训练中心的学员正在认真学习中式烹调技巧。

佛山市顺德区社会保险基金管理局

1984—2004年间，顺德市通过不断探索和完善，努力建立平等、公正的社会保险制度，四个社会保险险种参保范围从原来单一面向企业，到现在已覆盖全区行政机关、事业单位、社会团体、企业、个体经济组织，全面保障了劳动者的权益。职工参保率历年都在95%以上。截至2004年年底，全区共有39 288家单位参加社会保险，参加养老保险39 488人，参加基本医疗保险42 219人，参加工伤保险38 249人，社会保险费征缴率为99.45%。总的来看，顺德已基本建立起独立于企事业单位之外、管理信息化、服务社会化的社会保险制度，顺德社会保险体系得到进一步健全。

1999年以来，随着国家及省有关政策法规的出台，顺德各项社会保险制度逐步与国家及省的社会保险法规接轨，全面实施《广东省社会养老保险条例》《广东省工伤保险条例》《广东省失业保险条例》《顺德区基本医疗保险暂行规定》《顺德区城乡居民合作医疗保险管理暂行办法》，社会保险管理工作更加规范。

2004年1月1日，顺德区全面启动城乡居民合作医疗保险制度。全区197个村居参保，参保人员达73.57万人，占应参保人数的94.85%。办理合作医疗报销手续的赔案4.3万宗，基金支付15 086万元，平均报销比例达52.34%。

1. 顺德社保工作人员在街头开展咨询活动，为群众解答问题　2. 顺德社保驻医院办事处　3. 顺德社保办公环境

安全 收益 服务

黑龙江省劳动保障厅

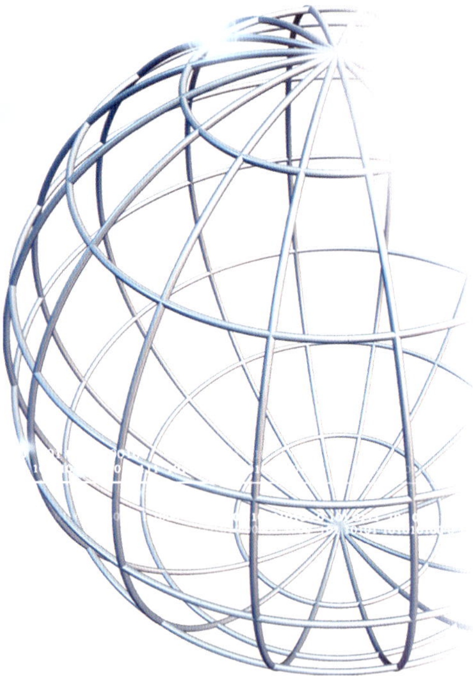

2004年，国务院在总结辽宁试点成功经验的基础上，将完善城镇社会保障体系试点工作扩大到黑龙江。面对100多万下岗职工的庞大社会群体，省劳动保障厅在国务院试点办的指导下，在省委、省政府的领导下，指导各级政府通过调整财政支出结构、动用财政间歇资金、使用下岗职工基本生活费保障补助结余资金、银行贷款等多种渠道，积极安排财政应匹配的资金。在充分调研、反复论证、多方征求意见的基础上，细化、出台了10个配套性文件，开展了一系列试点政策和典型经验的宣传活动，设立了3个工作指导督查组，对重点行业和企业提前介入、现场办公，特别是深入首批实施并轨的企业，实行一户一审、一户一批，严格保证了工作质量。截至2004年年底，黑龙江省完善城镇社会保障体系试点工作取得了重大进展。68.2万名国有企业离下岗人员实现了并轨，超出计划18.2万人。基本养老保险按5%做实个人账户，由各地财政承担的1.25个百分点资金全部筹集到位并归集到省；新的基本养老金计发办法开始实行。社保试点工作取得了喜人的成绩。

就业再就业工作是黑龙江省老工业基地振兴战略不可逾越的障碍。省劳动保障厅紧紧抓住振兴东北老工业基地和农业主辅换位的有利契机，依托地方经济发展战略，一方面努力增加就业岗位，进一步扩大再就业渠道，同时强调就业人数与就业质量并重，增强再就业的稳定性；另一方面相关领导现场办公，定期举办“招工大集”，与广大劳动者面对面交流，解决存在的实际问题，架起了劳资双方沟通的桥梁。截至2004年年底，全省新增就业人员64.2万人，下岗失业人员再就业人数达60.64万人，其中“4050”人员15.4万人，均超额完成全年任务；2004年12月末，全省城镇登记失业率为4.47%，比年初确定的控制目标低1.23个百分点。

劳动关系调节和维护劳动者权益一直是劳动保障事业中的难点工作。2004年全省各级劳动保障部门共接待、处理群众来信来访8.3万件；受理劳动争议案件4 871件，立案4 107件，已结案4 085件，结案率达99.5%。使用劳动保障监察手段为17.5万名农民工追讨工资3.83亿元，完成全部清欠任务的99.3%。积极预防和妥善处理群体性事件，切实维护了社会稳定。

1
2 4
3

1. 黑龙江省劳动保障厅厅长秦玉德。
2. 厅长秦玉德与技能大赛获奖的优秀技术工人合影。
3. 黑龙江省加快推进完善社会保障体系试点工作大会现场。
4. 人头攒动的“促进再就业行动”招聘大会现场。

情系百姓的劳动保障监察官

——记天津市劳动保障局劳动监察处处长兼监察总队队长李砚军

1.向用人单位宣传劳动法律法规
2.深入建筑工地了解农民工工资发放情况
3.深入商场宣传《劳动保障监察条例》
4.向劳动保障监察员部署执法任务

1 | 2
3
4

全国先进工作者、天津市劳动模范、天津市劳动保障局劳动监察处处长兼监察总队队长李砚军，以坚忍不拔的信念，凭着对老百姓的一腔赤诚，对企业的呵护备至和对违法行为的疾恶如仇，带领全市各级劳动保障监察机构以高度的责任感和使命感，为维护社会稳定，建立和谐劳动关系做出了突出贡献。近两年来，天津市各级劳动保障监察机构共检查用人单位6.88万户次，立案查处劳动违法案件9 338件，实施行政处罚1 297件，督促用人单位与劳动者补签劳动合同23.95万人，为35.31万人追回拖欠工资7 724.42万元，追缴社会保险费2.6亿元。

李砚军在劳动保障监察战线上已奋战了十多个年头。他领导的处、队曾连续两次被评为局级文明处室和先进单位，被共青团中央和劳动保障部授予“全国优秀维权岗”称号，被市综合工委授予“文明服务窗口单位”，他本人也连续三次被评为局级和市直机关优秀党员。2001年被评为市级优秀共产党员。

湖南省石门县劳动和社会保障局

湖南省石门县劳动保障局狠抓劳动者技能培训，把提高劳动者技能作为促进就业再就业的主要措施来抓。该局举办的就业训练中心是全国重点就业训练中心、湖南省农村劳动力转移培训阳光工作骨干培训基地、湖南省特种作业人员定点培训基地。2004年培训下岗失业人员3 000人，培训农村转移劳动力6 500人次，进行劳动预备制培训等3 300人次。

1. 石门县劳动保障局局长覃苏华
2. 就业训练中心学生在进行电脑操作训练
3. 石门县就业训练中心教学大楼
4. 石门县劳动力市场大楼

深圳市社会保险基金管理中心宝安管理处

1. 宝安社保管理处领导班子
2. 业务经办大厅
3. 上街宣传社保政策
4. 慰问外来务工人员文艺汇演

2004年，深圳市宝安社保管理处全体干部职工在市劳动保障局党组、社保基金中心和区委、区政府的正确领导下，深入学习和实践“三个代表”重要思想，牢固树立大局意识，扎实开展各项业务工作，取得了可喜的成绩。

进一步扩大社会保险的覆盖面，基金征收率大幅度提高。截至2004年年底，完成基金收缴任务172 270.10万元，比上年同期增加71 232.19万元，增长70.50%。

配合城市化进程，积极稳妥、全面完成社保工作，全区76 505人进入城市化养老体系，完成率达100%。宝安10余万农民完成了从村民到城市居民的历史大跨越。

认真贯彻落实市局党组倾情基层的工作思路和工作部署，贴近宝安、贴近群众，基层工作取得突破性进展，全面提高了基层建设的速度和水平，软硬环境得到根本上的改善。

服务上不断推出新举措，各项社会保险待遇按时足额支付，社保各项业务得到长足发展。

依法行政，规范化管理，把管理寓于服务之中，真正实现观念创新，管理高效。

不断加强支部的组织、思想、作风、制度建设。通过各种途径提高人员素质，精神面貌焕然一新。

长春市社会保险局

1

2 | 3

4

1. 长春市社会保险公司大楼。
2. 劳动保障部副部长刘永富、吉林省副省长李斌到长春市社会保险公司个体业务大厅视察工作。
3. 长春市社会保险公司党组书记、总经理张发文。
4. 长春市社会保险公司领导班子。

几年来，长春市社会保险局在吉林省排头兵的地位不断巩固，许多工作走在了全国社保系统的前列。2004年征缴基金25.9亿元，比1998年增加20.4亿元，是1998年的4.7倍，年增长率达30%，基金积累增加到20亿元，比1998年增加了17.4亿元，是1998年的7.7倍，年增长率达40%，年基金征缴、基金积累增长率全国领先，保证了30多万名退休人员和失业人员的养老金、失业金按时足额发放，维护了职工的合法权益，为长春市的经济发展、社会和谐做出了较大贡献。

长春市社会保险局在全国首创社会保险独立征缴体系，首家成立社会保险关系管理中心、社会保险基金资产管理中心；最早开展缴费基数稽核审计承诺和公示制度社会化发放试点受到国家首肯；计算机系统开发试点首家通过验收；社会化管理服务试点首批达标，首家开通社会化服务网。率先引入竞争和激励约束机制，挖掘人力资源潜能；打造和谐发展环境，构建政府重视、部门支持的长效联动机制；强化基础管理，提升技术手段，使长春市社会保险事业取得了长足发展。连续7年被评为全省社保系统目标责任制考核综合先进单位。2000年、2003年受到市政府的通报表彰；2002年，在长春市第31届劳模评选活动中被评为模范集体；2004年被吉林省委、省政府授予模范集体荣誉称号。张发文同志以其高尚的人格魅力，深厚的理论基础和实践经验，超前的发展意识和创新精神，带领着特别能吃苦、特别能奉献的长春社保人拼搏进取，在社会上树立了社会保险“关爱职工、勇于创新、敢于发展、营造和谐”的良好形象，赢得了职工和社会各界的好评。2002年荣立全国劳动保障系统个人一等功，2004年获全国五一劳动奖章，2005年被评为全国先进工作者。

南宁市劳动保障局

2004年，南宁市劳动保障局在市委、市政府的正确领导下，坚持以人为本，脚踏实地，以中国—东盟博览会在南宁举办为契机，大力开发就业岗位，完成了南宁市20个为民办实事项目之一——下辖七县劳动力市场建设并实现市场信息互联互通。加强农村劳动力转移就业，着力抓好职业技能培训与鉴定工作；深化社会保险制度改革，狠抓社会保险扩面和征缴；加大力度维护劳动者合法权益，在全市建设领域实行农民工工资保障金制度。2004年，全市城镇新增就业岗位53 682个，促进下岗失业人员实现再就业15 935人，其中帮助大龄就业困难人员实现再就业2 680人，农村劳动力转移就业50 500人，职业技能培训60 152人，职业技能鉴定31 137人；全市基本养老保险、失业保险、基本医疗保险、工伤保险、生育保险参保人数分别达到31.16万人、29.9万人、40.5万人、22.34万人、20.15万人；全市劳动保障监察年审25 434户，劳动监察案件法定期限结案率达100%，进入市财政农民工工资保障金专户达1.3亿多元。

目前，南宁市劳动保障工作整体水平位于全区领先地位，先后获得“全国劳动保障工作先进集体”“自治区先进基层党组织”“全区再就业工作先进单位”等20多项国家和自治区级荣誉称号，在维护改革、发展、稳定大局的工作中发挥了重要作用。

1. 广西自治区党委副书记李纪恒在南宁市调研检查劳动就业和社会保障工作。

2. 广西自治区副主席张文学在副市长陈刚的陪同下考察南宁市劳动保障工作。

3. 南宁市人民政府荣获“全国再就业先进工作单位”称号挂匾仪式。

4. 广州军区副政委张国初在市长林国强的陪同下视察驻邕部队随军家属就业安置专场招聘会。

湖南省劳动和社会保障厅

2004年，湖南省劳动保障工作取得可喜成绩，为促进全省经济社会全面、协调、可持续发展做出了积极贡献。就业形势保持稳定，全省城镇新增就业56.52万人，其中下岗失业人员再就业39.82万人，“4050”人员再就业8.94万人，城镇登记失业率为4.4%。社会保险体系框架基本确立，企业基本养老保险、机关事业单位养老保险、基本医疗保险、失业保险参保人数分别达到353.8万人、152.53万人、476.96万人、380.5万人，启动实施了工伤保险、生育保险。各项社会保险基金征缴收入累计达168.34亿元，确保了各项社保待遇按时足额支付。全省劳动保障法规政策体系进一步完善，新型劳动关系逐步建立。“金保工程”建设步伐加快。省劳动保障厅被湖南省委、省政府授予“省级文明单位”称号。

1. 劳动保障部副部长步正发（左二）视察湖南金保工程建设，湖南劳动保障厅厅长赵湘平（左一）陪同。

2. 湖南省劳动保障厅工作人员上街宣传《劳动保障监察条例》。

江苏省医保中心积极开展作风建设，通过设立投诉箱、发放作风建设调查问卷、公布投诉电话，广泛征求意见，接受社会监督，努力提高服务质量。

江苏省医疗保险基金管理中心设计的医疗保险宣传画

从1995年的医改试点起步至今，江苏医保走过了十多年开拓创新的征程。一个适合江苏省情的多层次医疗保险制度已初步建立，一个面向全体公民的社会医疗保障网已经展开，一个贴近参保人员的医疗保险社会化服务体系正在建立。江苏省医保中心被劳动保障部评为2004年度“全国社会保险经办机构先进单位”。

江苏医保事业，树立的是人本理念，坚持的是可持续发展原则，创建的是和谐发展氛围。医疗保险扩面，江苏有“三步走”的长远战略和“三个打破”的工作思路。全省医疗保险参保人数已达到1 050万人，参保总人数位居全国第二，新增参保人数连续三年位居全国首位。

江苏省医疗保险基金管理中心

湖北省咸宁市劳动保障局

湖北省咸宁市劳动保障局在市委、市政府的领导下，在省劳动保障厅的指导下，通过近5年的努力，使全市的劳动保障事业得到了长足发展。千方百计扩大就业，再就业政策得到认真落实；坚持以人为本，培训开发劳动技能，提高劳动者素质；社会保障体系进一步健全，社会保险覆盖面进一步扩大；积极推进国有企业改革，妥善处理劳动关系，维护劳动者合法权益，为咸宁市的经济建设和社会稳定做出了应有的贡献。

咸宁市劳动保障局党组成员：喻斌、胡光、叶振华、毛传维、吴敏、廖白龙(从左至右)。

咸宁市劳动保障政策宣传咨询日

吉林省辽源市社会保险公司

潘洪涛
劳动保障系统
全国先进工作者

吉林省辽源市社会保险公司成立于1992年，承办全市范围的养老保险和失业保险业务。自成立以来，他们坚持把“三个代表”重要思想落实在保稳定、促发展的工作实践当中。2002年，被劳动保障部记集体一等功，2004年，被评为吉林省模范集体。

湖北省社会保险基金结算中心

湖北省社会保险基金结算中心是隶属省劳动保障厅的直属事业单位。现共有工作人员9人，单位负责人侯刚。主要职责是：承担社会保险各险种征缴金额的核定、统计、汇总；及时向地税部门提供企业单位和职工个人保险费的数据并反馈收缴情况。